TYPOGRAPHIE
SCHNEIDER ET LANGRAND,
rue d'Erfurth, 1. — Paris.

MÉMORIAL
DE
SAINTE-HÉLÈNE

PAR LE Cte DE LAS CASES;

SUIVI

DE NAPOLÉON DANS L'EXIL,

Par MM. O'Méara et Antomarchi,

ET DE

L'HISTORIQUE DE LA TRANSLATION

DES RESTES MORTELS DE L'EMPEREUR NAPOLÉON AUX INVALIDES.

TOME DEUXIÈME.

PARIS.—ERNEST BOURDIN, ÉDITEUR,

51, RUE DE SEINE-SAINT-GERMAIN.

1842

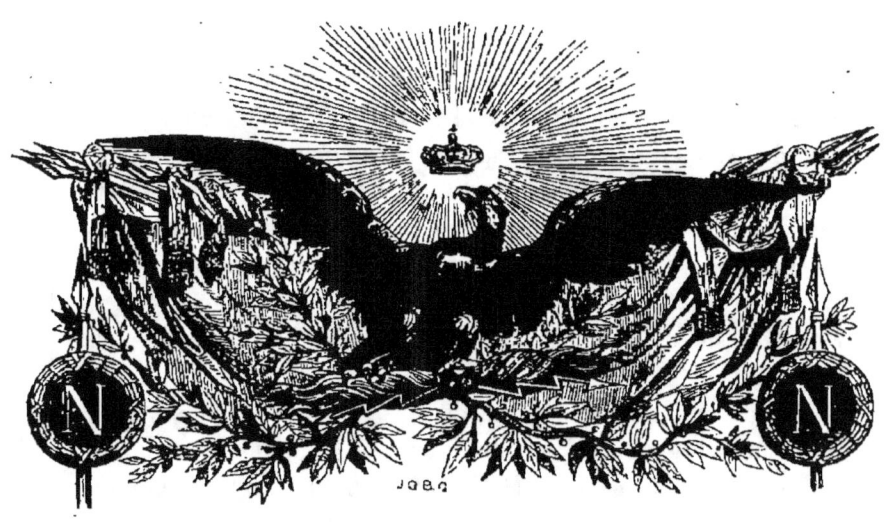

MÉMORIAL
DE
SAINTE-HÉLÈNE.

Nouvelle méchanceté du gouverneur, etc. — Projet désespéré du Corse Santini.

Lundi 29 au mardi 30.

Le temps s'est mis au mauvais depuis quelques jours. L'Empereur a profité d'un instant pour visiter une tente que l'amiral lui a fait élever très-galamment par les gens de sa frégate, depuis qu'il l'a entendu, dans la conversation, se plaindre de n'avoir point d'ombrage ici, et de ne pouvoir demeurer hors de sa chambre. L'Empereur a parlé à l'officier et aux gens qui la terminaient en cet instant, et a commandé de faire donner un napoléon à chacun des matelots.

Aujourd'hui nous avons appris que le dernier bâtiment avait apporté, à l'adresse de l'Empereur, un ouvrage sur les affaires du temps, par un membre du parlement, nous a-t-on dit. Il était envoyé par l'auteur même, et sur la reliure était en lettres d'or : *A Napoléon le Grand*. Cette circonstance a porté le gouverneur à retenir l'ouvrage, sévérité qui, de sa part, contraste étrangement avec son empressement à nous avoir prêté des libelles qui s'expriment si inconvenablement sur l'Empereur.

Pendant le dîner, l'Empereur, fixant d'un œil sévère un de ses gens, a dit, au grand étonnement de nous tous : « Comment, brigand! tu « voulais tuer le gouverneur!... Misérable!... qu'il te revienne de pa- « reilles idées, et tu auras affaire à moi; tu verras comme je te traite- « rai. » Et, s'adressant à nous, il a dit : « Messieurs, voilà Santini qui « voulait tuer le gouverneur. Ce drôle allait nous faire là une belle af- « faire! il m'a fallu toute mon autorité, toute ma colère pour le retenir. »

Pour l'intelligence de ceci, je dois dire que Santini, jadis huissier du cabinet de l'Empereur, et que son extrême dévouement avait porté à suivre son maître pour le servir, disait-il, sous quelque titre que l'on voulût, était un Corse qui sentait profondément et s'exaltait avec facilité. Exaspéré au dernier point par tous les mauvais traitements du gouverneur, ne pouvant tenir aux outrages qu'il voyait prodiguer à l'Empereur, aigri de voir sa santé en dépérir, gagné lui-même par une mélancolie noire, il avait cessé depuis quelque temps tout service de l'intérieur, et, sous prétexte de procurer quelques oiseaux pour le déjeuner de l'Empereur, il semblait ne plus s'occuper que de chasser dans le voisinage. Dans un moment d'abandon, il confia à Cypriani, son compatriote, qu'il avait le projet, à l'aide de son fusil à deux coups, de tuer le gouverneur, et de s'expédier ensuite lui-même; le tout, disait-il, pour délivrer la terre d'un monstre.

Cypriani, qui connaissait le caractère de son compatriote, effrayé de sa résolution, en fit part à plusieurs autres du service, et tous se réunirent pour prêcher Santini; mais leur éloquence, loin de l'adoucir, ne semblait que l'irriter. Ils prirent alors le parti de tout découvrir à l'Empereur, qui le manda sur-le-champ en sa présence : « Et ce n'est, « me disait-il plus tard, que par autorité *impériale*, *pontificale*, que « j'ai pu venir à bout de terrasser la résolution de ce gaillard-là. « Voyez un peu l'esclandre qu'il allait causer! J'aurais donc encore

« passé pour le meurtrier, l'assassin du gouverneur! Et, au fait, il
« eût été bien difficile d'ôter une telle pensée de la tête de bien des
« gens, etc. »

L'Empereur nous a lu, après dîner, *la Mort de Pompée*, que les journaux disaient occuper beaucoup Paris en ce moment par ses allusions. Et, à ce sujet, on a répété encore qu'on y avait été obligé de défendre *Richard Cœur-de-Lion*, observant qu'assurément, aux 5 et 6 octobre, Louis XVI eût été loin d'imaginer qu'on fût jamais dans le cas de le proscrire pour le compte d'un autre. « C'est que les choses ont bien changé! » a dit l'Empereur.

Mélanie de la Harpe. — Religieuses. — Couvents. — Trappistes. — Clergé français.
Mercredi 31.

Après dîner, l'Empereur nous a lu *Mélanie* de La Harpe, qu'il a trouvée méchamment conçue et fort mal exécutée. « Une déclamation
« boursouflée, disait-il, tout à fait dans l'esprit du temps, bâtie sur des
« calomnies à la mode et des faussetés absurdes. Quand La Harpe écri-
« vait cette pièce, un père n'aurait certainement pas eu le pouvoir de
« forcer sa fille à être religieuse; jamais l'autorité n'y eût donné les
« mains. Cette pièce, jouée au moment de la révolution, n'a dû son
« succès qu'au travers d'esprit du moment. Aujourd'hui que la passion
« est tombée, elle ferait pitié. La Harpe n'a fait que de fausses peintures;

« il ne fallait point attaquer des institutions vicieuses avec des instru-
« ments vicieux. »

L'Empereur disait que La Harpe avait tellement manqué son but vis-
à-vis de lui, que tout son intérêt était pour le père et sa mauvaise humeur contre la fille. Il ne l'avait jamais vu jouer qu'il ne fût tenté
de s'élever de sa loge et de crier à la fille : « Dites seulement non,
« et nous vous soutenons tous ici ; chaque citoyen sera votre défen-
« seur. »

Il disait qu'étant au régiment, il avait assisté à maintes prises d'habit. « C'était une cérémonie fort suivie parmi les officiers, et qui nous
« irritait fort, disait-il, surtout si les demoiselles étaient jolies. Nous
« accourions, et tendions nos oreilles longues d'une aune. Si elles eus-
« sent dit *non*, nous les eussions enlevées l'épée à la main. Il est donc
« faux qu'on employât la violence, mais seulement on employait les
« séductions ; on enjôlait peut-être ces religieuses à la manière des
« recrues. Le fait est qu'elles avaient à passer, avant de conclure, par
« les religieuses, la supérieure, le directeur, l'évêque, l'officier civil,
« et enfin les spectateurs. Le moyen que tout cela se fût entendu pour
« concourir à un crime ! »

L'Empereur disait qu'il était contraire aux couvents en général,
comme inutiles, et d'une oisiveté abrutissante. Pourtant, d'un autre
côté, il y avait certaines choses à dire en leur faveur. Les tolérer,
astreindre leurs membres à être utiles, ne reconnaître que des vœux
annuels, était, selon lui, le meilleur *mezzo termine*, et c'est ce qu'il
avait fait.

L'Empereur se plaignait de n'avoir pas eu le temps de compléter
aucune de ses institutions. Aux maisons de Saint-Denis et d'Écouen, il
s'était proposé de joindre un certain nombre de chambres pour servir
d'asile et d'hospice à des veuves de militaires ou à des femmes âgées, etc.
« Et puis il fallait convenir encore, ajoutait-il, qu'il était des carac-
« tères, des imaginations de toutes sortes ; qu'on ne devrait pas con-
« traindre les travers mêmes quand ils n'étaient pas nuisibles ; qu'un
« empire comme la France pouvait et devait avoir quelques hospices de
« fous appelés *trappistes*. » Au sujet de ceux-ci, il faisait la remarque
que, s'il venait dans la pensée d'un homme d'infliger les pratiques qu'ils
observent, assurément elles passeraient, et à juste titre, pour la plus
abominable des tyrannies, et que pourtant elles peuvent faire les délices
de celui qui se les impose volontairement... Voilà l'homme, ses bizarreries ou sa folie !... Il disait qu'il avait permis les moines du Mont-

Cenis; mais ceux-ci du moins, ajoutait-il, étaient utiles, très-utiles, on pourrait même dire héroïques.

L'Empereur avait dit, dans son Conseil d'État, lors de l'organisation de l'Université : « Ma pensée est que les moines seraient de beaucoup
« les meilleurs corps enseignants, s'il était possible de les maîtriser, de
« les soustraire à un chef étranger. J'ai du penchant pour eux, avait-il
« ajouté. J'aurais peut-être eu la puissance de les rétablir; mais ils me
« l'ont rendue impossible. Je ne fais rien pour le clergé qu'il ne me
« donne aussitôt lieu de m'en repentir. Ce n'est pas que je me plaigne
« précisément du vieux clergé, j'en suis même assez content; mais on
« élève les nouveaux prêtres dans une doctrine sombre, fanatique; il
« n'y a rien de gallican dans le jeune clergé.

« Je n'ai rien à dire contre les anciens, les vieux évêques : ils se sont
« montrés reconnaissants de ce que j'avais fait pour la religion; ils ont
« répondu à mes espérances.

« Le cardinal *de Boisgelin* était un homme d'esprit, un homme de
« bien, qui m'avait loyalement adopté.

« L'archevêque de Tours, *Barral,* homme de beaucoup d'instruction,
« et qui nous a fort servis dans nos différends avec le pape, m'est tou-
« jours demeuré fort attaché.

« Le cardinal *du Belloy*, le bon archevêque *Roquelaure*, m'affection-
« naient sincèrement.

« Je n'avais fait nulle difficulté de mettre l'évêque *Beausset* au nombre
« des dignitaires de l'Université, et je ne doute pas qu'il ne fût un de
« ceux qui s'y conduisaient le plus sincèrement dans mes intentions.

« Tous ces anciens évêques eurent ma confiance et nul ne la trompa.
« Ce qu'il y a de singulier, c'est que ceux dont j'ai eu à me plaindre
« sont précisément ceux que j'avais faits moi-même; tant il n'est que
« trop vrai que l'onction sainte, en nous attachant au domaine du ciel,
« ne nous délivre pas des infirmités de la terre, de ses travers, de ses
« vilenies, de ses turpitudes, etc. »

La conversation s'est arrêtée ensuite sur le manque de prêtres en
France, sur l'obligation de les engager à seize ans, et la difficulté ou
même l'impossibilité d'en trouver à vingt et un, etc., etc.

L'Empereur voulait qu'on les ordonnât beaucoup plus tard. « C'est fort
« bien, lui répondaient les évêques, le pape même; vos raisonnements
« sont très-justes; mais si vous attendez à cet âge, vous n'en trouverez
« plus, avouaient-ils, et vous admettez pourtant qu'il vous en faut. »

« Il est hors de doute, a observé l'Empereur, qu'après moi viendront
« d'autres principes. Peut-être verra-t-on en France une conscription de
« prêtres et de religieuses, comme on y voyait de mon temps une con-
« scription militaire. Peut-être mes casernes deviendront-elles des cou-
« vents et des séminaires. Ainsi va le monde!... Pauvres nations! en
« dépit de toutes vos lumières, de toute votre sagesse, vous demeurez
« soumises aux caprices de la mode comme de simples individus. »

Marie-Antoinette. — Mœurs de Versailles. — *Le Père de Famille* de Diderot.

Jeudi, 1ᵉʳ août

Le temps était épouvantable. Sur les trois heures, le grand maréchal
est venu me chercher; j'avais précisément essayé de mettre le pied
dehors, il ne m'a pas trouvé. C'étaient des Anglais qu'il avait à présenter à l'Empereur.

L'Empereur m'a fait appeler sur les cinq heures : il était de mauvaise
humeur, et un peu contre moi, disait-il : la visite de ces Anglais, le mauvais temps, le manque de salon, celui d'interprète, tout l'avait contrarié.

Puis il est passé à causer de Versailles : la cour, la reine, madame
Campan, le roi, ont été les principaux objets, et il a dit beaucoup de
choses dont j'ai déjà cité quelques-unes, et dont je supprime un grand
nombre d'autres. Il a conclu, disant que Louis XVI eût été le plus exemplaire des particuliers, et qu'il avait été un fort pauvre roi. Il a dit que

la reine eût été sans doute dans tous les temps l'ornement de tous les salons; mais sa légèreté, ses inconséquences, son peu de capacité, n'avaient pas peu contribué à provoquer, à précipiter la catastrophe : elle avait, disait-il, tout à fait changé les mœurs de Versailles ; l'antique gravité, la sévère étiquette, se trouvaient transformées en gentillesses aisées, en vrais caquetages de boudoir. Tout homme sensé, tout homme de poids, ne pouvait échapper à la mystification de jeunes courtisans dont la disposition naturelle à la moquerie se trouvait aiguillonnée encore par les applaudissements d'une jeune et belle souveraine.

Le soir, l'Empereur, après la lecture du *Père de Famille*, qu'il critiquait fort, disait « que ce qui l'amusait le plus, c'est qu'il fût de Dide-
« rot, coryphée des philosophes et de l'Encyclopédie. Tout y était faux
« et ridicule. A quoi bon parler à un insensé dans le fort de la fièvre
« chaude? Ce sont des remèdes qu'il lui faut, de grandes mesures, et non
« des arguments. Qui ne sait que la seule victoire contre l'amour, c'est
« la fuite? Mentor, quand il veut garantir Télémaque, le précipite dans
« la mer. Ulysse, quand il veut se préserver des Sirènes, se fait lier, après
« avoir bouché avec de la cire les oreilles de ses compagnons, etc. »

Historique de l'émigration à Coblentz. Anecdotes, etc.

Vendredi 2.

Continuation de temps épouvantable ; pluie battante. L'Empereur ne se trouvait pas bien, il se sentait les nerfs très-agacés.

Il m'a fait appeler pour déjeuner avec lui. Pendant tout le déjeuner, et longtemps encore après, la conversation a roulé de nouveau sur l'émigration. J'ai déjà dit qu'il m'y ramenait souvent. Il me questionnait aujourd'hui sur les détails de Coblentz ; notre situation, notre esprit, nos sociétés, notre organisation, nos vues, nos ressources ; et, à la suite de toutes mes réponses, il a terminé disant : « Voilà déjà plusieurs
« fois que vous me dites une grande partie de ces choses, et cependant
« elles ne demeurent pas dans ma tête, parce que vous me les débitez
« sans ordre. Écrivez-en un petit historique régulier. Qu'auriez-vous
« de mieux à faire ici? Et puis, mon cher, cela se trouvera un morceau
« tout fait pour votre journal. » Cette demande était celle de Didon à Énée, et j'eusse pu m'écrier aussi : *Infandum, regina, jubes*... Toutefois je fis cet historique autant que me le permettaient ma mémoire et mon jugement; car cela commençait à devenir vieux, et j'étais bien jeune alors. Le voici tel que je le lus, peu de temps après, à Napoléon.

« Sire, après la fameuse journée qui renversa la Bastille et mit toute la France en mouvement, la plupart de nos princes, qui se trouvaient compromis, prirent la fuite, uniquement d'abord pour se mettre en sûreté. Bientôt après, des personnes considérables et des jeunes gens ardents allèrent les rejoindre : les premiers, par les rapports qu'ils avaient avec eux ; les autres, parce que cette démarche portait en soi quelque chose de marquant, de généreux et de prononcé. Dès qu'on se trouva un certain nombre, il vint à l'esprit de faire tourner au profit de la politique ce que jusque-là le zèle et le hasard seuls avaient amené. On pensa que si, à l'aide de ces réunions, on pouvait créer une espèce de petite puissance, elle pourrait réagir avec avantage sur le dedans, qu'elle deviendrait un levier d'insurrection, y frapperait les esprits, et y gênerait les mouvements, tandis qu'au dehors ce serait un titre ou un prétexte pour s'adresser aux puissances étrangères, et mériter leur attention. Voilà l'origine de l'émigration, et l'on assure que cette haute conception sortit du cerveau de M. de Calonne[1], traversant la Suisse à la suite de M. le comte d'Artois, qui quittait Turin pour gagner l'Allemagne.

« Le premier rassemblement se fit à Worms, sous le prince de Condé. Le plus fameux fut à Coblentz, sous les deux frères du roi, dont l'un vint d'Italie, où il avait d'abord pris asile auprès du roi de Sardaigne, son beau-frère ; et l'autre arriva par Bruxelles, en échappant à la crise qui fit Louis XVI captif à Varennes.

« Je fus de l'origine du rassemblement de Worms. Quand j'y arrivai, on était à peine encore cinquante auprès du prince. Dans toute l'effervescence de la jeunesse et la première chaleur du beau, j'accourais dans la plus innocente simplicité de cœur : un chapitre de Bayard était ma lecture, ma prière de chaque matin. Je m'attendais, en atteignant Worms, à être tout au moins saisi, embrassé par autant de frères d'armes ; mais à ma grande surprise, et ce fut ma première leçon sur les hommes, au lieu de ce tendre accueil, moi et un compagnon, nous nous trouvâmes tout d'abord questionnés et observés pour s'assurer que nous n'étions pas des espions ; ensuite nous fûmes soigneusement étudiés sur l'intérêt, les vues et les prétentions qui pouvaient nous avoir amenés ; enfin on prit grande peine de nous prouver et de faire pressentir au prince, ainsi qu'on le renouvelait pour chaque arrivant, que notre nombre s'accroissait beaucoup, et dépassait sans doute déjà les places et les faveurs qu'il pouvait accorder. Mon compagnon était si

---

[1] Quelqu'un qui se tient pour bien informé m'a garanti que j'étais ici tout à fait dans l'erreur, M. de Calonne n'ayant gagné l'Allemagne que lorsque la mesure de l'émigration se trouvait déjà arrêtée ; ajoutant que bien loin de l'avoir créée et provoquée, il l'avait même blâmée.

choqué qu'il me proposait de repartir immédiatement pour Paris.

« Nous, les émigrés, qui composions le rassemblement dans l'intention d'être utiles ou de nous rendre importants, nous nous placions trois ou quatre, à tour de rôle, en espèce de service régulier auprès du prince, nuit et jour; car déjà nous ne rêvions que complots et assassinats, tant nous nous regardions comme puissants et à craindre; et en descendant cette espèce de garde volontaire, nous avions l'honneur d'être admis à la table du prince. Trois générations de Condé en faisaient l'ornement, circonstance singulière qui s'est renouvelée avec plus d'éclat à l'armée de Condé, où le grand-père combattait au centre, tandis que

le fils et le petit-fils conduisaient la droite et la gauche, où ils étaient blessés, je crois, tous deux et le même jour.

« La princesse de Monaco avait suivi le prince de Condé : il l'a épousée depuis; mais dès lors elle gouvernait déjà sa maison et en faisait les honneurs. Nous avons pu entendre à cette table des convives dire et redire au prince que nous n'étions déjà que trop pour entrer en France; que son nom et un mouchoir blanc suffisaient; que l'étoile des Condé allait enfin reparaître; que l'occasion était unique, qu'il fallait la saisir; et je ne garantirais pas qu'on ne fût venu à bout de suggérer au prince des vues personnelles très-élevées.

« Worms, par la nature de son rassemblement et le caractère de son chef, montra toujours plus de régularité, plus d'austérité, de discipline que Coblentz, où se faisait remarquer plus de mouvement, de luxe et de plaisir : aussi Worms fut-il appelé *le camp*, et Coblentz *la ville* ou *la cour*.

« La force du rassemblement donnait la mesure de l'importance de son chef, ce qui faisait que le prince de Condé ne voyait qu'avec peine qu'on lui échappât, et se le rappelait longtemps. Je n'en courus pas moins à Coblentz dès qu'il eut acquis une certaine splendeur ; j'y avais des parents, des amis ; et puis là se trouvaient plus de lustre, d'agitation et de grandeur. Coblentz fut en peu de temps un foyer d'intrigues étrangères et domestiques, on pouvait y apercevoir deux partis distincts : MM. d'Avaray, de Jaucourt et autres étaient les confidents, les conseillers ou les ministres de Monsieur, aujourd'hui Louis XVIII ; l'évêque d'Arras, le comte de Vaudreuil et autres étaient ceux de monseigneur, comte d'Artois ; et dès ce temps-là même on assurait que les princes montraient déjà assez distinctement les mêmes nuances politiques que l'on a prétendu les avoir caractérisés depuis. M. de Breteuil, fixé à Bruxelles, et se disant muni de pouvoirs illimités de Louis XVI, formait un troisième parti, et venait encore compliquer nos affaires.

« M. de Calonne était notre ressource financière, et le vieux maréchal de Broglie et le maréchal de Castries nos chefs militaires. Le brave et capable M. de Bouillé, sorti de France après l'affaire de Varennes, n'avait pu demeurer avec nous, et avait suivi le roi Gustave III en Suède.

« Cependant l'émigration avait pris un grand caractère, grâce aux soins employés pour la propager. Des agents avaient parcouru les provinces, des avis avaient circulé dans les châteaux, sommant tout gentilhomme d'aller se joindre aux princes pour concourir avec eux au salut de l'autel et du trône, venger leur honneur et recouvrer leurs droits. On avait prêché une véritable croisade, et avec d'autant plus de fruit qu'elle avait frappé sur des esprits disposés à l'entendre. Parmi tous les nobles et les privilégiés, il n'en était pas un seul qui ne se sentît vivement blessé par les décrets de l'Assemblée. Tous y avaient perdu ce à quoi ils tenaient davantage, depuis celui qui occupait le plus haut rang jusqu'au plus petit hobereau ; car au premier on avait enlevé son titre et ses vassaux, et le dernier avait vu insulter sa tourelle, son pigeonnier ; on avait tiré sur ses lièvres. Aussi le mouvement fut aussitôt universel pour se mettre en route ; on n'y pouvait manquer sous peine de déshonneur, et les femmes furent dirigées à envoyer des fuseaux à ceux qui demeuraient incertains ou se montraient trop lents. Soit donc colère, pusillanimité ou point d'honneur, l'émigration devint une véritable maladie ; l'on se précipita avec fureur hors des frontières ; et ce qui ne contribua pas peu à l'accroître, c'est que les meneurs de la révolution y poussaient en secret, tout en ayant l'air de s'y opposer en public ; ils déclamaient vaguement contre elle à la tribune, il est vrai ; mais ils avaient grand soin de tenir tous les passages bien ouverts. Le zèle venait-il à se ralentir, les déclamations devenaient plus violentes, et l'on décidait de fermer strictement les barrières. Alors ceux qui étaient demeurés en arrière se trouvaient au désespoir de n'avoir pas su profiter du moment favorable ; mais, accidentellement ou par négligence, les barrières se rouvraient de nouveau, et on s'y jetait avec empressement pour n'être pas encore pris en défaut. C'est par ce manége adroit que l'Assemblée aidait ses ennemis à se précipiter eux-mêmes dans le gouffre.

« Les fortes têtes du parti avaient jugé tout d'abord qu'une telle mesure allait les désencombrer des parties hétérogènes qui gênaient leur marche, et que les biens de tous ces bannis volontaires leur assureraient d'incalculables ressources. Les officiers croyaient faire merveille que de s'esquiver de leurs régiments, tandis que les meneurs, de leur côté, faisaient révolter leurs soldats pour les y contraindre. Ils se délivraient par là d'ennemis qui les paralysaient, et se donnaient dans les sous-officiers au contraire des coopérateurs zélés, qui devinrent des héros dans la cause nationale : ce furent eux qui fournirent les grands capitaines et battirent toutes les vieilles troupes de l'étranger.

« Il arriva donc que Coblentz, en peu de temps, réunit tout ce que la cour en France avait d'illustre, et ce que les provinces renfermaient de riche et de distingué. Nous étions des milliers de toutes armes, de tous uniformes, de tous rangs ; nous peuplions la ville et avions envahi le palais. Nos réunions de chaque jour auprès des princes semblaient autant de fêtes splendides : c'était la cour la plus brillante ; nos princes en étaient les vrais souverains, si bien que le pauvre électeur, fort éclipsé, s'y trouvait perdu au milieu de nous, ce qui porta quelqu'un à lui dire un jour fort plaisamment, soit naïveté ou finesse d'esprit, que dans toute la foule de son palais il n'y avait que lui d'étranger.

« Dans les grandes solennités, il est arrivé d'avoir des galas publics, et l'on permettait aux notables habitants de faire le tour des tables. Alors nous étions fiers de voir les gens du pays admirer la bonne mine et la tournure chevaleresque de monseigneur comte d'Artois ; nous étions orgueilleux de savoir qu'ils rendaient hommage aux connaissances, à l'esprit de Monsieur; il eût fallu voir avec quelle arrogance

nous semblions promener pour ainsi dire avec nous toute l'importance, le lustre de notre monarchie, et surtout la supériorité de son chef et l'élévation de nos princes. *S. M. le roi*, disions-nous pompeusement dans les cercles allemands, en désignant le roi de France; car c'était ou ce devait être là, selon nous, son titre par excellence pour toute l'Europe. L'abbé Maury, que nous avions reçu d'abord avec acclamation, mais qui, par parenthèse, perdit beaucoup parmi nous en bien peu de temps, avait découvert, nous disait-il, que c'était là son droit et sa prérogative.

« Veut-on un autre exemple d'exagération? plus tard, au plus fort de nos désastres, et notre cause tout à fait perdue, un officier supérieur autrichien, chargé de dépêches importantes pour le gouvernement de Londres, réunit à dîner quelques-uns des nôtres avec lesquels il avait eu jadis des relations sur le continent : à la fin du dîner, et très-près de toutes vérités, l'on parle politique, et il lui échappe de dire qu'à son départ de Vienne on parlait beaucoup du mariage de Madame Royale (aujourd'hui duchesse d'Angoulême) avec l'archiduc Charles, qui dans ce moment d'ailleurs occupait fort la renommée. « Mais c'est impossi-
« ble! lui observe vivement un de ses convives français. — Et pour-

« quoi? — Parce que ce n'est pas un mariage convenable pour Madame.
« — Comment! s'écrie l'Autrichien scandalisé et fatiguant ses pou-
« mons, Son Altesse Royale monseigneur l'archiduc Charles! pas un
« mariage convenable pour votre princesse! — Eh! non, Monsieur,
« elle ne ferait là qu'un mariage de garnison. »

« Du reste, ces hautes prétentions nous venaient de notre éducation :
c'était là, à nous, notre sentiment national ; et nos princes n'en étaient
pas exempts. Chez nous les frères du roi dédaignaient le titre d'Altesse
Royale : ils avaient la prétention d'écrire avec le titre de frère à tous
les souverains, le reste était à l'avenant ; aussi n'était-ce qu'un cri en Europe contre nos manières de Versailles et les prétentions de nos princes.

« Gustave III nous disait, à Aix-la-Chapelle : « Votre cour de Versailles
« n'était pas abordable; sa hauteur et son persiflage étaient aussi par
« trop forts : quand j'y ai été, on m'y regardait à peine, et en la quittant
« j'emportai le brevet de *lourdaud*, de *ganache*. »

« La duchesse de Cumberland, mariée au frère du roi d'Angleterre,
avait à se plaindre, dans le même temps et dans la même ville, que la
princesse de Lamballe ne lui accordât pas les honneurs des deux battants.

« Le vieux duc de Glocester, à Londres, se plaignait plus tard, pour
son compte, d'un de nos princes du sang, le duc de Bourbon, et disait
qu'au surplus le prince de Galles riait beaucoup de ce que lui-même,
prince de Galles, l'appelant *monseigneur,* notre prince s'étudiait soigneusement à tourner ses phrases de manière à ne le lui jamais rendre.

« Toutefois, à Coblentz, dans nos circonstances nouvelles, nos princes
daignaient altérer leurs mœurs à cet égard et descendre au niveau des
princes étrangers. Ils se trouvaient en ce moment auprès de l'électeur
de Trèves, prince de Saxe, frère de leur mère, lequel, par parenthèse,
nous dévorions alors, et auquel nous avons coûté plus tard la perte de
ses États ; ils daignaient l'appeler *mon oncle ;* lui pouvait les appeler *mes
neveux,* et il leur disait un jour, assure-t-on : « C'est à vos infortunes
« que je dois des expressions si tendres ; à Versailles, je n'eusse été pour
« vous que *M. l'abbé ;* il n'est pas sûr que vous m'eussiez reçu tous les
« jours. » Et on ajoutait qu'il disait vrai, et que le comte de Lusace, son
frère, là présent, en avait fait la triste expérience.

« Les princes passaient en général leurs soirées dans leur intimité
particulière. L'un était la plupart du temps chez madame de Polastron,
à laquelle il portait des soins que sa constance et ses formes ont rendus
respectables. Ce n'est pas que l'on n'essayât plusieurs fois, mais toujours
en vain, de l'en distraire, tant les intrigants trouvaient peu leur compte

avec madame de Polastron, qui, douce, bonne, excellente, tout à fait désintéressée, tenait à demeurer absolument étrangère aux affaires. Son cercle se composait d'infiniment peu de monde. J'avais dû à une parente le bonheur d'y être admis ; mais comme il fallait se retirer avant l'arrivée du prince, je n'ai jamais eu l'honneur de l'y voir.

« Monsieur passait ses soirées chez madame de Balbi, dame d'atours de Madame. Madame de Balbi, vive, spirituelle, amie chaude, ennemie décidée, réunissait chez elle tout ce qu'il y avait de plus distingué : c'était un honneur que d'y être admis ; on s'y trouvait au centre du goût et du bon ton. Monsieur y demeurait parfois assez tard, et quand la foule était écoulée, le cercle rétréci, il lui arrivait de raconter ; et il faut avouer qu'il nous était aussi supérieur par les grâces de sa conversation que par son rang et sa dignité.

« Voilà pour notre tenue et nos dehors de société à Coblentz : c'était notre beau côté ; nous étions moins heureux sous la face politique ; elle formait la partie honteuse.

« Ah bon ! a dit ici l'Empereur; aussi bien je commençais à trouver « longs vos détails de salon. Il est vrai que pour vous c'est excusable, « vous vous y complaisez, c'est votre jeune temps. Mais allez. »

« Sire, toute notre multitude n'était qu'une noble et brillante cohue ; tout notre ensemble offrait l'image d'une complète confusion. C'était l'anarchie s'agitant au dehors pour établir, disait-on, l'ordre au dedans ; une véritable démocratie combattant pour rétablir son aristocratie. Nous donnions en petit, du reste, et à quelques nuances près, la répétition de tout ce qui se faisait en France. Nous avions parmi nous des zélateurs tenaces de nos vieilles formes et des amateurs ardents de la nouveauté; nous avions nos constitutionnels, nos intolérants, nos modérés. Nous avions nos empiriques, qui regrettaient fort de ne s'être pas emparés du roi pour agir de force en son nom, ou tout bonnement le faire déclarer incapable ; enfin nous avions aussi nos jacobins, qui voulaient tout tuer, tout brûler, tout détruire en rentrant, etc., etc.

« Nos princes n'exerçaient aucune autorité positive sur notre multitude : ils étaient nos souverains, il est vrai ; mais nous étions des sujets fort indociles et très-facilement aigris ; nous murmurions à tout propos; c'était surtout sur les derniers arrivants que se portait la fureur commune . c'était autant de gloire et de chance qu'ils enlevaient à nos exploits et à nos espérances ! disions-nous. On arrivait toujours trop tard, s'écriaient tous ceux qui se trouvaient une fois admis. Il n'y avait plus de mérite désormais, disait-on. Si l'on continuait à tout recevoir ainsi, la France entière serait bientôt de notre côté, et il ne se trouverait plus personne de punissable au retour, etc.

« Pleuvaient alors de tous côtés les dénonciations de toutes sortes sur ceux qui arrivaient. *Un prince de Saint-Maurice,* fils du prince de Montbarey, ne put résister à l'ouragan, bien qu'il eût l'appui formel de tout ce qu'il y avait de distingué, celui du prince même, qui daigna implorer en sa faveur, disant : « Eh! Messieurs, qui n'a pas ses fautes à « se reprocher dans la révolution! Moi aussi j'ai eu les miennes; et en « les oubliant vous m'avez donné le droit d'intercéder pour d'autres. » M. de Saint-Maurice n'en dut pas moins déguerpir au plus vite : son crime était d'avoir été de la société des amis des noirs, et d'être poursuivi, au milieu de nous, avec acharnement, par un gentilhomme franc-comtois, qui dénonçait M. de Saint-Maurice pour lui avoir fait brûler des châteaux. Or, peu de jours après, il se découvrit que le clabaudeur n'avait pas de château, qu'il n'était pas Franc-Comtois, qu'il n'était point gentilhomme : ce n'était qu'un aventurier.

« *M. de Cazalès,* qui avait rempli la France et l'Europe de l'éclat de son éloquence et de son courage dans l'Assemblée nationale, avait néanmoins perdu la faveur populaire à Coblentz. Quand il se présenta arrivant de Paris, le bruit courut parmi nous que les princes ne le recevraient pas, ou le recevraient mal. Nous nous réunîmes quatre-vingts

Languedociens pour lui servir d'escorte, en dépit de lui-même. M. de

Cazalès était l'honneur de notre province, nous le conduisîmes ainsi chez les princes, et il en fut bien reçu.

« Un député du tiers-état, Guilhermi, qui s'était fort distingué à la Constituante par son royalisme, était au milieu de nous. Un de nos princes, s'adressant un jour à lui dans la foule, lui dit : « Mais, un tel, « expliquez-moi donc, vous qui êtes si honnête homme, comment vous « avez pu dans le temps prêter le serment du jeu de paume ? » Le député, interloqué de l'algarade, balbutia d'abord qu'il avait été pris à court....., qu'il ne devinait pas les conséquences funestes..... Puis, se remettant aussitôt en selle, il répliqua avec vivacité : « Du reste, j'ob- « serverai à Monseigneur que ce n'est pas ce qui a perdu la monarchie « française, mais bien la réunion de la noblesse, qui est venue nous « joindre, sur une lettre très-touchante de Monseigneur. — Holà ! dit « le prince, en le frappant doucement sur le ventre, apaisez-vous, mon « cher, je n'ai pas voulu vous fâcher par cette question. »

« Toutefois, avec le temps, on régularisa tant bien que mal quelque chose ; nous fûmes classés par corps et par province ; on nous assigna des cantonnements, on nous donna des armes ; les gardes du corps du roi furent réunis, habillés, équipés, soldés, et bientôt ils présentèrent une troupe superbe par sa tenue et sa régularité. La coalition d'Auvergne et le corps de la marine, partie à pied et partie à cheval, se firent spécialement remarquer par leur discipline, leur instruction et leur fraternité. Et l'on ne saurait trop admirer notre dévouement et notre abnégation : chaque officier ne fut plus qu'un simple soldat, tenu à des pratiques, à des fatigues fort étrangères à ses mœurs, et soumis aux plus grandes privations ; car il n'y avait point de solde, et beaucoup, dans le nombre, n'eurent bientôt plus d'autres ressources que la cotisation de leurs camarades plus heureux. Nous méritions un meilleur résultat, ou, pour mieux dire, nous étions dignes d'une meilleure entreprise. On avait soigneusement réuni tous les officiers des mêmes régiments, pour qu'ils présentassent le cadre tout formé à leurs soldats, qui ne manqueraient pas, pensions-nous, d'arriver à eux dès qu'ils les apercevraient : tel était notre aveuglement ! C'est par un pareil motif qu'on avait réuni de même les gentilshommes par province, ne doutant pas de leur heureuse influence sur l'ensemble de la population : notre maladie était de nous croire toujours désirés, attendus, adorés.

« Tous ces rassemblements s'exerçaient et manœuvraient publiquement, bien qu'aux interpellations diplomatiques à cet égard il fût répondu hardiment qu'il n'en était rien, ou qu'on ne manquerait pas de l'empêcher. Nous avions des généraux indiqués, un état-major formé, et tout ce qui caractérise un quartier général, jusqu'à un grand prévôt. Insensiblement nos princes s'étaient environnés de tout ce qui constitue un véritable gouvernement : ils avaient des ministres pour les affaires du moment ; ils en avaient même pour la France, lorsque nous y serions rentrés ; tant ce moment nous semblait infaillible et prochain.

« M. de La Villeheurnois, dont il a été tant question depuis dans une conspiration royaliste, et qui a été mourir à Sinnamary à la suite de fructidor, avait le ministère de la police. Il partit de bonne heure pour aller l'exercer clandestinement à Paris. Il m'avait pris en belle affection, et voulait absolument faire de moi son gendre. Il employa de vives instances pour que je le suivisse ; mais je m'y refusai : la nature de son ministère me répugnait. Autrement quelles différentes combinaisons dans mes destinées !

« Nous avions aussi des rapports directs avec presque toutes les cours. Les princes y avaient des envoyés, et en recevaient à Coblentz. Monseigneur comte d'Artois alla à Vienne, je crois, mais bien certainement à Pilnitz. La noblesse, en corps, écrivit à Catherine, dont nous reçûmes un ambassadeur, M. de Romanzoff. Cette impératrice voyait avec plaisir se former un orage dans le midi de l'Europe ; elle attisait volontiers un incendie qui pouvait lui devenir très-favorable, sans qu'il lui en coûtât rien : aussi se montrait-elle chaude dans ses sentiments et passionnée dans ses promesses. Elle ne désespérait pas, dans cette circonstance, de rendre dupe Gustave III, dont la voisine activité lui était importune ; elle l'avait décidé, dit-on, à la croisade, en le flattant de s'en voir le généralissime. Je ne sais si ce prince, de beaucoup d'esprit et de talent, et bien certainement un aigle pour son temps, s'en laissait imposer : ce qu'il y a de vrai, c'est qu'il se montrait fort ardent pour notre cause, et qu'il annonçait le désir d'y combattre en personne. Quand il partit d'Aix-la-Chapelle pour aller prendre en Suède les dernières mesures à cet égard, je l'ai entendu, prenant congé de la princesse Lamballe, lui dire : « Vous me reverrez bientôt ; mais encore suis-je tenu, pour mon
« compte, à certaines démarches, à certains ménagements ; car mon
« rôle est des plus délicats. Sachez que moi, qui veux revenir combat-
« tre à la tête de vos aristocrates chez vous, je suis chez moi le premier
« démocrate du pays, etc. »

« Nous recevions même des envoyés de Louis XVI, qui présentaient des messages publics réprobateurs, et avaient des conférences confidentielles peut-être tout à fait différentes. Du moins agissions-nous comme s'il en avait été ainsi, déclarant hautement qu'il était captif, et que nous ne devions tenir nul compte d'aucun de ses ordres; que nous devions prendre le contre-pied de tout ce qu'on lui faisait dire; que s'il nous exhortait à la paix, c'est qu'il nous demandait la guerre. Aussi je pense que nous avons été bien funestes au repos de l'infortuné monarque, et que nous avons notre part spéciale dans le pardon qu'il a consacré dans son testament en faveur de ses amis, qui, par un zèle indiscret, dit-il, lui ont fait tant de mal.

« Cependant notre émigration se prolongeait, en dépit de toutes les promesses que l'on nous faisait et de toutes les espérances dont nous nous bercions; car, de quelles illusions, de quels contes, de quelles absurdités n'abusait-on pas notre impatience, soit qu'on voulût prévenir notre découragement, soit qu'on s'abusât soi-même! On s'est amusé à calculer, d'après nos lettres et nos gazettes, que nous avions fait marcher près de deux millions d'hommes en moins de dix-huit mois, sans qu'il ait pourtant rien paru à nos yeux. « Mais, nous disaient en grande « confidence les hauts initiés, c'est que ces troupes ne marchent que la « nuit pour mieux surprendre nos démocrates, ou qu'elles ne passent « de jour que par pelotons et sans uniformes, » ou autres choses de même force. D'un autre côté, c'était une foule de lettres que l'on se montrait les uns aux autres, de tous les pays et des meilleures sources, en style énigmatique que l'on croyait bien n'être intelligible que pour nous seuls. On mandait à l'un que cinquante mille cristaux de Bohème venaient d'être expédiés pour son pays; l'autre était prévenu de l'envoi très-prochain de dix mille porcelaines de Saxe; on annonçait à un troisième vingt-cinq mille balles de cacao, et autres bêtises de la sorte.

« Comment se peut-il, me dis-je à présent, que des gens d'esprit, car il y en avait certainement beaucoup dans le nombre, que d'anciens ministres qui nous avaient gouvernés, que d'autres qui étaient destinés à le devenir, pussent donner dans de pareilles balivernes, ou que notre gros bon sens, dans la multitude, ne nous ait pas portés à leur rire au nez? Mais non, nous n'en demeurions pas moins convaincus que nous touchions au terme de nos espérances, que ce moment approchait, qu'il était infaillible; que nous n'aurions qu'à nous montrer, que nous étions vivement désirés, que tout serait à nos pieds. »

Ici l'Empereur, qui m'avait souvent interrompu pour rire et goguenarder, m'a dit fort sérieusement : « Combien votre tableau doit être « fidèle; car je reconnais là une foule des vôtres! Vraiment, mon cher, « soit dit sans vous insulter, la jactance, la crédulité, l'inconséquence,

« la sottise même, l'on pourrait dire, en dépit de tout leur esprit, sem-
« blent être spécialement leur lot. Quand parfois, voulant m'amuser, je
« me suis laissé aller avec eux à lâcher les rênes et à encourager la con-
« fiance, j'ai entendu, moi, aux Tuileries, sous le consulat et l'empire,
« l'égal de tout ce que vous dites là ; nul ne doutait jamais de rien : l'a-
« mour des Français pour leurs rois avait passé tout entier à ma per-
« sonne, me disait-on ; je pouvais désormais faire tout ce qui me plai-
« rait, j'en devais user, je ne rencontrerais jamais d'autres obstacles
« qu'une poignée d'incorrigibles maudits de tous. Cette contre-révolu-
« tion tant redoutée, me disait un autre, n'avait été qu'un jeu d'enfant
« pour moi ; elle n'avait pas fait un pli dans mes mains. Et croira-t-on
« ceci? il n'y manquait, me disait-il avec insinuation, que de substituer
« l'ancienne couleur blanche à celles qui nous avaient fait tant de tort
« en tous lieux. L'imbécile, c'était là la seule souillure qu'il nous trou-
« vât désormais. J'en riais de pitié, bien que j'eusse de la peine à me
« contenir ; mais, pour lui, il était de la meilleure-foi du monde, bien
« persuadé qu'il était dans mon sens, et, bien plus encore, que l'univer-
« salité pensait comme lui [1]. Mais continuez. »

« L'apparition du duc de Brunswick à Coblentz et l'arrivée du roi de
Prusse à la tête de ses troupes furent un grand sujet de joie et d'espérance pour toute l'émigration. Le ciel s'ouvrait enfin devant nous, s'é-
criait-on ; nous allions donc rentrer dans la terre promise ! Toutefois
les gens de jugement et d'expérience prononcèrent, dès le premier abord,
que notre crise aurait l'issue de toutes celles qui lui ressemblent dans
l'histoire : que nous ne serions que des instruments ou des prétextes pour
les étrangers, qui ne cherchaient que leur intérêt et ne nous portaient
aucun sentiment.

« M. de Cazalès, que peu de temps avait formé beaucoup, nous l'exprima avec bien de l'énergie. Nous considérions en extase les Prussiens
qui défilaient dans les rues de Coblentz pour gagner nos frontières.
« Jeunesse insensée, nous dit-il, vous admirez avec sympathie cette
« troupe et tout son attirail ; vous vous réjouissez de sa marche ; frémis-
« sez-en plutôt ! Pour moi, je voudrais voir le dernier de ces soldats
« dans le Rhin. Malheur à qui appelle l'étranger dans son pays ! O mes
« amis ! continua-t-il avec chaleur, la noblesse française n'y survivra

[1] Il est sûr que c'est le propre des hommes de s'abuser sur le sentiment qu'on leur porte. A Coblentz, où nous jetions tant d'argent, où une jeunesse aimable et brillante, bien plus à craindre sans doute par l'excès que par le manque de son éducation, remplissait toutes les maisons et parcourait toutes les familles, il nous était permis de croire que nous devions y être aimés ; aussi nous croyions-nous adorés.

« pas : elle aura la douleur d'expirer loin de son berceau. Je suis plus
« coupable qu'un autre ; je le vois, et je fais comme tout le monde ;
« mais c'est parce que je ne peux rien empêcher. Je le répète, malheur
« à qui s'adresse à l'étranger, et s'en fie à lui ! »

« Quel oracle de sagesse que ces dernières paroles ! Bientôt des faits
eussent dû nous en convaincre, si nous eussions eu moins d'aveuglement, ou s'il était donné à une multitude de bien raisonner et de bien agir ; mais nous étions destinés, par nos misères mêmes, à enrichir l'histoire d'une des leçons les plus dignes de la méditation des hommes. Nous pouvions bien nous compter vingt ou vingt-cinq mille en armes : certes, une telle masse, ardente, dévouée, combattant pour ses propres intérêts, d'intelligence avec les éléments sympathiques du dedans, agissant contre une nation bouleversée, dans l'agitation, confuse de nouveaux droits non encore sacrés, pas même bien compris, pouvait porter des coups décisifs. Mais ce n'était pas notre force, nos succès, leur promptitude, qui eussent fait le compte des étrangers. Aussi, sous le prétexte de cette influence même, et pour qu'elle s'exerçât, disaient-ils, sur plusieurs points à la fois, ils nous annulèrent en nous morcelant, et nous faisant pour ainsi dire prisonniers au milieu de leurs divers corps d'armée. Ainsi six mille d'entre nous, sous les ordres du prince de Condé, furent dirigés contre l'Alsace ; quatre mille, sous le duc de Bourbon, durent agir en Flandre, et douze à quinze mille demeurèrent au centre, sous les deux frères du roi, pour attaquer la Champagne.

« Le plan, les vœux de nos princes avaient été que *Monsieur,* comme héritier du trône et le suppléant naturel de Louis XVI, se proclamât, vu la captivité du roi, régent du royaume, en mettant le pied sur le territoire français ; qu'il marchât, avec ses émigrés, à la tête de l'expédition, et que les alliés, à sa suite, ne fussent que nos auxiliaires. Mais les alliés ne firent qu'en rire, ils nous reléguèrent à la queue, sous les ordres et le bon plaisir du généralissime Brunswick, qui nous fit précéder par le

---

Eh bien ! lors de ma déportation au cap de Bonne-Espérance, un hasard bien singulier m'ayant placé sous la garde précisément d'un habitant de Coblentz qui avait assisté aux instants brillants de notre émigration, j'eus un grand plaisir d'en reparler avec lui. Nous ne pouvions désormais, à cet égard, avoir des secrets l'un pour l'autre, vingt-cinq ans s'étaient écoulés ; eh bien ! il me disait : « Vous n'é-
« tiez pas précisément haïs ; mais le véritable amour était pour vos adversaires ; car leur cause était la
« nôtre. La liberté s'était glissée parmi nous, précisément au travers de vous autres ; là, au milieu de
« vous, sous vos yeux mêmes, nous avions formé des clubs ; et Dieu sait si nous y riions à vos dé-
« pens, etc., etc. » Et plus d'une fois il lui était arrivé, me disait-il, mêlé à la foule qui faisait entendre
des acclamations sur notre passage, de crier, avec bon nombre de ses camarades : « Vivent les princes
« français ! et qu'ils boivent un peu dans le Rhin. Vous parlez de l'accueil que nous vous faisions,
« ajoutait-il ; mais c'est celui fait à Custine qu'il eût fallu voir ! là, vous auriez pu juger de nos vrais
« sentiments : nous courûmes au-devant de lui ; nous couronnâmes ses soldats ; grand nombre d'entre
« nous s'enrôlèrent, et plusieurs en sont devenus généraux ; pour moi, j'y ai manqué ma fortune, etc. »

plus absurde des manifestes, dont il nous sauva du moins le ridicule et l'odieux.

« Il est juste de dire, toutefois, que parmi nous quelques vieilles têtes, mieux avisées, n'avaient pas été sans prévoyance à cet égard; aussi avaient-elles proposé dans le conseil des princes, disait-on, de se jeter, avant l'arrivée des alliés, sur quelque point de la France, et d'y nourrir, pour notre compte, la guerre civile. D'autres, plus désespérés ou plus ardents, conseillaient de se saisir noblement des États de l'électeur de Trèves, notre bienfaiteur ; d'occuper Coblentz et sa forteresse, et d'en faire, pour tous les mécontents français, un centre de ralliement, un point d'appui indépendant du corps germanique; et quand nous nous récriions contre une telle perfidie et une telle ingratitude, ils nous répondaient : « Aux grands maux les grands remèdes. » On ne sait ce qu'eussent pu produire de pareilles résolutions, qui étaient au demeurant bien plus dans l'audace de nos jours que dans les mœurs d'alors. Aussi ne furent-elles pas suivies ; et d'ailleurs il était trop tard, nous étions trop engagés au milieu des étrangers; nous leur appartenions déjà, et nos destinées devaient s'accomplir !...

« Quant à nous qui formions la multitude, nous étions loin de prévoir nos malheurs. Nous nous mîmes en marche avec allégresse. Il n'était pas un de nous qui ne se vît, à quinze jours de là, chez lui triomphant au milieu de ses vassaux soumis, humiliés, accrus. Notre confiance n'eût permis là-dessus aucune observation, aucun doute ; j'en vais donner une preuve, qui, pour m'être personnelle et fort minutieuse en elle-même, n'en sera pas moins caractéristique pour tous. Nous traversions la ville de Trèves ; un de mes grands-oncles, lors de la *guerre de la succession*, en avait été gouverneur, pour Louis XIV, durant la conquête. Je fus visiter sa sépulture ; elle se trouvait dans une chapelle des chartreux de cette ville. La chaleur de mon âge, celle du moment, me portèrent à vouloir lui élever un petit monument, avec une superbe inscription analogue aux circonstances. Je ne doutais de rien. Il n'en fut pas ainsi des bons religieux : le prieur exigea que je m'en entendisse avec M. l'abbé, espèce d'évêque, et d'évêque allemand. Sa sagesse, sa tiédeur, en dépit de ses nombreux quartiers, lorsque je lui débitais mon projet chevaleresque, me prévinrent d'abord fortement contre lui ; mais quand, après quelques circonlocutions, il m'accoucha que, dans les circonstances présentes..... la prudence..... la sagesse..... si les Français venaient à entrer dans la ville..... A ces derniers mots, mon indignation fut extrême ; elle fut telle que je ne me donnai pas le temps de lui répliquer une parole. Je sortis aussitôt avec le rire du mépris et de la colère, convaincu que je laissais là le plus effroyable jacobin ; et rien qu'une générosité naturelle et le respect de moi-même purent m'empêcher d'ameuter les camarades, qui eussent certainement tout renversé. Hélas ! pourtant, M. l'abbé y voyait plus loin que moi ! car trois semaines n'étaient pas écoulées que les républicains étaient dans Trèves, le pauvre abbé en fuite, et les cendres du bon oncle profanées par les infidèles.

« Du reste, à peine fûmes-nous en pleine opération, à peine eûmes-nous mis le pied sur le sol français, qu'il devint très-aisé, sous peine de stupidité ou d'aveuglement, de comprendre enfin qu'il était possible, à toute rigueur, que nous nous fussions abusés. Nous nous trouvions au milieu des Prussiens, qui enchaînaient tous nos mouvements ; nous ne pouvions aller en avant, à droite ni à gauche sans leur permission, et ils ne l'accordaient jamais. Nos subsistances, toutes nos ressources dépendaient de leur unique volonté ; nous avions la honte de nous présenter en esclaves sur le sol où nous prétendions régner.

« Quant à nos compatriotes, au lieu de nous recevoir en libérateurs, comme nous n'en avions pas douté, ils ne nous témoignèrent que de l'éloignement et de la répugnance. Pour quelques seigneurs châtelains ou autres qui venaient nous joindre, la masse entière de la population fuyait à notre approche ; on nous considérait hostilement, avec l'œil du reproche et le silence morne de la réprobation. Elle semblait nous dire : « Ne frémissez-vous donc pas de souiller ainsi le sol de la patrie !
« Le cœur ne vous dit-il donc rien sur cette terre natale ! Vous vous
« dites offensés ; mais quel tort, quelle injure donna jamais à un fils le
« droit ou le sentiment de venir déchirer sa mère !... On nous dit
« qu'autrefois un patricien fougueux, Coriolan, eut l'infamie de com-
« battre sa patrie ; mais du moins à la fureur il joignait l'élévation ; il
« se présentait avec un bras victorieux, il imposait ses propres volontés ;
« il ne se traînait pas à la suite d'insolents étrangers, il les commandait,
« et encore se laissa-t-il attendrir. Seriez-vous incapables de ce dernier
« sentiment ?... Vous prétendez venir gouverner, vous n'aurez amené
« que des maîtres ! etc., etc. »

« A Verdun ou à Estain, on nous logea dans la ville. Quelques camarades et moi nous eûmes pour lot une assez belle maison : elle n'avait plus que les murailles ; tous les meubles, tous les propriétaires avaient disparu, à l'exception de deux jeunes demoiselles très-jolies, qui nous en mirent en possession. Cette circonstance nous semblait d'un augure favorable ; nous nous permîmes de le leur faire observer galamment, et voulûmes faire les aimables : « Messieurs, nous dit

« assez aigrement l'une des deux amazones, nous sommes restées parce
« que nous nous sentions le courage de vous dire en face que nos pré-
« tendus sont en armes contre vous, et qu'ils ont nos vœux au moins
« autant que nos cœurs. » Ce langage était intelligible, aussi nous
n'en demandâmes pas davantage, et nous allâmes nous loger ailleurs.

« Quoi qu'il en soit, nous voilà donc en France, et à la suite de cette armée prussienne qui poursuit brillamment ses succès, nous laissant de trois ou quatre marches en arrière. Et soit pour se rire de nous, parce que nous les avions assurés que toutes les villes ouvriraient leurs portes à notre vue, soit pour se délivrer de nos importunités, ils nous donnèrent à faire le siége de Thionville. Nous approchons de la place, et, par une de ces bizarreries singulières du hasard, le corps de la marine s'y trouve précisément opposé aux volontaires nationaux de Brest : ils se reconnaissent, et Dieu sait la volée d'épithètes et d'injures qui sont aussitôt échangées.

« Toutefois la place de Thionville est, comme l'on sait, des plus fortes ; or nous manquions de tout, et nous ne pouvions la prendre de nos mains ni de nos dents, et ce fut alors le sujet d'une haute négociation que d'obtenir des Autrichiens de Luxembourg deux pièces de vingt-quatre. Après bien des allées et des venues, elles se présentent enfin triomphantes, et c'est avec ce formidable appareil que nous sommons la place, et que, sur son refus, on lui tire, la nuit, en pure perte, quelques centaines de coups de canon. Lors de mon retour de l'émigration, le hasard m'ayant fait trouver avec le général Wimpfen, commandant de cette place, il me demandait quelle avait pu être notre intention par cette mauvaise plaisanterie. « Mais c'est, je crois, qu'on « comptait sur vous. — Mais quand cela eût été, me disait-il, encore « eussiez-vous dû me mettre dans le cas de me rendre.; vous ne pouviez « supposer que je dusse aller vous solliciter de me prendre. » Le tout était à l'avenant ; la plus petite sortie mettait toutes nos forces en l'air, la moindre circonstance était un événement pour nous ; cela était simple, car nous étions étrangers à tout ; aussi, courage à part, je n'hésite pas à croire que cent gros bonnets de la garde impériale n'eussent mis tout notre rassemblement en déroute. Heureusement que nos adversaires n'en savaient pas plus que nous : tous étaient pygmées alors, bien qu'en qu'en très-peu de temps on ait trouvé des géants partout.

« Cependant nous demeurions fort mécontents de tout cela, sous nos tentes et sur notre mauvaise paille ; mais *à la française,* notre gaieté faisait notre salut ; notre mauvaise humeur s'exhalait en quolibets et en mauvaises plaisanteries. Chacun de nos chefs eut bientôt son sobriquet ; il ne fut pas jusqu'au vénérable maréchal de Broglie, notre généralissime, qui n'eût le sien, et ceci me rappelle le conte dont nous gratifiâmes sans doute un de ses lieutenants, qui en demeura noyé. Si mes compagnons de tente lisent jamais ceci, ils en riront encore.

« Lors d'une sortie qui nous mit tout en émoi, comme de coutume, chacun se portait en avant ; or nous possédions deux petits canons que nous avions achetés, et que les officiers d'artillerie traînaient eux-mêmes, faute de chevaux. « Eh bien ! m'a observé l'Empereur, j'aurais « pu être précisément attelé à ces mêmes canons, et pourtant. quelles « autres combinaisons dans mes destinées et dans celles du monde ! « car il est incontestable, et nul ne saurait le nier, que je lui ai imprimé « une direction toute de moi. Mais reprenez. »

« Sire, notre formidable artillerie était donc en pleine route sur le grand chemin, quand l'officier général de jour arrive au grand galop, et s'arrête d'indignation à la vue de nos deux petits canons roulant vers

la place, la culasse en avant. « Comment, Messieurs, le faisait-on s'é-
« crier, sont-ce bien des gentilshommes qui conduisent ainsi leurs ca-
« nons à l'ennemi ? Et s'il se présentait, comment pourriez-vous tirer
« dessus ? » Et il s'obstinait à ne vouloir pas comprendre ce que les
officiers d'artillerie se tuaient à lui dire, que pourtant il en était toujours ainsi partout, et que sous peine d'invention de sa part, on ne
pouvait faire autrement. Et dès cet instant nous expédiâmes son brevet,
que contre-signa la multitude.

« Mais bientôt tout ce burlesque tourna subitement au dernier sérieux ; la scène changea comme par magie, et nos malheurs apparurent
aussitôt dans toute leur affreuse nudité. Soit trahison, soit faiblesse,
soit intérêt de sa politique ou maladie dans son armée, soit force réelle
ou seule adresse du général français, le roi de Prusse traita secrètement avec lui, fit soudainement volte-face, et marcha vers la frontière,
évacuant le territoire de la France. Alors commença pour nous la
plus épouvantable débâcle ; le langage ne saurait rendre les indignes
traitements dont nous fûmes l'objet, ni le juste ressentiment dont un
cœur généreux dut se remplir contre les Prussiens nos alliés. Nos

princes dégradés, méconnus, insultés par eux ; nos équipages, nos effets
les plus nécessaires, notre linge même pillés ; nos personnes bassement

maltraitées : tels nous fûmes, pêle-mêle, poussés et revomis en dehors de la frontière, par nos amis nos alliés !!!

« Pour moi, dès le commencement de la retraite, succombant sous la fatigue de trop longues marches faites dans la boue et sous des torrents de pluie, courbant sous un mousquet et tout un attirail qui n'étaient nuisibles qu'à moi, je profitai de ma prérogative de volontaire pour sortir des rangs, et opérer seul ma retraite, selon mes forces. Je partais quand je pouvais, je n'atteignais jamais la halte commune ; la première métairie me servait d'asile, et, soit bonheur personnel, soit parce qu'en effet les paysans se trouvèrent bons et point exaspérés contre nous, j'évacuai sans malencontre. Ce ne fut qu'à quelque temps de là que je pus juger de toute l'étendue du péril auquel je m'étais exposé, quand je lus dans les papiers que quinze ou dix-huit des nôtres, trainards comme moi, dont quelques-uns étaient mes voisins dans les rangs, avaient été saisis, menés à Paris et exécutés dans les places publiques en espèce d'auto-da-fé, et comme par voie d'expiation.

« Aussitôt hors de France, on nous signifia à tous qu'il fallait nous dissoudre ; mais cette intimation n'était pas nécessaire : les besoins, le dénûment de toutes choses le rendaient suffisamment indispensable. Nous nous débandâmes ; chacun prit une direction à l'aventure, et le désespoir, la rage, furent ses compagnons. Nous traversâmes en fugitifs, la plupart du temps à pied, quelques-uns à peu près nus, les lieux de notre splendeur et de notre luxe passés. Heureux quand on ne nous en fermait pas les portes, qu'on ne nous en repoussait pas avec brutalité ! En un instant on nous chassa officiellement de partout ; on nous interdit le séjour ou l'entrée de tous les États voisins ; nous fûmes au loin et allâmes trainer dans toute l'Europe le spectacle de nos misères, qui durent être une grande leçon de morale et de politique pour les peuples, les grands et les rois.

« Cependant les exploits des Français firent expier cruellement aux étrangers les indignités dont ils nous avaient accablés, tandis que de notre côté ce nous fut une espèce de consolation que de voir l'honneur de l'émigration se réfugier dans l'armée de Condé, qui se montrait à tous les yeux et s'est inscrite dans l'histoire comme un modèle de loyauté, de valeur et de constance.

« Telle est, Sire, cette trop fameuse époque, cette détermination fatale qui n'a été, pour un grand nombre, que la seule erreur de la jeunesse et de l'inexpérience. Toutefois à ceux-là personne n'a le droit d'en faire le reproche qu'eux-mêmes. Les sentiments qui les guidèrent étaient si purs, si naturels, si généreux, qu'ils pourraient même au besoin s'en faire honneur, et ces dispositions, je dois le dire, étaient celles de la masse parmi nous, de cette foule surtout de gentilshommes de province qui, sacrifiant tout et n'attendant rien, sans fortune comme sans espérance, montraient un dévouement vraiment héroïque en ce qu'il n'avait d'autre but que ce qu'ils imaginaient être un devoir. Du reste, le vice en était tout à notre éducation politique, qui ne nous apprenait pas à distinguer nos devoirs, et nous faisait porter au prince seul ce qui appartenait à toute la patrie. Les erreurs passent avec les générations, les seules vérités demeurent! Aussi dans l'avenir, quand les passions adverses seront éteintes, quand il ne restera plus de traces des intérêts croisés ou de l'aveuglement et de la fureur des partis, alors ce qui fut douteux pour nous sera positif pour d'autres. Ce qui était excusable ou même licite en nous, qui nous trouvions entre un vieil ordre de choses qui finissait, et un nouveau qui s'élevait, sera tenu pour hautement coupable parmi ceux qui jouiront de doctrines arrêtées. Là passeront comme articles de foi : 1° que le plus grand de tous les crimes est d'introduire l'étranger au sein de la patrie ; 2° que la souveraineté ne saurait être errante, mais qu'elle est inséparable du territoire et demeure liée à la masse des citoyens ; 3° que la patrie ne saurait être voyageuse, mais qu'elle est immuable et toute sur le sol sacré qui nous a donné la naissance, et où reposent les ossements de nos pères. Telles sont les grandes maximes et beaucoup d'autres encore qui demeureront enfantées par notre émigration ; telles sont les grandes vérités qu'on recueillera de nos malheurs! »

« Très-bien, a dit l'Empereur, très-bien ; voilà ce qui s'appelle être
« sans préjugés, voilà de vraies vues philosophiques! Et l'on dira de
« vous que vous avez su profiter des leçons du temps et de l'adver-
« sité. »

« Sire, durant notre séjour à bord du *Northumberland,* et dans les loisirs de la traversée, les Anglais plus d'une fois touchèrent vis-à-vis de nous ce point délicat : égarés par la guerre qu'ils nous avaient faite avec fureur, aussi bien que par les maximes dont l'intérêt du moment remplissait leurs journaux, en opposition même avec leurs doctrines nationales, ils nous entretenaient des mérites de l'émigration, des vertus dont ils avaient été les témoins, et trouvaient la nation coupable d'y avoir résisté. Mais quand les arguments se compliquaient trop, ou que nous voulions y mettre un terme subit, nous l'obtenions d'un mot; nous leur disions : « Reportez-vous au moment de votre révolution ; figurez-

« vous Jacques II vous menaçant de la rive opposée, et sous les bannières
« françaises, bien qu'entouré de ses fidèles, qu'auriez-vous fait? Et si
« Louis XIV vous l'eût ramené à Londres à la tête de cinquante mille
« Français qui eussent ensuite tenu garnison chez vous, qu'auriez-vous
« senti? — Ah!... Mais... Ah!... » disaient-ils, s'efforçant de chercher
quelque différence, et ne pouvant en trouver, ils se mettaient à rire et
se taisaient. « Et en effet, observait l'Empereur, il n'y avait pas un mot
« à répliquer. » Et il s'est mis à passer en revue, avec sa rapidité et ses
vues ordinaires, les divers objets que j'avais relatés. Il s'est arrêté sur
l'absurdité, l'inconséquence, la grande erreur de notre émigration; les
vrais torts qu'elle avait causés à la France, au roi, à nous-mêmes. « Vous
« avez établi, consacré dans la France politique, disait-il, une scission
« pareille à celle que les catholiques et les protestants amenèrent dans
« l'Europe religieuse; et quels malheurs n'en ont pas été la suite? j'étais
« venu à bout d'en détruire les conséquences; mais ne vont-elles pas re-
« naître? » Et il développait les moyens qu'il avait employés pour détruire ce fléau, les précautions qu'il avait dû prendre, les résultats qu'il
avait voulus. Comme tout changeait de face dans sa bouche! comme
tout s'agrandissait à mes yeux, à mesure qu'il parlait! « Et le bizarre de
« ma situation, ajoutait-il, c'est que dans tout cela je naviguais moi-
« même constamment au milieu des écueils.

« Chacun, jugeant d'après son échelle, attribuait à des affections, à
« de simples préjugés, à de la petitesse, ce qui en moi n'était pourtant
« que vues profondes, grandes conceptions et maximes d'État de la plus
« haute élévation; on eût dit que je ne régnais que sur des pygmées en
« intelligence : je n'étais compris de personne. Le parti national n'é-
« prouvait que jalousie et ressentiment de ce qu'il me voyait faire en
« faveur des émigrés, et ceux-ci, de leur côté, se persuadaient que
« je ne cherchais qu'à me donner du lustre par leur secours. Pauvres
« gens!...

« Toutefois, en dépit de l'aveuglement et des préjugés réciproques,
« j'étais arrivé à mon but, et j'avais obtenu la satisfaction de laisser
« tout calme dans le port, lorsque je me lançai sur la haute mer à la
« poursuite de mes grandes entreprises. »

N. B. Depuis mon retour en Europe, mentionnant ces paroles de
Napoléon à un grand officier de la couronne qui avait eu l'honneur de
jouir souvent de ses entretiens particuliers (le comte de Ségur), il
m'a raconté à son tour une conversation précisément sur le même
sujet : elle coïncide trop bien avec ce qu'on vient de lire pour que je ne

la rapporte pas ici. L'Empereur lui disait un jour : « Pourquoi croyez-
« vous que je cherche à m'entourer des grands noms de l'ancienne mo-
« narchie ! — Sire, mais peut-être pour la splendeur de votre trône, et
« pour ménager certaines apparences aux regards de l'Europe. — Ah !
« vous y voilà bien, avec votre orgueil et vos préjugés de classe. Eh
« bien ! sachez que mes victoires et ma force me recommandent en Eu-
« rope bien autrement que ne pourraient le faire tous vos grands noms,
« et qu'au dedans ma prédilection apparente pour eux me fait beaucoup
« de tort, me dépopularise infiniment. Vous attribuez à de petites vues
« ce qui tient à de fort larges. Je constitue une société, une nation, et
« je me trouve sous la main des éléments tout à fait antipathiques. Les
« nobles et les émigrés ne sont qu'un point dans la masse, et cette masse
« leur est hostile et demeure fort ulcérée ; elle me pardonne avec peine
« de les avoir rappelés. Pour moi, je l'ai cru un devoir ; mais si je les
« laisse demeurer formant un corps, ils peuvent un jour servir à l'é-
« tranger, *nous devenir nuisibles et courir eux-mêmes de grands pé-
« rils*. Je ne cherche donc qu'à les dissoudre et à les isoler. Si j'en place
« autour de moi, dans les administrations, dans l'armée, c'est afin de
« les incruster dans la masse, et pour faire en sorte que le tout ne fasse
« plus qu'un ; car je suis mortel, et si je venais à vous quitter avant que
« cette fusion se fût opérée, vous verriez quels inconvénients entraîne-
« raient ces parties hétérogènes, et le terrible danger dont certaines
« personnes pourraient être victimes ! Ainsi donc, Monsieur, mes vues
« tiennent toutes à l'humanité et à la haute politique : nullement à de
« vains et sots préjugés. »

Et sur ce que je me récriais auprès du narrateur, combien peu aux
Tuileries nous connaissions le véritable caractère de Napoléon, les
hautes et excellentes qualités de son âme et de son cœur, il me répondait que pour lui il avait été personnellement plus heureux, et qu'il
allait m'en donner une preuve qu'il choisissait entre dix : « L'Empereur,
« me disait-il, dans son Conseil privé, se montrait un jour fort monté
« contre le général La Fayette, et fit une sortie des plus vives contre ses
« opinions, ses principes, qu'il disait capables de mettre un État en
« complète dissolution ; et, s'animant par degrés, il se mit en une véri-
« table colère. Je me trouvais un des membres de ce Conseil ; nouvel-
« lement admis et peu fait encore aux manières de l'Empereur, bien
« qu'arrêté par mes deux voisins, je pris aussitôt la parole en défense de
« l'accusé, assurant qu'on l'avait calomnié auprès du souverain, qu'il
« vivait paisible dans ses terres avec des opinions personnelles qui ne

« causaient aucun dommage. L'Empereur, dans son état de colère, re-
« prit tout d'abord pour insister avec violence ; mais au bout de cinq à
« six mots, il s'arrête tout court, me disant : Mais c'est votre ami, Mon-
« sieur, et vous avez raison... Je l'avais oublié... Parlons d'autre
« chose. — Et pourquoi, disais-je, ne nous faisiez-vous pas connaître,
« dans le temps, tout cela ? — Par une fatalité qui semblait tenir à
« l'atmosphère de Napoléon ; soit prévention, soit autrement, notre es-
« prit était tel qu'on ne pouvait le raconter qu'à ses intimes ; car si on
« en eût fait grand bruit, on eût passé pour un hâbleur grossièrement
« courtisan, qui eût débité, non ce qu'il croyait vrai, mais ce qu'il
« imaginait propre à lui mériter de la faveur et des récompenses. »

Mais puisque j'en suis à ce grand officier de la couronne, aussi distingué d'ailleurs par les grâces de son esprit et l'aménité de ses mœurs
que par la noblesse de son caractère, voici une de ses réponses à Napoléon, d'un goût aussi fin que d'une flatterie délicate. L'Empereur, à un
de ses levers, s'étant trouvé dans le cas de l'attendre, s'en montra fort
choqué, et lui fit une scène à son arrivée, en présence de tous. Or, c'é-
tait le moment où cinq ou six rois, entre autres ceux de Bavière, de
Saxe, de Wurtemberg, se trouvaient à Paris. « Sire, répondit le cou-
« pable, j'ai un million d'excuses sans doute à présenter à Votre Ma-
« jesté ; mais aujourd'hui on n'est pas toujours maître de circuler dans
« les rues. Je viens d'avoir le malheur de donner dans un *embarras de*
« *rois* dont je n'ai pas pu sortir plus tôt : voilà la cause de ma négli-
« gence. » Chacun sourit, et l'Empereur, d'une voix fort radoucie, se
contenta de dire : « Quoi qu'il en soit, Monsieur, prenez dorénavant
« vos précautions, et surtout ne me faites plus attendre. »

Voyage sentimental de Napoléon. — Esprit public du temps. — Journée du 10 août.

Samedi 3.

Le temps est devenu un peu meilleur ; l'Empereur a essayé de se promener au jardin. Le général Bingham et le colonel du 53ᵉ ont fait
demander à voir l'Empereur, qui les a gardés assez longtemps. L'apparition du gouverneur a mis tout en fuite. Le général Bingham a disparu, et nous, nous avons gagné le bois pour nous éloigner du terrain.

L'Empereur, dans sa promenade, a beaucoup causé d'un voyage qu'il
avait fait en Bourgogne, au commencement de la révolution. C'est ce
qu'il appelle *son Voyage sentimental*, à Nuits, à la façon de *Sterne*; il y
alla souper chez son camarade *Gassendi*, alors capitaine dans son régiment, et marié assez richement à la fille d'un médecin du lieu. Le jeune

voyageur ne tarda pas, disait-il, à s'apercevoir du dissentiment des opinions politiques du beau-père et du gendre : le gentilhomme Gassendi était aristocrate comme de raison, et le médecin, chaud patriote. Celui-ci trouva dans le convive étranger un auxiliaire puissant, et en fut si ravi, que le lendemain il était au point du jour chez lui en visite de reconnaissance et de sympathie. L'apparition d'un jeune officier d'artillerie d'une bonne logique et d'une langue alerte, disait l'Empereur, était une recrue précieuse et rare pour l'endroit. Il fut aisé au voyageur de s'apercevoir qu'il faisait sensation. C'était un dimanche, on lui tirait le chapeau du bout de la rue. Toutefois ce triomphe ne fut pas sans

échec. Il alla souper chez une dame, auprès de laquelle un autre de ses camarades semblait fort bien établi ; or c'était là le repaire de l'aristocratie du canton, bien que la dame ne fût que la femme d'un marchand de vin ; mais elle avait une grande fortune, les meilleures manières : c'était la duchesse de l'endroit, disait l'Empereur. Là se trouvait toute la gentilhommerie des environs. Le jeune officier avait donné dans un vrai guêpier, il lui fallut rompre force lances ; la partie n'était pas égale. Au plus fort de la mêlée, on annonce le maire. « Je crus que « c'était un secours que le ciel m'envoyait dans ce moment de crise,

« disait l'Empereur ; mais il se trouva le pire de tous. Je vois encore ce
« maudit homme, dans son bel accoutrement du dimanche, bien bour-
« souflé sous un grand habit cramoisi : c'était un misérable. Heureu-
« sement la générosité de la maîtresse de la maison, peut-être une se-
« crète sympathie d'opinions, me sauvèrent. Elle détourna constamment,
« avec esprit, les coups qui eussent pu porter ; elle fut sans cesse le
« bouclier gracieux sur lequel les armes venaient perdre leurs forces ;
« enfin elle me préserva de toute blessure, et il m'est toujours resté
« d'elle un agréable souvenir pour le service que j'en reçus dans cette
« espèce d'échauffourée.

« Cette diversité d'opinions, faisait observer l'Empereur, se trouvait
« alors dans toute la France. Dans les salons, dans la rue, sur les chemins,
« dans les auberges, tous les esprits étaient prêts à s'enflammer, et rien
« de plus facile que de se méprendre sur la force des partis et de l'opi-
« nion, suivant les localités où l'on se plaçait. Ainsi un patriote s'en
« laissait imposer facilement s'il se trouvait dans les salons ou parmi
« les rassemblements d'officiers, tant il se voyait en minorité ; mais
« sitôt qu'il était dans la rue ou parmi les soldats, il se retrouvait alors
« au milieu de la nation tout entière. Les sentiments du jour ne laissè-
« rent pas de gagner jusqu'aux officiers mêmes, surtout après le fameux
« serment *à la nation, à la loi et au roi*. Jusque-là, continuait l'Empe-
« reur, si j'eusse reçu l'ordre de tourner mes canons contre le peuple,
« je ne doute pas que l'habitude, le préjugé, l'éducation, le nom du roi,
« ne m'eussent porté à obéir ; mais le serment national une fois prêté,
« c'eût été fini, je n'eusse plus connu que la nation. Mes penchants na-
« turels se trouvaient dès lors en harmonie avec mes devoirs, et s'ar-
« rangeaient à merveille de toute la métaphysique de l'Assemblée. Toute-
« fois les officiers patriotes, il faut en convenir, ne composaient que le
« petit nombre ; mais, avec le levier des soldats, ils conduisaient le ré-
« giment et faisaient la loi. Les camarades du parti opposé, les chefs
« mêmes recouraient à nous dans tous les moments de crise. Je me
« souviens, par exemple, disait-il, d'avoir arraché à la fureur de la
« populace un des nôtres, dont le crime était d'avoir entonné, des fe-
« nêtres de notre salle à manger, la célèbre romance de . *O Richard !*
« *ô mon roi!* Je me doutais bien peu alors qu'un jour cet air serait
« proscrit aussi de la sorte à cause de moi. C'est comme au 10 août,
« voyant enlever le château des Tuileries et se saisir du roi, j'étais assu-
« rément bien loin de penser que je le remplacerais, et que ce palais
« serait ma demeure. »

Et, s'arrêtant sur cette journée du 10 août, il a dit : « Je me trouvais, « à cette hideuse époque, à Paris, logé rue du Mail, place des Victoires. « Au bruit du tocsin et de la nouvelle qu'on donnait l'assaut aux Tuile- « ries, je courus au Carrousel, chez *Fauvelet*, frère de Bourienne, qui y « tenait un magasin de meubles. Il avait été mon camarade à l'École mi- « litaire de Brienne. C'est de cette maison, que, par parenthèse, je n'ai « jamais pu retrouver depuis par les grands changements qui s'y sont « opérés, que je pus voir à mon aise tous les détails de la journée. Avant « d'arriver au Carrousel, j'avais été rencontré dans la rue des Petits- « Champs par un groupe d'hommes hideux, promenant une tête au

« bout d'une pique. Me voyant passablement vêtu, et me trouvant l'air « d'un monsieur, ils étaient venus à moi pour me faire crier *vive la na-* « *tion!* ce que je fis sans peine, comme on peut bien le croire.

« Le château se trouvait attaqué par la plus vile canaille. Le roi avait « assurément pour sa défense au moins autant de troupes qu'en eut depuis « la Convention au 13 vendémiaire, et les ennemis de celle-ci étaient « bien autrement disciplinés et redoutables. La plus grande partie de « la garde nationale se montra pour le roi : on lui doit cette justice. »

Ici le grand maréchal a observé qu'il était précisément d'un des ba- taillons qui se montrèrent les plus dévoués. Il avait failli être massacré plusieurs fois par le peuple, en regagnant isolément sa demeure. Nous, nous faisions remarquer, de notre côté, qu'en général la garde nationale, à Paris, avait constamment montré les vertus de son état : l'amour de l'ordre, le dévouement à l'autorité, la crainte du pillage et la haine de l'anarchie ; et c'était aussi l'opinion de l'Empereur.

« Le palais forcé, et le roi rendu dans le sein de l'Assemblée, a-t-il
« continué, je me hasardai à pénétrer dans le jardin. Jamais, depuis,
« aucun de mes champs de bataille ne me donna l'idée d'autant de ca-
« davres que m'en présentèrent les masses de Suisses, soit que la peti-
« tesse du local en fît ressortir le nombre, soit que ce fût le résultat de
« la première impression que j'éprouvais en ce genre. J'ai vu des femmes
« bien mises se porter aux dernières indécences sur les cadavres des
« Suisses. Je parcourus tous les cafés du voisinage de l'Assemblée. Par-
« tout l'irritation était extrême. La rage était dans tous les cœurs ; elle
« se montrait sur toutes les figures, bien que ce ne fussent pas du tout
« des gens de la classe du peuple ; et il fallait que tous ces lieux fussent
« journellement remplis des mêmes habitués, car, bien que je n'eusse rien
« de particulier dans ma toilette, ou peut-être était-ce encore parce que
« mon visage était plus calme, il m'était aisé de voir que j'excitais maints
« regards hostiles et défiants, comme quelqu'un d'inconnu ou de suspect. »

Bals masqués.— Madame de Mégrigny. — Le Piémont et les Piémontais. — Canaux de la France. — Rêves sur Paris. — Versailles. — Fontainebleau.

Dimanche 4

On parlait des bals masqués ; l'Empereur les aimait particulièrement, et en demandait souvent. Il y était toujours sûr d'un certain rendez-vous qui ne lui manquait jamais. Il s'y trouvait, disait-il, entrepris chaque année par un même masque, qui lui rappelait d'anciennes intimités, et le sollicitait avec ardeur de vouloir bien le recevoir et l'admettre à sa cour : c'était une femme très-aimable, très-bonne et très-belle, à qui beaucoup devaient certainement beaucoup. L'Empereur, qui ne laissait pas que de l'affectionner, lui répondait toujours :
« Je ne nie pas que vous soyez charmante ; mais voyez un peu quelle est
« votre demande ! jugez-la vous-même, et prononcez. Vous avez deux
« ou trois maris et des enfants de tout le monde. On tiendrait à bon-
« heur sans doute d'avoir été complice de la première faute : on se fâ-
« cherait de la seconde, on la pardonnerait peut-être. Mais ensuite, et
« puis, et puis !... A présent, soyez l'Empereur, et jugez : que feriez-
« vous à ma place ? et moi qui suis tenu à faire renaître un certain

« décorum ! » Alors la belle sollicitense gardait le silence, ou lui disait : « Du moins ne m'ôtez pas l'espérance, » et renvoyait à l'année suivante à être plus heureuse. « Et chacun de nous deux, disait l'Empereur, était « exact à ce nouveau rendez-vous. »

A ces bals, l'Empereur aimait particulièrement à se faire insulter, disait-il, et le recherchait. Un jour, chez Cambacérès, il rit beaucoup de s'entendre dire par une dame connue, qu'il prétend que sa nature portait d'ailleurs facilement à l'aigreur, « qu'il y avait des gens au bal « qu'il faudrait mettre à la porte ; qu'ils n'avaient pu y entrer sans « doute qu'avec des billets volés. »

Une autre fois il avait porté la douce et timide madame *de Mégrigny* à se lever et à s'éloigner avec colère et les larmes aux yeux, disant qu'on abusait assurément vis-à-vis d'elle de la liberté que donnait un bal masqué. L'Empereur venait de lui rappeler une faveur très-remarquable qu'il lui avait accordée jadis, en ajoutant que personne ne doutait qu'elle ne l'eût payée par le droit du seigneur. « Or il n'y avait que moi, disait « l'Empereur, qui pusse le lui dire sans l'insulter, parce que cela se disait, « il est vrai, mais que j'étais bien sûr qu'il n'en était rien. » Voici l'histoire :

L'Empereur, allant se faire couronner à Milan, coucha à Troyes. On

lui présenta les autorités, et, parmi elles, une jeune pétitionnaire à la veille de se marier, et qui venait solliciter de lui une faveur de fortune. Or, comme l'Empereur désirait, disait-il, faire quelque chose qui fût, avec éclat, agréable au pays, la circonstance lui parut favorable, et il la saisit avec toute la grâce imaginable. La jeune personne (c'était madame *de Mégrigny*) appartenait aux premières familles de la province, mais était tout à fait ruinée par l'émigration. A peine était-elle de retour au logis misérable de ses parents, qu'un page y entrait avec fracas, apportant le décret de l'Empereur qui leur rendait trente mille francs de rente ou plus. On juge du bruit et de l'effet d'un tel événement. Toutefois, comme rien n'était plus charmant, plus complétement joli, disait l'Empereur, que la jeune solliciteuse, on voulait que ses attraits eussent été pour quelque chose dans sa galanterie, bien qu'il eût quitté la ville quelques heures après, et qu'il n'y eût plus songé ; c'était égal. On sait comme se font les histoires, et, comme elle était femme d'un de ses écuyers, qu'elle vint conséquemment à la cour, on avait mêlé tout cela comme de coutume ; si bien que, nommée depuis sous-gouvernante du roi de Rome, le choix scandalisa un moment la sévère madame de Montesquiou, qui craignait, disait l'Empereur, de n'y voir qu'un arrangement.

L'Empereur dit qu'il renouvela à Turin la galanterie gracieuse de Troyes dans la personne de madame de Lascaris ; et, dans les deux endroits, du reste, il croit avoir eu à se louer de sa libéralité, et en avoir recueilli le fruit. Les deux familles se sont montrées attachées et reconnaissantes.

Il se demandait à ce sujet quels auront pu être les sentiments du Piémont à son égard. Il avait une affection particulière, disait-il, pour cette province. M. de Saint-Marsan, qu'il croyait lui avoir été fidèle jusqu'à la fin, l'avait assuré, au moment de nos désastres, disait-il, que ce pays se montrerait une des meilleures provinces.

« Au fait, continuait l'Empereur, les Piémontais n'aimaient point à
« être un petit État. Leur roi était un vrai seigneur féodal qu'il fallait
« courtiser ou craindre. Il avait plus de pouvoir, plus d'autorité que
« moi, qui, empereur des Français, n'étais qu'un magistrat suprême,
« faisant marcher les lois, et ne pouvant en dispenser. Aurais-je pu
« empêcher un courtisan d'être poursuivi pour ses dettes ? aurais-je pu
« arrêter l'action des lois sur qui que ce fût ? etc., etc. »

Dans la conversation du dîner, l'Empereur demandait si on avait calculé la quantité d'eau fluviale qui entrait dans la Méditerranée et dans la mer Noire, ce qui l'a conduit à désirer qu'on calculât la quantité d'eau fluviale de notre Europe, et qu'on assignât la proportion de chaque vallée et de chaque versant. Il regrettait fort de n'avoir pas présenté cette série de questions scientifiques. C'était là son grand système, disait-il. Lui venait-il une idée utile, curieuse, intéressante : « A « mes levers ou dans mes communications familières, je posais des « questions analogues à mes membres de l'Institut, avec ordre de me « les résoudre. La solution en était lancée dans le public; elle y était « analysée, combattue, adoptée ou repoussée; et il n'est rien qu'on « n'obtienne de la sorte ; c'est là la grande voie des progrès dans une « grande nation douée de beaucoup d'esprit et de beaucoup de lu- « mières. »

L'Empereur observait encore à ce sujet qu'on n'avait jamais été plus fort en géographie qu'aujourd'hui, et qu'on en devait quelque chose à ses expéditions. Il a parlé ensuite des canaux qu'il avait fait faire en France. Il citait surtout celui de Strasbourg à Lyon, qu'il espérait avoir assez avancé pour qu'on fût obligé de le finir.

« Aujourd'hui on communiquait, par l'intérieur, de Bordeaux à Lyon « et à Paris. J'avais construit un grand nombre de canaux ; j'en avais « projeté bien davantage. » L'un de nous ayant dit qu'on en avait proposé à l'Empereur un très-avantageux, mais qu'on l'avait trompé pour l'empêcher d'accepter les offres faites à ce sujet : « Sans doute que le « plan n'aura été avantageux que sur le papier, disait l'Empereur, mais « qu'en dernière analyse il m'aurait fallu donner de l'argent, ce qu'on « m'arrachait difficilement. — Non, Sire, répondait-on, le refus n'a « été que l'effet d'une intrigue. On a trompé Votre Majesté. — Cela « n'est pas possible sur ce point. Vous parlez légèrement. — Mais j'en « suis sûr; j'ai connu le plan, les offres, les souscripteurs ; mes parents « y étaient pour des sommes considérables. Il s'agissait d'unir la Meuse « à la Marne. Le canal aurait eu moins de sept lieues. — Mais vous ne « dites pas tout; peut-être avec cela exigeait-on que je concédasse d'im- « menses forêts nationales dans les environs ? ce que je n'aurais pas « voulu. — Non, Sire, c'était seulement une intrigue de vos Ponts et « Chaussées. — Mais encore faudrait-il qu'ils eussent opposé quelques « raisons, quelque apparence d'intérêt public. Que diront-ils ? — Sire, que « les bénéfices auraient été trop grands. — Mais alors ils me l'eussent « proposé eux-mêmes, disait l'Empereur, et je l'eusse exécuté. Je vous « répète que vous ne sauriez avoir raison ; vous parlez ici à l'homme de « la chose même, qui s'en occupait sans cesse. Les Ponts et Chaussées, de « leur côté, n'étaient jamais plus heureux que de faire. Jamais un par-

« ticulier ne m'a proposé un pont qu'il n'ait été pris au mot. S'il me
« demandait un péage de vingt-cinq ans, j'étais disposé à le lui accorder
« pour trente. Il m'importait peu qu'il fût utile, s'il ne devait me rien
« coûter. C'était toujours un capital dont j'enrichissais le sol. Au lieu
« de refuser des canaux, je courais après. Mais, mon cher, rien ne se
« ressemble moins qu'une conversation de salon et un conseil d'ad-
« ministration. L'homme à projets, dans un salon, a toujours raison;
« ses résultats seraient magnifiques, infaillibles, si on l'écoutait, et
« pour peu qu'il puisse lier le refus qu'il éprouve à quelques pots-de-vin,
« à quelque intrigue de femme ou de maîtresse, le roman est complet;
« or voilà ce que vous avez entendu. Mais il n'en est pas ainsi dans un
« conseil d'administration, parce qu'on n'y décide que sur des faits et
« le compas à la main. Quel est votre canal? avez-vous dit, il ne sau-
« rait m'être étranger. — Sire, de la Meuse à la Marne, et de sept
« lieues seulement. — Eh bien! mon cher, c'est de la Meuse à l'Aisne
« que vous voulez dire, et il eût été de moins de sept lieues. Cela va me
« revenir; mais il n'y a qu'une petite difficulté, c'est qu'en cet instant
« même il est encore douteux qu'il soit praticable. Là, comme ailleurs,
« Hippocrate dit *oui*, et Gallien dit *non*. Tarbé l'assurait impossible,
« niant qu'il eût assez d'eau au point du partage. Je vous répète,
« continuait l'Empereur, que vous parlez à celui du monde qui
« s'est le plus occupé de ces objets, surtout aux environs de Paris.
« Il entrait dans mes rêves perpétuels de faire de celle-ci la véritable
« capitale de l'Europe; parfois je voulais qu'elle devînt une ville de
« deux, trois ou quatre millions d'habitants, par exemple, en un
« mot quelque chose de fabuleux, de colossal, d'inconnu jusqu'à nos
« jours, et dont les établissements publics eussent répondu à la popu-
« lation. »

Quelqu'un ayant observé alors que si le ciel eût donné à l'Empereur un règne de soixante ans, comme à Louis XIV, il aurait laissé de bien grandes choses : « Si le ciel m'eût donné seulement vingt ans et un peu
« de loisir, a repris vivement l'Empereur, on aurait cherché vaine-
« ment l'ancien Paris; il n'en fût pas resté de vestiges, et j'aurais changé
« la face de la France. Archimède promettait tout, si on lui laissait
« poser le bout de son levier; j'en eusse fait autant partout où l'on
« m'eût laissé poser mon énergie, ma persévérance et mes budgets...
« Avec les budgets on créerait le monde..... J'aurais montré la diffé-
« rence d'un empereur constitutionnel à un roi de France. Les rois de
« France n'ont jamais rien eu d'administratif ni de municipal... Ils ne

« se sont jamais montrés que de grands seigneurs que ruinaient leurs
« gens d'affaires.

« La nation elle-même n'a dans son caractère et ses goûts que du
« provisoire et du gaspillage. Tout pour le moment et le caprice,
« rien pour la durée... voilà notre devise et nos mœurs en France.
« Chacun passe sa vie à faire et à défaire ; il ne reste jamais rien.....
« N'est-il pas indécent que Paris n'ait seulement pas un Théâtre-Fran-
« çais, un Opéra, rien digne de ces destinations !

« J'ai souvent combattu des fêtes que la ville de Paris voulait me
« donner ; c'étaient des dîners, des bals, des feux d'artifice de quatre,
« de six, de huit cent mille francs, dont les préparatifs obstruaient
« plusieurs jours la voie publique, et qui coûtaient ensuite autant à dé-
« faire qu'ils avaient coûté à construire. Je prouvais qu'avec ces faux
« frais ils auraient fait des monuments durables, magnifiques....

« Il faut avoir fait autant que moi pour connaître toute la difficulté
« de faire le bien. Il fallait parfois toute ma puissance pour pouvoir
« réussir. S'agissait-il de cheminées, de cloisons, d'ameublements dans
« les palais impériaux pour quelques particuliers, on courait à pleines
« voiles ; mais s'agissait-il de prolonger le jardin des Tuileries, d'as-
« sainir quelques quartiers, de désobstruer quelques égouts, d'accom-
« plir un bien public qui n'intéressât pas directement quelques parti-
« culiers, il fallait tout mon caractère, écrire six, dix lettres par jour
« et se fâcher tout rouge. C'est ainsi que j'ai employé jusqu'à trente
« millions en égouts dont personne ne me tiendra jamais compte. J'ai
« abattu pour dix-sept millions de maisons en face des Tuileries pour
« former le Carrousel et découvrir le Louvre. Ce que j'ai fait est im-
« mense, ce que j'avais arrêté, ce que je projetais encore l'était bien
« davantage. »

Alors quelqu'un faisait la remarque que les travaux de l'Empereur
ne s'étaient bornés ni à Paris ni à la France : presque toutes les villes
d'Italie présentaient des traces de sa création. Partout où l'on voya-
geait, au pied comme à la cime des Alpes, dans les sables de la Hollande, sur les rives du Rhin, l'on retrouvait Napoléon, toujours Napoléon.

A cela il a observé qu'il avait décidé de dessécher les marais Pontins. « César, a-t-il dit, allait s'en occuper quand il périt. » Et revenant
à la France : « Les rois, disait-il, avaient trop de maisons de campagne
« et d'objets inutiles. Un historien impartial aura le droit de blâmer
« Louis XIV dans ses effroyables et inutiles dépenses de Versailles, sur-

« tout avec ses guerres, ses impositions, ses malheurs : il s'est épuisé
« pour ne créer après tout qu'une ville bâtarde. » L'Empereur a alors
analysé les avantages d'une ville administrative, c'est-à-dire faite pour
la réunion des administrations, et ils lui semblaient vraiment problématiques.

Je regrette bien ici de n'avoir pas consigné dans le temps la suite de
ces raisons ; elles étaient si multipliées, si ingénieuses !

L'Empereur ne se dissimulait pas que la demeure de la capitale n'était parfois pas tenable pour les souverains ; mais, d'un autre côté,
Versailles ne l'était pas pour les grands, les ministres ni les courtisans. C'était donc une faute de Louis XIV, s'il n'avait entrepris Versailles que pour le séjour des rois, lorsque Saint-Germain était tout
trouvé sous sa main : la nature semblait l'avoir fait exprès pour la véritable demeure des rois de France. Lui-même, Napoléon, avait fait
des fautes à cet égard ; car il ne fallait pas, disait-il, se louer dans tout
ce qu'on avait fait. Il aurait dû retrancher Compiègne, par exemple, et
il regrettait d'y avoir fait son mariage : il eût voulu l'avoir fait à Fontainebleau. « Et voilà, disait-il encore en s'arrêtant sur Fontainebleau,
« la vraie demeure des rois, la maison des siècles ; peut-être n'était-ce
« pas rigoureusement un palais d'architecte, mais bien assurément un
« lieu d'habitation bien calculé et parfaitement convenable. C'était ce
« qu'il y avait sans doute de plus commode, de plus heureusement situé
« en Europe pour le souverain, etc. »

Il passait alors en revue les capitales qu'il avait visitées, les maisons
des rois qu'il avait parcourues, et nous donnait de beaucoup la supériorité. Fontainebleau, ajoutait-il encore, était aussi en même temps
la situation politique et militaire la plus convenable. L'Empereur se
reprochait des dépenses qu'il avait faites à Versailles ; mais fallait-il
bien encore, disait-il, l'empêcher de tomber en ruines. Il avait été
question, dans la révolution, de détruire en grande partie ce palais,
d'en enlever le milieu, et de séparer par là les deux côtés. « On m'eût
« rendu un grand service, disait-il ; car rien n'est dispendieux ni véri
« tablement inutile comme cette multitude de palais ; et si pourtant on
« m'a vu entreprendre celui du roi de Rome, c'est que j'avais des vues
« à moi ; et puis encore c'est qu'au vrai je n'ai jamais songé qu'à pré
« parer le terrain ; je m'en fusse tenu là [1].

---

[1] Tout le monde sait ou devrait avoir su (si par une fatalité toute particulière à Napoléon, la plupart de ses actes les plus recommandables n'eussent été, dans le temps, étouffés sous le poids de la mal-

« Mes erreurs en dépenses de ce genre, ajoutait-il, ne pouvaient
« après tout être grandes. Grâce à mes budgets, ces erreurs s'aper-
« cevaient et se corrigeaient de force chaque année ; elles ne pouvaient
« jamais aller au delà d'une petite quotité de la faute principale. »

L'Empereur avait eu toutes les peines du monde, assurait-il, à faire
comprendre et adopter son système de budgets en bâtisses et autres
grandes entreprises pareilles. « Me proposait-on un plan de trente mil-
« lions qui me convînt? Accordé, disais-je; mais à faire en vingt ans,
« c'est-à-dire à quinze cent mille francs par an. Cela allait très-bien
« jusque-là ; mais que me donnerez-vous, ajoutais-je, pour ma première
« année ? car si je veux que ma dépense soit morcelée, je veux néan-
« moins que le résultat, le travail m'arrive entier et fini. Ainsi je veux
« d'abord un abri, une chambre, un appartement, n'importe quoi,
« mais quelque chose de complet pour mes quinze cent mille francs.
« Les architectes ne voulaient plus y entendre ; cela gênait leur gran-
« diose, leur grand effet. Ils auraient voulu d'abord produire toute
« une façade longtemps inutile, et vous engrener ainsi dans des dé-
« penses immenses, qui, si elles étaient interrompues, ne vous lais-
« saient rien.

« C'est avec cette manière à moi, et en dépit de tant de circonstances
« politiques et militaires, que j'ai fait néanmoins tant de choses. J'avais
« réuni quarante millions de meubles à la couronne, quatre millions au
« moins d'argenterie. Que de palais j'ai restaurés ! Peut-être trop : j'y
« reviens. Grâce à ma manière de faire, j'ai pu habiter Fontainebleau
« dès la première année de travail ; il ne m'en coûta pas plus de cinq à
« six cent mille francs. Si j'y ai dépensé depuis six millions, cela n'a été
« qu'en six ans ; j'en aurais dépensé bien davantage avec le temps ! Mon
« but principal avait pour objet que la dépense fût insensible, et le ré-
« sultat éternel.

« A mes voyages de Fontainebleau, disait l'Empereur, douze à quinze
« cents personnes étaient invitées, logées et meublées, plus de trois mille
« pouvaient y trouver à dîner, et ceci n'avait rien de coûteux pour le
« souverain, ou très-peu, grâce à l'ordre établi ; Duroc l'avait rendu ad-

veillance et des libelles) l'histoire de cette misérable cahute enclavée dans l'enceinte du palais du roi de Rome, dont le propriétaire demanda successivement dix, vingt, cinquante, cent fois la valeur réelle. Arrivé à ce taux ridicule, l'Empereur de qui on prenait les ordres à cet égard, ordonna tout à coup de se refuser désormais à tout marché quelconque, s'écriant que cette misérable échoppe, au milieu de toutes les magnificences du palais du roi de Rome, serait après tout *la vigne de Naboth*, le plus grand témoignage de sa justice, le plus beau trophée de son règne.

« mirable. Plus de vingt ou vingt-cinq princes, dignitaires ou ministres
« étaient contraints d'y tenir maison.

« Je condamnais Versailles dans sa création, reprenait l'Empereur ;
« mais, dans mes idées parfois gigantesques sur Paris, je rêvais d'en ti-
« rer parti, et de n'en faire, avec le temps, qu'une espèce de faubourg,
« un site voisin, un point de vue de la grande capitale ; et, pour l'appro-
« prier davantage à cet objet, j'avais conçu une singulière idée, dont je
« m'étais même fait présenter le programme.
  « De ces beaux bosquets, je chassais toutes ces nymphes de mauvais
« goût, ces ornements à la *Turcaret*, et je les remplaçais par des pano-
« ramas, en maçonnerie, de toutes les capitales où nous étions entrés
« victorieux, de toutes les célèbres batailles qui avaient illustré nos
« armes. C'eût été autant de monuments éternels de nos triomphes et
« de notre gloire nationale, posés à la porte de la capitale de l'Europe,
« laquelle ne pouvait manquer d'être visitée par force du reste de l'uni-
« vers. » Et laissant tout à coup cela, il s'est mis à nous lire *le Distrait*,
dont le volume était depuis longtemps sous sa main ; mais il l'a presque
aussitôt interrompu, soit qu'il eût été remué de ses propres pensées,

soit qu'il s'y vît contraint par une toux nerveuse qui, depuis peu, lui revenait souvent après son dîner. Il est certain qu'il change beaucoup, et que sa santé se perd tout à fait.

Projet d'une histoire européenne.—Sélim III.—Forces d'un sultan turc. — Les mameluks. — Sur la régence.

Lundi 5.

L'Empereur n'est sorti qu'à près de cinq heures ; il était souffrant, avait pris un bain, que la venue de sir H. Lowe avait trop prolongé, n'ayant voulu en sortir qu'après que ce gouverneur eut disparu de l'établissement.

L'Empereur avait lu dans son bain deux volumes de l'Histoire Ottomane. Il avait conçu l'idée, disait-il, et regrettait fort de n'avoir pu l'exécuter, de faire composer toutes les histoires de l'Europe depuis Louis XIV, sur les pièces mêmes de nos relations extérieures où se trouvent les rapports réguliers de tous les ambassadeurs.

« Mon règne, disait-il, eût été une époque parfaite pour cet objet. La
« supériorité de la France, son indépendance, sa régénération, mettaient
« le gouvernement actuel à même de publier tous ces objets sans incon-
« vénient. C'eût été comme si l'on eût publié l'histoire ancienne : rien
« n'eût été plus précieux. »

Et de là, passant à Sélim III, il disait lui avoir écrit un jour : « Sul-
« tan, sors de ton sérail, mets-toi à la tête de tes troupes, et recommence
« les beaux jours de la monarchie. »

Sélim, le Louis XVI des Turcs, disait l'Empereur, qui nous était très-attaché et très-favorable d'ailleurs, se contenta de lui répondre que c'était bon pour les premiers princes de sa dynastie, que les mœurs de ce temps étaient bien loin, que de pareils actes seraient aujourd'hui hors de saison et tout à fait sans fruit.

L'Empereur ajoutait néanmoins que personne ne connaissait sans doute la force de la développée, le débordement subit dont serait capable un sultan de Constantinople qui saurait se placer à la tête de son peuple, le retremper, et mettre en marche sa multitude fanatisée. Plus tard, il disait que, pour son propre compte, si en Égypte il eût pu à ses Français joindre les mameluks, il se serait regardé comme le maître du monde. « Avec cette poignée choisie et la canaille, ajoutait-il en
« riant, recrutée sur les lieux, pour être dépensée au besoin, je ne con-
« nais rien que je n'eusse renversé. Alger en trembla. »

« — Mais si jamais il prenait fantaisie à ton sultan, disait un jour le
« dey d'Alger au consul français, de venir nous visiter, quelle serait
« notre sûreté? car il a défait les mameluks. C'est que les mame-
« luks dans tout l'Orient, faisait observer l'Empereur, étaient en effet
« des objets de vénération et de terreur, c'était une milice regardée jus-
« qu'à nous comme invincible. »

L'Empereur, en attendant son dîner au milieu de nous, a ouvert un livre qui se trouvait à côté de lui sur le canapé : c'était la régence. Il a dit que c'était là une des époques les plus hideuses de nos annales ; il était fâché qu'on l'eût peinte avec la légèreté du temps, et non avec la sévérité de l'histoire. On avait jeté dessus les fleurs du bon ton et le vernis des grâces, au lieu d'en faire une exacte justice. La régence, au vrai, ajoutait-il, avait été le règne de la dépravation du cœur, du dévergondage de l'esprit, de l'immoralité la plus profonde en tout genre : c'était au point qu'il croyait, disait-il, à toutes les horreurs, à toutes les abominations qu'on reprochait aux mœurs du régent, dans le sein de sa propre famille ; tandis qu'il ne le croyait pas de Louis XV, qui, bien que plongé dans le plus sale, le plus hideux libertinage, ne lui laissait pourtant pas le droit d'ajouter foi à des choses si révoltantes et si monstrueuses ; et il le justifiait très-bien de certaines imputations qui eussent touché de fort près à la personne d'un de ses anciens aides de camp, de lui, Napoléon. De là il est revenu à dire que l'époque du régent avait été le renversement de toutes les fortunes, la perte de la morale publique. Rien n'avait été sacré, ni dans les mœurs, ni dans les principes. Le régent s'était personnellement couvert d'infamie. Dans l'affaire des princes légitimés, il avait montré la dernière bassesse, et commis un grand abus d'autorité. Le roi seul pouvait autoriser un tel jugement, et lui régent s'était plu à se déshonorer gratuitement dans la personne de sa femme, fille naturelle de Louis XIV, qu'il avait trouvé très-bien néanmoins d'épouser quand ce roi régnait, etc., etc.

Mardi 6.

Pour essayer la tente qui venait d'être achevée, on y a dressé la table de service, et nous avons invité à déjeuner avec nous les officiers anglais qui avaient surveillé le travail.

L'Empereur m'a fait appeler dans sa chambre ; il a fait sa toilette, je l'ai accompagné à sa sortie jusqu'au fond du bois, où nous nous sommes promenés quelque temps : il discutait des objets graves, etc., etc.

En revenant, l'Empereur a visité la tente, et a dit quelques mots de satisfaction à l'officier et aux matelots qui la finissaient.

Campagnes d'Italie, etc.—Époque de 1815, etc.—Gustave III.—Gustave IV.—Bernadotte.—Paul Ier.

Mercredi 7.

Après le déjeuner, que l'Empereur a fait sous la tente, il lui a pris fantaisie de revoir quelques chapitres de la campagne d'Italie ; il a fait venir mon fils, dont le pied était enfin beaucoup mieux et les yeux en meilleur état. Il a donné la dernière main aux chapitres de Pavie et de Livourne qui portent, l'un des fruits d'une heureuse témérité, l'autre ceux d'une sage prudence. L'audace, la vigueur et la célérité qui enlevèrent Pavie, y étouffèrent l'étincelle d'une insurrection générale qui eût pu priver des merveilles de la campagne, tandis que la lointaine et diplomatique occupation de Livourne maintint la neutralité de la Toscane.

L'Empereur s'est ensuite promené vers le fond du bois, ayant commandé que la calèche vînt l'y joindre. Chemin faisant, l'Empereur disait regarder les campagnes d'Italie et d'Égypte comme entièrement finies, il les croyait en état d'être données au public ; et ce serait, disait-il, sans doute une chose bien agréable aux Français et aux Italiens ; c'était le livre de leur gloire et de leurs droits, etc. Il ne croyait pas néanmoins qu'il dût y mettre son nom, et répétait que les diverses époques de ses Mémoires consacreraient ceux de ses compagnons fidèles, etc.

A l'arrivée de la calèche, la conversation continuant sur le même sujet, je l'ai fortement pressé de finir 1815 ; j'en ai vivement développé l'importance, la gravité, les résultats. « Eh bien ! a-t-il dit en souriant, « il faut que je m'y remette tout à fait : cela fait plaisir de se voir en-« courager ; mais encore faut-il de la bonne humeur pour travailler. « L'on ne nous abreuve ici que de dégoûts et de tracasseries ; on semble « nous envier l'air que nous respirons. »

Rentré dans sa chambre, où je l'ai suivi, la conversation a été des plus intéressantes et fort remarquable. Il a été question de Gustave III, de la Suède, de la Russie, de Gustave IV, de Bernadotte, de Paul Ier, etc.

J'ai raconté qu'à Aix-la-Chapelle *Gustave III* vivait au milieu de nous (les émigrés) en simple particulier, sous le nom de *comte de Haga*. Il faisait le charme de la société par la vivacité de son esprit et l'intérêt de ses récits. J'avais ouï de sa bouche *sa fameuse révolution de* 1772, et j'étais dans la position la plus heureuse pour connaître à fond cette époque de l'histoire de Suède ; je me trouvais fort de connaissance dans le même temps avec le Suédois baron *de Sprengporten*, qui, après avoir été fort zélé pour Gustave, avait eu le malheur de passer en Russie pour revenir à la tête des étrangers combattre sa patrie. Il en était résulté qu'il se trouvait par ce fait sous une condamnation à mort en Suède. Or, il était aussi à Aix-la-Chapelle en ce moment, et s'en était banni par courtoisie, disait-il, à l'arrivée de Gustave. Il ne s'était pourtant pas éloigné de plus d'une demi-lieue, de sorte que tout ce que j'entendais raconter au roi dans la soirée m'était, le lendemain à déjeuner, combattu, modifié ou confirmé par le baron. Il avait été fort avant dans la confiance de ce prince.

L'Empereur observait que ce même Sprengporten avait été précisément l'envoyé de Paul auprès de lui lors de son consulat. Et sur Gustave IV, il a dit que ce prince s'était annoncé au début pour un héros, et n'avait fini que comme un fou ; qu'il avait marqué de bonne heure par des traits fort remarquables. Encore enfant, on l'avait vu, disait-il, insulter Catherine par le refus de sa petite-fille au moment même où cette grande impératrice, sur son trône et au milieu de sa cour, n'attendait plus que lui pour la cérémonie du mariage, et le tout parce qu'on lui proposait de violer une des lois religieuses de la Suède.

Plus tard il n'avait pas moins insulté Alexandre au nom de la morale publique, en refusant, après la catastrophe de Paul, l'entrée de ses États à un des officiers du nouvel empereur; et répondant aux plaintes officielles qui lui étaient adressées à ce sujet, qu'Alexandre ne devait pas trouver mauvais que lui, Gustave, qui pleurait encore l'assassinat de son père, fermât l'entrée de ses États à l'un de ceux que la voix publique accusait d'avoir immolé le sien (de lui Alexandre).

« A mon apparition à la souveraineté, disait l'Empereur, il se déclara
« mon grand antagoniste; on eût dit qu'il ne voulait rien moins que
« recommencer le grand Gustave-Adolphe. Il courut toute l'Allemagne
« pour l'ameuter contre moi. Lors de la catastrophe du duc d'Enghien,
« il jura de le venger de sa personne, et plus tard envoya insolemment
« l'aigle noir au roi de Prusse, parce que celui-ci avait reçu ma Légion
« d'honneur, etc., etc.

« Enfin son moment fatal arriva, disait l'Empereur, une conspiration
« peu commune l'arracha du trône et le déporta hors de ses États. L'u-
« nanimité contre lui prouve ses torts sans doute. Je veux qu'il fût inex-
« cusable, même fou; toutefois est-il extraordinaire et sans exemple
« que dans cette crise il ne se soit pas tiré une seule épée pour sa dé-
« fense, soit par affection, par reconnaissance, par vertu, ou par niai-
« serie même si l'on veut; et vraiment c'est là une circonstance qui ho-
« nore peu l'atmosphère des rois. »

Ce prince, ballotté, trompé par les Anglais qui voulaient en faire leur instrument, repoussé par ses proches, parut vouloir renoncer au monde; et, comme s'il eût senti son existence flétrie par son mépris des hommes et son dégoût des choses, il fut volontairement se perdre tout à fait dans la foule.

L'Empereur disait qu'après la bataille de Leipsick, Gustave lui avait fait parvenir qu'il lui en avait voulu beaucoup sans doute; mais que depuis longtemps il était celui des souverains dont il avait le moins à se plaindre, et que depuis bien longtemps aussi il n'avait plus pour lui qu'admiration et sympathie; que les malheurs du moment lui permettaient de l'exprimer sans embarras; qu'il s'offrait pour être son aide de camp [1], et lui demandait un asile en France. « Je fus touché, ajou-

---

[1] Je dois faire connaître que M. le colonel Gustafson (Gustave IV) m'a écrit pour s'élever contre l'inexactitude de ce fait. Mais par sa lettre même on pourrait être conduit à penser que l'erreur ne provient que d'une interprétation forcée donnée à ses paroles véritables; or chacun sait combien cette inexactitude est facile, même habituelle, lorsqu'il s'agit d'un fait qui ne peut avoir été transmis qu'à l'aide de plusieurs intermédiaires. Dans la crainte d'avoir mal entendu moi-même, ce qui eût été possible, je n'aurais pas hésité un instant à prendre l'erreur sur mon compte; mais chaque lecteur jugera que l'étendue de la conversation de Napoléon, le développement de ses idées sur le sujet ne pouvaient me laisser aucun doute.

« tait l'Empereur; mais je considérai bientôt que si je l'accueillais, il
« était de ma dignité de faire des efforts en sa faveur. Or je ne gouver-
« nais plus le monde; puis les esprits communs n'auraient pas manqué
« de voir dans mon intérêt pour lui une haine impuissante contre Ber-
« nadotte; enfin Gustave avait été déchu par le vœu du peuple, et c'était
« le vœu du peuple qui m'avait élevé; il y aurait eu inconséquence en
« moi, désharmonie de principes, à prendre sa cause. Bref, je craignais
« de compliquer encore les affaires, et fis taire la générosité. Je fis ré-
« pondre que j'appréciais ce qu'il m'offrait, et que j'y étais sensible;
« mais que la politique de la France ne me permettait pas de me livrer à
« mes sentiments particuliers, qu'elle m'imposait même la douleur de
« lui refuser pour le moment l'asile qu'il demandait. Que, du reste, il se
« tromperait fort s'il me supposait d'autres sentiments qu'une bienveil-
« lance extrême et des vœux sincères pour son bonheur, etc., etc.

« Quelque temps après l'expulsion de Gustave, disait encore l'Empe-
« reur, et la succession au trône vacante, les Suédois, voulant m'être
« agréables et s'assurer la protection de la France, me demandèrent
« un roi. Il fut question un moment du vice-roi; mais il eût fallu qu'il
« changeât de religion; ce que je trouvais au-dessous de ma dignité et
« de celle de tous les miens. Puis je ne jugeais pas le résultat politique
« assez grand pour excuser un acte si contraire à nos mœurs. Toutefois
« j'attachai trop de prix peut-être à voir un Français occuper le trône
« de Suède. Dans ma position, ce fut un sentiment puéril. Le vrai roi
« de ma politique, celui des vrais intérêts de la France, c'était le roi de
« Danemark, parce que j'eusse alors gouverné la Suède par mon sim-
« ple contact avec les provinces danoises. *Bernadotte* fut élu, et il le
« dut à ce que sa femme était sœur de celle de mon frère Joseph, ré-
« gnant alors dans Madrid.

« Bernadotte, affichant une grande dépendance, vint me demander
« mon agrément, protestant avec une inquiétude trop visible qu'il n'ac-
« cepterait qu'autant que cela me serait agréable.

« Moi, monarque élu du peuple, j'avais à répondre que je ne savais
« point m'opposer aux élections des autres peuples. C'est ce que je dis à
« Bernadotte, dont toute l'attitude trahissait l'anxiété que faisait naître
« l'attente de ma réponse, ajoutant qu'il n'avait qu'à profiter de la bien-
« veillance dont il était l'objet, que je ne voulais avoir été pour rien
« dans son élection, mais qu'elle avait mon assentiment et mes vœux.

« Toutefois, le dirai-je, j'éprouvais un arrière-instinct qui me rendait
« la chose désagréable et pénible; en effet, Bernadotte a été le serpent

« nourri dans notre sein; à peine il nous avait quittés, qu'il était dans
« le système de nos ennemis, et que nous avions à le surveiller et à le
« craindre. Plus tard il a été une des grandes causes actives de nos mal-
« heurs, c'est lui qui a donné à nos ennemis la clef de notre politique,
« la tactique de nos armées; c'est lui qui leur a montré les chemins du
« sol sacré! Vainement dirait-il pour excuse qu'en acceptant le trône
« de la Suède il n'a plus dû qu'être Suédois; excuse banale, bonne tout
« au plus pour la multitude et le vulgaire des ambitieux. Pour prendre
« femme on ne renonce point à sa mère, encore moins est-on tenu à
« lui percer le sein et à lui déchirer les entrailles. On dirait qu'il s'en
« est repenti plus tard, c'est-à-dire quand il n'était plus temps et que le
« mal était accompli. Le fait est qu'en se retrouvant au milieu de nous,
« il s'est aperçu que l'opinion en faisait justice; il s'est senti frappé de
« mort. Alors ses yeux se sont dessillés; car on ne sait pas, dans son
« aveuglement, à quels rêves n'auront pas pu le porter sa présomption
« et sa vanité, etc., etc. » Et comme à la suite de cela et de beaucoup
d'autres choses encore, j'ai osé me permettre de lui faire observer
comme un jeu du hasard bien bizarre, bien extraordinaire, que le soldat Bernadotte, appelé à une couronne où le protestantisme était de
rigueur, se trouvait précisément né protestant, et que son fils, destiné
par là à régner sur les Scandinaves, se présentait au milieu d'eux précisément avec le nom national d'*Oscar*: « Mon cher, a repris l'Empe-
« reur, c'est que ce hasard tant cité, ce hasard dont les anciens faisaient
« un dieu, qui nous étonne chaque jour, nous frappe à chaque instant,
« ne nous apparaît après tout si singulier, si bizarre, si extraordinaire,
« que parce que nous ignorons les causes secrètes et toutes naturelles
« qui l'ont amené; et pourtant il suffit de cette seule combinaison
« occulte pour créer du merveilleux et enfanter des mystères. Ici, par
« exemple, quant au premier article, de s'être trouvé né protestant,
« n'en faites pas honneur au hasard : rayez celui-là. Quant au se-
« cond, le nom d'Oscar, c'est moi qui fus le parrain ; et quand je
« le nommai, je radotais d'Ossian : il se présenta donc tout naturelle-
« ment. Vous voyez à présent combien est simple ce qui vous étonnait
« si fort, etc., etc.[1] »

---

[1] Il a été publié à Paris une histoire de Charles-Jean XIV, roi de Suède (*Bernadotte*). L'auteur, grand panégyriste et apologiste de son héros, le met un moment en scène avec un confident, et leur dialogue sert à passer en revue plusieurs points historiques : « Votre Majesté connaît sans doute le « *Mémorial de Sainte-Hélène*, dit dans un de ces endroits l'interlocuteur; quelle est son opinion sur « la manière dont il s'exprime à son égard ?—Espèce de rapsodie, répond le prince; aucune foi ne « saurait être accordée aux récits de l'auteur ; ce sont autant de rêves de son imagination, car il est « impossible que Napoléon se soit exprimé de la sorte sur ma personne. » Or voici des notes écrites

Sur la fin de la conversation, l'Empereur est revenu sur Paul; il a parlé des fureurs que lui causa dans le temps la déloyauté du ministère anglais. On lui avait promis Malte dès qu'on s'en serait emparé; aussi s'empressa-t-il de s'en faire nommer grand maître. Malte rendue, les ministres anglais nièrent la lui avoir promise. On assure qu'à la lecture de ce honteux mensonge Paul se montra si indigné, qu'en plein conseil, saisissant la dépêche, il la perça de son épée, ordonnant qu'on la

renvoyât en cet état pour toute réponse. « Si c'est une folie, disait « l'Empereur, il faut convenir que c'est celle d'une belle âme; c'est

par Napoléon même sur *Bernadotte* (Montholon, tome Ier, p. 119); il y en a vingt-six, mais nous nous contenterons d'extraire les suivantes : « En 1796, pendant que Napoléon était en Égypte, Joseph « maria sa belle-sœur à *Bernadotte*; Napoléon la destinait au général Duphot, massacré à Rome « en 1797. Si *Bernadotte* a été maréchal de France, prince de Ponte-Corvo, roi, c'est ce mariage qui « en été la cause. Napoléon jugea convenable de faire la belle-sœur de Joseph princesse et reine. Son « fils *Oscar* est filleul de Napoléon : on attendit, pour le baptiser, son retour d'Égypte. Il le nomma « *Oscar*, parce qu'alors il lisait avec intérêt les poésies d'Ossian. Les écarts du prince de Ponte-Corvo, « pendant l'empire, lui ont été toujours pardonnés à cause de ce mariage. » — « Sous le Directoire, « *Bernadotte* fut deux mois ministre de la guerre; il ne fit que des fautes, il n'organisa rien, et le « Directoire fut obligé de lui retirer le portefeuille. » — « A la journée du 18 brumaire, Bernadotte fit « cause avec le Manége et fut contraire au succès de cette journée. Napoléon lui pardonna à cause de « sa femme. » — « Il protégea en Hanovre les dilapidations. » — « La conduite de *Bernadotte* à Iéna a été « telle que l'Empereur avait signé le décret pour le faire traduire à un conseil de guerre, et il eût été « infailliblement condamné, tant l'indignation était générale dans l'armée : il avait manqué faire per-

« l'indignation de la vertu, qui jusque-là n'a pu soupçonner une telle
« bassesse. »

Dans le même temps, les ministres anglais, traitant avec nous de l'échange des prisonniers, refusaient d'y comprendre sur la même échelle les prisonniers russes faits en Hollande au propre service et pour la seule cause des Anglais. « J'avais deviné, disait l'Empereur, la trempe du
« caractère de Paul. Je saisis l'occasion aux cheveux ; je fis réunir ces
« Russes ; je les habillai et les lui renvoyai pour rien. Dès lors ce cœur
« généreux fut tout à moi ; et comme je n'avais aucun intérêt opposé à la
« Russie, que je n'aurais jamais parlé que justice et procédés, nul doute
« que je n'eusse disposé désormais du cabinet de Saint-Pétersbourg. Nos
« ennemis sentirent le danger ; et l'on a voulu que cette bienveillance de
« Paul lui ait été funeste : cela pourrait bien être ; car il est des cabinets
« pour qui rien n'est sacré. »

Napoléon, après mon enlèvement, a dicté les détails de la fin tragique de l'infortuné Paul. L'importance et le crédit d'une telle source nous portent à les transcrire ici : « Paul fut assassiné dans la nuit du 23 au
« 24 mars 1801. Lord Withworth était ambassadeur à sa cour ; il était
« fort lié avec le comte de P..., le général B..., les O..., les S..., et au-
« tres personnes authentiquement reconnues pour être les auteurs et
« acteurs de cet horrible parricide. Ce monarque avait indisposé contre

---

« dre la bataille ; c'est en considération de la princesse de Ponte-Corvo qu'au moment de remettre le
« décret au prince de Neufchâtel, l'Empereur le déchira. Quelques jours après Bernadotte se distingua
« au combat de Halle, ce qui effaça un peu ces fâcheuses impressions. » — « Les Saxons lâchèrent pied
« la veille de Wagram et le matin de Wagram ; cependant le prince de *Ponte-Corvo*, contre l'usage et
« l'ordre, fit une proclamation le lendemain de cette bataille et les appela *colonne de granit*.... »
« L'Empereur le renvoya à Paris et lui ôta le commandement de ce corps. » — « Arrivé à Paris, le mi-
« nistre de la guerre, ignorant le vrai motif de son retour, l'envoya contre l'invasion anglaise à Anvers,
« où il parla beaucoup, écrivit beaucoup, et ne fit rien. Lorsqu'il y arriva, l'expédition anglaise était
« manquée ; Anvers était sauvé. » — « Le roi de Suède demanda à Napoléon un prince français. On
« désirait le vice-roi ; mais le changement de religion fut un obstacle *sine qua non*. » — « Si l'élection
« de *Bernadotte* au trône de Suède n'avait pas été agréable à l'Empereur, elle n'aurait pas eu lieu ; car
« c'est pour avoir sa protection et plaire à la France que les Suédois la firent. L'Empereur fut séduit
« par la gloire de voir un maréchal de France devenir roi ; une femme à laquelle il s'intéressait, reine,
« et son filleul, prince royal. Il prêta même à Bernadotte, lors de son départ de Paris, plusieurs millions
« de francs sur sa cassette, pour paraître en Suède avec la pompe convenable. » — « Bernadotte n'était
« point protestant : il est né dans la religion catholique, apostolique, romaine ; il a abjuré sa religion
« pour la religion réformée. » — « Beaucoup de gens en eussent fait autant ; mais c'est cette circonstance
« qui a empêché d'envoyer régner en Suède le prince Eugène. Sa femme, princesse de Bavière, n'aurait
« pas pu s'en consoler. *Désirée*, reine actuelle de Suède, n'a pas voulu changer. »

L'Empereur, au sujet de deux lettres qui lui auraient été écrites par *Bernadotte*, dit : « Le style de
« ces lettres dit assez que ce sont des libelles ; elles n'ont jamais été reçues. Ce n'était pas un mois
« avant Lutzen qu'on écrivait ainsi à l'empereur des Français ; il est fâcheux que des personnes aussi
« élevées en dignité prêtent leurs signatures à des pièces fausses. »

Il est certain que, de mon côté, j'ai vu aux archives de la guerre plusieurs lettres autographes de *Bernadotte*, qui ne sont plus strictement les mêmes que celles fournies à son historien. A présent je laisse aux lecteurs à prononcer sur l'assertion de Charles-Jean au sujet du *Mémorial de Sainte-Hélène*.

« lui, par un caractère irritable et très-susceptible, une partie de la no-
« blesse russe. La haine de la révolution française avait été le caractère
« distinctif de son règne. Il considérait comme une des causes de cette
« révolution la familiarité du souverain et des princes français, et la sup-
« pression de l'étiquette de la cour. Il établit donc à la sienne une éti-
« quette très-sévère, et exigea des marques de respect peu conformes à
« nos mœurs et qui révoltaient généralement. Être habillé d'un frac,
« avoir un chapeau rond, ne point descendre de voiture quand le czar
« ou un des princes de sa maison passait dans les rues ou promenades,
« enfin la moindre violation des moindres détails de son étiquette exci-
« tait toute son animadversion, et par cela seul on était jacobin. Depuis
« qu'il s'était rapproché du Premier Consul, il était revenu sur une
« partie de ses idées, et il est probable que s'il eût vécu encore quelques
« années, il eût reconquis l'opinion et l'amour de sa cour qu'il s'était
« aliénés. Les Anglais, mécontents et même extrêmement irrités du
« changement qui s'était opéré en lui depuis un an, n'oublièrent rien
« pour encourager ses ennemis intérieurs. Ils parvinrent à accréditer
« l'opinion qu'il était fou, et enfin nouèrent une conspiration pour at-
« tenter à sa vie. L'opinion générale est que. . . . .
« la veille de sa mort, Paul étant à souper avec sa maîtresse et son
« favori, reçut une dépêche où on lui détaillait toute la trame de la
« conspiration ; il la mit dans sa poche, en ajournant la lecture au len-
« demain. Dans la nuit il périt.

« L'exécution de cet attentat n'éprouva aucun obstacle : le comte de
« P... avait tout crédit au palais ; il passait pour le favori et le ministre
« de confiance du souverain. Il se présente à deux heures du matin à
« la porte de l'appartement de l'empereur, accompagné du général B...,
« de O... et de S... Un cosaque affidé, qui était à la porte de sa cham-
« bre, fit des difficultés pour les laisser pénétrer chez lui ; ils le massa-
« crèrent aussitôt. L'empereur s'éveilla au bruit et se jeta sur son épée,
« mais les conjurés se précipitèrent sur lui, le renversèrent et l'étran-
« glèrent. Le général B... fut celui qui lui donna le dernier coup ; il
« marcha sur son cadavre. L'impératrice, femme de Paul, quoiqu'elle
« eût beaucoup à se plaindre des galanteries de son mari, témoigna une
« vraie et sincère affliction, et tous ceux qui avaient pris part à cet assas-
« sinat furent constamment dans sa disgrâce. . . . .

« Bien des années après, le général B... commandait encore......
« Quoi qu'il en soit, ce terrible événement glaça d'horreur toute l'Eu-
« rope, qui fut surtout scandalisée de l'affreuse franchise avec laquelle

« les Russes en donnaient des détails dans toutes les cours. Il changea
« la position de l'Angleterre et les affaires du monde. Les embarras
« d'un nouveau règne..... donnèrent une autre direction à la politique
« de la cour de Russie. Dès le 5 avril, les matelots anglais qui avaient
« été faits prisonniers de guerre par suite de l'embargo, et envoyés dans
« l'intérieur de l'empire, furent rappelés. La commission qui avait été
« chargée de la liquidation des sommes dues par le commerce anglais
« fut dissoute. Le comte de P..., qui continua à être le principal minis-
« tre, fit connaître aux amiraux anglais, le 20 avril, que la Russie
« accédait à toutes les demandes du cabinet anglais ; que l'intention de
« son maître était que, d'après la proposition du gouvernement britan-
« nique de terminer le différend à l'amiable par une convention, on
« cessât toutes hostilités jusqu'à la réponse de Londres. Le désir d'une
« prompte paix avec l'Angleterre fut hautement manifesté, et tout an-
« nonça le triomphe de cette puissance. » (*Dictée de Napoléon au général Gourgaud*, t. II, p. 151.)

N. B. On vient de lire ci-dessus que l'Empereur se plaignait que le prince de *Ponte-Corvo* (*Bernadotte*) était à peine en Suède qu'il avait eu à s'en défier et à le combattre. Voici une lettre du moment tout à fait à l'appui de cette assertion, renfermant d'ailleurs un exposé précieux du système continental.

« Aux Tuileries, le 8 août 1811.

« Monsieur le prince royal de Suède, votre correspondance particulière m'est parvenue ; j'ai apprécié, comme la preuve des sentiments d'amitié que vous me portez, et comme une marque de la loyauté de votre caractère, les communications que vous me faites. Aucune raison politique ne m'empêche de vous répondre.

« Vous appréciez sans doute les motifs de mon décret du 21 novembre 1806. Il ne prescrit point de lois à l'Europe ; il trace seulement la marche à suivre pour arriver au même but : les traités que j'ai signés font le reste. Le droit de blocus que s'est arrogé l'Angleterre nuit autant au commerce de la Suède, est aussi contraire à l'honneur de son pavillon et à sa puissance maritime, qu'il nuit au commerce de l'empire français et à la dignité de sa puissance. Je dirai même que les prétentions dominatrices de l'Angleterre sont encore plus offensives envers la Suède, car votre commerce est encore plus maritime que continental : la force réelle du royaume de Suède est autant dans l'existence de sa marine que dans l'existence de son armée.

« Le développement des forces de la France est tout continental. J'ai su créer dans mes États un commerce intérieur qui porte la vie et l'argent des extrémités de l'empire au centre, et du centre aux extrémités, par l'impulsion donnée aux industries agricoles et manufacturières, par la rigoureuse prohibition des produits étrangers. Cet état de choses est tel, que je ne sais pas si le commerce français aurait beaucoup à gagner par la paix avec l'Angleterre.

« Le maintien, l'observance ou l'adoption du décret de Berlin est donc, j'ose le dire, plus dans les intérêts de la Suède et de l'Europe que dans les intérêts privés de la France.

« Telles sont les raisons que ma politique ostensible peut proposer à la politique ostensible de l'Angleterre. Les raisons secrètes de l'Angleterre, les voici : elle ne veut pas la paix ; elle s'est refusée à toutes les ouvertures que je lui ai fait faire ; la guerre agrandit son commerce et son territoire ; elle craint des restitutions ; elle ne veut pas consolider le nouveau système par un traité ; elle ne veut pas que la France soit puissante. Je veux la paix, je la veux entière, parce qu'elle seule peut assurer les nouveaux intérêts et les États créés par la conquête. Je pense que sur ce point Votre Altesse Royale ne doit pas différer de sentiments avec moi.

« J'ai beaucoup de vaisseaux, je n'ai point de marins ; je ne puis lutter avec l'Angleterre pour l'obliger de faire la paix ; il n'y a que le système continental qui puisse réussir. Je n'éprouve à cela aucun obstacle de la part de la Russie et de la Prusse ; leur commerce n'a qu'à gagner au régime prohibitif.

« Votre cabinet se compose d'hommes éclairés. Il y a de la dignité et du patriotisme dans la nation suédoise. L'influence de Votre Altesse Royale dans le gouvernement est généralement approuvée : elle trouvera peu d'obstacles à soustraire ses peuples à une soumission mercantile envers une nation étrangère. *Ne vous laissez pas prendre à des appâts trop flatteurs que vous présenterait l'Angleterre.* L'avenir vous prouvera que, quelles que soient les révolutions que le temps doit produire, les souverains de l'Europe donneront des lois prohibitives qui les laisseront maîtres chez eux.

« L'article III du traité du 24 février 1802 corrige les stipulations incomplètes du traité de *Frédérisham*. Il faut qu'il soit rigoureusement observé pour tout ce qui regarde les denrées coloniales. Vous me dites que vous ne pouvez vous passer de ces denrées, et que, par défaut de leur introduction, les revenus de vos douanes diminuent. Je vous donnerai pour vingt millions de denrées coloniales que j'ai à Hambourg, vous me donnerez pour vingt millions de fer. Vous n'aurez point d'argent à exporter de la Suède. Cédez ces denrées à des marchands, ils payeront des droits d'entrée ; vous vous débarrasserez de vos fers, cela m'arrangera. J'ai besoin de fer à *Anvers*, et je ne sais que faire des denrées anglaises.

« Soyez fidèle au traité du 24 février; chassez les contrebandiers anglais de la rade de *Gothembourg*; chassez-les de vos côtes, où ils trafiquent librement ; je vous donne ma parole que, de mon côté, je garderai scrupuleusement les conditions de ce traité. Je m'opposerai à ce que vos voisins s'approprient vos possessions continentales. Si vous manquez à vos engagements, je me croirai dégagé des miens.

« Je désire toujours m'entendre amicalement avec Votre Altesse Royale ; je verrai avec plaisir qu'elle communique cette réponse à Sa Majesté Suédoise, dont j'ai toujours apprécié les bonnes intentions.

« Mon ministre des affaires étrangères répondra officiellement à la dernière note que le comte d'Essen fait mettre sous mes yeux.

« Cette lettre n'étant à autre fin, etc.

« NAPOLÉON. »

Vigne patrimoniale de Napoléon, etc.—Sa nourrice, etc.—Son toit paternel.—Larmes de Joséphine durant les échauffourées de Wurmser aux environs de Mantoue.

Jeudi 8.

JE suis entré chez l'Empereur sur les onze heures ; il faisait sa toilette et passait en revue, avec son valet de chambre, plusieurs échantillons de parfumeries et d'odeurs envoyés d'Angleterre ; il s'informait de tous, n'en connaissait aucun, et riait fort de sa crasse ignorance, disait-il. Il a désiré déjeuner sous la tente, et nous y a tous réunis.

Il se plaignait de la mauvaise qualité du vin, et appelait en témoignage son maître d'hôtel Cypriani, qui est Corse, pour affirmer qu'ils en avaient de bien meilleur chez eux. A ce sujet il disait avoir eu en patrimoine la première vigne de l'île, grande et considérable, *l'Esposata*, c'était son nom ; il n'en devait parler, disait-il, qu'avec reconnaissance. C'était grâce à elle qu'il avait, dans sa jeunesse, fait ses voyages de Paris ; c'était elle qui fournissait aux frais de ses semestres. Nous lui demandions ce qu'elle allait devenir. Il nous a dit en avoir disposé depuis longtemps en faveur de sa nourrice, à laquelle il croyait bien avoir donné dans l'île peut-être cent vingt mille francs de biens-fonds ; il avait voulu même lui donner, disait-il, sa maison patrimoniale ; mais la trouvant trop au-dessus de l'état de sa nourrice, il l'avait donnée à la famille Ramolino, sa plus proche du côté maternel, à condition que celle-ci ferait passer son habitation à la nourrice [1].

En somme, il en avait fait une grande dame, disait-il. Elle était venue à Paris lors du couronnement ; elle avait eu une audience du pape de plus d'une heure et demie. « Pauvre pape, disait l'Empereur, il fallait « qu'il eût bien du temps de reste ! Elle était, au demeurant, extrême- « ment dévote. Elle avait pour mari un caboteur de l'île. Elle plut beau- « coup aux Tuileries, et enchanta toute la famille par la vivacité de « son langage et de ses gestes. L'impératrice Joséphine lui donna des « diamants. »

Après le déjeuner, l'Empereur, fidèle à sa résolution d'hier, a voulu se mettre au travail ; il a mis la dernière main au chapitre de la bataille de Castiglione, si remarquable pour la précision des manœuvres et l'importance des résultats éloignés.

Après ce travail il a gagné le bois, dans l'intention d'y attendre la calèche. Continuant la conversation qu'avait amenée le chapitre, il racontait que Joséphine était partie de Brescia avec lui, et avait ainsi commencé la campagne contre Wurmser. Arrivée à Vérone, elle avait été témoin des premières fusillades. Revenue à Castel-Novo, et voyant le

---

[1] La maison patrimoniale de Napoléon, son berceau, possédée en effet aujourd'hui par M. Ramolino, membre de la Chambre des Députés, est demeurée, comme on le pense, un objet de vive curiosité et de grande vénération pour les voyageurs, et surtout pour les militaires.
Je tiens de témoins oculaires qu'à l'arrivée de chaque régiment en Corse, elle a été l'objet d'un spectacle constamment renouvelé, les soldats y accourant aussitôt en foule et s'y faisant introduire d'autorité, comme y ayant droit. Une fois admis, chacun s'y montre selon sa chaleur de sentiment : l'un, en parcourant des yeux, lève les mains vers le ciel ; celui-ci s'agenouille ; celui-là baise le plancher ; des larmes roulent dans les yeux d'un autre ; il en est qui semblent en démence. On a dit quelque chose de pareil du tombeau du grand Frédéric. Voilà l'empire des héros.

passage des blessés, elle voulait gagner Brescia; mais elle se trouva arrêtée par l'ennemi déjà à Ponte-Marco. Dans l'inquiétude, l'agitation du moment, la crainte la saisit, et elle pleura beaucoup en quittant son mari, qui lui dit en l'embrassant avec une sorte d'inspiration : « Wurm« ser va payer cher les pleurs qu'il te cause! » Elle fut obligée de longer

en voiture, et de très-près, le siège de Mantoue. On tira sur elle de la place, et quelqu'un de sa suite fut même atteint. Elle traversa le Pô, Bologne, Ferrare, et gagna Lucques, poursuivie par la crainte et les mauvais bruits qui volaient d'ordinaire autour de nos armées patriotes, mais soutenue intérieurement par son extrême confiance en l'étoile de son mari.

Telle était pourtant déjà l'opinion de l'Italie, observait l'Empereur, et les sentiments imprimés par le général français, qu'en dépit de la crise du moment et de tous les faux bruits qui l'accompagnaient, sa femme fut reçue à Lucques par le sénat, et traitée par lui comme l'eût été la plus grande princesse : il vint la complimenter, et lui présenta les huiles d'honneur; il eut lieu de s'en applaudir. Peu de temps après, les courriers annoncèrent les prodiges de son mari et l'anéantissement de Wurmser.

Vendredi 9.

L'Empereur a déjeuné sous la tente; il y a travaillé le chapitre de la Brenta, où l'audace des entreprises, la multitude des combats, le prodige des hauts faits, semblent appartenir bien plus aux fictions du Tasse qu'aux vérités de nos temps modernes.

A trois heures il est monté en calèche. Le gouverneur s'était présenté durant notre promenade; il eût désiré parler à l'Empereur au sujet, croit-on, de la fête du prince régent, qui est lundi prochain, 12 du courant, et le prévenir des salves que cette circonstance occasionnera au camp, si près de nous. D'un autre côté, on dit qu'il a donné l'ordre de ne fournir que la table de l'Empereur, et de faire un compte particulier pour chacun de nous, trouvant la dépense fort au-dessus de son crédit. Cela est à peine croyable; toutefois nous verrons.

Catherine II.—Gardes impériales.—Paul I*er*, etc.—Projet sur l'Inde, etc.

Samedi 10.

L'Empereur a été souffrant et a pris un bain. Sur les trois heures, il s'est promené et a demandé la calèche. Il venait de lire l'histoire de Catherine. « C'était une maîtresse.femme, disait-il : elle était digne d'avoir « de la barbe au menton. La catastrophe de Pierre, celle de Paul, étaient « des révolutions de sérail, des coups de main de janissaires. Ces mi- « lices de palais sont terribles, ajoutait-il, et d'autant plus dangereuses « que le souverain est plus absolu. Ma garde impériale aussi eût pu deve- « nir fatale sous une autre main que la mienne. »

L'Empereur disait que lui et Paul avaient été au mieux ensemble. Lors de la catastrophe de celui-ci, dans laquelle, du reste, le public n'a épargné ni les siens ni ses alliés, Napoléon complotait, ajoutait-il, précisément en ce moment-là même avec lui une expédition des Indes, et il l'eût certainement porté à l'exécuter. Paul lui écrivait très-souvent et fort au long : sa première communication avait été curieuse et originale. « Citoyen Premier Consul, lui avait-il écrit de sa main, je ne « discute point le mérite des droits de l'homme; mais quand une nation « met à sa tête un homme d'un grand mérite et digne d'estime, elle a un « gouvernement, et la France en a désormais un à mes yeux, etc., etc. »

Au retour, nous avons trouvé l'amiral et sa femme; l'Empereur les a fait monter en calèche, et a fait un tour de plus; il s'est ensuite promené quelque temps d'une manière tout à fait gracieuse avec lady Malcolm.

L'Empereur évêque, etc.—N'avait jamais souffert de l'estomac.

Dimanche 11.

Après le déjeuner sous la tente et quelques tours de jardin, l'Empereur a fait une dernière lecture du chapitre d'Arcole : on le trouve dans ce Recueil.

Durant notre tour en calèche : « C'est dimanche, a fait observer quel- « qu'un. Nous aurions la messe, a dit l'Empereur, si nous étions en pays « chrétien, si nous avions un prêtre, et cela nous eût fait passer un in- « stant de la journée. J'ai toujours aimé le son des cloches de campagne, « disait-il. Il faudrait se décider, ajoutait-il gaiement, à faire un prêtre « parmi nous : le curé de Sainte-Hélène. — Mais comment l'ordonner, « a-t-on dit, sans évêque? — Et ne le suis-je pas, a repris l'Empereur, « n'ai-je pas été oint du même chrême, sacré de la même manière? « Clovis et ses successeurs n'avaient-ils pas été oints dans le temps avec « la formule de *Rex Christique sacerdos?* N'était-ce pas là réellement de « vrais évêques? La jalousie et la politique des évêques et des papes n'ont- « elles pas seules amené depuis la suppression de cette formule, etc.? »

A dîner, je ne mangeais pas; l'Empereur a voulu en connaître la cause. J'avais un grand mal d'estomac, souffrance à laquelle je disais être fort sujet. « Je suis plus heureux que vous, a observé l'Empereur ; « de ma vie je n'ai senti ma tête *ni mon estomac.* » L'Empereur se répétait volontiers ; aussi a-t-il prononcé ces mêmes paroles peut-être dix, vingt, trente fois au milieu de nous en différents moments [1].

Campagne de 1809, dite de Wagram : espace de six mois.—État de l'Europe.—Plans de la cinquième coalition.—Machinations intérieures.—Bataille d'Eckmühl.—Belles leçons de stratégie. — Réflexions ; conséquences.—Bataille d'Essling.— Bataille de Wagram.— Traité de Vienne, le 14 octobre.

Lundi 12.

L'Empereur a passé la matinée dans son bain à lire les journaux des *Débats* de mars et d'avril, venus hier par la voie du Cap. L'Empereur s'en est fort occupé : ils lui laissaient beaucoup d'agitation.

En général, depuis que l'Empereur avait reçu des livres et surtout les *Moniteurs,* il demeurait beaucoup plus chez lui, il sortait à peine : plus de cheval, pas même la calèche ; à peine respirait-il quelques instants dans le jardin ; il ne s'en portait pas mieux ; ses traits et sa santé s'altéraient visiblement.

Aujourd'hui je l'ai trouvé lisant les *Croisades* de Michaud, qu'il a quittées pour parcourir les *Mémoires* de Bezenval. Il s'est arrêté sur le duel de M. le comte d'Artois et du duc de Bourbon ; il en trouvait les détails curieux, mais bien loin de nous. « Il est difficile, disait-il, de voir « des temps plus rapprochés et des mœurs aussi différentes. »

Dans le cours des conversations du jour, il est arrivé à l'Empereur de dire de nouveau, ce que je dois avoir déjà mentionné ailleurs, que sa plus belle manœuvre avait été à Eckmühl, sans toutefois la spécifier davantage.

J'exprimais, et au moment même de l'impression de ce volume, mes regrets à cet égard à un de mes amis auquel je laissais parcourir mon manuscrit. Il m'a dit qu'il n'hésitait pas à prononcer que ces mots de l'Empereur dussent s'entendre, non-seulement de tout l'ensemble de la bataille, mais encore de celui de toute la campagne, qu'il disait être celle qui avait renfermé le plus d'embarras et requis le plus de combinaisons

---

[1] D'ordinaire je passe tous les détails de ce genre, à cause de leur minutie ; mais celui que je viens de mentionner en cet instant n'acquiert qu'une trop grande importance par la nature de la mort et les agonies prolongées et terribles de l'immortelle victime qui a succombé sous les triples tourments du corps, de l'esprit et du cœur. Il eût eu bien moins à souffrir entre les mains des cannibales !... Et ce supplice, ces tourments, lui ont été froidement ménagés par une administration barbare qui a entaché de cet acte les annales d'un peuple si justement renommé par l'élévation de ses sentiments et sa sympathie pour le malheur !..... Mais aussi une triste et pénible célébrité s'attachera au nom des bourreaux de Napoléon. L'indignation des cœurs généreux de tous les pays et de tous les âges les frappe à jamais d'une éternelle réprobation !

et de génie. « L'Empereur, me disait-il, y est toujours en action ; il tient constamment les fils qui non-seulement vont déterminer la victoire sur le terrain où il opère, mais réagiront encore sur l'universalité de l'Europe. » Il a voulu me le prouver, et cette circonstance m'a valu son secret. D'un rang élevé dans la garde, ce digne officier [1], à la teinte antique par son amour de la patrie, sa fièvre du bien, sa brusque franchise, sa rigide droiture, à l'écart aujourd'hui par la nature de ses opinions et de ses sentiments, s'occupe dans sa retraite avec autant de talent que de modestie d'une entreprise vraiment nationale : *le Tableau des campagnes de Napoléon*.

Sa campagne de 1809 étant entièrement finie, sauf rédaction, il a bien voulu me la confier ; il a fait plus, il m'a fait l'insigne faveur de la mettre à mon entière et libre disposition. Mon embarras dès lors n'a plus été que dans le choix ; car, gouverné par l'espace et dans l'obligation d'abréger, j'ai dû mutiler sans cesse, c'est-à-dire gâter. Quoi qu'il en soit, en voici l'extrait :

« Napoléon, au milieu de son expédition d'Espagne, est contraint de quitter inopinément ce pays, et reparaît tout à coup aux Tuileries le 23 janvier 1809. Il devenait urgent pour lui d'accourir à la défense de l'empire menacé du péril le plus imminent.

« Quelque rapide qu'eût été l'incursion de l'Empereur dans la Péninsule, ce court intervalle avait suffi aux intrigues du ministère anglais et à la malveillance des cabinets du continent pour accomplir une nouvelle coalition.

« La Prusse avait armé furtivement, et s'engageait à se déclarer dans l'occasion ; l'enthousiasme d'Alexandre pour Napoléon s'était éteint. Un voyage du roi et de la reine de Prusse à Pétersbourg avait opéré ce changement : la Russie épiait le moment favorable, se concertant déjà en secret avec la Prusse, et liant des intelligences mystérieuses avec Vienne. Quant à l'Autriche, elle n'avait d'autre sentiment que de dévorer ses peines en multipliant les protestations d'amitié, d'autre occupation

---

[1] Cet ami, dont je n'ai pas cru pouvoir inscrire le nom dans la première publication de cet ouvrage, par la crainte, grâce au régime sous lequel nous vivions, de compromettre son repos, est le général baron Pelet, de la garde impériale ; depuis la révolution de 1830 directeur du dépôt de la guerre, trois fois député de Toulouse, sa ville natale, et enfin pair de France. Son amour pour l'Empereur, le culte religieux qu'il porte à sa mémoire l'ont occupé sans cesse, au poste qu'il dirige, à rassembler et à coordonner toutes les lettres de Napoléon, ses ordres de guerre et autres documents de la sorte ; il en a fait rentrer un grand nombre qu'on s'était approprié par curiosité, et a signalé ceux qu'on avait fait disparaître dans des intérêts personnels ; enfin il les a fait retranscrire en plusieurs exemplaires, de manière à ce que ces précieux objets ne pussent jamais être perdus. Ce sera un trésor national que nous devrons à ses soins, et dont l'histoire et tous les cœurs français demeureront à jamais reconnaissants. La *Biographie des Contemporains* fait connaître ses nombreux faits militaires.

que de songer à recouvrer ses pertes. Enfin toute l'Allemagne, et surtout le nord de ce pays, était remplie d'associations secrètes dirigées contre la France. La masse démocratique, conduite par des publicistes et des professeurs exaltés, rêvait la régénération politique, besoin du siècle. Les intérêts aristocratiques se joignaient ardemment à ceux-là, sous l'apparence patriotique de la libération allemande, ne calculant au fond que le retour de leurs priviléges. Tous étaient unis sous le nom généralement connu du *Tugendbund* (Association de la vertu).

« Ainsi la cinquième coalition se présentait tout à la fois guerrière et conspiratrice.

« Cette fois, continue l'auteur, les armées autrichiennes devaient attaquer de front et marcher droit sur nos frontières, non comme en 1799, 1805 ou 1814, en cherchant les endroits faibles, mais comme gens au contraire qui ne craignaient pas les parties les plus fortes, étant assurés d'y trouver de l'appui. En même temps on devait détacher au loin des corps autrichiens, dans la Prusse méridionale, sur la Vistule, dans la Saxe, dans la Bavière, dans le Tyrol et le Vorarlberg, appelant partout à des insurrections qu'on avait préparées, et auxquelles devaient prendre part surtout les anciens sujets prussiens plus exaspérés que tous les autres, excités en dessous main par leur ancien gouvernement.

« Le corps de l'archiduc Ferdinand devait arriver jusqu'à Thorn, amenant cent pièces de canon dont la Prusse avait besoin avant de se déclarer. La coalition comptait que les souverains de la confédération du Rhin se joindraient à elle, soit de gré, soit de force, à mesure que les armées autrichiennes s'avanceraient sur leur territoire. Des promesses et des menaces leur avaient été déjà adressées ; et, s'il faut juger de cette époque par celles qui ont suivi, les espérances des coalisés n'étaient pas entièrement dénuées de fondement.

« L'Angleterre devait opérer conjointement avec l'Autriche et faire en même temps de fortes diversions. Un armement, le plus considérable qu'elle eût jamais rassemblé, était dans ses ports de la Manche, et pouvait jeter une armée de plus de quarante mille hommes, soit dans le nord de l'Allemagne, soit dans la Hollande ou dans la Belgique, qu'on supposait mécontentes. Cette armée, marchant au-devant de la grande armée autrichienne, pouvait se joindre à elle sur le Rhin, au travers des pays insurgés. Des troubles éclatèrent effectivement dans le nord de l'Allemagne, en Hollande et dans l'ancien électorat de Trèves, pays le plus favorablement situé pour une telle opération. Des bouches du Weser et des côtes de la Hollande aux frontières de la Bohême, il n'y a guère plus de cent lieues de distance. Il suffisait donc de quelques jours pour accomplir cette jonction. Une autre armée anglaise de quinze mille hommes, réunie en Sicile, devait débarquer à Naples, faire soulever l'Italie méridionale, et aider ainsi aux opérations de l'armée autrichienne dans la Lombardie.

« A l'aide de toutes ces attaques des armées et des nations étrangères, des machinations peut-être plus terribles encore se tramaient dans l'intérieur de la France. Il est reconnu maintenant que le conventionnel Fouché, réunissant alors les ministères de l'intérieur et de la police, servait depuis longtemps la famille des Bourbons. Chaque semaine il lui livrait le bulletin secret destiné à Napoléon seul. « On prétend aussi que Fouché *voulait se saisir du pouvoir* lors des nouvelles de la bataille d'Essling et de la rupture des ponts du Danube. » D'autres disent « qu'en cette circonstance [1] *la couronne impériale devait être déférée à Bernadotte* [2]. » Il est plus aisé de pressentir que de connaître exactement les intrigues auxquelles put se livrer ce ministre (Fouché), investi d'un si grand pouvoir et ayant des relations si étendues. D'un autre côté, l'Angleterre n'avait cessé d'entretenir des correspondances dans la Vendée; et quoique ce pays fût ramené par une administration douce et éclairée, les agents de l'étranger y trouvaient toujours quelques accès. Déjà, pendant la campagne de 1807, on avait tenté de le faire soulever de nouveau : « On voulait, dans la supposition où Napoléon viendrait à
« être défait dans une grande bataille, prendre les armes et recevoir le
« duc de Berri.... Dix mille conscrits réfractaires étaient prêts à se sou-

---

[1] *Montvéran*, t. v; *Galerie historique*, t. II et IV, etc.
[2] Ceci me rappelle une circonstance personnelle qui présente un singulier rapprochement avec ce que rapporte cet ouvrage de Montvéran.
Lors de l'attaque sur Anvers, ayant demandé à m'y rendre comme volontaire, le duc de Feltre, ministre de la guerre, avec lequel je me trouvais fort lié, me destina à l'état-major général du prince de Ponte-Corvo (Bernadotte). Ce ministre me dit, en m'expédiant, qu'il allait me charger pour son beau-frère, chef de l'état-major du prince, d'un message verbal qu'il n'eût pas voulu confier au papier, me priant d'en bien retenir les expressions. Elles étaient celles-ci : « Nous avons des raisons de croire à
« d'étranges menées de la part de Bernadotte, à une ambition tout à fait extravagante. Ainsi point de
« démarches, point de signatures qui puissent vous compromettre : veillez aux piéges. » Ces paroles, sans explications ni commentaires, et avec l'état politique des choses telles qu'elles me paraissaient alors à moi, portion du vulgaire, me semblèrent du véritable grec. Je les rendis comme je les avais reçues, sans m'en inquiéter autrement.
En addition à cette anecdote, en voici une autre qui m'a été contée, depuis la première publication du *Mémorial*, par quelqu'un qui prétendait la garantir. Elle est bien propre à corroborer l'opinion émise au texte ci-dessus, touchant les machinations intérieures ourdies de longue main.
Immédiatement après la bataille d'Essling, m'a-t-on dit, un émissaire arriva du champ de bataille à Fouché pour lui faire connaître l'état désespéré des affaires, qu'on pensait pouvoir être très-favorable à certains projets. Cet émissaire était chargé de prendre ses avis, et de savoir ce qu'on pouvait attendre du dedans. A quoi Fouché répondit dans un état de véritable indignation : « Mais comment
« venir nous demander quelque chose, quand vous auriez déjà dû avoir tout accompli à vous seuls!
« Mais vous n'êtes là-bas que des poules mouillées qui n'y entendez rien : on vous fourre dans un
« sac, on le noie dans le Danube, et puis tout s'arrange facilement et partout! »

« lever.... De la Vendée le complot s'étendait dans la Bretagne, le Maine,
« la Basse-Normandie : Bordeaux n'y était pas étranger.... Au moindre
« revers des armées de Napoléon, et à la moindre crise politique, le feu
« de l'insurrection laissait échapper ses étincelles. Le parti de l'opposition
« avait dans la Vendée ses points de correspondance et de ralliement
« (*Bauchamps*, t. IV). » Ainsi les espérances de la coalition sur ce pays
n'étaient pas sans quelque fondement.

« L'Angleterre avait préparé une autre machination en Espagne. Là, c'était une conspiration toute militaire. Il ne s'agissait rien moins que de soulever l'armée française de Portugal, de la réunir avec l'armée anglaise, d'engager les autres corps français en Espagne à imiter cet exemple, de marcher sur les Pyrénées, où se trouverait une autre armée anglaise plus considérable, avec Moreau qui reviendrait de l'Amérique. On devait s'avancer sur Paris, et mettre Moreau à la tête du gouvernement. Les Anglais avaient répandu dans le pays et parmi les troupes françaises le manifeste et les proclamations de l'Autriche. Des officiers de notre armée de Portugal étaient gagnés ; ils avaient communiqué avec Wellington et Béresford ; un crédit de 600,000 francs leur était ouvert à Porto. On annonçait l'espoir de se concerter avec les armées d'Allemagne et d'Italie (*Le Noble, Montvéran*).

« Au printemps de 1809, toutes les chances de la guerre et de la politique étaient donc contre la France ; l'Autriche avait sous les armes trois cent vingt mille hommes et sept cent quatre-vingt-onze pièces de canon ; cette armée avait été divisée, comme les armées françaises, en neuf corps actifs et deux réserves. Ces corps avaient en eux tous les moyens d'administration et d'exécution, de manière à pouvoir agir isolément ou combinés. En arrière de ces forces, entièrement disponibles, était une réserve imposante, préparée depuis longtemps, non entièrement organisée, mais qui, pendant la campagne même, fournit d'abondants secours. Elle se composait des *landwerth* ou *défenseurs de la patrie*, des dépôts d'infanterie et de cavalerie, enfin de l'insurrection hongroise, et pouvait s'évaluer à deux cent vingt-quatre mille hommes, qui, joints aux forces régulières indiquées ci-dessus, composaient à l'Autriche une masse de cinq cent quarante-quatre mille combattants. Le prince Charles, ministre de la guerre et généralissime, commandait en Allemagne la principale armée, composée des six premiers corps et des deux réserves. Le prince Ferdinand était avec le septième en Pologne ; le prince Jean avec les huitième et neuvième en Italie. Tous les princes de cette maison prenaient part à la guerre.

« Napoléon n'avait à opposer à toutes ces forces que deux cent vingt mille hommes en Allemagne, qui étaient loin d'être tous Français, cinquante-sept mille en Italie, dix-huit mille en Pologne, et un total de quatre cent vingt-cinq pièces de canon. Il avait la diversité des nations contre lui, et quarante mille hommes de moins que le prince Charles, lorsqu'il opéra en Bavière, etc.

« Les deux grandes lignes d'opération du nord et du midi de l'Allemagne sont éloignées de quarante lieues de distance moyenne entre Augsbourg et Bamberg. On peut agir sur chacune d'elles, ou passer de l'une à l'autre; mais il est difficile, et surtout dangereux, d'opérer sur les deux à la fois, parce que l'armée ennemie qui se plaçait au milieu des deux lignes pourrait détruire successivement les corps séparés de son adversaire, même avec des forces inférieures, ou deviendrait du moins maîtresse des opérations. L'armée, ainsi placée, arrêterait les mouvements de son ennemi, sur les derrières duquel elle peut manœuvrer. Il résulte de là que les points militaires les plus importants de ce théâtre sont les passages du Danube, surtout ceux où aboutissent les grandes communications, les confluents des rivières qui servent de lignes de défense, ceux qui maîtrisent les deux lignes d'opération, et les défilés de l'est et de l'ouest (Ulm et Passau); ensuite viennent les principaux passages, sur les grands affluents du Danube, les capitales, les villes, les nœuds de route, etc. Parmi celles-ci, le point de Ratisbonne est un des plus essentiels : il devint, en cette occasion, de la plus haute importance pour les deux armées, afin de maîtriser les opérations sur les deux rives du Danube, etc.

« L'Autriche, ayant conservé des relations avec la Belgique et les pays allemands cédés depuis longtemps à la France, espérait les soulever en y faisant pénétrer ses armées. Pour cela les principales forces autrichiennes, réunies en Bohême, et débouchant de ce pays, devaient d'abord suivre la ligne d'opération du Nord par la Franconie. En quinze ou dix-huit marches elles devaient atteindre facilement l'embouchure du Mein. Traversant tous les cantonnements de l'armée du Rhin, elles pouvaient espérer, avec leurs masses supérieures, de les battre en détail, et d'empêcher ainsi les divers corps français du Nord et du Midi de se réunir. C'était un avantage capital ; c'en était un autre considérable que de gagner rapidement du terrain, pour faire déclarer les souverains de la confédération et insurger les peuples. On attribua dans le temps au général Mayer les dispositions militaires de ce plan, qui eut un commencement d'exécution, puisque les cinq premiers corps de l'armée autrichienne, outre la première réserve, étaient placés en Bohème, tandis que le sixième et la deuxième réserve agissaient seuls en Bavière. Les opérations, qui avaient dû commencer dès le mois de mars, furent ensuite renvoyées au 8 avril.

« Les inconvénients du plan de Mayer n'avaient pas échappé à la pénétration de l'archiduc, dont le grand mérite était de bien connaître son ennemi et son terrain. Pendant que la grande armée autrichienne aurait marché, par la ligne d'opération du Nord, vers la frontière de France, où elle eût trouvé nos réserves et la défense nationale, le cœur de la monarchie autrichienne, sa capitale même, restaient à découvert devant un ennemi tellement actif, qu'il pouvait des Alpes Noriques y porter encore d'autres corps. Mais cette grande armée autrichienne elle-même était exposée aux manœuvres que Napoléon, laissé maître du Danube, pouvait exécuter sur ses flancs et ses derrières, soit par Straubing, après avoir battu le corps de Bavière, soit en débouchant de suite sur Bamberg, Wurzbourg et Hanau. Le prince Charles n'avait pas oublié la poursuite du Tagliamento jusqu'au delà de Léoben en 1797 ; surtout la prise de Vienne, une vingtaine de jours après la capitulation d'Ulm, en 1805 ; la destruction des armées prussiennes à Iéna, opérée en quelques instants par une manœuvre de flanc. L'archiduc savait bien qu'il n'avait plus affaire à un Moreau, qui, sans bouger, le laisserait derrière lui aller tranquillement de l'Iser sur le bas Rhin. Le prince sentit la nécessité d'occuper avant tout la ligne d'opération sur la rive droite du Danube : il revint à un projet d'offensive directe, qui le tenait sur le chemin de la capitale, et fit repasser le Danube, à Lintz, par la majeure partie de son armée, ne laissant en Bohème que les premier et deuxième corps. D'après les retards qu'éprouvait le commencement des hostilités, il eut le temps de terminer cette nouvelle disposition.

« Quant à Napoléon, il attend tout des mouvements de l'ennemi. Son but est de battre la grande armée autrichienne et de retourner dans Vienne, pour y dissoudre cette nouvelle coalition, punir l'injuste agression et dicter encore une fois la paix. Son unique disposition préparatoire est de se tenir sur les deux rives du Danube, maître de se concentrer, selon l'occasion, sur l'une ou l'autre, entre Donawert et Ratisbonne. Il attend que les mouvements de l'ennemi soient démasqués, et c'est sur le terrain même qu'il improvisera ses dernières dispositions. Il abandonne tout à fait les montagnes dont il deviendra maître lorsqu'il le sera de la plaine où se trouve le chemin de Vienne, et au travers de laquelle il fera voler rapidement ses masses. Sans s'inquiéter de la composition de son armée, des conscrits qui s'y trouvent en quantité, des corps allemands avec lesquels il devra agir, il a résolu de ne pas retirer un seul homme de ses vieilles bandes d'Espagne, où elles combattent plus directement nos véritables ennemis, les Anglais.

« Au 20 mars, le corps de Davoust occupait les deux grandes routes qui conduisent de Bohême sur le Mein et dans le Palatinat du Rhin. Les corps de Masséna, Oudinot, Lefèvre et Vandamme étaient en Souabe sur la grande route de Vienne, par Munich, Augsbourg et Ulm. Tous ces corps devaient, en cas d'attaque, manœuvrer de manière à se réunir sur le Danube, vers Ingolstadt ou Donawert. Ainsi l'armée française, qui s'étendait d'abord des montagnes de Thuringe au pied des Alpes, et dont les deux masses principales gardaient les lignes d'opération du Nord et du Midi, dans la Franconie et la Souabe, était soumise d'avance à un plan général de concentration sur le Danube, vers les points d'où elle pouvait le mieux manœuvrer sur l'une ou l'autre rive. A cette même époque, les armées autrichiennes, d'abord réunies dans la Bohême, faisaient leur mouvement par Lintz, pour joindre les corps de Hiller

au camp de Wels, laissant Bellegarde et Kollowrath sur les frontières de la Bohême, en face de Bareuth et d'Amberg. Ce mouvement de l'archiduc avait été fort long, et ne s'était terminé qu'au commencement d'avril. On peut voir maintenant, d'après la position de l'armée française, qui devait être bien connue de l'archiduc, qu'en sortant vivement de la Bohême, il pouvait espérer de culbuter les cantonnements de Davoust, et gagner leur droite vers le Danube ; du moins il pouvait atteindre directement les bords du fleuve et de l'Altmulh, au-dessus de Ratisbonne, et y faire sa jonction avec les corps de Hiller. Ce mouvement, opéré rapidement, empêchait ou reculait fort en arrière la réunion des corps de l'armée française, rendait l'archiduc maître des clefs du terrain et de la plaine, au moins jusqu'au Lech ; il le tenait à portée en même temps de la route directe de Vienne, comme des insurrections du Nord, dont il s'éloignait trop. Plus tard le prince Charles revint à cette opération, mais par un trop long détour ; alors il n'était plus temps.

« Bientôt la guerre commença. Les armées françaises ne s'attendaient nullement à être attaquées aussitôt ; elles eussent été surprises, si cela eût été possible. Napoléon était encore à Paris, et n'en partit que sur la nouvelle de l'agression.

« Le 4 avril, Berthier arrivait à Strasbourg et s'y établissait.

« L'archiduc avait quitté Vienne le 1ᵉʳ ; le 6, sa proclamation à l'armée autrichienne annonce la guerre. *Le salut de la patrie nous appelle à de nouveaux exploits*, etc., dit-il. Quel long commentaire mériterait ce peu de mots !

« Le 8, les Autrichiens violent la foi des traités existants, surprennent le passage de l'Inn. Le lendemain seulement un simple billet de l'archiduc au commandant de l'armée française dénonce les hostilités, avec moins de formalités qu'on en met à la rupture du plus simple armistice. L'agression des Autrichiens avait commencé en même temps sur tous les points ; ils envahissent à la fois la Bavière, la Franconie, le Tyrol, l'Italie et la Pologne. L'armée de l'archiduc Charles marche au delà de l'Inn, et les corps de Bellegarde débouchent de la Bohême.

« Le 9, l'empereur François arrive à l'armée, établit son quartier général à Lintz..... »

Ici l'auteur expose les vues qu'il suppose à l'archiduc, ses intérêts, ses dispositions ; il blâme la lenteur des Autrichiens, qui mettent onze jours à faire vingt-huit lieues, etc.

« Le 16, Napoléon arrivait à Stuttgard et donnait ses ordres directement à l'armée. Il était temps qu'il vînt en prendre le commandement pour s'opposer à la marche de l'ennemi, mais surtout pour remédier aux fausses manœuvres de Berthier, et pour terminer ses incertitudes. Celui-ci, arrivé à Donawert le 13 avril, se trouvait accablé sous le poids de ce commandement momentané; il se portait tantôt à Neustadt, tantôt à Augsbourg; ordonnait à Oudinot de se rendre à Ratisbonne, à Davoust d'envoyer la division Saint-Hilaire et la cavalerie de réserve sur Landshut et Freysingen. L'arrivée de Napoléon suspendit tout mouvement. Il attendit, pour agir, des nouvelles de la Bohême et de la Bavière. Le 17, il se rendit à Donawert. Son arrivée à l'armée fut annoncée par cette belle proclamation : « Soldats! disait-il, le territoire de la confédération

« a été violé..... J'étais entouré de vous lorsque le souverain d'Autriche
« vint à mon bivouac de Moravie; vous l'avez entendu implorer ma clé-
« mence et me jurer une amitié éternelle. Vainqueur dans trois guerres,
« l'Autriche a dû tout à notre générosité; trois fois elle a été parjure!!!
« Nos succès passés nous sont un sûr garant de la victoire qui nous
« attend. Marchons donc, et qu'à notre aspect l'ennemi reconnaisse son
« vainqueur! »

« Le 16, à l'arrivée de Napoléon à Stuttgard, nos deux grandes masses se trouvaient rangées autour de Ratisbonne et d'Augsbourg. Le troisième corps à Eterhauzen, Riedenbourg, Hemau, ayant sa deuxième division à Dassvang, sa grosse cavalerie autour de Ratisbonne, le corps de la Saxe ducale à Ingolstadt, où allait arriver bientôt la division de réserve du troisième corps. L'ennemi, qui avait manœuvré de manière à couper la division Friant, trompé dans ses projets, se montre le lendemain 17 devant Ratisbonne, et fait trop tard quelques tentatives sur le pont de la Régen. Les troupes commandées par Masséna se trouvaient à Augsbourg. Le centre de la ligne française semblait dégarni ; mais, barré par le Danube et le Lech, il était gardé par les Bavarois, les Wurtembergeois et la division ducale de Saxe. Cette ligne de notre armée était brisée : des deux ailes placées aux saillants, les corps français pouvaient tomber sur leurs ennemis, s'ils s'engageaient dans ce piége qui leur était tendu.

« En arrivant à l'armée, Napoléon trouve le mouvement de la grande masse ennemie prononcé par la rive droite du Danube, entre ce fleuve et le bas Iser, de telle manière qu'elle ne peut plus atteindre la rive gauche du Danube qu'en forçant le passage de ce fleuve ou celui du Lech. Napoléon occupait par la place d'Augsbourg, qu'il fait mettre dans le plus grand état de défense par les postes retranchés de Landsberg, de Rain et de Donawert, tous les passages qui, sur la rive droite du Danube, portent en Souabe. Il donne aussi l'ordre de défendre à Ratisbonne le passage vers la Franconie. L'armée autrichienne étendue sur l'Iser, depuis Landshut jusqu'à Munich, mais attaquant en grande force sur Landshut, et débouchant par là, menaçait évidemment le centre de la ligne française. C'est au plus actif à réunir ses forces. Mais sommes-nous à temps de le faire sur la rive droite du Danube, et oserons-nous le tenter ? En marchant sur la rive opposée, il y aura un passage de fleuve à opérer, et par conséquent rien de décisif n'en peut résulter. Cependant l'ennemi était plus rapproché de Neustadt sur le Danube, et du point de concentration que de nos ailes ; il avait son ordre de marche en avant, ses derrières, ses lignes de retraite, tout bien assuré. Malgré tous ces avantages, Napoléon ordonne le mouvement général sur la rive droite, et par des marches de flanc : à Davoust, de Ratisbonne sur Neustadt ; à Masséna, d'Augsbourg sur Pfaffenhoffen ; lui-même se porte au centre, au poste du danger et des difficultés, pour arrêter les têtes de colonnes de l'ennemi et laisser le temps à ses rapides ailes de se rejoindre. Pour tout autre, et avec d'autres troupes, cette manœuvre eût été fort scabreuse ; mais pour Napoléon, *c'est*, comme il le disait, *un calcul d'heures*; c'est aussi un calcul de terrain ; mais il ne faut s'y tromper ni de quelques minutes ni de quelques toises ; car il y va du salut de l'armée. Quant à lui, il s'est rendu par ses dispositions cette manœuvre absolument sûre. Si l'ennemi s'avance sur le centre, Napoléon le battra ; s'il cherche à le tourner par son extrême gauche, il trouvera Augsbourg fermé, de manière à tenir tête à toute son armée réunie; s'il veut gagner Ratisbonne, il doit le trouver aussi en défense. Dans ces deux derniers cas, Napoléon tombait sur les derrières de l'ennemi, et le poussait, soit sur le Danube, soit sur les Alpes. Ainsi la manœuvre contre l'ennemi, qui finit par se diriger sur Ratisbonne, va être aussi désastreuse pour lui que brillante pour nous; car, avec sa droite, avancée entre le Danube et l'Iser, Napoléon va refouler dans le cul-de-sac, entre ces deux rivières, l'archiduc qui s'y est imprudemment enfoncé. Il ne s'agissait de rien moins que de la destruction totale de l'armée ennemie, si les ponts de Ratisbonne et de Landshut ne s'étaient pas trouvés ouverts.

« Napoléon annonce à Masséna que, pour cette grande et décisive manœuvre, *il va refuser sa gauche, avancer sa droite; et qu'entre le 18, le 19 et le 20, toutes les affaires de l'Allemagne seront décidées.* »

Ici se trouve cette belle manœuvre qu'a voulu probablement mentionner l'Empereur, c'est-à-dire les dispositions préparatoires de la bataille, et elles sont en effet admirables. L'auteur décrit le placement et la marche de tous nos corps, ceux de l'ennemi, les engagements partiels, le résultat général, les fautes de l'archiduc, les nôtres même, dans les exécutions subalternes du moins; car, pour la conception du chef, il nous la montre complète et devant amener infailliblement l'annihilation entière de toutes les forces ennemies. Je saute à pieds joints sur tous ces détails très-curieux : ils seraient bien accueillis sans doute par les militaires; mais ils pourraient paraître longs à tous les autres, et ils m'écarteraient de mon but outre mesure. Je passe tout de suite aux grands résultats exprimés dans la proclamation suivante de Napoléon, et puis aux réflexions de l'auteur :

« Soldats! dit l'Empereur, vous avez justifié mon attente, vous avez « suppléé au nombre par votre bravoure! En peu de jours vous avez « triomphé dans les trois batailles de Thann, d'Abensberg et d'Eckmühl, « et dans les combats de Peissing, de Landshut et de Ratisbonne. Cent « pièces de canon, quarante drapeaux, cinquante mille prisonniers, trois « équipages, trois mille voitures attelées portant les bagages, toutes les « caisses des régiments : voilà le résultat de la rapidité de vos marches et « de votre courage.

« Naguère l'ennemi se promettait de porter la guerre au sein de notre « patrie; aujourd'hui, défait, épouvanté, il fuit en désordre. Déjà l'avant-« garde a passé l'Inn, avant un mois nous serons à Vienne. »

« Cette proclamation, envoyée de tous côtés, annonça aux amis comme aux ennemis de la France les victoires et les projets de l'Empereur, etc.

« Ainsi, en quatre jours de combats et de manœuvres, sont accomplies les destinées de l'armée autrichienne, de cette armée si arrogante, si nombreuse, la plus belle qu'eût jamais mise sur pied la maison d'Autriche ! Par ses premières dispositions Napoléon a organisé le plan de sa grande bataille ; il a assuré la défense de ses postes, fait reconnaître le terrain pour une bataille en avant d'Augsbourg, dans la direction par laquelle l'ennemi semblait devoir s'avancer. Il a rectifié les fausses dispositions de Berthier, ramassé ses forces aux ailes, laissant libre le terrain où il voulait attirer l'ennemi. Il l'y a amené peu à peu, tout en prenant ses mesures pour le battre ensuite de quelque côté qu'il se tournât. Le 17 à midi, Napoléon arrive à l'armée ; le 18, il donne ses ordres, et annonce que dans trois jours tout doit être fini ; si sa prédiction éprouve un retard de quelques heures, c'est que sa jeune armée, composée en grande partie de conscrits, n'a pas cette vigueur des troupes d'Austerlitz et de Iéna. Le 19, commence l'exécution de ce plan dont on est obligé de reconnaître les fondements dans les premières dispositions des mois précédents ; la jonction de l'armée s'opère sous le canon de l'archiduc. Le 20, Napoléon rompt à Abensberg la ligne de l'ennemi et sépare tota-

lement la gauche du centre. Le 21, il détruit à Landshut cette gauche, s'empare des magasins, du parc, de tous les équipages et des communications de la grande armée ennemie. Le 22, il revient à Eckmühl porter les derniers coups à l'armée de l'archiduc, dont les débris se sauvent honteusement au travers de Ratisbonne et des montagnes de la Bohême.

Si Landshut eût été attaqué à temps par la rive droite, les corps de Hiller ne pouvaient plus se retirer et étaient entièrement écrasés sur les bords de l'Iser. Si Ratisbonne n'eût pas été livrée à l'Autriche, ses débris, accablés par toute l'armée française sur les bords du Danube, coupés de Straubing, privés de tout passage et de tout moyen de faire des ponts, étaient réduits aux dernières extrémités. Ainsi, sans ces deux contre-temps, l'armée du prince Charles était entièrement détruite en quatre jours. Rien, du reste, n'en est échappé que par morceaux et en fuite.

« A aucune époque de l'histoire on n'a vu une telle bataille, livrée sur un aussi grand terrain et dans des directions opposées, conduite à vue par la même tête, exécutée par les mêmes bras, avec une aussi rigoureuse précision, une telle rapidité et le meilleur emploi de tous les moyens, à moins qu'on en excepte toutefois, dans le début de Napoléon en Italie, Castiglione, Arcole et Rivoli surtout, où le génie avait devancé l'expérience..

« Il faut que les militaires se gardent bien de confondre ces manœuvres exécutées au loin, mais toujours en partant d'un centre unique, avec le système opposé de lignes étendues démesurément, sur lesquelles les plus grandes forces disparaissent, où le commandement suprême ne pouvant atteindre sur tous les points, la grande direction manque partout. L'un est le système des Daun, des Lascy, des Moreau; l'autre celui de Frédéric et de Napoléon.

« Pendant ces batailles, tous ces mouvements de concentration et d'extension furent faits à la minute et dans la circonstance la plus opportune. Les troisième et quatrième corps, d'abord éloignés de plus de quarante lieues, se trouvèrent réunis dès le second jour par la manœuvre la plus audacieuse pour entrer sur la même ligne de bataille. Le quatrième corps fit en trois jours trente-six lieues, en poursuivant les lauriers que d'autres corps venaient saisir en avant de lui. Ensuite Napoléon fait des détachements successifs à mesure des besoins de tout ce vaste champ, qu'il embrasse dans tous ses points. Avant d'attaquer à Landshut, il détache Lefèvre pour venir au secours de Davoust; avant Eckmühl, Bessières à la poursuite d'Hiller; avant Ratisbonne, Masséna sur le bas Danube et le bas Inn; à peine Ratisbonne est enlevée qu'il envoie à Landshut les grenadiers d'Oudinot, les Bavarois de Lefèvre, le corps de Lannes pour soutenir Bessières et former la tête de la colonne qui doit prévenir l'archiduc sur Vienne. Cependant Napoléon ne laisse pas un instant douteux le succès de ces belles combinaisons, car les corps de Masséna et d'Oudinot, qui ont tourné constamment la gauche de l'ennemi, sont toujours à même d'aider les corps engagés dans les journées des 20, 21 et 22. Davoust, tenant tête à la majeure partie de l'armée ennemie, reçut à propos les secours dont il avait besoin ; et s'il eût été poussé un peu le 21, l'armée aurait eu quelques lieues de moins à faire le 22, et des chances de succès de plus.

« Jamais on n'a mieux vu tout ce que peuvent *le coup d'œil et l'à-propos*. Ici, dans cet immense champ, pas un homme, pas un moment, pas le moindre avantage du terrain n'ont été perdus devant des ennemis qui ne savaient tirer parti ni des forces, ni du temps, ni des positions. Pas un combat n'était livré qui n'eût un but déterminé et souvent décisif. »

La stratégie semble surtout être la prédilection de l'auteur ; il en a fait et avec succès sa constante occupation. Il m'a montré la preuve authentique qu'il s'était exprimé, il y avait déjà deux ans, sur les célèbres campagnes d'Italie, en 1796, et celle de Marengo, précisément comme le fait l'Empereur dans ses dictées de Sainte-Hélène, qu'on vient de publier en cet instant ; c'est-à-dire qu'il avait deviné, saisi toutes ses idées et ses vues à cet égard. Il a fait un travail sur la topographie militaire du théâtre de la guerre en Italie, qui, présenté à Napoléon lors de son couronnement, le frappa tellement, qu'il s'écria : *J'aurais payé des millions pour avoir une telle chose quand je commandais ici.* A ce talent reconnu, mais ignoré de Napoléon, se trouvaient réunis encore beaucoup de traits de courage très-remarquables et grand nombre de blessures. Malheureusement la fatalité a voulu que les hautes chances offertes à nos braves se soient trouvées finies précisément à l'instant où celui-ci, entrant dans la garde, allait sortir de la foule. On sait que l'Empereur se plaisait à y puiser, et son coup d'œil si juste le faisait toujours à coup sûr. C'est sans entourage, sans intrigue, sans sollicitations aucunes qu'on a vu surgir inopinément les Lobau, les Drouot, les Bernard ; mon ami allait avoir son tour, son heure était venue.

« Les bords de l'Abens et de la Laber, dit-il, sont désormais devenus classiques pour l'art de la guerre. Les militaires iront étudier là, bien mieux que dans les livres, les théories des grandes opérations. Là ils verront inscrite pour des siècles la resplendissante gloire des armées françaises! Là est un des plus beaux monuments, impérissable à jamais, tant qu'on lira dans l'histoire que des batailles ont été livrées par le même général et les mêmes troupes, le 19 à Thann, le 20 à Abensberg, le 21 à Landshut, le 22 à Eckmülh, le 23 à Ratisbonne. Là les militaires apprendront la connaissance du terrain, la pratique du coup d'œil, l'emploi des forces, l'opportunité des détachements, tout le secret des grandes batailles, qui consiste à savoir s'étendre et se concentrer à propos, et diriger ses masses selon le terrain et les dispositions de l'ennemi. Mais ces manœuvres doivent servir de leçons, et non pas d'exemple ; il faut les étudier et non les copier. Malheur à qui s'aviserait d'en exécuter de pareilles, même dans des conjonctures analogues, car il y perdrait certainement son honneur et son armée. Pour oser les tenter et pour en venir à bout, il fallait la toute-puissance du génie et du commandement dans le chef, jointe au plus absolu dévouement de la part de toute l'armée.

« Ces manœuvres présentent une leçon précieuse sur une des parties les plus difficiles de la guerre. On y apprendra comment on peut arrêter l'exécution d'une opération commencée, et détruire ces avantages si vantés de l'initiative. Ici, en effet, l'archiduc était en pleine opération quand Napoléon est arrivé. Si ces deux généraux avaient été d'une égale force secondaire, le chef français se serait hâté de gagner, par Donawert et Ratisbonne, la rive gauche du Danube ; il aurait gardé ces deux têtes en se réunissant entre Neustadt et Neubourg. Le chef autrichien aurait longuement manœuvré sans passer le Danube. Des semaines, des mois se seraient écoulés sans qu'il y eût rien de fait ; on eût vu une campagne à la Daun ou à la Moreau. Si les deux généraux avaient été également supérieurs, le chef autrichien aurait continué sa pointe malgré celle des Français, se serait précipité sur le corps de Davoust, et l'aurait culbuté sur Ratisbonne ; là, le livrant au corps de la rive gauche ou au canon de Stadtamhof, si la ville tenait encore, il serait venu avec sa masse tomber successivement sur le centre et la gauche de l'armée française, dont il aurait eu probablement bon marché. On peut supposer que Napoléon aurait manœuvré avec moins d'audace s'il eût eu affaire à un ennemi de cette force, car il a dit dès le début de sa carrière : *La guerre est une affaire de tact.* La première chose est de savoir contre qui et avec qui on guerroie. L'archiduc le savait bien.

« Masséna, toujours grand à la guerre, Davoust se montrant tous les jours plus digne des plus grands commandements, donnèrent à Napoléon des preuves de zèle et de dévouement, qualités qui commençaient à devenir assez rares pour pouvoir être louées ; mais Lannes fut l'*Achille* de l'armée, *glaive exterminateur* dans les cinq journées, où, avec les mêmes troupes, il combattit à de si grandes distances ; à Arnhofen, à Attuhausen, à Rembottourg, à Landshut, à Eckmuhl, à Ratisbonne.

Pourquoi des destinées qui se développaient si éclatantes, et qui alors atteignaient la maturité du premier talent, devaient-elles être si vite terminées ! ! ! Après ces illustres personnages, les généraux, les officiers, toute l'armée, jeunes et vieux soldats, cavaliers et fantassins, Allemands et Français, tous se montrèrent dignes du grand capitaine.

« Ces victoires de Napoléon furent couronnées par les plus grands résultats. La désorganisation des armées de l'Autriche, l'ouverture des chemins de sa capitale, l'envahissement de ses provinces et la destruction des préparatifs d'invasion, des magasins, de la landwehr, des milices, etc.; enfin la perte des conquêtes éphémères des archiducs Jean et Ferdinand, etc.

« L'Autriche se trouvait violemment frappée et plus qu'à demi vaincue. Mais ce coup terrible se ressentait bien plus loin encore dans toute l'Allemagne et même dans toute l'Europe. La coalition de 1809 venait d'être terrassée tout entière dans les champs de la Laber. Tous ses projets dépendaient de l'issue de la première bataille. Si l'affaire eût été douteuse, ou si elle eût été contraire à Napoléon; si seulement il avait différé son attaque, qu'il eût attendu ses ennemis ou porté des coups moins assurés, il eût été bientôt rejeté de l'autre côté du Rhin et accablé par l'Europe entière. En ce même moment éclataient les insurrections organisées dans le Tyrol, la Westphalie, la Prusse; mais les triomphes d'Eckmühl arrêtèrent l'embrasement qui allait s'étendre du Tyrol à la Baltique, raffermirent pour le moment la foi chancelante de la Prusse et de la Russie, retardèrent le départ de l'expédition anglaise, et dérangèrent le plan combiné contre la Belgique et la Hollande. Enfin ces triomphes comprimèrent aussi, à l'intérieur de la France et dans nos armées, ces intrigues que nous verrons s'y développer plus tard, etc.

« Cependant Napoléon ne devait pas laisser à l'Autriche le temps de réparer ses pertes, à la coalition celui de réunir ses forces et de renouer ses intrigues. Il fallait aller à Vienne pour forcer l'une et l'autre à la paix; car celle-ci était toujours le but de toutes nos guerres, comme le prix de nos triomphes.

« Après Eckmühl se présente une grande question de guerre et de politique. Que devaient faire les chefs des deux armées ? On a récemment approuvé l'archiduc de s'être retiré en Bohême : on a blâmé Napoléon de ne pas avoir poursuivi une armée battue.

« Mais le prince Charles ne pouvait absolument faire autre chose que ce qu'il a fait; il devait se mettre au plus vite à couvert; il n'avait pas de choix. Seulement il a marché encore trop lentement, etc.

« Napoléon aussi a fait ce qu'il devait. A deux marches en arrière de Ratisbonne, le prince Charles avait trouvé un pays de montagnes et de défilés, la Bohême, où la défensive est si favorable. A la droite du Danube, Hiller s'était rallié, renfoncé sur l'Inn, et même s'avançait sur Neumarck. Si Napoléon s'était engagé d'une ou deux marches au delà de Ratisbonne, il laissait toute liberté au prince Charles de regagner, à Passau ou à Lintz, la rive droite du Danube, d'y faire sa jonction avec Hiller, de défendre les approches de Vienne et de se réunir plus tard au prince Jean. Napoléon perdait alors le plus beau fruit de la bataille d'Eckmühl ; et ce n'était pas pour les laisser rejoindre qu'il avait séparé les deux armées autrichiennes ; il eût abandonné par là tout l'avantage de la victoire, de sa position et du terrain. Pour aller de Ratisbonne à Vienne par la Bohême, le chemin est mauvais, difficile ; il forme un grand contour, un arc dont une autre route, belle, facile, directe, forme la corde. Or, c'est cette dernière qu'occupait Napoléon sur la rive droite du Danube. Vienne est sur cette même rive, entourée d'une forte enceinte, susceptible d'une grande défense. Il ne pouvait espérer de l'occuper que par une marche rapide, par un coup de main. Il ne pouvait donc hésiter un instant à y courir. Cette détermination lui présentait toutes sortes d'avantages : elle maintiendrait la séparation des diverses armées autrichiennes, concentrerait autour de cette capitale toutes les forces françaises de l'Allemagne et de l'Italie ; rappellerait au centre de la monarchie tous les corps ennemis destinés à faire insurger au loin les peuples contre la France : toute autre conduite eût été une faute.

« Aussi la marche sur Vienne s'exécute avec la même habileté qui en avait ouvert la route. C'est la même célérité dans la course, la même précision dans les mouvements, la même étendue dans l'ensemble. Des ordres partent aussitôt pour Eugène, Bernadotte, Poniatowski. Napoléon fait écrire au premier : « Avancez en toute confiance, l'Empereur « va percer au cœur de l'Autriche ; l'ennemi ne tiendra pas devant « vous, etc., etc. » Au dernier : « *qu'il s'en rapporte à son zèle.* »

« Cependant à côté de tant d'audace se multiplient toutes les mesures de prudence ; une première réserve se forme à Ratisbonne pour nous garantir la ligne d'opération sur la rive gauche du Danube ; une deuxième se forme à Augsbourg, pour assurer la ligne d'opération de la rive droite ; une troisième se forme sous le nom de corps d'observation de l'Elbe. Les places intermédiaires sont mises en état de défense. A

Mayence, les conscrits, à mesure qu'ils arrivent de l'intérieur, sont organisés en bataillons provisoires et acheminés vers l'armée, etc. »

L'auteur, après avoir décrit ici les dispositions nouvelles, continue :
« Ainsi cette armée française, tellement concentrée quand il faut combattre, s'étend maintenant en colonnes de corps échelonnés au fond de la vallée du Danube, suivant parallèlement la marche de l'archiduc sur la rive opposée aux frontières de la Bohême, prête à faire face par la gauche le long du Danube, si l'armée de l'archiduc se présentait. L'armée pouvait se concentrer aussi sur un point quelconque de sa ligne en quarante-huit heures. C'est par cet heureux mélange de concentration et d'extension de corps si nombreux, manœuvrant avec la précision d'un régiment, que Napoléon déterminait d'aussi immenses succès et déconcertait le plan de ses ennemis, etc., etc.

« Nous vivons à une époque, remarque l'auteur, où les capitales prennent une telle importance sur les affaires de la guerre, que tout doit être sacrifié à la conservation de ces centres de l'administration et de la vie des empires ; de leur occupation dépendent presque toujours la défense et le sort des États. Les exemples de Vienne et de Berlin, dans les deux guerres précédentes, l'avaient assez démontré. Depuis, l'occupation de Paris en a fourni deux nouvelles preuves. Si la prise de Moscou et de Madrid semblait en donner de contraires, on a été réduit à brûler la première, ne l'ayant pas su conserver ; et quant à la deuxième, il a fallu toutes les particularités de l'Espagne, qui ne se trouve nulle autre part, tous les secours de l'Angleterre, les diversions de l'Europe, et une foule d'accidents pour sauver la Péninsule et produire cette exception à la règle générale. Les capitales doivent donc être mises à l'abri de l'invasion étrangère, afin de laisser aux armées la liberté de manœuvrer, et aux nations le temps de pourvoir à la défense générale. » Et à ce sujet il veut que Paris soit fortifié. C'était l'avis de Napoléon, dit-il ; c'était aussi celui de Vauban, et c'est encore celui de l'ingénieur qui chez nous le remplace aujourd'hui (*Haxo*), et qui ne porte qu'à 50,000,000 de francs les frais de cette défense toute extérieure, c'est-à-dire au triple seulement de ce qu'on consacre chaque année en embellissements, constructions, etc.

« Vienne, capitale de l'Autriche, était donc le but où tendaient également les deux commandants en chef, etc., etc.

« Or, aucune capitale n'était à cette époque dans une meilleure situation pour être défendue. A moitié couverte par le Danube, elle était entourée de deux fortifications : l'une extérieure, angulaire, à demi-revêtement, qui enferme ses faubourgs ; l'autre intérieure, formée d'une très-forte enceinte, etc.

« Napoléon se présente devant Vienne le 10 au matin, quinze jours

après Eckmühl, moins d'un mois après l'ouverture de la campagne ; il fait occuper les faubourgs sans résistance : mais, lorsque l'avant-garde se présente sur les glacis qui séparent les faubourgs de la ville, elle est reçue à coups de canon. Le maréchal Lannes envoie dans la place un aide de camp porteur d'une sommation. Cet officier est maltraité, retenu, et la ville tire contre ses faubourgs. Ceux-ci envoient une députation à Napoléon pour intercéder en faveur de Vienne. Il la renvoie

avec une lettre de Berthier à l'archiduc Maximilien, qui commandait dans cette capitale ; mais à l'arrivée de cette députation le feu des remparts redouble. Dès lors Napoléon, qui voulait ménager cette capitale plus que ne le faisaient les princes autrichiens eux-mêmes, prend le moyen convenable pour forcer l'archiduc à l'évacuer sur-le-champ. Profitant de l'énorme faute qu'on avait commise en négligeant de lier la place au Danube, il conduit lui-même le quatrième corps, jette un pont sur le petit bras qui sépare le faubourg *Landtraff* du *Prater*, et fait occuper le petit pavillon de *Lusthauss*. En même temps, pour répondre au feu de la place qui ne cessait de battre les faubourgs, et pour détourner l'attention de l'archiduc, Napoléon fait établir une batterie d'obusiers à peu près sur le même emplacement où se fit l'attaque des Turcs en 1684.

« A neuf heures du soir des obus sont lancés dans la ville. Alors se trouvait malade dans le palais paternel la jeune archiduchesse Marie-Louise. Sur un simple avis de cette circonstance, la direction du feu est aussitôt changée et le palais respecté. O jeu de la fortune! qui eût dit alors à Marie-Louise qu'à peu de mois de là ces mêmes mains qui faisaient trembler Vienne tresseraient des couronnes pour sa tête ; qu'au palais des Tuileries, épouse et mère, elle régnerait sur ces Français qui la frappaient d'épouvante ! ! !

« Cette résistance de l'archiduc Maximilien dans Vienne était coupable, puisqu'il avait négligé tous les moyens de la rendre le moins préjudiciable possible aux habitants, et qu'elle ne pouvait d'ailleurs être utile ni à l'État ni à l'armée : Vienne pouvait être brûlée par un ennemi moins généreux, sans retarder d'une heure la possession de son enceinte. »

L'auteur fait ressortir les fautes des deux archiducs, puis il continue ainsi :

« C'était beaucoup aux yeux de l'armée et de l'Europe d'avoir pris Vienne. Pour Napoléon c'était peu, lorsqu'il n'avait pas les ponts du Danube, parce que la fin d'une guerre de coalition n'était pas à Vienne, mais dans la dispersion des restes de l'armée autrichienne et de la ligue des souverains, etc.

« Mais pour cela il fallait passer le Danube si impétueux, dans un

Reddition de Vienne

moment où les eaux étaient le plus élevées, devant une armée encore formidable, et au milieu du pays ennemi, etc., etc.

« Cependant le bruit de l'entrée des Français à Vienne vint confirmer dans les cours et chez les peuples d'Allemagne la sensation produite par la nouvelle des victoires d'Eckmühl. Les projets d'insurrection et d'armement furent suspendus, les trahisons politiques ajournées, les associations particulières refroidies et comprimées. Schill, parvenu à réunir un corps de six mille hommes, en compromettant les noms des rois de Prusse et d'Angleterre, ne trouvait plus de pays qui osât se déclarer pour lui, etc.

« Le cabinet de Londres même se ressentit de l'influence de ces triomphes. Les intrigues et les indécisions de son ministère n'en furent pas peu augmentées, et ses grandes diversions promises, de plus en plus retardées.

« La cour de Prusse multiplia les démonstrations de fidélité aux traités, et feignit de poursuivre les partisans de Schill. Celle de Russie, notre alliée en apparence, se décida enfin à nous fournir son contingent ; elle mit en mouvement, sur la Gallicie, un corps de quinze mille hommes, beaucoup moindre que ne le portaient ses engagements, et encore pense-t-on généralement que les Russes ne s'avancèrent que pour contrarier les progrès très-rapides des Polonais, et surtout leurs principes.

« Le passage d'un fleuve comme le Danube est une opération fort difficile. Il ne suffit pas d'avoir un pont et de passer à l'autre rive, il faut déboucher au delà, se maintenir et conserver le pont. Quand on considère l'effrayante immensité des objets nécessaires pour une telle construction et leur fragilité, ainsi que la terrible violence des obstacles qu'il faut vaincre, on a peine à concevoir que de telles opérations réussissent jamais. Ici il fallait traverser d'abord un premier bras du Danube, large de deux cent trente toises, un second bras de cent quarante toises, où se trouvait le grand courant, séparé du premier par une île large de cent toises ; après cela on n'était encore arrivé que dans la grande île de Lobau, plantée d'arbustes et coupée de petits canaux. Il fallait enfin traverser, pour atteindre la rive gauche, un troisième bras, dont la largeur variait de cinquante à soixante-dix toises. Le Danube, en cet endroit, est divisé en tant de bras, parsemé de tant d'îles, que c'est un véritable labyrinthe, à l'abri duquel l'ennemi pouvait approcher beaucoup de nos travaux. Ainsi c'était une triple rivière à passer, un triple pont à construire, dont un était de la plus grande dimension, au milieu des ennemis, qui de tous côtés nous voyaient et nous entouraient. Dans la construction de ces ponts, il fallait se servir de bateaux de formes et de grandeurs diverses, ramassés au hasard, retenus par quelques cordages et quelques clous, pour lutter contre la violence de l'impétueux Danube. Tout cela fut fait, et même fort vite, en raison de l'immensité des préparatifs que tous ces ponts exigeaient. Il faut néanmoins reconnaître que les inconvénients que présentait ce passage étaient rachetés par de grands avantages. Si le Danube était plus large et divisé en plusieurs bras, il était aussi moins rapide et moins profond. Ces îles servaient à assurer les ponts partiels; enfin celle de Lobau était comme une tête du grand pont, une vaste place d'armes, d'où l'on pouvait arriver avec plus d'assurance sur la rive gauche, etc., etc.

« Les ponts, commencés le 18 au matin, furent terminés assez vite. Aussi, dès le 20, le quatrième corps avait gagné l'île de Lobau. L'Empereur s'y rendit lui-même, et fit jeter le dernier pont devant lui. Son

intention était de marcher directement à l'ennemi et de terminer l'œuvre si brillamment commencée à Eckmühl. Il avait rapproché de lui la majeure partie de l'armée, afin qu'elle pût défiler sans interruption sur la rive gauche.

« Le terrain où devait déboucher l'armée française était des plus favorables. En avant du coude que le fleuve formait en cet endroit, et dont les bras s'élargissaient considérablement, se trouvaient les villages d'*Asparn* et d'*Essling* : le premier, à gauche, touchant à un bras du fleuve où il y avait fort peu d'eau ; le deuxième, à droite, à deux ou trois cents toises en face du saillant du Danube. Plus à droite encore et à égale distance du fleuve, se trouve le bourg d'*Enzersdorf*. Entre Asparn et Essling, il y a un millier de toises, et à peu près autant entre Essling et Enzersdorf. Les deux premiers villages, bâtis en maçonnerie, entourés de petites levées de terre, présentaient des espèces de forts très-aisés à défendre, deux excellents appuis pour notre ligne, couverte aussi par un bas-fond ou fossé : cette ligne pouvait être tournée, il est vrai, par ses deux flancs, au-dessous d'Essling du côté d'Enzersdorf et sur les derrières d'Asparn, où le petit bras du Danube était facilement guéable.

« En avant des villages s'étendait une plaine immense, parfaitement unie, sans ruisseau ni le moindre obstacle. On n'y apercevait que quelques villages au milieu des moissons verdoyantes : c'était le terrain le plus favorable pour deux armées égales qui avaient à disputer de bravoure et d'habileté. Ce l'était aussi pour une armée inférieure qui aurait à lutter contre des forces supérieures, à l'aide des villages indiqués.

« Napoléon, plein de son projet de marcher à l'ennemi, n'attendait que d'être rejoint par une partie de l'armée; il ne pensa pas devoir être attaqué lui-même; les rapports de la cavalerie légère le maintinrent dans cette sécurité; aussi ne s'occupa-t-il nullement d'établir le quatrième corps ni de profiter des avantages de la ligne d'Asparn à Essling. Il faut le dire, parce qu'il n'y a rien d'indifférent à la guerre ni dans ce qui décide de la vie des hommes et du sort des empires, si Napoléon ou Masséna avaient fait occuper convenablement Asparn, il est probable que ce village n'eût pas été pris par l'ennemi; ou si nous avions préparé à l'avance ce qui fut exécuté par le corps d'Hiller, en s'en emparant, jamais les Autrichiens ne s'y seraient maintenus. Le mur du cimetière d'Asparn fut abattu par eux de leur côté, et ce cimetière leur devint par là une citadelle qu'il nous fallait escalader sous le feu le plus terrible pour y parvenir, et quand nous nous en étions emparés, il n'était plus pour nous qu'un coupe-gorge dans lequel nous demeurions entièrement à découvert. »

Ici se trouve décrite la première journée d'Essling (le 21 mai), où Masséna résiste avec son seul corps, pendant tout le jour, à toutes les forces autrichiennes, et conserve Asparn par cette opiniâtreté héroïque qui le caractérisait si éminemment. Les ponts, déjà dérangés dès ce jour-là, interrompent fréquemment le passage des troupes, déjouent les projets de Napoléon, sauvent l'ennemi et amènent la terrible journée du lendemain, ainsi décrite par l'auteur.

« Tant d'héroïsme dans la défensive de Masséna et de ses braves avait

produit la plus grande sensation au milieu des deux armées, et singulièrement augmenté chez nous l'ardeur pour attaquer le lendemain et l'espoir d'une complète victoire. Napoléon, renforcé par le corps de Lannes, veut attendre l'arrivée de Davoust et de la réserve pour faire sa grande attaque; mais dès deux heures du matin, avant le point du jour, le combat avait recommencé à Asparn, et quelque temps après sur toute la ligne. Le généralissime autrichien s'était enfin décidé à faire avancer la réserve de grenadiers qu'il avait jusque-là si mal à propos laissée en arrière. Ce prince aurait dû sentir dès le premier moment la nécessité de brusquer une telle affaire. Ses retards avaient laissé arriver trois de nos divisions de plus à la rive gauche. Il persiste dans son même système de bataille, et s'acharne de nouveau contre Asparn; il attaque moins vivement Essling, où Lannes se trouve renforcé par deux divisions. Mais le général ennemi ne s'occupe nullement des moyens de tourner ces deux villages, et surtout Asparn. Son feu et ses masses l'écrasent de nouveau et lui facilitent les moyens de s'en emparer. Masséna fait relever la division Molitor par celle de Saint-Cyr. Le 24e léger pénètre dans le village, culbute l'ennemi dans la grande rue, et coupe une colonne qui s'avançait par la rue parallèle. Huit cents hommes, dont onze officiers et un général, avec six pièces de canon, sont enlevés et conduits dans l'île de Lobau. Le 24ᵉ finit par être repoussé ; le 4ᵉ arrive au secours et reprend le village, qui, perdu de nouveau, est de

nouveau repris par les Hessois. Tous ces régiments montrent la plus brillante valeur. L'ardeur de Masséna soutient l'enthousiasme du quatrième corps au milieu de ce théâtre, le plus horrible que la guerre ait jamais présenté. En ce moment on annonce l'arrivée de la garde à Asparn : tout le monde croit tenir la victoire.

« Napoléon, voyant l'ennemi persister dans ses fautes de la veille, et diriger ses grandes masses sur Asparn, avec une forte colonne sur Essling, ce qui dégarnissait beaucoup son centre, fait aussitôt des dispositions pour profiter de cette faute, et exécuter immédiatement l'attaque projetée dont il n'avait fait la veille qu'une démonstration : elle devait détruire l'ennemi en le perçant par le centre. Se croyant au moment de voir arriver le corps de Davoust, l'Empereur envoya les tirailleurs de sa garde à Asparn, et donna ordre à Lannes de commencer l'attaque avec son corps d'armée dans l'intervalle entre Essling et Asparn, contre l'aile gauche de Hohenzollern et la droite de Lichtenstein. Ainsi Napoléon fait avancer sa droite et pivote sur sa gauche, appuyée à la défense d'Asparn. Par là, il partageait l'armée ennemie en deux portions qui allaient se trouver fort compromises l'une et l'autre. Lannes, à la tête de la division Saint-Hilaire, ayant à sa gauche les grenadiers d'Oudinot, à sa droite la division Boudet, la cavalerie par masses dans les intervalles, marche fièrement à l'ennemi, et s'avance sur ce léger glacis, au sommet duquel se trouve le centre des Autrichiens.

« Averti du danger qui menace cette partie si importante de sa ligne, l'archiduc accourt en toute hâte, appelle momentanément à lui une partie du corps de Bellegarde, dispose ceux de Hohenzollern et de Rosemberg, place derrière eux, en troisième ligne, afin de les renforcer encore, plusieurs régiments de l'aile droite de sa cavalerie, dont l'aile gauche est formée sur plusieurs lignes. Il attend ainsi l'attaque du maréchal Lannes. Cette attaque, exécutée sous les yeux mêmes de Napoléon, vive et impétueuse, culbute les premières troupes de l'ennemi. Bessières, à la tête des cuirassiers, fait plusieurs charges brillantes sur la cavalerie et l'infanterie des Autrichiens. Celle-ci cédait du terrain, l'archiduc se met à la tête des régiments battus, et les ranime par l'exemple de la plus brillante valeur : il saisit le drapeau de Zach et se précipite dans

le fort de la mêlée. Plusieurs de ses officiers sont blessés autour de lui.

« Cependant les Français redoublaient de vigueur et poussaient leurs avantages ; la victoire la plus complète se montrait déjà aux yeux de Napoléon, lorsqu'au lieu de l'arrivée du maréchal Davoust, il reçoit vers sept heures du matin la nouvelle de la rupture de ses ponts, telle qu'il était impossible de songer à les réparer dans la journée. La fortune lui arrachait le plus beau triomphe. Dans de telles dispositions, avec ce qu'il avait de troupes sous la main, Napoléon pouvait encore se livrer à l'espoir de vaincre ; mais sa prudence l'emporta ; il ne voulut pas exposer à quelques nouveaux contre-temps le sort de tant de braves, dans cette plaine découverte, où les colonnes d'attaque pouvaient, à mesure qu'elles s'avançaient, être prises de flanc et à revers. Il ordonna donc à Lannes de suspendre son attaque et de ramener ses troupes lentement dans leur première position, sa droite à Essling, et sa gauche dans la direction d'Asparn.

« Si cette brillante attaque ne fut pas couronnée d'un succès complet, elle en imposa pour tout le jour à l'ennemi ; elle arrêta les attaques qu'il préparait, elle dégagea pour le moment nos ailes vivement pressées, etc.

« Masséna tenait toujours Asparn ; l'ennemi venait d'y rentrer : les tirailleurs de la jeune garde demandèrent à l'en chasser. Nouvellement formés, ils n'avaient de la garde que le nom et le dévouement. Ils gagnèrent là leurs grenades ; mais ce ne fut pas sans beaucoup de peines et de pertes. Ce village devait être encore disputé, et pendant toute la journée

pris et repris par l'un et l'autre parti, toujours avec plus de facilité par l'ennemi, qui continuait à l'entourer ; toujours avec plus de peine et de courage par nous, qui n'y parvenions qu'au travers d'un défilé. Les morts s'amoncellent dans Asparn, les boulets le détruisent, l'incendie finit par en dévorer les restes; on s'y bat corps à corps à l'arme blanche avec le plus grand acharnement. Masséna se multiplie, tous ses officiers sont frappés à deux pas de lui; il est le seul que le feu de l'ennemi n'atteint pas, semblant connaître et respecter le fils chéri de la victoire. Il fallait toute l'opiniâtreté de Masséna pour conserver ce poste si périlleux, mais si important, pris et repris quatorze fois dans ces deux jours. Après la rupture des ponts, le combat n'était plus qu'une horrible boucherie sans résultat, mais absolument nécessaire pour sauver l'honneur français, et même cette partie de l'armée sur la rive gauche du fleuve, car il ne fallait pas songer à repasser au milieu du combat, de jour et en présence d'un ennemi si nombreux, un défilé tel que le faible pont de pontons; il fallait absolument gagner la nuit, et jusque-là en imposer à l'archiduc. Vers midi, l'ennemi s'avisa enfin d'attaquer l'îlot qui est en arrière d'Asparn, et qui n'opposait qu'un bras étroit, presque dépourvu d'eau. Quelques postes des nôtres, en très-faible quantité, garnissaient cet îlot extrêmement boisé; ils sont repoussés et ramenés de l'autre côté. Les balles de l'ennemi arrivent assez épaisses sur la communication d'Asparn avec le pont; le danger était des plus grands. Si l'ennemi s'avançait en force de ce côté, si seulement il se maintenait sur les bords de l'îlot, les troupes qui étaient à Asparn se trouvaient prises à dos et ramenées près du pont; on perdait une demi-lieue de terrain et l'appui principal de la position. Deux pièces à mitraille furent aussitôt tournées de ce côté. Heureusement l'ennemi laissa le temps à la brigade Vivier d'accourir; mais il fallut y envoyer aussi toute la division Molitor, réduite à quelques centaines d'hommes; elle réussit à contenir l'ennemi, et ce ne fut pas le moindre des services que Molitor rendit dans cette terrible journée.

« L'archiduc avait reformé sa ligne, rétabli ses batteries, et recommencé ses attaques sur Asparn et Essling. Il fait marcher contre ce dernier quatre bataillons de grenadiers de la réserve, qu'il avait enfin rapprochée de la ligne. Ceux-ci n'éprouvent pas moins de résistance. La division Boudet, enfermée en partie dans un grand clos, repousse cinq assauts avec la plus grande valeur. Les grenadiers hongrois sont si mal menés, que l'archiduc est obligé d'accourir encore pour les retenir sur la ligne.

« Cependant, à force d'essayer de tous les points de la position, le prince Charles finit par disposer sur le centre une attaque effrayante pour l'armée française. Ceux qui voyaient clair aux affaires de guerre conçurent dans cet instant les plus vives inquiétudes. On apercevait, en face de l'intervalle trop dégarni qui sépare Asparn d'Essling, la crête du rideau se couronner d'artillerie, de masses de cavalerie, de colonnes profondes d'infanterie. Ces préparatifs formidables menaçaient le terrain vide qui séparait les corps de Lannes et de Masséna, et la direction la plus courte sur nos ponts. Une attaque vive et franche de l'archiduc, avec ses réserves et les troupes inutiles sur la ligne, pouvait, en peu de minutes, accomplir la perte de l'armée. Déjà ces masses étaient à petite portée de notre ligne ; heureusement l'ennemi perd, en examens et en mouvements préparatoires, le temps qu'il fallait employer à agir avec vigueur. Napoléon, qui voit ce danger terrible, dirige au centre tout ce qu'il peut trouver de disponible dans notre artillerie, en très-grande partie démontée ; il fait marcher vers les flancs des masses autrichiennes quelques troupes déjà excédées de fatigue, et envoie Bessières charger avec la cavalerie, non plus pour la victoire, mais pour le salut de l'armée. Il faut donner tête baissée dans cette colonne pour l'arrêter : c'était un acte d'absolu dévouement. Nous n'avions plus en arrière de notre centre qu'une seule réserve d'infanterie ; il est vrai que c'était la vieille garde, cette héroïque élite que pendant si longtemps il a suffi de montrer à nos ennemis pour arrêter ou contenir leurs plus grands efforts.

« Bessières, malgré les pertes de sa cavalerie, charge audacieusement et renverse la tête de la colonne. Il n'en faut pas davantage pour arrêter cet ennemi irrésolu. Dès lors le sort de la journée est fixé, et Napoléon pourra attendre la nuit pour exécuter sa retraite; il se rapproche du petit pont pour veiller à ses préparatifs et ordonner les dispositions devenues nécessaires.

« La journée s'avançait, et il en était temps, car nos munitions étaient épuisées. L'artillerie et l'infanterie allaient se trouver sans cartouches, la communication était interrompue avec les parcs de réserve; la plus grande partie de nos pièces étaient endommagées, les attelages tués depuis longtemps. On avait été obligé de ralentir le feu ; l'ennemi, au contraire, continuait le sien avec sa terrible artillerie qui nous écrasait. Il renouvelait constamment ses attaques contre les deux villages. Dans l'une de ces attaques, vers le soir, Lannes, qui jusque-là était demeuré constamment au plus fort du danger, descendant de cheval pour prendre quelque repos, est frappé d'un boulet qui lui emporte les deux jambes. L'armée va perdre un de ses premiers chefs, dont les talents s'étaient si prodigieusement développés; la France, un de ses appuis les plus solides; l'Empereur, un ami zélé. Lannes fut transporté dans l'île

de Lobau. Napoléon alla à sa rencontre près le petit pont. Leur entrevue fut des plus touchantes, leurs embrassements des plus tendres.

Honneur au courage malheureux !.

Napoléon pleurait à chaudes larmes, à genoux devant le héros mourant. C'eût été, en toute circonstance, un grand spectacle; il l'était bien davantage le soir d'une bataille si douteuse qui nous coûtait tant de braves.

« Nos troupes avaient comme oublié la faim et l'extrême fatigue dans ces deux longues journées, où la chaleur fut excessive, où elles soutinrent quarante heures de combat. Belle époque de gloire!!! Dans une situation aussi critique, notre ardeur et notre confiance ne se refroidirent pas un instant! L'âme du chef était passée dans celle de tous les soldats... Pendant ces journées mémorables, huit divisions françaises, qui ne formaient pas la moitié de notre armée, repoussèrent constamment les attaques de toute l'armée autrichienne, qui ne put conquérir quelques toises de terrain, et fut même souvent sur le point d'être culbutée.

« Dès le commencement de la nuit, on fit filer sur le petit pont les nombreux blessés entassés sur la rive gauche. Tous ceux qui donnaient

signe de vie furent emportés dans l'île de Lobau. On fit ensuite passer l'artillerie, les caissons; on enleva même tous leurs débris. Les pièces prises à l'ennemi avaient été emmenées, rien ne fut laissé sur le champ de bataille, pas même les fusils et les cuirasses de nos morts.

« L'ennemi fit la faute inconcevable de ne pas poursuivre immédiatement ses avantages, et de nous laisser surtout cette île de Lobau, qui, saillante au milieu de son terrain, fut notre sûreté dans le revers, et nous devint bientôt le moyen du triomphe. »

Dans cette campagne tout est classique chez Napoléon pour quiconque peut en suivre et en juger les détails. On l'a vu jusque-là préparer et suivre rapidement la victoire; le voici à présent dans une circonstance imprévue, terrible. Qu'on le considère remédiant, en un clin d'œil, à de grands désastres, et déterminant à l'instant même les dispositions qui doivent lui assurer de nouveau la victoire! Réduit à une défensive momentanée, il va créer dans l'île de Lobau, aux portes de Vienne même, une véritable forteresse française, qui maîtrisera le fleuve et le terrain. Trahi par les vagues du Danube, il va l'enchaîner; et le tout se fera en vue d'un ennemi qui se proclame triomphant, et ne songe point à troubler des prodiges qu'il ne sait pas deviner; et peut-être est-il en quelque sorte excusable, car l'auteur s'écrie à ce sujet : « Heureux ceux « qui ont pu deviner ces miracles du génie!!!... Ce ne furent pas tou- « jours ceux qui l'approchaient le plus. »

Les premiers ordres, dit-il, sont donnés à l'instant même du désastre, et les préparatifs sont si rapides, que, deux ou trois jours après la bataille, on voit déjà plusieurs sonnettes battre des pilotis au travers des deux grands bras du Danube; mais les bulletins, pour tromper l'ennemi, annoncèrent qu'il s'agissait d'une sorte d'estacade pour couvrir les ponts et arrêter les brûlots. Le même jour, Napoléon détermine sur

les lieux, et trace, de sa cravache sur le sable, le plan des ouvrages qui doivent former la tête des grands ponts et le réduit de Lobau.

A compter de cet instant, chacun travaille sans relâche; le chef se multiplie et les soldats sont infatigables. Leur constance, leur ardeur sont sans égales. Napoléon, dans ses projets, et pour mieux se dérober à l'ennemi, a besoin de s'établir dans une petite île en face d'Essling, touchant presque à la rive autrichienne. Les généraux du génie et de l'artillerie en déclarent l'attaque à peu près impossible. Mais Napoléon ordonne; et, en plein midi, un aide de camp de Masséna (*Pelet*) traverse le Danube avec cinq cents voltigeurs, sous le feu de toute l'artillerie

autrichienne, atteint l'île, en chasse l'ennemi, s'y maintient contre toutes ses attaques, et en deux heures un pont de bateaux est construit en dépit de toutes les batteries qui enfilaient le Danube et jetèrent plus de deux cents boulets dans les œuvres du pont. Sous un chef tel que Napoléon, tout avait cessé d'être impossible; personne ne s'occupait plus de sa propre conservation : la vie, c'était la gloire! Il est vrai que le général ne s'épargnait guère. Napoléon faisait souvent lui-même la tournée des postes de l'ennemi, et en approcha, dans l'île du Moulin, jusqu'à vingt-cinq toises. Un officier autrichien, le reconnaissant un jour sur les bords d'un canal large de cinquante toises, lui cria : *Retirez-vous, Sire, ce n'est pas là votre place !* Paroles admirables qui, vu le ressenti-

ment d'alors contre Napoléon, la crise du moment et l'importance de sa mort, honorent à jamais les rangs dont elles sortirent, et montrent, dans celui qui les prononça, une loyauté et un culte à l'honneur qui ne sauraient être surpassés ! ! !

Enfin, au bout de quarante-trois jours, durant lesquels on a le droit de se demander : Qu'a fait l'archiduc ? que devait-il, que pouvait-il faire ? ce que l'auteur, au surplus, discute rigoureusement ; au bout de quarante-trois jours, disons-nous, tous les travaux se trouvent accomplis. Ils étaient immenses et merveilleux. En voici un échantillon :

« Il y avait à chacun des deux grands bras du Danube, larges, l'un de deux cent trente et l'autre de cent quarante toises, des ponts sur pilotis, où trois voitures pouvaient marcher de front ; au-dessus de ceux-ci, de petits ponts larges de huit pieds pour l'infanterie ; au-dessous, des ponts de bateaux. Ainsi les débouchés étaient préparés pour trois colonnes, et le tout était couvert par des estacades qui se rejoignaient sur une île, à deux cents toises au-dessus des ponts. Le soin fut poussé à un tel point, qu'on éclaira ces ponts par des lanternes de dix en dix toises, continuées tout au travers de l'île Lobau, le long des chaussées qu'on y avait pratiquées sur une largeur de quarante pieds. Au moyen de ces lanternes, le chemin demeurait aussi praticable de nuit que de jour. De grands écriteaux indiquaient, à chaque embranchement, toutes les directions pour les divers corps de l'armée. Ainsi les plus minutieuses précautions avaient été ajoutées au développement des plus grands moyens, etc.

« Cependant l'Empereur avait employé l'intervalle des travaux à réorganiser son armée, et à rapprocher de lui tous les corps dont il pouvait disposer. Le prince Eugène lui avait amené l'armée d'Italie, au travers de beaux faits d'armes, couronnés par la victoire de Raab; Marmont était arrivé avec son corps du fond de la Dalmatie.

« Le plan de Napoléon, des plus vastes, des plus décisifs, embrasse l'ensemble de ses armées et les divers pays qu'elles occupent. Toutefois tant de coopérations, et à de si grandes distances, n'ont, à ses yeux et dans sa pensée, que l'unité de but et d'action. Il va jeter sa grande armée au delà du Danube et sur la gauche de l'ennemi, pour le séparer de la Hongrie; il l'attaquera sur le champ de bataille qu'il aura conquis, le battra et l'acculera sur la Bohème, où cet ennemi se trouvera prévenu et entouré de toutes parts. Le tout s'accomplira de point en point ainsi qu'il l'aura réglé, jusqu'au moment où l'ennemi, frappé de sa situation désespérée, implorera un armistice.

« Les ordres furent donc donnés à Masséna de porter ses divisions vers la partie septentrionale de Lobau; à Oudinot de passer, le 1er juillet, dans cette île, et de s'y établir; à Eugène d'être rendu le 4 à Ebersdorf avec des vivres pour deux jours, et de passer les ponts sans s'arrêter; à Davoust de ne partir que dans la nuit du 4 au 5, et de filer sur-le-champ dans l'île de Lobau; à Bernadotte et à Bessières d'être rendus le 2 à Ebersdorf; à Vandamme d'occuper Vienne le 2 au soir; à Lefèvre d'envoyer Wrède à Vienne pour se réunir à la garde impériale, et de se tenir lui-même à Lintz, pour, dès que la grande armée aurait passé le Danube, entrer en Bohème par le sud, en même temps que Jérôme y entrerait de Dresde par le nord, et que Junot, de Bareuth, la menacerait par l'ouest; enfin il n'est pas jusqu'à Poniatowski, auquel Napoléon prescrivait d'emmener ses Polonais sur Olmultz pour contenir l'archiduc Ferdinand, et d'y entraîner les Russes, si ces alliés douteux avaient la loyauté de nous servir de bonne foi.

« C'est pour les gens du métier surtout que sont intéressants et précieux les ordres donnés en cette occasion; ils sont le programme exact des batailles qui suivirent. Jamais on n'avait vu diriger une aussi grande opération à l'avance avec autant de précision, et jamais tout n'avait été prévu avec autant d'exactitude. Les détails du passage ne sont pas moins admirables.

« Le 4 juillet, à une heure après midi, on reçoit l'ordre de traverser le soir même. Tout avait été parfaitement préparé, les passages étaient multipliés, la direction de chaque corps jalonnée à l'avance ; aussi tout fut exécuté avec la plus grande promptitude et dans le plus grand ordre. Jamais une armée aussi nombreuse n'avait aussi rapidement traversé tant de défilés et formé son ordre de bataille. En une nuit, elle se trouva rangée de l'autre côté du Danube, quand son ennemi surpris la croyait encore dans ses cantonnements. Du temps de Turenne et de Condé, on n'eût pas cru la chose possible ; du temps de Villars et de Vendôme, on y eût employé plusieurs jours, peut-être, sans y parvenir ; enfin du temps de Frédéric, à peine ce grand capitaine aurait-il espéré y réussir avec sa bonne armée. Nos adversaires, dans la plus belle plaine du monde, passaient des demi-journées à se mettre en ordre de bataille, etc.

« Napoléon ayant deux ponts à son extrême gauche, dont le premier sur pilotis, à l'abri de tout accident, devant servir de ligne de communication pour l'armée, voulut avoir un autre pont comme de réserve à son extrême droite ; il se ménageait ainsi, pour tous les cas, la possibilité de manœuvrer, par les deux extrémités du saillant de Lobau, le plus près possible des grands bras du Danube. C'est par ce dernier pont que commença la grande opération.

« A neuf heures du soir, vers l'embouchure du bras de Lobau, dans le grand Danube, Oudinot fait embarquer quinze cents voltigeurs dans des bacs et des bateaux préparés par la marine; ils passent à la rive gauche et s'y établissent. Dès le premier coup de canon d'Oudinot, toutes les batteries de Lobau font un feu terrible, les unes sur les ouvrages ennemis, les autres sur le terrain qu'il occupe, le plus grand nombre sur Enzersdorf et ses alentours. On voit perpétuellement en l'air une quantité de bombes et d'obus enflammés. Masséna jette de son côté dix-huit cents hommes sur l'autre rive; ils passent dans cinq bacs. Le premier a de la peine à aborder, les hommes se jettent à la nage et le tirent à terre; alors le passage continue sans interruption. Les postes de l'ennemi sont enlevés ou surpris, et on établit les ponts préparés à l'avance. Celui d'une seule pièce se trouve placé en huit ou dix minutes, malgré la baisse des eaux. Le quatrième corps commence immédiatement à défiler, le transport continue sur les bacs. On commence des ponts de radeaux et de bateaux sur l'île Alexandre. Le premier est fini à trois heures, le second à deux, un quatrième est jeté plus haut, le cinquième avance rapidement. Cependant la canonnade continuait d'une manière épouvantable; Enzersdorf est bientôt la proie des flammes. L'ennemi ne répondait que faiblement en face des ponts, mais il tonnait de tous ses ouvrages sur le terrain de l'ancien passage, où il croyait que notre armée débouchait. A tout ce fracas vint se joindre un orage terrible et une pluie par torrents, qui produisit un froid extraordinaire. Les travaux n'en sont nullement dérangés. Napoléon est partout, courant à pied d'un pont à l'autre, au milieu des boues et de ces rives glissantes où on culbute à chaque instant. Infanterie, artillerie, cavalerie, tout défile sans relâche. A mesure qu'on gagne du terrain sur la rive gauche, Napoléon fait assurer ses premiers progrès. Il a donné à l'avance aux officiers du génie l'ordre de tracer quatre immenses redans pour couvrir les ponts. Ainsi chaque pas que font les troupes, préparé par le feu terrible qui écrase l'ennemi, est protégé par des ouvrages contre tout accident. L'avant-garde ennemie, qui se trouvait dans cette partie, cède le terrain presque sans combattre, et se retire au delà d'Enzersdorf, selon l'ordre qu'elle en a reçu!

« Malgré la multiplicité des ponts, il fallait encore plusieurs heures pour faire défiler une armée aussi nombreuse que la nôtre. Les corps de la deuxième et troisième lignes non encore formées arrivaient successivement. Ce n'est que vers midi que la première ligne se trouve établie perpendiculairement au Danube, selon l'ordre donné: Masséna à gauche, Oudinot et Bernadotte au centre, Davoust à droite. Ces corps sont par régiments serrés en masse. Ils occupent ainsi un bien petit espace.

L'armée d'Italie, la garde, avec le onzième corps, viennent former la deuxième ligne, et les réserves de cavalerie la troisième. Le reste de l'armée étant arrivé, ou près de l'être, Napoléon porte en avant sa première ligne et s'étend en éventail, etc. »

Ici se trouvent les développements de cette célèbre bataille de Wagram, tellement remarquable par les mouvements préparatoires et les grandes manœuvres instantanées qui la rendent une des plus longues qui aient été livrées : ils remplissent toute une semaine. Cette bataille est encore une des plus mémorables des temps modernes, par les forces qui combattirent de part et d'autre, la réputation des deux généraux opposés, les pertes des deux armées, et son grand résultat, la paix de Vienne. Cet événement fournit à l'auteur les détails les plus lucides, les réflexions les plus judicieuses. Mais je passerai tout de suite aux premiers résultats de la bataille proprement dite. Elle coûta aux Autrichiens vingt-quatre mille morts ou blessés, et nous laissa vingt mille prisonniers. Toutefois elle fut loin encore de remplir les espérances de Napoléon ; l'armée reprocha à un de ses lieutenants (*maréchal Bernadotte*), dont elle s'était déjà plainte à Austerlitz, à Iéna, à Thau, etc., d'avoir, le 5, attaqué trop tard Wagram ; évacué, le 6, sans combattre, Aderela, tête de notre position, appui des manœuvres de Napoléon, et qui, entre les mains de l'archiduc, devint celui de sa résistance et de ses attaques. Peut-être ce lieutenant de l'Empereur eût-il pu se rejeter sur la mauvaise conduite des troupes étrangères qui lui étaient confiées ; mais loin de là, il se permit même, contre l'usage reçu, une proclamation individuelle dans laquelle il les qualifiait de *colonne de granit*; ce qui remplit d'étonnement les autres corps, et porta l'Empereur à le renvoyer en France.

« Napoléon, compagnon et juge des hauts faits de ses braves, leur distribua de nombreuses récompenses. Passant en revue l'armée d'Italie, le lendemain de la bataille, il dit aux soldats : « Vous « êtes de braves gens, vous vous êtes tous couverts de gloire! » Une proclamation témoigna à l'armée la satisfaction de son Empereur, et s'adressa plus particulièrement au génie, à l'artillerie et aux pontonniers, qui, par leurs immenses travaux, avaient préparé tous ces miracles.

« Napoléon fit trois maréchaux sur le champ de bataille : Oudinot, Marmont et Macdonald. Il embrassa ce dernier, délaissé longtemps à cause des dissentiments antérieurs. Le nouveau maréchal, attendri jusqu'aux larmes, s'écria, dans l'effusion de son cœur, qu'il lui vouait désormais une fidélité sincère, engagement que Napoléon, du reste, a eu l'occasion de témoigner avoir été rempli »

L'auteur, après avoir analysé la conduite et les fautes de l'archiduc en cette circonstance, dit : « Pour Napoléon, il s'est conduit dans cette bataille d'après les mêmes principes que dans l'ensemble de la campagne. Il a tenu ses troupes sous sa main, et a manœuvré excentriquement. Attaqué et prévenu, il a laissé l'ennemi démasquer son mouvement, l'a attaqué lui-même à son tour au moment et au point favorables. Rien ne lui a échappé, ni les dangers de la gauche et de l'île de Lobau, où il envoie Boudet, ni les dangers de la droite, où il renforce Davoust, au cas que le prince Jean arrivât. Cependant il a éprouvé de grands contretemps : si l'attaque du 5 au soir eût été convenablement faite, elle eût réussi, et dès lors l'armée de l'archiduc, percée par le centre, était séparée en deux parties qui pouvaient être fortement entamées, et qui, rejetées, l'une sur la Bohême, l'autre sur la Hongrie, ne se seraient plus rejointes. On eût évité dès lors la grande bataille et toutes les chances du lendemain. Si Adercla n'eût pas été abandonné sans coup férir, le 6 au jour, l'armée française, qui se trouvait concentrée, aurait culbuté du premier effort le centre dégarni de l'ennemi, et serait retombée sur sa droite, qui eût été écrasée ou noyée dans le Danube, etc., etc.

« Cependant l'archiduc se retirait en toute hâte sur la Bohême, et sa retraite, quoique faite avec une grande habileté, allait développer les conséquences de la bataille, bien plus désastreuses encore que la perte de la bataille elle-même. Chaque jour, chaque instant voyait entamer l'armée ennemie : elle était menacée de périr en détail. La cour de Vienne sentit toute l'imminence du danger, et se hâta de le prévenir. Le 10, vers le soir, Masséna, poursuivant ses avantages et maître des faubourgs de Znaïm, allait enlever la ville quand un cri universel se fit entendre tout le long de la ligne, celui de : *Cessez le feu! cessez le feu!* Une députation autrichienne avait atteint Napoléon, pour traiter de la paix et solliciter un armistice. Ce dernier point devint un grand sujet de dissertation dans toute l'armée et sous la tente même de l'Empereur. La situation vraiment critique des forces autrichiennes était visible à tous les yeux, et grand nombre pensaient que c'était un devoir que de recueillir inflexiblement le prix de tant d'efforts, que le temps était venu d'en finir une fois pour toutes avec une cour sans bonne foi, dont les protestations et les serments n'avaient jamais pour but que de gagner du temps et de machiner de nouvelles attaques. Napoléon ne pensa pas ainsi, et, prenant

une plume, signa l'armistice, disant : *«Il y a eu assez de sang de versé.»*

« Cet armistice nous livra les deux rives du Danube jusqu'à Raab, et toutes les provinces allemandes, c'est-à-dire que nos troupes eurent à occuper un tiers de la monarchie autrichienne avec plus de huit millions de population. L'armée ennemie se retira par le nord de la Moravie, au delà de Presbourg, dans le reste de la Hongrie, abandonnant désormais la défense de la Bohême à ses seules et propres forces. Le commandement en fut retiré à l'archiduc Charles, qui emporta, qu'elles qu'eussent été d'ailleurs ses combinaisons militaires, l'intérêt le plus vif des militaires français, leur admiration même pour la valeur personnelle dont il avait prodigué les preuves. Son malheur, disait-on, avait été d'avoir eu Napoléon à combattre, et chacun pensait qu'aucun général en Europe n'eût pu même faire aussi bien.

« Là se termine une campagne de moins de trois mois, qui pourrait même compter une autre espèce de suspension d'armes tacite de quarante-trois jours ; et, durant ce court intervalle, que de choses ! et quels résultats ! ! !...

« La victoire de Wagram eut sur les esprits et la politique l'influence devenue habituelle. Napoléon avait ouvert la campagne au moment d'une crise vraiment effrayante : la ligue était générale contre lui, les machinations universelles. La victoire d'Eckmühl frappa de terreur toutes les malveillances, et contint tous les mouvements ; le revers d'Essling ranima tous les plans et réveilla toutes les espérances. Wagram les confondit de nouveau ; chacun s'empressa de reprendre son attitude soumise, et de multiplier ses protestations de dévouement et de bonne amitié.

« Le cabinet anglais, qui n'avait pas su ou voulu aider l'Autriche quand elle luttait encore, se hâta, aussitôt qu'il la vit abattue, d'effectuer, avant le retour des troupes françaises, son expédition contre le port d'Anvers, dont la destruction lui tenait si fort à cœur : il la manqua par impéritie. Toutefois cette diversion suffit encore pour ranimer les secrètes espérances de l'Autriche, et lui faire traîner les négociations en longueur. C'est dans cet intervalle qu'un événement imprévu fut sur le point de déjouer toutes les combinaisons, et de donner un tout autre cours aux événements de l'Europe : Napoléon fut à l'instant de tomber à Schœnbrunn sous le couteau d'un fanatique. Si l'acte eût été consommé, qui peut dire ce qui se serait passé en Europe[1] ! ! !

---

[1] J'ai entendu l'Empereur se faire précisément la même question, et y répondre en parcourant en peu d'instants huit ou dix hypothèses diverses avec cette fécondité d'idées et cette rapidité d'expression qui lui étaient si particulières. Si je ne l'ai pas mentionné en son lieu, c'est que, ne voyant pas qu'il en pût ressortir aucun bien, et y jugeant de nombreux inconvénients, j'ai cru devoir omettre le tout ; seulement il termina, disant : « Je n'hésite pas à prononcer que mon assassinat à Schœnbrunn eût été moins funeste pour la France que ne l'a été mon union avec l'Autriche. »

« Enfin l'expédition d'Anvers avortée, et Napoléon prenant le ton menaçant, l'Autriche signa, le 14 octobre, la paix de Vienne, dont les conditions, vu le véritable état des choses, purent être regardées comme de nouveaux actes de la clémence du vainqueur.

« Napoléon épargna donc encore une fois l'Autriche : c'est qu'il était loin de vouloir la détruire, qu'il la jugeait nécessaire à sa politique, et qu'il espérait se l'attacher enfin à force de bienfaits. Il s'est cruellement trompé!!!... Et toutefois on a pu lire plus haut, quelque part dans ce recueil, qu'il s'accusait comme d'une véritable faute de l'avoir laissée trop forte après Wagram. « Le lendemain de la bataille, j'eusse dû, « disait-il, faire connaître par l'ordre du jour que je ne traiterais avec « l'Autriche qu'après la séparation préalable des couronnes d'Autriche, « de Hongrie, de Bohême, placées sur des têtes différentes. »

Ici l'auteur, après des réflexions générales sur cette magnifique campagne, récapitule ce que la patrie, en cette dernière occasion, doit en aussi peu de temps à l'activité, à la force d'âme et à l'immensité du génie d'un seul homme; il démontre que la gloire, l'indépendance, la splendeur, la félicité de cette patrie, étaient le premier, l'unique sentiment de cet homme vraiment grand; et il termine en expliquant ainsi son extrême modération dans son dernier triomphe : « C'est que Na-
« poléon, dit-il, bien au-dessus de ses victoires et des ambitions ordi-
« naires, s'était imposé la plus belle, la plus grande des missions.
« Poussé à une haute dictature, d'abord en France, par les factions qui
« la divisaient et mettaient son existence en péril; ensuite sur toute
« l'Europe, par la constante coalition de ses ennemis, leurs attaques
« perpétuelles, le refus obstiné de la paix générale, il avait su juger
« inévitable la régénération moderne, et prétendait à la diriger.....
« Placé au plus haut point des lumières, au-dessus des intérêts comme
« des passions, il avait pu peser les nécessités du temps..... Chef de la
« cause des peuples triomphants, il voulait en traiter à l'amiable avec
« les rois vaincus, etc. »

Dans mon recueil, l'auteur trouvera plus d'une fois dans les paroles de Napoléon même l'occasion d'être fier de l'avoir si bien deviné, et il goûtera surtout la douce satisfaction de cœur de l'avoir admiré, aimé, en pleine connaissance de cause.

Sur la guerre de Russie. — Fatalités, etc. — M. de Talleyrand, etc. — *Corinne* de madame de Staël. — M. Necker, etc.

Mardi 13.

L'Empereur m'a emmené de bon matin fort loin dans le bois; il a causé plus d'une heure sur la situation de la France; de là, il est revenu sur les gens qui l'avaient trahi, sur les fatalités nombreuses qui l'avaient entraîné ; la sécurité perfide causée par son mariage avec l'Autriche; l'aveuglement des Turcs, qui font la paix précisément quand ils devaient faire la guerre ; celui de Bernadotte, qui obéit à son amour-propre et à ses ressentiments, plutôt qu'à sa véritable grandeur et à sa stabilité; une saison rigoureuse outre mesure; jusqu'à la supériorité d'esprit de M. de Narbonne à Vienne, qui, découvrant l'Autriche à nu, la força de se hâter; enfin les succès mêmes de Lutzen et Bautzen, qui, ramenant le roi de Saxe à Dresde, le mirent, lui Napoléon, en possession des signatures hostiles de l'Autriche, et ne lui laissèrent plus aucun faux-fuyant. « Quel malheureux concours pourtant! disait-il d'un « accent tout à fait expressif; et toutefois, continuait-il, le lendemain « de la bataille de Dresde, François avait envoyé déjà quelqu'un pour « traiter. Il fallait que l'échec de Vandamme arrivât à point nommé « comme pour aider à l'arrêt du destin. »

M. de Talleyrand, sur la conduite duquel l'Empereur revenait beaucoup, pour savoir, disait-il, quand il avait commencé véritablement à le trahir, l'avait poussé fortement à la paix au retour de Leipsick. « Je « lui dois, observait-il, cette justice; il blâma mon discours au Sénat, « mais approuva fort celui au Corps législatif. Il ne cessait de me répé- « ter que je me méprenais sur l'énergie de la nation ; qu'elle ne secon- « derait pas la mienne, que je m'en verrais abandonné, qu'il me fallait « m'accommoder à tout prix. Il paraît qu'il était alors de bonne foi, « qu'il ne trahissait point encore. Talleyrand n'a jamais été pour moi « éloquent ni persuasif; il roulait beaucoup et longtemps autour de « la même idée. Peut-être aussi, me connaissant de vieille date, s'était- « il fait une manière pour moi; du reste, il était si adroitement évasif « et divagant, qu'après des conversations de plusieurs heures, il s'en al- « lait, ayant échappé souvent aux éclaircissements ou aux objets que je « m'étais promis d'en obtenir lorsque je l'avais vu arriver, etc., etc. »

Quant aux affaires du moment et au sujet des derniers journaux qui peignaient la France en agitation toujours croissante, le résultat a été que, pour toute l'Europe, les chances de l'avenir semblaient indéfinies, multipliées, inépuisables, qu'il existait un fait constant qui nous parvenait de tous côtés, c'est que personne en Europe ne se croyait dans une attitude stable. Chacun semblait redouter ou pressentir des événements nouveaux, etc.

L'Empereur m'a retenu à déjeuner avec lui sous la tente: il a fait

ensuite apporter *Corinne* de madame de Staël, dont il a lu quelques chapitres. Il ne pouvait l'achever, disait-il. Madame de Staël s'était peinte si bien dans son héroïne, qu'elle était venue à bout de la lui faire prendre en grippe. « Je la vois, disait-il, je l'entends, je la sens, je veux
« la fuir, et je jette le livre. Il me restait de cet ouvrage un meilleur
« souvenir que ce que j'éprouve aujourd'hui. Peut-être est-ce parce que
« dans le temps je le lus avec le pouce, comme dit fort ingénieusement
« M. l'abbé de Pradt, et non sans quelque vérité. Toutefois je persiste-
« rai, j'en veux voir la fin ; il me semble toujours qu'il n'était pas sans
« quelque intérêt. Je ne puis pardonner du reste à madame de Staël
« d'avoir ravalé les Français dans son roman. C'est assurément une sin-
« gulière famille que celle de madame de Staël ! Son père, sa mère et
« elle, tous trois à genoux, en constante adoration les uns des autres,
« s'enfumant d'un encens réciproque pour la meilleure édification et
« mystification du public. Madame de Staël, toutefois, peut se vanter
« d'avoir surpassé ses nobles parents, lorsqu'elle a osé écrire que ses sen-
« timents pour son père étaient tels qu'elle s'était surprise à se trouver
« jalouse de sa mère.

« Madame de Staël était ardente dans ses passions, continuait-il ; elle
« était furieuse, forcenée dans ses expressions. Voici ce que lisait la police
« durant sa surveillance. — Je suis loin de vous, écrivait-elle à son mari,
« apparemment. Venez à l'instant, je l'ordonne, je le veux, je suis à
« genoux..... je vous implore !... Ma main est saisie d'un poignard !...
« Si vous hésitez, je me tue, je me donne la mort, et vous serez cou-
« pable de ma destruction. » C'était Corinne, tout à fait Corinne.

Elle avait accumulé, dans le temps, tous ses efforts, toutes ses ressources sur le général de l'armée d'Italie, disait l'Empereur ; elle lui avait écrit au loin sans le connaître ; elle le harcela présent. A l'en croire, c'était une monstruosité que l'union du génie à une petite insignifiante créole, indigne de l'apprécier ou de l'entendre, etc. Le général ne répondit malheureusement que par une indifférence qui n'est jamais pardonnée par les femmes, et n'est guère pardonnable en effet, disait-il en riant.

A son arrivée à Paris, il se trouva poursuivi du même empressement, continuait-il ; mais de sa part, même réserve, même silence. Madame de Staël cependant, résolue d'en tirer quelques paroles et de lutter avec le vainqueur de l'Italie, l'aborda debout au corps dans la grande fête que M. de Talleyrand, ministre des relations extérieures, donnait au général victorieux. Elle l'interpella au milieu d'un grand cercle, lui demandant quelle était à ses yeux la première femme du monde, morte ou vivante. « Celle qui a fait le plus d'enfants, » répondit Napoléon avec beaucoup de simplicité. Madame de Staël, d'abord un peu déconcertée, essaya de se remettre en lui observant qu'il avait la réputation d'aimer peu les femmes. « Pardonnez-moi, reprit Napoléon, j'aime beaucoup la mienne, « Madame. »

Le général de l'armée d'Italie eût pu sans doute mettre le comble à l'enthousiasme de la Corinne genevoise, disait l'Empereur ; mais il redoutait ses infidélités politiques et son intempérance de célébrité ; peut-être eut-il tort. Toutefois l'héroïne avait fait trop de poursuite, elle s'était vue trop rebutée pour ne pas devenir une chaude ennemie. « Elle « suscita d'abord Benjamin Constant, qui n'entra pas bien loyalement « dans la carrière, remarquait l'Empereur : lors de la formation du Tri- « bunat, il employa les plus vives sollicitations près du Premier Consul « pour s'y trouver compris. A onze heures du soir, il suppliait encore « à toute force ; à minuit, et la faveur prononcée, il était déjà relevé « jusqu'à l'insulte. La première réunion des tribuns fut pour lui une « superbe occasion d'invectiver. Le soir, illumination chez madame de

« Staël. Elle couronna son Benjamin au milieu d'une assemblée bril-
« lante, et le proclama un second Mirabeau. A cette farce, qui n'était
« que ridicule, succédèrent des plans plus dangereux. Lors du concordat,
« contre lequel madame de Staël était forcenée, elle unit tout à coup
« contre moi les aristocrates et les républicains : — Vous n'avez plus
« qu'un moment, leur criait-elle; demain le tyran aura quarante mille
« prêtres à son service. »

Madame de Staël ayant enfin lassé toute patience, disait Napoléon, fut
envoyée en exil. Son père avait déjà vivement déplu lors de la campagne de Marengo. « A mon passage, j'avais voulu le voir, disait l'Empe-
« reur, et n'avais trouvé qu'un lourd régent de collége, bien boursouflé.
« Peu de temps après, et dans l'espoir sans doute de reparaître avec
« mon secours sur la scène du monde, il publia une brochure dans la-
« quelle il prouvait que la France ne pouvait plus être république ni
« monarchie. On ne voit pas trop ce qui lui restait. Il appelait dans
« cet ouvrage le Premier Consul *l'homme nécessaire,* etc., etc. Lebrun
« lui répondit par une lettre en quatre pages, dans son beau style et
« d'une façon très-mordante : il lui demandait s'il n'avait pas assez fait
« de mal à la France, et s'il ne se lassait pas, après son épreuve de la
« Constituante, de prétendre à la régenter de nouveau.

« Madame de Staël, dans sa disgrâce, combattait d'une main et solli-
« citait de l'autre. Le Premier Consul lui fit dire qu'il lui laissait l'uni-
« vers à exploiter, qu'il lui abandonnait le reste de la terre et ne se ré-
« servait que Paris, dont il lui défendait d'approcher. Mais Paris était
« précisément l'objet de tous les vœux de madame de Staël. N'importe,
« le Consul fut constamment inflexible. Toutefois madame de Staël
« renouvelait de temps à autre ses tentatives. Sous l'empire, elle vou-
« lut être dame du palais; il y avait sans doute à dire oui et non;
« car le moyen qu'on pût tenir madame de Staël tranquille dans un
« palais, etc., etc. »

Après dîner, l'Empereur nous a lu les *Horaces,* que notre admiration
a souvent interrompus. Jamais Corneille ne nous avait semblé plus
grand, plus beau, plus nerveux que sur notre rocher.

De la chasse à Sainte-Hélène, etc.—Veille du 15 août, etc.

Mercredi 14.

L'Empereur est sorti de bonne heure. Avant neuf heures il m'a fait
appeler; il était dans l'intention de monter à cheval et d'essayer de
pouvoir tirer quelques perdrix que nous apercevons toutes les fois que
nous sommes en voiture, qui se laissent toujours approcher tant que

nous sommes sans armes, mais jamais autrement. L'Empereur s'est mis à marcher pour tâcher de se poster à propos ; mais on n'a pu re-

trouver les perdrix ; il s'est fatigué promptement et a pris le parti de monter à cheval, faisant observer que tout ceci n'était point précisément les chasses de Rambouillet ni de Fontainebleau. Au retour, nous avons déjeuné sous la tente ; l'Empereur a fait asseoir à table le petit Tristan, qu'il a vu traverser la prairie, et s'en est fort amusé pendant tout le repas.

L'annonce du gouverneur nous a fait quitter précipitamment la tente et prendre refuge chacun dans notre tanière. L'Empereur a voulu beaucoup moins qu'un autre se laisser relancer ; ses conversations avec le gouverneur lui sont par trop pénibles et désagréables. « Je n'en veux plus « avoir, dit-il ; il m'échappe des choses dures qui compromettent mon « caractère et ma dignité : il ne doit sortir de ma bouche que des choses « flatteuses. » Il se trouvait fatigué de sa course du matin, il s'est mis au bain.

Sur les cinq heures, il a fait un tour en calèche ; le temps était délicieux.

Le gouverneur avait vivement désiré voir l'Empereur ; il avait, disait-il, à lui parler d'affaires. On soupçonne que c'était pour lui dire qu'il n'avait plus d'argent, qu'il avait tout épuisé, et qu'il ne savait plus comment faire ; ce qui eût été fort indifférent à l'Empereur, qui n'eût pas manqué de le prier de nouveau de le laisser tranquille.

Après le dîner, l'Empereur jouait aux échecs dans le salon ; il avait pris du punch. Je suis arrivé tard. En entrant, il m'a dit de prendre ma part du punch; mais on a fait observer qu'il n'y avait plus de verres. « Oh! que si, a-t-il dit en me donnant le sien, et il boira, j'en suis sûr... » Puis il a ajouté : « C'est à l'anglaise, n'est-ce pas? Chez nous on ne boit « guère qu'après sa maîtresse. »

Pendant le dîner, on a fait l'observation que c'était la veille du 15 août; l'Empereur a dit alors : « Demain, en Europe, bien des santés « seront portées à Sainte-Hélène. Il est bien quelques sentiments, quel- « ques vœux qui traverseront l'Océan. » Il en avait déjà eu la pensée ce matin durant la course à cheval, et m'avait dit les mêmes choses.

Après le dîner, *Cinna*. Corneille nous semble divin.

Fête de l'Empereur.

Jeudi 15.

Aujourd'hui 15 août, c'était la fête de l'Empereur; nous avions projeté de nous présenter tous chez lui vers les onze heures : il nous a déjoués en paraissant gaiement lui-même à nos portes dès neuf heures. Il faisait fort doux, il a gagné le jardin; chacun s'y est successivement réuni; le grand maréchal, sa femme, ses enfants sont arrivés. L'Empe-

reur a déjeuné entouré de tous ses fidèles, sous la grande et belle tente, qui est une véritable et heureuse acquisition. La température était belle; lui-même était gai et fort causant. Il a semblé jouir quelques instants de nos sentiments et de nos vœux; il a voulu, nous a-t-il dit, passer toute la journée entouré de nous tous; ce qui en effet a eu lieu, causant, travaillant et nous promenant à pied ou en voiture.

École Polytechnique supprimée, etc.—Indécence des journaux anglais, etc.— Machine à glace.
Vendredi 16.

Mon fils et moi nous nous sommes rendus de très-bonne heure sous la tente auprès de l'Empereur, qui a travaillé divers chapitres de la campagne d'Italie jusqu'à deux heures, qu'il s'est retiré sur l'annonce du gouverneur, marmottant : « Le misérable m'envie, je crois, l'air que « je respire ! »

Pendant le déjeuner, il avait demandé le *Journal des Débats,* qui contenait la nouvelle organisation des académies ; il voulait voir les membres qu'on avait chassés de l'Institut. Cela a conduit à revenir sur la suppression de l'École polytechnique, que l'on disait inutile et dangereuse. Le journal anglais que nous avions reçu ne jugeait pas ainsi; il disait que cette suppression seule valait aux ennemis de la France plus qu'une grande victoire ; que rien ne pouvait prouver davantage les véritables intentions pacifiques et l'extrême modération de la dynastie qui venait gouverner la France, etc., etc.; il disait encore beaucoup d'autres choses.

Quelqu'un remarquait à ce sujet que les papiers anglais devenaient, pour le gouvernement français, malveillants jusqu'à la grossièreté et à l'indécence.............

Lord ou lady Holland avait, par une galanterie toute particulière, adressé à Longwood, pour l'usage de l'Empereur, une machine d'invention nouvelle propre à créer de la glace : elle nous est arrivée aujourd'hui par l'entremise de l'amiral Malcolm. L'Empereur, en ressortant vers les quatre heures, en a voulu voir l'expérience ; l'amiral s'y trouvait : elle a été des plus imparfaites. L'Empereur, au bout de quelque temps, a pris le parti de la promenade et a emmené l'amiral, avec lequel la conversation a roulé sur une foule d'objets, et, de la part de l'Empereur, sur le ton le plus affable et le plus amical.

Idées religieuses de Napoléon. Évêque de Nantes (de Voisins).—Le pape.—Liberté de l'Église gallicane.—Anecdotes.—Concordat de Fontainebleau.
Samedi 17.

Le vent était très-violent; il y avait tempête; il pleuvait de temps à autre.

En parlant de prêtres et de religion, la conversation a conduit l'Empereur à dire : « L'homme lancé dans la vie se demande : D'où viens-
« je ? Qui suis-je ? Où vais-je ? Ce sont autant de questions mystérieuses
« qui nous précipitent vers la religion. Nous courons au-devant d'elle,
« notre penchant naturel nous y porte; mais arrive l'instruction qui
« nous arrête : l'instruction et l'histoire, voilà les grands ennemis de
« la vraie religion, défigurée par les imperfections des hommes. Pour-
« quoi, se dit-on, celle de Paris n'est-elle pas celle de Londres ni de
« Berlin ? Pourquoi celle de Pétersbourg diffère-t-elle de celle de Cons-
« tantinople ? celle-ci de celle de la Perse, du Gange et de la Chine ?
« Pourquoi celle des temps anciens n'est-elle pas celle d'aujour-
« d'hui ? Alors la raison se replie douloureusement ; elle s'écrie : Reli-
« gions ! religions ! O enfants des hommes !.... On croit à Dieu parce que
« tout le proclame autour de nous, et que les plus grands esprits y ont
« cru, non-seulement Bossuet, dont c'était le métier, mais encore New-
« ton, Leibnitz, qui n'y avaient que faire; mais on ne sait que penser
« de la doctrine qu'on nous enseigne, et nous nous retrouvons la mon-
« tre qui va sans connaître son horloger.... Et voyez un peu la gaucherie
« de ceux qui nous forment ; ils devraient éloigner de nous l'idée du pa-
« ganisme et de l'idolâtrie, parce que leur absurdité provoque nos pre-
« miers raisonnements, et nous prépare à résister à la croyance passive ;
« et pourtant ils nous élèvent au milieu des Grecs et des Romains, avec
« leurs myriades de divinités. Telle a été pour mon compte, et à la lettre,
« la marche de mon esprit. J'ai eu besoin de croire, j'ai cru ; mais ma
« croyance s'est trouvée heurtée, incertaine, dès que j'ai su, dès que j'ai
« raisonné, et cela m'est arrivé d'aussi bonne heure qu'à treize ans.
« Peut-être croirai-je de nouveau aveuglément : Dieu le veuille ! je n'y
« résiste assurément pas, je ne demande pas mieux ; je conçois que ce
« doit être un grand et vrai bonheur.

« Toutefois, dans les grandes tempêtes, dans les suggestions acciden-
« telles de l'immoralité même, l'absence de cette foi religieuse, je l'af-
« firme, ne m'a jamais influencé en aucune manière, et je n'ai jamais
« douté de Dieu ; car si ma raison n'eût pas suffi pour le comprendre,
« mon intérieur ne l'adoptait pas moins. Mes nerfs étaient en sympa-
« thie avec ce sentiment.

« Lorsque je saisis le timon des affaires, j'avais déjà des idées arrêtées
« sur tous les grands éléments qui cohésionnent la société ; j'avais pesé
« toute l'importance de la religion ; j'étais persuadé, et j'avais résolu
« de la rétablir. Mais on croirait difficilement les résistances que j'eus

« à vaincre pour ramener le catholicisme. On m'eût suivi bien plus
« volontiers si j'eusse arboré la bannière protestante; c'est au point qu'au
« Conseil d'État, où j'eus grande peine à faire adopter le concordat, plu-
« sieurs ne se rendirent qu'en complotant d'y échapper. Eh bien! se di-
« saient-ils l'un à l'autre, faisons-nous protestants, et cela ne nous re-
« gardera pas. Il est sûr qu'au désordre auquel je succédais, que sur les
« ruines où je me trouvais placé, je pouvais choisir entre le catholicisme
« et le protestantisme; et il est vrai de dire encore que les dispositions
« du moment poussaient toutes à celui-ci; mais outre que je tenais réel-
« lement à ma religion natale, j'avais les plus hauts motifs pour me dé-
« cider. En proclamant le protestantisme, qu'eussé-je obtenu? J'aurais
« créé en France deux grands partis à peu près égaux, lorsque je voulais
« qu'il n'y en eût plus du tout; j'aurais ramené la fureur des querelles
« de religion, lorsque les lumières du siècle et ma volonté avaient pour
« but de les faire disparaître tout à fait. Ces deux partis, en se déchi-
« rant, eussent annihilé la France, et l'eussent rendue l'esclave de l'Eu-
« rope, lorsque j'avais l'ambition de l'en rendre la maîtresse. Avec le
« catholicisme j'arrivais bien plus sûrement à tous mes grands résul-
« tats; dans l'intérieur, chez nous, le grand nombre absorbait le petit,
« et je me promettais de traiter celui-ci avec une telle égalité, qu'il n'y
« aurait bientôt plus lieu à connaître la différence. Au dehors, le catho-
« licisme me conservait le pape; et avec mon influence et nos forces en
« Italie, je ne désespérais pas tôt ou tard, par un moyen ou par un autre,
« de finir par avoir à moi la direction de ce pape; et dès lors quelle
« influence! quel levier d'opinion sur le reste du monde, etc., etc. »
« Et il a terminé disant : « François Ier était placé véritablement pour
« adopter le protestantisme à sa naissance et s'en déclarer le chef en
« Europe. Charles-Quint, son rival, prit vivement le parti de Rome;
« c'est qu'il croyait voir là pour lui un moyen de plus d'obtenir l'as-
« servissement de l'Europe. Cela seul ne suffisait-il pas pour indiquer à
« François Ier la nécessité de se charger de défendre l'indépendance de
« cette même Europe? mais il laissa le plus pour courir après le moins.
« Il s'attacha à poursuivre ses mauvais procès d'Italie; et, dans l'intention
« de faire sa cour au pape, il se mit à brûler des réformés dans Paris. »
« Si François Ier eût embrassé le luthéranisme, si favorable à la su-
« prématie royale, il eût épargné à la France les terribles convulsions
« religieuses amenées plus tard par les calvinistes, dont la teinte, toute
« républicaine, fut sur le point de renverser le trône et de dissoudre
« notre belle monarchie. Malheureusement François Ier ne comprit rien

« de tout cela, car il ne saurait donner ses scrupules pour excuses, lui
« qui s'allia avec les Turcs et les amena au milieu de nous. Tout bonne-
« ment, c'est qu'il n'y voyait pas si loin. Bêtise du temps! intelligence
« féodale! François Ier, après tout, n'était qu'un héros de tournois, un
« beau de salon, un de ces grands hommes pygmées.

« L'évêque de Nantes (de Voisins), disait encore l'Empereur, me ren-
« dait réellement catholique par la sagesse de ses raisonnements, son
« excellente morale et sa tolérance éclairée. Marie-Louise, dont il était
« le confesseur, le consulta un jour sur l'obligation de faire maigre les
« vendredis. — A quelle table mangez-vous? lui dit l'évêque. — A celle
« de l'Empereur. — Y commandez-vous? — Non. — Vous n'y pouvez
« donc rien : le ferait-il lui-même? — Il est à croire que non. — Sou-
« mettez-vous alors et ne provoquez pas un sujet de scandale. Votre pre-
« mier devoir est de lui obéir et de le faire respecter ; vous ne manque-
« rez pas d'autres moyens de vous amender et de vous priver aux yeux
« de Dieu. »

« Ce fut la même chose encore pour une communion publique que
« quelques-uns mirent en tête à Marie-Louise pour le jour de Pâques.
« Elle ne le voulait pourtant pas sans avoir pris l'avis de son sage con-
« fesseur, qui l'en dissuada par les mêmes raisonnements. Quelle dif-
« férence, disait l'Empereur, si elle eût été travaillée par un fanatique!
« quelles querelles, quelle désunion n'eût-il pas pu amener entre nous!
« Quel mal n'eût-il pas pu faire dans les circonstances où je me trouvais!

« L'évêque de Nantes, nous faisait observer l'Empereur, avait vécu
« avec Diderot, au milieu des incrédules, et y avait toujours été conve-
« nablement; aussi avait-il réponse à tout : il avait surtout le bon es-
« prit d'abandonner tout ce qui n'était pas soutenable, de faire rétro-
« grader la religion de tout ce qu'il n'eût pu défendre. — Un animal qui
« se meut combine et pense, n'a-t-il pas une âme? lui disait-on. —
« Pourquoi pas? répondit-il. — Mais où va-t-elle? car elle n'est pas à l'égal
« de la nôtre. — Que vous importe? elle demeure peut-être dans les
« limbes. Il se retirait donc dans les derniers retranchements, dans la
« forteresse même, et là se ménageait toujours un excellent terrain.
« Aussi argumentait-il bien mieux que le pape, et souvent il le désolait.
« C'était, parmi nos évêques, le plus ferme appui des libertés gallicanes.
« C'était mon oracle, mon flambeau; il avait ma confiance aveugle sur
« les matières religieuses, car dans mes querelles avec le pape j'avais
« pour premier soin, bien qu'en aient dit les intrigants et les brouillons
« à soutane, de ne pas toucher au dogme; si bien que dès que ce bon et

« vénérable évêque de Nantes me disait : Prenez garde, vous voilà en
« face du dogme ; sans m'amuser à disserter avec lui, sans chercher
« même à le comprendre, je déviais aussitôt de ma route pour y revenir
« par d'autres voies ; et comme il n'avait pas mon secret, combien il
« aura été étonné de mes circuits ! Que j'aurai dû lui paraître bizarre,
« obstiné, capricieux, inconséquent ! C'est que j'avais un but, et qu'il ne
« le connaissait pas.

« Les papes ne pouvaient nous pardonner nos libertés de l'Église gal-
« licane : les quatre fameuses propositions de Bossuet surtout excitaient
« leur ressentiment ; c'était, selon eux, un véritable manifeste de guerre,
« aussi nous considéraient-ils hors du giron au moins autant que les
« protestants. Ils nous trouvaient aussi coupables, peut-être plus, et s'ils
« ne nous avaient pas accablés de foudres ostensibles, c'est qu'ils avaient
« craint les conséquences : notre séparation. L'exemple de l'Angleterre
« était là. Ils n'avaient donc pas voulu se couper le bras droit de leur
« propre main ; mais ils ne cessaient de veiller pour une occasion favo-
« rable ; ils l'attendaient du temps. Nul doute qu'ils vont la croire arri-
« vée aujourd'hui. Toutefois les lumières et les mœurs du siècle les
« repousseront encore.

« Avant mon couronnement, disait l'Empereur, le pape voulut me
« voir, et tint à se rendre lui-même chez moi. Il avait fait bien des con-
« cessions. Il était venu à Paris me couronner, il consentait à ne pas
« me poser la couronne, il me dispensait de communier en public avant
« la cérémonie, il avait donc, selon lui, bien des récompenses à atten-
« dre en retour ; aussi avait-il rêvé d'abord la Romagne, les légations,
« et il commençait à soupçonner qu'il faudrait renoncer à tout cela. Il
« se rabattit alors sur une bien petite grâce, disait-il, seulement à voir
« signer un titre ancien, un chiffon bien usé qu'il tenait de Louis XIV.
« — Faites-moi ce plaisir, disait-il ; au fond cela ne signifie rien. —
« Volontiers, Très-Saint-Père, et la chose est faite, si elle est faisa-
« ble. » Or c'était une déclaration dans laquelle Louis XIV, sur la fin
de ses jours, séduit par madame de Maintenon ou gagné par ses con-
fesseurs, désapprouvait les fameux articles de 1682, base des libertés
de l'Église gallicane. L'Empereur répondit malignement qu'il n'avait,
pour son compte, aucune objection personnelle, mais qu'il fallait
toutefois, pour la règle, qu'il en parlât avec les évêques ; sur quoi le
pape se tuait de répéter que cela n'était nullement nécessaire, que cela
ne méritait pas tant de bruit. « Je ne montrerai jamais cette signature,
« disait-il, pas plus qu'on n'a montré celle de Louis XIV. — Mais si cela

« ne signifie rien, disait Napoléon, à quoi bon ma signature? et si cela
« peut signifier quelque chose, il faut bien décemment que je consulte
« mes docteurs. »

Toutefois, pour ne pas refuser sans cesse, l'Empereur voulut paraître
n'en être pas éloigné. Alors l'évêque de Nantes et les vrais évêques français accoururent aussitôt. « Ils étaient furieux, et me gardaient, disait
« l'Empereur, comme ils eussent gardé Louis XIV au lit de mort, pour
« l'empêcher de se faire protestant. Les Sulpiciens furent appelés; c'étaient
« des *Jésuites au petit pied*; ceux-là cherchaient quelle était ma pensée :
« ils ne demandaient qu'à faire ce que j'aurais voulu. »

L'Empereur a terminé, disant : « Le pape m'avait dispensé de la com-
« munion publique, et c'est sur cette détermination de sa part que je
« juge de la sincérité de sa croyance religieuse. Il avait tenu une con-
« grégation de cardinaux pour arrêter le cérémonial. La plus grande
« partie avait insisté fortement pour que je communiasse en public,
« soutenant que l'exemple serait d'un grand poids sur les peuples, et
« qu'il fallait que je le donnasse. Le pape, au contraire, craignant que
« je n'accomplisse cet acte que comme un des articles du programme
« de M. de Ségur, n'y voyait qu'un sacrilège, et s'y opposa inflexiblement.
« Napoléon ne croit peut-être pas, disait-il : un temps viendra sans doute
« où il croira; en attendant, ne chargeons pas sa conscience ni la nôtre. »

« Dans sa charité chrétienne, car c'est véritablement un bon, doux
« et brave homme, disait l'Empereur, il n'a jamais désespéré de me tenir
« pénitent à son tribunal ; il en a laissé souvent échapper l'espoir et la
« pensée. Nous en causions quelquefois gaiement et de bonne amitié.
« Vous y viendrez tôt ou tard, me disait-il avec une innocente douceur,
« je vous y tiendrai, ou d'autres si ce n'est pas moi ; et vous verrez
« alors quel contentement, quelle satisfaction pour vous-même, etc.
« En attendant, mon influence sur lui était telle que je lui arrachai,
« par la seule force de ma conversation privée, ce fameux concordat de
« Fontainebleau, dans lequel il a renoncé à la souveraineté temporelle,
« acte pour lequel il a fait voir depuis qu'il redoutait le jugement de la
« postérité, ou plutôt la réprobation de ses successeurs. Il n'eut pas
« plutôt signé, qu'il s'en repentit. Il devait, le lendemain, dîner en
« public avec moi ; mais dans la nuit il fut malade ou feignit de l'être.
« C'est qu'immédiatement après que je l'eus quitté il retomba dans les
« mains de ses conseillers habituels, qui lui firent un épouvantail de ce
« qu'il venait d'arrêter. Si nous eussions été laissés à nous seuls,
« j'en eusse fait ce que j'aurais voulu ; j'eusse gouverné alors le monde
« religieux avec la même facilité que je gouvernais le monde politique.
« Pie VII est vraiment un agneau, tout à fait un bon homme, un véri-
« table homme de bien que j'estime, que j'aime beaucoup, et qui, de
« son côté, me le rend un peu, j'en suis sûr. Vous ne le verrez pas trop
« se plaindre de moi, ni porter surtout aucune accusation directe et per-
« sonnelle. Vous ne verrez pas non plus les autres souverains le faire
« davantage. Peut-être des déclamations vagues et banales d'ambition et
« de mauvaise foi ; mais rien de positif et de direct : parce que les hom-
« mes d'État savent bien que, l'heure des libelles passée, on ne saurait
« se permettre d'accusation publique sans des preuves à l'appui ; or ils
« n'auraient rien à produire en ce genre : telle sera l'histoire. Il n'y
« aura rien de contraire, au plus, que quelques mauvais chroniqueurs
« assez bornés pour avoir pris des radotages de coterie ou des intrigues
« pour des faits authentiques, ou bien encore les mémorialistes, qui,
« trompés par les erreurs du moment, seront morts avant d'avoir pu
« se redresser, etc.

« Quand on connaîtra la vérité de mes querelles avec le pape, on
« s'étonnera de tout ce qu'il fit souffrir à ma patience, car on sait que
« je n'étais pas endurant. Lorsqu'il me quitta, après mon couronne-
« ment, il partit avec le secret dépit de n'avoir pas obtenu de moi les
« récompenses qu'il croyait avoir méritées. Mais, quelque reconnais-

« sance que je lui eusse portée d'ailleurs, je ne pouvais, après tout, tra-
« fiquer des intérêts de l'empire pour l'acquit de mes propres senti-
« ments ; et puis j'étais trop fier pour sembler avoir acheté ses
« complaisances. A peine eut-il le pied sur le sol italien, que les intri-
« gants, les brouillons, les ennemis de la France profitèrent de ses dis-
« positions pour s'en saisir, et dès cet instant tout fut hostile de sa
« part. Ce n'était plus le doux, le paisible *Chiaramonti*, ce bon évêque
« d'Imola, qui s'était proclamé de si bonne heure digne des lumières
« de son siècle. Sa signature n'était plus apposée qu'à la suite d'actes
« tenant bien plus des Grégoire et des Boniface que de lui. Rome de-
« vint le foyer de tous les complots tramés contre nous. J'essayai vai-
« nement de le ramener par la raison, il ne m'était plus possible d'ar-
« river jusqu'à ses sentiments. Les torts devinrent si graves, les insultes
« si patentes, qu'il me fallut bien agir à mon tour. Je me saisis donc
« de ses forteresses, je m'emparai de quelques provinces, je finis même
« par occuper Rome, tout en lui déclarant et en observant strictement
« qu'il demeurait sacré pour moi dans ses attributions spirituelles, ce
« qui était loin de faire son compte. Cependant il se présenta une crise,
« on crut que la fortune m'abandonnait à Essling ; et aussitôt on fut prêt
« à Rome pour soulever la population de cette grande capitale. L'offi-
« cier qui y commandait ne crut pouvoir échapper au danger qu'en
« se défaisant du pape qu'il mit en route pour la France. Un tel événe-
« ment s'était opéré sans ordres, et même il me contrariait fort. J'expé-
« diai donc sur-le-champ pour qu'on fît demeurer le pape où on le ren-
« contrerait, et on l'établit à Savone, où on l'entoura de soins et
« d'égards ; car je voulais bien me faire craindre, mais non le maltrai-
« ter ; le soumettre, mais non l'avilir : j'avais bien d'autres vues ! Ce
« déplacement ne fit qu'accroître le ressentiment et les intrigues. Jus-
« que-là, la querelle n'avait été que temporelle ; les meneurs du pape,
« dans l'espoir de relever leurs affaires, la compliquèrent de tout le mé-
« lange du spirituel. Alors il me fallut le combattre aussi sur ce point :
« j'eus mon conseil de conscience, mes conciles, et j'investis mes cours
« impériales de l'appel comme d'abus ; car mes soldats ne pouvaient
« plus rien à tout ceci ; il me fallait bien combattre le pape avec ses
« propres armes. A ses érudits, à ses ergoteurs, à ses légistes, à ses
« scribes, je devais opposer les miens.

« Il y eut une trame anglaise pour l'enlever de Savone ; elle me ser-
« vait. Je le fis transporter à Fontainebleau ; mais là devait être le terme
« de ses misères et la régénération de sa splendeur. Toutes mes grandes

« vues s'étaient accomplies sous le déguisement et le mystère; j'avais
« amené les choses au point que le développement en était infaillible,
« sans nul effort et tout naturel : aussi voit-on le pape le consacrer dans
« le fameux concordat de Fontainebleau, en dépit même de mes revers
« de Moscou. Qu'eût-ce donc été si je fusse revenu victorieux et triom-
« phant? J'avais donc enfin obtenu la séparation tant désirée du spiri-
« tuel d'avec le temporel, dont le mélange est si préjudiciable à la sain-
« teté du premier, et porte le trouble dans la société au nom et par les
« mains mêmes de celui qui doit en être le centre d'harmonie; et dès
« lors j'allais relever le pape outre mesure, l'entourer de pompes et d'hom-
« mages. Je l'eusse amené à ne plus regretter son temporel, j'en aurais
« fait une idole; il fût demeuré près de moi. Paris fût devenu la capitale
« du monde chrétien, et j'aurais dirigé le monde religieux ainsi que le
« monde politique: c'était un moyen de plus de resserrer toutes les parties
« fédératives de l'empire, et de contenir en paix tout ce qui demeurait
« en dehors. J'aurais eu mes sessions religieuses comme mes sessions
« législatives. Mes conciles eussent été la représentation de la chrétienté;
« les papes n'en eussent été que les présidents. J'eusse ouvert et clos ces
« assemblées, approuvé et publié leurs décisions, comme l'avaient fait
« Constantin et Charlemagne; et si cette suprématie avait échappé aux
« empereurs, c'est qu'ils avaient fait la faute de laisser résider loin d'eux
« les chefs spirituels, qui ont profité de la faiblesse des princes, ou de la
« crise des événements, pour s'en affranchir et les soumettre à leur tour.

« Mais, reprenait l'Empereur, pour en arriver là, j'avais dû manœu-
« vrer avec beaucoup d'adresse, déguiser surtout ma véritable pensée,
« et donner tout à fait le change à l'opinion; présenter à la pâture pu-
« blique des petitesses vulgaires, afin de lui mieux dérober l'importance
« et la profondeur du but secret : aussi était-ce avec une espèce de satis-
« faction que je me voyais accusé de barbarie envers le pape, de tyran-
« nie en matière religieuse. Les étrangers surtout me servaient à mon
« gré en remplissant leurs mauvais libelles de ma mesquine ambition,
« qui, selon eux, avait eu besoin de dévorer le misérable patrimoine de
« saint Pierre, etc., etc. [1]. Mais je savais bien qu'en résultat on me re-
« viendrait au dedans, et qu'au dehors on ne serait plus à même d'y
« remédier. Que n'eût-on pas fait pour le prévenir, si on l'eût deviné à
« temps; car quel empire désormais sur tous les pays catholiques, et

---

[1] On trouve dans *les dictées de Napoléon*, tome 1ᵉʳ, des *Notes* sur les quatre concordats de M. l'abbé de Pradt, dans lesquelles se trouvent des développements précieux de certains passages de ce chapitre, et auxquelles ce chapitre, à son tour, ne laisse pas que d'ajouter quelques lumières et quelque intérêt.

« quelle influence sur ceux mêmes qui ne le sont pas, à l'aide de ceux
« de cette religion qui s'y trouvent répandus ! etc. »

L'Empereur disait que cet affranchissement de la cour de Rome, cette réunion légale, la direction religieuse dans la main du souverain, avaient été longtemps et toujours l'objet de ses méditations et de ses vœux. « L'Angleterre, la Russie, les couronnes du Nord, une partie
« de l'Allemagne la possèdent, disait-il; Venise, Naples en avaient joui.
« On ne saurait gouverner sans elle ; autrement, une nation est à cha-
« que instant blessée dans son repos, sa dignité, son indépendance. Mais
« c'était fort difficile, ajoutait-il; à chaque tentative, j'en voyais le dan-
« ger. Je pouvais juger qu'une fois embarqué, la nation m'eût aban-
« donné. J'ai plus d'une fois sondé l'opinion, essayé de la provoquer,
« mais en vain, et j'ai pu me convaincre que je n'eusse jamais eu la
« coopération nationale, etc., etc. » Et ceci m'a expliqué une sortie dont j'avais été témoin aux Tuileries.

L'Empereur, à une de ses grandes audiences du dimanche, la réunion extrêmement nombreuse, apercevant l'archevêque de Tours (de Barral), lui dit d'une voix très-élevée : « Eh bien ! Monsieur l'archevêque, com-

POIGET

« ment vont nos affaires avec le pape? — Sire, la députation de vos
« évêques va se mettre en route pour Savone. — Eh bien, tâchez de faire

« entendre raison au pape; rendez-le sage, autrement il n'a qu'à perdre
« avec nous. Dites-lui bien qu'il n'est plus au temps de Grégoire, et que
« je ne suis pas un Débonnaire. Il a l'exemple de Henri VIII; sans avoir
« sa méchanceté, j'ai plus de force et de puissance que lui. Qu'il sache
« bien que, quelque parti que je prenne, j'ai six cent mille Français en
« armes, même un million, qui, dans tous les cas, marcheront avec
« moi, comme moi et pour moi; les paysans, les ouvriers ne connaissent
« que moi, ils me portent une confiance aveugle. La partie sage, éclai-
« rée, de la classe intermédiaire, ceux qui soignent leurs intérêts et re-
« cherchent la tranquillité, me suivront; il ne restera donc plus pour
« lui que la classe bourdonnante, qui, au bout de huit jours, l'aura
« oublié pour commérer sur de nouveaux objets. » Et comme l'archevêque, fort embarrassé de sa contenance, voulait balbutier quelques paroles : « Vous êtes en dehors de tout ceci, Monsieur l'archevêque, reprit
« l'Empereur d'une voix toute radoucie; je partage vos doctrines, j'ho-
« nore votre piété, je respecte votre caractère. »

L'Empereur, je le comprends bien aujourd'hui, n'avait jeté sans doute
tout cela en avant que pour que nous le fissions fructifier au dehors;
mais il se méprenait bien sur nos dispositions, celles du palais du moins.
Une portion, la moins réfléchie, n'hésitait pas, dans ces occasions, à le
blâmer tout bonnement et hautement; l'autre portion, la mieux inten-
tionnée, se donnait bien de garde d'en divulguer un seul mot, dans la
crainte de lui faire tort dans l'opinion; car tels étaient en général
notre travers d'esprit, notre manière singulière de juger, d'interpréter
l'Empereur, bien que sans malveillance, mais seulement par légèreté,
par inconséquence ou par mode, qu'au lieu de chercher à le rendre populaire, nous sommes peut-être ceux qui lui avons fait le plus de mal.
Je me souviens très-bien que précisément pour ce fameux concordat de
Fontainebleau, le matin qu'il parut inopinément dans *le Moniteur*, on
se disait confidentiellement dans les salons de Saint-Cloud que rien n'é-
tait moins vrai que cette pièce; qu'elle était fausse et controuvée. D'autres disaient à l'oreille que le fond en était vrai sans doute, mais qu'il
avait été arraché au pape par la frayeur que lui avaient causée la colère
de l'Empereur et sa violence; si bien que je ne serais pas étonné que cet
heureux épisode, si dramatique, de Napoléon à Fontainebleau, *traînant
le père des fidèles par ses cheveux blancs,* ne fût pas sorti précisément
de l'imagination du prosateur poétique, mais qu'il l'eût en effet recueilli de la bouche des courtisans, des serviteurs mêmes de l'Empereur.
Et pourtant voilà comme on écrit l'histoire !

Conversation vive de l'Empereur avec le gouverneur, en tiers avec l'amiral.

Dimanche 18

Le temps, toute la nuit et le jour, a été des plus affreux. Sur les trois heures, l'Empereur est sorti, profitant d'une éclaircie : il est entré chez moi. Nous sommes passés chez le général Gourgaud, qui était malade, et de là chez madame de Montholon, qui a suivi dans le jardin. L'Empereur était d'une extrême gaieté ; la conversation s'en ressentait. Il a entrepris d'amener madame de Montholon à faire sa confession générale, insistant surtout sur le point de départ. « Allons, disait-il, « parlez sans crainte ; que le voisin ici ne vous gêne pas, ne voyez en « lui que le confesseur : nous n'en saurons rien le quart d'heure d'a- « près, etc., etc. »

Et vraiment je crois qu'il allait persuader, quand malheureusement le gouverneur est venu interrompre de si heureuses dispositions ; il a paru, et l'Empereur a gagné brusquement le fond du bois pour ne pas le recevoir. M. de Montholon nous a rejoints peu d'instants après, pour faire connaître à l'Empereur que le gouverneur et l'amiral demandaient instamment l'honneur de lui parler. L'Empereur a cru à quelque communication de leur part ; il est revenu dans le jardin, où il les a reçus.

Nous sommes demeurés en arrière avec les officiers du gouverneur. Bientôt la conversation a été vive de la part de l'Empereur, qui, se promenant entre le gouverneur et l'amiral, n'adressait guère la parole qu'à celui-ci, même en parlant de l'autre. Nous demeurions à une assez grande distance pour ne rien entendre distinctement ; mais j'ai su plus tard qu'il lui a répété de nouveau, et avec plus de force et de chaleur peut-être, tout ce qu'il lui avait déjà dit dans les conversations précédentes.

Sur les bonnes interprétations que l'amiral, qui jouait le rôle de médiateur, s'efforçait de donner aux intentions du gouverneur, l'Empereur a dit : « Les fautes de M. Lowe viennent de ses habitudes dans la « vie. Il n'a jamais commandé que des déserteurs étrangers, des Pié- « montais, des Corses, des Siciliens, et tous renégats, traîtres à leur « patrie, la lie, l'écume de l'Europe. S'il eût commandé des hommes, « des Anglais ; s'il l'était lui-même, il aurait des égards pour ceux qu'on « doit honorer. » Dans un autre moment, l'Empereur a dit qu'il était un courage moral aussi nécessaire que le courage du champ de bataille ; que M. Lowe ne l'avait pas ici vis-à-vis de nous, en ne rêvant que notre évasion, plutôt que d'employer, pour l'empêcher, les seuls moyens vrais, sages, raisonnables, froids. L'Empereur lui a dit aussi que, du reste, son corps était entre les mains des méchants ; mais que son âme demeurait aussi fière, aussi indépendante qu'à la tête de quatre cent mille hommes, ou que sur le trône quand il faisait des rois.

A l'article des réductions de nos dépenses et de l'argent qu'on demandait à l'Empereur, il a répondu : « Tous ces détails me sont trop péni-
« bles, ils sont ignobles. Vous me mettriez sur les charbons ardents de
« Montézuma ou de Guatimozin, que vous ne tireriez pas de moi l'or que
« je n'ai pas. D'ailleurs qui vous demande quelque chose ? qui vous prie
« de me nourrir ? Quand vous discontinueriez vos provisions, si j'ai
« faim, ces braves soldats que voilà, en montrant de la main le camp
« du 53e, prendront pitié de moi ; j'irai m'asseoir à la table de leurs grena-

« diers, et ils ne repousseront pas, j'en suis sûr, le premier, le plus
« vieux soldat de l'Europe. » L'Empereur ayant reproché au gouverneur d'avoir gardé quelques ouvrages qui lui étaient adressés, il a répondu que c'était parce que l'adresse portait la qualification d'*empereur*. « Et
« qui vous a donné le droit, a répliqué l'Empereur, de me disputer ce
« titre ? Dans peu d'années, votre lord Castlereagh, votre lord Bathurst
« et tous les autres, vous qui me parlez, vous serez ensevelis dans la
« poussière de l'oubli ; ou, si on connaît vos noms, ce sera par les indi-
« gnités que vous aurez exercées contre moi, tandis que l'empereur Na-
« poléon demeurera toujours sans doute le sujet, l'ornement de l'histoire

« et l'étoile des peuples civilisés. Vos libelles ne peuvent rien contre
« moi : vous y avez dépensé des millions, qu'ont-ils produit ? La vérité
« perce les nuages, elle brille comme le soleil ; comme lui, elle est im-
« périssable ! »

L'Empereur convenait, dans cette conversation, avoir fort maltraité, et souvent, sir Hudson Lowe ; et il lui rendait la justice d'avouer encore que sir Hudson Lowe ne lui avait jamais précisément manqué ; il s'était contenté de marmotter souvent entre ses dents des choses qu'il n'avait pas laissé entendre. Une fois il a dit qu'il avait demandé son rappel, et l'Empereur lui a répondu que c'était la parole la plus agréable qu'il pût lui faire entendre. Il a dit encore que nous flétrissions son caractère en Europe, mais que cela lui était égal, etc. Le seul manquement peut-être du gouverneur, disait l'Empereur, et qui serait léger auprès de tout ce qu'il avait reçu, avait été de se retirer brusquement quand l'amiral ne s'éloignait qu'avec lenteur et avec de nombreuses salutations. « L'ami-
« ral était précisément là, me disait gaiement l'Empereur, le marquis
« de Gallo lors de ma rupture de Passeriano, etc. ; » allusion à un des chapitres de la campagne d'Italie qu'il m'avait dicté.

Au surplus, l'Empereur disait qu'après tout il se reprochait cette scène. « Je ne dois plus recevoir cet officier ; il sait que je m'emporte,
« c'est au-dessous de ma dignité. Il m'échappe vis-à-vis de lui des pa-
« roles qui eussent été impardonnables aux Tuileries ; si elles peuvent
« avoir une excuse ici, c'est de me trouver entre ses mains et sous son
« pouvoir. »

Après le dîner, l'Empereur a fait lire une lettre en réponse au gouverneur, qui avait envoyé officiellement le traité du 2 août, par lequel les souverains alliés stipulaient l'emprisonnement de Napoléon. Sir Hudson Lowe demandait, par la même occasion, à introduire les commissaires étrangers à Longwood. L'Empereur avait dicté cette lettre, dans la journée, à M. de Montholon ; il a voulu que chacun de nous proposât ses objections et donnât son avis. Elle nous a semblé un chef-d'œuvre de dignité, de force et de logique. On la trouvera plus bas lors de son envoi.

Retour sur la conversation avec le gouverneur, etc. — Effets des libelles sur Napoléon. — Traité de Fontainebleau. — Ouvrage du général Sarrazin.

Lundi 19.

Le temps a continué d'être aussi affreux que nous l'eussions jamais vu. Depuis trois ou quatre jours, c'est un de nos véritables ouragans d'équinoxe en Europe. L'Empereur l'a bravé pour entrer sur les dix heures chez moi. En sortant, il s'est accroché la jambe à un clou près de la porte ; son bas a été déchiré jusqu'à mi-jambe : heureusement la peau n'a été qu'effleurée. Il s'est vu forcé de rentrer pour changer. « Vous me devez une paire de bas, me disait-il pendant le temps que « son valet de chambre lui en mettait une autre; un honnête homme « ne présente point de pareils dangers dans ses appartements. Vous « êtes logé trop en marin; il est vrai que ce n'est pas tout à fait votre « faute. Je me croyais indifférent sur ce point; mais, morbleu ! vous « me surpassez. — Sire, disais-je, mon mérite n'est pas grand, on ne « me laisse pas de choix. Je suis vraiment un cochon dans sa fange, je « dois l'avouer; mais comme dit Votre Majesté, ce n'est pas tout à fait « ma faute. »

Nous avons gagné le jardin à la faveur d'une éclaircie. L'Empereur revenait sur la conversation qu'il avait eue la veille, dans ce même endroit, avec le gouverneur en présence de l'amiral, et se reprochait de nouveau la violence de ses expressions. « Il eût été plus digne de moi, « disait-il, plus beau, plus grand, d'exprimer toutes ces choses de sang-« froid : elles n'en eussent eu d'ailleurs que plus de force. » Il lui revenait surtout une qualification qu'il avait laissé échapper contre Hudson Lowe (*scribe d'état-major*), qui avait dû le choquer d'autant plus qu'elle rendait une vérité, et l'on sait qu'elle offense toujours. « Je l'ai bien éprouvé « moi-même à l'île d'Elbe, continuait l'Empereur. Quand je me suis « mis à parcourir les libelles les plus infâmes, ils ne me faisaient « rien, mais rien du tout. Quand on m'apprenait ou que je lisais que « j'avais *étranglé, empoisonné, violé,* que j'avais fait massacrer mes ma-« lades, que ma voiture avait roulé sur mes blessés, j'en riais de pitié. « Combien de fois n'ai-je pas dit alors à Madame : Accourez, ma mère, « voici *le sauvage, l'homme tigre, le dévoreur du genre humain*; venez ad-« mirer le fruit de vos entrailles ! Mais sitôt qu'on approchait un peu de « la vérité, il n'en était plus de même; je sentais le besoin de me défen-« dre, j'accumulais les raisons pour me justifier, et encore n'était-ce ja-« mais sans qu'il restât quelques traces d'une peine secrète. Mon cher, « voilà l'homme ! »

De là l'Empereur est revenu sur sa protestation contre le traité du 2 août, qui nous avait été lue hier après dîner. J'ai osé lui demander si, mettant en avant la reconnaissance de son titre d'Empereur par les Anglais, lors de leurs négociations à Paris et à Châtillon, il n'avait pas oublié de mentionner celle qu'ils avaient dû faire au traité de Fontainebleau, et qui me paraissait omise. « C'est à dessein, a-t-il dit vivement; « je ne veux point de ce traité, je le renie ; je suis loin de m'en vanter,

« j'en rougis plutôt. On l'a discuté pour moi. Celui qui me l'apporta
« me trahissait. Cette époque appartient à mon histoire, mais à mon
« histoire en grand. Si j'eusse voulu traiter alors sensément, j'aurais
« obtenu le royaume d'Italie, la Toscane ou la Corse, etc., etc., tout
« ce que j'aurais voulu. Ma décision fut une faute de mon caractère, une
« boutade de ma part, un véritable excès de tempérament. Je pris du dé-
« goût et du mépris pour tout ce qui m'entourait ; j'en pris pour la for-
« tune, que je me plus à braver. Je jetai les yeux sur un coin de terre
« où je pusse être mal, et profiter des fautes que l'on ferait. Je me dé-
« cidai pour l'île d'Elbe. Cet acte fut celui d'une âme de rocher. Mon
« cher, je suis d'un caractère bien singulier, sans doute, mais on ne
« serait point extraordinaire si l'on n'était d'une trempe à part. je suis
« une parcelle de rocher lancée dans l'espace ! Vous me croirez peut-être
« difficilement ; mais je ne regrette point mes grandeurs : vous me voyez
« faiblement sensible à ce que j'ai perdu. — Et pourquoi ne vous croi-
« rais-je pas, Sire ? répondais-je ; que regretteriez-vous ?..... La vie de
« l'homme n'est qu'un atome dans la durée de l'histoire. Or, chez Votre
« Majesté, l'une est déjà si pleine que vous ne devez plus guère prendre
« d'intérêt qu'à l'autre : s'il en coûte ici à votre corps, votre mémoire
« y gagne au centuple : si vous eussiez dû finir au sein d'une prospérité
« non interrompue, que de grandes et belles choses eussent passé igno-
« rées ! Votre Majesté me l'a déjà dit elle-même, et je suis demeuré frappé
« d'une telle vérité.

« Il n'est pas de jour, en effet, que ceux qui furent vos ennemis ne ré-
« pètent avec nous, qui sommes vos fidèles, que vous êtes bien certaine-
« ment plus grand ici qu'aux Tuileries. Et même sur ce roc où vous ont
« déporté la violence et la mauvaise foi, n'y commandez-vous pas en-
« core ? Vos geôliers, vos maîtres, sont à vos pieds ; votre âme soumet
« tout ce qui l'approche : vous vous montrez ici ce que l'histoire dit de
« saint Louis sous les chaînes des Sarrasins : *le vrai maître de ses vain-
« queurs.* Votre irrésistible ascendant vous accompagne ici. Nous le
« pensons tous autour de vous, Sire ; le commissaire russe le disait
« l'autre jour, nous assure-t-on, et ceux qui vous gardent l'éprouvent...
« Que regretteriez-vous ? etc., etc. »

En rentrant, l'Empereur a demandé son déjeuner sous la tente, en
dépit de l'ouragan, et m'a gardé. L'eau ne perçait pas, nous en étions
quittes pour une forte humidité ; mais les rafales de pluie et de vent
tourbillonnaient autour de nous, et se précipitaient au loin devant nous
vers le fond des vallées : ce spectacle n'était pas sans quelque beauté.

L'Empereur s'est retiré vers les deux heures; il m'a fait revenir à quelque temps de là dans son cabinet. « Je viens de lire le général Sar-
« razin, disait-il en posant le livre : c'est un fou, un écervelé; il dit des
« bêtises. Après tout, cependant, il se laisse lire, il amuse; il coupe,
« tranche, juge, et prononce sur les hommes et sur les choses. Il n'hé-
« site point à donner maints conseils à Wellington, et dit qu'il eût dû
« faire quelques campagnes sous Kléber, etc. Il fait de Soult le premier
« général du monde. Kléber était sans doute un grand général; mais
« dans Soult ce n'est pas précisément la partie la plus forte; il est bien
« plus encore un excellent ordonnateur, un bon ministre de la guerre.

« Ce Sarrazin, a-t-il continué, a déserté du camp de Boulogne, por-
« tant tous mes secrets aux Anglais : cela pouvait avoir des suites fort
« graves. Sarrazin était général, son acte fut hideux, irrémissible. Mais
« pourtant regardez comme en révolution un homme peut être mauvais
« sujet, dévergondé, éhonté. Je l'ai trouvé à mon retour de l'île d'Elbe,
« il m'attendait de pied ferme; il m'écrivait une longue lettre dans la-
« quelle il pactisait avec moi. Les Anglais étaient des misérables, écri-
« vait-il, il avait été longtemps au milieu d'eux, il en avait été maltraité;
« il connaissait leurs ressources, leurs moyens; il allait m'être fort
« utile. Il savait que j'étais trop magnanime, trop grand pour me sou-
« venir encore des torts qu'il avait pu avoir, etc. Je le fis arrêter; et,
« comme il avait été déjà jugé et condamné, je suis encore à savoir
« pourquoi on ne l'a pas fusillé; il faut qu'on n'en ait pas eu le temps,
« ou qu'il ait été oublié; c'était un châtiment que réclamait la patrie :
« il ne saurait y avoir ni transaction ni indulgence pour le général qui a
« l'infamie de se prostituer à l'étranger. »

Le grand maréchal est arrivé; l'Empereur, après avoir continué la conversation quelque temps, l'a emmené jouer aux échecs. Il souffrait beaucoup du mauvais temps.

Après dîner, il nous a lu le *Tartufe*; mais il n'a pu l'achever, il se sentait trop fatigué : il a posé le livre, et, après le juste tribut d'éloges donné à Molière, il a terminé d'une manière à laquelle nous ne nous attendions pas. « Certainement, a-t-il dit, l'ensemble du *Tartufe* est
« de main de maître; c'est un des chefs-d'œuvre d'un homme inimita-
« ble; toutefois cette pièce porte un tel caractère, que je ne suis nulle-
« ment étonné que son apparition ait été l'objet de fortes négociations
« à Versailles et de beaucoup d'hésitation dans Louis XIV. Si j'ai le
« droit de m'étonner de quelque chose, c'est qu'il l'ait laissé jouer;
« elle présente, à mon avis, la dévotion sous des couleurs si odieuses;

« une certaine scène offre une situation si décisive, si complétement
« indécente, que, pour mon propre compte, je n'hésite pas à dire que,
« si la pièce eût été faite de mon temps, je n'en aurais pas permis la
« représentation. »

Violent accès d'indignation de ma part qui amuse fort l'Empereur.

Mardi 20

Sur les quatre heures, j'ai été joindre l'Empereur, par ses ordres, dans la salle de billard. Le temps était toujours aussi affreux; il ne lui avait pas permis, disait-il, de mettre le pied dehors, et pourtant il s'était vu chassé de la chambre et du salon par la fumée. Il m'a trouvé, disait-il, la figure toute renversée : c'était de l'indignation la plus vive, et il a voulu en connaître la cause.

« Il y a deux ou trois ans, ai-je dit, qu'un commis au bureau de la
« guerre, très-brave homme pour ce que j'en connais, venait chez moi
« donner des leçons d'écriture et de latin à mon fils. Il avait une fille
« dont il comptait faire une gouvernante, et nous priait de la recom-
« mander, si nous en trouvions l'occasion. Madame de Las Cases se la
« fit amener : elle était charmante, et de l'ensemble le plus séduisant. A
« compter de cet instant, madame de Las Cases l'invitait parfois chez
« elle, cherchant à lui faire faire quelques connaissances dans le monde
« qui pussent lui être utiles. Or, voilà que cette jeune personne, notre
« connaissance, notre amie, notre obligée, se trouve être précisément
« aujourd'hui la femme d'un des commissaires des puissances près de
« Votre Majesté, arrivé dans l'île il y a près d'un mois.

« Que Votre Majesté juge de mon étonnement et de toute ma joie à
« cette précieuse bizarrerie du hasard! Je vais donc, me disais-je, en
« dépit de tant d'obstacles, avoir des nouvelles positives, détaillées, se-
« crètes même de tout ce qui m'intéresse. J'ai vu passer huit ou dix
« jours de silence sans inquiétude, même pas sans quelque contente-
« ment. Car, pensais-je, plus on met de circonspection, plus on doit avoir
« à me dire. Enfin, il y a trois ou quatre jours qu'entraîné par mon im-
« patience, j'ai dépêché mon domestique vers la nouvelle arrivée; je l'a-
« vais bien stylé, et son titre d'habitant de l'île lui facilitait l'accès, et
« sans nul inconvénient. Il est revenu me disant que cette dame avait
« répondu qu'elle ne savait ce dont on voulait lui parler. A toute rigueur,
« je pouvais croire encore que c'était un excès de prudence, et qu'elle
« n'avait pas voulu s'en fier à un inconnu. Mais voilà qu'aujourd'hui je
« reçois du gouverneur l'avertissement de ne chercher à lier aucun rap-
« port secret dans l'île, que je dois savoir à quoi je m'exposerais, que

« la tentative qu'il me reproche n'est point douteuse, car il la tient de
« la source même à laquelle je me suis adressé. Votre Majesté voit à
« présent ce qui m'a bouleversé. Trouver une si vilaine délation où je
« devais supposer de l'intérêt, de la reconnaissance même, m'a indigné
« au dernier degré : j'en suis hors de moi. »

L'Empereur m'a ri au nez : « Que vous connaissez peu le cœur hu-
« main ! m'a-t-il dit. Quoi ! son père a été précepteur de votre fils, ou
« quelque chose de semblable ; votre femme l'a protégée dans sa nullité,
« et elle est devenue baronne allemande ! Mais, mon cher, vous êtes ce-
« lui qu'elle redoute le plus ici, qui la gêne davantage ; elle n'aura pas
« même vu votre femme à Paris ; et puis encore ce méchant sir Hudson
« Lowe se sera plu peut-être à donner à la chose une tournure odieuse :
« il est si astucieux, si méchant !..... » Et il a recommencé à se moquer
de moi et de ma colère.

<small>Corvisart, etc.—Anecdotes des salons de Paris.</small>

<small>Mercredi 21</small>

Le temps est toujours aussi affreux ; l'humidité est au dernier point
dans nos chambres, la pluie y pénètre de toute part.

On a dit que les médicaments étaient épuisés dans l'île, et l'on
observait que l'Empereur ne serait pas accusé d'y avoir contribué. Cela
l'a conduit à dire qu'il ne se rappelait pas d'avoir jamais pris une médecine. Aux Tuileries, ayant eu jusqu'à trois vésicatoires à la fois, il
les avait supprimés sans vouloir prendre de médecine. Il avait eu à
Toulon une blessure grave, comme celle d'Ulysse, disait-il, celle à
laquelle sa vieille nourrice l'avait reconnu ; il en avait guéri, tout en
échappant de même aux médicaments. L'un de nous s'est permis de lui
demander : « Si Votre Majesté avait la dyssenterie demain, se refuse-
« rait-elle encore aux médicaments ? — A présent que je me porte bien,
« je réponds oui sans hésiter, disait l'Empereur ; mais si je devenais
« bien malade, peut-être changerais-je, et ce serait alors en moi la
« conversion qu'amène la peur du diable dans l'homme qui va mou-
« rir. » Et alors il répétait son incrédulité à la médecine ; mais il n'en
était pas ainsi, observait-il, de la chirurgie ; il avait, disait-il, commencé
trois fois des cours d'anatomie : les affaires et le dégoût les avaient
toujours interrompus. « Dans une certaine occasion, et à la suite d'une
« longue discussion, Corvisart, désireux de me parler pièce en main,
« eut l'abomination, la scélératesse de m'apporter à Saint-Cloud, dans
« son mouchoir de poche, un estomac, et cette horrible vue me fit
« rendre à l'instant même tout ce que j'avais dans le mien. »

L'Empereur, après le dîner, s'est retiré avant neuf heures : je l'ai suivi, et comme il ne se sentait aucune envie de dormir : « Allons, mon
« cher, m'a-t-il dit, voyons : un conte sur votre faubourg Saint-Ger-
« main : comme dans *les Mille et une Nuits*, essayons de rire. — Eh
« bien, Sire, il était autrefois un chambellan de Votre Majesté, qui avait
« un grand-oncle, bien vieux, bien vieux...., et je me souviens que
« Votre Majesté nous a raconté l'histoire d'un gros officier allemand,
« qui, prisonnier au début de la campagne d'Italie, se plaignait qu'on
« eût envoyé pour les combattre un jeune étourneau qui détruisait le
« métier et le rendait insupportable ; or, nous avions parmi nous pré-
« cisément son pareil : c'était le vieux grand-oncle, encore presque avec
« le costume de Louis XIV. Il donnait la comédie toutes les fois que
« vous nous faisiez parvenir quelques merveilles d'au delà du Rhin ;
« vos bulletins d'Ulm et d'Iéna étaient pour lui autant de révolutions
« de bile. Il était loin de vous admirer ; vous gâtiez là aussi le métier.
« Il avait fait, répétait-il souvent, les campagnes du maréchal de Saxe,
« et voilà, disait-il, qui était vraiment des prodiges de guerre, et qu'on
« n'avait pas assez appréciés. Alors la guerre était sans doute un art ;
« mais aujourd'hui!!!..... ajoutait-il en haussant les épaules. De notre
« temps, nous la faisions en toute décence ; nous avions nos mulets,
« nous étions suivis de nos cantines, nous avions notre tente, nous fai-
« sions bonne chère, nous avions même la comédie au quartier géné-
« ral ; les armées s'approchaient, on prenait de belles positions, on
« donnait une bataille, quelquefois on faisait un siége, et puis on pre-
« nait ses quartiers d'hiver pour recommencer au printemps. Voilà ce
« qui s'appelle, disait-il avec satisfaction, faire la guerre. Mais aujour-
« d'hui une armée tout entière disparaît devant une autre dans une
« seule bataille, et une monarchie est renversée ; on parcourt cent
« lieues de pays en dix jours, dort qui peut, mange qui en trouve. Ma
« foi, si vous appelez cela du génie, moi, je suis forcé d'avouer alors que
« je n'y entends plus rien ; aussi vous me faites pitié quand je vous vois
« le prendre pour un grand homme. » L'Empereur riait aux éclats,
surtout des cantines et des mulets, puis il ajoutait : « Vous disiez donc
« bien des bêtises à mon sujet ? — Oh! oui, Sire, et en grande abon-
« dance. — Eh bien! nous sommes seuls, il n'y a pas d'intrus ici,
« dites encore. — Eh bien! Sire, un jour dans une société choisie, entre
« un *Beau*, bien content de lui, ancien capitaine de cavalerie, ne dou-
« tant de rien : « J'arrive, nous dit-il, de la plaine des Sablons ; je viens
« de voir manœuvrer *notre Ostrogoth*. » C'était Votre Majesté, Sire.

« Il avait deux ou trois régiments qu'il a culbutés les uns sur les au-
« tres, et le tout a été se perdre dans des buissons. J'aurais voulu avec
« cinquante maîtres (cavaliers dans le temps passé) seulement le faire
« prisonnier lui et tous les siens. Réputation usurpée! répétait-il.
« Aussi Moreau n'a cessé de dire que c'était à l'Allemagne qu'il l'atten-
« dait. On parle de guerre avec l'Autriche; si elle a lieu, nous verrons
« comment il s'en tirera. On nous en fera justice. »

« La guerre eut lieu, et Votre Majesté en très-peu de jours nous en-
« voya le bulletin d'Ulm, celui d'Austerlitz, etc.; notre monsieur repa-
« rut dans notre cercle, et pour le coup, malgré toute notre malveillance,
« nous nous écriâmes tous à la fois : « Et vos cinquante maîtres ? —
« Oh! ma foi, dit-il, on n'y entend plus rien; cet homme déroute tout,
« la fortune le mène par la main ; et puis ces Autrichiens sont si
« lourds, si bêtes !... »

L'Empereur riait beaucoup, et me demandait quelque chose de plus
fort encore. « Sire, cela devient bien difficile; cependant il me revient
« encore une vieille douairière qui est morte avec l'obstination de n'a-
« voir pas voulu croire à aucun de vos succès en Allemagne. Quand on
« parlait devant elle d'Ulm, d'Austerlitz, de votre entrée à Vienne

« Et vous croyez cela, vous autres ? disait-elle, haussant les épaules.
« Tout cela est fabriqué par lui. Il n'oserait pas mettre le pied en Alle-

« magne ; croyez qu'il est encore derrière le Rhin, où il se meurt de
« peur, et nous envoie des contes. Le temps vous apprendra si on m'en
« impose à moi. »

Et les histoires épuisées, l'Empereur me renvoya, disant : « Que
« font-ils, que doivent-ils dire à présent? Certes, aujourd'hui je leur
« donne beau jeu. »

Jeudi 22.

Aujourd'hui a été un véritable jour de deuil pour moi : c'est le premier jour, depuis notre départ de France, où je n'ai pas vu l'Empereur. Des circonstances heureuses faisaient que j'étais le seul qui eusse jusque-là joui de ce bonheur. Il a été fort souffrant; sa réclusion a été complète; il n'a demandé absolument personne.

L'Empereur continue d'être souffrant. — Pièce officielle remarquable adressée à sir Hudson Lowe.

Vendredi 23.

Le temps a continué d'être humide et pluvieux. Sur les trois heures et demie, l'Empereur m'a fait demander dans sa chambre : il faisait sa toilette. Il avait été fortement incommodé; mais grâce à sa manière de se traiter, disait-il; grâce à son hermétique réclusion de la veille, c'était fini, il était bien.

J'ai osé lui témoigner ma véritable douleur; j'avais inscrit, lui disais-je, un jour malheureux dans mon journal; j'eusse dû le marquer à l'encre rouge. Et quand il a appris ce que c'était : « Comment, vrai-
« ment, a-t-il dit, c'est le seul jour depuis la France que vous ne m'ayez
« pas vu!... Et vous êtes le seul... » Et après quelques secondes de silence, il a ajouté avec un ton bien propre à me dédommager : « Mais,
« mon cher, si cela vous était d'un si grand prix, si vous y teniez tant,
« que n'êtes-vous venu frapper à ma porte? Je ne suis point inabor-
« dable pour vous. »

Le docteur a été introduit; il a dit que le gouverneur avait promis de ne plus mettre les pieds à Longwood. Le méchant qui était là a fait observer qu'il commençait à vouloir se rendre agréable.

L'Empereur a passé de là dans sa bibliothèque; il s'est fait lire par mon fils une longue lettre que j'écrivais à Rome[1]. L'humidité l'a chassé, il a gagné le salon, la salle de billard; arrivé au perron, il n'a pu résister au désir de marcher un peu. « Ce que je fais n'est pas sage, » a-t-il

---

[1] C'est ma lettre au prince Lucien, si fameuse depuis dans l'histoire de mes persécutions, et qu'on trouvera plus bas en son lieu.

dit. Heureusement l'extrême humidité l'a forcé de rentrer presque aussitôt. Il s'est fixé dans le salon, où il y avait un bon feu ; il a demandé de la tisane de feuilles d'oranger et a fait quelques parties d'échecs.

Plus tard, après dîner, l'Empereur a disserté longtemps et de la manière la plus intéressante sur Jean-Jacques, son talent, son influence, sa bizarrerie, ses turpitudes privées. Il s'est retiré à dix heures.

Dans la journée, M. de Montholon a adressé la réponse officielle suivante au gouverneur, qui avait écrit touchant les commissaires des puissances et les embarras de son budget ; c'est la lettre que j'ai déjà mentionnée plus haut, le 18 de ce mois ; la voici :

Pièce officielle. — « Monsieur le général, j'ai reçu le traité du 2 août
« 1815, conclu entre Sa Majesté Britannique, l'empereur d'Autriche,
« l'empereur de Russie et le roi de Prusse, qui était joint à votre lettre
« du 23 juillet.

« L'empereur Napoléon proteste contre le contenu de ce traité : il
« n'est point prisonnier de l'Angleterre. Après avoir abdiqué entre les
« mains des représentants de la nation, au profit de la constitution
« adoptée par le peuple français et en faveur de son fils, il s'est rendu
« volontairement et librement en Angleterre, pour y vivre en particu-
« lier, dans la retraite, sous la protection des lois britanniques. La
« violation de toutes les lois ne peut pas constituer un droit de fait. La
« personne de l'empereur Napoléon se trouve au pouvoir de l'Angle-
« terre ; mais de fait ni de droit il n'a été ni n'est au pouvoir de l'Au-
« triche, de la Russie et de la Prusse, même selon les lois et coutumes
« de l'Angleterre, qui n'a jamais fait entrer dans la balance des prison-
« niers les Russes, les Autrichiens, les Prussiens, les Espagnols, les Por-
« tugais, quoique unie à ces puissances par des traités d'alliance, et
« faisant la guerre conjointement avec elles. La convention du 2 août,
« faite quinze jours après que l'empereur Napoléon était en Angleterre,
« ne peut avoir en droit aucun effet ; elle n'offre que le spectacle de la
« coalition des quatre plus grandes puissances de l'Europe pour l'op-
« pression d'un seul homme ; coalition que désavouent l'opinion de tous
« les peuples comme tous les principes de la saine morale. Les empe-
« reurs d'Autriche et de Russie, le roi de Prusse, n'ayant de fait ni de
« droit aucune action sur la personne de l'empereur Napoléon, ils
« n'ont pu rien statuer relativement à lui. — Si l'empereur Napo-
« léon eût été au pouvoir de l'empereur d'Autriche, ce prince se fût
« ressouvenu des rapports que la religion et la nature ont mis entre un
« père et un fils, rapports qu'on ne viole jamais impunément. Il se fût

« ressouvenu que quatre fois Napoléon lui a restitué son trône : à Léo-
« ben en 1797, et à Lunéville en 1801, lorsque ses armées étaient sous
« les murs de Vienne ; à Presbourg en 1806, et à Vienne en 1809, lorsque
« ses armées étaient maîtresses de la capitale et des trois quarts de la
« monarchie. Ce prince se fût ressouvenu des protestations qu'il lui fit
« au bivouac de Moravie en 1806, et à l'entrevue de Dresde en 1812.
« — Si la personne de l'empereur Napoléon eût été au pouvoir de l'em-
« pereur Alexandre, il se fût ressouvenu des liens d'amitié contractés à
« Tilsitt, à Erfurt, et pendant douze ans d'un commerce journalier ; il
« se fût ressouvenu de la conduite de l'empereur Napoléon le lendemain
« de la bataille d'Austerlitz, où, pouvant le faire prisonnier avec les
« débris de son armée, il se contenta de sa parole, et lui laissa opérer
« sa retraite ; il se fût ressouvenu des dangers que personnellement
« l'empereur Napoléon a bravés pour éteindre l'incendie de Moscou et
« lui conserver cette capitale ; certes, ce prince n'eût pas violé les de-
« voirs de l'amitié et de la reconnaissance envers un ami dans le mal-
« heur. — Si la personne de l'empereur Napoléon eût été même au
« pouvoir du roi de Prusse, ce souverain n'eût pas oublié qu'il a dé-
« pendu de l'Empereur, après Friedland, de placer un autre prince sur
« le trône de Berlin ; il n'eût point oublié un ennemi désarmé, les pro-
« testations de dévouement et les sentiments qu'il lui témoigna en 1812,
« aux entrevues de Dresde. Aussi voit-on par les articles 2 et 5 dudit
« traité, que ne pouvant influer en rien sur le sort et la personne de
« l'empereur Napoléon, qui n'est pas en leur pouvoir, ces princes s'en
« rapportent à ce que fera là-dessus Sa Majesté Britannique, qui se
« charge de remplir toutes les obligations. Ces princes ont reproché à
« l'empereur Napoléon d'avoir préféré la protection des lois anglaises à
« la leur. Les fausses idées que l'empereur Napoléon avait de la libéra-
« lité des lois anglaises et de l'influence d'un peuple grand, généreux et
« libre sur son gouvernement, l'ont décidé à préférer la protection de
« ses lois à celle de son beau-père ou de son ancien ami. L'empereur
« Napoléon a toujours été le maître de faire assurer ce qui lui était per-
« sonnel par un traité diplomatique, soit en se remettant à la tête de
« l'armée de la Loire, soit en se mettant à la tête de l'armée de la
« Gironde, que commandait le général Clausel ; mais ne cherchant dé-
« sormais que la retraite et la protection des lois d'une nation libre,
« soit anglaise, soit américaine, toutes stipulations lui ont paru inutiles.
« Il a cru le peuple anglais plus lié par sa démarche franche, noble et
« pleine de confiance, qu'il ne l'eût pu être par les traités les plus

« solennels. Il s'est trompé; mais cette erreur fera à jamais rougir les
« vrais Bretons; et, dans la génération actuelle comme dans les géné-
« rations futures, elle sera une preuve de la déloyauté de l'administra-
« tion anglaise. Des commissaires autrichien et russe sont arrivés à
« Sainte-Hélène; si leur mission a pour but de remplir une partie des
« devoirs que les empereurs d'Autriche et de Russie ont contractés par
« le traité du 2 août, et de veiller à ce que les agents anglais, dans une
« petite colonie, au milieu de l'Océan, ne manquent pas aux égards dus
« à un prince lié avec eux par les liens de parenté et par tant d'autres
« rapports, on reconnaît dans cette démarche des marques du caractère
« de ces deux souverains. Mais vous avez, Monsieur, assuré que ces
« commissaires n'avaient ni le droit ni le pouvoir d'avoir aucune opi-
« nion sur tout ce qui peut se passer sur ce rocher.

« Le ministère anglais a fait transporter l'empereur Napoléon à
« Sainte-Hélène, à deux mille lieues de l'Europe. Ce rocher, situé sous le
« tropique, à cinq cents lieues de tout continent, est soumis à la chaleur
« dévorante de cette latitude; il est couvert de nuages et de brouillard
« les trois quarts de l'année; c'est à la fois le pays le plus sec et le plus
« humide du monde. Ce climat est le plus contraire à la santé de l'Em-
« pereur. C'est la haine qui a présidé au choix de ce séjour comme
« aux instructions données par le ministère anglais aux officiers com-
« mandant dans ce pays · on leur a ordonné d'appeler l'empereur Napo-
« léon général, voulant l'obliger à reconnaître qu'il n'a jamais régné
« en France, ce qui l'a décidé à ne pas prendre un nom d'incognito,
« comme il y était résolu en sortant de France. Premier magistrat à
« vie de la république, sous le titre de Premier Consul, il a conclu les
« préliminaires de Londres et le traité d'Amiens avec le roi de la
« Grande-Bretagne. Il a reçu pour ambassadeurs lord Cornwalis,
« M. Merry, lord Withworth, qui ont séjourné en cette qualité à sa
« cour. Il a accrédité auprès du roi d'Angleterre le comte Otto et le
« général Andréossi, qui ont résidé comme ambassadeurs à la cour
« de Windsor. Lorsque, après un échange de lettres entre les minis-
« tères des affaires étrangères des deux monarchies, lord Lauderdale
« vint à Paris muni des pleins pouvoirs du roi d'Angleterre, il traita
« avec les plénipotentiaires munis des pleins pouvoirs de l'empereur
« Napoléon, et séjourna plusieurs mois à la cour des Tuileries. Lorsque
« depuis, à Châtillon, lord Castlereagh signa l'ultimatum que les puis-
« sances alliées présentèrent aux plénipotentiaires de l'empereur Napo-
« léon, il reconnut par là la quatrième dynastie. Cet ultimatum était

« plus avantageux que le traité de Paris; mais on exigeait que la France
« renonçât à la Belgique et à la rive gauche du Rhin, ce qui était con-
« traire aux propositions de Francfort et aux proclamations des puis-
« sances alliées; ce qui était contraire au serment par lequel, à son
« sacre, l'Empereur avait juré l'intégrité de l'empire. L'Empereur pen-
« sait alors que ces limites naturelles étaient nécessaires à la garantie
« de la France comme à l'équilibre de l'Europe; il pensait que la nation
« française, dans les circonstances où elle se trouvait, devait plutôt
« courir toutes les chances de la guerre que de s'en départir. La France
« eût obtenu cette intégrité, et avec elle conservé son honneur, si la
« trahison n'était venue au secours des alliés. Le traité du 2 août, le bill
« du parlement britannique appellent l'empereur Napoléon seulement
« Bonaparte, et ne lui donnent que le titre de général. Le titre de *gé-*
« *néral Bonaparte* est sans doute éminemment glorieux : l'Empereur le
« portait à Lodi, à Castiglione, à Rivoli, à Arcole, à Léoben, aux Pyra-
« mides, à Aboukir; mais depuis dix-sept ans il a porté celui de Pre-
« mier Consul et d'Empereur; ce serait convenir qu'il n'a été ni pre-
« mier magistrat de la république ni souverain de la quatrième dynastie.
« Ceux qui pensent que les nations sont des troupeaux qui de droit
« divin appartiennent à quelques familles ne sont ni du siècle ni même
« dans l'esprit de la législature anglaise, qui changea plusieurs fois l'or-
« dre de sa dynastie, parce que les grands changements survenus dans
« les opinions, auxquels n'avaient pas participé les princes régnants,
« les avaient rendus ennemis du bonheur et de la grande majorité de
« cette nation. Car les rois ne sont que des magistrats héréditaires, qui
« n'existent que pour le bonheur des nations, et non les nations pour la
« satisfaction des rois. C'est le même esprit de haine qui a ordonné que
« l'empereur Napoléon ne pût écrire ni recevoir aucune lettre sans
« qu'elle soit ouverte et lue par les ministres anglais et les officiers de
« Sainte-Hélène. On lui a par là interdit la possibilité de recevoir des
« nouvelles de sa mère, de sa femme, de son fils, de ses frères; et lors-
« que, voulant se soustraire aux inconvénients de voir ses lettres lues
« par des officiers subalternes, il a voulu envoyer des lettres cachetées
« au prince régent, on a répondu qu'on ne pouvait se charger que de
« laisser passer les lettres ouvertes; que telles étaient les instructions
« du ministère. Cette mesure n'a pas besoin de réflexions, elle donnera
« d'étranges idées de l'esprit de l'administration qui l'a dictée; elle
« serait désavouée à Alger même! — Des lettres sont arrivées pour des
« officiers généraux de la suite de l'Empereur; elles étaient décachetées

« et vous furent remises ; vous ne les avez pas communiquées parce qu'elles
« n'étaient pas passées par le canal du ministère anglais ; il fallut leur
« faire refaire quatre mille lieues, et ces officiers eurent la douleur de
« savoir qu'il existait sur ce rocher des nouvelles de leurs femmes, de
« leurs mères, de leurs enfants, et qu'ils ne pouvaient les connaître que
« dans six mois !!!... Le cœur se soulève ! On n'a pas pu obtenir d'être
« abonné au *Morning-Chronicle*, au *Morning-Post*, à quelques journaux
« français ; de temps à autre on fait passer à Longwood quelques numé-
« ros dépareillés du *Times*. Sur la demande faite à bord du *Northumber-*
« *land*, on a envoyé quelques livres ; mais tous ceux relatifs aux affaires
« des dernières années ont été soigneusement écartés. Depuis on a voulu
« correspondre avec un libraire de Londres pour avoir directement des
« livres dont on pouvait avoir besoin et ceux relatifs aux événements
« du jour, on l'a empêché. Un auteur anglais, ayant fait un voyage en
« France et l'ayant imprimé à Londres, prit la peine de nous l'en-
« voyer pour l'offrir à l'Empereur ; mais vous n'avez pas cru pouvoir
« le lui remettre, parce qu'il ne vous était pas parvenu par la filière de
« votre gouvernement. On dit aussi que d'autres livres envoyés par
« leurs auteurs n'ont pu être remis, parce qu'il y avait sur l'inscription
« de quelques-uns : *A l'empereur Napoléon*, et sur d'autres : *A Napo-*
« *léon le Grand*. Le ministère anglais n'est autorisé à ordonner au-
« cune de ces vexations. La loi, quoique unique, considère l'empereur
« Napoléon comme prisonnier de guerre ; or, jamais on n'a défendu
« aux prisonniers de guerre de s'abonner aux journaux, de recevoir
« les livres qui s'impriment : une telle défense n'est faite que dans les
« cachots de l'inquisition.

« L'île de Sainte-Hélène a dix lieues de tour, elle est inabordable de
« toutes parts, des bricks enveloppent la côte, les postes placés sur le
« rivage peuvent se voir de l'un à l'autre, et rendent impraticable la com-
« munication avec la mer. Il n'y a qu'un seul petit bourg, James-Town,
« où mouillent et d'où s'expédient les bâtiments. Pour empêcher un in-
« dividu de s'en aller de l'île, il suffit d'exercer la côte par terre et par
« mer. En interdisant l'intérieur de l'île, on ne peut donc avoir qu'un
« but, celui de priver d'une promenade de huit ou dix milles qu'il serait
« possible de faire à cheval, et dont, d'après la consultation des hommes
« d'art, la privation abrège les jours de l'Empereur.

« On a établi l'Empereur dans la position de Longwood, exposée à
« tous les vents ; terrain stérile, inhabité, sans eau, n'étant susceptible
« d'aucune culture. Il y a une enceinte d'environ douze cents toises

« incultes. A onze ou douze cents toises, sur un mamelon, on a établi un
« camp ; on vient d'en placer un autre à peu près à la même distance,
« dans une direction opposée ; de sorte qu'au milieu de la chaleur du
« tropique, de quelque côté qu'on regarde, on ne voit que des camps.
« L'amiral Malcolm ayant compris l'utilité dont, dans cette position,
« une tente serait pour l'Empereur, en a fait établir une par ses mate-
« lots à vingt pas de la maison : c'est le seul endroit où l'on puisse
« trouver de l'ombre. Toutefois l'Empereur n'a lieu que d'être satisfait
« de l'esprit qui anime les officiers et soldats du brave 53°, comme il
« l'avait été de l'équipage du *Northumberland*. La maison de Longwood
« a été construite pour servir de grange à la ferme de la compagnie ; de-
« puis, le sous-gouverneur de l'île y a fait établir quelques chambres ; elle
« lui servait de maison de campagne, mais elle n'était en rien convenable
« pour une habitation. Depuis un an qu'on y est, on y a toujours tra-
« vaillé, et l'Empereur a constamment eu l'incommodité et l'insalubrité
« d'habiter une maison en construction. La chambre dans laquelle il
« couche est trop petite pour contenir un lit d'une dimension ordinaire ;
« mais toute bâtisse à Longwood prolongerait l'incommodité des ou-
« vriers. Cependant dans cette misérable île il existe de belles positions
« offrant de beaux arbres, des jardins et d'assez belles maisons, entre
« autres Plantation-House ; mais des instructions positives du ministère
« vous interdisent de donner cette maison, ce qui eût épargné beau-
« coup de dépenses employées à bâtir à Longwood des cahutes couvertes
« de papier goudronné, et qui déjà sont hors de service. Vous avez in-
« terdit toutes correspondances entre nous et les habitants de l'île ;
« vous avez mis de fait la maison de Longwood au secret ; vous avez
« même entravé les communications avec les officiers de la garnison.
« On semble s'être étudié à nous priver du peu de ressources qu'offre ce
« misérable pays, et nous y sommes comme nous serions sur le rocher
« de l'Ascension. Depuis quatre mois que vous êtes à Sainte-Hélène,
« vous avez, Monsieur, empiré la position de l'Empereur. Le comte
« Bertrand vous a fait observer que vous violiez même la loi de votre
« législature, que vous fouliez aux pieds les droits des officiers généraux
« prisonniers de guerre ; vous avez répondu que vous ne connaissiez
« que la lettre de vos instructions, qu'elles étaient pires encore que nous
« paraissait votre conduite. »

« J'ai l'honneur, etc., etc.

« *Signé* le comte DE MONTHOLON. »

« *P. S.* J'avais signé cette lettre, Monsieur, lorsque j'ai reçu la vôtre
« du 17 : vous y joignez le compte par aperçu d'une somme annuelle de
« vingt mille livres sterling que vous jugez indispensable pour subvenir
« aux dépenses de l'établissement de Longwood, après avoir fait toutes
« les réductions que vous avez crues possibles. La discussion de cet
« aperçu ne peut nous regarder en aucune manière ; la table de l'Em-
« pereur est à peine le strict nécessaire ; tous les approvisionnements
« sont de mauvaise qualité et quatre fois plus chers qu'à Paris. Vous
« demandez à l'Empereur un fonds de douze mille livres sterling, votre
« gouvernement ne vous allouant que huit mille livres sterling pour tou-
« tes ces dépenses. J'ai eu l'honneur de vous dire que l'Empereur n'avait
« pas de fonds, que depuis un an on n'avait reçu ni écrit aucune lettre,
« et qu'il ignorait complétement tout ce qui se passe ou a pu se passer
« en Europe. Transporté violemment sur ce rocher, à deux mille lieues,
« sans pouvoir recevoir ou écrire aucune lettre, il se trouve aujour-
« d'hui entièrement à la discrétion des agents anglais. L'Empereur a
« toujours désiré et désire pourvoir lui-même à toutes ses dépenses quel-
« conques, et il le fera aussitôt que vous le lui rendrez possible, en le-
« vant l'interdiction faite aux négociants de l'île de servir sa correspon-
« dance, et qu'elle ne sera soumise à aucune inquisition de votre part
« ou d'aucun de vos agents. Dès que l'on connaîtra en Europe les be-
« soins de l'Empereur, les personnes qui s'intéressent à lui enverront
« les fonds nécessaires pour y pourvoir.

« La lettre de lord Bathurst que vous m'avez communiquée fait naître
« d'étranges idées ! Vos ministres ignoreraient-ils donc que le spectacle
« d'un grand homme aux prises avec l'adversité est le spectacle le plus
« sublime ? Ignoreraient-ils que Napoléon à Sainte-Hélène, au milieu des
« persécutions de toute espèce, auxquelles il n'oppose que la sérénité,
« est plus grand, plus sacré, plus vénérable que sur le premier trône du
« monde, où si longtemps il fut l'arbitre des rois ? Ceux qui, dans cette
« position, manquent à Napoléon n'avilissent que leur propre caractère
« et la nation qu'ils représentent ! »

Général Joubert. — Petersbourg. — Moscou ; son incendie. — Projet de Napoléon s'il fût revenu
vainqueur.

Samedi 24

J'ai été sur les deux heures joindre l'Empereur dans sa chambre. Il
m'avait dès le matin fait demander mon Atlas. Je l'ai trouvé achevant

de parcourir la carte de Russie et la partie de l'Amérique avoisinant les établissements russes.

Il avait beaucoup souffert durant la nuit, beaucoup toussé. Cependant le temps était redevenu tout à fait doux. Il s'est habillé pour sortir. Durant sa toilette, il revenait souvent sur l'heureuse idée de l'Atlas, le mérite de son exécution, l'immensité des choses qu'il contenait.

L'Empereur a gagné le jardin. Durant la promenade en calèche, dans laquelle se trouvait M. de Montholon, la conversation a été sur le général Joubert, qui en avait été le beau-frère, et dont il avait été l'aide de camp.

« Joubert avait une haute vénération pour moi, a dit l'Empereur ; à
« chaque revers éprouvé par la république durant l'expédition d'Égypte,
« il déplorait mon absence. Se trouvant en cet instant chef de l'armée
« d'Italie, il m'avait pris pour modèle, aspirait à me recommencer, et
« ne prétendait à rien moins qu'à tenter ce que j'ai exécuté depuis en
« brumaire ; seulement il eût agi avec les jacobins. Les mesures et les
« intrigues de ce parti, pour le mettre sur la voie de cette grande en-
« treprise, l'avaient porté au commandement en Italie après les désas-
« tres de Scherer, de ce Scherer, dilapidateur ignorant, digne de tous
« les blâmes. Mais Joubert fut tué à Novi dans son premier choc contre
« Suwarow. Il n'eût exécuté à Paris qu'une échauffourée ; il n'avait
« point encore assez de gloire, de consistance et de maturité ; il était
« de nature à acquérir tout cela ; mais en cet instant il n'était pas assez
« fait, il était trop jeune encore, et cette entreprise était pour le mo-
« ment au-dessus de ses forces. »

Au reste, voici le portrait de ce général dicté par l'Empereur pour ses campagnes d'Italie, et dont je trouve le brouillon.

« *Joubert*, né au département de l'Ain, dans l'ancienne Bresse, avait étudié pour le barreau. La révolution lui fit prendre le parti des armes ; il servit à l'armée d'Italie, et y fut général de brigade. Il était grand, maigre, semblait naturellement d'une faible complexion ; mais il l'avait mise à l'épreuve des grandes fatigues dans les Alpes, et s'y était endurci. Il était intrépide, vigilant, fort actif, marchant à la tête des colonnes. Il fut fait général de division pour remplacer Vaubois, dont il prit le corps d'armée. Il se fit beaucoup d'honneur dans la campagne de Léoben, commandant l'aile gauche, qu'il amena au gros de l'armée des montagnes du Tyrol par les défilés du Pusthersthal. Il était fort attaché à Napoléon, qui le chargea de porter au Directoire les derniers drapeaux enlevés par l'armée d'Italie. Resté à Paris pendant la campagne d'Égypte, il y épousa la fille du sénateur Sémonville, mariée depuis au maréchal Macdonald. Ce mariage le jeta dans les intrigues du Manége, et le fit nommer général en chef de l'armée d'Italie après la défaite de Scherer. Il fut tué à la bataille de Novi. Il était jeune encore, et n'avait

pas acquis toute l'expérience nécessaire. Il eût pu arriver à une grande renommée. »

A huit heures et demie, l'Empereur m'a fait appeler : il avait été obligé de se mettre au bain, m'a-t-il dit, et croyait avoir un peu de fièvre. Il s'était senti subitement enrhumé; mais il ne toussait plus depuis qu'il était dans l'eau; il y était depuis longtemps. Il y a dîné; on a dressé pour moi une petite table à côté. L'Empereur est revenu sur l'histoire de Russie. « Pierre le Grand, disait-il, avait-il bien fait de fonder une « capitale à Pétersbourg à si grands frais? N'eût-il pas obtenu de bien « plus grands résultats s'il eût dépensé tout son argent à Moscou? Quel « avait été son but? l'avait-il atteint? » Je répondais : « Si Pierre fût « resté à Moscou, sa nation fût demeurée moscovite, un peuple tout à « fait asiatique; il avait fallu la déplacer pour la réformer et la chan- « ger. Alors il s'était transporté sur les frontières mêmes enlevées à l'en-

« nemi, et en y asseyant la capitale, en y accumulant toutes ses forces,
« il la rendait plus invulnérable; il s'affiliait à la société européenne;
« il s'établissait dans la mer Baltique, d'où il tournait facilement ses
« ennemis naturels, les Polonais et les Suédois, pour venir s'allier, au
« besoin, avec les nations placées derrière eux, etc. »

L'Empereur disait n'être pas tout à fait satisfait de ces raisons.
« Quoi qu'il en soit, dit-il, Moscou a disparu; et qui peut assigner les
« richesses qui y ont été dévorées? Qu'on se figure, ajoutait-il, Paris
« avec l'accumulation de l'industrie et des travaux des siècles. Son ca-
« pital, depuis quatorze cents ans qu'existe cette cité, ne se fût-il accru
« que d'un million par an, quelles sommes! Qu'on joigne à cela les
« magasins, le mobilier, la réunion des sciences, des arts, des corres-
« pondances d'affaires et de commerce toutes établies, etc., et voilà
« pourtant Moscou : et tout cela a disparu en un instant! Quelle cata-

« strophe! la seule idée n'en fait-elle pas frémir!!!.... Je ne pense pas
« que pour deux milliards on pût le rétablir. »

L'Empereur s'est étendu longuement sur tous ces événements, et a
laissé échapper une parole trop caractéristique pour que je ne l'aie pas
notée. Le nom de *Rostopchin* ayant été prononcé, j'ai osé observer que

la couleur donnée dans le temps à son acte patriotique m'avait fort surpris, car il m'avait ému loin de m'indigner; bien plus, je l'avais envié!... A quoi l'Empereur a répondu avec une vivacité singulière, et dans une espèce de contraction qui trahissait le dépit : « Si beau-« coup à Paris eussent pu le lire et sentir de la sorte, croyez que je le « leur aurais vanté; mais je n'avais pas le choix. » Et revenant à Moscou, il a dit :

« Jamais, en dépit de la poésie, toutes les fictions de l'incendie de « Troie n'égalèrent la réalité de celui de Moscou. La ville était de bois, « le vent était violent; toutes les pompes avaient été enlevées. C'était « littéralement un océan de feu. Rien n'en avait été soustrait, tant « notre marche avait été rapide et notre entrée soudaine. Nous trou-« vâmes jusqu'à des diamants sur la toilette des femmes, tant elles « avaient fui avec précipitation. Elles nous écrivirent à quelque temps « de là qu'elles avaient cherché à échapper aux premiers moments « d'une soldatesque dangereuse; qu'elles recommandaient leurs biens « à la loyauté des vainqueurs, et ne manqueraient pas de reparaître « sous peu de jours pour solliciter leurs bienfaits et leur apporter leur « reconnaissance.

« La population, observait l'Empereur, était loin d'avoir comploté « cet attentat. C'est même elle qui nous livra les trois ou quatre cents « malfaiteurs échappés des prisons qui l'avaient exécuté. — Mais, ai-je « osé demander, Sire, si Moscou n'eût pas été livré aux flammes, Votre « Majesté comptait-elle y prendre ses quartiers? — Sans doute, a ré-« pondu l'Empereur, et j'aurais alors donné le spectacle singulier d'une « armée hivernant paisiblement au milieu d'une nation ennemie qui la « presse de toutes parts : c'eût été le vaisseau pris par les glaces. Vous « vous seriez trouvés en France privés plusieurs mois de mes nouvelles; « mais vous fussiez demeurés tranquilles, vous eussiez été sages; Cam-« bacérès, comme de coutume, eût mené les affaires en mon nom, et « tout eût été son train comme si j'eusse été présent. L'hiver, en « Russie, eût pesé sur tout le monde; l'engourdissement eût été géné-« ral. Le printemps fût revenu aussi pour tout le monde. Chacun se fût « réveillé à la fois, et l'on sait que les Français sont aussi lestes qu'au-« cuns.

« Au premier retour de la belle saison, j'eusse donc marché aux en-« nemis; je les eusse battus; j'eusse été maître de leur empire. Mais « Alexandre, croyez-le bien, ne m'eût pas amené jusque-là. Il eût passé « avant par toutes les conditions que j'eusse dictées; et alors la France

« eût enfin commencé à pouvoir jouir. Et vraiment cela a tenu à bien
« peu de chose! car j'avais été pour combattre des hommes en armes,
« et non la nature en courroux : j'ai défait des armées, mais je
« n'ai pu vaincre les flammes, la gelée, l'engourdissement, la mort! Le
« destin a dû être plus fort que moi. Et pourtant, quel malheur pour la
« France, pour l'Europe !

« La paix dans Moscou accomplissait et terminait mes expéditions de
« guerre. C'était, pour la grande cause, la fin des hasards et le com-
« mencement de la sécurité. Un nouvel horizon, de nouveaux travaux
« allaient se dérouler, tous pleins du bien-être et de la prospérité de
« tous. Le système européen se trouvait fondé ; il n'était plus question
« que de l'organiser.

« Satisfait sur ces grands points, et tranquille partout, j'aurais eu
« aussi mon *congrès* et ma *sainte-alliance*. Ce sont des idées qu'on m'a
« volées. Dans cette réunion de tous les souverains, nous eussions traité
« de nos intérêts en famille, et compté de clerc à maître avec les peuples.

« La cause du siècle était gagnée, la révolution accomplie ; il ne s'a-
« gissait plus que de la raccommoder avec ce qu'elle n'avait pas détruit.
« Or cet ouvrage m'appartenait ; je l'avais préparé de longue main,
« *aux dépens de ma popularité peut-être*. N'importe. Je devenais l'arche
« de l'ancienne et de la nouvelle alliance, le médiateur naturel entre
« l'ancien et le nouvel ordre de choses. J'avais les principes et la con-
« fiance de l'un, je m'étais identifié avec l'autre ; j'appartenais à tous
« les deux ; j'aurais fait en conscience la part de chacun.

« *Ma gloire eût été dans mon équité.* »

Et après avoir énuméré ce qu'il eût proposé de souverain à souverain
et de souverains à peuples : « Forts comme nous l'étions, continuait-il,
« tout ce que nous eussions concédé eût semblé grand. Il nous eût mé-
« rité la reconnaissance des peuples. Aujourd'hui ce qu'ils arracheront
« ne leur semblera jamais assez, et ils ne cesseront de se défier ni d'être
« mécontents. »

Il passait ensuite en revue ce qu'il eût proposé pour la prospérité, les
intérêts, la jouissance et le bien-être de l'association européenne. Il eût
voulu les mêmes principes, le même système partout ; un code européen,
une cour de cassation européenne, redressant pour tous les erreurs,
comme la nôtre redresse chez nous celles de nos tribunaux. Une même
monnaie sous des coins différents ; les mêmes poids, les mêmes mesures, les mêmes lois, etc., etc.

« L'Europe, disait-il, n'eût bientôt fait de la sorte véritablement qu'un
« même peuple, et chacun, en voyageant partout, se fût trouvé toujours
« dans la patrie commune. »

Il eût demandé toutes les rivières navigables pour tous ; la communauté de mers ; que les grandes armées permanentes fussent réduites désormais à la seule garde des souverains, etc.

Enfin c'était une foule d'idées, la plupart nouvelles, les unes des plus simples, d'autres tout à fait sublimes, sur les diverses branches politiques, civiles, législatives ; sur la religion, les arts, le commerce ; elles embrassaient tout.

Il a conclu : « De retour en France, au sein de la patrie, grande,
« forte, magnifique, tranquille, glorieuse, j'eusse proclamé ses limites
« immuables ; toute guerre future, purement *défensive* ; tout agrandisse-
« ment nouveau, *anti-national*. J'eusse associé mon fils à l'empire ;
« ma *dictature* eût fini, et son règne constitutionnel eût commencé.....

« Paris eût été la capitale du monde, et les Français l'envie des na-
« tions !...

« Mes loisirs ensuite et mes vieux jours eussent été consacrés, en com-
« pagnie de l'impératrice et durant l'apprentissage royal de mon fils, à
« visiter lentement et en vrai couple campagnard, avec nos propres che-
« vaux, tous les recoins de l'empire, recevant les plaintes, redressant
« les torts, semant de toutes parts et partout les monuments et les bien-
« faits !!! Mon cher, voilà encore de mes rêves!!! »

L'Empereur avait beaucoup parlé de l'intérieur de la Russie, de la prospérité de laquelle nous n'avions nul soupçon, disait-il ; il s'était arrêté beaucoup sur Moscou, qui l'avait fort étonné sous tous les rapports, et pouvait supporter sans embarras le parallèle avec toutes les capitales de l'Europe, dont il surpassait le plus grand nombre.

Les clochers dorés de Moscou avaient surtout frappé ses regards, et c'est ce qui le porta, lors de son retour, à faire redorer le dôme des Invalides [1] ; il se proposait d'appliquer cet embellissement à beaucoup d'autres édifices de Paris.

Sur le couronnement, etc.—Décrets de Berlin et de Milan.—Grande cause de la haine des Anglais.

Dimanche 25.

Le temps s'est remis tout à fait au beau. L'Empereur a déjeuné sous

---

[1] Depuis la publication du *Mémorial*, on m'a fait observer qu'il y avait ici anachronisme ; la dorure du dôme des Invalides ayant été commencée en effet avant la campagne de Russie. Ce seront les minarets du Caire, et non les clochers de Moscou, qui en auront donné l'idée à Napoléon ; et c'est sans doute ce qu'il aura voulu dire ; mais cette méprise de sa part, dans une conversation courante et sans but spécial, est facile à comprendre ; il en arrive de pareilles à tout le monde.

la tente; il nous y a tous fait appeler. La conversation a conduit à parler des cérémonies du couronnement. Il demandait des renseignements à l'un de nous qui y avait assisté, et qui n'a pu les donner. Il les a demandés à un autre; mais celui-ci n'y avait pas été. « Où étiez-vous donc « alors? lui a dit l'Empereur. — Sire, à Paris, ai-je répondu. — Et « comment! vous n'avez pas vu le couronnement? —Non, Sire. » L'Empereur alors, me regardant de travers et me saisissant l'oreille, a dit : « Vous seriez-vous avisé de faire l'aristocrate à ce point? — Mais, Sire, « mon heure n'était pas venue. — Mais vous avez du moins vu le cor-« tége? — Ah! Sire, si ma curiosité l'eût emporté, j'aurais couru du « moins à ce qu'il y avait de plus digne, de plus précieux à voir, et je ne « dois rien ici diminuer de mon mérite ou de mes torts. J'avais pourtant « un billet, j'aimai mieux en faire hommage à la dame anglaise dont je « parlais dernièrement à Votre Majesté, laquelle, par parenthèse, y at-« trapa un rhume dont elle manqua mourir. Moi, je restai tranquille-« ment chez moi. — Ah! c'est trop fort, dit l'Empereur, le vilain aris-« tocrate! Comment! vraiment vous en étiez à ce point? —Hélas! oui, « Sire, a repris l'accusé, et pourtant me voici près de vous, et à Sainte-« Hélène! » Et l'Empereur, lâchant l'oreille, a souri.

Après déjeuner, il m'est venu un capitaine de l'artillerie anglaise, ayant été six ans à l'Ile-de-France. Il devait partir le lendemain pour l'Europe. Il m'a supplié, sous mille formes et mille manières, de lui obtenir le bonheur de voir l'Empereur. Il eût, disait-il, donné tout au monde pour une telle faveur ; sa reconnaissance serait sans bornes, etc. Nous avons causé fort longtemps : l'Empereur faisait son tour en calèche, je n'avais pas été de la course. A sa rentrée, j'ai été assez heureux pour remplir les vœux de l'officier anglais. Il a été reçu plus d'un quart d'heure par l'Empereur; il en a été ivre de satisfaction, n'ignorant pas que cette faveur devenait chaque jour plus rare. Tout l'avait frappé, disait-il, au dernier degré dans Napoléon : ses traits, son affabilité, le son de sa voix, ses expressions, les questions qu'il avait faites : c'était, me disait-il, un héros, un dieu!

Le temps était délicieux. L'Empereur a continué de se promener dans le jardin, entouré de nous. Il discutait sur le non-succès de la négociation de l'un de nous ; chose que l'Empereur avait jugée des plus simples, et qui s'était trouvée des plus délicates pour le négociateur. Il avait dû proposer un papier à des officiers anglais, pour qu'ils le publiassent en Angleterre.

L'Empereur s'acquittait de sa censure avec sa logique ordinaire, avec

l'esprit et le sel qui lui sont familiers ; toutefois il en était fort contrarié ; sa conversation est devenue forte, il l'a poussée jusqu'à l'humeur, et c'était pour la première fois peut-être que le patient en éprouvait les marques. « Enfin, a-t-il conclu, ce que vous proposiez là à d'autres,
« Monsieur, après tout, vous l'eussiez accepté vous-même à leur place.
« — Non, Sire. — Comment non ? Eh bien ! a-t-il ajouté d'une ma-
« nière réprobative, vous ne seriez pas mon ministre de la police. —
« Et Votre Majesté aurait raison, a répliqué vivement celui-là, qui s'é-
« tait ému à son tour ; je ne me sens aucune disposition pour un tel
« poste. » Un instant avant le dîner, l'Empereur, me voyant entrer dans le salon, a dit : « Ah ! voilà notre petit officier de police. Venez, appro-
« chez, mon petit officier de police ; » et m'a pincé l'oreille. Bien que des heures se fussent écoulées depuis la conversation vive, l'Empereur se la rappelait ; il savait celui qui en avait été l'objet très-sensible, et il était visible qu'il voulait en effacer l'impression. Voilà des nuances caractéristiques ; et celles qui ressortent des objets les plus petits sont les plus naturelles, les plus sûres.

Après le dîner, la conversation a conduit l'Empereur à parcourir le sujet spécial de sa querelle maritime avec l'Angleterre. « La prétention
« du blocus sur le papier, disait-il, lui valut mon fameux décret de
« Berlin. Le conseil britannique, dans sa colère, lance ses arrêts ; il éta-
« blissait un octroi sur les mers. Riposté aussitôt par les célèbres dé-
« crets de Milan, qui dénationalisent tout pavillon qui se soumettrait
« aux actes anglais ; et c'est alors que la guerre devint, en Angleterre,
« vraiment personnelle. La rage contre moi saisit tous ceux qui tenaient
« au commerce. L'Angleterre s'indigna d'une lutte et d'une énergie
« qu'elle ne connaissait pas. Elle avait toujours trouvé ceux qui m'a-
« vaient devancé plus complaisants. »

L'Empereur, plus tard, a développé les mesures par lesquelles il avait forcé les Américains à se battre contre les Anglais ; il avait trouvé le moyen, disait-il, d'attacher leurs intérêts à leurs droits ; car c'est pour les premiers qu'on se bat, disait-il, beaucoup plus que pour les seconds.

Aujourd'hui l'Empereur s'attendait, disait-il, à quelques tentatives prochaines des Anglais sur la souveraineté des mers, à quelque octroi universel, etc. « C'est pour eux, disait-il, un des grands moyens d'ac-
« quitter leurs dettes, de sortir de l'abîme où ils se trouvent plongés ;
« en un mot, de se tirer d'affaire. S'ils ont parmi eux un génie hardi,
« une tête forte, ils doivent entreprendre quelque chose de la sorte.

« Personne ne saurait s'y opposer, et ils peuvent présenter la chose avec
« une espèce de justice. Ils ont à faire valoir que c'est pour le salut de
« l'Europe qu'ils en sont arrivés là ; qu'ils ont réussi ; qu'on leur
« en doit quelque récompense. Et puis, il n'est plus en Europe de
« vaisseaux de guerre que les leurs. Ils règnent aujourd'hui de fait
« sur les mers. Il n'existe plus de droits publics quand l'équilibre est
« rompu, etc., etc.

« Les Anglais peuvent être tout aujourd'hui, s'ils veulent se réduire
« à rentrer dans leurs vaisseaux. Mais ils exposeront leur supériorité,
« compliqueront leurs affaires, et perdront insensiblement jusqu'à la
« considération, s'ils s'obstinent à conserver des soldats sur le conti-
« nent. »

Relation de la campagne de Waterloo, dictée par Napoléon

Lundi 26.

'Empereur est sorti de très-grand matin, même avant sept heures; il n'a voulu faire lever aucun de nous. Le temps était fort beau; il s'est mis à travailler seul dans le jardin, sous la tente, où il nous a fait appeler tous pour déjeuner. Il y est demeuré jusqu'à deux heures.

A dîner, il a beaucoup parlé de notre situation dans l'île. Il ne voulait pas, disait-il, bouger de Longwood, ne se souciait d'aucune visite; mais il désirait que nous prissions quelque diversion, que nous cherchassions à nous égayer. Il nous aurait vus avec plaisir, disait-il, nous mouvoir et nous produire davantage, etc

L'Empereur a fait lire ses premières dictées sur la bataille de Waterloo au général Gourgaud. Quelles pages !... elles font mal !... Les destinées de la France ont tenu à si peu de chose !...

N. B. La dernière rédaction a été publiée en Europe en 1820. On était venu à bout de la faire sortir furtivement de Sainte-Hélène, en dépit de toute vigilance. Dès que cette relation de Waterloo parut dans le monde, personne ne se trompa sur son auteur. On s'est écrié : Napoléon seul pouvait la décrire de la sorte; et l'on assure que c'est précisément ainsi que s'est exprimé le généralissime son antagoniste lui-même. Quels beaux chapitres !... Il serait impossible d'en essayer une analyse; il faut lire l'original. Toutefois nous transcrivons littéralement ici les dernières pages, contenant, en forme de résumé, neuf observations de Napoléon sur les fautes qu'on lui a reprochées dans cette campagne.

Ce sont des points qui demeureront classiques, et nous avons pensé qu'on ne serait pas fâché de retrouver ici des objets qui deviennent, toutes les fois que l'occasion s'en présente, le sujet de vives et importantes discussions.

Nous ferons précéder ces observations, et toujours de la dictée de Napoléon, du tableau des ressources qui restaient encore à la France après la perte de la bataille.

« La position de la France était critique après la bataille de Waterloo, mais non désespérée. Tout avait été préparé dans l'hypothèse qu'on échouât dans l'attaque de la Belgique. Soixante-dix mille hommes étaient ralliés le 27 entre Paris et Laon, vingt-cinq à trente mille hommes, y compris les dépôts de la garde, étaient en marche de Paris et des dépôts; le général Rapp, avec vingt-cinq mille hommes de troupes d'élite, devait être arrivé, dans les premiers jours de juillet, sur la Marne; toutes les pertes du matériel de l'artillerie étaient réparées, Paris seul contenant cinq cents pièces de canon de campagne, et on n'en avait perdu que cent soixante-dix. Ainsi, une armée de cent vingt mille hommes, égale à celle qui avait passé la Sambre le 15, ayant un train d'artillerie de trois cent cinquante bouches à feu, couvrait Paris au 1ᵉʳ juillet. Cette capitale avait, indépendamment de cela, pour sa défense, trente-six mille hommes de garde nationale, trente mille tirailleurs, six mille canonniers, six cents bouches à feu en batterie, des retranchements formidables sur la rive droite de la Seine, et en peu de jours ceux de la rive gauche eussent été entièrement terminés. Cependant les armées anglo-hollandaises et prusso-saxonnes, affaiblies de plus de quatre-vingt mille hommes, n'étant plus que de cent quarante mille, ne pouvaient dépasser la Somme avec plus de quatre-vingt-dix mille hommes ; elles y attendraient la coopération des armées autrichiennes et russes, qui ne pouvaient être avant le 15 juillet sur la Marne. Paris avait donc vingt-cinq jours pour préparer sa défense, achever son armement, ses fortifications, ses approvisionnements, et attirer des troupes de tous les points de la France. Au 15 juillet même, il n'y aurait que trente ou quarante mille hommes arrivés sur le Rhin. La masse des armées russes et autrichiennes ne pouvait entrer en action que plus tard. Ni les armes, ni les munitions, ni les officiers, ne manquaient dans la capitale; on pouvait porter facilement les tirailleurs à quatre-vingt mille hommes, et augmenter l'artillerie de campagne jusqu'à six cents bouches à feu.

« Le maréchal Suchet, réuni au général Lecourbe, aurait, à la même époque, plus de trente mille hommes devant Lyon, indépendamment de la garnison de cette ville, qui serait bien armée, bien approvisionnée et bien retranchée. La défense de toutes les places fortes était assurée : elles étaient commandées par des officiers de choix, et gardées par des troupes fidèles. Tout pouvait se réparer ; mais il fallait du caractère, de l'énergie, de la fermeté de la part des officiers, du gouvernement, des Chambres et de la nation tout entière !!! Il fallait qu'elle fût animée par le sentiment de l'honneur, de la gloire, de l'indépendance nationale, qu'elle fixât les yeux sur Rome après la bataille de Cannes, et non sur Carthage après Zama !!! Si la France s'élevait à cette hauteur, elle était invincible. Son peuple contenait plus d'éléments militaires qu'aucun autre peuple du monde. Le matériel de la guerre était en abondance et pouvait suffire à tous les besoins.

« Le 21 juin, le maréchal Blucher et le duc de Wellington entrèrent sur deux colonnes sur le territoire français. Le 22, le feu prit au magasin à poudre d'Avesnes ; la place se rendit. Le 24, les Prussiens entrèrent dans Guise, et le duc de Wellington à Cambrai. Le 26, il était à Péronne. Pendant tout ce temps, les places de première, de deuxième et troisième ligne de la Flandre étaient investies. Cependant ces deux généraux apprirent, le 25, l'abdication de l'Empereur, qui avait eu lieu le 22 ; l'insurrection des Chambres, le découragement que ces circonstances jetèrent dans l'armée, et les espérances qu'en concevaient les ennemis intérieurs. Dès lors ils ne songèrent plus qu'à marcher sur la capitale, sous les murs de laquelle ils arrivèrent les derniers jours de juin, avec moins de quatre-vingt-dix mille hommes ; démarche qui leur aurait été funeste et eût entraîné leur ruine totale, s'ils l'eussent hasardée devant Napoléon ; mais ce prince avait abdiqué !!! Les troupes de ligne qui se trouvaient à Paris, plus de six mille hommes de dépôts de la garde, les tirailleurs de la garde nationale, choisis dans le peuple de cette grande capitale, lui étaient tous dévoués : il pouvait foudroyer les ennemis intérieurs !!!... Mais pour développer les motifs qui ont réglé sa conduite dans cette occasion si importante, et qui a eu de si funestes conséquences pour lui et pour la France, il faut reprendre le récit de plus loin, etc., etc.

Première observation. — « On a reproché à l'Empereur : 1° de s'être démis de la dictature au moment où la France avait le plus grand besoin d'un dictateur ; 2° d'avoir changé les constitutions de l'empire dans un moment où il ne fallait songer qu'à le préserver de l'invasion ; 3° d'avoir souffert que l'on alarmât les Vendéens, qui d'abord avaient refusé de prendre les armes contre le régime impérial ; 4° d'avoir réuni les Chambres lorsqu'il suffisait de réunir les armées ; 5° d'avoir abdiqué et laissé la France à la merci d'une assemblée divisée et sans expérience : car enfin, s'il est vrai qu'il fût impossible au prince de sauver la patrie sans la confiance de la nation, il ne l'est pas moins que la nation, dans ces circonstances critiques, ne pouvait sauver ni son honneur ni son indépendance sans Napoléon. »

Nous ne ferons aucune réflexion sur des matières qui sont approfondies et longuement traitées dans le livre X.

Deuxième observation. — « L'art avec lequel les mouvements des divers corps d'armée ont été dérobés à la connaissance de l'ennemi, au début de la campagne, ne saurait être trop remarqué. Le maréchal Blucher et le duc de Wellington ont été surpris ; ils n'ont rien vu, rien su de tous les mouvements qui s'opéraient près de leurs avant-postes.

« Pour attaquer les deux armées ennemies, les Français pouvaient déborder leur droite, leur gauche, et percer leur centre. Dans le premier cas, ils déboucheraient par Lille, et rencontreraient l'armée anglo-hollandaise ; dans le second, ils déboucheraient par Givet et Charlemont, et rencontreraient l'armée prusso-saxonne. Ces deux armées resteraient réunies, puisqu'elles seraient pressées l'une sur l'autre, de la droite sur la gauche et de la gauche sur la droite. L'Empereur adopta le parti de couvrir ses mouvements par la Sambre, et de percer la ligne des deux armées à Charleroi, point de leur jonction, manœuvrant avec rapidité et habileté. Il trouva ainsi dans les secrets de l'art des moyens supplémentaires qui lui tinrent lieu de cent mille hommes qui lui manquaient. Ce plan fut conçu et exécuté avec audace et sagesse. »

Troisième observation. — « Le caractère de plusieurs généraux avait été détrempé par les événements de 1814; ils avaient perdu quelque chose de cette audace, de cette résolution et de cette confiance qui leur avaient valu tant de gloire et avaient tant contribué au succès des campagnes passées.

« 1° Le 15 juin, le troisième corps devait prendre les armes à trois heures du matin, et arriver devant Charleroi à dix heures; il n'arriva qu'à trois heures après midi.

« 2° Le même jour, l'attaque des bois en avant de Fleurus, qui avait été ordonnée pour quatre heures après midi, n'eut lieu qu'à sept heures. La nuit survint avant qu'on pût entrer à Fleurus, où le projet du chef avait été de placer son quartier général ce même jour. Cette perte de sept heures était bien fâcheuse au début d'une campagne.

« 3° Ney reçut l'ordre de se porter le 16, avec quarante-trois mille hommes qui composaient la gauche qu'il commandait, en avant des Quatre-Bras, d'y prendre position à la pointe du jour, et même de s'y retrancher. Il hésita, perdit huit heures. Le prince d'Orange, avec neuf mille hommes seulement, conserva le 16, jusqu'à trois heures après midi, cette importante position. Lorsque enfin le maréchal reçut à midi l'ordre daté de Fleurus, et qu'il vit que l'Empereur allait en venir aux mains avec les Prussiens, il se porta sur les Quatre-Bras, mais seulement avec la moitié de son monde, et laissa l'autre moitié pour appuyer sa retraite à deux lieues derrière; il l'oublia jusqu'à six heures du soir, où il en sentit le besoin pour sa propre défense. Dans les autres campagnes, ce général eût occupé, à six heures du matin, la position en avant des Quatre-Bras, eût défait et pris toute la division belge, et eût ou tourné l'armée prussienne en faisant, par la chaussée de Namur, un détachement qui fût tombé sur les derrières de la ligne de bataille, ou, en se portant avec rapidité sur la chaussée de Genape, il eût surpris en marche et détruit la division de Brunswick et la cinquième division anglaise, qui venaient de Bruxelles, et de là eût marché à la rencontre des première et troisième divisions anglaises, qui arrivaient par la chaussée de Nivelles, l'une et l'autre sans cavalerie ni artillerie, et harassées de fatigue. Toujours le premier dans le feu, Ney oubliait les troupes qui n'étaient pas sous ses yeux. La bravoure que doit montrer un général en chef est différente de celle que doit avoir un général de division, comme celle-ci ne doit pas être celle d'un capitaine de grenadiers.

« 4° L'avant-garde de l'armée française n'arriva le 17 devant Waterloo qu'à six heures du soir; sans de fâcheuses hésitations, elle y fût arrivée à trois heures. L'Empereur en parut fort contrarié; il dit en montrant le soleil : « Que ne donnerais-je pas pour avoir aujourd'hui « le pouvoir de Josué, et retarder sa marche de deux heures! »

Quatrième observation. — « Jamais le soldat français n'a montré plus de courage, de bonne volonté et d'enthousiasme; il était plein du sentiment de sa supériorité sur tous les soldats de l'Europe. Sa confiance dans l'Empereur était tout entière, et peut-être encore accrue; mais il était ombrageux et méfiant envers ses autres chefs. Les trahisons de 1814 étaient toujours présentes à son esprit : tout mouvement qu'il ne comprenait pas l'inquiétait, il se croyait trahi. Au moment où les premiers coups de canon se tiraient près de Saint-Amand, un vieux

caporal s'approcha de l'Empereur, et lui dit : « Sire, méfiez-vous du
« maréchal Soult, soyez certain qu'il nous trahit. — Sois tranquille, lui

« répond ce prince, j'en réponds comme de moi. » Au milieu de la bataille, un officier fit le rapport au maréchal Soult que le général Vandamme était passé à l'ennemi, que ses soldats demandaient à grands cris qu'on en instruisît l'Empereur. Sur la fin de la bataille, un dragon, le sabre tout dégouttant de sang, accourut criant : « Sire, venez vite à
« la division ; le général Dhénin harangue les dragons pour passer à
« l'ennemi ! — L'as-tu entendu ? — Non, Sire ; mais un officier qui vous
« cherche l'a vu, et m'a chargé de vous le dire. » Pendant ce temps, le brave général Dhénin recevait un boulet de canon qui lui emportait une cuisse, après avoir repoussé une charge ennemie.

« Le 14 au soir, le lieutenant général B........, le colonel C...... et l'officier de l'état-major V......, avaient déserté du 4ᵉ et passé à l'ennemi. Leurs noms seront en exécration tant que le peuple français formera une nation. Cette désertion avait fort augmenté l'inquiétude du soldat. Il paraît à peu près constant qu'on a crié *sauve qui peut !* à la quatrième division du premier corps, le soir de la bataille de Waterloo, à l'attaque du village de La Haie par le maréchal Blucher. Ce village n'a pas été défendu comme il devait l'être. Il est également probable que plusieurs officiers porteurs d'ordres ont disparu. Mais si quelques officiers ont déserté, pas un seul soldat ne s'est rendu coupable de ce crime. Plusieurs se tuèrent sur le champ de bataille où ils étaient restés blessés, lorsqu'ils apprirent la déroute de l'armée. »

Cinquième observation. — « Dans la journée du 17, l'armée française se trouva partagée en trois parties : soixante-neuf mille hommes, sous les ordres de l'Empereur, marchèrent sur Bruxelles par la chaussée de Charleroi ; trente-quatre mille hommes, sous les ordres du maréchal Grouchy, se dirigèrent sur cette capitale par la chaussée de Wavres, à la suite des Prussiens ; sept à huit mille hommes restèrent sur le champ de bataille de Ligny, savoir : trois mille hommes de la division Gérard pour porter secours aux blessés, et former, dans tous les cas imprévus, une réserve aux Quatre-Bras ; quatre à cinq mille hommes, formant les parcs de réserve, restèrent à Fleurus et à Charleroi. Les trente-quatre mille hommes du maréchal Grouchy, ayant cent huit pièces de canon, étaient suffisants pour culbuter l'arrière-garde prussienne dans toutes les positions qu'elle prendrait, presser la retraite de l'armée vaincue et la contenir. C'était un beau résultat de la victoire de Ligny de pouvoir ainsi opposer trente-quatre mille hommes à une armée qui avait été de cent vingt mille hommes. Les soixante-neuf mille hommes, sous les ordres de l'Empereur, étaient suffisants pour battre l'armée anglo-hollandaise de quatre-vingt-dix mille hommes. La disproportion qui existait le 15 entre les deux masses belligérantes, qui étaient alors dans le rapport d'un à deux, était bien changée ; elle n'était plus que dans le rapport de trois à quatre. Si l'armée anglo-hollandaise avait battu les soixante-neuf mille hommes qui marchaient contre elle, on eût pu reprocher à Napoléon d'avoir mal calculé ; mais il est constant, même de l'aveu des ennemis, que, sans l'arrivée du général Blucher, l'armée anglo-hollandaise aurait perdu son champ de bataille entre huit et neuf heures du soir. Sans l'arrivée du maréchal Blucher, à huit heures du soir, avec ses premier et deuxième corps, la marche sur Bruxelles, sur deux colonnes, pendant la journée du 17, avait plusieurs avantages. La gauche poussait et contenait l'armée anglo-hollandaise ; la droite, sous les ordres du maréchal Grouchy, poursuivait et contenait l'armée prusso-saxonne, et, le soir, toute l'armée française devait se trouver réunie sur une ligne de cinq petites lieues de Mont-Saint-Jean à Wavres, ayant ses avant-postes au bord de la forêt. Mais la faute que fit le maréchal Grouchy de s'arrêter le 17 à Gembloux, n'ayant fait dans la journée que deux petites lieues, au lieu de continuer jusque vis-à-vis Wavres, c'est-à-dire d'en faire encore trois, fut aggravée et rendue irréparable par celle qu'il fit le lendemain 18, en perdant douze heures, et n'arrivant qu'à quatre heures après midi devant Wavres, au lieu d'y arriver à six heures du matin.

« 1° Chargé de poursuivre le maréchal Blucher, Grouchy le perdit de vue pendant vingt-quatre heures, depuis le 17 à quatre heures après midi jusqu'au 18 à quatre heures après midi.

« 2° Le mouvement de la cavalerie sur le plateau, pendant que l'attaque du général Bulow n'était pas encore repoussée, fut un accident fâcheux. L'intention du chef était d'ordonner ce mouvement, mais une heure plus tard, et de le faire soutenir par les seize bataillons d'infanterie de la garde et cent pièces de canon.

« 3° Les grenadiers à cheval et les dragons de la garde, que commandait le général Guyot, s'engagèrent sans ordre. Ainsi, à cinq heures après midi, l'armée se trouva sans avoir une réserve de cavalerie. Si, à huit heures et demie, cette réserve eût existé, l'orage qui bouleversa le champ de bataille eût été conjuré, les charges de cavalerie ennemie repoussées; les deux armées eussent couché sur le champ de bataille, malgré l'arrivée successive du général Bulow et du maréchal Blucher. L'avantage eût encore été pour l'armée française, car les trente-quatre mille hommes du maréchal Grouchy, ayant cent huit pièces de canon, étaient frais, et bivouaquèrent sur le champ de bataille. Les deux armées ennemies se fussent dans la nuit couvertes par la forêt de Soignes. L'usage constant dans toutes les batailles était que la division des grenadiers et dragons de la garde ne perdît pas de vue l'Empereur, et ne chargeât qu'en vertu d'un ordre donné verbalement par ce prince au général qui la commandait.

« Le maréchal Mortier, qui commandait en chef la garde, quitta ce commandement le 15, à Beaumont, comme les hostilités commençaient; il ne fut pas remplacé, ce qui eut plusieurs inconvénients.

Sixième observation. — « 1° L'armée française manœuvra sur la droite de la Sambre le 13 et le 14. Elle campa la nuit du 14 au 15 à une demi-lieue des avant-postes prussiens, et cependant le maréchal Blucher n'eut connaissance de rien; et lorsque, le 15 dans la matinée, il apprit, à son quartier général de Namur, que l'Empereur entrait à Charleroi, l'armée prusso-saxonne était encore cantonnée sur une étendue de pays de trente lieues; il lui fallait deux jours pour se réunir. Il eût dû, dès le 15 mai, porter son quartier général à Fleurus, concentrer les cantonnements de son armée dans un rayon de huit lieues, tenant des avant-gardes sur les débouchés de la Meuse et de la Sambre. Son armée eût pu alors être à Ligny le 15 à midi, y attendre l'attaque de l'armée française, ou, dans la soirée du 15, marcher contre elle pour la jeter dans la Sambre.

« 2° Cependant, quoique surpris, le maréchal Blucher persista dans le projet de réunir son armée sur les hauteurs de Ligny, derrière Fleurus, bravant la chance d'y être attaqué avant que son armée y fût arrivée. Le 16 au matin, il n'avait encore réuni que deux corps d'armée, et déjà l'armée française était à Fleurus. Le troisième corps rejoignit dans la journée; mais le quatrième, que commandait le général Bulow, ne put arriver à la bataille. Le maréchal Blucher eût dû, aussitôt qu'il sut les Français à Charleroi, c'est-à-dire dans la soirée du 15, donner pour point de rassemblement à son armée, non Fleurus, non Ligny, qui se trouvaient déjà sous le canon de son ennemi, mais Wavres, où les Français ne pouvaient arriver que le 17. Il eût eu de plus toute la journée du 16 et la nuit du 16 au 17 pour opérer le rassemblement total de son armée.

« 3° Après avoir perdu la bataille de Ligny, le général prussien, au lieu de faire sa retraite sur Wavres, eût dû l'opérer sur celle du duc de Wellington, soit sur les Quatre-Bras, puisque celui-ci s'y était maintenu, soit sur Waterloo. Toute la retraite du maréchal Blucher, dans la matinée du 17, fut à contre-sens, puisque les deux armées, qui n'étaient qu'à trois mille toises l'une de l'autre pendant la soirée du 16, ayant pour communication une belle chaussée, ce qui les pouvait faire considérer comme réunies, se trouvèrent le soir du 17 éloignées de plus de dix mille toises, et séparées par des défilés et des chemins impraticables.

« Le général prussien a violé les trois grandes règles de la guerre : 1° tenir ses cantonnements rapprochés ; 2° donner pour point de rassemblement un lieu où ils puissent tous arriver avant l'ennemi ; 3° opérer sa retraite sur ses renforts.

Septième observation. — « 1° Le duc de Wellington a été surpris dans ses cantonnements ; il eût dû, le 15 mai, les concentrer à huit lieues autour de Bruxelles, tenant des avant-gardes sur les débouchés de Flandre. L'armée française manœuvrait depuis trois jours à portée de ses avant-postes ; elle avait depuis vingt-quatre heures commencé les hostilités, son quartier général était depuis douze heures à Charleroi, que le général anglais ignorait encore tout à Bruxelles, et tous les cantonnements de son armée étaient encore en pleine sécurité, occupant un terrain de plus de vingt lieues.

« 2° Le prince de Saxe-Weimar, qui faisait partie de l'armée anglo-hollandaise, était le 15, à quatre heures du soir, en position en avant de Frasne, et savait que l'armée française était à Charleroi. S'il eût envoyé directement un aide de camp à Bruxelles, il y serait arrivé à six heures du soir, et cependant ce ne fut qu'à onze heures du soir que le duc de Wellington fut instruit que l'armée française était à Charleroi. Il perdit ainsi cinq heures dans une circonstance et contre un homme où la perte d'une seule heure était d'une grande importance.

« 3° L'infanterie, la cavalerie et l'artillerie de cette armée étaient cantonnées séparément, de sorte que l'infanterie se trouva engagée aux Quatre-Bras, sans cavalerie ni artillerie, ce qui lui fit éprouver une grande perte, puisqu'elle fut obligée de se tenir en colonnes serrées pour faire face aux charges de cuirassiers, et sous la mitraille de cinquante bouches à feu. Ces braves étaient ainsi à la boucherie, sans cavalerie

pour les protéger et sans artillerie pour les venger. Comme les trois armes ne peuvent pas se passer un moment l'une de l'autre, elles doivent toujours être cantonnées et placées de manière à pouvoir toujours s'assister.

« 4° Le général anglais, quoique surpris, donna pour point de réunion à son armée les Quatre-Bras, depuis vingt-quatre heures au pouvoir des Français. Il exposait ses troupes à être défaites partiellement et à mesure de leur arrivée; le danger qu'il leur faisait courir était bien plus considérable encore, puisqu'il les faisait arriver sans artillerie et sans cavalerie; il livrait son infanterie, morcelée et sans l'assistance des deux autres armes, à son ennemi. Son point de rassemblement devait être à Waterloo; il aurait eu alors la journée du 16 et la nuit du 16 au 17, ce qui était suffisant pour réunir toute son armée, infanterie, cavalerie, artillerie. Les Français ne pouvaient y arriver que le 17, et eussent trouvé toute son armée en position.

Huitième observation. — « 1° Le général anglais a livré le 18 la bataille de Waterloo. Ce parti était contraire aux intérêts de sa nation, au plan général de guerre adopté par les alliés; il violait toutes les règles de la guerre. Il n'était pas de l'intérêt de l'Angleterre, qui a besoin de tant d'hommes pour recruter ses armées des Indes, de ses colonies d'Amérique et de ses vastes établissements, de s'exposer de gaieté de cœur à une lutte meurtrière qui pouvait lui faire perdre la seule armée qu'elle eût, et lui coûter tout au moins le plus pur de son sang. Le plan de guerre des alliés consistait à agir en masse, et à ne s'engager dans aucune affaire partielle. Rien n'était plus contraire à leur intérêt et à leur plan que d'exposer le succès de leur cause dans une bataille chanceuse, à peu près à force égale, où toutes probabilités étaient contre eux. Si l'armée anglo-hollandaise eût été détruite à Waterloo, qu'eût servi aux alliés ce grand nombre d'armées qui se disposaient à franchir le Rhin, les Alpes et les Pyrénées?

« 2° Le général anglais, en prenant la résolution de recevoir la bataille à Waterloo, ne la fondait que sur la coopération des Prussiens, mais cette coopération ne pouvait avoir lieu que dans l'après-midi; il restait donc exposé seul depuis quatre heures du matin jusqu'à cinq heures du soir, c'est-à-dire pendant treize heures : une bataille ne dure pas ordinairement plus de six heures ; cette coopération était donc illusoire.

« Mais, pour compter sur la coopération des Prussiens, il supposait donc que l'armée française était tout entière vis-à-vis de lui ; et si cela était, il prétendait donc, pendant treize heures, avec quatre-vingt-dix mille hommes de troupes de diverses nations, défendre son champ de bataille contre une armée de cent quatre mille Français? Ce calcul était évidemment faux . il ne se fût pas maintenu trois heures ; tout aurait été décidé à huit heures du matin, et les Prussiens ne seraient arrivés que pour être pris à revers. Dans une même journée les deux armées eussent été détruites. S'il comptait qu'une partie de l'armée française aurait, conformément aux règles de la guerre, suivi l'armée prussienne, il devait dès lors lui être évident qu'il n'en aurait aucune assistance, et que les Prussiens, battus à Ligny, ayant perdu vingt-cinq à trente mille hommes sur le champ de bataille, en ayant eu vingt mille d'éparpillés, poursuivis par trente-cinq ou quarante mille Français victorieux, ne se seraient pas dégarnis, et se seraient crus à peine suffisants pour se maintenir. Dans ce cas, l'armée anglo-hollandaise aurait dû seule soutenir l'effort de soixante-neuf mille Français pendant toute la journée du 18, et il n'est pas d'Anglais qui ne convienne que le résultat de cette lutte n'était pas douteux, et que leur armée n'était pas constituée de manière à supporter le choc de l'armée impériale pendant quatre heures.

« Pendant toute la nuit du 17 au 18, le temps a été horrible, ce qui a rendu les terres impraticables jusqu'à neuf heures du matin. Cette perte de six heures depuis la pointe du jour a été tout à l'avantage de l'ennemi ; mais son général pouvait-il faire dépendre le sort d'une pareille lutte du temps qu'il faisait dans la nuit du 17 au 18 ? Le maréchal Grouchy, avec trente-quatre mille hommes et cent huit pièces de canon, a trouvé le secret, qui paraissait introuvable, de n'être, dans la journée du 18, ni sur le champ de bataille de Mont-Saint-Jean ni sur Wavres. Mais le général anglais avait-il l'assurance de ce maréchal qu'il se fourvoirait d'une si étrange manière ? La conduite du maréchal Grouchy était aussi imprévoyable que si, sur sa route, son armée eût éprouvé un tremblement de terre qui l'eût engloutie. Récapitulons. Si le maréchal Grouchy eût été sur le champ de bataille de Mont-Saint-Jean, comme l'ont cru le général anglais et le général prussien pendant toute la nuit du 17 au 18, et toute la matinée du 18, et que le temps eût permis à l'armée française de se ranger en bataille à quatre heures du matin, avant sept heures l'armée anglo-hollandaise eût été écharpée, éparpillée ; elle eût tout perdu ; et si le temps n'eût permis à l'armée française de prendre son ordre de bataille qu'à dix heures, à une heure après midi l'armée anglo-hollandaise eût fini ses destins ; les débris en eussent été rejetés au delà de la forêt ou dans la direction de Hall, et l'on eût eu tout le temps dans la soirée d'aller à la rencontre du maréchal Blucher et de lui faire éprouver un pareil sort. Si le maréchal

Grouchy eût campé devant Wavres la nuit du 17 au 18, l'armée prussienne n'eût fait aucun détachement pour sauver l'armée anglaise, et celle-ci eût été complétement battue par les soixante-neuf mille Français qui lui étaient opposés.

« 3° La position de Mont-Saint-Jean était mal choisie. La première condition d'un champ de bataille est de n'avoir pas de défilés sur ses derrières. Pendant la bataille, le général anglais ne sut pas tirer parti de sa nombreuse cavalerie ; il ne jugea pas qu'il devait être et serait attaqué par sa gauche, il crut qu'il le serait par sa droite. Malgré la diversion opérée en sa faveur par les trente mille Prussiens du général Bulow, il eût deux fois opéré sa retraite dans la journée, si cela eût été possible. Ainsi, par le fait, ô étrange bizarrerie des événements humains ! le mauvais choix de son champ de bataille, qui rendait toute retraite impossible, a été la cause de son succès ! ! ! »

Neuvième observation. — « On demandera : Que devait donc faire le général anglais après la bataille de Ligny et le combat des Quatre-Bras ? La postérité n'aura pas deux opinions : il devait traverser, dans la nuit du 17 au 18, la forêt de Soignes sur la chaussée de Charleroi ; l'armée prussienne la devait également traverser sur la chaussée de Wavres ; les deux armées se réunir à la pointe du jour sur Bruxelles ; laisser des arrière-gardes pour défendre la forêt ; gagner quelques jours pour donner le temps aux Prussiens, dispersés par la bataille de Ligny, de rejoindre leur armée, se renforcer de quatorze régiments anglais qui étaient en garnison dans les places fortes de la Belgique, où ils venaient de débarquer à Ostende, de retour d'Amérique, et laisser manœuvrer l'empereur des Français comme il aurait voulu. Aurait-il, avec une armée de cent mille hommes, traversé la forêt de Soignes pour attaquer au débouché les deux armées réunies, fortes de plus de deux cent mille hommes et en position ? c'était certainement tout ce qui pouvait arriver de plus avantageux aux alliés. Se serait-il contenté de prendre lui-même position ? son inaction ne pouvait pas être longue, puisque trois cent mille Russes, Autrichiens, Bavarois, etc., étaient arrivés sur le Rhin : ils seraient dans peu de semaines sur la Marne, ce qui l'obligerait à accourir au secours de sa capitale. C'est alors que l'armée anglo-prussienne devait marcher et se joindre aux alliés sous Paris. Elle n'aurait couru aucune chance, n'aurait éprouvé aucune perte, aurait agi conformément aux intérêts de la nation anglaise, au plan général de guerre adopté par les alliés, et aux règles de l'art de la guerre. Du 15 au 18, le duc de Wellington a constamment manœuvré comme l'a désiré son ennemi ; il n'a rien fait de ce que celui-ci craignait qu'il fît. L'infanterie anglaise a été ferme et solide, la cavalerie pouvait mieux faire ; l'armée anglo-hollandaise a été deux fois sauvée dans la journée par les Prussiens ; la première fois avant trois heures par l'arrivée du général Bulow avec trente mille hommes, et la deuxième fois par l'arrivée du maréchal Blucher avec trente et un mille hommes. Dans cette journée, soixante-neuf mille Français ont battu cent vingt mille hommes ; la victoire leur a été arrachée entre huit et neuf heures, mais par cent cinquante mille hommes.

« Qu'on se figure la contenance du peuple de Londres au moment où il aurait appris la catastrophe de son armée, et que l'on avait prodigué le plus pur de son sang pour soutenir la cause des rois contre celle des peuples, des priviléges contre l'égalité, des oligarques contre les libéraux, des principes de la sainte-alliance contre ceux de la souveraineté du peuple ! ! ! »

Projet de nouvelle défense politique de Napoléon par lui-même

Mardi 27

J'ai été joindre l'Empereur sur les quatre heures. Il avait travaillé toute la matinée. Le vent était très-fort ; il n'a pas voulu faire le tour en calèche ; il s'est promené longtemps dans la grande allée du bois ; nous y étions tous.

Après dîner, l'Empereur, revenant sur sa protestation récente contre le traité du 2 août, et s'animant sur son contenu, disait, en marchant à grands pas dans le salon, qu'il allait en tracer une autre sur un cadre bien autrement vaste et important, contre le bill même de la législature britannique. Il prouverait, disait-il, que ce bill n'était pas une loi, mais une violation de toutes les lois. Lui, Napoléon, y était proscrit, et n'était point jugé. Le parlement d'Angleterre avait fait ce qu'il croyait juste ; il avait imité Thémistocle, sans vouloir écouter Aristide. De là, l'Empereur se mettait en jugement devant tous les peuples de l'Europe, et chacun d'eux l'absolvait successivement. Il a passé en revue tous les actes de son administration, et les a tous justifiés. « Les Français et les « Italiens, a-t-il dit, gémissent de mon absence. J'emporte la reconnais- « sance des Polonais, et jusqu'aux regrets tardifs et amers des Espagnols « mêmes, etc.

« L'Europe pleurera bientôt la perte de l'équilibre auquel mon em- « pire français était absolument nécessaire. Elle est dans le plus grand « danger ; elle peut être à chaque instant inondée de Cosaques et de Tar-

« tares. Et vous, Anglais, a-t-il dit en finissant, vous, Anglais, vous
« pleurerez votre victoire de Waterloo ! On amènera les choses à ce que
« la postérité, les gens instruits, les vrais hommes d'État, les vrais hom-
« mes de bien, regretteront amèrement que je n'aie pas réussi dans
« toutes mes entreprises. »

L'Empereur a eu des moments sublimes. Je ne le suivrai point dans ses développements. Il a promis de les dicter, et a dit en avoir déjà arrêté le cadre et les bases en quatorze paragraphes.

Catinat; Turenne; Conde. De la plus belle bataille de l'Empereur.—Des meilleures troupes, etc.

Mercredi 28

L'Empereur n'est sorti que sur les quatre heures. Il venait de passer trois heures dans son bain. Le temps était fort aigre ; il s'est contenté de quelques tours dans le jardin. Il venait de faire écrire au gouverneur qu'il ne recevrait désormais personne, à moins qu'on n'admit à Longwood sur les passes du grand maréchal, comme au temps de l'amiral Cockburn.

Avant de se mettre aux échecs, l'Empereur a trouvé sous sa main un volume de Fénelon. C'était la direction de conscience d'un roi. Il nous en a lu bon nombre d'articles, les sabrant tout d'abord avec beaucoup d'esprit et de gaieté. Enfin il a jeté le livre, disant que le nom d'un auteur n'avait jamais influé sur son opinion ; qu'il avait toujours jugé les ouvrages sur ce qu'ils lui faisaient éprouver, louant volontiers, censurant de même, et qu'ici, en dépit du nom de Fénelon, il n'hésitait pas à prononcer que c'étaient autant de rapsodies.

Après dîner, l'Empereur parlait de l'ancienne marine, de M. de Grasse, de sa défaite du 12 avril. Il a voulu avoir quelques détails, il a demandé le *Dictionnaire des Siéges et Batailles*. L'Empereur l'a parcouru ; il lui a fourni une foule d'observations. *Catinat*, pour son malheur, s'est trouvé sous sa main ; il l'a rabaissé infiniment à nos yeux. Il l'avait trouvé, disait-il, fort au-dessous de sa réputation, à l'inspection des lieux où il avait opéré en Italie, et à la lecture de sa correspondance avec Louvois. Sorti du tiers état, observait-il, et du corps des avocats, avec des vertus douces, des mœurs, de la probité, affectant la pratique de l'égalité, établi à Saint-Gratien, aux portes de Paris, il était devenu l'affection des gens de lettres de la capitale, des philosophes du jour, qui l'avaient beaucoup trop exalté. Il n'était nullement comparable à Vendôme, prononçait-il.

L'Empereur disait qu'il avait cherché à étudier de même *Turenne* et

Condé, soupçonnant aussi de l'exagération ; mais que là il avait fallu se rendre au mérite. Il avait même remarqué que dans Turenne l'audace avait crû chez lui avec l'expérience. Il en montrait plus en vieillissant qu'à son début. C'était peut-être le contraire chez Condé, qui en avait tant déployé en entrant dans la carrière.

Et au sujet de Turenne, de Condé, et d'autres grands hommes, j'observerai qu'il est assez bizarre que le hasard ne m'ait jamais laissé entendre le nom du grand Frédéric dans la bouche de Napoléon. Toutefois, la grosse montre ou espèce de réveille-matin de ce prince, emportée à Sainte-Hélène, et placée à la cheminée de l'Empereur, l'empressement avec lequel Napoléon, à Postdam, s'élança sur l'épée du grand Frédéric,

en s'écriant : « Que d'autres saisissent d'autres dépouilles : voici, pour « moi, ce qui est supérieur à tous les millions ! » enfin la contemplation longue et silencieuse de Napoléon au tombeau de Frédéric, prouvent assez à quel haut rang ce prince était dans l'esprit de l'Empereur, et combien il avait dû remuer son âme[1].

[1] Dans les temps qui ont suivi mon enlèvement de Longwood, Napoléon s'est occupé d'un travail spécial sur le grand Frédéric, de notes et commentaires sur ses campagnes. (Voyez les *Mémoires de Napoléon*, tome VIII. Bossange frères, 1823.)

Dans le *Dictionnaire des Siéges et Batailles* que feuilletait l'Empereur, il trouvait son nom à chaque page, mais entouré d'anecdotes tout à fait fausses et défigurées, ce qui le portait à se récrier sur toute la fourmilière des petits écrivains et les indignes abus de la plume. La littérature, disait-il, devenait une nourriture du peuple, lorsqu'elle eût dû demeurer celle des gens délicats.

« On me fait, par exemple, à Arcole, durant la nuit, prendre le poste
« d'une sentinelle endormie. Cette idée est sans doute d'un bourgeois,
« d'un avocat peut-être, mais sûrement pas celle d'un militaire. L'au-
« teur me veut du bien, nul doute, et n'imagine rien de plus beau dans
« le monde que ce qu'il me fait faire. Il a certainement écrit cela pour
« me faire honneur; mais il ignorait que je n'étais guère capable d'un
« tel acte; j'étais trop fatigué pour cela; il est à croire que j'étais en-
« dormi avant le soldat dont il parle. »

On a alors compté cinquante à soixante grandes batailles données par l'Empereur. Quelqu'un ayant demandé quelle était la plus belle, il disait qu'il était difficile de répondre; qu'il était nécessaire de s'expliquer d'abord sur ce qu'on entendait par la plus belle des batailles. « Les
« miennes, continuait-il, ne pouvaient être jugées isolément. Elles n'a-
« vaient point unité de lieu, d'action, d'intention; elles n'étaient jamais
« qu'une partie de très-vastes combinaisons : elles ne devaient donc être
« jugées que par leur résultat. Celle de *Marengo*, si longtemps indé-
« cise, avait donné toute l'Italie; celle d'*Ulm* avait vu disparaître toute
« une armée; celle d'*Iéna* avait livré toute la monarchie prussienne;
« celle de *Friedland* avait ouvert l'empire russe; celle d'*Eckmühl*
« avait décidé de toute une guerre, etc., etc.

« Celle de la *Moskowa*, disait-il, était une de celles où l'on avait dé-
« ployé le plus de mérite et obtenu le moins de résultats.

« Celle de *Waterloo*, où tout avait manqué quand tout avait réussi,
« eût sauvé la France et réassis l'Europe. »

Madame de Montholon ayant demandé quelles étaient les meilleures troupes : « Celles qui gagnent des batailles, Madame, a répondu l'Em-
« pereur. Et puis, a-t-il ajouté, elles sont capricieuses et journalières
« comme vous, Mesdames. Les meilleures troupes ont été *les Carthagi-
« nois sous Annibal, les Romains sous les Scipions, les Macédoniens sous
« Alexandre, les Prussiens sous Frédéric*. Toutefois il croyait bien, di-
« sait-il, pouvoir affirmer que les Français étaient ceux qu'il était le plus
« facile de rendre et de maintenir les meilleurs.

« Avec ma garde complète de quarante à cinquante mille hommes,

« je me serais fait fort de traverser toute l'Europe. On pourra peut-être
« reproduire quelque chose qui vaille mon armée d'Italie et celle d'Aus-
« terlitz ; mais, à coup sûr, jamais rien qui les surpasse. »

Mathilde et madame Cottin, etc. — Pas un Français que Napoléon n'ait remué. — Desaix et Napoléon à Marengo. — Sidney-Smith cause involontaire du retour du général Bonaparte en France ; historique de ce voyage. — Exemples bien bizarres de la fortune.

Jeudi 29, vendredi 30.

Sur les deux heures, l'Empereur m'a fait appeler dans sa chambre, et m'a donné quelques ordres particuliers. . . . .

A quatre heures, j'ai été le retrouver sous la tente ; il était entouré de tous, assis et se balançant sur une chaise, riant, causant, se battant les flancs pour être gai, et répétant néanmoins souvent qu'il se sentait mou, lâche, ennuyé. Il s'est levé et a fait un tour en calèche.

Après dîner, l'on parlait de roman ; on citait madame Cottin et sa *Mathilde,* dont le théâtre est en Syrie. L'Empereur demandait s'il avait vu madame Cottin, si elle l'aimait, si son ouvrage lui était favorable ; et comme on hésitait... « D'ailleurs, a-t-il dit, tout le monde m'a aimé
« et m'a haï ; chacun m'a pris, laissé et repris. Je crois qu'on peut affir-
« mer qu'il n'est point un Français que je n'aie remué. Tous m'ont
« aimé, depuis *Collot-d'Herbois,* s'il avait vécu, jusqu'au prince de
« Condé ; seulement cela n'a pas été en même temps, mais par inter-
« valles et à des époques différentes. J'étais le soleil qui parcourt l'é-
« cliptique en traversant l'équateur. A mesure que j'arrivais dans le
« climat de chacun, toutes les espérances s'ouvraient, on me bénissait,
« on m'adorait ; mais dès que j'en sortais, quand on ne me comprenait
« plus, venaient alors les sentiments contraires, etc. »

Plus tard, la conversation s'est arrêtée sur l'Égypte. L'Empereur a répété beaucoup de choses sur Kléber et Desaix. Il n'hésitait pas à prononcer que Kléber était le meilleur officier de son armée après Desaix, et il a raconté plusieurs circonstances de sa vie et de son caractère. Jusque-là, disait Napoléon, il avait passé généralement pour insubordonné ; mais il n'en laissa jamais rien soupçonner vis-à-vis du jeune général en chef, ce qui étonnait fort, observait l'Empereur, les officiers de l'état-major, accoutumés à une tout autre allure dans Kléber. L'Empereur revenait à le blâmer extrêmement de la conduite qu'il avait tenue dès qu'il s'était trouvé généralissime en Égypte : il s'était ennuyé, disait-il, de la perspective d'une telle situation, et n'avait songé qu'à revenir en Europe, ce qui l'avait porté à écrire au Directoire une lettre des plus ridicules, pleine d'assertions fausses et absurdes, qui, par la plus bizarre des circonstances, et bien assurément contre toute prévoyance de la part de Kléber, vint tomber précisément entre les mains de celui contre lequel elle était principalement dirigée : Napoléon venait de succéder au Directoire, Desaix arriva près du Premier Consul, au moment de Marengo ; Napoléon lui demandait comment il avait pu signer la capitulation de l'Égypte, car l'armée, lui observait-il, était suffisante pour la garder. Nous ne devions plus la perdre. « Cela est vrai, répondit Desaix, et « l'armée était certainement assez nombreuse pour cela : mais le géné- « ral en chef ne voulait plus y demeurer. Or, le général en chef, à cette « distance, n'est pas un seul homme dans l'armée, il en est la moitié, « les trois quarts, les cinq sixièmes. Il ne me restait donc qu'à le déposs- « séder, mais il était douteux que j'eusse réussi, et puis c'eût été un « crime ; car, en pareil cas, le lot d'un soldat est d'obéir, je l'ai fait. »

Desaix, à Marengo, aussitôt après son arrivée, reçut le commandement de la réserve. Sur la fin de la bataille, et au milieu du plus grand désordre apparent, Napoléon, arrivant près de lui : « Eh bien ! lui dit « Desaix, nos affaires vont bien mal, la bataille est perdue, je ne puis « plus qu'assurer la retraite, n'est-ce pas ? — Bien au contraire, lui dit « le Premier Consul ; pour moi la bataille n'a jamais été douteuse ; tout

« ce que vous voyez en désordre, à droite et à gauche, marche pour se « former sur votre queue ; la bataille est gagnée. Poussez votre colonne « en avant ; vous n'avez qu'à recueillir le fruit de la victoire. »

Plus tard, l'Empereur a beaucoup parlé de sir Sidney-Smith. Il venait, disait-il, de lire dans *le Moniteur* les pièces de la convention d'El-Arisk, et observait que Sidney-Smith y avait mis beaucoup d'esprit et s'y était montré honnête homme. Il avait embêté Kléber, disait-il, par tous les contes qu'il était venu à bout de lui faire croire. Mais quand le refus de ratification de la part de son gouvernement arriva, Sidney-Smith s'en montra fort mécontent et employa beaucoup de loyauté vis-à-vis de l'armée française. « Après tout, disait l'Empereur, Sidney-« Smith n'est point un méchant homme, j'en prends aujourd'hui une « meilleure opinion, surtout d'après ce que je vois chaque jour de ses « confrères. »

Ce fut sir Sidney qui, en communiquant les journaux d'Europe, amena le départ de Napoléon, et par conséquent le dénoûment de brumaire. Les Français, revenant de Saint-Jean-d'Acre, ignoraient tout à fait ce qui s'était passé en Europe depuis plusieurs mois. Napoléon, avide d'apprendre quelques nouvelles, envoya un parlementaire à bord de l'amiral turc, sous prétexte de traiter des prisonniers qu'il venait de faire à Aboukir, se doutant bien que ce parlementaire serait arrêté par sir Sidney-Smith qui mettait le plus grand soin à empêcher toute relation directe entre les Français et les Turcs. En effet, le parlementaire français reçut de sir Sidney-Smith l'intimation de monter à son bord, et, tout en le comblant de bons traitements, sir Sidney-Smith, acquérant la certitude que les désastres d'Italie étaient inconnus à Napoléon, se fit un malin plaisir de lui envoyer une suite de journaux.

Napoléon passa la nuit dans sa tente à dévorer ces papiers, et résolut à l'instant même de passer en Europe, pour remédier, s'il en était temps, aux maux de la patrie et la sauver.

L'amiral Ganthaume, qui avait ramené Napoléon d'Égypte sur la frégate *le Muiron*, m'a souvent raconté son voyage. Cet officier était toujours demeuré au quartier général depuis la destruction de la flotte à Aboukir. Il me disait que peu de temps après le retour de Syrie, et immédiatement après une communication de l'escadre anglaise, le général en chef le fit venir et lui donna l'ordre d'aller en toute hâte à Alexandrie, d'y armer avec mystère et avec toute la célérité possible une des frégates vénitiennes qui s'y trouvaient, et de le prévenir aussitôt qu'elle serait prête.

Ce moment arrivé, le général en chef, qui faisait une tournée d'inspection, se rendit sur une plage non fréquentée avec un escadron de ses guides; des canots s'y trouvèrent pour les recevoir, et les conduisirent à la frégate, qu'ils gagnèrent en évitant de passer par Alexandrie.

On appareilla le soir même, afin d'avoir disparu au jour devant les croiseurs anglais et leur flotte mouillée à Aboukir. Malheureusement le calme survint qu'on était encore en vue des côtes, et que du haut des mâts on pouvait distinguer les vaisseaux anglais au mouillage.

Dans cette situation, l'inquiétude fut grande; on proposa même de rentrer à Alexandrie, mais Napoléon s'y opposa. Les dés étaient jetés, et bientôt on fut assez heureux pour se trouver tout à fait au large.

La traversée fut fort longue et très-défavorable ; on s'effraya souvent des Anglais : cependant personne ne connaissait les intentions du général, chacun faisait sa conjecture ; on était fort agité · Napoléon seul paraissait calme et tranquille, renfermé la plus grande partie du jour dans sa chambre, où il lisait, dit Ganthaume, *tantôt la Bible, tantôt l'Alcoran*. S'il paraissait sur le pont, c'était de l'air le plus gai, le plus libre, et causant des choses les plus indifférentes.

Le général Menou était le dernier auquel Napoléon eût parlé sur le rivage, et l'on a su plus tard qu'il lui avait dit : « Mon cher, tenez-vous « bien vous autres ici; si j'ai le bonheur de mettre le pied en France, « le règne du bavardage est fini. »

Le sentiment de Napoléon sur nos désastres, après la lecture des papiers fournis par Sidney-Smith, était tel qu'il ne doutait pas que l'ennemi n'eût franchi les Alpes, et n'occupât déjà plusieurs de nos départements méridionaux. Aussi, quand on approcha d'Europe, fit-il gouverner sur Collioure et le Port-Vendre, dans le fond du golfe de Lyon. Un coup de vent l'en repoussa, et le fit rabattre sur la Corse. Alors on entra à Ajaccio, où l'on se procura les nouvelles.

Ganthaume me disait avoir vu là la maison de famille, le salon patrimonial de Napoléon.

La célébrité du compatriote, ajoutait-il, avait mis aussitôt toute l'île en mouvement; il pleuvait une nuée de cousins, la rue en était pleine, encombrée.

En remettant à la voile, on gouverna cette fois vers Marseille et Toulon; mais au moment d'aborder on se crut encore perdu. Sur le flanc gauche du vaisseau, lors du coucher du soleil, et précisément dans ses rayons, on compta jusqu'à trente voiles qui arrivaient vent arrière.

Ganthaume, dans son effroi, proposa au général d'armer le grand canot de la frégate de ses meilleurs matelots, et d'essayer, à la faveur de la nuit, de gagner la terre de sa personne. Napoléon s'y refusa, observant qu'il serait toujours temps de prendre ce parti, et commanda de continuer la route comme si de rien n'était. Cependant la nuit s'était faite, et plus tard l'on entendit les coups de canon, signaux de l'ennemi, mais au loin et de l'arrière, preuve évidente qu'on n'en avait pas été aperçu. Au jour on mouilla dans Fréjus. On sait le reste.

L'Empereur a fini la soirée en citant trois exemples bien bizarres de fortune arrivés vers ces mêmes parages, et à peu près dans les mêmes temps.

Un caporal, déserteur d'un des régiments de l'armée d'Égypte, qui s'était mis dans les mamelouks, y est devenu bey. Il a écrit depuis à son ancien général.

Une grosse vivandière de l'armée est devenue favorite du pacha de Jérusalem : elle ne savait point écrire, mais elle a fait faire des compliments et assurer qu'elle n'oublierait jamais sa nation, et protégerait toujours les Français et les chrétiens. « C'était, disait l'Empereur, la « Zaïre du jour. »

Enfin une jeune paysanne du cap Corse, saisie dans un bateau pêcheur par des Barbaresques, a été gouverner le souverain de Maroc. L'Empereur, après quelques communications des relations extérieures, avait, disait-il, fait venir de Corse à Paris le frère de cette paysanne, l'avait tant soit peu décrassé, nippé convenablement, et l'avait envoyé à sa sœur ; mais il n'en avait jamais entendu parler depuis.

Sur les quatre heures j'ai été joindre l'Empereur. Il venait de travailler sous la tente. Le gouverneur avait répondu aux différentes lettres dictées par l'Empereur à M. de Montholon.

A la première, contenant la protestation contre le traité du 2 août et une foule de griefs, il n'a trouvé d'autre réponse que de demander quelle lettre il nous avait retenue. Nous ne pouvions le lui dire précisément, puisque nous ne les avions jamais vues. C'était nous qui le lui demandions ; lui seul le savait.

Quant à la seconde lettre, qui portait que l'Empereur ne recevrait plus jamais personne que par les passes du grand maréchal, comme au temps de l'amiral Cockburn, le gouverneur a répondu qu'il était fâché que le *général Bonaparte* se trouvât importuné de visites indiscrètes à Longwood, et qu'il allait s'empresser d'y remédier ; ironie révoltante et sans nom dans la position où se trouve l'Empereur, et le sens dans lequel lui avait écrit M. de Montholon !

Doutes historiques ; le duc d'Orléans régent ; madame de Maintenon ; son mariage avec Louis XIV.

Samedi 31.

L'Empereur s'est levé de très-bonne heure. Il a fait le tour du parc tout seul. A son retour, ne voulant, disait-il, faire réveiller personne, il avait saisi mon fils, qu'il avait trouvé debout, et lui a dicté deux heures sous la tente. Nous avons tous déjeuné avec lui ; puis est venue la promenade en calèche. Durant la course, l'Empereur parlait de doutes historiques : après plusieurs citations assez curieuses, il a conclu par une circonstance personnelle au régent. « Si Louis XV était « mort enfant, disait-il, et rien n'était si possible, qui eût douté que le « duc d'Orléans n'eût été l'empoisonneur de toute la maison royale ? « qui eût osé le défendre ? Il a fallu qu'un enfant très-délicat survécût « pour qu'on pût sur ce point rendre justice à ce prince. » L'Empereur alors revenait sur le caractère du duc d'Orléans, et surtout sur ses torts dans l'affaire des princes légitimés. « Il s'y était dégradé, ré- « pétait-il ; et ce n'est pas que la cause de ceux-ci ne fût mauvaise, « Louis XIV usurpait un droit en les appelant à la succession. La na- « tion, à l'extinction de la maison royale, rentre indubitablement dans « ses droits, c'est à elle à choisir. L'acte de Louis XIV n'était sans « doute qu'une erreur de sa grande élévation ; il pensait que tout ce « qui sortait de lui devait être grand, et il semblait se douter pourtant « que tout le monde ne penserait pas comme lui ; car il avait pris ses « précautions pour affermir son ouvrage, en donnant ses filles natu- « relles aux princes de son sang, et faisant épouser à ses bâtards des « princesses de sa maison. Quant à la régence, il est bien sûr qu'elle « revenait de droit au duc d'Orléans. Le testament de Louis XIV n'était « qu'une niaiserie : il violait nos lois fondamentales : nous étions une « monarchie, et il nous donnait une république pour régence, etc. »

De là, passant à madame de Maintenon, l'Empereur lui trouvait une des carrières les plus extraordinaires. Et poursuivant ses doutes historiques, il ne revenait pas du mystère de son mariage. Il était parfois tenté de le regarder comme un problème, malgré tout ce qu'en avaient dit les mémoires du temps.

« Le fait est, observait-il, qu'il n'existe et n'a jamais existé aucune « preuve officielle et authentique. Or quel pouvait être le motif de « Louis XIV de tenir cette mesure si strictement secrète pour son temps « et pour l'avenir ? ou comment la famille des Noailles, parente de « madame de Maintenon, n'a-t-elle jamais rien laissé percer à cet

« égard, surtout encore madame de Maintenon ayant survécu à
« Louis XIV? etc. »

Les ministres, etc.—M. Daru; anecdotes.— Parures fanées de Sainte-Hélène.

Dimanche 1ᵉʳ septembre.

Sur les trois heures, l'Empereur est sorti. Il disait avoir été mou, dégoûté toute la journée, pesant. Nous avions tous été de même : c'était le temps. Nous avons gagné la grande allée du bois, tandis qu'on attelait la calèche. Rendus à l'extrémité, la pluie est survenue ; elle a été assez forte pour que l'Empereur fût obligé de chercher un abri au pied d'un arbre à gomme, ce qui n'était pas d'un grand secours, vu le peu de feuillage de cet arbuste. La calèche est accourue nous prendre. Nous revenions au galop, quand nous avons aperçu le gouverneur qui arrivait de son côté. L'Empereur a aussitôt ordonné de tourner, disant

que de deux maux il fallait savoir choisir le moindre ; et nous avons fait deux tours au grandissime galop, en dépit de l'orage et de la pluie ; mais nous avons échappé sir Hudson Lowe, c'était encore un gain.

Avant le dîner, l'Empereur, dans sa chambre, passait en revue les personnes qui l'avaient servi dans sa maison, au Conseil d'État, dans les ministères. Il a dit de M. Daru que c'était un homme d'une extrême probité, sûr, et grand travailleur. A la retraite de Moscou, la fermeté de M. Daru s'était fait particulièrement remarquer, et depuis l'Empereur répétait souvent qu'au travail du bœuf il joignait le courage du lion.

Le travail semblait l'élément de M. Daru ; il avait toujours rempli tous ses instants ; si bien que, quand il fut devenu ministre secrétaire d'État, quelqu'un le plaignant de l'immensité de travail qui devait l'absorber désormais : « Bien au contraire, répondit-il plaisamment, c'est « depuis mes nouvelles fonctions qu'il me semble n'avoir plus rien à « faire. » Il s'y trouva pourtant pris une fois. L'Empereur l'ayant demandé après minuit pour travailler, M. Daru était tellement accablé de fatigue, qu'il savait à peine ce qu'il écrivait, et que, la nature l'em-

portant, il s'endormit sur son papier. Après un sommeil profond, venant à rouvrir les yeux, quel fut son saisissement d'apercevoir l'Empereur travaillant tranquillement à ses côtés. L'état des bougies l'avertissait assez que son absence devait avoir été longue. Atterré, confondu, ses yeux incertains vinrent rencontrer ceux de l'Empereur, qui lui dit : « Eh bien, oui, Monsieur, vous me voyez faisant votre travail, « puisque vous n'avez pas voulu le faire. J'ai pensé que vous aviez bien « soupé, passé une bonne soirée ; mais encore faudrait-il que le travail « n'en souffrît point. — Ah ! Sire, lui dit alors M. Daru, moi avoir « passé une bonne soirée ! voilà plusieurs nuits blanches que je passe au « travail, et Votre Majesté vient d'en voir la triste conséquence, qui

« m'afflige cruellement. — Eh! que ne me disiez-vous cela? lui dit l'Em-
« pereur, je n'ai point envie de vous tuer ; allez vous coucher : bonne
« nuit, M. Daru. » Voilà, certes, un trait caractéristique et bien propre à
détromper des fausses idées dans lesquelles nous étions généralement
dans ce temps-là sur le naturel intraitable de Napoléon. Mais je ne sais
par quelle fatalité, je le répète sans cesse, les traits de cette nature demeuraient perdus au milieu de nous, tandis que circulaient avec tant
d'activité, au contraire, les fables et les absurdités qui pouvaient lui
être défavorables. Serait-ce que les courtisans réservaient pour le château seul leur courtisanerie, et cherchaient un contre-poids au dehors
dans une apparence d'opposition et d'indépendance? Ce qu'il y a de certain, c'est qu'il en était ainsi, et que celui qui se serait complu à répéter
ces traits dans les salons se serait entendu dire probablement qu'il les
avait inventés, ou y aurait passé pour un benêt d'avoir pu les croire.

Durant le dîner, l'Empereur plaisantait sur la parure fanée de ces
dames. Ce serait bientôt, disait-il, celle de ces vieilles avares qui se pour-
voient chez les revendeuses. Ce n'était plus la fraîcheur ni l'élégance des
Leroi, des Despeaux, des Herbault. Ces dames demandaient de l'indulgence pour Sainte-Hélène. Les maris rappelaient à l'Empereur combien
il était difficile pour elles aux Tuileries. C'était le fléau, disait-on, la
ruine des ménages. L'Empereur riait, il n'en convenait pas. « Cela avait
« été imaginé par ces dames, disait-il, comme prétexte ou justification
« auprès de leurs maris. » De là on s'est étendu sur notre luxe ici.
L'Empereur a dit qu'il avait commandé à Marchand de lui faire porter
l'habit de chasse qu'il avait en ce moment jusqu'à extinction ; et certes
il était déjà bien avancé.

Campagne de Saxe ou de 1813. — Violente sortie de Napoléon. Réflexions ; analyses.

Lundi 2

L'Empereur, prenant un ouvrage qui traitait de nos dernières campagnes, l'a parcouru quelque temps, puis l'a jeté, disant : « C'est une vé-
« ritable rapsodie, un tissu de contre-sens et d'absurdités. » S'arrêtant
alors sur ce sujet de conversation, il a causé longuement sur la trop fameuse campagne de Saxe. Ses observations ont été principalement morales, peu ou point militaires. Voici ce que j'en ai recueilli de plus
saillant : « Cette mémorable campagne, disait-il, sera le triomphe
« du courage inné dans la jeunesse française, celui de l'intrigue et de
« l'astuce dans la diplomatie anglaise, celui de l'esprit chez les Russes,
« celui de l'impudeur dans le cabinet autrichien ; elle marquera l'époque
« de la désorganisation des sociétés politiques, celle de la grande sépa-

« ration des peuples avec leurs souverains ; enfin la flétrissure des pre-
« mières vertus militaires : la fidélité, la loyauté, l'honneur. On aura
« beau écrire, commenter, mentir, supposer, il faudra toujours en ar-
« river à ce hideux et triste résultat, et le temps en déroulera la vérité
« et les conséquences.

« Mais ce qu'il y a de bien remarquable ici, c'est que les infamies au
« fond demeurent étrangères aux rois, aux soldats et aux peuples. Elles
« ne sont l'ouvrage que de quelques *intrigants à épée*, de quelques casse-
« cou politiques, qui, sous le spécieux prétexte de secouer le joug de
« l'étranger et de reprendre l'indépendance nationale, n'ont au fait que
« vendu et livré sciemment leurs maîtres particuliers à des cabinets ri-
« vaux et convoiteurs. Les vrais résultats ne se sont pas fait longtemps
« attendre. Le roi de Saxe y a perdu la moitié de ses États ; le roi de Ba-
« vière s'est vu forcé à des restitutions bien précieuses. Qu'importait
« aux traîtres ? ils tenaient leurs récompenses, leurs richesses. Et ce sont
« les cœurs les plus droits, les âmes les plus innocentes qui présentent
« le spectacle solennel des plus grands châtiments. C'est un roi de Saxe,
« le plus honnête homme qui ait jamais tenu un sceptre, qu'on dépouille
« de la moitié de ses provinces ; c'est un roi de Danemark, si fidèle à
« tous ses engagements, dont on saisit une couronne ! Voilà pourtant ce
« qu'ils ont prétendu le retour de la morale ? son triomphe ! et voilà la
« justice distributive d'ici-bas !...

« Du reste, j'aime à le répéter pour l'honneur de l'humanité et même
« des trônes, au milieu de tant d'infamies, jamais ne se trouvèrent plus
« de vertus. Je n'eus pas un instant à me plaindre de la personne indi-
« viduelle des princes mes alliés. Le bon roi de Saxe me demeura fidèle
« jusqu'à extinction : le roi de Bavière me fit loyalement prévenir qu'il
« n'était plus le maître ; la générosité du roi de Wurtemberg se fit par-
« ticulièrement remarquer ; le prince de Bade ne céda qu'à la force et
« au dernier instant : tous, je leur dois cette justice, m'avertirent à
« temps, afin que je pusse me garantir de l'orage. Mais, d'un autre côté,
« que d'abominations dans les subalternes !... Les fastes militaires se
« dessouilleront-ils jamais de l'acte des Saxons se retournant dans nos
« rangs pour nous égorger ? Il est demeuré proverbe chez les soldats :
« *saxonner*, parmi eux, veut dire à présent une troupe qui en assassine
« une autre ; et, pour comble de douleur, c'est un Français, un homme
« à qui le sang français a procuré une couronne, un nourrisson de la
« France qui nous porte le coup de grâce ! Grand Dieu !

« Et ce qu'il y avait de pire dans ma situation, ce qui comblait mon sup-

« plice, c'est que je voyais clairement arriver l'heure décisive. L'étoile
« pâlissait; je sentais les rênes m'échapper, et je n'y pouvais rien. Un
« coup de tonnerre pouvait seul nous sauver; car traiter, conclure,
« c'était se livrer en sot à l'ennemi. Je le voyais distinctement, et la suite
« a suffisamment prouvé que je ne me trompais point. Il ne restait donc
« qu'à combattre; et chaque jour, par une fatalité ou une autre, nos
« chances diminuaient. Les mauvaises intentions commençaient à se
« glisser parmi nous; la fatigue, le découragement gagnaient le grand
« nombre. Mes lieutenants devenaient mous, gauches, maladroits, et
« conséquemment malheureux ; ce n'étaient plus là les hommes du dé-
« but de notre révolution, ni ceux de mes beaux moments. Plusieurs
« ont osé répondre à cela, m'assure-t-on, que c'est qu'au commence-
« ment on se battait pour la république, pour la patrie, tandis qu'à la
« fin on ne se battait plus que pour un seul homme, ses seuls intérêts,
« son insatiable ambition, etc.

« Indigne subterfuge!... Et qu'on demande à cette immensité de
« jeunes et braves soldats, à cette foule d'officiers intermédiaires, s'il
« leur vint jamais l'idée d'un semblable calcul, si jamais ils virent
« autre chose devant eux que l'ennemi ; en arrière, que l'honneur, la
« gloire, le triomphe de la France? Aussi ceux-là ne s'étaient-ils ja-
« mais mieux battus !... Pourquoi dissimuler? pourquoi ne pas le dire
« franchement? Le vrai est qu'en général les hauts généraux n'en vou-
« laient plus ; c'est que je les avais gorgés de trop de considération, de
« trop d'honneurs, de trop de richesses. Ils avaient bu à la coupe des
« jouissances, et désormais ils ne demandaient que du repos; ils l'eus-
« sent acheté à tout prix. Le feu sacré s'éteignait; ils eussent voulu
« être des maréchaux de Louis XV. » Napoléon ne s'était pas abusé sur
la crise qui menaçait la France; il jugeait fort bien toute l'immensité
du péril, quand il ouvrit la campagne. Dès son retour de Moscou, il
avait vu le danger, disait-il, et s'était appliqué à le conjurer. Dès cet
instant même, il fut constamment décidé aux plus grands sacrifices ;
mais le moment de les proclamer lui semblait délicat, et c'est ce dernier point qui l'occupait surtout. Si sa puissance matérielle était grande,
observait-il, sa puissance d'opinion l'était bien davantage encore; elle
allait jusqu'à la magie : or, il s'agissait de ne pas la perdre, et une
fausse démarche, une parole gauche prononcée mal à propos, pouvaient
détruire à jamais tout le prestige. Une grande circonspection, une confiance extrême apparente dans ses forces lui étaient donc commandées.
Il lui fallait surtout voir venir.

Sa grande faute, son erreur fondamentale, a été de croire toujours à ses adversaires autant de jugement et de connaissance de leurs vrais intérêts qu'à lui-même. Il soupçonnait bien l'Autriche, dès le principe, disait-il, de chercher à profiter du mauvais pas où il se trouvait engagé pour lui arracher de grands avantages, et y il était au fond tout à fait décidé; mais il ne pouvait se persuader qu'il y eût assez d'aveuglement dans le monarque, assez de trahison dans ses meneurs pour vouloir l'abattre tout à fait, lui, Napoléon, et livrer par là leur propre pays à la merci de la toute-puissance, non contrôlée désormais, de la Russie. L'Empereur faisait le même raisonnement à l'égard de la confédération du Rhin, qui pouvait bien, convenait-il, avoir à se plaindre de lui peut-être, mais qui devait cependant redouter bien davantage encore de retomber sous la sujétion de l'Autriche et de la Prusse. La Prusse elle-même, dans la pensée de Napoléon, ne se trouvait pas en dehors de ces raisonnements; elle ne pouvait, selon lui, vouloir détruire tout à fait un contre-poids nécessaire à son indépendance, à son existence même. Ainsi Napoléon admettait bien de la haine chez ses ennemis, et de l'humeur, de la malveillance peut-être dans ses alliés, mais il ne pouvait supposer aux uns ni aux autres le désir de le détruire tout à fait, tant il se sentait nécessaire à tous; et il marchait en conséquence.

Voilà l'idée dominante de Napoléon dans toute cette grande circonstance; elle est la clef constante de sa conduite jusqu'au dernier moment, à celui même de sa chute. Il ne faut pas la perdre de vue; elle explique bien des choses, peut-être tout, son attitude hostile, ses paroles fières, ses refus de conclure, sa détermination de combattre, etc.

S'il avait des succès, disait-il, il ferait dès lors des sacrifices avec honneur, et la paix avec gloire; les prestiges de sa supériorité demeuraient intacts. S'il éprouvait, au contraire, de trop grands revers, il serait toujours alors temps d'effectuer ces sacrifices; et l'intérêt vital de l'Autriche, celui des vrais Allemands, était là pour le soutenir de leurs armes ou de leur diplomatie, tant il les supposait imbus, ainsi qu'il l'était lui-même, que son existence politique était absolument indispensable à la structure, au repos, à la sûreté de l'Europe. Hélas! ce dont il pouvait douter fut ce qui lui réussit; la victoire lui demeura fidèle. Ses premiers succès sont surprenants, admirables; mais ce qui lui semblait infaillible fut précisément ce qui lui manqua : ses alliés naturels le trahirent et le précipitèrent.

Traits de bienfaisance.—Voyage à Amsterdam; les Hollandais, etc.—Massacres de septembre.—
Sur les révolutions en général; fatalité contre Louis XVI.

Mardi 3.

un les trois heures, l'Empereur m'a fait demander dans sa chambre; il achevait sa toilette; et comme il pleuvait en ce moment, il a gagné le salon, où il m'a dit des choses fort curieuses qu'on supposerait le concerner, et dans lesquelles je jouais un grand rôle...

Dans la journée, l'Empereur disait que, voyageant avec l'impératrice, il se trouvait un jour à déjeuner dans une des îles du Rhin. Une petite ferme était dans le voisinage;

pendant qu'il était à table, il en fit venir le paysan, le questionna sur tout ce qui pouvait le rendre heureux, lui dit de le demander hardiment, et pour lui donner plus de confiance, il lui fit boire, disait-il, plusieurs verres de vin. Le paysan, moins circonscrit et mieux avisé que dans les Trois Souhaits, parcourut le maximum de tous ses besoins. L'Empereur commanda au préfet d'y pourvoir sur-le-champ. On fit le compte, et la somme ne s'élevait pas au-dessus de 6 à 7,000 francs.

Une autre fois, en Hollande, disait-il encore, faisant une traversée en yacht, et causant avec celui qui tenait le gouvernail, il lui demandait

ce que pouvait valoir son bâtiment. « Mon bâtiment! il n'est pas à moi, « dit l'homme; je serais trop heureux, il ferait ma fortune. — Eh bien! « je te le donne, » dit l'Empereur à cet homme, qui y parut fort peu sensible. On prit sa froide indifférence pour le flegme naturel du pays; mais ce n'était pas cela. « Quelle faveur m'a-t-il donc faite? dit-il à un « de ses camarades qui le félicitait; il m'a parlé, et voilà tout; il m'a

« donné ce qui ne lui appartient pas : quel diable de présent! » Cependant Duroc avait été payer le maître du bâtiment; il en tenait la quittance de vente qu'on remit à l'homme. Dès qu'il commença à comprendre, sa joie fut jusqu'au délire ; il fit des folies. La somme était encore à peu près la même que ci-dessus. « Ainsi, disait l'Empereur, on voit « que les désirs des hommes ne sont pas aussi immodérés qu'on le « pense, et qu'il est plus facile de les rendre heureux qu'on ne croit; car « assurément ces deux hommes trouvèrent le bonheur. »

Napoléon répétait souvent des traits de la sorte; en voici un écrit sous sa dictée : il s'agit du passage du Saint-Bernard, avant la bataille de Marengo.

« Le Consul montait, dans le plus mauvais temps, le mulet d'un ha-
« bitant de Saint-Pierre, désigné comme étant le mulet le plus sûr de
« tout le pays. Le guide du Consul était un grand et vigoureux jeune

« homme de vingt-deux ans, qui s'entretint beaucoup avec lui, en s'a-
« bandonnant à cette confiance propre à son âge et à la simplicité des
« habitants des montagnes. Il confia au Premier Consul toutes ses pei-
« nes, ainsi que les rêves de bonheur qu'il faisait pour l'avenir. Arrivé
« au couvent, le Premier Consul, qui jusque-là ne lui avait rien témoi-
« gné, écrivit un billet et le donna à ce paysan pour le remettre à son
« adresse. Ce billet était un ordre qui prescrivait diverses dispositions,

« qui eurent lieu immédiatement après le passage, et qui réalisaient
« toutes les espérances du jeune paysan, telles que la bâtisse d'une mai-
« son, l'achat d'un terrain, etc. Quelque temps après son retour, l'é-
« tonnement du jeune montagnard fut bien grand de voir tant de monde
« s'empresser de satisfaire ses désirs, et la fortune lui arriver de tous
« côtés. »

Quand l'Empereur fut visiter Amsterdam, la population, dit-il, était
très-montée contre lui; mais à peine il avait paru qu'il avait remué les
cœurs les plus froids. Il ne voulut d'autre garde que la garde d'honneur
de la ville, et ce trait de confiance lui ramena aussitôt tous les sentiments hollandais. Il était sans cesse au milieu d'eux tous. Dans une certaine occasion, il aborda vis-à-vis d'eux franchement la question. « On

« vous dit mécontents; mais pourquoi? La France ne vous a pas con-
« quis, elle vous a adoptés; il n'est aucune exclusion pour vous; vous
« partagez toutes les faveurs de la famille. Considérez-vous : j'ai pris
« parmi vous des préfets, des chambellans, des conseillers d'État
« dans le juste rapport de votre population, et j'ai accru ma garde de
« votre garde hollandaise. Vous vous plaignez de souffrir; mais en

« France on souffre davantage ; nous souffrons tous, et cela durera tant
« que l'ennemi commun, le tyran des mers, le vampire de votre com-
« merce, ne sera pas ramené à la raison. Vous vous plaignez de vos sa-
« crifices ? Mais venez en France, et vous verrez tout ce qui vous reste
« encore au-dessus de nous ; alors vous vous estimerez moins mal-
« heureux peut-être... Mais pourquoi ne vous féliciteriez-vous pas plutôt
« de la fatalité qui amène votre réunion avec nous ? Dans la composition
« nouvelle de l'Europe, que seriez-vous désormais, laissés à vous-mêmes ?
« les esclaves de tout le monde ; au lieu qu'identifiés à la France, vous
« êtes appelés à faire un jour avec éclat tout le commerce du grand em-
« pire. » Puis, prenant le ton de la gaieté, il leur dit : « J'ai fait tout pour
« vous plaire et vous accommoder. Ne vous ai-je pas envoyé pour vous
« gouverner justement l'homme qu'il vous fallait, le bon et pacifique
« Lebrun ? Vous pleurez avec lui, il pleure avec vous, vous pleurez en-
« semble ; que pouvais-je faire de mieux ? » Et à ces mots le flegme hollandais disparut ; tout l'auditoire se mit à rire aux éclats, et l'Empereur put compter sur eux. « Du reste, ajouta-t-il, espérons que ce ne
« sera pas long ; croyez que je le désire autant que vous. Ceux d'entre
« vous qui voient loin vous diront que rien de tout ceci n'est dans mon
« caprice ni dans mes intérêts. »

L'Empereur laissa le peuple d'Amsterdam ivre de sa personne, et emporta lui-même des sentiments très-prononcés en sa faveur. Il avait coutume de se plaindre, avant son voyage, que quiconque était envoyé par lui en Hollande y devenait aussitôt Hollandais : il le rappela au conseil d'État à son retour, et dit qu'il l'était devenu lui-même. Et un jour qu'un des orateurs parlait légèrement de l'esprit des Hollandais : « Messieurs, dit-il, vous pouvez être plus aimables, mais je vous souhaite « leur moralité. »

Après dîner, quelqu'un ayant mentionné la date du jour (5 septembre), l'Empereur a dit à ce sujet des paroles bien remarquables. En voici quelques-unes : « C'est l'anniversaire d'exécutions bien épouvan-
« tables, bien hideuses, une réaction en petit de la Saint-Barthélemy,
« une tache pour nous, moindre sans doute parce qu'elle a fait moins
« de victimes et qu'elle n'a pas porté la sanction du gouvernement,
« qui essaya même de punir le crime. Il a été commis par la com-
« mune de Paris, puissance spontanée, rivale de la législature, supé-
« rieure même.

« Au surplus, disait l'Empereur, ce fut bien plutôt l'acte du fanatisme
« que celui de la pure scélératesse ; on a vu les massacreurs de septem-

« bre massacrer l'un d'entre eux pour avoir volé durant leurs exécu-

« tions. Ce terrible événement, continuait l'Empereur, était dans la force
« des choses et dans l'esprit des hommes. Point de bouleversement po-
« litique sans fureur populaire; point de danger pour le peuple dé-
« chaîné sans désordre et sans victimes. Les Prussiens entraient; avant
« de courir à eux, on a voulu faire main basse sur leurs auxiliaires dans
« Paris. Peut-être cet événement influa-t-il dans les temps sur le salut
« de la France. Qui doute que dans les derniers temps, lorsque les
« étrangers approchaient, si on eût renouvelé de telles horreurs sur
« leurs amis, ils eussent jamais dominé la France? Mais nous ne le
« pouvions, nous étions devenus légitimes; la durée de l'autorité, nos
« victoires, nos traités, le rétablissement de nos mœurs, avaient fait de
« nous un gouvernement régulier; nous ne pouvions nous charger des
« mêmes fureurs ni du même odieux que la multitude. Pour moi, je ne
« pouvais ni ne voulais être un roi *de la Jaquerie*.

« Règle générale : jamais de révolution sociale sans terreur. Toute
« révolution de cette nature n'est et ne peut être dans le principe
« qu'une révolte. Le temps et les succès parviennent seuls à l'ennoblir,
« à la rendre légitime; mais, encore une fois, on n'a pu y parvenir
« que par la terreur. Comment dire à tous ceux qui remplissent toutes

« les administrations, possèdent toutes les charges, jouissent de toutes
« les fortunes : Allez-vous-en! Il est clair qu'ils se défendraient ; il faut
« donc les frapper de terreur, les mettre en fuite, et c'est ce qu'ont fait
« la lanterne et les exécutions populaires. La terreur en France a com-
« mencé le 4 août, lorsqu'on a aboli la noblesse, les dîmes, les féoda-
« lités, et qu'on a jeté tous ces débris au peuple. Il se les est partagés,
« n'a plus voulu les perdre, et a tué. Alors seulement il a compris la
« révolution, et s'y est vraiment intéressé. Jusque-là il existait assez
« de morale et de dépendance religieuse parmi eux, pour qu'un grand
« nombre doutât que sans le roi et les dîmes la récolte pût venir comme
« de coutume.

« Toutefois, concluait l'Empereur, une révolution est un des plus
« grands maux dont le ciel puisse affliger la terre. C'est le fléau de la
« génération qui l'exécute ; tous les avantages qu'elle procure ne sau-
« raient égaler le trouble dont elle remplit la vie de leurs auteurs. Elle
« enrichit les pauvres, qui ne sont point satisfaits ; elle bouleverse tout ;
« dans les premiers moments, elle fait le malheur de tous, le bonheur
« de personne.

« Le vrai bonheur social, il faut en convenir, est dans l'usage paisible,
« dans l'harmonie des jouissances relatives de chacun. Dans les temps
« réguliers et tranquilles, chacun a son bonheur : le cordonnier est
« aussi heureux dans sa boutique que moi sur le trône ; le simple offi-
« cier jouit autant que son général. Les révolutions les mieux fondées
« détruisent tout à l'instant même, et ne remplacent que dans l'avenir.
« La nôtre a semblé d'une fatalité irrésistible ; c'est qu'elle a été une
« éruption morale aussi inévitable que les éruptions physiques, un vrai
« volcan : quand les combinaisons chimiques qui produisent celui-ci
« sont complètes, il éclate ; les combinaisons morales qui produisent
« une révolution étaient à point chez nous, elle a éclaté. »

Nous demandions à l'Empereur s'il croyait qu'il eût été possible
d'arrêter la révolution à sa naissance. Il le croyait sinon impossible, du
moins bien difficile. Peut-être, disait-il, aurait-on pu conjurer l'orage,
ou le détourner par quelque grand acte machiavélique, en frappant
d'une main de grands individus, et en concédant de l'autre à la nation,
en lui accordant franchement la réformation que demandait le temps,
et dont une partie avait déjà été mentionnée dans la fameuse séance
royale. « Et encore tout cela, remarquait l'Empereur, n'eût-il été que
« se saisir de la révolution et la diriger soi-même. » Il pensait que
quelque autre combinaison de la sorte eût pu réussir peut-être encore

au 10 août, si le roi fût demeuré vainqueur. Ces deux époques, selon lui, étaient les seules qui eussent pu présenter quelques chances désespérées, parce que, lors de Versailles, la nation n'était point encore tout ébranlée, et qu'au 10 août elle était déjà bien fatiguée ; mais les hauts intéressés, remarquait l'Empereur, n'étaient pas de taille pour ces difficiles époques.

L'Empereur a parcouru rapidement la série des fautes commises. « L'ensemble en faisait pitié, concluait-il. Il eût fallu un premier mi-
« nistre à Louis XVI, et M. Necker en sous-ordre pour les finances. Les
« premiers ministres eussent dû être inventés surtout pour les derniers
« règnes de notre monarchie ; et précisément il était devenu dans les
« principes et l'amour-propre du jour de n'en vouloir point prendre. »

On a beaucoup parlé de la conduite équivoque de plusieurs grands personnages dans ces temps de crise, et l'Empereur a dit : « Nous con-
« damnons Louis XVI ; mais, indépendamment de sa faiblesse, il a été
« le premier prince attaqué. C'est celui sur lequel les nouveaux prin-
« cipes faisaient leur essai. Son éducation, ses idées innées, le portaient
« à croire de bonne foi comme lui appartenant tout ce qu'il cherchait à
« défendre ouvertement ou en secret. Même dans ses manques de foi, il
« pouvait y avoir une espèce de bonne foi, s'il est permis de parler ainsi.
« Plus tard, que chacun en sait davantage, une même conduite serait
« bien plus inexcusable, bien autrement condamnable. Qu'on ajoute
« que Louis XVI avait tout le monde contre lui, ses proches, ses frères ;
« le duc d'*Orléans* le trahissait ; *Monsieur* se montrait des plus équi-
« voques ; le *comte d'Artois* le perdait par ses inconsidérations ; et l'on
« pourra se faire une idée des difficultés sans nombre que la fatalité
« sembla prendre plaisir à accumuler sur ce prince infortuné. La fata-
« lité des Stuarts, dont on a tant parlé, n'a pas été plus malheureuse. »

Sur les gardes du corps, un déserteur parmi nous

_Mercredi 4

L'Empereur, après son déjeuner, était étendu sur son canapé, au milieu de plusieurs livres. Sa tête demeurait encore couverte du madras de la nuit ; son visage semblait défait. « Mon cher, m'a-t-il dit, je me
« sens fatigué. Voilà bien des livres que je parcours, rien ne m'attache,
« tout m'y déplaît ; je m'ennuie. » Et son œil dirigé sur moi, cet œil si vif d'ordinaire, et terne en ce moment, m'en exprimait bien davantage. « Asseyez-vous là, m'a-t-il dit en montrant une chaise près de lui, char-
« gée de livres, et causons. » Il s'est mis à parler de l'île d'Elbe, de la

vie qu'il y avait menée, de quelques visites qu'il y avait reçues, etc., etc. Puis il m'a questionné sur notre existence à Paris à cette époque correspondante, sur la cour, sa physionomie. Et la conversation l'ayant amené à mentionner les gardes du corps : « Sire, dans votre suite, « parmi nous, se trouve un de leurs déserteurs. — Comment cela ? Ex-
« pliquez. — Sire, parce qu'au moment de la restauration, un des capi-
« taines des gardes, pour qui j'ai beaucoup d'affection, et qui m'en avait
« toujours témoigné, malgré la différence de nos opinions, m'offrit de
« placer mon fils dans sa compagnie, me disant qu'il l'y traiterait
« comme le sien. Je lui objectai qu'il était trop jeune, que cela ferait
« tort à ses études ; et comme il m'assurait que non, je lui demandai la
« permission d'y réfléchir. Quand j'en parlai ailleurs, on se récria sur
« la bonne fortune que j'avais dédaignée ; c'était une grande faveur, me
« disait-on, parce qu'en très-peu de temps, et sans interrompre son
« éducation, mon fils deviendrait susceptible d'un très-bel avancement.
« Je fus donc témoigner au capitaine des gardes qu'il avait dû me trou-
« ver très-ridicule de ne pas m'être montré plus reconnaissant, et il
« m'avoua qu'il s'était bien aperçu que je n'avais pas compris. Toute-
« fois, par une circonstance ou par une autre, Votre Majesté est reve-
« nue avant que mon fils eût eu l'honneur d'être présenté à son colo-
« nel : et comme à notre départ pour Sainte-Hélène j'ai été l'enlever
« à son lycée, le voilà pleinement et dûment un déserteur. » L'Empereur en a beaucoup ri, et a terminé en disant : « Ce que c'est pourtant
« que les révolutions ! Quel croisement d'intérêts, de rapports, d'opi-
« nions ! Heureux encore quand elles ne dissolvent pas les familles, ou
« qu'elles ne mettent pas aux prises les meilleurs amis ! » Et de là il a
passé à me questionner sur ma famille, et a fini par me dire : « Mais j'ai
« vu, dans Alphonse de Beauchamps, votre nom parmi les royalistes
« qui, le 30 mars, provoquèrent à la royauté sur la place Louis XV : je
« vois bien que ce n'est pas vous ; je crois même que vous m'avez déjà
« expliqué cela ; mais l'idée ne m'en est pas restée. — Sire, c'est un
« cousin de mon nom. Cette citation me gêna un peu dans le moment,
« et je réclamai vainement dans les journaux ; ce qu'il y avait de plai-
« sant, c'est que le cousin réclamait vivement de son côté pour qu'on
« spécifiât bien que c'était lui. Je crois bien que la dénomination ainsi
« générale était une bienveillance de l'auteur, que j'avais vu jadis chez
« moi, et qui voulait peut-être par là me ménager une occasion de me
« faire valoir, si j'en avais l'envie. Du reste, je dois à ce cousin la justice
« de dire que, me trouvant, moi, près de Votre Majesté, je lui offris

« maintes fois de demander la faveur de vouloir bien le placer dans votre
« maison ou autrement, et il me refusa constamment. Je lui souhaite
« aujourd'hui d'en trouver la récompense. »

Le temps a été épouvantable, à ne pouvoir pas sortir de tout le jour.

Bourrades de Napoléon; la plupart calculées, etc., etc. — On marchande notre existence.

Jeudi 5.

Aujourd'hui, dans ma conversation du matin, je racontais à l'Empereur je ne sais plus quelles vexations, quels actes iniques qui, à son insu, révoltaient l'esprit public et le rendaient odieux, parce qu'ils s'exerçaient en son nom, et que beaucoup les croyaient de lui. « Mais
« comment, disait-il, ne se trouvait-il personne parmi cette foule de
« vous autres qui m'entouriez ; comment parmi mes chambellans sur-
« tout n'y avait-il pas quelqu'un de cœur et d'indépendance qui vînt s'en
« plaindre et m'en donner connaissance? j'en aurais fait justice. — Ah!
« Sire, nous n'avions garde, nul n'aurait osé. — Pourquoi? j'étais
« donc bien terrible ? — Sire, nous vous tenions pour tel. — J'entends,
« l'on redoutait mes bourrades ; mais on savait aussi que j'écoutais
« volontiers, que j'étais juste, et c'eût été au bienveillant à savoir mettre
« en balance le prix de sa bonne action avec le danger de la bourrade.
« Et puis, mon cher, il était bien peu de ces bourrades qui ne tinssent
« du calcul ; c'était souvent ma seule occasion de tâter un homme, de
« prendre au vol ses nuances de caractère; j'avais peu de moments à
« donner aux informations, c'était une de mes épreuves. Par exemple,
« une fois ici, je vous ai poussé (allusion au mauvais moment éprouvé
« le dimanche 25 août 1816); eh bien, cela m'a suffi pour découvrir
« que vous devez être entêté, négatif, très-susceptible, point dissimulé,
« mais boudeur; et si je voulais (me prenant par l'oreille) vous adres-
« ser un madrigal, je dirais : *la sensitive,* mon cher. »

Dans une autre circonstance et sur le même sujet de ces bourrades calculées, il avait dit : « En brusquant tout d'abord mon homme, je sais
« aussitôt, par la manière dont il répond, à quoi m'en tenir sur son
« compte. J'obtiens à quel unisson est montée son âme; car frappez un
« bronze avec un gant, il ne rend aucun son, mais frappez-le d'un mar-
« teau, il retentit, etc., etc. » Et il a terminé en disant : « Et puis un
« autre motif, c'est que j'avais été dans l'obligation de me créer une
« auréole de crainte; autrement, surgi, comme je l'avais fait, du milieu
« de la multitude, un grand nombre m'eussent mangé dans la main ou

« frappé sur l'épaule. Nous sommes fort enclins, de notre nature, à la
« familiarité, etc. »

Le gouverneur a renouvelé ses tracasseries au sujet de notre nourriture ; il a recommencé d'ignobles détails sur quelques bouteilles de vin, quelques livres de viande. Il veut bien aller à présent de 8,000 livres sterling, qui sont fixées par le gouvernement, jusqu'à 12,000, qu'il prononce lui-même indispensables ; mais il tient toujours à ce qu'on lui remette le surplus entre les mains, ou il menace de grands retranchements. *Il marchande notre existence.* L'Empereur, quand on a voulu lui en rendre compte, a répondu qu'on fît ce qu'on voudrait ; mais que sur toute chose on ne lui en parlât pas, qu'on le laissât tranquille.

Conversation confidentielle. — Lettres de madame de Maintenon et de madame de Sévigné.

Vendredi 6.

Le temps était presque aussi mauvais que la veille. L'Empereur, après sa toilette, a mené l'un de nous dans sa bibliothèque, où il s'est entretenu confidentiellement et longtemps sur des objets graves qui nous touchent vivement.

« Voilà plus d'un an, me disait-il, que nous sommes ici ; et nous en
« sommes encore comme au premier jour sur certains objets ; j'avoue
« même qu'ils restent encore dans le vague de mon esprit et que je n'ai
« rien d'arrêté à cet égard dans ma pensée. Cela me ressemble peu ;
« mais aussi quel découragement ne doit pas être le mien ! Que de coups
« la fortune et les hommes ont amassés sur ma tête ! j'en suis atteint de
« tous côtés et partout. La plaie m'en couvre tous les pores. Il n'est pas
« jusqu'à vous autres autour de moi, vous, mes fidèles et mes consola-
« teurs, qui n'y soyez pour quelque chose. Vos jalousies, vos dissenti-
« ments m'attristent et me gênent. — Sire, lui ai-je répondu, ce point
« devrait demeurer inaperçu de Votre Majesté, d'autant plus qu'au fond
« il est sans réalité pour ce qui la concerne. Notre jalousie n'est plus
« dès lors que de l'émulation, et tous dissentiments cessent à l'expres-
« sion de votre moindre désir. Nous ne vivons qu'en vous, nous agirons
« toujours ainsi qu'il vous plaira. Vous êtes pour nous *le Vieux de la*
« *Montagne;* aux crimes près, vous n'avez qu'à commander. — Eh bien,
« a dit l'Empereur, je vais m'y mettre sérieusement, et chacun aura sa
« tâche. » Alors il a dicté quelques notes, a gagné le jardin, où il a fait quelques tours seul, et de là est rentré chez lui.

L'Empereur n'est sorti de sa chambre qu'au moment de dîner. Il est revenu sur madame de Maintenon, qui était sa lecture du moment.

« Son style, sa grâce, la pureté de son langage, me ravissent, a-t-il dit ;
« je me raccommode. Si je suis violemment heurté par ce qui est mau-
« vais, j'ai une sensibilité exquise pour ce qui est bon. Je crois que je
« préfère les lettres de madame de Maintenon à celles de madame de
« Sévigné : elles disent plus de chose. Madame de Sévigné certainement
« restera toujours le vrai type, elle a tant de charmes et de grâce ; mais
« quand on a beaucoup lu, il ne reste rien. Ce sont des œufs à la neige
« dont on peut se rassasier sans charger son estomac. »

Plus tard, en parlant de grammaire, il a fait venir celle de Domai-
ron, qui avait été notre professeur à l'École militaire de Paris. Il la
parcourait avec plaisir. « Ce qu'est l'influence de la jeunesse, disait-il ;
« je soupçonne bien qu'elle n'est pas la meilleure des grammaires,
« mais elle n'en sera pas moins toujours pour moi celle qui aura
« le plus d'attraits; je ne l'ouvrirai jamais sans éprouver un certain
« charme, etc. »

Fautes des ministres anglais ; moyens laissés à l'Angleterre pour l'acquittement de sa dette, etc. —
Réductions du gouverneur.

Samedi 7

L'Empereur n'est pas sorti de la journée. Le gouverneur a paru sur le terrain avec un groupe nombreux. Nous avons fui à son approche. Plusieurs bâtiments ont été signalés.

Appelé chez l'Empereur, je l'ai trouvé occupé d'un ouvrage sur l'état de l'Angleterre ; ce point est devenu le sujet de la conversation. Il a beaucoup parlé de l'énormité de sa dette, de la gaucherie de la paix qu'elle avait conclue, des divers moyens qui s'offraient à elle pour se tirer d'affaire, etc.

Napoléon a essentiellement l'instinct de l'ordre, le besoin de l'har-
monie. J'ai connu quelqu'un qui, vivant dans les chiffres, confessait ne pouvoir entrer dans un salon sans y additionner irrésistiblement, tout aussitôt et de force, les personnes qu'il y apercevait ; à table, c'étaient les plats, les verres, etc., etc. Napoléon, dans une atmosphère plus noble, dans une région plus élevée, avait aussi son acte irrésistible ; c'était celui de mettre en marche le grand et de développer le beau. S'il s'occupait d'une ville, il suggérait aussitôt des améliorations, des embellissements, des monuments ; s'il s'arrêtait sur une nation, il traitait à l'instant des voies de son illustration, de sa prospérité, de sa gran-
deur, de ses meilleures institutions, etc. C'est ce que vingt traits qui précèdent auront déjà présenté à l'intelligence, à la sagacité de chacun.

Or l'Empereur, par les journaux, les ouvrages ou notre situation, était constamment ramené par la force des choses sur l'Angleterre. Il revenait donc souvent sur ce qu'elle avait dû faire, sur ce qui lui demeurait à entreprendre, sur ce qui pouvait lui procurer un avenir plus prospère, etc., etc. Je vais tâcher de recueillir ici quelque peu de ce que je lui ai entendu dire à cet égard en diverses occasions.

Un jour il disait : « Le système colonial que nous avons connu est « fini pour tous, pour l'Angleterre qui possède toutes les colonies, « comme pour les autres puissances qui n'en possèdent plus aucune. « L'empire des mers aujourd'hui appartient à l'Angleterre sans discus- « sion. Pourquoi, dans une situation toute nouvelle, continuerait-elle « une marche routinière? Pourquoi ne créerait-elle pas des combinai- « sons plus profitables? Il faut qu'elle imagine une espèce d'émancipa- « tion de ses colonies; aussi bien beaucoup lui échapperont avec le « temps, et c'est à elle à profiter du moment pour s'assurer des liens « nouveaux et des rapports plus avantageux. Pourquoi la plupart de ces « colonies ne seraient-elles pas sollicitées à acheter leur émancipation « de la mère patrie, au prix d'une quotité de la dette générale, qui de- « viendrait spécialement la sienne? La mère patrie s'allégerait de ses « charges, et n'en conserverait pas moins tous ses avantages. Elle con- « serverait pour liens la foi des traités, les intérêts réciproques, la simi- « litude du langage, la force de l'habitude; elle se réserverait d'ailleurs, « par forme de garantie, un seul point fortifié, une rade pour ses vais- « seaux, à la façon des comptoirs d'Afrique. Que perdrait-elle? rien : « et elle sauverait les embarras, les frais d'une administration qui ne « la font que trop souvent détester. Les ministres auraient, il est vrai, « quelques places de moins à donner; mais la nation recueillerait cer- « tainement davantage, etc.

« Je ne doute pas, ajoutait-il, qu'avec une connaissance approfondie « de la matière, on n'obtînt quelque résultat utile de ces idées brutes, « quelque erronées qu'elles pussent être à leur premier jet. Il n'est pas « jusqu'à l'Inde même dont il ne fût possible sans doute de tirer « quelque grand parti par quelques combinaisons nouvelles. Les Anglais « m'assurent ici que l'Angleterre n'en retire aucun bénéfice dans la ba- « lance de son commerce; les frais emportent tout ou dépassent même « encore : il ne reste donc que des gaspillages individuels et quelques « fortunes colossales; mais ce sont autant d'aliments pour le patronage « des ministres; et dès lors on se donnerait bien de garde d'y toucher. « Puis ces *nababs*, comme ils les appellent, en revenant en Angleterre,

« y sont autant de bonnes recrues pour la haute aristocratie. Peu im-
« porte qu'ils présentent le scandale d'une fortune acquise par les ra-
« pines et le brigandage; peu importe qu'ils influent fortement sur la
« morale publique, en animant chacun du désir des mêmes richesses
« poursuivies à tout prix ; les ministres actuels n'y regardent pas de si
« près : ce seront autant de votes pour eux, et plus ils seront pourris,
« plus ils seront faciles à gouverner. Et avec les choses de la sorte, le
« moyen d'attendre quelque réforme? Aussi, à la moindre proposition,
« vous voyez quels cris! car l'aristocratie anglaise veut bien journelle-
« ment gagner du terrain en avant; mais sitôt qu'on propose de la
« faire rétrograder d'un atome, elle n'y entend plus, et l'explosion est
« universelle. Si l'on touche aux plus minutieux détails, tout l'édifice
« va crouler! s'écrie-t-elle. C'est tout simple. Qu'on veuille arracher
« d'un vorace le morceau qu'il tient à la bouche, il le défendra en
« héros, etc. »

Une autre fois l'Empereur disait : « Après vingt ans de guerre, après
« tant de trésors prodigués, tant de secours fournis à la cause commune ;
« après un triomphe au-dessus de toute espérance, quelle paix pour-
« tant a signée l'Angleterre! Castlereagh a eu le continent à sa disposi-
« tion; quel grand avantage, quelles justes indemnités a-t-il stipulés
« pour son pays? il a fait la paix comme s'il eût été vaincu. Le misé-
« rable! je ne l'eusse guère plus maltraité si je fusse demeuré victorieux.
« Ou bien encore, serait-ce qu'il s'estimait assez heureux de m'avoir ren-
« versé?.... Dans ce cas, la haine m'a vengé. Deux forts sentiments ont
« animé l'Angleterre durant notre lutte : son intérêt national et sa haine
« contre ma personne. Au moment du triomphe, la violence de l'un lui
« aurait-il fait oublier l'autre? elle payerait cher ce moment de passion! »
Et il développait son idée, parcourant les diverses combinaisons qui démontraient les fautes de lord Castlereagh et les nombreux avantages qu'il
avait négligés. « Des milliers d'années s'écouleront, disait-il, avant qu'il
« ne se présente une telle occasion pour le bien-être, la véritable gran-
« deur de l'Angleterre. Est-ce donc de la part de lord Castlereagh igno-
« rance ou corruption? Ce lord Castlereagh a distribué noblement, à
« ce qu'il a cru, les dépouilles aux souverains du continent, et n'a rien
« réservé pour son pays ; mais n'a-t-il pas craint qu'on lui reprochât d'a-
« voir été là bien plutôt leur *commis* que leur *associé*? Il a fait don de
« territoires immenses : la Russie, la Prusse, l'Autriche ont acquis des
« millions de population. Où se trouve l'équivalent de l'Angleterre? elle
« qui pourtant avait été l'âme de ces succès, elle qui en avait payé tous

« les frais : aussi recueille-t-elle déjà le fruit de la reconnaissance du
« continent, et des bévues ou de la trahison de son négociateur. On
« continue mon système continental; on réprouve, on exclut les pro-
« duits de ses manufactures : au lieu de cela, pourquoi n'avoir pas
« bordé le continent de villes maritimes libres et indépendantes? celles,
« par exemple, de Dantzick, Hambourg, Anvers, Dunkerque, Gênes et
« autres, qui fussent demeurées les entrepôts obligés de ses manufac-
« tures, dont ils eussent inondé l'Europe en dépit de toutes les douanes
« du monde. Elle en avait le droit et le besoin; ses décisions eussent
« été justes : et qui s'y fût opposé au moment de la libération ? Pour-
« quoi s'être créé un embarras, et, avec le temps, un ennemi naturel,
« en unissant la Belgique à la Hollande, au lieu d'avoir ménagé deux
« immenses ressources à son commerce, en les tenant séparées? La
« Hollande, qui n'a point de manufactures, était le dépôt naturel de
« celles de l'Angleterre, et la Belgique, devenue colonie anglaise sous
« un prince anglais, eût été la route par laquelle on en eût constam-
« ment inondé la France et l'Allemagne. Pourquoi n'a-t-on pas plié
« l'Espagne et le Portugal à un traité de commerce à long terme, qui
« eût repayé de tous les frais qu'on a faits pour leur délivrance, et qu'on
« eût obtenu sans peine d'affranchir leurs colonies, dont, dans les deux
« cas, on eût fait tout le négoce ? Pourquoi n'a-t-on pas stipulé quelque
« avantage dans la Baltique et vis-à-vis les États d'Italie?. C'était là
« comme autant de droits régaliens de la souveraineté des mers. Après
« s'être battu longtemps pour en soutenir le droit, comment en négli-
« ger les bénéfices, quand elle se trouvait consacrée de fait? Est-ce
« qu'en sanctionnant l'usurpation chez les autres, l'Angleterre eût pu
« craindre qu'aucun osât se refuser à la sienne? Et qui l'eût pu? Je
« m'attendais à quelque chose de la sorte. Peut-être le regrettent-ils
« aujourd'hui qu'il est trop tard, car ils ne sauraient plus y revenir, ils
« ont manqué le moment unique !… Que de pourquoi encore j'aurais à
« multiplier !… Lord Castlereagh seul pouvait agir ainsi ; il s'est fait
« l'homme de la sainte-alliance : avec le temps, il sera maudit. Les
« Lauderdale, les Grenville, les Wellesley et autres, eussent traité bien
« différemment ; c'est qu'ils eussent été les hommes de leur pays, etc. »

L'Empereur disait encore une autre fois : « La dette est le ver rongeur
« de l'Angleterre ; c'est la chaîne de tous ses embarras, car c'est elle
« qui force à l'énormité des taxes. Celles-ci font hausser le prix des
« denrées; de là la misère du peuple, le haut prix du travail et celui
« des objets manufacturés, qui ne se présentent plus avec le même

« avantage sur les marchés de l'Europe. L'Angleterre doit donc com-
« battre à tout prix ce monstre dévorant ; il lui faut l'attaquer par tous
« les bouts à la fois, l'assommer par le *négatif* et le *positif* réunis,
« c'est-à-dire par la réduction de ses dépenses et l'accroissement de ses
« capitaux.

« Ne peut-elle pas réduire l'intérêt de sa dette, les hauts salaires, les
« sinécures, les dépenses de l'armée, renoncer à celle-ci pour s'en tenir
« à sa marine? enfin beaucoup d'autres choses encore que j'ignore et
« ne saurais fouiller ? Quant à l'accroissement de ses capitaux, ne peut-
« elle s'enrichir de tous les biens ecclésiastiques, qui sont immenses,
« qu'elle acquerrait par une salutaire réforme, et à l'extinction des titu-
« laires, ce qui ne blesserait personne ? Mais qu'on prononce un mot
« de la sorte, et toute l'aristocratie sera sous les armes et en campagne,
« et elle l'emportera ; car, en Angleterre, c'est elle qui gouverne, et
« c'est pour elle qu'on gouverne. Elle recourra à son adage habituel : si
« l'on touche le moindrement aux fondements antiques, le tout va s'é-
« crouler ; ce que la masse répète benoîtement, et toute réforme s'ar-
« rête, et tous abus demeurent, croissent, pullulent.

« Il est vrai de dire qu'en dépit d'une composition de détails odieux,
« surannés, ignobles, la constitution anglaise présente cependant le sin-
« gulier phénomène d'un heureux et beau résultat, et c'est ce résultat
« et tous ces bienfaits qui attachent la multitude craintive de les per-
« dre. Mais est-ce bien la nature condamnable des détails qui procure
« le résultat? Non, elle le ternit au contraire, et il resplendirait bien
« davantage si la grande et belle machine se désencombrait de ses vices
« parasites, etc., etc.

« Mais voyez après tout, continuait l'Empereur, où peut conduire
« pourtant le système des emprunts et combien il est dangereux; aussi
« n'y ai-je jamais voulu entendre chez nous, où les avis étaient partagés.
« J'y suis demeuré constamment et opiniâtrément opposé.

« On a dit dans le temps que je ne faisais point d'emprunt faute de
« crédit, parce que je n'eusse point trouvé de prêteurs; c'était faux.
« Ce serait bien peu connaître les hommes et l'agiotage que d'imaginer
« qu'en présentant des chances et l'appât du jeu, on n'eût pas toujours
« trouvé à remplir ses emprunts ; seulement, c'est que cela n'entrait pas
« dans mon système, et j'avais cherché à le consacrer comme base fon-
« damentale, en fixant par une loi spéciale le montant de la dette pu-
« blique à ce que l'on avait généralement pensé devoir être utile à la
« prospérité générale, à 80,000,000 de rente pour ma France dans sa

« plus grande étendue, et après la réunion de la Hollande, qui elle seule
« l'avait accrue de 20,000,000. Cette somme était raisonnable et utile ;
« toute autre plus forte devenait nuisible. Et qu'est-il arrivé de ce sys-
« tème ? Voyez quelles ressources j'ai laissées après moi ! La France,
« après tant de gigantesques efforts, après de si terribles désastres, ne
« demeure-t-elle pas la plus prospère ? Ses finances ne sont-elles pas les
« premières de l'Europe ? A qui et à quoi le doit-on ? J'étais si loin de
« vouloir manger l'avenir, que j'avais la résolution de laisser un tré-
« sor ; j'en avais même déjà un, et j'y puisais pour prêter à des maisons
« de banque, à des familles embarrassées, à des personnes placées auprès
« de moi.

« Non-seulement j'eusse maintenu avec soin la caisse d'amortisse-
« ment ; mais je comptais encore avoir, avec le temps, des caisses d'ac-
« tivité, dont les sommes croissantes eussent été consacrées aux travaux
« et améliorations publics. Il y aurait eu la caisse d'activité de l'empire
« pour les travaux généraux, la caisse d'activité des départements pour
« les travaux locaux, la caisse d'activité des communes pour les travaux
« municipaux, etc. »

Enfin, dans une autre occasion encore, l'Empereur disait gaiement :
« L'Angleterre est réputée pour trafiquer de tout ; que ne se met-elle à
« vendre de la liberté ? on la lui achèterait bien cher et sans lui faire
« banqueroute, car la liberté moderne est essentiellement morale et ne
« trahit pas ses engagements. Par exemple, que ne lui payeraient pas
« ces pauvres Espagnols pour se délivrer du joug sous lequel on vient
« de les rebâter ? Je suis sûr qu'on les y trouverait bien disposés, j'en
« ai les preuves ; et c'est pourtant moi qui aurai créé ce sentiment :
« encore ma bévue du moins aura-t-elle profité à quelqu'un. Quant aux
« Italiens, j'y ai implanté des principes qu'on ne déracinera plus ; ils
« fermenteront toujours. Qu'aurait de mieux à faire l'Angleterre au-
« jourd'hui que de donner la main à ces beaux mouvements de la régé-
« nération moderne ? Aussi bien faudra-t-il tôt ou tard qu'elle s'accom-
« plisse. C'est en vain que les souverains et les vieilles aristocraties
« multiplieraient leurs efforts pour s'y opposer ; c'est la roche de Sisy-
« phe qu'ils tiennent élevée au-dessus de leurs têtes : mais quelques bras
« se lasseront, et, au premier défaut, tout leur croulera dessus. Ne
« vaudrait-il pas mieux traiter à l'amiable ? c'était là mon grand projet.
« Pourquoi l'Angleterre se refuserait-elle à en avoir la gloire et à en re-
« cueillir le profit ? Tout passe, en Angleterre comme ailleurs. Le minis-
« tère Castlereagh passera, et celui qui lui succédera, héritier de tant

« de fautes, deviendra grand s'il veut seulement ne pas les continuer.
« Tout son génie peut se borner uniquement à laisser faire, à obéir
« aux vents qui soufflent; au rebours de Castlereagh, il n'a qu'à se
« mettre à la tête des idées libérales au lieu de se liguer avec le pouvoir
« absolu, et il recueillera les bénédictions universelles, et tous les torts
« de l'Angleterre seront oubliés. Cet acte était à la portée de Fox ; Pitt
« ne l'eût pas entrepris ; c'est que chez Fox le cœur échauffait le génie,
« au lieu que chez Pitt le génie desséchait le cœur. Mais j'entends un
« grand nombre me demander comment moi, tout-puissant, je n'ai point
« agi de la sorte? comment, parlant si bien, j'ai pu agir mal? Je ré-
« ponds à ceux qui sont de si bonne foi que rien ici ne saurait se com-
« parer. L'Angleterre peut opérer sur un terrain dont les fondements
« descendent aux entrailles de la terre; le mien ne reposait encore que
« sur du sable. L'Angleterre règne sur des choses établies ; moi j'avais
« la grande charge, l'immense difficulté de les établir. J'épurais une ré-
« volution en dépit des factions déçues. J'avais bien réuni en faisceaux
« tout le bien épars qu'on devait en conserver; mais j'étais obligé de
« les couvrir de mes bras nerveux pour les sauver des attaques de tous :
« et c'est dans cette attitude que je répète encore que véritablement la
« chose publique, *l'État, c'était moi.*

« Le dehors en armes fondait sur nos principes, et c'est précisément
« en leur nom que le dedans m'attaquait en sens opposé. Or, pour peu
« que je me fusse relâché, on m'eût bientôt ramené au temps du Direc-
« toire ; j'eusse été l'objet et la France l'infaillible victime d'un *contre-
« brumaire*. Nous sommes de notre nature si inquiets, si faiseurs, si
« bavards!... Qu'il arrive vingt révolutions, et nous aurons aussitôt
« vingt constitutions! C'est ce dont on s'occupe le plus, ce qu'on observe
« le moins. Ah! que nous avons besoin de grandir dans cette belle et
« glorieuse route! Nos grands hommes en ce genre se sont montrés si
« petits! Fasse le ciel que la jeunesse d'aujourd'hui profite de tant de
« fautes, et qu'elle se montre aussi sage qu'elle sera ardente!!! etc. »

Aujourd'hui le gouverneur a commencé ses grandes réductions. Il a fallu nous séparer de huit domestiques anglais qu'on nous avait donnés. C'était pour eux une vive douleur, et c'est pour nous un sentiment doux de voir que tous ceux qui nous approchent s'attachent à nous et nous regrettent. Nous manquons réellement du nécessaire journalier; pour y pourvoir, l'Empereur va faire vendre son argenterie; c'est sa seule ressource.

L'Empereur, ne pouvant s'endormir, m'a envoyé chercher vers

minuit. Le hasard ou l'instinct avait fait que je ne m'étais pas encore couché. Je suis resté à causer avec lui jusqu'à deux heures. . . . . .

Cour de l'Empereur. — Presentation des femmes, etc. — Sur l'âge des femmes. — Manuscrit de l'île d'Elbe.

Dimanche 8

L'Empereur m'a fait demander d'assez bonne heure; il achevait sa toilette. Il n'avait point dormi de la nuit; il se trouvait fort fatigué. Le temps était devenu supportable; il a demandé son déjeuner sous la tente. Pendant qu'on le disposait, il a fait quelques tours de jardin, et est revenu sur la conversation de la nuit dernière avec moi. . . . . .

Au déjeuner, il a fait appeler madame de Montholon, et de là nous sommes montés dans la calèche, dont l'Empereur n'avait pas fait usage depuis longtemps. Il y avait plusieurs jours qu'il avait à peine respiré l'air du dehors.

La conversation a été encore une fois sur la cour de l'Empereur aux Tuileries, la foule nombreuse qui la composait, l'adresse et l'esprit avec lesquels l'Empereur la passait en revue, etc. « C'est encore plus « difficile qu'on ne pense, disait-il, que de parler à une foule de per- « sonnes, et de leur rien dire, que de connaître multitude de monde, « dont les neuf dixièmes vous sont inconnus, etc. »

Plus tard, il faisait observer combien, après tout, il était tout à la fois aisé et difficile de l'approcher, d'avoir affaire à lui, de s'en faire juger; combien il tenait à peu avec lui de faire sa fortune ou de la manquer. « À présent que je suis hors de la question, disait-il, que me « voilà simple particulier, que je réfléchis en philosophe sur ce temps « où j'avais à faire les œuvres de la Providence, sans néanmoins cesser « d'être homme, je vois combien réellement le hasard entrait dans les « destinées de ceux que je gouvernais; combien la faveur, le crédit, « pouvaient être accidentels. L'intrigue est parfois si adroite, le mérite « si gauche, ces extrêmes se touchent de si près, que mon atmosphère, « avec la meilleure volonté du monde, devait être encore une véritable « loterie. Et pouvais-je faire mieux? Péchais-je par mes intentions, mes « efforts? D'autres ont-ils mieux fait? C'est surtout par là qu'il faut « me juger. Le vice est donc dans la nature du poste, dans la force des « choses. »

De là on a parlé de la présentation des femmes à la cour, de leur embarras, de leurs secrètes dispositions, des vues, des espérances de quelques-unes. Madame de Montholon a dévoilé le secret de certaines de sa connaissance; d'où il résultait que si, dans divers salons de Paris, on se récriait sur la brutalité des manières de l'Empereur, la dureté de ses paroles, la laideur de sa personne, d'autres cœurs mieux disposés, mieux informés, et bien différemment affectés, vantaient ailleurs la douceur de sa voix, la grâce de ses manières, la finesse de son sourire, et surtout sa fameuse main, belle, disait-on, jusqu'au ridicule.

Ces petits avantages, observait-on, mêlés à beaucoup de puissance, à beaucoup plus de gloire encore, pouvaient monter assez naturellement certaines têtes, créer certains romans. Aussi combien aux Tuileries aspiraient à plaire au maître! combien cherchaient à faire partager un sentiment qu'on éprouvait peut-être réellement soi-même!

L'Empereur riait de nos observations et de nos conjectures; et puis il convenait qu'à travers ces nuages d'affaires et d'encens, il avait cru plus d'une fois s'en apercevoir. Les moins timides, ou les plus vivement disposées, en avaient même parfois, disait-il, sollicité et obtenu des audiences. Nous en riions à notre tour, et disions que dans le temps elles avaient fourni matière à toute notre gaieté. Mais l'Empereur nous protestait sérieusement que cela avait été tout à fait à tort. Déjà dans une conversation particulière, à Briars, dans nos soirées du clair de lune, l'Empereur m'avait dit de même, et avait détruit tous les bruits d'alors, hormis un seul.

De là la conversation est tombée sur l'âge des femmes et leur répugnance à le laisser connaître. L'Empereur a été fort spirituel et très-piquant. On a cité une femme qui a mieux aimé perdre un procès très-considérable que d'avouer son âge. Il ne s'agissait que de produire son extrait baptistaire, et elle avait gagné; mais elle ne put jamais s'y déterminer.

On en a cité une autre qui aimait beaucoup un homme. Elle était convaincue qu'elle trouverait le bonheur en s'unissant avec lui, mais elle ne pouvait l'épouser qu'en montrant son acte de naissance; elle aima mieux y renoncer.

Enfin l'Empereur lui-même a cité une grande dame qui, en se mariant, avait trompé son mari de cinq ou six ans au moins, en imaginant de produire l'extrait baptistaire d'une sœur cadette morte depuis longtemps. « La pauvre Joséphine s'exposait pourtant là à de grands incon-
« vénients, disait l'Empereur, ce pouvait être réellement un cas de nul-
« lité de mariage. » Ces paroles nous ont donné la clef de certaines dates qui, dans le temps, aux Tuileries, exerçaient notre malignité et nos rires, et que nous expliquions alors par la seule galanterie et l'extrême complaisance de l'almanach impérial.

Sur les quatre heures, il a pris fantaisie à l'Empereur de marcher un peu. Je n'étais pas avec lui. Il avait été, nous disait-il au retour, jusqu'au jardin de la compagnie, où il avait rencontré de très-belles dames. « Mais je n'avais pas ma langue avec moi, ajouta-t-il en me mon-
« trant ; le vilain m'avait quitté, et rien n'a été plus fâcheux, car je n'a-
« vais jamais été mieux disposé, etc. »

Cette petite promenade n'a pas réussi à l'Empereur ; il en a rapporté une grande douleur de dents.

Un vaisseau venu du Cap est reparti pour l'Europe. Des généraux anglais qui s'y trouvaient passagers n'ont pu arriver jusqu'à l'Empereur, malgré leurs sollicitations réitérées. C'était une nouvelle méchanceté du gouverneur. Ces passagers étaient des hommes de marque, leurs rapports pouvaient avoir du poids. Le gouverneur, contre toute vérité, leur a dit que l'intention de Napoléon était de ne plus recevoir personne.

L'Empereur nous avait analysé, il y a quelque temps, un projet de dictée en quatorze chapitres (voyez plus haut, 27 août) qui m'avait vivement frappé par sa vérité, sa force, sa logique et sa dignité. J'y revenais souvent, depuis, quand je me trouvais seul avec lui ; il avait ri plus d'une fois de ma ténacité sur ce point, laquelle, me disait-il, ne m'était pas usuelle. Aujourd'hui il m'a dit qu'il avait enfin fait quelque chose, bien que ce ne fût pas en quatorze chapitres ni sur le sujet promis, mais qu'il faudrait m'en contenter ; et j'ai lu ce qu'il avait dicté, c'est certainement un morceau très-remarquable. Je ne pense pas que la révolution ait rien produit de plus serré, de plus fort sur la légalité des vingt-cinq dernières années en France, savoir : la république, le consulat et l'empire.

L'exposé des dix chapitres qui composent ce petit ouvrage, et le développement, peuvent être regardés comme un cadre parfait sur le sujet. La touche en est particulièrement simple et nerveuse ; leur ensemble compose une cinquantaine de pages.

J'ai compris que le fond de ses idées avait dû être le manifeste de l'Empereur lors de son débarquement de l'île d'Elbe. J'en vais transcrire littéralement ici, à peu de mots près, plusieurs chapitres qui serviront à en constater la source et l'authenticité.

CHAPITRE PREMIER.

Dans le seizième siècle, le pape, l'Espagne et les Seize veulent en vain élever sur le trône de France une quatrième dynastie.—Henri IV succède à Henri III sans interrègne ; il est vainqueur de la ligue ; cependant il ne peut régner qu'en se ralliant de bonne foi au parti de la majorité de la nation.

Henri IV fut proclamé roi à Saint-Cloud le jour même de la mort de Henri III : son autorité fut reconnue par toutes les églises protestantes et par une partie de la noblesse catholique. La sainte Ligue, qui s'était formée contre Henri III en haine des protestants et de l'assassinat du duc de Guise, était maîtresse de Paris et commandait aux cinq sixièmes du royaume. Elle se refusa à reconnaître Henri IV, mais ne proclama aucun autre maître. Son chef, le duc de Mayenne, exerça l'autorité sous le titre de lieutenant général du royaume. L'avénement de Henri IV ne changea rien aux formes adoptées par la Ligue pour exercer son pouvoir; chaque ville était gouvernée, comme dans des temps de troubles et de factions, par des autorités locales ou militaires. A aucune époque, même le lendemain de son entrée à Paris, Henri IV ne reconnut les actes de la Ligue, et jamais celle-ci n'en éleva la prétention. Aucune loi, aucun règlement n'est émané d'elle. Le parlement de Paris se divisa en deux partis : l'un tint pour les ligueurs et siégea à Paris; l'autre, pour Henri IV, se réunit à Tours. Mais les parlements n'enregistrèrent, ne firent que des actes judiciaires. Les provinces conservèrent leur organisation, leurs priviléges; elles restèrent intactes, gouvernées par leurs coutumes. Nous avons dit que la Ligue n'avait proclamé aucun autre maître; cependant elle reconnut un moment pour roi le cardinal de Bourbon, oncle de Henri; mais ce cardinal ne consentit point à seconder les projets des ennemis de sa maison. Henri, d'ailleurs, s'était saisi de sa personne : aucun acte n'émane de lui, et la Ligue continua à être gouvernée par l'autorité du duc de Mayenne, lieutenant général. Il n'y eut donc aucun interrègne entre Henri III et Henri IV. Plusieurs partis divisaient la Ligue : la Sorbonne avait décidé que les droits de naissance ne pouvaient conférer aucun droit à la couronne à un prince ennemi de l'Église; Rome avait déclaré que Henri IV, étant relaps, avait perdu ses droits pour toujours; qu'il ne pourrait les recouvrer, même quand il rentrerait dans le giron de l'Église. Henri IV, roi de Navarre, était né dans la religion réformée; au moment de la Saint-Barthélemi, il fut contraint d'épouser Marguerite de Valois et d'abjurer la réforme; mais aussitôt qu'il put s'éloigner de la cour et qu'il se trouva au milieu des religionnaires, sur la rive gauche de la Loire, il déclara que son abjuration avait été forcée, et rentra dans la communion protestante. Cette démarche le faisait caractériser relaps endurci; mais la majorité de la Ligue, tout ce qui avait des sentiments modérés, se rangea à l'opinion qu'il fallait sommer Henri de rentrer dans le sein de l'Église catholique, apostolique et romaine, et le reconnaître pour maître aussitôt qu'il aurait abjuré et reçu l'absolution des évêques.

Les ligueurs convoquèrent les états généraux du royaume à Paris ; les ambassadeurs d'Espagne y démasquèrent les projets de leur maître ; ils sollicitèrent les états d'élever sur le trône de France une quatrième dynastie ; puisque Henri et Condé, déclarés relaps, avaient perdu tous leurs droits à la couronne, la ligne masculine des Capets était éteinte. Ils réclamaient donc les droits de l'infante d'Espagne, fille de la sœur de Henri II, roi de France, et la première dans la ligne féminine ; et si la nation croyait être rentrée dans ses droits par l'extinction de la ligne masculine et pouvoir disposer du trône, ils insistaient encore pour que le choix tombât sur l'infante : on ne pouvait trouver une personne d'une plus grande maison, et la France devait de la considération aux efforts que Philippe II faisait pour soutenir la cause de la Ligue. Des troupes espagnoles étaient à Paris sous les ordres du duc de Mayenne ; l'infante épouserait un prince français ; ils désignèrent même le duc de Guise, fils de celui qui avait été assassiné à Blois. Une armée de cinquante mille Espagnols serait entretenue à Paris par la cour de Madrid, qui prodiguerait ses trésors et sa toute-puissance pour assurer le triomphe de cette quatrième dynastie. Les Seize appuyèrent ces propositions, sanctionnées par la cour de Rome et soutenues de tous les efforts du légat. Tout fut vain : l'esprit national s'indigna de voir une nation étrangère disposer du trône de France : la partie du parlement qui siégeait à Paris fit, les chambres assemblées, des remontrances au lieutenant général du royaume, duc de Mayenne, pour qu'il eût à veiller au maintien des lois fondamentales de la monarchie, et spécialement de la loi salique. Si les efforts de la faction d'Espagne l'eussent emporté, que les états généraux eussent déclaré les descendants de Hugues Capet déchus du trône, et eussent élevé une quatrième dynastie ; si celle-ci eût chassé Henri du royaume et eût été acceptée par la nation, sanctionnée par la religion, reconnue par les puissances de l'Europe, les droits de la troisième dynastie eussent été éteints.

Henri vainquit la Ligue à Arques et dans les plaines d'Ivry ; il assiégea Paris. Cependant il reconnut l'impossibilité de régner en France sans se ranger du parti de la nation. Il avait été vainqueur avec son armée toute française ; s'il avait sous ses ordres un petit corps d'Anglais, les ligueurs en avaient un plus considérable d'Espagnols et d'Italiens : ainsi, dans les deux partis, le combat avait été de Français contre Français, les étrangers n'y étaient qu'auxiliaires ; l'honneur et l'indépendance nationale n'étaient point compromis, de quelque côté que se fixât la victoire. *Ventre saint-gris! Paris vaut bien une messe!* fut le langage dont Henri se servit pour sonder l'opinion des Huguenots ; et lorsqu'il réunit au conseil de Beauvais les principaux des religionnaires pour délibérer sur le parti à prendre, la majorité, et surtout les meilleures têtes, conseillèrent au roi d'abjurer et de rentrer dans le parti de la nation. Henri abjura à Saint-Denis, il reçut l'absolution des évêques ; la capitale lui ouvrit ses portes, et son autorité fut reconnue de tout le royaume. Henri se rallia de bonne foi au parti national ; presque tous les emplois furent occupés par les ligueurs. Les religionnaires, ceux qui l'avaient constamment servi, et auxquels il devait ses victoires, firent entendre souvent leurs plaintes ; ils le taxèrent d'ingratitude ; cependant, malgré tous ces ménagements, la nation fut longtemps en défiance des intentions secrètes de Henri. *La caque sent toujours le hareng*, disait-on.

CHAPITRE II.

La république consacrée par la volonté du peuple, par la religion, par la victoire et par toutes les puissances de l'Europe.

Hugues Capet monta sur le trône par le choix du parlement, composé des seigneurs et des évêques, ce qui formait alors la nation. La monarchie française n'a jamais été absolue ; l'intervention des états généraux a toujours été nécessaire pour les principaux actes de la législation et pour octroyer de nouvelles impositions. Depuis, les parlements, se prétendant les états généraux au petit pied, secondés par la cour, usurpèrent les droits de la nation. En 1788, les parlements furent les premiers à le reconnaître ; Louis XVI convoqua en 1789 les états généraux, et la nation rentra dans l'exercice d'une portion de la souveraineté. L'Assemblée constituante donna à l'État une nouvelle constitution, qui fut sanctionnée de l'opinion de toute la France ; Louis XVI l'accepta et jura de la maintenir : l'Assemblée législative suspendit le roi : la Convention, formée des députés de toutes les assemblées primaires du royaume, et revêtue de pouvoirs spéciaux, déclara la monarchie abolie et créa la république. Tout ce qui tenait au parti royal quitta la France et appela le secours des armées étrangères. L'Autriche et la Prusse signèrent la convention de Pilnitz. Des armées autrichiennes et prussiennes, ayant avec elles l'armée des princes, commencèrent la guerre de la première coalition pour soumettre le peuple français. La nation tout entière courut aux armes : l'Autriche et la Prusse furent vaincues. Depuis, l'Autriche, l'Angleterre, la Russie formèrent la deuxième coalition : cette coalition fut détruite comme l'avait été la première. Toutes les puissances reconnurent la république :

1° La république de Gênes, par une ambassade extraordinaire, le 15 juin 1792.

2° La Porte, par la déclaration du 27 mars 1795.

3° La Toscane, par le traité du 9 février 1795.

4°. La Hollande, par le traité du 16 mai 1795.

5° La république de Venise, par une ambassade extraordinaire, le 30 décembre 1795.

6° Le roi de Prusse, par le traité signé à Bâle, le 5 avril 1795.

7° Le roi d'Espagne, par le traité signé à Bâle, le 22 juillet 1795.

8° Hesse-Cassel, par le traité du 28 juillet 1795.

9° La Suisse, par le traité du 19 août 1795.

10° Le Danemark, par la déclaration du 18 août 1795.

11° La Suède, par l'ambassade du 23 avril 1796.

12° La Sardaigne, par le traité de Paris, 28 avril 1796.

13° L'Amérique, par son ambassade extraordinaire du 30 décembre 1796.

14° Naples, par le traité du 10 octobre 1796.

15° Parme, par le traité du 5 novembre 1796.

16° Wurtemberg, par le traité du 7 août 1796.

17° Bade, par le traité du 22 août 1796.

18° La Bavière, par le traité du 24 juillet 1797.

19° Le Portugal, par le traité du 19 août 1797.

20° Le pape, par le traité signé à Tolentino le 19 février 1797.

21° L'empereur d'Allemagne, par le traité de Campo-Formio du 7 octobre 1797.

22° L'empereur de Russie, par le traité du 8 octobre 1801.

23° Enfin le roi d'Angleterre, par le traité signé à Amiens le 27 mars 1802.

Le gouvernement de la république envoya et reçut des ambassadeurs de toutes les puissances; le pavillon tricolore fut reconnu sur toutes les mers et dans tout l'univers. C'était comme souverain temporel que le pape avait traité à Tolentino avec la république; mais comme chef de la religion catholique, apostolique et romaine, il la reconnut et traita avec elle par le concordat signé à Paris le 18 avril 1802. La plupart des évêques qui avaient suivi le parti royal dans l'étranger se soumirent : ceux qui voulurent lui rester fidèles perdirent leurs siéges. La république, sanctionnée par l'universalité des citoyens, victorieuse par ses armées, reconnue par tous les rois, par toutes les puissances de l'univers, le fut également par toutes les religions, et notamment par l'Église catholique, apostolique et romaine.

Non-seulement toutes les puissances du monde reconnurent la république après la mort de Louis XVI, mais même aucune ne reconnut jamais de successeur à ce prince. Le procès de la troisième dynastie était donc terminé en 1800, tout comme ceux de la première et de la seconde. Les titres et les droits des Mérovingiens furent éteints par les titres et les droits des Carlovingiens; les titres et les droits des Carlovingiens furent éteints par les titres et les droits des Capétiens, tout comme les titres et les droits des Capétiens furent éteints par les titres et les droits de la république. Tout gouvernement légitime éteint les droits et la légitimité des gouvernements qui l'ont précédé. La république a donc été un gouvernement de fait et de droit, légitimé par la volonté de la nation, sanctionné par l'Église et par l'adhésion de l'univers.

CHAPITRE III

La révolution a fait de la France une nouvelle nation : elle a affranchi les Gaulois de la conquête des Francs; elle a créé de nouveaux intérêts et un nouvel ordre de choses, conformes au bien du peuple, à ses droits, à la justice, aux lumières du siècle.

La révolution française n'a pas été produite par le choc des deux familles se disputant le trône; elle a été un mouvement général de la masse de la nation contre les privilégiés. La noblesse française, comme celle de toute l'Europe, date de l'incursion des barbares qui se partagèrent l'empire romain. En France, les nobles représentaient les Francs et les Bourguignons; le reste de la nation, les Gaulois. Le règne féodal qui s'introduisit établit le principe que toute terre avait un seigneur. Tous les droits politiques furent exercés par les prêtres et les nobles, les paysans furent esclaves, partie attachés à la glèbe. La marche de la civilisation et des lumières affranchit le peuple. Ce nouvel état de choses fit prospérer l'industrie et le commerce; la majeure partie des terres, des richesses et des lumières était le partage du peuple dans le dix-huitième siècle. Les nobles cependant étaient encore une classe privilégiée : ils conservaient la haute et la moyenne justice, avaient des droits féodaux sous un grand nombre de dénominations et de formes diverses, jouissaient du privilége de ne supporter aucune des charges de la société, de posséder exclusivement les emplois les plus honorables. Tous ces abus excitaient les réclamations des citoyens. La révolution eut pour but principal de détruire tous les priviléges; d'abolir les justices seigneuriales, la justice étant un inséparable attribut de l'autorité souveraine; de supprimer les droits féodaux comme un reste de l'ancien esclavage du peuple; de soumettre également tous les citoyens et toutes les propriétés, sans distinction, aux charges de l'État. Enfin elle proclama l'égalité des droits. Tous les citoyens purent parvenir à tous les emplois, selon leurs talents et les chances de la fortune. Le royaume était composé de provinces qui avaient été réunies à la couronne plus ou moins tard : elles n'avaient entre elles aucunes limites naturelles; elles étaient différemment divisées, inégales en étendue et en population : elles avaient un grand nombre de coutumes ou lois particulières pour le civil comme pour le criminel, étaient plus ou moins privilégiées, très-inégalement imposées, soit par la quotité, soit par la nature des impositions, ce qui obligeait à les isoler les unes des autres par des lignes de douane. La France n'était pas un État; c'était la réunion de plusieurs États placés à côté les uns des autres sans amalgame. Les événements des siècles passés, le hasard, avaient déterminé le tout. La révolution, guidée par le principe de l'égalité, soit entre les citoyens, soit entre les diverses parties du territoire, détruisit toutes ces petites nations, et en forma une nouvelle : il n'y eut plus de Bretagne, de Normandie, de Bourgogne, de Champagne, de Provence, de Lorraine, etc.; il y eut une France. Une division de territoire homogène, prescrite par les circonstances locales, confondit les limites de toutes les provinces : même organisation judiciaire, même organisation administrative, mêmes lois civiles, mêmes lois criminelles, même organisation d'impositions : le rêve des gens de bien de tous les siècles se trouva réalisé. L'opposition que la cour, le clergé, la noblesse mirent à la marche de la révolution, et la guerre des puissances étrangères, amenèrent la loi de l'émigration, le séquestre des biens des émigrés, que, par la suite, on dut vendre pour subvenir aux besoins de la guerre. Une grande partie de la noblesse française se rangea sous la bannière des princes de la maison de Bourbon, et forma une armée qui marcha à côté des armées autrichiennes, prussiennes et anglaises; des gentilshommes, élevés dans l'aisance, servirent comme simples soldats : la fatigue et le feu en firent périr un grand nombre; beaucoup périrent de misère dans l'étranger : la guerre de la Vendée, celle de la chouannerie, les tribunaux révolutionnaires, en moissonnèrent des milliers. Les trois quarts de la noblesse française furent ainsi détruits : toutes les places civiles, judiciaires ou militaires, furent occupées par des citoyens sortis du sein du peuple. Le bouleversement que produisirent dans les personnes et les propriétés les événements de la révolution fut aussi grand que celui qui avait été opéré par les principes mêmes de cette révolution : il y eut une nouvelle Église; les diocèses de Vienne, de Narbonne, de Fréjus, de Sisteron, de Reims, furent remplacés par soixante nouveaux diocèses dont le territoire fut circonscrit dans le nouveau concordat par de nouvelles bulles appropriées à l'état actuel du territoire. La suppression des ordres religieux, la vente des couvents et de toutes les propriétés du clergé furent sanctionnées; celui-ci fut pensionné par l'État. Tout ce qui était le résultat des événements qui s'étaient succédé depuis Clovis cessa d'être. Tous ces changements étaient si avantageux au peuple, qu'ils s'opérèrent avec la plus grande facilité, et qu'en 1800 il ne restait plus aucun souvenir ni des anciens priviléges des provinces, ni de leurs anciens souverains, ni des anciens parlements et bailliages, ni des anciens diocèses; et pour remonter à l'origine de tout ce qui existait, il suffisait d'aller rechercher la loi nouvelle qui l'avait établi. La moitié du territoire avait changé de propriétaires; les paysans et les bourgeois s'en étaient enrichis. Les progrès de l'agriculture, des manufactures et de l'industrie, surpassèrent toutes nos espérances. La France présenta le spectacle de plus de trente millions d'habitants circonscrits dans des limites naturelles, ne composant qu'une seule classe de citoyens gouvernés par une seule loi, un seul règlement, un seul ordre. Tous ces changements étaient conformes au bien de la nation, à ses droits, à la justice et aux lumières du siècle.

CHAPITRE IV.

Le peuple français élève le trône impérial pour consolider tous les nouveaux intérêts. Cette quatrième dynastie ne succède pas immédiatement à la troisième, mais à la république. Napoléon a été sacré par le pape, reconnu par les puissances de l'Europe. Il a créé des rois. Il a vu marcher sous ses ordres les armées de toutes les puissances du continent.

Les cinq membres du Directoire se divisaient; les ennemis de la république se glissaient dans les conseils et portaient au gouvernement des hommes ennemis des droits du peuple. Cette forme de gouvernement maintenait l'État en fermentation, et les grands intérêts que les Français avaient conquis dans la révolution se trouvaient sans cesse compromis. Une voix unanime sortit du fond des campagnes, du milieu des villes et du sein des camps, demanda qu'en conservant tous les principes de république, on établit dans le gouvernement un système héréditaire qui mit les principes et les intérêts de la révolution à l'abri des factions et de l'influence de l'étranger. Le Premier Consul de la république, par la constitution de l'an VIII, l'était pour dix ans ; la nation avait prolongé sa magistrature pour sa vie ; elle l'éleva sur le trône, qu'elle rendit héréditaire dans sa famille. Les principes de la souveraineté du peuple, de la liberté, de l'égalité, de la destruction du régime féodal, de l'irrévocabilité des ventes des domaines nationaux, de l'indépendance des cultes, se trouvaient consolidés. Le gouvernement de la France, sous cette quatrième dynastie, était fondé sur les mêmes principes que la république : ce fut une monarchie constitutionnelle et tempérée. Il y avait autant de différence entre le gouvernement de la France sous cette quatrième dynastie et la troisième, qu'entre celle-ci et la république. La quatrième dynastie succéda à la république, ou plutôt n'en fut qu'une modification.

Aucun prince ne monta sur le trône avec des droits plus légitimes que Napoléon. Le trône fut déféré à Hugues Capet par quelques évêques et quelques nobles ; le trône impérial fut donné à Napoléon par la volonté de tous les citoyens, constatée trois fois d'une manière solennelle. Le pape Pie VII, chef de la religion catholique, apostolique et romaine, religion de la majorité des Français, passa les Alpes pour oindre l'Empereur de ses propres mains, et environné de tous les évêques de la France, de tous les cardinaux de l'Église romaine et des députés de tous les cantons de l'empire. Les rois s'empressèrent de le reconnaître : tous virent avec plaisir cette modification faite à la république, qui mettait la France en harmonie avec le reste de l'Europe, consolidait le bonheur et l'état de cette grande nation. Les ambassadeurs des empereurs d'Autriche et de Russie, ceux de Prusse, d'Espagne et de Portugal, de Turquie, d'Amérique, enfin de toutes les puissances, vinrent complimenter l'Empereur. L'Angleterre seule n'envoya personne, ayant violé le traité d'Amiens, et s'étant mise de nouveau en guerre avec la France ; mais elle-même approuva ces changements. Lord Whitworth, dans les négociations secrètes qui eurent lieu par l'intermédiaire du comte Malouet, et précédèrent la rupture de la paix d'Amiens, proposa, de la part de son gouvernement, de reconnaître Napoléon comme roi de France, s'il voulait accéder à la cession de Malte. Le Premier Consul répondit que si jamais le bien de la France devait exiger qu'il montât au trône, ce ne serait que par la libre et seule volonté du peuple français. Lorsque depuis lord Lauderdale se rendit à Paris en 1806 pour négocier la paix entre le roi d'Angleterre et l'Empereur, il échangea ses pouvoirs, comme le prouve le protocole des négociations, et négocia avec le plénipotentiaire de l'Empereur. La mort de Fox fit échouer les négociations de lord Lauderdale. Le ministère anglais fut maître d'empêcher la campagne de Prusse[1] et de prévenir la bataille d'Iéna. Lorsque, depuis, les alliés présentèrent à Chaumont, en 1814, un *ultimatum*, lord Castlereagh, en signant cet *ultimatum*, reconnut de nouveau l'existence de l'empire dans la personne et la famille de Napoléon ; et si celui-ci n'accepta pas les propositions du congrès de Châtillon, c'est qu'il crut n'être pas le maître de céder une partie de l'empire dont il avait juré à son couronnement de maintenir l'intégrité.

Les électeurs de Bavière, de Wurtemberg, de Saxe, furent créés rois par l'Empereur.

Les armées saxonnes, bavaroises, wurtembergeoises, badoises, hessoises, combattirent avec les armées françaises. Les armées russes et françaises combattirent ensemble, dans la guerre de 1809 contre l'Autriche. Depuis, l'empereur d'Autriche conclut à Paris, en 1812, une alliance avec Napoléon, et le prince de Schwartzemberg commanda sous ses ordres le contingent autrichien dans la campagne de Russie, où il acquit le grade de feld-maréchal, sur la demande de la France. Un traité semblable d'alliance fut conclu à Berlin, et l'armée prussienne fit cette même campagne de Russie avec l'armée française.

Les plaies que la révolution a faites, l'Empereur les a cicatrisées : tous les émigrés rentrèrent, et cette liste de proscription fut anéantie. Ce prince eut la gloire la plus douce, celle de rappeler ainsi dans leur patrie et de réorganiser plus de vingt mille familles : leurs biens non vendus leur furent rendus ; et, passant entièrement l'éponge sur le passé, les individus de toutes les classes, quelle qu'eût été leur conduite, furent également appelés à tous les emplois. Les familles qui devaient leur illustration aux services qu'elles avaient rendus aux Bourbons, celles qui leur avaient été les plus dévouées occupèrent des places à la cour, dans l'administration et dans l'armée. On avait oublié toutes les dénominations ; il n'y avait plus d'aristocrates, de jacobins, et l'établis-

---

[1] Pendant que lord Lauderdale était à Paris et négociait avec les plénipotentiaires de l'Empereur, la Prusse courut aux armes et prit une attitude hostile. Lord Lauderdale paraissait ne point approuver cette conduite, et croire la lutte fort inégale. Instruit que l'Empereur se préparait à se mettre à la tête de l'armée, il demanda si l'Empereur consentirait à retarder son départ et à s'arranger avec la Prusse, si l'Angleterre acceptait la base de la négociation, c'est-à-dire l'*uti possidetis* de part et d'autre, en y comprenant le Hanovre. La discussion était sur le Hanovre, que l'Angleterre voulait recouvrer indépendamment de cette base. Par la réponse du cabinet de Saint-James, lord Lauderdale fut rappelé : l'Empereur partit pour la bataille d'Iéna eut lieu ; Fox était mort alors.

Nous avons été, à cette époque, témoins oculaires des regrets et de la répugnance qu'avait le monarque français pour la guerre de Prusse ; il était disposé à laisser à cette puissance le Hanovre, et à reconnaître une confédération du nord de l'Allemagne. Il sentait que la Prusse n'ayant jamais été ni battue ni humiliée par la France, était tout entière, n'avait aucun intérêt contraire aux siens, mais qu'une fois vaincue, il faudrait la détruire.

sement de la Légion d'honneur, qui fut la récompense des services militaires, civils et judiciaires, réunit à côté l'un de l'autre le soldat, le

savant, l'artiste, le prélat et le magistrat; c'était comme le signe de réunion de tous les états, de tous les partis.

CHAPITRE V.

Le sang de la dynastie impériale est mêlé avec celui de toutes les maisons souveraines de l'Europe, celles de Russie, de Prusse, d'Angleterre, d'Autriche.

La maison impériale de France contracta des alliances avec toutes les familles souveraines de l'Europe. Le prince Eugène Napoléon, fils adoptif de l'Empereur, épousa la fille aînée du roi de Bavière, une des princesses les plus distinguées de son temps par sa beauté et par ses qualités morales. Cette alliance, contractée à Munich le 14 janvier 1806, remplit de bonheur la nation bavaroise. Le prince héréditaire de Bade, beau-frère de l'empereur de Russie, demanda en mariage la princesse Stéphanie, fille adoptive de l'empereur Napoléon; ce mariage se célébra à Paris, le 7 avril 1806. Le prince Jérôme Napoléon a épousé, le 22 août 1807, la fille aînée du roi de Wurtemberg, cousine germaine de l'empereur de Russie, du roi d'Angleterre et du roi de Prusse. D'autres alliances de cette nature furent contractées avec des princes souverains d'Allemagne, de la maison d'Hohenzollern. Ces mariages sont heureux ; de tous sont nés des princes et princesses qui en transmettront le souvenir aux générations futures.

Lorsque les intérêts de la France et de l'empire portèrent l'Empereur et l'impératrice Joséphine à rompre les liens qui leur étaient également chers, les plus grands souverains de l'Europe briguèrent l'alliance de Napoléon : sans des difficultés religieuses, et les retards occasionnés par la distance, il est probable qu'une princesse de Russie aurait occupé le trône de France. L'archiduchesse Marie-Louise, mariée à l'empereur Napoléon par procuration donnée au prince Charles, à Vienne, le 11 mars 1810, et à Paris le 2 avril suivant, monta sur le trône de France. Ce mariage combla de joie les peuples de la France et de l'Autriche. Aussitôt que l'empereur d'Autriche eut appris à Vienne qu'il était question du mariage de l'empereur Napoléon, il témoigna sa surprise qu'on ne pensât pas à sa maison. Il n'était question que d'une princesse de Russie ou de Saxe. L'empereur François s'en expliqua avec le comte de Narbonne, gouverneur de Trieste, qui dans ce moment était à Vienne. Des instructions à ce sujet avaient été envoyées par le cabinet de Vienne au prince de Schwartzemberg, son ambassadeur à Paris. Un conseil privé fut convoqué aux Tuileries, en février 1810; le ministre des relations extérieures y communiqua les dépêches du duc de Vicence, ambassadeur en Russie : il en résultait que l'empereur Alexandre était très-disposé à donner sa sœur, la grande-duchesse Anne, mais paraissait attacher de l'importance à ce qu'il lui fût accordé le public exercice de son culte et une chapelle du rite grec. Les dépêches de Vienne firent connaître les insinuations et les désirs de cette cour. Il y eut partage d'opinions : l'alliance de la Russie, celle de la Saxe, celle de l'Autriche, furent appuyées. Le vote de la majorité du conseil fut pour le choix d'une archiduchesse d'Autriche. Comme le prince Eugène avait été le premier à ouvrir cette opinion, l'Empereur, levant la séance à deux heures du matin, l'autorisa à en faire l'ouverture au prince de Schwartzemberg : il autorisa en même temps le ministre des relations extérieures à signer, dans la journée, avec l'ambassadeur d'Autriche, les conventions du mariage; et pour lever toutes difficultés pour les détails, il l'autorisa à signer, mot pour mot, le même contrat que celui de Louis XVI et de l'archiduchesse Marie-Antoinette. Le prince Eugène vit dès le matin le prince de Schwartzemberg; le contrat fut signé dans la journée : le courrier qui porta cette nouvelle à l'empereur d'Autriche le surprit agréablement. Les circonstances particulières de la signature du contrat de mariage firent penser à l'empereur Alexandre qu'il avait été joué par la cour des Tuileries ; qu'elle avait à la fois mené de front deux négociations. Il se trompait : la négociation avec Vienne commença et finit dans un jour[1]. La naissance d'aucun prince ne produisit plus d'ivresse dans une nation et plus d'effet dans l'Europe, que la naissance du roi de Rome : au premier coup de canon annonçant la délivrance de l'impératrice, tout Paris resta en suspens, dans les promenades, dans les rues, dans l'intérieur des maisons, dans les assemblées publiques. La population tout entière fut occupée à compter le nombre de coups de canon ; le vingt-deuxième excita l'ivresse générale : il était d'usage de tirer vingt-un coups de canon pour la naissance d'une princesse, et cent un pour celle d'un prince. Toutes les puissances de l'Europe s'empressèrent d'envoyer les plus grands seigneurs de leurs cours pour complimenter l'Empereur. L'empereur de Russie envoya son ministre de l'intérieur ; l'empereur d'Autriche, le comte Clary, l'un des grands officiers de sa couronne : il apporta au jeune roi le collier en diamants de tous les ordres de la monarchie autrichienne. Le baptême du roi de Rome fut

[1] Le bruit est assez généralement répandu que le mariage de l'archiduchesse Marie-Louise avec l'empereur Napoléon a été un des articles secrets du traité de Vienne : cette opinion n'est pas fondée. Le

célébré en présence de tous les évêques et des députés de toutes les contrées de l'empire et avec toute la pompe souveraine. L'empereur d'Autriche, parrain du jeune roi, se fit représenter par l'archiduc Ferdinand, son frère, grand-duc de Wurtzbourg, aujourd'hui grand-duc de Toscane.

CHAPITRE VI.

Qui donne occasionnellement la campagne de Saxe ¹, démontre que la ligue de 1813 était, dans son objet, étrangère à la restauration.

Les victoires de Lutzen et de Wurschen, les 2 et 22 mai 1813, avaient rétabli la réputation des armes françaises ; le roi de Saxe avait été ramené triomphant dans sa capitale ; l'ennemi avait été chassé de Hambourg ; un des corps de la grande armée était aux portes de Berlin, et le quartier impérial était à Breslau. Les armées russes et prussiennes, découragées, n'avaient plus d'autre parti que de repasser la Vistule, quand l'Autriche, intervenant dans les affaires, conseilla à la France de signer une suspension d'armes. L'Empereur retourna à Dresde ; celui d'Autriche quitta Vienne, et se rendit en Bohême ; celui de Russie et le roi de Prusse s'établirent à Schweidnitz. Les pourparlers commencèrent, le comte de Metternich proposa le congrès de Prague : il fut accepté ; ce n'était qu'un simulacre. La cour de Vienne avait déjà pris des engagements avec la Russie et la Prusse ; elle allait se déclarer au mois de mai, quand les succès inattendus de l'armée française l'obligèrent à marcher avec plus de prudence. Quelques efforts qu'elle eût faits, son armée était encore peu nombreuse, mal organisée et peu en état d'entrer en campagne. Le comte de Metternich demanda les provinces illyriennes, la moitié du royaume d'Italie, c'est-à-dire, Venise jusqu'au Mincio, la Pologne, et la renonciation de l'Empereur au protectorat de l'Allemagne et aux départements de la 32ᵉ division militaire.

---

traité de Vienne est du 15 octobre 1809, et le contrat de mariage a été signé à Paris, le 7 février 1810.

Tous les individus qui ont assisté au conseil privé du 1ᵉʳ février peuvent affirmer que les circonstances du mariage sont telles qu'elles sont rapportées ci-dessus ; qu'il n'était nullement question de l'alliance de la maison d'Autriche avant la lecture des dépêches du comte de Narbonne, et que le mariage avec l'archiduchesse Marie-Louise fut proposé, discuté et décidé dans le conseil et signé dans les vingt-quatre heures.

Les membres du conseil étaient : l'Empereur, les grands dignitaires de l'empire, les grands officiers de la couronne, tous les ministres, le président du Sénat, celui du corps législatif et les ministres d'État, présidents des sections du Conseil d'État ; total, vingt-cinq.

¹ Je n'ai pas voulu supprimer ce résumé de la campagne de Saxe, bien que le même sujet se trouvât déjà traité. Si quelques-uns le considèrent comme une répétition, d'autres le trouveront une comparaison, une vérification ; car l'un des récits provient des documents publiés en Europe, tandis que l'autre a été dicté à Sainte-Hélène par Napoléon lui-même.

Ces conditions excessives n'étaient mises en avant que pour être refusées. Le duc de Vincence se rendit au congrès de Prague. Le choix du plénipotentiaire russe, le baron d'Anstetten, fit entrevoir que ce n'était point la paix que voulait la Russie, mais donner le temps à l'Autriche de terminer ses préparatifs militaires. En effet, le mauvais augure qu'on avait tiré du choix de ce négociateur se confirma ; il ne voulut entrer dans aucune conférence ; l'Autriche, qui s'était prétendue médiatrice, déclara son adhésion à la coalition, quand son armée fut prête, sans même avoir exigé l'ouverture d'une seule séance ou rédigé un seul protocole. Ce système de mauvaise foi et de contradictions perpétuelles entre les actions, les paroles et les actes publics, fut constamment suivi par la cour de Vienne à cette époque. La guerre recommença. La victoire éclatante remportée par l'Empereur à Dresde, le 27 août 1813, sur l'armée commandée par les trois souverains, fut aussitôt suivie par les désastres que les manœuvres de Macdonald en Silésie firent éprouver à son armée, et par la perte de Vandamme en Bohême. Cependant la supériorité restait encore du côté de l'armée française, qui s'appuyait aux places de Torgau, Wittemberg et Magdebourg. Le Danemark avait conclu un traité d'alliance offensive et défensive, et son contingent augmentait l'armée de Hambourg. En octobre, l'Empereur quittait Dresde pour se porter sur Magdebourg par la rive gauche de l'Elbe, afin de tromper l'ennemi. Son projet était de repasser l'Elbe à Wittemberg, et de marcher sur Berlin. Plusieurs corps de l'armée étaient déjà arrivés à Wittemberg, et les ponts de l'ennemi, à Dessau, avaient été détruits, lorsqu'une lettre du roi de Wurtemberg annonça que le roi de Bavière avait subitement changé de parti, et que, sans déclaration de guerre ni avertissement préalable, les deux armées autrichiennes et bavaroises, cantonnées sur les bords de l'Inn, s'étaient réunies en un seul camp ; que ces quatre-vingt mille hommes, sous les ordres du général Wrède, marchaient sur le Rhin ; que lui, contraint par la force de cette armée, était obligé d'y joindre son contingent, et qu'il fallait s'attendre que bientôt cent mille hommes cerneraient Mayence ; que les Bavarois avaient fait leur cause de celle de l'Autriche. A cette nouvelle inattendue, l'Empereur crut devoir changer le plan de campagne qu'il avait médité depuis deux mois, pour lequel on avait disposé les forteresses et les magasins, et qui était de jeter les alliés entre l'Elbe et la Saale, et, sous la protection des places et magasins de Torgau, Wittemberg, Magdebourg et Hambourg, d'établir la guerre entre l'Elbe et l'Oder (l'armée française possédait sur cette rivière les places de Globau,

Custrin et Stettin), et, selon les circonstances, débloquer les places de la Vistule, Dantzick, Thorn et Modlin. Il y avait à espérer un tel succès de ce vaste plan, que la coalition en eût été désorganisée, tous les princes de l'Allemagne confirmés dans leur fidélité et dans l'alliance de la France. On espérait que la Bavière tarderait quinze jours à changer de parti, et alors on était assuré qu'elle n'en aurait pas changé. Les armées se rencontrèrent sur les champs de bataille de Leipsick le 16 octobre. L'armée française fut victorieuse, l'armée autrichienne battue et chassée de toutes ses positions; l'un des généraux commandant un des corps, le comte de Merfeld, fut fait prisonnier. Le 18, malgré l'échec éprouvé le 16 par le duc de Raguse, la victoire était encore aux Français, lorsque l'armée saxonne tout entière, ayant une batterie de soixante bouches à feu, occupant une des positions les plus importantes de la ligne, passa à l'ennemi et tourna ses canons contre la ligne française. Une trahison aussi inouïe devait entraîner la ruine de l'armée et donner aux alliés tous les honneurs de la journée. L'Empereur accourut en toute hâte avec la moitié de sa garde, repoussa, chassa de leurs positions les

Saxons et les Suédois. La journée du 18 se termina; l'ennemi fit un mouvement rétrograde sur toute la ligne, et prit ses bivouacs en arrière

du champ de bataille qui resta aux Français. Dans la nuit, l'armée française commença un mouvement pour se placer derrière l'Elster et se trouver en communication directe avec Erfurt, d'où elle attendait les convois de munitions dont elle avait besoin. Elle avait tiré plus de cent cinquante mille coups de canon dans les journées des 16 et 18. La trahison de plusieurs corps allemands de la confédération, entraînés par l'exemple donné la veille par les Saxons, l'accident du pont de Leipsick, qui sauta à contre-temps, firent que l'armée, quoique victorieuse, éprouva par ces funestes événements les pertes résultant ordinairement des journées les plus désastreuses. Elle repassa la Saale au pont de Weissenfeld; elle devait s'y rallier, y attendre et recevoir des munitions d'Erfurt, qui en était abondamment approvisionné, lorsque l'on eut des nouvelles de l'armée austro-bavaroise. Elle avait fait des marches forcées; elle était arrivée sur le Mein, il fallut donc marcher à elle. Le 30 octobre, l'armée française la rencontra rangée en bataille en avant de Hanau, interceptant le chemin de Francfort. Quoique forte, et occupant de belles positions, elle fut culbutée, mise en déroute complète, chassée de Hanau,

qu'occupa le comte Bertrand. Le général de Wrède fut blessé. L'armée française continua son mouvement de retraite derrière le Rhin, et repassa ce fleuve le 2 novembre. Des pourparlers eurent lieu : le baron de Saint-Aignan fut à Francfort ; il eut des conférences avec les comtes de Metternich, de Nesselrode et lord Aberdeen, et arriva à Paris porteur de paroles de paix sur les bases suivantes : — Que l'Empereur renoncerait au protectorat de la confédération du Rhin, à la Pologne et aux départements de l'Elbe, mais que la France resterait entière dans ses limites des Alpes et du Rhin, la Hollande y compris, et qu'on discuterait une frontière en Italie, qui devrait séparer la France des États de la maison d'Autriche. L'Empereur adhéra à ces bases ; mais le congrès de Francfort était une ruse mise en avant comme le congrès de Prague, dans l'espoir que la France refuserait. On voulait avoir un nouveau texte de manifeste pour travailler l'esprit public ; car, au moment où ces propositions conciliatrices étaient faites, l'armée alliée violait la neutralité des cantons et entrait en Suisse. Cependant les alliés firent connaître enfin leur véritable intention ; ils désignèrent Chatillon-sur-Seine, en Bourgogne, pour la tenue du congrès. Les batailles de Champaubert, de Montmirail et de Montereau détruisirent les armées de Blucher et de Witgenstein ; on ne négocia pas à Chatillon ; les puissances coalisées y présentèrent un *ultimatum* dont les conditions étaient : 1° l'abandon de toute l'Italie, de la Belgique, de la Hollande et des départements du Rhin ; 2° l'obligation, pour la France, de rentrer dans les limites qu'elle avait avant 1792. L'Empereur rejeta cet *ultimatum*; il consentait à faire aux circonstances le sacrifice de la Hollande et de l'Italie, mais se refusa à abandonner les limites des Alpes et du Rhin, la Belgique, spécialement Anvers. Les trahisons firent triompher les coalisés, malgré les victoires d'Arcis et de Saint-Dizier. Jusqu'alors ils n'avaient manifesté aucune prétention de s'immiscer dans les affaires intérieures de la France, ce que constate l'*ultimatum* de Chatillon, signé par l'Angleterre, l'Autriche, la Russie et la Prusse, lorsque plusieurs émigrés rentrés se réveillèrent à la vue des armées autrichiennes russes et prussiennes, dans les rangs desquelles ils avaient longtemps porté les armes : ils crurent le moment arrivé de voir leurs rêves se réaliser ; les uns arborèrent la cocarde blanche, les autres la croix de Saint-Louis. Ils furent désapprouvés par les souverains alliés ; Wellington même désavoua à Bordeaux, quoiqu'il les favorisât secrètement, tous ceux qui voulaient relever les enseignes de la maison de Bourbon. Dans toutes les transactions qui détachèrent la Prusse de l'alliance de la France et la réunirent à la Russie, au traité de Kalich ; dans celui qui réunit l'Autriche à cette coalition ; dans tous les actes diplomatiques publics et secrets qui se sont succédé jusqu'au traité de Chatillon ; dans celui-là même, fait en France en février 1814, les alliés ne songèrent jamais aux Bourbons.

Les *chapitres* VII, VIII, IX disent et démontrent que les Bourbons, au retour, eussent dû commencer une cinquième dynastie et ne pas vouloir continuer la troisième. Le premier système eût rendu tout facile, le second a tout compliqué.

Le Xe *chapitre* enfin termine par une image de quelques lignes qui donne toute la magie du retour du 20 mars. Ces derniers chapitres renferment ce qu'il y a de plus nerveux, de plus serré, mais les applications sont directes, souvent même personnelles. J'ai supprimé les développements, je n'ai pas voulu qu'on pût m'accuser, en toute raison, de reproduire un plaidoyer hostile.

Mon ménage.—Intention de l'Empereur dans ses prodigalités, etc.

Lundi 9 au mardi 10

L'Empereur a passé une mauvaise nuit. Il m'a fait appeler de bonne heure, et m'a dit être assommé, tué. Il n'avait pu reposer et avait eu de la fièvre. Il a continué d'être souffrant ces deux jours. Il a passé presque tout le temps sur son canapé, et les soirées près du feu. Il n'a pu manger, et s'est contenté de boire de la limonade cuite. Je l'ai à peine quitté tout ce temps, l'ayant soigné plusieurs fois de mes propres mains. Il a sommeillé à divers intervalles, et le reste du temps il causait ou me questionnait sur une foule de différents objets. Une fois il s'est arrêté sur les dépenses de nos sociétés de Paris. Il a passé de là à mon ménage, et a voulu en connaître les plus minutieux détails.

Quand il m'a entendu dire que je n'avais que 20,000 francs annuels, dont 15 à moi et 5 de traitement de son Conseil d'État, il s'est écrié : « Mais vous étiez donc fou ? Comment avez-vous osé approcher des Tui- « leries avec un aussi mince revenu ? Les dépenses y étaient énormes ; « vous me faites frémir ! — Sire, je n'y étais pourtant pas différemment « des autres, et je n'ai jamais rien demandé à Votre Majesté. — Je ne dis « pas cela, mais vous deviez être ruiné en moins de quatre ou cinq ans. — « Non, Sire, j'avais passé la plus grande partie de ma vie dans l'émigra- « tion ; j'avais constamment vécu de privations, je demeurais encore, « à fort peu de chose près, de même. Il est bien vrai qu'en dépit de « toute mon économie, je mangeais encore 7 ou 8,000 francs de mon « capital chaque année ; mais, Sire, voici quel avait été mon calcul : il

« était reconnu qu'auprès de vous, avec du zèle, de la bonne volonté,
« tôt ou tard on attirait votre attention, et vos regards arrêtés, la for-
« tune était faite. Or, j'avais encore quatre à six ans à poursuivre cette
« chance, au bout desquels, si les bienfaits n'arrivaient pas, je brisais
« avec les illusions de ce monde, et me retirais en province, seulement
« avec 10 ou 12,000 livres de rente, il est vrai, mais bien plus riche
« cependant que je ne l'avais jamais été à Paris. — Eh bien ! disait l'Em-
« pereur, ce calcul, au fait, n'était pas mauvais, et vous aviez atteint, je
« crois, l'instant de la rentrée de vos fonds. N'avais-je pas commencé à
« faire quelque chose pour vous ? — Oui, Sire. — Et, si cela n'a pas été
« plus prompt ou plus brillant, la faute en a été uniquement à vous ;
« vous n'aviez pas su profiter, je crois vous l'avoir dit. »

Tout cela l'a conduit à revenir sur les sommes énormes qu'il avait répandues autour de lui ; et, s'animant par degré, il a dit : « Il serait
« difficile de les évaluer ; on a dû plus d'une fois m'accuser de prodiga-
« lité, et j'ai la douleur de voir que cela n'a guère profité dans aucun.
« Certainement il faut qu'il y ait eu fatalité de ma part, ou vice essen-
« tiel dans les personnes choisies. Quelle contrariété n'a pas dû être la
« mienne ! car on ne saurait croire que tout cela fût pour ma vanité per-
« sonnelle. Je n'étais pas d'humeur à donner le spectacle d'un roi d'A-
« sie ; je n'agissais ni par faiblesse ni par caprice ; tout en moi était cal-
« cul. Quelque tendresse que j'eusse pour les individus, je n'avais pas
« prétendu les gorger pour leurs beaux yeux ; j'avais voulu fonder en
« eux de grandes familles, de vrais points de ralliement, en un mot, des
« drapeaux dans les grandes crises nationales. Les grands officiers qui
« m'entouraient, tous mes ministres, ont souvent reçu de moi, indé-
« pendamment de leurs énormes appointements, des gratifications fré-
« quentes, parfois des services complets d'argenterie, etc. Or, quelles
« étaient mes vues dans ces profusions ? J'exigeais qu'ils tinssent mai-
« son, qu'ils donnassent de grands dîners, qu'ils eussent des bals bril-
« lants ; et pourquoi tout cela ? pour fondre les partis, cimenter les
« unions nouvelles, briser les vieilles aspérités, créer une société, des
« mœurs, leur donner une couleur. Si j'ai conçu souvent de grandes et
« bonnes pensées, elles allaient toujours avorter où je les déposais, car
« aucun de ces premiers personnages n'a jamais tenu de véritable mai-
« son. S'ils donnaient à dîner, ils s'invitaient entre eux ; et quand je me
« rendais à leurs bals fastueux, qu'y trouvais-je ? toute ma cour des Tui-
« leries ; pas une figure nouvelle, pas un de ces blessés, de ces revêches
« boudant à l'écart, et qu'un peu de miel eût ramenés au bercail. Ils ne

« savaient pas me comprendre ou ne le voulaient pas ; j'avais beau me
« fâcher, vouloir, ordonner, le tout n'en continuait pas moins ; c'est que
« je ne pouvais être partout et toujours · ils le savaient bien, et pourtant
« j'ai passé pour avoir une main de fer. Que dois-je donc être avec les
« débonnaires, etc., etc. ? »

Petitesse de son lit — Le tic revenu. — Gardes de l'Aigle. — Le coucou

Mercredi 11.

L'Empereur a continué de souffrir. Je l'ai trouvé fort abattu, et faisant changer son lit de place. Ce lit, si longtemps le fidèle compagnon de ses victoires, n'était plus aujourd'hui que son grabat de douleur. L'Empereur, dans sa souffrance, se plaignait qu'il fût trop petit pour sa personne ; il trouvait à peine à s'y remuer, mais l'espace de sa chambre n'en comportait pas de plus grand. Il l'a fait porter dans son cabinet, à côté d'un petit lit de repos ou canapé, de manière à ce que, assujettis ensemble, ils lui composassent un lit plus spacieux. Voilà pourtant à quoi il en est réduit ! ! !... L'Empereur, revenu sur son canapé, s'est mis à causer. Parlant de son avénement au consulat, et de l'effroyable désordre qu'il avait rencontré dans toutes les branches du service public, il disait qu'il avait été tenu à de nombreuses épurations immédiates qui avaient beaucoup fait crier, mais qui pourtant n'avaient pas peu contribué à resserrer tous les liens sociaux. Cette épuration s'était étendue jusqu'à l'armée, parmi les officiers, les généraux mêmes, dont plusieurs l'étaient devenus Dieu sait par qui, disait-il, et Dieu sait comment. A ce sujet, je me suis permis de lui citer une anecdote de ce temps, qui avait fort amusé le cercle où je passais ma vie. Un de nous, et malveillant ainsi que je l'étais alors moi-même, s'était trouvé dans une de ces petites voitures de Versailles avec un soldat de la garde, et l'avait malicieusement excité à parler. Ce soldat était mécontent, et disait que tout se gâtait ; qu'on exigeait à présent qu'on sût lire et écrire pour pouvoir avancer. *Et voilà déjà le tic revenu,* disait-il ; il appelait cela le *tic*. Le mot nous plut et resta dans notre société. « Eh bien !
« disait l'Empereur, qu'aura dit votre soldat lorsque j'ai créé les gardes
« de l'Aigle ? ils m'auront sans doute réhabilité dans son esprit. J'avais
« établi, a-t-il ajouté, deux sous-officiers, gardes spéciaux de l'Aigle dans
« les régiments, placés à droite et à gauche du drapeau ; et, pour éviter
« que l'ardeur dans la mêlée ne les détournât de leur unique objet, le
« sabre et l'épée leur étaient interdits ; ils n'avaient d'autre arme que

« plusieurs paires de pistolets, d'autre emploi que de veiller froidement
« à brûler la cervelle de celui qui avancerait la main pour saisir l'Aigle.

« Or, pour obtenir ce poste, ils étaient obligés de faire preuve qu'ils ne
« savaient ni lire ni écrire, et vous devinez pourquoi. — Non, Sire. —
« Nigaud ! tout soldat qui sait lire et écrire, et a de l'instruction, avance
« toujours; mais celui qui n'a pas ces avantages ne parvient bien cer-
« tainement qu'à force d'actes de courage et par des circonstances
« extraordinaires, etc. ¹. »

¹ Au moment d'envoyer à l'impression, le hasard m'ayant fait mentionner cette circonstance à deux ou trois militaires, ils m'ont dit ne pas avoir eu connaissance de cette institution, sans me garantir toutefois qu'elle n'existât pas. Ne feraient-ils que l'ignorer, ou me serais-je trompé moi-même en prenant pour fait, dans les paroles de l'Empereur, ce qui n'eût été qu'intentionnel?

N. B. J'avais cru un devoir de consigner ici la défiance que j'avais de moi-même en cette occasion, et mes scrupules n'ont pas tardé à recevoir leur récompense; car ce sont eux précisément qui m'ont procuré la certitude dont je manquais. A peine le *Mémorial* avait-il paru, qu'il m'a été adressé à la fois, bien que de deux points fort éloignés, l'assurance positive que je ne m'étais point trompé, et que je devais reprendre pleine et entière confiance dans l'exactitude de mon récit; et chacun des bienveillants informateurs a eu le soin de joindre à son témoignage des détails authentiques que je vais transcrire ici.

« L'institution que vous mentionnez, me mandait le premier, officier au 9ᵉ de ligne, existait réelle-
« ment ; ces sous-officiers étaient choisis et armés ainsi que vous le dites, etc. ; je les ai constamment
« vus au régiment dont je faisais partie jusqu'en 1814, etc. »

Le second, ancien sous-inspecteur aux revues, allait plus loin encore; il me transmettait le texte même des décrets relatifs à cette institution.

Premier décret, du 18 février 1808. (Berriat, *Législation militaire*, 2ᵉ vol., p. 17.) « Deux braves,
« *pris parmi les anciens soldats non lettrés*, qui, par cette raison, n'auront pu obtenir d'avance-

Comme j'étais en train de raconter, je lui ai cité sur le sujet une autre anecdote qui avait fait encore l'amusement de nos salons. On disait que, dans je ne sais quelle circonstance, un régiment ayant perdu son Aigle, lui, Napoléon, le haranguant à ce sujet avec beaucoup d'indignation sur ce qu'il avait eu le déshonneur de laisser enlever son Aigle par l'ennemi, un soldat gascon s'était écrié : « Mais ils se sont attrapés; ils « n'ont eu que le bâton, car voilà le *coucou*, je l'avais mis dans ma po-

« che, » montrant effectivement l'Aigle. L'Empereur n'a pu s'empêcher d'en rire, et a dit : « Eh bien ! je ne garantirais vraiment pas qu'il ne soit « en effet arrivé quelque chose de la sorte ou approchant. Mes soldats « étaient fort à leur aise, très-libres avec moi. J'en ai vu souvent me tu- « toyer. » Je racontais qu'on nous avait dit qu'à Iéna, je crois, ou ailleurs, la veille d'une bataille, parcourant certains postes, fort peu accompagné, un soldat lui avait interdit le passage, et s'était fâché de le

« ment, seront toujours placés à côté de l'Aigle ; ils sont nommés par nous et ne peuvent être destitués
« que par nous. »
Deuxième décret du 25 décembre 1811. (BERRIAT, *Législation militaire*, 1ᵉʳ vol., p. 422.) « Le
« deuxième et le troisième Porte-Aigle auront un casque et des épaulettes *défensives* ; ils seront armés
« d'un épieu avec flamme, ou espontons de parade et *de défense*, avec une paire de pistolets. »
Ainsi, et je me plais à le redire, parce que je ne saurais trop le répéter, toutes les fois que les circonstances m'ont conduit à vérifier jusqu'aux moindres parties d'une conversation journalière, bien qu'elle fût parfois abondante et souvent des plus négligées, j'ai eu lieu de me convaincre que le tout en était de la plus stricte vérité.

voir insister, jurant que, quand ce serait le petit caporal lui-même, il ne passerait pas; et, quand il avait vu qu'effectivement c'était le petit capo

ral, il n'en avait été nullement déconcerté. « C'est qu'il avait la convic-
« tion d'avoir fait son devoir, a dit l'Empereur; et puis le fait est que je
« passais pour un homme terrible dans vos salons, parmi les officiers,
« et peut-être même les généraux, mais nullement parmi les soldats : ils
« avaient l'instinct de la vérité et de la sympathie, ils me savaient leur
« protecteur, au besoin leur vengeur, etc. »

L'empereur continue d'être souffrant, etc. — Gaieté. — Horrible nourriture; vin exécrable, etc.

Jeudi 12.

Aujourd'hui l'Empereur, bien qu'il ne fût pas mieux, a résolu de brusquer, disait-il, sa souffrance. Il s'est habillé et a gagné le salon, où il a dicté deux ou trois heures à l'un de ces messieurs. C'était le troisième jour qu'il n'avait pas mangé. Il n'éprouvait pas encore la crise qu'il cherche et obtient d'ordinaire par le régime singulier qu'il s'est créé. Il continuait toujours de prendre de la limonade cuite.

Cet état l'a conduit à demander combien de temps l'on pourrait vivre sans manger, et dans quelle proportion le boire pouvait suppléer à la nourriture. Il a fait venir l'*Encyclopédie britannique* où il s'est trouvé des choses fort curieuses, une femme, par exemple, ayant vécu cinquante jours sans autre secours que d'avoir bu deux fois ; une autre qui s'était soutenue pendant vingt jours à l'aide d'eau seulement, etc., etc.

Quelqu'un disait à ce sujet que Charles XII, par seule expérience sur lui-même et par pure contradiction pour les raisonnements soutenus autour de lui, était demeuré cinq à six jours sans manger ; et au bout de ce temps avait avalé un dindon et un gigot ; mais il avait failli en crever. L'Empereur en riait, et nous assura qu'il n'avait pas la prétention d'aller jusque-là, quelque tentant d'ailleurs que fût le modèle.

Le grand maréchal est arrivé. L'Empereur lui a demandé comment il le trouvait : « Mais un peu jaune, » a répondu Bertrand, et c'était très-vrai. L'Empereur, dans un mouvement de gaieté, s'est mis à le poursuivre dans le salon pour lui saisir l'oreille, disant : « Comment,
« un peu jaune! vous m'insultez, monsieur le grand maréchal ; vous
« prétendez dire par là que je suis bilieux, morose, atrabilaire,
« violent, injuste, tyran ; allons, livrez-moi cette oreille, que je me
« venge! etc. »

Le dîner est arrivé, et l'Empereur a hésité s'il dînerait avec nous ou s'il dînerait dans son intérieur, et il s'est décidé pour ce dernier, de peur, disait-il, d'être tenté d'imiter Charles XII, s'il venait à la grande table. Mais, certes, cela lui eût été bien difficile, car étant venu nous surprendre au milieu du dîner, nous lui avons fait pitié, disait-il ; et en effet, nous avions littéralement à peine de quoi manger. Cette circonstance l'a conduit à prendre un parti extrême. Il a ordonné, dès cet instant, de vendre chaque mois une portion de son argenterie pour subvenir à nos besoins de table.

Ce qu'il y avait de pis à notre mauvais dîner, et qui est devenu le sujet d'une conversation sérieuse, c'était le vin exécrable depuis quelques jours, et qui nous a tous incommodés. Nous avons été obligés d'en faire demander au camp, espérant qu'on nous changerait celui que nous ne saurions boire.

Dans le cours de cette conversation, l'Empereur a dit que, situé comme il l'avait été, il avait reçu une foule d'indices et d'avertissements de la part des chimistes et des médecins ; que tous s'étaient accordés à lui signaler le vin et le café comme les objets dont il devait le plus se garantir. Tous s'accordaient aussi à lui dire de les repousser à la moindre odeur d'ail ; et pour le vin surtout, de le rejeter à l'instant, si seulement il se sentait le moindrement *étonné* en le goûtant. Comme il avait toujours eu, disait-il, son même vin de Chambertin, il avait été rarement dans le cas d'avoir rien à repousser. Mais aujourd'hui, c'était tout autre chose ; s'il avait rejeté son vin à chaque *étonnement*, il y a longtemps qu'il n'en boirait plus, etc., etc.

Poeme de *Charlemagne*, du prince Lucien; critique.—Homere.

Vendredi 13

Deux bâtiments avaient été signalés.

L'Empereur est venu nous retrouver au milieu de notre dîner : il avait mangé comme quatre, disait-il, et cela l'avait remis.

On cherchait un sujet de lecture. Il a demandé *Charlemagne*, de son frère Lucien. Il a analysé le premier chant, puis parcouru plusieurs autres, puis cherché le sujet, le plan, etc. « Que de travail, que d'esprit, « que de temps perdu, a-t-il observé ; quel décousu de jugement et de « goût ! Voilà vingt mille vers dont quelques-uns peuvent être bons, pour « ce que j'en sais ; mais ils sont sans couleur, sans but, sans résultat. « C'est dans l'auteur une vocation forcée, sans doute, mais encore est- « elle mal suivie. Comment Lucien, avec tout son esprit, ne s'est-il pas « dit que Voltaire, maître de sa langue et de sa poésie, à Paris, au mi- « lieu du sanctuaire, a échoué dans une pareille entreprise ? Comment « lui, Lucien, a-t-il pu croire qu'il était possible de faire un poème fran- « çais en pays étranger, hors de la capitale de la France ? Comment a- « t-il pu prétendre établir un rhythme nouveau ? Il a fait là une histoire

« en vers, et non un poème épique. Le poème épique ne comporte pas
« l'histoire d'un homme, mais seulement celle d'une passion ou d'un
« événement. Et quel sujet encore a-t-il été prendre ? Quels noms bar-
« bares il a introduits ! A-t-il cru relever la religion qu'il pensait abat-
« tue ? Son ouvrage serait-il un poëme de réaction ? Il sent, du reste,
« tout à fait le sol sur lequel il fut composé ; ce ne sont que des prières,
« des prêtres, la domination temporelle des papes, etc., etc. A-t-il pu
« consacrer vingt mille vers à des absurdités qui ne sont plus du siècle,
« à des préjugés qu'il ne peut avoir, à des opinions qui ne sauraient
« être les siennes ? C'est prostituer son talent. Quel travers ! et que ne
« pouvait-il pas faire de mieux ! car il a certainement de l'esprit, de la
« facilité, du faire, du travail. Or il était à Rome au milieu des plus ri-
« ches matériaux, à même de satisfaire à toutes les recherches ; il con-
« naissait la langue italienne ; nous n'avons pas de bonne histoire d'Ita-
« lie, il pouvait la composer : son talent, sa position, sa connaissance
« des affaires, son rang, pouvaient la rendre excellente et classique ; il
« eût fait un vrai présent au monde littéraire et se fût rendu immortel.
« Au lieu de cela, qu'est-ce que son poëme ? Que fera-t-il à sa réputation ?
« Il s'ensevelira dans la poussière des bibliothèques, et son auteur ob-
« tiendra tout au plus quelques minces articles, peut-être ridicules, dans
« les dictionnaires biographiques ou littéraires. Que si Lucien ne pou-
« vait échapper à sa destinée de faire des vers, il était digne, convenable
« et adroit à lui d'en soigner un manuscrit magnifique, de l'enrichir de
« superbes dessins, d'une riche reliure ; d'en régaler parfois les yeux des
« dames, d'en laisser percer de temps à autre quelques tirades, et de le
« laisser en héritage, avec la défense sévère de le publier jamais. On
« eût alors compris ses jouissances. »

Puis, le mettant de côté, il a dit : « Passons à l'*Iliade*. » Mon fils a été la chercher, et l'Empereur nous en a lu quelques chants, s'arrêtant souvent pour admirer, disait-il, à son aise. Ses observations étaient précieuses, abondantes, singulières ; il s'y est attaché tellement, qu'il avait atteint minuit et demi quand il a demandé l'heure pour se retirer.

Manque de nourriture. — Le vin ridiculement taxé, etc. — Retour de l'île d'Elbe. —
Bizarrerie du hasard, etc.

Samedi 14.

Le temps continue toujours à être détestable et à nous confiner dans nos misérables cahutes : nous sommes tous malades.

L'Empereur a dicté pendant une partie du jour.

A dîner nous avions littéralement à peine de quoi manger. Le gouverneur opérait successivement ses réductions. L'Empereur a ordonné qu'on cherchât à acheter quelque chose de surplus, et qu'on le payât avec ce qui proviendra de la vente de l'argenterie.

Le gouverneur a signifié que le vin demeurait fixé à une bouteille par tête, l'Empereur compris. Cela se croira-t-il? *Une bouteille pour une mère et ses enfants.* C'est l'expression employée dans la note, etc.

L'Empereur, retiré chez lui, m'a fait demander. « Je ne me sens pas
« l'envie de dormir, m'a-t-il dit en me voyant. Je vous ai envoyé cher-
« cher pour passer la veillée, causons quelques quarts d'heure. » Et le cours de la conversation a ramené l'île d'Elbe, ses travaux, ses sensations, ses idées durant le séjour qu'il y avait fait ; enfin son retour sur le sol français et le succès magique qui l'accompagna, et dont il n'avait, disait-il, pas douté un seul instant, etc. « Et qu'on explique cela comme
« on voudra ou comme on pourra, a-t-il repris dans un certain moment ;
« mais je vous jure que je ne me sentais aucune haine directe et person-
« nelle contre ceux que je venais renverser. C'était uniquement pour moi
« de la querelle politique. Je m'en étonnais moi-même, tant je me trou-
« vais le cœur libre, aisé, même bienveillant je pourrais dire. Vous avez
« vu comme j'ai relâché le duc d'Angoulême : j'en eusse fait autant du
« roi, ou lui eusse accordé, à son gré, asile et sûreté. Le triomphe de la
« cause ne tenait nullement à sa personne, et je respectais son âge, ses
« malheurs. Peut-être aussi lui tenais-je compte de certains ménage-
« ments que lui, nominativement, avait toujours observés à mon égard. Il
« est bien vrai qu'en ce moment il m'avait déclaré hors la loi, et avait
« mis ma tête à prix, je crois ; mais tout cela n'était à mes yeux que *style*
« *de manifeste.* Tous à Vienne en ont fait autant, sans m'ulcérer davan-
« tage, voire même le cher beau-père ; et de lui, c'est pourtant bien
« fort ! l'époux de sa fille chérie !!! etc., etc. »

Mais puisque voilà le retour de l'île d'Elbe mentionné de nouveau, c'est peut-être ici le lieu de tenir la promesse que j'ai faite plus haut, au premier volume, d'en donner plus tard la relation. Que si on me demande pourquoi cette transposition, je réponds que le sujet par lui-même était délicat, que je n'avais pas encore donné de preuves du véritable esprit de mon Recueil, qu'on y eût peut-être pu suspecter alors certaine malveillance ; tandis qu'aujourd'hui, que je dois avoir convaincu que mes récits sont purement philosophiques, moraux, historiques, on sentira que, quelles que soient les erreurs qu'ils contiennent, c'est à l'historien, au critique seul, à me redresser ou à me combattre. Du reste, cette relation se trouve dans tous les journaux, dans tous les ouvrages, dans tous les pays. Celle-ci ne saurait donc avoir rien de bien neuf, seulement elle a été recueillie de la bouche de Napoléon. Je réunis ici ce qu'il en a dit en différents moments.

Napoléon vivait à l'île d'Elbe sur la foi des traités ; il apprend qu'il est question au congrès de Vienne de le déporter hors de l'Europe : on n'observait avec lui aucun des articles de Fontainebleau, les papiers publics l'instruisaient de la disposition des esprits en France ; son parti fut pris. Il en garde le secret jusqu'aux derniers moments ; tout se prépare, sous un prétexte ou sous un autre. Ce n'est qu'en se trouvant à bord que les soldats conçurent les premiers soupçons, et mille ou douze

cents hommes et quelques esquifs mettent à la voile pour aller tenter la repossession d'un empire de trente millions d'hommes !!!

Il y avait près de cinq ou six cents hommes sur le brick où Napoléon s'embarqua : c'était, disait-il, l'équipage d'un 74. On fut rencontré par un brick de guerre français avec lequel on parla. On a prétendu que le capitaine du brick français avait reconnu les figures, et avait crié trois fois en se séparant : *Bon voyage !* Quoi qu'il en soit, l'officier qui conduisait l'Empereur lui proposa d'abord ce brick et de l'enlever. L'Empereur repoussa cette idée comme absurde : elle ne pouvait être raisonnable que si on y eût été forcé par la nécessité. « Autrement, à quoi « bon, disait-il, compliquer mon dessein de ce nouvel incident ! De quelle « utilité eût pu m'être le succès ? A quoi ne m'exposait pas le plus léger « contre-temps ? »

Et que ne peuvent la bizarrerie et les rapprochements du hasard ? J'ai eu la preuve, depuis, que le brick sur lequel était l'Empereur et celui avec lequel on parlementa étaient jumeaux, et avaient été construits précisément avec des bois donnés à l'État par Napoléon, qui les tenait d'un héritage en Toscane, celui sans doute du vieil abbé son parent, dont il a été question ailleurs.

Lors de l'échec qu'on éprouva en débarquant par la capture d'une vingtaine d'hommes qu'on avait envoyés sommer Antibes, diverses opinions s'élevèrent à cet égard, et même avec assez de chaleur : les uns voulaient qu'on se portât aussitôt sur Antibes pour l'enlever de force, et prévenir par là le mauvais effet que pouvaient produire la résistance de cette place et l'emprisonnement des vingt hommes. L'Empereur répondait que la prise d'Antibes ne faisait rien à la conquête de la France ; que le peu de temps qu'il y perdrait suffirait pour réveiller partout et créer des obstacles sur la seule, la véritable route; que les moments étaient précieux, qu'il fallait voler ; qu'on remédierait au mauvais effet de l'événement d'Antibes, en marchant plus vite que la nouvelle. Un officier de la garde ayant fait sentir indirectement qu'il n'était pas bien d'abandonner ainsi ces vingt hommes, l'Empereur se contenta de dire qu'il jugeait bien mal de l'étendue de l'entreprise ; que si la moitié d'eux se trouvait dans le même cas, il les laisserait de même ; que s'ils y étaient tous, il continuerait de marcher seul[1].

Il avait débarqué au golfe Juan quelques heures avant la nuit, et y avait établi son bivouac. On lui amena bientôt après un postillon en belle livrée. Il se trouva qu'il avait fait partie de sa maison ; il avait appartenu à l'impératrice Joséphine, et servait en ce moment le prince de Monaco, qui lui-même avait été écuyer de l'impératrice Joséphine. Ce postillon, questionné par l'Empereur, lui disait, dans son grand étonnement de le trouver là, qu'il arrivait de Paris, qu'il pouvait lui

---

[1] Ce n'est pourtant pas qu'il négligeât de s'occuper de ces hommes, car un moment il chargea le commissaire des guerres, M. Ch. Vauthier, qui se trouvait près de lui, de courir en toute hâte sous les murs d'Antibes, et de délivrer les prisonniers, en essayant d'enlever la garnison, lui répétant à diverses reprises, lorsqu'il s'éloignait déjà : « Mais surtout n'allez pas vous faire bloquer aussi. »

garantir qu'on allait le revoir partout avec plaisir; que sur toute sa route, jusqu'à Avignon, il n'avait entendu que des regrets de l'avoir

perdu; son nom était publiquement dans toutes les bouches. Il ajoutait que sa belle livrée avait été souvent pour lui un objet de défaveur et d'insulte. Il assura l'Empereur que, la Provence une fois traversée, il trouverait tout le monde sur son passage, prêt à se réunir à lui. C'était là le témoignage d'un homme du peuple : il fut très-agréable à l'Empereur, qui avait calculé précisément de la sorte. Le prince de Monaco, amené lui-même, fut moins explicite; l'Empereur d'ailleurs ne le questionna point sur la politique : il avait des témoins au bivouac, il ne voulait pas s'exposer à entendre aucun détail qui pût laisser de mauvaises impressions sur ceux qui l'entouraient : la conversation ne fut donc que de plaisanterie : elle roula toute sur les dames de son ancienne cour des Tuileries, dont Napoléon s'informait en détail avec beaucoup de gaieté.

Au lever de la lune, vers une ou deux heures du matin, le bivouac fut rompu, et l'on se porta sur Grasse. Là, l'Empereur comptait trouver une route qu'il avait ordonnée sous l'empire : elle n'avait point été exécutée. Il fallut se résoudre à suivre des défilés difficiles et pleins de neige, ce qui lui fit laisser à Grasse, à la garde de la municipalité, sa voiture et deux pièces de canon qu'il avait débarquées : c'est ce que les bulletins d'alors appelèrent une capture.

La municipalité de Grasse était fort royaliste ; mais l'apparition de l'Empereur fut si soudaine, qu'il n'y eut pas moyen d'hésiter, elle vint donc faire sa soumission. L'Empereur traversa la ville, et fut s'arrêter militairement sur une hauteur un peu au delà ; on y fit halte, et il y déjeuna. Bientôt il y fut entouré de la population de la ville, et il parcou-

rut cette multitude comme il l'eût fait à son cercle des Tuileries. C'étaient la même attitude, les mêmes demandes que s'il n'avait jamais quitté la France. L'un se plaignait de n'avoir pas encore reçu sa pension, l'autre demandait qu'on voulût bien augmenter la sienne ; la croix de celui-ci avait été retenue dans les bureaux ; celui-là demandait de l'avancement, etc. Il lui fallut recevoir une foule de pétitions qu'on avait déjà eu le temps d'écrire, et qu'on lui remettait comme s'il venait de Paris, faisant une tournée dans les départements.

Quelques patriotes chauds, versés dans les affaires, lui dirent mystérieusement que les autorités du lieu lui étaient fort opposées; mais que la masse de la population, le petit peuple, était toute à lui, qu'on attendait seulement qu'il eût le dos tourné, et qu'alors il serait bientôt délivré des mécréants. « Donnez-vous-en bien de garde! s'écria l'Empereur! réservez-leur le supplice de voir notre triomphe sans avoir de reproches à nous faire: soyez donc tranquilles, conduisez-vous sagement. »

L'Empereur allait comme l'éclair. « La victoire, disait-il, devait être
« dans ma célérité. La France était pour moi dans Grenoble. Il y avait
« cent lieues, moi et mes grognards nous les fîmes en cinq jours [1], et
« dans quels chemins! et par quel temps! J'y entrais, que M. le comte
« d'Artois, averti par le télégraphe, ne faisait que de quitter les Tuile-
« ries. »

Napoléon s'était regardé comme si sûr de la disposition des esprits et des choses, que le succès, pensait-il, ne devait tenir nullement aux forces qu'il amènerait avec lui. Se garantir d'un piquet de gendarmerie, disait-il, était tout ce qu'il lui fallait; or tout arriva comme il l'avait calculé : *la victoire marcha au pas de charge, et l'aigle nationale vola de clocher en clocher jusqu'aux tours de Notre-Dame.* « Mais, ajoutait-il, ce ne fut « pourtant pas d'abord sans de vives inquiétudes. » A mesure qu'il avançait, toutes les populations se prononçaient avec ardeur, il est vrai; mais il ne voyait aucun soldat, on les lui enlevait de son passage. Ce ne fut qu'entre Mure et Vizille, à cinq ou six lieues de Grenoble, et le cinquième jour de route, qu'on rencontra enfin un premier bataillon. L'officier qui le commandait refusa même de parlementer : alors l'Empereur n'hésita pas; il s'avança seul de sa personne; cent de ses grenadiers marchaient à quelque distance de lui, leurs armes renversées. La vue de Napoléon, son costume, sa petite redingote grise surtout, furent magiques sur les soldats qui demeurèrent immobiles. Il continua droit à un vétéran dont le bras était chargé de chevrons, et le prenant rudement par la moustache, lui demanda s'il aurait bien le cœur de tuer son empereur. Le soldat, les yeux mouillés, mettant aussitôt la baguette dans son fusil

---

[1] Le 1er mars, débarque sur la plage de Cannes, au golfe Juan; le 2, entre à Grasse; le 3, couche à Barême; le 4, dîne à Digne et couche à Malijeai; le 5, couche à Gap; le 6, couche à Corps, au delà duquel, le lendemain, l'Empereur harangue et rallie les soldats du 5e. Peu d'heures après, il est joint par Labédoyère, à la tête du 7e; le 7, à Grenoble, séjour; le 9, couche à Bourgoin; le 10, à Lyon, reste trois jours; le 13, couche à Mâcon. Fameuse proclamation de Ney, prince de la Moskowa; le 14, couche à Chalons, le 15, à Autun; le 16, à Avalon; le 17, à Auxerre, reste un jour, y est joint par le prince de la Moskowa; le 20, arrive à Fontainebleau à quatre heures du matin, et entre aux Tuileries à neuf heures du soir.

pour montrer qu'il n'était pas chargé, lui répondit : « Tiens, regarde si
« j'aurais pu te faire beaucoup de mal : tous les autres sont de même. »

Et des cris de *vive l'Empereur!* partent de tous côtés. Napoléon commande au bataillon un demi-tour à droite, et tout marche vers Paris.

A peu de distance de Grenoble, le colonel Labédoyère, à la tête de son régiment, vint se joindre à lui. Alors l'impulsion fut prononcée, et la question, dit l'Empereur, à peu près décidée.

Tous les paysans du Dauphiné bordaient les routes : ils étaient ivres et furieux de joie. Quand le premier bataillon dont on vient de parler hésitait encore, il s'en trouvait des milliers sur ses derrières, cherchant à le décider par leurs cris de *vive l'Empereur!* tandis qu'une foule d'autres étaient sur les derrières de Napoléon, excitant la petite troupe à avancer, l'assurant qu'il ne lui serait fait aucun mal.

Dans une certaine vallée s'offrit le spectacle le plus touchant qu'on puisse imaginer : c'était la réunion d'un grand nombre de communes, ayant avec elles leurs maires et leurs curés. Du milieu de cette foule se précipite aux pieds de l'Empereur un des plus beaux grenadiers de sa garde, qui manquait depuis le d'ébarquement, et sur lequel on avait même conçu des doutes; dans ses yeux roulaient de grosses larmes de joie, il tenait dans ses bras un vieillard de quatre-vingt-dix ans; il le

présentait à l'Empereur : c'était son père qu'il était venu chercher et qu'il amenait au milieu de cette multitude. L'Empereur avait ordonné plus tard, aux Tuileries, qu'on peignît un tableau de cette circonstance.

Napoléon arriva à la nuit sous les murs de Grenoble : sa promptitude déjouait toutes les mesures; on n'avait pas le temps de couper les ponts ni même de mettre les troupes en mouvement. Il trouva les portes de la ville fermées; on refusait de les ouvrir; le colonel qui commandait dans la place s'y opposait. « Car une circonstance qui doit caractériser « spécialement cette révolution sans pareille, disait l'Empereur, c'est « que les soldats ne manquèrent pas, jusqu'à un certain point, de disci- « pline ni d'obéissance envers leurs chefs; seulement ils employèrent « pour leur compte la force d'inertie comme un droit qu'ils auraient cru « leur appartenir. » Ainsi on vit le premier bataillon exécuter toutes les manœuvres commandées, se retirer, ne vouloir pas communiquer, mais il ne chargea point ses armes; il n'aurait pas tiré. Devant Grenoble, toute la garnison sur les remparts criait *vive l'Empereur !* on se donnait les mains par les guichets, mais on n'ouvrait pas, parce que les supérieurs l'avaient défendu. Il fallut que l'Empereur fît enfoncer les portes, ce qui s'exécuta sous la bouche de dix pièces d'artillerie des remparts chargées à mitraille. Et pour achever la bizarrerie des circonstances, le chef du premier bataillon et le colonel, qui s'étaient si ouvertement opposés à l'Empereur, questionnés par lui s'il pouvait compter sur eux, répondirent que oui, que leurs soldats les avaient abandonnés, mais qu'eux n'abandonneraient pas leurs soldats, que puisqu'ils s'étaient prononcés pour lui, ils lui seraient fidèles, et l'Empereur les conserva.

Du reste, il n'est point de bataille où l'Empereur ait couru plus de dangers qu'en entrant dans Grenoble : les soldats se ruèrent sur lui avec tous les gestes de la fureur et de la rage; on frémit un instant, on eût pu croire qu'il allait être mis en pièces : ce n'était que le délire de l'amour

et de la joie; il fut enlevé lui et son cheval. A peine commençait-il à respirer dans l'auberge où il avait été déposé, qu'un redoublement de tumulte se fait entendre : c'étaient les portés de la ville que les habitants venaient lui offrir, disaient-ils, au défaut des clefs qu'on n'avait pu lui présenter.

« Une fois dans Grenoble, j'étais devenu une véritable puissance, « disait l'Empereur, j'eusse pu nourrir la guerre, s'il fût devenu néces- « saire de la faire. »

L'Empereur regrettait fort alors de n'avoir pas fait imprimer ses proclamations à l'île d'Elbe ; mais il avait craint de laisser pénétrer son secret. Il les avait donc dictées à bord du brick, où tout ce qui savait écrire avait été employé à les copier. On était obligé d'en écrire encore chemin faisant, afin de les répandre dans la route, tant elles étaient avidement demandées ; elles étaient donc rares, souvent incorrectes ou même illisibles ; et pourtant on en sentait à chaque pas la nécessité, car on s'apercevait aussitôt de toute l'impression qu'elles produisaient. Ces populations se sont fort éclairées par nos vingt dernières années, et, malgré tout le bonheur de revoir l'Empereur, on s'y demandait cependant avec inquiétude quel allait être son objet. Tous étaient aussitôt satisfaits quand ils avaient lu le sentiment national des proclamations, et leur joie surtout était extrême quand ils apprenaient là que Napoléon n'avait pas de troupes étrangères avec lui. Sa marche était si rapide et ses mouvements si prompts, qu'on avait fait mille contes sur ses forces et leur composition. On voulait qu'il eût avec lui des Napolitains, des Autrichiens, etc., même des Turcs.

De Grenoble à Paris, ce ne fut plus qu'une marche triomphale.

Durant les trois ou quatre jours que l'Empereur demeura à Lyon, il y eut constamment plus de vingt mille âmes sous ses fenêtres; les cris ne discontinuèrent jamais.

C'était comme un souverain qui n'aurait jamais quitté ses sujets; il signait des décrets, expédiait des ordres, passait des revues, etc. Tous les corps, toutes les administrations, toutes les classes de citoyens s'empressaient de faire preuve de dévouement et d'hommages. Il n'y eut pas jusqu'à la garde nationale à cheval, composée de ce qu'il y avait de plus pur et de plus ardent dans le parti opposé, qui ne vînt solliciter l'honneur de garder sa personne; mais ils furent les seuls maltraités. « Messieurs, je vous remercie de vos services, dit l'Empereur, votre conduite envers M. le comte d'Artois m'apprend trop ce que vous feriez à mon égard si la fortune venait à m'abandonner; je ne vous soumettrai point à cette nouvelle épreuve. » En effet, M. le comte d'Artois, en quittant Lyon, n'avait trouvé, assure-t-on, qu'un seul d'entre eux qui se dévouât à le suivre à Paris; et l'Empereur, sur qui tout ce qui était généreux avait des droits, apprenant la fidélité de ce volontaire, lui fit remettre la décoration de la Légion d'honneur.

Enfin l'Empereur, dans Lyon, administrait déjà, par des actes publics, avec cette précision, cette fermeté, cette confiance compagne d'une stabilité non interrompue. Rien en lui ne laissait apercevoir la trace des grands revers qui avaient précédé, ou des chances immenses qui pouvaient suivre, et, s'il était possible de tout raconter, j'aurais à reproduire une anecdote privée bien plaisante, qui prouverait quels étaient le calme du cœur et la liberté d'esprit de Napoléon au milieu de la grande crise qui, autour de lui, changeait la face de la France et allait remuer toute l'Europe.

A peine sorti de Lyon, l'Empereur fit écrire à Ney, qui se trouvait à Lons-le-Saulnier avec son armée, qu'il eût à mettre ses troupes en marche et à venir le joindre. Ney, au milieu de la confusion générale, abandonné par ses soldats, frappé des proclamations de l'Empereur, des adresses du Dauphiné, de la défection de la garnison de Lyon, de l'élan des provinces voisines et des populations environnantes; Ney, l'enfant de la révolution, se livra au torrent et donna son fameux ordre du jour. Toutefois, ayant présents les souvenirs de Fontainebleau, il écrivit à l'Empereur que tout ce qu'il venait de faire était principalement en vue de la patrie, et que, sentant qu'il avait dû perdre sa confiance, il allait se retirer chez lui; mais l'Empereur lui fit écrire de venir le joindre, et qu'il le recevrait comme le lendemain de la bataille de la Moskowa. Ney, en revoyant l'Empereur, se montra embarrassé et lui répéta que, s'il avait perdu sa confiance, il ne lui demandait plus qu'une place parmi ses grenadiers. « Il est sûr, disait l'Empereur, qu'il avait « été assez mal pour moi; mais le moyen d'oublier un si beau courage « et tant d'actes passés! Je lui sautai donc au cou en l'appelant le *brave* « *des braves*, et dès cet instant tout fut comme jadis, etc. »

Le trajet jusqu'à Paris se fit à peu près en poste. Nulle part il n'y avait opposition, ni lutte ni combat; ce n'était, à l'aspect de l'Empereur, littéralement parlant, qu'un simple changement de décoration théâtrale. Les avant-gardes n'étaient autre chose que les troupes qui se trouvaient en avant sur la route et auxquelles on envoyait des courriers. C'est ainsi que l'Empereur est entré dans Paris, avec les troupes mêmes qui en étaient sorties le matin pour le combattre. Un régiment, posté à Montereau, en franchit spontanément le pont, courut sur Melun et chargea les gardes du corps qui s'y trouvaient ; et c'est, dit-on, ce qui décida le départ si soudain de la famille royale.

L'Empereur nous dit souvent que, s'il eût voulu ou ne s'y fût pas opposé, il eût traîné avec lui à Paris deux millions de paysans. A son

approche, toutes les campagnes se levaient en masse ; aussi répète-t-il souvent qu'il n'y a eu de véritables conspirateurs que l'opinion.

Le lendemain de l'arrivée de l'Empereur aux Tuileries, quelqu'un lui ayant dit qu'il ne vivait que de prodiges, mais que ce dernier allait effacer tous les autres, je l'entendis répondre qu'il n'avait ici d'autre mérite que d'avoir bien jugé de l'état des choses en France, et d'avoir su lire dans le cœur des Français. Dans un autre moment, il nous rappelait que cela seul avait été toutes ses intelligences ; « car, observait-il, « si l'on excepte Labédoyère qui accourut à moi d'enthousiasme et de « cœur, et un autre encore qui me rendit franchement de grands et « vrais services, presque tous les autres généraux, sur la route, se mon- « trèrent incertains et de mauvaise grâce ; ils ne firent que céder à

« l'impulsion de leurs soldats, si même ils ne se montrèrent hostiles.

« Tout le monde sait bien aujourd'hui, disait-il, que *Ney* quitta Paris
« tout au roi, et que, s'il tourna contre lui quelques jours plus tard,
« c'est qu'il crut ne pouvoir faire autrement.

« J'étais si loin de compter en aucune manière sur *Masséna*, que je
« me crus obligé, en débarquant, de le sauter à pieds joints ; et le ques-
« tionnant plus tard à Paris sur ce qu'il aurait fait si je ne me fusse
« éloigné aussi rapidement de la Provence, il eut la franchise de ré-
« pondre qu'il serait bien embarrassé de me le dire ; mais que le plus
« sûr, dans tous les cas, avait été d'agir ainsi que j'avais fait ; que de la
« sorte le tout avait été pour le mieux.

« *Saint-Cyr* s'était vu en danger pour avoir voulu contenir les soldats
« confiés à ses ordres.

« *Soult* me confessa que le roi lui avait inspiré un véritable goût, tant
« il se trouvait bien de son régime, et ne voulut reprendre du service
« qu'après le Champ de Mai.

« *Macdonald* ne reparut point ; le *duc de Bellune* suivit le roi à Gand.
« Ainsi, concluait-il, si les Bourbons ont eu à se plaindre de la déser-
« tion complète du soldat et du peuple, certes ils n'ont pas le droit de
« reprocher le manque de dévouement et de fidélité aux principaux de
« l'armée, à ces élèves ou chefs de la révolution qui, malgré une habi-
« tude de vingt-cinq ans, disait-il, n'ont montré dans cette circonstance
« que de vrais enfants en politique. On ne les a trouvés ni émigrés ni
« nationaux !... etc., etc. »

Napoléon en avait eu l'instinct, et s'était tenu fidèle à son grand principe de n'agir que sur les masses et par les masses. Au moment de
l'entreprise et après son débarquement, on le sollicita plusieurs fois
d'essayer de traiter avec quelques-uns des chefs ; mais il fit constamment sa belle réponse : « Si je suis demeuré dans le cœur de la masse,
« je dois m'importer peu des chefs ; et si je n'avais que ceux-ci, à quoi
« me serviraient-ils contre le torrent de la masse ? »

Voici qui montrera du moins le peu d'intelligence que Napoléon avait
entretenue avec la capitale. Le matin de son entrée à Paris, en arrivant
de l'île d'Elbe, cent cinquante officiers à la demi-solde, traînant quatre
pièces de canon, quittent spontanément Saint-Denis, où ils avaient été
stationnés par les princes, et marchent vers la capitale ; ils sont rencontrés dans leur route par quelques généraux qui se mettent à leur
tête, et poursuivent avec cette petite troupe jusqu'au château des Tuileries, où ils convoquent les chefs des administrations, qui tous convien-

nent d'agir au nom de l'Empereur. C'est ainsi que Paris fut gouverné ce

jour-là à l'amiable par le souffle de l'opinion et l'élan des affections privées. Aucun des grands partisans de l'Empereur, aucun de ses anciens ministres n'ayant reçu nul avis de lui, aucun d'eux n'osa signer aucun ordre ni prendre aucune responsabilité. Les papiers publics n'eussent pas paru le lendemain, si ce n'eût été le zèle de simples particuliers, qui, sans autorisation et de leur propre mouvement, les firent remplir de ce qui les animait et de ce qu'ils voyaient. Ce n'est pas autrement que Lavalette fut prendre possession des postes. Paris vécut ce jour-là sans police, sans autorité, et jamais il ne fut plus tranquille.

L'Empereur fit son entrée aux Tuileries vers neuf heures du soir avec une centaine de chevaux, et comme s'il arrivait de l'un de ses palais. Mettant pied à terre, il faillit être étouffé par un gros d'officiers et de citoyens qui se l'arrachèrent pour en toucher quelque chose, et le transportèrent à bras dans son salon. Il y trouva son dîner prêt, et se mettait à table quand arriva de Vincennes l'officier qu'on y avait envoyé le matin pour sommer le château; il rapportait la capitulation du commandant, qui n'y avait mis, dit-on, autres conditions que celle d'un passe-port pour lui et sa famille.

Une circonstance bien singulière, c'est que le matin, une fois maître des Tuileries, et comme on faisait courir dehors pour se procurer un drapeau tricolore, on en trouva un tout fait au pavillon Marsan, dans la fouille du château que faisait faire la prudence; et c'est celui qu'on fit hisser sur-le-champ. Il était tout neuf et d'une dimension plus grande que de coutume. On s'est demandé par quel hasard il était là et quelles avaient pu être les intentions à cet égard.

Du reste, plus les temps se sont éclaircis, plus on a pu se convaincre qu'il ne fut d'autre conjuration que celle de la nature des choses; l'esprit de parti seul peut chercher de nos jours à élever des doutes à cet égard, l'histoire n'en aura point.

Peu de jours après l'établissement de Napoléon à Longwood, il fut question, devant les officiers qui lui furent présentés, du retour de l'île d'Elbe, et l'un de ces officiers se hasarda de dire que cet événement merveilleux avait offert aux regards de l'Europe attentive le contraste de ce qu'il y avait de plus faible et de plus sublime : les Bourbons abandonnant une monarchie tout entière pour s'enfuir à l'approche d'un seul homme, qui avait la magnanime audace d'entreprendre à lui seul la conquête d'un empire. « Monsieur, lui dit l'Empereur, vous êtes dans

« l'erreur ; vous avez mal saisi le sens de l'affaire : les Bourbons n'ont
« pas manqué de courage, ils ont fait tout ce qu'ils pouvaient faire. M. le
« comte d'Artois a volé à Lyon, madame la duchesse d'Angoulême s'est

« montrée dans Bordeaux en amazone, et M. le duc d'Angoulême a
« marché en avant autant qu'il a pu. Si, malgré tout cela, ils n'ont
« pu venir à bout de rien, c'est moins leur faute que la force des cir-
« constances ; c'est qu'à eux seuls ils ne pouvaient faire davantage, et
« ils en étaient là ; la contagion, l'épidémie avaient gagné tout le
« monde, etc., etc. »

Poëme de *Charlemagne*, etc.—Les frères et sœurs de l'Empereur, auteurs, etc.

Dimanche 15.

Aujourd'hui l'Empereur a profité d'un instant de beau temps pour
aller se promener vers le jardin de la compagnie. J'étais seul avec lui ;
je me suis livré à lui faire certaines peintures à la suite desquelles j'o-
sais me permettre de suggérer quelques idées. Il les a repoussées en se
moquant fort de moi. « Allons, allons, mon cher, a-t-il dit, vous êtes un
« *niais*; et ne vous fâchez pas de l'épithète, a-t-il repris aussitôt, je ne la
« prodigue pas à tout le monde ; et elle est toujours de ma part un bre-
« vet d'honnête homme. »

Après le dîner, l'Empereur, s'obstinant toujours à tâcher de se raccommoder, disait-il, avec le poëme de son frère Lucien, qu'il avait repris hier au soir et bientôt abandonné, a, comme les deux jours précédents, employé la soirée entre le poëme de *Charlemagne;* qu'il a bientôt quitté de rechef, et celui d'Homère, qu'il a repris pour se refaire, disait-il gaiement; et la censure a recommencé pour le prince Lucien, et l'admiration pour le bon Homère.

La lecture interrompue, on a dit à l'Empereur que Lucien avait tout prêt un autre poëme semblable à son *Charlemagne ;* c'était *Charles Martel en Corse,* et en outre une douzaine de tragédies. « Mais il a donc « le diable au corps ! » s'est écrié l'Empereur.

On lui a dit aussi que son frère *Louis* avait fait un roman. « Il pourra « y avoir de l'esprit, de la grâce, observait-il, mais ce ne sera pas toute- « fois sans métaphysique sentimentale, ni sans niaiseries philoso- « phiques. »

On lui dit encore que la princesse *Élisa* avait aussi fait un roman, ce qu'il ne savait pas. Enfin il n'y avait pas jusqu'à la princesse *Pauline* qui n'eût le sien, disait-on. « Oh! pour celle-là, a repris l'Empereur, « l'héroïne, oui; mais l'auteur, non; et à ce compte, prononçait-il, il n'y « aurait donc que *Caroline* qui ne serait pas auteur. Aussi bien, dans sa « petite enfance, on la regardait comme la sotte et la Cendrillon de la « famille; mais elle en a bien rappelé; elle a été une très-belle femme, « et est devenue très-capable, etc. »

Nous manquons de déjeuner.—Sophisme de gaieté.—Sur les impossibilités, etc.—L'Empereur change et s'affaiblit.—Argenterie brisée.

Lundi 16 au jeudi 19.

Le matin, à l'heure accoutumée, mon domestique est venu me dire qu'il n'y avait ni café, ni sucre, ni lait, ni pain pour mon déjeuner. La veille, quelque temps avant l'heure du dîner, me sentant besoin, j'avais demandé une bouchée de pain, on n'avait pu me la donner. C'est ainsi qu'on nous dispute le boire et le manger. On aura de la peine à le croire au loin, sans doute, et pourtant je ne consigne littéralement ici que des faits.

Aujourd'hui, durant notre promenade, madame Montholon chassait un chien qui l'avait approchée. « Vous n'aimez pas les chiens, Ma- « dame? lui disait l'Empereur. — Non, Sire. — Si vous n'aimez pas les « chiens, vous n'aimez pas la fidélité, vous n'aimez pas qu'on vous soit « fidèle, donc vous n'êtes pas fidèle. — Mais..., mais...., disait-elle. —

« Mais..., mais..., disait l'Empereur, quel est le vice de ma logique?
« Renversez mes arguments, si vous pouvez! etc. »

Un de nous s'était offert pour quelques manipulations, il y avait quelques jours; l'Empereur lui a demandé s'il avait enfin obtenu son résultat. L'autre s'est plaint de n'avoir pas les objets nécessaires. « *Véri-*
« *table enfant de la Seine,* disait l'Empereur, vrai badaud de Paris,
« qui vous croyez toujours aux Tuileries. La véritable industrie n'est
« pas d'exécuter avec tous les moyens connus et donnés, l'art, le génie
« est d'accomplir en dépit des difficultés, et de trouver par là peu ou
« point d'*impossible.* Mais d'ailleurs ici de quoi vous plaignez-vous?
« De n'avoir point un pilon, quand le premier barreau de chaise peut
« vous en servir? De n'avoir point de mortier? Mais tout est mortier au-
« tour de nous, cette table est un mortier; une casserole, un chau-
« dron est un mortier; mon auge... la vôtre... celle du premier venu...
« sont des mortiers; mais véritablement enfant de la Seine, a répété
« l'Empereur, qui se croit toujours dans la rue Saint-Honoré, au milieu
« des marchés de Paris! »

Le grand maréchal a dit alors à l'Empereur que cette circonstance lui rappelait la première fois qu'il avait eu l'honneur de lui être présenté, et les premières paroles qu'il en avait reçues. C'était à l'armée d'Italie lorsque lui, Bertrand, se rendait en mission à Constantinople. Le jeune général, le voyant officier du génie, lui donna une commission relative

au métier. « C'était peu loin du quartier général ; à mon retour, disait
« le grand maréchal, je vins vous dire que j'avais trouvé la chose im-
« possible. Sur quoi Votre Majesté, à qui je ne m'adressais qu'en trem-
« blant, me dit avec bonté : — Mais voyons un peu, Monsieur, com-
« ment vous y êtes-vous pris ? ce qui est impossible pour vous ne l'est
« peut-être pas pour moi. — En effet, disait Bertrand, à chacun de
« mes moyens Votre Majesté disait : Je le crois bien, et en substituait
« d'autres. Si bien qu'en peu d'instants il me fallut être convaincu ;
« mais non sans emporter un sentiment profond, et des souvenirs qui
« m'ont bien servi depuis. »

L'Empereur a passé sa matinée à recueillir encore des renseignements sur les sources du Nil, dans les divers auteurs modernes, Bruce, etc... Je l'ai aidé dans ce travail. A trois heures, il s'est habillé et est sorti. Le temps était assez beau. L'Empereur a demandé la calèche, et s'est enfoncé à pied dans le bois ; nous avons marché jusqu'à la vue du rocher des Signaux. Il m'entretenait de notre position morale et de certaines contrariétés que devaient lui donner quelques circonstances de notre intimité même. La calèche est venue le joindre avec M. et madame de Montholon. L'Empereur se félicitait de l'arrivée de sa voiture, disant qu'il ne se sentait pas capable de regagner sa demeure à pied. Il s'affaiblit visiblement ; sa démarche devient pesante ; il a le pied traînant, ses traits s'altèrent. Sa ressemblance avec Joseph devient frappante, au point qu'il y a peu de jours, allant le joindre au jardin, j'aurais juré que c'était Joseph, jusqu'au moment où je l'ai abordé. D'autres en ont été frappés comme moi, ce qui nous a fait dire que si nous croyions à la *prévision* ou à la *double vue* des Anglais, dont j'ai parlé dans un autre endroit, nous devions nous attendre bientôt à quelque chose d'extraordinaire sur l'Empereur ou sur son frère.

Au retour, l'Empereur a considéré un gros panier rempli d'argenterie brisée, qu'on devait envoyer le lendemain à la ville. C'était désormais le complément indispensable de notre subsistance d'un mois, d'après les dernières réductions du gouverneur.

On savait bien que des capitaines de la compagnie avaient offert jusqu'à cent guinées d'une seule assiette. Cette circonstance avait porté l'Empereur à ordonner qu'on limât les écussons, et qu'on brisât les pièces de manière à ce qu'elles ne présentassent aucun vestige qui pût montrer qu'elles lui avaient appartenu. De petits aigles massifs surmontaient tous les couvercles ; c'est la seule chose qu'il a voulu qu'on épargnât, et il les a fait mettre de côté. Ces derniers débris étaient l'objet du désir de chacun de nous. Ils étaient des reliques à tous les yeux. Ce sentiment avait quelque chose de religieux et de touchant.

Lorsqu'il avait fallu porter le marteau sur cette argenterie, c'était devenu le sujet d'une grande émotion et d'une véritable douleur pour les gens. Ils avaient porté la main avec peine sur des objets qu'ils vénéraient tellement. Cet acte renversait leurs idées; c'était pour eux un sacrilége, une désolation; quelques-uns en pleuraient.

Nouvelle vexation du gouverneur.—Topographie de l'Italie.

Vendredi 20

Avant huit heures, l'Empereur m'a fait éveiller pour que je fusse le trouver en calèche dans le bois, où il se promenait déjà avec M. de Montholon, s'entretenant sur les dépenses de la maison. Le temps enfin était revenu au beau; c'était une matinée de printemps délicieuse; nous avons fait deux tours.

Aujourd'hui, nouvelle vexation incroyable du gouverneur. Il nous a fait défendre de vendre l'argenterie brisée à tout autre qu'à celui qu'il indiquerait. Quelle peut avoir été son intention dans cette violation nouvelle de toute justice? de se rendre plus outrageant et de commettre un abus d'autorité de plus.

L'Empereur a déjeuné sous la tente; il a dicté, immédiatement après, la bataille de Marengo au général Gourgaud. Il m'a dit de demeurer, que j'écouterais. Il s'est retiré vers midi dans sa chambre pour essayer de reposer.

Sur les trois heures, il est rentré dans ma chambre. Il nous a trouvés, mon fils et moi, occupés à collationner Arcole. Il savait que c'était mon chapitre de prédilection, que je l'appelais un chant de l'*Iliade*. Il a voulu le relire, et il a dit qu'en effet il lui faisait plaisir. Je l'ai inséré plus haut.

Dans le principe, l'Empereur faisait lire ses chapitres le soir. Mais une de ces dames s'étant endormie, il n'y revint plus, et me disait un jour à ce sujet : *Les entrailles d'auteur, mon cher; elles se retrouvent toujours.*

La lecture d'Arcole a réveillé les idées de l'Empereur sur ce qu'il appelait *ce beau théâtre d'Italie*. Il nous a commandé de le suivre au salon, et nous y a dicté durant plusieurs heures. Il avait fait étendre une immense carte d'Italie, qui couvrait presque tout le plancher du salon, et, couché dessus, il la parcourait à quatre pattes, un compas et un crayon rouge à la main, comparant et mesurant les distances à l'aide d'une longue ficelle dont l'un de nous tenait une des extrémités. « C'est comme « cela, nous disait-il, riant de la posture où je le voyais, qu'il faut toi- « ser un pays pour en prendre une idée juste, et faire un bon plan de « campagne. » Ce qu'il a dicté peut servir de base à un très-beau morceau de géographie politique sur l'Italie.

Fameuse créance à Saint-Domingue. — Inspecteurs aux revues, etc. — Projets administratifs; composition de l'armée. — Gaudin, Mollien, Defermont, Lacuée, etc. — Ministre du trésor; ministre secrétaire d'État; leur importance.

Samedi 21.

L'AMIRAL Malcolm m'a fait une petite visite. Il venait prendre congé de nous tous. Il allait partir le lendemain pour le Cap, et comptait faire une absence de deux mois.

Nous le regrettons : ses formes toujours polies, une espèce de sympathie tacite entre nous le met sans cesse dans notre esprit en opposition avec sir Hudson Lowe, qui lui ressemble si peu.

L'amiral avait été reçu de l'Empereur, qui a aussi un penchant pour lui. Ils avaient fait ensemble quelques tours de jardin, et l'amiral me disait avoir recueilli des choses bien précieuses sur l'Escaut et sur le Nievendip, établissement maritime en Hollande, qui lui est tout à fait étranger, et dont Napoléon était le créateur.

Après le dîner, la conversation s'est trouvée amenée sur ce que l'Empereur appelait la fameuse créance de Saint-Domingue. Elle a fait naître les détails curieux que voici :

« L'ordonnateur de Saint-Domingue, disait l'Empereur, s'avisa de ti-
« rer tout à coup du Cap, et sans autorisation, la somme de 60,000,000
« de lettres de change sur le trésor de Paris : ces lettres de change
« étaient toutes payables le même jour. La France n'était pas assez riche
« pour un pareil acte; elle ne l'avait jamais été peut-être. D'ailleurs où
« et comment l'administration de Saint-Domingue pouvait-elle avoir
« conquis un tel crédit ? Le Premier Consul ne le possédait pas à Paris :
« c'est tout ce qu'eût pu obtenir M. Necker au fort de sa popularité.
« Quoi qu'il en soit, quand ces lettres parurent à Paris, précédant les
« lettres d'avis mêmes, on accourut du trésor chez le Premier Consul
« pour savoir ce qu'il y aurait à faire : « Attendre les lettres d'avis, ré-
« pondit-il, et connaître la négociation. Le trésor est un propriétaire ;
« il a leurs droits et doit avoir leur marche. Ces lettres ne sont point
« acceptées, elles ne sont point payables.

« Les renseignements, les pièces comptables arrivèrent. Ces lettres
« de change, mentionnées valeur reçue comptant, ne portaient, dans
« le reçu des caissiers qui en avaient perçu la valeur, qu'un dixième, un
« cinquième, un tiers du montant. Dès lors on ne voulut au trésor re-
« connaître et rembourser que la somme réellement versée, et les
« lettres de change dans leur teneur furent arguées de faux. Ce fut au
« même moment un bruit terrible dans tout le commerce. On s'agita
« beaucoup, on fit même une députation auprès du Premier Consul,
« qui, loin de l'éviter, l'aborda de front ; demanda si on le prenait pour
« un enfant, si l'on croyait qu'il se jouait ainsi du plus pur sang du peu-
« ple, qu'il fût un administrateur aussi tiède des intérêts publics ? Ce
« qu'il refusait de laisser prendre, observait-il, ne tenait nullement à sa
« personne, n'attaquait point sa liste civile; mais c'était l'argent du pu-
« blic, dont il était le gardien, et il lui était d'autant plus sacré. Puis,
« interpellant les deux chefs de la députation : Vous qui êtes négociants,
« Messieurs, banquiers, faiseurs d'affaires, répondez catégoriquement.
« Si un de vos agents au loin tirait sur vous des sommes énormes con-
« tre votre attente et vos intérêts, accepteriez-vous, payeriez-vous ses
« lettres de change? Il leur fallut bien répondre que non. Eh bien! dit le
« Premier Consul, vous, simples propriétaires, vous, majeurs, maîtres
« de vos propres actions, vous voudriez avoir un droit que vous refuse-
« riez à moi, propriétaire au nom de tous, à moi, en cette qualité, tou-
« jours mineur et sujet à révision ! Je jouirai de vos droits au nom et

« pour le bien de tous. Vos lettres de change ne seront payées que sur
« leur versement réel. Je ne demande pas que le commerce prenne les
« lettres de mes agents; c'est un honneur, un crédit que je n'ambitionne
« point. S'il l'accorde, que ce soit à ses risques et périls; je ne recon-
« nais et ne tiens pour sacrée que l'acceptation de mon ministre du tré-
« sor. On se récria de nouveau, on dit beaucoup de paroles inutiles.
« On serait obligé de faire banqueroute, disait-on. On avait reçu ces
« lettres pour argent comptant; des agents éloignés en avaient fait la
« faute par respect et par confiance dans le gouvernement, etc., etc.
« Eh bien! répondait le Premier Consul, faites banqueroute. Mais ils
« ne le firent point, observait l'Empereur; ils n'avaient point reçu ces
« lettres pour argent comptant, et leurs agents n'avaient point commis
« de faute.

« Ils sortirent tous convaincus dans l'âme des raisons du Premier
« Consul, mais n'en firent pas moins remplir Paris de leurs clabaude-
« ries et de leurs mensonges, en dénaturant toute l'affaire.

« Cet exemple et ces détails, disait l'Empereur, deviennent la clef
« d'un grand nombre d'autres affaires célèbres dont on a beaucoup parlé
« à Paris sous l'administration impériale.

« Le commerce avait dit surtout et répété que c'était une chose sans
« exemple qu'une pareille marche, qu'une telle violation était inconnue
« jusque-là; mais à cela le Premier Consul répondait que ce serait tran-
« cher la difficulté contre eux d'invoquer l'exemple, et leur citait les
« billets de Louis XIV, les liquidations du régent, la société du Missis-
« sipi, les liquidations de la guerre de 1763, celles de la guerre de
« 1782, etc.; et il leur prouva que ce qu'ils disaient être sans exemple
« avait été la pratique constante de la monarchie. »

De là l'Empereur a passé à diverses branches de l'administration; il
a défendu l'administration des inspecteurs aux revues. « Par eux seuls,
« disait-il, on pouvait s'assurer du nombre des hommes présents; avec
« eux seuls on avait pu obtenir cet avantage, et il était immense pour
« l'actif et le personnel de la guerre. Quant à l'administration de la
« guerre, ces inspecteurs n'étaient pas moins avantageux encore, quel-
« ques petits abus qui fourmillassent dans les détails; c'était en grand
« qu'il fallait considérer, et, pour bien juger l'institution, il fallait se
« demander quels autres abus n'auraient pas lieu si elle n'existait pas.
« Pour moi, observait Napoléon, je dois dire que, faisant la contre-
« épreuve des dépenses, c'est-à-dire regardant la somme qu'aurait dû
« coûter la totalité des hommes à leurs taux arrêtés, le payement au

« trésor était toujours au-dessous de l'estimation. L'armée coûtait donc
« moins qu'elle n'eût dû coûter. Quel autre plus heureux résultat pou-
« vait-on demander? »

L'Empereur citait l'administration de la marine pour avoir été la plus régulière, la plus pure; elle était devenue un chef-d'œuvre. Là avait été le grand mérite de *Decrès,* disait-il.

L'Empereur trouvait que la France était trop grande pour un seul ministre de l'administration de la guerre. « C'était au-dessus des forces
« d'un homme, disait-il. On avait centralisé à Paris les décisions, les
« marchés, les fournitures, les confections, et subdivisé la correspon-
« dance du ministre en autant de personnes qu'il y avait de régiments
« et de corps. Il fallait, au contraire, centraliser les correspondances,
« et subdiviser les ressources en les transportant dans les localités
« mêmes. Aussi j'avais longtemps médité le projet de former en France
« vingt ou vingt-cinq arrondissements militaires qui eussent composé
« autant d'armées. Il n'y eût plus eu que ce nombre de dépôts, de
« comptabilités, etc. : c'eût été vingt sous-ministres; il eût fallu trou-
« ver vingt honnêtes gens. Le ministre n'eût plus eu que vingt corres-
« pondants; il eût centralisé le tout et fait mouvoir la machine avec
« rapidité, etc. »

Ce sujet l'a conduit à traiter les bases de l'armée d'une grande nation telle que la nôtre. Il a développé ce qu'il se proposait d'exécuter à la paix générale, s'il eût pu l'obtenir. Ces objets, extrêmement curieux, étaient si confusément exprimés dans mon manuscrit, que je les ai passés tout d'abord, dans la crainte de ne pas les rendre avec exactitude; mais je les retrouve dictés plus tard par lui-même, tome 1er, page 226, publication de Bossange, et je ne puis me refuser aujourd'hui à reproduire quelques-unes de ses principales idées telles que cette publication récente m'a mis à même de les redresser dans mon manuscrit; elles seront agréables aux gens du métier :

« Napoléon voulait composer son armée de 1,200,000 hommes, savoir : 600,000 pour l'armée de ligne, 200,000 pour l'armée de l'intérieur, et 400,000 pour l'armée de réserve ; et tout cela ne devait soustraire constamment à l'agriculture que 288,000 hommes.

« Il devait être de principe, disait-il, que l'infanterie d'une armée étant représentée par 1, la cavalerie serait un quart, qui pourrait se réduire à un cinquième, à cause des pays de montagnes ; l'artillerie un huitième, les troupes du génie un quarantième, les équipages militaires un trentième.

« D'après ces bases, il arrêtait les 600,000 hommes de ligne de la manière suivante :

« 1° 40 régiments d'infanterie de 12 bataillons, chacun de 910 hommes, ayant un escadron d'éclaireurs de 360 chevaux, une batterie de 8 canons servie par 280 hommes, une compagnie de sapeurs de 150 hommes, 1 bataillon d'équipages militaires de 22 voitures, et de 210 hommes ; nombre rond par régiment, 12,000 hommes. Total. . . . . : 480,000 h.

« 2° 20 régiments de cavalerie de 3,600 hommes, savoir : 8 de cavalerie légère, 6 de dragons, 6 de cuirassiers ; chaque régiment de 10 escadrons de 360 hommes, partagés en 3 compagnies. Total. 72,000

« 3° 10 régiments d'artillerie formant 8 bataillons de 500 hommes. Total. 40,000

« 4° 1 régiment de génie de 8 bataillons de 500 hommes. Total. 4,000

« 5° 1 régiment d'équipages militaires de 4,000 hommes, ci. 4,000

« Somme égale. . . . . 600,000 h.

« L'empire, observait-il, contenait plus de 40 millions de population ; il eût été divisé en 40 arrondissements, chacun de 1,000,000, lesquels eussent été assignés à chacun des 40 régiments d'infanterie pour leur recrutement. Si l'on eût craint comme obstacle l'esprit de fédéralisme, on y eût remédié en n'introduisant dans les régiments que des officiers et partie des sous-officiers étrangers à l'arrondissement.

« L'armée de l'intérieur, de 200,000 hommes, eût été composée de 200 bataillons d'infanterie et de 400 compagnies de canonniers, destinées, en temps de guerre, à défendre les places fortes et les côtes. Cette armée n'eût eu que les officiers d'existants ; les sous-officiers et soldats n'eussent été réunis que le dimanche au chef-lieu de leur commune.

« Les 400,000 hommes de l'armée de réserve n'eussent existé que sur le papier ; ils eussent seulement été soumis à une revue tous les trois mois, pour certifier leur existence et rectifier leur signalement.

« Ces 1,200,000 hommes n'eussent cependant soustrait à l'agriculture que 288,000 hommes ; car, sur les 600,000 hommes de l'armée de ligne, on n'en eût tenu que 240,000 sous les armes pendant douze mois, 160,000 pendant trois mois, et 200,000 pendant quinze jours, ce qui n'eût fait en réalité que 288,000 hommes seulement de soustraits à l'agriculture, les 600,000 hommes de l'armée de l'intérieur et de réserve n'étant en rien distraits de leurs travaux ni éloignés de leurs foyers. »

L'Empereur, continuant de passer en revue des principes de haute administration, disait que « MM. *Gaudin* et *Mollien* étaient pour que les « receveurs généraux, les hommes de finance publique, les fournisseurs, « eussent de très-grandes fortunes, pussent faire de très-grands profits « et les avouer, de telle manière qu'ils eussent une considération à mé- « nager, un honneur à ne pas compromettre. Cela ne pouvait pas être « autrement, disait-il, si l'on voulait tirer d'eux, au besoin, du soutien, « du service, du crédit.

« Un autre parti, continuait-il, *Defermont, Lacuée, Marbois*, pensait « au contraire qu'on ne pouvait être trop regardant, trop économique, « trop rigoureux. Moi je penchais, concluait-il, pour l'opinion des pre- « miers, jugeant que les vues des derniers étaient petites, n'étaient que « celles qui convenaient à un régiment, et non pas à une armée ; à un « ménage privé, et non pas à un grand empire. Je les appelais les puri- « tains, les jansénistes du métier. »

L'Empereur disait que le ministre du trésor et le ministre secrétaire d'État étaient deux de ses institutions dont il se félicitait davantage, et qui lui avaient rendu le plus de services.

« Le ministre du trésor concentrait toutes les ressources et contrô- « lait toutes les dépenses de l'empire. Du ministre secrétaire d'État « émanaient tous les actes. C'était le ministre des ministres, donnant « la vie à toutes les actions intermédiaires ; le grand notaire de l'em- « pire, signant et légalisant toutes les pièces. Avec le premier, je con- « naissais à chaque instant l'état de mes affaires ; avec le second, je « faisais parvenir mes décisions et mes volontés dans toutes les direc- « tions et partout ; si bien qu'avec mon ministre du trésor et mon mi- « nistre secrétaire d'État seuls, et une douzaine de scribes, je me fusse « fait fort de gouverner l'empire du fond de l'Illyrie ou des rives du « Niémen, avec autant de facilité que dans ma capitale. »

L'Empereur ne comprenait pas que les affaires pussent aller avec les quatre ou cinq secrétaires d'État de nos rois. « Aussi comment allaient- « elles ? disait-il. Tous concevaient, exécutaient et se contrôlaient cha- « cun de son côté. Ils pouvaient exécuter au rebours les uns des autres, « car les rois se contentent de signer en marge les projets, ou légalisant « seulement le bordereau de leurs ordonnances, les secrétaires d'État

« pouvaient exécuter, ou remplir à leur gré, sans danger de responsa-
« bilité matérielle. Ajoutez qu'ils avaient *la griffe,* qu'on avait voulu
« me faire adopter, et que j'avais repoussée comme l'arme *des rois fai-*
« *néants.* Parmi ces ministres, les uns pouvaient avoir de l'argent sans
« emploi, et les autres ne pas marcher faute d'avoir un denier. Point
« de centralité qui pût coordonner leurs mouvements, disposer leurs
« besoins, ajuster leur exécution. »

L'Empereur observait que le ministre secrétaire d'État était précisément le véritable lot des princes incapables, mais susceptibles, lesquels auraient besoin d'un premier ministre, et n'en voudraient point convenir. « Mon ministre secrétaire d'État, disait-il, une fois qu'il eût été
« nommé président du Conseil d'État, se serait trouvé, dès cet instant,
« un véritable premier ministre dans toute l'étendue du terme, car il
« eût porté ses idées au Conseil d'État pour les faire rédiger en lois, et
« eût signé au nom du prince. Aussi, avec les mœurs de la première
« race, disait-il, ou des princes à l'avenant, mon ministre secrétaire
« d'État n'eût pas manqué en peu de temps d'être *un maire du pa-*
« *lais.* »

Intention de Napoléon sur les classiques anciens.

Dimanche 22.

L'Empereur est revenu à ses recherches sur l'Égypte. Il m'a donné Strabon à feuilleter : c'était l'édition qu'il avait fait faire ; il en vantait le soigné et le fini, et disait que son projet avait été de nous donner ainsi, avec le temps, tous les anciens par la voie officielle de l'Institut.

Sur la sensibilité. — Sur les Occidentaux et les Orientaux ; leur différence, etc.

Lundi 23.

Le matin, dans sa chambre, l'Empereur, à travers une foule d'objets, est venu à causer sentiment, sensations, sensibilité ; et, citant à ce sujet l'un de nous qui, observait-il, ne prononçait le nom de sa mère que les larmes aux yeux, il a dit : « Mais cela ne lui est-il pas particulier ?
« est-ce donc général ? êtes-vous de même, ou suis-je dénaturé ? Pour
« moi, j'aime assurément ma mère, et de tout mon cœur ; il n'est rien
« que je ne fisse pour elle, et cependant si j'apprenais sa perte, je ne
« crois pas que je pusse exprimer ma douleur par une larme, et je
« n'affirmerais pas qu'il en fût de même pour la perte d'un ami, celle
« de ma femme ou de mon fils. Cette différence est-elle dans la nature ?
« Quel peut en être le motif ? Ne serait-ce pas que la raison m'a accoutumé d'avance à la perte de ma mère, qui est dans l'ordre naturel
« des choses, tandis que celle de ma femme et de mon fils est une sur-

« prise, une rigueur du sort contre laquelle je cherche à me débattre ?
« Et puis, tout bonnement encore, est-ce peut-être le penchant naturel à
« l'égoïsme. J'appartiens à l'une, et les autres m'appartiennent. » Et il
a multiplié les motifs avec sa profusion accoutumée, toujours neuve,
toujours piquante.

Il est sûr qu'il aimait tendrement sa femme et son fils. Les personnes
qui ont servi dans son intérieur nous laissent connaître à présent combien il se livrait aux sentiments de famille, et nous développent des
nuances de caractère que nous étions loin dans le temps de lui soupçonner. Il serrait parfois son fils dans ses bras avec effusion et à l'étouffer,

mais le plus souvent encore sa tendresse s'exprimait par des contrariétés et des niches. S'il le rencontrait dans les jardins, il le jetait par
terre ou renversait ses joujoux. On le lui amenait tous les jours à déjeuner, et il manquait rarement de le barbouiller avec tout ce qui se
trouvait à sa portée sur la table. Quant à sa femme, il n'était pas de
jour où elle ne reparût ici dans ses conversations privées; pour peu
qu'elles se prolongeassent, elle finissait tôt ou tard, de manière ou d'autre, par y être pour quelque chose ou par en devenir tout l'objet. Il

n'est point de circonstances, de plus petits détails relatifs à elle, qu'il ne m'ait répétés cent fois. Pénélope, après dix ans d'absence, croit ne pouvoir s'assurer de la vérité qu'en faisant à Ulysse des questions auxquelles lui seul pouvait répondre ; eh bien ! je crois que je ne serais pas embarrassé de présenter mes lettres de créance à Marie-Louise.

Dans la conversation du soir, l'Empereur, parlant des nations, disait qu'il ne connaissait que deux peuples : les Orientaux et les Occidentaux.

« Les Anglais, les Français, les Italiens, etc., disait-il, ne compo-
« saient qu'une même famille, les Occidentaux ; ils avaient mêmes lois,
« mêmes mœurs, mêmes usages, ils différaient entièrement des Orien-
« taux, surtout dans les deux grands rapports de leurs femmes, de leurs
« domestiques. Les Orientaux ont des esclaves, nos domestiques sont
« de condition libre ; les Orientaux enferment leurs femmes, les nôtres
« partagent tous nos droits ; ils ont un sérail, et jamais, dans aucun
« temps, la polygamie n'a été admise dans l'Occident. Il existe encore
« une foule d'autres oppositions, observait l'Empereur, on dit en avoir
« compté jusqu'à quatre-vingts ; ce sont donc réellement, disait-il, des
« peuples différents.

« Tout est calculé, continuait-il, chez les Orientaux, pour qu'ils puis-
« sent garder leurs femmes et s'assurer d'elles. Toute notre vie, au con-
« traire, dans l'Occident, est calculée pour que nous ne puissions les
« garder, et que nous soyons obligés de nous en rapporter à elles-mêmes.
« Tout homme chez nous, sous peine d'idiotisme, doit avoir une occu-
« pation ; or, quand il vaquera à ses affaires ou remplira ses fonctions,
« qui surveillera pour lui ? Il faut donc chez nous tout à fait compter
« sur l'honneur des femmes, et y avoir aveugle confiance ? Pour moi,
« disait-il gaiement, j'ai eu femmes et maîtresses, et jamais il ne m'est
« venu l'idée d'une surveillance particulière, parce que je pensais qu'il
« devait en être pour cela comme des poignards et du poison dans cer-
« taine situation ; le tourment des précautions l'emporte encore sur
« le danger que l'on veut éviter ; il vaut mieux s'abandonner à sa des-
« tinée.

« Prononcer, du reste, quelle est la meilleure méthode de la nôtre
« ou de celle des Orientaux est une fort grande question, pas pour vous
« sans doute, Mesdames, disait-il en lançant un regard malin sur ces
« dames ; mais ce qu'il y a de bien certain, c'est qu'on se tromperait
« fort si on supposait moins de jouissances aux Orientaux, si on les
« croyait moins heureux que nous dans notre Occident. Chez eux les

« maris y aiment beaucoup leurs femmes, les femmes y aiment beaucoup
« leur mari. Ils ont tout autant de chances de bonheur que nous, quel-
« ques différences d'ailleurs qui semblent se présenter, car tout est
« convention parmi les hommes, jusqu'à des sentiments qui semble-
« raient ne devoir venir que de la nature ; et puis encore ces femmes
« ont leurs droits chez elles comme les nôtres chez nous. On ne pour-
« rait pas les empêcher d'aller au bain public, pas plus qu'on empêche-
« rait chez nous les femmes d'aller à l'église ; et les unes en abusent
« comme les autres. Vous voyez que l'espèce humaine, son imagination,
« ses sentiments, ses vertus, ses fautes parcourent un cercle assez étroit.
« Tout cela se retrouve, à bien peu de chose près, de même partout. »

Et il prétendait expliquer ou justifier la polygamie chez les Orientaux d'une manière fort ingénieuse. « Elle n'avait jamais existé, disait-il,
« dans l'Occident : les Grecs, les Romains, les Gaulois, les Germains,
« les Espagnols, les Bretons, n'avaient jamais eu qu'une femme. En
« Orient, au contraire, la polygamie avait toujours existé : les Juifs,
« les Assyriens, les Tartares, les Persans, les Turcomans, avaient tous
« eu plusieurs femmes. D'où pouvait venir cette universelle et constante
« différence? N'aurait-elle donc tenu qu'au hasard et à la seule bizarre-
« rie? Dépendait-elle de causes physiques dans les individus? Non. Les
« femmes, proportion gardée, étaient-elles moins nombreuses chez nous
« qu'en Asie? Non. Étaient-elles en Orient en plus grand nombre que
« les hommes? Non. Ceux-ci étaient-ils plus gigantesques que nous, au-
« trement constitués? Non. C'est que tout bonnement le législateur, ou
« la sagesse d'en haut qui en tient lieu, aura été guidé par la force
« des choses dérivant des localités respectives. Tous les Occidentaux
« ont même forme, même couleur, ils ne composent qu'un même peu-
« ple, une seule famille ; il a été possible, comme à l'instant de la créa-
« tion, de ne leur assigner qu'une compagne. Loi heureuse, admirable,
« bienfaisante, qui épure le cœur de l'homme, relève la condition de la
« femme, et ménage à tous deux un torrent de jouissances morales.

« Les Orientaux, au contraire, diffèrent entre eux autant que le jour
« et la nuit, dans leurs formes et dans leurs couleurs ; ils sont blancs,
« noirs, cuivrés, mélangés, etc. Il a fallu avant tout songer à leur con-
« servation, à établir entre eux une fraternité consanguine, sous peine
« de les voir s'exterminer ou se persécuter, s'opprimer éternellement,
« ce qu'on n'a pu obtenir qu'en établissant la polygamie, et en donnant
« la possibilité d'avoir à la fois une femme blanche, une femme noire,
« une mulâtre, une cuivrée. Dès lors les différentes couleurs, faisant

« partie d'une même famille, se sont trouvées confondues dans les
« affections de leurs chefs et dans les opinions de chacune entre elles.

« Mahomet, ajoutait-il, semble avoir connu le secret, et s'être déter-
« miné d'après lui ; autrement, comment celui qui marche de si près
« sur les traces du christianisme, et s'en éloigne si peu, n'aurait-il pas
« supprimé la polygamie? Dirait-on qu'il ne l'a conservée que parce que
« sa religion était toute sensuelle? Mais alors il eût permis aux musul-
« mans un nombre indéfini de femmes, tandis qu'il le restreint à quatre
« seulement, ce qui pourrait impliquer une blanche, une noire, une
« cuivrée, une mélangée.

« Et qu'on n'imagine pas, du reste, que cette faveur de la loi soit
« mise en pratique par toute la nation ; il ne se trouverait pas de fem-
« mes pour tous. Au vrai, les onze douzièmes de la population n'en ont
« qu'une, parce qu'ils ne sauraient en nourrir davantage; mais la poly-
« gamie dans les chefs suffit pour atteindre le grand but, car la confu-
« sion des races et des couleurs existant, par la polygamie, dans la haute
« classe, c'est assez pour établir l'union et la parfaite égalité entre
« tous. Convenons donc, concluait-il, que si la polygamie n'était pas
« le fait d'une combinaison politique, si elle ne dérivait que du hasard,
« celui-ci aurait en cette occasion produit autant que la sagesse con-
« sommée. »

L'Empereur disait avoir eu sérieusement la pensée d'appliquer ce principe à nos colonies, pour assortir le bien-être des nègres à la nécessité de les employer. Il avait même, disait-il, consulté à cet égard des théologiens, pour savoir s'il n'y aurait pas moyen, vu les circonstances locales, deployer nos croyances à cet égard, etc., etc.

Sur la Hollande et le roi Louis.—Humeur, plainte contre les siens.—Haute politique, etc.
Lettre à son frère le roi Louis.

Mardi 24.

L'Empereur m'a fait appeler vers midi et demi dans son cabinet. Nous avons causé de la chaîne des auteurs qui fait descendre la lumière historique depuis les premiers temps jusqu'à nous ; ce qui l'a porté à lire la partie du tableau premier de l'Atlas historique qui en présente l'ensemble et le résumé.

La conversation l'a fait tomber sur la variété de l'espèce humaine. Il a envoyé chercher Buffon pour éclaircir cet objet, et s'en est occupé assez longtemps.

La diversité des objets a conduit la conversation sur la Hollande et le roi Louis, sur lesquels il a dit des choses très-remarquables.

« Louis a de l'esprit, disait l'Empereur, n'est point méchant ; mais,
« avec ces qualités, un homme peut faire bien des sottises et causer bien
« du mal. L'esprit de Louis est naturellement porté au travers et à la
« bizarrerie. Il a été gâté encore par la lecture de Jean-Jacques. Cou-
« rant après une réputation de sensibilité et de bienfaisance, incapable
« par lui-même de grandes vues, susceptible tout au plus de détails
« locaux, Louis ne s'est montré qu'un roi préfet.

« Dès son arrivée en Hollande, et n'imaginant rien de beau comme
« de faire dire qu'il n'était plus qu'un bon Hollandais, il s'y est livré
« tout à fait au parti anglais, a favorisé la contrebande, et s'est mis en
« rapport avec nos ennemis. Il a fallu le surveiller aussitôt, et menacer
« même de le combattre ; réfugiant alors son manque de caractère dans
« un entêtement obstiné, et prenant une esclandre pour de la gloire, il
« s'est enfui du trône en déclamant contre moi, contre mon insatiable
« ambition, mon intolérable tyrannie, etc. Que me restait-il à faire ?
« Fallait-il laisser la Hollande à la disposition de nos ennemis ? Fallait-
« il nommer un nouveau roi ? Mais devais-je attendre de lui plus que de
« mon frère ? Tous ceux que je faisais n'agissaient-ils pas à peu près
« de même ? Je réunis la Hollande, et toutefois cet acte eut le plus
« mauvais effet en Europe, et n'a pas peu contribué à préparer nos
« malheurs.

« Louis avait été charmé de prendre Lucien pour modèle. Lucien en
« avait agi à peu près de même ; et si plus tard il s'est repenti, s'il s'est
« rallié même noblement, cela a pu honorer son caractère, mais non
« raccommoder les affaires.

« A mon retour de l'île d'Elbe, en 1815, Louis m'écrivit une longue
« lettre de Rome, et m'envoya une ambassade : c'était son traité, disait-
« il, ses conditions pour revenir auprès de moi. Je répondis que je
« n'étais nullement dans le cas de faire des traités avec lui ; que s'il
« revenait, il était mon frère, il serait bien reçu.

« Croirait-on bien qu'une de ses conditions était qu'il aurait la liberté
« de divorcer avec Hortense ? Je maltraitai fort le négociateur, pour
« avoir osé se charger d'une telle absurdité, avoir pu croire qu'une
« pareille chose fût négociable. Nos statuts de famille le défendaient
« formellement, faisais-je rappeler à Louis ; la politique, la morale et
« l'opinion ne s'y opposaient pas moins encore, lui faisais-je dire ; l'as-
« surant de plus qu'à cause de tous ces titres réunis, si ses enfants

« venaient, par lui, à perdre leur état, je m'intéresserais bien plus à eux
« qu'à lui-même, bien qu'il fût mon frère.

« Peut-être trouverait-on une atténuation au travers d'esprit de Louis
« dans le cruel état de sa santé ; l'âge où elle s'est dérangée, les circon-
« stances atroces qui l'ont causé, et qui doivent avoir singulièrement
« influé sur son moral ; il faillit en mourir, et en a conservé toujours
« depuis de cruelles infirmités : il demeure à peu près perclus de tout
« un côté.

« Il est sûr, du reste, continuait l'Empereur, que j'ai été peu secondé
« des miens, et qu'ils ont fait bien du mal à moi et à la grande cause.
« On a souvent vanté la force de mon caractère ; je n'ai été qu'une
« poule mouillée, surtout pour les miens, et ils le savaient bien : la pre-
« mière bourrade passée, leur persévérance, leur obstination l'empor-
« taient toujours ; et, de guerre lasse, ils ont fait de moi ce qu'ils ont
« voulu. J'ai fait là de grandes fautes. Si, au lieu de cela, chacun d'eux
« eût imprimé une impulsion commune aux diverses masses que je leur
« avais confiées, nous eussions marché jusqu'aux pôles ; tout se fût
« abaissé devant nous ; nous eussions changé la face du monde ; l'Eu-
« rope jouirait d'un système nouveau, nous serions bénis !... Je n'ai pas
« eu le bonheur de Gengis-Khan avec ses quatre fils, qui ne connaissaient
« d'autre rivalité que celle de le bien servir. Moi, nommais-je un roi, il
« se le croyait tout aussitôt *par la grâce de Dieu,* tant le mot est épidé-
« mique. Ce n'était plus un lieutenant sur lequel je devais me reposer,
« c'était un ennemi de plus dont je devais m'occuper. Ses efforts n'é-
« taient pas de me seconder, mais bien de se rendre indépendant. Tous
« avaient aussitôt la manie de se croire adorés, préférés à moi. C'était
« moi désormais qui les gênais, qui les mettais en péril. Des légitimes
« n'auraient pas agi autrement ; ils ne se seraient pas crus plus ancrés.
« Pauvres gens ! qui, quand j'ai succombé, ont pu se convaincre qu'ils
« n'avaient pas même l'honneur de voir leur destitution exigée ou
« mentionnée par l'ennemi ; et aujourd'hui encore, si l'on gêne leur
« personne, si on les tourmente, ce ne peut être de la part du victo-
« rieux que le besoin de faire peser le pouvoir, ou la bassesse d'exercer
« la vengeance. Si les miens inspirent un grand intérêt aux peuples,
« c'est qu'ils tiennent à moi, à la cause commune ; mais qu'aucun d'eux
« puisse causer un mouvement, assurément on peut être bien tran-
« quille ; et pourtant, malgré la philosophie de plusieurs d'entre eux,
« car n'en était-il pas qui, pour régner, s'étaient dits *forcés* à la façon
« des chambellans du faubourg Saint-Germain, leur chute a dû leur être

« bien sensible; ils s'étaient faits promptement aux douceurs du poste;
« ils ont tous été réellement rois. Tous, à l'abri de mes travaux, ont
« joui de la royauté; moi seul n'en ai connu que le fardeau. Tout le
« temps j'ai porté le monde sur mes épaules, et ce métier, après tout,
« ne laisse pas que d'avoir sa fatigue, etc.

« On me dira peut-être pourquoi m'obstiner à créer des États, des
« royaumes? Mais les mœurs et la situation de l'Europe le comman-
« daient ainsi. Chaque nouvelle réunion à la France accroissait les
« alarmes de tous; elle faisait pousser les hauts cris et reculait la paix.
« Mais alors, continuera-t-on, pourquoi avoir la vanité de placer cha-
« cun des miens sur un trône? car le vulgaire n'y aura vu que cela.
« Pourquoi ne pas s'arrêter plutôt sur de simples particuliers plus
« capables? A cela je réponds qu'il n'en est pas des trônes héréditaires
« comme d'une simple préfecture. La capacité, les moyens sont aujour-
« d'hui si communs dans la multitude, qu'il faut bien se donner de
« garde d'éveiller l'idée du concours. Dans l'agitation où nous nous
« trouvions plongés, et avec nos mœurs modernes, il fallait bien plutôt
« songer à la stabilité et à la centralisation héréditaire; autrement, que
« de combats, que de factions, que de malheurs!!! Dans l'harmonie
« que je méditais pour le repos et le bien-être universels, s'il fut un dé-
« faut dans ma personne et dans mon élévation, c'était d'avoir surgi
« tout à coup de la foule. Je sentais mon isolement; aussi je jetais de
« tous côtés des ancres de salut au fond de la mer. Quels appuis plus
« naturels pour moi que mes proches? Pouvais-je mieux attendre de la
« part des étrangers? et si les miens ont eu la folie de manquer à ces
« liens sacrés, la moralité des peuples, supérieure à leur aveuglement,
« remplissait une partie de mon objet. Avec eux, ils se croyaient plus
« en repos, plus en famille.

« En somme, de si grands actes n'étaient ni des caprices ni des plai-
« santeries; ils tenaient aux considérations de l'ordre le plus élevé, ils
« se rattachaient au repos de la race humaine et à la possibilité d'amé-
« liorer sa condition. Que si, malgré les combinaisons faites de la meil-
« leure foi, on s'est trouvé encore n'avoir rien fait qui vaille, c'est qu'il
« faut en revenir à une grande vérité, savoir, qu'il est bien difficile de
« gouverner, quand on veut le faire en conscience, etc., etc. »

N. B. La lettre suivante, d'une date fort antérieure, va jeter un grand
jour sur les paroles de Napoléon, rapportées quelques pages plus haut,
au sujet de la conduite de son frère en Hollande. Plus tard, le roi Louis
a publié une espèce de compte rendu de son administration à la nation

hollandaise ; c'est surtout à la suite de l'article ci-dessus de la lettre qui l'accompagne, qu'il devient curieux de lire ce document du roi Louis, afin de pouvoir, en connaissance de cause, fixer ses idées sur le sujet.

Château de Marach, le 3 avril 1808.

« Monsieur mon frère, l'auditeur D...t m'a remis, il y a une heure, votre dépêche du 22 mars. Je fais partir un courrier qui vous portera cette lettre en Hollande.

« L'usage que vous venez de faire du droit de grâce ne peut qu'être d'un très-mauvais effet. Le droit de grâce est un des plus beaux et des plus nobles attributs de la souveraineté. Pour ne pas le discréditer, il ne faut l'exercer que dans le cas où la clémence royale ne peut déconsidérer l'œuvre de la justice ; que dans le cas où la clémence royale doit laisser, après les actes qui émanent d'elle, l'idée de sentiments généreux. Il s'agit ici d'un rassemblement de bandits qui vont attaquer et égorger un parti de douaniers pour ensuite faire la contrebande. Ces gens sont condamnés à mort ; Votre Majesté leur fait grâce ! Elle fait grâce à des meurtriers, à des assassins, à des individus auxquels la société ne peut accorder aucune pitié ! Si ces individus avaient été pris faisant la contrebande ; si même, en se défendant, ils avaient tué des employés, alors vous auriez pu peut-être considérer la position de leurs familles, leur position particulière, et donner à votre gouvernement une couleur de paternité, en modifiant, par une commutation de peine, la rigueur des lois. C'est dans les condamnations pour contraventions aux lois de fiscalité, c'est plus particulièrement encore dans celles qui ont lieu pour des délits politiques, que la clémence est bien placée. En ces matières, il est de principe que si c'est le souverain qui est attaqué, il y a de la grandeur dans le pardon. Au premier bruit d'un délit de ce genre, l'intérêt public se range du côté du coupable, et point de celui d'où doit partir la punition. Si le prince fait la remise de la peine, les peuples le placent au-dessus de l'offense, et la clameur s'élève contre ceux qui l'ont offensé. S'il suit le système opposé, on le répute haineux et tyran. S'il fait grâce à des crimes horribles, on le répute faible ou malintentionné.

« Ne croyez pas que le droit de faire grâce puisse être exercé impunément, et que la société applaudisse toujours à l'usage qu'en peut faire le monarque. Elle le blâme lorsqu'il l'applique à des scélérats, à des meurtriers, parce que ce droit devient nuisible à la famille sociale. « Vous avez trop souvent et en trop de circonstances usé du droit de

« grâce. La bonté de votre cœur ne doit point être écoutée, lorsqu'elle
« peut nuire à vos peuples. Dans l'affaire des *Juifs*, j'aurais fait comme
« vous; dans celle des contrebandiers de *Middelbourg*, je me serais bien
« gardé de faire grâce.

« Mille raisons devaient vous porter à laisser la justice faire une exé-
« cution exemplaire qui aurait eu l'excellent effet de prévenir beaucoup
« de crimes, par la terreur qu'elle aurait inspirée. Des gens du roi sont
« égorgés au milieu de la nuit, les assassins sont condamnés.... Votre
« Majesté commue la peine de mort en quelques années de prison! Quel
« découragement n'en résultera-t-il point parmi les gens qui font rentrer
« vos impôts! l'effet politique est très-mauvais : je m'explique.

« La Hollande était le canal par lequel, depuis plusieurs années, l'An-
« gleterre introduisait sur le continent ses marchandises. Les marchands
« hollandais ont gagné à ce trafic des sommes immenses : voilà pourquoi
« les Hollandais aiment la contrebande et les Anglais; et voilà les rai-
« sons pour lesquelles ils n'aiment point la France, qui défend la con-
« trebande et qui combat les Anglais. La grâce que vous avez accordée à
« ces *contrebandiers assassins* est une espèce d'hommage que vous ren-
« dez au goût des Hollandais pour la contrebande. Vous paraissez faire
« cause commune avec eux, et contre qui?... contre moi.

« Les Hollandais vous aiment; vous avez de la simplicité dans les
« manières, de la douceur dans le caractère... Vous les gouvernez selon
« eux; si vous vous montriez fermement résolu à réprimer la contre-
« bande, si vous les éclairiez sur leur position, vous useriez sagement de
« votre influence : ils croiraient que le système prohibitif est bon, puis-
« que le roi en est le propagateur. Je ne vois pas quel parti pourrait tirer
« Votre Majesté d'un genre de popularité qu'elle acquerrait à mes dé-
« pens. Assurément la Hollande n'est point au temps de *Ryswick*, et la
« France aux dernières années de Louis XIV. Si la Hollande ne peut sui-
« vre un système politique indépendant de celui de la France, il faut
« qu'elle remplisse les conditions de l'alliance.

« Ce n'est point au jour la journée que doivent travailler les princes,
« mon frère, c'est sur l'avenir qu'il faut jeter les yeux. Quel est aujour-
« d'hui l'état de l'Europe? l'Angleterre d'un côté. Elle possède *par elle-
« même* une domination à laquelle jusqu'à présent le monde entier a dû
« se soumettre. De l'autre, l'empire français et les puissances continen-
« tales, qui, avec toutes les forces de leur union, ne peuvent s'accom-
« moder du genre de suprématie qu'exerce l'Angleterre. Ces puissances
« avaient aussi des colonies, un commerce maritime elles possèdent

« en étendue de côtes bien plus que l'Angleterre. Elles se sont désunies ;
« l'Angleterre a combattu séparément leur marine ; elle a triomphé sur
« toutes les mers, toutes les marines ont été détruites. *La Russie, la*
« *Suède, la France, l'Espagne,* qui ont tant de moyens d'avoir des vais-
« seaux et des matelots, n'osent hasarder une escadre hors de leur rade.
« Ce n'est donc plus d'une confédération des puissances maritimes, con-
« fédération, d'ailleurs, qu'il serait impossible de faire subsister à cause
« des distances et des croisements d'intérêts, que l'Europe peut attendre
« sa libération maritime et un système de paix qui ne pourra s'établir
« que par la volonté de l'Angleterre.

« Cette paix, je la veux par tous les moyens conciliables avec la di-
« gnité de la puissance de la France ; je la veux au prix de tous les sacri-
« fices que peut permettre l'honneur national. Chaque jour je sens
« qu'elle devient plus nécessaire : les princes du continent la désirent
« autant que moi ; je n'ai contre l'Angleterre ni *prévention passionnée*
« ni *haine invincible*. Les Anglais ont suivi contre moi un système de ré-
« pulsion ; j'ai adopté le système continental beaucoup moins, comme
« le supposent mes adversaires, par *jalousie d'ambition;* que pour ame-
« ner le cabinet anglais à en finir avec nous. Que l'Angleterre soit riche
« et prospère, peu m'importe, pourvu que la France et ses alliés le
« soient comme elle.

« Le système continental n'a donc d'autre but que d'avancer l'époque
« où le droit public sera définitivement assis pour l'empire français et
« pour l'Europe. Les souverains du Nord maintiennent sévèrement le
« régime prohibitif ; leur commerce y a singulièrement gagné : les fabri-
« ques de la Prusse peuvent rivaliser avec les nôtres. Vous savez que la
« France et le littoral qui fait aujourd'hui partie de l'empire, depuis le
« golfe de Lyon jusqu'aux extrémités de l'Adriatique, sont absolument
« fermés aux produits de l'industrie étrangère. Je vais prendre un parti
« dans les affaires d'Espagne, qui aura pour résultat d'enlever le Portugal
« aux Anglais et de mettre au pouvoir de la politique française les côtes
« que l'Espagne a sur les deux mers. Le littoral entier de l'Europe sera
« fermé aux Anglais, à l'exception de celui de la Turquie. Mais comme
« les Turcs ne trafiquent point en Europe, je ne m'en inquiète pas.

« Voyez-vous par cet aperçu quelles seraient les funestes conséquences
« des facilités que la Hollande donnerait aux Anglais pour introduire leurs
« marchandises sur le continent ? Elle leur procurerait l'occasion de le-
« ver sur nous-mêmes les subsides qu'ils offriraient ensuite à certaines
« puissances pour nous combattre. Votre Majesté est plus intéressée que

« moi à se garantir de l'astuce de la politique anglaise. Encore quelques
« années de patience, et l'Angleterre voudra la paix autant que nous la
« voulons nous-mêmes.

« Considérez la position de vos États, vous remarquerez que ce système
« vous est plus utile qu'à moi. La Hollande est une puissance maritime
« commerçante : elle a des ports magnifiques, des flottes, des matelots,
« des chefs habiles, et des colonies qui ne coûtent rien à la métropole ;
« ses habitants ont le génie du commerce, comme les Anglais. N'a-t-elle
« pas tout cela à défendre aujourd'hui ? La paix ne peut-elle pas la remet-
« tre en possession de son ancien état ? Sa situation, peut-être pénible
« pendant quelques années, n'est-elle pas préférable à faire du monarque
« hollandais un gouverneur pour l'Angletere ? de la Hollande et de ses
« colonies un fief de la Grande-Bretagne ? L'encouragement que vous
« donneriez au commerce anglais vous conduirait à cela : vous avez sous
« les yeux l'exemple *de la Sicile* et *du Portugal.*

« Laissez marcher le temps : si vous avez besoin de vendre vos geniè-
« vres, les Anglais ont besoin de les acheter. Désignez les points où les
« smogleurs anglais viendront les prendre ; mais qu'ils les payent avec de
« l'argent, et jamais avec des marchandises. *Jamais, entendez-vous ?* Il
« faudra bien enfin que la paix se fasse ; vous signerez en son lieu un
« traité de commerce avec l'Angleterre. J'en signerai peut-être un aussi ;
« mais les intérêts réciproques seront garantis. Si nous devons laisser
« exercer à l'Angleterre une sorte de suprématie sur les mers qu'elle aura
« achetée au prix de ses trésors et de son sang, une prépondérance qui
« tient à sa position géographique et à ses occupations territoriales dans
« les trois parties du monde, au moins nos pavillons pourront se mon-
« trer sur l'Océan sans craindre l'insulte ; notre commerce maritime
« cessera d'être ruineux. C'est à empêcher l'Angleterre de se mêler des
« affaires du continent qu'il faut travailler aujourd'hui.

« Votre affaire de grâce m'a entraîné dans ces détails ; je m'y suis livré,
« parce que j'ai craint que vos ministres hollandais n'aient fait entrer de
« fausses idées dans l'esprit de Votre Majesté.

« Je désire que vous réfléchissiez à cette lettre, que vous fassiez des
« sujets qu'elle traite l'objet des délibérations de vos conseils ; enfin que
« vos ministres impriment à l'administration le mouvement qui lui
« convient.

« Sous aucun prétexte, la France ne souffrira que la Hollande se
« sépare de la cause continentale.

« Quant à ses contrebandiers, puisque la faute a été commise, il n'y

« a plus à revenir sur le passé : je vous conseille seulement de ne pas les
« laisser dans les prisons de Middelbourg ; c'est trop près du lieu où le
« crime a été commis ; renvoyez-les dans le fond de la Hollande.

« Cette lettre n'étant à autre fin, etc.

« *Signé* Napoléon. »

A dîner, l'Empereur a demandé à son piqueur comment était son cheval ; celui-ci a répondu qu'on le nourrissait bien, qu'il était fort gai et en fort bon état. « J'espère qu'il ne se plaint pas de moi, a dit l'Em-
« pereur ; s'il fut jamais un chanoine au monde, c'est celui-là. » En effet, il y a deux ou trois mois que l'Empereur n'est monté à cheval.

Ferveur de travail. — Idées et projets de Napoléon sur notre histoire, etc. — Sur les ouvrages publiés, etc. — M. Méneval ; détails curieux, etc., etc.

Mercredi 25 au vendredi 27

L'Empereur, depuis quelques jours, a une grande ferveur de travail. Toutes les matinées se sont passées à des recherches sur l'Égypte, dans les auteurs anciens. Nous avons parcouru de concert Hérodote, Pline, Strabon, etc., etc., ne prenant guère d'autre interruption que l'instant du déjeuner sur sa petite table. Le temps demeurait toujours mauvais, et l'Empereur a dicté littéralement durant ces deux jours dans tout leur entier.

A dîner, il nous disait qu'il se trouvait beaucoup mieux, et nous lui avons fait observer, à ce sujet, que depuis quelque temps néanmoins il ne sortait plus, et travaillait huit, dix, douze heures par jour.

« C'est cela même, disait-il : le travail est mon élément ; je suis né et
« construit pour le travail. J'ai connu les limites de mes jambes, j'ai
« connu les limites de mes yeux ; je n'ai jamais pu connaître celles de
« mon travail. Aussi j'ai manqué tuer ce pauvre Méneval ; j'ai été obligé
« de le faire relever, et de le mettre en convalescence auprès de Marie-
« Louise, chez laquelle son emploi n'était plus qu'une véritable siné-
« cure. »

L'Empereur ajoutait que s'il était en Europe, et tranquille, son plaisir serait d'écrire l'histoire. Il se plaignait de la manière pitoyable dont il la voyait traitée partout. Les recherches qu'il faisait chaque jour le lui démontraient, disait-il, au delà de tout ce qu'il avait pu soupçonner.

« Nous n'avions pas de bonne histoire et nous n'avions pu en avoir.
« La plupart des peuples de l'Europe étaient dans le même cas que nous ;
« les moines et les privilégiés, c'est-à-dire les gens à abus, les ennemis

« de la vérité et des lumières, avaient seuls exercé ce monopole : ils nous
« avaient raconté tout ce qu'ils avaient voulu, tout ce qui leur avait plu,
« ou mieux encore, tout ce qui était dans leur intérêt, leurs passions ou
« leurs vues ! »

Il avait, disait-il, conçu le projet de redresser tout cela autant qu'il était possible ; ainsi il eût nommé des commissions de l'Institut, ou des savants indiqués par l'opinion publique, pour revoir, critiquer et reproduire nos annales. Il eût voulu aussi, de la sorte, accompagner les classiques, dont on nourrit notre jeunesse, de commentaires propres à les mettre en harmonie avec nos institutions modernes. « Un bon pro-
« gramme, le concours et des récompenses, et l'on eût, disait-il, tout
« obtenu ; rien ne résistait à une pareille voie. »

Il répétait, ce que je crois avoir déjà dit, que son intention avait été de faire écrire les derniers règnes de notre monarchie sur les pièces mêmes tirées des archives de nos relations extérieures. Il était encore une foule de manuscrits antiques et modernes de la Bibliothèque Impériale qu'il voulait faire imprimer, en les coordonnant en corps de doctrine, soit dans les sciences, soit dans la morale, la littérature, les arts, etc.

Il avait encore, assurait-il, beaucoup d'autres plans de la sorte. Et quelle époque se présenta jamais aussi favorable pour de pareilles idées et leur accomplissement ! Quand retrouvera-t-on, dans la même personne, le génie pour les concevoir, la puissance pour les exécuter ?

Pour obvier, sans blesser même la liberté de la presse, au déluge de mauvais ouvrages dont le public était inondé, il demandait quel inconvénient eût pu présenter un tribunal d'opinion, composé de membres de l'Institut, de membres de l'Université et de délégués du gouvernement, qui eussent considéré les ouvrages sous le triple rapport de la science, des mœurs et de la politique. Ils en eussent fait la critique, et eussent assigné le degré de leur mérite. « C'eût été, disait-il, le flambeau
« du public ; la garantie, la fortune de bons ouvrages ; la ruine, le décou-
« ragement des mauvais ; l'aiguillon des talents, la palme des auteurs. »

Voici quelques détails relatifs à M. Méneval, cité plus haut par l'Empereur ; ces détails seront jugés précieux, parce qu'ils sont autant de traits propres à faire connaître les circonstances privées de Napoléon.

L'Empereur, encore Premier Consul, se plaignait d'être sans secrétaire : il venait de se défaire de celui qu'il avait eu durant ses campagnes d'Italie et son expédition d'Égypte, son ancien camarade de collège, homme de beaucoup d'esprit et qu'il aimait fort, mais dont il venait d'être forcé de se séparer. Son frère Joseph lui offrit alors le sien, qu'il avait depuis peu de temps; et Napoléon, en l'acceptant, acquit un trésor, il l'a répété plusieurs fois : c'était Méneval, que depuis il a fait baron, maître des requêtes et secrétaire des commandements de l'impératrice Marie-Louise.

Son titre auprès du Premier Consul fut celui de *secrétaire du portefeuille;* il fut même fait à son sujet un fort long règlement, dont l'article le plus essentiel était qu'il ne devait jamais, sous aucun prétexte, avoir à lui ni secrétaire ni copiste : ce qui fut toujours strictement observé.

M. Méneval était doux, réservé, fort secret, travaillant à toute heure et en tout temps; aussi l'Empereur n'en a-t-il jamais éprouvé que satisfaction, agrément, et l'a fort aimé. Le secrétaire du portefeuille était généralement chargé de tout le courant, et de tout ce qui était instantané et d'improvisation. Que d'affaires, de projets et de pensées ont été traités et transmis par son intermédiaire! Il ouvrait et lisait toutes les lettres adressées directement à l'Empereur ; les classait pour son examen, et écrivait sous sa dictée.

On sait avec quelle célérité l'Empereur dictait, si bien que le plus souvent, et pour gagner du temps, le secrétaire devait chercher à retenir les mots plutôt qu'à les transcrire, ce dont s'acquittait merveilleusement M. Méneval, qui par la suite eut autorité de répondre par lui-même à bien des objets. Il aurait pu facilement acquérir beaucoup d'importance; mais c'était tout à fait hors de son inclination naturelle.

L'Empereur était la plus grande partie du temps dans son cabinet ; on eût pu dire qu'il y passait le jour et souvent une partie de la nuit. Il se couchait à dix ou onze heures, et se relevait vers minuit pour travailler de nouveau quelques heures. Il faisait parfois appeler M. Méneval, le plus souvent non ; et comme il arrivait à celui-ci de s'y rendre de lui-même, l'Empereur, connaissant tout son zèle, répondait d'ordinaire à cet empressement : « Il ne faut pas vous tuer. »

L'Empereur, en reparaissant le matin au cabinet, y trouvait des liasses mises en ordre à l'avance par M. Méneval, qui l'avait précédé. S'il y manquait parfois vingt-quatre heures ou deux jours, son secrétaire le prévenait qu'il allait se laisser encombrer, et que le cabinet serait bientôt plein, ce à quoi l'Empereur répliquait d'ordinaire gaiement : « Ne « vous effrayez pas, cela sera bientôt net. » Et en effet, en peu d'heures, l'Empereur s'était mis au courant. Il est vrai qu'il répondait beaucoup en ne répondant pas, en jetant tout ce qu'il jugeait inutile, même de ses ministres, ce à quoi ils étaient faits. Ne voyant pas arriver de réponse, ils savaient à quoi s'en tenir. Il lisait lui-même toutes les let-

tres, répondant par un mot à la marge de certaines, et dictant la réponse à d'autres. Celles qui étaient d'une haute importance étaient toujours mises de côté, relues deux fois, et jamais répondues qu'après quelque intervalle.

Il avait pour coutume, en sortant du cabinet, de rappeler les objets essentiels, et de dire qu'ils devaient être prêts à heure fixe; et ils l'étaient toujours. Si, à cette heure, l'Empereur ne venait point, M. Méneval le pourchassait dans le palais, souvent à différentes reprises, pour les lui rappeler. Parfois l'Empereur terminait, parfois encore il répondait : *A demain, la nuit porte conseil*. C'était sa phrase habituelle; aussi disait-il avoir plus travaillé la nuit que le jour. Ce n'est pas que les affaires lui causassent des insomnies; mais seulement parce qu'il dormait à heures interrompues, suivant son besoin, et que peu lui suffisait.

Il arrivait souvent à l'Empereur, dans le cours de ses campagnes, qu'on le réveillait subitement pour des circonstances instantanées : il se levait aussitôt; on n'eût pas deviné à ses yeux qu'il venait de dormir : il donnait ses décisions ou dictait des réponses avec la même clarté, la même fraîcheur d'esprit que si c'eût été en tout autre moment. C'est ce qu'il appelait *la présence d'esprit d'après minuit* : elle était complète et extraordinaire chez lui. Il est arrivé, dans ces circonstances, qu'on l'a réveillé peut-être jusqu'à dix fois dans la même nuit, et on le trouvait toujours rendormi, parce qu'il n'avait pas encore satisfait tout son besoin de sommeil. Se vantant un jour de cette facilité de sommeil, et du peu qu'il lui en fallait, à un de ses ministres (le général Clarke), celui-ci lui répondit plaisamment : « C'est bien ce qui nous désole, « Sire ; car c'est souvent à nos dépens ; il nous en descend parfois « quelque chose. »

L'Empereur faisait tout par lui-même, et presque tout par la voie de son cabinet. Il nommait à toutes les places, substituant la plupart du temps de nouveaux noms à ceux dont ses ministres lui adressaient la proposition. Il lisait leurs projets, les adoptait, les rayait ou les modifiait. Il faisait jusqu'aux notes mêmes de son ministre des relations extérieures, qu'il dictait à son secrétaire Méneval, pour lequel il n'avait nul secret. C'était encore par l'intermédiaire de celui-ci qu'il écrivait aux souverains, observant avec eux un formulaire qu'il lui avait fait rédiger sur les protocoles du passé, et à la rigueur duquel il attachait beaucoup d'importance. Les ministres travaillaient tous en commun avec l'Empereur un jour fixe de la semaine, à moins de cas particuliers ou accidentels dans les affaires ou dans un des ministères. Le travail de chacun se faisait en présence de tous les autres, qui pouvaient y prendre part. Chacun vidait de la sorte son portefeuille. Un registre consacrait les délibérations ; il doit en exister un grand nombre de volumes. Les objets arrêtés demeuraient pour la signature, qui se faisait par l'intermédiaire du ministre secrétaire d'État, qui la certifiait. Parfois quelques-uns de ces objets, bien qu'arrêtés, passaient au cabinet avant la signature, pour y être revus et modifiés. Le ministre des relations extérieures était le seul qui, prenant part au travail général des autres ministres, avait en outre, par la nature secrète de ses fonctions, un travail particulier avec l'Empereur. L'Empereur confiait le travail du personnel de la guerre à un de ses aides de camp de prédilection. Duroc a joui longtemps de cette confiance, puis Bertrand et Lauriston ; le comte de Lobau a été le dernier.

M. Méneval, d'une santé très-faible, et usé par le travail, eut besoin de repos. L'Empereur le plaça alors auprès de Marie-Louise. C'était un canonicat, disait-il, une vraie *sinécure* ; mais il ne s'en sépara néanmoins que sous la condition de revenir à lui dès qu'il serait rétabli; ce qu'il ne manquait pas de lui rappeler toutes les fois qu'il le voyait.

Avec Méneval finit l'*unité* de travail dans le cabinet ; il eut plusieurs successeurs ensemble, et le cabinet de l'Empereur devint alors un bureau, une espèce d'administration assez nombreuse. L'Empereur y admit, sur la recommandation d'autres qui croyaient pouvoir en répondre comme d'eux-mêmes, quelqu'un qui, en 1814, au moment de la crise, reçut l'ordre de brûler certaines pièces du cabinet. La restauration assise, il écrivit à un des ministres du roi pour lui offrir celles qui restaient encore. L'Empereur en trouva la preuve au 20 mars dans les papiers laissés aux Tuileries, et se contenta d'écrire en marge de la lettre même du dépositaire infidèle : *Un tel est un traître, un tel est un traître,*

et rendit le papier en cet état, tout en l'accompagnant de paroles pleines de bonté, à celui-là même qui lui avait recommandé le coupable, homme, du reste, pour son propre compte, disait l'Empereur en parlant du recommandant, d'un dévouement et d'une fidélité à toute épreuve. Ce fut là tout le reproche que lui fit Napoléon, et toute la vengeance qu'il fit peser sur le coupable.

Il doit donc être resté beaucoup de traces ou de pièces du travail du cabinet. Les débats du parlement d'Angleterre en ont fait connaître que les réclamations solennelles de Napoléon, lors de son retour au 20 mars, ont données pour falsifiées. Les pièces du cabinet ne seraient pas les seuls documents qui nous resteraient de cette administration à jamais célèbre. Il doit exister vingt ou trente volumes in-folio, autant de volumes in-4° de la *Correspondance des campagnes d'Italie et d'Égypte,* recueillie et classée par ordre.

Il doit exister aussi peut-être soixante ou quatre-vingts volumes in-folio des délibérations du Conseil des ministres, recueillies par les secrétaires d'État duc de Bassano et comte Daru.

Enfin les procès-verbaux du Conseil d'État, rédigés et mis en ordre par M. Locré.

Voilà de vrais et grands titres de gloire pour Napoléon. C'est sur ces monuments immortels, et avec eux, qu'ont marché les gouvernements qui ont suivi, et c'est là que viendront inévitablement puiser désormais les administrations de tous les temps et de tous les pays, tant les bases posées par lui ont été sûres et solides, tant les jalons ont été bien placés, tant les racines ont été profondes, tant enfin tout cet ensemble porte le caractère du génie, de la rectitude et de la durée !

Paroles caractéristiques touchant ma femme. — Dictée de l'Empereur pour une nouvelle partie de ses Mémoires.

Samedi 28

Aujourd'hui l'Empereur a profité d'un peu de beau temps pour faire deux tours en calèche. Il avait besoin, disait-il, d'être secoué. Il lui restait un peu de fluxion ; sa joue gauche demeurait enflée. Il est rentré sur les trois heures. Quelque temps après, le travail lui manquant, il m'a fait appeler ; nous avons fait quelques tours de jardin. Ayant aperçu le docteur, il l'a fait approcher, et en a appris que la veille les commissaires russe et autrichien s'étaient présentés à la porte de Longwood, mais qu'ils en avaient été repoussés par la consigne imposée par le gouverneur.

Demeurés seuls, l'Empereur, après bien des objets, est venu à parler de ma femme, de ce qu'elle pouvait faire, de ce qu'elle serait devenue, etc.

« Il est hors de doute, disait-il ensuite, que votre situation à Sainte-
« Hélène ne la fasse rechercher beaucoup et n'inspire un vif intérêt.
« Tout ce qui se rattache à ma personne reste cher à bien du monde.
« D'ici je donne encore des couronnes !... Oui, mes chers amis, quand
« vous retournerez en Europe, vous recevrez des couronnes ! »

Et puis revenant à ma femme : « Son meilleur parti, disait-il avec
« une grâce et une bonté touchante, serait d'aller passer son veuvage
« auprès de Madame, ou de quelqu'un des miens. Ils auraient sans doute
« bien du plaisir à prendre soin d'elle, etc. »

Au retour, l'Empereur s'est mis au travail. La campagne d'Italie était à peu près finie. Il m'a pourvu d'un nouveau sujet.

Note, écrivez : c'est ainsi que s'exprimait soudainement l'Empereur quand il lui venait une idée. Voici ce qu'il dicta littéralement en ce moment ; il n'y a rien eu de changé, il ne l'a jamais relu.

Note. — « La campagne d'Italie se trouvant finie, *Las Cases*, d'ici à
« huit jours, entreprendra l'époque depuis la rupture du traité d'Amiens
« jusqu'à la bataille d'Iéna.

« — En 1802, toute l'Europe est pacifiée. Bientôt après, toute l'Eu-
« rope se met en guerre. La république change et devient empire. La
« question maritime devient la question dominante dans la rupture de
« la paix d'Amiens.

« — Las Cases commencera par faire analyser sous ses yeux, au petit
« Emmanuel, les *Moniteurs* de cette époque; il en fera au moins six ou
« sept par jour, ce qui fera cent quatre-vingts dans un mois, ou une
« époque de six mois. Il faudra qu'il y ait au moins six mois d'analysés
« avant que nous commencions le travail.

« — La partie antérieure à cette époque et celle qui suivra seront
« préparées et faites par ces Messieurs. Il faudra, dans l'analyse, suivre
« le modèle déjà prescrit à M. de Montholon, c'est-à-dire analyser le
« tout par événement, avec indication de page et de mois sans distinc-
« tion de matières.

« *Nous aurons pour grands faits :*
« 1° Histoire de la flottille ; 2° Déclaration de l'Autriche ; 3° Mouve-
« ment des escadres ; 4° Bataille de Trafalgar ; 5° Ulm, Austerlitz ;
« 6° Paix de Vienne ; 7° Négociation de lord Lauderdale à Paris ; 8° Ba-
« taille d'Iéna.

« *A reporter à leur place :*
« 1° Conjuration de Georges ; 2° Affaire du duc d'Enghien ; 3° Sacre
« de l'Empereur par le pape ; 4° Organisation impériale.

« Ce sera une des belles parties de l'histoire de France, puisque d'un
« côté, et dans l'intervalle d'une année, on voit un pape venir en
« France sacrer un empereur, ce qui ne s'était pas renouvelé depuis
« mille ans, et que de l'autre on voit les drapeaux français flotter sur
« Vienne et sur Berlin, l'empire romain dissous et la monarchie prus-
« sienne disparue. »

Je me complais à consigner ici littéralement cette dictée brute, ou les
idées premières de l'Empereur, afin de mieux faire connaître toute sa
manière.

On conçoit toute l'ardeur avec laquelle mon fils et moi nous nous
consacrâmes dès cet instant à ce travail, dont nous sentions tout le
prix. Toutefois nous n'avions point encore complété l'analyse de nos
six mois quand j'ai été arraché de Longwood. Si ce travail n'a pas été
accompli, quelle perte pour l'histoire !!! (Il ne l'a pas été.)

Belles dictées de l'Empereur. — Détails, particularités caractéristiques, etc. — Mauvaise foi du cabinet britannique. — Réfutation de Walter Scott et de Maitland. — Singularités bien remarquables dans Napoléon touchant son orthographe et ses citations historiques.

Dimanche 29.

Toutes les fois que l'Empereur traitait un sujet, pour peu qu'il s'animât, ses paroles eussent pu supporter l'impression. Souvent aussi, quand une idée le frappait vivement, il dictait à celui de nous qui était sous sa main des morceaux qui, dès ce premier jet, se trouvaient du dernier fini. Ces messieurs doivent avoir beaucoup de ces dictées, toutes bien précieuses.

J'en veux bien à l'état de mes yeux, qui, m'empêchant d'écrire, me privait la plupart du temps de cette bonne fortune.

Voici ce qu'il s'est trouvé dicter lorsque les papiers ministériels anglais parlaient de grands trésors que Napoléon devait posséder, et qu'il tenait sans doute cachés.

« Vous voulez connaître les trésors de Napoléon ? ils sont immenses, il est vrai, mais sont exposés au grand jour. Les voici : le beau bassin d'Anvers, celui de Flessingue, capables de contenir les plus nombreuses escadres et de les préserver des glaces de la mer ; les ouvrages hydrauliques de Dunkerque, du Havre, de Nice ; le gigantesque bassin de Cherbourg, les ouvrages maritimes de Venise ; les belles routes d'Anvers à Amsterdam, de Mayence à Metz, de Bordeaux à Bayonne ; les passages du Simplon, du mont Cénis, du mont Genèvre, de la Corniche, qui ouvrent les Alpes dans quatre directions, dans cela seul vous trouveriez plus de 800,000,000. Ces passages surpassent en hardiesse, en grandeur et en efforts de l'art tous les travaux des Romains. Les routes des Pyrénées aux Alpes, de Parme à la Spezzia, de Savone au Piémont ; les ponts d'Iéna, d'Austerlitz, des Arts, de Sèvres, de Tours, de Roanne, de Lyon, de Turin, de l'Isère, de la Durance, de Bordeaux, de Rouen, etc. ; le canal qui joint le Rhin au Rhône par le Doubs, unissant les mers de Hollande avec la Méditerranée, celui qui unit l'Escaut à la Somme, joignant Amsterdam à Paris ; celui qui joint la Rance à la Vilaine ; le canal d'Arles, celui de Pavie, celui du Rhin ; le desséchement des marais de Bourgoing, du Cotentin, de Rochefort ; le rétablissement de la plupart des églises démolies pendant la révolution, l'élévation de nouvelles ; la construction d'un grand nombre d'établissements d'industrie pour l'extirpation de la mendicité; la construction du Louvre, des greniers publics, de la Banque, du canal de l'Ourcq ; la distribution des eaux dans la ville de Paris ; les nombreux égouts, les quais, les embellissements et les monuments de cette grande capitale ; les travaux pour l'embellissement de Rome ; le rétablissement des manufactures de Lyon, la création de plusieurs centaines de manufactures de coton, de filature et de tissage qui emploient plusieurs millions d'ouvriers ; des fonds accumulés pour créer plus de quatre cents manufactures de sucre de betterave pour la consommation d'une partie de la France, qui auraient fourni le sucre au même prix que celui des Indes, si elles eussent continué d'être encouragées seulement encore quatre ans ; la substitution du pastel à l'indigo, qu'on fût venu à bout de se procurer en France à la même perfection et à aussi bon marché que cette production des colonies ; le nombre des manufactures pour toute espèce d'objets d'art, etc. ; 50,000,000 employés à réparer et à embellir les palais de la couronne ; 60,000,000 d'ameublements placés dans les palais de la couronne en France, en Hollande, à Turin, à Rome ; 60,000,000 de diamants de la couronne, tous achetés avec l'argent de Napoléon ; *le Régent* même, le seul qui restât des anciens diamants de la couronne de France, ayant été retiré par lui des mains des Juifs de Berlin, auxquels il avait été engagé pour 3,000,000 ; le musée Napoléon estimé plus de 400,000,000, et ne contenant que des objets légitimement acquis ou par de l'argent, ou par des conditions de traités de paix connus de tout le monde, en vertu desquels ces chefs-d'œuvre furent donnés en commutation de cession de territoire ou de contributions ; plusieurs millions amassés pour l'encouragement de l'agriculture, qui est l'intérêt premier de la France ; l'institution des courses de chevaux ; l'introduction des mérinos, etc.

« Voilà qui forme un trésor de plusieurs milliards qui durera des siècles !

« Voilà les monuments qui confondent la calomnie ! ! !... L'histoire dira que tout cela fut accompli au milieu de guerres continuelles, sans aucun emprunt, et même lorsque la dette publique diminuait tous les jours et qu'on avait allégé les taxes de près de 50,000,000. Des sommes très-considérables demeuraient encore dans son trésor particulier ; elles lui étaient conservées par le traité de Fontainebleau, comme résultant des épargnes de sa liste civile et de ses revenus privés. Elles furent partagées, et n'allèrent pas entièrement dans le trésor public ni entièrement dans celui de la France ! ! !

Dans une autre occasion, l'Empereur lisait dans un journal anglais que lord Castlereagh, dans une assemblée en Irlande, avait dit que Napoléon avait déclaré à Sainte-Hélène qu'il n'aurait jamais fait la paix avec l'Angleterre que pour la tromper, la surprendre et la détruire, et que si l'armée française était attachée à l'Empereur, c'est parce qu'il donnait en mariage à ses soldats les filles des plus riches familles de son empire, l'Empereur ému dicta : « Ces calomnies contre un homme qu'on opprime avec une telle barbarie, et qu'on prend à la gorge pour l'empêcher de parler, seront repoussées par toutes personnes bien nées et capables de sentir. Quand Napoléon était sur le premier trône du monde, alors sans doute ses ennemis ont eu le droit de dire tout ce qu'ils ont voulu ; sa conduite était publique et servait de suffisante réponse ; quoi qu'il en fût, elle était du département de l'opinion et de l'histoire ; mais aujourd'hui de nouvelles et basses calomnies tiennent à la dernière lâcheté et ne rempliront pas leur but. Des millions de libelles ont paru et paraissent tous les jours ; ils sont sans effet : soixante millions d'hommes des contrées les plus policées de l'univers élèvent leur voix pour les confondre, et cinquante mille Anglais, qui voyagent maintenant sur le continent, apporteront chez eux la vérité aux peuples des trois royaumes, qui rougiront d'avoir été si grossièrement trompés.

« Quant au bill qui a traîné Napoléon sur un roc, c'est un acte de proscription semblable à ceux de Sylla, et pis encore. Les Romains poursuivirent Annibal jusqu'au fond de la Bithynie ; Flaminius obtint du roi Prusias la mort de ce grand homme, et pourtant à Rome Flaminius fut accusé d'avoir agi ainsi pour satisfaire sa haine personnelle. En vain allégua-t-il qu'Annibal, encore dans la vigueur de l'âge, pouvait être dangereux, que sa mort était nécessaire ; mille voix répondirent que ce qui est injuste et ingénéreux ne peut jamais être avantageux à une grande nation ; que de tels prétextes justificraient les assassinats, les empoisonnements et toute espèce de crimes !... Les générations qui suivirent reprochèrent cette lâcheté à leurs ancêtres. Elles auraient payé bien cher pour effacer une telle tache de leur histoire. Depuis le renouvellement des lettres parmi les nations modernes, il n'est point de génération qui n'ait uni ses imprécations à celles que proféra Annibal au moment de boire la ciguë : il maudissait cette Rome qui, à une époque où ses flottes et ses légions couvraient l'Europe, l'Asie et l'Afrique, assouvissait sa colère sur un homme seul et désarmé, parce qu'elle le craignait ou qu'elle prétendait le craindre.

« Mais les Romains ne violèrent jamais l'hospitalité. Sylla trouva un asile dans la maison de Marius ; Flaminius, avant de proscrire Annibal, *ne le reçut pas à bord de son vaisseau, et ne lui déclara point qu'il avait des ordres de le bien recevoir.* La flotte romaine ne le transporta pas au port d'Ostie ; bien loin d'avoir recours à la protection des lois romaines, Annibal préféra confier sa personne à un roi d'Asie. Lorsqu'il fut proscrit, il n'était pas sous la protection de l'étendard romain ; il était sous les drapeaux d'un roi ennemi de Rome.

« Si jamais, dans les révolutions des siècles, un roi d'Angleterre vient à comparaître devant le redoutable tribunal de sa nation, ses défenseurs insisteront sur l'auguste caractère de roi, le respect dû au trône, à toute tête couronnée, à l'oint du Seigneur ! Mais ses adversaires ne seront-ils pas en droit de répondre : Un de ses ancêtres proscrivit son hôte en temps de paix; n'osant pas le mettre à mort en présence d'un peuple qui avait ses lois positives et ses formes régulières et publiques, il fit exposer sa victime sur le point le plus insalubre d'un roc situé au milieu de l'Océan, dans un autre hémisphère. Cet hôte y périt après une longue agonie, tourmenté par le climat, les besoins et les injures de toute espèce! Eh bien! cet hôte était aussi un grand souverain, élevé sur le bouclier de trente-six millions de citoyens. Il fut maître de presque toutes les capitales de l'Europe; il vit à sa cour les plus grands rois; il fut généreux envers eux tous; il fut pendant vingt ans l'arbitre des nations; sa famille était alliée à toutes les familles souveraines, même celle de l'Angleterre; il fut deux fois l'oint du Seigneur, il fut deux fois consacré par la religion!!! »

Ce dernier morceau est certainement très-beau de vérité, de diction, et surtout de richesses historiques.

N. B. Ici je ne puis m'empêcher de m'arrêter un instant. Flaminius, est-il dit plus haut, avant de proscrire Annibal, *ne le reçut pas à bord de son vaisseau, et ne lui déclara point qu'il avait des ordres de le bien recevoir.* Ce point était celui qui révoltait le plus l'Empereur et nous tous, parce que là étaient notre droit et la violation à notre égard de toute justice, l'outrage à notre bonne foi, et l'effronterie immorale de l'administration anglaise. Napoléon, ainsi qu'on a pu le voir dans le cours de mes récits, y revenait avec indignation toutes les fois que l'occasion s'en présentait, tandis que les ministres anglais, de leur côté, n'ont cessé d'avoir recours même à des moyens indirects pour essayer de répandre la dénégation, ou du moins le doute. Aussi sir Walter Scott, dans son histoire, écrite d'ailleurs toute dans leurs intérêts, semble avoir fait de cette circonstance le point capital de son livre. Il accorde que l'honneur du gouvernement anglais se trouve entièrement lié aux transactions qui conduisirent Napoléon à bord du *Bellérophon*; et, ce point établi, il s'évertue laborieusement pour arriver à le justifier. Il y revient spécialement à satiété dans trois endroits, comme si, à défaut de conviction chez le lecteur, il espérait l'entraîner à force de fatigue, et conclut, comme de raison, que Napoléon n'a été que le prisonnier de guerre de l'Angleterre tombé à la discrétion de son gouvernement; qu'il a été traité avec beaucoup d'indulgence, et que ses plaintes et celles des siens sont injustes, etc., etc.

Mais voici quelques observations qui seront décisives : que celui qui cherche la vérité de bonne foi, et qui trouve quelque intérêt à fixer son attention sur un point historique si important, s'il veut se délivrer de tous les faux-fuyants, de l'obscurité fastidieuse dont on cherche à l'entourer, et juger de toute la sincérité, de toute la droiture employées dans cette transaction, renferme l'historien romancier, pour qu'il ne puisse lui échapper, dans le cercle étroit des simples faits, et lui demande :

1° Est-il vrai ou non que, lorsque les envoyés de Napoléon, expédiés au capitaine Maitland pour savoir s'il avait connaissance des sauf-conduits promis pour son passage, et s'il pensait que le gouvernement anglais y mît de l'empêchement, celui-ci ait répondu, ainsi qu'il nous l'apprend lui-même (*page* 32 *de sa propre Relation*), « qu'il ne saurait « dire quelles pouvaient être les intentions de son gouvernement, mais « qu'il allait en référer à son chef? » Or il savait déjà officiellement, c'est lui-même qui nous l'apprend encore (*pages* 18 *et* 23), « que les « sauf-conduits ne seraient point accordés; qu'il fallait intercepter « Napoléon à tout prix; que de sa captivité dépendait le repos de l'Eu- « rope, et qu'il existait des ordres pour disposer de sa personne. » Aussi le capitaine Maitland, dans ses dépêches à son amiral (*page* 31), convient-il naïvement que ses réponses n'étaient qu'autant de piéges pour retenir Napoléon, et donner le temps à la croisière de recevoir des renforts.

2° Est-il vrai ou non qu'en dépit de ces données positives et officielles, le capitaine Maitland, dissertant avec les envoyés sur la sortie de France de Napoléon, leur ait dit : « Pourquoi ne demanderait-il pas un « asile en Angleterre? » C'est toujours lui qui nous l'apprend (*page* 36 *de sa Relation*). Une telle suggestion n'était donc qu'un piége?

3° Est-il vrai ou non que, lors de la seconde conférence, le capitaine Maitland ait dit au comte de Las Cases que, « conformément à ses ordres, « il croyait pouvoir se hasarder à recevoir Napoléon à bord de son « vaisseau et le conduire en Angleterre? » Ce sont encore ses propres aveux (*pages* 45 *et* 263). Il est vrai que plus tard, dans sa dépêche officielle, loin de répéter ces mêmes paroles, il dit que, « craignant l'impos- « sibilité d'empêcher de petits bâtiments de gagner la mer, et regardant « comme de la plus grande importance d'obtenir possession de la per- « sonne de Bonaparte, *il s'est laissé persuader* d'accéder à la proposition « de le recevoir à son bord, et de se rendre avec lui en Angleterre (*pa- « ges* 110 *et* 111). » Mais comment comprendre et expliquer de pareilles contradictions de la part de cet officier, et comment les croire, si l'on n'avait sa *Relation* sous les yeux?

4° Est-il vrai ou non que M. de Las Cases lui ayant demandé s'il pensait que Napoléon serait bien reçu en Angleterre, il ait répondu « qu'il « ne connaissait pas du tout quelle était l'intention du gouvernement an- « glais, mais qu'il n'avait aucune raison de supposer qu'il ne fût pas bien « reçu? » C'est toujours lui qui nous l'apprend (*page 264 de sa Relation*). Or, il savait que sa captivité était résolue, et que des ordres étaient donnés pour disposer de sa personne, ainsi qu'il nous en instruit lui-même (*page 25*), comme nous l'avons déjà dit plus haut.

5° Est-il vrai ou non qu'à la lettre officielle du grand maréchal (*page 51*), portant que « d'après le compte rendu par M. le comte de Las « Cases à l'Empereur de sa conversation avec le capitaine Maitland, » (laquelle conversation contenait l'offre faite par lui capitaine Maitland de recevoir Napoléon et le conduire en Angleterre), « Sa Majesté, au « défaut du sauf-conduit attendu pour les États-Unis, se rendrait volon- « tiers en Angleterre *comme simple particulier pour y jouir de la pro- « tection des lois du pays;* » est-il vrai ou non, disons-nous, que le capitaine Maitland ait évité soigneusement de répondre à cette lettre, parce qu'il eût fallu consacrer par écrit les restrictions verbales qu'il prétend avoir si souvent réitérées au comte de Las Cases? Peu de mots pourtant eussent suffi pour éclaircir tout malentendu supposé, mais ils eussent privé le capteur de la précieuse capture qui faisait l'objet de toute sa convoitise (*pages 69, 85 et autres*). Et son silence ici n'est encore qu'un piége.

6° Est-il vrai ou non que la lettre de l'Empereur au prince régent (que l'on trouve partout, excepté dans la *Relation* du capitaine Maitland) respire toute la confiance que le capitaine anglais était venu à bout d'inspirer? L'intention, la croyance de Napoléon y sont explicites. Est-il vrai ou non que cette lettre ayant été communiquée, avant l'arrivée de l'Empereur, par le comte de Las Cases au capitaine Maitland, celui-ci n'a point fait la moindre observation relative aux restrictions qu'il prétend avoir si souvent réitérées, et auxquelles cette lettre se trouve si fort en opposition? Une observation pourtant à cet égard eût été alors bien naturelle; mais elle eût pu suffire pour changer la détermination de Napoléon, et dès lors l'attente et les desseins des ministres anglais se trouvaient frustrés : aussi ne fut-elle pas faite.

7° Est-il vrai ou non : 1° Que dans la lettre officielle du général Bertrand au capitaine Maitland (*page 51 de la Relation*), il y soit positivement exprimé que l'Empereur se rend en Angleterre *pour y jouir de la protection de ses lois?* 2° Dans sa lettre au prince régent, *qu'il se met sous la protection des lois du peuple britannique?* 3° Qu'en mettant le pied à bord du *Bellérophon*, il ait dit au capitaine Maitland (*page 72 de sa Relation*) *qu'il venait se mettre sous la protection des lois d'Angleterre* ? Est-il vrai ou non, dirons-nous, qu'au mépris d'expressions si positives, si réitérées et si connues du capitaine Maitland, ce capitaine, dans son *rapport officiel* (*page* 59), les ait traduites en celles que « Napoléon est « venu remettre sa personne à la générosité du prince régent ? »

8° Est-il vrai ou non que, lorsque les généraux Lallemand et Gourgaud demandèrent au capitaine Maitland une espèce de reconnaissance ou d'attestation qui prouverait leur venue volontaire et confiante à bord du *Bellérophon*, ce qu'il crut être dans l'obligation de leur accorder, le comte de Las Cases lui ait proposé en même temps, pour leur propre garantie mutuelle, d'arrêter une espèce de procès-verbal ou protocole de ce qui s'était passé entre eux ? qu'il l'ait rédigé avec une telle impartialité, qu'après l'avoir lu, le capitaine Maitland ait dit qu'il le signerait ; que cet écrit soit demeuré longtemps en cet état sur son bureau, et que, pressé d'en finir, le capitaine ait déclaré franchement qu'il s'y refusait, d'après l'observation faite par quelqu'un survenu depuis (l'amiral Cokburn) ? Apparemment qu'une telle pièce pourrait créer des embarras au gouvernement.

Mais en voilà déjà assez sans doute pour pouvoir prononcer en connaissance de cause.

A présent, que les apologistes du gouvernement anglais ou ses agents se torturent en tous sens, qu'ils entassent les arguments, dénaturent les faits, créent des circonstances, inventent des conversations et des incidents ; qu'ils s'appuient victorieusement sur une erreur de date, vraie ou fausse, qui ne saurait être d'aucun poids, parce qu'elle demeure sans intérêt [1] ; qu'ils se forgent un terrain pour y combattre avec plus d'avantage, par exemple qu'ils reprochent au comte de Las Cases d'avoir avancé qu'on avait fait des conditions avec lui (ce dont ni lui ni la protestation de Napoléon ne disent pas un mot), le tout afin d'être forts à

---

[1] Sir Walter Scott et le capitaine Maitland assurent que la lettre de Napoléon au prince régent se trouve datée du 13 juillet, veille même du jour où le comte de Las Cases vint à bord du *Bellérophon* ; et ils en déduisent la preuve évidente que la détermination de Napoléon de se rendre en Angleterre était déjà arrêtée avant la mission du comte de Las Cases. A cela le comte de Las Cases confesse qu'une pareille date lui deviendrait tout à fait inexplicable, et qu'il ne pourrait l'attribuer qu'à une pure inadvertance ; car il adjure toutes les personnes qui furent présentes à cette circonstance, lesquelles toutes vivent encore : le duc de Rovigo, les généraux Bertrand, Lallemand, Becker, Montholon, Gourgaud, le colonel Planat et sans doute d'autres encore ; il les adjure de déclarer si ce ne fut pas aussitôt après son retour que fut tenu l'espèce de conseil où l'Empereur arrêta son départ, et si ce ne fut pas aussitôt après cette décision que Napoléon écrivit de sa main la minute de sa lettre au prince régent, retranscrite à l'instant même officiellement par le comte Bertrand, au milieu de tous, si bien que plusieurs en prirent des copies. Cette minute existe encore dans les mains du général Gourgaud ; elle ne porte point de date, et les diverses autres copies n'en portaient pas non plus.

le nier; qu'on fasse intervenir des témoins pour attester que ces conditions n'ont point été accordées, etc., et que de tout cela on déduise imperturbablement qu'il demeure évident que Napoléon n'était qu'un prisonnier de guerre qui s'était livré à discrétion, avait imploré la générosité du gouvernement anglais, avait été traité avec une louable indulgence, etc.; chacun désormais peut décider sans peine entre ce plaidoyer et celui de l'illustre victime qui, de son côté, s'écrie et proteste qu'il est venu librement à bord du *Bellérophon*; qu'il y est venu à l'instigation même du capitaine, qui a dit avoir autorité de le recevoir et de le conduire en Angleterre si cela lui était agréable; qu'il s'est présenté de bonne foi pour se mettre sous la protection des lois d'Angleterre; que si le gouvernement, en donnant les ordres de le recevoir, n'a voulu que tendre une embûche, il a forfait à l'honneur et flétri son pavillon, ne feignant de lui tendre une main hospitalière qu'afin de s'en saisir et de l'immoler.

Mais je reviens aux dictées de l'Empereur; il dictait toujours sans nulle préparation. Je ne lui ai jamais vu, dans aucun cas, faire de recherche sur notre histoire ni sur aucune autre; pourtant personne n'a jamais plus heureusement cité l'histoire avec plus de justesse, plus à propos ni plus souvent. On eût dit même qu'il ne la savait qu'en citations, et que ces dernières lui venaient comme par inspirations. C'est ici pour moi le lieu de dire quelque chose qui m'a souvent occupé, sans que j'aie pu me l'expliquer, mais qui est trop remarquable et dont j'ai été trop souvent le témoin pour le passer sous silence; c'est qu'on eût dit qu'il existait en Napoléon une foule d'objets qui y demeuraient comme en réserve pour apparaître avec éclat dans les circonstances soignées; qui, dans les moments d'insouciance, semblaient plus que sommeiller, lui être pour ainsi dire étrangers. Sur l'histoire, par exemple, combien de fois ne m'a-t-il pas demandé si saint Louis était avant ou après Philippe le Bel, ou autre chose semblable! Eh bien, l'occasion arrivait-elle pour lui, alors il faisait sans hésiter les citations les plus minutieuses, et, lorsqu'il m'est arrivé de douter parfois, et que j'ai été vérifier, le tout était de la plus scrupuleuse exactitude; je ne l'ai jamais trouvé en défaut.

Autre singularité de même nature. L'Empereur, dans l'oisiveté de la vie et le bavardage, estropiait souvent les noms les plus familiers, même les nôtres, et je ne crois pas que cela lui fût arrivé en public. Je l'ai entendu cent fois dans nos promenades réciter la fameuse tirade d'Auguste, et jamais il n'a manqué de dire : « Prends un siége, Sylla. » Il faisait, la plupart du temps, des noms propres à sa fantaisie, et, une fois adoptés, ils demeuraient toujours, bien que nous prononçassions les véritables cent fois par jour à ses côtés ; et si nous eussions adopté les siens, son oreille en eût été choquée. Il en était de même de l'orthographe ; la plupart du temps il n'en écrivait pas un mot, et si nos copies lui eussent été portées avec de pareilles fautes, il s'en fût plaint.

Un jour l'Empereur me disait : « Vous n'écrivez pas l'orthographe, « n'est-ce pas ? » Ce qui fit sourire malignement le voisin, qui prenait cela pour un jugement. L'Empereur, qui s'en aperçut, reprit : « Du « moins, je le suppose, car un homme public et dans les grandes affai- « res, un ministre, ne peut, ne doit pas écrire l'orthographe. Ses idées « doivent courir plus vite que sa main ; il n'a le temps que de jeter des « jalons ; il faut qu'il mette des mots dans des lettres et des phrases dans « des mots ; c'est ensuite aux scribes à débrouiller tout cela. » Or l'Empereur laissait beaucoup à faire aux scribes ; il était leur désolation. Son écriture composait de véritables hiéroglyphes ; elle était illisible souvent pour lui-même. Un jour mon fils, lui lisant un des chapitres de la campagne d'Italie, s'arrête tout court, cherchant à déchiffrer. « Comment, « le petit âne, dit l'Empereur, ne peut pas relire son écriture ! — Sire, « c'est que ce n'est pas la mienne. — Et de qui donc ? — Celle de Votre « Majesté. — Comment, petit drôle, prétendez-vous m'insulter ? » Et l'Empereur, prenant le cahier, fut fort longtemps à chercher et puis le jeta en disant : « Il a ma foi raison, je ne saurais dire ce qu'il y a. »

Il lui est arrivé souvent de me renvoyer les copistes pour essayer de leur déchiffrer ce qu'il n'avait pu retrouver lui-même.

L'Empereur expliquait la netteté de ses idées et la faculté de pouvoir, sans se fatiguer, prolonger à l'extrême ses occupations, en disant que les divers objets et les diverses affaires se trouvaient casés dans sa tête comme ils eussent pu l'être dans une armoire. » Quand je veux interrom- « pre une affaire, disait-il, je ferme son tiroir et j'ouvre celui d'une « autre ; elles ne se mêlent point, et ne me gênent ni ne me fatiguent « jamais l'une par l'autre. »

Jamais non plus il n'avait éprouvé, disait-il, d'insomnies par la préoccupation involontaire de ses idées. » Veux-je dormir, je ferme tous les « tiroirs, et me voilà au sommeil. » Aussi observait-il qu'il avait toujours dormi quand il en avait besoin et à peu près à volonté.

<small>Mon atlas. — Gaieté de Napoléon sur son fatalisme supposé. — Le gouverneur insiste vainement pour être reçu de l'Empereur.
Mardi 1ᵉʳ octobre.</small>

Quand je suis entré chez l'Empereur, il avait mon atlas entre les mains. Il allait et revenait sur diverses feuilles généalogiques, dont il tient à merveille, désormais, tous les rapports et les nombreuses corrélations. Il l'a refermé, disant : « Quel enchaînement! comme tout se suit « et s'appuie! comme tout se débrouille, se grave dans l'esprit! Mon « cher, quand vous n'auriez fait que montrer la véritable manière d'ap- « prendre, vous auriez rendu un grand service. Libre à chacun désor- « mais d'habiller votre squelette à sa façon, on le perfectionnera sans « doute encore, mais l'idée mère vous demeurera, etc. »

Dans divers sujets de conversations qui ont suivi, le *fatalisme* s'est trouvé mentionné, et l'Empereur a dit à cet égard des choses curieuses et remarquables, entre autres : « Ne me fait-on pas passer pour imbu « du fatalisme? m'a-t-il demandé. — Mais oui, Sire, du moins parmi « beaucoup de gens. — Eh bien!... eh bien! il faut laisser dire; aussi « bien on peut vouloir imiter, et cela peut avoir parfois son utilité... « Ce que sont les hommes pourtant!... On est plus sûr de les occuper, « de les frapper davantage par des absurdités que par des idées justes ; « mais un homme de bon sens peut-il bien s'y arrêter un instant? Ou « le fatalisme admet le libre arbitre, ou il le repousse. S'il l'admet, « qu'est-ce qu'un résultat déjà fixé d'avance, vous dit-on, et que pour- « tant la moindre détermination, un seul pas, une seule parole, vont « faire varier à l'infini? Si le fatalisme, au contraire, n'admet pas le « libre arbitre, c'est bien autre chose; alors, quand vous venez au « monde, il n'y a plus qu'à vous jeter dans votre berceau sans vous « donner aucun soin : s'il est irrévocablement fixé que vous vivrez, « bien qu'on ne vous donne à boire ni à manger, vous grandirez tou- « jours. Vous voyez bien que ce n'est pas une doctrine soutenable, ce « n'est qu'un mot. Les Turcs eux-mêmes, ces patrons du fatalisme, « n'en sont pas persuadés; autrement, il n'y aurait plus de méde- « cine chez eux, et celui qui occupe un troisième étage ne se donne- « rait pas la peine de descendre longuement les escaliers, il descendrait « tout de suite par la fenêtre, et vous voyez à quelle foule d'absurdités « cela conduit, etc. »

Sur les trois heures, on est venu dire à l'Empereur que le gouverneur désirait lui communiquer des instructions qu'il venait de recevoir de Londres. L'Empereur a fait répondre qu'il était malade, qu'on pouvait les lui faire parvenir ou les communiquer à quelqu'un des siens; mais le gouverneur insistait, disant qu'il voulait lui en faire part directement. Il avait aussi, disait-il, à nous entretenir en particulier après avoir parlé au général. L'Empereur ayant refusé de nouveau de le recevoir, il s'est retiré en disant qu'on voulût bien lui faire connaître quand il pourrait voir le *général* ; ce qui pourrait être long, l'Empereur, auprès duquel j'étais en cet instant, m'ayant dit qu'il était déterminé à ne jamais plus le recevoir.

Après dîner, l'Empereur s'est fait apporter Valmont de Bomare et Buffon. Il a cherché ce que ces auteurs disaient sur les différentes espèces humaines, sur la différence du nègre et du blanc ; il en a été très-peu satisfait. Il nous a quittés de bonne heure ; il souffrait.

Mercredi 2.

L'Empereur m'avait dit qu'il voulait absolument se remettre à l'anglais, qu'il fallait que je le forçasse chaque matin à prendre sa leçon. Fidèle à cet ordre, je me suis rendu chez lui vers midi et demi. J'ai été malheureux dans le choix du moment ; l'Empereur, étendu sur son canapé, sommeillait après son déjeuner. J'ai dû le contrarier, et je l'étais fort pour mon compte. Toutefois il n'a pas voulu me laisser ressortir, et a lu de l'anglais pendant près d'une demi-heure. Il n'était pas très-bien. Il a fait sa toilette. Comme je lui ai dit que notre travail était prêt, il s'est proposé d'abord de s'occuper des chapitres de la campagne d'Italie ; mais il a changé de pensée, et a travaillé toute la journée à d'autres objets. . . . .

Le soir, l'Empereur, fatigué, souffrant, s'est retiré de bonne heure.

Jurisprudence sur nos Codes au Conseil d'État ; Merlin, etc. — Monuments d'Égypte. —
Projet d'un temple égyptien à Paris.

Jeudi 3.

L'Empereur, après son déjeuner, a fait quelques tours de jardin. Nous étions tous autour de lui ; il a causé des communications que le gouverneur avait à nous faire, et a passé en revue les diverses conjectures que chacun de nous formait à cet égard, les unes bonnes, les autres mauvaises. Rentré chez lui, il s'est mis à feuilleter un ouvrage anglais, et s'est arrêté sur la jurisprudence, les procédures civiles et criminelles des deux pays de France et d'Angleterre, cherchant à les comparer. On sait combien il est fort sur nos Codes ; mais il connaît peu ceux d'Angleterre. Dans le cours du sujet, il a dit : « Les lois, « qui sont en théorie le type de la clarté, ne deviennent que trop sou- « vent un vrai chaos dans l'application. C'est que les hommes et leurs « passions détériorent tout ce qu'ils manient, etc... On ne peut échap- « per à l'arbitraire du juge qu'en se plaçant sous le despotisme de la « loi, etc... J'avais d'abord rêvé qu'il serait possible de réduire les lois « à de simples démonstrations de géométrie ; si bien que quiconque « aurait su lire et eût pu lier deux idées eût été capable de prononcer ; « mais je me suis convaincu presque aussitôt que c'était une idéalité

« absurde. Toutefois, ajoutait-il, j'aurais voulu partir d'un point arrêté,
« suivre une route unique connue de tous, n'avoir d'autres lois que
« celles inscrites dans le seul Code, et proclamer, une fois pour toutes,
« nul et non avenu tout ce qui ne s'y trouverait pas compris Mais,
« avec les praticiens, il n'est pas facile d'obtenir de la simplicité ; ils
« vous prouvent d'abord qu'elle est impossible, que c'est une vérita-
« ble chimère ; puis ils essayent de démontrer qu'elle est même incom-
« patible avec la sûreté, l'existence du pouvoir. Celui-ci demeure seul
« et constamment exposé, disait-il, aux machinations improvisées de
« tous ; il lui faut donc au besoin des armes en réserve pour les cas im-
« prévus. Si bien, observait Napoléon, qu'avec quelques vieux édits de
« Chilpéric ou de Pharamond, déterrés au besoin, il n'est personne qui
« puisse se dire à l'abri d'être dûment et légalement pendu.

« Au Conseil d'État, disait l'Empereur, j'étais très-fort tant qu'on de-
« meurait dans le domaine du Code ; mais dès qu'on passait aux régions
« extérieures, je tombais dans les ténèbres, et *Merlin* alors était ma res-
« source ; je m'en servais comme d'un flambeau. Sans être brillant, il
« est fort érudit, puis sage, droit et honnête, un des vétérans de la
« vieille et bonne cause ; il m'était fort attaché.

« A peine le Code eut paru, qu'il fut suivi presque aussitôt, et comme
« en supplément, de commentaires, d'explications, de développements,
« d'interprétations, que sais-je ? et j'avais coutume de m'écrier : Eh !
« Messieurs, nous avons nettoyé l'écurie d'Augias, pour Dieu, ne l'en-
» combrons pas de nouveau, etc. »

A dîner, l'Empereur a dit des choses fort curieuses sur l'Égypte touchant un des chapitres qu'il avait dictés sur la religion, les usages, etc.
Il faisait observer, comme bien digne de remarque, que du même coin
de terre étaient sortis les trois cultes qui avaient déraciné le polythéisme
et couvert tout le globe de la connaissance d'un seul Dieu, le judaïsme,
le christianisme et le mahométisme.

Alors, analysant de la manière la plus ingénieuse les deux religions
de l'Orient et de l'Occident, il disait que la nôtre était toute *spirituelle*,
et celle de Mahomet toute *sensuelle*, que les châtiments dominaient chez
nous : c'était l'enfer et les supplices éternels, tandis que ce n'était que
récompense chez les musulmans : les houris aux yeux bleus, les boca-
ges riants, les fleuves de lait. Et de là il concluait, en opposant les deux
religions, que l'on pourrait dire que l'une était une *menace*, elle se présentait comme la religion de la *crainte* ; que l'autre, au contraire, était
une *promesse*, et devenait la religion des *attraits*, etc. On trouvera, du

reste, toutes ces choses et une foule d'autres aperçus aussi neufs que piquants dans les chapitres du grand maréchal.

De là l'Empereur est revenu à son expédition de Syrie, et a posé, comme principal but de l'expédition d'Égypte, l'ébranlement de la puissance anglaise dans les quatre parties du monde, en amenant une révolution capable de changer toute la face de l'Orient, et de donner de nouvelles destinées aux Indes. L'Égypte, disait-il, devait nous tenir lieu de Saint-Domingue et de nos colonies d'Amérique, concilier la liberté des noirs avec la prospérité de notre commerce, etc. Cette nouvelle colonie eût ruiné les Anglais en Amérique, dans la Méditerranée et jusque sur les bords du Gange, etc.

Puis, répondant au reproche qu'on lui avait fait d'avoir déserté son armée, il disait : « Je n'avais fait qu'obéir au cri de la France qui me « rappelait pour la sauver, et j'en avais le droit : j'avais reçu du Direc- « toire carte blanche pour toutes mes opérations dans le bassin de la « Méditerranée, en Afrique et en Asie ; j'avais des pouvoirs en règle pour « traiter avec les Russes, les Turcs, les Barbaresques et les princes de « l'Inde. Je pouvais à mon gré me nommer un successeur, ramener « l'armée ou revenir de ma personne si je le jugeais à propos.

En revenant au sol égyptien, il trouvait que tout ce qu'il avait vu en Égypte, et principalement tous ces fameux débris tant vantés, ne sauraient néanmoins supporter la comparaison ni donner l'idée de Paris et des Tuileries. La seule différence de l'Égypte à nous était, à son avis, que l'Égypte, grâce à la pureté de son ciel et à la nature de ses matériaux, laissait subsister des ruines éternelles, tandis que notre température européenne n'en admettait point chez nous, où tout se trouvait rongé et disparaissait en peu de temps. Des milliers d'années, disait-il, laissaient des vestiges sur les bords du Nil, on n'en trouverait pas après cinquante ans sur les bords de la Seine. Il regrettait fort, du reste de n'avoir pas fait construire un temple égyptien à Paris ; c'était un monument, disait-il, dont il voudrait avoir enrichi la capitale, etc., etc.

Ressources dans l'émigration ; anecdotes, etc. — Communications officielles. — Nouvelles offenses.

Vendredi 4

Vers midi, je suis entré chez l'Empereur, qui a pris une très-bonne leçon d'anglais dans *Télémaque* : il s'est résolu à reprendre ma méthode ; il l'apprécie, et en éprouve, dit-il, tout le bénéfice. Il me trouvait, observait-il, de grandes dispositions à être un fort bon maître d'école, et je répondais que c'était le fruit de mon expérience. Il m'a fait entrer alors dans beaucoup de détails sur le temps où je donnais des leçons à Lon-

dres, durant mon émigration, et s'en amusait fort. « Mais au fait, a-t-il
« dit, vous autres vous avez dû honorer le métier, sinon par votre
« science, du moins par vos manières. » Et je lui ai appris alors qu'un
de nos princes avait donné des leçons de mathématiques dans son émigration. « Et ce seul acte, s'est-il écrié vivement, en fait un homme ! il
« atteste quelque mérite : assurément, voilà un des plus grands succès
« de Madame de Genlis. » Et je lui ai rendu une anecdote singulière
qu'on m'avait racontée à ce sujet.

« Le prince, disais-je, était en Suisse; il se trouvait avoir besoin de
« cacher soigneusement son existence et voulait prendre un nom qui
« eût l'air de quelque vérité. Un de nos évêques du Midi n'imagina rien
« de mieux que de lui donner celui d'un jeune Languedocien alors à
« Nîmes et très-zélé protestant, ce qui convenait en cet instant, parce
« que le prince se trouvait dans un canton protestant, n'y ayant certai-
« nement nulle apparence, observait l'évêque, qu'il vînt jamais les dé-
« mentir. Or, il était arrivé que le jeune homme avait marché aux ar-
« mées, qu'il était devenu aide camp de M. de Montesquiou, et qu'à peu
« de temps de là il avait émigré précisément en Suisse avec son général.
« Quelle ne fut pas sa surprise de se trouver à table d'hôte avec quel-
« qu'un qui avait son nom, sa religion, et était de sa ville ! c'était préci-
« sément la scène des deux Sosie. Mais ce qu'il y avait de plus plaisant,
« c'est que le nouveau venu avait aussi changé son nom et se cachait
« soigneusement. On ne trouve de ces incidents que dans les romans,
« et on ne les croit pas possibles. Peut-être celui-ci a-t-il été un tant soit
« peu arrangé ; cependant je croirais presque pouvoir affirmer le tenir
« de la bouche même du véritable Sosie. »

« Mais, disait ensuite l'Empereur, ceux de vous autres émigrés qui
« vous étiez créé des ressources au dehors, en rentrant en France vous
« avez dû vous trouver dépaysés, ruinés de nouveau ? — Oui, sans
« doute, Sire; car nous ne retrouvions rien, et nous venions d'aban-
« donner le peu que nous nous étions fait ; mais nous n'avions pas cal-
« culé. L'impatience de revoir le sol natal l'avait emporté : aussi beau-
« coup se trouvèrent bientôt dans le plus grand dénûment, sans quoi
« que ce fût au monde, bien que de grande connaissance, d'intimité, de
« familiarité même avec beaucoup de grands personnages du jour, de
« vos ministres, Sire, de vos conseillers d'État et autres; circonstance
« qui suscita une saillie assez plaisante à l'un de nos *esprits*. Rencon-
« trant dans le salon de la marine l'un des siens, et tous deux fort em-
« barrassés de leur subsistance, il s'écria, en forme de consolation :

« Mon cher, si nous venons à mourir de faim, nous pourrons encore
« avoir deux ou trois ministres à notre enterrement. » L'Empereur en
a beaucoup ri, et convenait que le mot peignait à merveille la situation
du temps et des choses.

Après la leçon d'anglais, l'Empereur est sorti pour se promener. Au
retour, le docteur est venu dire à l'Empereur que le colonel Reade,
qu'il avait consenti de recevoir en lieu et place du gouverneur, demandait à lui être présenté. Cet officier a remis à l'Empereur une note assez
longue. L'Empereur m'a appelé pour en être l'interprète. C'étaient les
communications que sir Hudson Lowe avait vainement essayé, durant
trois ou quatre jours, de faire lui-même en personne. C'était une
satisfaction qu'il se ménageait vis-à-vis de l'Empereur, car elles étaient
exprimées dans les termes les plus offensants. Ce trait est caractéristique, il n'a pas besoin de commentaire. On trouvera cette note aux pièces officielles, ou j'y reviendrai lorsqu'elle aura amené un résultat [1].
La dureté des expressions, et surtout la menace qui s'y trouvait souvent
répétée contre nous d'être arrachés d'auprès de l'Empereur, nous a occupés désagréablement, et a répandu sur nous tous beaucoup de sombre
tout le reste du jour.

[1] L'Empereur lit mon Journal et me dicte. — Conférence entre le grand maréchal et le gouverneur.

Samedi 5.

J'étais encore couché lorsque d'assez bon matin j'ai entendu la porte
de ma chambre s'ouvrir doucement : elle est si encombrée par mon lit
et celui de mon fils, qu'on arrive difficilement à moi. J'ai aperçu un
bras entr'ouvrant avec autorité mon rideau : c'était celui du maître.
Heureusement je me trouvais entre les mains un ouvrage de géométrie,
ce qui l'a édifié, et sauvait, a-t-il dit, ma réputation. Je me suis jeté à bas,
et en peu d'instants j'ai eu rejoint l'Empereur, qui seul gagnait le bois.
Il a causé fort longtemps des événements de la veille. Il est rentré pour
se mettre au bain, étant fort souffrant; il avait passé une mauvaise nuit.

A une heure, il m'a fait appeler ; il était au salon, il désirait prendre sa leçon d'anglais. La chaleur était forte, le temps très-lourd. L'Empereur, fort abattu, n'a pu se livrer au travail; il a sommeillé à diverses reprises, je veillais à côté de lui; enfin il s'est décidé à prendre le
dessus, a-t-il dit en se levant; il a gagné la salle de billard pour respirer
un peu le grand air.

[1] On a dû voir que je renvoie souvent aux pièces officielles. Si on ne les trouve pas ici, ce n'est pas ma faute : l'Empereur m'avait chargé, à Longwood, de les garder toutes et de les tenir classées ; leur ensemble composait nos petites archives ; je comptais y avoir recours au besoin ; mais lors de mon enlèvement par sir Hudson Lowe, et de la saisie de tous mes papiers, je me trouvai séparé de ces pièces, que je n'ai plus le moyen de me procurer aujourd'hui.

Causant des campagnes d'Italie, il m'a demandé ce que j'avais fait des premiers brouillons, remarquant que tous les chapitres avaient dû être recopiés plusieurs fois. Je lui ai dit que j'avais conservé le tout précieusement. Il m'en a fait apporter tout ce qui demeurait en dehors de deux exemplaires complets, et l'a envoyé brûler au feu de la cuisine.

Je dois avoir dit plus d'une fois que l'Empereur savait que je tenais mon Journal. C'était demeuré un secret rigoureux pour tout le monde, aussi l'Empereur ne m'en parlait-il jamais qu'à la dérobée ou quand nous nous trouvions seuls. Il me demandait souvent si je le continuais toujours et ce que je pouvais y mettre. « Sire, tout ce que dit et fait Votre « Majesté du matin au soir, et chaque jour. — Vous devez donc avoir « là, disait-il, un furieux rabâchage et beaucoup de choses inutiles? Mais « n'importe, continuez, un jour nous le verrons ensemble. »

Toutes les fois qu'il entrait dans ma chambre, il y apercevait le fidèle Aly, dont la complaisance, dans ses moments perdus, était employée à recopier discrètement ce Journal. D'ordinaire l'Empereur venait alors jeter les yeux sur le travail d'Aly, et après en avoir parcouru deux ou trois lignes, c'est-à-dire après l'avoir reconnu, il s'en éloignait ou parlait d'autre chose, sans jamais avoir touché ce sujet. Cela lui était arrivé précisément encore ce matin; il se l'est rappelé, et m'a dit qu'il voulait voir enfin *ce fameux fatras*. Mon fils a été chercher le premier cahier, et la

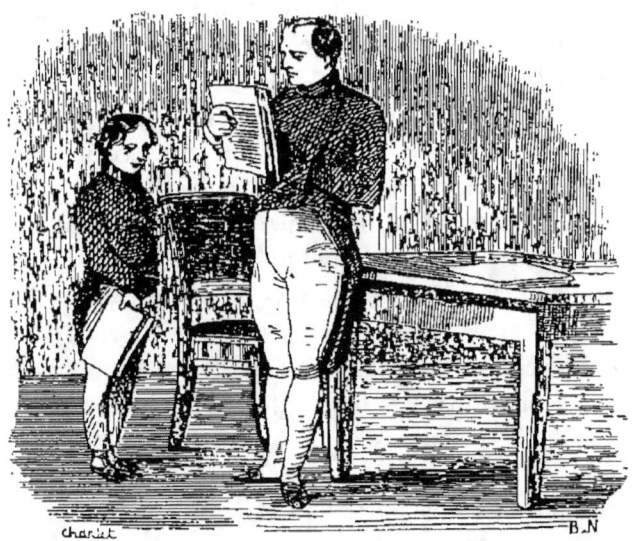

lecture a duré plus de deux heures. Le préambule, qui m'est tout à fait personnel, a mérité son attention ; il s'en est montré satisfait, l'a relu et a terminé disant : « C'est bien, très-bien ; voilà un bel héritage pour le petit Emmanuel. » Quant au Journal, il en a approuvé la forme et l'ensemble ; il a fait quelques corrections de sa propre main sur ce qui concernait sa famille et son enfance, et faisant prendre la plume à mon fils, il s'est mis à dicter des détails sur Brienne, le père Patrault, etc.

En finissant, il m'a dit vouloir reprendre ce travail désormais; qu'il lui plaisait, et qu'il me promettait, puisque je semblais les aimer, bon nombre d'anecdotes, surtout sur Alexandre et les autres souverains, etc., etc.

Puis il a gagné la calèche, où je suis monté seul avec lui, et le Journal a fait la conversation de toute la promenade. L'Empereur s'est fort étendu sur ce sujet, l'idée lui en plaisait beaucoup ; il m'a dit plusieurs choses à cet égard, concluant que ce pourrait devenir, par les circonstances particulières, un ouvrage unique, un trésor sans prix pour son fils, etc., etc.

Au retour de la promenade, nous avons trouvé le grand maréchal : il arrivait de Plantation-House, où il avait été au sujet des communications d'hier. Nous avions attendu avec inquiétude ce qu'il pourrait rapporter. Il nous a appris qu'il ne s'était agi de rien moins que de voir quatre de nous séparés de l'Empereur. Il était encore un grand nombre d'autres points fort mauvais, mais celui-là les absorbait tous dans notre esprit ; enfin le gouverneur avait conclu à n'éloigner que le Polonais et trois domestiques. Toutefois j'étais celui, à ce que rapportait le grand maréchal, sur lequel l'orage avait grondé ; j'étais celui dont le gouverneur s'était plaint davantage, celui qu'il eût indiqué s'il ne m'eût cru trop utile à l'Empereur, avait-il dit. Il se plaignait de ce que j'écrivais sans cesse en Europe, déclamant toujours, disait-il, contre le gouvernement, son injustice, les oppressions qu'on exerçait sur nous ici, etc.... Il se plaignait de ce que j'entretenais les étrangers qui venaient à Longwood de l'Empereur, de manière à les y intéresser ; de ce que je cherchais partout à lier des communications au dehors, et il a rappelé madame Sturmer ; de ce que j'avais adressé en Europe ou essayé d'y faire parvenir diverses pièces, etc., etc. Toutefois, après s'être montré si fort animé contre moi, et quel qu'ait été son motif, il a complétement adouci la chose par des observations emmiellées tout à fait obligeantes, disant qu'il n'avait pas dû avoir lieu d'attendre tout cela d'une personne de tant d'instruction et d'une si belle réputation, connue aujourd'hui, pouvait-il dire, de toute l'Europe, etc.

Après dîner, l'Empereur s'est amusé à résoudre des problèmes de géométrie et d'algèbre : cela lui rappelait son jeune temps, disait-il, et il nous étonnait fort de l'avoir si peu oublié.

Mon Journal; singularité de l'Empereur à son égard, il ne l'a jamais revu. — Empire de l'opinion. — Talma, Crescentini, etc.

Dimanche 6, lundi 7

Ces deux jours ont amené une circonstance particulière, qui tient de trop près à la nature de mon Recueil pour que je pense à l'omettre. On vient de lire tout à l'heure que l'Empereur avait été fort content de mon Journal; il y était revenu maintes fois dans le courant du jour, témoignant constamment qu'il aurait un vrai plaisir désormais à le parcourir et à le rectifier. De mon côté, on doit juger quelles devaient être toute ma joie et ma satisfaction. Je touchais donc enfin à ce moment tant désiré et sur lequel je n'avais jamais cessé de compter, où ce que j'avais recueilli à la hâte, et peut-être fautivement, allait recevoir un salutaire redressement, une inestimable sanction. Les points incomplets seraient développés, les lacunes se rempliraient, les obscurités recevraient la lumière. Quel trésor de vérités historiques, de nœuds, de secrets politiques j'allais recevoir! C'était dans ces dispositions, et triomphant, que je me présentai le premier jour à l'heure habituelle avec mon Journal; mais l'Empereur se mit à dicter sur tout autre sujet, et force fut de se plier au contre-temps. Le lendemain même chose Cette fois je voulus rappeler à l'Empereur mon Journal; mais il ne m'entendit pas, et je compris, Je connaissais désormais Napoléon si bien! il avait au dernier degré l'art de ne pas entendre : il l'employait souvent, et toujours avec intention. C'en fut donc assez pour moi, je n'y revins plus. Toutefois son motif m'occupa d'abord beaucoup, et je finis par en trouver plusieurs que le lecteur supposera peut-être aussi ; et puis encore, c'est que l'occasion ne se représenta pas. A peu de jours de là, je fus arraché d'auprès de lui, car mon heure était venue, sans que rien néanmoins m'eût fait pressentir le moins du monde ce sinistre événement.

Je viens d'appuyer sur cette circonstance avec une scrupuleuse exactitude, comme un nouveau garant de ma bonne foi, et afin d'assigner la nature précise de mon Journal. Le fond des idées, ce qui est grand surtout, ne saurait être douteux ; mais quant aux détails, que d'erreurs involontaires peuvent s'être glissées dans une rédaction rapide, qui n'a pas été redressée par le seul qui pouvait le faire!

L'Empereur, durant sa toilette, s'est mis à causer d'objets divers. La conversation l'a conduit à parler de l'empire de l'opinion, sur lequel il revient souvent. Il peignait le mystérieux de sa marche, l'incertitude, le caprice de ses décisions. De là il est passé à notre délicatesse nationale, exquise, disait-il, en fait de bienséance; à la susceptibilité louable de nos mœurs ; à la grâce, à la légèreté qu'elles requéraient dans le pouvoir, si celui-ci est tenté d'oser les manier.

« Dans mon système, observait-il, de mêler tous les genres de méri-
« tes, et de rendre une seule et même récompense universelle, j'eus la
« pensée de donner la croix de la Légion d'honneur à *Talma*; toutefois
« je m'arrêtai devant le caprice de nos mœurs, le ridicule de nos préju-
« gés, et je voulus au préalable faire un essai perdu et sans conséquence :
« je donnai la couronne de fer à Crescentini. La décoration était étran-
« gère, l'individu aussi ; l'acte devait être moins aperçu et ne pouvait
« compromettre l'autorité, tout au plus que lui attirer quelques mau-
« vaises plaisanteries. Eh bien, résumait l'Empereur, voyez pourtant
« quel est l'empire de l'opinion et sa nature : je distribuais des sceptres
« à mon gré, l'on s'empressait de venir se courber devant eux, et je
« n'aurais pas eu le pouvoir de donner avec succès un simple ruban, car
« je crois que mon essai tourna fort mal ! — Oui, Sire, ai-je répondu,
« très-mal. Il fit grand bruit dans tout Paris ; il emporta l'anathème de
« tous les salons ; la malveillance s'en donna à cœur joie et fit des mer-
« veilles. Cependant, dans une des belles soirées du faubourg Saint-
« Germain, l'indignation qu'elle avait créée se trouva noyée tout à coup
« par un bon mot. C'était une abomination, disait un beau parleur, une

« horreur, une véritable profanation. Et quel avait pu être le titre d'un

« Crescentini ? s'écriait-il. Sur quoi la belle madame Grassini, se levant
« majestueusement de son siége, lui répliqua du geste et du ton le plus
« théâtral : *Et sa blessoure* donc, Monsieur, pour quoi la comptez-vous ?
« Ce fut alors un tel brouhaha de joie, d'applaudissements, que la pauvre
« madame Grassini se trouva fort embarrassée de son succès. »

L'Empereur, qui entendait cette anecdote pour la première fois, en
a beaucoup ri ; il y est revenu souvent depuis, et l'a parfois racontée à
son tour.

A dîner, l'Empereur nous disait qu'il avait travaillé douze heures ;
et nous faisions remarquer que sa journée n'était point encore finie :
cependant il avait l'air souffrant et se montrait très-fatigué.

Combat d'Ulysse et d'Irus. — Noverraz serait notre roi, etc.

Mardi 8

En entrant aujourd'hui chez l'Empereur, je l'ai trouvé occupé à lire
les journaux des *Débats*, dernièrement arrivés.

Le temps était supportable ; nous avons marché vers le fond du bois,
où la calèche devait venir nous prendre.

Je me trouvais une somme disponible à Londres, je l'y avais apportée
dans ma course de 1814. Les terribles souvenirs de mon émigration et
les chances nouvelles m'avaient inspiré cette prudence ; j'en recueillais
le fruit. J'étais, par cette circonstance, celui de nous tous à Sainte-
Hélène qui se trouvait le plus à son aise ; et ce qui me rendait cette
somme un vrai trésor, c'était le bonheur de pouvoir la déposer aux
pieds de l'Empereur. Je la lui avais déjà offerte plusieurs fois. Je lui en
réitérai encore l'offre en ce moment, en lui retraçant les outrages que
le gouvernement venait de renouveler. Madame de Montholon, qui venait après nous, nous a rejoints précisément en cet instant. Elle faisait
observer à l'Empereur qu'il marchait si vite, qu'elle avait craint de le
perdre ; mais que mes gesticulations lui avaient servi de point de vue,
et qu'elle s'embarrassait fort d'en deviner la cause. « Madame, lui a dit
« l'Empereur avec une grâce charmante, il s'agitait pour me faire accep-
« ter ses générosités ; il s'offrait de nous faire vivre. »

Nous sommes rentrés presque aussitôt, il faisait très-humide, et l'Empereur se plaignait de ses dents. Depuis quelque temps, il a des fluxions
presque continuelles. Après le dîner, il a repris l'*Odyssée* ; nous en étions
au combat d'Irus contre Ulysse, sur le seuil de son propre palais, tous
deux en mendiants.

L'Empereur désapprouvait fort cet épisode ; il le trouvait misérable,
sale, inconvenant, indigne d'un roi. « Et puis, ajoutait-il, après avoir

« épuisé tout ce que j'y trouve de mauvais, je devine ce qui m'affecte
« encore, je me mets à sa place : c'est la crainte d'être rossé par un mi-
« sérable ; il n'est pas donné à tout prince, à tout général, d'avoir les
« épaules de ses gardes ou des grenadiers ; n'est pas portefaix qui veut.
« Le bon Homère remédie à tout cela en faisant ses héros autant de co-
« losses; mais il n'en est pas ainsi parmi nous. Où en serions-nous, nous
« autres tous, a-t-il dit, en parcourant de l'œil chacun de nous, si l'on en
« était encore au bon temps où la force du bras était le véritable sceptre ?
« Voilà Noverraz (son valet de chambre) qui nous sert, il serait notre
« roi à tous. Il faut donc convenir, a-t-il continué, que la civilisation fait
« tout pour l'âme, et la favorise entièrement aux dépens du corps. »

Le Polonais aux arrêts par le gouverneur. — Paroles de l'Empereur sur son fils et sur l'Autriche. —
Nouvelles vexations — Nouveaux outrages. — Paroles sur lord Bathurst. — Nouvelles
restrictions. — Observations dictées par Napoléon.

Mercredi 9

Nous marchions pour gagner la calèche. Chemin faisant, on nous a appris que le gouverneur venait de mettre le Polonais aux arrêts. C'est un essai, c'est un avertissement sans doute qu'il veut nous donner. La terreur est le moyen qu'il semble vouloir employer depuis l'arrivée des dernières instructions. Il s'y montre habile ; nous verrons jusqu'à quel point il ira.

En entrant chez l'Empereur, avant dîner, je l'ai trouvé triste, préoccupé, sombre. La conversation l'a conduit à mentionner l'Autriche ; il s'est étendu sur ses torts envers lui, sur les grandes fautes de sa politique, etc. Il a peint la faiblesse du souverain, qui n'a montré d'énergie, disait-il, que pour se perdre en morale aux yeux des peuples.

Il s'est arrêté sur la vénalité, la dépravation, l'immoralité de ceux qui ont conseillé et accompli. De là, il est passé à l'aveuglement de la politique de l'Autriche ; il a peint sa position fausse et dangereuse. « Elle se trouvait, disait-il, dans un péril des plus imminents, se lais-
« sant complaisamment embrasser en front par un colosse, quand elle
« n'avait pas à reculer d'un pas ; car sur ses derrières et sur son flanc
« elle n'avait que des abîmes, etc. »

De là, l'Empereur est arrivé naturellement à parler de son fils.
« Quelle éducation lui donnera-t-on ? disait-il. De quels principes nour-
« rira-t-on son enfance ? Et s'il allait avoir la tête faible ! s'il allait tenir
« des *légitimes !* Si on allait lui inspirer l'horreur de son père ! Cette idée
« fait frémir ! observait-il douloureusement. Et pourtant quel pourrait
« être le contre-poison à tout cela ? Il ne saurait y avoir désormais d'in-
« termédiaire sûr, de tradition fidèle entre lui et moi ; tout au plus un

« jour mes Mémoires et peut-être aussi votre Journal. Mais encore, pour
« surmonter le pli, les impulsions de l'enfance, pour vaincre les vices
« de l'entourage, faut-il déjà une certaine capacité, une certaine force
« de tête, un jugement tranchant, décisif, et tout cela est-il donc si
« commun!... » Et il avait l'air profondément affecté. « Mais parlons
« plutôt d'autre chose, » a-t-il prononcé fortement. Et il n'a parlé de rien.

Nous nous sommes mis au travail. Après quelques heures, le grand maréchal m'a remplacé.

En sortant à son tour de chez l'Empereur, il m'a dit que j'étais demandé de nouveau pour traduire un gros paquet du gouverneur. Mes yeux, qui se perdent tout à fait, m'ont forcé d'aller employer ceux de M. de Montholon.

En voici le contenu : 1° Une partie des nouvelles restrictions qu'on nous impose, dans lesquelles l'Empereur est traité d'une manière qu'on pourrait appeler curieuse dans l'excès de l'indécence et de l'outrage, allant jusqu'à lui prescrire la nature et l'étendue des paroles qu'on lui permet. Le croira-t-on jamais!...... les pièces feront foi. (Voyez quelques lignes plus loin à la fin du jour.)

2° La forme de la déclaration qu'on présente à notre signature. Le tout respire, du reste, les vexations les plus arbitraires et les plus inutiles, assaisonnées de tout ce que peut dicter la vengeance armée du pouvoir.

3° Enfin une lettre du gouverneur au grand maréchal, calquée sur la note présentée par le colonel Reade, dont je fis lecture à l'Empereur, et que le colonel ne voulut pas laisser; j'en ai fait mention plus haut. Toutefois certains points très-essentiels étaient ici très-habilement supprimés ou modifiés; l'Empereur a souvent remarqué que c'était là un des talents spéciaux du gouverneur. Je vais consigner ici ce qui m'en était resté. Bien que le résultat d'une simple lecture, et traduite à mesure à l'Empereur, j'oserais néanmoins en garantir l'exactitude.

« Les Français qui désireraient demeurer auprès du général Bonaparte étaient astreints à signer la formule littérale qui leur serait présentée, et par laquelle ils se soumettaient à toutes les restrictions que l'on imposait au général. Cette obligation devait être regardée comme perpétuelle. Ceux qui s'y refuseraient seraient envoyés au cap de Bonne-Espérance; la suite du général devait être réduite de quatre personnes. Ceux qui demeureraient seraient, comme s'ils étaient nés Anglais, assujettis aux lois faites pour garantir la réclusion du général Bonaparte, c'est-à-dire la peine de mort en cas qu'on se prêtât à son évasion. Chacun des Français qui se permettrait des injures, des réflexions, ou une mauvaise conduite envers le gouverneur ou le gouvernement, serait sur-le-champ expédié au cap de Bonne-Espérance, d'où il ne lui serait fourni aucun moyen de retourner en Europe ; le tout, dans ce cas, devant être *à ses frais.* »

Pendant le dîner et la plus grande partie du soir, ces pièces ont été le sujet de la conversation. L'article de la lettre du gouverneur transmettant les instructions des ministres, et portant que ceux de nous qui manqueraient d'égards pour le gouverneur, ou se montreraient autrement répréhensibles, seraient envoyés au Cap et de là en Europe, et que, dans ce cas, on y insistait fortement, ce serait *à nos frais*, nous a fort réjouis. Comme nous nous égayions beaucoup sur cette tournure, l'Empereur a dit : « Je conçois que ce genre de menace vous étonne et vous
« paraisse ridicule ; mais il est des plus simples pour lord Bathurst, et
« je suis sûr qu'il n'imagine pas de plus terribles punitions au monde.
« Voilà les mœurs de la boutique. »

L'Empereur a fini la soirée en nous lisant *Adélaïde Duguesclin.* Il y a une belle tirade sur les Bourbons ; l'Empereur, après l'avoir lue, a dit :
« Ne s'était-on pas avisé, au temps de ma puissance, de la supprimer
« au théâtre, craignant qu'elle ne me blessât ! Le hasard me le fit savoir,
« et j'ordonnai de la rétablir. C'était ainsi qu'il en était d'une foule de
« choses. On a mis bien souvent de la gaucherie à vouloir me servir ou
« m'être agréable. »

N. B. Nous transcrivons ici les restrictions mentionnées quelques lignes plus haut. Elles sont curieuses de leur nature, et serviront plus que beaucoup de raisonnements à donner une idée juste de notre situation ; mais ce qui achève de donner du prix à cette pièce, c'est que les observations qui accompagnent chaque article sont de Napoléon lui-même, qui les y annexa plus tard, dans l'espoir de les faire parvenir en Europe.

Restrictions de sir Hudson Lowe, communiquées à Longwood, le 19 octobre 1816, mais qu'il avait déjà mises à exécution par différents ordres secrets, depuis le mois d'août précédent, et qu'il ne communiqua jamais aux officiers anglais de service, honteux sans doute de leur contenu.

TEXTE DES RESTRICTIONS. « 1° Longwood avec la route par Hutt's-gate,
« le long de la montagne jusqu'au poste des signaux, près d'*Alarm-House*,
« sera établie comme limite. »

OBSERVATION. Le prédécesseur de sir Hudson Lowe avait étendu la ligne des limites sur les sommets des montagnes ; mais s'étant aperçu, une quinzaine de jours après, qu'en déplaçant un peu le poste des soldats, il comprendrait dans les limites la maison et le jardin du secrétaire général Brooke, il se hâta de faire ce changement.

A environ quatre-vingts toises de la route, est le jardin de Corbett, où sont huit ou dix chênes qui donnent un peu d'ombrage; on y trouve une fontaine et quelque fraîcheur[1]. Par les nouvelles restrictions, en ne permettant plus que la grande route, on a substitué une simple ligne à une surface, et on a exclu des limites la maison du secrétaire et le jardin Corbett.

« 2º Des sentinelles marqueront les limites que personne ne pourra « traverser pour approcher de la maison de Longwood, ou de son jar- « din, sans la permission du gouverneur. »

OBSERVATION. D'après les premiers règlements auxquels était soumis notre établissement dans cette île, et que le gouvernement anglais a approuvés, voici comment on venait à Longwood : le gouverneur, l'amiral, le colonel commandant le régiment et le camp, les deux membres du conseil de la compagnie des Indes, et le secrétaire général qui étaient les principales autorités de l'île, pouvaient traverser la ligne des sentinelles sans aucune passe ou permission de qui que ce soit. Les habitants devaient avoir une permission du gouverneur; les marins, de leur amiral; les soldats, de leur colonel; et enfin les habitants, les marins, les officiers, pouvaient tous venir avec une permission du comte Bertrand, lorsque l'Empereur les faisait demander. Cet arrangement, qui subsista huit mois, n'eut aucun inconvénient; par le règlement actuel, qui est en force depuis le mois d'août, mais qui n'a été communiqué que par cet article, nous sommes gardés au secret, sans que nous ayons aucun commerce avec les habitants : ces derniers, les officiers et les marins, répugnent également à l'idée d'avoir à aller demander au gouverneur la permission de se rendre à Longwood et d'avoir à subir un interrogatoire sur le motif qui les y fait aller. Les étrangers, soit officiers, soit fonctionnaires, venant des Indes, qui touchaient cette île, et qui désiraient voir l'Empereur, se présentaient ordinairement chez le comte Bertrand, qui leur disait le jour et l'heure où ils seraient reçus. Durant leur séjour dans l'île, ils étaient regardés comme citoyens; et avec des permissions du comte Bertrand, ils pouvaient, lorsque cela leur plaisait, venir visiter Longwood, et, encore une fois, cet arrangement subsista huit mois sans qu'il en résultât aucun inconvénient. S'il arrivait quelques étrangers qui attiraient les soupçons du gouverneur, il pouvait aussitôt défendre leur débarquement ou les empêcher de passer le premier poste. Enfin le gouverneur, par le rapport des sen-

---

[1] Le lieu décrit ici par Napoléon est précisément son tombeau !!!

tinelles, savait tous les jours le nom de personnes qui étaient venues à Longwood ; mais lorsque tout cela fut changé dans le mois d'août, le gouverneur essaya de nous imposer l'obligation de recevoir les étrangers auxquels il voulait être agréable, de les recevoir le jour qu'il lui plairait. C'était le comble de l'outrage!!! L'Empereur fut obligé de déclarer qu'il ne verrait plus personne, et il termina ainsi toutes ces insultes.

« 3° La route à gauche de Hutt's-gate qui retourne par *Woodridge*
« à Longwood, n'ayant jamais été fréquentée par le général Bonaparte
« depuis l'arrivée du gouverneur, le poste qui l'observait sera en grande
« partie retiré. Cependant, toutes les fois qu'il voudrait aller à cheval
« dans cette direction, en prévenant l'officier à temps, il n'éprouvera
« aucun obstacle. »

OBSERVATION. Dans la première observation on a prouvé que les limites avaient été réduites de ce côté ; ici elles sont bien plus réduites encore. C'est une étrange manière de raisonner que de prendre cette décision, sous le prétexte que la vallée n'a pas été fréquentée pendant six mois. Il est vrai que depuis plusieurs mois Napoléon, tourmenté par les vexations du commandant, n'est point sorti. De plus, une partie de la vallée n'est point praticable en temps de pluie ; dans l'autre partie on a formé un camp. Cependant lord Bathurst dit dans son discours au parlement « que cette route n'avait été défendue que lorsqu'on s'aper-
« çut qu'il (le général Bonaparte) avait abusé de la confiance qu'on
« avait en lui pour essayer de corrompre les habitants. » Mais ici il est en contradiction avec sir Hudson Lowe. L'offre que l'on fait de se promener dans cette vallée lorsqu'on le désirerait est évidemment illusoire ; les détails ordonnés pour l'exécution la rendent impossible. Cette offre n'a pu être et n'a pas été accomplie. En perdant cette promenade, il est devenu impossible d'aller dans le jardin de miss Mason, où se trouvent quelques grands arbres qui donnent de l'ombre. De sorte qu'il n'y a plus un point, dans les limites où les détenus peuvent se promener, où ils puissent trouver un peu d'ombre et une fontaine. Dans le reste de l'enceinte on a placé des sentinelles. Sous prétexte de malentendu dans les ordres ou autrement, toute personne peut être arrêtée, et cela est arrivé plusieurs fois aux officiers français.

« 4° S'il (le général Bonaparte) voulait prolonger sa promenade dans
« quelque autre direction, un officier de l'état-major du gouverneur
« (s'il en est informé à temps) sera prêt à l'accompagner. Si le temps
« manquait, l'officier de service à Longwood le remplacerait.

« L'officier qui le surveille a ordre de ne point l'approcher, à moins

« qu'il ne soit demandé, et de ne jamais surveiller sa promenade, ex-
« cepté pour ce que lui commande son service, c'est-à-dire de veiller à
« tout ce qui pourrait, dans ces promenades, s'écarter des règles établies,
« et de l'en avertir respectueusement. »

Observation. Ceci est inutile; l'Empereur ne sortira pas tant qu'il verra le désir de le soumettre à une inspection directe et publique. En outre, les officiers de l'état-major ont ordre de faire un rapport de tout ce que les Français peuvent avoir dit en conversation avec eux. Ceci fournit des occasions à la calomnie. Plusieurs officiers ont refusé de jouer ce rôle honteux, et ont déclaré qu'ils n'étaient pas des espions pour répéter les conversations qu'on pouvait avoir avec eux dans l'intimité d'une promenade.

« 5° Les règlements déjà en force pour empêcher les communications
« avec qui que ce soit, sans la permission du gouverneur, doivent être
« strictement exécutés. En conséquence, il est requis du général Bona-
« parte qu'il s'abstienne d'entrer dans aucune maison, ou d'engager au-
« cune conversation avec les personnes qu'il pourrait rencontrer (excepté
« ce que demandent les salutations et les politesses ordinaires qu'il aurait
« à rendre), à moins que ce ne soit en présence d'un officier anglais. »

Observation. Jusqu'ici cet excès d'outrage avait été éludé. L'Empereur ne reconnaît, ni dans le gouverneur, ni dans ses agents, le droit de lui rien imposer; mais quel est l'objet de cet article? d'insulter le caractère des détenus et de les avilir!!! de chercher à faire naître des querelles avec les sentinelles. L'enceinte est moralement annulée, puisqu'on ne peut parler à personne ni entrer dans aucune maison. Ceci est si extraordinaire qu'on est obligé de croire ce que plusieurs personnes soupçonnaient déjà, que sir Hudson Lowe est quelquefois sujet à des *vertiges*.

« 6° Les personnes qui, avec le consentement du général Bonaparte,
« peuvent toujours recevoir du gouverneur des permissions pour le
« visiter, ne peuvent, malgré ces permissions, communiquer avec au-
« cune autre personne de sa suite, à moins que ce ne soit spécialement
« exprimé dans ces permissions. »

Observation. Ceci est également inutile; personne n'a été reçu depuis que le commandant actuel a renversé ce qu'avait établi son prédécesseur; cependant il résulte de cette restriction que si Napoléon devait recevoir un étranger, comme aucun de ses officiers ne pourrait être présent ni aucun de ses domestiques faire son service, il serait obligé d'ouvrir lui-même les portes; et que comme il n'entend pas l'anglais, si la personne admise ne parlait pas français, il s'ensuivrait que la conversation demeurerait muette et l'entrevue réduite à une pure exhibition.

« 7° Au coucher du soleil, l'enceinte du jardin, autour de Longwood, « sera regardée comme étant les limites; à cette heure, des sentinelles « seront placées à l'entour, mais de manière à ne pas incommoder le « général Bonaparte en observant sa personne, s'il voulait continuer sa « promenade dans le jardin après cette époque. Les sentinelles seront « portées, pendant la nuit, à toucher la maison, comme cela se prati- « quait auparavant; et l'admission sera interdite, jusqu'à ce que les sen- « tinelles soient retirées, le lendemain matin, de la maison et du jardin. »

OBSERVATION. Pendant les grandes chaleurs, le seul moment où l'on puisse se promener est le coucher du soleil. Pour ne point se rencontrer avec les sentinelles, il faudra rentrer dans la maison, quoiqu'il fasse encore plein jour, et pourtant il aura été impossible de sortir tout le temps qu'il aura fait du soleil, cet endroit étant privé d'ombre, d'eau, de verdure ou de fraîcheur. Selon cette nouvelle restriction, on ne peut sortir le soir; l'Empereur ne peut prendre aucun exercice à cheval; il est dans une petite maison tout à fait insuffisante, mal construite et malsaine; il y manque même de l'eau; on ne perd aucune occasion de lui faire éprouver un manque d'égards. Sa constitution, quoique robuste, en est extrêmement attaquée.

« 8° Toute lettre pour Longwood sera mise par le gouvernement « sous une enveloppe cachetée et envoyée à l'officier de service, pour « être délivrée, cachetée, à l'officier de la suite du général Bonaparte, « auquel elle est adressée, lequel, par ce moyen, sera assuré que per- « sonne autre que le gouverneur n'en connaît le contenu.

« De la même manière, toute lettre des personnes de Longwood doit « être délivrée à l'officier de service, mise sous une seconde enveloppe « cachetée, et adressée au gouverneur, ce qui assurera que personne « autre que lui n'en connaîtra le contenu.

« Aucune lettre ne doit être écrite ou envoyée, aucune communica- « tion, de quelque espèce qu'elle soit, ne doit être faite, excepté en « la manière susmentionnée. On ne peut avoir aucune correspondance « dans l'île, excepté pour les communications qui sont indispensables à « faire au pourvoyeur. Les notes qui les contiendraient doivent être « données ouvertes à l'officier de garde, qui sera chargé de les faire « parvenir.

« Les restrictions susmentionnées commenceront à s'observer le 10 « du courant.

« Sainte-Hélène, 9 octobre 1816 « H. LOWE. »

OBSERVATION. Ceci ne regarde pas l'Empereur, qui n'écrit ni ne reçoit de lettres ; en conséquence, on ne demande qu'une explication. Regarderait-on comme un délit ce que ses officiers pourraient écrire dans des lettres confidentielles à leurs connaissances ? ou lorsque ceux qui doivent lire ces lettres se seront convaincus que leur contenu ne renferme rien de contraire à la sûreté de l'État ou à sa politique, oublieraient-ils le contenu de ces lettres de manière à ce qu'elles ne soient jamais le sujet de conversations ou d'abus ! ! !

S'il en était ainsi, toute correspondance doit être considérée comme défendue. La saisie commise sur la personne du comte de Las Cases justifie amplement cette observation.

Le but de cet article, comme l'a prouvé l'inquisition exercée dans toute l'île, est que les papiers-nouvelles n'informent pas l'Europe de la conduite criminelle que l'on suit ici. On se donnera bien de la peine pour obtenir ce résultat. Il eût été bien plus simple de se conduire de manière à n'avoir rien à cacher. On alla bien plus loin dans une lettre datée du 1ᵉʳ juillet 1816, adressée au comte Bertrand ; on défendit même des communications verbales avec les habitants : c'est le délire de la passion et de la haine, ou plutôt une preuve manifeste de folie. Ce règlement est un léger exemple de toutes les vexations qui font l'occupation journalière du gouverneur actuel. Que lord Bathurst dise maintenant que sir Hudson Lowe n'a fait aucune restriction ; que la correspondance du ministère a été entièrement à l'avantage des personnes détenues ; que le seul objet a été la sûreté de la détention. En proie à un traitement aussi absurde et aussi ignoble, l'Empereur n'est point sorti depuis plusieurs mois. Tous les gens de l'art peuvent prédire qu'il succombera à ce genre de vie. C'est une manière de l'assassiner aussi certaine et plus barbare que le fer et le poison. (*Quelle horrible prophétie !*)

<small>Nos anxiétés, nos peines au sujet des nouvelles restrictions. — Anecdotes de Campo-Formio : MM. de Cobentzel, Gallo, Clarke. — Le comte d'Entraigues.</small>

Jeudi 10.

Nous étions convenus de nous réunir tous ce matin chez le grand maréchal pour conférer sur ce que le gouverneur venait de nous transmettre, afin d'adopter un parti uniforme.

En effet, le point était des plus difficiles et des plus graves. Il s'agissait de se soumettre à des restrictions nouvelles, de se placer sous la dépendance du gouverneur, qui en abusait d'une manière indigne, se conduisait vis-à-vis de l'Empereur sous les formes les plus indécentes, et annonçait que tout cela pouvait et devait croître encore ; enfin il ne s'agissait de rien moins que de se trouver exposé à être immédiatement arraché d'auprès de Napoléon, envoyé au Cap, et de là en Europe.

D'un autre côté, l'Empereur, indigné des vexations dont on nous accablait à cause de lui, ne voulait pas que nous nous y soumissions davantage. Il exigeait que nous le quittassions plutôt tous, que nous retournassions en Europe témoigner que nous l'avions vu ensevelir tout vivant.

Mais était-il en notre pouvoir de supporter une pareille idée ? La mort nous eût paru préférable à nous séparer de celui que nous servions, que nous admirions, que nous aimions, auquel nous nous attachions chaque jour davantage, et par ses qualités personnelles et par les maux que l'injustice et la haine accumulaient sur sa tête. Voilà quel était le véritable état de la question. Nous étions déchirés, et ne savions à quoi nous résoudre.

Le gouverneur avait trouvé un moyen de nous attaquer en détail ; il se disait déterminé à renvoyer chacun de nous suivant sa volonté et son caprice.

L'Empereur n'était pas bien ; le docteur lui a trouvé des principes de scorbut. Il m'a fait venir ; nous avons beaucoup causé sur les objets qui nous occupent dans ce moment. Il a voulu se mettre au travail pour se distraire, et a pris le chapitre de Léoben qui lui est tombé sous la main.

La lecture finie, la conversation a continué sur les conférences qui ont amené le traité de Campo-Formio. Je renvoie à ces chapitres intéressants pour le portrait et le caractère du premier négociateur autrichien, M. *de Cobentzel*, que Napoléon surnomma dans le temps l'*ours du Nord*, à cause du grand rôle, disait-il, que sa grosse et lourde patte avait joué sur le tapis vert des négociations.

« M. de Cobentzel était en ce moment, disait l'Empereur, l'homme
« de la monarchie autrichienne, l'âme de ses projets, le directeur de
« sa diplomatie. Il avait occupé les premières ambassades de l'Europe,
« et s'était trouvé longtemps auprès de Catherine, dont il avait capté la
« bienveillance particulière. Fier de son rang et de son importance, il ne
« doutait pas que la dignité de ses manières et son habitude des cours
« ne dussent écraser facilement un général sorti des camps révolution-
« naires : aussi aborda-t-il le général français, observait Napoléon, avec
« une certaine légèreté ; mais il suffit de l'attitude et des premières paro-
« les de celui-ci pour le remettre aussitôt à sa place, dont, au demeurant,
« il ne chercha jamais plus à sortir. »

Les conférences languirent d'abord beaucoup. M. de Cobentzel, suivant la coutume du cabinet autrichien, se montra fort habile à traîner les choses en longueur. Cependant le général français résolut d'en finir. La conférence qu'il s'était dit devoir être la dernière fut des plus vives; il en arriva à mettre le marché à la main, et fut refusé. Se levant alors dans une espèce de fureur, il s'écria très-énergiquement : « Vous voulez « la guerre ? eh bien ! vous l'aurez ; » et saisissant un magnifique cabaret de porcelaine que M. de Cobentzel répétait chaque jour avec complaisance lui avoir été donné par la grande Catherine, il le jeta de toutes ses forces sur le plancher où il vola en mille éclats. « Voyez ! s'écria-t-il :

eh bien ! telle sera votre monarchie autrichienne avant trois mois, je vous le promets ! » Et il s'élança précipitamment hors de la salle. M. de Cobentzel demeura pétrifié, disait l'Empereur ; mais M. *de Gallo,* son second, et beaucoup plus conciliant, accompagna le général français jusqu'à sa voiture, essayant de le retenir ; « me tirant force coups de « chapeau, disait l'Empereur, et dans une attitude si piteuse, qu'en dépit « de ma colère ostensible je ne pouvais m'empêcher d'en rire intérieure- « ment beaucoup. »

M. de Gallo était l'ambassadeur de Naples à Vienne ; il y avait conduit la princesse de Naples, seconde femme de l'empereur François, dont il possédait toute la confiance, et qu'il gouvernait ; elle à son tour gouvernait son mari, de sorte que M. de Gallo jouissait d'un fort grand crédit à la cour de Vienne. Aussi, quand l'armée d'Italie, marchant sur Vienne, imposa l'armistice de Léoben, l'impératrice, dans une crise aussi terrible, jeta les yeux sur son confident pour le charger de détourner le péril. Il devait voir le général français comme en passant, et tâcher d'obtenir de lui qu'il voulût bien l'accepter pour négociateur. Napoléon, bien au fait de toutes les circonstances, se promit d'en tirer un grand parti ; aussi en recevant M. de Gallo, il lui demanda qui il était. Le courtisan favori, déconcerté d'être obligé de décliner son nom, lui répondit qu'il était le marquis de Gallo, chargé de la part de l'empereur d'Autriche de lui faire quelques ouvertures. « Mais, dit Napoléon, votre nom n'est point allemand ? — Il est vrai, répondit M. de Gallo ; je suis ambassadeur de « Naples. — Et depuis quand, répliqua sèchement le général français, ai« je à traiter avec Naples ? Nous sommes en paix. L'empereur d'Autriche « n'a-t-il donc plus chez lui aucun des négociateurs de la vieille roche ? « toute la vieille aristocratie de Vienne est-elle éteinte ? » M. de Gallo, épouvanté que de pareilles observations arrivassent officiellement au cabinet de Vienne, ne fut dès cet instant occupé qu'à complaire en tout au jeune général.

Napoléon, radouci, lui demanda des nouvelles de Vienne, parla des armées du Rhin, de Sambre-et-Meuse ; il en tira tout ce qu'il voulut, et quand il fallut se séparer, M. de Gallo lui demanda, en attitude de suppliant, s'il pouvait espérer d'être accepté pour négociateur, et s'il devait aller chercher des pleins pouvoirs à Vienne. Napoléon n'avait garde de le refuser ; il venait de prendre un avantage qu'il ne perdit jamais. M. de Gallo, devenu plus tard, par la suite des événements que tout le monde connaît, ambassadeur de Naples auprès du Premier Consul, et même celui de Joseph auprès de l'empereur Napoléon, lui parlait quelquefois de cette scène, lui avouant naïvement que, de sa vie, personne ne l'avait autant effrayé.

Clarke était le second négociateur français comme M. de Gallo était celui de l'Autriche.

« Clarke, disait l'Empereur, avait été envoyé en Italie par le Direc« toire, qui commençait à me croire dangereux ; il l'avait chargé d'une « mission apparente et publique, mais il avait l'ordre secret de m'obser« ver, de s'assurer même si, au besoin, il y aurait possibilité de me faire « arrêter ; et comme il y aurait eu peu de sûreté à s'adresser aux offi« ciers de mon armée à cet égard, les premières informations se prirent

« auprès du Directoire cisalpin, qui répondit qu'on devait s'éviter toute
« peine sur ce sujet et n'y plus songer.

« Dès que je fus informé des véritables instructions de Clarke, j'a-
« bordai franchement le sujet avec lui : il m'importait peu qu'on rendît
« des comptes, disais-je ; il ne tarda pas à s'en convaincre. Sa mission
« en Autriche repoussée par cette puissance, je lui offris de le faire tra-
« vailler, et il me resta ; depuis je n'ai cessé d'en prendre soin, suivant
« ma coutume, bien qu'au fond nous n'eussions peut-être pas une grande
« sympathie, et je l'aurais indubitablement repris lors de mon retour,
« si je l'eusse retrouvé dans les rangs avec les autres. On sait que je
« me défaisais difficilement de ceux avec qui j'avais commencé; quand
« on s'était une fois embarqué avec moi, je ne savais pas ce que c'était
« que de jeter quelqu'un à la mer; il me fallait y être forcé. Son premier
« talent était d'être grand travailleur. »

Après brumaire, Clarke se trouva naturellement près du Premier Consul comme aide de camp ou autrement. Il y avait alors moins d'étiquette au palais, les attributions étaient moins distinctes, on y vivait beaucoup plus en famille. L'entourage du Consul formait une table commune : Clarke y eut quelques querelles; il était très-susceptible, fort pointilleux. Quelque chose en ayant rejailli jusque sur le Premier Consul même, celui-ci le nomma à l'ambassade de Florence, auprès de la reine d'Étrurie. Le poste était charmant en lui-même, mais c'était une disgrâce. Clarke sollicita longtemps et de toute manière pour être rappelé. Cet heureux moment arriva, mais son épreuve n'était pas finie. Le Premier Consul lui parlait peu, le faisait courir aux Tuileries, à Saint-Cloud, au camp de Boulogne, ne s'expliquait point, ne lui accordait rien. Clarke, au désespoir, confiait à quelqu'un qu'il ne lui restait plus qu'à se jeter dans la Seine, ne pouvant supporter plus longtemps l'apparence du mépris et le dénûment de sa situation. Il en était là quand tout à coup il lui arriva, et au même instant, de se trouver nommé secrétaire du cabinet topographique, conseiller d'État, et autre chose encore, lui composant un traitement peut-être de 60 à 80,000 francs. C'était là le faire de Napoléon ; il est connu que son premier bienfait en amenait presque toujours immédiatement beaucoup d'autres. Dans ces cas, il ne donnait pas, il accablait, mais encore fallait-il savoir profiter de cet instant ; il pouvait être sans bornes ou s'évanouir sans retour.

J'avais beaucoup connu le général Clarke à titre d'ancien camarade de l'École militaire. Dans le temps il m'a raconté que, quelques jours avant la bataille d'Iéna, l'Empereur, sous la dictée duquel il venait d'é-

crire une foule d'ordres et d'instructions, s'était mis à causer familièrement, tout en marchant dans sa chambre, et qu'il avait dit : « Dans
« trois ou quatre jours, nous donnerons une bataille que je gagnerai :
« elle me portera au moins à l'Elbe, et peut-être à l'Oder. Là je donnerai
« une seconde bataille, que je gagnerai de même. Alors.... alors...., dit-
« il d'un air méditatif, et la main sur le front... Mais c'est assez, ne fai-
« sons point de romans... Clarke, dans un mois vous serez gouverneur
« de Berlin, et l'histoire vous citera comme ayant été, dans la même
« année et dans deux guerres différentes, gouverneur de Vienne et de
« Berlin, c'est-à-dire des monarchies d'Autriche et de Prusse. Et à pro-
« pos de cela, ajouta-t-il en riant, que vous a donné François pour avoir
« gouverné sa capitale?—Sire, rien du tout.—Comment, rien du tout?
« c'est bien fort! Eh bien! c'est donc à moi à payer sa dette. » Et il lui
donna une assez forte somme pour acheter, autant que je puis me le
rappeler, un hôtel à Paris ou une maison de campagne dans les environs.

Du reste, il est à remarquer que les événements dépassèrent même les
combinaisons de Napoléon : il ne donna qu'une bataille ; le dix-septième
jour il était dans Berlin, et il se trouva porté jusqu'à la Vistule.

« Clarke, disait Napoléon, avait la manie des parchemins ; il passait
« une partie de son temps, à Florence, à rechercher ma généalogie ; il
« s'occupait aussi de la sienne, et était venu à bout de se persuader, je
« crois, qu'il était le parent de tout le faubourg Saint-Germain. Nul doute
« qu'il ne se croie aujourd'hui beaucoup plus relevé d'être le ministre
« d'un roi légitime, que d'avoir été celui d'un empereur parvenu. Il jouit
« dans ce moment, dit-on, d'une grande faveur; je lui en souhaite la
« durée : elle a commencé peu de jours avant mon arrivée à Paris, au
« moment où la cause du roi était désespérée; il aura trouvé beau d'ac-
« cepter un ministère quand tout paraissait perdu. Je n'ai rien à dire
« contre, cela peut avoir son beau côté ; mais il faut avoir des convenan-
« ces, et il en a manqué. Toutefois je lui pardonne facilement ce qui me
« concerne... Plus d'une fois, en 1813 et en 1814, on essaya de m'in-
« spirer des doutes sur sa fidélité, je ne m'y arrêtai jamais : je l'ai tou-
« jours cru probe et honnête. » Et les intimes du duc de Feltre peuvent
attester que Napoléon n'était que juste dans l'opinion qu'il avait prise
des sentiments de son ministre.

Le duc de Feltre, en rendant compte à l'Empereur de l'arrivée de M. le
comte d'Artois en Suisse, lui conseillait de faire la paix. L'Empereur
lui répondit, sous la date du 22 février 1814 : « ... Quant au conseil que
« vous me donnez de faire la paix, c'est trop ridicule; c'est en s'aban-

« donnant à de telles idées qu'on gâte l'esprit public. C'est, du reste, me
« supposer bien fou ou bien bête, que de croire que si je pouvais faire la
« paix, je ne la ferais pas.

« C'est à cette opinion, que je peux faire la paix depuis quatre mois,
« mais que je ne le veux pas, que sont dus tous les malheurs de la France.
« Je croyais mériter qu'on m'épargnât au moins la démonstration de
« pareils sentiments. »

L'Empereur, revenant à l'époque de Campo-Formio, s'est arrêté sur le comte d'Entraigues, son arrestation, les papiers qu'on lui saisit, les grandes découvertes qu'ils fournirent, l'indulgence avec laquelle il le traita, la déloyauté dont il en fut payé, etc., etc.

Le comte d'Entraigues, homme de beaucoup d'esprit, intrigant et doué d'avantages extérieurs, avait acquis une certaine importance au commencement de notre révolution; membre du côté droit de la Constituante, il émigra lors de sa dissolution, et se trouvait à Venise sous un titre diplomatique russe, au moment où nous menacions cette ville; il y était l'âme et l'agent de toutes les machinations qui se tramaient contre la France. Quand il jugea le péril de cette république, il voulut s'évader;

mais il tomba dans un de nos postes, et fut pris avec tous ses papiers.

Le général en chef nomma une commission spéciale pour en faire le dépouillement, et l'on demeura fort étonné des mystères qu'ils découvrirent : on y trouva, entre autres, toutes les preuves de la trahison de Pichegru, qui avait sacrifié ses soldats pour faciliter les opérations de l'ennemi : le plus grand crime qu'un homme puisse commettre sur la terre, s'écriait avec indignation Napoléon, celui de faire égorger froidement les hommes dont la vie est confiée à votre discrétion et à votre honneur.

Le comte d'Entraigues, une fois ses secrets découverts, s'exprima avec tant de franchise et d'adresse, que Napoléon, croyant l'avoir gagné, ou plutôt se laissant gagner lui-même, le traita avec la dernière indulgence, le défendit contre le Directoire qui insistait pour le faire fusiller, et le laissa libre sur parole dans Milan. Quelles ne furent pas sa surprise et son indignation d'apprendre un matin que M. d'Entraigues venait de s'évader en Suisse, et publiait un libelle infâme contre lui, lui reprochant les mauvais traitements qu'il en avait reçus, se plaignant d'en avoir été mis aux fers ! Cette imposture causa un tel scandale, que plusieurs diplomates étrangers, qui avaient été témoins du contraire, le témoignèrent spontanément dans une déclaration publique.

Ce comte d'Entraigues, aussi tard que 1814, je crois, est mort en Angleterre d'une manière affreuse, assassiné par son valet de chambre, à la vue de sa femme, la célèbre chanteuse Saint-Huberti.

Pichegru se trouvait précisément alors à la tête du Corps Législatif, et à peu près en guerre ouverte avec le Directoire. On juge de quel prix furent pour celui-ci des pièces aussi graves et aussi authentiques contre ses adversaires. Cette découverte influa beaucoup sur le parti que prit Napoléon dans les affaires de fructidor ; ce fut une des principales causes qui déterminèrent sa fameuse proclamation, laquelle amena le triomphe du Directoire.

Desaix, qui servait sous Moreau dans l'armée du Rhin, ayant profité de l'armistice pour venir faire connaissance avec le général en chef de l'armée d'Italie, qui lui inspirait la plus vive admiration, se trouvait auprès de Napoléon à peu près vers le temps de cette grande circonstance. Napoléon lui ayant fait confidence de la trahison de Pichegru, Desaix répondit : « Mais nous le savions sur le Rhin il y a plus de trois mois.
« Un fourgon enlevé au général Klinglin nous a livré toute la correspon-
« dance de Pichegru avec les ennemis de la république. — Mais Moreau
« n'en a-t-il donc donné aucune connaissance au Directoire ? — Non. —
« Eh bien ! c'est un crime ! s'écria Napoléon : quand il s'agit de la perte

« de la patrie, le silence est une complicité. » On sait que plus tard, quand Pichegru eut succombé, Moreau en donna connaissance au Directoire, en l'accompagnant d'une réprobation injurieuse, ce qui était un nouveau tort, disait Napoléon. « En ne parlant pas plus tôt, il avait trahi « la patrie ; en parlant aussi tard, il accablait un malheureux. »

Vendredi 11, samedi 12.

Aujourd'hui l'on a reçu 6,000 fr. de l'argenterie brisée. C'est ce que l'Empereur a estimé indispensable pour suppléer à nos besoins journaliers de chaque mois, et il a ordonné de répéter cette opération en conséquence.

L'Empereur a continué d'être fort souffrant et très-affaissé : il n'a paru au milieu de nous qu'à l'heure de son dîner. Il a été fort peu causant, n'a point travaillé. J'ai été une grande partie du jour avec lui dans sa chambre. Il est revenu souvent sur notre situation vis-à-vis du gouverneur. Il m'a dit sur ce sujet des choses bien remarquables. . . . .

Besoins de l'Empereur. — Ses reprises sur le prince Eugène. — Sa santé s'altère.

Dimanche 13.

Sur les dix heures, l'Empereur est entré chez moi. Il a entr'ouvert la porte de ma chambre à coucher, se récriant sur ma paresse. Il m'a surpris les pieds dans l'eau. J'étais souffrant. J'ai couru bientôt le rejoindre sous la tente où il a voulu déjeuner. Il m'a dit avoir ordonné des notes relatives aux nouvelles restrictions, afin de ne pas laisser passer condamnation sur nous sans créer du moins une espèce de responsabilité pour ceux qui exécutent. De là il est passé à calculer les lots d'argenterie qui restent à vendre, et le temps que cela peut nous faire vivre ; et comme je répétais mes offres, en lui disant qu'il était pourtant bien dur qu'il se privât de son argenterie, il a répondu : « Mon « cher, dans quelque position que je me trouve, jamais ces objets de « luxe ne seront rien pour moi ; et quant aux autres, au public, la sim- « plicité sera toujours mon plus bel ornement. » Et de là il est passé à dire qu'il avait d'ailleurs la ressource du prince Eugène, qu'il avait même envie de lui faire écrire une note pour lui demander le crédit nécessaire à sa subsistance, quand l'argenterie serait épuisée, et le charger dès cet instant de lui faire parvenir à Sainte-Hélène les livres essentiels qu'on avait négligé de lui envoyer de Londres, et quelque peu de vin soigné, dont il avait besoin comme remède; « quoique pour le vin, « a-t-il continué, ceux qui ne nous aiment pas en Europe ne manque- « raient pas de dire que nous ne songeons ici qu'à boire et à manger. » Et il a répété à ce sujet qu'il n'éprouvait nul embarras de s'adresser à son fils Eugène, qui lui devait tout, qui tenait de lui son état et toutes ses richesses, que ce serait lui faire injure que de douter un instant de son empressement, ayant d'ailleurs à exercer sur lui des reprises pour 10 à 12,000,000 peut-être.

A déjeuner, il a fait venir le Polonais qui doit bientôt nous quitter. Plus tard, il a voulu se mettre au travail ; mais il se sentait fort assoupi, et s'est endormi à plusieurs reprises. Il a gagné sa chambre pour se livrer tout à fait au sommeil, me donnant rendez-vous à une heure de là pour travailler à l'anglais ; mais il a continué à être dans le même état d'assoupissement, qu'il n'a interrompu que par un bain très-prolongé, suivant sa coutume, et, comme il les prend très-chauds, on a lieu de s'étonner qu'ils ne lui soient pas très-nuisibles.

Il a peu dîné, se plaignait de vieillir beaucoup, de dormir mal et irrégulièrement. Il a causé assez longtemps sur les ballons, a ri de toutes les biographies qui s'obstinaient à le faire escalader, l'épée à la main, le ballon de l'École militaire, et a cité comme un véritable prodige la singularité du ballon lancé le jour de son sacre, qui alla tomber en peu d'heures dans les environs de Rome, et porter aux habitants de cette grande ville des nouvelles de leur souverain et de la cérémonie qu'il venait d'accomplir.

Il a essayé de nous lire du *Don Quichotte*; mais s'est arrêté au bout d'une demi-heure : il ne peut désormais lire guère plus longtemps. Sa santé s'altère visiblement. Il me répète souvent que nous sommes bien vieux, qu'il l'est encore bien plus que moi ; et ces mots pour lui disent beaucoup.

Déclaration exigée envoyée au gouverneur. — Beaucoup de livres modernes, pures spéculations. — Fausseté des portraits créés par l'esprit de parti, etc. — Général Maison.

Lundi 14.

Aujourd'hui le grand maréchal a envoyé au gouverneur les nouvelles déclarations qu'on avait exigées de nous; nous les avons rédigées uniformément et de la teneur suivante:

« Je, soussigné, déclare par la présente que mon désir est de rester

« dans l'île de Sainte-Hélène, et de partager les restrictions imposées à
« l'empereur Napoléon personnellement. »

J'ai été vers une heure trouver l'Empereur dans sa chambre, je lui ai rendu compte de quelques commissions très-particulières........ La conversation a continué sur des sujets qui le touchaient de près, et qu'il a terminée en répétant plusieurs fois : *Triste race humaine!*...

Plus tard, l'Empereur, passant en revue un grand nombre de personnes connues sur lesquelles il donnait son opinion, s'est arrêté sur une qu'il a peinte comme une des plus immorales et des plus abjectes. Or, elle se trouvait précisément de ma connaissance, et je me suis récrié sur ce qu'elle était tout l'opposé de cela ; et comme je la défendais avec chaleur, l'Empereur m'a interrompu, disant : « Je vous crois ;
« mais on me l'avait peinte de la sorte. Et, bien qu'en général je me
« fusse fait la loi d'écouter avec défiance, cependant vous voyez qu'il
« s'en grave toujours quelque chose dans l'esprit. Peut-il y avoir de ma
« faute ? Quand je n'avais nul motif particulier de vérification, quel
« redressement me demeurait ? Et voilà, a-t-il continué, le résultat iné-
« vitable des commotions civiles : il est toujours deux réputations, selon
« les deux couleurs. Que d'absurdités, que de contes ridicules se sont
« attachés aux personnages qui ont figuré dans notre révolution[1] ! Vos
« salons sont-ils pleins d'autre chose? Moi, n'en suis-je pas un assez
« bel exemple? et après moi, qui, au fait, aurait droit de se plaindre ?
« Cependant je le proteste, soit par nature, soit par réflexion, jamais
« rien de tout cela n'influença mon humeur ou n'altéra aucune de mes
« déterminations. »

Et puis, passant en revue un grand nombre de généraux, il s'est arrêté sur le général Maison, disant : « Ses manœuvres autour de Lille,
« dans la crise de 1814, avaient attiré mon attention et l'avaient gravé
« dans mon esprit. Il n'était pas avec nous en 1815; qu'est-il devenu ?
« Qu'a-t-il fait à cette époque ? » m'a-t-il demandé. Mais je n'ai pu répondre, je ne le connaissais pas, etc.

---

[1] Je profite de l'occasion pour redresser ici une erreur précisément de cette nature. On lit plus haut que M. Monge monta à la tribune des Jacobins et déclara, etc. Or, les amis, les intimes, les parents de ce savant estimable et si distingué, sont venus m'affirmer qu'il était notoire à tous ceux qui le connaissaient qu'il n'avait jamais paru aux Jacobins, qu'il n'avait jamais pris la parole dans aucune assemblée publique, etc., etc.

Odieuses difficultés du gouverneur sur nos déclarations; beau mouvement de l'Empereur. — Notre affreuse anxiété. — Le gouverneur fait comparaître chacun de nous; persistance de l'Empereur. — Nous le trompons. — Notre esclavage est consommé.

Mardi 15.

Depuis quelque temps il m'est impossible de dormir; j'ai passé la nuit entière sans clore l'œil. Sur les huit heures, comme j'essayais de sommeiller, le grand maréchal est entré dans ma chambre pour me dire que le gouverneur avait renvoyé nos déclarations, et venait, le jour même, nous faire signer précisément celle qu'il avait envoyée pour modèle, qui ne différait de la nôtre que par la qualification d'Empereur donnée à Napoléon, tandis qu'on voulait nous le faire appeler simplement *Bonaparte*.

De là, le grand maréchal s'est rendu chez l'Empereur, qui m'a fait demander presque aussitôt. En entrant dans sa chambre, je l'ai vu marchant à grands pas et s'exprimant avec beaucoup de chaleur. Nous étions tous réunis.

« Les outrages, disait-il, dont on abreuve journellement ceux qui se

« sont voués à ma personne; ces outrages, qu'on semble vouloir multi-
« plier bien davantage encore, forment un spectacle que je ne dois ni
« ne peux supporter plus longtemps. Messieurs, il faut me quitter, vous
« éloigner; je ne saurais vous voir vous soumettre aux restrictions
« qu'on veut vous imposer, et qu'on accroîtra demain. Je veux demeu-
« rer seul. Allez en Europe, vous y ferez connaître les odieuses menées
« dont on use envers moi; vous direz m'avoir vu descendre vivant dans
« le tombeau. Je ne veux pas qu'aucun de vous signe cette déclaration
« telle qu'on vous l'impose, je vous le défends. Il ne sera pas dit qu'on
« se sera servi des mains qui sont à moi, des mains dont je dispose,
« pour me dégrader. Si l'on vous renvoie pour le refus d'une pure et
« sotte formalité, c'est qu'on vous renverrait demain pour un motif
« aussi léger, c'est qu'on est résolu de vous éloigner en détail. Eh bien!
« je préfère vous voir éloigner en masse; peut-être puis-je, dans ce sa-
« crifice, entrevoir quelque résultat. » Et il nous a congédiés. Nous sommes sortis consternés.

Peu d'instants après, l'Empereur m'a fait rappeler. Il se promenait dans la longueur de ses deux petites pièces. Sa voix était devenue douce, même caressante. Jamais je ne lui avais vu plus d'abandon. Je m'en sentais ému. « Eh bien! mon cher, m'a-t-il dit, je vais donc me faire er-
« mite?— Eh! Sire, ai-je répondu avec quelque attendrissement, ne
« l'êtes-vous pas déjà? car de quelle utilité, de quelle ressource som-
« mes-nous pour vous? Nous n'avons ici que des vœux; mais s'ils sont
« peu pour votre consolation, ils sont tout pour notre bonheur. Notre
« situation, en ce moment, est la plus affreuse qui se puisse concevoir,
« parce que, dans la question qui s'agite, et pour la première fois peut-
« être, nous ne nous trouvons plus du même côté que Votre Majesté;
« elle nous parle raison, et nous n'obéissons qu'au sentiment. Il n'y a
« rien à répondre à votre raisonnement de tout à l'heure. Votre déter-
« mination vous ressemble tout à fait, elle n'étonnera personne; mais
« l'exécution est au-dessus de nos forces. L'idée de vous laisser seul ici,
« de vous savoir seul dans la nature, dépasse en douleur toutes les bor-
« nes de notre imagination. — Voilà pourtant ma destinée, a répondu
« tranquillement l'Empereur, et je dois m'attendre à tout; mais mon
« âme est de force à répondre à tout... Ils me feront mourir ici, c'est
« certain. — Sire, l'acte que vous commandez ne saurait entrer dans
« l'esprit d'aucun de nous. Aussi, pour moi, je parlerai jusqu'au bout,
« comme a fait Votre Majesté, je me défendrai sur ce point jusqu'à
« extinction; mais j'agirais différemment. »

L'Empereur s'est assis, m'a fait asseoir auprès de lui. Il se sentait fatigué, disait-il, et a demandé son déjeuner ; il me l'a fait partager. Depuis longtemps je ne dinais presque plus avec lui ; il m'en avait dit la raison, et me l'avoir dit était une plus grande faveur encore. Au moment du café, il ne se trouvait pas de tasse pour moi. Marchand allait sortir pour en chercher une. « Prenez sur ma cheminée, a dit l'Empe-
« reur, il boira dans ma belle tasse d'or. »

Comme le déjeuner finissait, est entré le grand maréchal, disant que le gouverneur venait d'arriver, et le faisait demander dans sa nouvelle maison (de lui Bertrand), à cinquante pas de notre établissement, laquelle est enfin à la veille d'être finie. L'Empereur lui a dit de s'y rendre ; et comme le grand maréchal, dans son geste et ses paroles, semblait demander s'il persistait toujours dans l'ordre qu'il nous avait donné ce matin, s'il n'y aurait pas moyen de le fléchir : « Je ne suis
« point un enfant, a repris vivement l'Empereur ; quand j'ai coulé à

« fond une question, elle ne me reste plus sous deux faces dans la tête.
« J'ai ordonné des batailles qui ont décidé du sort des empires ; l'ordre
« n'en partait jamais que de ma volonté réfléchie et arrêtée. Or, ici, tout
« ce dont il s'agit ne regarde que ma personne. Allez. »

Le grand maréchal est revenu bientôt après, rendant compte de sa conversation, qu'il avait terminée par son refus. Le gouverneur, disait-il, faisait demander les trois autres de nous à la fois. Il nous a semblé plus convenable pour nous de ne nous y présenter que successivement.

Je me suis mis en route. Je l'ai aperçu, entouré de plusieurs des siens, à l'extrémité gauche du jardin, au débouché de la maison du grand maréchal; il est rentré en m'apercevant, et je l'ai rejoint dans le milieu de la cour.

Il s'était annoncé comme fort irrité contre moi; j'arrivais cuirassé. Mais il m'a conduit avec des politesses marquées dans l'intérieur, faisant demeurer au dehors les officiers de sa suite; et, m'ayant dit qu'il attendait pour entrer en matière l'arrivée de MM. de Montholon et Gourgaud, je lui ai demandé s'il aurait la moindre objection à la traiter immédiatement avec moi. Il n'en avait aucune, a-t-il répondu. Et faisant entrer alors ses officiers, il m'a dit en leur présence que je connaissais sans doute par le grand maréchal ce qu'il avait à me proposer au sujet de ma déclaration. Je lui ai répondu que oui, et que, le grand maréchal étant par son rang, aussi bien que par la vénération et l'estime que je lui portais, mon modèle et mon guide, il devait attendre de moi la même réponse; que, du reste, je ne comprenais pas comment on attachait à une chose purement de forme une importance qui devait avoir des résultats aussi douloureux pour nous et nullement profitables pour ceux qui l'exigeaient. « Il n'est pas en mon pouvoir, a observé
« le gouverneur, de faire l'altération que vous désirez. Il m'est or-
« donné de vous présenter à signer la déclaration écrite de ma main :
« or, je ne pourrais écrire, moi Anglais, la qualification à laquelle vous
« tenez. — J'ignorais cette circonstance, ai-je répondu, et je ne puis
« avoir de réponse contre une pareille raison. Vous, Anglais, vous devez
« écrire ainsi; mais moi, Français, je dois signer dans mon langage,
« c'est-à-dire avec la traduction du vôtre. Ainsi permettez-moi d'ajou-
« ter à ma signature la phrase qu'il vous plaira de me dicter, dans la-
« quelle je puisse m'exprimer dans mon langage. Vous voyez, ai-je
« ajouté, si je mets de la franchise dans mes intentions, et si je cherche
« à créer des embarras. » La proposition a semblé attirer toute son attention. « Tout ceci, ai-je continué, est une dispute sur de simples
« mots, qui, dans des circonstances aussi grandes que les nôtres, peut
« sembler bien petite. Mais, Monsieur, qui de nous a créé ces difficultés?
« qui de nous en souffre? Votre refus nous mettrait dans une position
« affreuse! vous me voyez dans un vrai désespoir! M'éloigner de l'Em-
« pereur serait pis que la mort! mais pourtant il le faudrait plutôt que

« de le dégrader de mes propres mains. L'Empereur a réuni sur sa tête
« tout ce qui, de la part des hommes et du ciel, confère un caractère
« auguste ; vouloir le nier, serait nier la lumière du soleil. »

Le gouverneur a observé que lui, Anglais, ne l'avait pas reconnu.
C'était encore là une raison, disais-je, à laquelle je n'avais rien à objecter ; que les qualifications qu'il employait pouvaient me déplaire, mais
que je n'avais point à les combattre, et que, par la même raison, il devait n'avoir rien à objecter à mon opinion et à mes expressions, à moi,
Français, dont il demandait la signature.

Ici, sir Hudson Lowe s'est aigri en revenant sur des circonstances
passées qui lui étaient personnelles, et il s'est échappé jusqu'à dire
qu'il ne connaissait, après tout, de vrai titre au respect que les qualités morales. « A ce prix, Monsieur le gouverneur, ai-je répondu avec
« vivacité, et me tournant vers ses officiers, l'Empereur pourrait faci-
« lement se dévêtir de tous ses titres et ne ferait que gagner dans tout
« l'univers à être traité d'après cette échelle. » Le gouverneur a gardé
le silence, puis il a repris que constamment nous traitions notre général
d'Empereur. « Eh ! comment pourrions-nous le traiter autrement, je vous
« prie ? — Mais je veux dire que vous continuez à le regarder comme
« souverain. — Monsieur le gouverneur, vous parlez de souveraineté ?
« C'est de notre part bien plus encore ; c'est du culte ! l'Empereur, à nos
« yeux et dans nos sentiments, n'est plus de cette terre ; nous le voyons
« dans les nuées, dans le firmament !... et quand vous nous laissez
« des choix en opposition avec lui, c'est le choix des martyrs auxquels
« on disait : Renoncez à votre culte ou mourez. Eh bien ! nous, ici,
« nous n'aurions qu'à mourir. » Ces paroles ont produit une impression visible sur les officiers présents, et même sur le gouverneur.
Contre son ordinaire, sa figure se montrait paisible et sa voix est devenue douce.

« Notre situation ici, ai-je continué, est si affreuse, qu'elle devient au-
« dessus des forces de la vie, vous le savez ; eh bien ! ce n'est encore
« rien auprès du supplice que vous nous réservez. Ce que je vous ai de-
« mandé est facile et nous accorde tous ; vous me voyez devant vous le
« solliciter, et de ma part c'est assurément beaucoup, car je ne suis
« point dans l'habitude de vous importuner. Accordez-le, vous aurez
« fait quelque chose pour nous, je vous en aurai de la reconnaissance ;
« et puis songez encore qu'il est une responsabilité, une opinion publi-
« que en Europe, et que vous pourriez la heurter sans aucun avantage.
« Les sentiments qui m'animent ne sauraient vous être étrangers : ils

« doivent sans doute aller au cœur de tous ceux qui m'écoutent. »

Ici le gouverneur a paru remué, les officiers l'étaient. Il a gardé quelques moments de silence, m'a salué, et nous nous sommes séparés..

MM. de Montholon et Gourgaud ont eu leur tour, et nous nous sommes retrouvés tous les quatre auprès de l'Empereur, à sa toilette, sans que nous pussions l'informer positivement s'il avait été rien décidé à notre égard. L'Empereur a ensuite voulu prendre l'air, en dépit d'un vent très-fort, et nous avons marché tous jusqu'au fond du bois. Il passait en revue toutes les combinaisons du gouverneur avec cette rapidité, cette fécondité qui lui est propre, et concluait toujours par dire que si nous concédions aujourd'hui une signature pour échapper au départ, demain il se trouverait une autre cause d'expulsion, et qu'il aimait mieux que cela fût plutôt avec éclat que sans bruit. Puis, donnant tout à coup à la chose une tournure de plaisanterie, il disait que le gouverneur, après tout, ne voudrait peut-être pas réduire le nombre de ses sujets à un seul, et quel sujet encore, ajoutait-il, un vrai porc-épic, sur lequel il ne saurait comment poser la main.

Durant notre promenade, deux étrangers se sont montrés assez près

de nous. L'Empereur leur a fait demander qui ils étaient. Ils appartenaient au bâtiment qui devait appareiller le lendemain pour l'Europe.

L'Empereur leur a demandé quelle autorité ils verraient en arrivant à Londres. Lord Bathurst, ont-ils répondu.

« Dites-lui qu'il me traite bien odieusement par ses instructions, et
« qu'il a ici un agent qui les exécute bien fidèlement ; s'il voulait se dé-
« faire de moi, il aurait dû m'expédier d'un coup, et non pas me faire
« mourir à petit feu. Rien ne saurait être plus barbare ; il n'y a rien d'an-
« glais dans tout cela ; je l'attribue à quelques personnalités. J'estime
« assez le prince régent, la masse des ministres, la nation anglaise pour
« les en rendre responsables. Quoi qu'il en soit, le corps seul est au pou-
« voir des méchants, l'âme règne partout ; du fond des cachots mêmes,
« elle peut s'élever jusqu'au ciel. »

Au retour, l'Empereur a pris un bain ; il m'a fait appeler ; il était fatigué, harassé des événements du jour. Il s'y est endormi, et je le veillais ! je méditais sur nos chagrins nouveaux, ils étaient bien grands !...

A dîner il a peu mangé. Quelqu'un de nous racontait, et l'Empereur faisait répéter, ce qui lui arrive souvent : le narrateur ayant repris d'un ton plus haut, l'Empereur a dit : « Décidément je suis sourd, je le vois
« bien, car je n'entends pas, et je suis tenté de me fâcher si l'on veut
« parler plus haut. » Il a fini par nous lire du *Don Quichotte*, s'est arrêté à quelques plaisanteries, et posant le livre, a dit qu'il fallait assurément avoir du courage pour rire en cet instant de pareilles babioles. Il a rêvé profondément quelque temps, s'est levé, et nous a quittés en disant : *Adieu, mes chers amis.*

Cependant on m'avait remis pendant le dîner une lettre du grand maréchal ; je l'avais tenue secrète, n'en augurant rien de bon. Je l'ai ouverte dès que nous nous sommes trouvés à nous-mêmes. C'était une lettre du gouverneur, annonçant que, sur nos refus, il allait donner des ordres pour nous transporter immédiatement au Cap. Nous n'avons écouté que nos sentiments ; nous séparer de l'Empereur était au-dessus de nos forces, au-dessus de son désir, de ses ordres mêmes, à ce qu'il nous semblait. Nous nous sommes hâtés, d'un sentiment unanime, de signer nos déclarations telles qu'on nous les avait demandées, et avons été les remettre chez l'officier anglais de service à Longwood, avec une lettre pour le grand maréchal, dans laquelle nous lui marquions ce que nous venions de faire sans sa participation. Le cœur seul nous avait conduits ; et si l'Empereur devait s'en fâcher, notre cœur seul encore devait nous consoler.

Ainsi se trouva consommé notre véritable esclavage, notre entière dépendance aux volontés, aux caprices de sir Hudson Lowe, moins encore par la signature que nous venions de lui donner, que par ce qu'il tenait notre secret, et qu'il savait désormais comment nous faire arriver à tout ce qu'il lui plairait.

Anecdotes sur Siéyes; avances. — L'Empereur souvent déguisé dans les fêtes populaires. — Visites au faubourg Saint-Antoine après Moscou et l'île d'Elbe. — Cheveux de l'Empereur. — Mœurs sous le Directoire.

Mercredi 16

L'Empereur m'a fait venir vers midi. Il finissait de prendre une tasse de café et achevait une lecture. Il m'a dit de m'asseoir, et s'est mis à causer. Dans le cours de la conversation, un mot m'a fait comprendre qu'il savait déjà notre détermination de la veille; mais il a gardé un silence entier sur la chose même, et il n'en a plus été question aujourd'hui ni plus tard. Après son déjeuner, l'Empereur s'est mis à se promener dans les deux pièces. La conversation a conduit à des anecdotes des temps antérieurs. Siéyes en faisait les frais. L'Empereur racontait qu'aumônier des princes d'Orléans, et leur disant un jour la messe,

quelque chose d'imprévu les fit sortir successivement durant l'office.

L'abbé, se retournant et n'apercevant plus que les valets, ferma le livre et sortit aussi, disant qu'il n'était pas payé pour dire la messe à la canaille.

Je disais à l'Empereur : « C'est de la bouche même de Votre Majesté « que j'ai appris le nom de l'abbé Siéyes et que je suis venu à connaître « sa figure. Quelques jours après sa présentation à la cour, dans une de « vos audiences, après m'avoir dépassé, Votre Majesté s'arrêta à mon « voisin, en l'interpellant par son nom ; tout encore aux préjugés de « l'émigration, je me crus pestiféré ; c'était pour moi une hyène, un « griffon, tout ce qu'on voudra, tant il était mal noté et poursuivi parmi « nous. — Nul doute, mon cher, a repris l'Empereur, que ce ne fût « *la mort sans phrase* qui agissait ; mais on assure qu'il l'a dés-« avoué. »

Alors je lui ai répété une anecdote qui avait couru dans le temps au faubourg Saint-Germain, sur laquelle on a dû voir plus haut que l'Empereur ne s'était pas prononcé ; on lui faisait répondre à Siéyes, qui avait employé le mot de tyran en parlant de Louis XVI : « Monsieur « l'abbé, s'il eût été tyran, je ne serais pas ici, et vous diriez encore la « messe. — J'aurais pu le penser, a dit cette fois l'Empereur ; mais je « n'aurais jamais eu la bêtise de le dire ; c'est un des contes bleus de vos « salons. Je ne faisais pas de pareilles gaucheries. J'avais pour but d'é-« teindre le feu, et j'aurais eu garde de jeter des combustibles sur le bra-« sier. Le torrent alors n'était que trop prononcé contre certains chefs « de la révolution. J'étais obligé de les soutenir, et je le faisais, loin de « les lâcher. Aussi quelqu'un ayant déterré, on ne sait où, un buste de « Siéyes en abbé, on l'étala dans une exposition du gouvernement ; ce « fut aussitôt un cancan universel. Siéyes, furieux, se mettait en route « pour me porter plainte ; mais la mercuriale était déjà donnée et le « buste retiré.

« Mon grand principe était de prévenir toute réaction, d'ensevelir en-« tièrement le passé. Jamais on ne m'a vu revenir sur aucune opinion « ni proscrire aucun acte. Je m'étais environné de votants : j'en avais « aux ministères, au Conseil d'État, partout. Je n'approuvais pas la doc-« trine, mais je n'avais rien à faire avec l'acte ; étais-je leur juge ? et « qui m'en eût donné le droit ? Puis les uns avaient agi par conviction, « d'autres par faiblesse et terreur ; tous par le délire, la fureur, la tem-« pête du moment. Le pauvre Louis XVI se trouva sous la fatalité des « tragiques grecs, etc. »

Je disais encore à l'Empereur qu'il avait couru aussi dans le faubourg

Saint-Germain que Siéyes avait été pris en flagrant délit conspirant contre lui lors de l'affaire de M. Clément de Ris, enlevé et mis en charte privée par les chouans, et que lui, Napoléon, lui avait fait grâce au prix de son éloignement et de son abnégation politique. « Nouvelle fable de vos oisifs. Il n'y a pas le plus léger fon« dement à cette histoire, a repris l'Empereur ; Siéyes m'a toujours « été attaché, je n'ai jamais eu à m'en plaindre. Il a pu être fâché « de me trouver dans le chemin de ses idées métaphysiques, mais « il en revenait à sentir la nécessité que quelqu'un gouvernât, et « me préférait à un autre. Siéyes, après tout, était probe, honnête, « et surtout fort habile ; la révolution lui doit beaucoup. » Et il s'est mis à raconter qu'à une des premières fêtes du consulat, considérant les illuminations avec Siéyes, il lui avait demandé ce qu'il pensait des affaires ; Siéyes se montra plus froid, fut même décourageant. « Mais cependant j'ai trouvé ce matin tout le peuple « dans des dispositions excellentes. — Rarement, répondit à cela « Siéyes, le peuple se montre à découvert vis-à-vis de celui qui, pos« sédant le pouvoir, apparaît à ses regards. Moi, je dois vous dire « qu'il n'est pas content. — Vous ne croyez donc pas que ce gouver« nement tienne ? — Non. — Vous ne croyez donc pas ceci fini ? — « Non. — Et quand le regarderez-vous comme fini ? — Quand je « verrai dans votre antichambre les anciens ducs, les anciens mar« quis, » dit Siéyes. Et l'Empereur ajoutait « Siéyes ne se doutait « pas que ce serait sitôt. Il ne lisait pas fort au loin, il avait la vue « courte. Je pensais bien intérieurement comme lui que tout ne « pouvait pas être fini avec la république ; mais je sentais que l'empire « n'était pas loin. Aussi, deux ou trois ans plus tard, n'ayant pas « perdu le souvenir de l'anecdote, dans une de mes plus grandes au« diences je dis à Siéyes : Eh bien ! vous voici pêle-mêle avec les « anciens ducs et les anciens marquis, regardez-vous le tout comme « fini ? — Oh ! oui, dit Siéyes, s'inclinant profondément, vous avez « accompli des prodiges que rien n'égale, et qu'il était au-dessus de « mes forces de prévoir. »

L'Empereur, dans son consulat, et même sous l'empire, le jour des fêtes publiques, allait parfois très-tard se mêler dans la foule, voir les illuminations et entendre les propos du peuple. Cela lui est arrivé même avec Marie-Louise. L'un et l'autre ont été bras à bras, le soir, sur les boulevards, et se sont donné le plaisir, disait l'Empereur, moyennant leur petite rétribution, de contempler, dans les lanternes magiques, Leurs Majestés l'empereur et l'impératrice des Français, toute leur cour, etc.

Dans un de ces demi-déguisements, sous le consulat, Napoléon, dans une des embrasures de l'hôtel de la marine, considérait une illumination publique. Il était à côté d'une dame anciennement considérable, à ce qu'il paraît, qui nommait à sa fille, vraiment charmante, les personnes remarquables qui défilaient dans les appartements. A l'une d'elles elle ajouta : « Fais-moi rappeler, ma fille, que nous devons l'aller « voir ; elle nous a rendu service. — Mais, ma mère, répondit la jolie « personne, je ne croyais pas qu'avec ces gens-là on fût tenu à recon- « naissance ; je croyais qu'ils étaient déjà assez heureux d'obliger des « personnes comme nous. » La Bruyère assurément, disait l'Empereur, eût fait son profit de telles paroles.

L'Empereur, déguisé, parcourait souvent la capitale : il sortait surtout de très-grand matin, seul, à pied dans les rues, se mêlait aux ouvriers, dont il cherchait à connaître la situation et l'esprit.

Plus d'une fois je l'ai entendu au Conseil d'État, recommander au préfet de police d'en faire autant, c'était ce qu'il appelait *la police du cadi*, celle qui s'exerce en personne, et qu'il estimait de beaucoup la meilleure.

Napoléon, au retour de la désastreuse campagne de Moscou et de Leipsick, pour maintenir la confiance, affecta de se placer souvent et presque seul au milieu de la multitude. Il parcourait, lui trois ou quatrième, les marchés, les faubourgs et toutes les parties populeuses

de la capitale, où il causait familièrement; et partout il fut bien reçu, bien traité.

Un jour, à la halle, après quelques mots échangés, une femme se hasarda à lui dire qu'il fallait faire la paix. « La bonne, continuez de « vendre vos herbes, reprit l'Empereur, et laissez-moi faire ce qui me

« regarde; chacun son métier. » Et tous les assistants de rire et d'applaudir à son opinion.

Un autre jour, au faubourg Saint-Antoine, entouré d'une immense multitude, parmi laquelle il se montrait très-bonhomme, un des assistants osa l'interpeller. « Est-il vrai, comme on dit, que les affaires vont « si mal? — Mais, répondit l'Empereur, je ne peux pas dire qu'elles « aillent trop bien. — Mais comment cela finira-t-il donc? — Ma foi, « Dieu le sait. — Mais comment? est-ce que les ennemis pourraient « entrer en France? — Cela pourrait bien être, et venir même jusqu'ici, « si l'on ne m'aide pas; je n'ai pas un million de bras; je ne puis pas « faire tout à moi seul. — Mais nous vous soutiendrons, dirent un « grand nombre de voix. — Alors je saurai bien battre encore l'ennemi, « et conserver toute notre gloire. — Mais que faut-il donc que nous « fassions? — Vous enrôler et vous battre. — Nous le ferions bien, dit « un autre, mais nous voudrions y mettre quelques conditions! — Eh « bien! lesquelles? dites. — Nous voudrions ne pas passer la frontière. « — Vous ne la passerez pas. — Nous voudrions, dit un troisième, être « de la garde. — Eh bien! va pour la garde. » Et les acclamations de retentir. Des registres furent ouverts sur-le-champ, et plus de deux mille individus s'enrôlèrent dans la journée. En les quittant, Napoléon regagnait lentement les Tuileries, pressé par cette multitude en désordre qui faisait retentir l'air de ses cris ; lorsqu'il vint à déboucher sur le Carrousel, le tout fut pris pour une insurrection, si bien que l'on s'empressa de fermer les grilles.

A son retour de l'île d'Elbe, l'Empereur fit une pareille visite au faubourg Saint-Antoine, et y fut reçu avec un enthousiasme sans égal : il

fut reconduit de même. Traversant le faubourg Saint-Germain, la rage de la multitude s'exhalait contre ses beaux hôtels, et en montrait les fenêtres d'une main furieuse. L'Empereur disait s'être trouvé bien rarement dans une situation aussi délicate. «Que de maux, disait-il, n'eussent « pas pu produire une seule pierre lancée au milieu de cette multitude, « ou une seule parole imprudente, ou même une expression seule- « ment équivoque de mon visage! le faubourg malveillant pouvait dis- « paraître dans son entier, et je crois bien que ce ne fut qu'au calme « de ma personne, au respect que me portait cette multitude, que fut « due sa conservation. »

A l'heure de sa toilette, l'Empereur se faisait couper les cheveux par Santini ; j'étais à côté, un tant soit peu en arrière, une grosse touffe est tombée à mes pieds. L'Empereur, me voyant me baisser, a demandé ce que c'était. J'ai répondu que j'avais laissé tomber quelque chose que je ramassais : il m'a pincé l'oreille en souriant. Il venait de deviner.

Plus tard, parlant de la dépravation et de l'immoralité des mœurs du temps, lorsqu'il commandait l'armée de l'intérieur à Paris, Napoléon racontait qu'un ordonnateur en chef vint lui demander quelques signatures, et le prier d'appuyer certaines nominations et certaines fournitures, ce qu'il n'hésita pas à promettre, parce que cela lui semblait juste. L'ordonnateur, en se retirant, laissa très-adroitement sur la cheminée deux petits rouleaux de cent louis. On ne connaissait encore que les assignats ; c'était donc une somme énorme : très-heureusement le général fut le premier à s'en apercevoir, et, avant que le visiteur fût loin, on le rappela. Il essaya de nier d'abord ; puis il ajouta de bonne foi qu'il fallait que chacun vécût ; que le gouvernement ne donnait point d'appointements ; que cette manière était aujourd'hui l'usage général, et qu'après tout il priait qu'on ne se fâchât pas, qu'il était rare qu'on eût à solliciter de pareils pardons.

L'Empereur, au moment de la promenade, se trouvait fort assoupi, et, voulant se vaincre, il n'en est pas moins sorti, et en dépit d'un vent très-violent. Au bout de quelques pas, il a renoncé à sa promenade, et nous avons gagné l'appartement de madame de Montholon. A peine assis sur le canapé, l'Empereur s'y est assoupi de nouveau. Il est sorti encore pour vaincre cette disposition, et a gagné le salon. Il se plaignait d'une forte chaleur intérieure ; il a demandé un verre d'eau panée, et, l'assoupissement continuant toujours, il a pris le parti d'y céder, et s'est retiré dans sa chambre.

L'Empereur a fort peu mangé à dîner ; son état avait quelque chose d'extraordinaire. Avant, durant et après le dîner, il se sentait vaincu par l'assoupissement qui durait depuis le matin ; et sa crainte, a-t-il dit en nous quittant, était de ne pas dormir, tant ce qu'il éprouvait était contraire à sa nature. D'ordinaire il dort profondément quand il en a besoin, au lieu qu'ici ce n'avait été tout le jour que du *sommeillage*, disait-il.

Louis XVI. — Marie-Antoinette. — Madame Campan. — Léonard. — Princesse Lamballe.

Jeudi 17.

Vers midi l'Empereur m'a fait demander ; il ne se trouvait pas mieux l'assoupissement durait encore. Après de vains efforts pour combattre le sommeil, il m'a dit qu'il allait s'y abandonner et se jeter sur son lit. Il était d'autant plus étonné de ce besoin, qu'il disait avoir bien dormi dans la nuit.

L'Empereur n'a paru que pour le dîner, toujours combattant son assoupissement; il s'est retiré presque aussitôt.

Comme il était de fort bonne heure, il m'a fait demander, après s'être mis au lit, et m'a retenu près d'une heure, causant sur divers objets.

La conversation a conduit à Louis XVI, à la reine, à madame Élisabeth, à leur martyre, etc. L'Empereur me demandait ce que j'avais connu du roi et de la reine, ce qu'ils m'avaient dit lors de ma présentation, etc., etc. Les formes, les circonstances étaient les mêmes, disais-je, que celles qui avaient été adoptées pour lui sous l'empire. Quant au caractère, je disais qu'en général on avait été d'accord que la reine avait trompé l'attente publique; qu'elle avait fait croire, dès les premiers instants de l'orage, à de grands talents, à beaucoup d'énergie, et qu'elle n'avait ensuite montré rien de tout cela. Quant au roi, je me contentais de rendre à l'Empereur l'opinion de M. Bertrand de Molleville, que j'avais beaucoup connu, et qui avait été son ministre de la marine au plus fort de la crise. Il lui reconnaissait une instruction peu commune, un jugement très-sain, des intentions excellentes; mais tout finissait là, et il ne manquait jamais de se noyer ensuite dans la multiplicité des conseils qu'il sollicitait, aussi bien que dans l'irrésolution et les vices de leur exécution.

L'Empereur a répondu à son tour par le portrait de la reine, fourni par madame Campan, qui, disait-il, ayant été sa confidente, et lui ayant porté beaucoup de zèle, d'affection et de fidélité, avait beaucoup de choses à dire, et méritait d'être considérée comme une bonne autorité. Madame Campan, ajoutait-il, l'avait souvent entretenu des plus petits détails de la vie privée de la reine, et il en a raconté une foule de choses toutes venues de cette source.

La reine, selon madame Campan, était une femme charmante, mais sans nulle capacité, bien plus calculée pour les plaisirs que pour la haute politique; d'un très-bon cœur, nullement prodigue, plutôt avare, et pas du tout à la hauteur de la crise qui la dévora; au surplus, d'intelligence suivie avec les machinations royalistes du dehors, et ne doutant nullement de sa délivrance par l'étranger, et pour le moment même où elle succomba sous l'effroyable 10 août, catastrophe amenée précisément par les intrigues et les espérances mêmes de la cour, que l'impéritie du roi et les inconsidérations de tout ce qui l'entourait rendaient connues de tout le monde.

« Dans l'affreuse nuit du 5 au 6 octobre, à Versailles, disait l'Empe-
« reur, une personne très-distinguée dans les affections de la reine, et
« que j'ai fort maltraitée plus tard à Rastadt, accourut auprès de cette
« princesse pour partager ses périls. Et c'est dans d'aussi cruels mo-
« ments, du reste, observait l'Empereur, que les conseils et les consola-
« tions sont nécessaires de la part de ceux qui nous sont dévoués. Lorsque
« la catastrophe arriva, que le palais fut forcé, la reine se sauva dans les
« appartements du roi ; mais son confident courut les plus grands dan-
« gers, et n'échappa qu'en sautant par une fenêtre. »

Je disais à l'Empereur que la reine avait beaucoup perdu dans l'esprit de l'émigration par les malheurs de Varennes. On lui reprochait de n'avoir pas voulu laisser le roi partir seul, et, une fois du voyage, de n'avoir pas su le diriger avec habileté ni énergie. On ne saurait se figurer en effet le décousu et les fautes de ce voyage. Un de ses détails, qui ne semblera pas le moins bizarre ni le moins grotesque, c'est que Léonard, le fameux coiffeur de la reine, qui en faisait partie, trouva moyen de passer dans son cabriolet au milieu de la bagarre, et qu'il nous arriva à Coblentz avec le bâton de maréchal, que le roi avait emporté des Tuileries pour le remettre, disait-on, à M. de Bouillé, au moment de leur rencontre.

« Du reste, terminait l'Empereur, c'était une maxime établie dans la
« maison d'Autriche que de garder un silence profond sur la reine de
« France. Au nom de Marie-Antoinette, ils baissent les yeux et changent
« significativement la conversation, comme pour échapper à un sujet
« désagréable et embarrassant. C'est, continuait l'Empereur, une règle
« adoptée par toute la famille, et recommandée à ses agents du dehors.
« Ainsi nul doute que les soins des princes français pour la remettre
« dernièrement en scène à Paris ne déplaisent beaucoup à Vienne. »

L'Empereur passait ensuite à la princesse de Lamballe, dont il n'avait aucune idée. Je pouvais aisément le satisfaire, je l'avais beaucoup connue. Une parente de mon nom étant sa dame d'honneur lorsque j'arrivai à Aix-la-Chapelle, au commencement de mon émigration, je fus reçu auprès d'elle comme de sa maison, et traité avec une grande bonté.

La princesse de Lamballe, disais-je, réunissait auprès d'elle, dans cette ville, beaucoup de débris de Versailles, de vieux courtisans et d'anciennes personnes à la mode. Il y venait aussi beaucoup d'illustres étrangers. J'y vis souvent le roi de Suède, Gustave III, sous le nom de comte de Haga ; le prince Ferdinand de Prusse, avec ses enfants, dont l'aîné, le prince Louis, a été tué quelques instants avant la bataille d'Iéna; la duchesse de Cumberland, veuve d'un frère du roi d'Angleterre, etc., etc.

Lorsque Louis XVI, acceptant solennellement la constitution, recomposa sa maison, la princesse reçut une lettre officielle de la reine pour l'engager à reprendre auprès d'elle ses fonctions de surintendante. La princesse prit l'avis de ses vieux conseillers, qui tous pensèrent que, la reine n'étant point libre et le danger pouvant être grand à Paris, il ne fallait pas s'y rendre, et regarder la lettre de la reine comme non avenue. La princesse ayant demandé ailleurs ce qu'on en pensait, on eut le malheur de répondre : « Madame, vous avez partagé les prospérités de « la reine, il serait bien beau de lui montrer de la fidélité, surtout au- « jourd'hui que vous avez cessé d'être sa favorite. » La princesse avait le cœur élevé, les affections tendres, la tête volontiers romanesque ; elle déclara le lendemain qu'elle partait pour Paris. Cette malheureuse princesse retourna donc dans la capitale avec pleine connaissance du péril ; elle est tombée illustre victime de sa générosité et de ses beaux sentiments. Mes parents m'avaient offert à elle ; un moment je dus la suivre. Ma jeunesse et le peu d'instants que j'avais paru à Paris eussent pu me laisser auprès d'elle à peu près inconnu, et j'aurais peut-être pu être utile ; mais, au moment du départ, la princesse y vit des inconvénients, et me commanda d'y renoncer : toutefois je demeurai son nouvelliste. Je lui mandais tous les deux jours, de la meilleure foi du monde, les histoires et les contes ridicules de tout genre dont on flattait nos illusions, et que nous ne manquions pas d'adopter avec la foi la plus robuste. Je les lui mandais encore, que nous étions déjà en campagne; je les lui mandais encore, qu'elle n'était déjà plus!..... A la douleur extrême que je ressentis de son effroyable destinée dut se joindre quelque temps la crainte secrète d'y avoir contribué peut-être par mes bulletins. Et le hasard fait, ajoutais-je à l'Empereur, que je me trouve avoir ici quelques lignes qu'elle traçait peu de jours avant la hideuse catastrophe dont elle nous a laissé l'horrible souvenir ; elles sont datées *du haut de mon donjon* : c'était ainsi qu'elle appelait précisément le pavillon de Flore qu'elle occupait en cet instant aux Tuileries.

On enlève quatre des nôtres. — Premières années de l'Empereur.

Vendredi 18

Je n'ai vu l'Empereur qu'à cinq heures ; il m'a fait appeler dans le salon. Il continuait à n'être pas bien ; cependant il avait travaillé avec le grand maréchal tout le matin. Il était ennuyé, pesant, et pourtant agité; il cherchait de toute manière à se distraire; enfin il est rentré dans sa chambre, n'y pouvant plus tenir. Il est certain que le temps et les circonstances concourent sans doute à nous créer une espèce de tourment nouveau et difficile à supporter; la saison est aigre et prend sur les nerfs. Les mesures accumulées contre nous sont pires encore; chaque parole du gouverneur porte autour de nous la désolation et la douleur. Aujourd'hui il a signifié l'éloignement de quatre individus de l'établissement; et des larmes amères et générales ont coulé parmi tous les gens, les uns par la douleur de s'éloigner, les autres par le chagrin de voir enlever leurs compagnons, et la crainte de partager bientôt à leur tour le même sort. C'était la redoutable Scylla enlevant du vaisseau d'Ulysse quatre des siens pour les dévorer.

Le gouverneur m'a fait dire aussi qu'il m'enlèverait mon domestique, habitant de l'île, dont j'étais fort content. Il a craint sans doute qu'il ne me fût trop attaché. Il se propose de m'en donner un lui-même, ce dont je le remercie et n'aurai garde d'en profiter.

L'Empereur a peu mangé à dîner; mais après le dessert il s'est mis à causer : il a pris le sujet de ses premières années; il s'est animé. C'est toujours pour lui un objet plein d'attraits, une source toujours nouvelle d'un vif intérêt; il répétait une partie de ce que j'ai dit ailleurs; il se reportait à cet heureux âge, disait-il, où tout est gaieté, désirs, jouissance; à ces heureuses époques de l'espérance, de l'ambition naissante, où le monde tout entier s'ouvre devant vous, où tous les romans sont permis. Il parlait du temps de son régiment, des plaisirs de la société, des bals, des fêtes. En parlant de la somptuosité de l'une d'elles, qu'il élevait fort haut : « Après tout, disait-il, je ne saurais trop guère la clas-
« ser; car il est à croire que mes idées de somptuosité d'alors sont un
« peu différentes de celles d'aujourd'hui, etc. »

Il nous disait, en recherchant certains détails, qu'il lui serait difficile d'assigner sa vie année par année. Nous lui disions que, s'il pouvait seulement se rappeler quatre ou cinq de ses années, nous nous chargerions de toutes les autres. De là, il est revenu sur son début militaire à Toulon, les causes qui l'y avaient fait envoyer, les circonstances qui avaient fait ressortir ses moyens, l'ascendant subit que lui avaient donné ses premiers succès, l'ambition qu'ils avaient fait naître; et tout cela, disait-il, n'allait pas encore fort haut. « J'étais loin de me regarder encore
« comme un homme supérieur. » Et il a répété que ce n'était qu'après Lodi que lui étaient venues les premières idées de la haute ambition,

laquelle s'était tout à fait déclarée sur le sol de l'Égypte, après la victoire des Pyramides et la possession du Caire, etc. « Alors vraiment je crus « pouvoir m'abandonner, disait-il, aux plus brillants rêves, etc., etc. »

L'Empereur était devenu fort gai, très-causant ; il était minuit quand il s'est retiré. C'était une espèce de résurrection.

La famille du grand maréchal se rapproche de nous.

Samedi 19, dimanche 20.

Les quatre proscrits, le Polonais, Santini, Archambault et Rousseau l'argentier nous ont quittés vers le milieu du jour. Une heure après, ils étaient sous voile pour le Cap, dans un petit bâtiment, avec un vent très-fort.

Aujourd'hui (20) le grand maréchal et sa famille ont quitté Hut's-gate, leur première demeure, qui était à près d'une lieue de nous. Ils sont venus s'établir enfin à leur nouvelle maison, ce qui nous met désormais presque sous le même toit. C'était un événement pour eux et pour nous.

Expédition de saint Louis en Égypte.— Nos femmes auteurs ; de madame Staël.— Les écrivains ennemis de Napoléon ne mordront que sur du granit.

Lundi 21.

Notre enceinte se rétrécit chaque jour. Les sentinelles s'accroissent. Tout nous rappelle à chaque instant notre horrible prison.

L'Empereur me disait, durant sa toilette, qu'il voulait absolument reprendre son travail régulier, qu'avaient interrompu les derniers tourments de cet horrible gouverneur. Je l'y engageais de toutes mes forces, et pour lui et pour nous, et pour la France et pour l'histoire.

Le gouverneur ne veut donner de l'argenterie de l'Empereur que plus d'un cinquième de moins qu'on ne l'estime à Paris, et pourtant il ne veut permettre ni concours ici ni transport à Londres.

Après dîner l'Empereur a lu, dans Joinville, l'expédition de saint Louis en Égypte : il l'analysait, en faisait ressortir les fautes, comparait les mouvements, le plan d'alors avec celui qu'il avait adopté lui-même, et concluait que, s'il avait agi de même que saint Louis, il eût eu infailliblement le même sort.

S'étant retiré de bonne heure et m'ayant fait appeler près de lui, la conversation a repris sur ses courses en Égypte et en Syrie. La *Mathilde* de madame Cottin, qui en avait fait le théâtre de son roman, s'est trouvée mentionnée, et cela a conduit l'Empereur à passer en revue nos femmes auteurs. Il a parlé de madame Roland et de ses Mémoires, de madame de Genlis, de madame Cottin, dont il venait de lire *Claire d'Albe*, et de madame Staël. Il s'est fort arrêté sur cette dernière, et a répété en partie ce qu'on a déjà vu. Parlant de son exil, il disait : « Sa « demeure à Coppet était devenue un véritable arsenal contre moi ; on « venait s'y faire armer chevalier. Elle s'occupait à me susciter des en- « nemis, et me combattait elle-même. C'était tout à la fois Armide et « Clorinde. » Ensuite se résumant, ainsi que cela lui était ordinaire, il a conclu : « Et puis, en somme, il est vrai de dire que personne ne sau- « rait nier qu'après tout madame de Staël est une femme d'un très-grand « talent, fort distinguée, de beaucoup d'esprit : elle restera.

« Plus d'une fois autour de moi, et dans l'espoir de me ramener, on « a essayé de me faire entendre qu'elle était un adversaire redoutable, « et pourrait devenir une alliée utile. Il est sûr que, si elle m'eût adopté, « au lieu de me dénigrer, ainsi qu'elle l'a fait, j'y eusse pu gagner sans « doute, car sa position et son talent la faisaient régir les coteries ; et « l'on connaît toute leur influence à Paris. » Puis il a ajouté encore : « Et malgré tout le mal qu'elle a dit de moi, sans compter tout celui « qu'elle dira encore, je suis loin assurément de la croire, de la tenir « pour une méchante femme : tout bonnement c'est que nous nous som- « mes fait la petite guerre, et voilà tout. »

De là, passant à la foule d'écrivains déclamant contre lui, il a dit : « Je suis destiné à être leur pâture ; mais je redoute peu d'être leur vic- « time : ils mordront sur du granit. Ma mémoire se compose toute de « faits, et de simples paroles ne sauraient les détruire. Pour me com- « battre avec succès, il faudrait se présenter avec le poids de l'autorité « de faits à soi. Si le grand Frédéric, ou tout autre de sa trempe, se « mettait à écrire contre moi, ce serait autre chose ; il serait temps « alors de commencer à m'émouvoir peut-être ; mais quant à tous les « autres, quelque esprit qu'ils y mettent, ils ne tireront jamais qu'à « poudre. Je survivrai..., et quand ils voudront être beaux, ils me van- « teront. »

Soin des blessés aux armées ; le baron Larrey ; circonstance caractéristique.

Mardi 22 au mercredi 23

Le temps a été très-mauvais. L'Empereur, qui souffrait des dents, et dont une joue était fort enflée, n'a pu sortir ces deux jours. J'en ai passé la plus grande partie auprès de sa personne dans sa chambre ou le salon, dont il avait fait un lieu de promenade, en laissant ouvertes les portes de communication.

Dans les divers objets de sa conversation, une fois il m'a dit certaines choses qui lui étaient revenues, et qui me réjouissaient fort. Rien ne prouvait assurément l'affreux de notre situation comme le prix que j'attachais à cela. Mais tout se proportionne au cercle dans lequel on se trouve renfermé.

Dans un autre moment, l'Empereur regrettait d'être aussi paresseux sur l'anglais. Je lui disais qu'il en possédait à présent tout ce qui lui était nécessaire. Il lisait tous les ouvrages : il ne lui restait plus qu'à régulariser ; mais la règle et le compas étaient-ils bien faits pour lui ?

A la suite d'une foule d'objets, l'Empereur s'est arrêté sur le chirurgien baron Larrey, dont il a fait le plus grand éloge, disant qu'il avait laissé dans son esprit l'idée du véritable homme de bien ; qu'à la science il joignait au dernier degré toute la vertu d'une philanthropie effective : tous les blessés étaient de sa famille ; il n'était plus pour lui aucune considération dès qu'il s'agissait de ses hôpitaux. « Dans nos premières cam-
« pagnes républicaines, tant calomniées, disait l'Empereur, le départe-
« ment de la chirurgie éprouva la plus heureuse des révolutions, laquelle
« s'est répandue depuis dans toutes les armées de l'Europe ; or, c'est en
« grande partie à Larrey que l'humanité est endettée de ce bienfait.
« Aujourd'hui les chirurgiens partagent les périls des soldats ; c'est au
« milieu du feu même qu'ils venaient prodiguer leurs soins. Larrey a
« toute mon estime et ma reconnaissance, etc. »

N. B. Il paraît que cette impression si favorable éprouvée par Napoléon s'est évidemment retracée à son esprit dans ses derniers instants ; car il a consacré à M. Larrey un souvenir de sa main avec cette apostille si glorieuse : *L'homme le plus vertueux que j'aie rencontré.* A la lecture de ces lignes, j'ai bien pensé que quelque circonstance toute particulière avait déterminé un aussi magnifique témoignage, et voici ce que j'ai recueilli :

Après les batailles de Lutzen, Wurschen et Bautzen, Napoléon, victorieux, fit appeler le chirurgien Larrey pour connaître, suivant sa coutume, l'état et le nombre des blessés. Or, ils se trouvaient dans cet instant en proportion extraordinairement supérieure à d'autres temps et à d'autres actions. L'Empereur en fut surpris, et cherchait à en expliquer la cause. M. Larrey la trouvait, indépendamment des circonstances locales, dans la masse des soldats qui, voyant le feu pour la première fois, se trouvaient plus gauches dans leurs mouvements et moins adroits contre le péril. L'Empereur, peu satisfait et fort préoccupé de cette circonstance, questionna ailleurs ; et comme il se trouvait en ce moment bien des personnes fort lasses de la guerre, qui eussent désiré la paix à tout prix, et n'eussent été nullement fâchées d'y voir l'Empereur amené par force, soit calcul, soit conviction, il lui fut répondu que l'immensité des blessés ne devait point étonner ; que la grande partie l'était à la main, et que la blessure était de leur propre fait et pour n'avoir plus à se battre. Ce fut un coup de foudre pour l'Empereur ; il répéta ses informations, et reçut le même résultat ; il en était au désespoir. « S'il en était ainsi, s'écriait-il, malgré nos succès, notre position serait « sans remède ; elle livrerait la France pieds et poings liés aux barbares. » Et cherchant dans son esprit comment arrêter une telle contagion, il fit mettre à l'écart tous les blessés d'une certaine nature, nomma une commission de chirurgiens présidée par Larrey, pour constater leurs blessures, résolu de sévir d'une manière exemplaire contre ceux qui auraient eu la lâcheté de se mutiler eux-mêmes. M. Larrey, toujours opposé à l'idée de mutilation volontaire qui, selon lui, compromettait l'honneur de l'armée et celui de la nation, se présenta devant l'Empereur pour renouveler ses observations. Napoléon, irrité de son obstination, qu'on avait eu soin de faire ressortir encore, lui dit d'un front sévère : « Monsieur, vous « me ferez vos observations officiellement, allez remplir votre devoir. »

Le baron Larrey se mit aussitôt au travail, mais avec solennité ; et poursuivant les plus petits détails, il avançait lentement, tandis que divers motifs rendaient bien des gens impatients ; on savait que l'Empereur l'était beaucoup. On ne manqua pas même d'aller jusqu'à faire observer à M. Larrey que sa position était des plus délicates, périlleuse même : il demeura sourd et imperturbable. Enfin, au bout de quelques jours, il se rendit auprès de l'Empereur, insistant pour remettre lui-même son travail en personne. « Eh bien, Monsieur, lui dit l'Empereur, persistez-vous « toujours dans votre opinion ? — Je fais plus, Sire, je viens la prouver « à Votre Majesté : cette brave jeunesse était indignement calomniée ; je « viens de passer beaucoup de temps à l'examen le plus rigoureux, et je « n'ai pas trouvé un coupable ; il n'y a pas un de ces blessés qui n'ait son « procès-verbal individuel ; des ballots me suivent. Votre Majesté peut « en ordonner l'examen. » Cependant l'Empereur le considérait avec des regards sombres. « C'est bien, Monsieur, lui dit-il en saisissant son rap- « port avec une espèce de contraction ; je vais m'en occuper. » Et il se mit à marcher à grands pas dans son appartement d'un air agité et combattu ; puis, revenant bientôt à M. Larrey avec un visage tout à fait dégagé, il lui prend affectueusement la main, et lui dit d'une voix émue : « Adieu, monsieur Larrey, un souverain est bien heureux d'avoir affaire « à un homme tel que vous ! On vous portera mes ordres. » Et M. Larrey reçut le soir même, de la part de Napoléon, son portrait enrichi de diamants, 6,000 francs en or et une pension sur l'État de 3,000 francs, *sans exclusion*, est-il dit au décret, de toute autre récompense méritée par ses grades, son ancienneté et ses services futurs.

Un pareil trait est précieux pour l'histoire, en ce qu'il fait connaître un homme de bien qui n'hésite pas à défendre la vérité contre un monarque prévenu, irrité; et en ce qu'il fait ressortir toute la grande âme de celui-ci, dans le bonheur, la reconnaissance qu'il témoigne de se voir détrompé.

L'Empereur accepte mes quatre mille louis.

Jeudi 24

L'Empereur n'est pas sorti; il n'a demandé aucun de nous; il n'est pas venu dîner, ce qui nous a fait craindre qu'il fût malade. Après dix heures, comme je n'étais point encore couché, il m'a fait appeler. Il venait de se mettre au lit. Il m'a dit n'avoir pas quitté son canapé de la journée; il avait lu près de dix-huit heures. Il n'avait mangé qu'un peu de soupe; il ne souffrait que de ses dents. Je lui disais que nous avions craint que ce ne fût sérieux encore, qu'au chagrin de ne pas le voir se mêlait toujours l'inquiétude.

Plus tard il a traité notre situation pécuniaire. Il avait tenu son conseil le matin, disait-il plaisamment; on avait pesé l'argenterie, calculé ce qu'on devait en vendre. Cela devait nous faire aller encore quelque temps. Je lui ai renouvelé l'offre de mes 4,000 louis de Londres. Il a daigné enfin les accepter. « Ma situation est singulière, disait-il; je n'ai « nul doute que, si la communication était permise, et que chacun des « miens, ou même bien des étrangers, pussent soupçonner que j'eusse « des besoins, je serais bientôt riche ici en toutes choses; mais dois-je « être à charge à mes amis, en les exposant aux abus qu'en pourrait « faire le ministère anglais? J'ai demandé quelques livres, il me les a « fait parvenir avec toute l'incurie et la négligence d'un commissionnaire « infidèle. Il me réclame aujourd'hui 1,500 ou 2,000 livres sterling, « c'est-à-dire près de 50,000 francs pour des drogueries que j'eusse pu « me procurer moi-même à moins de 12,000 sans doute. N'en serait-il « pas de même de toute autre chose? En acceptant ce que vous m'of- « frez, cette ressource ne doit être employée qu'au strict nécessaire; « car, après tout, il faut vivre, et réellement nous ne vivons pas avec « ce qu'on nous fournit. Cent louis par mois seraient le léger supplément « qui pourrait rigoureusement y satisfaire. C'est là la somme et la « régularité surtout que vous devez demander et suivre. »

Tragédie d'Euripide dans son intégrité, commandée pour le théâtre de Saint-Cloud. — Maréchal Jourdan. Sur la guerre de Russie; vues et intentions de Napoléon. — Clef de la guerre de Russie; Rectifications judicieuses de Napoléon sur cette désastreuse expédition.

Vendredi 26.

J'ai été trouver l'Empereur à sa toilette. Le temps était supportable; il est sorti. Nous avons gagné le bois. Il se trouvait faible, il y avait dix jours qu'il n'avait mis les pieds dehors; les genoux lui manquaient, disait-il, et bientôt il serait obligé de s'appuyer sur moi.

Alors la calèche nous a atteints : elle était conduite à grandes guides par Archambault; il n'en pouvait être autrement depuis le départ de son frère. D'abord l'Empereur n'a pas voulu monter; il ne le croyait pas prudent au milieu de tous les tronçons d'arbres : il citait sa fameuse chute de Saint-Cloud; il voulait qu'un des valets anglais montât en postillon; mais Archambault protestait qu'il serait moins sûr qu'en menant seul : depuis le départ de son frère, il n'avait cessé, disait-il, de s'exercer au milieu de ces arbres, pour s'assurer qu'il pouvait répondre de lui. Alors l'Empereur est monté, et nous avons fait deux tours. En revenant, il a été visiter la demeure du grand maréchal, qu'il ne connaissait pas encore.

La soirée s'est terminée par la lecture de quelques passages de la *Médée* de Longepierre, que l'Empereur a interrompue pour la comparer à celle d'Euripide, qu'il s'est fait apporter. Il a dit à ce sujet qu'il avait commandé jadis qu'on lui donnât, sur le théâtre de la cour, une de ces pièces grecques dans son intégrité, en choisissant la meilleure traduction, et se rapprochant, du reste, le plus possible de l'original dans les manières, le costume, les formes, la décoration. Il ne se rappelait pas quelle circonstance, quel obstacle en avaient arrêté l'exécution.

Rentré dans sa chambre, et ne se trouvant pas disposé à dormir, il s'est jeté, après quelques tours, sur son canapé; il a ouvert un recueil ou espèce d'almanach politique qui se trouvait sous sa main : il est tombé sur la liste de nos maréchaux qu'il a passés en revue, les accompagnant de citations et d'anecdotes connues ou déjà dites. Arrivé au maréchal Jourdan, il s'y est arrêté assez longtemps; il a terminé, disant : « En voilà un que j'ai fort maltraité assurément. Rien de plus « naturel, sans doute, que de penser qu'il eût dû m'en vouloir beaucoup. « Eh bien ! j'ai appris, avec un vrai plaisir, qu'après ma chute il est demeuré constamment très-bien. Il a montré là cette élévation d'âme « qui honore et classe les gens. Du reste, c'est un vrai patriote ; c'est « une réponse à bien des choses. »

De là, passant à beaucoup d'autres objets, il s'est arrêté sur la guerre de Russie.

« Au surplus, a-t-il dit, à la suite de beaucoup d'antécédents, cette « guerre eût dû être la plus populaire des temps modernes : c'était celle « du bon sens et des vrais intérêts, celle du repos et de la sécurité de « tous; elle était purement pacifique et conservatrice, tout à fait européenne et continentale. Son succès allait consacrer une balance, des « combinaisons nouvelles, qui eussent fait disparaître les périls du « temps pour les remplacer par un avenir tranquille, et l'ambition n'en « trait pour rien dans mes vues. En relevant la Pologne, cette véritable clef de toute la voûte, j'accordais que ce fût un roi de Prusse, un « archiduc d'Autriche, ou tout autre qui en occupât le trône; je ne « prétendais rien acquérir, je ne me réservais que la gloire du bien,

« les bénédictions de l'avenir. Croirait-on que ce dût être là où j'é-
« chouerais et trouverais ma perte? Jamais je n'avais mieux fait, ja-
« mais je ne méritai davantage; mais, comme si l'opinion avait aussi
« ses épidémies, voilà qu'en un instant il n'y eut plus qu'un cri, qu'un
« sentiment contre moi : on me proclama le tyran des rois, moi qui
« avais retrempé leur existence. Je ne fus plus que le destructeur des
« droits des peuples, moi qui avais tant fait et qui allais tant entrepren-
« dre pour eux. Et les peuples et les rois, ces ennemis irréconciliables,
« se sont alliés, ont conspiré de concert contre moi! On n'a plus tenu
« aucun compte de tous les actes de ma vie! Je me disais bien que l'es-
« prit des peuples me serait revenu avec la victoire, mais je la manquai,
« et je me suis trouvé accablé. Voilà pourtant les hommes et mon his-
« toire! Mais les peuples et les rois, et peut-être tous les deux, me re-
« gretteront! Ma mémoire sera suffisamment vengée de l'injustice faite
« à ma personne, cela est indubitable.

« Du reste, on ne saura jamais bien l'histoire de la campagne de
« Russie, parce que les Russes n'écrivent pas ou écrivent sans aucun res-
« pect pour la vérité, et que les Français se sont pris d'une belle pas-
« sion pour déshonorer et discréditer eux-mêmes leur gloire. Assurément
« la campagne de Russie est la plus glorieuse, la plus difficile et la plus
« honorable pour les Gaulois, dont l'histoire ancienne et moderne fasse
« mention. » Et l'Empereur a distribué un juste et magnifique tribut
d'éloges à nos généraux et à nos braves, à Murat, Ney, Poniatowski,
qu'il faisait les héros de la journée de la Moskowa, aux valeureux cuirassiers qui forcèrent les redoutes en sabrant les canonniers sur leurs
pièces; aux braves artilleurs, qui luttèrent si décisivement avec tant
d'avantage, et à ces intrépides fantassins qui, au fort de la crise, au lieu
d'avoir besoin d'encouragement, crièrent à leur chef : *Sois tranquille,
tes soldats ont juré aujourd'hui de vaincre, et ils vaincront, etc., etc.*

Et il a terminé, disant : « Quelques parcelles de tant de gloire par-
« viendront-elles aux siècles à venir? ou le mensonge, la calomnie, le
« crime prévaudront-ils? » (*Dictées de Napoléon*, Bossange, t. II, p. 95.)

Rien de plus commun, au milieu des grands événements et avant que
le temps en ait consacré l'exactitude, que de voir *la vérité de la foule*
en opposition complète avec la vérité de l'histoire. C'est ainsi qu'il fut
généralement reçu dans le temps que Napoléon, dans son expédition de
Russie, s'est imprudemment lancé à la Charles XII au milieu d'un peuple ennemi, en dépit des vrais principes; qu'il s'y est laissé attirer par
une fuite simulée; qu'oubliant ou violant tous les principes de l'art, il

s'est séparé de ses magasins à une distance immense, a négligé de s'appuyer d'armée de réserve ; qu'il a résisté aux remontrances de ses généraux qui voulaient l'empêcher d'aller en avant ; qu'il a livré ses derrières et s'est vu couper ses communications et arrêter ses approvisionnements, ses convois, et s'est trouvé sans ressources, entouré d'une population hostile ; qu'il ne s'était pas ménagé de retraite et n'avait pu en effectuer ; qu'il s'était endormi à Moscou, n'avait pas su prévoir les rigueurs de la saison ; qu'il avait quitté l'armée quand il avait vu tout désespéré, et avait laissé périr la presque totalité de ses soldats, etc.

J'ai trouvé curieux de reproduire ici le sommaire des notes éparses dictées par Napoléon lui-même, à la lecture d'un ouvrage où s'accumulaient tous ces reproches. Les lecteurs, pour le plus grand nombre, j'en suis sûr, y trouveront des choses neuves, sans doute, et bien éloignées des idées qu'ils avaient entretenues jusque-là ; le tout est tiré des *Dictées de Napoléon,* tome II, pages 57 et 97.

« Dans la campagne de Russie, les magasins de l'armée n'étaient pas,
« sur la Vistule, à cinquante jours de marche de Moscou : ceux de pre-
« mière ligne étaient à Smolensk, à dix jours de marche de Moscou ;
« ceux de seconde ligne, à Minsk et à Wilna, à huit jours de marche de
« Smolensk ; ceux de troisième, à Kowno, Grodno et Bialistok ; ceux de
« quatrième ligne, à Elbing, à Marienwerder, à Thorn, à Plock, à Modlin,
« à Varsovie ; ceux de cinquième ligne, à Dantzick, à Bamberg, à Posen ;
« ceux de sixième ligne, à Stettin, à Custrin, à Glogau.

« Sur quatre cent mille hommes qui passèrent le Niémen, deux cent
« quarante mille hommes restèrent en réserve, entre ce fleuve et le Bo-
« risthène, cent soixante mille passèrent Smolensk et marchèrent sur
« Moscou : sur ces cent soixante mille hommes, quarante mille restè-
« rent échelonnés entre Smolensk et Mojaïsk. La retraite était donc
« toute naturelle sur la Pologne.

« Aucun général n'a représenté à Napoléon la nécessité de s'arrêter
« sur la Bérézina ; tous sentaient que, maître de Moscou, il terminerait
« la guerre.

« Jusqu'à Smolensk, il manœuvrait sur un pays aussi bien disposé
« que la France même ; la population, les autorités étaient pour lui : il
« pouvait y lever des hommes, des chevaux, des vivres ; et Smolensk est
« une place forte.

« Rien de plus différent que les deux expéditions de Charles XII et
« de Napoléon. Charles XII sacrifia sa ligne d'opération, et prêta durant
« quatre cents lieues le flanc à l'ennemi ; dans son expédition tous les

« principes de la guerre offensive avaient été violés ; ils furent tous
« observés dans celle de Napoléon.

« Dans sa marche sur Moscou, il n'a jamais eu l'ennemi sur ses der-
« rières ; pas un malade, un homme isolé, pas une estafette, pas un
« convoi n'ont été enlevés depuis Mayence jusqu'à Moscou ; on n'a pas
« été un jour sans recevoir des nouvelles de France ; Paris n'a pas été
« un jour sans recevoir des lettres de l'armée ; pas une maison de
« station retranchée (il y en avait à toutes les postes) n'a été attaquée.

« Les convois d'artillerie et d'équipages militaires arrivèrent sans
« accident : on a tiré à la bataille de Smolensk plus de soixante mille
« coups de canon, cent vingt mille à la bataille de la Moskowa ; la con-
« sommation a été considérable dans les petits combats, et cependant
« en partant de Moscou chaque pièce était approvisionnée à trois cent
« cinquante coups.

« La marche de l'armée, au sortir de Moscou, ne doit pas s'appeler
« une retraite, puisque cette armée était victorieuse, et qu'elle eût pu
« marcher également sur Saint-Pétersbourg, sur Kalouga ou sur Toula,
« que Kutusow eût en vain essayé de couvrir. L'armée ne se retira pas
« sur Smolensk, parce qu'elle était battue, mais pour hiverner en Po-
« logne et marcher au printemps sur Saint-Pétersbourg. Si l'on eût été
« en été, ni l'armée de l'amiral Tchitchagow ni celle de Kutusow eussent
« osé approcher de l'armée française de dix journées, sous peine d'être
« détruite tout de suite. La cour craignait tellement que l'on marchât
« sur Saint-Pétersbourg, qu'elle avait fait évacuer sur Londres ses ar-
« chives et ses trésors les plus précieux, et qu'elle appela de Podolie
« l'armée de l'amiral Tchitchagow pour couvrir cette capitale. Si Mos-
« cou n'eût pas été incendiée, l'empereur Alexandre eût été contraint à
« la paix. Après l'embrasement de Moscou, si les grands froids n'avaient
« pas commencé quinze jours plus tôt qu'à l'ordinaire, l'armée fût
« revenue sans perte à Smolensk, où elle n'aurait eu rien à redouter
« des armées russes, battues à la Moskowa, à Maloï-Jaroslawitz ; elles
« avaient trop grand besoin de repos.

« On savait bien qu'il faisait froid en décembre et janvier ; mais on
« avait lieu de croire, par le relevé de la température des vingt années
« précédentes, que le thermomètre ne descendrait pas au-dessous de dix
« degrés de glace pendant novembre ; il n'a manqué à l'armée que trois
« jours pour achever sa retraite en bon ordre ; mais dans ces trois
« jours elle perdit trente mille chevaux. Par l'événement, on pourrait
« donc reprocher à Napoléon d'être resté quatre jours de trop à Mos-

« cou; mais il y fut déterminé par des raisons politiques : il croyait
« avoir le temps de retourner en Pologne; les automnes sont très-pro-
« longés dans le Nord.

« L'armée, en quittant Moscou, emporta pour vingt jours de vivres ;
« c'était plus qu'il ne lui fallait pour arriver à Smolensk, où elle eût pu
« en prendre en abondance pour gagner Minsk et Wilna; mais tous les
« attelages des convois et la majorité des chevaux de l'artillerie et de la
« cavalerie périrent ; tous les services de l'armée furent désorganisés ;
« ce ne fut plus une armée; il devint impossible de prendre position avant
« Wilna : les corps du prince de Schwartzemberg et du général Reynier,
« qui étaient sur la Vistule, au lieu d'appuyer sur Minsk, comme ils le
« devaient, se retirèrent sur Varsovie, abandonnant ainsi l'armée. S'ils
« se fussent portés sur Minsk, ils y eussent été joints par la division de
« Dombrowski, qui, seule, ne put défendre Bourischow, ce qui permit
« à l'amiral Tchitchagow de l'occuper; le projet de l'amiral n'était pas
« de prendre position de la Bérézina, mais de se porter sur la Dwina
« pour couvrir Saint-Pétersbourg. C'est par cette circonstance fortuite
« que le duc de Reggio le rencontra, le battit et le rejeta sur la rive
« droite de la Bérézina. Tchitchagow fut battu de nouveau après le pas-

« sage de la Bérézina ; les cuirassiers Doumerc lui prirent dix-huit cents
« hommes dans une charge.

« A deux journées de Wilna, lorsque l'armée n'avait plus de dangers
« à courir, Napoléon jugea que l'urgence des circonstances exigeait sa
« présence à Paris; là seulement il pouvait en imposer à la Prusse et à
« l'Autriche. S'il tardait à s'y rendre, le passage lui serait peut-être fermé.
« Il laissa l'armée au roi de Naples et au prince de Neufchâtel. La garde
« était alors entière, et l'armée avait plus de quatre-vingt mille com-
« battants sans compter le corps du duc de Tarente, qui était sur la
« Dwina. L'armée russe, tout compris, était réduite à cinquante mille
« hommes. Les farines, les biscuits, les vins, les viandes, les légumes
« secs, les fourrages étaient en abondance à Wilna. D'après le rapport
« de la situation des vivres, présenté à Napoléon à son passage en cette
« ville, il y restait alors quatre millions de rations de farine, trois mil-
« lions six cent mille rations de viande, neuf millions de rations de vin
« et eau-de-vie; des magasins considérables d'effets, d'habillements et
« de munitions avaient également été formés. Si Napoléon fût resté à
« l'armée ou qu'il eût donné le commandement au prince Eugène, elle
« n'aurait jamais dépassé Wilna; un corps de réserve était à Varso-
« vie, un autre à Kœnigsberg; mais on s'en laissa imposer par quelques
« Cosaques; on évacua en désordre Wilna dans la nuit. C'est de cette

« époque surtout que datent les grandes pertes de cette campagne; et

« c'est un des malheurs des circonstances que cette obligation où se trou-
« vait Napoléon, dans les grandes crises, d'être à la fois à l'armée et à
« Paris : rien n'était et ne pouvait être moins prévu par lui que la con-
« duite insensée que l'on tint à Wilna.

« Dans cette malheureuse campagne, nos pertes furent considérables
« sans doute, mais non pas telles qu'on se l'imagine. Des quatre cent
« mille hommes qui passèrent la Vistule, la moitié était Autrichiens,
« Prussiens, Saxons, Polonais, Bavarois, Wurtembergeois, Bergeois,
« Badois, Hessois, Westphaliens, Mecklenbourgeois, Espagnols, Ita-
« liens, Napolitains. L'armée impériale, proprement dite, était pour
« un tiers composée de Hollandais, Belges, habitants des bords du Rhin,
« Piémontais, Suisses, Génois, Toscans, Romains, habitants de la 32e di-
« vision militaire, Brême, Hambourg, etc.; elle comptait à peine cent
« quarante mille hommes parlant français. L'expédition de Russie
« coûta moins de cinquante mille hommes à la France actuelle; l'armée
« russe, dans la retraite de Wilna à Moscou, dans les différentes ba-
« tailles, a perdu quatre fois plus que l'armée française; l'incendie de
« Moscou a coûté la vie à cent mille Russes, morts de froid et de mi-
« sère dans les bois; enfin, dans sa marche de Moscou à l'Oder, l'ar-
« mée russe fut aussi atteinte par l'intempérie de la saison; elle ne
« comptait, à son arrivée à Wilna, que cinquante mille hommes, et à
« Kalisch moins de dix-huit mille : on peut avancer que la perte de la
« Russie dans cette campagne a été six fois plus grande que celle de la
« France d'aujourd'hui. »

Certes, voilà bien des détails et des circonstances qui surprendront
beaucoup sans doute le plus grand nombre de lecteurs, et l'on ne saurait les révoquer en doute; car, en s'exprimant avec solennité et d'une
manière aussi positive, Napoléon n'ignorait pas, dans l'intérêt de sa
gloire, que des documents officiels existaient dans les dépôts publics
pour appuyer ou démentir authentiquement ses assertions.

Fluxion violente. — Anecdotes intérieures et domestiques.

Samedi 26.

On disait l'Empereur fort souffrant. Il m'a fait demander dans sa
chambre. Je l'ai trouvé la tête empaquetée d'un mouchoir, dans son
fauteuil, fort près d'un grand feu qu'il s'était fait allumer. « Quel est
« le mal le plus vif, la douleur la plus aiguë? » demandait-il. Je répondais que c'était toujours celle du moment. « Eh bien! c'est donc le mal

« de dents, » m'a-t-il dit. En effet, il avait une violente fluxion : sa joue droite était enflée et fort rouge. J'étais seul en ce moment auprès de lui ; je me suis mis à lui chauffer alternativement une flanelle et une serviette qu'il appliquait tour à tour sur la partie souffrante, et il disait en ressentir beaucoup de bien. A ceci se joignait encore une forte toux nerveuse, des bâillements et un frisson, présage de la fièvre.

« Ce que c'est que l'homme, pourtant, disait-il, la moindre fibre atta-
« quée suffit pour le déranger entièrement. D'un autre côté, en dépit
« de tous les maux, il faut parfois l'assommer si l'on veut qu'il finisse.
« Quelle singulière machine ! Et j'ai peut-être trente ans encore à être
« enfermé dans cette triste enveloppe ! »

Il attribuait sa fluxion à sa dernière sortie, au grand air qui l'affectait singulièrement. « La nature est toujours le meilleur conseiller, disait-il ;
« je suis sorti malgré moi, en dépit de mon instinct, et seulement pour
« obéir à la raison. »

Le docteur est arrivé, et lui a trouvé un commencement de fièvre. L'Empereur a passé de la sorte tout le reste du jour, souffrant par moment des douleurs très-aiguës, allant alors et revenant alternativement de son fauteuil à son canapé ; et remplissant les intervalles de souffrances à causer d'objets divers.

Un moment il s'est arrêté sur des vilenies commises autour de lui lors de sa puissance. Un ménage des Tuileries, que dans le temps il avait comblé, disait-il, et qui, par parenthèse, lors de la catastrophe, s'était montré fort mauvais, avait été pris en faute, un jour, par lui en personne. Il se contenta de leur reprocher leurs torts au lieu de les en punir. Qu'était-il arrivé ? ajoutait-il, c'est qu'il n'avait fait que les irriter, sans donner un exemple de justice. « Et voilà ce que c'est, remar-
« quait-il, que de faire les choses à demi, on y perd toujours. Il ne faut
« pas voir, ou, si l'on a voulu voir, il faut savoir prononcer, etc. »

Citant ensuite une femme fort avantageusement placée, ainsi que son mari, et qui lui parlait sans cesse de son dénûment : « Elle m'écrivait
« souvent, disait-il, pour me demander de l'argent, comme si elle eût eu
« des droits sur moi ; comme aurait pu faire madame Bertrand revenue
« de Sainte-Hélène, ou l'un de vous autres, etc. »

Mentionnant encore quelqu'un qui avait été des plus coupables envers lui en 1814, il disait : « Et vous croyez peut-être qu'il aura fui à mon
« retour ? Non, j'en ai été obsédé. Il convenait sans embarras d'un en-
« gouement passager pour les Bourbons dont on avait été bien puni,
« m'assurait-il ; ce qui n'avait fait que retremper, du reste, l'affection

« naturelle que chacun me portait à tant et de si justes titres!!! Je le
« repoussai. Et il est à croire qu'en cet instant il est à leurs pieds, et
« leur dit, comme de raison, des horreurs de moi... Pauvre humanité!
« toujours et partout la même!... »

Enfin il citait, et toujours de la part de ceux qu'il avait comblés, une intrigue fort vilaine auprès de l'impératrice Joséphine, qu'on voulait porter, pour s'en faire un mérite ailleurs sans doute, et sous prétexte de lui assurer, disait-on, son séjour et son repos en France, à signer une lettre qui ne pouvait que l'avilir. On lui faisait écrire au roi qu'elle ne savait ce qu'elle était, ce qu'elle avait été; qu'elle le priait de fixer son existence, etc., etc. L'impératrice pleura beaucoup, résista, demanda du temps, et consulta l'empereur Alexandre, qui lui dit qu'une pareille lettre serait son opprobre; qu'elle envoyât promener les intrigants et les entremetteurs; qu'il était sûr qu'on ne lui demandait rien de pareil, que personne ne songeait à la faire sortir de France ni à troubler son repos, et qu'au besoin il se porterait pour son répondant, etc., etc.

Sur le soir, la douleur s'est apaisée, et l'Empereur a pu s'endormir; il avait dû beaucoup souffrir; toute sa physionomie montrait une extrême altération.

Les souffrances continuent.—Immoralité, vice le plus funeste dans le souverain.—Résumé consolant de Napoléon sur la moralité de notre avenir.

Dimanche 27

L'Empereur a passé tout le jour sur son canapé ou son fauteuil, près du feu. Il avait peu dormi, souffrait comme hier, et n'avait pas mangé. Ses douleurs de tête et de dents étaient extrêmement vives; la fluxion n'avait nullement diminué. Il a repris l'usage de la flanelle et des serviettes chaudes de la veille, qu'il m'a dit, en me revoyant, lui avoir fait hier tant de bien. Je me suis mis à les chauffer et à les lui appliquer de nouveau; il s'en montrait touché, laissait parfois son bras sur mon épaule me répétant souvent : « Mon cher, vous me faites du bien! » La douleur s'étant calmée, il a sommeillé quelques instants; puis rouvrant les yeux : « Ai-je dormi longtemps? m'a-t-il dit; vous êtes-vous bien
« ennuyé? » Et il m'appelait alors *son frère hospitalier, le chevalier de Malte de Sainte-Hélène*. La douleur ayant repris plus vivement que jamais, il a fait venir le docteur, qui lui a trouvé de la fièvre; le froid de la veille lui était revenu, il s'est vu forcé de se rapprocher du feu.

Toute la soirée a été de même. Sur les sept heures, il a parlé de se coucher; et, ne voulant pas manger, il s'est fait lui-même de l'eau panée, dans laquelle il mettait du sucre, de la fleur d'oranger et du pain que lui faisait griller son valet de chambre.

A travers bien des sujets perdus, voici quelques mots recueillis sur l'immoralité. « L'immoralité, disait l'Empereur, est, sans contredit, la
« disposition la plus funeste qui puisse se trouver dans le souverain, en
« ce qu'il la met aussitôt à la mode, qu'on s'en fait honneur pour lui
« plaire, qu'elle fortifie tous les vices, entame toutes les vertus, infecte
« toute la société comme une véritable peste; c'est le fléau d'une na-
« tion. La morale publique, au contraire, ajoutait-il, est le complément
« naturel de toutes les lois : elle est à elle seule tout un code. » Et il prononçait que la révolution, en dépit de toutes ses horreurs, n'en avait pas moins été la vraie cause de la régénération de nos mœurs, « comme
« les plus sales fumiers provoquent la plus noble végétation. » Et il n'hésitait pas à dire que son administration serait une ère mémorable du retour à la morale. « Nous y courions, disait-il, les voiles pleines ; nul
« doute que les catastrophes qui ont suivi feront tout rebrousser; car,
« au milieu de tant de vicissitudes et de désordres, le moyen qu'on ré-
« siste aux tentations de tout genre, aux appâts de l'intrigue, à la cupi-
« dité, aux suggestions de la vénalité! Toutefois on pourra bien arrêter,
« comprimer le mouvement ascendant d'amélioration, mais non le dé-
« truire; car la moralité publique est du domaine spécial de la raison
« et des lumières : elle est le résultat naturel, et l'on ne saurait plus
« faire rétrograder celle-ci. Pour reproduire les scandales et les turpi-
« tudes des temps passés, la consécration des doubles adultères, le liber-
« tinage de la régence, les débauches du règne qui a suivi, il faudrait
« reproduire aussi toutes les circonstances d'alors, ce qui est impossi-
« ble ; il faudrait ramener l'oisiveté absolue de la première classe, qui
« ne pouvait avoir d'autre occupation que les rapports licencieux des
« sexes; il faudrait détruire dans la classe moyenne ce ferment indus-
« triel qui agite aujourd'hui toutes les imaginations, agrandit toutes les
« idées, élève toutes les âmes ; il faudrait enfin replonger les dernières
« classes dans cet avilissement et cette dégradation qui les réduisaient
« à n'être que de véritables bêtes de somme; or tout cela est désor-
« mais impossible. Les mœurs publiques sont donc en hausse, et
« l'on peut prédire qu'elles s'amélioreront graduellement par tout le
« globe, etc. »

Sur les neuf heures, et déjà au lit, l'Empereur a demandé qu'on fît entrer tout le monde dans sa chambre. Le grand maréchal et sa femme étaient du nombre. Il nous a gardés une demi-heure, causant, ses rideaux fermés.

L'Empereur, toujours souffrant, manque de médicaments. — Madame de Montesson.

Lundi 28.

Je souffrais beaucoup à mon réveil : j'ai voulu mettre les pieds dans l'eau : impossible de m'en procurer. Je ne cite ceci que pour que l'on comprenne, si l'on peut, notre véritable situation à Longwood. L'eau en général y est assez rare; mais depuis quelque temps cette rareté a singulièrement augmenté, et c'est une grande affaire aujourd'hui que de pouvoir procurer un bain à l'Empereur. Nous ne sommes pas mieux sous tous les autres rapports de secours médical : hier le docteur parlait, devant l'Empereur, de drogues, d'instruments, de remèdes nécessaires; mais à chacun d'eux il ajoutait : « Malheureusement il n'y en a « point dans l'île. — Mais, lui dit l'Empereur, en nous envoyant ici « on a donc pris l'engagement que nous nous porterions bien, et tou- « jours? » En effet, les plus petites choses et les plus nécessaires manquent. L'Empereur, pour faire bassiner son lit, n'a trouvé d'autre moyen que de faire percer une de ces grandes boules d'argent dont on se sert pour tenir les plats chauds à table, et d'y faire introduire des charbons. Depuis deux nuits il sent inutilement le besoin d'esprit-de-vin qui pût lui tenir chaude quelque boisson nécessaire, etc.

L'Empereur a continué de souffrir tout le jour; sa joue demeurait très-enflée, mais la douleur était moins vive.

L'Empereur s'est vu forcé, comme hier, de se mettre au lit de bonne heure. Il devait avoir de la fièvre, car il souffrait du froid. Il n'avait mangé qu'une soupe depuis la veille, et se sentait des dispositions à des étourdissements. Il trouvait son lit mal fait, les couvertures mal arrangées; rien n'allait, disait-il; et il a essayé de faire raccommoder le tout tant bien que mal, remarquant à ce sujet que tout ce qui l'entourait n'était calculé que sur sa bonne santé, et que chacun se trouverait sans expérience et sans doute bien gauche, s'il venait jamais à être sérieusement malade, etc.

Il s'est fait faire du thé de feuilles d'oranger, qu'il a dû attendre longtemps : ce qu'il a fait avec une patience dont je n'eusse certainement pas été capable.

Il a causé, étant au lit, de ses premières années de Brienne, du duc d'Orléans, de madame de Montesson, qu'il se rappelait d'y avoir vus, de la famille de Nogent, de celle de Brienne, liées aux détails de ses premières années, etc.

« Une fois à la tête du gouvernement, disait Napoléon, madame de « Montesson m'avait fait demander à pouvoir prendre le titre de du- « chesse d'Orléans, ce qui m'avait paru extrêmement ridicule. » L'Empereur ne la croyait que maîtresse du prince. Je l'assurai qu'elle avait été bien mariée avec le consentement de Louis XV, et que je croyais être certain que depuis la mort de son époux, elle prenait, dans tous les actes, le titre de douairière d'Orléans. L'Empereur disait avoir ignoré cette circonstance. « Mais encore, dans ce cas, observait-il, qu'avait « à dire et à faire le Premier Consul ? Aussi était-ce toujours là ma « réponse aux intéressés, qui en étaient peu satisfaits. Mais devais-je « prendre tout aussitôt les irrégularités et les ridicules de la vieille « école? etc. »

L'Empereur continue d'être souffrant. — Circonstances caractéristiques.

Mardi 29

A cinq heures, j'ai trouvé l'Empereur les pieds dans l'eau, souffrant encore violemment de la tête. Cependant ce demi-bain lui a fait du bien. Il s'est remis sur son canapé. Apercevant sur sa commode quelques pâtisseries ou espèces de sucreries qui semblaient y avoir été oubliées, il m'a dit de lui en apporter; et comme il voyait mon embarras et mon hésitation, cherchant vainement le moyen de pouvoir les lui présenter avec convenance : « Bah ! mon cher, avec la main, m'a-t-il dit, tout

« bonnement avec la main, plus de cérémonies, plus de façons entre
« nous; nous devons désormais demeurer à la gamelle l'un pour l'au-
« tre. » Voilà une fort petite circonstance sans doute, mais qui pourtant
rendra bien mieux, aux yeux de plusieurs, la tournure d'esprit, le caractère, les dispositions de l'âme, la véritable pensée, que ne saurait le
faire une foule de paroles; car il est des esprits judicieux et observa-
teurs qui savent apercevoir et déduire, lorsque beaucoup d'autres n'ont
pas même soupçonné; aussi c'est ce qui va me faire replacer ici ce que
j'avais repoussé ailleurs, dans la crainte que ce ne fût jugé insignifiant,
ou du moins inutile.

Je dois avoir dit que, dans la familiarité de son petit intérieur, l'Empereur passait volontiers en revue, vis-à-vis de moi, tous les titres. Ah!
bonjour, *Monseigneur*. Comment se porte votre *Excellence*? que dit aujourd'hui votre *Seigneurie*? etc., etc. Or, un soir, me rendant au salon
dont l'huissier allait m'ouvrir la porte, celle de l'Empereur, qui en est
voisine, s'ouvrit; il s'y rendait précisément aussi. M'étant rangé pour
son passage, lui, en distraction sans doute, s'arrêta pour me prendre
l'oreille, ajoutant gracieusement : « Que faisait là *Votre Majesté?* »
Mais ce mot ne fut pas plutôt lâché, que mon oreille le fut aussi. Sa figure devint tout autre, et il se crut obligé de me parler gravement
d'autre chose. Ce n'est pas que je n'eusse appris près de lui à ne pas
avoir entendu au besoin; mais, n'importe, il s'en voulait évidemment
d'avoir laissé échapper cette qualification : toutes les autres pouvaient
lui paraître des plaisanteries; mais il ne semblait pas en être de même
de celle-ci, soit par sa nature spéciale, soit par nos circonstances présentes ou autrement, que sais-je? du reste, chacun conjecturera ce qui
lui plaira; seulement je raconte le fait.

Chaque jour de réclusion. — Anecdote pour mémoire non payé. — Sur l'impopularité.

Mercredi 30

L'Empereur aujourd'hui n'a pas été mieux. Il a eu, à l'heure accoutumée, son léger accès de fièvre. Sur le soir, le docteur est arrivé; il
portait plusieurs gargarismes innocents, disait-il; mais il n'en a pas
moins eu de peine à en trouver l'emploi. L'Empereur avait beaucoup
de boutons sur les lèvres, dans la bouche et jusque dans le gosier; il
avait beaucoup de peine à avaler, même à parler, disait-il. On n'a pu
trouver, pour son usage, de l'huile supportable : elle est horrible, et
il est fort délicat.

L'Empereur, dans la conversation du jour, parlant des dépenses, du

gaspillage et des dettes permanentes de Joséphine, en est arrivé à raconter qu'il s'était vu lui-même, lui, l'homme le plus régulier qui existât, l'objet d'un esclandre fort désagréable à Saint-Cloud. « Étant dans ma
« calèche, disait-il, l'impératrice Marie-Louise à mes côtés, et au milieu
« d'un concours immense de peuple, je m'étais vu interpellé tout à coup
« à la façon de l'Orient, comme eût pu l'être le sultan se rendant à la
« mosquée, par un homme qui avait travaillé pour ma personne, et ré-
« clamait une somme considérable dont on lui refusait le payement de-
« puis longtemps. Et il se trouva que c'était juste, remarquait Napoléon ;
« mais j'étais en règle ; j'avais payé, et depuis longtemps ; aussi l'inter-
« médiaire seul était coupable, etc. »

Dans un autre moment, à la suite de l'impopularité dont, disait-il, il avait fini par être l'objet, comme je revenais à lui témoigner mon étonnement de ce qu'il n'avait pas cherché quelque moyen de faire contreminer les libelles, et de rappeler l'opinion qu'on lui enlevait, il a répondu avec une sorte d'inspiration : « J'avais, ma foi, des vues bien au-
« trement larges que celles d'aller m'occuper de flagorner ou de ménager
« une petite multitude, quelques coteries ou nuances de sectes ; non, il
« fallait me laisser revenir victorieux de Moscou, et l'on eût vu bientôt,
« non-seulement tous ces gens-là, non-seulement toute la France, mais
« encore le monde entier me revenir, m'admirer et me bénir. Il ne
« m'eût plus fallu que disparaître par hasard au sein du mystère, et le
« vulgaire eût renouvelé pour moi la fable de Romulus, il eût dit que je
« m'étais enlevé au ciel pour aller prendre ma place parmi les dieux !... »

L'Empereur viole, dit-il, les règles de la médecine. — C'est lui qui, le premier, nous appelle la grande nation. — Il a commandé toute sa vie.

Jeudi 31.

Le temps s'était mis au beau ; la température aujourd'hui était délicieuse. Il y avait six jours que l'Empereur gardait la chambre ; fatigué de la monotonie de son mal, il a résolu de violer, disait-il, la loi du docteur. Il est sorti ; mais il se sentait si faible, qu'il pouvait à peine marcher. Il a fait demander la calèche, et nous avons fait un tour. Il était triste et silencieux. Il souffrait beaucoup, surtout des boutons qui couvraient ses lèvres.

Peu après son retour, il m'a fait demander dans sa chambre. La promenade l'avait encore abattu. Il se sentait très-faible et fort disposé à l'assoupissement. Je l'ai déterminé à manger un peu ; il a fini par un verre de vin de liqueur, et il est convenu qu'il en était réveillé, et se trouvait beaucoup mieux. Il s'est mis à causer.

« En mettant le pied en Italie, disait-il, j'ai changé les mœurs, les « sentiments, le langage de notre révolution. Je n'ai point fusillé les « émigrés, j'ai secouru les prêtres, j'ai abrogé les institutions, les fêtes « qui nous déshonoraient. Et en cela je n'étais point guidé par mon ca- « price, mais bien par la raison et l'équité, ces deux bases premières de « la haute politique. Par exemple, m'a-t-il dit, si la fête de la mort du « roi se fût toujours continuée, vous n'auriez pas eu l'occasion de pou- « voir vous rallier jamais, etc., etc. »

L'Empereur disait avoir été celui qui le premier avait salué la France du nom de *la grande nation*... « Et certes, remarquait-il, je l'ai montrée « telle au monde abattu devant elle. »

Et après un léger intervalle, il a repris : « Et elle le sera encore et le « demeurera toujours, si son caractère national redevient en harmonie « avec tous ses avantages physiques et ses moyens moraux, etc., etc. »

Dans un autre moment, parlant de l'un de nous qu'il aimait beaucoup, il disait : « C'est le caractère *de la vache*; doux et tranquille pour toutes « choses, excepté sur l'article de ses enfants ; dès qu'on touche à ceux-ci, « aussitôt les cornes en avant : on pourrait le rendre furieux, etc. »

Parlant d'un autre qui avait passé trente ans, et qu'il accusait d'être trop jeune encore, il disait : « A cet âge, pourtant, j'avais fait toutes mes « conquêtes, je gouvernais le monde ; j'avais apaisé la tempête, fondu « les partis, rallié une nation, créé un gouvernement, un empire ; il ne « me manquait que le titre d'empereur. » Et continuant sur ce sujet, il disait : « J'ai été gâté, il faut en convenir, j'ai toujours commandé ; dès « mon entrée dans la vie, je me suis trouvé nanti de la puissance, et les « circonstances et ma force ont été telles, que dès que j'ai eu le com- « mandement, je n'ai plus reconnu ni maîtres ni lois. »

Résumé de juillet, août, septembre, octobre. — De l'ouvrage de M. O'Méara; procès qui lui est intenté en ce moment par sir Hudson Lowe. — Quelques mots en défense du MEMORIAL.

Le résumé habituel ne saurait être long désormais ; trois phrases à la rigueur pourraient suffire :

Tourments au comble. — Réclusion absolue. — Destruction infaillible.

Le reste de la vie de Napoléon ne sera plus qu'une cruelle et longue agonie.

On a vu que l'arrivée du nouveau gouverneur avait été pour nous le signal d'une sinistre existence. Peu de jours avaient suffi pour dérouler ses dispositions malfaisantes. Bientôt les tourments, les outrages dont il se dit l'intermédiaire, ou qu'il créa lui-même, furent au comble : il frappa de terreur les habitants à notre égard ; il accumula sur nous les vexations les plus ridicules ; il nous défendit d'écrire, sans le lui avoir communiqué, à ceux mêmes auxquels il ne nous interdisait pas de parler librement ; il invita à dîner chez lui le *général Bonaparte* pour le faire voir à une dame de distinction qui s'y trouvait en passant ; il arrêta lui-même un de nos domestiques, etc.

Il produit une dépêche à l'aide de laquelle il veut forcer l'Empereur à descendre, disait Napoléon, dans la fange de ses besoins pour les discuter vis-à-vis de lui ; il le harcèle pour fournir un argent qu'il n'a pas, et le conduit, à force de réduction sur le strict nécessaire, à briser et vendre son argenterie, dont lui, le gouverneur, fixe d'autorité le taux et l'acheteur. Il nous taxe ridiculement à une bouteille de vin par tête, l'Empereur compris !..... « Il marchande notre existence ; il m'envie l'air « que je respire, » disait l'Empereur. Et ce qu'il nous envoie pour notre subsistance se trouve parfois et souvent de telle nature, que nous sommes réduits à en emprunter au camp voisin ! ! ! etc.

Il tend un piége à Napoléon, se faisant une joie de l'espoir de lui transmettre, en personne et avec pompe, une communication qu'il appelle ministérielle, et qui se trouve tellement brutale qu'il refuse d'en laisser copie. Il signifie à l'Empereur les règlements les plus extravagants ; il resserre capricieusement et ironiquement son enceinte habituelle, lui prescrit la trace de ses pas, et va jusqu'à lui vouloir fixer la nature de ses conversations et l'étendue de ses paroles ; il creuse des fossés autour de nous, nous entoure de palissades, élève des redoutes ; il nous oblige, pour pouvoir demeurer auprès de l'Empereur, à signer individuellement que nous nous soumettons à toutes ces choses ; il se sert de nos propres mains pour le dégrader, en nous forçant de le qualifier simplement *Bonaparte*, sous peine de nous arracher immédiatement d'auprès de lui, et de nous déporter sur-le-champ ! etc.

L'Empereur, poussé à bout par d'aussi ignobles traitements et d'aussi gratuites méchancetés, s'en explique sans réserve vis-à-vis de sir Hudson Lowe lui-même. Ses paroles ne ménagent plus rien, il se délivre pour toujours de son odieuse vue, et prononce qu'il ne le reverra jamais. « Le plus mauvais procédé des ministres anglais n'est plus désormais de « m'avoir envoyé ici, lui a-t-il dit, mais bien de m'avoir placé dans vos « mains... Je me plaignais de l'amiral, votre prédécesseur, mais du moins « il avait un cœur !... Vous déshonorez votre nation, et votre nom restera « une flétrissure !... » — « Ce gouverneur n'a rien d'anglais, nous répétait- « il souvent, ce n'est qu'un mauvais sbire de Sicile..... Je me plaignais

« d'abord qu'on m'eût envoyé un geôlier, mais aujourd'hui je prononce
« que c'est un bourreau, etc. »

Je consacre ces mots, et je pourrais en consacrer bien d'autres, quelque peu bienséants qu'ils puissent être : 1° parce que je les ai entendus ; 2° parce que Napoléon les a dits à sir Hudson Lowe lui-même, ou les lui a fait transmettre ; 3° enfin parce qu'ils ont été mérités, tant ce gouverneur, au grand scandale des Anglais mêmes, qui, sur les lieux, en témoignaient leur profond dégoût, a abusé arbitrairement, oppressivement et brutalement d'un pouvoir qu'il avait à exercer au nom d'une nation si éminemment recommandable par tout le globe, au nom d'un prince si généralement considéré en Europe, enfin au nom d'un ministère au sein duquel se trouvaient encore quelques gens d'honneur personnellement connus par leur modération et leurs belles manières.

Les attaques sur Napoléon étaient incessantes, les tourments de tous les instants. Il ne se passait pas de jour sans nouvelles blessures ; et alors on put dire que se trouvait comme réalisé un des supplices de la fable.

Ah ! si jamais, dans cette époque de deuil pour tant de cœurs généreux, le génie de l'Europe, celui de la vérité, celui de l'histoire se sont tournés même involontairement vers Sainte-Hélène sur le grand Napoléon, s'ils l'ont cherché dans cette île, dont ils pensaient qu'on eût dû s'efforcer du moins de faire son Élysée, quelle n'aura pas été leur indignation de l'apercevoir, dans l'auréole de tant d'actes immortels, cloué sur un roc à la façon de Prométhée et sous les griffes de son vautour se délectant aussi à le déchiqueter pièce à pièce ! Oh ! quelle infamie !.... Quelle honte éternelle !

Dans cette période, la santé de l'Empereur a constamment et grandement décliné ; ce corps, cru si robuste, qui avait résisté à tant de travaux, qu'avaient épargné tant de fatigues, qu'avaient soutenu les victoires et la gloire, courbait désormais sous des infirmités que hâtait la méchanceté des hommes. C'était presque chaque jour quelque incommodité nouvelle, des ressentiments de fièvre, des fluxions violentes, des symptômes de scorbut, des rhumes continuels ; les traits s'altéraient, la marche devenait pesante, les jambes se gonflaient, etc. Nos cœurs se déchiraient de le voir courir visiblement vers une destruction infaillible et prochaine ; tous nos soins n'y pouvaient rien.

Il avait renoncé depuis longtemps au cheval, et finit par renoncer à peu près aussi à la calèche ; même la simple promenade à pied devint rare, et il se trouva réduit, à peu de chose près, à la stricte réclusion de ses appartements. Il ne s'occupait plus désormais d'un travail suivi et régulier; il ne nous dictait guère qu'à de longs intervalles et sur des sujets de pure fantaisie du moment. Il passait la plus grande partie du jour seul dans sa chambre, occupé à feuilleter quelques livres, ou plutôt ne faisant rien. C'est à ceux qui ont dignement jugé de la puissance de ses facultés à apprécier la force d'âme qu'il lui fallait pour dévorer paisiblement la charge accablante d'un tel ennui, d'une aussi odieuse existence; car, vis-à-vis de nous, c'était toujours la même sérénité de visage, la même égalité de caractère, le même piquant, la même liberté d'esprit, parfois même de la gaieté, de la plaisanterie; mais dans les détails de l'intimité il était aisé de s'apercevoir qu'il n'y avait plus en lui ni préoccupation de l'avenir, ni méditation du passé, ni souciance du présent; il obéissait passivement désormais à la nature physique; et, dans l'entier dégoût de la vie, le terme en était peut-être en secret désiré. Tel était l'état des choses quand je fus enlevé de Longwood; car ce moment approche, il n'est pas loin.

Je n'ai point consigné, dans le cours de mon recueil, toutes les minutieuses circonstances de nos querelles avec le gouverneur, non plus que les nombreuses notes officielles échangées entre nous. J'ai omis également les ignobles misères accumulées sur notre existence animale. Mon but n'était point d'écrire l'histoire de Longwood et de ses douleurs, mais seulement de faire ressortir les nuances caractéristiques de Napoléon. Au surplus, si on en est curieux, on peut aller chercher tous ces détails dans la relation du docteur O'Méara. C'eût été petitesse à moi, l'un de ceux sur lesquels ils frappaient, que de trop m'y arrêter; mais chez le docteur, qui n'en était que le témoin, qui nous était étranger, qui était on pourrait même dire du parti adverse, ce soin de sa part, et dans sa situation, ne peut, ne doit avoir été que le résultat d'une émotion profonde, d'une indignation généreuse qui honore son cœur.

J'apprends en ce moment que l'ex-gouverneur de Sainte-Hélène l'attaque devant les tribunaux en diffamation et en calomnie; je suis plein de vénération pour les juges des grands tribunaux d'Angleterre, parce que je sais comment ils se composent; toutefois comment être sûr aujourd'hui d'un résultat! car, dans la malheureuse crise politique de nos jours, il apparaît partout comme deux vérités à la fois. Or la bonne pour chacun est celle qu'on porte dans le cœur; car, bien qu'on en dise, on ne saurait se mentir à soi-même, et ce sera à tout événement sans doute la consolation du docteur O'Méara. Car je dois déclarer ici que tout ce que je trouve à cet égard dans son ouvrage, et qui a pu être à ma connaissance lorsque j'étais sur les lieux, est de la plus stricte vérité, d'où je dois naturellement conclure, par analogie, qu'il en est de même sans doute de tout ce que je n'ai pas vu, ce qui se prolonge de dix-huit mois au delà. Aussi je n'hésite pas à prononcer que je le tiens pour tel dans mon âme et conscience.

Précisément au moment où j'écris, je reçois de sir Hudson Lowe des extraits de lettres qu'il me dit avoir reçues confidentiellement dans les temps du docteur O'Méara, lequel, me fait-il observer, s'exprimait très-improprement à mon égard, et lui fait des rapports secrets à mon sujet. Quelle a pu être en cela l'intention de sir Hudson Lowe vis-à-vis de moi? Aux termes où nous en sommes, ce ne saurait être un intérêt bien tendre. Aurait-il espéré me prouver que M. O'Méara était son espion auprès de nous? Aurait-il pensé m'indisposer assez pour altérer la nature et la force de mes témoignages en faveur de son adversaire? Mais, au demeurant, ces lettres du docteur sont-elles bien entières? ne sont-elles pas tronquées à la façon de Sainte-Hélène? et encore, leur sens serait-il plein, réel, en quoi devraient-elles me fâcher? Quels droits, quels titres avais-je dans ce temps sur O'Méara? Il est bien vrai que plus tard, à son retour en Europe, le voyant poursuivi, persécuté, puni pour l'humanité dont il avait usé envers Napoléon, je lui en ai exprimé la plus vive reconnaissance, et je lui ai écrit que si l'injustice venait à le forcer de quitter son pays, il devenait libre, à son gré, de venir prendre place dans ma famille, que je partagerais avec lui. Mais à Sainte-Hélène je le connaissais à peine; je ne crois pas lui avoir adressé la parole dix fois durant mon séjour à Longwood. Je le considérais comme m'étant opposé d'opinion, d'intérêts : voilà quels étaient mes rapports avec O'Méara. Il était donc entièrement libre à mon égard, il demeurait maître d'écrire alors ce qu'il lui plaisait, sans que cela pût influer sur l'opinion qu'il m'a inspirée depuis. Que sir Hudson Lowe prétende insinuer aujourd'hui que le docteur était deux ou trois fois espion dans le même temps, savoir : pour le gouvernement, pour Napoléon et pour lui, sir Hudson Lowe, cela détruirait-il la vérité, l'authenticité des faits exposés dans son livre? Au contraire : et duquel des trois corrupteurs gagnerait-il le salaire en révélant ces faits au public? Napoléon n'est plus, le docteur n'a rien à en attendre, et il s'est fait des deux autres, par sa publication, d'ardents persécuteurs qui lui ont ravi ses emplois et menacent son repos; c'est que son véritable crime, à leurs yeux, est le zèle importun d'un ami de la bienséance et des lois, qui, révolté d'inconvenantes et d'ignobles vexations, en a signalé les vrais auteurs pour en disculper son pays · voilà la chose. Je n'ai donc vu dans la communication si tardive des lettres confidentielles que vient de m'adresser sir Hudson Lowe, au moment même de son procès avec le docteur, qu'une espèce de délation intéressée que chacun qualifiera comme il l'entendra. Je n'en ai pas même accusé réception ; j'ai bien moins songé encore à m'en plaindre.

Mais puisque j'en suis à M. O'Méara et à son ouvrage, qu'il se trouve avoir tenu aussi un journal vers le même temps que moi, dans le même lieu et sur les mêmes sujets, je ferai observer que c'est assurément une circonstance bien heureuse pour l'authenticité des récits que le concours singulier de deux narrateurs qui, de position, de nation, d'opinion différentes, sans rapports entre eux, relatent des faits qu'ils ont puisés à la même source. Il devient curieux de les opposer l'un à l'autre. O'Méara est traduit chez nous, qu'on parcoure, qu'on compare les deux productions. Si l'on fait la part du génie des deux langues, des préjugés nationaux réciproques, de la différence de position des deux narrateurs, que présente la masse des deux récits ? une similitude parfaite ; car les légères différences sont même en quelque sorte la garantie de chacun, en ce qu'elles sont inévitables : où a-t-on jamais vu deux hommes écrivant ce dont ils ont été témoins ne pas différer ? Et que d'innocentes infidélités d'ailleurs n'avons-nous pas dû involontairement commettre en essayant de répéter de pures conversations prises au vol ! Toutefois je ne terminerai pas sans arrêter le lecteur sur une circonstance qui m'a frappé moi-même en lisant O'Méara, c'est que les conversations de Napoléon portent précisément avec elles le caractère de la position des deux personnes avec lesquelles il s'entretenait : tous les objets importants, chez O'Méara, sont beaucoup plus développés, plus suivis ; c'est que Napoléon parlait à quelqu'un à qui il croyait devoir apprendre : chez moi, au contraire, ils sont presque toujours en sommaires ; c'est que l'Empereur s'exprimait alors devant celui qu'il supposait savoir. Au surplus, les récits du docteur ont eu un succès prodigieux en Angleterre ; c'est que le sujet était riche, l'intention louable, le but moral ! en voilà assez pour faire fortune.

Pour moi, de mon côté, j'avance dans mon entreprise ; déjà j'en entrevois le terme, et je dois des actions de grâce pour le bon accueil aussi dont jusqu'ici je me vois accompagné. Je me suis cru un devoir, et me suis voué à le remplir, non à demi, mais en conscience. Ayant à essayer de peindre l'homme des prodiges, non par mes faibles couleurs, mais à l'aide de ses propres paroles, de ses propres gestes, j'ai dû m'attacher surtout à demeurer minutieusement vrai, scrupuleusement fidèle; et j'espère qu'après m'avoir lu on me rendra la justice d'avouer que, pour y parvenir, j'ai fait abnégation de tout système, de toutes opinions, de tous partis, de toutes liaisons; j'ai heurté des sentiments individuels; je ne me suis point arrêté devant les plus hauts personnages ni les plus hautes considérations. D'un autre côté, je ne me suis dissimulé aucun des graves inconvénients d'une telle marche, ni les nombreux chagrins qu'elle pouvait me créer : j'avais à craindre, ainsi qu'il n'arrive que trop souvent à l'impartiale vérité, de déplaire à tous et de déchaîner bien des voix; l'autorité aussi, interprétant mal mes intentions sur un sujet si voisin encore de nos grands événements, pouvait s'irriter, et j'avais à craindre d'être traduit devant les magistrats; de là peut-être condamnation, amende, confiscation, prison. Il est bien vrai que j'aurais pu alléger mes embarras, et m'y rendre en quelque sorte étranger en donnant ou en vendant mon manuscrit en France ou au dehors; mais aurais-je rempli mon objet, et en dépit de toute condition de ma part, eût-on manqué de réalités ou de prétextes pour dénaturer ou mutiler ce recueil, dont tout le mérite repose dans son intégrité? Aussi, tenant à ce qu'il ne subît aucune altération, et voulant demeurer maître jusqu'au dernier instant de la dernière ligne, à tous les autres inconvénients j'ai ajouté encore la chance d'une lésion dans ma fortune, en le publiant à mes risques et périls. D'Angleterre et d'Allemagne on m'a fait offrir un haut prix des portions que les circonstances devaient me forcer, supposait-on, de ne pas publier en France. J'ai répondu que rien n'avait été réservé, et qu'il n'était pas dans ma nature de laisser publier au dehors, sous mon nom, ce que je n'aurais pas osé publier au dedans sous les lois du pays, quelque difficiles, quelque sévères qu'elles pussent me paraître. Du reste, en dépit de toutes inquiétudes, je n'ai jusqu'ici qu'à-m'applaudir tout à fait de la marche que j'ai cru devoir suivre. Les témoignages les plus flatteurs me sont arrivés de tout côté, et la loi est demeurée silencieuse; peut-être même pourrait-elle me savoir quelque gré, dans nos temps de passion, de n'avoir pas désespéré de son impassibilité sur un sujet aussi délicat, et de l'avoir mise à même d'en fournir une preuve aussi décisive. Pour moi, j'en demeure fier pour elle : grâces lui soient rendues.

Je n'ai prétendu être ni apologiste ni panégyriste; mais j'ai voulu mettre chacun à même de le devenir à son gré, d'après sa propre conviction et ses propres sentiments; et c'est ce qui m'a fait conserver dans l'ensemble du recueil jusqu'aux plus petites minuties, afin que chacun pût demeurer frappé par ce caractère de vérité qui naît de la contexture même des choses. Je n'en ai omis que les anecdotes personnelles ou les épithètes qui, se trouvant étrangères à mon objet, n'eussent été que gratuitement désobligeantes, et malheureusement beaucoup trop encore m'ont échappé. Hors d'état de pouvoir m'occuper avec beaucoup de réflexion, me hâtant avec précipitation, dans la crainte de ne pas atteindre la fin, entraîné par le but principal, je n'ai pu soigner suffisamment tous les accessoires. Aujourd'hui, quand on me relit des volumes publiés, je suis frappé de retrouver ce que j'aurais voulu, ce que même parfois je crois avoir effacé. Ma situation peut expliquer ces négligences, ainsi qu'un grand nombre d'irrégularités typographiques, et plaider tant soit peu pour elles; c'est que, entre le public et moi, il n'aura guère existé d'autres intermédiaires qu'un copiste et le prote : voilà l'inconvénient de ma solitude absolue; sans conseils, sans avis, sans révisions. Mais, sera-t-on tenté de me dire peut-être pourquoi n'avoir pas eu recours à tant de personnages dont la bienveillance, les lumières et la connaissance de la matière même eussent pu vous être d'un aussi grand service? Voici ma réponse : Où a-t-on vu s'accorder en toutes choses deux témoins d'un même fait? Il n'eût donc pas été deux de mes articles que chacun n'eût prétendu redresser en quelque chose à sa façon. Or, si j'avais cédé, les véritables paroles, les opinions, les jugements erronés ou non de Napoléon eussent bientôt disparu tout à fait; et alors qu'eussé-je produit? un livre refait à Paris. Si au contraire je m'étais obstiné à résister, on connaît les hommes sur ce point : j'eusse fort désobligé, et l'on ne m'eût point pardonné d'avoir demandé des avis pour ne point les suivre.

Mais, pourra-t-on me dire encore, que n'attendiez-vous, à l'exemple de tous les auteurs de mémoires, qui généralement ne leur laissent voir le jour qu'après leur mort, afin d'éviter les inconvénients auxquels vous vous êtes exposé? Quoi! que j'attendisse? Et le devoir auquel je me croyais tenu, comment se serait-il rempli? Et mon intention de procurer des jouissances à ceux qui ont aimé, de forcer à l'estime ceux qui sont demeurés ennemis, que serait-elle devenue? Quoi! une foule de tous rangs, de toutes professions, de tous emplois, moi, tout le premier, qui l'avons servi avec orgueil et sincérité, qui l'avons aimé avec admiration, qui nous sommes enivrés de bonne foi de la gloire, de la splendeur, de la prospérité dont il rassasiait le pays, nous l'entendrions froidement calomnier chaque jour, nous nous sentirions à chaque instant injuriés dans sa personne! et je possédais les moyens victorieux de répondre, et j'aurais gardé le silence! et j'aurais attendu!.... Et pour quelques légères considérations, j'aurais privé les contemporains avides ! Non. Et aussi bien le public se montrait-il vivement impatient ; il attendait et demandait des compagnons de Napoléon qu'ils lui fissent connaître ce qu'ils avaient recueilli de ses paroles ou lu dans sa pensée : or la tenue de mon Journal me rendait le mieux situé; je me suis trouvé le plus tôt près, et je me suis hâté, à la voix de tous, d'accomplir ce devoir. Du reste, quoi qu'il pût m'arriver désormais, j'en tiens déjà la plus douce récompense dans les témoignages, les vœux, la sympathie qui me sont déjà parvenus, dans l'espèce de reconnaissance même dont des cœurs généreux et vraiment hauts sont venus m'entretenir avec transport.

Affaissement de l'Empereur. — Sa santé continue de s'altérer sensiblement. — Inquiétudes du médecin. — Nos prisonniers en Angleterre, les pontons, etc.

Vendredi 1er novembre.

Aujourd'hui le temps était très-beau, l'Empereur a voulu en profiter ; il a essayé de sortir sur les deux heures. Après quelques pas dans le jardin, il a eu l'idée d'aller se reposer chez madame Bertrand ; il y est demeuré plus d'une heure dans un fauteuil, ne parlant point, souffrant et abattu. Au bout de ce temps, il a regagné languissamment sa chambre, où il s'est jeté sur son canapé, sommeillant comme la veille. Cet affaissement m'affectait douloureusement. Je l'ai quitté pour le laisser reposer.

Le docteur O'Méara est venu voir mon fils, dont l'état ne laissait pas que d'être inquiétant. Il avait été saigné hier de nouveau ; il avait eu des évanouissements trois ou quatre fois dans la journée.

Le docteur a profité de cette occasion pour me parler spécialement de la santé de l'Empereur, me confiant qu'il n'était pas sans inquiétude sur sa trop grande réclusion. Il ne cessait de prêcher, disait-il, pour plus d'exercice, et m'engageait à profiter des fréquentes occasions que j'avais de parler à l'Empereur pour l'amener à sortir davantage. Il est sûr, convenions-nous, qu'il changeait de manière à effrayer ; et lui (le docteur) n'hésitait pas à prononcer qu'un si complet repos, après une si grande agitation, pouvait devenir des plus funestes ; que toute maladie sérieuse, que pouvait amener si facilement la qualité du climat ou tout autre accident de la nature, lui deviendrait infailliblement mortelle. Les paroles du docteur, son anxiété, m'ont vivement touché. Dès ce temps, j'aurais dû deviner en lui cet intérêt réel qu'il a si bien prouvé depuis.

Sur les dix heures, l'Empereur m'a fait appeler. Il était dans son bain, souffrant peut-être encore plus que de coutume. C'était, pensait-il, le résultat de sa sortie d'hier ; le bain lui a réussi, il se trouvait un peu mieux. Il s'est mis à lire l'ambassade de lord Macartney en Chine. Puis, laissant son livre et se mettant à causer, la situation de nos prisonniers en Angleterre s'est trouvée un des sujets accidentellement amenés.

La rupture subite du traité d'Amiens, sous de si mauvais prétextes et avec autant de mauvaise foi de la part du ministère anglais, avait causé une vive irritation chez le Premier Consul, qui se sentait joué. La saisie de plusieurs bâtiments de notre commerce, avant même de nous déclarer la guerre, vint y mettre le comble. « Sur mes vives réclama-
« tions, disait l'Empereur, ils se contentèrent de répondre froidement
« que c'était leur usage, qu'ils l'avaient toujours fait, et ils disaient vrai ;
« mais les temps n'étaient plus pour la France de supporter patiemment
« une telle injustice ni une telle humiliation. J'étais devenu l'homme
« de ses droits et de sa gloire, et j'étais tout disposé à montrer à nos
« ennemis avec qui désormais ils avaient affaire. Malheureusement ici,
« par notre position réciproque, je ne pouvais venger une violence que
« par une violence plus forte encore. C'est une triste ressource que les
« représailles sur des innocents au fond ; mais je n'avais pas de choix.
« A la lecture de l'ironique et insolente réponse faite à mes plaintes,
« j'expédiai, au milieu de la nuit même, l'ordre d'arrêter, par toute
« la France et sur tous les territoires occupés par nos armes, tous les
« Anglais quelconques, et de les retenir prisonniers en représaille de
« nos vaisseaux si injustement saisis. La plupart de ces Anglais étaient
« des hommes considérables, riches et titrés, venus pour leur plaisir.
« Plus l'acte était nouveau, plus l'injustice était flagrante, plus la chose
« me convenait. La clameur fut universelle. Tous ces Anglais s'adressè-
« rent à moi ; je les renvoyais à leur gouvernement : leur sort dépen-
« dait de lui seul, répondais-je. Plusieurs, pour obtenir de s'en aller,
« furent jusqu'à proposer de se cotiser pour acquitter eux-mêmes le
« montant des vaisseaux arrêtés. Ce n'était pas de l'argent que je cher-
« chais, leur faisais-je dire, mais l'observation de la simple morale, le
« redressement d'un tort odieux ; et, le croira-t-on ? l'administration
« anglaise, aussi astucieuse, aussi tenace dans ses droits maritimes que
« la cour de Rome dans ses prétentions religieuses, a mieux aimé laisser
« injustement dix ans dans les fers une masse très-distinguée de ses com-
« patriotes, que de renoncer authentiquement pour l'avenir à un misé-
« rable usage de rapines sur les mers.

« Déjà, en arrivant à la tête du gouvernement consulaire, j'avais eu
« une prise avec le cabinet anglais touchant les prisonniers, et cette fois

« je l'avais emporté. Le Directoire avait eu la sottise de se prêter à un
« arrangement qui nous était extrêmement préjudiciable et tout à fait à
« l'avantage des Anglais.

« Les Anglais nourrissaient leurs prisonniers en France, et nous
« avions la charge de nourrir les nôtres en Angleterre. Or nous avions
« assez peu d'Anglais chez nous, et ils tenaient beaucoup de Français
« chez eux. Les vivres étaient presque pour rien en France ; ils étaient
« d'un prix exorbitant en Angleterre. Les Anglais avaient donc fort peu
« de choses à payer, tandis que, de notre côté, nous devions envoyer
« des sommes énormes en pays ennemi, et nous étions fort pauvres.
« Ajoutez que tous ces détails exigeaient des agents croisés sur les lieux
« respectifs, et monsieur le commissaire anglais n'était autre chose que
« l'espion de nos affaires, l'entremetteur, le machinateur des complots
« de l'intérieur ourdis avec les émigrés du dehors. A peine eus-je pris
« connaissance d'un tel état de choses, que l'abus fut rayé d'un trait de
« plume. Il fut signifié au gouvernement anglais qu'à compter du mo-
« ment, chaque nation nourrirait désormais les prisonniers qu'elle au-
« rait faits, si mieux on n'aimait les échanger. On jeta les hauts cris, on
« menaça de les laisser mourir de faim. Je soupçonnais bien assez de
« dureté et d'égoïsme aux ministres anglais pour en avoir l'envie ; mais
« j'étais sûr que l'humanité de la nation s'en serait révoltée. On plia ;
« les malheureux Français n'en furent ni mieux ni plus mal, mais nous
« gagnâmes de grands avantages, et échappâmes à un arrangement qui
« était une espèce de joug et de tribut.

« Durant toute la guerre, je n'ai cessé d'offrir l'échange des prison-
« niers ; mais le gouvernement anglais, jugeant qu'il m'eût été avanta-
« geux, s'y est constamment refusé sous un prétexte ou sous un autre.
« Je n'ai rien à dire à cela ; la politique à la guerre marche avant le sen-
« timent. Mais pourquoi se montrer barbare sans nécessité ? et c'est ce
« qu'ils ont fait quand ils ont vu grossir le nombre de leurs prisonniers.
« Alors a commencé pour nos malheureux compatriotes cet affreux sup-
« plice des pontons, dont les anciens eussent enrichi leur enfer, si leur
« imagination eût pu les concevoir. Ce n'est pas que je ne croie qu'il y avait
« exagération de la part de ceux qui accusaient ; mais aussi il n'y a pas
« eu de vérité dans ceux qui se défendaient. Nous savons ce que c'est
« qu'un rapport au parlement : ici nous en sommes sûrs quand nous
« lisons les calomnies et les mensonges que débitent en plein parlement,
« avec une si froide intrépidité, ces méchants, qui n'ont pas rougi de
« se faire nos bourreaux. Les pontons portent avec eux leur vérité,

« il suffit du simple fait : y avoir jeté de pauvres soldats qui n'étaient
« point accoutumés à la mer, les avoir entassés les uns sur les autres
« dans des lieux infects, trop étroits pour les contenir ; leur avoir fait
« respirer deux fois par vingt-quatre heures, à la marée basse, les exha-
« laisons pestilentielles de la vase; avoir prolongé dix ou douze ans
« ce supplice de chaque jour, n'est-ce pas assez pour que le sang bouil-
« lonne au hideux tableau d'une telle barbarie ? Et, sur ce point, je me
« reproche fort de n'avoir pas usé de représailles, de n'avoir pas jeté
« dans des pontons pareils, non les pauvres matelots et soldats dont la
« voix ne compte pas, mais tous les milords et la masse de la classe dis-
« tinguée. Je leur eusse laissé libre correspondance avec leur pays,
« leurs familles, et leurs cris eussent assourdi les ministres et les eus-
« sent fait reculer. Il est vrai que les salons de Paris, toujours les meil-
« leurs alliés des ennemis, n'eussent pas manqué de me dire un tigre, un
« cannibale : n'importe, je le devais aux Français, qui m'avaient chargé
« de les protéger et de les défendre. J'ai manqué de caractère : c'était
« mon devoir. » Et il m'a demandé si les pontons existaient de mon
temps. Je ne pouvais le lui dire; cependant je pensais que non, parce
que j'étais sûr qu'alors existaient des prisons parquées en pleine campagne; que beaucoup d'Anglais les visitaient, faisant du bien aux prisonniers, achetant leurs petits travaux. Toutefois ils devaient être bien mal
et souffrir de la faim; car on racontait qu'un agent du gouvernement
y étant entré à cheval, et en étant descendu un instant, il n'avait pas eu
le dos tourné, que le pauvre animal en un clin d'œil, avait été enlevé,
dépecé et dévoré. Je ne garantissais pas le fait; mais il nous avait été
raconté par des Anglais mêmes, et il est vrai que les fanatiques d'entre
eux ne le citaient pas comme preuve des besoins des prisonniers français, mais bien pour faire ressortir toute leur férocité et leur voracité.
L'Empereur en riait comme d'un conte bleu, disant que la nature
aurait à en frémir si la chose était réelle. Je lui donnais une autre raison pour croire que de mon temps il n'y avait point encore de pontons, c'est qu'il avait été grandement question de consacrer aux prisonniers quelques petites îles désertes situées entre l'Angleterre et l'Irlande.
On les y eût déposés; toute embarcation quelconque eût été soustraite,
on les eût tout à fait abandonnés à eux-mêmes dans un complet isolement, et il n'eût plus été besoin que de quelques bâtiments légers, en
constante croisière, pour les garder. Seulement on objectait qu'en cas
de descente de la part de l'ennemi, son grand et facile objet serait d'a-
border ces îles, et qu'en y distribuant des armes, il y recruterait une

armée toute faite. Et peut-être, disais-je, est-ce cette première idée qui aurait conduit à celle des pontons? car le nombre des prisonniers croissant toujours, on s'effrayait de les avoir à terre au milieu de soi par la disposition d'une partie de la population, qu'on soupçonnait d'être fort portée à fraterniser avec les Français. « Eh bien! disait « Napoléon, je conçois ces îles, car la sûreté et la propre conservation « avant tout. Mais le supplice des pontons est une tache à l'humanité « anglaise, un aiguillon de fureur qui ne peut sortir du cœur des prison- « niers français.

« L'article des prisonniers a été un des points sur lesquels s'est exer- « cée la mauvaise foi habituelle des ministres anglais, avec ce machia- « vélisme ordinaire qui caractérise si bien l'école actuelle. Absolument « résolus à repousser tout échange, et ne voulant pas être accusés de s'y « refuser, ils multipliaient et dénaturaient les prétextes. C'était d'abord « mon atroce violation des droits envers les *détenus*, que je prétendais « considérer comme des *prisonniers*, principe qu'il ne leur était pas per- « mis de reconnaitre, disaient-ils, ou quelque considération que ce fût. « Ensuite vinrent les évasions réciproques. Quelques-uns des détenus, « qui chez nous demeuraient libres sur parole, s'étant évadés, ils furent « accueillis chez eux avec acclamations. Des Français en firent autant, « et je blâmai leur retour. Je fus jusqu'à proposer qu'on se renvoyât « réciproquement ceux qui avaient violé leurs engagements; mais il me « fut répondu que des *détenus* n'étaient pas des *prisonniers*, qu'ils n'a- « vaient fait qu'user d'un droit légitime, qu'ils avaient échappé à l'op- « pression, qu'ils avaient bien fait; et on les employa. Dès ce moment, « j'engageai les miens à s'évader, je les employai, et les ministres rem- « plirent leurs journaux des plus effrontées diatribes, me signalèrent à « l'Europe comme un homme sans morale, sans foi ni loi, etc.

« Quand enfin, par un motif quelconque, il leur convint de traiter de « l'échange, ou peut-être aussi quand il leur vint une idée qu'ils crurent « propre à me jouer sur ce point, ils envoyèrent un commissaire; les « grandes difficultés disparurent, et les bases se posèrent sur l'amour « de l'humanité et autres grands mots. Ils consentirent à compter les « détenus au nombre des prisonniers, et à y admettre l'armée hano- « vrienne, que j'avais faite prisonnière et licenciée sur parole. Ce point « avait été longtemps un obstacle; car les Hanovriens n'étaient pas An- « glais, insinuait-on. Tout allait bien jusque-là et semblait marcher à « une conclusion facile; mais je connaissais mes adversaires, et je li- « sais leurs véritables intentions. Ils avaient plus de Français que je

« n'avais d'Anglais ; une fois qu'ils eussent tenu les leurs, ils n'auraient
« pas manqué d'incidents pour en demeurer là, et le restant de mes
« pauvres Français fût demeuré dans les pontons à éternité. Je décla-
« rai donc que je ne voulais pas d'un échange partiel, mais bien d'un
« échange total ; et voici, disais-je, ce qui allait le faciliter. Je convenais
« avoir beaucoup moins d'Anglais qu'ils n'avaient de Français ; mais
« j'avais aussi des Espagnols, des Portugais et autres alliés des Anglais,
« pris sous leurs bannières, dans la même cause ; et, par cette nouvelle
« combinaison, je présentais à mon tour une masse de prisonniers bien
« plus considérable que la leur. Eh bien ! j'offrais de rendre le tout
« pour le tout. Cette proposition déconcerta d'abord, elle fut discutée
« et repoussée. Toutefois, quand on crut avoir découvert l'artifice pro-
« pre à se procurer le même résultat, on accéda à ma proposition ; mais
« j'avais l'œil à tout. Il m'était évident que si on commençait d'abord
« par échanger tout simplement Français contre Anglais, une fois
« qu'ils se sentiraient nantis, ils ne manqueraient pas de prétextes pour
« en demeurer là, et que nous rentrerions dans leur hypothèse pre-
« mière : les prisonniers anglais n'étaient guère que le tiers des nôtres
« en Angleterre. J'offris alors, pour éviter tout malentendu réciproque,
« d'échanger par transports de trois mille seulement à la fois ; on me
« rendrait trois mille Français, contre lesquels je donnerais mille An-
« glais et deux mille Hanovriens, Espagnols, Portugais et autres. De la
« sorte, s'il survenait quelque querelle, disais-je, et qu'on s'arrêtât,
« nous demeurions toujours dans les mêmes proportions qu'aupara-
« vant, et sans nous être trompés les uns les autres ; que si le tout, au
« contraire, allait sans malencontre jusqu'à la fin, je promettais de
« rendre le reste par-dessus le marché. J'avais si bien deviné, que ces dé-
« tails, si raisonnables au fond, puisque le principe en avait été adopté,
« firent jeter les hauts cris ; on rompit tout, et on se sépara. Néan-
« moins, soit que les ministres anglais tinssent réellement à ravoir
« leurs compatriotes, soit qu'ils fussent frappés de mon obstination à
« ne pas me laisser duper, il paraît qu'il allaient entendre enfin à une
« conclusion finale que je faisais proposer de nouveau par une voie
« détournée, quand nos désastres de Russie vinrent leur rendre toutes
« leurs espérances et détruire toutes mes prétentions.

L'Empereur s'est étendu ensuite sur le bon traitement dont nous
avions usé nous-mêmes envers les prisonniers que nous avons eus chez
nous. Ce traitement était aussi généreux, disait-il, aussi libéral que possible ; il n'imaginait pas qu'aucune nation eût eu la pensée d'en élever

aucun reproche. « Nous aurions eu, disait-il, en notre faveur le témoi-
« gnage et les sentiments des prisonniers mêmes; car, à l'exception de
« ceux qui tenaient ardemment à leurs lois locales, ou, en d'autres
« mots, au sentiment de la liberté, ce qui se réduisait aux Anglais et
« aux Espagnols, tout le reste, les Autrichiens, les Prussiens, les Russes,
« nous demeuraient volontiers; ils nous quittaient avec peine et nous
« revenaient avec plaisir. Cette disposition a influé plus d'une fois sur
« l'opiniâtreté de leurs efforts ou de leur résistance, etc. »

L'Empereur disait encore : « J'ai eu le projet d'amener en Europe un
« changement dans le droit et la coutume publique à l'égard des pri-
« sonniers. J'aurais voulu les enrégimenter et les faire travailler mili-
« tairement à des monuments ou à de grandes entreprises, ils eussent
« reçu leur solde qu'ils eussent gagnée; on eût sauvé la fainéantise et
« tous les désordres qu'amène d'ordinaire parmi eux leur complète oisi-
« veté; ils eussent été bien nourris, bien vêtus, et n'eussent manqué de
« rien, sans coûter néanmoins à l'État, qui eût reçu leur travail en
« équivalent; tout le monde y eût gagné. Mais mon idée ne prospéra
« point au Conseil d'État; on m'y laissa apercevoir cette fausse philan-
« thropie qui égare tant de monde. On eut l'air de regarder comme dur
« et barbare de vouloir les contraindre au travail. On laissa voir qu'on
« craignait les représailles. Un prisonnier est déjà assez malheureux
« d'avoir perdu sa liberté, disait-on; on ne croyait pas qu'on pût avoir
« des droits sur l'emploi de son temps ni sur une partie de ses actions.
« — Mais c'est là l'abus dont je me plains, disais-je, et que je voudrais
« corriger. Un prisonnier peut et doit s'attendre à des gênes légitimes ;
« et celles que je lui inflige sont pour son bien autant que pour celui
« d'autrui. Je n'exige pas de lui plus de peine, plus de fatigue, mais
« moins de danger que dans son état habituel et journalier. Vous crai-
« gnez les représailles, que l'ennemi ne traite de la sorte nos Français?
« Mais plût au ciel! Ce serait ce que j'estimerais le plus heureux du
« monde! Je verrais mes matelots, mes soldats occupés aux champs
« ou sur des places publiques, au lieu de les savoir ensevelis vivants au
« fond de leurs affreux pontons. On me les renverrait sains, laborieux,
« endurcis au travail, et chacun, dans chaque pays, laisserait après soi
« des travaux qui dédommageraient en quelque chose des funestes ra-
« vages de la guerre, etc. Par accommodement on arrêta l'organisation
« de quelques corps de prisonniers comme travailleurs volontaires
« ou quelque chose de la sorte, mais ce n'était nullement là toute mon
« idée. »

Anvers ; grandes intentions de Napoléon à son égard ; est une des causes de sa chute. — Généreux sentiments qui font refuser le traité de Châtillon. — Travaux maritimes, Cherbourg, etc. — Rapport officiel sur l'empire en 1813. — Total des dépenses en travaux, sous Napoléon.

Samedi 2.

'Empereur n'est pas sorti de sa chambre. Quand je me suis rendu auprès de lui, je l'ai trouvé très-souffrant, c'était d'une espèce de courbature ou de transpiration arrêtée ; de plus, il avait une fluxion décidée. Il m'a retenu la plus grande partie du jour, cherchant parfois à causer, parfois encore cherchant à sommeiller. Il changeait à chaque instant de place et de situation, essayait de marcher, et revenait souvent près du feu : il avait évidemment la fièvre.

Dans un de ses nombreux sujets de conversations rompues, il s'est arrêté avec suite sur Anvers, son arsenal, ses fortifications, son importance, les grandes vues politiques et militaires qu'il avait eues sur ce point si heureusement situé, etc., etc., etc.

Il a dit qu'il avait beaucoup fait pour Anvers, mais que c'était encore peu auprès de ce qu'il comptait faire. Par mer il voulait en faire un point d'attaque mortel à l'ennemi ; par terre il voulait le rendre une ressource certaine en cas de grands désastres, un vrai point de salut national ; il voulait le rendre capable de recueillir une armée entière dans sa défaite et de résister à un an de tranchée ouverte, intervalle pendant lequel une nation avait le temps, disait-il, de venir en masse la délivrer et reprendre l'offensive. Cinq à six places de la sorte, ajoutait-il, étaient d'ailleurs le système de défense nouveau qu'il avait le projet d'introduire à l'avenir. On admirait déjà beaucoup les travaux exécutés en si peu de temps à Anvers, ses nombreux chantiers, ses magasins, ses grands bassins, mais tout cela n'était encore rien, disait l'Empereur, ce n'était encore là que la ville commerçante, la ville militaire devait être sur la rive opposée ; on avait déjà acheté le terrain ; on l'avait payé à vil prix, et, par une spéculation adroite, on en eût revendu à un très-haut bénéfice, à mesure que la ville se serait élevée, ce qui eût contribué à diminuer d'autant la dépense totale. Les vaisseaux à trois ponts fussent entrés tout armés dans les bassins d'hiver. On eût construit des formes couvertes pour retirer à sec les vaisseaux pendant la paix, etc.

L'Empereur disait qu'il avait arrêté que le tout fût gigantesque et colossal. Anvers eût été à lui seul toute une province. En revenant à ce superbe établissement, il remarquait que cette place était une des grandes causes qu'il était ici, à Sainte-Hélène ; que la cession d'Anvers était un des motifs qui l'avaient déterminé à ne pas signer la paix de Châtillon. Si on eût voulu lui laisser cette place, peut-être eût-il conclu ; et il se demandait s'il n'avait pas eu tort de se refuser à signer l'ultimatum. « Il y avait encore alors, disait-il, bien des ressources et bien des « chances, sans doute, mais aussi que de choses à dire contre ! » Et il concluait : « J'ai dû m'y refuser, et je l'ai fait en toute connaissance de « cause ; aussi, même sur mon roc, ici, en cet instant, au sein de toutes « mes misères, je ne m'en repens pas. Peu me comprendront, je le sais, « mais pour le vulgaire même, et malgré la tournure fatale des événe- « ments, ne doit-il pas aujourd'hui demeurer visible que le devoir et « l'honneur ne me laissaient pas d'autre parti ? Les alliés, une fois qu'ils

« m'eussent entamé, en seraient-ils demeurés là? Leur paix eût-elle été
« de bonne foi, leur réconciliation sincère? C'eût été bien peu les con-
« naître, c'eût été vraie folie que de le croire et de s'y abandonner.
« N'eussent-ils pas profité de l'avantage immense que le traité leur eût
« consacré pour achever, par l'intrigue, ce qu'ils avaient commencé
« par les armes? Et que devenaient la sûreté, l'indépendance, l'avenir
« de la France? Que devenaient mes obligations, mes serments, mon
« honneur? Les alliés ne m'eussent-ils pas perdu au moral dans les es-
« prits, comme ils venaient de le faire sur le champ de bataille? Ils
« n'eussent trouvé l'opinion que trop bien préparée! Que de reproches
« la France ne m'eût-elle pas faits d'avoir laissé morceler le territoire
« confié à ma garde! Que de fautes l'injustice et le malheur n'eussent
« pas accumulées sur ma tête! avec quelle impatience les Français,
« pleins du souvenir de leur puissance et de leur gloire, eussent sup-
« porté, dans ces jours de deuil, les charges inévitables dont il eût fallu
« les accabler! et de là des commotions nouvelles, l'anarchie, la disso-
« lution, la mort. Je préférai de courir, jusqu'à extinction, les chances
« des combats, et d'abdiquer au besoin¹, etc. »

¹ Voici qui consacrait en Europe les paroles de Napoléon dites à Sainte Hélène.

Lettre de M. de Caulaincourt au rédacteur du Constitutionnel (numéro du 21 janvier 1820).

« Monsieur, dans un ouvrage de M. Koch, intitulé : *Campagne de 1814*, se trouvent rapportés plusieurs fragments de lettres écrites par moi à l'Empereur et à M. le prince de Neufchâtel, pendant la durée du congrès à Chatillon.

« Je crois devoir déclarer que je suis absolument étranger à la communication de mes correspondances et à leur publication. Les hautes sources auxquelles l'auteur annonce avoir puisé donnent à son ouvrage une importance historique qui ne permet point, en ce qui me concerne, de consacrer par mon silence les erreurs qu'il renferme. La plupart des détails relatifs aux événements et aux négociations qui ont eu lieu depuis le 31 mars jusqu'au 12 avril sont inexacts.

« Quant au congrès de Chatillon, si les événements ont justifié le désir que j'avais de voir la paix rendue à ma patrie, il serait injuste de laisser ignorer à la France, à l'histoire, les motifs d'intérêt national et d'honneur qui empêchèrent l'Empereur de souscrire aux conditions que les étrangers voulaient nous imposer.

« Je remplis donc le premier des devoirs, celui d'être équitable et vrai, en faisant connaître ces motifs par l'extrait suivant des ordres de l'Empereur.

« Paris, 19 janvier 1814.

« ...... La chose sur laquelle l'Empereur insiste le plus, c'est la nécessité que la France conserve
« ses limites naturelles; c'est là ma condition *sine quâ non*. Toutes les puissances, l'Angleterre même,
« ont reconnu ces limites à Francfort. La France, réduite à ses limites anciennes, n'aurait pas aujour-
« d'hui les deux tiers de la puissance relative qu'elle avait il y a vingt ans. Ce qu'elle a acquis du côté
« du Rhin ne compense point ce que la Russie, l'Autriche et la Prusse ont acquis par le démembre-
« ment de la Pologne. Tous ces États se sont agrandis : vouloir ramener la France à son état ancien,
« ce serait la faire déchoir et l'avilir. La France, sans les départements du Rhin, sans la Belgique, sans
« Ostende, sans Anvers, ne serait rien. Le système de ramener la France à ses anciennes frontières
« est inséparable du rétablissement des Bourbons, parce qu'eux seuls pourraient offrir une garantie
« du maintien de ce système. L'Angleterre le sent bien; avec tout autre système, la paix, sur une
« telle base, serait impossible et ne pourrait durer. Ni l'Empereur, ni la république, si des boulever-
« sements la faisaient renaître, ne souscriraient jamais à une telle condition. Pour ce qui est de Sa
« Majesté, sa résolution est bien prise ; elle est immuable : elle ne laissera pas la France moins grande

Je convenais que l'Empereur avait toute raison. Il avait perdu le trône, il est vrai, mais volontairement, et en lui préférant notre salut et son honneur. L'histoire apprécierait dignement ce sublime sacrifice. La puissance et la vie sont passagères ; la gloire seule demeure, elle est immortelle.

Mais, demandait alors l'Empereur, l'histoire serait-elle bien juste ? pourrait-elle l'être ? On était inondé, disait-il, de pamphlets et de mensonges, ses actions étaient tellement défigurées, son caractère si obscurci, si méconnu ! etc. On répondait que le temps de sa vie serait précisément le plus incertain ; que ses contemporains seuls pourraient tout au plus être injustes ; que les nuages disparaîtraient, ainsi qu'il l'avait déjà dit lui-même, à mesure qu'il s'avancerait dans la postérité ; qu'il gagnait déjà chaque jour ; que l'homme de génie s'en saisirait comme du plus beau sujet de l'histoire ; que la première catastrophe seule eût été peut-être fatale à sa mémoire, beaucoup de voix étant alors contre lui, mais que les prodiges de son retour, les actes de sa courte administration, son exil à Sainte-Hélène, le laissent aujourd'hui rayonnant de gloire aux yeux des peuples et aux pinceaux de l'avenir. « Il est vrai, a-t-il
« repris avec une espèce de satisfaction, que ma destinée se montre au
« rebours des autres ; la chute les abaisse d'ordinaire, la mienne me
« relève infiniment. Chaque jour me dépouille *de ma peau de tyran*, de
« meurtrier, de féroce... »

Et après quelques secondes de silence, il est revenu sur Anvers et l'expédition anglaise. « Le gouvernement anglais et son général ont lutté
« d'impéritie, a-t-il dit. Si lord Chatam, que nos soldats n'appelèrent
« que *milord j'attends*, se fût précipité vigoureusement, sans doute il
« pouvait peut-être détruire notre bel et précieux établissement par un
« coup de main ; mais le premier moment perdu, et notre flotte rentrée,
« la place se trouvait à l'abri. On a fait beaucoup trop d'étalage des ef-
« forts et des mesures prises pour son salut. On n'avait excité le zèle
« des citoyens que dans des intentions mystérieuses et coupables. » Et comme je lui fournissais quelques détails dont j'avais été le témoin, et qu'il m'est arrivé de dire que d'ordinaire les maréchaux passent les ar-

---

« qu'elle ne l'a reçue. Si donc les alliés voulaient changer les bases proposées et acceptées, les limites
« naturelles, l'Empereur ne voit que trois partis : ou combattre et vaincre, ou combattre et mourir
« glorieusement, ou enfin, si la nation ne le soutenait pas, abdiquer. Il ne tient pas aux grandeurs ; il
« n'en achètera jamais la conservation par l'avilissement. »

« J'attends, Monsieur, de votre impartialité, que vous voudrez bien donner place à cette lettre dans
« votre journal, et je saisis cette occasion pour vous offrir l'assurance de ma considération distinguée.

« *Signé* CAULAINCOURT, duc de Vicence. »

mées en revue, mais qu'ici c'était l'armée qui semblait passer les maréchaux en revue, en ayant vu trois successivement en très-peu de temps : « C'est que les circonstances politiques le commandaient ainsi, a dit Napoléon. J'y envoyai Bessières, parce que la crise demandait un homme de confiance et tout à fait sûr; dès qu'elle fut passée, je ne tardai pas à le remplacer pour le ravoir auprès de moi. »

Les travaux maritimes d'Anvers, quelque immenses qu'ils aient été, ne sont qu'une petite portion de ceux que l'on doit à Napoléon. Attaché, comme membre du Conseil d'État, à la section de la marine, je possède, *ex officio*, la notice de ces travaux arrêtés, entrepris ou achevés; on me saura gré sans doute d'en consigner ici la nomenclature, que j'établis dans son ordre géographique en allant du midi au nord.

1° *Le fort Boyard*, qui devait agrandir et défendre le mouillage de l'île d'Aix, duquel mouillage, à force de persévérance et d'audace, on était venu à bout de découvrir, pour les vaisseaux de ligne même, un passage hors de la vue de l'ennemi, entre Oléron et la terre, pour atteindre les mouillages de la Gironde et ses débouquements.

2° *Les grands et beaux travaux de Cherbourg.* — Mentionnés déjà plus haut le 15 juillet 1816.

3° *Les nombreux travaux nécessités par la flottille destinée à l'invasion de l'Angleterre.* — Il fallait lui préparer des mouillages, combiner ses appareillages et lui ménager toutes les opérations offensives et défensives, ce qui nécessita sur plusieurs points des constructions de forts en maçonnerie et en bois, des quais, des creusements, des jetées, des barrages, des écluses, etc.

Boulogne fut choisi pour le centre du rassemblement; Wimereux, Ambleteuse et Étaples pour ses ailes ou succursales. Boulogne fut mis à même de recueillir à lui seul plus de deux mille bâtiments de diverses espèces. Outre son port naturel, on y obtint un bassin artificiel à l'aide d'un barrage fermé au milieu par une écluse de vingt-quatre pieds de largeur. Ce bassin reçut huit ou neuf cents bâtiments toujours à flot et en constant état d'appareillage; et l'écluse, par la retenue qui la précède, eut l'avantage de procurer encore des chasses qui entretenaient le vrai port à une bonne profondeur, et débarrassaient son entrée des bancs de sable trop sujets à l'obstruer. Wimereux, Étaples, Ambleteuse, de leur côté, furent mis à même simultanément de recevoir un nombre analogue de bâtiments ; environ mille à eux trois, et le tout s'exécuta dans l'espace de deux ans.

4° *Des réparations et améliorations locales importantes à tous les ports de la côte.* — Le Havre, où on a détruit, à l'aide d'une forte écluse de chasse, le banc de galets qui en obstruait l'entrée; Saint-Valery, Dieppe, Calais, Gravelines, Dunkerque, dont on a désencombré le port et fait disparaître le marais qui couvrait la ville; Ostende, qu'on avait destiné à recevoir une seconde flottille, et dont on assura la libre entrée par le dévasement de son chenal, etc., etc.

5° *Les travaux de Flessingue.* — Cette ville étant tombée momentanément au pouvoir des Anglais, qui, en l'évacuant, détruisirent tous les établissements militaires, l'Empereur profita de cet accident pour ordonner la reconstruction de tous les travaux sur un pied beaucoup plus large. Appréciant toute l'importance de sa position géographique, il voulut qu'on recreusât et agrandît le bassin ainsi que son entrée, qu'on approfondît le chenal de manière à ce que ce bassin pût admettre à l'avenir même les vaisseaux de 80, et y laisser hiverner une escadre de vingt vaisseaux toujours prête à mettre à la voile en une ou deux marées, ce qu'on devait obtenir à l'aide d'une idée fort ingénieuse fournie par le commandant maritime de la place : la simple retenue des eaux de la marée haute dans les fossés de la ville. L'acquisition de ce bassin devenait des plus précieuses, en ce qu'en appareillant en dehors de tous les embarras de l'Escaut, on se trouvait immédiatement rendu sur les côtes d'Angleterre, ce qui devait, de nécessité, tenir les Anglais constamment en alarmes et toujours en croisière; tandis que jusque-là, dès qu'ils savaient nos vaisseaux désarmés dans Flessingue, ou remontés à Anvers par l'approche de l'hiver, ils rentraient tranquillement chez eux, n'ayant plus rien à surveiller jusqu'au retour de la belle saison. Mais les fortifications de Flessingue devaient répondre à un dépôt aussi précieux que toute une escadre; aussi on les multiplia sur plusieurs points; et en reconstruisant certains magasins et établissements, il fut prescrit de les voûter à l'abri de la bombe, et d'armer leurs sommités de batteries. Flessingue eût été hérissé de canons, il fût devenu inattaquable.

6° *Les travaux commencés à Terneuse.* — L'embouchure occidentale de l'Escaut était tellement importante pour les manœuvres d'entrée et de sortie de notre flotte, et les inconvénients de l'hiver, qui chaque année obligeait de les faire remonter jusqu'à Anvers, créaient de telles difficultés, que l'Empereur avait décidé un moment de fonder un arsenal plus important encore que Flessingue à l'embouchure même du fleuve. Le point de Terneuse, sur la rive gauche de l'Escaut, à trois lieues de son embouchure, fut choisi, et les travaux immédiatement commencés. Toutefois ils furent restreints ensuite, et l'ensemble ajourné à cause de la longueur du temps qu'ils eussent exigée, aussi bien que par l'énormité de leurs dépenses.

7° *Les grands et immenses travaux d'Anvers.* — Cette ville, à près de vingt lieues de la mer, dont elle est séparée par une route sinueuse et très-difficile, semblait se refuser aux avantages désirables dans un arsenal maritime; il ne s'y trouvait que de faibles établissements de commerce. Une flotte qui y serait construite aurait beaucoup de peine à descendre; elle aurait peu d'abris contre les coups de vent et les entreprises de l'ennemi; elle serait inutile pendant près d'un tiers de l'année, l'approche de l'hiver et des glaces la forçant de remonter et de chercher ensuite un abri hors du courant et des glaces du fleuve, car il n'y existait pas de bassins flottables. Mais toutes ces difficultés ne furent rien aux yeux de Napoléon. Dans son impatience de faire sentir aux Anglais le danger de l'Escaut, qu'ils avaient si souvent eux-mêmes désigné comme devant leur être si redoutable, il ordonna, il voulut; et en moins de huit années, Anvers se montra un arsenal maritime de première importance, et l'Escaut portait déjà une flotte considérable. Tout y fut pris à la fondation et fait à neuf, les magasins de toute espèce, les quais, les chantiers, etc. Un asile provisoire fut trouvé pour les vaisseaux contre les glaces du fleuve, au Ruppel, tandis qu'on achevait de creuser dans la ville même deux grands bassins à flot, convenables pour les vaisseaux de tous rangs, complétement armés: Vingt cales de construction, sur un même alignement, furent élevées comme par enchantement, et vingt bâtiments posés à la fois sur ces chantiers offraient au voyageur qui arrivait par la Tête-de-Flandre le spectacle imposant et singulier de vingt vaisseaux de ligne se présentant rangés en forme d'escadron. La plupart de tant de choses n'étaient pourtant encore dans la pensée de Napoléon qu'un provisoire momentatément emprunté au commerce. Il avait l'intention d'établir un arsenal complet et bien plus grand en face d'Anvers, à la Tête-de-Flandre, sur la rive opposée. Il avait d'abord eu le projet hardi de jeter un pont au travers de ce fleuve difficile; mais il finit par se décider pour des ponts volants très-ingénieux. L'Empereur, ainsi que je l'ai déjà mentionné plus haut, avait sur Anvers les idées les plus gigantesques; il en eût prolongé l'ensemble, les détails et les moyens jusqu'à la mer. Aussi avait-il dit qu'il voulait qu'Anvers à lui seul finît par devenir toute une province, un petit royaume. Il s'y était attaché comme à une de ses plus importantes créations. Il y fit plusieurs voyages, inspectant et discutant lui-même les petits détails.

C'est une de ces occasions qui le mit un jour aux prises sur le métier avec un capitaine ou lieutenant-colonel du génie qui concourait modestement et obscurément aux fortifications de la place. A quelque temps de

là, cet officier reçut inopinément une lettre d'avancement, sa nomination d'aide de camp de l'Empereur, et l'ordre de se rendre en service aux Tuileries. Le pauvre officier crut rêver ou ne douta pas qu'on ne se fût trompé. Ses mœurs étaient si innocentes et ses liaisons si restreintes, que, se rappelant m'avoir vu jadis une fois à Anvers, il me prit pour une de ses ressources, et, arrivant à Paris, vint me confier toute son ignorance de la cour et son extrême embarras d'y paraître. Mais il était facile à rassurer; il y entrait par la belle porte, et s'y présentait avec un bon fonds. Cet officier est le général *Bernard*, dont cette circonstance mit les talents au grand jour, et qui, lors de nos catastrophes, a été recueilli par les États-Unis, qui l'ont placé à la tête de leurs travaux militaires.

Napoléon accoutumait, du reste, à de pareilles surprises. Partout où il devinait le talent, il s'en saisissait et le mettait à sa place, sans qu'aucunes considérations secondaires l'arrêtassent. C'était là une de ses grandes nuances caractéristiques.

8° *Les travaux en Hollande.* — A peine la Hollande fut-elle sous la main de Napoléon, que son ardeur créatrice se porta sur toutes les branches de son économie politique. Il répara et accrut aussitôt les arsenaux de la Meuse, ceux de Rotterdam et d'Helvœt-Sluys. Les vaisseaux de guerre n'atteignaient Amsterdam et n'en sortaient qu'à force d'argent, de temps et d'efforts ; il fallait les traîner vides et désarmés sur des chameaux à l'ouverture du Zuyderzée. C'étaient des opérations qui ne convenaient plus à la célérité et aux grands moyens du temps. L'Empereur résolut de transporter l'arsenal du Nord (celui d'Amsterdam) en dehors de tous ces grands embarras, et ordonna la création ou l'amélioration du Nievendip, où en peu de temps vingt-cinq vaisseaux pouvaient déjà hiverner en sûreté et s'amarrer à des quais magnifiques. Ce point précieux fut placé sous la défense du système militaire du Helder, clef de la Hollande, dont l'étendue avait été calculée, dans la pensée de l'Empereur, de manière à faire du Nievendip l'Anvers du Zuyderzée.

9° *Travaux du Veser, de l'Ems, de l'Elbe.* — Dès que Napoléon eut réuni les pays de Brême, Hambourg et Lubeck à l'empire, ses travaux et ses créations s'y répandirent avec sa domination. Il ordonna des ouvrages pour rendre l'Elbe accessible à des vaisseaux de ligne, et projeta de construire un arsenal maritime à Delfzil, à l'embouchure de l'Ems; mais ce qui l'occupa surtout, ce fut un système de canalisation à l'aide de l'Ems, du Veser et de l'Elbe, qui pût joindre la Hollande à la Baltique; ce qui nous eût permis désormais de communiquer en toute sûreté, et par une simple navigation intérieure, de Bordeaux et de la Méditerranée avec les puissances du Nord. Nous en eussions reçu à notre aise toutes les productions navales pour chacun de nos ports, et nous eussions pu faire déboucher contre elles au besoin nos flottilles de la Manche et de la Hollande, etc., etc.

Tant et de si grands travaux furent conçus et la plupart exécutés en un clin d'œil. La volonté créatrice de Napoléon les ordonna; le ministre Decrès les poursuivit avec obstination. Les Prony, les Sganzin, les Cachin et autres en fournirent les plans et les exécutèrent. Heureux les noms qui se rattachent à de tels monuments! ils ne périssent jamais!

Si à ce que nous venons d'énumérer on joint d'autres prodiges simultanés dans toutes les autres branches et sur toutes les autres parties du territoire, et si l'on considère qu'ils s'exécutaient au milieu d'une guerre perpétuelle, et sans plus, peut-être même avec moins de charges qu'il n'en pèse aujourd'hui, après une longue paix, sur chacun des pays qui composaient ce vaste empire, on aura le droit sans doute de s'extasier de surprise et d'admiration, tant est grande pourtant l'influence d'une volonté ferme, et celle des lumières armées du pouvoir, et du secours de finances sagement et rigoureusement conduites! Certes, si à ce que nous venons de mentionner on veut unir par la pensée la masse des fortifications, la multitude des routes, la foule des ponts, celle des canaux, la grande quantité d'édifices, on n'hésitera pas à prononcer que jamais homme sur la terre ne fit autant de choses en aussi peu de temps et en surchargeant moins les peuples.

L'Italie, dont il était le roi, eut aussi sa part de ces magnifiques créations. Il brisa les Alpes en plusieurs points, sillonna les Apennins des plus belles routes, construisit un arsenal maritime à Gênes, fortifia Corfou de manière à en faire la clef de la Grèce, répara et agrandit le port de Venise dont il voulait faire creuser les passes, et qu'en attendant on rendit propres à nos gros vaisseaux français, à l'aide du système des chameaux de la Hollande ; et comme dès en sortant ils couraient risque d'être attaqués dans cette attitude dangereuse sur leurs chameaux, il fut ordonné de voir si ceux-ci ne pouvaient pas être armés eux-mêmes, de leurs propres batteries, ce qui, je crois, a été exécuté ou allait l'être. Napoléon, en outre, méditait encore un arsenal maritime à Raguse, un autre à Pola en Istrie, un autre à Ancône ; il arrêtait l'heureuse et hardie mesure d'unir le golfe de Venise à celui de Gênes, à l'aide du Pô et d'un canal qui, partant d'Alexandrie, eût gagné Savone au travers de l'Apennin ; résultat immense, qui, indépendamment de tous les grands profits du commerce, eût eu, sous le rapport militaire, l'inappréciable avantage de mettre en communication directe, et à l'abri de l'ennemi Venise et toutes les productions navales de l'Adriatique avec Toulon, et tous ses besoins maritimes. Enfin Napoléon désencombrait Rome, restaurait un grand nombre d'anciens vestiges des Romains, projetait le desséchement des marais Pontins, etc., etc.

Du reste, voici le préambule de l'exposé de la situation de l'empire présenté au Corps Législatif, dans la séance du 25 février 1813, par le comte de Montalivet, ministre de l'intérieur. C'est dans ce magnifique exposé, fondé dans tous ses points sur des documents authentiques à l'appui, qu'on pourrait prendre une idée juste de l'ensemble des merveilles de l'administration de l'empereur Napoléon. Nous avons cru nous rendre agréable en terminant par le détail officiel des dépenses en travaux publics sous cette époque à jamais mémorable.

« Messieurs, dit le ministre, Sa Majesté m'a ordonné de vous faire
« connaître la situation de l'intérieur de l'empire dans les années 1811
« et 1812.

« Vous verrez avec satisfaction que, malgré les grandes armées que

« l'état de la guerre maritime et continentale oblige de tenir sur pied, la
« population a continué de s'accroître, que notre industrie a fait de
« nouveaux progrès, que jamais les terres n'ont été mieux cultivées, les
« manufactures plus florissantes ; qu'à aucune époque de notre histoire
« la richesse n'a été plus répandue dans les diverses classes de la
« société.

« Le simple cultivateur aujourd'hui connaît les jouissances qui lui
« furent jusqu'à présent étrangères ; il achète au plus haut prix les
« terres qui sont à sa convenance ; ses vêtements sont meilleurs, sa
« nourriture est plus abondante et plus substantielle ; il reconstruit ses
« maisons plus commodes et plus solides.

« Les nouveaux procédés dans l'agriculture, dans l'industrie, dans les
« arts utiles, ne sont plus repoussés, par cela même qu'ils sont nou-
« veaux. Partout on tente des essais, et ce que l'expérience démontre
« préférable est utilement substitué aux anciennes routines. Les prairies
« artificielles se sont multipliées ; le système des jachères s'abandonne ;
« des assolements mieux entendus, de nouvelles cultures augmentent le
« produit de nos terres. Les bestiaux se multiplient, les races s'amélio-
« rent ; de simples laboureurs ont acquis les moyens de se procurer à
« de hauts prix des béliers de race espagnole, les étalons de nos meil-
« leures espèces de chevaux : éclairés sur leurs vrais intérêts, ils n'hési-
« tent pas à faire ces utiles achats. Ainsi les besoins de nos manufactu-
« res, de notre agriculture et de nos armées sont chaque jour mieux
« assurés.

« Ce degré de prospérité est dû aux lois libérales qui régissent ce grand
« empire, à la suppression de la féodalité, des dîmes, des mainmortes,
« des ordres monastiques ; suppression qui a constitué ou affranchi ce
« grand nombre de propriétés particulières, aujourd'hui le patrimoine
« libre d'une multitude de familles jadis prolétaires ; il est dû à l'égalité
« des partages, à la clarté et à la simplification des lois sur la propriété
« et sur les hypothèques, à la promptitude avec laquelle sont jugés les
« procès dont le nombre décroît chaque jour. C'est à ces mêmes causes,
« et à l'influence de la vaccine, que l'on doit attribuer l'accroissement de
« la population. Et pourquoi ne dirions-nous pas que la conscription
« elle-même, qui, chaque année, fait passer sous nos drapeaux l'élite de
« notre jeunesse, a contribué à cet accroissement en multipliant le nom-
« bre des mariages, en les favorisant, parce qu'ils fixent pour toujours
« le sort du jeune Français qui pour une première fois a obéi à la loi ? »

Détails officiels des dépenses en travaux publics depuis l'avénement de Napoléon au trône impérial présenté au Corps Législatif par M. le Ministre de l'intérieur, avec les pièces à l'appui

Palais impériaux et bâtiments de la couronne. .	62,000,000
Fortifications.	144,000,000
Ports maritimes.	117,000,000
Grand'routes, chaussées, etc.	277,000,000
Ponts à Paris et départements.	54,000,000
Canaux, navigation et desséchement.	125,000,000
Travaux de Paris.	102,000,000
Édifices publics des départements et grandes villes.	149,000,000
TOTAL.	1,005,000,000

L'Empereur très-souffrant ; mélancolie. — Anecdotes de gaieté. — Deux aides de camp. Échauffourée du général Mallet.

Dimanche 3.

L'Empereur a continué de se renfermer hermétiquement ; sur la fin du jour, il m'a fait appeler. Il souffrait moins, me disait-il, de sa fluxion ; mais il ne se trouvait guère mieux de tout le reste ; en somme, il éprouvait beaucoup d'affaiblissement, et se sentait, me disait-il, de la tristesse et de la mélancolie ; aussi avait-il voulu, ajoutait-il, passer tout le jour en *idées noires*. Il était dans son bain. Après quelques moments de silence, comme en se réveillant, et avec un effort pour se distraire : « Allons, *ma sœur Dinarzade*, a-t-il dit, si vous ne dormez pas, racontez-
« moi une de ces histoires que vous savez si bien. Il y a longtemps, mon
« cher, que vous ne m'avez parlé de vos amis du faubourg Saint-Ger-
« main ; allons. — Mais, Sire, il a longtemps que je raconte, et je dois
« être au bout. J'ai épuisé toutes les jolies histoires vraies ou fausses
« qui s'y débitent ; il ne resterait plus que le scandale, et Votre Majesté
« sait ou doit savoir qu'il ne s'y en passe jamais. Toutefois voici encore
« quelque chose qui me revient en cet instant. Un jour M. de Talleyrand,
« partant pour son ministère, dit à madame de Talleyrand qu'il lui ra-
« mènerait à dîner M. Denon, et qu'elle voulût bien s'efforcer de lui être
« agréable ; que le meilleur moyen d'y réussir serait de parcourir son
« ouvrage, et de lui en parler ; qu'elle le trouverait dans sa bibliothèque,
« à tel endroit, tel rayon. Madame de Talleyrand va prendre l'ouvrage
« qui fait ses délices, et se fait une joie d'en entretenir bientôt le héros.
« Aussi, à peine à table, elle dit à M. Denon, qu'elle avait soigneusement
« placé à côté d'elle, qu'elle venait de lire son livre qui l'avait rendue
« tout à fait heureuse, et M. Denon de s'incliner ; qu'il avait parcouru
« de bien mauvais pays, et avait dû bien souffrir, et M. Denon de s'in-
« cliner encore ; qu'elle avait bien sincèrement partagé ses peines.
« Jusque-là tout allait à merveille. Mais mon ravissement, s'écria-t-elle,
« a été au comble, quand, dans votre solitude, j'ai vu vous arriver le

« fidèle *Vendredi*. L'avez-vous toujours? A ces mots, M. Denon, effaré,
« se penchant vers son voisin · — Est-ce qu'elle me prendrait pour Ro-
« binson? Et en effet, l'innocence de madame de Talleyrand, ou la ma-
« lice de la société de Paris, voulait qu'au lieu du *Voyage d'Égypte*, elle
« eût pris les *Aventures de Robinson.* » L'Empereur en riait à pleurer,
et l'a raconté depuis lui-même, à son tour, plus d'une fois. Car c'est
ainsi que se propagent et prospèrent les histoires.

Cela a conduit à s'entendre sur la méchanceté inventive des sociétés de Paris, et l'Empereur renouvelait sa sortie contre nos salons, qu'il qualifiait de véritablement infernaux, disant qu'ils étaient en médisance et en calomnie permanentes, et qu'ils eussent mérité, à ce titre, d'occuper, en permanence aussi, tous les tribunaux de police correctionnelle de la capitale, etc.

De là l'Empereur, s'étant ranimé, s'est mis à causer à son tour beaucoup et longtemps. Mentionnant un officier qu'il ne traitait rien moins que bien, et m'étant permis de dire que j'avais cru pourtant qu'il avait été l'aide de camp d'un général distingué · « Qu'importe? » a-t-il repris. Et puis il a ajouté en souriant . « Je vois bien, mon cher, que vous ne
« savez pas qu'on a parfois deux aides de camp   celui du feu et celui
« de la cuisine ou de la chambre à coucher, etc. »

Plus tard il s'étendait sur notre peu d'aptitude nationale à clore une révolution, à s'adonner à la fixité, et il a fini par citer en preuve la célèbre affaire de Mallet, qu'il disait plaisamment être en petit son retour de l'île d'Elbe, sa caricature. « Cette extravagance, ajoutait-il, ne fut au fond
« qu'une véritable mystification : c'est un prisonnier d'État, homme ob-
« scur, qui s'échappe pour emprisonner à son tour le préfet, le ministre
« même de la police, ces gardiens de cachots, ces flaireurs de conspira-
« tions, lesquels se laissent moutonnement garotter. C'est un préfet de
« Paris, le répondant-né de son département, très-dévoué d'ailleurs,
« mais qui se prête sans la moindre opposition aux arrangements de
« réunion d'un nouveau gouvernement qui n'existe pas. Ce sont des mi-
« nistres nommés par les conspirateurs, occupés de bonne foi à ordonner
« leur costume et faisant leur tournée de visites, quand ceux qui les
« avaient nommés étaient déjà rentrés dans les cachots. C'est enfin toute
« une capitale apprenant au réveil l'espèce de débauche politique de la
« nuit, sans en avoir éprouvé le moindre inconvénient. Une telle extra-
« vagance, répétait l'Empereur, ne pouvait avoir absolument aucun ré-
« sultat. La chose eût-elle en tout réussi, elle serait tombée d'elle-même
« quelques heures après ; et les conspirateurs victorieux n'eussent eu

« d'autre embarras que de trouver à se cacher au sein du succès. Aussi
« je me sentis bien moins choqué de l'entreprise du coupable que de la
« facilité avec laquelle ceux mêmes qui m'étaient le plus attachés se se-
« raient rendus ses complices. A mon arrivée, chacun me racontait avec
« tant de bonne foi tous les détails qui les concernaient et qui les accu-
« saient tous. Ils avouaient naïvement qu'ils y avaient été attrapés; qu'ils
« avaient cru un moment m'avoir perdu. Ils ne dissimulaient pas, dans
« la stupeur qui les avait frappés, avoir agi dans le sens des conspira-
« teurs, et se réjouissaient avec moi du bonheur avec lequel ils y avaient
« échappé. Pas un seul n'avait à mentionner la moindre résistance, le
« plus petit effort pour défendre et perpétuer la chose établie. On ne
« semblait pas y avoir songé, tant on était habitué aux changements, aux
« révolutions ; c'est-à-dire que chacun s'est montré prêt et résigné à en
« voir surgir une nouvelle. Aussi tous les visages changèrent, et l'embar-
« ras de plusieurs devint extrême quand, d'un accent sévère, je leur dis :

« Eh bien ! Messieurs, vous prétendez et vous dites avoir fini votre révo-
« lution ! Vous me croyiez mort, dites-vous ; je n'ai rien à dire à cela....
« Mais le roi de Rome ! vos serments, vos principes, vos doctrines !...
« Vous me faites frémir pour l'avenir... Et alors je voulus un exemple

« pour éclairer du moins et tenir en garde les esprits. Il tomba sur le
« pauvre Frochot, le préfet de Paris, qui assurément m'était fort attaché.
« Mais à la simple requête de l'un de ces saltimbanques, au lieu d'efforts
« qui étaient l'obligation de sa place, d'une résistance désespérée qui eût
« dû le faire mourir à son poste, il convenait avoir ordonné tout bonne-
« ment de préparer le lieu de séances du nouveau gouvernement!.....
« C'est, remarquait l'Empereur, que nous sommes le peuple de l'Europe
« le plus propre à prolonger nos mutations; un tel état ne pourrait même
« être supporté que par nous seuls. Aussi voyez comme chacun, de quel-
« que parti qu'il soit, semble intimement convaincu que rien n'est encore
« fini; et l'Europe partage cette opinion, parce qu'elle la fonde au
« moins autant sur notre inconstance, notre mobilité naturelle, que
« sur la masse des événements arrivés depuis trente ans, etc. »

Continuation de souffrances et de réclusion. — Eût dû mourir à Moscou ou à Waterloo. Éloge de sa famille.

Lundi 4

Aujourd'hui l'Empereur n'a encore voulu recevoir personne de tout le matin; il m'a fait appeler à l'heure de son bain, durant et après lequel encore nous avons causé fort longtemps sur la chaîne de nos connaissances anciennes, les historiens qui nous les ont transmises, les fils qu'ils avaient attachés, etc. La conclusion forcée revenait toujours à l'extrême jeunesse de notre univers, ou bien plus sûrement encore à celle de la race humaine. De là nous sommes passés à la charpente du globe, aux irrégularités de sa surface, à l'inégalité du partage des terres et des mers, au total de sa population, à l'échelle suivant laquelle elle est répandue, aux diverses associations politiques qu'elle forme, etc. Je trouvais à l'Europe cent soixante-dix millions d'habitants : il remarquait qu'il en avait gouverné quatre-vingts millions; j'ajoutais qu'après l'alliance de la Prusse et de l'Autriche il marchait à la tête de plus de cent. Il a changé assez brusquement de conversation. Mon Atlas a été demandé; il s'est mis à parcourir l'Asie, faisant concorder les marges et le tableau, et il s'interrompait parfois pour dire que c'était vraiment un ouvrage sans prix pour la jeunesse et les salons.

Plus tard, l'Empereur, parlant des merveilles de sa vie et des vicissitudes de sa fortune, disait qu'il eût dû mourir à Moscou; que sa gloire militaire eût été sans revers, et sa carrière politique sans exemple dans l'histoire du monde; et il fit alors un de ces tableaux rapides et animés qui lui sont si familiers, et qu'il porte la plupart du temps au sublime. Et comme il n'apercevait pas une figure précisément approbative : « Ce

« n'est pas votre opinion, a-t-il dit ; vous ne pensez pas que j'aurais dû
« finir à Moscou ? — Non, Sire, lui a-t-il été répondu ; et pour cette
« même histoire, elle serait privée du retour de l'île d'Elbe, de l'acte le
« plus généreux, le plus héroïque qu'aucun homme ait jamais accompli,
« du mouvement le plus grand, le plus magnifique, le plus sublime
« qu'on ait pu contempler. — Eh bien ! je conçois, a dit l'Empereur, il
« y a là quelque chose ; mais disons Waterloo, c'est là que j'aurais dû
« mourir ! — Sire, a reparti l'interlocuteur, si j'ai obtenu grâce pour
« Moscou, je ne vois pas pourquoi je ne la demanderais pas pour Wa-
« terloo. L'avenir est hors de la volonté, du pouvoir des hommes, il est
« dans le sein de Dieu seul... »

Dans un autre moment, l'Empereur est revenu encore sur tous les siens ; le peu de secours qu'il en avait reçu, les embarras, le mal qu'ils lui avaient causés. Il s'arrêtait surtout sur cette fausse idée de leur part, qu'une fois à la tête d'un peuple, ils avaient dû s'identifier avec lui de manière à préférer ses intérêts à ceux de la patrie commune, sentiment dont la source pouvait avoir quelque chose d'honorable, convenait-il, mais dont ils avaient fait une application fausse, nuisible, en ce que dans leur travers d'indépendance absolue, ils se considéraient isolément, lorsqu'ils eussent dû se pénétrer qu'ils n'étaient que parties d'un tout au mouvement duquel ils devaient aider, au lieu de le contrarier. Mais après tout, concluait-il, ils étaient bien neufs, bien jeunes, entourés de piéges et de flatteurs, d'intrigants de toute espèce, de vues secrètes et malintentionnées. Et passant subitement des torts aux qualités, il a ajouté : « Du reste, il faut toujours juger en dernier ressort par les ana-
« logues : quelle famille, dans les mêmes circonstances, eût mieux fait ?
« Il n'est pas donné à chacun d'être homme d'État : cette charge re-
« quiert une contexture toute particulière, et ne se rencontre pas à pro-
« fusion. Tous mes frères se sont trouvés à cet égard dans une situation
« singulière ; il leur est arrivé à tous d'avoir *trop* ou *trop peu* : ils se
« sont trouvés trop forts pour s'abandonner aveuglément à un conseiller
« moteur, et pas assez pour pouvoir s'en passer tout à fait. Après tout,
« une famille si nombreuse présente un ensemble dont je peux assuré-
« ment m'honorer.

« *Joseph*, par tous pays, serait l'ornement de la société ; *Lucien*, celui
« de toute assemblée politique ; *Jérôme*, en mûrissant, eût été propre
« à gouverner ; je découvrais en lui de véritables espérances. *Louis* eût
« plu et se fût fait remarquer partout. Ma sœur *Élisa* était une tête
« mâle, une âme forte : elle aura montré beaucoup de philosophie dans

« l'adversité. *Caroline* est fort habile et très-capable. *Pauline*, la plus
« belle femme de son temps peut-être, a été et demeurera jusqu'à la fin la
« meilleure créature vivante. Quant à ma mère, elle est digne de tous
« les genres de vénération. Quelle famille aussi nombreuse pourrait
« présenter un plus bel ensemble ! Ajoutez qu'en dehors de la tour-
« mente politique, nous nous aimons. Pour moi, je n'ai jamais cessé un
« instant de me sentir le cœur d'un frère. Je les ai tous aimés, et je crois
« bien qu'au fond ils me l'ont tous rendu, et qu'au besoin ils m'en don-
« neraient des preuves, etc. »

Après dîner, il nous a reçus tous près d'une demi-heure. Il était dans son lit, mais parlait beaucoup plus facilement, et se trouvait évidemment mieux. Nous l'avons quitté avec l'espoir de le revoir bientôt rétabli. Nous lui avons fait observer qu'il y avait douze jours qu'il n'avait pas dîné avec nous, que, sans lui, nos journées, notre vie, nos moments se trouvaient tout désorientés et sans couleur.

La géographie, passion du moment. — Mon Atlas — Lit de parade arrivé de Londres, vrai piège à rats. — Anecdotes apprises des Anglais ; lettre de Sainte-Hélène.

Mardi 5.

L'Empereur continuait de demeurer enfermé chez lui. A l'heure de son bain, il m'a fait appeler comme les jours précédents. La guérison de sa bouche avançait, mais ses dents demeuraient encore fort sensibles. Il a repris la conversation de la veille sur la contexture des parties du globe, c'était en ce moment, de la part de l'Empereur, une véritable veine de passion géographique. Il a pris ma Mappemonde et parcourait la distribution irrégulière des terres et des mers ; il s'arrêtait sur le grand plateau de l'Asie, passait à l'étendue de la mer Pacifique, au resserrement de l'Atlantique ; il se posait des questions sur les vents variables et les vents alizés, les moussons de l'Inde, le calme de la mer Pacifique, les ouragans des Antilles, etc., et trouvait sur la carte, aux lieux mêmes, les solutions physiques et spéculatives que la science donne en ce moment sur ces objets. Cet à-propos le ravissait ; il comparait, méditait, objectait, prononçait et disait : « Ce n'est vraiment qu'avec des
« tableaux que l'on peut faire des rapprochements : ils éveillent les idées
« et les provoquent. Que vous avez bien fait de mettre en tableau l'his-
« toire, la géographie, leurs circonstances remarquables, leurs difficul-
« tés, leurs phénomènes, etc., etc. Votre livre m'attache chaque jour
« davantage[1]. »

[1] En effet, je n'en avais qu'un exemplaire à Sainte-Hélène, et il était constamment dans sa chambre ; s'il m'arrivait de l'emporter pour m'en servir ou y introduire quelques corrections, il était presque

L'Empereur a terminé par faire demander les plus anciens voyageurs. On lui a apporté le moine Rubruquis, l'Italien Marco-Polo : il les a parcourus, se plaignant qu'on y trouvât à peine quelque chose : ils n'avaient plus d'autre prix, disait-il, que leur vieillesse.

Au sortir du bain, il est venu dans sa chambre à coucher voir le grand lit envoyé de Londres pour lui, et qu'on venait d'y dresser. C'était une espèce de baldaquin supporté par quatre grosses colonnes, si hautes qu'il avait fallu rogner les pieds du lit pour qu'il trouvât sa hauteur dans la petite chambre à coucher de l'Empereur, qui en était remplie presque tout à fait : de plus, il sentait fort mauvais. Le tout était si massif et pourtant si peu solide, qu'il donnait l'idée d'un château branlant. L'Empereur l'a appelé un véritable piége à rats, assurant qu'il ne s'exposerait pas à s'y faire prendre ; aussi a-t-il ordonné qu'on le débarrassât de suite de pareille ordure. On l'a donc démonté pour replacer le lit de campagne accoutumé. Ce dérangement et ces inconvénients l'ont fort contrarié.

Dans le jour j'ai eu l'occasion de causer longtemps avec un marin anglais fort enthousiaste de l'Empereur, qui m'a repayé de tout le bien que je lui en disais, par des traits qui m'ont d'autant plus surpris qu'ils m'étaient tout à fait inconnus ; ils n'en étaient pas moins vrais : le narrateur en tenait quelques-uns de sources incontestables, et avait été lui-même témoin ou acteur de quelques autres. Plus tard, ces traits ayant été mentionnés devant l'Empereur, il les a reconnus et avoués. Toutefois mon marin convenait qu'à son grand étonnement ces anecdotes avaient peu circulé en Angleterre, et que, de même que chez nous, ce qui eût pu honorer davantage Napoléon, et peindre le mieux son caractère, y demeurait perdu par cette fatalité que j'ai souvent mentionnée ; de même chez eux la calomnie et le mensonge y avaient constamment étouffé toute espèce de bien sous la masse du mal qu'ils forgeaient. Voici quelques-unes de ces anecdotes :

« On nous traitait parfaitement à Verdun, dépôt des prisonniers de
« guerre de notre nation, me disait mon narrateur ; nous y jouissions
« des mêmes avantages que les habitants. C'est une ville très-agréable ;
« les provisions et le vin y sont à bas prix. Il nous était permis de nous
« promener à quelques milles hors de la ville sans être astreints à le

aussitôt redemandé. Au moment de mon départ, le comte Bertrand m'ayant prié de le lui laisser pour l'instruction de ses enfants, il m'a dit depuis n'avoir pu en faire aucun usage. L'Empereur s'en était tout à fait emparé, et, lorsqu'il a désigné, dans ses derniers moments, pour son fils, un choix des livres de sa bibliothèque particulière, l'Atlas s'y est trouvé compris. Qu'on me pardonne de ne pouvoir résister à mentionner un tel suffrage.

« demander; nous pouvions même obtenir de nous absenter pour plu-
« sieurs jours; nous y étions si protégés contre toutes vexations, que le
« général sous l'autorité duquel nous vivions ayant des reproches à se
« faire à notre égard, fut mandé à Paris par l'ordre spécial de Napo-
« léon; et, dans la crainte du châtiment, il se suicida. Or il arriva qu'une
« fois on nous consigna dans nos logements, ce qui devait durer, di-
« sait-on, deux ou trois jours : c'est que l'Empereur devait passer, et
« que l'on n'avait pas cru qu'il fût bien de le laisser entouré d'un si
« grand nombre de prisonniers ennemis. Outre que nous avions grande
« curiosité de le voir, cet ordre nous blessa extrêmement. Se défierait-
« on, disions-nous, de braves et loyaux marins? Aurait-on la pensée de
« les confondre avec des assassins? Nous en étions là quand, le jour
« même de l'arrivée de Napoléon, on vint nous annoncer, à notre grande
« surprise, que nous redevenions libres, et qu'il avait fort désapprouvé
« la mesure prise à notre égard. Nous nous précipitâmes donc sur son

« passage, et il nous traversa sans escorte dans une sécurité parfaite,
« et même avec une sorte de bienveillance marquée, ce qui nous gagna

« tous ; et nos acclamations furent aussi sincères que celles des Français
« eux-mêmes.

« Napoléon et Marie-Louise, revenant de leur voyage en Hollande,
« arrivèrent à Givet sur la Meuse, où se trouvaient plusieurs centaines de
« prisonniers anglais. Le temps devint subitement horrible ; il plut
« en abondance, la rivière déborda, le pont de bateaux se rompit, et le
« passage devint impraticable. Cependant l'Empereur, très-impatient de
« continuer sa route, et qui avait pris l'habitude de ne trouver rien
« d'impossible, résolut de traverser la rivière à tout prix. On rassembla
« à cet effet les mariniers des environs ; mais tous prononcèrent qu'ils
« n'oseraient jamais le tenter. « Pourtant, répliqua Napoléon, je veux
« être de l'autre côté avant le milieu du jour ; » et, se rendant lui-même
« sur les lieux, il commanda qu'on lui amenât quelques-uns des prin-
« cipaux prisonniers anglais. Y a-t-il beaucoup de marins parmi vous ?
« leur dit-il ; êtes-vous nombreux ? — Nous sommes cinq cents, et tous
« marins. — Eh bien ! faites-m'en venir un certain nombre, je veux
« savoir s'ils croient le passage de la rivière possible et s'ils veulent se
« charger de me transporter à l'autre rive. » La chose était vraiment
« dangereuse, pourtant quelques-uns de nos vieux marins s'engagèrent

« à en venir à bout. Napoléon se livra à nous avec une confiance qui
« nous émerveilla tous, et, rendu de l'autre côté, il nous remercia,

« donna l'ordre de faire habiller à neuf tous ceux qui lui avaient
« rendu ce service, y ajouta un présent pécuniaire, et les rendit à la
« liberté.

« Un jeune matelot anglais, travaillé de la maladie du pays, s'échappa
« d'un dépôt, et parvint à gagner les bords de la mer, dans les environs
« de Boulogne, où il vivait caché dans les bois. Dans sa passion de revoir
« son pays à tout prix, il essaya de construire un petit canot qui pût lui
« servir à gagner les croiseurs anglais, qu'il était occupé une grande
« partie du jour à guetter de la cime de quelques arbres. Il fut saisi au
« moment où, chargé de son esquif, il allait le jeter à l'eau et s'y aven-
« turer. On l'emprisonna comme espion ou voleur. La chose étant par-
« venue jusqu'à Napoléon, qui se trouvait à Boulogne, il eut la curiosité
« de voir cette embarcation dont on parlait beaucoup ; il ne put croire,
« à sa vue, qu'il fût un être assez insensé pour avoir osé en faire usage ;
« et il se fit amener le matelot, qui lui confirma que telle avait été sa
« résolution, lui demandant pour toute faveur la grâce de lui permettre
« de l'exécuter. — Mais tu as donc une bien grande envie de revoir ton
« pays ? lui dit l'Empereur ; y aurais-tu laissé quelque maîtresse ? —

« Non, répondit le matelot, ce n'est que ma mère qui est vieille et in-
« firme, et que je voudrais revoir. — Eh bien ! tu la verras ! s'écrie

« Napoléon. Et il commanda aussitôt qu'on prît soin de ce jeune homme,
« qu'on l'habillât et qu'on le transportât à bord du premier croiseur de
« sa nation, voulant en même temps qu'on lui donnât une petite somme
« pour sa mère, faisant la remarque qu'elle devait être une bonne
« mère, puisqu'elle avait un si bon fils. »

N. B. Depuis mon retour en Europe, il a été publié des lettres de Sainte-Hélène, dans lesquelles j'ai retrouvé ces anecdotes presque mot à mot. Cette circonstance et d'autres m'ont fait prendre des renseignements sur cette publication, et ils m'ont mis à même de pouvoir affirmer que, bien qu'elle soit anonyme, elle est de la plus grande authenticité, et mérite toute confiance.

En fait de bienveillance de la part de l'Empereur, exercée envers des Anglais détenus en France, j'ai connu pour mon compte celle dont fut l'objet un M. Manning, fort de ma connaissance à Paris, lequel, s'étant consacré aux voyages dans l'intérêt de la science, n'imagina d'autre moyen, pour recouvrer sa liberté, que de s'adresser directement à Napoléon, par la voie d'une simple pétition, lui demandant qu'il lui permît d'aller visiter le plateau central de l'Asie. Nous lui rîmes au nez dans nos salons, sur sa simplicité ; mais il nous le rendit à son tour, quand, au bout de quelques semaines, il vint triomphant nous apprendre son succès et sa liberté. Je lis dans l'ouvrage du docteur O'Méara, et ce n'est pas une des moindres singularités du hasard, que ce même M. Manning, après plusieurs années de longues pérégrinations, se trouvant, dans son retour en Europe, passer à Sainte-Hélène, y sollicite de tous ses moyens la faveur d'aborder Napoléon pour lui exprimer sa reconnaissance, déposer quelques présents à ses pieds, et répondre aux questions de l'Empereur sur l'existence et les particularités du grand Lama, qu'il avait été visiter par sa faveur particulière.

Situation physique de la Russie ; sa puissance politique : paroles remarquables. — Notice sur l'Inde anglaise. — Pitt et Fox. — Idées de l'économie politique : compagnies ou commerce libre. — Les créneaux contre les métiers, etc. — M. de Suffren. Sentiments de l'Empereur pour la marine.

Mercredi 6.

L'EMPEREUR a été de mieux en mieux. Il a reçu quelques personnes vers midi.

Le soir, même amour encore de géographie. L'Empereur s'est arrêté spécialement sur l'Asie; la situation politique de la Russie, la facilité avec laquelle elle pourrait faire une entreprise sur l'Inde et même sur la Chine; les inquiétudes qu'en devaient concevoir les Anglais; le nombre de troupes que la Russie devrait employer, leur point de départ, la route qu'elles auraient à suivre, les richesses métalliques qu'elles en rapporteraient, etc.; et il a donné, sur la plupart de ces points, des détails bien précieux. J'ai le regret de n'en trouver ici que l'indication, et je n'oserais me fier à mes souvenirs pour les reproduire.

L'Empereur a passé de là à ce qu'il appelait la situation admirable de la Russie contre le reste de l'Europe, à l'immensité de sa masse d'invasion. Il peignait cette puissance assise sous le pôle, adossée à des glaces éternelles qui au besoin la rendaient inabordable; elle n'était attaquable, disait-il, que trois ou quatre mois ou un quart de l'année, tandis qu'elle avait l'année tout entière ou les douze mois contre nous; elle n'offrait aux assaillants que les rigueurs, les souffrances, les privations d'un sol désert, d'une nature morte ou engourdie, tandis que ses peuples ne se lançaient qu'avec attrait vers les délices de notre midi.

Outre ces circonstances physiques, ajoutait l'Empereur, à sa nombreuse population sédentaire, brave, endurcie, dévouée, passive, se joignaient d'immenses peuplades, dont le dénûment et le vagabondage sont l'état naturel. « On ne peut s'empêcher de frémir, disait-il, à
« l'idée d'une telle masse, qu'on ne saurait attaquer ni par les côtés ni
« sur les derrières; qui déborde impunément sur vous, inondant tout
« si elle triomphe, ou se retirant au milieu des glaces, au sein de la
« désolation, de la mort, devenues ses réserves si elle est défaite; le
« tout avec la facilité de reparaître aussitôt si le cas le requiert. N'est-
« ce pas là la tête de l'hydre, l'Antée de la fable, dont on ne saurait
« venir à bout qu'en le saisissant au corps et l'étouffant dans ses bras?
« mais où trouver l'Hercule? Il n'appartenait qu'à nous d'oser y pré-
« tendre, et nous l'avons tenté gauchement, il faut en convenir. »

L'Empereur disait que dans la nouvelle combinaison politique de l'Europe, le sort de cette partie du monde ne tenait plus qu'à la capacité, aux dispositions d'un seul homme. « Qu'il se trouve, disait-il, un empe-
« reur de Russie vaillant, impétueux, capable, en un mot, un czar qui
« ait de la barbe au menton (ce qu'il exprimait, du reste, beaucoup plus
« énergiquement), et l'Europe est à lui. Il peut commencer ses opéra-
« tions sur le sol allemand même, à cent lieues des deux capitales, Ber-
« lin et Vienne, dont les souverains sont les seuls obstacles. Il enlève
« l'alliance de l'un par la force, et avec son concours abat l'autre d'un
« revers; et dès cet instant il est au cœur de l'Allemagne, au milieu des
« princes du second ordre, dont la plupart sont ses parents ou attendent

« tout de lui. Au besoin, si le cas le requiert, il jette en passant, par-
« dessus les Alpes, quelques tisons enflammés sur le sol italien, tout
« prêt pour l'explosion, et marche triomphant vers la France, dont il
« se proclame de nouveau le libérateur. Assurément, moi, dans une
« telle situation, j'arriverais à Calais à temps fixe et par journées d'étape,
« et je m'y trouverais le maître et l'arbitre de l'Europe..... » Et après
quelques instants de silence, il a ajouté: « Peut-être, mon cher, êtes-
« vous tenté de me dire, comme le ministre de Pyrrhus à son maître:
« *Et après tout à quoi bon?* Je réponds : A fonder une nouvelle société,
« et à sauver de grands malheurs. L'Europe attend, sollicite ce bienfait;
« le vieux système est à bout, et le nouveau n'est point assis, et ne le
« sera pas sans de longues et furieuses convulsions encore. »

L'Empereur a gardé de nouveau le silence, mesurant avec un compas
des distances sur la carte, et disait Constantinople placée pour être le
centre et le siége de la domination universelle, etc.

Il est revenu ensuite sur l'Inde anglaise, et m'a demandé si j'étais bien
au fait de son histoire. Je lui ai dit le peu que j'en savais.

Élisabeth créa une compagnie des Indes, en vertu de sa prérogative
royale.

Cent ans plus tard, le parlement en créa une autre. Bientôt après, ces
deux compagnies, qui se nuisaient par leur concurrence, furent réunies
dans une même charte nationale.

En 1716, la compagnie obtint des souverains de l'Inde le fameux
firman ou charte indienne, pour exporter et importer sans payer aucun
droit.

En 1741, la compagnie, pour la première fois, interféra militairement dans la politique de l'Inde, en opposition à la compagnie française,
qui prit le parti adverse. Depuis ce temps, les deux nations se battirent
sur ce terrain éloigné toutes les fois qu'elles eurent la guerre en Europe.
La France eut un moment très-brillant dans la guerre de 1740; elle
fut écrasée dans celle de 1755, soutint l'égalité dans celle de 1779, et
disparut tout à fait dans celle de la révolution.

Aujourd'hui la compagnie des Indes anglaises domine toute la péninsule, qui compte une population de plus de quatre-vingts ou cent millions
de sujets ses tributaires ou ses alliés.

Telle est cette fameuse compagnie des Indes qui se trouve tout à la
fois marchande et souveraine, dont les richesses se composent des profits de son commerce et des revenus de son territoire ; d'où il résulte
que le marchand est souvent poussé par l'ambition du souverain, et que

le souverain combine, ordonne, exécute avec la cupidité du marchand c'est dans cette circonstance toute particulière, dans ce double caractère ainsi que dans la nature et le nombre des employés, la distance du théâtre sur lequel on opère, qu'il faut chercher la clef des progrès, des mesures, des tiraillements, des contradictions, des désordres et des clameurs qui composent l'histoire de cette célèbre compagnie.

La compagnie des Indes anglaises a été longtemps tout à fait maîtresse et indépendante; elle était et continue d'être représentée par une cour de directeurs choisis par la masse des propriétaires; ces directeurs délèguent et dirigent dans l'Inde, par leurs dépêches, une régence ou conseil composé d'un gouverneur et de quelques assesseurs qui y représentent et y exercent l'autorité souveraine.

En 1767, pour la première fois, la couronne mit en avant des droits sur son territoire et ses revenus; mais la compagnie acheta le désistement pour un subside de dix ou douze millions de francs.

Vers 1775, la compagnie des Indes, se trouvant extrêmement dérangée dans ses affaires, eut recours au parlement, qui profita de ses embarras pour consacrer sa dépendance. Il traça des règlements politiques, judiciaires et financiers auxquels il soumit toutes les possessions de cette compagnie; mais ces règlements ne furent point heureux: ils portèrent le désordre au comble dans la péninsule de l'Inde, en y introduisant surtout une cour suprême de justice qui se montra la rivale du conseil souverain, et qui, chargée d'introduire les lois anglaises dans le pays, porta le bouleversement et l'effroi parmi les naturels. La fureur des partis, leurs dénonciations réciproques, leurs plaintes, leurs déclamations nous ont transmis des actes odieux, une rapacité sans frein, une tyrannie atroce. Cette époque est la plus orageuse et la moins honorable de l'histoire de la compagnie.

En 1783, pour y porter un remède radical, M. Fox, alors ministre, proposa son fameux bill dont le non-succès le fit sortir du ministère. L'année suivante, M. Pitt, qui avait été son antagoniste, en présenta un autre qui commença sa grande réputation, et qui gouverne encore aujourd'hui la compagnie. Le bill de M. Fox était une véritable saisie judiciaire; il retirait à la compagnie toutes ses propriétés et les plaçait en régie entre les mains d'un comité, chargé de gérer pour elle, de liquider ses dettes et de disposer de tous les emplois. Les membres du comité, nommés par le roi ou par le parlement, devaient être inamovibles, et siéger jusqu'à ce qu'ils eussent mis les affaires sur un meilleur pied. On cria de toute part sur un ordre de choses qui, disait-on, allait mettre entre les mains de quelques-uns de si grands intérêts, un si grand patronage, une si énorme influence. C'était, disait-on, introduire un quatrième pouvoir dans l'État, créer un rival à la couronne même. On fut jusqu'à accuser M. Fox de vouloir se perpétuer dans le ministère, et se ménager une espèce de souveraineté occulte supérieure à celle du roi ; car, comme il était ministre et gouvernait en ce moment le parlement, il eût nommé et gouverné ce comité. A l'aide de l'influence de ce comité, il eût composé et gouverné le parlement, et à l'aide du parlement, il eût consacré et perpétué le comité : il n'y avait plus de fin. La clameur fut extrême, et le roi en fit une affaire personnelle. Il en appela à ses propres amis, à ceux qui, dans la chambre des pairs, lui étaient attachés de cœur, comme d'un objet attaquant son existence même. M. Fox échoua, et fut contraint de quitter le ministère.

M. Pitt montra plus de modération en apparence et fut plus adroit : il se contenta, par son bill, de mettre la compagnie en tutelle : il soumit toutes ses opérations à un comité chargé de les reviser et de les contre-signer : il laissa à la compagnie la nomination de tous les employés, mais réserva à la couronne la nomination du gouverneur général et le veto sur toutes les autres nominations. Ce comité, nommé par le roi, formait une branche nouvelle dans le ministère. On se récria vivement encore sur l'immense influence que cette mesure allait ajouter à l'autorité royale, et qui devait infailliblement briser, disait-on, l'équilibre constitutionnel. On avait reproché à M. Fox d'avoir voulu tenir cette influence tout à fait étrangère au roi ; on accusa M. Pitt de l'avoir mise toute entre ses mains. Tout ce que l'un avait voulu faire pour le peuple, disait-on, l'autre le faisait pour le monarque. Et, en effet, ces deux caractères distincts, ces deux inconvénients opposés, étaient toute la différence des deux bills ; c'était, au vrai, une bataille décisive entre les torys et les whigs. M. Pitt l'emporta, et les torys triomphèrent.

Les vices du bill de M. Fox sont demeurés hypothétiques, puisqu'ils n'ont pas été mis en essai ; mais les inconvénients prévus de celui de M. Pitt se sont formellement accomplis : l'équilibre des pouvoirs a été rompu, la vraie constitution d'Angleterre a cessé d'exister, l'autorité royale, journellement accrue, a tout envahi, et marche aujourd'hui sans obstacles dans la grande route de l'arbitraire et de l'absolu.

Les ministres disposent du parlement par une majorité qu'ils ont créée, majorité qui perpétue leurs pouvoirs et légalise leurs violences. Ainsi la liberté anglaise est enchaînée chaque jour davantage au nom et par les formes mêmes qui devraient la défendre, et l'avenir paraît sans remède, ou menace des plus grands malheurs! Quels plus funestes résultats eût donc pu produire le plan de M. Fox? car les grandes altérations de la constitution anglaise sont en effet venues de l'Inde. Le poids que M. Fox voulait mettre du côté populaire eût-il donc pu être aussi désastreux pour la liberté que celui dont M. Pitt a surchargé la prérogative royale?

Aussi, bien des gens prononcent hardiment aujourd'hui que M. Fox avait raison, qu'il était bien plus sage, et ne pouvait être aussi nuisible que son rival.

Aux noms de Pitt et de Fox, l'Empereur s'est arrêté longtemps sur leur caractère, leur système et leurs actes, et il a terminé en répétant ce qu'il a déjà dit plus d'une fois : « M. Pitt a été le maître de toute la
« politique européenne ; il a tenu dans ses mains le sort moral des peu-
« ples ; il en a mal usé ; il a incendié l'univers, et s'inscrira dans l'his-
« toire à la manière d'Érostrate, parmi les flammes, des regrets et des
« larmes !..... D'abord, les premières étincelles de notre révolution,
« puis toutes les résistances au vœu national, enfin tous les crimes hor-
« ribles qui en furent la conséquence, sont son ouvrage. Cette confla-
« gration universelle de vingt-cinq ans ; ces nombreuses coalitions qui
« l'ont entretenue ; le bouleversement, la dévastation de l'Europe ; les
« flots du sang des peuples qui en ont été la suite ; la dette effroyable de
« l'Angleterre, qui a payé toutes ces choses ; le système pestilentiel des
« emprunts, sous lequel les peuples demeurent courbés ; le malaise uni-
« versel d'aujourd'hui, tout cela est de sa façon. La postérité le recon-
« naîtra ; elle le signalera comme un vrai fléau ; cet homme, tant vanté
« de son temps, ne sera plus un jour que le génie du mal ; non que je
« le tienne pour atroce, ni même que je doute qu'il ne fût convaincu
« qu'il faisait le bien : la Saint-Barthélemy a bien eu ses persuadés ; le
« pape et les cardinaux en ont chanté un *Te Deum*, et parmi toutes ces
« bonnes gens il s'en trouvait bien, sans doute, quelques-unes de bonne
« foi. Voilà les hommes, leur raison, leurs jugements ! Mais ce que la
« postérité reprochera surtout à M. Pitt, ce sera la hideuse école qu'il a
« laissée après lui ; le machiavélisme insolent de celle-ci, son immora-
« lité profonde, son froid égoïsme, son mépris pour le sort des hom-
« mes ou la justice des choses.

« Quoi qu'il en soit, par admiration réelle ou pure reconnaissance,
« ou même encore simple instinct et seule sympathie, M. Pitt a été et
« demeure l'homme de l'aristocratie européenne ; c'est qu'en effet il y

« a eu en lui du Sylla. C'est son système qui a ménagé l'asservissement
« de la cause populaire et le triomphe des patriciens : Quant à M. Fox,
« ce n'est pas chez les anciens qu'il faut lui chercher un modèle, c'est à
« lui d'en servir, et son école tôt ou tard doit régir le monde. »

L'Empereur s'est fort étendu alors sur M. Fox ; il répétait l'avoir fort
goûté, beaucoup aimé. Il avait placé son buste à la Malmaison avant de
le connaître personnellement. Il a conclu en disant ce qu'il a déjà exprimé souvent et sous bien des formes : « Assurément l'instant de la
« mort de M. Fox est une des fatalités de ma carrière, a-t-il dit ; s'il eût
« continué de vivre, les affaires eussent pris une tout autre tournure,
« la cause des peuples l'eût emporté, et nous eussions fixé un nouvel
« ordre de choses en Europe. »

L'Empereur, revenant ensuite à la compagnie des Indes, a dit que
c'était une grande question que le monopole d'une compagnie, ou la
liberté du commerce pour tous. « Une compagnie, observait-il, plaçait
« de très-grands avantages entre les mains de quelques-uns qui peuvent
« faire très-bien leurs affaires, tout en négligeant celles de la masse ; aussi
« toute la compagnie dégénérait-elle bientôt en oligarchie, toujours amie
« du pouvoir et prête à lui donner secours ; et, sous ce rapport, les com-
« pagnies tenaient tout à fait du vieux temps et des anciens systèmes.
« Le commerce libre, au contraire, tenait à toutes les classes, agitait
« toutes les imaginations, remuait tout un peuple ; il était tout à fait
« identique avec l'égalité, portait naturellement à l'indépendance, et,
« sous ce rapport, tenait beaucoup plus à notre système moderne.

« Après le traité d'Amiens, qui rendait à la France ses possessions
« dans l'Inde, j'ai fait discuter devant moi, longtemps et à fond, cette
« grande question ; j'ai écouté des hommes du commerce, entendu des
« hommes d'État, et j'ai prononcé pour le commerce libre et rejeté les
« compagnies. »

De là l'Empereur est passé à plusieurs points d'économie politique consacrés par Smith dans sa *Richesse des Nations*. Il les avouait vrais en
principe, mais les démontrait faux dans leur application. Malheureusement ici encore je ne retrouve que de stériles indications.

Il a terminé en disant : « Jadis on ne connaissait qu'une espèce de
« propriété, celle du terrain ; il en est survenu une nouvelle, celle de
« l'industrie, aux prises en ce moment avec la première ; puis une troi-
« sième, celle dérivant des énormes charges perçues sur les administrés,
« et qui, distribuées par les mains neutres et impartiales du gouverne-
« ment, peuvent garantir du monopole des deux autres, leur servir

« d'intermédiaire, et les empêcher d'en venir aux mains. » Il appelait cette grande lutte la guerre des *champs* contre les *comptoirs*, celle des *créneaux* contre les *métiers*.

« C'est pourtant, disait-il, pour n'avoir pas voulu reconnaître cette
« grande révolution dans la propriété, pour s'obstiner à fermer les yeux
« sur de telles vérités, qu'on fait tant de sottises aujourd'hui, et que
« l'on s'expose à tant de bouleversements. Le monde a éprouvé un
« grand déplacement, et il cherche à se rasseoir ; voilà, en deux mots,
« terminait-il, toute la clef de l'agitation universelle qui nous tour-
« mente. On a désarrimé le vaisseau, transporté du lest de l'avant à
« l'arrière, et de là ces furieuses oscillations qui peuvent amener le
« naufrage à la première tempête, si l'on s'obstine à vouloir le manœu-
« vrer comme de coutume, sans avoir obtenu un équilibre nouveau. »

Ce jour a été riche pour mon Journal. Outre les sujets déjà traités, il a été question de plusieurs autres encore. En parlant des Indes et de la compagnie anglaise, le nom de M. de Suffren a été mentionné.

L'Empereur n'en avait pas une exacte connaissance ; il savait confusément que cet officier avait rendu de grands services, et lui Napoléon avait, par ce seul sentiment, disait-il, accordé beaucoup à sa famille. Il m'a questionné à son sujet. Je ne l'avais pas connu, je ne pouvais que lui rendre les traditions du corps. Or, il était admis, lui disais-je, parmi nous dans la marine, que M. de Suffren était, depuis Louis XIV, le seul qui rappelât les grands marins de notre belle époque navale.

M. de Suffren avait du génie, de la création, beaucoup d'ardeur, une forte ambition, un caractère de fer ; c'était un de ces hommes que la nature a rendus propres à tout. J'ai entendu des gens très-sensés et très-forts dire que sa mort, en 1789, pouvait avoir été une calamité nationale ; qu'admis au Conseil du roi, dans la crise du moment, il eût été de taille à donner une autre issue aux affaires. M. de Suffren, très-dur, très-bizarre, extrêmement égoïste, mauvais coucheur, mauvais camarade, n'était aimé de personne, mais était apprécié, admiré de tous.

C'était un homme avec qui l'on ne pouvait pas vivre, et il était surtout fort difficile à commander, obéissait peu, critiquait tout, déclamait sans cesse sur l'inutilité de la tactique, par exemple, et se montrant au besoin le meilleur tacticien. Il en était de même de tout le reste, c'étaient l'inquiétude et la mauvaise humeur du génie et de l'ambition qui n'a pas ses coudées franches.

Parvenu au commandement de l'escadre de l'Inde, et conduit au roi pour prendre congé, un huissier faisait avec peine ouvrir la foule pour qu'il pût parvenir. « Je vous remercie aujourd'hui, disait-il à l'huissier, « en grognant et nasillant d'après sa nature ; mais au retour, Monsieur, « vous verrez que je saurai bien me faire faire place moi-même. » Et il tint parole.

Arrivé dans l'Inde, il ouvrit une scène nouvelle à nos armes, il y fit des prodiges qu'on n'a peut-être pas assez appréciés en Europe ; ce furent immédiatement des actes et des mœurs de commandement inconnus jusque-là ; prenant tout sur lui, osant tout, imaginant tout, prévoyant à tout, démontrant ses capitaines au besoin, nommant ses officiers, équipant et faisant combattre des vaisseaux condamnés depuis longtemps ; trouvant un hivernage sur les lieux mêmes, dans l'Inde, quand la routine voulait qu'on fût les chercher à douze ou quinze cents lieues de là, à l'île de France ; enfin on le vit, devançant la manière de nos jours, s'approcher de la côte, embarquer des soldats qui avaient combattu la veille l'ennemi ; aller battre avec eux l'escadre anglaise, et les reporter le lendemain à leur camp pour qu'ils pussent combattre de nouveau. Aussi notre pavillon prit-il tout à coup une supériorité qui dérouta l'ennemi. « Oh ! pourquoi cet homme, s'est écrié l'Empereur, n'a-t-il pas « vécu jusqu'à moi, ou pourquoi n'en ai-je pas trouvé un de sa trempe ? « j'en eusse fait notre Nelson, et les affaires eussent pris une autre tour-« nure ; mais j'ai passé tout mon temps à chercher l'homme de la marine, « sans avoir jamais rien pu rencontrer. Il y a dans ce métier une spécia-« lité, une technicité qui arrêtaient toutes mes conceptions. Proposais-« je une idée nouvelle, aussitôt j'avais Ganthaume sur les épaules et la « section de marine. — Sire, cela ne se peut pas. — Et pourquoi ? — Sire, « les vents ne le permettent pas, et puis les calmes, les courants ; et « j'étais arrêté tout court. Comment continuer la discussion avec ceux « dont on ne parle pas le langage ? Combien de fois, au Conseil d'État, « leur ai-je reproché d'abuser de cette circonstance ! A les entendre, il « eût fallu naître dans la marine pour y connaître quelque chose. Et je « leur ai dit souvent qu'ils abusaient encore, que je n'eusse demandé « que de faire la traversée de l'Inde avec eux, et qu'au retour je me serais « fait fort d'être aussi familier avec leur métier qu'avec mes champs de « bataille. Ils n'en croyaient rien, et revenaient toujours à ce qu'on ne « pouvait être bon marin si on ne s'y prenait dès le berceau ; et ils me « firent faire quelque chose à cet égard qui m'a longtemps pesé, ce fut « l'enrôlement de plusieurs milliers d'enfants de six à huit ans.

« J'eus beau me débattre, il me fallut céder à leur unanimité, en les « prévenant toutefois que j'en chargeais leur conscience. Qu'en résulta-

« t-il ? que le public murmura, déclama beaucoup et nous couvrit de ri-
« dicule, qualifiant l'opération de massacre des innocents. Voilà que plus
« plus tard de Winter, Verhuel, tous les marins du Nord et d'autres en-
« core, sont venus me dire et ont soutenu que dix-huit, vingt ans, l'âge
« de la conscription, n'était pas trop tard pour commencer à être mate-
« lot : les Danois, les Suédois y emploient leurs soldats ; chez les Russes,
« la flotte n'est qu'une portion de l'armée principale, ce qui donne l'avan-
« tage inappréciable de l'avoir en permanence et à deux fins.

« J'avais imaginé moi-même, a-t-il ajouté, quelque chose de la sorte
« en créant mes équipages de haut bord ; mais que d'obstacles ne ren-
« contrai-je pas, que de préjugés j'eus à vaincre, quelle force de volonté
« je dus employer pour parvenir à donner un uniforme à ces pauvres
« matelots, à les enrégimenter, à leur faire faire l'exercice ! Je gâtais

« tout, disait-on ; et pourtant de quelle utilité n'ont-ils pas été ! Quelle
« plus heureuse idée que d'avoir deux services pour une seule paye ! Ils
« n'ont pas été moins bons matelots, et se sont montrés les meilleurs

« des soldats. On les a trouvés, au besoin, matelots, soldats, artilleurs,
« pontonniers, tout. Si, dans la marine, au lieu d'avoir des obstacles à
« combattre, j'avais rencontré quelqu'un qui eût abondé dans mon sens
« et devancé mes idées, quel résultat n'eussions-nous pas obtenu! mais
« sous mon règne, il n'a jamais pu s'élever dans la marine quelqu'un qui
« s'écartât de la routine et sût créer. J'aimais particulièrement les ma-
« rins, j'estimais leur courage, j'estimais leur patriotisme; mais je n'ai
« jamais pu trouver entre eux et moi d'intermédiaire qui sût les faire
« agir et les faire mériter, etc., etc. »

Organisation impériale ; préfets, auditeurs au Conseil d'État ; motifs des gros appointements ;
intentions futures, etc.

Jeudi 7.

Napoléon, parlant de son organisation impériale, disait qu'il en avait fait le gouvernement le plus compacte, de la circulation la plus rapide et des efforts les plus nerveux qui eût jamais existé : « Et il ne fallait rien
« moins que tout cela, remarquait-il, pour pouvoir triompher des im-
« menses difficultés dont nous étions entourés, et produire toutes les
« merveilles que nous avons accomplies; l'organisation des préfectures,
« leur action, les résultats étaient admirables et prodigieux. La même
« impulsion se trouvait donnée au même instant à plus de quarante mil-
« lions d'hommes ; et, à l'aide de ces centres d'activité locale, le mou-
« vement était aussi rapide à toutes les extrémités qu'au cœur même.

« Les étrangers qui nous visitaient, et qui savaient voir et juger,
« en étaient émerveillés. Et c'est à cette uniformité d'action, sur un
« aussi grand terrain, qu'ils attribuaient surtout ces prodigieux efforts,
« ces immenses résultats, qu'ils avouaient n'avoir pas pu comprendre
« jusque-là.

« Les préfets, avec toute l'autorité et les ressources locales dont ils se
« trouvaient investis, ajoutait l'Empereur, étaient eux-mêmes *des empe-*
« *reurs au petit pied*; et comme ils n'avaient de force que par l'impul-
« sion première dont ils n'étaient que les organes, que toute leur influence
« ne dérivait que de leur emploi du moment, qu'ils n'en avaient point de
« personnelle, qu'ils ne tenaient nullement au sol qu'ils régissaient, ils
« avaient tous les avantages des anciens grands agents absolus, sans
« aucun de leurs inconvénients. Il avait bien fallu leur créer toute cette
« puissance, disait l'Empereur. Je me trouvais dictateur, la force des
« circonstances le voulait ainsi; il fallait donc que tous les filaments

« issus de moi se trouvassent en harmonie avec la cause première, sous
« peine de manquer le résultat. Le réseau gouvernant dont je couvris
« le sol requérait une furieuse tension, une prodigieuse force d'élasti-
« cité, si l'on voulait pouvoir faire rebondir au loin les terribles coups
« dont on nous ajustait sans cesse : aussi la plupart de ces ressorts n'é-
« taient-ils, dans ma pensée, que des institutions de dictature, des ar-
« mes de guerre. Quand le temps fût venu pour moi de relâcher les rê-
« nes, tous mes filaments aussi se seraient sympathiquement détendus,
« et nous aurions alors procédé à notre établissement de paix, à nos
« institutions locales. Si nous n'en avions encore aucune, c'est que la
« crise ne les admettait pas. Nous eussions infailliblement succombé
« tout d'abord si nous en eussions été pourvus dès le principe ; et puis,
« il faut le dire, nous n'étions pas mûrs pour en faire un bon usage. Il
« ne faut pas croire que la nation fût déjà prête pour manier dignement
« sa liberté. La masse avait encore, dans l'éducation et le caractère,
« trop de préjugés du temps passé. Cela serait venu ; nous nous for-
« mions chaque jour, mais nous avions encore beaucoup à gagner. Lors
« de l'explosion de la révolution, les patriotes en général se trouvèrent
« tels par nature, par instinct. Ce sentiment se trouva dans leur sang,
« ce fut chez eux une passion, une frénésie ; et de là, l'effervescence,
« les excès, l'exagération de l'époque. Mais ce n'est pas à coups de mas-
« sue et par soubresauts qu'on peut naturaliser le système moderne,
« en jouir ; il faut l'implanter dans l'éducation, et que ses racines s'em-
« branchent avec la raison, la conviction même, ce qui doit infaillible-
« ment avoir lieu avec le temps, parce qu'il repose sur des vérités natu-
« relles. Mais ceux qui composaient les générations de nos jours, ajoutait-
« il, demeuraient si naturellement dominateurs, si avides du pouvoir,
« l'exerçaient avec tant d'importance, pour ne pas dire plus, et pour-
« tant en même temps étaient si prêts, d'un autre côté, à courir au-de-
« vant de la servitude !... Nous étions toujours entre ces deux vices. Dans
« tous mes voyages, disait-il, j'étais constamment obligé de dire à mes
« premiers officiers placés à mes côtés : Mais laissez donc parler M. le pré-
« fet. Allais-je à quelque subdivision du département, c'était alors au
« préfet que j'étais obligé de dire : Mais laissez donc répondre M. le sous-
« préfet ou M. le maire ; tant chacun s'empressait d'éclipser le voisin,
« et comprenait peu le bien qui pouvait dériver d'une communication
« directe avec moi ! Envoyais-je mes grands officiers, mes ministres,
« présider les colléges électoraux, et leur recommandais-je de ne pas
« se faire nommer candidats au sénat, que cette place leur était assurée

« par une autre route, et qu'il fallait laisser cette satisfaction aux nota-
« bles des provinces, ils n'en revenaient pas moins toujours désignés. »

Et ceci me rappelle que dans le temps, un des ministres (Decrès) me racontait avoir eu une prise avec l'Empereur précisément à ce sujet. Il
le grondait de sa nomination : « Mais, Sire, lui répondait-il plaisamment,
« votre influence est plus forte que votre volonté ; j'ai beau dire que je
« n'en veux pas, que cela vous déplaît, que vous voulez qu'ils se réser-
« vent ces nominations entre eux, ils ne connaissent que votre choix, et
« je serai renommé tant que vous m'y enverrez. »

« J'avais, disait encore l'Empereur, donné des traitements énormes
« aux préfets et autres ; mais, en fait de prodigalité de ma part, fau-
« drait-il encore savoir distinguer ce qui est de système ou de circon-
« stances. Celles-ci me forçaient de donner de gros appointements, l'autre
« m'eût conduit à obtenir gratuitement. A l'origine, lorsqu'il s'agissait
« d'attacher des individus, de recomposer une société et des mœurs à
« l'avenant, de gros traitements, une véritable fortune, étaient indis-
« pensables ; mais le résultat obtenu, et avec le temps rentré dans l'or-
« dre naturel, mon intention, au contraire, eût été de rendre la plupart
« des hautes fonctions à peu près gratuites. J'eusse élagué les nécessiteux,
« qui jamais ne s'appartiennent à eux-mêmes, dont les besoins pressants
« créent l'immoralité politique ; j'eusse amené l'opinion à solliciter ces

« emplois pour la pure considération ; ils fussent devenus d'honorables
« magistratures, d'immenses justices de paix remplies par les plus grandes
« fortunes, chez qui la vocation, la philanthropie, une honnête ambi-
« tion, eussent été les premiers guides et le gage assuré d'une noble in-
« dépendance. Et c'est là ce qui compose vraiment la dignité, la majesté
« d'une nation, ce qui en élève la renommée et ramène la morale pu-
« blique. Or notre changement de mœurs à cet égard était devenu indis-
« pensable, et c'est le dégoût des places qui eût signalé notre véritable
« retour à la haute morale. On m'a dit ici que cette avidité de places a
« passé la mer pour aller infecter nos voisins : autrefois les vieux An-
« glais les dédaignaient. Voyez si aux États-Unis on en est avide. Cet
« amour dans un peuple est le plus grand échec que puisse éprouver sa
« moralité. Quand on veut absolument des places, on se trouve déjà
« vendu d'avance. Aujourd'hui les plus grands personnages en Angle-
« terre courent après ; les grandes familles, toute la pairie, les recher-
« chent. Ils se rejettent sur ce que l'énormité des taxes ne leur permet
« plus de vivre sans salaire. Pitoyable excuse ! c'est que leurs mœurs
« publiques sont encore plus altérées que leurs fortunes. Quand on en est
« arrivé, dans une certaine classe, à solliciter des emplois pour de l'ar-
« gent, il n'est plus pour une nation de véritable indépendance, de no-
« blesse, de dignité dans le caractère. Notre excuse à nous pouvait être
« dans les bouleversements et les commotions de notre révolution : cha-
« cun avait été déplacé, chacun se sentait dans la nécessité de se ras-
« seoir ; et c'est pour aider à cette nécessité générale, et pour que les
« sentiments délicats se détruisissent le moins possible, que j'ai cru de-
« voir doter toutes les places de tant d'argent, de lustre et de considé-
« ration ; mais avec le temps j'eusse changé tout cela par la seule force
« de l'opinion. Et qu'on ne croie pas la chose impossible : tout devient
« facile à l'influence du pouvoir quand il veut diriger dans le juste,
« l'honnête et le beau, etc.

« Je ménageais à mon fils une situation des plus heureuses. J'élevais pré-
« cisément pour lui à l'école nouvelle la nombreuse classe des auditeurs
« au Conseil d'État. Leur éducation finie et leur âge venu, ils eussent un
« beau jour relevé tous les postes de l'empire. Forts de nos principes et
« des exemples de leurs devanciers, ils se fussent trouvés tous douze à
« quinze ans de plus que mon fils, ce qui l'eût placé précisément entre
« deux générations et tous leurs avantages : la maturité, l'expérience et
« la sagesse au-dessus ; la jeunesse, la célérité, la prestesse au-dessous. »
Et comme je m'étonnais qu'il n'eût rien laissé percer de toutes ces

grandes et belles institutions : « A quoi bon bavarder là-dessus? me
« dit-il ; on m'eût pris pour un charlatan, on m'eût suspecté d'insinua-
« tion, de souplesse ; on se fût familiarisé à me combattre, et je serais
« tombé dans le discrédit. Situé, ainsi que je l'étais, sans l'autorité hé-
« réditaire de l'antique tradition, privé du prestige de ce qu'ils appel-
« lent la légitimité, je ne devais pas permettre l'occasion d'entrer en lice
« vis-à-vis de moi, je devais être tranchant, impérieux, décisif. Vous me
« dites qu'on a dit de moi dans votre faubourg : *Que n'était-il légitime!*
« Si je l'eusse été, je n'aurais pas fait davantage sans doute, mais il
« m'eût été permis alors d'avoir plus de bonhomie, etc. »

La Vendée; Charette. — Lamarque. — Tragédies d'Eschyle et de Sophocle, etc. — Véritables tragédies chez les Romains. — La *Médée* de Sénèque; singularité.

Vendredi 8.

L'Empereur a travaillé avec l'un de nous, ce qui nous a fort réjouis, en nous prouvant qu'il se trouvait mieux.

Il m'a fait demander avant dîner. Le travail semblait l'avoir animé ; il était fort causant, et nous marchions dans son appartement. La Vendée, ses troubles, les chefs qu'elle a montrés, ont été un des sujets remarquables de la conversation.

Charette était le seul dont il fît un cas tout particulier. « J'ai lu une
« histoire de la Vendée. Si les détails, les portraits sont exacts, disait-il,
« Charette est le seul grand caractère, le véritable héros de cet épisode
« marquant de notre révolution, lequel, s'il présente de grands mal-
« heurs, n'immole pas du moins notre gloire. On s'y égorge, mais on
« ne s'y dégrade point; on y reçoit des secours de l'étranger, mais on n'a
« pas la honte d'être sous sa bannière et d'en recevoir un salaire jour-
« nalier pour n'être que l'exécuteur de ses volontés. Oui, a-t-il continué,
« Charette me laisse l'impression d'un grand caractère ; je lui vois faire
« des choses d'une énergie, d'une audace peu commune ; il laisse percer
« du génie. » Je lui disais avoir beaucoup connu Charette dans mon enfance. Nous avions été gardes de la marine ensemble à Brest; nous y avions partagé longtemps la même chambre, mangé à la même table, et il avait fort surpris par ses exploits et sa brillante carrière tous ceux de nous qui avaient été liés avec lui. Nous avions jugé Charrette assez commun, de peu d'instruction, volontiers atrabilaire, et surtout extrêmement indolent : pas un de nous qui ne l'eût condamné à demeurer dans la foule des insignifiants. Il est bien vrai qu'à mesure qu'il prenait de l'éclat, nous rappelions et nous aimions à faire ressortir qu'à une de ses premières campagnes dans la guerre d'Amérique, et ne devant

être encore qu'un enfant, sortant de Brest, durant l'hiver, sur un cutter, son bâtiment perdit son mât, ce qui, pour ce genre d'embarcation, équivaut à une perte presque certaine. Le temps était si épouvantable et la mort si infaillible, que les matelots, à genoux et l'esprit perdu, se refusèrent à tout travail qui eût pu les sauver. Le garde de la marine Charette, malgré son extrême jeunesse, en tua un pour contraindre les autres à travailler; il parvint en effet, par ce terrible exemple, à décider tout le reste, et l'on sauva le bâtiment. « Eh bien ! voyez, disait l'Em-
« pereur, le vrai caractère perce toujours dans les grandes circonstances;
« voilà l'étincelle qui signale le héros de la Vendée. Il ne faut pas tou-
« jours s'y méprendre, il est des dormeurs dont le réveil est terrible.
« Kléber aussi était d'habitude un endormi ; mais, dans l'occasion, et
« toujours au besoin, il avait le réveil du lion. » J'ajoutais avoir maintes fois entendu raconter à Charette que, dans un certain moment et dans un élan spontané, les matelots du cutter s'étaient écriés, d'une commune voix, qu'ils faisaient vœu d'aller, en chemise et pieds nus, porter un cierge à Notre-Dame de Recouvrance (portion de Brest), si elle obtenait leur salut : « Et vous en croirez ce que vous voudrez, nous ajou-
« tait naïvement Charette, mais il est de fait qu'à peine ils eurent fini
« de prononcer leur prière, que le vent tomba subitement, et que, dès
« cet instant, commencèrent nos espérances de salut. » Et les matelots, au retour, leurs officiers en tête, accomplirent dévotement leur vœu. Du reste, disais-je, ce ne fut pas la seule circonstance miraculeuse du petit cutter. On était au mois de décembre, la nuit fort longue et des plus obscures, on se savait au milieu des récifs ; mais, privé du mât et de tout secours nautique, on flottait à l'aventure, n'attendant de salut que du ciel, quand on entendit le son d'une cloche. On sonda, et, trouvant très-peu de fond, on jeta l'ancre. Quelles ne furent pas, au point du jour, la surprise et la joie de se voir à l'entrée de la rivière de Landernau ! la cloche qu'on avait entendue était celle de la paroisse voisine. Or le bâtiment avait merveilleusement traversé les innombrables écueils dont est semée l'entrée de Brest; il avait enfilé le goulet, passé à travers trois ou quatre cents voiles qui couvraient la rade, et était venu trouver un abri précisément à l'entrée d'une rivière, sur un point calme et tout à fait à l'écart. « Voyez, disait l'Empereur, toute la différence
« du tâtonnement des hommes à la marche assurée, franche de la na-
« ture; ce qui vous étonne si fort devait arriver. Très-probablement
« qu'avec toutes nos connaissances humaines, le trouble, les erreurs de
« nos sens eussent amené le naufrage du bâtiment. Au travers de tant de

« chances malheureuses, la nature l'a sauvé sans hésitation, la marée
« s'en est saisie, et la force du courant l'a conduit sans péril précisément
« au milieu de chaque chenal ; de la sorte il ne devait, il ne pouvait pas
« périr, etc. »

Et revenant sur la guerre de la Vendée, il a rappelé qu'il avait été tiré de l'armée des Alpes pour passer à celle de la Vendée, et qu'il avait préféré donner sa démission à poursuivre un service dans lequel, d'après les impulsions du temps, il n'eût pu concourir qu'à du mal, sans pouvoir personnellement prétendre à aucun bien. Il a dit qu'un des premiers soins de son consulat avait été de pacifier tout à fait ce malheureux pays et de lui faire oublier ses désastres. Il avait beaucoup fait pour lui. La population en avait été reconnaissante; et, quand il l'avait traversé, les prêtres mêmes avaient semblé lui être sincèrement des plus favorables. « Aussi, ajoutait-il, les dernières insurrections n'a-
« vaient-elles plus le même caractère que la première; ce n'était plus
« du pur fanatisme, mais seulement de l'obéissance passive à une aristo-
« cratie dominatrice. Quoi qu'il en soit, Lamarque, que j'y avais en-
« voyé au fort de la crise, y fit des merveilles et surpassa mes espé-
« rances. » Et de quel poids n'eussent pas pu devenir ses actes dans la grande lutte! car les chefs vendéens les plus distingués, ceux sans doute

qui recueillent en ce moment les bienfaits de la cour, ont reconnu, entre les mains de ce général, Napoléon pour empereur, même après Waterloo, même après son abdication. Fut-ce de la part de Lamarque ignorance du véritable état des choses, ou seulement pure fantaisie du vainqueur? Toutefois le voilà dans l'exil ; il est du nombre des trente-huit. C'est qu'il est plus facile de proscrire que de vaincre, etc., etc.

Il a pris envie à l'Empereur de venir dîner avec nous ; c'était la première fois depuis son incommodité, c'est-à-dire depuis seize jours. Cela nous semblait une petite fête; toutefois nous ne pouvions nous empêcher de remarquer avec douleur une grande altération dans tous ses traits et des traces visibles d'une aussi longue réclusion.

Après dîner, on a repris les lectures, depuis si longtemps interrompues. L'Empereur nous a lu l'*Agamemnon* d'Eschyle, dont il a fort admiré l'extrême force jointe à la grande simplicité. Nous étions frappés surtout de la gradation de terreur qui caractérise les productions de ce père de la tragédie. Et c'est pourtant là, faisait-on observer, l'étincelle première à laquelle se rattache notre belle lumière moderne.

Après l'*Agamemnon* d'Eschyle, l'Empereur a fait venir l'*OEdipe* de Sophocle, qui nous a également fait le plus grand plaisir, et l'Empereur a répété qu'il regrettait fort de ne l'avoir point fait jouer de la sorte à Saint-Cloud.

Talma avait toujours combattu cette idée ; mais l'Empereur disait être fâché de n'avoir point insisté : « Non que j'eusse voulu essayer, ajou-
« tait-il, d'en ramener la mode ou corriger notre théâtre, Dieu m'en
« garde ! mais seulement parce que j'eusse aimé à juger des impressions
« de la facture antique sur nos dispositions modernes. » Il était persuadé qu'un tel spectacle eût fait grand plaisir, et il se demandait quel effet eussent pu produire, avec notre goût moderne, le coryphée et les chœurs grecs, etc.

Il a passé de là à l'*OEdipe* de Voltaire, qu'il a beaucoup vanté. Cette pièce lui présentait, disait-il, la plus belle scène de notre théâtre. Quant à ses vices, les amours si ridicules de Philoctète, par exemple, il ne fallait point en accuser le poète, mais bien les mœurs du temps et les grandes actrices du jour, qui imposaient la loi. Cet éloge de Voltaire nous a frappés : il était nouveau pour nous, tant il était rare dans la bouche de l'Empereur.

A onze heures, et déjà couché, l'Empereur m'a fait appeler et a continué à causer sur notre théâtre et sur celui des Grecs et des Romains, au sujet desquels il a dit beaucoup de choses fort curieuses.

D'abord il s'étonnait que les Romains n'eussent point de tragédies ;

puis il convenait qu'elles eussent été peu propres à les émouvoir sur le théâtre; qu'elles se donnaient en réalité dans leurs cirques. « Les com-
« bats des gladiateurs, disait-il, celui des hommes livrés aux bêtes
« féroces, étaient bien autrement terribles que toutes nos scènes dra-
« matiques ensemble, et c'étaient là du reste les seules tragédies,
« remarquait-il, propres à la trempe robuste, aux nerfs d'acier des
« Romains. »

Toutefois les Romains ont eu, disions-nous, quelques essais de tragédie produits par Sénèque; et sa *Médée*, par parenthèse, présente une circonstance bien bizarre : c'est que le chœur y prédit distinctement la découverte de l'Amérique, opérée quatorze cents ans plus tard. « Un « nouveau Typhon, y est-il dit, enfant de la terre, ira, dans les siècles « à venir, découvrir vers l'Occident des régions éloignées, et Thulé ne « sera plus l'extrémité de l'univers [1]. »

L'Empereur beaucoup mieux. — Lui sauter! Madame Regnault de Saint-Jean-d'Angely. — Les deux impératrices. Dépenses de Joséphine; mécontentement de l'Empereur; anecdotes caractéristiques de l'Empereur.

Samedi 9.

L'Empereur était infiniment mieux; entouré de nous, il parlait des prodiges du début de sa carrière, et disait qu'ils avaient dû créer une grande impression dans le monde. Une telle impression, a repris quelqu'un, qu'on avait été tenté d'y apercevoir du surnaturel; et à ce sujet, il a cité une anecdote qui, dans le temps, avait couru les salons de Paris. Un nouvelliste, disais-je, entre tout effaré dans un cercle, annonçant que Bonaparte vient de périr à l'instant : il raconte l'explosion de la machine infernale, et termine en disant : « Le voilà sauté en l'air! — *Lui sauter!* s'écria un vieil Autrichien qui avait écouté de toutes ses oreilles, et qui avait encore présentes toutes les crises désespérées dont il avait vu sortir miraculeusement le jeune général de l'armée d'Italie; *lui sauter!* Ah! vous connaissez bien votre homme! et moi je vous gage qu'à l'heure qu'il est, il se porte mieux que nous tous. Je le connais de longue main avec toutes ses drôleries. »

Dans un autre moment madame Regnault de Saint-Jean-d'Angely ayant été mentionnée, et quelqu'un ayant dit à l'Empereur combien

...... Venient annis
Secula series quibus Oceanus
Vincula rerum laxet, et ingens
Pateat tellus, Typhoque novos
Detegat orbes, nec sit terris ultima Thule.
Fin du chœur du 2ᵉ acte de la Médée *de Sénèque.*

elle avait montré d'attachement pour lui durant son séjour à l'île d'Elbe : « Qui? elle! s'est écrié l'Empereur avec surprise et satisfaction. « — Oui, Sire. — Ah! pauvre femme, a-t-il ajouté avec le geste et l'ac-« cent du regret; et moi qui l'avais pourtant si maltraitée! Eh bien! « voilà qui paye du moins pour les renégats que j'avais tant com-« blés!.... » Et après quelques secondes de silence, il a dit significative-ment : « Il est bien sûr qu'ici-bas on ne connaît véritablement les âmes « et les sentiments qu'après de grandes épreuves! »

L'Empereur, à dîner, était fort bien, très-content et même gai; il se félicitait d'avoir passé sa dernière crise sans s'être soumis à la méde-cine, sans avoir payé tribut au docteur; et c'est ce qui fâchait celui-ci, disions-nous; il se serait contenté de si peu, le plus léger acte eût suffi! Il n'eût demandé que le billet de confession du clergé, disait l'Empe-reur, tout en riant beaucoup de la chose, et ajoutant que par pure com-plaisance il avait été jusqu'à essayer un gargarisme qu'il avait trouvé d'une acidité violente et qui lui avait fait mal, faisant observer en cela qu'il ne lui fallait que des remèdes extrêmement doux, tous les autres le crispant infailliblement. « Au physique comme au moral, disait-il, il « faut me prendre par la douceur, autrement je me cabre. »

Le cours de la conversation a conduit l'Empereur encore une fois sur le compte des impératrices Joséphine et Marie-Louise. Il a multi-plié sur elles les détails les plus aimables et les plus circonstanciés, et a terminé par son adage ordinaire, que l'une était les grâces et tous leurs charmes; l'autre, l'innocence et tous ses attraits.

L'Empereur détaillait ce qu'avait coûté la Malmaison : environ 3 ou 400,000 francs, c'est-à-dire tout ce qu'il possédait alors, disait-il; et il énumérait ensuite tout ce que pouvait avoir reçu de lui l'impératrice Joséphine; concluant qu'avec un peu d'ordre et de régularité seulement, elle aurait dû laisser des millions. « Son gaspillage, disait l'Empereur, « faisait mon supplice. Calculateur comme je le suis, il devait être dans « ma nature d'aimer mieux donner un million que de voir gaspiller « 100,000 francs. » Il nous racontait comment, étant tombé un jour sans être attendu dans le petit cercle du matin de Joséphine, il avait trouvé une dame professant, à la lettre, modes et chiffons. « Mon appari-« tion subite causa, disait-il, un grand désordre dans la séance académi-« que. C'était une célèbre marchande de modes, une de ces fameuses du « jour à laquelle j'avais fait défendre positivement d'approcher de l'im-« pératrice, qu'elle ruinait. Je donnai quelques ordres inaperçus, et à sa « sortie on s'en empara; elle fut conduite à Bicêtre. Ce fut un grand bruit

« dans tout Paris, le plus grand des scandales, disait-on. Le bon ton fut
« de lui rendre visite, et il y eut à sa porte une file de voitures. La po-
« lice vint m'en faire part. Tant mieux, dis-je; vous ne lui avez point
« fait de mal? elle n'est point au cachot?—Non, Sire, elle a plusieurs
« pièces, elle tient salon. — Eh bien! laissez crier; tant mieux si l'on
« prend ceci pour un acte de tyrannie, ce sera un coup de diapason pour
« un grand nombre; très-peu leur montrera que je pourrais faire beau-
« coup, etc. » Il nous a cité aussi un autre célèbre modiste, qu'il disait
être le plus insolent personnage qu'il eût jamais rencontré dans toute
sa carrière. « Lui ayant adressé la parole, disait Napoléon, un jour que
« j'examinais un trousseau de famille fourni par lui, il avait osé m'en-
« treprendre, moi, à qui, certes, on ne mangeait pas dans la main; il
« fit ce que personne en France n'eût osé tenter : il se mit à me démon-
« trer fort abondamment que je ne donnais pas assez à l'impératrice
« Joséphine, qu'il devenait impossible de l'habiller à ce prix. Je l'arrêtai
« au milieu de son impertinente éloquence d'un seul regard : il en de-
« meura comme terrassé. »

Après le dîner, l'Empereur rentré dans sa chambre, et dans son lit,
toussant beaucoup : « J'aurai pris trop de tabac sans y songer, m'a-
« t-il dit : je suis une bête d'habitude, la conversation m'aura distrait;
« vous devriez, mon cher, dans pareil cas, m'ôter ma tabatière : c'est
« ainsi qu'on sert ceux qu'on aime, etc., etc. »

Guerre sur les grandes routes.—Dumouriez plus audacieux que Napoléon.—Détails sur la princesse
Charlotte de Galles, le prince Léopold de Saxe-Cobourg, etc.

Dimanche 10.

Depuis quelques jours, l'Empereur, dans ses lectures, s'occupe de
guerre, de fortifications, d'artillerie, etc. Il a parcouru Vauban, le Dictionnaire de Gassendi, quelques campagnes de la révolution, et la tactique de Guibert, qui l'attache fort. En revenant à ce sujet, sur des
généraux déjà cités plusieurs fois ailleurs : « Ils ne savaient, disait-il,
« faire la guerre que sur les *grandes routes* et à la portée du canon,
« lorsque leur champ de bataille eût dû embrasser la totalité du
« pays. »

A dîner il a parlé de la campagne de Dumouriez en Champagne, qu'il
venait de lire. Il faisait peu de cas du duc de Brunswick, qui, avec un
projet offensif, n'avait fait, disait-il, que dix-huit lieues en quarante
jours. Mais, d'un autre côté, il blâmait fort Dumouriez, dont il avait
trouvé la position trop audacieuse. « Et de ma part on doit prendre cela

« pour beaucoup, a-t-il ajouté, car je me regarde comme l'homme le
« plus audacieux en guerre qui peut-être ait jamais existé, et bien cer-
« tainement je ne serais pas resté dans la position de Dumouriez, tant
« elle m'eût présenté de dangers. Je n'explique sa manœuvre qu'en me
« disant qu'il n'aura pas osé se retirer. Il aura jugé encore plus de périls
« dans la retraite qu'à demeurer. Wellington s'était mis dans ce cas avec
« moi le jour de Waterloo.

« Les Français sont les plus braves qu'on connaisse ; dans quelque
« position qu'on les essaye, ils se battront ; mais ils ne savent pas se reti-
« rer devant un ennemi victorieux. S'ils ont le moindre échec, ils n'ont
« plus ni tenue ni discipline ; ils vous glissent dans la main. Voilà, je
« suppose, quel aura été le calcul de Dumouriez, etc. ; ou bien encore,
« peut-être, quelque négociation secrète que nous ignorons. »

Dans le jour, des papiers publics qu'on nous a procurés parlaient du mariage du prince Léopold de Saxe-Cobourg avec la princesse Charlotte de Galles.

L'Empereur a dit : « Ce prince Léopold a pu être mon aide de camp,
« il l'a sollicité de moi, et je ne sais ce qui aura arrêté sa nomination.
« Il est fort heureux pour lui de n'avoir pas réussi : ce titre lui aurait
« coûté sans doute le mariage qu'il fait en cet instant ; et puis, obser-
« vait l'Empereur, qu'on vienne nous dire ce qui est heur ou malheur
« ici-bas dans la vie des hommes !... »

La conversation s'est engagée alors sur la princesse Charlotte d'Angleterre. Quelqu'un disait qu'elle était extrêmement populaire à Londres, et donnait des signes non équivoques de beaucoup de caractère. C'était un adage parmi beaucoup d'Anglais qu'elle recommencerait Élisabeth. Elle-même, prétendait-on, n'était pas sans quelques pensées à cet égard. Je me trouvais à Londres en 1814, précisément quand cette jeune princesse, à la suite des outrages faits à sa mère en présence des souverains alliés, s'était évadée de chez le prince régent son père, avait sauté dans le premier fiacre offert à sa vue et volé à la demeure de sa mère, qu'elle adorait. La gravité anglaise se montra indulgente en cette occasion ; on se plut généralement à trouver l'excuse d'une inconséquence aussi grave dans la moralité même du sentiment qui l'avait causée. La jeune princesse ne voulait plus sortir de chez sa mère ; il fallut que le duc d'York, ou un autre de ses oncles, et peut-être encore le grand chancelier d'Angleterre, vinssent là décider à retourner auprès de son père, lui démontrant que son obstination pouvait exposer sa mère au point de mettre sa vie en péril.

La princesse Charlotte avait déjà fait preuve d'un caractère très-décidé en refusant d'épouser le prince d'Orange, qu'elle repoussait surtout parce qu'elle se serait trouvée dans l'obligation, disait-elle, de vivre parfois hors de l'Angleterre : sentiment national qui la rendit encore d'autant plus chère aux Anglais.

Elle ne s'est fixée sur le prince Léopold de Saxe-Cobourg, nous disent les Anglais qui se trouvent ici, que par le seul effet de son propre choix; et elle a annoncé hautement, ajoutent-ils, qu'elle comptait sur d'heureux jours, parce qu'elle n'avait eu d'autre guide que le sentiment. Ce prince lui a beaucoup plu. « Je le crois sans peine, a observé l'Em-
« pereur; si je m'en souviens bien, c'est le plus beau jeune homme
« que j'aie vu aux Tuileries. » On a raconté que les Anglais d'ici avaient cité, il y avait peu de jours, ce qu'ils appelaient une preuve du caractère et de la dignité de leur jeune future souveraine. Un des ministres s'étant rendu chez elle, lors des arrangements du mariage, pour des détails domestiques à régler, lui fit entendre des propositions qu'elle regarda comme peu faites pour elle. « Milord, lui dit-elle avec fierté, je
« suis l'héritière de la Grande-Bretagne, je dois un jour en porter la
« couronne, je le sais, et mon âme s'est mise en rapport avec cette haute
« destinée; ainsi ne croyez pas pouvoir me traiter autrement. N'allez
« pas penser que pour épouser le prince Léopold je puisse, je veuille
« jamais être *mistriss Cobourg* : ôtez-vous cela de la tête, etc. »

Cette jeune princesse est l'idole des Anglais, qui se complaisent à voir en elle l'espoir d'un meilleur avenir.

L'Empereur, revenant sur le prince Léopold, qui avait dû être son aide de camp, a dit : « Une foule d'autres princes allemands briguaient
« la même faveur. Lorsque j'eus créé la confédération du Rhin, les sou-
« verains qui en faisaient partie ne doutèrent pas que je ne fusse prêt à
« renouveler dans ma personne l'étiquette et les formes du saint-empire
« romain; et tous parmi eux, jusqu'aux rois mêmes, se montraient em-
« pressés de former mon cortége et de devenir, l'un mon grand échan-
« son, l'autre mon grand panetier, etc. Vers ce temps, les princes alle-
« mands avaient, à la lettre, envahi les Tuileries; ils en remplissaient
« les salons, modestement confondus, perdus au milieu de vous autres.
« Il est vrai qu'il en était de même des Italiens, des Espagnols, des Por-
« tugais, et que la plus grande partie de l'Europe se trouvait rassemblée
« aux Tuileries!.... Le fait est, a conclu l'Empereur, que sous mon règne
« Paris a été la reine des nations, et les Français le premier peuple de
« l'univers!..... »

Divers objets bien importants.—Négociation d'Amiens; début du Premier Consul en diplomatie.— De l'agglomération des peuples de l'Europe. — De la conquête de l'Espagne. — Danger de la Russie — Bernadotte.

Lundi 11.

J'ai passé presque toute la journée avec l'Empereur dans sa chambre, je ne l'ai quitté que pour aller dîner.

Les conversations du jour ont été longues, pleines, et des plus intéressantes ; l'Empereur se trouvait fort causant, et ses paroles étaient riches, rapides. Il a parcouru une foule d'objets souvent fort étrangers, bien qu'ils fussent amenés naturellement les uns par les autres. Ils étincelaient d'idées et de faits nouveaux pour moi ; malheureusement leur nombre et leur importance même m'en ont fait perdre une partie.

Parlant des éléments de la société, il disait : « La *démocratie* peut être « furieuse, mais elle a des entrailles, on l'émeut ; pour l'*aristocratie*, elle « demeure toujours froide, elle ne pardonne jamais, etc., etc. »

Dans un autre moment, et à la suite d'antécédents, il a dit : « Toutes « les institutions ici-bas ont deux faces : celle de leurs avantages et celle « de leurs inconvénients ; on peut donc, par exemple, soutenir et com- « battre la *république* et la *monarchie*. Nul doute qu'on ne prouve facile- « ment, en théorie, que toutes deux également sont bonnes et fort bon- « nes ; mais en application ce n'est plus aussi aisé. » Et il arrivait à dire que l'extrême frontière du gouvernement de plusieurs était l'*anarchie* ; l'extrême frontière du gouvernement d'un seul, le *despotisme* ; que le mieux serait indubitablement un juste milieu, s'il était donné à la sagesse humaine de savoir s'y tenir. Et il remarquait que ces vérités étaient devenues banales, sans amener aucun bénéfice ; qu'on avait écrit à cet égard des volumes jusqu'à satiété, et qu'on en écrirait grand nombre encore, sans s'en trouver beaucoup mieux, etc.

Plus tard, il lui est arrivé de dire encore : « Il n'y a point de despo- « tisme absolu, il n'en est que de relatif ; un homme ne saurait impuné- « ment en absorber un autre. Si un sultan fait couper des têtes à son « caprice, il perd facilement aussi la sienne, et de la même façon. Il faut « que l'excès se déverse toujours de côté ou d'autre ; ce que l'Océan en- « vahit dans une partie, il le perd ailleurs ; et puis il est des mœurs, cer- « tains usages contre lesquels vient se briser toute puissance. Moi, en « Égypte, conquérant, dominateur, maître absolu, exerçant les lois sur « la population par de simples ordres du jour, je n'aurais pas osé faire « fouiller les maisons, et il eût été hors de mon pouvoir d'empêcher les « habitants de parler librement dans les cafés. Ils étaient plus libres, « plus parleurs, plus indépendants qu'à Paris ; s'ils se soumettaient à

« être esclaves ailleurs, ils prétendaient et voulaient être libres là. Les
« cafés étaient la citadelle de leurs franchises, le bazar de leurs opinions.
« Ils y déclamaient et jugeaient en toute hardiesse : on n'eût pu venir à
« bout de leur fermer la bouche. S'il m'est arrivé d'y entrer, on s'y in-
« clinait devant moi, il est vrai ; mais c'était affaire d'estime personnelle ;
« j'étais le seul, on ne l'eût pas fait pour mes lieutenants, etc.

« Quoi qu'il en soit, disait-il à la suite d'autres objets, voici le pouvoir
« de l'unité et de la concentration : ce sont des faits propres à frapper
« même le dernier vulgaire. La France, livrée aux tiraillements de plu-
« sieurs, allait périr sous les coups de l'Europe réunie ; elle met le
« gouvernail aux mains d'un seul, et aussitôt, moi, Premier Consul, je
« donne la loi à toute l'Europe.

« Ce fut un singulier spectacle que de voir les vieux cabinets de l'Eu-
« rope ne pas juger l'importance d'un tel changement, et continuer à se
« conduire avec l'unité et la concentration, comme ils l'avaient fait avec
« la multitude et l'éparpillage. Ce qui n'est pas moins remarquable, c'est
« que Paul, qui a passé pour un fou, fut le premier qui, du fond de sa
« Russie, apprécia cette différence ; tandis que le ministère anglais, ré-
« puté si habile et de tant d'expérience, fut le dernier. *Je laisse de côté les*
« *abstractions de votre révolution,* m'écrivait Paul, *je me tiens à un fait,*
« *il me suffit : à mes yeux vous êtes un gouvernement, et je vous parle,*
« *parce que nous pouvons nous entendre et que je puis traiter.*

« Quant au ministère anglais, il me fallut vaincre et forcer partout à
« la paix, l'isoler absolument du reste de l'Europe pour parvenir à m'en
« faire écouter ; et encore n'entra-t-il en pourparler avec moi qu'en se
« traînant dans les ornières de la vieille routine. Il essayait de m'amu-
« ser par des longueurs, des protocoles, des formes, des étiquettes, des
« antécédents, des incidents, que sais-je ? Je ne fis qu'en rire, je me sen-
« tais si puissant ! ! !

« Un terrain tout nouveau demandait des procédés tout nouveaux ;
« mais les négociateurs anglais ne semblaient se douter ni du temps, ni
« des choses, ni des hommes. Ma manière les déconcerta tout à fait. Je
« débutai avec eux en diplomatie comme j'avais fait ailleurs dans les
« armes. Voici mes propositions, leur dis-je tout d'abord : nous sommes
« maîtres de la Hollande, de la Suisse, je les abandonne contre les resti-
« tutions que vous aurez à faire à nous ou à nos alliés ; nous sommes
« maîtres aussi de l'Italie : j'en abandonne une partie et conserve l'autre,
« afin de pouvoir diriger et garantir l'existence et la durée de tout : voilà
« mes bases ; à présent édifiez autour de ce qu'il vous plaira, peu m'im-

« porte; mais le but et le résultat doivent demeurer tels; je n'y change-
« rais rien. Je ne prétends point acheter de vous des concessions, mais
« faire des arrangements raisonnables, honorables et durables; voilà
« mon cercle. Vous ne vous doutez, à ce que je vois, ni de nos situations,
« ni de nos moyens respectifs; je ne crains ni vos refus, ni vos efforts,
« ni tous les embarras que vous pourriez me créer; j'ai les bras forts, je
« ne demande qu'à porter.

« Ce langage inusité, continuait l'Empereur, eut son effet; on n'avait
« prétendu que nous amuser à Amiens, et l'on y traita sérieusement.
« Ne sachant par où me toucher, ils m'offrirent de me faire roi de
« France. J'en levai les épaules de pitié. Ils s'adressaient bien... Roi par

« la grâce de l'étranger!... Moi qui me trouvais déjà souverain par la
« volonté du peuple!...

« L'ascendant que je m'étais donné était tel, que durant les négocia-
« tions mêmes je me fis adjuger par les Italiens la présidence de leur
« république, et que cet acte, qui, dans la diplomatie ordinaire de l'Eu-
« rope, eût enfanté tant d'incidents, n'interrompit, n'arrêta rien : on
« n'en conclut pas moins, tant ma brusque franchise m'avait plus servi
« que n'eussent pu faire toutes les finasseries d'usage. Bien des pam-

« phlets et bien des manifestes qui ne valent guère mieux m'ont accusé
« de perfidie, de manquer de foi et de parole dans mes négociations :
« je ne les méritai jamais ; les autres cabinets, toujours.

« A Amiens, du reste, a-t-il dit, je croyais de très-bonne foi le sort de
« la France, celui de l'Europe, le mien fixés, la guerre finie. C'est le ca-
« binet anglais qui a tout rallumé, c'est à lui seul que l'Europe doit tous
« les fléaux qui ont suivi, lui seul en est responsable. Pour moi, j'allais
« me donner uniquement à l'administration de la France, et je crois
« que j'eusse enfanté des prodiges. Je n'eusse rien perdu du côté de la
« gloire, mais beaucoup gagné du côté des jouissances ; j'eusse fait la
« conquête morale de l'Europe, comme j'ai été sur le point de l'accom-
« plir par les armes. De quel lustre on m'a privé !

« On ne cesse de parler de mon amour pour la guerre ; mais n'ai-je
« pas été constamment occupé à me défendre ? Ai-je remporté une seule
« grande victoire que je n'aie immédiatement proposé la paix ?

« Le vrai est que je n'ai jamais été maître de mes mouvements : je
« n'ai jamais été réellement tout à fait moi.

« Je puis avoir eu bien des plans, mais je ne fus jamais en liberté
« d'en exécuter aucun. J'avais beau tenir le gouvernail, quelque forte
« que fût la main, les lames subites et nombreuses l'étaient plus en-
« core, et j'avais la sagesse d'y céder plutôt que de sombrer en voulant
« y résister obstinément. Je n'ai donc jamais été véritablement mon
« maître, mais j'ai toujours été gouverné par les circonstances ; si bien
« qu'au commencement de mon élévation, sous le consulat, de vrais
« amis, mes chauds partisans, me demandaient parfois, dans les meil-
« leures intentions et pour leur gouverne, *où je prétendais arriver* ; et je
« répondais toujours que je n'en savais rien. Ils en demeuraient frappés,
« peut-être mécontents, et pourtant je leur disais vrai. Plus tard, sous
« l'empire, où il y avait moins de familiarité, bien des figures sem-
« blaient me faire encore la même demande, et j'eusse pu leur faire la
« même réponse. C'est que je n'étais point le maître de mes actes, parce
« que je n'avais pas la folie de vouloir tordre les événements à mon
« système ; mais au contraire je pliais mon système sur la contexture
« imprévue des événements ; et c'est ce qui m'a donné souvent les appa-
« rences de mobilité, d'inconséquence, et m'en a fait accuser parfois ;
« mais était-ce juste ? »

Et après avoir traité beaucoup d'autres sujets encore, l'Empereur,
plus loin, disait : « Une de mes plus grandes pensées avait été l'agglomé-
« ration, la concentration des mêmes peuples géographiques qu'ont dis-

« sous, morcelés les révolutions et la politique. Ainsi l'on compte en
« Europe, bien qu'épars, plus de trente millions de Français, quinze
« millions d'Espagnols, quinze millions d'Italiens, trente millions d'Al-
« lemands : j'eusse voulu faire de chacun de ces peuples un seul et même
« corps de nation. C'est avec un tel cortége qu'il eût été beau de s'a-
« vancer dans la postérité et la bénédiction des siècles. Je me sentais
« digne de cette gloire !

« Après cette simplification sommaire, observait-il, il eût été plus
« possible de se livrer à la chimère du beau idéal de la civilisation ;
« c'est dans cet état de choses qu'on eût trouvé plus de chances d'ame-
« ner partout l'unité des codes, celle des principes, des opinions, des
« sentiments, des vues et des intérêts. Alors peut-être, à la faveur des
« lumières universellement répandues, devenait-il permis de rêver,
« pour la grande famille européenne, l'application du congrès améri-
« cain, ou celle des amphictyons de la Grèce ; et quelle perspective alors
« de force, de grandeur, de jouissances, de prospérité ! Quel grand et
« magnifique spectacle !...

« L'agglomération des trente ou quarante millions de Français était
« faite et parfaite ; celle des quinze millions d'Espagnols l'était à peu
« près aussi ; car rien n'est plus commun que de convertir l'accident en
« principe : comme je n'ai point soumis les Espagnols, on raisonnera
« désormais comme s'ils eussent été insoumettables. Mais le fait est
« qu'ils ont été soumis, et qu'au moment même où ils m'ont échappé,
« les cortès de Cadix traitaient secrètement avec nous. Aussi ce n'est
« pas leur résistance ni les efforts des Anglais qui les ont délivrés, mais
« bien mes fautes et mes revers lointains ; celle surtout de m'être
« transporté avec toutes mes forces à mille lieues d'eux, et d'y avoir
« péri ; car personne ne saurait nier que si, lors de mon entrée dans ce
« pays, l'Autriche, en ne me déclarant pas la guerre, m'eût laissé quatre
« mois de séjour de plus en Espagne, tout y eût été terminé ; le gou-
« vernement espagnol allait se consolider, les esprits se fussent calmés,
« les divers partis se seraient ralliés ; trois ou quatre ans eussent pré-
« senté chez eux une paix profonde, une postérité brillante, une nation
« compacte, et j'aurais mérité d'eux ; je leur eusse épargné l'affreuse
« tyrannie qui les foule, les terribles agitations qui les attendent.

« Quant aux quinze millions d'Italiens, l'agglomération était déjà fort
« avancée : il ne fallait plus vieillir, et chaque jour mûrissait chez
« eux l'unité de principes et de législation, celle de penser et de sentir,
« ce ciment assuré, infaillible, des agglomérations humaines. La réu-

« nion du Piémont à la France, celle de Parme, de la Toscane, de Rome,
« n'avaient été que temporaires dans ma pensée, et n'avaient d'autre
« but que de surveiller, garantir et avancer l'éducation nationale des
« Italiens[1]. Et voyez si je jugeais bien, et quel est l'empire des lois
« communes! Les parties qui nous avaient été réunies, bien que cette
« réunion pût paraître de notre part l'injure de l'envahissement, et en
« dépit de tout leur patriotisme italien, ces mêmes parties ont été pré-
« cisément celles qui de beaucoup nous sont demeurées les plus atta-
« chées. Aujourd'hui qu'elles sont rendues à elles-mêmes, elles se
« croient envahies, déshéritées, et elles le sont!...

« Tout le midi de l'Europe eût donc bientôt été compacte de localités,
« de vues, d'opinions, de sentiments et d'intérêts. Dans cet état de choses,
« que nous eût fait le poids de toutes les nations du Nord? quels efforts
« humains ne fussent pas venus se briser contre une telle barrière!...

[1] Une aussi grande détermination que celle de l'abandon futur de l'Italie, entendue pour la première fois, exprimée de la sorte, en passant, avec aussi peu d'importance, sans le développement d'aucun motif, l'appui d'aucune preuve, n'eut, je l'avoue, pas plus de poids à mes yeux qu'on n'en doit accorder à ces assertions hasardées qu'amène si souvent et qu'excuse la chaleur des simples conversations. Mais le temps et l'habitude m'ont appris que toutes celles de Napoléon, en pareil cas, emportaient avec elles leur sens plein, entier, littéral. Je les ai trouvées telles toutes les fois que j'ai rencontré les moyens de la vérification; et je le fais observer, afin que ceux qui seraient portés à repousser aussi ne le fissent pas trop légèrement à leur tour, sans avoir employé au moins la recherche des preuves.

Je trouve, par exemple, dans une dictée de Napoléon au général Montholon, page 137, un développement si complet, si satisfaisant de la simple phrase que j'avais recueillie de sa conversation, que je ne puis résister à la transcrire ici.

« Napoléon, y est-il dit, voulait recréer la patrie italienne, réunir les Vénitiens, les Milanais, les Piémontais, les Génois, les Toscans, les Parmesans, les Modenais, les Romains, les Napolitains, les Siciliens, les Sardes dans une seule nation indépendante, bornée par les Alpes, les mers Adriatique, d'Ionie et Méditerranée : c'était le trophée immortel qu'il élevait à sa gloire. Ce grand et puissant royaume aurait contenu la maison d'Autriche, sur terre; et sur mer, ses flottes, réunies à celles de Toulon, auraient dominé la Méditerranée et protégé l'ancienne route du commerce des Indes par la mer Rouge et Suez. Rome, capitale de cet État, était la ville éternelle, couverte par les trois barrières des Alpes, du Pô et des Apennins, plus à portée que toute autre des trois grandes îles. Mais Napoléon avait bien des obstacles à vaincre. Il avait dit à la consulte de Lyon : *Il me faut vingt ans pour rétablir la nation italienne.*

« Trois choses s'opposaient à ce grand dessein : 1° les possessions qu'avaient les puissances étrangères; 2° l'esprit des localités; 3° le séjour des papes à Rome.

« Dix ans s'étaient à peine écoulés depuis la consulte de Lyon, que le premier obstacle était entièrement levé : aucune puissance étrangère ne possédait plus rien en Italie : elle était tout entière sous l'influence immédiate de l'Empereur. La destruction de la république de Venise, du roi de Sardaigne, du grand-duc de Toscane, la réunion à l'empire du patrimoine de Saint-Pierre, avaient fait disparaître le second obstacle. Comme ces fondeurs qui, ayant transformé plusieurs pièces de petit calibre en une seule de 48, les jettent d'abord dans le haut fourneau pour les décomposer, les réduire en fusion ; de même les petits États avaient été réunis à l'Autriche ou à la France pour être réduits en éléments, perdre leurs souvenirs, leurs prétentions, et se trouver préparés au moment de la fonte. Les Vénitiens, réunis pendant plusieurs années à la monarchie autrichienne, avaient senti toute l'amertume d'être soumis aux Allemands. Lorsque ces peuples rentrèrent sous la domination italienne, ils ne s'inquiétèrent pas si leur ville serait la capitale, si leur gouvernement serait plus ou moins aristocratique. La même révolution s'opéra en Piémont, à Gênes, à Rome, brisés par le grand mouvement de l'empire français.

« Il n'y avait plus de Vénitiens, de Piémontais, de Toscans ; tous les habitants de la Péninsule n'étaient plus qu'Italiens : tout était prêt pour créer la grande patrie italienne. Le grand-duché de Berg était vacant pour la dynastie qui occupait momentanément le trône de Naples. L'Empereur attendait avec impatience la naissance de son second fils pour le mener à Rome, le couronner roi d'Italie, et proclamer l'indépendance de la belle péninsule sous la régence du prince Eugène... »

« L'agglomération des Allemands demandait plus de lenteur, aussi n'a-
« vais-je fait que simplifier leur monstrueuse complication ; non qu'ils
« ne fussent préparés pour la centralisation : ils l'étaient trop au con-
« traire, ils eussent pu réagir aveuglément sur nous avant de nous com-
« prendre. Comment est-il arrivé qu'aucun prince allemand n'ait jugé
« les dispositions de sa nation, ou n'ait pas su en profiter ? Assurément
« si le ciel m'eût fait naître prince allemand, au travers des nombreu-
« ses crises de nos jours, j'eusse gouverné infailliblement les trente
« millions d'Allemands réunis ; et pour ce que je crois connaître d'eux,
« je pense encore que, si une fois ils m'eussent élu et proclamé, ils ne
« m'auraient jamais abandonné, et je ne serais pas ici... » Alors ont
suivi des détails et des applications douloureuses. Puis il a repris :
« Quoi qu'il en soit, cette agglomération arrivera tôt ou tard par la
« force des choses ; l'impulsion est donnée, et je ne pense pas qu'après
« ma chute et la disparition de mon système, il y ait en Europe d'autre
« grand équilibre possible que l'agglomération et la confédération des
« grands peuples. Le premier souverain qui, au milieu de la première
« grande mêlée, embrassera de bonne foi la cause des peuples, se trou-
« vera à la tête de toute l'Europe, et pourra tenter tout ce qu'il voudra

« Que si on demande à présent pourquoi je ne laissais pas transpirer
« alors de pareilles idées ? pourquoi je ne les livrais pas à la discussion
« publique ? Elles eussent été si populaires, me dira-t-on, et l'opinion
« m'eût été d'un renfort si immense ! Je réponds que la malveillance
« est toujours beaucoup plus active que le bien ; qu'il existe aujour-
« d'hui tant d'esprit parmi nous, qu'il domine aisément le bon sens,
« et peut obscurcir à son gré les points les plus lumineux ; que livrer
« de si hauts objets à la discussion publique, c'était les livrer à l'es-
« prit de coterie, aux passions, à l'intrigue, au commérage, et n'obtenir
« pour résultat infaillible que discrédit et opposition. Je calculais donc
« trouver un bien plus grand secours dans le secret ; alors demeurait
« comme en auréole autour de moi ce vague qui enchaîne la multitude
« et lui plaît ; ces spéculations mystérieuses qui occupent, remplissent
« tous les esprits, enfin ces dénoûments subits et brillants reçus avec
« tant d'applaudissements et qui créent tant d'empires. C'est ce même
« principe qui m'a fait courir malheureusement si vite à Moscou : avec
« plus de lenteur j'eusse paré à tout ; mais je m'étais mis dans l'obliga-
« tion de ne pas laisser le temps de commenter. Avec ma carrière déjà
« parcourue, avec mes idées pour l'avenir, il fallait que ma marche et
« mes succès eussent quelque chose de surnaturel. » Et alors l'Empereur

est passé à l'expédition de Russie, répétant une grande partie des choses que j'ai dites ailleurs. Je ne reproduis ici que ce qui m'a paru neuf.

« Et voici encore, disait-il, une autre circonstance où on a pris l'ac-
« cident pour le principe. J'ai échoué contre les Russes ; de là ils sont
« inattaquables chez eux, invincibles ; mais pourtant à quoi cela a-t-il
« tenu ? Qu'on le demande à leurs fortes têtes, à leurs hommes sages et
« réfléchis ; qu'on consulte Alexandre lui-même et ses sentiments d'a-
« lors ; sont-ce les efforts des Russes qui m'ont anéanti ? Non, la chose
« n'est due qu'à de purs accidents, qu'à de véritables fatalités c'est
« une capitale incendiée en dépit de ses habitants, et par des intrigues
« étrangères ; c'est un hiver, une congélation dont l'apparition subite
« et l'excès furent une espèce de phénomène : ce sont de faux rapports,
« de sottes intrigues, de la trahison, de la bêtise, bien des choses enfin
« qu'on saura peut-être un jour, et qui pourront atténuer ou justifier
« les fautes grossières en diplomatie et en guerre que l'on a le droit
« de m'adresser : celle de m'être livré à une telle entreprise, en lais-
« sant sur mes ailes, devenues bientôt mes derrières, deux cabinets
« dont je n'étais pas le maître, et deux armées alliées que le moindre
« échec devait rendre ennemies. Mais pour tout conclure enfin sur ce
« point, et même annuler tout ce qui précède d'un seul mot, c'est que
« cette fameuse guerre, cette audacieuse entreprise, je ne l'avais pas
« voulue ; je n'avais pas eu l'envie de me battre ; Alexandre ne l'avait pas
« davantage, mais une fois en présence, les circonstances nous poussè-
« rent l'un sur l'autre . la fatalité fit le reste. »

Et, après quelques moments d'un silence profond, et comme se réveillant, l'Empereur a repris : « Et un Français a eu en ses mains les
« destinées du monde ! S'il avait eu le jugement et l'âme à la hauteur
« de sa situation, s'il eût été bon Suédois, ainsi qu'il l'a prétendu, il
« pouvait rétablir le lustre et la puissance de sa nouvelle patrie, re-
« prendre la Finlande, être sur Pétersbourg avant que j'eusse atteint
« Moscou. Mais il a cédé à des ressentiments personnels, à une sotte
« vanité, à de toutes petites passions. La tête lui a tourné, à lui, ancien
« jacobin, de se voir recherché, encensé par des légitimes ; de se trou-
« ver face à face en conférence de politique et d'amitié avec un empe-
« reur de toutes les Russies, qui ne lui épargnait aucunes cajoleries.
« On assure qu'il lui fut même insinué alors qu'il pouvait prétendre à
« une de ses sœurs en divorçant d'avec sa femme ; et, d'un autre côté,
« un prince français (M. le comte d'Artois) lui écrivait qu'il se plaisait
« à remarquer que le Béarn était le berceau de leurs deux maisons !

« Bernadotte! Sa maison! et de la part de M. le comte d'Artois!

« Dans son enivrement, il sacrifia sa nouvelle patrie et l'ancienne,
« sa propre gloire, sa véritable puissance, la cause des peuples, le sort
« du monde! C'est une faute qu'il payera chèrement! A peine il avait
« réussi dans ce qu'on attendait de lui, qu'il a pu commencer à le sen-
« tir : il s'est même, dit-on, repenti; mais il n'a pas encore expié. Il
« est désormais le seul parvenu occupant un trône; le scandale ne doit
« pas demeurer impuni, il serait d'un trop dangereux exemple!... »

L'Empereur a peu de confiance dans l'issue de 1815. — Thémistocle. — A un moment la pensée, dans la crise de 1814, de rétablir lui-même les Bourbons. — Ouvrage du baron Pain sur la crise de 1814. — Abdication de Fontainebleau; particularités.
— Traité de Fontainebleau, etc., etc.

Mardi 12.

L'Empereur, revenant sur son apparition de l'île d'Elbe et sa seconde chute à Waterloo, y a mêlé quelques paroles remarquables. « Il est sûr,
« disait-il, que dans ces circonstances je n'avais plus en moi le senti-
« ment du succès définitif; ce n'était plus ma confiance première : soit
« que l'âge, qui d'ordinaire favorise la fortune, commençât à m'échap-
« per, soit qu'à mes propres yeux, dans ma propre imagination, le mer-
« veilleux de ma carrière se trouvât entamé, toujours est-il certain que
« je sentais en moi qu'il me manquait quelque chose. Ce n'était plus
« cette fortune attachée à mes pas, qui se plaisait à me combler, c'était
« le destin sévère auquel j'arrachais encore, comme par force, quelques
« faveurs, mais dont il se vengeait tout aussitôt; car il est remarquable
« que je n'ai pas eu alors un avantage qu'il n'ait été immédiatement suivi
« d'un revers.

« J'ai traversé la France, j'ai été porté jusqu'à la capitale par l'élan
« des citoyens et au milieu des acclamations universelles; mais à peine
« étais-je dans Paris que, comme par une espèce de magie, et sans aucun
« motif légitime, on a subitement reculé, on est devenu froid autour de
« moi.

« J'étais venu à bout de me ménager des raisons plausibles, d'obtenir
« un rapprochement sincère avec l'Autriche; je lui avais expédié des
« agents plus ou moins avoués [1]. Mais Murat se trouva là avec sa fatale

[1] Entre autres le baron de *Stassard*, dont le dévouement connu lui mérita la confiance d'être chargé par Napoléon d'aller négocier, au congrès de Vienne, le maintien de la paix de Paris; mais il ne put aller au delà de Lintz; les plus ardents et les plus acharnés dans les cabinets alliés ayant pris la précaution de faire consacrer en principe que toute communication serait absolument interdite avec Napoléon. Il fut pourtant communiqué indirectement à M. le baron de Stassard que si Napoléon voulait abdiquer en faveur de son fils, avant toute hostilité, l'Autriche adopterait ce parti, pourvu toutefois encore que Napoléon se livrât à son beau-père, qui lui garantissait de nouveau la souveraineté de l'île d'Elbe, ou toute autre souveraineté analogue.

« levée de boucliers : on ne douta pas à Vienne que ce ne fût par mes
« ordres ; et, me mesurant à leur échelle, ils ne virent dans toute cette
« complication que finasserie de ma part, et ils ne s'occupèrent plus
« dès lors qu'à contre-intriguer contre moi.

« Mon entrée en campagne avait été des plus habiles et des plus
« heureuses ; je devais surprendre l'ennemi en détail, mais voilà qu'un
« transfuge sort du rang de nos généraux pour l'aller avertir à temps.

« Je gagne brillamment la bataille de Ligny, mais mon lieutenant
« me prive de ses fruits. Enfin je triomphe à Waterloo même, et tombe
« au même instant dans l'abîme ; et tous ces coups, je dois le dire, me
« frappèrent beaucoup plus qu'ils ne me surprirent. J'avais en moi
« l'instinct d'une issue malheureuse, non que cela ait influé en rien sur
« mes déterminations et mes mesures assurément, mais toutefois j'en
« portais le sentiment au dedans de moi. »

Voici un trait qui confirme des dispositions intérieures et secrètes de Napoléon ; il est trop remarquable pour que je ne le consigne pas ici. L'Empereur, sur les bords de la Sambre, de grand matin et le temps très-frais, s'approche du feu d'un bivouac, en compagnie de son seul

aide de camp de service (le général Corbineau). Une marmite bouillait, c'étaient des pommes de terre ; il s'en fit donner une et se mit à la manger immédiatement. En l'achevant, il prononça, non sans quelque tristesse apparente, plusieurs mots entrecoupés. « Après tout, c'est bon, « c'est supportable... Avec cela on pourrait vivre en tous lieux et par-« tout... L'instant n'est peut-être pas bien éloigné... *Thémistocle!...* » et il se remit en route. Le général aide de camp, de la bouche même duquel je tiens cette circonstance depuis mon retour en Europe, m'ajoutait que si l'Empereur eût réussi, ces paroles eussent traversé sa pensée sans y laisser aucune trace, comme tant d'autres; mais qu'après sa catastrophe, et à la lecture surtout du mot *Thémistocle*, dans la fameuse lettre au prince régent, il avait été frappé du souvenir du bivouac de la Sambre, et que l'expression, l'attitude, l'accent de Napoléon, dans cette petite circonstance, l'avaient plus que tourmenté pendant longtemps, et ne pouvaient lui sortir de l'esprit.

Au reste, on se tromperait fort si l'on attribuait, en toute occasion, à Napoléon autant de confiance intérieure qu'en annonçaient d'ordinaire ses actes et ses décisions. En quittant les Tuileries au mois de janvier 1814, pour son immortelle et malheureuse campagne des environs de Paris, il partit l'âme contristée par les plus sinistres pressentiments, et ce qui prouve toute sa sagacité, c'est que dès lors il était persuadé, ce que le gros du vulgaire autour de lui était bien loin de soupçonner, que, s'il périssait, ce serait par les Bourbons. C'est ce qu'il laissa pénétrer à quelques confidents qui cherchaient vainement à le rassurer, lui représentant de bonne foi que tant de temps s'était écoulé, qu'on ne s'en souvenait plus, qu'ils n'étaient pas connus de la génération présente. « Vous vous trompez, leur disait-il toujours, c'est pour-« tant là qu'est le vrai danger. » Aussi immédiatement après cette belle allocution aux officiers réunis de la garde nationale, qui laissa de si vives impressions à tous ceux qui en furent les témoins, dans laquelle il leur dit entre autres choses : « Vous m'avez élu, je suis votre ouvrage, « c'est à vous à me défendre, » et qu'il termina, leur présentant l'impératrice d'une main et le roi de Rome de l'autre, disant : « Je pars pour « aller combattre nos ennemis; je laisse à votre garde ce que j'ai de plus « cher; » au moment, dis-je, de quitter les Tuileries, pressentant déjà dans cet instant décisif des trahisons, des perfidies funestes, il résolut de s'assurer de la personne de celui-là même qui s'est trouvé en effet l'âme du complot qui l'a renversé (Talleyrand), il n'en fut empêché que par les représentations, et l'on pourrait même presque dire l'offre de garantie personnelle de quelques ministres, qui lui démontraient que le personnage suspecté était précisément celui qui devait le plus redouter les Bourbons. L'Empereur leur céda, mais tout en exprimant fortement qu'il était bien à craindre qu'eux et lui eussent à s'en repentir!....

Voici encore une autre circonstance peu connue, je crois, mais bien précieuse, qui prouve combien les Bourbons, dans le fort de la crise, occupaient les pensées de Napoléon. Après l'échec de Brienne, l'évacuation de Troyes, la retraite forcée sur la Seine, et les humiliantes conditions envoyées de Chatillon, qu'il repoussa si généreusement, l'Empereur, enfermé avec quelqu'un (le duc de Bassano), et succombant à la vue du déluge de maux, qui allaient fondre sur la France, demeurait absorbé dans de tristes méditations, quand tout à coup il s'élance de son siége, s'écriant avec chaleur : « Je possède peut-être encore un moyen de sauver « la France... et si je rappelais moi-même les Bourbons ! il faudrait « bien que les alliés s'arrêtassent devant eux, sous peine de honte et de « duplicité avouée, sous peine d'attester qu'ils en veulent encore plus à « notre territoire qu'à ma personne. Je sacrifierais tout à la patrie ; je « deviendrais le médiateur entre le peuple français et eux, je les con-

« traindrais d'accéder aux lois nationales ; je leur ferais jurer le pacte
« existant : ma gloire et mon nom serviraient de garantie aux Français.
« Quant à moi, j'ai assez régné ; ma carrière regorge de hauts faits et de
« lustre, et ce dernier ne serait pas le moindre : ce serait m'élever encore
« que de descendre de la sorte... » Et après quelques moments d'un silence profond, il reprit douloureusement : « Mais une dynastie déjà ex-
« pulsée pardonne-t-elle jamais ?... Au retour, peut-elle rien oublier ?...
« S'en fierait-on à eux ?... Et Fox aurait-il donc eu raison dans sa fa-
« meuse maxime sur les restaurations ?... » Et abîmé dans ses anxiétés
et sa douleur, il fut se jeter sur un lit où on le réveilla précisément
pour lui apprendre la marche de flanc de Blucher, qu'il épiait en secret
depuis quelque temps. Il se leva pour pousser ce nouveau jet de ressources, d'énergie et de gloire, qu'ont consacré à jamais les noms de Champaubert, Montmirail, Château-Thierry, Vaux-Champ, Nangis, Montereau,
Craonne, etc., succès merveilleux qui consternèrent assez Alexandre et
les Anglais pour leur rendre un instant le désir de traiter ; et ces succès
eussent pu, en effet, changer entièrement la face des affaires si, par une
foule de fatalités, Napoléon n'eût été traversé par des contre-temps
inouïs, en dehors de toutes ses combinaisons, tels que les ordres essentiels qui n'arrivèrent pas au vice-roi, la défection de Murat, la mollesse,
l'incurie de certains chefs, enfin jusqu'aux succès mêmes qui séparant
l'empereur d'Autriche, son beau-père, des autres souverains alliés, beaucoup plus malveillants, laissèrent ceux-ci tout à fait libres d'amener seuls
l'abdication de Fontainebleau, abdication à jamais si fameuse dans l'histoire de nos destinées et de notre moralité.

O vous, penseurs philosophiques, peintres du cœur humain, accourez
à Fontainebleau ! venez assister à la chute du plus grand des monarques,
venez apprendre à connaître les hommes, à vous étonner de leur impudeur, à rougir de leur mobilité ! venez voir le haut entourage du héros
malheureux ; ceux qui demeuraient courbés sous la masse de ses bienfaits, sous le poids des honneurs et des richesses dont il les avait comblés ! venez les voir, sitôt que la fortune lui est contraire, l'abandonner,
le trahir, essayer même de l'insulter, peut-être !... Venez voir le premier
d'entre eux en rang, en faveur, en confiance, celui dont le grand prince
avait vainement prétendu rehausser le moral et agrandir les sentiments
en le qualifiant maintes fois de son compagnon et de son ami, se placer
sur la même ligne que le mameluk, qui, plus excusable peut-être par les
mœurs de son origine, trouvait tout simple que, son maître étant tombé,
il n'eût plus à le servir.

A Fontainebleau, la crise accomplie et Napoléon engagé dans une conversation profonde, se présente à lui ce compagnon favori pour demander la permission de se rendre à Paris seulement quelques instants, afin d'y arranger, dit-il, à la hâte, quelques affaires, et revenir aussitôt auprès de l'Empereur pour ne le quitter jamais. Mais Napoléon savait lire dans les âmes, et le partant n'était pas encore hors de sa chambre, qu'interrompant brusquement son sujet, l'Empereur dit à celui avec lequel il s'entretenait (le duc de Bassano) : « Vous voyez bien cet homme qui sort, « eh bien! il court se salir ; et quoi qu'il m'ait dit, il ne reparaîtra pas « ici. » En effet, le déserteur courait aux rayons d'un soleil nouveau. A peine en eut-il ressenti la chaleur, qu'il renia son bienfaiteur, son ami, son maître!... On l'a entendu, parlant de lui, l'appeler *cet homme!!!* Et toutefois Napoléon condescendait tellement aux faiblesses humaines, était si fort au-dessus de tout ressentiment, si peu rancunier, qu'à son retour il témoigna du regret de ne pas voir l'ingrat, ajoutant en riant : « Le « vilain, il aura eu peur de moi, et il a eu tort ; je ne lui aurais infligé « d'autre punition que de se montrer à moi sous ses nouveaux costumes « de garde du corps de Louis XVIII : on assure qu'il y est bien plus laid « qu'à l'ordinaire. »

Mais c'est dans le *Manuscrit* de 1814, du baron Fain, qu'il faut lire et pressentir de si tristes et si douloureux détails. On y apprendra... mais plutôt non, on n'y apprendra rien... Les hommes, dans de telles circonstances, sont toujours les mêmes dans tous les pays, dans tous les temps, chez toutes les nations... Et qu'ils ne viennent pas nous dire ici que le bien-être de la patrie, son salut, ses intérêts dictèrent leur conduite. La patrie, pour eux, fut dans le maintien de leurs honneurs, la garantie de leurs richesses, la jouissance paisible de tous les biens acquis.

Je le répète, l'histoire fera justice, je dis l'histoire, et non pas nous, car la masse de la société, celle des contemporains, n'a pas su mériter même ce triste honneur ; où a-t-on vu notre indignation ? où se sont montrés nos dégoûts authentiques, solennels ?...

Toutefois, honneur à ces vieilles bandes dont les larmes amères garantirent la douleur profonde! Honneur à ces innombrables officiers subalternes qui n'eussent attendu qu'un mot pour répandre tout leur sang! Honneur à ces populations des campagnes qui, dans leur misère affreuse, accouraient sur les routes pour porter à nos soldats leur dernier morceau de pain, dont elles se privaient pour les aider à sauver la patrie! Si, d'un côté, le cœur se montre d'indignation, de l'autre il est délicieusement ému!

« Il est sûr que le moment de Fontainebleau accumula sur Napoléon, et presque en un instant, toutes les peines morales dont il est possible d'être affligé ici-bas. Vaincu par la défection, non par les armes, il eut à éprouver tout ce qui peut indigner une grande âme ou briser un bon cœur. Ses compagnons l'abandonnèrent, ses serviteurs le trahirent ; l'un livra son armée, l'autre son trésor ; ceux qu'il avait élevés, maintenus, comblés, furent ceux qui l'abattirent. Ce sénat qui l'avait tant loué, ce sénat qui, la veille encore, lui fournissait à profusion des conscrits pour combattre ses ennemis, n'hésite pas le lendemain à se faire le vil instrument de ces mêmes ennemis ; et, sous l'impulsion de leurs baïonnettes, lui reproche, lui impute à crime ce qui fut son propre ouvrage ; il brise lâchement lui-même l'idole que lui-même a créée, et qu'il a si longtemps, si servilement encensée ! Quel excès de honte ! quelle ignoble dégradation !... Enfin, et ce dernier coup doit être le plus sensible à Napoléon, sa femme et son fils sont détournés de lui ; on s'en empare ; et, en dépit des traités et des lois, en opposition à toute morale, il ne les reverra plus !

Mais voici le fameux traité de Fontainebleau. Il nous fut soigneusement soustrait dans le temps. *Le Moniteur* ne l'a jamais publié, et il nous est demeuré longtemps inconnu. On ne le trouve guère que dans des recueils officiels, et encore s'y présente-t-il avec des variantes. J'ai donc pensé qu'on me saurait gré de l'introduire ici. Il appartient tout à fait au sujet.

TRAITÉ DE FONTAINEBLEAU, DU 11 AVRIL.

« Art. Ier. S. M. l'empereur Napoléon renonce pour lui, ses successeurs et descendants, ainsi que pour chacun des membres de sa famille, à tout droit de souveraineté et de domination, tant sur l'empire français et le royaume d'Italie, que sur tout autre pays.

« II. LL. MM. l'empereur Napoléon et l'impératrice Marie-Louise conserveront ces titres et qualités pour en jouir leur vie durant.

« La mère, les frères, sœurs, neveux et nièces de l'Empereur conserveront également, partout où ils se trouveront, les titres de princes de sa famille.

« III. L'île d'Elbe, adoptée par S. M. l'empereur Napoléon pour lieu de son séjour, formera, sa vie durant, une principauté séparée qui sera possédée par lui en toute souveraineté et propriété.

« Il sera donné en outre en toute propriété, à l'empereur Napoléon, un revenu annuel de 2,000,000 de francs, en rente sur le grand-livre de France, dont 1,000,000 sera réversible à l'impératrice.

« IV. Toutes les puissances s'engagent à employer leurs bons offices pour faire respecter par les États barbaresques le pavillon et le territoire de l'île d'Elbe, et pour que, dans ses rapports avec les Barbaresques, elle soit assimilée à la France.

« V. Les duchés de Parme, de Plaisance et de Guastalla seront donnés en toute propriété et souveraineté à S. M. l'impératrice Marie-Louise ; ils passeront à son fils et à sa descendance en ligne directe. Le prince son fils prendra dès ce moment le titre de prince de Parme, Plaisance et Guastalla.

« VI. Il sera réservé dans les pays auxquels l'empereur Napoléon renonce, pour lui et sa famille, des domaines ou des rentes sur le grand-livre de France, produisant un revenu annuel net, et déduction faite de toutes charges, de 2,500,000 fr. Ces domaines ou rentes appartiendront en toute propriété, et pour en disposer comme bon leur semblera, aux princes et princesses de sa famille, et seront répartis entre eux, de manière à ce que le revenu de chacun soit dans la proportion suivante : A

Madame mère, 300,000 fr.; au roi Joseph et à la reine, 500,000 fr.; au roi Louis, 200,000 fr.; à la reine Hortense et à ses enfants, 400,000 fr.; au roi Jérôme et à la reine, 500,000 fr.; à la princesse Élisa, 300,000 fr.; à la princesse Pauline, 300,000 fr.

« Les princes et princesses de la famille de l'empereur Napoléon retiendront, conserveront, en outre, tous les biens meubles et immeubles, de quelque nature que ce soit, qu'ils possèdent à titre de particuliers, et notamment les rentes dont ils jouissent également comme particuliers sur le grand-livre de France et le Monte-Napoleone de Milan.

« VII. Le traitement annuel de l'impératrice Joséphine sera réduit à 1,000,000 en domaines ou en inscriptions sur le grand-livre de France. Elle continuera de jouir, en toute propriété, de tous ses biens meubles et immeubles particuliers, et pourra en disposer conformément aux lois françaises.

« VIII. Il sera donné au prince Eugène, vice-roi d'Italie, un établissement convenable hors de France.

« IX. Les propriétés que S. M. l'empereur Napoléon possède en France, soit comme domaine extraordinaire, soit comme domaine privé, resteront à la couronne.

« Sur les fonds placés par l'empereur Napoléon, soit sur le grand-livre, soit sur la banque de France, soit sur les actions des forêts, soit de toute autre manière, et dont Sa Majesté fait abandon à la couronne, il sera réservé un capital qui n'excédera pas 2,000,000, pour être employé en gratifications en faveur des personnes qui seront portées sur l'état que signera l'empereur Napoléon, et qui sera remis au gouvernement français.

« X. Tous les diamants de la couronne resteront à la France.

« XI. L'empereur Napoléon fera retourner au trésor et aux autres caisses publiques toutes les sommes et effets qui en auraient été déplacés par ses ordres, à l'exception de ce qui provient de la liste civile.

« XII. Les dettes de la maison de S. M. l'empereur Napoléon, telles qu'elles se trouvaient au jour de la signature du présent traité, seront immédiatement acquittées sur les arrérages dus par le trésor public à la liste civile, d'après les états qui seront signés par un commissaire nommé à cet effet.

« XIII. Les obligations du Monte-Napoleone de Milan envers tous ses créanciers, soit français, soit étrangers, seront exactement remplies, sans qu'il soit fait aucun changement à cet égard.

« XIV. On donnera tous les sauf-conduits nécessaires pour le libre voyage de S. M. l'empereur Napoléon, de l'impératrice, des princes et princesses, et de toutes les personnes de leur suite qui voudront les accompagner ou s'établir hors de France, ainsi que pour le passage de tous les équipages, chevaux et effets qui leur appartiennent.

« Les puissances alliées donneront en conséquence des officiers et quelques hommes d'escorte.

« XV. La garde impériale française fournira un détachement de douze à quinze cents hommes de toute arme pour servir d'escorte jusqu'à Saint-Tropez, lieu de l'embarquement.

« XVI. Il sera fourni une corvette et les bâtiments de transport nécessaires pour conduire au lieu de sa destination S. M. l'empereur Napoléon, ainsi que sa maison. La corvette appartiendra en toute propriété à S. M. l'Empereur.

« XVII. S. M. l'Empereur Napoléon pourra emmener avec lui, et conserver pour sa garde, quatre cents hommes de bonne volonté, tant officiers que sous-officiers et soldats.

« XVIII. Tous les Français qui auront servi S. M. l'empereur Napoléon et sa famille seront tenus, s'ils ne veulent perdre leur qualité de Français, de rentrer en France dans le terme de trois ans, à moins qu'ils ne soient compris dans les exceptions que le gouvernement français se réserve d'accorder après l'expiration de ce terme.

« XIX. Les troupes polonaises de toute arme qui sont au service de France auront la liberté de retourner chez elles, en conservant armes et bagages, comme un témoignage de leurs services honorables : les officiers, sous-officiers et soldats conserveront les décorations qui leur ont été accordées et les pensions affectées à ces décorations.

« XX. Les hautes puissances alliées garantiront l'exécution de tous les articles du présent traité ; elles s'engagent à obtenir qu'ils soient adoptés et garantis par la France.

« XXI. Le présent acte sera ratifié, et les ratifications en seront échangées à Paris dans dix jours, ou plus tôt si faire se peut.

« Fait à Paris, le 11 avril 1814.

« *Signé* CAULAINCOURT, duc de Vicence ; le maréchal duc de Tarente, MACDONALD ; le maréchal duc d'Elchingen, NEY [1] ; le prince DE METTERNICH. »

Les mêmes articles ont été signés séparément, et sous la même date,

---

[1] Il est à remarquer que, par égard sans doute pour l'Empereur Alexandre, le maréchal Ney s'abstient ici de son titre de prince de la Moskowa.

de la part de la Russie, par le comte de Nesselrode; et de la part de la Prusse, par le baron de Hardemberg.

Déclaration en forme d'accession au nom de Louis XVIII. — « Je sous-
« signé, ministre secrétaire d'État au département des affaires étrangères,
« ayant rendu compte au roi de la demande que Leurs Excellences Mes-
« sieurs les plénipotentiaires des cours alliés ont reçu de leurs souve-
« rains l'ordre de faire relativement au traité du 11 avril, auquel le
« gouvernement provisoire a accédé, il a plu à Sa Majesté de l'autoriser,
« de déclarer en son nom que les clauses du traité, à la charge de la
« France, seront fidèlement exécutées. Il a, en conséquence, l'honneur
« de le déclarer par la présente à Leurs Excellences.

« Paris, le 31 mai 1814.   *Signé* le prince DE BÉNÉVENT. »

Le grand triumvirat de l'Europe dicte ce traité de Fontainebleau; l'Angleterre y accède, une déclaration du roi de France promet d'en remplir ce qui le concerne; et, malgré tant de garanties, on pourrait presque dire qu'aucun des articles ne fut observé.

L'épée du grand Frédéric. — Il eût voulu épouser une Française. On espère que le lion s'endormira. Nouvelles tracasseries du gouverneur; il m'enlève mon domestique. — Notre sort enviable dans nos misères. — Bonheur de l'avoir approché.

Mercredi 13.

E matin, chez l'Empereur et dans un moment de non-occupation, je considérais la grosse montre du grand Frédéric, accrochée près de la cheminée, ce qui a conduit l'Empereur à dire : « J'ai eu « dans mes mains d'illustres « et précieux monuments; j'ai « possédé l'épée du grand Frédéric; les Espagnols m'ont rapporté aux Tuileries l'épée de François Ier;

« l'hommage était grand, il a dû leur coûter. Et les Turcs, les Persans,
« n'ont-ils pas prétendu me faire présent d'armes qui auraient appartenu
« à Gengis-Kan, à Tamerlan, à Schah-Nadir ou autres, je ne sais ; car je

« crois bien que ce n'est que dans leur seule démarche et leur seule
« intention qu'il faut prendre la vérité. »

Et comme à la suite de tout cela je terminais par mon grand étonnement qu'il n'eût pas fait des efforts pour conserver l'épée du grand Frédéric : « Mais j'avais la mienne, » a-t-il repris avec une douceur de voix et un sourire tout particuliers, et me serrant légèrement l'oreille, et au fait il avait raison, je lui disais là une grosse bêtise.

Plus tard, il revenait sur ce qu'il avait voulu et ce qu'il eût dû, disait-il, en se remariant, épouser une Française. « C'était éminemment na-
« tional, disait-il, la France était assez grande, son monarque assez
« puissant pour pouvoir négliger toute considération étrangère. D'ail-
« leurs l'alliance du sang entre souverains ne tient pas contre les inté-
« rêts de la politique, et sous ce rapport même, ne prépare que trop
« souvent des scandales en morale aux yeux des peuples ; puis, c'est ad-
« mettre une étrangère aux secrets de l'État ; elle peut en abuser ; et si

« l'on compte soi-même sur les siens au dehors, on peut se trouver n'a-
« voir posé le pied que sur un abîme recouvert de fleurs. En tout, c'est
« une chimère que de croire que ces alliances garantissent ou assurent
« jamais rien. »

Quoi qu'il en soit, la mesure d'un nouveau mariage transporta d'aise les citoyens sages qui cherchaient un avenir. Napoléon, peu de jours après cette détermination, dit à un de ses ministres (le duc Decrès), dans un moment de gaieté : « On est donc bien joyeux de mon mariage? — Oui, Sire, beaucoup. — J'entends, c'est qu'on suppose que le lion « s'endormira. — Mais, Sire, pour dire le vrai, nous y comptons un « peu. — Eh bien! dit Napoléon après quelques instants de silence, l'on « se trompe, et ce n'est pas aux vices du lion qu'il faudra s'en prendre. « Le sommeil lui serait aussi doux peut-être qu'à tout autre; mais ne « voyez-vous pas qu'avec *l'air d'attaquer sans cesse*, je ne suis pourtant « jamais occupé *qu'à me défendre* » Cette assertion a pu laisser des doutes tant qu'a duré la lutte terrible; mais la joie et les indiscrétions de la victoire sont venues depuis consacrer la vérité. On a vu les uns se vanter qu'ils auraient continué la guerre jusqu'à ce qu'ils eussent abattu leur ennemi; qu'ils n'avaient jamais eu d'autre pensée. D'autres [1] n'ont pas craint de publier que c'était sous le masque des alliances du sang même et sous celui de l'amitié qu'ils avaient ourdi le complot de sa chute!...

Aujourd'hui et les deux jours suivants ont été pour moi remplis par une tracasserie qui m'était personnelle, et qui a trop influé sur mes destinées pour que je ne la mentionne pas ici. Depuis mon séjour à Longwood, j'avais pour domestique un jeune habitant de l'île, mulâtre libre dont j'avais lieu d'être fort content; tout à coup il prit fantaisie à sir Hudson Lowe de m'en priver.

Poussé par son occupation ingénieuse à nous tourmenter, ou, comme beaucoup d'autres se sont obstinés à le penser, par suite d'un plan perfidement combiné, il me dépêcha l'officier de garde anglais pour m'annoncer qu'ayant conçu quelques inquiétudes sur ce que mon domestique était natif de l'île, il allait me le retirer, et le remplacerait par un autre de son choix. Ma réponse fut simple et positive : « Le gouverneur, disais- « je, pouvait m'enlever mon domestique si cela lui plaisait; mais il devait « s'épargner la peine de le remplacer par un autre de son choix. J'appre- « nais chaque jour à me détacher des jouissances de la vie. Je saurais,

---

[1] *Observateur autrichien*, 1817 ou 1818.

« au besoin, me servir de mes propres mains : cette privation de plus
« serait peu de chose au milieu des souffrances dont il nous entourait. »

Alors commencèrent à ce sujet une foule de messages et de notes. Sir Hudson Lowe écrivait jusqu'à trois ou quatre fois par jour à l'officier de garde, chargé de me donner autant de communications. Sir Hudson Lowe ne comprenait pas mes difficultés, disait-il, et n'imaginait pas quelle objection je pouvais avoir contre un domestique donné de sa main.... Celui qu'il aurait choisi en vaudrait bien un autre... Son offre de le choisir lui-même n'était qu'une attention de sa part, etc.

Je souffrais des allées et venues du pauvre officier, et j'en étais fatigué pour mon compte. Je le priai donc, pour épargner ses pas, d'assurer le gouverneur que ma réponse demeurait toujours la même ; savoir, qu'il pouvait bien m'enlever mon domestique, mais qu'il ne devait pas songer à m'en faire accepter un de son choix ; qu'il pouvait bien mettre garnison chez moi par la force, mais non jamais de mon propre consentement. Cependant, durant tous ces colloques, on avait fait venir mon domestique, on l'avait questionné, on l'avait retiré une première fois de mon service, puis rendu, et enfin retiré tout à fait.

Je rendis compte du tout à l'Empereur, qui m'approuva fort de n'avoir pas voulu laisser introduire un espion, disait-il, au milieu de nous. « Mais comme votre privation, ajoutait-il d'une manière charmante,
« est dans l'intérêt de tous, il n'est pas juste que vous en souffriez seul ;
« faites venir Gentilini, mon valet de pied, qu'il prenne son service au-
« près de vous ; il sera enchanté de gagner quelques napoléons de plus ;
« vous lui direz d'ailleurs que c'est par mon ordre. » Gentilini s'y rendit d'abord avec gaieté ; mais le soir même le pauvre garçon vint me dire qu'on lui avait fait observer qu'il n'était pas convenable qu'un domestique de l'Empereur servît un particulier!!!... Et l'Empereur poussa la bonté jusqu'à faire venir Gentilini pour lui en donner l'ordre de sa propre bouche......

C'était ainsi que ce gouverneur continuait à nous persécuter journellement et sous toutes les formes, bien que je n'en disse plus rien : non que je m'y fusse accoutumé, mais parce que dans la masse de nos peines, celles qui ne nous venaient que de sa mauvaise humeur n'étaient plus que de légers accessoires. Et en effet, qu'auraient-elles pu être auprès de nos grandes misères ?...

Si l'on s'est bien pénétré de toute l'horreur de notre situation, on me voit jeté, et probablement pour jamais, sur une plage déserte à deux mille lieues de la patrie, confiné dans une étroite prison, sous un ciel, dans un climat, sur un sol, qui ne sont pas les nôtres. On me voit errer vivant dans les sinuosités du tombeau, seul terme probable de tant de maux. J'ai perdu ma femme, mes enfants, mes amis, bien qu'ils jouissent encore de la vie, mais leur univers n'est plus le mien; et privé désormais de la communication des hommes, il me reste à pleurer les épanchements de l'amitié, les douceurs de la famille, les intimités, les charmes de la société... Certes, en lisant ceci, il n'est personne sans doute, quels que soient ses opinions, son pays, ses dispositions naturelles, qui ne m'accorde sympathiquement quelques regrets, et ne se sente arracher quelque mouvement de commisération, tant il me voit à plaindre; eh bien, pourtant il aurait tort : je vais me rendre enviable !...

Quel est celui dont le cœur ne bat à de certains actes d'Alexandre ou de César ? Qui approcherait sans émotion des vestiges de Charlemagne ? De quel prix ne nous seraient pas les paroles, le son de voix de Henri IV ? eh bien ! aux moindres symptômes de quelque abattement moral, si je sentais le besoin de retremper mon âme, le cœur plein de telles sensations, l'esprit rempli de telles idées, je m'écriais : Je possède tout cela, mieux que tout cela ; et ici, ce ne sont point de seules illusions, de simples souvenirs d'histoire ; je suis aux côtés mêmes de l'objet vivant qui a accompli tant de prodiges; chaque jour, à chaque instant, je considère à mon gré les traits de celui dont un clin d'œil ordonna tant de batailles et décida de tant d'empires ; je lis sur ce front que décorent les lauriers de Rivoli, de Marengo, d'Austerlitz, de Wagram, d'Iéna, de Friedland ; je puis presque toucher cette main qui régit tant de sceptres et distribua tant de couronnes, qui saisit les drapeaux d'Arcole et de Lodi, qui, dans une occasion solennelle, rendait à une femme éplorée les seules preuves de la culpabilité de son mari ; j'entends cette même voix qui, à la vue des pyramides d'Égypte, prononçait à ses soldats : « Enfants, du haut de ces monuments quarante « siècles nous contemplent ! » qui, arrêtant sa suite à la vue d'un convoi de blessés autrichiens, disait en se découvrant : « Honneur et res- « pect au courage malheureux. » Je cause presque familièrement avec celui-là même dont les conceptions ont manié l'Europe, qui se faisait un passe-temps des embellissements de nos villes et de la prospérité de nos provinces, qui nous avait élevés si haut dans l'esprit des peuples et avait porté notre gloire jusqu'aux nues!... Je le vois, je l'entends, je le soigne, je m'efforce de lui être agréable, je le console peut-être!.... Quelle situation!.... Eh bien ! à présent me plaint-on encore ? une foule, au contraire, n'enviera-t-elle pas mon sort? Qui, au fait, obtint un tel bonheur, réunit des circonstances pareilles aux nôtres?.....

Nouvelles occupations de l'Empereur. — Sur les grands capitaines, la guerre, etc., etc. — Ses idées sur diverses institutions pour le bien-être de la société. — Avocats. — Curés. — Autres objets.

Jeudi 14

L'Empereur, sur les six heures, m'a fait appeler dans sa chambre. Il venait de dicter, m'a-t-il dit, un fort beau chapitre sur les droits maritimes; il me parlait d'autres plans d'ouvrages; j'ai osé lui rappeler les quatorze paragraphes dont il avait déjà eu l'idée et que j'ai déjà mentionnés ailleurs. Il en a écouté le ressouvenir avec plaisir, et a assuré qu'il y viendrait certainement un jour.

Il s'est mis à lire et à corriger des notes précieuses qu'il avait dictées au grand maréchal sur la différence des guerres anciennes et modernes, sur l'administration des armées, leur composition, etc., etc. Puis s'étant mis à causer, et se lançant sur le sujet, entre autres choses il a dit :

« Il n'est pas de grandes actions suivies qui soient l'œuvre du hasard et « de la fortune; elles dérivent toujours de la combinaison et du génie. « Rarement on voit échouer les grands hommes dans leurs entreprises « les plus périlleuses. Regardez Alexandre, César, Annibal, le grand « Gustave et autres; ils réussissent toujours. Est-ce parce qu'ils ont du « bonheur qu'ils deviennent ainsi de grands hommes! Non; mais parce « qu'étant de grands hommes, ils ont su maîtriser le bonheur. Quand « on veut étudier les ressorts de leurs succès, on est tout étonné de « voir qu'ils avaient tout fait pour l'obtenir.

« *Alexandre*, à peine au sortir de l'enfance, conquiert avec une poi« gnée de monde une partie du globe; mais fut-ce de sa part une simple « irruption, une façon de déluge? Non, tout est calculé avec profon« deur, exécuté avec audace, conduit avec sagesse. Alexandre se mon« tre tout à la fois grand guerrier, grand politique, grand législateur, « malheureusement, quand il atteint le zénith de la gloire et du succès, « la tête lui tourne ou le cœur se gâte. Il avait débuté avec l'âme de « Trajan; il finit avec le cœur de Néron et les mœurs d'Héliogabale. » Et l'Empereur développait les campagnes d'Alexandre, et je voyais le sujet sous un jour tout nouveau.

Passant ensuite à *César*, il disait qu'au rebours d'Alexandre, il avait commencé sa carrière fort tard, et qu'ayant débuté par une jeunesse oisive et des plus vicieuses, il avait fini montrant l'âme la plus active, la plus élevée, la plus belle; il le pensait un des caractères les plus aimables de l'histoire. « César, observait-il, conquiert les Gaules et les lois « de sa patrie; mais est-ce au hasard ou à la simple fortune qu'il doit ses « grands actes de guerre? » Et il analysait encore les hauts faits de César, comme il avait fait de ceux d'Alexandre.

« Et cet *Annibal*, disait-il, le plus audacieux de tous, le plus étonnant « peut-être, si hardi, si sûr, si large en toutes choses; qui, à vingt-six « ans, conçoit ce qui est à peine concevable, exécute ce qu'on devait te- « nir pour impossible; qui, renonçant à toute communication avec son « pays, traverse des peuples ennemis ou inconnus qu'il faut attaquer et « vaincre, escalade les Pyrénées et les Alpes qu'on croyait insurmonta- « bles, et ne descend en Italie qu'en payant de la moitié de son armée « la seule acquisition de son champ de bataille, le seul droit de combat- « tre; qui occupe, parcourt et gouverne cette même Italie durant seize « ans, met plusieurs fois à deux doigts de sa perte la terrible et redou- « table Rome, et ne lâche sa proie que quand on met à profit la leçon « qu'il a donnée d'aller le combattre chez lui. Croira-t-on qu'il ne dut sa « carrière et tant de grandes actions qu'aux caprices du hasard, aux fa- « veurs de la fortune? Certes, il devait être doué d'une âme de la trempe « la plus forte et avoir une bien haute idée de sa science en guerre, ce- « lui qui, interpellé par son jeune vainqueur, n'hésite pas à se placer, « bien que vaincu, immédiatement après Alexandre et Pyrrhus, qu'il « estime les deux premiers du métier.

« Tous ces grands capitaines de l'antiquité, continuait Napoléon; et « ceux qui, plus tard, ont dignement marché sur leurs traces, n'ont fait « de grandes choses qu'en se conformant aux règles et aux principes na- « turels de l'art, c'est-à-dire par la justesse des combinaisons et le rap- « port raisonné des moyens avec leurs conséquences, des efforts avec « les obstacles. Ils n'ont réussi qu'en s'y conformant, quelles qu'aient « été d'ailleurs l'audace de leurs entreprises et l'étendue de leurs succès. « Ils n'ont cessé de faire constamment de la guerre une véritable science. « C'est à ce titre seul qu'ils sont nos grands modèles, et ce n'est qu'en « les imitant qu'on doit espérer en approcher.

« On a attribué à la fortune mes plus grands actes, et on ne manquera « pas d'imputer mes revers à mes fautes; mais si j'écris mes campagnes, « on sera bien étonné de voir que, dans les deux cas et toujours, ma « raison et mes facultés ne s'exercèrent qu'en conformité avec les prin- « cipes, etc. »

Comme il est à désirer que l'Empereur accomplisse sa pensée

d'écrire ses campagnes! Quels commentaires que ceux de Napoléon!!!

L'Empereur a continué d'analyser de la sorte *Gustave-Adolphe*; *Condé*, chez qui il disait que la science semblait avoir été un instinct, la nature l'ayant produit tout savant; *Turenne*, qui, au contraire, ne s'était formé qu'avec peine et à force d'instruction. Et m'étant permis de lui dire à ce sujet qu'on avait remarqué pourtant que Turenne n'avait point formé d'élèves, tandis que Condé en avait laissé plusieurs fort distingués : « Pur caprice du hasard, a repris l'Empereur; c'est le con-
« traire qui eût dû arriver. Mais il ne dépend pas toujours des maîtres
« de faire de bons écoliers, encore faut-il que la nature s'y prête : la se-
« mence doit rencontrer son terrain. » Il a continué sur *Eugène*, *Marlborough*, *Vendôme*, etc.; sur le *grand Frédéric*, qu'il disait avoir été, sur toutes choses, tacticien par excellence, et avoir eu le secret de faire des soldats de véritables machines. A son sujet, il a dit : « Combien les hommes
« diffèrent parfois de ce qu'ils s'annoncent! Savent-ils bien toujours eux-
« mêmes ce qu'ils sont? En voilà un, remarquait-il, qui, au début,
« prend la fuite devant sa propre victoire, et qui, tout le reste de sa car-
« rière, se montre au feu bien certainement le plus intrépide, le plus
« tenace, le plus froid des hommes, etc. »

Après dîner, l'Empereur, plein de son travail du jour, traitait en maître une foule d'objets de guerre. Il revenait sur la grande différence de la guerre des anciens avec celle des modernes. « L'invention des ar-
« mes à feu a tout changé, observait-il; cette grande découverte était,
« du reste, tout à l'avantage des assaillants, bien que jusqu'ici la plupart
« des modernes aient soutenu le contraire. La force corporelle des an-
« ciens, observait-il encore, était en harmonie avec leurs armes offen-
« sives et défensives : les nôtres, au contraire, celles de nos jours, sont
« tout à fait hors de notre sphère. »

L'Empereur voulait que, dans l'état actuel, on donnât plus de consistance au troisième rang de l'infanterie ou bien que l'on le supprimât, et il en développait le motif.

Il voulait que l'infanterie chargée par la cavalerie tirât de fort loin sur elle, au lieu de l'attendre à bout portant comme on le fait aujourd'hui, et il en démontrait l'avantage.

Il disait que l'infanterie et la cavalerie laissées à elles-mêmes sans artillerie ne devaient point amener de résultat décisif; mais qu'avec de l'artillerie, et toutes choses d'ailleurs égales, la cavalerie devait détruire l'infanterie; et il développait très-lumineusement toutes ces choses, et une foule d'autres encore.

Il ajoutait que l'artillerie faisait aujourd'hui la véritable destinée des armées et des peuples; qu'on se battait à coups de canon comme à coups

de poing, et qu'en bataille, comme à un siège, l'art consistait à présent à faire converger un grand nombre de feux sur un même point; que, la mêlée une fois établie, celui qui avait l'adresse de faire arriver subitement et à l'insu de l'ennemi, sur un de ses points, une masse inopinée d'artillerie, était sûr de l'emporter. Voilà quels avaient été, disait-il, son grand secret et sa grande tactique.

Du reste, concluait-il, il ne pouvait pas y avoir ce que, dans sa pensée, il concevait être une véritable armée, sans une révolution dans les mœurs et l'éducation du soldat, peut-être même de l'officier. Il ne pouvait pas y en avoir avec nos fours, nos magasins, nos administrations, nos voitures. Il n'y aurait d'armée que quand, à l'imitation des Romains, le soldat recevrait son blé, aurait des moulins à bras, cuirait son pain sur sa petite platine, etc. Il n'y aurait d'armée que quand on aurait mis en fuite toute notre effroyable administration paperassière, etc., etc.

« J'avais médité, disait-il, tous ces changements; mais, pour oser les

« mettre en pratique, il m'eût fallu une profonde paix. Une armée de
« guerre ne le permettait pas ; elle se fût révoltée, elle m'eût envoyé
« promener, etc. »

Puisque j'en suis à ce sujet, je vais réunir ici quelques notes éparses, recueillies à différents instants sur les innovations projetées par l'Empereur, non-seulement sur l'armée, mais encore sur beaucoup d'autres objets essentiels à l'organisation sociale.

L'Empereur avait le projet, à la paix générale, nous a-t-il dit plus d'une fois, d'amener chaque puissance à une immense réduction des armées permanentes. Il eût voulu que chaque souverain se bornât à sa seule garde, comme cadre du reste de l'armée à composer au besoin. Il eût voulu, s'il avait été contraint de conserver une forte armée en temps de paix, l'employer aux travaux publics, lui donner une organisation, une tenue et une manière de se nourrir tout à fait spéciale.

Il avait éprouvé, disait-il, que la plus grande gêne dans ses plans de campagnes et ses grandes expéditions venait de la nourriture moderne des soldats, du blé qu'il fallait trouver, de la farine qu'il fallait obtenir en le faisant moudre, enfin du pain qu'il fallait parvenir à faire cuire. Or la méthode romaine, qu'il approuvait fort, et qu'il eût adoptée en tout ou en partie, eût remédié à tous ces inconvénients. « Avec elle,
« disait l'Empereur, on allait au bout du monde ; mais encore fallait-il
« du temps pour amener à la transition d'un tel régime, il ne pouvait
« s'opérer par un simple ordre du jour. J'en avais eu la pensée depuis
« longtemps ; mais, quelle qu'eût été ma puissance, je me fusse bien
« donné de garde de le commander. Il n'est point de subordination ni
« de crainte pour les estomacs vides. Ce n'était qu'en temps de paix et
« à loisir qu'on eût pu y arriver insensiblement ; je l'aurais obtenu en
« créant des mœurs militaires nouvelles. »

L'Empereur eût constamment tenu à faire passer toute la nation par l'épreuve de la conscription. « Je suis intraitable sur les exemptions,
« disait-il un jour au Conseil d'État ; elles seraient des crimes. Comment
« charger sa conscience d'avoir fait tuer l'un au détriment de l'autre ?
« Je ne sais même pas si j'exempterai mon fils. » Et, dans une autre occasion, il disait encore que la conscription est la racine éternelle d'une nation, l'épuration de son moral, la véritable institution de toutes ses habitudes. Et puis la nation, ajoutait-il, se trouvait de la sorte toute classée dans ses véritables intérêts pour sa défense au dehors et son repos au dedans. « Organisé, maçonné de la sorte, disait-il, le peuple
« français eût pu défier l'univers, il eût pu, et avec plus de justesse, re-

« nouveler ce mot des fiers Gaulois : *Si le ciel venait à tomber, nous le*
« *soutiendrions de nos lances.* »

Dans son système et ses intentions, la conscription, loin de nuire à
l'éducation, en fût devenue l'instrument. L'Empereur en serait arrivé,
disait-il, à avoir dans chaque régiment une école pour le commencement ou la continuation de l'enseignement dans tous les genres, soit
pour la ligne scientifique, pour les arts libéraux ou pour les simples
mécaniques. « Et rien de plus aisé que d'obtenir tout cela, remarquait-
« il ; le principe une fois adopté, vous eussiez vu chaque régiment tirer
« tout ce qui eût été nécessaire de ses rangs mêmes. Et quel bienfait le
« déversement de tous ces jeunes gens avec leurs connaissances acqui-
« ses, n'eussent-elles été qu'élémentaires, avec les mœurs qui en déri-
« vent nécessairement, n'aurait-il pas été produire dans la masse de la
« société! etc. »

Un jour l'Empereur disait encore que s'il eût eu du loisir, il y avait
peu d'institutions sur lesquelles il n'eût porté la main ; et il s'arrêtait
sur le fléau des procès, qu'il disait être une véritable lèpre, un vrai
cancer social : « Déjà mon Code, disait-il, les avait singulièrement
« diminués en mettant une foule de causes à la portée de chacun ; mais
« il restait encore beaucoup à faire au législateur, non qu'il dût se flat-
« ter d'empêcher les hommes de quereller : ce devait être de tout temps.
« Mais il fallait empêcher un tiers de vivre des deux querelles des autres,
« empêcher qu'il les excitât même, afin de mieux vivre encore. J'aurais
« donc voulu établir qu'il n'y eût d'avoués ni d'avocats rétribués que
« ceux qui gagneraient leurs causes. Par là que de querelles arrêtées !
« car il est bien évident qu'il n'en serait pas un seul qui, du premier
« examen d'une cause, ne la repoussât si elle lui semblait douteuse.
« On ne saurait craindre qu'un homme vivant de son travail voulût s'en
« charger pour le seul plaisir de bavarder ; et même, dans ce cas encore,
« le travers ne serait nuisible qu'à lui seul. Mais avec les praticiens,
« observait l'Empereur, les choses les plus simples se compliquent tout
« aussitôt. On me présenta une foule d'objections, une multitude d'in-
« convénients ; et moi, qui n'avais pas de temps à perdre, j'ajournai
« ma pensée. Mais, encore aujourd'hui, je reste convaincu qu'elle est
« lumineuse, et qu'en la creusant, la retournant ou la modifiant, on
« pourrait en tirer grand parti. »

Puis venaient *les curés*, qu'il eût voulu rendre très-importants et fort
utiles. « Plus ils sont éclairés, disait-il, moins ils sont portés à abuser
« de leur ministère. » Aussi à leur cours de théologie aurait-il voulu

qu'on eût joint un cours d'agriculture et les éléments de la médecine et du droit. « Par là, disait-il, le dogme et la controverse, qui ne sont que
« le cheval de bataille et les armes du sot et du fanatique, fussent insen-
« siblement devenus plus rares dans la chaire ; il ne serait plus guère
« demeuré que la pure morale, toujours belle, toujours éloquente, tou-
« jours persuasive; toujours écoutée ; et, comme on aime d'ordinaire à
« parler de ce qu'on sait, ces ministres d'une religion toute de charité
« eussent de préférence entretenu les paysans de leur culture, de leurs
« travaux, de leurs champs; ils eussent pu donner de bons conseils con-
« tre la chicane et de bons avis aux malades : tous y eussent gagné. Alors
« les pasteurs eussent été une providence pour leurs ouailles; et, comme
« on leur eût composé un très-bel état, ils auraient joui d'une grande
« considération ; ils se seraient fort respectés eux-mêmes, et l'eussent
« été de tous. Ils n'auraient pas eu le pouvoir de la seigneurie féodale,
« mais ils en auraient eu, sans danger, toute l'influence. Un curé eût
« été le juge de paix naturel, le vrai chef moral qui eût dirigé, conduit
« la population sans danger, parce qu'il était lui-même dépendant du
« gouvernement qui le nommait et le salariait. Si l'on joint à tout cela
« les épreuves et le noviciat nécessaires pour le devenir, qui garantissent
« en quelque sorte la vocation et supposent de belles dispositions de
« cœur et d'esprit, on est porté à prononcer qu'une telle composition
« de pasteurs au milieu des peuples eût dû amener une révolution mo-
« rale tout à l'avantage de la civilisation. »

Ceci me rappelle avoir entendu l'Empereur, au Conseil d'État, déclamer contre le casuel des ministres du culte, et faire ressortir l'indécence de les mettre dans le cas de marchander, disait-il, des objets
sacrés et pourtant indispensables. Il proposait donc de le détruire.
« En rendant les actes de la religion gratuits, observait-il, nous rele-
« vons sa dignité, sa bienfaisance, sa charité ; nous faisons beaucoup
« pour le petit peuple ; et rien de plus naturel et de plus simple que de
« remplacer ce casuel par une imposition légale, car tout le monde
« naît, beaucoup se marient, et tous meurent : et voilà pourtant trois
« grands objets d'agiotage religieux qui me répugnent et que je vou-
« drais faire disparaître. Puisqu'ils s'appliquent également à tous, pour-
« quoi ne pas les soumettre à une imposition spéciale, ou bien encore
« les noyer dans la masse des impositions générales? etc., etc. » Cette
proposition n'eut pas de suite.

Il me revient aussi en ce moment l'avoir encore entendu exprimer
la proposition que tous les fonctionnaires publics, même les mili-

taires, formassent eux-mêmes le fonds de leurs pensions à venir, par une légère retenue de leur salaire annuel. Il y attachait beaucoup de prix : « De la sorte, disait-il, l'avenir de chacun ne sera plus un objet de « sollicitation, une faveur, ce sera un droit, une vraie propriété : ce « qui lui aura été retenu sera versé à la caisse d'amortissement chargée « de le faire valoir : ce sera son propre bien qu'il suivra des yeux, et « qu'il retirera, sans contestation, lors de sa retraite. » On lui objectait qu'il était des traitements, ceux des militaires surtout, qui ne pourraient admettre de retenue. « Eh bien! j'y suppléerai, répliquait l'Em-« pereur, je les accroîtrai de toute la retenue.—Mais à quoi bon alors, « objectait-on encore, si l'on doit faire la même dépense? il n'y aurait point « d'économie; où seraient donc les avantages? — Les avantages, répli-« quait l'Empereur, seraient dans la différence entre le certain et l'incer-« tain, entre le repos du trésor, qui n'aurait plus à se mêler de ces accidents, « et la tranquillité des citoyens, qui posséderaient leur garantie, etc., etc. »

L'Empereur défendit cette idée avec beaucoup de chaleur. Il y revint plus d'une fois, elle demeura néanmoins sans résultat. J'ai déjà dit l'avoir vu improviser souvent de la sorte; ou faire discuter, après impression, une foule d'autres projets qui ont éprouvé le même sort. Voici ce qui peut en fort peu de mots donner une idée des travaux et de l'activité de son administration. « On a calculé que le gouvernement « de Napoléon, dans un espace de quatorze ans et cinq mois, présente « soixante et un mille cent trente-neuf délibérations du Conseil d'État sur « des objets différents! » (*Hist. critique et raisonnée, etc., de Montvéran.*)

Enfin j'ai entendu maintes fois Napoléon, et en diverses circonstances, répéter qu'il eût voulu un Institut européen; des prix européens, pour animer, diriger et coordonner toutes les associations savantes en Europe.

Il eût voulu pour toute l'Europe l'uniformité des monnaies, des poids, des mesures; l'uniformité de législation. « Pourquoi, disait-il, « mon Code Napoléon n'eût-il pas servi de base à un Code européen, « et mon Université impériale à une Université européenne? De la « sorte, nous n'eussions réellement, en Europe, composé qu'une seule « et même famille. Chacun, en voyageant, n'eût pas cessé de se trou-« ver chez lui, etc. »

L'Empereur change de manière à nous affecter. — Le gouverneur nous environne de fortifications. —Terreurs de sir Hudson Lowe.—Général Lamarque.— Madame Récamier et un prince de Prusse.

Vendredi 15.

Sur les trois heures, l'Empereur, avec qui j'avais déjà déjeuné le matin, m'a fait appeler. Voulant prendre l'air, il a essayé de marcher dans le bois, mais l'air lui a paru trop vif. Il s'est dirigé alors vers le grand maréchal, chez qui il est entré, et est demeuré assez longtemps assis dans un fauteuil, où il semblait comme absorbé. La diminution de son embonpoint, la teinte de son visage, un affaissement visible nous ont frappés; nous en avions tous le cœur navré.....

En traversant le bois, il avait jeté les yeux sur les fortifications dont on nous entoure : il avait ri de pitié de tous ces travaux. On avait dés-

honoré nos alentours, disait-il, en enlevant l'espèce de gazon qui s'y trouvait, pour en faire de misérables revêtements inutiles et ridicules. En effet, depuis près de deux mois, le gouverneur ne cesse de remuer le terrain autour de nous ; il creuse des fossés, élève des parapets, plante des palissades : il nous a tout à fait cernés dans Longwood. Il fait en ce moment de l'écurie une véritable redoute, sans qu'on puisse y deviner aucun avantage en équivalent des sommes et des soins qu'elle aura coûtés ; aussi ces travaux excitent-ils tour à tour la mauvaise humeur et le rire des soldats et des Chinois qui y sont employés : ils n'appellent plus Longwood et son écurie que *le fort Hudson* et *le fort Lowe*. Et l'Empereur est revenu sur les frayeurs ridicules de sir Hudson

Lowe, qu'on nous a assuré se réveiller parfois en sursaut pour rêver à de nouveaux moyens de sûreté. « Assurément, disait l'Empereur, cela « tient de la folie; eh! que ne dort-il à son aise! que ne nous laisse-t-il « tranquilles! Comment n'a-t-il pas l'esprit de juger que la force des « localités, ici, est bien supérieure encore à toutes ses terreurs pani- « ques? — Sire, ai-je repris, c'est qu'il se souvient de *Capri*, où avec « deux mille hommes, trente pièces de canon et perché dans les nues, « il fut enlevé par douze cents Français que conduisait le brave Lamar- « que, lequel ne put pénétrer jusqu'à lui qu'à l'aide d'une triple esca- « lade. — Eh bien, a observé l'Empereur, sir Lowe se montre meilleur « geôlier que bon général. »

La santé de mon fils, depuis quelque temps, me donnait les plus vives inquiétudes. Ses souffrances étaient tournées en palpitations violentes qui amenaient des évanouissements; elles le forçaient de se relever la nuit pour marcher ou prendre quelque position particulière.

Le docteur O'Méara craignait d'entrevoir tous les symptômes d'un anévrisme et un péril imminent. J'ai fait prier le docteur militaire en chef Baxter de venir se joindre au docteur O'Méara, pour une consultation à fond. Heureusement le résultat a pu me tranquilliser : il était loin de présenter rien d'aussi alarmant.

Dans les causeries du jour, l'Empereur est revenu encore à madame de Staël, sur laquelle il n'a rien dit de neuf. Seulement il a parlé cette fois de nouvelles lettres vues par la police, et dont madame Récamier et un prince de Prusse faisaient tous les frais.

« Ces lettres, disait l'Empereur, contenaient la preuve non équivoque « de tout l'empire des charmes de madame Récamier, et du haut prix « auquel le prince les élevait, car elles ne renfermaient rien moins que « des offres ou des promesses de mariage de sa part. »

Et voici le nœud de cette affaire, que j'ai appris plus tard. La belle madame Récamier, dont la bonne réputation a eu le rare privilège de traverser sans injures nos temps difficiles, se trouvait auprès de madame de Staël, à laquelle elle s'était héroïquement dévouée, quand un des princes de Prusse, fait prisonnier à Eylau, et se rendant en Italie par la permission de Napoléon, descendit au château de Coppet, avec l'intention de s'y reposer seulement quelques heures ; mais il y fut retenu tout l'été par les charmes qu'il y rencontra. Celle qui s'y était exilée auprès de son amie, et le jeune prince, se regardant tous deux comme des victimes de Napoléon, une haine commune commença peut-être leur intérêt mutuel. Touché d'une vive passion, le prince, malgré les obstacles que lui opposait son rang, conçut la pensée d'épouser l'amie de madame de Staël, et le confia à celle-ci, dont l'imagination poétique saisit avidement un projet qui pouvait répandre sur Coppet un éclat romanesque. Bien que le prince fût rappelé à Berlin, l'absence n'altéra point ses sentiments, il n'en poursuivait pas moins avec ardeur son projet favori ; mais, soit préjugé catholique contre le divorce, soit générosité naturelle, madame Récamier se refusa constamment à cette élévation inattendue.

C'est à cette circonstance, du reste, qu'on doit le tableau de Corinne, qui passe pour une des créations les plus originales du pinceau de Gérard, le prince le lui ayant commandé pour en faire hommage à celle qui avait si profondément occupé ses pensées.

Mais, puisque je suis revenu à madame de Staël, je dirai que la publication des volumes précédents m'ayant valu la visite et les observations de quelques personnes qui lui sont fort attachées, de ses plus intimes m'ont assuré qu'on lui avait prêté des expressions contre Napoléon qui lui étaient absolument étrangères, spécialement celle de *Robespierre à cheval*, qu'elles pouvaient désavouer pour elle en toute sûreté de conscience, disaient-elles ; bien plus, elles ajoutaient que madame Staël se montrait parfois, dans la conversation privée, bien plus favorable que ne le témoignaient ses écrits, toujours aiguillonnés, il fallait en convenir, par les ressentiments et le dépit. L'une de ces personnes me disait qu'il avait été vraiment précieux pour elle de lire dans le *Mémorial* que Napoléon, à Sainte-Hélène, avait comparé madame de Staël tout à la fois à Armide et à Clorinde, parce qu'elle avait entendu madame de Stael, au temps de son enthousiasme, comparer de son côté le jeune général de l'armée d'Italie tout à la fois à Scipion et à Tancrède, alliant, disait-elle, les vertus simples de l'un aux faits brillants de l'autre.

Après dîner, l'Empereur ayant fait venir Racine, son favori, il nous a lu les beaux morceaux d'*Iphigénie*, de *Mithridate* et de *Bajazet*. « Bien que Racine ait accompli des chefs-d'œuvre en eux-mêmes, a-t-il « dit en finissant, il y a répandu néanmoins une perpétuelle fadeur, un « éternel amour, et son ton doucereux, son fastidieux entourage ; mais « ce n'était pas précisément sa faute, ajoutait-il, c'était le vice et les « mœurs du temps. L'amour alors, et plus tard encore, était toute « l'affaire de la vie de chacun. C'est toujours le lot des sociétés oisives, « observait-il. Pour nous, nous en avons été brutalement détournés « par la révolution et ses grandes affaires. » Chemin faisant, il avait condamné aussi tout le fameux plan de campagne de Mithridate. « Il

« pouvait être beau comme récit, disait-il, mais il n'avait point de sens
« comme conception. »

Les ministres anglais actuels ; portraits.—Tous les ministères, autant de léproseries ; honorables exceptions.—Sentiments de Napoléon pour ceux qui l'ont servi.

Samedi 16.

J'ai trouvé l'Empereur avec une espèce d'almanach politique anglais qu'il s'amusait à feuilleter. S'étant arrêté sur les membres du ministère anglais, qu'il passait en revue : « En connaissez-vous quelques-uns? « m'a-t-il dit. Quelle était, de votre temps, l'opinion commune à leur « égard ? — Sire, ai-je répondu, il y a si longtemps que j'ai quitté l'An- « gleterre, que presque tous ceux qui y jouent un rôle aujourd'hui ne « faisaient que commencer alors, aucun n'était encore sur la première « ligne de la scène. » Alors, nommant *lord Liverpool*, il a dit : « Lord « Liverpool est, dans tout cela, à ce qu'il paraît, ce qu'il y a de plus « honnête. On m'en a dit quelque bien : il semble avoir de la tenue, de « la décence ; car je ne me fâche point qu'on soit mon ennemi, on a son « métier à faire, son devoir à remplir ; mais j'ai lieu de m'indigner de « mesures et de formes ignobles. » A ce sujet, j'appris à l'Empereur que c'était de mon temps que le père de lord Liverpool, M. Jenkenson, devenu plus tard successivement lord Hawkesbury et lord Liverpool, avait fait sa fortune politique. C'était un très-honnête homme, disait-on, ami particulier de Georges III, fort laborieux, et spécialement chargé des documents diplomatiques.

L'Empereur est passé ensuite à *lord Sidmouth*. « C'était encore un « homme assez honnête, m'a-t-on dit, mais de peu de capacité, une de « ces braves ganaches qui concourent bonnement au mal. — Sire, de « mon temps, et sous le nom d'Addington, il a été orateur de la cham- « bre des communes à la satisfaction générale. C'était la créature, di- « sait-on, de M. Pitt. Ce ministre passait même pour l'avoir nommé à « sa propre place en la quittant, afin d'y rentrer plus facilement quand « cela lui conviendrait. Ce qu'il y a de certain, c'est que le public fut « grandement surpris de voir M. Addington successeur de M. Pitt, tant « on jugeait la chose au-dessus de ses forces; et plus tard, un journal de « l'opposition, parlant de lui, rappelait qu'un philosophe, Locke, je « crois, avait dit que les enfants n'étaient qu'une feuille de papier blanc « sur laquelle la nature n'avait point encore écrit; et à cela le journal « observait plaisamment qu'en écrivant sur la feuille du *docteur*, c'était « le sobriquet donné à M. Addington, il fallait convenir que cette bonne

« nature avait laissé de furieuses marges. — Et ce mauvais dogue, a
« repris l'Empereur, à la pâture duquel il semble qu'on nous ait livrés, ce
« *lord Bathurst*, qu'en savez-vous? — Absolument rien, Sire, ni sur son
« origine, ni sur sa personne, ni sur son caractère. — Eh bien ! à moi,
« il ne m'est donné, a-t-il repris avec une espèce de chaleur, de pouvoir
« le juger d'ici que d'après ses actes envers moi. Or, à ce titre, je le
« tiens pour *le plus vil, le plus bas, le plus lâche des hommes*. La brutalité
« de ses déterminations, la grossièreté de ses expressions, le choix infâme
« de son agent, m'autorisent à le prononcer ainsi. On ne trouve pas
« aussi facilement un bourreau tel que celui qu'il m'a envoyé ; non, on
« n'a pas la main aussi heureuse ; il a fallu nécessairement le chercher,
« l'examiner, le juger, l'instruire ; et certes, en voilà assez à mes yeux,
« pour prononcer la condamnation morale de quiconque peut descen-
« dre à de tels détails : par le bras qu'il dirige, on peut supposer quel
« doit être son cœur. »

J'avoue que, cédant à l'impulsion de mon naturel et des bienséances,
j'ai été tenté d'abord de supprimer ou d'adoucir les expressions qui précèdent ; mais un scrupule m'a arrêté, et si la grande ombre si grièvement
blessée, me suis-je dit, planant en cet instant au-dessus de moi, venait à
me faire entendre : « Puisque vous vous avisez de me faire parler, conser-
« vez du moins mes paroles. » Et j'ai écrit. Aussi bien, faut-il que justice
se fasse. En jouissant des honneurs et du pouvoir, on s'astreint nécessairement à répondre des charges. A l'inculpé à se justifier : s'il y réussit,
tant mieux.

L'Empereur, étant passé à *lord Castlereagh*, a dit : « C'est celui-là
« qui gouverne tout le reste, et maîtrise jusqu'au prince même, à l'aide
« de ses intrigues et de son audace. Fort d'une majorité qu'il a lui-même
« composée, il est toujours prêt à s'escrimer au parlement, et avec la
« dernière impudeur, contre la raison, le droit, la justice, la vérité ; nul
« mensonge ne lui coûte, rien ne l'arrête, tout lui est égal ; il sait que les
« votes sont constamment là pour tout applaudir et tout légitimer. Il a
« entièrement sacrifié son pays, et le ravale chaque jour en le conduisant
« au rebours de sa politique, de ses doctrines, de ses intérêts ; il le livre
« tout à fait au continent. La position se fausse à chaque instant davan-
« tage. Dieu sait comment on s'en tirera !

« Lord Castlereagh, a-t-il continué, est regardé en Angleterre même,
« m'a-t-on assuré, comme l'homme de l'immoralité. Il a débuté par une
« apostasie politique qui, bien que commune dans son pays, laisse néan-
« moins toujours une tache indélébile. Il est entré dans la carrière sous

« les bannières de la cause du peuple, et il s'est fait l'homme du pouvoir
« et de l'arbitraire. Si on lui fait justice, il doit être exécré des Irlan-
« dais, ses compatriotes qu'il a trahis, et des Anglais dont il a détruit
« les libertés au dedans et les intérêts au dehors.

« Il a eu l'impudence de produire au parlement, comme faits authen-
« tiques, ce qu'il savait très-bien avoir été falsifié, ce qu'il avait peut-être
« fait falsifier lui-même ; et c'est pourtant sur ces actes qu'on a prononcé
« le détrônement de Murat! Il fait métier de se mentir publiquement à
« lui-même chaque jour en plein parlement, et dans des assemblées pu-
« bliques, en mettant dans ma bouche des paroles et des projets propres
« à m'aliéner ses compatriotes, bien qu'il sache qu'il n'en était rien ; et
« cet acte est d'autant plus bas, qu'il me tient lui-même dans l'impuis-
« sance de répondre.

« Lord Castlereagh, élève de M. Pitt, dont il se croit peut-être l'égal,
« n'en est tout au plus que le singe : il n'a cessé de poursuivre les plans et
« les complots de son maître contre la France. Et ici sa pertinacité, son
« obstination, ont été peut-être ses véritables seules qualités. Mais Pitt
« avait de grandes vues : chez lui, l'intérêt de son pays marchait avant
« tout ; il avait du génie, il créait ; et de son île, comme point d'appui, il
« gouvernait et faisait agir à son gré les rois du continent. Castlereagh
« au contraire, substituant l'intrigue à la création, les subsides au génie,
« s'important fort peu de son pays, n'a cessé d'employer le crédit et l'in-
« fluence de ces rois du continent pour asseoir et perpétuer son pouvoir
« dans son île. Toutefois, et voici la marche des choses ici-bas, Pitt,
« avec tout son génie, n'a cessé d'échouer, et Castlereagh, incapable, a
« complétement réussi. O aveuglement de la fortune !!!...

« Castlereagh s'est montré tout à fait l'homme du continent ; maître de
« l'Europe, il a satisfait tout le monde, et n'a oublié que son pays. Ses
« actes blessaient tellement l'intérêt national, ils étaient tellement au
« rebours des doctrines du pays, ils portaient tellement le caractère de
« l'inconséquence, qu'on ne comprend pas qu'une nation sage se soit
« laissé gouverner par un tel fou !!!

« Il prend pour base la légitimité, dont il prétend faire un dogme poli-
« tique, lorsqu'elle saperait dans ses fondements le trône de son propre
« maître ; et néanmoins il reconnaît Bernadotte, en opposition au légi-
« time Gustave IV, qui s'est immolé pour l'Angleterre. Il reconnaît l'u-
« surpateur Ferdinand VII, au détriment de son vénérable père Char-
« les IV.

« Il proclame avec les alliés, comme une autre base fondamentale, le

« rétablissement de l'ancien ordre de choses, le redressement de ce qu'ils
« appellent les torts, les injustices, les déprédations passés, enfin le
« retour de la morale publique, et il sacrifie la république de Venise,
« qu'il abandonne à l'Autriche; celle de Gênes, dont il accommode le
« Piémont; il agrandit de la Pologne la Russie, son ennemie naturelle; il
« dépouille le roi de Saxe en faveur de la Prusse, qui ne peut plus lui
« être de secours aucun; il enlève la Norwége au Danemark, qui, plus
« indépendant de la Russie, pourrait lui ouvrir la clef de la Baltique pour
« enrichir la Suède, tombée, par la perte de la Finlande et des îles de la
« Baltique, tout à fait sous la sujétion des Russes. Enfin, en violation des
« premiers éléments de la politique générale, il néglige, dans sa situation
« toute-puissante, de ressusciter l'indépendance de la Pologne, et par là
« livre Constantinople, expose toute l'Europe et prépare mille embarras
« à l'Angleterre.

« Je ne dirai rien du monstrueux contre-sens d'un ministre, le repré-
« sentant de la nation libre par excellence, qui remet l'Italie sous le
« joug, y maintient l'Espagne, concourt de tous ses efforts à river des
« fers sur tout le continent. Penserait-il donc que la liberté n'est appli-
« cable qu'aux Anglais, et que le continent n'est pas fait pour elle [1] !
« Mais, dans ce cas même, il se trouverait en tort vis-à-vis de ses propres
« compatriotes, qu'il prive chaque jour de quelques-uns de leurs droits :
« c'est la suspension de l'*habeas corpus* à tort et à travers ; c'est l'*alien-
« bill* en vertu duquel, le croirait-on bien ? la femme d'un Anglais, si elle
« est étrangère, peut être chassée d'Angleterre sous le bon plaisir du
« ministre; c'est l'espionnage et la délation qu'il répand à l'infini ; ce
« sont des agents provocateurs, création infernale, à l'aide desquels on
« est toujours sûr de trouver des coupables et de multiplier les victi-
« mes ; c'est une froide violence, un joug qu'il fait peser sur des dépen-
« dances étrangères. Non, lord Castlereagh n'est point le ministre d'un
« grand peuple libre chargé d'imprimer le respect aux nations étrangè-
« res : c'est un vizir des rois du continent, façonnant, à leur instigation,
« ses compatriotes à l'esclavage; c'est le chaînon, le conducteur à l'aide
« duquel se déversent sur le continent les trésors de la Grande-Bretagne et
« s'importent en Angleterre toutes les doctrines malfaisantes du dehors.

« Il semble se montrer le partisan, l'obséquieux associé de cette mys-
« térieuse sainte-alliance, alliance universelle dont je ne saurais d'ici

---

[1] Et vraiment plus tard lord Castlereagh a eu la cynique impudence de faire précisément cette déclaration en plein parlement et presque dans les mêmes paroles, au sujet des constitutions de Bade ou
de Bavière.

« deviner ni le sens ni le but, qui ne peut présenter rien d'utile ni faire
« augurer rien de bon. Serait-elle dirigée contre les Turcs? Mais ce
« serait alors aux Anglais à s'y opposer. Serait-ce pour maintenir, en
« effet, une paix générale? Mais c'est une chimère dont ne sauraient être
« dupes des cabinets diplomatiques. Il ne saurait y avoir des alliances
« que par opposition et comme contre-poids. On ne saurait être allié
« entre tous; alors ce n'est plus rien. Je ne la comprendrais que comme
« alliance des rois contre les peuples; mais alors qu'a à faire lord Cas-
« tlereagh là-dedans? S'il en était ainsi, ne pourrait-il pas, ne devrait-
« il pas le payer cher un jour?....

« J'ai eu ce lord Castlereagh en mon pouvoir, a dit l'Empereur; il
« était occupé à intriguer à Chatillon, lorsque, dans un de nos succès
« momentanés, mes troupes dépassèrent le congrès qui se trouva enve-
« loppé. Le premier ministre anglais se trouvait sans caractère public,
« et demeurait en dehors du droit des gens : il le sentit, et se montrait
« dans la plus affreuse anxiété de se trouver ainsi entre mes mains. Je
« lui fis dire de se tranquilliser, qu'il était libre; je le fis pour moi, non
« pour lui; car, certes, je n'en attendais rien de bon. Cependant, à
« quelque temps de là, sa reconnaissance se manifesta d'une manière
« toute particulière; quand il me vit choisir l'île d'Elbe, il me fit pro-
« poser l'Angleterre pour asile, et employa alors son éloquence, sa sub-
« tilité pour m'y déterminer; mais aujourd'hui les offres d'un Castle-
« reagh ont le droit de m'être suspectes; et nul doute qu'il méditait
« déjà en cela l'horrible traitement qu'on exerce en cet instant sur ma
« personne!

« C'est un grand malheur pour le peuple anglais que son ministre
« dirigeant ait été traiter lui-même en personne avec les souverains du
« continent : c'est une violation de l'esprit de sa constitution. L'orgueil
« anglais n'a aperçu alors que son représentant allant dicter des lois;
« mais il a de quoi se repentir, aujourd'hui que l'événement lui prouve
« qu'il n'est allé stipuler, au contraire, que des embarras, de la décon-
« sidération, des pertes.

« Il est de fait certain que lord Castlereagh eût pu tout obtenir; mais
« soit aveuglement, soit incapacité, soit perfidie, il a tout sacrifié. Assis
« au banquet des rois, il semble avoir rougi de dicter la paix en *mar-*
« *chand,* et s'est avisé de la traiter en *monsieur.* Son orgueil y a gagné,
« et il est à croire que ses intérêts n'y ont pas perdu : son pays seul en
« a souffert et en souffrira beaucoup et longtemps.

« Et les rois du continent aussi ont à expier peut-être la faute d'avoir

« mis en contact personnel leurs ministres dirigeants. Ne semble-t-il
« pas en être résulté que tous ces premiers ministres se sont créé, contre
« leurs propres maîtres, une espèce de souveraineté secondaire ; qu'ils
« se la sont garantie réciproquement, et l'ont accompagnée, est-on au-
« torisé à croire, de véritables subsides, fournis de l'aveu même de
« leurs maîtres? Voici comment l'on conçoit que la chose peut très-bien
« s'être arrangée ; rien de plus simple ni de plus ingénieux à la fois :
« en fixant le budget secret dans un endroit, on fera arrêter qu'un tel
« sur le continent a été fort utile, qu'il peut l'être encore, et qu'il faut
« savoir le reconnaître. Celui-ci, à son tour, aura soin de démontrer
« chez lui qu'un autre, au loin, a rendu de grands services, qu'il a été
« même jusqu'à compromettre ses intérêts, et qu'il faut lui en tenir
« compte. Ce sont des arrangements de la sorte sans doute qui ont fait
« dire à un grand personnage à Vienne, dans un moment de dépit : *Un*
« *tel me coûte les yeux de la tête*. Nul doute que ces ignobles transactions,
« ces honteuses menées ne soient publiques un jour. Alors on connaî-
« tra les énormes fortunes léguées ou mangées ; de nouvelles lettres de
« Barillon les consacreront avec le temps ; mais elles ne découvriront
« rien, ne flétriront aucun caractère, parce que les contemporains au-
« ront pris les devants »

Après cette vigoureuse et longue sortie, dans laquelle je voyais Napoléon, pour la première fois peut-être, s'exprimer dans l'intimité avec tant de chaleur et d'amertume contre ceux dont il avait personnellement à se plaindre, il a gardé le silence quelques instants, puis il a repris : « Et ce Castlereagh a eu l'art de s'appuyer tout à fait de lord
« Wellington (que l'Empereur trouvait en ce moment parmi les mem-
« bres du ministère). Wellington, a-t-il dit, est devenu sa créature!
« Quoi! le moderne Marlborough se traîner à la suite d'un Castlereagh!
« atteler ses victoires aux turpitudes d'un saltimbanque politique! cela
« se conçoit-il ? Comment Wellington ne s'indigne-t-il pas qu'on puisse
« en concevoir la pensée! Son âme ne serait-elle donc pas à la hauteur
« de ses succès?... »

J'ai pu remarquer qu'en général il répugnait à l'Empereur de mentionner lord Wellington. Il évitait d'ordinaire, lorsque l'occasion s'en présentait, de laisser connaître son jugement. Sans doute il se sentait gauche à ravaler publiquement celui sous lequel il avait succombé. Toutefois ici il s'est abandonné sans mesure, et a livré sa pensée tout entière. Le sentiment de toutes les indignités dont on se plaît à l'abreuver agissait sans doute en ce moment dans toute sa force. Je ne l'avais jamais vu, lui d'ordinaire si impassible, si calme au sujet de ceux qui lui ont fait le plus de mal, s'exprimer avec autant de chaleur : ses gestes, son accent, ses traits s'étaient élevés de l'amertume à l'imprécation ; j'en étais ému moi-même.

« On m'assure, a-t-il dit, que c'est par lui que je suis ici, et je le
« crois [1]. C'est digne, du reste, de celui qui, au mépris d'une capitula-
« tion solennelle, a laissé périr Ney, avec lequel il s'était vu souvent
« sur le champ de bataille ! Il est sûr que pour moi je lui ai fait passer
« un mauvais quart d'heure. C'est d'ordinaire un titre pour les grandes
« âmes ; la sienne ne l'a pas senti. Ma chute et le sort qu'on me réser-
« vait lui ménageaient une gloire bien supérieure encore à toutes ses
« victoires, et il ne s'en est pas douté. Ah ! qu'il doit un beau cierge au
« vieux Blucher ; sans celui-là je ne sais pas où serait *Sa Grâce*, ainsi
« qu'ils l'appellent ; mais moi, bien sûrement, je ne serais pas ici.
« Ses troupes ont été admirables, ses dispositions, à lui, pitoyables, ou
« pour mieux dire il n'en a fait aucune. Il s'était mis dans l'impossi-
« bilité d'en faire, et, chose bizarre, c'est ce qui a fini par le sauver.
« S'il eût pu commencer sa retraite, il était perdu. Il est demeuré
« maître du champ de bataille, c'est certain ; mais l'a-t-il dû à ses com-
« binaisons ? Il a recueilli les fruits d'une victoire prodigieuse ; mais son
« génie l'avait-il préparée ?.... Sa gloire est toute négative, ses fautes
« sont immenses. Lui généralissime européen, chargé d'aussi grands
« intérêts, ayant en front un ennemi aussi prompt, aussi hardi que moi,
« laisser ses troupes éparses, dormir dans une capitale, se laisser sur-
« prendre ! Et ce que peut la fatalité quand elle s'en mêle ! en trois jours
« j'ai vu trois fois les destins de la France, celui du monde, échapper à
« mes combinaisons.

« D'abord, sans la trahison d'un général, qui sort de nos rangs (Bour-
« mont) et court avertir l'ennemi, je dispersais et détruisais toutes ces
« bandes, sans qu'elles eussent pu se réunir en corps d'armée.

« Puis, sur ma gauche, sans les hésitations inaccoutumées de Ney
« aux Quatre-Bras, j'anéantissais toute l'armée anglaise.

« Enfin, sur ma droite, les manœuvres inouïes de Grouchy, au lieu
« de me garantir une victoire certaine, ont consommé ma perte et pré-
« cipité la France dans le gouffre.

« Non, a-t-il repris encore, Wellington n'a qu'un talent spécial : Ber-
« thier avait bien le sien ! Il y excelle peut-être, mais il n'a point de

---

[1] Cette idée de Napoléon s'est reproduite dans les dernières lignes qu'il a tracées au moment de sa mort.

« création ; la fortune a plus fait pour lui qu'il n'a fait pour elle. Quelle
« différence avec ce Marlborough, désormais son émule et son paral-
« lèle! Marlborough, tout en gagnant des batailles, maniait les cabinets
« et subjuguait les hommes ; pour Wellington, il n'a su que se mettre
« à la suite des vues et des plans de Castlereagh. Aussi madame de Stael
« avait-elle dit de lui que hors de ses batailles il n'avait pas deux idées.
« Les salons de Paris, d'un goût si fin, si délicat, si juste, ont prononcé
« tout d'abord qu'elle avait raison, et le plénipotentiaire français à
« Vienne l'a consacré Ses victoires, leur résultat, leur influence haus-
« seront encore dans l'histoire ; mais son nom baissera, même de son
« vivant...., etc., etc. »

Puis, revenant aux ministères en général, aux ministères collectifs
surtout, à toutes les intrigues, à toutes les grandes et petites passions
qui agitent ceux qui les composent, l'Empereur a dit : « Mon cher, c'est
« qu'après tout, ce sont autant de *léproseries;* nul n'y échappe à la con-
« tagion. On peut y aspirer vertueux, qu'on n'en sort jamais sans y
« avoir laissé sa pureté. Je n'en excepterais que deux peut-être, le mien
« et les États-Unis d'Amérique : le mien, parce que mes ministres n'é-
« taient que mes hommes d'affaires, et que je demeure seul respon-
« sable ; celui des États-Unis, parce que les ministres n'y sont que les
« gens de l'opinion toujours droite, toujours surveillante, toujours
« sévère. » Et il a conclu par cette fin remarquable :

« Je ne crois pas qu'aucun souverain se soit jamais mieux entouré
« que j'avais fini par l'être. Quel cri eût pu avec justice s'élever à cet
« égard ? Et si l'on ne m'en a pas tenu compte, c'est qu'il n'est que trop
« souvent de mode parmi nous de fronder sans cesse. » Et il s'est mis à
passer en revue sur ses doigts les différents ministres.

« Mes grands dignitaires, disait-il, *Cambacérès* et *Lebrun,* deux per-
« sonnes très-distinguées et tout à fait bienveillantes.

« *Bassano* et *Caulaincourt,* deux hommes de cœur et de droiture ;
« *Molé,* ce beau nom de la magistrature, caractère appelé probable-
« ment à jouer un rôle dans les ministères futurs ; *Montalivet,* si hon-
« nête homme ; *Decrès,* d'une administration si pure et si rigoureuse ;
« *Gaudin,* d'un travail si simple et si sûr ; *Mollien,* de tant de perspi-
« cacité et de promptitude : et tous mes conseillers d'État, si sages,
« si bons travailleurs! Tous ces noms demeurent inséparables du mien.
« Quel pays, quelle époque présentèrent jamais un ensemble mieux
« composé, plus moral! Heureuse la nation qui possède de tels instru-
« ments et sait les mettre à profit!... Bien que je ne fusse pas louan-

« geur de mon naturel, et que mon approbation fût en général pure-
« ment négative, je n'en étais pas moins éclairé sur ceux qui servaient
« bien et qui ont des titres à ma reconnaissance. Le nombre en est
« immense, et les plus modestes ne sont pas les moins méritants. Aussi
« ne m'arriverait-il pas d'essayer de les nommer, tant serait senti et
« pourrait sembler ingrat de ma part le tort de les avoir oubliés!... etc. »

Retour sur les généraux de l'armée d'Italie. — Le père d'un de ses aides de camp. — Ordures de Paris. — Famille La Rochefoucauld, etc.

Dimanche 17.

L'Empereur était souffrant et n'avait vu personne de tout le jour; le soir il m'a fait appeler. Je me montrais fort inquiet sur sa santé, mais il m'a dit être plus mal disposé d'esprit que souffrant de corps, et il s'est mis à causer, parcourant un grand nombre d'objets qui l'ont remis.

Il s'est trouvé passer en revue de nouveau les généraux de l'armée d'Italie; il est revenu sur leur caractère, a cité des anecdotes qui les concernent, a parlé de l'avidité de l'un, de la forfanterie d'un autre, des sottises d'un troisième, des déprédations de plusieurs, des bonnes qualités d'autres, et des grands et vrais services qu'en général ils ont tous rendus. Il s'est arrêté sur un de ceux qu'il y avait le plus aimé (Marmont), sur sa défection; l'Empereur disait en avoir le cœur navré, et terminait en remarquant que pour ce qu'il connaissait de lui, il devait être parfois bien malheureux. « Jamais, observait-il, défection
« n'avait été plus avouée ni plus funeste; elle se trouve consignée dans
« le *Moniteur*, et de sa propre main; elle a été la cause immédiate de
« nos malheurs, le tombeau de notre puissance, le nuage de notre
« gloire, etc..... Et pourtant, disait-il avec une espèce de ressouvenir
« d'affection, je le répète parce que je le pense, ses sentiments vau-
« dront mieux que sa réputation; son cœur l'emporte sur sa conduite.
« Et lui-même, a continué l'Empereur, ne semble-t-il pas penser ainsi?
« Les papiers nous disent qu'en sollicitant vainement pour Lavalette, il
« répond avec effusion aux difficultés du monarque, en lui disant : *Mais,*
« *Sire, moi je vous ai donné plus que la vie!* D'autres nous ont livré
« aussi, disait l'Empereur, et d'une manière bien autrement vilaine
« encore; mais leur acte du moins n'est pas consacré par des pièces
« officielles comme celui-ci. »

De là, l'Empereur, revenant en arrière, disait l'avoir élevé comme un père eût pu le faire de son fils. Il n'avait pu entrer dans le corps royal de l'artillerie, et avait dû s'attacher à un régiment provincial. « Neveu, disait l'Empereur, d'un de mes camarades à Brienne et au « régiment de La Fère, qui me le recommanda en partant pour l'émi-« gration, cette circonstance m'avait mis dans le cas de lui servir d'oncle « et de père, ce que j'avais réellement accompli ; j'y pris un véritable « intérêt, et j'avais de bonne heure fait sa fortune. Son père était « chevalier de Saint-Louis, propriétaire de forges en Bourgogne, et « jouissait d'une fortune considérable. »

Plus tard, l'Empereur, parlant des mœurs de Paris et de l'ensemble de son immense population, énumérait toutes les abominations inévitables, disait-il, d'une grande capitale, où la perversité naturelle et la somme de tous les vices se trouvaient aiguillonnées à chaque instant par le besoin, la passion, l'esprit et toutes les facilités du mélange et de la confusion ; et il répétait souvent que toutes les capitales étaient autant de Babylones.

Le faubourg Saint-Germain a conduit à passer en revue les premiers noms de la capitale. L'Empereur s'est arrêté sur celui de La Rochefoucauld et sur divers membres de cette famille ; sur la dame d'honneur de l'impératrice Joséphine ; son mari, qu'il avait fait ambassadeur à Vienne et en Hollande ; son frère, le législateur ; leur père, M. de Liancourt, qu'il estimait et considérait ; enfin sur la fille, qu'il avait fait épouser au prince Aldobrandini, frère du prince Borghèse. Il a répété qu'il avait eu un moment la pensée de la donner pour femme à Ferdinand VII. De là il a nommé un autre M. de La Rochefoucauld, mort en prison au commencement de son règne, me demandant ce qu'il était à ceux-là. Je n'ai pu le lui dire, je ne connaissais ni la personne ni la circonstance que mentionnait l'Empereur.

« C'était l'auteur, m'a-t-il dit, d'une conspiration de plus contre ma « personne, dont je ne vous ai point parlé encore : elle ne me revient « à l'esprit qu'en cet instant.

« Ce M. de La Rochefoucauld organisait à Paris, dans l'intérêt du roi, « encore alors à Mittau, une conspiration dont le premier coup devait « être la mort du chef du gouvernement. Ce M. de La Rochefoucauld a « fini en prison après quatre ou cinq ans de détention. Quelqu'un ayant « procuré les fils de cette affaire, un affidé de la police entra dans la con-« spiration pour en devenir un des agents les plus actifs. Celui-ci fut « prendre ses lettres de créance dans un château en Lorraine, auprès « d'un vieux gentilhomme qui avait tenu un rang distingué dans l'armée

« de Condé, et devait son retour à l'amnistie du Premier Consul. C'é-
« tait lui qui était chargé d'accréditer et de procurer les moyens de par-
« venir jusqu'à Louis XVIII à Mittau. Ce bon et brave gentilhomme, il
« faut lui rendre justice, disait l'Empereur, ne s'y prêta qu'avec beau-
« coup de peine et une extrême répugnance; il était désormais bien tard,
« observait-il, pour revenir à de pareilles entreprises... la France com-
« mençait à goûter du repos... Et il protestait surtout de son éloigne-
« ment absolu à voir courir le moindre danger au Premier Consul,
« devenu désormais pour lui, disait-il, un homme extraordinaire et
« sacré, etc. Après avoir vu plusieurs fois Louis XVIII à Mittau, l'agent
« revint connaissant tout; on arrêta M. de La Rochefoucauld et sa bande;
« et s'ils savaient à qui ils le durent!.... etc. »

Poniatowski, le vrai roi de Pologne. — Traits caractéristiques sur Napoléon. —
Dires épars, notes perdues.

Lundi 18, mardi 19

Nous parlions de la Pologne ébranlée à la voix de l'Empereur, des rois auxquels nous l'avions cru destinée : chacun nommait le sien. L'Empereur, qui avait gardé le silence, l'a interrompu en disant : « Le vrai
« roi de Pologne, c'était Poniatowski : il en réunissait tous les titres et
« il en avait tous les talents. » Et il s'est tu.

Dans un autre moment, l'Empereur riait de l'importance qu'on avait mise à effacer ses emblèmes ou son chiffre sur les monuments qu'il avait créés. « On a pu, disait-il, avoir eu la petitesse de les enlever aux
« regards du vulgaire; mais on ne saurait les effacer des pages de l'his-
« toire ni du sentiment des connaisseurs et des artistes. J'ai agi diffé-
« remment, ajoutait-il, j'ai respecté tous les vestiges royaux que j'ai
« trouvés encore; j'ai même fait rétablir des fleurs de lis ou autres em-
« blèmes, quand l'ordre chronologique le réclamait, etc. »

A cela quelqu'un s'est permis de dire que le prince Lucien avait montré précisément les mêmes sentiments. Logé au Palais-Royal, où l'Empereur l'avait placé à son arrivée en 1815, et frappé, en montant le bel escalier, du groupe de fleurs de lis qui tapissent la muraille, il dit à l'officier de l'Empereur en service auprès de lui : « Nous ôterons bientôt tout cela,
« n'est-ce pas? — Pourquoi, Monseigneur? — Mais parce que ce sont les
« insignes de l'ennemi. — Eh bien! Monseigneur, pourquoi ne demeu-
« reraient-ils pas nos trophées? — Et vous avez bien raison, répliqua-
« t-il vivement; car ce sont aussi mes principes et ma manière de voir. »

Aujourd'hui j'ai eu peu à recueillir de l'Empereur, et malheureusement bientôt je n'aurai plus à l'entendre. Je vais remplir ce vide et celui du jour suivant en insérant ici bien des objets que je trouve indiqués par des notes éparses sur la couverture même de mon Journal ; car d'habitude j'y inscrivais de la sorte ce que je m'apercevais avoir oublié de mettre en son lieu, comme aussi d'anciens souvenirs quand ils me revenaient, ou bien encore des points délicats que la prudence et la circonspection commandaient à notre état de captivité ; enfin on trouvera ici même des choses apprises plus tard, mais de sources incontestables.

Beaucoup de ces articles n'ont point de liaisons entre eux ; toutefois ils concourent tous au but constant de ce recueil, soit qu'ils démentent les couleurs mensongères sous lesquelles, dans le temps, on nous peignait Napoléon, soit qu'ils fassent ressortir, au contraire, les véritables nuances de son caractère. Puisse la lecture du *Mémorial* porter ceux qui l'ont approché à consacrer de leur côté ce qu'ils en savent ou ce qu'ils en ont entendu de lui-même !

— Il n'était jadis bruit que de la grande brutalité et de l'extrême violence de l'Empereur envers son entourage : or, il est reconnu à présent que tout ce qui le servait, dans son plus petit intérieur, l'adorait précisément à cause de sa bonté et de l'excellence de son cœur. Quant à son atmosphère extérieure, je tiens, depuis mon retour en Europe, de quelqu'un du plus haut rang, dont le nom seul suffirait pour commander la croyance par la considération dont il jouit, et que ses fonctions attachaient constamment à la personne de l'Empereur, soit dans ses expéditions de guerre, soit dans le séjour de ses palais, qu'il ne l'a jamais vu qu'une seule fois s'emporter au point de frapper, et c'était un de ses palefreniers qui, lors de la retraite de Saint-Jean-d'Acre, se refusait à donner son cheval pour le transport des malades, lorsque lui, général en chef, avait livré le sien et forcé tout son état-major à en faire autant. Et encore, me disait-on, il était aisé d'apercevoir dans cet acte bien plus de politique que d'impulsion naturelle, la chose se passant devant des soldats découragés, auxquels il fallait prouver le vif intérêt qu'on leur portait.

— Il était passé en habitude de répéter que Napoléon était le plus désobligeant à sa cour, ainsi que pour ceux de son service ; qu'il n'avait jamais rien de gracieux ou d'aimable à dire à personne. Or, voici ce que, entre autres choses, j'ai moi-même entendu : l'Empereur, à son arrivée de la désastreuse campagne de Leipsick, reçut à une heure inusitée les officiers de sa maison ; il se présenta à nous avec un air de tristesse. Arrivé à M. de Beauveau, qui était à côté de moi, et dont le fils, encore enfant, était parti pour cette campagne dans les gardes

d'honneur ou autrement, Napoléon lui dit : « Votre fils s'est conduit à
« merveille ; il a fait honneur à son nom : il est blessé, mais ce n'est
« rien. Toutefois il pourra se vanter avec orgueil d'avoir vu couler son
« sang de bonne heure pour la patrie. »

A la même époque, à un de ses levers, après avoir donné quelques
ordres à mon voisin, le général Gérard, dont la réputation commençait
à attirer tout à fait l'attention, il termina par quelques phrases évidemment bienveillantes, mais au fait assez obscures ; et après avoir fait
quelques pas pour continuer sa tournée, il revint tout à coup au général
Gérard, ayant lu apparemment sur sa figure qu'il ne l'avait pas compris,
prononçant distinctement cette fois : « Je disais que si j'avais bon nom-
« bre de gens comme vous, je croirais nos pertes réparées, et me consi-
« dérerais comme au-dessus de mes affaires. »

— C'est à la même époque que j'ai vu quel pouvait être l'ascendant
moral de l'Empereur sur certains esprits, et l'espèce de culte qu'on pouvait lui porter. Un général dont je ne sais pas le nom, grièvement blessé

à la jambe, s'était traîné au lever de l'Empereur, qui vers ce temps en avait étendu de beaucoup la faveur. Apparemment qu'on avait instruit Napoléon que l'amputation était absolument indispensable, et que ce malheureux officier s'y refusait tout à fait ; car, arrivé à lui, il dit : « Com« ment pouvez-vous vous refuser à une opération qui doit vous conser« ver la vie ? Ce ne saurait être la crainte qui vous arrête ; vous vous « êtes exposé si souvent dans les batailles ! Serait-ce le mépris de la vie ? « Mais comment votre cœur ne vous dit-il pas qu'avec une jambe de moins « on peut encore être utile à la patrie, rendre de grands services à son « pays ? » L'officier gardait le silence ; sa figure, sa contenance étaient calmes, douces, mais négatives ; et l'Empereur, attristé, avait déjà passé plusieurs personnes, quand l'officier, semblant avoir recueilli ses forces et pris une résolution soudaine, s'avança vers l'Empereur et lui dit : « Sire, si Votre Majesté m'en donne l'ordre, j'y vais en sortant d'ici. » A quoi l'Empereur répliqua : « Mon cher, mon autorité ne s'étend pas « jusque-là ; c'est la persuasion dont j'aurais souhaité vous pénétrer ; « mais de commandement, le ciel m'en préserve ! » Et je crois me rappeler que le bruit fut alors que le malheureux officier, en sortant, avait été se soumettre à l'opération fatale.

— Au retour de l'île d'Elbe, l'Empereur étant entré le soir fort tard aux Tuileries, son premier lever, le lendemain, fut, comme on suppose, des plus nombreux. Quand la porte s'ouvrit, à son apparition devant nous, il me serait difficile de rendre le vague de mes idées et la nature de mes sensations. Il apparaissait là comme de coutume, comme s'il n'y avait pas eu d'intervalle ; il me semblait le même que si je l'avais vu la veille : la même figure, le même costume, la même attitude, les mêmes manières. Je me sentais vivement remué, et je crois que chacun partageait les mêmes sensations. Toutefois, à sa vue, le sentiment l'emportant sur le respect, on se précipita vers lui ; lui-même se montrait visiblement ému, et il embrassa plusieurs des plus distingués. Puis commença, comme de coutume, sa tournée ordinaire ; sa voix était douce, sa figure satisfaite, ses manières affectueuses, il parlait successivement avec bienveillance à chacun. « Ah ! monsieur le major général « de l'armée blanche, » dit-il à deux pas de moi à quelqu'un avec un mélange visible de plaisanterie et d'affection. Plusieurs des assistants n'étaient pas sans quelque embarras par les divers grands événements qui s'étaient passés ; pour Napoléon, il semblait n'en vouloir connaitre aucun : il n'oubliait pas qu'il avait dégagé chacun à Fontainebleau.

Les traits suivants prouvent la justesse de son raisonnement et le sang-froid de ses actes; ils démontrent surtout que, bien qu'au sommet du pouvoir, sa modération et son équité ne fléchissaient point devant ce qui lui était le plus directement personnel, et sur le sujet le plus délicat et le plus sensible.

— Lorsque, compromis dans l'affaire de Georges et Pichegru, Moreau se trouva arrêté, un des aides de camp du Premier Consul, qui l'avait été aussi peut-être de Moreau, ou du moins avait servi sous ses ordres, n'hésita pas à l'aller visiter avec un intérêt marqué. « Cela peut être « bien, dit Napoléon en l'apprenant; je ne saurais précisément blâmer « un tel acte; mais je dois chercher un autre aide de camp. Ce poste est « tout de confiance et d'un entier dévouement; il ne saurait admettre « de partage dans une affaire aussi personnelle que celle-ci. » Et il donna un régiment à cet aide de camp, le colonel Lacuée.

Voici qui fait voir que Napoléon n'était pas disposé à sévir trop promptement contre une certaine indépendance même déraisonnable.

Je tiens de M. de Montalivet, alors ministre de l'intérieur, que, demeuré seul avec l'Empereur après un conseil des ministres, il lui dit: « Sire, ce n'est pas sans un grand embarras que j'ose entretenir Votre « Majesté d'une circonstance vraiment ridicule; mais un préfet, jeune « auditeur, s'obstine ouvertement à me refuser un titre que l'usage a « consacré pour tous vos ministres. Des subalternes de mes bureaux « s'étant aperçus qu'il ne me donnait jamais le *monseigneur*, et « croyant y voir de l'affectation, ont eu la gaucherie de le lui réclamer « en mon nom; à quoi il a répondu péremptoirement qu'il n'en ferait « rien. Je suis tout honteux qu'on ait élevé cette difficulté; mais pour-« tant la chose en est venue à un point qui ne permet pas de reculer. » Une telle obstination parut d'abord incroyable à l'Empereur; il ne revenait pas, disait-il, d'une pareille folie dans le jeune préfet. Cependant, après quelques instants de méditation, il répondit à M. de Montalivet en riant: « Mais c'est qu'après tout une telle obligation n'est pas « dans le Code, et ce jeune homme est peut-être un bon fruit qui n'est « pas mûr. Toutefois un tel scandale ne doit pas se prolonger, et il « faut en finir. Faites-moi venir son père; je suis sûr que le jeune « homme ne résistera pas à un ordre de sa part. » Tournure remarquable de la plus délicate morale.

— Le 20 mars au soir, l'Empereur à peine entré dans ses appartements aux Tuileries, le capitaine des dragons G. D... se présente à lui; il était porteur de la capitulation de Vincennes, qui venait d'être obtenue par une rare audace et une grande adresse. Napoléon sourit d'abord aux détails qu'il se fait raconter ; puis, frappé du ton d'exaltation et des expressions enflammées du narrateur, se rappelant tout à coup le gouverneur Puyvert, à qui Vincennes a déjà été funeste, il s'écrie brusquement : « Mais, Monsieur, vous ne me parlez pas du gouverneur; qu'en « a-t-on fait? — Sire, reprend l'officier avec plus de calme, on lui a « délivré un passe-port, on l'a fait escorter, il est hors de Paris. » Napoléon, faisant alors deux pas, saisit la main de l'officier avec une

expression qui trahit toute l'anxiété qu'il venait d'éprouver : « Je suis « content, Monsieur, lui dit-il avec chaleur, c'est bien, très-bien, « parfaitement bien! »

— On trouve que Napoléon a donné soixante batailles, César n'en avait livré que cinquante.

— On se demandait un jour, devant Napoléon, comment il arrivait que des malheurs encore incertains frappaient parfois beaucoup plus que les malheurs déjà arrivés? « C'est, repartit-il, que dans l'ima-

« gination comme dans le calcul, la force de l'inconnu est *incommensu-*
« *rable.* »

— « Allez, Monsieur, courez, disait d'ordinaire l'Empereur après
« avoir donné une mission importante ou tracé la marche d'un grand
« travail, et n'oubliez pas que le monde a été fait en six jours. »

Dans une occasion de ce genre, il terminait vis-à-vis de quelqu'un,
disant : « Demandez-moi tout ce que vous voudrez, hormis *du temps* :
« c'est la seule chose hors de mon pouvoir. »

Une autre fois, ayant donné un travail fort pressé, qu'il attendait
dans la journée même, on ne le lui apporta que le lendemain très-
tard ; l'Empereur s'en montrait mécontent ; et comme la personne,
pour se justifier, l'assurait qu'elle avait travaillé tout le jour : « Mais,
« Monsieur, n'aviez-vous pas encore toute la nuit ? »

— L'Empereur, s'occupant soigneusement de la commodité et des
embellissements des marchés de la capitale, avait coutume de dire :
« *La halle est le Louvre du peuple.* »

— L'égalité des droits, c'est-à-dire cette même faculté pour chacun d'aspirer, de prétendre et d'obtenir, était un des grands traits du
caractère de Napoléon, inné en lui, tout à fait dans sa propre nature.
« Je n'ai pas toujours régné, disait-il ; avant d'avoir été souverain, je
« me souviens d'avoir été sujet, et je n'ai pas oublié tout ce que ce senti-
« ment de l'égalité a de fort sur l'imagination, et de vif dans le cœur. »
Il en disait de même de la liberté.

Donnant un jour un projet à rédiger à un de ses conseillers d'État,
il lui disait : « Surtout n'y gênez pas la liberté, et bien moins encore l'é-
« galité ; car, pour la liberté, à toute rigueur, serait-il possible de la
« froisser, les circonstances le veulent, et nous excuseront ; mais, pour
« l'égalité, à aucun prix. Dieu m'en garde ! Elle est la passion du siècle,
« et je suis, je veux demeurer l'enfant du siècle ! »

— Le mérite était *un* à ses yeux, et récompensé de même ; aussi
voyait-on les mêmes titres, les mêmes décorations atteindre également
l'ecclésiastique, le militaire, l'artiste, le savant, l'homme de lettres ;
il est vrai de dire que jamais nulle part, chez aucun peuple, à aucune époque, le mérite ne fut plus honoré, ni le talent plus magni-
fiquement récompensé. Ses intentions là-dessus étaient sans bornes.
J'ai déjà rapporté qu'il dit un jour : « Si *Corneille* vivait, je le ferais
prince. »

— L'Empereur disait un jour à Sainte-Hélène : « Je crois que la
« nature m'avait calculé pour les grands revers ; ils m'ont trouvé

« une âme de marbre, la foudre n'a pu mordre dessus, elle a dû
« glisser. »

— Une autre fois, à l'occasion d'une nouvelle vexation, il échappa à
l'un de ceux qui étaient auprès de Napoléon de s'écrier : « Ah ! Sire, voilà
« bien de quoi vous faire haïr les Anglais encore davantage. » Sur quoi
Napoléon, haussant les épaules, lui répondit moitié gaieté, moitié commisération : « Homme à préjugés, esprit commun et vulgaire, demandez-
« moi plutôt, et tout au plus, si je haïrais davantage tel ou tel Anglais.
« Mais, puisque nous y sommes, sachez qu'un homme, véritablement
« homme, ne hait point; sa colère et sa mauvaise humeur ne vont point
« au delà de la minute, le coup électrique.... L'homme fait pour les af-
« faires et l'autorité ne voit point les personnes; il ne voit que les cho-
« ses, leur poids et leur conséquence. »

— Dans une certaine circonstance, il disait qu'il ne doutait nullement que sa mémoire ne gagnât beaucoup à mesure qu'elle avancerait
dans la postérité; les historiens se croiraient obligés de le venger de
tant d'injustices contemporaines. Les excès entraînent toujours leurs
réactions; d'ailleurs, à une grande distance, on le verrait sous un jour
plus favorable, il paraîtrait débarrassé de mille encombrements; on le
jugerait dans les grandes vues, et non dans les petits détails : on planerait sur les grandes harmonies; les irrégularités locales demeureraient
inaperçues : surtout on ne l'opposerait plus à lui-même, mais à ce qu'on
aurait alors sous la main, etc. Et il concluait que dès aujourd'hui,
comme dans ces temps-là, il pourrait se présenter avec fierté devant le
tribunal le plus sévère, et lui soumettre tous ses actes privés, il s'y montrerait vierge de crime.

— L'Empereur me disait un jour qu'il concevait dans sa tête et se
proposait d'entreprendre *son Histoire diplomatique*, ou l'ensemble de
ses négociations, à partir de Campo-Formio jusqu'à son abdication.
S'il a accompli sa pensée, quel trésor historique!

— L'Empereur, parlant d'éloquence militaire, disait : « Quand, au fort
« de la bataille, parcourant la ligne, je m'écriais : *Soldats! déployez vos*
« *drapeaux, le moment est venu!* il eût fallu voir nos Français : ils trépi-
« gnaient de joie; je les voyais se centupler : rien alors ne me semblait
« impossible. »

On connaît une foule d'allocutions militaires de Napoléon. En voici
une que je tiens de celui-là même qui l'a recueillie sur le terrain. Passant en revue le second régiment de chasseurs à cheval, à Lobenstein,
deux jours avant la bataille d'Iéna, il demande au colonel : « Combien

« d'hommes présents? — Cinq cents, répond le colonel; mais parmi
« eux beaucoup de jeunes gens. — Qu'importe! lui dit l'Empereur,
« d'un air qui marquait sa surprise d'une pareille observation; ne
« sont-ils pas tous Français?... » Puis, se tournant vers le régiment,
« il ajouta : Jeunes gens, il ne faut pas craindre la mort; quand on ne
« la craint pas, on la fait rentrer dans les rangs ennemis. » Et le mou-

vement de son bras exprimait vivement l'action dont il parlait. A ces
mots, on entendit comme un frémissement d'armes et de chevaux,
et un soudain murmure d'enthousiasme, précurseur de la victoire
mémorable qui, quarante-huit heures après, renversa la colonne de
Rosbach.

— A la bataille de Lutzen, la plus grande partie de l'armée se trouvait composée de conscrits qui n'avaient jamais combattu. On raconte
que l'Empereur, au plus fort de l'action, parcourait en arrière le troisième rang de l'infanterie, le soutenant parfois de son cheval en tra-

Bataille de Lutzen

vers, et criant à ses jeunes soldats : « Ce n'est rien, mes enfants ; tenez
« ferme. La patrie vous regarde, sachez mourir pour elle ! »

— Napoléon avait une estime toute particulière pour la nation allemande. « J'ai pu lui imposer bien des millions, disait-il, c'était néces« saire ; mais je me serais bien donné de garde de l'insulter par du
« mépris. Je l'estimais. Que les Allemands me haïssent, cela est assez
« simple : on me força dix ans de me battre sur leurs cadavres; ils
« n'ont pu connaître mes vraies dispositions, me tenir compte de mes
« arrière-pensées ; elles étaient grandes pour eux. »

— L'Empereur disait un jour, en parlant d'une de ses déterminations : « Je n'en voulais rien faire, je me laissais toucher, je cédai ;
« j'eus tort : le cœur d'un homme d'État doit être dans sa tête. »

— L'Empereur faisait remarquer que nos facultés physiques s'aiguisent par nos périls ou nos besoins. «Ainsi, disait-il, le Bédouin du désert
« a la vue perçante du lynx, et le sauvage des forêts a l'odorat des bêtes. »

— On citait quelqu'un qui, distingué par ses conceptions et ses faits,
laissait pourtant paraître parfois des lacunes choquantes dans ses manières et ses expressions. L'Empereur expliquait cette désharmonie en

disant : « Vous verrez qu'il pèche par *l'éducation de la peau* ; ses langes « auront été trop communs, trop sales. »

— L'Empereur, parlant du danger qu'il avait couru aux Cinq-Cents lors de brumaire, l'attribuait militairement au seul local de l'Orangerie, où il avait été obligé d'entrer par une des extrémités, pour en parcourir la longueur, « Le malheur fut, disait-il, que je ne pus me pré- « senter de front ; je fus contraint de prêter le flanc. »

— On parlait de quelqu'un qui semblait croire pouvoir imposer par un ton et des expressions approchant parfois de la menace. « C'est ri- « dicule aujourd'hui, disait l'Empereur ; personne n'a peur à présent ; « un enfant n'a plus peur. Et voilà le petit Emmanuel, montrant mon « fils, prêt à tirer un coup de pistolet, j'en suis sûr, avec quiconque « pourrait le désirer. » Ces paroles de Napoléon influeront peut-être sur le reste de sa vie.

— Napoléon, au retour de la campagne de Russie, se montrait si frappé de la force d'âme qu'il disait avoir été déployée par Ney, qu'il le nomma prince de la Moskowa, et qu'il répéta alors à plusieurs reprises : « J'ai 200,000,000 dans mes caves, je les donnerais pour Ney. »

— L'Empereur, appuyant sur l'infaillibilité, en dernière analyse, du triomphe des idées modernes, disait : « Comment ne l'emporteraient- « elles pas ? Observez bien le train des choses : même en opprimant, « aujourd'hui on se pervertit selon eux ! Car voyez le style, les conces- « sions, l'allure forcée des oppresseurs. »

— Dans une certaine circonstance où on appuyait sur ce qu'il n'aimait pas à se faire valoir : « C'est, répondait l'Empereur, que la mo- « ralité, la bonté, chez moi, ne sont point dans ma bouche, elles se « trouvent dans mes nerfs. Ma main de fer n'était pas au bout de mon « bras, elle tenait immédiatement à ma tête : la nature ne me l'a pas « donnée, le calcul seul la faisait mouvoir. »

— Napoléon, dans un moment de dépit contre la malveillance et les murmures de Paris, demandait, après tout ce qu'il avait accompli, ce qu'on attendait de lui ! « Sire, se permit-on de lui répondre, on vou- « drait que Votre Majesté arrêtât son cheval. — Arrêter mon cheval ! « c'est bientôt dit... Il est vrai que j'ai les bras assez forts pour arrêter « d'un coup de bride tous les chevaux du continent ; mais je n'ai pas de « brides pour arrêter les voiles anglaises, et c'est là que gît tout le mal. « Comment n'a-t-on pas l'esprit de le sentir ? »

— Reprochant un jour à quelqu'un de ne pas se corriger des vices qu'il convenait connaître : « Monsieur, lui disait-il, quand on connaît

« son mal moral, il faut savoir soigner son âme comme on soigne son « bras ou sa jambe. »

— L'Empereur, parlant de la noblesse qu'il avait créée, se récriait sur ce qu'on l'eût si peu compris : c'était pourtant, disait-il, une de ses plus grandes idées, des plus complètes, des plus heureuses. Il avait pour but trois objets de la première importance, et tous les trois auraient été atteints, savoir : réconcilier la France avec l'Europe, et rétablir l'harmonie avec elle, en semblant adopter ses mœurs ; réconcilier par la même voie, amalgamer entièrement la France nouvelle avec la France ancienne ; enfin faire disparaître tout à fait la noblesse féodale, la seule offensante, la seule oppressive, la seule contre nature. « Par ma créa-
« tion, disait l'Empereur, je venais à bout de substituer des choses po-
« sitives et méritoires à des préjugés antiques et détestés. Mes titres
« nationaux rétablissaient précisément cette égalité que la noblesse féo-
« dale avait proscrite. Tous les genres de mérite y parvenaient : aux
« parchemins je substituais les belles actions, et aux intérêts privés les
« intérêts de la patrie. Ce n'était plus dans une obscurité imaginaire,
« dans la nuit des temps, qu'on eût été placer son orgueil, mais bien
« dans les plus belles pages de notre histoire. Enfin je faisais disparaître
« la prétention choquante du sang, idée absurde, en ce qu'il n'existe
« réellement qu'une seule espèce d'hommes, puisqu'on n'en a pas vu
« naître les uns avec les bottes aux jambes, et d'autres avec un bât sur
« le dos.

« Toute la noblesse de l'Europe, et qui la gouverne de fait, y fut prise :
« elle applaudit unanimement à une institution qui, dans ses idées, se
« présentant comme nouvelle, relevait sa prééminence ; et pourtant
« cette nouveauté allait la saper dans ses fondements, et l'eût infailli-
« blement détruite. Pourquoi a-t-il fallu que l'opinion que je faisais
« triompher eût la gaucherie de servir précisément ses ennemis ? Mais
« j'ai eu ce malheur plus d'une fois. »

Georges, Pichegru, Moreau, le duc d'Enghien.

Mercredi 20

Je vais revenir aujourd'hui sur un point historique que j'ai promis depuis longtemps, et qui eût dû avoir sa place fort antérieurement : je veux dire la conspiration de Georges et Pichegru et le jugement du duc d'Enghien. On va connaître tout à l'heure la véritable cause de cette transposition et d'un aussi long retard.

« Il y avait quelque temps, disait l'Empereur, que la guerre avait
« recommencé avec l'Angleterre ; tout à coup nos rivages, les grandes

« routes, la capitale se trouvèrent inondés d'agents des Bourbons. On
« en saisit un grand nombre, mais on ne pouvait encore pénétrer leurs
« motifs. Ils étaient de tous rangs, de toutes couleurs. Toutes les pas-
« sions se réveillèrent; la rumeur devint extrême; l'opinion publique
« s'accumulait en véritable orage; la crise devenait des plus sombres;
« la police était aux abois et ne pouvait rien obtenir. Ce fut ma sagacité
« qui me sauva, remarquait Napoléon. Me relevant dans la nuit, ainsi
« que cela m'était fort ordinaire, pour travailler, *le hasard qui gouverne*
« *le monde* me fait jeter les yeux sur un des derniers rapports de la police,
« contenant les noms de ceux qu'on avait déjà arrêtés pour cette affaire,
« dont on ne tenait encore aucun fil. J'y aperçus un chirurgien des ar-
« mées; je ne doutai pas qu'un tel homme ne fût plutôt un intrigant
« qu'un fanatique dévoué. Je fis diriger aussitôt sur lui tous les moyens
« propres à obtenir un prompt aveu : une commission militaire fut à
« l'instant saisie de son affaire; au jour il était jugé, et menacé de l'exé-

« cution s'il ne parlait. Une demi-heure après, il avait découvert jus-
« qu'aux plus petits détails. Alors on connut toute la nature et l'étendue

« du complot ourdi à Londres, et bientôt après on sut les intrigues de
« *Moreau,* la présence de *Pichegru* à Paris, etc. »

Je passe tous les détails de cette affaire, on peut les voir dans les lettres écrites du Cap, en réfutation de celles du docteur Warden, et dans l'ouvrage de M. O'Méara. Les miens seraient précisément les mêmes que ces derniers; ils viennent tous de la même source.

Quant à l'inculpation relative à la mort de *Pichegru,* qu'on disait avoir été étranglé par les ordres du Premier Consul, Napoléon disait qu'il serait honteux de chercher à s'en défendre, que c'était par trop absurde. « Que pouvais-je y gagner? faisait-il observer. Un homme de
« mon caractère n'agit pas sans grands motifs. M'a-t-on jamais vu verser
« le sang par caprice? Quelques efforts qu'on ait faits pour noircir ma
« vie et dénaturer mon caractère, ceux qui me connaissent savent que
« mon organisation est étrangère au crime; il n'est point dans toute
« mon administration un acte privé dont je ne pusse parler devant un
« tribunal, je ne dis pas sans embarras, mais même avec quelque avan-
« tage. Tout bonnement, c'est que Pichegru se vit dans une situation
« sans ressource; son âme forte ne put envisager l'infamie du supplice,
« il désespéra de ma clémence ou la dédaigna, et il se donna la mort.
« Si j'eusse été porté au crime, continuait-il, ce n'est pas sur Pichegru,
« qui ne pouvait rien, que j'eusse dû frapper, mais bien sur *Moreau,*
« qui, en cet instant, me mettait dans le plus grand péril. Si, par mal-
« heur, ce dernier se fût aussi donné la mort dans sa prison, il aurait
« rendu ma justification bien autrement difficile, par les grands avanta-
« ges que j'eusse trouvés à m'en défaire. Vous autres, au dehors, et les
« royalistes forcenés au dedans, vous n'avez jamais connu l'esprit de la
« France. Pichegru, une fois démasqué comme traître à la nation, n'a-
« vait plus l'intérêt de personne; bien plus, ses seuls rapports avec
« Moreau suffirent pour perdre celui-ci : une foule de ses partisans l'a-
« bandonnèrent; tant, dans la lutte des partis, la masse s'occupait bien
« plus de la patrie que des individus. Je jugeai si bien dans cette affaire
« que quand Réal vint me proposer d'arrêter Moreau, je m'y opposai
« sans hésiter. Moreau est un homme trop important, lui dis-je; il m'est
« trop directement opposé, j'ai un trop grand intérêt à m'en défaire
« pour m'exposer ainsi aux conjectures de l'opinion. — Mais si Moreau
« pourtant conspire avec Pichegru? continuait Réal. — C'est alors bien
« différent : produisez-en la preuve, montrez-moi que Pichegru est ici,
« et je signe aussitôt l'arrestation de Moreau. Réal avait des avis indi-
« rects de la venue de Pichegru; mais il n'avait pu joindre encore ses

« traces. Courez chez son frère, lui dis-je : s'il a déserté sa demeure, c'est
« déjà un fort indice que Pichegru est sur les lieux ; si son frère se trouve
« encore dans son logement, assurez-vous de sa personne : sa surprise
« vous fera bientôt connaître la vérité. C'était un ancien religieux, vi-
« vant à Paris dans un quatrième étage. Dès qu'il se vit saisi, sans
« attendre aucune question, il demanda quelle pouvait être sa faute ; si
« on lui faisait un crime d'avoir reçu malgré lui la visite de son frère.
« Il avait été le premier, disait-il, à lui peindre son péril et à lui con-
« seiller de s'en retourner. C'en fut assez, l'arrestation de Moreau fut
« ordonnée et accomplie. Il sembla d'abord s'en inquiéter peu ; mais
« arrivé à la prison, quand il sut que c'était pour avoir conspiré contre
« l'État, de concert avec Georges et Pichegru, il fut fort déconcerté, son
« trouble fut extrême. Quant à la multitude du parti, continuait Napo-
« léon, le nom de Pichegru sembla pour elle un triomphe ; ils s'écriaient
« de toutes parts que Pichegru était à Londres, que sous peu de jours on
« aurait prouvé *l'alibi*, soit qu'ils ne sussent pas en effet qu'il fût dans
« Paris, ou qu'ils crussent qu'il lui serait aisé de s'en échapper. »

Depuis longtemps le Premier Consul avait rompu avec Moreau. Celui-ci était entièrement gouverné par sa femme. « Malheur toujours funeste, « disait l'Empereur, parce qu'on n'est alors ni soi ni sa femme ; qu'on « n'est plus rien. » Moreau se montrait tantôt bien, tantôt mal pour le Premier Consul ; tantôt obséquieux, tantôt caustique. Le Premier Consul, qui eût désiré se l'attacher, se vit obligé de s'en éloigner tout à fait. « Mo-« reau finira, avait-il dit, par venir se casser la figure sur les colonnes du « palais. » Et il n'y était que trop poussé par les inconséquences ridicules et les prétentions de sa femme et de sa belle-mère. Celle-ci allait jusqu'à vouloir disputer le pas à la femme du Premier Consul. Le ministre des relations extérieures avait été obligé une fois, disait Napoléon, d'employer la force pour l'arrêter dans une fête ministérielle.

Moreau arrêté, le Premier Consul lui fit savoir qu'il lui suffisait d'avouer qu'il avait vu Pichegru, pour que toute procédure à son égard fût finie. Moreau répondit par une lettre fort haute ; mais depuis, quand Pichegru fut lui-même arrêté, que l'affaire prit une tournure sérieuse, alors Moreau écrivit au Premier Consul une lettre très-soumise, mais il n'était plus temps.

Moreau avait, en effet, conféré avec Pichegru et Georges ; il avait répondu à leurs propositions : « Dans l'état présent des choses, je ne pour-« rais rien pour vous autres, je n'oserais pas vous répondre même de mes « aides de camp ; mais *défaites-vous* du Premier Consul, j'ai des parti-

« sans dans le Sénat, je serai nommé immédiatement à sa place. Vous,
« Pichegru, vous serez examiné sur ce qu'on vous reproche d'avoir trahi
« la cause nationale ; ne vous le dissimulez pas, un jugement vous est
« nécessaire ; mais je réponds du résultat : dès lors vous serez second
« consul ; nous choisirons le troisième à notre gré, et nous marcherons
« tous de concert et sans obstacle. » Georges présent, que Moreau n'avait
jamais connu, réclama vivement cette troisième place. « Cela ne se peut,
« lui dit Moreau ; vous ne vous doutez pas de l'esprit de la France, vous
« avez toujours été blanc, vous voyez que Pichegru aura à se laver d'a-
« voir voulu l'être. — Je vous entends, dit Georges en colère, quel jeu
« est ceci, et pour qui me prenez-vous ? Vous travaillez donc pour vous

« autres seuls, et nullement pour le roi ? S'il devait en être ainsi, bleu
« pour bleu, j'aimerais mieux encore celui qui s'y trouve. » Et ils se sé-
parèrent fort mécontents, Moreau priant Pichegru de ne plus lui amener
ce brutal, ce taureau dépourvu de bon sens et de toute connaissance.

« Lors du jugement, disait Napoléon, la fermeté des complices, le point
« d'honneur dont ils ennoblirent leur cause, la dénégation absolue re-
« commandée par l'avocat, sauvèrent Moreau. Interpellé si les conféren-
« ces, les entrevues qu'on lui reprochait étaient vraies, il répondit *non*.
« Mais le vainqueur d'Hohenlinden n'était pas habitué au mensonge, une
« rougeur soudaine parcourut tous les traits de sa figure. Aucun des

« spectateurs ne fut dupe. Toutefois il fut absous, et la plupart des com-
« plices condamnés à mort.

« Je fis grâce à beaucoup ; tous ceux dont les femmes ou de vives inter-
« cessions purent pénétrer jusqu'à moi obtinrent la vie. Les Polignac,
« M. de Rivière et d'autres auraient infailliblement péri sans des circon-
« stances heureuses. Il en fut de même des gens moins connus, d'un
« nommé Borel, d'Ingand-de-Saint-Maur, de Rochelle, etc., etc., qui
« eurent le même bonheur.

« Il est vrai, remarquait-il, qu'ils reconnurent peu, par la suite, une
« telle faveur, et que, s'ils méritaient qu'on daignât suivre leurs actions,
« elles ne seraient pas propres à encourager la clémence. L'un d'eux
« (M. de Rivière) qui, dans cette occasion, devait la vie principalement
« aux instances de Murat, est précisément celui qui a mis sa tête à prix
« en Provence en 1815. S'il a pensé que la fidélité devait l'emporter sur
« la reconnaissance, le sacrifice, du moins, aura dû lui être bien pénible.
« Un autre est celui qui a le plus propagé l'imputation aussi ridicule que
« celle sur Pichegru était absurde, de l'assassinat du lieutenant anglais
« Wright, etc. [1].

« Et au milieu de toutes les affaires de Georges, Pichegru et Moreau,
« arriva, disait l'Empereur, celle du duc d'Enghien, qui vint les compli-
« quer d'une étrange manière. » Et il est entré alors dans les détails de
celle-ci. Or, c'est cette dernière circonstance qui m'a porté, dans le
temps, à déplacer et à renvoyer jusqu'à aujourd'hui la totalité de l'article que je donne en ce moment, tant je répugnais à aborder un sujet
aussi affligeant en lui-même, et si douloureux pour un grand nombre de
mes connaissances, qui avaient eu des relations directes avec le prince
et lui étaient personnellement attachées. Je redoutais surtout le malheur
de réveiller de trop légitimes douleurs dans une haute personne (le duc
de Bourbon) qui m'honora jadis de quelques bontés, dont le souvenir
m'est toujours demeuré précieux. Voilà mes motifs : on les comprendra,
on les approuvera. Mais enfin j'arrive au terme de mon recueil, et mon
devoir de narrateur fidèle me commande impérieusement de toucher
ce triste sujet ; autrement on pourrait donner peut-être à mon silence
absolu une interprétation qui ne serait pas ma pensée. Toutefois, et par
les motifs déjà exprimés, je m'interdirai tous les détails que l'on connaît déjà, et qu'on a pu lire dans les ouvrages cités plus haut (les *Lettres
du Cap* et l'ouvrage de M. O'Méara) ; mon récit serait au fond le même,
car toutes ces relations sortent également de la bouche de Napoléon ; je

[1] Voyez les *Lettres du Cap*.

ne me permettrai que quelques-unes des particularités qui sont demeurées étrangères à ces écrits, celles seulement qui tiennent de trop près aux nuances caractéristiques de Napoléon, pour que je ne me croie pas forcé de les mentionner.

Cet événement avait dans le temps frappé mon esprit, ainsi que toute la masse de Paris : peut-être l'avais-je ressenti plus vivement encore, pour mon propre compte, à cause des principes de mon enfance, des habitudes, des relations de ma jeunesse, de la ligne de mes opinions politiques, car alors j'étais loin encore de m'être rallié; cette première impression m'était toujours demeurée dans toute sa force, et mes idées sur ce point étaient telles que je n'eusse certainement pas osé prononcer le nom du prince devant l'Empereur, tant il m'eût semblé qu'il devait emporter avec soi l'idée du reproche. C'est au point que la première fois que je le lui entendis prononcer à lui-même, j'en devins rouge d'embarras. Heureusement je marchais à sa suite dans un sentier étroit; autrement il n'eût pu manquer de s'en apercevoir. Néanmoins, en dépit de toutes ces dispositions de ma part, lorsque, pour la première fois, l'Empereur développa l'ensemble de cet événement, ses détails, ses accessoires, lorsqu'il exposa ses divers motifs avec sa logique serrée, lumineuse, entraînante, je dois confesser que l'affaire me semblait prendre à mesure une face nouvelle. Quand il eut fini de parler, je demeurais surpris, absorbé; je réfléchissais en silence sur mes idées antérieures, je m'en voulais d'avoir peu ou point à répondre en ce moment, et il me fallut convenir avec moi-même que je me trouvais, en effet, bien plus fort en sentiments qu'en arguments, en objections solides.

L'Empereur traitait souvent ce sujet, ce qui m'a servi à remarquer dans sa personne des nuances caractéristiques des plus prononcées. J'ai pu voir, à cette occasion, très-distinctement en lui, et maintes fois, l'homme privé se débattant avec l'homme public; et les sentiments naturels de son cœur aux prises avec ceux de sa fierté et de la dignité de sa position. Dans l'abandon de l'intimité, il ne se montrait pas indifférent au sort du malheureux prince; mais sitôt qu'il s'agissait du public, c'était tout autre chose. Un jour, après avoir parlé avec moi de la jeunesse et du sort de l'infortuné, il termina disant : « Et j'ai ap-« pris depuis, mon cher, qu'il m'était favorable : on m'a assuré qu'il ne « parlait pas de moi sans quelque admiration; et voilà pourtant la jus-« tice distributive d'ici-bas!... » Et ces dernières paroles furent dites avec une telle expression, tous les traits de la figure se montraient en telle harmonie avec elle, que si celui que Napoléon plaignait eût été en ce moment en son pouvoir, je suis bien sûr que, quels qu'eussent été ses intentions ou ses actes, il eût été pardonné avec ardeur. C'est un sentiment du moment, une situation inopinée, sans doute, que je surprenais là ; et je ne pense pas qu'ils aient été saisis par beaucoup ; Napoléon n'en devait pas être prodigue ; ce point délicat touchait de trop près à sa fierté et à la trempe spéciale de son âme ; aussi variait-il tout à fait ses raisonnements et ses expressions à cet égard, et cela à mesure que le cercle s'élargissait autour de lui. On vient de voir ce qu'il témoignait dans l'épanchement du tête-à-tête ; quand nous étions rassemblés entre nous, c'était déjà autre chose : cette affaire avait pu laisser en lui des regrets, disait-il, mais non créer des remords, pas même des scrupules. Y avait-il des étrangers, le prince avait mérité son sort.

L'Empereur avait coutume de considérer cette affaire sous deux rapports très-distincts : celui du droit commun ou de la justice établie, et celui du droit naturel ou des écarts de la violence. Avec nous il raisonnait volontiers et d'ordinaire d'après le droit commun, et l'on eût dit que c'était à cause de la familiarité existante ou de sa supériorité sur nous qu'il daignait y descendre, concluant habituellement, par son adage accoutumé : qu'on pourrait lui reprocher peut-être d'avoir été sévère, mais qu'on ne saurait l'accuser d'aucune violation de justice, parce que, bien qu'en eussent répandu la malveillance et la mauvaise foi, la calomnie et le mensonge, toutes les formes avaient été régulièrement et strictement observées.

Mais, avec les étrangers, l'Empereur s'attachait presque exclusivement au droit naturel et à la haute politique. On voyait qu'il eût souffert de s'abaisser avec eux à trop faire valoir les droits de la justice ordinaire ; c'eût été paraître se justifier : « Si je n'avais pas eu pour
« moi, contre les torts du coupable, les lois du pays, leur disait-il, au
« défaut de condamnation légale, il me serait resté les droits de la loi
« naturelle, ceux de la légitime défense. Lui et les siens n'avaient d'au-
« tre but journalier que de m'ôter la vie ; j'étais assailli de toutes parts
« et à chaque instant : c'étaient des fusils à vent, des machines infer-
« nales, des complots, des embûches de toute espèce. Je m'en lassai ;
« je saisis l'occasion de leur renvoyer la terreur jusque dans Londres,
« et cela me réussit. A compter de ce jour, les conspirations cessèrent.
« Et qui pourrait y trouver à redire ? Quoi ! journellement, à cent cin-
« quante lieues de distance, on me portera des coups à mort ; aucune
« puissance, aucun tribunal sur la terre ne sauraient m'en faire justice,
« et je ne rentrerai pas dans le droit naturel de rendre guerre pour

« guerre ! Quel est l'homme de sang-froid, de tant soit peu de jugement
« et de justice, qui oserait me condamner ? De quel côté ne jetterait-il
« pas le blâme, l'odieux, le crime ? Le sang appelle le sang ; c'est la
« réaction naturelle, inévitable, infaillible ; malheur à qui la provo-
« que !... Quand on s'obstine à susciter des troubles civils et des com-
« motions politiques, on s'expose à en tomber victime. Il faudrait être
« niais ou forcené pour croire et imaginer, après tout, qu'une famille
« aurait l'étrange privilége d'attaquer journellement mon existence,
« sans me donner le droit de le lui rendre : elle ne saurait raisonna-
« blement prétendre être au-dessus des lois pour détruire autrui et se
« réclamer d'elles pour sa propre conservation : les chances doivent
« être égales.

« Je n'avais personnellement jamais rien fait à aucun d'eux ; une
« grande nation m'avait placé à sa tête : la presque totalité de l'Europe
« avait accédé à ce choix ; mon sang, après tout, n'était pas de bouc ; il
« était temps de le mettre à l'égal du leur. Qu'eût-ce donc été si j'avais
« étendu plus loin mes représailles ! Je le pouvais ; j'eus plus d'une fois
« l'offre de leurs destinées ; on m'a fait proposer leurs têtes, depuis le
« premier jusqu'au dernier ; je l'ai repoussé avec horreur. Ce n'est pas
« que je le crusse injuste dans la position où ils me réduisaient ; mais
« je me trouvais si puissant, je me croyais si peu en danger, que je
« l'eusse regardé comme une basse et gratuite lâcheté. Ma grande maxime
« a toujours été qu'en guerre comme en politique, tout mal, fût-il dans
« les règles, n'est excusable qu'autant qu'il est absolument nécessaire :
« tout ce qui est au delà est crime.

« On aurait eu mauvaise grâce à se rejeter sur le droit des gens,
« quand on le violait si manifestement soi-même. La violation du ter-
« ritoire de Bade, sur laquelle on s'est tant récrié, demeure étrangère
« au fond de la question. L'inviolabilité du territoire n'a pas été ima-
« ginée dans l'intérêt des coupables, mais seulement dans celui de l'in-
« dépendance des peuples et de la dignité du prince. C'était donc au
« souverain de Bade seul à se plaindre, et il ne le fit pas ; qu'il ne cédât
« qu'à la violence ou à son infériorité politique, nul doute ; mais en-
« core que faisait tout cela au mérite intrinsèque des machinations et
« des attentats dont j'avais à me plaindre et dont je pouvais, en tout
« droit, me venger ? » Et il concluait alors que les véritables auteurs,
les seuls vrais et grands responsables de cette sanglante catastrophe,
étaient, au dehors, précisément les auteurs, les fauteurs, les excitateurs
des assassinats tramés contre le Premier Consul. « Car, disait-il, ou ils

« y avaient fait tremper le malheureux prince, et par là ils avaient
« prononcé son sort; ou, en ne lui en donnant pas connaissance, ils
« l'avaient laissé dormir imprudemment sur le bord du précipice, à
« deux pas de la frontière, quand on allait frapper un si grand coup au
« nom et dans les intérêts de sa famille. »

Avec nous et dans l'intimité, l'Empereur disait que la faute, au dedans, pourrait en être attribuée à un excès de zèle autour de lui ou à des vues privées, ou enfin à des intrigues mystérieuses. Il y avait été, disait-il, poussé inopinément; on avait pour ainsi dire surpris ses idées; on avait précipité ses mesures, enchaîné ses résultats. « J'étais seul un
« jour, racontait-il; je me vois encore à demi assis sur la table où j'a-
« vais dîné, achevant de prendre mon café; on accourt (*M. de Talley-*
« *rand*) m'apprendre une trame nouvelle; on me démontre avec cha-
« leur qu'il est temps de mettre un terme à de si horribles attentats;
« qu'il est temps enfin de donner une leçon à ceux qui se sont fait une
« habitude journalière de conspirer contre ma vie; qu'on n'en finira
« qu'en se lavant dans le sang de l'un d'entre eux; que le duc d'Enghien
« devait être cette victime, puisqu'il pouvait être pris sur le fait, fai-
« sant partie de la conspiration actuelle; qu'il avait paru à Strasbourg;
« qu'on croyait même qu'il était venu jusqu'à Paris; qu'il devait pé-
« nétrer par l'est au moment de l'explosion, tandis que le duc de Berry
« débarquerait par l'ouest. Or, nous disait l'Empereur, je ne savais pas
« même précisément qui était le duc d'Enghien; la révolution m'avait
« pris bien jeune; je n'allais point à la cour, j'ignorais où il se trou-
« vait. On me satisfit sur tous ces points. Mais s'il en est ainsi, m'é-
« criai-je, il faut s'en saisir et donner des ordres en conséquence. Tout
« avait été prévu d'avance; les pièces se trouvèrent toutes prêtes, il n'y
« eut qu'à signer; et le sort du prince se trouva décidé. Il était depuis
« quelque temps à trois lieues du Rhin, dans les États de Bade. Si
« j'eusse connu plus tôt ce voisinage et son importance, je ne l'eusse
« pas souffert, et cet ombrage de ma part, par l'événement, lui eût
« sauvé la vie.

« Quant aux diverses oppositions que je rencontrai, aux nombreuses
« sollicitations qui me furent faites, a-t-on répandu dans le temps,
« rien de plus faux; on ne les a imaginées que pour me rendre plus
« odieux. Il en est de même des motifs si variés qu'on m'a prêtés : ces
« motifs ont pu exister peut-être dans l'esprit et pour les vues particu-
« lières des acteurs subalternes qui y concoururent; de ma part il n'y
« a eu que la nature du fait en lui-même et l'énergie de mon naturel.

« Assurément, si j'eusse été instruit à temps de certaines particularités
« concernant les opinions et le naturel du prince, si surtout j'avais vu
« la lettre qu'il m'écrivit et qu'on (*M. de Talleyrand*) ne me remit,
« Dieu sait par quel motif, qu'après qu'il n'était plus, bien certainement
« j'eusse pardonné. » Et il nous était aisé de voir que le cœur et la nature seuls dictaient ces paroles de l'Empereur et seulement pour nous, car il se serait senti si humilié qu'on pût croire un instant qu'il cherchait à se décharger sur autrui ou descendît à se justifier; sa crainte à cet égard ou sa susceptibilité était telle qu'en parlant à des étrangers ou dictant sur ce sujet pour le public, il se restreignait à dire que, s'il eût eu connaissance de la lettre du prince, peut-être lui eût-il fait grâce, vu les grands avantages politiques qu'il en eût pu recueillir; et, traçant de sa main ses dernières pensées, qu'il suppose devoir être consacrées parmi les contemporains et dans la postérité, il prononce sur ce sujet, qu'il suppose bien être regardé comme un des plus délicats pour sa mémoire, que si c'était à refaire, il le ferait encore¹!!!! Tels étaient l'homme, la trempe de son âme, le tour de son caractère.

À présent, que ceux qui scrutent le cœur humain, qui se plaisent à visiter ses derniers replis pour en déduire des conséquences et en tirer des analogies, s'exercent à leur gré, je viens de leur livrer des documents prononcés et des données précieuses. En voici une dernière qui ne sera pas la moins remarquable.

Napoléon me disait un jour sur le même sujet : « Si je répandis la
« stupeur par ce triste événement, de quel autre spectacle n'ai-je pas
« pu frapper le monde, et quel n'eût pas été le saisissement universel!...
« On m'a souvent offert, à 1,000,000 par tête, la vie de ceux que je
« remplaçais sur le trône; on les voyait mes compétiteurs, on me supposait avide de leur sang; mais ma nature eût-elle été différente,
« eussé-je été organisé pour le crime, je me serais refusé à celui-ci,
« tant il m'eût semblé purement gratuit. J'étais si puissant, je me
« trouvais si fortement assis, ils paraissaient si peu à craindre! Qu'on
« se reporte à l'époque de Tilsit, à celle de Wagram, à mon mariage
« avec Marie-Louise, à l'état, à l'attitude de l'Europe entière! Toutefois, au fort de la crise de Georges et de Pichegru, assailli d'assassins,

---

¹ « J'ai fait arrêter et juger le duc d'Enghien, a dit Napoléon dans son testament. Dans de pareilles
« circonstances, je ferais encore de même. »
Qu'on considère bien, ceci est très-essentiel et a échappé à beaucoup de monde, l'Empereur dit *arrêter et juger*, il ne dit pas *exécuter*, parce qu'en effet il est notoire aujourd'hui que l'exécution du prince eut lieu sans ses ordres et sans même qu'il en ait eu connaissance. C'est ce que Napoléon exprime et ce dont il se plaint positivement dans l'une de ses *dictées* à M. de Montholon, t. II, p. 341.

« on crut le moment favorable pour me tenter, et l'on renouvela l'offre
« contre celui (*M. le comte d'Artois*) que la voix publique, en Angle-
« terre aussi bien qu'en France, mettait à la tête de ces horribles ma-
« chinations. Je me trouvais à Boulogne, où le porteur de paroles était
« parvenu ; j'eus la fantaisie de m'assurer par moi-même de la vérité
« de la contexture de la proposition ; j'ordonnai qu'on le fît paraître
« devant moi. Eh bien, Monsieur ? lui dis-je en le voyant. — Oui, Pre-
« mier Consul, nous vous le livrerons pour 1,000,000.—Monsieur, je
« vous en promets deux, mais si vous l'amenez vivant. — Ah ! c'est ce
« que je ne saurais garantir, balbutia l'homme, que le ton de ma voix
« et la nature de mon regard déconcertaient fort en ce moment. — Et
« me prenez-vous donc pour un pur assassin ! Sachez, Monsieur, que
« je veux bien infliger un châtiment, frapper un grand exemple, mais
« que je ne recherche pas un guet-apens. Et je le chassai. Aussi bien
« c'était déjà une trop grande souillure que sa seule présence. »

Visite clandestine du domestique qui m'avait été enlevé. Ses offres.—Seconde visite.—Troisième ;
je lui confie mystérieusement ma lettre au prince Lucien : cause de ma déportation.

Du jeudi 21 au dimanche 24.

La veille au soir, j'étais resté auprès de l'Empereur aussi tard qu'une ou deux heures après minuit ; en rentrant chez moi, je trouvai que j'avais eu une petite visite qui s'était lassée de m'attendre.

Cette petite visite reçue par mon fils, et que dans le temps la prudence me commandait d'inscrire dans mon Journal avec déguisement et mystère, peut aujourd'hui et va recevoir en ce moment toute son explication.

Cette visite n'était rien moins que la réapparition clandestine du domestique que sir Hudson Lowe m'avait enlevé, qui, à la faveur de la nuit et de ses habitudes locales, avait franchi tous les obstacles, évité les sentinelles, escaladé quelques ravins, pour venir me voir et me dire que, s'étant mis au service de quelqu'un qui partait sous très-peu de jours pour Londres, il venait m'offrir de prendre mes commissions en toutes choses. Il m'avait attendu fort longtemps dans ma chambre, et, ne me voyant pas revenir de chez l'Empereur, il avait pris le parti de retourner, dans la crainte d'être surpris ; mais il promettait de revenir, soit sous le prétexte de voir sa sœur qui était employée dans notre établissement, soit en renouvelant les mêmes moyens qu'il venait d'employer.

Je n'eus rien de plus pressé, le lendemain, que de faire part à l'Empereur de ma bonne fortune. Il s'en montra très-satisfait et parut y attacher du prix. J'étais fort ardent sur ce sujet; je répétais avec chaleur qu'il y avait déjà plus d'un an que nous nous trouvions ici sans que nous eussions encore fait un seul pas vers un meilleur avenir : au contraire, nous étions resserrés, maltraités, suppliciés chaque jour davantage. Nous demeurions perdus dans l'univers; l'Europe ignorait notre véritable situation, c'était à nous de la faire connaître. Chaque jour les gazettes nous apprenaient les impostures dont on entourait notre prison, les impudents et grossiers mensonges dont nos personnes demeuraient l'objet. C'était à nous, disais-je, de publier la vérité. Elle remonterait aux souverains qui l'ignoraient peut-être; elle serait connue des peuples, dont la sympathie serait notre consolation, dont les cris d'indignation nous vengeraient du moins de nos bourreaux, etc.

Nous nous mîmes dès cet instant à analyser nos petites archives. L'Empereur en fit le partage, en destinant, disait-il, la part de chacun de nous pour leur plus prompte transcription; toutefois la journée s'écoula sans qu'il fût question de rien à ce sujet. Le lendemain vendredi, dès que je vis l'Empereur, j'osai lui rappeler l'objet de la veille; mais il m'en parut cette fois beaucoup moins occupé, et termina en disant *qu'il faudrait voir*. La journée se passa comme la veille, j'en étais sur des charbons ardents.

A la nuit, et comme pour m'aiguillonner davantage, mon domestique reparut, me réitérant ses offres les plus entières. Je lui dis que j'en profiterais, et qu'il pourrait agir sans scrupule, parce que je ne le rendrais nullement criminel ni ne le mettrais aucunement en danger. A quoi il répondit que cela lui était bien égal, et qu'il se chargerait de tout ce que je voudrais lui donner, m'avertissant seulement qu'il viendrait le prendre sans faute le surlendemain dimanche, veille probable de son appareillage.

Le lendemain samedi, en me présentant chez l'Empereur, je me hâtai de lui faire connaître cette dernière circonstance, appuyant sur ce qu'il ne nous restait plus que vingt-quatre heures; mais l'Empereur me parla très-indifféremment de tout autre chose. J'en demeurai frappé. Je connaissais l'Empereur; cette insouciance, cette espèce de distraction ne pouvaient être l'effet du hasard, encore moins du caprice. Mais quels pouvaient donc être ses motifs? J'en fus préoccupé, triste, malheureux tout le jour. La nuit arriva, et le même sentiment qui m'avait agité toute la journée m'empêchait de dormir. Je repassais avec douleur dans mon esprit tout ce qui pouvait avoir rapport à cet objet, quand un trait de lumière vint m'éclairer tout à coup. Que prétends-je de l'Empereur? me dis-je; le faire descendre à l'exécution de petits détails déjà beaucoup trop au-dessous de lui! Nul doute que le dégoût et une humeur secrète auront dicté le silence qui m'a affecté. Devons-nous lui demeurer inutiles? ne pouvons-nous le servir qu'en l'affligeant? Et alors beaucoup de ses observations passées me revinrent à l'esprit. Et ne lui avais-je pas donné connaissance de la chose, ne l'avait-il pas approuvée? que voulais-je de plus [1]? C'était à moi désormais à agir : aussi mon parti fut pris à l'instant. Je résolus d'aller en avant sans lui en reparler davantage, et, pour que la chose demeurât secrète, je me promis de la garder pour moi seul.

Il y avait plusieurs mois que j'étais parvenu à faire passer la fameuse lettre en réponse à sir Hudson Lowe, touchant les commissaires des alliés, la première, la seule pièce qui jusque-là eût été expédiée en Europe. Celui qui avait bien voulu s'en charger m'avait apporté un grand morceau de satin sur une partie duquel elle fut écrite. Il m'en restait encore ; c'était là précisément mon affaire. Ainsi tout concourait à me précipiter vers le gouffre où j'allais tomber.

Dès que le jour parut, je donnai à mon fils, de la discrétion duquel j'étais sûr, le reste du satin, sur lequel il passa toute la journée à tracer ma lettre au prince Lucien. La nuit venue, mon jeune mulâtre fut fidèle à sa parole. Il était un peu tailleur. Je lui fis coudre devant moi, dans ses vêtements, ce que je lui confiais, et il prit congé, moi lui promettant encore de nouvelles choses s'il revenait, ou lui souhaitant un bon voyage si je ne devais pas le revoir ; et je me couchai le cœur allégé, l'esprit satisfait comme d'une journée bien et heureusement remplie. Que j'étais loin en ce moment d'imaginer que je venais de trancher de mes propres mains le fil de mes destinées à Longwood!!!

Hélas! on va voir que vingt-quatre heures n'étaient pas écoulées, que, sous prétexte de cette lettre, j'étais déjà enlevé de Longwood, et que ma personne et tous mes papiers se trouvaient au pouvoir et à l'entière disposition du gouverneur sir Hudson Lowe. A présent, si l'on me demande comment je pouvais avoir aussi peu de défiance et ne soupçonner aucunement qu'il était possible qu'on me tendît un piége, je réponds que mon domestique m'avait paru si honnête, que je le croyais fidèle, et puis j'étais encore étranger à toute idée d'agents provocateurs, invention nouvelle dont les ministres anglais d'alors peuvent réclamer l'honneur, et qui a tant prospéré depuis sur le continent.

[1] Le journal du docteur O'Méara m'apprend, au bout de six ans, que j'avais précisément deviné l'Empereur.

MON ENLÈVEMENT DE LONGWOOD. — RÉCLUSION AU SECRET A SAINTE-HÉLÈNE.
(Espace d'environ six semaines.)

Mon enlèvement de Longwood.

Lundi 25.

Ur les quatre heures, l'Empereur m'a fait demander; il venait de finir son travail, et il s'en montrait tout content : « J'ai fait avec Bertrand de la « fortification toute la journée, m'a-« t-il dit; aussi m'a-t-elle paru très-« courte. » J'ai dit que c'était dans l'Empereur un goût nouveau, tout à fait du moment, et Dieu sait comme ils sont précieux ici.

J'avais rejoint l'Empereur sur l'espèce de gazon qui avoisine la tente; de là nous avons gagné le tournant de l'allée qui conduit au bas du jardin. On a apporté cinq oranges dans une assiette, du sucre et un couteau. Elles sont fort rares dans l'île; elles viennent du Cap. L'Empereur les aime beaucoup; celles-ci étaient une galanterie de lady Malcolm. L'amiral répétait cette offrande toutes les fois qu'il en avait l'occasion. Nous étions trois en ce moment auprès de l'Empereur; il m'a donné une de ces oranges à mettre dans ma poche pour mon fils, et s'est mis à couper et à préparer lui-même les autres par tranches; et, assis sur le tronc d'un arbre, il les mangeait et en distribuait gaîment et familièrement à chacun de nous. Je rêvais précisément, par un instinct fatal, au charme de ce moment! Que j'étais loin, hélas! d'imaginer que ce devait être le dernier don que je pourrais tenir de sa main!...

L'Empereur s'est mis ensuite à faire quelques tours de jardin; le vent était devenu froid. Il est rentré, et je l'ai suivi seul dans le salon et la salle de billard qu'il parcourait dans leur étendue. Il me parlait de nouveau de sa journée, me questionnait sur la mienne; puis, la conversation s'étant fixée sur son mariage, il s'étendait sur les fêtes qui avaient amené le terrible accident de celle de M. de Schwartzemberg, dont je me promettais intérieurement de faire un article intéressant dans mon Journal, quand l'Empereur s'est interrompu tout à coup pour examiner, par la croisée, un groupe considérable d'officiers anglais qui débou-

chaient vers nous par la porte de notre enclos : c'était le gouverneur, entouré de beaucoup des siens. Or le gouverneur était déjà venu le matin, a fait observer le grand maréchal qui entrait en ce moment; il l'avait eu chez lui assez longtemps. De plus, a-t-il ajouté, on parlait d'un certain mouvement de troupes. Ces circonstances ont paru singulières.

Et ce que c'est pourtant qu'une conscience coupable ! l'idée de ma lettre clandestine me revint à l'instant, et un secret pressentiment m'avertit aussitôt que tout cela me regardait. En effet, peu d'instants après, on est venu me dire que le colonel anglais, la créature de sir Hudson Lowe, m'attendait chez moi. J'ai fait signe que j'étais avec l'Empereur, qui m'a dit quelques minutes après : « Allez voir, mon cher, ce que vous « veut cet animal. » Comme je m'éloignais déjà, il a ajouté : « *Et sur- tout revenez promptement.* » Et voilà pour moi les dernières paroles de Napoléon. Hélas ! je ne l'ai plus revu ! Son accent, le son de sa voix, sont encore à mes oreilles. Que de fois depuis je me suis complu à y arrêter ma pensée ! et quel charme, quelle peine peut tout à la fois renfermer un douloureux souvenir !

Celui qui m'avait fait demander était le complaisant dévoué, l'homme d'exécution du gouverneur, avec lequel je communiquais, du reste, assez souvent à titre d'interprète. A peine il m'aperçut que, d'une figure bénigne, d'une voix mielleuse, il s'enquit avec un intérêt tendre de l'état de ma santé : c'était le baiser de Judas; car, lui ayant fait signe de la main de prendre place sur mon canapé et m'y asseyant moi-même, il saisit cet instant pour se placer entre la porte et moi, et, changeant subitement de figure et de langage, il me signifia qu'il m'arrêtait au nom du gouverneur sir Hudson Lowe, sur une dénonciation de mon domes-

tique, pour correspondance clandestine. Des dragons cernaient déjà ma chambre : toute observation devint inutile, il fallut céder à la force ; je fus emmené sous une nombreuse escorte. L'Empereur a écrit depuis, ainsi qu'on le verra plus bas, qu'en me voyant de sa fenêtre entraîné dans la plaine au milieu de ces gens armés, l'alacrité de ce nombreux état-major caracolant autour de moi, la vive ondulation de leurs grands panaches, lui avaient donné l'idée de la joie féroce des sauvages de la mer du Sud, dansant autour du prisonnier qu'ils vont dévorer.

J'avais été séparé de mon fils, qu'on avait retenu prisonnier dans ma chambre, et qui me rejoignit peu de temps après, aussi sous escorte : si bien qu'à dater de cet instant comptent pour nous l'interruption soudaine et le terme final de toute communication avec Longwood. On nous enferma tous les deux dans une misérable cahute voisine de l'ancienne habitation de la famille Bertrand. Il me fallut coucher sur un mauvais grabat, mon malheureux fils à mes côtés, sous peine de le laisser étendu par terre. Je le croyais en cet instant en danger de mort ; il était menacé d'un anévrisme, et avait failli, peu de jours auparavant, expirer dans mes bras. On nous tint jusqu'à onze heures sans manger ; et quand, cherchant à pourvoir aux besoins de mon fils, je voulus demander un morceau de pain aux gens qui nous entouraient, à la porte et à chaque fenêtre où je me présentai, il me fut répondu tout d'abord par autant de baïonnettes.

Visite officielle de mes papiers, etc.

Mardi 26 au mercredi 27.

Quelle nuit que la première nuit que l'on passe emprisonné entre quatre murailles !... Quelles pensées ! quelles réflexions !... Toutefois ma dernière idée du soir, la première de mon réveil, avaient été que j'étais encore à quelques minutes de distance seulement de Longwood, et que pourtant peut-être l'éternité m'en séparait déjà !...

Dans la matinée, le grand maréchal, accompagné d'un officier, a passé à vue de ma cahute et à portée de la voix. J'ai pu lui demander de mon donjon comment se portait l'Empereur. Le grand maréchal se rendait à Plantation-House, chez le gouverneur : c'était indubitablement à mon sujet. Mais de quoi pouvait-il être chargé ? quels étaient les pensées, les désirs de l'Empereur à cet égard ? C'est là ce qui m'occupait tout à fait. Le grand maréchal, en repassant, m'a fait, avec tristesse, un geste qui m'a donné l'idée d'un adieu et m'a serré le cœur.

Dans la matinée encore, le général Gourgaud et M. de Montholon sont venus jusqu'à l'ancienne demeure de madame Bertrand, en face de moi et assez près. Il m'a été doux de les voir et d'interpréter leurs gestes d'intérêt et d'amitié. Ils ont sollicité vainement de pénétrer jusqu'à moi ; il leur a fallu s'en retourner sans rien obtenir. Peu de temps après, madame Bertrand m'a envoyé des oranges, me faisant dire qu'elle recevait à l'instant même des nouvelles indirectes de ma femme, qui se portait bien. Cet empressement, ces tendres témoignages de tous mes compagnons, m'étaient la preuve que les sentiments de famille se réveillent au premier coup du malheur, et je trouvais en ce moment quelque charme à être captif.

Cependant, aussitôt après mon arrestation, on n'était pas demeuré oisif dans mon ancien logement. Un commissaire de police, importation toute récente dans la colonie, la première tentative de cette nature, je pense, hasardée sur le sol britannique, avait fait sur moi son coup d'essai. Il avait fouillé mon secrétaire, enfoncé des tiroirs, saisi tous mes papiers ; et, jaloux de montrer sa dextérité et tout son savoir-faire, il avait procédé de suite à défaire nos lits, démonter mon canapé, et ne parlait de rien moins que d'enlever les planchers.

Le gouverneur, devenu maître de tous mes papiers, suivi de huit à dix officiers, s'est mis en devoir de les produire triomphalement. Descendu à l'opposite de moi dans l'ancienne demeure de madame Bertrand, il m'a fait demander si je voulais y aller pour assister à leur inventaire, ou si je préférais qu'il se rendît chez moi. J'ai répondu que, puisqu'il me laissait le choix, le dernier parti me serait le plus agréable. Tout le monde ayant pris place, je me suis levé pour protester hautement contre la manière peu convenable dont j'avais été arraché de Longwood, sur l'illégalité avec laquelle on avait scellé mes papiers loin de ma personne ; enfin j'ai protesté contre la violation qu'on allait faire de mes papiers secrets, de ceux qui étaient les dépositaires sacrés de ma pensée, qui ne devaient exister que pour moi, dont jusqu'ici personne au monde n'avait eu connaissance. Je me suis élevé contre l'abus que pouvait en faire le pouvoir. J'ai dit à sir Hudson Lowe que s'il pensait que les circonstances requissent qu'il en prît connaissance, c'était à sa sagesse à y pourvoir ; que cette lecture ne m'embarrassait nullement d'ailleurs ; mais que je devais à moi-même, aux principes, d'en charger sa responsabilité, de ne céder qu'à la force, et de ne point autoriser un tel acte par mon consentement.

Ces paroles de ma part, en présence de tous ses officiers, contrariaient fort le gouverneur, qui, s'irritant, s'est écrié : « Monsieur le comte, « n'empirez pas votre situation, elle n'est déjà que trop mauvaise ! »

Allusion sans doute à la peine de mort qu'il nous rappelait souvent que nous encourions en nous prêtant à l'évasion du grand captif. Il ne doutait pas que mes papiers dussent lui procurer les plus grandes découvertes. Dieu sait jusqu'où pouvait aller ses idées à cet égard!

Au moment de procéder à leur lecture, il appela le général Bingham, commandant en second de l'île, pour y prendre personnellement part; mais la délicatesse et les idées de celui-ci différaient beaucoup de celles du gouverneur. « Sir Hudson Lowe, lui répondit-il avec un dégoût marqué, je vous prie de m'excuser, je ne me crois pas capable de lire cette espèce d'écriture française. »

Je n'avais au fait nulle objection réelle à ce que le gouverneur prît connaissance de mes papiers. Je lui dis donc que, non comme juge ni magistrat, car il n'était pour moi ni l'un ni l'autre, mais à l'amiable et de pure condescendance, je trouvais bon qu'il les parcourût. Il tomba d'abord sur mon Journal. On juge de sa joie et de ses espérances en apercevant qu'il allait lui présenter, jour par jour, tout ce qui se passait au milieu de nous à Longwood. Cet ouvrage était assez dégrossi pour qu'une note des matières ou l'indication des chapitres se trouvât en tête de chaque mois. Sir Hudson Lowe, y lisant souvent son nom, courait tout d'abord à la page indiquée chercher les détails; et, s'il eut là maintes occasions d'exercer sa longanimité, ce n'était pas ma faute, lui remarquai-je, mais plutôt celle de son indiscrétion. Je l'assurai que cet écrit était un mystère profond, étranger à tous; que l'Empereur lui-même, qui en était l'unique objet, n'en avait lu que les premières feuilles; qu'il était loin d'être arrêté; qu'il devait demeurer longtemps un secret, n'être que pour moi seul.

Sir Hudson Lowe ayant parcouru mon Journal deux ou trois heures, je lui dis que j'avais voulu le mettre à même d'en prendre une juste idée, qu'à présent c'était assez; que je me croyais obligé, par bien des considérations, à lui interdire, autant qu'il était en mon pouvoir, d'aller plus loin; qu'il avait la force, mais que je protesterais contre sa violence et son abus d'autorité. Il me fut aisé de voir que c'était un vrai contre-temps pour lui; il hésita même : toutefois ma protestation eut son plein effet, et il ne fut plus touché à mon Journal. J'aurais pu étendre ma protestation à tous mes autres papiers, mais ils m'importaient peu; ils causèrent pendant plusieurs jours l'inquisition la plus minutieuse.

J'avais mes dernières volontés scellées; il me fallut ouvrir cette pièce, ainsi que d'autres papiers d'une nature aussi sacrée. Arrivé au fond d'un portefeuille où reposaient des objets que je n'avais pas osé toucher depuis que j'étais loin de l'Europe, il a fallu les ouvrir. Ce devait être pour moi la journée des émotions : leur vue a remué dans mon cœur de vieux souvenirs que mon courage y tenait comprimés depuis de douloureuses séparations. J'en ai été vivement ému : je suis sorti rapidement de la chambre. Mon fils, demeuré présent, m'a dit que le gouverneur n'a pas été sans se montrer sensible à ce mouvement.

Ma translation à Balcombe's cottage.

Jeudi 28 au samedi 30.

Aujourd'hui 28 nous avons été tirés de notre misérable cahute, et transférés, à une petite lieue de là, dans une espèce de chaumière de plaisance appartenant à M. Balcombe, notre hôte de Briars. La demeure était petite, mais du moins très-supportable, et située en face de Longwood, à assez peu de distance; nous n'en étions séparés que par plusieurs lignes de précipices et de sommités très-escarpées. Nous étions gardés par un détachement du 66e; un grand nombre de sentinelles veillaient sur nous et défendaient nos approches. Un officier y était à nos ordres, nous dit obligeamment sir Hudson Lowe, et pour notre commodité, nous assurait-il. Toute communication était sévèrement interceptée; nous demeurions sous l'interdit le plus absolu. Un chemin circulait sur la crête de notre bassin; le général Gourgaud, escorté d'un officier anglais, vint le parcourir : il nous fut aisé de distinguer ses efforts pour se rapprocher de nous autant que cela lui était possible, et ce fut avec un sentiment de joie et de tendresse que nous reçûmes et rendîmes de loin les saluts et les démonstrations que nous adressait notre compagnon. La bonne et excellente madame Bertrand nous envoya de nouveau des oranges; il ne nous fut pas permis de lui écrire un mot de remerciment, il fallut nous borner à confier toute notre reconnaissance à des poignées de roses cueillies dans notre prison, et que nous lui envoyâmes.

Sir Hudson Lowe, dès le lendemain, vint nous visiter dans notre nouvelle demeure. Il voulut savoir comment j'avais été couché; je le conduisis à une pièce voisine, et lui fis voir un matelas par terre : notre nourriture avait été à l'avenant. « Vous l'apprenez, lui dis-je, parce que « vous l'avez demandé; j'y attache peu de prix. » Alors il s'est violemment fâché contre ceux qu'il avait chargés de nous installer, et nous a envoyé nos repas de sa cuisine de Plantation-House, bien qu'à deux lieues de distance, et cela jusqu'à ce qu'on eût pourvu régulièrement à nos besoins.

Cependant, une fois dans notre nouvelle prison, il fallut bien songer à nous créer des occupations pour pouvoir supporter le temps. Je partageai nos heures de manière à remplir notre journée : je donnai des leçons régulières d'histoire et de mathématiques à mon fils; nous fîmes quelques lectures suivies, et nous marchions dans notre enclos durant les intervalles. Le lieu, pour Sainte-Hélène, était agréable; il y avait un peu de verdure et quelques arbres, grand nombre de poules qu'on élevait pour la consommation de Longwood, quelques pintades, et autres gros oiseaux que nous eûmes bientôt apprivoisés : les captifs sont ingénieux et compatissants. Enfin le soir nous allumions du feu, je racontais à mon fils des histoires de famille, je le mettais au fait de mes affaires domestiques, je lui apprenais et lui faisais noter les noms de ceux qui m'avaient montré de la bienveillance dans la vie ou m'avaient rendu quelques services.

En somme, nos moments étaient tristes, mélancoliques, mais si calmes qu'ils n'étaient pas sans une certaine douceur. Une seule idée nous était poignante et nous revenait sans cesse : l'Empereur était là, presque à notre vue, et pourtant nous habitions deux univers; une si petite distance nous séparait, et pourtant toutes communications avaient cessé! Cet état avait quelque chose d'affreux; je n'étais plus avec lui, je n'étais pas non plus avec ma famille, que j'avais quittée pour lui : que me restait-il donc? Mon fils partageait vivement toutes ces sensations; exalté par cette situation et par la chaleur de son âge, ce cher enfant m'offrit, dans un moment d'élan, de profiter de l'obscurité de la nuit pour tromper la surveillance de nos sentinelles, descendre les nombreux précipices et gravir les hauteurs escarpées qui nous séparaient de Longwood, et pénétrer jusqu'à Napoléon, dont il rapporterait des nouvelles, garantissait-il, avant le retour du jour. Je calmai son zèle, qui, s'il eût été praticable, n'eût pu avoir d'autre résultat qu'une satisfaction personnelle, et eût pu créer les inconvénients les plus graves. L'Empereur m'avait tant et si souvent parlé, que je ne pensais pas qu'il eût rien à me faire dire qui fût nouveau pour moi; et si la tentative de mon fils eût été découverte, quel bruit n'eût-elle pas fait! quelle importance le gouverneur ne lui eût-il pas donnée! quels contes absurdes n'eût-il pas imaginés, entassés, transmis, etc. !

Je prends un parti ; mes lettres à sir Hudson Lowe, etc.

Dimanche 1ᵉʳ décembre au vendredi 6

Cependant les jours de notre emprisonnement s'écoulaient, et le gouverneur, bien qu'il continuât de nous visiter souvent, ne nous parlait pas d'affaires : seulement il m'avait laissé entrevoir que mon séjour dans l'île, et en secret, pourrait se continuer jusqu'au retour des nouvelles de Londres. Près de huit jours étaient déjà passés sans le moindre pas vers un dénoûment quelconque. Cet état passif et inerte n'était pas dans ma nature. La santé de mon fils était par moments des plus alarmantes. Privé de toute communication quelconque avec Longwood, je demeurais seul vis-à-vis de moi-même. Je méditai sur cette situation, j'arrêtai un plan et pris un parti : je le choisis extrême, pensant que, s'il était approuvé de l'Empereur, il pourrait être utile, et que rien ne me serait plus facile que de revenir en arrière si c'était son désir. En conséquence j'écrivis au gouverneur la lettre suivante :

« Monsieur le gouverneur, par suite d'un piége tendu par mon valet, « j'ai été enlevé de Longwood le 25 du courant, et tous mes papiers « saisis. Je me suis trouvé avoir enfreint vos restrictions, auxquelles je « m'étais soumis. Mais ces restrictions, vous ne les aviez confiées ni à « ma parole ni à ma délicatesse : elles m'eussent été sacrées. Vous les « aviez confiées à des peines, j'en ai couru les risques ; vous avez ap- « pliqué ces peines à votre fantaisie, je n'y ai rien objecté. Jusque-là « rien de plus régulier ; mais la peine a ses limites, sitôt que la faute « est circonscrite. Or, qu'est-il arrivé ? Deux lettres ont été données « à votre insu : l'une est une relation de nos événements au prince Lu- « cien, relation qui était destinée à passer par vos mains, si vous ne « m'aviez fait dire que la continuation de mes lettres et de leur style « me ferait éloigner par vous d'auprès de l'Empereur.

« La seconde est une simple communication d'amitié. Cependant « cette circonstance a mis en vos mains tous mes papiers ; vous en avez « vu les plus secrets. J'ai mis une telle facilité à vos recherches, que je « me suis prêté à vous laisser parcourir, sur votre parole privée, ce « qui n'était connu que de moi, n'était encore que des idées ou des ré- « dactions informes non arrêtées, susceptibles d'être à chaque instant « corrigées, rectifiées, modifiées ; en un mot, le secret, le chaos de mes « pensées. J'ai voulu vous convaincre par là, et, j'en appelle à votre « bonne foi, j'espère vous avoir convaincu que, dans la masse des pa- « piers que vous avez sommairement parcourus, il n'existe rien de ce

« qui aurait pu concerner la haute et importante partie de votre mi-
« nistère. Aucun complot, aucun nœud, pas une seule idée relative à
« l'évasion de Napoléon. Vous n'avez pu en trouver aucune, parce qu'il
« n'en existait aucune. Nous la croyons impossible, nous n'y songeons
« pas ; et ce n'est pas que je veuille m'en défendre, j'y eusse volon-
« tiers donné les mains, si j'en eusse vu la possibilité. J'eusse volon-
« tiers payé de ma vie cette évasion. Je serais mort martyr du dé-
« vouement ; c'eût été vivre à jamais dans les cœurs nobles et géné-
« reux. Mais, je le répète, personne ne le croit possible et n'y songe.
« L'empereur Napoléon en est encore à la même pensée, aux mêmes
« désirs qu'en abordant *librement et de bonne foi le Bellérophon*, d'aller
« chercher quelques jours tranquilles en Amérique, ou même en An-
« gleterre, sous la protection des lois.

« Les choses ainsi une fois établies, je proteste de tout mon pouvoir,
« je m'oppose formellement à ce que vous lisiez désormais, je pourrais
« dire tous mes papiers secrets, mais je me borne seulement à ceux que
« j'appelle *mon Journal*. Je dois cette mesure à mon grand respect
« pour l'auguste personnage qui s'y retrouve sans cesse ; je la dois au
« respect de moi-même. Je demande donc de deux choses l'une : ou,
« si dans votre conscience vous croyez ces papiers étrangers à votre
« grand objet, qu'ils me soient rendus sur-le-champ ; ou si d'après ce
« que vous en avez lu, vous pensez que certaines parties sont de nature
« à être mises sous les yeux de vos ministres, je demande que vous leur
« en envoyiez la totalité et me fassiez suivre avec eux. Il est trop ques-
« tion de vous, Monsieur, pour que votre délicatesse ne vous fasse une
« loi d'adopter l'un ou l'autre de ces partis. Vous ne sauriez chercher
« à profiter plus que je ne l'ai permis de cette occasion d'y lire ce qui
« regarde votre personne. Autrement, à quelles inductions ne vous ex-
« poserait pas un abus d'autorité, et comment empêcher qu'on ne liât
« cette circonstance au piége qui m'a été tendu, au grand bruit qu'on
« se trouvera avoir fait pour si peu de chose ?

« Arrivé en Angleterre avec ces papiers, je demanderai aux ministres,
« à leur tour, et j'appellerai le monde à témoin, de quelle utilité peut
« être aux yeux des lois un papier où se trouvent consignés, dans toute
« la négligence d'un mystère profond, jour par jour, la conversation,
« les paroles, peut-être jusqu'aux gestes de l'empereur Napoléon. Je
« leur demanderai surtout quelle inviolabilité de secret je n'ai pas droit
« d'exiger d'eux sur toutes les parties d'un recueil qui n'était encore que
« ma pensée brute, qui n'existe pas, à bien dire, qui ne présente que

« des matériaux encore informes, dont je pouvais sans scrupule désa-
« vouer presque toutes les parties, parce qu'elles étaient loin d'être
« arrêtées encore vis-à-vis de moi-même; dans lequel, chaque jour, il
« m'arrivait de redresser, à l'aide d'une conversation nouvelle, les er-
« reurs d'une conversation passée, erreurs toujours inévitables et fré-
« quentes, et dans celui qui parle sans croire être observé, et dans ce-
« lui qui recueille sans se croire tenu à garantir. Quant à ce qui vous y
« concerne, Monsieur, si vous avez eu à vous récrier maintes fois sur
« l'opinion et les faits que j'ai émis sur votre personne, rien ne vous est
« plus aisé, d'homme à homme, que de me faire connaître mon erreur.
« Vous ne me rendrez jamais plus heureux que de me donner l'occasion
« d'être juste, et à la suite des éclaircissements, quelle que soit l'opi-
« nion dans laquelle je persiste, vous serez forcé du moins de recon-
« naître ma droiture et ma bonne foi.

« Du reste, quel que soit le parti que vous comptiez prendre à mon
« égard, monsieur le gouverneur, à compter de cet instant je me retire,
« autant que l'admet la position où je me trouve, de la sujétion volon-
« taire à laquelle je m'étais soumis vis-à-vis de vous. Quand j'en pris
« l'engagement, vous me dites que je demeurais toujours maître de
« le rétracter : or, à compter de cet instant, je veux rentrer dans la
« classe commune des citoyens. Je me remets sous l'action de vos lois
« civiles ; je réclame vos tribunaux. Je n'implore pas leur faveur, mais
« seulement leur justice et leur jugement. Je pense, monsieur le gé-
« néral, que vous portez trop de respect à vos lois et avez trop de jus-
« tice naturelle dans le cœur, pour vous faire l'injure de vous observer
« que vous deviendriez responsable de toutes les violations que ces lois
« peuvent éprouver vis-à-vis de moi, directement et indirectement. Je
« ne pense pas que la lettre de vos instructions qui vous porterait à me
« retenir ici ou au Cap plusieurs mois prisonnier pût vous mettre à
« l'abri de l'esprit de ces mêmes instructions, invoqué par la force, la
« supériorité, la majesté des lois.

« Ces instructions, si j'ai compris, en vous prescrivant de retenir
« toute personne de l'établissement de Longwood un certain temps
« avant de la rendre à la liberté, n'ont pour but, sans doute, que de
« dérouter et de laisser vieillir les communications que l'on pourrait
« avoir eues avec cette affreuse prison ; or, la manière dont j'ai été en-
« levé a suffi pour remplir ce but. On m'a rendu impossible d'en em-
« porter aucune idée concertée. J'y ai été comme frappé de mort su-
« bite. D'ailleurs, envoyé en Angleterre comme prévenu, et sous l'action

« des lois, si je suis trouvé coupable, elles pourvoiront assez à l'incon-
« vénient qu'on a voulu éviter. Si je ne le suis pas, il restera contre
« moi l'*alien-bill*, ou même encore ma soumission volontaire, donnée
« ici d'avance à toutes les précautions, même arbitraires, qu'on croira
« devoir prendre à ce sujet vis-à-vis de moi.

« Monsieur le gouverneur, sans connaître encore quels peuvent être
« vos projets sur ma personne, je me suis imposé déjà moi-même le
« plus grand des sacrifices. Je ne suis encore qu'à quelques pas de Long-
« wood, et déjà peut-être l'éternité m'en sépare : pensée affreuse qui
« me déchire et va me poursuivre !... Il y a peu de jours encore, vous
« m'eussiez arraché jusqu'aux dernières soumissions par la crainte de
« me voir éloigner de l'empereur Napoléon : aujourd'hui vous ne sau-
« riez plus m'y faire revenir. On m'a souillé en me saisissant presque
« à sa vue. Je ne saurais plus désormais lui être un objet de consolation ;
« ses regards ne rencontreraient en moi qu'un objet flétri et des sou-
« venirs de douleurs. Pourtant sa vue, les soins que je me plaisais à
« lui donner, me sont plus chers que la vie. Mais peut-être qu'au loin
« on prendra pitié de ma peine ! Quelque chose me dit que je revien-
« drai, mais par une route purifiée, amenant avec moi tout ce qui
« m'est cher, pour entourer de nos soins pieux et tendres l'immortel
« monument que rongent sur un roc, au bout de l'univers, l'inclémence
« de l'air et la mauvaise foi, la dureté des hommes. Vous m'avez parlé
« de vos peines, monsieur le gouverneur. Nous ne soupçonnons pas,
« m'avez-vous dit, toutes vos tribulations ; mais chacun ne connaît, ne
« sent que son mal. Vous ne soupçonnez pas non plus le crêpe funèbre
« que vous tenez étendu sur Longwood. J'ai l'honneur, etc. »

Une fois la correspondance établie avec sir Hudson Lowe, je ne demeurai pas oisif. Dès le lendemain, je lui écrivis de nouveau pour lui
dire qu'en conséquence de ma lettre de la veille, je le sommais officiellement et authentiquement de m'éloigner de Sainte-Hélène, et de
me renvoyer en Europe. Le jour suivant, je poursuivis auprès de lui
la même idée, sous mes rapports et ma situation domestiques.

« Dans mes deux précédentes, lui mandais-je, qui traitaient toutes
« deux de ma situation politique, j'avais cru peu digne et peu conve-
« nable de mêler un seul mot de ma situation domestique ; mais aujour-
« d'hui que, par suite de ces deux mêmes lettres, je me regarde comme
« rentré dans la masse de vos administrés, à titre de passager acciden-
« tel dans votre île, je n'hésite pas à vous entretenir de toute l'horreur
« de ma situation privée. Vous connaissez l'état affreux de la santé de

« mon fils : les personnes de l'art doivent vous en avoir instruit. Depuis
« qu'il a vu se briser le lien cher et sacré qui nous attachait à Long-
« wood, toutes ses idées, ses vœux, ses espérances se sont tournés
« avec ardeur vers l'Europe, et son mal va s'accroître de toute l'impa-
« tience, de tout le pouvoir de l'imagination. Voilà sa situation physi-
« que ; elle rend ma situation morale pire encore, s'il est possible. J'ai
« à combattre tout à la fois et la tendresse du cœur et les inquiétudes
« de l'esprit. Je ne me vois pas sans effroi responsable à moi-même de
« l'avoir amené ici, et d'être la cause qu'on l'y retiendrait. Que répon-
« drais-je à une mère qui me le redemanderait? Que répondrais-je à la
« foule des oisifs et des indifférents mêmes, toujours empressés de ju-
« ger et de condamner? Je ne parle point de ma propre santé, elle
« m'importe peu dans de telles émotions et de telles anxiétés. Toute-
« fois je me trouve dans un état de débilité absolue, vraiment déplo-
« rable : depuis que je n'ai plus sous les yeux la cause qui tenait en exer-
« cice les forces de mon âme, mon corps plie sous les ravages effrayants
« d'un an et demi de combats, d'épreuves et de secousses, tels que l'ima-
« gination a de la peine à les suivre. Je ne suis plus auprès de l'objet au-
« guste auquel je consacrais avec charmes même les peines de ma vie. Je
« n'en demeure pas moins éloigné de ma famille, dont le sacrifice m'avait
« tant déchiré. Mon cœur se brise entre les deux, privé de chacun ; il
« s'égare dans un abîme ; il ne saurait y résister longtemps. Je vous
« laisse, monsieur le gouverneur, à peser ces considérations. Ne faites
« pas deux victimes. Je vous prie de nous envoyer en Angleterre, à la
« source de la science et des secours de toute nature. Ce sera la pre-
« mière, la seule demande d'aucune espèce qui sera sortie de moi vers
« vous ou votre prédécesseur. Mais le malheureux état de mon fils l'em-
« porte sur mon stoïcisme. N'atteindra-t-il pas votre humanité? Un bon
« nombre de motifs peuvent aider encore votre décision : ma lettre du
« 30 novembre les renferme tous. J'ajouterai seulement ici l'occasion
« précieuse pour vous de montrer à tous les yeux une grande et une
« rare impartialité, en envoyant ainsi vous-même à vos ministres pré-
« cisément un de vos adversaires. »

A la réception de ces lettres, sir Hudson Lowe se rendit auprès de
moi ; et, à l'égard de la première, il me nia tout d'abord qu'il m'eût
tendu aucun piège par la voie de mon domestique. Il convenait néanmoins que j'avais pu m'y méprendre. Et comment en eût-il pu être autrement? lui disais-je ; ce domestique avait été mandé plusieurs fois
par l'autorité avant de m'avoir été retiré et après ; depuis, il était venu

m'offrir bénévolement ses services pour l'Europe, et m'avait assuré qu'il trouverait bien le moyen de parvenir en secret jusqu'à moi pour prendre mes commissions, et il y était venu en effet plusieurs fois, malgré la surveillance sévère qu'on exerçait autour de nous. Quoi qu'il en fût, sir Hudson Lowe me donna sur ce point sa parole d'honneur, et il fallait bien que j'y crusse.

De là il passa à discuter verbalement quelques articles de mes lettres, s'arrêtant surtout sur certaines expressions qu'il me représentait d'une manière amicale devoir lui être désagréables. Il me trouva non seulement en cette occasion, mais dans plusieurs autres qu'il fit naître de la sorte, toujours de la dernière facilité. Ma réponse d'ordinaire était de prendre la plume aussitôt, et de modifier les mots qui lui déplaisaient.

Je fais grâce d'une assez volumineuse correspondance roulant toujours sur le même sujet. Je me contenterai de dire que sir Hudson Lowe s'abstenait de répondre; que sa coutume était d'accourir, ainsi qu'on vient de le voir, pour discuter verbalement avec moi les lettres qu'il avait reçues, obtenir quelques ratures, après quoi il se retirait en assurant qu'il ferait bientôt ample réponse; ce qu'il ne fit jamais alors, ce qu'il n'a jamais fait depuis: seulement, m'a-t-on mandé d'Angleterre, il paie aujourd'hui des papiers périodiques ou des libellistes subalternes pour dépecer le *Mémorial de Sainte-Hélène* et injurier son auteur.

Comme dans les nombreuses discussions verbales sur mes lettres, à la rature près de quelques expressions, il n'obtenait de moi rien d'important et n'arrivait à rien de ce qu'il voulait, il s'en retournait, me donnant à chacun pour un homme très-fin, très-dangereux, assurait-il; car pour lui on était très-fin, très-astucieux, tout à fait à craindre, dès qu'on n'était point assez sot pour donner dans ses vues ou tomber lourdement dans ses pièges. Toutefois voici le seul tour que je lui ai joué, car la captivité, son oisiveté, ses rigueurs aiguisent l'imagination, et puis c'était de bonne guerre entre nous : le droit incontestable du prisonnier est de chercher à tromper son geôlier.

J'ai dit au commencement de mon Journal que l'Empereur, au moment de partir pour Sainte-Hélène, m'avait secrètement confié un collier de diamants d'un très-grand prix. L'habitude de le porter depuis si longtemps faisait que je ne m'en occupais plus aucunement, si bien que ce ne fut qu'au bout de plusieurs jours de réclusion, et véritablement par hasard, qu'il me revint à l'esprit; j'en frissonnai. Gardé comme je l'étais, je ne voyais plus de moyen de le rendre à l'Empereur, qui n'y avait sans doute pas plus songé que moi. A force de chercher, j'imaginai d'y employer sir Hudson Lowe lui-même. Je demandai à faire parvenir mes adieux à mes compagnons, et j'écrivis la lettre suivante :

« Monsieur le grand maréchal, arraché d'au milieu de vous, laissé à
« moi-même, privé de toutes communications, j'ai dû trouver mes déci-
« sions dans mon propre jugement et dans mes seuls sentiments. Je les
« ai adressées officiellement au gouverneur sir Hudson Lowe, le 30 no-
« vembre dernier. Pour répondre à la liberté qui m'est laissée, je m'ab-
« stiens de vous en dire aucun mot, et m'en repose sur la délicatesse de
« l'autorité supérieure, pour vous communiquer ma lettre dans son en-
« tier, si jamais il était question d'une de ses parties..... Je m'aban-
« donne à ma destinée....

« Il ne me reste qu'à vous prier de mettre mon respect, mon amour,
« mes vœux aux pieds de l'Empereur. Ma vie n'en demeure pas moins à
« lui tout entière. Je n'aurai jamais de bonheur qu'auprès de son auguste
« personne.

« Dans la malheureuse pénurie où vous êtes tous, j'aurais désiré ar-
« demment laisser après moi quelques diamants de ma femme.... un
« collier..... le denier de la veuve! mais comment oser en faire l'offre?
« J'ai souvent fait celle des quatre mille louis que je possède, disponibles
« en Angleterre, je la renouvelle encore; ma nouvelle position, quelle
« qu'elle puisse être, n'y doit rien changer. Je serai désormais fier du
« besoin! Daignez peindre de nouveau à l'Empereur, monsieur le grand
« maréchal, mon dévouement, ma fidélité, ma constance inaltérable....

« Et vous, mes chers compagnons de Longwood, que j'aie toujours vos
« souvenirs! je connais toutes vos privations et vos peines; j'en emporte
« la plaie dans mon cœur. De près, je vous étais de peu de chose; au
« loin, vous connaîtrez mon zèle et ma tendre sollicitude, si l'on a l'hu-
« manité de m'en permettre l'emploi. Je vous embrasse tous bien tendre-
« ment, et vous prie, monsieur le grand maréchal, d'y ajouter pour vous
« le sentiment de ma vénération et de mon respect. »

Sir Hudson Lowe, à qui je remis cette lettre ouverte (c'était sa condition), la lut, l'approuva, et eut la bonté de se charger de la remettre
lui-même; ce qui réveilla en effet l'attention de l'Empereur, et ne contribua pas peu, bien qu'indirectement, à faire rentrer le riche dépôt
dans les mains de Napoléon.

Mes griefs personnels contre sir Hudson Lowe. — Traits caractéristiques.

Samedi 7 au lundi 9.

Un de ces jours, j'ai invité l'officier de garde à dîner avec moi. Il m'a raconté, dans la conversation, qu'il avait longtemps fait partie des prisonniers confinés à Verdun; mais qu'il avait enfin obtenu d'en sortir pour venir à Paris. Et ce que peut amener le hasard! quand il a nommé son intermédiaire de Paris, il s'est trouvé que c'était précisément moi qui avais obtenu du duc de Feltre cette faveur alors très-difficile.

Toujours même uniformité dans notre situation ici, pas l'apparence d'un dénouement; voilà près de quinze jours depuis notre malheureuse aventure; et toujours même réclusion, même interdiction, même supplice.

Nous recevions à peine, et seulement par le gouverneur lui-même, des nouvelles de l'Empereur. Nous nous trouvions, ainsi que je l'ai déjà dit, précisément en face de Longwood et à peu de distance, mais séparés par des abîmes; à quelque heure que nous levassions les yeux, nous avions devant nous cet objet de nos pensées et de nos vœux, et nous le recherchions sans cesse; nous pouvions en suivre toutes les habitudes qui nous étaient si familières; nous en apercevions tous les édifices, mais il nous était impossible de distinguer aucun des objets animés. Cette perpétuelle attraction perpétuellement combattue, ce voisinage et pourtant cette grande distance, cet objet désiré sans cesse offert et comme sans cesse retiré; il y avait dans tout cela quelque chose, disais-je, de l'enfer des anciens. Sir Hudson Lowe en convenait, et avait promis, dès le premier jour, de nous en retirer bientôt; nous n'étions placés en cet endroit que provisoirement, avait-il dit, et jusqu'à ce qu'on eût préparé ailleurs quelque chose de plus convenable dont on s'occupait déjà; mais des semaines étaient écoulées, et rien ne venait. Sir Hudson Lowe, qui est très-prompt dans une décision malfaisante, est extrêmement lent à la faire cesser. Si toutefois cela a lieu; ce qui n'arriva pas en cette occasion.

Du reste, ce gouverneur, je dois le confesser, était avec moi, depuis qu'il me tenait entre ses mains, dans les rapports de la politesse la plus attentive et des égards les plus recherchés. Je l'ai vu déplacer lui-même, de sa propre personne, une sentinelle qui eût pu blesser mes regards, disait-il, et l'aller poser derrière des arbres, pour que je ne l'aperçusse plus. Toutes ses dispositions à mon égard, ses intentions réelles, m'assurait-il, étaient des plus bienveillantes; son langage était propre à m'en convaincre; et plus d'une fois j'ai été à douter de la justice de l'opinion que nous nous en étions faite jusque-là; mais il m'a fallu toujours finir par conclure que chez sir Hudson Lowe les actes différaient étrangement des paroles: il parlait d'une manière et agissait de l'autre. Je lis, par exemple, dans l'ouvrage de M. O'Méara, que précisément dans ces moments où je me croyais comblé par lui, où je me faisais une espèce de scrupule de l'éloignement que je lui avais porté, il faisait transmettre par ce docteur à Napoléon des aveux forgés par lui, déclarant les tenir de ma bouche même ou de ma propre main; le tout dans l'espoir, sans doute, d'obtenir en retour, de Longwood, quelques paroles ou quelques lumières dont il pût tirer avantage. Il me faisait dire, entre autres choses, que je lui avais avoué qu'il n'avait point de torts à notre égard; mais que nous étions convenus entre nous, à Longwood, de tout dénaturer à l'Empereur, afin de le tenir exaspéré. Quels indignes moyens! quelles ignobles ressources!....

Je pourrais dire encore beaucoup pour mieux faire connaître ce gouverneur; mais tout doit se taire devant le trait suivant, qui dispense de toute autre citation.

Mon fils continuait à être extrêmement malade; ses palpitations étaient parfois si violentes, qu'il lui arrivait de se jeter subitement à bas de son lit pour marcher à grands pas dans la chambre, ou venir prendre refuge dans mes bras, où il était à craindre qu'il n'expirât. Le docteur Baxter, chef médical dans l'île et le commensal de sir Hudson Lowe, vint, avec une politesse dont je conserve une douce et sincère reconnaissance, joindre ses soins à ceux du docteur O'Méara. Tous deux représentèrent à sir Hudson Lowe l'état critique de mon fils; ils appuyèrent vivement la demande que je faisais de l'envoyer en Europe. Le docteur O'Méara, après une nouvelle crise, étant revenu seul à la charge, sir Hudson Lowe mit fin à son importunité par ces mots, que M. O'Méara a répétés depuis à mon fils et à moi-même : *Eh bien! Monsieur, après tout, que fait la mort d'un enfant à la politique!....* Je m'abstiens de tout commentaire, je livre la phrase nue à tout cœur de père et à celui de toutes les mères!

La fameuse pièce clandestine. — Mon interrogatoire par Hudson Lowe.

Mardi 10 au dimanche 15

Le gouverneur, dans ses nombreuses visites qu'il répétait presque chaque jour, revenait souvent, par un motif ou par un autre, à fouiller de nouveau dans mes divers papiers : je m'y prêtais toujours avec la dernière facilité; j'avais à cœur de lui prouver en cela ma complaisance et ma modération, ce qui m'obtenait bien quelques paroles flatteuses, mais jamais la moindre condescendance. Un jour, en remuant tous ces paquets, deux liasses demeurèrent par mégarde en dehors de la malle qui les contenait. Le lendemain je me fis un malin plaisir de les lui remettre. Son étonnement fut grand : on eût cru qu'il me les eût laissées ; il ne les en resserra pas moins soigneusement et pour la stricte régularité, disait-il, bien que je l'assurasse que c'était inutile, lui faisant observer en riant qu'il devait bien croire que, s'il y avait eu quelques-uns de ces papiers à soustraire, il ne les y trouverait plus. Déjà le premier jour j'avais été dans le cas de lui faire voir qu'on avait oublié de sceller mon porte-feuille lorsqu'on s'en était saisi à Longwood : il était convenu d'une grande irrégularité à cet égard et s'était dit fort touché que je ne remarquasse le fait que comme simple observation ; je n'avais d'autre but, en effet, que de lui montrer combien il était hors de moi de profiter de toutes les occasions qu'il me fournissait de le quereller. Mais tant de procédés de ma part ne me valurent, je le répète, que quelques phrases, jamais aucun acte en retour.

Il fut pris registre de toutes les lettres de mes amis de Londres, pour pouvoir confronter dans les bureaux des ministres s'il n'en serait arrivé aucune par des voies détournées. J'avais commencé une seconde lettre au prince Lucien, le gouverneur s'y arrêta très-particulièrement. J'eus beau lui montrer qu'elle était pleine de ratures, surchargée au crayon, à peu près effacée ; lui dire qu'elle n'avait point été écrite, qu'elle n'existait donc réellement pas, que je pouvais la désavouer sans scrupule ; qu'il était impossible d'en faire aucun usage *légal* ou *honnête,* il n'en fit pas moins retranscrire quelques parties, Dieu sait pour quel emploi !

Un billet de la femme du lieutenant-gouverneur l'intrigua beaucoup. Partant pour l'Angleterre, elle nous avait dit que la loi lui défendait de se charger d'aucune lettre, mais que si elle pouvait nous être autrement agréable, ce serait avec un vrai plaisir. Je lui avais envoyé, pour mes amis de Londres, des objets qui avaient servi à l'Empereur ou venaient de sa personne. Un petit encrier d'argent, je crois, quelques mots de son écriture, peut-être de ses cheveux, je ne sais ; j'appelais cela de précieuses reliques. Madame Skelton avait répondu qu'elle les traiterait avec tout le respect qu'elles méritaient, mais qu'elle devait m'avouer qu'elle n'avait pu résister à en dérober une petite portion.

Sir Hudson Lowe ne revenait pas que je ne pusse ou ne voulusse pas affirmer quels étaient ces objets précieux. Je serais fâché qu'ils pussent être la cause de quelques tracasseries pour cette dame ; je n'avais gardé son billet que par le respect et le souvenir qu'elle m'inspirait. M. et madame Skelton étaient un couple moral et vertueux à qui nous avions fait bien du mal, malgré nous sans doute, mais qui avaient reçu chacun de nos torts en redoublant pour nous d'égards et d'attentions. Notre arrivée dans l'île les avait dépossédés de Longwood ; elle avait amené la suppression de leur emploi et leur renvoi en Europe où ils doivent se trouver sans fortune.

Enfin arrivèrent avec le temps les fameuses pièces clandestines : ma lettre au prince Lucien et celle à ma connaissance de Londres. Sir Hudson Lowe les avait fait soigneusement retranscrire, mais avec des lacunes; faute d'avoir pu tout lire, certains mots s'étant trouvés effacés sur le satin pour avoir été accidentellement mouillé depuis que je m'en était dessaisi. Je poussai la complaisance jusqu'à les rétablir bénévolement, et alors commença sur moi une espèce d'interrogatoire.

Deux points occupaient beaucoup le gouverneur, qu'il tenait fort à éclaircir, si je n'y avais pas d'objection, disait-il. La première question a été relative à ces paroles de ma lettre au prince Lucien : « Ceux dont « nous sommes entourés se plaignent amèrement que leurs lettres sont « falsifiées sur les papiers publics, etc. » Quelles étaient ces personnes ? me demandait-on. L'aide de camp tenait la plume pour noter mes réponses. J'ai fait écrire que ne voyant aucun inconvénient à répondre, j'allais le faire purement à l'amiable ; car si le gouverneur pensait m'interroger d'autorité, j'allais garder le silence, et j'ai dit : « Que ces « paroles de ma lettre étaient vagues, générales, sans aucune application « quelconque ; que c'était ce qui nous avait été dit par tout le monde, « lorsqu'on avait cherché à nous consoler des expressions ou des pein« tures très-déplacées à notre égard que nous rencontrions parfois dans « les journaux de Londres, sous la date de Sainte-Hélène ; qu'il m'en « revenait en cet instant un exemple spécial, celui d'une dame du camp « qui lui était connue, et qui répétait partout n'avoir point écrit la « lettre ridicule qui avait paru sous son nom, soit que ses amis en An« gleterre y eussent fait des changements, soit qu'ayant été lue en so« ciété, elle eût été mal retenue et infidèlement livrée à l'impression. »

La seconde question du gouverneur s'appliqua à ma lettre privée : j'y avais tracé la commission de faire demander à lord Holland s'il avait reçu les paquets que je lui avais adressés. Sir Hudson Lowe me demandait ce que c'était que ces paquets et par qui je les avais fait passer, etc. ; et ici il redoublait visiblement d'aménité et de douceur pour obtenir une réponse satisfaisante. Il convenait n'avoir aucun droit pour me forcer à répondre ; mais ce serait, disait-il, abréger et simplifier de beaucoup mes affaires, etc., etc. Je répondis avec assez de solennité que cet article était mon *secret*, ce qui fit une impression évidente sur la figure de sir Hudson Lowe; et, comme mes paroles étaient écrites à mesure, je continuai de dicter, ajoutant que la réponse que je venais de faire n'était, au demeurant, que celle de mon éducation et de mes mœurs, que toute autre eût pu entraîner les doutes du gouverneur, et qu'il ne convenait pas que je dusse exposer la vérité de mes paroles au plus léger soupçon; que toutefois, après cet exposé préalable, je n'hésitais plus à déclarer à présent que je n'avais jamais eu de ma vie aucune communication avec lord Holland. Cette finale inattendue fut un coup de théâtre, une véritable scène de comédie; il serait difficile de rendre la surprise du gouverneur, l'ébahissement des officiers, la plume arrêtée dans les mains du greffier. Sir Hudson Lowe n'a pas hésité à dire qu'il me croyait assurément, mais qu'il devait avouer qu'il n'y pouvait rien comprendre. Je lui confessai de mon côté que je ne pouvais m'empêcher de rire de l'embarras que je lui causais, mais que je lui avais pourtant tout dit. Le fait est que j'avais compté, lorsque mon domestique aurait reparu, le charger en outre pour lord Holland de plusieurs documents authentiques sur notre situation; mais on ne m'en avait pas laissé le temps, on s'était trop pressé de venir m'enlever. Je n'avais l'honneur de connaître sa seigneurie que par la noblesse et l'élévation de sa conduite publique; mais lui adresser la vérité, à lui législateur héréditaire de son pays, membre de la chambre suprême de la Grande-Bretagne, ne me semblait rien que de très-convenable dans nous deux, de bienséant et d'utile même pour l'honneur du caractère anglais.

Du reste, voici cette lettre au prince Lucien, dont il a été tant question. J'aurais voulu pouvoir l'épargner à mes lecteurs; mais elle a trop de rapport avec Longwood, et joue un trop grand rôle dans mes malheurs, pour que je puisse m'empêcher de la reproduire ici telle qu'elle a été publiée dans le temps, lors de mon retour en Europe.

« Monseigneur, je viens de recevoir votre lettre de Rome, datée du 6 mars dernier. Je m'estime bien heureux que Votre Altesse ait daigné m'honorer de cette marque de son souvenir. Je m'efforcerai d'y répondre, en lui donnant de temps à autre, pour toute sa famille, un détail suivi de tout ce qui concerne l'Empereur, sa santé, ses occupations et les traitements qu'on lui fait éprouver. Je vous manderai surtout, Monseigneur, les choses telles qu'elles se seront passées et telles qu'elles se trouveront, m'en reposant sur Votre Altesse pour déguiser au besoin, au cœur toujours sensible d'une mère, ce qu'il pourrait y avoir de trop affligeant pour elle.

« Afin de rendre ma relation plus complète, je la ferai remonter à peu près au moment où je quittai Votre Altesse, au Palais-Royal, pour m'aller mettre spontanément de service auprès de l'Empereur; je la prendrai à l'instant où je suivis Sa Majesté à la Malmaison, pour ne plus la quitter; au moment enfin où, près de monter en voiture, l'Empereur, au bruit du canon de l'ennemi, fit dire au gouvernement provisoire « que pour avoir abdiqué la souveraineté, il n'avait pas renoncé
« à son plus beau droit de citoyen, celui de combattre pour la patrie;
« que, si on voulait, il irait se mettre à la tête de l'armée; que l'état
« des choses lui était bien connu; qu'il répondait de frapper l'ennemi
« de manière à assurer au gouvernement le temps et les moyens de
« traiter avec plus d'avantage; que, le coup porté, il n'en poursuivrait
« pas moins immédiatement son voyage. »

« Sur le refus du gouvernement provisoire, nous nous mîmes en route, dans la soirée du 29 juin, pour Rochefort, où deux frégates étaient commandées pour nous transporter aux États-Unis d'Amérique. C'était l'asile que l'Empereur s'était choisi.

L'Empereur, avec une partie de sa suite, composée de plusieurs voitures, parcourut cet espace sans escorte, et au milieu des acclamations de toute la population qui accourait sur les routes. Il était difficile de n'être pas ému. L'empereur seul se montrait impassible. On pouvait aisément distinguer sur tous ces visages les vœux pour ce qu'ils perdaient, l'anxiété pour ce qui devait suivre. Ce spectacle avait quelque chose de touchant et d'étrange. Il offrait beaucoup au cœur et à la méditation.

« Arrivés à Rochefort, nous y attendîmes vainement plusieurs jours les passe-ports dont on nous avait flattés en quittant Paris. Cependant les événements marchaient avec une grande rapidité. Tout nous commandait un appareillage sans délai. Les ennemis étaient entrés dans Paris. Notre armée principale se retirait en deçà de la Loire, pleine d'indignation et de fureur. Celle de la Vendée, celle de Bordeaux, partageaient les mêmes sentiments. Toute la population était dans une fermentation extrême. De toutes parts on sollicitait l'Empereur de revenir se charger de la fortune publique; mais sa détermination était irrévocable. D'un autre côté, les croiseurs anglais étaient en présence; toutes les passes étaient fermées; les vents nous demeuraient constamment contraires. Ainsi, quand tout commandait à terre de précipiter le départ, tout concourait du côté de la mer à le rendre impraticable. Dans cette extrémité, l'Empereur m'envoya à la croisière ennemie, comme devant avoir, par mon ancienne émigration, plus de connaissance des Anglais. J'y demandai si on y avait entendu parler de nos passe-ports pour l'Amérique; on ignorait cette circonstance. Je peignis notre véritable situation, les offres faites à l'Empereur, ses refus et son intention inébranlable. Je posai la proposition de notre départ sur un neutre : le capitaine anglais avait l'ordre de le saisir. Je parlai de la sortie des frégates sous pavillon parlementaire : il avait ordre de les combattre. Je lui représentai toute l'étendue des maux dont il pouvait être la cause, s'il forçait l'Empereur de redescendre à terre. il m'assura ne pouvoir rien prendre sur lui à cet égard, mais qu'il allait s'adresser immédiatement à son amiral, et me ferait une réponse sous deux jours.

« En attendant, de notre côté, nous avions épuisé, pour notre sortie, tout ce que l'imagination pouvait fournir. On avait été jusqu'à la proposition désespérée de traverser l'Océan sur deux frêles chasse-marées. De jeunes aspirants, pleins d'ardeur et d'enthousiasme, étaient venus s'offrir pour en composer les équipages. L'Empereur accepta; mais au moment de partir, il fallut bien y renoncer : entre autres difficultés, ils déclarèrent qu'on serait obligé de relâcher sur les côtes d'Espagne et de Portugal, pour faire de l'eau.

« Cependant la tempête morale allait toujours croissant autour de nous; elle s'approchait sans cesse; les sollicitations se multipliaient auprès de l'Empereur. Des généraux venaient en personne le supplier de se mettre à leur tête. L'Empereur demeurait inébranlable. « Non, « répondit-il toujours, le mal est à présent sans remède. Je ne puis « plus rien aujourd'hui pour la patrie. Une guerre civile serait désor- « mais sans objet, sans résultat pour elle. Elle ne pourrait être utile « qu'à moi, à qui elle obtiendrait quelques termes sans doute; mais je « l'achèterais par la perte infaillible de ce que la France a de plus gé- « néreux. Je le dédaigne. »

« C'était ce même sentiment qui, lors de son abdication, rendue si nécessaire par la perfidie, l'empêcha de se réserver la Corse, où aucune croisière ennemie n'eût pu l'empêcher d'arriver. Mais il ne voulut pas qu'on pût dire que, dans le naufrage du peuple français, qu'il ne prévoyait que trop, lui seul avait su se créer un asile, en se retirant chez lui.

« Ne voyant pas venir de réponse, je retournai à bord du vaisseau anglais. Le capitaine n'avait pas encore eu de nouvelles de son amiral; mais il me dit cette fois qu'il avait autorité de son gouvernement de conduire Napoléon et sa suite en Angleterre, si cela lui était agréable. Je lui répondis que j'allais transmettre cette offre, et que je ne doutais pas que l'Empereur n'en profitât avec magnanimité et sans défiance, pour aller demander en Angleterre même les moyens de se rendre en Amérique. Le capitaine me fit l'observation qu'il ne garantissait pas qu'on nous les accordât; mais il m'assura, et plusieurs officiers le secondèrent, que nous ne devions avoir nul doute d'y recevoir le traitement digne de l'élévation, de la grandeur, de la générosité de leur nation.

« A mon retour, l'Empereur nous réunit autour de lui, pour connaître notre pensée. L'opinion fut unanime pour accepter l'hospitalité qui nous était offerte; il ne s'éleva pas la moindre inquiétude. « C'est « une occasion de gloire, disait-on, qui sera avidement saisie par le « Prince-Régent. Quel plus beau triomphe pour l'Angleterre que cette « noble confiance de son grand ennemi, que cette préférence obtenue sur « un beau-père et un ancien ami! Ce sera, disait-on, une des belles pages « de son histoire! Quel hommage rendu à l'excellence, à la supériorité « de ses lois! » Ici, Monseigneur, j'osai m'appuyer de la haute opinion de Votre Altesse même, sur le caractère national du peuple anglais, sur sa moralité, sa noblesse et son influence sur les actes de la souveraineté même. L'Empereur pensait bien que sa retraite en Amérique serait vue avec jalousie, sans doute, et que cet article éprouverait quelques difficultés; mais, comme il ne choisissait cet asile que pour vivre sous des lois positives, et que l'Angleterre lui offrait les mêmes avantages, il lui importait peu d'être contraint d'y demeurer. Il s'y détermina même et écrivit au Prince-Régent une lettre remarquable, qu'ont répétée tous les papiers de l'Europe[1].

« Je retournai le soir même coucher à bord du *Bellérophon*, annonçant l'arrivée de l'Empereur pour le lendemain matin. J'étais accompagné du général Gourgaud, aide de camp de Sa Majesté, qui fut expédié sur-le-champ pour l'Angleterre. Il était porteur de la lettre pour le Prince-Régent, et devait faire connaître à S. A. R. le désir de l'Empereur de débarquer dans ses États sous le titre de *colonel* Duroc, et de se fixer, avec son agrément, dans une des provinces les plus favorables à sa santé.

« A peine l'Empereur était arrivé à bord du *Bellérophon*, que l'amiral de la croisière parut, et vint mouiller auprès de nous. Sa Majesté témoigna le désir de visiter son vaisseau, *le Superbe*, et l'amiral Hotham

[1] Voyez cette lettre au tome I*er*.

lui en fit les honneurs avec une grâce et une élégance qui recommandent son caractère.

« Nous partîmes, et telle était notre sécurité, que, dans l'abandon de notre bonne foi, chacun de nous remplit le temps du voyage de rêves innocents sur nos nouvelles destinées, au sein du repos et de l'hospitalité britannique. Que nous étions loin de soupçonner toutes les horreurs de notre affreux mécompte !

« A peine nous eûmes jeté l'ancre sur les plages anglaises que tout prit autour de nous l'aspect le plus sombre. Le capitaine avait communiqué sur-le-champ ; à son retour ce nous fut assez de son visage pour pressentir nos malheurs. C'était un homme de bien, qui avait exécuté ses instructions, sans connaître l'horrible secret qui les avait dictées[1]. Nous avions été condamnés d'avance à être jetés sur le roc stérile de Sainte-Hélène, au milieu des mers, à cinq cents lieues de toutes terres.

« Nous fûmes mis, dès cet instant, sous l'interdit le plus sévère ; toute communication nous fut défendue. Des bateaux armés rôdèrent autour de nous, éloignant à coups de fusil les curieux qui osaient nous approcher. On nous signifia bientôt, dans les termes les plus durs et dans les formes les plus amères, l'inique, la fatale sentence, et l'on ne perdit pas un instant pour la mettre à exécution. On saisit nos épées, on visita nos effets, pour nous prendre et gérer, disait-on, notre argent, nos billets, nos diamants ; on supposait des trésors à l'Empereur. Qu'on le connaissait mal ! On ne lui trouva que quatre mille napoléons, qu'on retint, et quelque peu d'argenterie qu'on lui laissa. Les objets de service du moment, quelque linge, des vêtements, quelques caisses de sa bibliothèque de campagne, composaient toute la fortune de celui qui avait gouverné le monde, distribué des royaumes et créé des rois

« On nous transborda du *Bellérophon* sur le *Northumberland*, et nous fûmes lancés sur le vaste Océan, vers nos destinées nouvelles, aux extrémités de la terre.

« Nous avions suivi l'Empereur en très-grand nombre ; il ne fut permis qu'à quatre de partager son supplice. En le voyant partir, ceux qui restaient en arrière sanglotaient de douleur ; un de ceux qui avaient le bonheur de le suivre ne put s'empêcher de dire à l'amiral Keith, qui se trouvait à côté : « Vous observerez, du reste, Milord, que ce sont « ceux qui demeurent qui versent des pleurs. »

« L'Empereur laissa après lui une protestation courte, simple et

---

[1] Je me trompais ; voir la relation du capitaine Maitland, publiée en 1826, et la relation qu'elle a amenée.

énergique; je la transcris ici en note, parce que les papiers ne l'ont publiée qu'imparfaite [1]. Pour nous, Monseigneur, nous nous demandions, dans l'amertume de nos cœurs et l'indignation de tels actes : Quel est donc ce guet-apens ? Ne sommes-nous plus parmi les nations civilisées ? Où en est donc le droit des gens, la morale publique ? Nous en appelions à Dieu qui venge les perfidies ; nous le prenions à témoin de la bonne foi trahie. Il me serait difficile de vous rendre la tempête qu'allumait en nous cet abus insultant de la force et du mensonge sur notre innocente crédulité. Encore à présent, de vous en parler, Monseigneur, me fait courir le sang plus vite. Nous lisions dans les papiers qu'on nous avait faits prisonniers, nous qui étions venus si librement et avec tant de magnanimité ! Que nous avions été contraints de nous rendre à discrétion, nous qui avions dédaigné par grandeur d'âme de profiter des hasards de la guerre sur terre, et qui eussions pu tenter le sort des armes par mer ! Et qu'aurait donc eu de pire notre traitement, si nous n'eussions succombé qu'à la force ? Qui osera douter que nous n'eussions épuisé toutes les chances, couru même volontiers celle d'une mort certaine, si nous eussions pu soupçonner le sort qui nous était réservé ? Mais la lettre même de l'Empereur au Prince-Régent met hors de doute les intentions de la croyance réciproque. Le capitaine anglais, à qui elle fut communiquée d'avance, les avait sanctionnées tacitement en n'y faisant aucune objection. On nous a dit plus tard que le traitement de l'Empereur Napoléon n'était pas un acte exclusif de l'Angleterre, mais une convention de quatre grands pouvoirs alliés. Vainement les ministres britanniques croiraient par là couvrir la tache dont ils ont flétri leur nation ; car on leur crie : Ou vous aviez arrêté cette convention avant d'avoir en vos mains l'illustre victime, et vous avez eu l'indignité de lui tendre un piége pour vous en saisir ; ou bien vous avez conclu quand elle était déjà en votre pouvoir, et alors vous avez commis le crime de sacrifier l'honneur de votre pays, la sainteté de vos lois à des considérations étrangères auxquelles rien ne pouvait vous contraindre.

« Que de maux ces violations monstrueuses préparent à notre pauvre Europe ! Que de passions elles vont rallumer ! Qui ne voit dans ces mesures arbitraires et tyranniques, dans ce mépris de toutes les lois vis-à-vis de l'empereur Napoléon, une réaction étudiée de doctrines politiques ? La tempête était apaisée, on la réveille. On affecte de répéter sans cesse que la révolution s'éteint dans la proscription de Napoléon : aveu-

[1] Voyez cette protestation au tome 1er.

glement étrange! On oublie qu'il l'avait finie; on la recommence. Les populations de l'Europe vont fermenter plus que jamais.

« Les instructions des ministres anglais commandaient, pour l'Empereur, le titre de *Général*, et défendaient toute espèce d'égards et de respects inusités. L'Empereur eût pu être fier de ce titre, il l'avait immortalisé; mais la circonstance et l'intention le rendaient un outrage. Nous ne crûmes pas qu'il convînt au ministère anglais de changer à son gré l'ordre des choses de l'Europe, et qu'il pût annuler selon son caprice une qualification créée par la volonté d'un grand peuple, consacrée par la religion, sanctionnée par la victoire, reconnue par les traités, avouée de tout le continent; et nous persistâmes, dès cet instant, à continuer le titre d'Empereur à celui qui, peu de jours auparavant, s'était choisi celui de *Colonel*.

« Notre traversée de deux mois fut, du reste, heureuse, uniforme et paisible. Le vaisseau, comme tous les points de la domination britannique, fourmillait de pamphlets et de libelles sur la personne, le caractère, les traits, les formes, les manières et les actes de l'Empereur. Il tombait au milieu de tous les préjugés hérissés contre lui; et ce ne fut pas un spectacle peu curieux pour l'observateur attentif que de voir les nuages du mensonge se dissiper devant l'éclat de la vérité, et l'horizon prendre tout à fait d'autres couleurs. Aucun d'eux ne revenait de son calme, de sa sérénité: ils admiraient sa connaissance de toutes choses, surtout l'égalité de son humeur. Quand nous nous sommes quittés, il a échappé de dire à celui qui avait eu le plus de relations avec lui, qu'il n'avait jamais pu le surprendre mécontent ou désireux.

« L'Empereur passait toute la matinée dans sa petite chambre. Vers les cinq heures, il entrait au salon, où il jouait une partie d'échecs avant de se rendre à table. Durant le dîner, l'Empereur parlait peu et rarement. Vous savez, Monseigneur, qu'il ne restait jamais plus de dix-huit à vingt minutes à table; ici on y demeurait plus de deux heures; c'était un supplice qu'il n'eût pu supporter. On lui servait du café au bout d'une heure, et il se levait pour aller sur le pont. Le grand maréchal et moi le suivions régulièrement. C'était le seul moment où il parût en public. Il faisait approcher l'officier de service ou quelques personnes de profession: le chirurgien, le commissaire ou l'aumônier, et s'informait de ce qui les concernait. Dans les premiers jours, l'équipage montrait une grande curiosité; bientôt ce ne fut plus que de l'intérêt. S'il arrivait quelque manœuvre qui pût procurer du mouvement ou de la confusion sur le pont, les jeunes aspirants accouraient, et, par un mouvement touchant, formaient un cercle autour de lui pour le préserver de toute injure. L'Empereur se retirait dans sa chambre de très-bonne heure. Ce fut là sa vie de tous les jours.

« Arrivés à Sainte-Hélène, après deux ou trois jours de mouillage nous fûmes débarqués à la nuit dans James-Town, espèce de village, de colonie, ou de hameau composé de quelques maisons, parmi lesquelles la relâche annuelle de la flotte des Indes en a fait construire quelques-unes assez considérables, pour la commodité des voyageurs.

« Le lendemain au matin, l'Empereur, conduit par l'amiral, fut voir, dans l'intérieur de l'île, la demeure qu'on lui destinait. Elle demandait des réparations absolues, qui ne pouvaient être prêtes de quelques jours. L'Empereur devait donc revenir à James-Town, où la chaleur était suffocante, insalubre, sans parler d'autres inconvénients plus graves encore, surtout celui d'une curiosité importune. Il préféra de s'arrêter à trois ou quatre milles de la ville, et me fit venir le soir même : le peu d'espace de cette nouvelle demeure ne permettait d'admettre personne autre. C'était une espèce de guinguette, à cinquante pas de la maison du propriétaire, composée d'une seule pièce au rez-de-chaussée, de quelques pieds carrés. L'Empereur y fit dresser un lit de campagne, et dans cette seule pièce il dut dormir, s'habiller, travailler, manger et se promener. Je couchais au-dessus dans une petite mansarde, où mon fils et moi avions à peine notre surface ; les valets de chambre de l'Empereur couchaient par terre en travers de sa porte. La famille du propriétaire, tout à fait honnête et bonne, était à cinquante pas. Il y avait deux petites demoiselles de treize à quatorze ans : ce sont elles sur lesquelles les papiers-nouvelles se sont trouvés si heureux de pouvoir s'égayer. L'Empereur y entra quelquefois les premiers jours. Mais les qualités hospitalières du propriétaire y réunissant souvent des curieux, l'Empereur y renonça. Les autres officiers de sa suite, qui étaient demeurés à la ville, venaient auprès de lui le plus souvent qu'ils le pouvaient ; mais, à cause des méprises ou de la confusion des consignes, c'était presque toujours au travers des mortifications et des peines. L'Empereur était très-mal, plus mal encore que vous ne l'imagineriez, Monseigneur. On était obligé, les premiers jours, d'apporter son dîner de la ville. Plus tard, on trouva moyen d'organiser une cuisine tant bien que mal. Il ne fut jamais possible de lui procurer un bain, bien que ce fût devenu pour lui un objet de première nécessité. Il était obligé de sortir de sa chambre pour qu'on pût la balayer et faire son lit. Nous nous promenions sur le sol rocailleux autour de la maison, ou dans une allée du voisinage, quand le soleil baissait, ou que le clair de lune nous le rendait praticable.

« Nous passâmes deux mois de la sorte, au bout desquels nous fûmes transportés à Longwood, que nous occupons en cet instant. Il avait fallu tout ce temps pour les premières réparations. La colonie s'y trouva toute réunie, à l'exception du grand maréchal et de sa femme, le manque d'espace les força de demeurer à deux ou trois milles, dans une maison séparée.

« Longwood n'était, dans le principe, qu'une ferme de la compagnie; elle avait été abandonnée au dernier sous-gouverneur, qui était venu à bout d'en faire une demeure de campagne. Les additions actuelles ont été faites avec une telle hâte, qu'elles n'offraient que des réduits fort insalubres, et elles sont si frêles, qu'au bout de l'année la plupart se trouveront probablement hors de service.

« L'Empereur est très-mal, et nous à peu près au bivouac. Pour votre parfaite connaissance, Monseigneur, je joins ici le plan de l'établissement que mon fils avait tracé pour sa mère. N'ajoutez donc aucune foi au fameux palais de bois dont ont retenti tous les papiers d'Angleterre. La pompe est pour l'Europe, la misère pour Sainte-Hélène. Il est bien vrai qu'il y a quelque temps il est arrivé un grand nombre de madriers bruts; mais comme il a été calculé qu'il faudrait de sept à huit ans pour accomplir leur emploi, que nous demeurerions tout ce temps au milieu des ouvriers, et que cela coûterait des sommes énormes, on y a renoncé. Ils pourrissent sur la plage.

« Ce n'est pas qu'il n'y ait dans l'île des demeures préférables à Longwood : *Plantation-House* surtout, la demeure des gouverneurs, est une bâtisse européenne, avec un joli jardin, de l'ombrage et tous les agréments qu'on peut attendre ici. L'Empereur y eût été beaucoup plus convenablement, et l'on eût épargné de grandes dépenses. Mais le déplacement d'un gouverneur pour l'illustre proscrit eût été une mesure d'égards que les ministres anglais, nous a-t-on dit, se sont empressés d'interdire. Les dehors de Longwood sont vraiment misérables; on ne saurait y rien faire venir, ou du moins cela demanderait des soins fort au-dessus de ceux dont nous sommes capables. Pour dire tout en un seul mot, c'est la partie déserte de l'île : la nature en a repoussé constamment jusqu'ici la population et la culture; l'eau y est très-rare, il n'y a point d'ombre; on n'y trouve que des bruyères marines, quelques arbrisseaux, et des gommiers, espèce d'arbre bâtard et difforme, ne donnant ni feuilles ni ombrage. On y est littéralement infesté de rats et de souris.

« Toutefois, le voyageur qui vient de traverser les mers, dont l'œil fatigué de la monotonie des vagues est tout prêt à admirer le premier sol qu'il rencontre, s'il grimpe, par un beau jour, sur notre plateau, dans l'étonnement des affreux rochers qui pointent autour de lui, et des abîmes creusés à ses pieds; à l'aspect riant de la verdure sauvage qui dessine les gorges environnantes, il s'écrie que c'est fort beau. C'est souvent un de nos supplices. Mais, Monseigneur, pour celui qui est condamné à cette habitude, c'est un vrai lieu de désolation. Il en est de même du climat, que ceux qui ne font que passer peuvent trouver doux et innocent. Sous le soleil dévorant du tropique, cette île est la plupart du temps couverte de nuages, et Longwood sujet à de fréquentes pluies, d'où il suit que si le soleil paraît, on est brûlé, et que, quand il se cache, l'on demeure dans une affreuse et constante humidité. On a donc à souffrir presque tout à la fois du froid et du chaud, contraste destructeur qui produit des ravages effrayants sur la structure humaine. La saison, toujours la même, laisse l'année sans couleur; c'est une monotonie qui affecte l'imagination, l'esprit et le corps; il serait difficile de rendre la fadeur et l'ennui qu'elle engendre : c'est une peine de tous les jours, de tous les instants. C'est ce tourment physique, joint à toutes les peines morales dont on abreuve journellement l'Empereur, qui lui a fait dire en apprenant le sort funeste de Murat : « Les Calabrois « se sont montrés moins barbares, plus généreux que les gens de Ply-« mouth ! »

« En arrivant à Longwood, l'Empereur essaya de reprendre l'exercice du cheval : la prodigieuse activité de sa vie passée lui en rendait l'interruption dangereuse; et vous savez peut-être, Monseigneur, que Corvisart le lui recommandait comme nécessaire contre une incommodité dont il est menacé. On nous avait assigné des limites assez rétrécies que nous pouvions parcourir sans aucune surveillance étrangère. On connaît les prodigieuses et rapides courses auxquelles l'Empereur était habitué. Ici, le peu d'espace, la monotonie de l'endroit, la course toujours la même, qui réduisait cet exercice à une espèce de manége, le dégoûtèrent bientôt ; il y renonça tout à fait ; nos sollicitations et nos prières n'ont jamais pu venir à bout de le lui faire reprendre. « Je ne saurais tourner ainsi sur moi-même, disait-il ; quand j'ai un « cheval entre les jambes, l'envie me prend de courir, et je ne puis la « satisfaire : c'est un tourment que je dois m'épargner. »

« L'île a vingt-cinq ou trente milles de tour. L'Empereur eût pu la parcourir sous la surveillance d'un officier anglais : il n'a jamais pu s'y soumettre. La couleur de l'habit ou la différence de nation n'est pas son objection : car quand on a reçu le baptême du feu, disait-il, on est à ses yeux d'une même religion; mais il ne voudrait sortir que pour se procurer une jouissance : c'est le moment où il pourrait s'épancher avec nous; un étranger le lui interdirait. Il voudrait se distraire de sa situation, et la présence de son geôlier la lui rappellerait sans cesse. Tout se calcule dans la vie, disait-il, tout se pèse; or, le bien qu'en retirerait son corps demeurerait fort au-dessous du mal qu'éprouverait son esprit. Un instant l'amiral Cockburn se prêta avec assez de grâce à lui faciliter ses excursions extérieures; mais ce ne fut que l'arrangement d'un jour. Dès le lendemain, soit qu'il se repentit ou autrement, il fut prétendu qu'on ne s'était pas compris, et il n'en fut plus question.

« La grande occupation de l'Empereur est de lire dans sa chambre, ou de dicter à chacun de nous sur les principales époques de sa vie. Sainte-Hélène ne sera pas tout à fait perdue pour l'histoire ni pour la gloire française; les campagnes d'Italie et l'expédition d'Égypte sont déjà assurées : ce sont des ouvrages dignes de leur sujet. Il n'appartenait qu'à celui qui avait accompli ces prodiges de les écrire dignement.

« L'Empereur a appris l'anglais, Monseigneur, et j'ai la gloire de l'enseignement. En moins de trente leçons il a pu lire les papiers-nouvelles; aujourd'hui il parcourt tous les ouvrages.

« Tout ce qui concerne la vie animale se trouve ici de la plus mauvaise qualité, ou manque même tout à fait. C'est mauvais : d'abord parce qu'à cette latitude et dans cette colonie, sa nature est telle; ensuite parce que nous sommes pourvus à l'entreprise, par contrat, sans aucune autorité ni contrôle de notre part. Nous n'avons jamais pu obtenir qu'on nous fournît les animaux vivants, on en devine la cause, non plus que d'être pourvus autrement qu'au jour la journée; si bien qu'il est arrivé plus d'une fois de voir les heures de nos repas retardées, parce que les provisions n'étaient pas encore venues, et qu'on s'est trouvé quelquefois, dans le courant du jour, privé de boire et de manger, parce qu'on se trouvait précisément entre la ration consommée et la ration à venir. La viande est détestable; le pain n'est pas le nôtre; le vin fort souvent ne saurait se boire; l'huile, sur laquelle l'Empereur est délicat et qu'il aime, ne peut s'employer dans son état naturel; il a été impossible de se procurer de la liqueur passable, et elle eût fait plaisir, etc. L'Empereur, qui a été si longtemps gâté sur tous ces objets à un tel point qu'on ne saurait le dire, et qu'il l'ignorait lui-même; lui, pour qui ces jouissances ne sont que négatives, c'est-à-dire qu'il ne s'apercevrait pas si toutes ces choses étaient bonnes, est sensible néanmoins à ce qu'elles se trouvent si mauvaises. Il ne se plaint pas, il vivrait de la ration du soldat; mais enfin il en souffre, et nous encore en souffrons pour lui bien davantage. Croirait-on jamais que l'autorité se soit opposée à ce que notre sollicitude attentive cherchât à lui procurer, à son insu, ces petites jouissances !

« L'Empereur n'a aucune distraction extérieure. Il ne reçoit plus ou à peu près : le nouveau gouverneur a mis aux visites de telles difficultés qu'elles équivalent à une interdiction. L'Empereur lui-même y a trouvé des inconvénients qui l'en ont éloigné : les voyageurs venaient employer auprès de nous les plus ardentes sollicitations pour obtenir l'honneur de lui être nommés, et rien de plus commun que de lire, cinq mois après, dans les papiers anglais, les rapports les plus déplacés sous les noms mêmes de ceux qui nous avaient montré les expressions les plus vives, les formes les plus obséquieuses, la reconnaissance la plus exaltée. Une fois pour toutes, Monseigneur, ne croyez aucun de ces papiers ni aucune de leurs plates absurdités. Quand ces anecdotes nous reviennent ici, elles sont la risée, l'indignation des Anglais qui nous entourent.

« Ils se plaignent que leurs lettres sont défigurées ; ils nous démontrent qu'aucun d'eux n'aurait pu écrire ces choses, qu'elles ont dû être fabriquées à Londres ou recueillies de la bouche des domestiques des voyageurs qui passent. Monseigneur, l'Empereur, votre auguste frère, est toujours lui; et nous, qui avons le bonheur de l'entourer, nous apprenons par expérience ce dont on doutait proverbialement : qu'un grand homme peut le demeurer, et croître encore aux yeux de ceux qui le voient à nu et ne le quittent ni nuit ni jour.

« L'Empereur dort fort peu : il se couche de bonne heure ; et comme il sait que je dors très-difficilement, il me fait appeler souvent pour lui tenir compagnie jusqu'à ce qu'il s'endorme. Il se réveille assez régulièrement sur les trois heures ; on lui donne de la lumière, et il travaille jusqu'à six ou sept, qu'il se recouche pour essayer de dormir encore. A neuf heures on lui sert son déjeuner sur une petite table ronde ou espèce de guéridon près de son canapé. Il y fait appeler parfois l'un de nous ; puis il lit, travaille ou sommeille durant la grande chaleur du jour ; il nous dicte ensuite. Pendant longtemps il a eu l'habitude, vers les quatre heures, de faire une course en calèche, entouré de nous tous ; mais il vient de s'en dégoûter comme du cheval. Au lieu de cela, il se promène, jusqu'à ce que l'humidité le force de rentrer. S'il lui arrive de s'oublier au delà de cinq heures, il est sûr d'être enrhumé du cerveau le soir, d'avoir une toux assez forte et de violents maux de dents. L'Empereur, rentré, dicte encore jusque vers huit heures, où il passe au salon, et fait une partie d'échecs avant d'aller à table. Au dessert, les gens retirés, il nous lit lui-même quelques pièces de nos grands poëtes ou quelque autre ouvrage choisi.

« Tels sont les plus petits détails de la vie de l'Empereur. Heureux si, dans l'isolement de l'univers, il lui était permis de jouir en paix, au milieu de nos soins pieux et tendres et dans l'entier oubli du monde, de quelques heures dérobées à ses peines! mais, depuis l'arrivée du nouveau gouverneur, il n'est pas de jour, d'heure, d'instant où il ne reçoive quelque nouvelle blessure : on dirait un aiguillon sans cesse occupé à réveiller les plaies dont un instant de sommeil aurait pu suspendre les douleurs.

« A notre arrivée dans la colonie, nous étions très-mal; mais nous tombions de si haut qu'eussions-nous été très-bien, nous n'aurions su encore que nous plaindre. Les Anglais généreux qui se trouvaient autour de nous, ceux qui passaient, jugeant la vérité de notre position, nous répétaient sans cesse, soit qu'ils voulussent nous consoler, soit qu'ils le prissent dans leur cœur : « Votre situation actuelle n'est que provisoire ;
« elle ne saurait durer de la sorte. La politique, à ce qu'on a cru, deman-
« dait à s'assurer de vos personnes ; mais le droit naturel, la généro-
« sité, l'honneur veulent qu'on vous entoure de toutes les indulgences
« possibles ; la partie pénible est accomplie. Des vaisseaux cernent la
« côte, des soldats bordent le rivage, des signaux peuvent vous tracer
« à chaque instant dans l'intérieur de l'île. Toutes les précautions de
« sûreté sont complètes. A présent les mesures de douceur vont se dé-
« velopper. On vous envoie un lieutenant général pour gouverneur. Il a
« passé sa vie sur le continent au quartier général ou à la cour des sou-
« verains : il y aura appris tout ce qu'on doit à Napoléon. Ce choix doit
« vous dire assez : on aura voulu un homme distingué, digne de sa
« haute mission, d'une élévation d'âme, d'une noblesse et d'une élé-
« gance de manières propres à la délicatesse de sa situation. Encore un
« peu de patience, et tout s'arrangera bientôt au mieux possible.... »
Il arriva enfin ce nouveau Messie..... Mais, bon Dieu! Monseigneur! le mot échappe : on n'avait envoyé qu'un gendarme, un exécuteur. A sa voix tout a pris l'aspect et les formes les plus sinistres. Les apparences d'égards, les formalités de bienséance ont disparu. Chaque jour depuis a été pour nous un jour d'aggravation de douleur et d'injure. Il a resserré nos limites, attenté à notre intérieur, interféré dans nos plus pe-

tits détails domestiques ; il a interdit tout rapport avec les habitants, éloigné la communication des officiers de sa propre nation ; il nous a entourés de fossés, ordonné des palissades, multiplié les soldats, encerclé des prisons dans des prisons ; il nous a environnés de terreur et mis au secret. L'Empereur ne se voit plus que dans un donjon. Il ne sort plus de sa chambre. Le peu d'audiences qu'il a accordées à cet officier ont été désagréables et pénibles. Il y a mis un terme, et est résolu de ne plus recevoir ce gouverneur. « J'avais à me plaindre de l'amiral, a-t-il « dit ; mais du moins il avait un cœur ; pour celui-ci, il n'a rien d'anglais, « ce n'est qu'un mauvais sbire de Sicile. »

« Sir Hudson Lowe se rejette de tous ces griefs, il est vrai, sur les instructions de ses ministres. Sir Hudson Lowe est exact, ses instructions sont barbares. Pour nous, nous pouvons affirmer qu'il les exécute barbarement.

« L'Empereur ne saurait survivre longtemps à de pareils traitements. Toute la faculté le pense ainsi. Et que ne dira pas l'histoire ! Sir Hudson Lowe ne disconvient pas que sa vie ne soit en danger, mais il répond froidement que ce sera sa faute, que c'est lui qui l'aura voulu. La dernière conversation de l'Empereur avec lui a été vive et remarquable. Ayant prétexté des communications importantes, l'Empereur s'en est laissé accoster dans sa promenade. C'était pour lui dire que les dépenses annuelles de l'établissement étant de vingt mille livres sterling, et le gouvernement n'en accordant que huit mille, il voulût bien lui remettre entre les mains les douze mille qui restaient de déficit. L'Empereur, choqué, l'a prié de vouloir bien lui épargner ces objets ; et comme sir Hudson Lowe s'obstinait à vouloir les discuter, l'Empereur s'est emporté et lui a dit « de le délivrer de ces ignobles détails et de « le laisser tranquille ; qu'il ne lui demandait rien ; que, quand il aurait « faim, il irait s'asseoir à la gamelle de ces braves (en montrant de la « main le camp du 53e), lesquels ne repousseraient sûrement pas le plus « vieux soldat de l'Europe. » Il en est résulté néanmoins que l'Empereur a été réduit à faire briser et vendre son argenterie pour fournir, mois à mois, et compléter le strict nécessaire ; et vous auriez été touché, Monseigneur, de la douleur et des larmes des gens, à ce spectacle si éloigné de leurs idées.

« Vous, Monseigneur, qui connaissez l'abondance à laquelle l'Empereur était accoutumé, vous vous récrieriez sans doute ; mais vous savez aussi le véritable prix qu'il attachait à toutes ces choses. Il s'indigne, et ne se plaint pas. Toutefois s'être saisi, par la fraude, de ce grand homme, l'avoir séquestré violemment de ses moyens et de ses ressources; avoir soigneusement stipulé, avec les autres intéressés, qu'on prenait sur soi toutes les charges, afin de demeurer seul maître de sa personne, et puis venir marchander avec lui sa propre existence, l'appeler en payement de ses propres besoins : il y a dans tout cet ensemble quelque chose de si choquant, qu'on manque d'expression pour le qualifier.

« Tout est ici, du reste, d'un prix fou, bien que si mauvais. Je ne crois pas trop dire que de le porter à six ou sept fois ce que vous le payez en Italie; d'où il devient facile d'évaluer les huit mille livres sterling que les ministres anglais y consacrent : aussi je n'hésite pas à affirmer que nos propriétaires de province, de 15 à 18,000 francs de rente, sont mieux logés, mieux meublés, mieux nourris que ne l'est l'Empereur.

« Avec la connaissance de nos maux, vous soupçonnerez peut-être, Monseigneur, qu'aigris par la douleur et les circonstances, nous sommes portés à nous plaindre toujours et de tout. Certes, nous serions excusables, peut-être. Toutefois l'excès de nos maux ne nous a pas rendus assez injustes pour ne pas apercevoir et prendre de la reconnaissance pour l'intérêt et les attentions que nous ont témoignés quelques habitants et un bon nombre des officiers de la garnison. Nous avons distingué surtout la franchise des manières et la droiture de l'amiral Malcolm. Notre susceptibilité dans le malheur, et la délicatesse de sa situation officielle, nous ont seuls empêchés de lui témoigner, ainsi qu'à lady Malcolm, dont nous honorons le caractère, toute la sympathie qu'ils nous inspiraient. Cet amiral ayant recueilli dans la conversation de l'un de nous que nous étions sans ombrages et que nous nous occupions de procurer à l'Empereur une tente où il pût passer quelques instants, il arriva qu'à quelques jours de là l'Empereur put déjeuner sous une tente spacieuse, soudainement élevée par les matelots et avec les voiles de la frégate. C'était une galanterie européenne à laquelle nous n'étions plus faits; nous avons dû y être sensibles. L'Empereur a joui et jouit encore de cette tente, mais non sans mélange. Combien de fois, à l'approche d'un ennemi importun, il y a interrompu sa conversation et ses dictées, en s'écriant : « Rentrons dans nos tanières; on m'envie l'air que « je respire. »

« Tout, jusqu'au plus petit détail, trahit le caractère et les dispositions personnelles de notre gardien. Il nous permet le papier-nouvelle qui nous maltraite davantage, et nous interdira celui qui s'exprime avec moins d'inimitié. Il retiendra les ouvrages qui nous seront favorables, comme n'étant pas venus par le canal des ministres, et s'empresse de nous envoyer de sa bibliothèque des libelles contre nous.

« Mais c'est surtout à ce que sa *propre et seule vérité* parvienne en Europe que sir Hudson Lowe donne sa plus grande attention. Toutes ses inquiétudes et sa jalousie sont tournées à ce que rien *de la nôtre* ne puisse pas percer au dehors. Il éloigne de nous les voyageurs ; il nous fait un crime de propager nos détails, de chercher à les faire connaître ; il m'a fait dire dernièrement que si je continuais à écrire à mes amis en Europe sur mon ton habituel, il m'ôterait d'auprès de l'Empereur, et me renverrait de Sainte-Hélène. J'écrivais la vérité, je ne pouvais écrire que nous étions heureux et bien traités. Sir Hudson Lowe se défierait-il de ses ministres, qui lisent mes lettres après lui ? car autrement ils peuvent, au besoin, les supprimer à leur gré, après s'en être éclairés, s'ils en ont le désir. Quoi qu'il en soit, je ne me le suis pas fait dire deux fois ; je n'écrirai plus à ma famille : me voilà mort pour elle. Cette présente relation même, Monseigneur, vous était destinée par les propres mains du gouverneur : je suis réduit à attendre désormais une occasion clandestine. Vous y gagnerez ; car vraisemblablement mon écrit ne vous fût pas parvenu. Quant à cette occasion clandestine, elle se trouvera sans doute tôt ou tard ; quelque voyageur généreux, ami de la vérité, se chargera de ce papier étranger aux affaires politiques, mais important à l'honneur de son pays, et il croira n'avoir rempli que le devoir d'un honnête homme et d'un bon citoyen.

« Sir Hudson Lowe outre sans cesse tout ce qui nous regarde et tout ce qui nous concerne. On a voulu s'assurer de nos personnes, et il pense qu'il faut nous mettre au cachot. On a voulu nous isoler du monde politique ; il se croit tenu de nous enterrer tout vivants. On a pensé à surveiller notre correspondance contre toute trame ou complot ; il n'y voit que de nous faire oublier tout à fait et d'annihiler notre existence. Si telles sont ses instructions secrètes, les ministres s'éloignent de leur propre parole au parlement ; ils s'éloignent de l'opinion de leur pays, des vœux de tout ce qu'il y a de généreux en Europe, quelle que soit d'ailleurs la différence d'opinions. Ils chargent leur administration d'un odieux inutile ; la vérité sera connue, et l'on s'indignera, se demandant qu'ont à faire de pareils traitements avec la sûreté du prisonnier. D'un autre côté, si tout cela n'était qu'un excès de zèle dans sir Hudson Lowe, cet excès de zèle condamne son cœur, avilit son caractère, déshonore sa mémoire.

« Quoi qu'il en soit, nous gémissons ici, en dépit du sens et des expressions de la législature anglaise, sous la tyrannie et l'arbitraire d'un seul homme; d'un homme qui, depuis vingt ans, n'a eu d'autre occupation que d'enrégimenter et régir les malfaiteurs et transfuges de l'Italie; d'un homme qui ne reconnaît point de limites à ses craintes ni à ses précautions, tant son cœur est endurci et son imagination effrayée. Cette affreuse situation est la funeste conséquence de nous trouver ainsi, au bout de la terre, dans les déserts de l'Océan. Combien de temps encore doit durer notre supplice? Quand la vérité se frayera-t-elle un passage jusqu'au peuple d'Angleterre? Quand son indignation viendra-t-elle à bout de redresser des excès qui le flétrissent? Devons-nous périr sans secours sur notre affreux rocher? Nous causons de grandes dépenses à la métropole, et nous ruinons cette misérable colonie. Elle maudit notre séjour, comme nous maudissons son existence. Et puis, à quoi bon tout cela? L'Empereur disait assez gaiement, il y a peu de jours: « Bientôt nous ne vaudrons pas l'argent que nous « coûtons, ni les soins que l'on se donne. » Et pourquoi les ministres ne nous rappelleraient-ils pas? Notre retour prouverait leur force, et fixerait leur caractère. On pourrait croire alors que notre exil passager aurait été la nécessité de la politique, et non l'ouvrage de la haine. Ils obtiendraient une grande économie, et se créeraient une véritable gloire. L'Empereur en est encore et demeure à jamais dans les mêmes intentions et les mêmes vœux que lorsqu'il vint librement et de bonne foi à bord du *Bellérophon*. Sa carrière politique est terminée. Le repos sous la protection de lois positives est tout ce qu'il demande, tout ce qu'il veut. Le dépérissement de sa santé, les infirmités naissantes, le nombre de ses années, le dégoût des choses humaines, peut-être celui des hommes, le lui rendent plus désirable, plus nécessaire que jamais.

« Quant à nous qui sommes autour de lui, quelque inique que demeurât notre captivité, il n'est plus aujourd'hui de cachot sur le sol de l'Angleterre qui ne fût un bienfait pour nous. Nous serions sous la main d'un pouvoir protecteur, nous échapperions à l'arbitraire d'un agent subalterne, nous respirerions l'atmosphère européenne; et si nous venions à succomber, nos ossements reposeraient en terre chrétienne.

« Il y a quelques mois que les commissaires des pouvoirs alliés sont débarqués dans la colonie. Sir Hudson Lowe leur a signifié que leur mission y était purement passive; qu'ils n'avaient ni autorité ni *interférence* sur ce qui s'y passait à notre égard. Après quoi, il a envoyé à Longwood le traité du 2 août, et requis l'admission de ces commissaires. L'Empereur les a refusés dans leur capacité politique, mais n'a montré aucune objection à les voir comme simples individus. Il a fait faire à sir Hudson Lowe, par M. de Montholon, une réponse officielle, foudroyante de logique et sublime de pensées. J'espère qu'avec le temps elle vous parviendra, en dépit de tous les efforts de sir Hudson Lowe pour la tenir secrète. Il serait difficile de vous peindre son inquiétude à cet égard; elle m'a déjà valu des reproches personnels.

« Monseigneur, l'Empereur parle bien souvent de vous tous. Il a des portraits de la plupart autour de lui, dans sa chambre. Son petit réduit est devenu un sanctuaire de famille. Il a reçu votre lettre, celle de Madame, du cardinal Fesch et de la princesse Pauline. Il lui en a coûté beaucoup d'imaginer que vos expressions de tendresse avaient subi l'inspection de toute la filière des agents qui nous surveillent. Il désire qu'on ne lui écrive plus à ce prix. Il a voulu, de son côté, écrire aux siens par l'intermédiaire du Prince-Régent; mais on lui a dit ici qu'on n'expédierait pas sa lettre, si elle n'était ouverte, ou qu'on en briserait le sceau. Il s'est abstenu, et nous, nous avons souri de voir que l'outrage qu'on prétendait lui faire se perdait dans celui dont on menaçait le Prince-Régent.

« Pour nous, Monseigneur, qui sommes autour de l'Empereur, je vous ai beaucoup parlé de nos peines; mais nous n'en connaissons plus à côté du bonheur de pouvoir lui témoigner notre dévouement. Nous ne souffrons qu'en lui. Nos privations, nos tourments personnels deviennent et sont pour nous les mérites et la joie des martyrs. Nous vivons à jamais dans les cœurs généreux. Des milliers envient notre situation sans doute! Nous en sommes fiers, elle nous rend heureux.

« Daignez agréer l'hommage, etc. — *Signé* le comte DE LAS CASES. »

Mes vives anxiétés. — Lettre de l'Empereur, vrai bonheur.

Lundi 16.

Plus de vingt jours s'étaient écoulés, et rien n'annonçait encore aucun changement à notre affreuse situation. La santé de mon fils continuait à présenter les symptômes les plus alarmants. La mienne dépérissait visiblement par mes peines et mes anxiétés. Notre réclusion était si sévère, que nous n'avions point encore appris un seul mot de Longwood; j'ignorais tout à fait comment y avait été interprétée ma malheureuse affaire; j'avais appris seulement que l'Empereur n'était pas sorti de sa chambre durant ces quinze ou dix-huit jours, qu'il y avait presque toujours mangé seul. Qu'on juge tout ce que ces circonstances durent me faire éprouver ! Évidemment l'Empereur avait été affecté, mais dans quel sens ? Ce doute, le dirai-je, était en moi un véritable tourment qui me rongeait dans tous les instants depuis que j'avais quitté Longwood, car l'Empereur ignorait tout à fait la cause qui avait amené mon enlèvement : la fatalité l'avait fait ainsi. Qu'aurait-il pensé en entendant parler de mes lettres clandestines ? Quelles auraient été ses opinions, quel motif assignerait-il à ma dissimulation vis-à-vis de lui, moi qui d'habitude n'aurais pas fait un pas ni hasardé une parole sans lui en faire part ? Je rapprochais ces torts, que je m'exagérais encore, de la bonté touchante de ses derniers moments. Quelques minutes avant d'en être arraché, il était avec moi plus gai, semblait mieux disposé encore que de coutume, et quelques instants plus tard il avait pu être amené à trouver quelque chose d'inexplicable dans ma conduite. Il s'était élevé peut-être en lui l'apparence ou le droit du reproche et des doutes. Cette idée m'affligeait plus que je ne pourrais le rendre, elle prenait visiblement sur ma santé. Heureusement le gouverneur vint lui-même me rendre à la vie. Il s'est présenté aujourd'hui vers la fin du jour. Il paraissait fort préoccupé de ce qu'il avait à me dire, et, après un long préambule, auquel il m'était difficile de rien deviner, il a fini par m'apprendre qu'il avait dans ses mains une lettre que ma situation lui donnait le droit de me soustraire ; mais qu'il savait combien la main qui l'avait écrite m'était chère, quel prix j'attachais aux sentiments qu'elle m'exprimait ; qu'il allait donc me la montrer, malgré toutes les raisons personnelles qu'il aurait de ne pas le faire. C'était une lettre de l'Empereur. Mes larmes coulèrent, elle était si touchante !... Eussé-je souffert pour lui mille morts, j'étais payé !

Quelque mal que nous ait fait sir Hudson Lowe, et quels qu'aient été ses motifs en cet instant, je lui dois une véritable reconnaissance pour le bonheur qu'il me donna, et quand je m'y arrête, je suis tenté de me reprocher bien des détails, certaines imputations ; mais je le devais à la vérité et à de hautes considérations. Je me montrais si ému, qu'il sembla y devenir sensible ; et lui ayant demandé de me laisser prendre copie de ce qui m'était strictement personnel, il y consentit. Mon fils le transcrivit à la hâte, tant nous redoutions qu'il ne se ravisât, et quand il fut parti, nous le recopiâmes de plusieurs manières et en plusieurs endroits ; nous l'apprîmes par cœur, tant nous craignions que les réflexions de la nuit ne portassent sir Hudson Lowe à se repentir. En effet, quand il reparut le lendemain, il m'exprima des regrets à cet égard, et je ne balançai pas à lui offrir de lui rendre la copie, l'assurant que ma reconnaissance n'en serait pas diminuée, nous nous étions ménagé les moyens d'être facilement généreux. Soit qu'il le jugeât ainsi, soit continuation de procédé de sa part, il n'en fit rien. Voici cette lettre dont l'original fut retenu par lui, auquel il me promit sur sa parole de faire suivre les mêmes destinées que le reste de mes papiers, et que néanmoins j'ai eu toutes les peines du monde à obtenir lorsque le gouvernement anglais, après la mort de Napoléon, n'a pas cru pouvoir se dispenser de me restituer mon Journal. Je vais transcrire ici les seules portions de la lettre que sir Hudson Lowe me permit de copier alors, et telles qu'elles ont été rendues publiques à mon arrivée en Europe ; ce qu'il retint est ici mis en note au bas des pages ; leur ensemble reproduira tout l'original.

« Mon cher comte de Las Cases, mon cœur sent vivement ce que vous
« éprouvez. Arraché, il y a quinze jours, d'auprès de moi, vous êtes en-
« fermé, depuis cette époque, au secret, sans que j'aie pu recevoir ni
« vous donner aucunes nouvelles ; sans que vous ayez communiqué avec
« qui que ce soit, Français ou Anglais ; privé même d'un domestique de
« votre choix.

« Votre conduite à Sainte-Hélène a été comme votre vie, honorable et
« sans reproche ; j'aime à vous le dire.

« Votre lettre à une de vos amies de Londres n'a rien de répréhensi-
« ble, vous y épanchez votre cœur dans le sein de l'amitié.

(Manquait ici une moitié de la lettre *.)

---

* « Cette lettre est pareille à huit ou dix autres que vous avez écrites à la même personne et que vous
« avez envoyées décachetées. Le commandant de ce pays ayant eu l'indélicatesse d'épier les expressions
« que vous confiez à l'amitié, vous en a fait des reproches dernièrement ; vous a menacé de vous ren-
« voyer de l'île, si vos lettres contenaient davantage des plaintes contre lui. Il a par là violé le premier
« devoir de sa place, le premier article de ses instructions et le premier sentiment de l'honneur : il
« vous a ainsi autorisé à chercher les moyens de faire arriver vos épanchements dans le sein de vos amis,
« et de leur faire connaître la conduite coupable de ce commandant. Mais vous avez été bien simple ;
« votre confiance a été bien facile à surprendre !!!
« On attendait un prétexte de se saisir de vos papiers ; mais votre lettre à votre amie de Londres n'a
« pu autoriser une descente de police chez vous, puisqu'elle ne contient aucune trame ni aucun mys-
« tère, qu'elle n'est que l'expression d'un cœur noble et franc. La conduite illégale, précipitée, qu'on
« a tenue à cette occasion, porte le cachet d'une haine personnelle bien basse.
« Dans les pays les moins civilisés, les exilés, les prisonniers, même les criminels, sont sous la pro-
« tection des lois et des magistrats : ceux qui sont préposés à leur garde ont des chefs, dans l'ordre admi-
« nistratif et judiciaire, qui les surveillent. Sur ce rocher, l'homme qui fait les règlements les plus
« absurdes, les exécute avec violence, et transgresse toutes les lois : personne ne contient les écarts
« de ses passions.
« Le prince-régent ne pourra jamais être instruit de la conduite que l'on tient en son nom ; on s'est
« refusé à lui faire passer mes lettres, on a renvoyé avec emportement les plaintes qu'adressait le comte
« Montholon ; et depuis on a fait connaître au comte Bertrand qu'on ne recevrait aucunes lettres, si
« elles étaient libellées comme elles l'avaient été jusqu'à cette heure.
« On environne Longwood d'un mystère qu'on voudrait rendre impénétrable, pour cacher une con-
« duite criminelle, et qui laisse soupçonner de plus criminelles intentions !!!
« Par des bruits répandus avec astuce, on voudrait donner le change aux officiers, aux voyageurs,
« aux habitants, et même aux agents que l'on dit que l'Autriche et la Russie entretiennent en ce pays.

« Votre société m'était nécessaire. Seul, vous lisez, vous parlez et en-
« tendez l'anglais. Combien vous avez passé de nuits pendant mes mala-
« dies! Cependant je vous engage, et au besoin vous ordonne de requérir
« le commandant de ce pays de vous renvoyer sur le continent : il ne
« peut point s'y refuser, puisqu'il n'a d'action sur vous que par l'acte vo-
« lontaire que vous avez signé. Ce sera pour moi une grande consolation
« que de vous savoir en chemin pour de plus fortunés pays.

« Arrivé en Europe, soit que vous alliez en Angleterre ou que vous re-
« tourniez dans la patrie, oubliez le souvenir des maux qu'on vous a fait
« souffrir; vantez-vous de la fidélité que vous m'avez montrée et de
« toute l'affection que je vous porte.

« Si vous voyez un jour ma femme et mon fils, embrassez-les; depuis
« deux ans, je n'en ai aucunes nouvelles directes ni indirectes.

(Manquait ici trois ou quatre lignes¹.)

« Toutefois consolez-vous, et consolez mes amis. Mon corps se trouve,
« il est vrai, au pouvoir de la haine de mes ennemis : ils n'oublient rien
« de ce qui peut assouvir leur vengeance : ils me tuent à coups d'épingle;
« mais la Providence est trop juste pour qu'elle permette que cela se pro-
« longe longtemps encore. L'insalubrité de ce climat dévorant, le manque
« de tout ce qui entretient la vie, mettront, je le sens, un terme prompt
« à cette existence.

(Manquait ici quatre ou cinq lignes².)

« Comme tout porte à penser qu'on ne vous permettra pas de venir
« me voir avant votre départ, recevez mes embrassements, l'assurance
« de mon estime et de mon amitié. Soyez heureux !

« Longwood, de 11 décembre 1816.—Votre dévoué, NAPOLÉON. »

Sur la lettre de l'Empereur.—Réflexions.—Détails.—Nouvelles difficultés de sir Hudson Lowe.

Mardi 17 au jeudi 19.

La lettre de l'Empereur était pour moi un véritable bonheur, j'y
revenais sans cesse; elle détruisait mes inquiétudes, raffermissait mes

---

« Sans doute que l'on trompe de même le gouvernement anglais par des récits adroits et mensongers.
« On a saisi vos papiers, parmi lesquels on savait qu'il y en avait qui m'appartenaient, sans aucune
« formalité, à côté de ma chambre, avec un éclat et une joie féroce. J'en fus prévenu peu de moments
« après; je mis la tête à la fenêtre, et je vis qu'on vous enlevait. Un nombreux état-major caracolait au-
« tour de la maison; il me parut voir des habitants de la mer du Sud danser autour du prisonnier qu'ils
« allaient dévorer. »

² « Il y a dans ce pays, depuis six mois, un botaniste allemand qui les a vus dans le jardin de Schœn-
« brunn, quelques mois avant son départ. Les barbares ont empêché soigneusement qu'il ne vînt me
« donner de leurs nouvelles! »

² « .... dont les derniers moments seront un acte d'opprobre pour le caractère anglais; et l'Europe
« signalera un jour avec horreur cet homme astucieux et méchant : les vrais Anglais le désavoueront
« pour Breton »

pensées; elle me rendait heureux. Je la relisais soigneusement, j'en pesais toutes les paroles, je me plaisais, d'après la connaissance que j'avais de l'Empereur, à imaginer comment elle avait été amenée; je voyais son inquiétude sur ce qui pouvait avoir produit mon enlèvement, sa surprise d'entendre parler de correspondance clandestine; je le suivais dans sa manière habituelle de considérer une affaire sous toutes ses faces; j'apercevais sa sagacité se fixer précisément sur ce qui avait eu lieu, et se déterminer alors à m'écrire en conséquence, et je devinais si juste en toutes ces choses, que j'ai appris depuis qu'après quelque délai il m'avait écrit sans savoir, en effet, nullement quelles pouvaient être les pièces qui m'avaient fait arrêter.

Et quel prix je devais mettre à cette lettre! moi qui lui avais entendu dire si souvent qu'il n'écrirait pas à sa femme, à sa mère, à ses frères, puisqu'il ne le pouvait sans que ses lettres fussent ouvertes et lues par ses geôliers. Or ici ma lettre avait été ouverte, et de son consentement, et de ses propres mains; car, après avoir été expédiée à sir Hudson Lowe par l'officier de garde, elle avait été renvoyée par sir Hudson Lowe avec cette observation qu'elle ne pouvait être remise qu'après qu'il l'aurait lue, et s'il le jugeait convenable. On la reporta donc à l'Empereur. Il

était étendu sur son canapé quand elle lui fut remise avec cette nouvelle difficulté; alors, allongeant la main au-dessus de sa tête, sans prononcer une parole, il la saisit, brisa le cachet, et la rendit immédiatement sans avoir aperçu la figure de celui qui la lui avait présentée.

Autre prix à mes yeux : cette lettre portait la signature pleine et entière de l'Empereur, et je savais combien il y répugnait dans ces circonstances nouvelles ; c'était la première, je crois, qu'il ait donnée dans l'île. Et il est aisé de voir à l'original que ce n'est pas sans hésitation, et qu'il a dû lui en coûter ; car il se contente d'abord d'écrire de sa main la simple date : *Longwood, le 11 décembre* 1816, terminant avec son paraphe accoutumé ; puis on voit qu'il se ravise, ne jugeant pas la chose suffisante, et ajoute plus loin : *Votre dévoué, Napoléon*, renouvelant son paraphe. Le tout porte les traces évidentes d'une grande contrariété[1].

Mais la plus grande satisfaction intérieure que me procura cette lettre de l'Empereur fut la joie de l'avoir deviné dans ce que j'avais à faire. « Je vous *engage* et au besoin je vous *ordonne* de quitter cette île, » me disait-il. Or, l'on a vu qu'au secret, isolé de tous, n'ayant d'autre conseil que moi-même, c'était précisément le parti que j'avais pris dès les premiers jours de ma réclusion. Je ne saurais plus être aujourd'hui, m'étais-je dit, d'une grande consolation pour l'Empereur ; mais peut-être qu'à présent je pourrai lui être utile au loin ; j'irai en Angleterre, j'aborderai les ministres ; je ne saurais leur être suspect de préméditation ; j'ai été enlevé comme de mort subite ; tout ce que je leur dirai ne viendra évidemment que de moi et de mon cœur. Je leur peindrai la vérité, ils seront touchés des maux que je leur ferai connaître, ils amélioreront le sort de l'illustre proscrit, et je viendrai porter moi-même à ses pieds les consolations que mon seul zèle aura conquises.

Je renouvelai donc avec instance mes prières et mes sommations. Ce qui m'y portait encore davantage en ce moment était une nouvelle crise de mon fils, qui l'avait laissé près d'une demi-heure sans connaissance et sans autres secours que mes soins et mon inexpérience. Qu'on juge de mon état et de ma douleur, je n'étais guère moi-même en meilleure situation. J'écrivis au gouverneur : « Vous me mettez au « désespoir ; de quelle responsabilité vous vous chargez dans mon cœur ! « Vous êtes père, puissent un jour de semblables alarmes ne pas trop

---

[1] Cette lettre est écrite par un des gens de l'Empereur, mais lui-même en a marqué, de sa propre main, la ponctuation ; et je ferai observer, en passant, à l'appui de la singularité que j'ai fait remarquer beaucoup plus haut, que lui, qui quand il écrivait ne mettait pas un mot d'orthographe, se trouve en avoir corrigé ici de légères imperfections.

« vous rappeler mes impuissantes sollicitations d'aujourd'hui! » Il est sûr qu'en nous gardant il nous conduisait au tombeau, et j'avais peine à comprendre comment il se plaisait à compliquer ainsi les affaires, et pourquoi il ne préférait pas nous laisser aller mourir ailleurs.

Sir Hudson Lowe est arrivé le même jour, amené, m'a-t-il dit, par mon billet au sujet de mon fils ; il avait fait mander le docteur Baxter, qui le suivit de près.

Dans une fort longue conversation, j'ai pu démêler que sir Hudson Lowe était aujourd'hui fort préoccupé de quelque but secret à mon égard. Nous nous sommes sondés réciproquement sur plusieurs points ; il a fini par établir d'abord n'avoir pu me renvoyer en Angleterre, l'Empereur ayant réclamé mon Journal, me disait-il, comme écrit par son ordre, tandis que moi j'exigeais, de mon côté, que cette pièce m'accompagnât en Angleterre ; raisonnement de sa part tout à fait d'une astucieuse absurdité ; puis, comme frappé d'un trait de lumière et d'un éclair de condescendance, il en est arrivé à me dire que si je voulais retourner à Longwood, il s'y prêterait volontiers. J'en tressaillis... Néanmoins, me rappelant la lettre et les paroles significatives de l'Empereur, je répondis que c'était, quant à présent, tout à fait contre mon intention ; mais qu'au seul désir connu de l'Empereur, ma résolution changerait aussitôt. A cela il m'a dit qu'il avait des raisons de croire que l'Empereur le désirerait, et il se montrait fort préoccupé ; il avait évidemment quelque intention nouvelle à mon sujet, mais je ne la devinais pas. Lui ayant fait observer qu'il me faudrait écrire à Longwood pour connaître ce désir de l'Empereur, il ne s'y refusait pas précisément, mais il s'exprimait de la manière la plus entortillée. Enfin il me quitta, du moins je le crus, et je le supposais déjà bien loin, mais il était demeuré ; il avait conféré tout ce temps à l'écart avec son officier de confiance, et est rentré pour me dire qu'après avoir réfléchi, il trouvait bon que j'écrivisse au grand maréchal touchant mon retour, mais qu'il demeurait certain que ce serait la manière dont je présenterais mes idées qui porteraient l'Empereur à exprimer son désir ou non. Cela n'était pas douteux, et j'en ai ri. Au surplus, voulant constater les points les plus importants de notre longue conversation, et dans l'espoir d'avancer vers un dénoûment, je lui adressai, aussitôt son départ, la lettre suivante :

« Monsieur le gouverneur, il m'est revenu à l'esprit que dans votre
« visite, me parlant des embarras qui avaient gêné votre détermination
« à mon sujet, vous avez dit qu'une des difficultés qui vous empêche-

« raient de m'envoyer en Europe serait que mon Journal, que je récla-
« mais qui m'y suivît, avait été réclamé en même temps à Longwood :
« double circonstance, disiez-vous, à laquelle il vous était impossible
« de satisfaire. Sans doute, Monsieur, que vous avez eu dans votre sa-
« gesse de puissants motifs pour laisser subsister cette difficulté, qu'il
« vous eût été si facile de détruire. Tout vœu, tout mot de Longwood
« est ma loi suprême : j'eusse renoncé à mes papiers dès que vous
« me l'eussiez fait connaître, comme aussi on s'y serait peut-être dé-
« sisté dès que vous auriez donné connaissance de ma résolution. Dans
« tous les cas, je regarderais comme une obligeance de votre part que
« vous voulussiez bien y faire parvenir mes dispositions à ce sujet,
« comme une marque de mon profond et éternel respect, et prévenir
« toute difficulté ultérieure à cet égard. Du reste, plus je vais, plus
« je m'étonne de ce qu'une affaire aussi simple et d'aussi peu d'impor-
« tance que la mienne s'entoure de tant de bruit et de complication.
« Cela ne servira qu'à propager et à donner plus d'apparence à l'idée
« que mes deux lettres clandestines n'ont été que le prétexte, et mes
« autres papiers le véritable motif ; et ce qui gênera surtout toujours
« votre position morale dans cette affaire, c'est le grand intérêt qu'on
« vous supposera à retenir mon Journal, dont une portion vous est per-
« sonnelle. En ne m'envoyant pas en Angleterre, vous confirmez la
« crainte qu'on vous suppose, que rien d'ici ne transpire dans votre
« pays. Vous deviez remercier le ciel de l'occasion que je vous donnais
« de montrer solennellement le contraire à tous les yeux. Je vous avais
« présenté des moyens qui obviaient à tout. Mais, au demeurant, ceci
« n'est que moral et du ressort de l'opinion ; ce qui serait plus positif,
« comme du ressort direct des lois, c'est que vous gardassiez au secret
« plusieurs mois, jusqu'au retour des réponses d'Angleterre, quelqu'un
« qui, s'étant retiré de la sujétion volontaire où il s'était placé vis-à-vis
« de vous, et vous ayant demandé authentiquement de s'éloigner de
« cette île, s'était réduit à ce dilemme si simple :

« Vous exercez sur moi un *acte arbitraire*. Je vous somme d'observer
« les lois. Si je ne suis pas coupable, renvoyez-moi ; si je le suis, livrez-
« moi aux tribunaux, faites-moi juger. Mais vous avez des papiers, dites-
« vous ; si ces papiers sont étrangers à mon affaire, rendez-les-moi ;
« s'ils en font partie, adressez-les à mes juges, et moi avec eux.
« Mais ces papiers sont réclamés aussi par une autre personne, dites-
« vous encore. J'y renonce dès que vous me ferez parvenir son vœu, ou
« peut-être cette personne se désistera-t-elle si vous lui faites connaî-

« tre le mien. Voilà la question toute nue. Au surplus, le grand objet
« de ma lettre est que vous vouliez bien faire parvenir à Longwood une
« nouvelle preuve de mon respect à cet égard. Quant à y écrire moi-
« même au sujet de la faveur que vous m'avez fait entrevoir, la fa-
« culté d'y revenir, j'attendrai que j'aie l'honneur de vous revoir avant
« de m'y déterminer. J'ai l'honneur, etc. »

<small>Décision officielle de ma déportation au Cap. — Mesures astucieuses et ridicules de sir Hudson Lowe.</small>

<small>Vendredi 20, samedi 21</small>

Cependant sir Hudson Lowe, poursuivi par mes constantes sommations, gêné dans la position où il s'était placé vis-à-vis de moi, commençait à être embarrassé d'avoir fait autant de bruit pour aussi peu de chose ; il éprouvait évidemment le désir de me voir revenir auprès de l'Empereur, ce qui en effet l'eût tiré d'embarras en remédiant à tout. Afin de me déterminer plus promptement, sans doute, il m'a adressé la décision officielle par laquelle il me déportait au cap de Bonne-Espérance, et l'a accompagnée d'une lettre où il me répétait, dans des expressions fort calculées, la facilité qu'il me laissait de retourner à Longwood. J'écarte, autant qu'il est en mon pouvoir, les documents de notre correspondance, j'abrége même parfois quelques-unes de mes lettres, dans la crainte d'en fatiguer le lecteur.

J'accusai sur-le-champ réception, et voulant répondre à l'offre du gouverneur de me laisser retourner à Longwood, je lui adressai immédiatement, à ce sujet, une lettre pour le grand maréchal, afin qu'il en prît connaissance et voulût bien la transmettre.

On aura de la peine à croire que sir Hudson Lowe me renvoya ma lettre, en ayant effacé au crayon tout ce qui lui convenait ; il l'a réduisait à fort peu de lignes, prétendant ainsi me dicter ce que je devais écrire au comte Bertrand.

<small>Continuation de correspondance. — Le gouverneur déconcerté par ma résolution finale.</small>

<small>Dimanche 22, lundi 23</small>

Le gouverneur est venu pour connaître l'effet de sa déclaration et de ses deux lettres : il ne doutait pas qu'elles ne dussent avoir produit une grande impression, et il croyait certain de trouver prête, et avec les corrections qu'il avait indiquées, ma lettre au grand maréchal, laquelle devait amener, selon lui, mon retour à Longwood ; mais je lui ai dit froidement que puisqu'il s'était permis de vouloir me dicter, je n'écrirais plus. Il en a paru fort surpris et très-déconcerté, et après de longues réflexions en lui-même, il a été aussi loin que de me demander si les corrections qu'il avait faites étaient mon seul empêchement. Cette condescendance inusitée de sa part devenait pour moi un guide assuré; aussi ai-je tenu ferme et coupé court, en lui disant que le soir même il recevrait de moi ma détermination irrévocable et mes motifs aussi bien que mes observations aux diverses pièces qu'il m'avait adressées. Je voulais en cela éviter des paroles fugitives, toujours faciles à nier, j'aimais bien mieux les consacrer d'une manière authentique sur le papier. Voici ma lettre :

« Monsieur le gouverneur, vous me renvoyez, avec vos corrections
« indiquées, la lettre que j'avais écrite au comte Bertrand sur l'offre
« verbale que vous m'aviez faite de retourner à Longwood. Ainsi, comme
« cela vous arrive presque toujours ici, l'offre n'était réelle qu'en appa-
« rence, et devait s'évanouir dans les détails de l'exécution. J'en suis
« peu surpris. Réfléchissant l'autre jour à votre offre, après votre dé-
« part, j'avais conclu qu'il en serait ainsi. Vous aviez eu la bonne foi de
« me dire que vous ne vouliez pas permettre qu'entre Longwood et moi
« nous combinassions nos idées, c'est-à-dire, en d'autres mots, que
« nous connussions nos *véritables désirs*. Vous pouvez avoir sans doute
« de bonnes raisons pour cela, je ne dis pas le contraire; mais aussi,
« de mon côté, je ne dois pas me rendre dupe et concourir à induire
« en erreur peut-être ceux qui s'intéressent à moi. Vous êtes trop avan-
« tageusement situé, Monsieur, entre Longwood et moi, je ne dois point
« écrire au comte Bertrand, non mes pensées, mais ce que vous me dic-
« teriez. Je m'en abstiendrai donc; je regarderai votre offre comme
« non avenue, parce que l'acceptation en a été impraticable, et je me
« référerai irrévocablement, pour mes pensées, mes sentiments, mes
« décisions sur cet objet, à ma lettre du 30 novembre.

« Vous êtes dans l'erreur, Monsieur, si vous avez compris que je
« vous demandais des réponses à tous les arguments et à tous les articles
« de mes lettres. Je respecte vos occupations et le prix de votre temps;
« aussi n'ai-je demandé que le simple accusé de réception, et pour la
« régularité des choses ; je ne pense pas que vous puissiez avoir aucune
« raison pour me le refuser.

« Vous paraissez surpris, Monsieur, de l'état déplorable de la santé
« de mon fils et de la mienne en cet instant ; et vous revenez deux fois
« à vous étonner que je ne vous en aie pas fait parvenir mes plaintes
« lorsque j'étais à Longwood. Monsieur, je ne songeais guère à mon
« corps à Longwood; et d'ailleurs, quand je souffrais, je me plaignais

« au docteur, et non à l'autorité ; vous pouvez vous en informer auprès
« de lui. Quant à mon fils, je suis bien étonné, Monsieur, qu'il ne vous
« soit rien revenu par la voix publique de sa situation, des consultations
« qui ont été faites à son sujet, des crises qu'il a éprouvées, de ses sai-
« gnées nombreuses, etc., etc. Est-il bien extraordinaire que nos circon-
« stances présentes accroissent nos maux, empirent rapidement notre
« état?

« Je viens à votre arrêté de ma déportation au Cap. J'y vois que l'on
« retiendra tous ceux de mes papiers qui auront des rapports avec l'au-
« guste personne à laquelle je trouvais doux de consacrer mes soins et
« ma vie. Quels autres papiers, Monsieur, pourrais-je avoir? Que veut
« donc dire que je serai libre d'emporter tous les autres? N'est-ce pas
« encore ici offrir quelque chose et ne rien donner?

« Vous retenez mon Journal, ce seul et véritable objet de tant de
« bruit, ce dépositaire encore informe, inexact, jusqu'ici inconnu à
« tous, où, jour par jour, j'écrivais ce que je pensais, ce que je voyais,
« ce que j'entendais. Est-il de papier plus sacré, plus à moi que celui-là,
« et pouvez-vous prétexter cause d'ignorance de son contenu? Je vous
« l'ai laissé parcourir deux heures à discrétion, à feuille ouverte, ou à
« article choisi dans la table des matières. Ne deviendriez-vous pas
« responsable de la tournure que vous aurez donnée, de l'abus que vous
« en aurez fait faire? N'aurez-vous peut-être pas à vous justifier un jour
« de l'idée très-fausse que vous en aurez présentée sans doute à vos
« ministres? Vous me l'avez dit un *journal politique*. Je n'avais pas le
« droit, ajoutiez-vous, dans la situation où je me trouvais, de tenir re-
« gistre de ce que disait l'empereur Napoléon. C'était un abus, surtout,
« que j'y eusse introduit des pièces officielles, *disiez-vous*. Comme si
« tout ce que je voyais, lisais, touchais, entendais, n'était pas, de droit
« et sans inconvénient, du domaine de ma pensée et de ma propriété
« tant que le recueil en demeurerait mystérieux et secret! Soupçon-
« nerait-on de pareils principes puisés au sein des idées libérales d'An-
« gleterre? n'y reconnaîtrait-on pas bien plutôt les maximes odieuses
« de la police du continent? Et que trouvera-t-on dans ce Journal? des
« dires, des actes, des mots sublimes, sans doute, de l'auguste personne
« qui en était l'objet; des matériaux de sa vie, et aussi des choses peu
« agréables pour vous peut-être! Mais qui leur aura donné de la publi-
« cité? Ne devait-ce pas être retouché? Ne pouvait-ce pas être changé,
« altéré, rectifié? Qui l'aura empêché? Ce n'est pas, du reste, Monsieur,
« que rien de ce qui arrive aujourd'hui puisse d'ailleurs me porter

« jamais à dire sur ce qui vous concerne autrement que ce que je pen-
« serai, ce que je croirai vrai.

« Enfin, dans votre arrêté en date du 20 octobre, vous prononcez que
« je serai séparé de Longwood et envoyé au cap de Bonne-Espérance.
« Qui ne croirait, à la forme et aux expressions, que vous portez cette
« décision en opposition de moi-même, tandis que vous prononcez là
« un jugement désormais étranger, et depuis nombre de jours, à la cause
« nouvelle dont il s'agit? Vous séparez de Longwood celui qui, depuis
« vingt jours, s'est retiré entre vos propres mains de la sujétion volon-
« taire à laquelle il s'était soumis; qui, depuis dix-huit jours, vous a
« authentiquement sommé de l'éloigner de l'île. Qui se douterait de tout
« cela dans votre pièce? Une lettre de vous l'accompagne, me laissant le
« choix de me soumettre à ce jugement ou de retourner à Longwood. Mais
« si je cédais à l'appât du bonheur que vous me présentez, je vous laisse-
« rais triomphant et tranquille, maître de mes papiers les plus secrets;
« je serais de nouveau votre captif, soumis encore aux mêmes fouilles,
« aux mêmes saisies, aux mêmes enlèvements, quand cela vous plairait...
« *Non, Monsieur,* je n'ai point de choix à faire; je n'ai qu'à vous répéter
« désormais toujours les mêmes choses : Remplissez les lois vis-à-vis de
« moi. Si je suis coupable, faites-moi juger; si je ne le suis point, ren-
« dez-moi à la liberté. Si mes papiers sont étrangers à cette affaire, ren-
« dez-les-moi; si vous les croyez susceptibles d'examen grave, envoyez-
« les à vos ministres, et faites-moi suivre avec eux.

« Rien n'était plus simple, et pourtant rien ne s'est plus compliqué.
« Vainement vous objecteriez vos instructions; elles n'ont pu prévoir
« ces cas particuliers. Vos incertitudes mêmes me prouvent qu'elles ne
« sont ni précises ni claires. Vous avez d'abord voulu me garder dans
« l'île, au secret, séparé de Longwood; vous ne croyiez pas devoir m'en-
« voyer au Cap. Vous tordez ici la lettre de vos instructions pour en
« faire sortir un résultat forcé. Mais craignez d'être responsable aux
« ministres de les avoir mal saisies, et à moi, d'avoir violé la loi en ma
« personne. Craignez que la plupart de ces mesures ne se trouvent à la
« fin des actes vexatoires et arbitraires. J'ignore quels droits, quel re-
« cours vos lois peuvent me ménager; mais heureusement je peux dormir
« sur mon ignorance; je sais qu'elles veillent pour moi. Vous croirez-
« vous quitte quand je serai au Cap, séparé de mes papiers, que vous
« retenez près de vous? Mais si je demeure captif dans ce nouvel en-
« droit, les vents rapporteront ici mon dilemme et mes plaintes sur les
« tourments moraux que vous aurez accrus et les souffrances du corps

« que vous aurez empirées, car ce sera vous qui m'y retiendrez, ou par
« vos ordres directs, ou par vos instructions secrètes. On ne saurait
« lever des scellés qu'en présence de celui qui y est intéressé : me ferez-
« vous revenir du Cap pour les lever ici? Me retiendrez-vous au Cap jus-
« qu'à ce que l'ordre vienne de les envoyer en Angleterre? Où tout cela
« vous mènera-t-il? et il était, et il est encore un moyen si simple qui
« arrangerait tout! Mon penchant naturel à aplanir les affaires me faisait
« courir au-devant de toutes difficultés, j'obviais à tout, je me soumet-
« tais volontairement d'avance, en Angleterre, à toutes les mesures,
« même arbitraires, qui pourraient équivaloir à la quarantaine du Cap.
« J'ajoutais encore la raison si valable de la santé de mon fils et de la
« mienne.

« La crainte de blesser la lettre de quelques points de vos instructions
« aura été plus forte à vos yeux que la nécessité et le bon droit de céder
« à leur esprit, à la force des choses, à l'impulsion de l'humanité. Il en
« est temps encore, Monsieur, rendez-vous à ce que je sollicite ; je croirai
« que ce dernier sentiment, l'humanité, vous aura décidé, et je croirai
« vous devoir quelque chose. La double réclamation des papiers par
« Longwood et par moi ne saurait être une difficulté excusable. On vous
« demandera : Quels pas avez-vous faits pour la lever? Voulez-vous que
« j'écrive moi-même à ce sujet? trois mots suffiront pour nous mettre
« indubitablement d'accord.

« Quoi qu'il en soit, Monsieur, à quelque décision que vous vous
« arrêtiez, quelque peine qui me soit ménagée, il n'en saurait être de
« comparable à celle de demeurer sur ce roc maudit, lorsque j'y suis
« séparé de l'objet auguste qui m'y avait attiré. Toute heure, toute mi-
« nute que j'y passe dans cette situation, sont des années pour ma mal-
« heureuse et peut-être courte existence ; elles aggravent dangereuse-
« ment l'état de mon malheureux fils. Je vous demande donc, et vous
« le redemanderai sans cesse, à chaque instant, éloignez-moi de ce lieu
« de souffrance.

« Recevez, etc. »

Le gouverneur, frappé de ma lettre et de ma détermination de ne
pas retourner à Longwood, ce qui le contrariait évidemment beaucoup,
sans que je pusse en deviner précisément le motif, mais ce qui suffisait
pour me maintenir inébranlable, accourut le lendemain ; et après un
long préambule fort obscur sur sa sincérité et ses bonnes intentions,
il me dit que pour m'en donner des preuves et faciliter mes rapports
avec Longwood, il consentait à y envoyer ma première lettre telle que je

l'avais écrite d'abord au comte Bertrand ; il offrait de plus d'y joindre copie de toute ma correspondance, chose qu'il m'avait constamment refusée jusque-là ; mais plus il faisait de concessions, plus je devais tenir bon. « Il n'est plus temps, lui répondis-je avec une espèce de solen-
« nité, le sort en est jeté, j'ai prononcé moi-même mon jugement, ma
« propre sentence. Je n'écrirai pas à Longwood, et je vous demande,
« pour la centième fois, de vouloir bien m'éloigner à l'instant. — Mais
« du moins voudriez-vous bien écrire à Longwood mes offres et votre
« refus? — Oui, je le ferai. » Et il partit extrêmement déconcerté, nous faisant entendre, pour dernière tentative, que nous ne pourrions faire voile que sur un transport ; qu'il ne pouvait dire quand, et qu'il n'y avait point de médecin à bord, ce qui serait un bien grand inconvénient à l'état de mon fils, etc., etc.

Départ de Balcombe's cottage, translation à la ville.

March 24

Mon fils a été extrêmement malade dans la nuit, j'étais moi-même fort souffrant. Au point du jour, j'ai envoyé auprès des docteurs Baxter et O'Méara, pour réclamer leur immédiate assistance ; et dans mon désespoir, poussé à bout, j'ai écrit à sir Hudson Lowe qu'il nous était impossible de supporter plus longtemps le traitement sous lequel nous succombions mon fils et moi ; que malgré l'état dangereux de mon fils, il y avait plus de sept jours que nous n'avions vu les médecins ; que nous étions tellement hors de la route, que toute leur bienveillance ne pouvait l'emporter sur la difficulté de nous donner leurs soins, que je réclamais donc qu'il voulût bien nous tirer de notre isolement, sans le moindre délai ; que je lui demandais d'être transporté à la ville, fût-ce à la geôle publique, s'il le jugeait nécessaire. Pour cette fois ma lettre eut son effet immédiat : je reçus, par le retour de l'ordonnance, un billet du gouverneur, m'annonçant que le jour même il me ferait conduire dans sa propre demeure, à la ville. En effet, vers le soir un officier est venu nous prendre. Combien, au moment du départ, Longwood a fixé nos regards ! Combien, tout le long de la route, il a occupé mes pensées, remué mes sentiments ! Ce que j'ai éprouvé, lorsque, arrêté pour le considérer une dernière fois, il m'a fallu le voir disparaître en me remettant en route, mon cœur seul le connaît !...

Séjour au château du gouvernement, meilleurs procédés, détails, etc. etc.

Du mercredi 25 au samedi 28

Nous nous sommes trouvés établis dans la demeure du gouverneur, appelé le château, lieu vaste et assez agréablement situé. Un grand changement s'était opéré subitement à notre égard; nous étions encore gardés par des sentinelles, il est vrai; mais tout avait été mis à mes ordres, et l'on semblait s'efforcer de nous entourer de profusions en tout genre. « Ne vous faites faute de rien, me répétait souvent le major-« dome, c'est l'honorable compagnie des Indes qui paye. » Mais ces soins tardifs me touchaient peu : il n'était plus qu'une chose à mes yeux, c'était un prompt dénoûment, et je ne pouvais l'obtenir. Le gouverneur venait bien chaque jour; mais c'était pour laisser échapper quelques mots de politesse seulement, et pas un seul d'affaires. Cependant il devenait indispensable pour moi d'en finir. Depuis mon enlèvement de Longwood, les difficultés ou les embûches sans cesse renaissantes dont je me trouvais environné, ma préoccupation de leur échapper, m'avaient tenu dans un constant harassement; à ces peines d'esprit se joignait encore tout le chagrin du cœur. Une telle complication produisit en moi une espèce de révolution, je me sentis subitement dix ans de plus, et c'est là qu'ont pris naissance et se sont déclarés les premiers symptômes des infirmités qui ne m'ont plus quitté depuis, qui se sont accrues chaque jour, et ne doivent finir qu'avec ma vie.

Ce fut donc dans un véritable état de crise que j'arrivai à la ville. Le gouverneur demeura frappé de mon changement et de mon extrême faiblesse; à peine pouvais-je suivre la conversation. Dans l'intention sans doute de me ranimer, il m'a laissé savoir que l'Empereur avait témoigné un bien vif désir de me revoir avant mon départ. Ce ressouvenir m'a vivement ému, mes larmes ont coulé; et j'étais si peu en état de soutenir aucune émotion que j'ai été sur le point de m'évanouir. Mon fils me dit plus tard que le gouverneur en avait semblé fort embarrassé. Ramassant néanmoins mes forces, j'en suis revenu à supplier encore le gouverneur de m'éloigner le plus promptement possible; alors il a fixé mon départ à deux jours de là, et m'a appris qu'il s'était procuré un bâtiment de guerre, comme plus convenable pour moi et en même temps plus commode, à cause du médecin qui s'y trouvait.

Paroles de l'Empereur. — Adieu du grand maréchal

Dimanche 29.

Aujourd'hui, de grand matin, un officier est enfin venu nous dire de mettre en ordre tous nos effets pour être transportés à bord; qu'il était décidé que nous partirions à peu de temps de là. C'était pour nous l'heure de la délivrance. En moins de quelques minutes tout ce que nous possédions se trouva emballé, nous étions prêts, nous attendions. Il approchait enfin ce moment désormais si désiré ; car quelles ne peuvent pas être les variations de nos sentiments selon des circonstances nouvelles ! Moi qui eusse regardé, il y a peu de temps encore, comme le plus grand supplice qu'on m'eût séparé de l'Empereur et déporté de Sainte-Hélène, aujourd'hui, au contraire, depuis mes dernières résolutions, d'après le désir manifeste de sir Hudson Lowe, d'après ces paroles positives de l'Empereur : « Je vous invite et au be- « soin je vous *ordonne* de sortir de cette île ; » d'après des antécédents précieux, puisés dans ses conversations, et que je ne saurais indiquer, bien qu'étrangers à la politique ; enfin, par suite des chimères mêmes que je m'étais forgées, toutes ces causes réunies faisaient que mon plus grand tourment désormais était d'appréhender qu'on ne m'y retînt ; et, bien qu'on m'eût annoncé déjà l'heure du départ, je n'en demeurais pas moins dans une anxiété mortelle. Le gouverneur sembla la justifier en se faisant attendre presque tout le jour. Il se faisait tard ; l'impatience, l'attente, l'inquiétude m'avaient donné la fièvre. Sur les six heures, le gouverneur, sur lequel je ne comptais plus, parut ; et, après un petit préambule à sa façon, me dit qu'il venait d'amener le grand maréchal, auquel il permettait de prendre congé de moi, et il m'a conduit dans la salle voisine, où j'ai pu embrasser en effet ce digne compagnon de Longwood. Il était chargé de me dire de la part de l'Empereur : « Qu'il me « verrait rester avec *plaisir*, et me verrait partir avec *plaisir*. » C'étaient là ses propres expressions. « Qu'il connaissait mes sentiments, qu'il « était sûr de mon cœur ; qu'il avait confiance pleine et entière en moi. « Que quant aux chapitres de la campagne d'Italie, que j'avais demandé « la permission de garder comme ressouvenir cher et précieux, il l'ac- « cordait sans hésitation, aussi bien que tout autre objet quelconque « qui pourrait être demeuré dans mes mains, se plaisant à les considé- « rer comme n'étant pas sortis des siennes. » Sir Hudson Lowe était demeuré présent ; c'était de rigueur. Le maréchal a ajouté quelques commissions de livres, l'envoi des *Moniteurs* surtout, et de divers autres objets nécessaires ou utiles à l'Empereur, terminant par me dire significativement de faire du reste, en toutes choses, ce que je croirais pour le mieux.

Il était dit que l'amitié du grand maréchal ajouterait à mon supplice ; il me voyait partir avec peine, et s'ingéniait à me donner des raisons pour me décider à rester. « Mon départ était une perte pour eux tous, « disait-il avec grâce en s'adressant au gouverneur. C'en était une pour

« l'Empereur, et c'en serait une pour lui-même, sir Hudson Lowe, qui
« ne tarderait pas à s'en apercevoir. » Le gouverneur répondait par une
inclination approbative, et tous deux cherchaient à m'ébranler : je le
comprenais de la part du gouverneur, mais je n'en pouvais deviner la
véritable cause dans le grand maréchal, surtout d'après les paroles
qu'il venait de me transmettre au nom de l'Empereur ; d'autant plus
qu'auprès des nombreux et puissants motifs qui m'entraînaient, sir
Hudson Lowe, ainsi que je crois l'avoir déjà dit, n'offrait pas de son
côté la moindre concession. Il conservait mes papiers, il exigeait ma
soumission pure et simple ; et par là je légalisais, pour ainsi dire,
tout ce qu'il avait fait ; je l'autorisais, par le précédent, à renouveler
à son gré la saisie et l'emprisonnement du premier venu d'entre nous,
toutes les fois qu'il lui en prendrait fantaisie. Je ne devais, je ne pouvais
me prêter sans ordre à de pareils outrages : je résistai donc héroïquement.

Cependant la nuit était venue tout à fait, et le gouverneur trouvant
qu'il était trop tard, nos derniers arrangements d'ailleurs n'étant pas
terminés, il renvoya le départ au lendemain ; et comme il m'en
voyait chagrin, pour me consoler il dit qu'il permettait que le grand
maréchal vînt me revoir encore. Quelque bonheur que j'eusse sans
doute à embrasser de nouveau un compagnon de Longwood et à
recevoir encore une fois des nouvelles de l'Empereur, néanmoins ce
retard n'était pas sans une vive peine pour moi, il prolongeait ma tempête intérieure et remuait mes plaies. On sait qu'il est des victoires que
l'on ne remporte que par la fuite : celle que je poursuivais était de cette
nature.

Derniers adieux. — Scelle des papiers. Départ

Lundi 30

D'assez bonne heure j'ai reçu la visite de l'amiral Malcolm : il venait
me présenter, disait-il, le lieutenant Wright, chargé de me conduire au
Cap sur le brick *le Griffon*, me le recommandant comme son ami,
ajoutait-il avec grâce, et m'assurant que je n'aurais qu'à me louer de
tous ses efforts pour m'être agréable. J'appréciai dignement dans l'amiral cette marque d'un intérêt si délicat, et j'en ressentis une sincère
et tendre reconnaissance beaucoup mieux que je ne la lui exprimai. Sa
bienveillance pour moi devait avoir un prix d'autant plus grand à mes
yeux, que ses rapports avec le gouverneur rendaient fort délicat de la

témoigner; aussi avait-il eu la circonspection de se faire accompagner précisément par l'homme de confiance de sir Hudson Lowe.

J'attendais avec mon anxiété habituelle le moment décisif, craignant toujours de voir le gouverneur finir par opposer des obstacles imprévus, tant il me laissait apercevoir le désir de me faire rester.

Le grand maréchal arriva vers les onze heures, conduit par le gouverneur et quelques officiers. Il renouvela ses efforts de la veille pour me faire revenir à Longwood, mais sans jamais m'exprimer néanmoins le *désir positif* de l'Empereur. Connaissant si bien ma situation, il n'avait qu'à dire un mot pour être sûr de l'emporter; mais il ne le disait pas, et même s'en éloignait si je le pressais, se référant alors aux paroles sacramentelles de l'Empereur, qu'il m'avait rendues la veille. Ainsi j'avais à me défendre encore contre celui-là même dont j'aurais voulu recevoir du renfort; son affection me devenait funeste, et je demeurais au supplice, déchiré entre le désir de rester et la volonté de partir : si le cœur dictait l'un, le courage commandait l'autre; je demeurai inébranlable.

Je ne dois pas oublier de mentionner que le grand maréchal, dans le cours de la conversation, me dit que l'Empereur avait désiré me voir avant mon départ; mais que le gouverneur exigeant qu'il se trouvât un officier anglais entre nous, il s'était vu contraint d'y renoncer, me faisant dire que je savais bien qu'à cette condition il se priverait de voir sa femme même et son propre fils. Quelles paroles pour moi!...

Passant aux affaires, je remis au grand maréchal treize lettres de change sur mon banquier de Londres; c'étaient mes quatre mille louis que j'avais si souvent offerts à l'Empereur, et que le grand maréchal m'avait appris la veille qu'il s'était enfin décidé à accepter, ce qui combla mes vœux et fut pour moi un vrai bonheur.

Ces objets terminés, on permit au général Gourgaud, qui avait obtenu d'accompagner le grand maréchal, de venir aussi prendre congé de moi; et cette nouvelle preuve d'intérêt, jointe à toutes celles qu'il n'avait cessé de me donner depuis mon emprisonnement, ne fut pas perdue pour mes sentiments.

La séance durait depuis longtemps, et sir Hudson Lowe eut la galanterie de dire à ces messieurs qu'ils pouvaient demeurer à déjeuner avec moi, et il s'en alla, emmenant avec lui tout son monde, à l'exception du seul officier de service à Longwood qui avait escorté ces messieurs, l'honnête capitaine Popleton, dont nous n'avons jamais eu qu'à nous louer infiniment. Il est certain qu'en dépit de sa présence, durant tout le déjeuner, qui ne laissa pas que d'être long, il nous eût été très-aisé de lui dérober les communications que nous aurions eues à nous faire; mais il n'en existait aucune, et il ne fut pas dit un mot en secret de part ou d'autre. Si j'avais prévu cette circonstance inopinée, j'aurais pu faire garder à mon fils toute ma correspondance avec sir Hudson Lowe, et elle fût aisément parvenue à Longwood ; mais, en y réfléchissant, je me félicitais de n'en avoir pas le moyen, me défiant toujours de sir Hudson Lowe, qui, évidemment si occupé de me faire rester, eût pu profiter d'une découverte de la sorte pour changer toutes les dispositions arrêtées et en imposer de nouvelles.

Le déjeuner fini, j'eus le courage d'être le premier à vouloir prendre congé. Je demandai que le gouverneur fût rappelé pour mettre fin aux dernières mesures. J'embrassai mes compagnons, et ils me quittèrent; le général Gourgaud, en partant, revint à différentes reprises, avec tant d'effusion et de grâce, sur les petites contrariétés que nous avions pu nous causer réciproquement, qu'il me fut doux de me convaincre que les circonstances pénibles où nous nous étions trouvés avaient pu seules les amener, et que le cœur n'y avait jamais été pour rien ; aussi ne m'en est-il resté qu'un agréable souvenir et une sincère reconnaissance pour ces derniers instants.

Sir Hudson Lowe, de retour, voyant sortir ces messieurs, me dit d'un air significatif, avec un certain embarras mêlé de dépit : « Vous n'avez « donc pas jugé à propos de retourner à Longwood? Il faut croire que « vous avez de bonnes raisons pour cela. » Je m'inclinai pour toute réponse, et le priai de procéder immédiatement au scellé des papiers, seul objet qui me retînt. Déjà, depuis plusieurs jours, j'avais exigé et obtenu qu'il en fût fait un inventaire, dont je réclamais une copie authentique, signée de sir Hudson Lowe. Il ne s'agissait plus, en cet instant, que d'apposer les scellés ; sir Hudson Lowe avait retardé le plus possible et jusqu'au dernier moment cette formalité, et il la conclut d'une manière qui le caractérise. Il me dit avec assez de gêne, en belles paroles, que par respect pour l'Empereur, aussi bien que par égard pour mes qualités personnelles, il voulait bien me laisser apposer mon sceau, pourvu que je consentisse à ce qu'il pût le lever en mon absence s'il le jugeait nécessaire. Sur mon souris et mon refus, il marcha quelque temps à grands pas; puis, comme s'il avait remporté une grande victoire sur lui-même, il s'écria : « Je le prends sur moi, je m'en passe« rai ! » En faisant appeler le secrétaire du gouvernement, il fit apposer les sceaux de l'île en ma présence ; alors je lui demandai une déclaration du refus qu'il m'avait fait de laisser apposer mes armes, ou de la condition singulière qu'il y avait mise : ce fut le sujet d'une hésitation nouvelle qu'il termina pourtant en me la faisant expédier ainsi qu'il suit :

DÉCLARATION DE SIR HUDSON LOWE AU COMTE DE LAS CASES.

« En conséquence de ce qui a été énoncé dans la décision du gouver-
« neur touchant l'affaire du comte de Las Cases, il a été retenu, lors
« de son départ de l'île, un très-grand nombre de papiers.

« Le gouverneur, dont le devoir spécial est de ne pas souffrir que
« des papiers quelconques venant de Longwood sortent de cette île
« sans au préalable avoir été examinés, s'est toutefois jusqu'à présent
« abstenu, par des motifs particuliers, de prendre connaissance de
« tous ceux du comte de Las Cases, et a décidé que les papiers à lui
« appartenant, qui ont été retenus (papiers dont lui, gouverneur, n'a
« connu que la teneur générale), seraient mis en deux paquets séparés,
« et déposés à la trésorerie de l'île, pour y rester jusqu'à ce qu'il eût
« reçu des ordres de son gouvernement en ce qui les concerne.

« Le comte de Las Cases pourra apposer son cachet sur chacun de
« ces paquets ; bien entendu que ce cachet sera susceptible d'être levé,
« soit dans le cas où ces paquets devraient sortir de l'île, par suite de
« la réception d'ordres du gouvernement, soit au cas que l'intérêt du
« service l'exigeât.

« Ainsi l'apposition de ce cachet n'est autre qu'une garantie morale
« que lui offre le gouverneur pour sa propre satisfaction, en ce qu'elle
« lui donnera l'assurance que les paquets ne seront point ouverts, si
« ce n'était l'un des motifs urgents prévus ci-dessus.

« Si, dans de telles circonstances, le comte de Las Cases répugnait
« à apposer son cachet à ces paquets, ou refusait d'accéder à la condi-
« tion à laquelle cette apposition est permise, le gouverneur, qui ne
« peut permettre qu'aucun paquet cacheté ou que des papiers quelcon-
« ques venant de Longwood sortent de ses mains sans être ouverts, ne
« pourra regarder que comme nécessaires toutes précautions propres
« à assurer à son gouvernement, jusqu'à la réception de ses ordres,
« la connaissance des mesures qu'il a prises pour la sûreté de ceux qu'il
« a retenus.

« Le comte de Las Cases s'étant refusé à apposer son cachet aux

« conditions mentionnées ci-dessus, les papiers, partagés en deux pa-
« quets distincts, ont été déposés dans deux boîtes scellées du sceau
« du gouvernement de l'île. 31 décembre 1816.

« *Signé* Hudson Lowe. »

Tout fini entre nous, sir Hudson Lowe, par une tournure qui lui était caractéristique vis-à-vis de moi depuis que je me trouvais entre ses mains, passa tout aussitôt, soit bonté, soit calcul, à écrire pour moi quelques lettres de recommandation privée à de ses connaissances du Cap, qui, m'assurait-il, me seraient fort agréables, et que je n'eus pas le courage de rejeter, tant elles semblaient être offertes de bon cœur. Enfin vint le moment de cet éternel départ. Sir Hudson Lowe descendit avec moi, m'accompagnant jusqu'à la porte de sortie, et là, ordonna à tous ses officiers de me suivre jusqu'au lieu de l'embarquement, pour me faire honneur, disait-il. Je me jetai avec empressement dans le canot préparé pour me recevoir; je traversai la rade, passant assez près d'un bâtiment qui venait d'arriver du Cap, d'où je reçus, par gestes, les salutations du Polonais et des trois domestiques qu'on nous avait enlevés quelques mois auparavant. Ils repassaient pour regagner l'Europe. Je fus saisi à leur vue : l'un d'eux était porteur de la seule pièce qui eût échappé de l'île, la belle lettre au sujet des commissaires des alliés. Je ne doutais pas que la découverte faite sur mon domestique ne servît au gouverneur pour faire faire des recherches sur ces personnes qui étaient loin de s'y attendre; heureusement il n'en fut rien, et le brave et fidèle Santini eut le mérite d'être le premier à faire paraître en Europe quelque chose d'authentique sur Longwood.

Enfin je mis le pied sur le brick; il leva l'ancre, et je crus le plus utile de mes vœux accompli. Vaines illusions que le temps devait détruire si cruellement, et qu'une dernière épreuve du cœur des hommes en pouvoir devait m'apprendre n'avoir été que d'absurdes chimères!... Et comment ai-je pu en effet m'abuser au point de croire à la sensibilité de ceux-là mêmes qui, contre tout droit, avaient prononcé la sentence et ordonné le supplice?... Ah! que n'ai-je choisi de demeurer! que n'ai-je continué des soins domestiques, au lieu d'aller rêver des services lointains! J'aurais prolongé quelque temps encore mes attentions de chaque jour... j'aurais recueilli quelques marques d'intérêt de plus... et, le moment fatal arrivé, j'aurais eu ma part de la douleur commune, ma part des soins de tous; j'aurais concouru à adoucir les derniers moments; moi aussi j'aurais aidé à fermer les yeux!... Mais plutôt non, cédant de bonne heure au climat et à ma débile santé, j'aurais succombé longtemps auparavant; je n'aurais pas été le témoin de l'horrible événement!... j'aurais sauvé d'éternelles douleurs, je ne serais plus!... Je n'en serais pas à me débattre encore sous des infirmités cruelles, rapportées du lieu même; j'y reposerais en paix! et bien des gens regarderaient ma dernière demeure comme un nouveau bonheur de mon étoile, ou une dernière faveur du Ciel.

FIN DU MÉMORIAL DE SAINTE-HÉLÈNE PAR LE COMTE DE LAS CASES.

Corvisart. — Eugène Beauharnais. — Carnot. — Barras. — Villeneuve. — Drouot. — Vaisselle brisée.

ES divers points d'observation de l'île on remarque, quand le temps est beau, les vaisseaux à vingt-quatre lieues de distance. Deux vaisseaux de guerre croisaient continuellement, l'un au vent et l'autre sous le vent; les postes élevés de l'île leur faisaient des signaux dès qu'ils apercevaient un navire. Tous les vaisseaux, hors ceux de guerre anglais, étaient accompagnés par un des croiseurs, qui ne les quittait plus qu'il ne leur eût été permis de jeter l'ancre, ou qu'ils ne fussent repartis.

Napoléon venait d'être installé à Longwood, le jour où je lui appris la mort de Murat. Il m'écouta avec calme, et me demanda s'il était mort sur le champ de bataille. J'hésitai d'abord à lui dire qu'il avait été exécuté comme un criminel. Ayant répété sa question, je lui appris qu'il avait été fusillé. Sa contenance n'en fut point changée. Je lui fis part de la mort de Ney. « C'était un brave, dit-il, nul ne l'était da- « vantage ; mais c'était un fou[1]. La proclamation des Bourbons, qu'il a « dit tenir de moi, a été rédigée par lui, et je n'en ai entendu parler que « lorsqu'elle eut été lue aux soldats. Ce qui est vrai, c'est que je lui avais « adressé l'ordre de m'obéir. Que pouvait-il faire contre ses troupes qui « l'abandonnaient ? »

19 avril. — Le temps est mauvais et très-sombre depuis quelques jours ; Napoléon est triste.

« Dans cette *isola maladetta*, s'écriait-il, je n'aperçois ni soleil ni « lune durant une grande partie de l'année. Nous n'avons que des pluies « et des brouillards. Je crois ce lieu plus affreux que Capri. — Con- « naissez-vous Capri ? » Il répondit affirmativement. « Là, du moins, « on peut recevoir en quelques heures les choses du continent qui sont « nécessaires à l'existence. »

Napoléon a reçu le capitaine Hamilton de la frégate *la Havane*. — Il lui a dit que, lorsqu'il était arrivé dans l'île, on lui avait demandé ce qu'il désirait obtenir, et qu'il répondait aujourd'hui, en toute connaissance des lieux et des hommes : « *Le bourreau ou la liberté.* » Il lui disait, avec une douloureuse vivacité, que les ministres anglais s'étaient conduits, relativement à lui, avec un manque de probité qu'on ne peut reprocher ni aux brigands ni aux sauvages.

Le colonel sir Wilks et sa fille, qui vont en Angleterre sur la frégate *la Havane*, se sont présentés à Longwood, chez Napoléon. Il les a reçus parfaitement, et a paru trouver un vif plaisir dans la conversation qu'il a eue avec ces passagers, qui paraissent fort de son goût. Cette conversation a été très-prolongée. Miss Wilks était une jeune personne accomplie et très-élégante. Napoléon a été charmé de ses manières et de son esprit, et lui a dit, avec des paroles qu'elle ne pourra jamais oublier, « qu'elle était au-dessus de tout ce qu'on lui avait dit « de flatteur sur son compte. »

Le temps est constamment sombre ou tourmenté. Napoléon, il

---

[1] Il y a quelques grandes fautes dans la vie de Ney : sa conduite à Fontainebleau, en 1814 ; à Compiègne, lors du retour de Louis XVIII ; sa funeste désobéissance à Waterloo ; sa conduite à la chambre des pairs de Napoléon, après cette bataille ; ses réponses au loyal et énergique Labédoyère.

y a peu de jours découragé, a repris peu à peu sa gaîté. Il a parlé longtemps de l'amiral, qu'il regarde comme un officier très-habile, savant dans sa profession. « Il n'a pas le cœur mauvais, ajouta-t-il ; « je le crois capable d'une action généreuse : mais il est violent, très-fier, « mobile, fantasque ; il ne consulte personne, et quelquefois il manque « de dignité. »

« Corvisart, me dit-il un jour, était mon premier médecin ; il avait « grande fortune, recevait de moi des présents, il prenait un *napoléon* « par chaque visite. »

Le 26, il m'a fait plusieurs questions sur des vaisseaux qu'il avait vus s'approcher des côtes.

Il désirait vivement savoir si lady Bingham, que l'on attendait, était arrivée.

Il m'a demandé si le vaisseau aperçu avait reçu un chronomètre du gouverneur : j'ai répondu que non. Il croyait qu'il avait manqué l'île, vu l'absence de cet instrument. « Il est inexplicable que votre gou-« vernement mette quatre cents hommes sur un vaisseau destiné pour « ce lieu, sans le munir d'un chronomètre, et qu'il lui fasse courir le « danger de périr corps et biens pour épargner une misérable somme. »

O'Méara a décrit fidèlement le logement de l'Empereur.

Les murs sont couverts de nankin brun, bordé de papier vert à bordures ordinaires. Deux petites fenêtres, qui se lèvent comme les châssis qu'on voit sur nos toits, prennent leur jour sur le camp du 53ᵉ : l'une était ouverte et retenue par un morceau de bois dentelé. Les rideaux étaient blancs ; une petite cheminée, une grille à tourbe très-délabrée, des mains de fer ; un manteau de cheminée des plus communs, en bois peint en blanc, sur lequel on avait placé le petit buste en marbre représentant le roi de Rome. Au-dessus de la cheminée était suspendu le portrait de Marie-Louise, et quatre ou cinq portraits de son fils ; l'un de ces portraits était brodé : c'était l'ouvrage de la jeune impératrice. Plus loin on trouvait le portrait de Joséphine : c'était une miniature. A gauche, le réveille-matin du grand Frédéric, que Napoléon avait rapporté de Potsdam ; la montre dont il se servait étant consul, chiffrée *B*, suspendue à une épingle enfoncée dans du nankin, par une tresse de cheveux de Marie-Louise ; un très-mauvais tapis qui, il y a quelques années, était placé dans la salle à manger d'un lieutenant de l'artillerie de Sainte-Hélène. A droite, dans une encoignure, on trouvait son petit lit de camp en fer, enveloppé de rideaux en soie verte. L'Empereur l'avait emporté dans toutes ses campagnes. Une commode se trouvait placée entre les deux croisées. La bibliothèque, qui était vieille, était fermée par des rideaux verts. On l'avait placée à gauche de la porte qui conduit dans la salle voisine; en avant de la porte de derrière, il y avait un paravent de nankin, un vieux sofa couvert de toile de coton ; Napoléon s'y couchait fréquemment. Son vêtement du matin était alors une robe de chambre et un pantalon à pieds d'étoffe blanche ; il était coiffé d'un madras rouge bariolé ; le col de sa chemise était ouvert ; il ne mettait pas de cravate le matin pendant les chaleurs. Je le trouvai couché et habillé ainsi un matin : il était étendu sur le sofa. Je pus facilement remarquer que sa physionomie était mélancolique et même affectée. Le chagrin y était visible.

Une petite table ronde était placée devant lui avec quelques livres; et au pied de cette table, plusieurs volumes qu'il avait déjà parcourus. Au pied du sofa et sous ses yeux, était attaché un portrait de Marie-Louise tenant son fils dans ses bras. M. de Las Cases, devant la cheminée, les bras croisés sur sa poitrine, tenait à la main quelques papiers; il attendait quelques observations de l'Empereur. Il ne restait plus rien qui rappelât ici l'ancienne opulence du vainqueur de l'Europe qu'un beau *lavabo*, avec une cuvette en argent et un pot à eau également d'argent : ce meuble était dans l'encoignure à gauche.

L'Empereur, après diverses questions de peu d'intérêt, faites alternativement en français et en italien, me dit : « Vous le savez, j'ai désiré « que vous fussiez attaché à mon service. Maintenant, dites-moi, mon- « sieur, avec la généreuse franchise que j'attends de vous, comment « comptez-vous remplir votre emploi? Est-ce celui de mon chirurgien, « l'emploi de M. Maingaud, ou bien êtes-vous ici comme un chirurgien « de la cale d'un vaisseau au milieu de prisonniers? Avez-vous ordre « de faire des rapports au gouverneur sur ce qui se passe près de moi, de « lui rendre compte de mes indispositions, et de lui répéter ce que je « vous dis? Répondez-moi franchement. En quelle qualité êtes-vous « auprès de moi? » Voici ma réponse : « En qualité de votre chirurgien « et des personnes qui vous suivent; les ordres que j'ai acceptés se bor- « nent à prévenir sur-le-champ l'autorité de cette île, si vous tombiez « gravement malade. » Il ajouta : « Si vous étiez auprès de moi comme « le chirurgien d'une prison, et que vous eussiez à rendre compte de ce « que je dis et de ce que je fais au gouverneur, que je regarde comme « un *capo de spioni*, je vous éloignerais. Ne pensez pas, monsieur, que « je vous prenne pour suspect, je ne vous ai jamais pris en faute ; je « vous aime et j'estime votre caractère; je ne pouvais vous en donner

« une meilleure preuve qu'en vous demandant à vous-même votre opi-
« nion relativement à vos fonctions.

« Si je tombais gravement malade, vous me feriez connaître votre
« opinion, et je jugerais moi-même la nécessité où nous serions de de-
« mander des conseils à d'autres médecins. J'étais fort triste ces jours
« derniers; mon esprit souffrait des mauvais traitements que je sup-
« porte, ce qui m'a empêché de sortir, ne voulant ennuyer personne.
« J'ai su depuis, par Bertrand, qu'il songeait à envoyer chaque jour,
« dans ma chambre, un officier chargé de voir si je ne pouvais sortir.
« Le premier agent qui oserait entrer de force dans cet appartement,
« je le tuerais, j'y suis bien décidé; je serais tué aussitôt, mais qu'im-
« porte? J'ai vu des Prussiens, des Tartares, des Cosaques, jamais je
« n'ai vu un homme aussi horrible, aussi repoussant; il a le crime gravé
« sur le visage. J'ai pu me plaindre quelquefois des manières de l'ami-
« ral, de certaines brusqueries peu convenables; mais il ne ressemble
« pas à ce vil *Prussien*[1]. »

J'ai eu un nouvel entretien avec Napoléon ; après diverses explications sur la conduite que je me proposais de tenir vis-à-vis de lui. Je
lui ai dit : « J'espère remplir mes devoirs à votre complète satisfac-
« tion. » Quelques instants après il me répondit : « Quel exercice peut-
« on prendre dans cette île horrible, où l'on ne peut faire un mille à
« cheval sans être trempé; dans cette île dont les Anglais, accoutumés
« à l'humidité, ne peuvent supporter la température? Comment ne pas
« être révolté d'apprendre que ce geôlier a envoyé son aide de camp et
« son secrétaire, dans toutes les boutiques, défendre aux marchands
« d'ouvrir un crédit aux Français qui m'ont suivi ? »

L'Empereur continua avec vivacité en parlant du gouverneur : « Ce
« sbire viendrait m'annoncer qu'un vaisseau est arrivé pour me rame-
« ner en Angleterre, que la nouvelle, donnée par lui, me paraîtrait gâtée.
« Mes dispositions à son égard sont telles que je ne puis plus l'écou-
« ter. Hier, il est venu ici suivi de son état-major, dans une pompe toute
« sinistre, comme il viendrait pour me faire fusiller. Que ne me de-
« mandait-il un entretien particulier? Il est parti exaspéré. Je préfère
« rester sans relations, puisque toutes ces explications sont inutiles. Je
« ne veux pas l'insulter, et lui répéter ce que j'ai été obligé de lui
« dire. »

Je suis allé chez sir Hudson Lowe, à qui j'ai fait part du sujet de ma
visite, en retranchant, bien entendu, les choses très-dures dont Na-

[1] C'était un mot de mépris.

poléon avait accompagné sa réponse. Le gouverneur me dit que le secrétaire d'État de son département lui avait écrit de prendre des informations précises sur l'envoi d'une lettre relative à l'Empereur, insérée dans les journaux de Londres; elle avait déplu aux ministres. Le gouverneur, me regardant fixement, me demanda si je l'avais écrite, et, à tout prendre, il n'y avait pas de mal; néanmoins, cette lettre est une irrégularité, une subversion des rapports; il voulait la réprimer, les ministres s'étant réservé exclusivement le droit de donner des renseignements à l'Europe sur Bonaparte. La lettre n'était pas de moi; je le lui dis. Je remportai avec moi ce papier.

Je vins rapporter fidèlement à Longwood les diverses circonstances de cette démarche. Napoléon persista à refuser une audience au gouverneur. « S'il persiste à me voir, ajouta-t-il, je lui écrirai moi-même
« encore ceci : « Napoléon ne veut pas vous voir, parce que, lorsqu'il vous
« a reçu, vous l'avez insulté; il ne veut plus avoir de communication avec
« vous. » Je sais bien que si nous avions une autre entrevue, il en ré-
« sulterait quelque altercation; un geste pourrait amener je ne sais trop
« quoi. Il ne doit pas, pour lui-même, désirer me voir, après le langage
« dont je me suis servi avec lui la dernière fois qu'il est venu. Je lui ai dit
« devant l'amiral, lorsqu'il a prétendu qu'il ne faisait que son devoir,
« que le bourreau le faisait aussi; mais qu'on n'était pas obligé de le voir
« avant le moment de son exécution. *Ci sono state tre scene vergognose?*
« Je ne veux pas le revoir... Je sais que mon sang s'échaufferait. Je lui
« dirai qu'aucun pouvoir sur terre ne peut contraindre un prisonnier à
« recevoir avec bienveillance son bourreau. Je ne veux pas discuter
« avec lui. Cette hyène, qui exerce ici un pouvoir discrétionnaire,
« vient me rendre la vie insupportable! La preuve qu'il ne nous veut
« aucun bien, c'est que son gouvernement nous a envoyé des objets
« utiles à la vie, et que je ne dois à ce prétendu officier général qu'ob-
« sessions d'inquisiteur, espionnage, insultes odieuses, la persécution la
« plus superfine et la plus infernale. Cela ne l'empêche pas de m'écrire
« des lettres doucereuses. »

Ce chapitre épuisé, nous parlâmes du mariage de la princesse Charlotte avec le prince Léopold. Il fut flatteur pour ce dernier, qu'il avait vu à Paris pendant son règne.

D'après son désir, j'écrivis à sir Hudson Lowe ce qu'il avait répondu Je supprimai comme de coutume les paroles vives dont Napoléon s'était servi.

Le 4, les dépêches venues d'Angleterre furent communiquées à l'Empereur par Thomas Reade, qui a témoigné d'avance son désir de ne blesser en rien Napoléon par cette communication. Nous convînmes qu'il lui parlerait en italien. Nous nous rendîmes ensuite auprès de lui; je l'avais prévenu. Il était dans le jardin. Je me retirai après la présentation du colonel. M. de Las Cases resta, et traduisit verbalement la communication à mesure que Reade la lisait. Celui-ci me dit, à son retour, que Napoléon l'avait fort bien accueilli; qu'il avait ri en parlant. C'est alors que Reade me lut la dépêche conçue dans ces termes : « Que les « Français qui désiraient rester avec le général Bonaparte devraient si- « gner la formule qui leur serait présentée, et se soumettre, sans aucune « observation particulière, à quelque restriction que l'on pût imposer « au général Bonaparte. En cas de refus, ils devaient être embarqués « pour le cap de Bonne-Espérance. La maison devant être diminuée de « quatre personnes, celles qui resteraient seraient assujetties aux lois « communes aux sujets britanniques, et rendues surtout pour ceux qui « avaient été commis à la sûreté du général Bonaparte, déclarant crime « de félonie toute complicité qui aurait pour but de l'aider à s'éva- « der, etc., etc. » Ceux qui signeraient conserveraient la faculté d'annuler le présent engagement. La pièce qu'il me montra déclarait en outre que les 1,400 livres sterling prêtées pour les différents ouvrages adressés d'Angleterre à Napoléon seraient acquittées sans délai. Pour cela, le comte Bertrand devait se rendre le lendemain à *Plantation-House*.

Je me suis promené le lendemain dans le parc; j'ai été appelé en y entrant. J'ai reconnu la voix de Napoléon. Il m'a fait signe de la main de venir à lui. Il m'a dit : « *Eh bene, bugiardo sempre questo governatore.* « Eh bien! ce qu'il avait à me dire, à moi, pouvait être dit à tout autre. « En demandant une entrevue, il espérait m'enfoncer le stylet dans le « cœur, et il n'a pu se refuser le plaisir d'en jouir lui-même. »

Je dis à Napoléon que si les pourparlers avec le gouverneur étaient modérés, je pensais que les quatre personnes éloignées par la dépêche seraient prises parmi les domestiques. Voici sa réponse : « *Voi ragionate* « *come un uomo libero.* Nous ne sommes point libres, nous sommes au « pouvoir d'un *boja, non cè remedio*. Il renverra nos amis l'un après « l'autre; il vaut autant qu'ils me quittent maintenant. Je n'ai point « d'avantage à les garder avec cette certitude. Qu'il place ses faction- « naires aux portes, devant les fenêtres, qu'il ne laisse apporter ici que « du pain et de l'eau, je m'en inquiète peu, mon esprit reste libre; je le « trouve aussi indépendant que lorsque je commandais ces six cent « mille soldats qui étaient les premiers de l'Europe.

« Qu'est-ce donc que ces restrictions qu'il annonce et ne fait pas con-
« naître? Où habite l'homme d'honneur qui peut lui confier un blanc
« seing, car avec sa signature il le fera signer tôt ou tard quelque acte
« affreux. Le misérable! il menace Las Cases parce qu'il aurait écrit à
« ses amis d'Angleterre qu'il était mal logé et mal traité; il faut souffrir
« et se taire. Aviez-vous l'idée de cette tyrannie? Si je suis son en-
« nemi, qu'il frappe, mais à découvert. Je crois que lord Liverpool, et
« même lord Castlereagh désavoueraient ces traitements; mais ils ne
« les connaissent point. Le gouverneur écrit seul à Bathurst, et lui dit
« ce qu'il veut pour flatter sa haine contre moi. »

Piontowski et trois domestiques seront renvoyés; la mesure est prise.

Sir Hudson Lowe est venu à Longwood, suivi du colonel Wingard. Ces messieurs ont paru affairés. Le gouverneur paraissait craindre que la copie d'une lettre que le général Montholon lui avait adressée ne fût déjà répandue dans l'île. Il m'en parla, et je lui dis que sa supposition était probable, puisqu'il n'avait point été fait un mystère de l'objet de ces observations. La crainte de les voir passer en Angleterre l'agitait extrêmement.

Le gouverneur me dit alors que Napoléon cherchait à l'avilir; qu'il attaquait sans cesse les ministres pour affaiblir leur influence, et qu'ensuite il chercherait à se sauver de Sainte-Hélène. Il me parla de ce qu'il appelait mes devoirs d'Anglais au sujet de mes rapports entre Napoléon et lui.

Je lui répondis que les devoirs de l'honneur ne m'obligeraient de lui parler que dans le cas où je verrais l'intérêt britannique compromis par des intrigues, ou Napoléon préparant son évasion. Quant à des lettres écrites à Londres par Napoléon et ses amis, le tort qu'il voyait était exagéré, puisque des personnages faisant partie du ministère avaient demandé des lettres et les avaient reçues. Je lui dis que plusieurs me suppliaient de leur continuer l'envoi de quelques particularités de la vie de Bonaparte à Sainte-Hélène. Cette réponse le troubla; il ignorait cette circonstance. Je lui offris de nouveau ma démission, mais il fut encore plus ému de cette offre que de ma confidence. « Votre éloignement, me « dit-il, n'est pas nécessaire. Cependant je veux mieux régler le fond de « nos rapports. »

Le lendemain j'ai voulu persuader à Napoléon qu'il avait quelquefois jugé trop sévèrement Lowe; que dans quelques circonstances ses intentions avaient pu être polies, et plus bienveillantes, qu'elles n'avaient pas été saisies ; qu'il est vrai que les gestes du gouverneur ne sont pas toujours en conformité avec sa pensée; que si, dans une occasion, il a porté la main sur son sabre, c'était par l'effet d'une vieille habitude qu'il avait de l'élever entre son côté et son bras. J'ajoutai que le gouverneur lui-même m'avait ainsi expliqué le fait.

« *Perragazzi, dottore,* ajouta Napoléon, *se non è boja, almeno ne ha* « *l'aria.* Mais vous a-t-il fait part des vexations qu'il ajoute à celles-« là ? » Je répondis négativement. « Ah ! répliqua Napoléon, *son certo* « *che abbia qualche cosa sinistra in vista.* »

Dans la soirée, le comte Bertrand est venu dans ma chambre. Il désirait traduire avec moi quelques parties des nouvelles restrictions. Elles étaient si odieuses à l'égard de Napoléon, qu'elles ne devaient pas être vraies. Quel tas d'infamies; comment ! ces restrictions portaient que Napoléon ne s'éloignerait pas de la grande route; que le chemin conduisant chez miss Masson lui était interdit; qu'il ne pourrait entrer chez aucun habitant, ni parler à ceux qu'il rencontrerait dans ses promenades à pied ou à cheval. Je m'attendais à quelques mesures sévères du gouverneur, que j'avais déjà étudié, mais je ne m'attendais pas à tout cela. Je demeurai stupéfait à la lecture de cette pièce ; je crus avoir mal lu, je me mis à la relire plusieurs fois, me persuadant toujours que je ne comprenais pas. En ce moment, le colonel Wingard entra ; le comte partit quelques instants après ; je demandai alors au colonel, en lui communiquant mes traductions, si je ne m'étais pas trompé sur le sens des restrictions imposées. Sa réponse à chaque objet fut que j'avais parfaitement compris.

Le 12, l'Empereur m'a fait plusieurs questions sur les affaires et les ennuis de la veille, sur mon entrevue avec le gouverneur, et m'a touché, en souriant, la joue lorsque je lui ai dit que le gouverneur chargeait son gouvernement de la responsabilité de la nouvelle consigne.

L'argenterie brisée a été vendue hier à M. Balcombe, il a fallu pour cela l'autorisation de Hudson Lowe; l'argent a produit sur-le-champ à peu près deux cent quarante livres sterling.

Le 13. L'Empereur est malade, sa tête souffre; il éprouve un allanguissement général : il a même une légère fièvre. C'est le climat de l'île qui lui cause ces maux de tête si violents; dès qu'il sent le soleil, il s'écrie : « C'est l'ombre d'Europe et de France qu'il me faudrait. « *Veramente,* ajouta-t-il, il faut de la résolution et une grande force « d'âme pour supporter l'existence dans cet effroyable séjour, avec une

« nouvelle journée d'autres *colpi di stilo al cuore da questo boja, che ha
« piacere a far di male.* Il jouit de cela, le malheureux ! Me tourmenter,
« m'insulter, m'épuiser par les privations, voilà son plaisir. Il veut
« abréger ma douloureuse vie..... D'après ses dernières restrictions,
« je vois qu'il ne m'est plus permis de causer avec les personnes qui se
« trouvent sur mon passage. Mais cette liberté-là n'est pas refusée à des
« condamnés à mort! Un homme est enchaîné, enfermé dans un ca-
« chot, nourri avec du pain et de l'eau; mais lui refuse-t-on la liberté
« de parler? Devant le saint-office, on écoute un homme qui se dé-
« fend; j'ai été condamné sans qu'on m'ait entendu et sans avoir été
« jugé, au mépris de toutes les lois divines et humaines! Je suis détenu
« comme prisonnier de guerre en temps de paix, séparé de ma femme
« et de mon fils; on m'a transporté par la force ici, où l'on m'impose
« une existence insupportable; l'arbitraire m'ôte jusqu'à la liberté de
« ma pensée. Je suis sûr qu'aucun des ministres, excepté ce stupide
« lord Bathurst, n'a consenti à cette tyrannie. Ils disent à Londres
« qu'ils me donnent tous les objets nécessaires à la vie. En effet, ils m'a-
« dressent plusieurs de ces objets, puis vient cet homme qui me les re-
« tire tous, et m'oblige à vendre ma vaisselle pour nourrir les miens.
« Je vis au milieu de fripons, d'espions; on m'insulte bassement, ainsi
« que ma suite; puis arrive ce gardien qui veut m'interdire jusqu'à la
« plainte écrite, et même quelques paroles de douleur. Il a l'impudeur
« de soutenir qu'il n'a rien changé!!! Il ajoute, lorsqu'il me vient des
« visites de passagers, qu'ils ne peuvent parler à mes amis d'ici. Il veut
« même me les présenter. Oui, si mon fils débarquait, et qu'on exigeât
« qu'il me fût présenté par cet homme, je refuserais de le voir; je le
« renverrais. »

L'Empereur souffre des gencives; les siennes sont spongieuses, colorées.

Le 14. Les compagnons de Napoléon ont signé l'acte qui ratifie la
permission qui leur a été adressée de rester auprès de Napoléon. Les
signataires n'ont essayé à changer dans la teneur de cette déclaration
que ces noms : *Napoléon Bonaparte,* qu'ils ont remplacés par l'*empereur
Napoléon.* Cette pièce a été adressée, le 14, au gouverneur.

L'Empereur avait conseillé à ses amis de ne point signer la déclaration, et de se laisser enlever de l'île.

Hudson n'a point consenti à ce changement; il préfère, dit-il, les
renvoyer au cap de Bonne-Espérance. Les habitants de Longwood ont
signé, hier soir, la modification de rédaction de leur engagement, tou-

chant la qualité d'*empereur*, à l'exception de Santini ; ils y ont renoncé dans la crainte d'être éloignés de lui.

Novarrez est venu me chercher ; Napoléon me demandait. Lorsque je suis entré, il m'a regardé fixement et m'a dit en riant : « Vous « avez la figure comme si vous vous étiez grisé hier soir. » Je lui dis que je ne m'étais pas grisé, mais que j'avais dîné au camp et m'étais couché très-tard. « *Quante bottiglie?* » ajouta-t-il en levant trois de ses doigts. Il m'a dit ensuite que le comte Bertrand avait vu la veille le gouverneur, et lui avait présenté des observations. « Voilà rédigé, conti- « nua-t-il en me montrant un papier, ce que je lui ai mandé. » Il m'a écrit qu'il me chargeait de le remettre. Par cet écrit il proposait à sir Hudson Lowe de prendre le titre du colonel Muiron, tué près de lui à Arcole, ou de baron Duroc ; que, comme le titre de colonel désigne une position militaire, ce qui laisserait peut-être encore de l'ombrage, il vaudrait mieux adopter celui de baron, qui était le plus mince des titres.

« Si le gouverneur consent, continua-t-il, qu'il signifie à Bertrand « d'accepter l'un d'eux, et je l'adopterai. Cela épargnera bien des diffi- « cultés, et aplanira la route. Vos yeux, continua t-il, ressemblent bien à « ceux d'un homme qui aurait fait une débauche la veille. » Je lui expliquai que cela provenait beaucoup du vent et de la poussière. Il sortit alors et demanda Saint-Denis, prit ensuite le papier que j'avais copié d'après lui, me le fit lire tout haut, souligna quelques passages de sa propre main, me le donna, et, me poussant doucement hors de la chambre en souriant, il me dit d'aller chez le gouverneur, et de lui dire que telles étaient ses intentions.

Le papier contenait ce qui suit :

« Il me revient que, dans la conversation qui a eu lieu entre le « général Lowe et plusieurs de ces messieurs, il s'est dit, sur ma position, « des choses qui ne sont pas conformes à mes pensées.

« J'ai abdiqué dans les mains des représentants de la nation française « et au profit de mon fils ; je me suis rendu avec confiance en Angleterre « pour y vivre, là, ou en Amérique, dans la plus profonde retraite et « sous le nom d'un colonel tué à mes côtés, *résolu de rester étranger à* « *toute affaire politique, de quelque nature qu'elle pût être.*

« Arrivé à bord du *Northumberland*, on me dit que je suis prison« nier de guerre, qu'on me transporte au delà de la ligne, et que je « m'appelle le général Bonaparte. Je dus reprendre ostensiblement mon « titre d'empereur, en opposition au titre de général Bonaparte qu'on « voulait m'imposer.

« Il y a sept ou huit mois que le comte Montholon proposa de prévenir « les petites difficultés qui naissent à chaque instant, en adoptant pour « moi un nom ordinaire. L'amiral crut devoir écrire à Londres : cela « en reste là.

« On me donne aujourd'hui un nom qui a cet avantage, qu'il ne « rappelle pas le passé, mais qui n'est pas dans les formes de la société. « *Je suis toujours disposé à prendre un nom qui entre dans l'usage ordi-* « *naire*, et je réitère que, quand on jugera à propos de me faire sortir « de ce cruel séjour, *je suis dans la volonté de rester étranger à la poli-* « *tique, quelque chose qui se passe dans le monde.*

« Voilà ma pensée ; toute autre qui aurait été dite sur cette matière « ne la ferait pas connaître. »

J'allai sans délai à Plantation-House ; le gouverneur trouva cette dépêche importante. Il en fut surpris, et me répondit en disant que cette proposition méritait un examen. Cependant, quelques instants après, il écrivit, et me remit les lignes suivantes : « Le gouverneur fera, sans perdre de temps, tenir au gouvernement britannique le papier qui lui a été remis aujourd'hui par le docteur O'Méara. Il pense qu'il serait plus convenable qu'il fût signé par la personne au nom de laquelle il lui a été présenté. Le gouverneur ne prétend pas cependant pour cela jeter le moindre doute sur la validité ou l'authenticité de cet écrit, par rapport aux mots ou à l'esprit. Il croit seulement qu'il aurait dû être envoyé sous une forme qui prévînt toute objection. Le gouverneur examinera avec soin si la teneur de ses instructions lui permet d'adopter l'un ou l'autre des noms proposés. Il différera donc naturellement de s'en servir, dans aucune communication publique, jusqu'à ce qu'il ait obtenu la sanction de son gouvernement à cet effet. Le gouverneur sera toujours disposé à s'entendre avec le général Bertrand, quand il plaira à ce dernier. »

J'eus commission de montrer ces lignes à Napoléon. Le gouverneur ajouta qu'il n'était pas utile que je les lui laissasse. Il me demanda ensuite si je croyais que Napoléon consentirait à signer la lettre précédente. « Sans doute, lui dis-je, si vous le demandez. »

Je me suis présenté chez l'Empereur. Il m'a demandé s'il y avait des nouvelles. Je lui ai dit qu'on parlait beaucoup de l'expédition de lord Exmouth ; que nous en attendions chaque jour le résultat. Je lui demandai son avis sur cette expédition. Il me répondit qu'il croyait bien certainement qu'elle réussirait si la flotte prenait et détruisait la plus grande partie des vaisseaux barbaresques qui sont arrêtés devant Alger.

« En persistant dans son blocus rigoureux, le dey se soumettra, la « populace se révoltera, l'assassinera et consentira à tout ce que vous « demandez. Quant à des traités, ces barbares les violeront toujours. « C'est une honte pour les nations civilisées de laisser subsister tran- « quillement et si près d'elles ces repaires de brigands. Les Napolitains « seuls étaient de force à les détruire, puisqu'ils ont environ cinquante « mille matelots tant sur le continent qu'en Sicile, et il leur eût été fa- « cile, avec ces forces, d'empêcher un seul vaisseau de quitter les côtes « de Barbarie. » A quoi je répondis que les Napolitains étaient si poltrons sur mer, que les Algériens les regardaient avec mépris, les bravaient dédaigneusement. « Ils ne sont pas très-braves sur terre, me dit « Napoléon ; mais on remédierait à cette couardise en introduisant dans « leurs régiments de bons officiers et une sage discipline. A la paix « d'Amiens, je voulais m'entendre avec votre gouvernement pour dé- « truire tous ces Algériens, du moins brûler leurs vaisseaux, démolir « leurs forteresses, et les forcer à cultiver la terre et à renoncer à leurs « brigandages ; mais vos ministres ont écarté mon projet. Je voulais « les écraser, en finir avec eux, bien que cela m'importât assez peu « personnellement, puisqu'ils respectaient mon pavillon, et qu'ils fai- « saient un commerce considérable avec Marseille. »

Je demandai à Napoléon s'il pensait que lord Exmouth dût attaquer

le port dès son débarquement. « Oh! non, me dit Napoléon; s'il n'a
« pas de grandes forces, il fera tuer la moitié de ses hommes par
« les *canaglie* des maisons et des batteries. D'ailleurs il n'est guère né-
« cessaire d'envoyer contre eux des forces considérables, à moins qu'on
« ne soit décidé à détruire leur pays. » La conversation changea.

Un autre jour il me parla de nos taxes. « Je ne sais comment la *po-
« ploazza* anglaise les souffre. Malgré des succès presque incroyables,
« et auxquels un accident et peut-être la destinée ont contribué, je ne
« crois pas que vous soyez encore hors de danger : je ne pense pas que
« vous puissiez jamais payer vos dettes. Votre grand commerce vous a
« maintenus; mais cet appui vous manquera lorsque vous ne pourrez
« plus vendre au-dessous du prix des autres nations qui, chaque jour,
« perfectionnent leurs moyens de fabrication. Vous reconnaîtrez la vé-
« rité de tout cela d'ici à quelques années. La chose la moins rai-
« sonnable que l'Angleterre ait faite, est d'avoir voulu devenir puis-
« sance militaire; par cela même elle se place à jamais dans la dépen-
« dance de la Russie, de l'Allemagne, ou de la Prusse, ou du moins
« devient redevable à quelqu'une d'elles. Vous n'avez pas une popula-
« tion assez nombreuse pour lutter sur le continent avec la France,
« ou avec aucune des puissances que j'ai nommées, et il vous faudra
« par conséquent louer des hommes ; tandis que, sur mer, vous avez
« toute supériorité; vos marins sont tellement au-dessus des nôtres,
« que vous pouvez toujours commander aux autres. Vos soldats n'ont
« pas les qualités nécessaires à une nation militaire; ils ne sont égaux
« à nos Français ni en adresse, ni aussi actifs; ils ne conçoivent pas si
« vite non plus. Une fois qu'ils ne craignent plus la sangle, ils n'obéis-
« sent pas. On ne peut en venir à bout dans une retraite ; s'ils trou-
« vent du vin, ce sont autant de diables, et adieu la subordination.
« J'ai été témoin de la retraite de Moore.

« Je n'ai jamais rien vu de pareil : il était impossible de réunir les
« régiments; tous les soldats étaient ivres. Vos officiers gagnent trop
« leurs grades avec des écus, mais les soldats sont intrépides : là est le
« beau côté. — C'est une politique détestable que de rechercher la puis-
« sance militaire au lieu de s'attacher à la marine, votre force natio-
« nale. Pour avoir de bons soldats, il faudrait qu'une nation eût
« toujours la guerre à soutenir.

« Si vous aviez perdu la bataille de Waterloo, continua-t-il, dans
« quel état fût tombée l'Angleterre! La fleur de votre jeunesse y eût
« été détruite; car pas un homme, pas même Wellington, n'eût

« échappé. » Je répondis que lord Wellington avait résolu de n'abandonner que mort le champ de bataille. Napoléon répondit : « Il ne « pouvait se retirer. Il aurait été détruit avec son armée si Grouchy « fût venu au lieu des Prussiens. » Je lui demandai alors s'il n'avait pas cru, pendant quelque temps, que les Prussiens qui s'étaient montrés étaient des Français faisant partie du corps de Grouchy. Il me répondit : « Oui, je comprends difficilement encore comment c'était une « division prussienne, au lieu de celle de Grouchy. » Je pris la liberté de lui demander si, dans le cas où Grouchy ni les Prussiens ne fussent venus, la bataille n'eût pas été indécise. Voici sa réponse : « L'armée « anglaise eût été détruite; elle était défaite dès le milieu du jour ; « mais la destinée avait décidé que Wellington gagnerait cette bataille. « Je ne croyais pas qu'il nous attaquerait, parce qu'il s'était retiré à « Antwerp; il devait le faire. J'eusse été accablé si une armée de trois « ou quatre cent mille hommes eût marché contre moi. Quand j'of- « fris la bataille, j'agis comme les circonstances le commandaient. « J'ai regardé de la part des alliés comme une grande folie l'action de « séparer les armées anglaise et prussienne; il fallait les réunir, au « contraire. Je ne puis comprendre encore la raison de leur disjonc- « tion. Quoi ! Wellington me livrait bataille, de son plein gré, dans un « endroit où il était perdu, totalement défait, là où aucune retraite n'é- « tait possible, puisqu'un bois se trouvait derrière lui ! je devais le « tailler en pièces. Le bon sens voulait qu'il commençât la campagne. « Vous vous figurez l'agitation de votre pays apprenant tout à coup « que quarante mille soldats ont mordu la poussière dans les champs de « la Belgique pour la cause des rois. Le ministère fût tombé sous le « cri de l'opinion. Vos concitoyens auraient dit : — Eh ! que nous im- « porte celui qui règne en France, que ce soit Louis ou Napoléon ? La « paix alors eût été faite, et les Saxons, les Bavarois, les Belges, les « Wurtembergeois se fussent de nouveau joints à moi. Les Russes aussi « auraient fait la paix. Je serais resté maître de la France. Tels étaient « mes motifs pour attaquer les Anglais. J'avais battu les Prussiens. « Avant midi, j'étais vainqueur. Je pus dire que tout m'appartenait; « mais le hasard, la destinée en ont décidé autrement. Sans doute les « Anglais se sont battus vaillamment, personne ne peut le nier, mais « ils auraient été défaits.

« Pitt et sa politique ruinèrent presque l'Angleterre, en nourrissant « la guerre sur le continent. »

Je lui fis observer que des politiques éminents avaient soutenu que, sans cette guerre de vingt-cinq années, la France, grandissant en prépondérance, eût ruiné l'Angleterre. Cette dernière avait donc eu à prendre un accroissement considérable. Voici sa réponse : « Au contraire, « l'Angleterre, continuant la guerre à la France, nous a donné des cir- « constances pour étendre, sous mon gouvernement, nos conquêtes si « loin, que je devins empereur du monde entier ; ce qui ne serait pas « arrivé s'il n'y eût pas eu de guerre. »

Je lui parlai de l'occupation de Malte. Il me répondit : « Deux jours « avant que lord Whitworth quittât Paris, mes ministres et quelques « amis particuliers reçurent l'offre de trente millions de francs; on m'eût « reconnu comme roi de France ; pour cela, il fallait céder Malte. »

Nous causâmes un autre jour des marins anglais. « Ils sont aussi « supérieurs aux marins français que ceux-ci le sont aux Espagnols. « Les Français, lui dis-je, ne feront jamais d'excellents matelots, parce « qu'il sont impétueux et légers ; ils ne se soumettront jamais, sans se « plaindre, à bloquer des ports durant des années; cela était arrivé à « Toulon pendant des temps affreux, de privations sans nom. » Il me répondit : « En effet, *signor dottore*, nos matelots ne sont point aussi « expérimentés que vos Anglais. La mer est votre domaine, vos matelots « surpassent les nôtres. Jadis les Hollandais les surpassaient. Les ma- « rins américains valent mieux que les Anglais ; la raison, c'est qu'ils sont « en moins grand nombre. Les Américains, répondis-je, ont beau- « coup de matelots anglais à leur service ; la discipline américaine, à « bord des vaisseaux de guerre, est beaucoup plus sévère que la nôtre; « voilà, je crois, les causes de leurs succès. Si les Américains avaient une « marine considérable, il leur serait impossible de placer sur chaque « vaisseau autant de marins expérimentés. » Quand je lui dis que la discipline américaine était plus sévère que la nôtre, il sourit et dit : « *Sarebbe difficile a credere.* »

Dans l'après-midi., à cinq heures, Napoléon m'a fait appeler. Je l'ai trouvé assis près du feu dans un fauteuil. — Il était sorti pour se promener, mais il avait été saisi de douleurs de dents et d'une toux violente. Sa joue était enflammée ; les douleurs augmentèrent. « Je « tremble, dit-il au comte de Las Cases qui était là, comme si j'avais « peur. » Il avait le pouls agité. Il me fit d'intéressantes questions sur la fièvre.

Je l'ai revu à neuf heures; il était au lit. Il désigne comme cause de son indisposition le *ventaccio*[1] qui souffle toujours sur le sol aride de

---

[1] *Ventaccio*, mot provençal, vent violent, pénétrant.

Longwood. « Il faudrait que je fusse *at the Briars,* ou de l'autre côté « de l'île. Cette partie de l'île est épouvantable. » Il me parla des moyens qui procurent une mort facile. Il paraissait penser que le froid était le premier, parce que *si muore dormendo* (on meurt en dormant).

J'ai écrit au gouverneur sir Hudson Lowe, pour le prévenir de l'indisposition de Napoléon.

Le lieu où nous sommes est si stérile, qu'il n'y croît pas une seule plante.

Napoléon a parlé longtemps aujourd'hui de l'impératrice Joséphine; ses termes étaient des plus affectueux. Il a fait, dit-il, la première connaissance de cette femme excellente lors du désarmement des sections de Paris, après le 13 vendémiaire. « Un jeune enfant de douze ou treize « ans se présenta chez moi pour me supplier de lui faire rendre l'épée de « son père, qui avait été général de la république, lequel était mort sur « l'échafaud. Je fus si touché de cette prière affectueuse, que j'ordonnai « que l'épée lui fût remise. Ce jeune enfant était Eugène Beauharnais. « En voyant l'épée, il fondit en larmes. Son action m'émut, et je le lui fis « voir. — Quelques jours après, sa mère vint me remercier. Sa per-

« sonne me frappa, mais encore plus son esprit. Cette impression aug-
« menta chaque jour. Notre mariage vint peu de temps après. »

Lowe, que j'ai vu, ne veut pas transférer le séjour de Napoléon à Briars ou dans un autre lieu de ce côté, ainsi qu'il le demande, quoique ce dernier reconnaisse que ses indispositions viennent de la force du vent qui bat l'exposition de Longwood.

Huit heures du soir. — Napoléon n'est pas bien; la partie droite des mâchoires est considérablement tuméfiée.

Le 29, Napoléon se porte mieux. Mon opinion personnelle est que son indisposition n'est point une maladie du climat, qui, sans cela, l'emporterait en quelques jours. Il se traite peu volontiers, n'ayant aucune foi dans la médecine.

J'ai reparlé de la santé de Napoléon au gouverneur. Il m'a répondu que, puisque Bonaparte souhaitait habiter un lieu comme *at the Briars*[1], il fallait qu'il fît venir quelque portion des sommes immenses qu'il possédait en Europe, qu'alors il pourrait se faire bâtir une maison selon ses goûts. L'observation du gouverneur n'était qu'une cruelle ironie.

1ᵉʳ novembre. — Napoléon se porte mieux. Il fait vendre sa vaisselle plate pour pouvoir ajouter quelque supplément à la nourriture de Longwood. Napoléon reste à peu près dans le même état. Il ne prend point l'exercice qui lui est indispensable. Je lui en ai représenté le danger, il est impassible.

Ce jour-là, j'ai pris la liberté de questionner l'Empereur sur les causes qui lui avaient fait protéger les Juifs. Il me répondit : « Il y avait
« beaucoup de Juifs dans les pays sur lesquels je régnais; j'espérais, en
« les rendant libres et en leur donnant les mêmes droits qu'aux catho-
« liques et aux protestants, les éloigner de l'usure et des vices qui les
« déshonorent. Je pense que j'aurais réussi. Je faisais ce raisonnement,
« que puisque leurs rabbins leur disent qu'ils ne peuvent exercer l'u-
« sure contre la tribu israélite, néanmoins qu'elle est licite et même un
« devoir envers les autres communions chrétiennes, puisqu'elles les op-
« priment; je pouvais affaiblir par des traitements humains leurs dis-
« positions habituelles. Voici quel était mon projet : par exemple, je
« leur donnais l'égalité civile dont jouissaient mes autres sujets; je
« crois qu'ils m'eussent pris alors pour un de leurs bienfaiteurs, pour
« un Salomon. L'égalité civile concédée leur eût fait regarder les
« Français comme des frères; ils n'eussent plus voulu les traiter usurai-
« rement, eux ou moi; c'était là un résultat important. Je ne l'espérais
« que des années. Je leur faisais payer les taxes que supportaient mes

---

[1] Ce lieu est situé à deux milles environ de la mer.

« autres sujets ; je les soumettais à la conscription. Ces changements,
« en partie réalisés, m'ont donné beaucoup de soldats et de fort bra-
« ves! Si j'étais resté sur le trône de France, les Juifs en grand nombre
« fussent venus, flattés d'être relevés, riches, actifs, habiter les États
« français, chercher la protection de nos belles lois. Je souhaitais
« établir une liberté de conscience universelle. Mon système était de
« n'avoir point de religion prédominante, mais de tolérer tous les cultes;
« je voulais que chacun pensât à sa manière, et que tous les hommes,
« protestants, catholiques, mahométans, déistes, etc., fussent égaux ; de
« sorte que la religion ne pût avoir aucune influence dans la distribution
« des emplois du gouvernement; qu'elle ne pût contribuer à les faire
« accueillir ou repousser par un solliciteur; et que, pour donner un
« emploi à un homme, on ne pût faire aucune objection tirée de sa
« croyance, pourvu que d'ailleurs il fût capable. Je rendis donc tout in-
« dépendant de la religion : les tribunaux, les mariages, les cimetières
« mêmes ne furent plus à la disposition des prêtres, et ils ne pouvaient
« plus refuser d'enterrer le corps d'une personne d'un culte différent.
« Mon intention était de rendre purement civil tout ce qui appartenait à
« l'État et à la constitution, sans égard pour aucune religion. Je ne vou-
« lais accorder aux prêtres aucune influence et aucun pouvoir sur les
« affaires civiles; mais les obliger à s'en tenir à leurs affaires spiri-
« tuelles, sans se mêler d'autre chose. » Je lui demandai si les oncles
et les nièces pouvaient se marier en France. Il répondit : « Oui; mais il
« faut qu'ils en obtiennent la permission spéciale. » Je lui demandai si
cette permission devait être accordée par le pape. « Par le pape? dit-il ;
« non. » Puis me pinçant le bout de l'oreille en souriant, il ajouta : « Je
« vous dis que ni le pape, ni aucun de ses prêtres, n'ont le pouvoir de
« rien accorder. Par le souverain. »

Napoléon, dans le même entretien, jugea sévèrement les francs-maçons; je lui demandais ce qu'il pensait de leur but; il me répondit : « Ce
« sont, en général, des oisifs, des gourmands et des imbéciles qui se ras-
« semblent pour manger et faire des orgies. Cependant j'ai connu d'eux
« de temps en temps des actions honorables. Ils ont servi la révolution,
« et contribué dernièrement à diminuer la puissance du pape et l'in-
« fluence du clergé. Remarquez ce fait, c'est que quand les sentiments
« d'un peuple sont contre le gouvernement, toutes les sociétés particu-
« lières tendent à lui nuire. » Sur cette question, si les francs-maçons
du continent ont quelque affiliation ou ressemblance avec les *illumi-
nati* : « Non, fut sa réponse. C'est une société tout à fait différente;

« mais en Allemagne elle présente des dangers pour l'ordre social. »

J'ajoutai : « N'avez-vous pas protégé les francs-maçons ? — Oui,
« parce qu'ils s'étaient prononcés contre le pape. — Auriez-vous jamais
« permis le rétablissement des jésuites en France ? — Non, c'est la plus
« dangereuse de toutes les sociétés ; elle a fait plus de mal à elle seule
« que toutes les autres ensemble. La doctrine des jésuites, c'est que leur
« général est le souverain des souverains, et le maître du monde. Non,
« non, je n'aurais jamais consenti qu'il existât dans mon empire une so-
« ciété placée sous la direction d'un étranger. Je n'aurais jamais voulu
« de *frati* : il y avait assez de prêtres pour ceux qui en avaient besoin, je
« n'avais pas besoin de monastères remplis de *canaglie*, mangeant, pillant
« ou se livrant à des crimes. » Je lui dis qu'il était à craindre que les
prêtres et les jésuites ne prissent bientôt une influence fatale en Europe. Napoléon répondit. « Cela est très-vraisemblable ; je le crains
« comme vous. Dans les règnes qui ont précédé le mien, les protestants
« étaient aussi maltraités que les Juifs ; ils ne pouvaient acquérir
« de propriété. Je les ai mis sur le même pied que les catholiques.
« L'empereur Alexandre a pu sans inconvénient permettre l'entrée de
« son empire aux jésuites, parce qu'il est de sa politique d'attirer dans
« son pays barbare des hommes éclairés, quelle que soit leur secte ;
« et d'ailleurs ils ne sont pas très à craindre en Russie, parce que la
« religion est différente. Pourtant ils feront tant, qu'il sera forcé de les
« renvoyer. »

Il m'a fait ce portrait de Carnot. « C'était un homme laborieux et
« sincère. Il a dirigé les opérations de la guerre, sans avoir mérité les
« éloges qu'on lui a donnés, parce qu'il n'avait ni l'expérience ni l'habi-
« tude de la guerre. Il n'a montré que peu de talent pendant son premier
« ministère ; il a eu avec le ministre des finances et la trésorerie plusieurs
« querelles dans lesquelles il avait tort. Il quitta le ministère, convaincu
« qu'il ne pouvait le conserver faute d'argent. Il vota ensuite contre l'éta-
« blissement de l'empire ; mais comme sa conduite a toujours été fran-
« che, jamais il ne donna d'ombrage. Il ne me demanda rien pendant
« la prospérité de l'empire ; mais après les malheurs de la Russie, il sol-
« licita de l'emploi, et reçut le commandement d'Anvers, qu'il défen-
« dit fort bien. Après mon retour de l'île d'Elbe, il fut nommé mi-
« nistre de l'intérieur ; et j'eus lieu d'être très-satisfait de sa conduite.
« Lors de l'abdication, il a été membre du gouvernement provisoire ;
« mais il fut *joué* par les intrigants dont il était entouré. Dans sa jeu-
« nesse, il passait pour un original parmi ses camarades. Il détestait les

« nobles, et eut, à ce sujet, plusieurs querelles avec Robespierre, qui
« sur la fin en avait protégé plusieurs. Il était membre du comité de
« salut public avec Robespierre, Couthon, Saint-Just, et ce fut le seul
« qu'on ne dénonça jamais. Il demanda à être jugé, pour sa conduite,
« avec ceux qu'il appelait ses collègues, ce qui lui fut refusé ; mais sa
« demande de partager leur sort lui fit un grand honneur.

« Barras, ajouta Napoléon, était emporté ; il avait peu d'instruction
« et de résolution. Il était léger et méritait peu sa réputation ; la brus-
« querie de ses manières et les retentissements de sa voix, lorsqu'il
« commençait un discours, donnaient de lui une autre idée que l'idée
« généralement reçue. »

Le gouverneur s'est présenté à Longwood. Je lui ai dit qu'il y avait quelque amélioration dans la santé de l'Empereur ; que cependant je ne croyais pas ce mieux durable s'il persistait à garder la chambre ; que, dans ce cas, je ne lui donnerais pas deux années à vivre. « Mais pourquoi ne sort-il pas ? demanda durement le gouverneur. — C'est parce que trop d'entraves gênent sa liberté. Pourquoi des factionnaires à six heures du soir, avec ordre d'arrêter toute personne qui voudrait passer ? C'est pourtant l'heure où la douceur de la température invite à sortir. —Mais, répondit le gouverneur, le soleil ne se couche pas à six heures. » Je lui répliquai que le soleil se couchait aussitôt après six heures, et qu'entre les tropiques le crépuscule était fort court. Hudson Lowe fit appeler sir Poppleton, capitaine, et lui demanda des renseignements sur la pose des sentinelles. Poppleton nous dit que les ordres étaient verbalement donnés aux factionnaires, qu'il pouvait bien en résulter par moments quelque confusion, des désagréments pour les habitants. Hudson Lowe dit qu'il trouvait bien étrange que le général Bonaparte refusât de sortir à cheval avec un officier anglais. « Il sortirait vraisemblablement, ajoutai-je, mais ménagez les formes ; par exemple, lorsqu'il monte à cheval, ne le faites suivre qu'à quelque distance. Un seul officier peut surveiller ses mouvements ; Napoléon connaîtrait sa mission, mais il ne paraîtrait pas y songer. Il serait avec cela aussi sûrement gardé que si cet officier courait à ses côtés. » Hudson me dit qu'il y réfléchirait, et m'engagea de lui transmettre par écrit mon opinion sur la santé du général Bonaparte. Il ajouta : « La vie d'un tel homme ne peut pas entrer en balance avec le mal qu'il peut causer s'il parvenait à s'échapper, et que je ne devais pas oublier que le général Bonaparte avait été le fléau du monde. »

On vient de briser de nouveau une partie de l'argenterie de Napoléon, pour pourvoir à la sustentation de Longwood. Cet acte s'est exécuté déjà en présence d'agents anglais.

La santé de l'Empereur s'améliore ; il m'a fait plusieurs questions anatomiques et physiologiques ; il m'a dit qu'il avait étudié l'anatomie pendant quelques jours, mais que la vue des cadavres ouverts l'avait rendu malade, et qu'il avait abandonné cette science. Il exposa après ses idées sur l'âme.

L'Empereur a répété qu'il ne songeait pas à s'échapper, mais il n'a point donné sa parole. Il ne la donnerait même pas, parce qu'alors il avouerait qu'il est prisonnier selon les lois ordinaires. Il ajouta qu'au lieu de restrictions qu'on lui inflige, il vaudrait mieux s'assurer, au départ de chaque vaisseau, s'il est présent dans l'île. « Sans doute il est
« nécessaire à ma santé que je fasse sept à huit lieues par jour ; mais j'y
« renonce s'il faut que j'aie derrière moi un officier anglais. Ma
« maxime, c'est qu'un bon esprit brave l'infortune, que le plus noble
« courage est de lui résister. »

« Ces palais qu'ils m'adressent, et il souriait, ne me serviront pas
« plus que de l'argent jeté à la mer. Je préférerais à tout cela l'envoi de
« quatre cents bons volumes. Ne me faudrait-il pas des années pour
« faire élever ce palais ? d'ici là je ne serai plus. D'ailleurs ce sont vos
« malheureux marins et vos soldats qui feraient ces travaux ; j'en se-
« rais maudit, et je ne veux leur laisser aucun souvenir pénible. Je
« préfère l'intérêt de ces braves gens que mon sort attendrit tous les
« jours et qui me traitent avec respect. »

Il parla de quelques officiers anglais. « Moore était un brave soldat,
« un officier rempli de talents. Il a fait des fautes qui étaient probable-
« ment le résultat des difficultés qui l'entouraient, et qui furent causées
« peut-être par la fausse route que lui firent prendre les informations
« qu'il recevait. » Il répéta plusieurs fois cet éloge, et rappela qu'il avait commandé la réserve en Égypte, où il s'était très-bien comporté, et avait déployé des talents. J'ajoutai que Moore était toujours un des premiers au feu, et qu'il avait eu constamment le malheur d'être blessé. « Ah ! dit-il, cela est nécessaire quelquefois ; il est mort héroïquement,
« il est mort en soldat. Menou était un homme très-brave, mais il n'é-
« tait pas soldat. Vous ne deviez pas conquérir l'Égypte si Kléber eût
« vécu ; jamais vous ne l'auriez conquise, surtout avec une armée dé-
« pourvue d'artillerie et de cavalerie. Les Turcs ne sont rien. La mort
« de Kléber fut une calamité pour la France. » Il me parla de quelques officiers de la marine française. « Villeneuve, prisonnier, fut amené

« en Angleterre; il fut tellement affligé de sa défaite, qu'il étudia l'a-
« natomie pour se détruire; il acheta plusieurs gravures anatomiques
« du cœur, et les compara avec son propre corps pour s'assurer exac-
« tement de la position de cet organe. A son arrivée en France, je lui
« ordonnai de rester à Rennes. Craignant d'être jugé par un conseil de
« guerre pour avoir désobéi à mes ordres, et conséquemment pour
« avoir perdu la flotte (car je lui avais ordonné de ne pas mettre à la
« voile, et de ne pas s'engager avec les Anglais), il résolut de se donner
« la mort. En conséquence, il prit ces gravures du cœur, les compara
« de nouveau avec sa poitrine, fit au centre de la gravure une petite
« piqûre avec une longue épingle, fixa ensuite cette épingle, autant que
« possible, à la même place contre sa poitrine, l'enfonça jusqu'à la tête,
« se perça le cœur, et expira. Lorsqu'on ouvrit sa chambre, on le trouva

« mort, l'épingle dans la poitrine, et la marque faite dans la gravure
« correspondant à la blessure de son sein. Il n'aurait pas dû prendre
« cette résolution extrême : c'était un brave officier, mais sans talent.
 « Barré, que vous avez pris sur *le Rivoli*, était un brave et très-
« bon officier. Dans l'expédition d'Égypte, après être débarqué, et

« dès que nous nous fûmes rendus maîtres d'Alexandrie en quelques
« heures, je lui donnai l'ordre de sonder le passage pour la flotte. Il
« parvint à faire entrer dans le port un vaisseau vénitien de soixante-
« quatre, et un autre de cinquante canons ; je suppose que vous les y
« avez vus. On disait que les gros vaisseaux de ligne ne pourraient
« pas y entrer. Barré m'assura qu'il y avait assez d'eau pour cela, dans
« une partie du canal ; Brueys affirmait qu'il n'y en avait pas assez pour
« les vaisseaux de quatre-vingts canons. Barré persista dans son dire.
« Pendant ce temps, je m'étais avancé dans le pays à la poursuite des
« Mameluks. Toute communication entre l'armée et la ville fut in-
« terceptée par les Bédouins, qui prirent les courriers ou les tuèrent
« tous. Mes ordres n'arrivèrent pas, sans quoi j'eusse obligé Brueys
« d'entrer ; car j'avais le commandement de la flotte aussi bien que de
« l'armée. Pendant ce temps, Nelson arriva et battit Brueys et sa flotte ;
« ce qui m'apprit ensuite que Barré avait raison, car vous avez fait en-
« trer *le Tigre* et *le Canopus*. »

J'ai eu société pour dîner chez moi, hier. Ce matin, l'Empereur m'a fait
quelques questions sur notre réunion. Je le lui ai dit. « Vous vous êtes
« grisés ? — Non. — Bah ! bah ! — Nous n'étions pas dans cet état, mais le
« capitaine Ross y est toujours. Cette réponse le fit sourire et il ajouta :
« Ross est un bon enfant, et l'équipage du vaisseau est très-heureux de
« l'avoir pour capitaine. »

Un vaisseau est arrivé d'Angleterre. J'en ai prévenu Napoléon ; il
jouait aux quilles dans le jardin avec ses généraux. Je lui appris que,
conformément aux désirs de Hudson, le parlement avait adopté un bill
qui conférait aux ministres le pouvoir de le retenir à Sainte-Hélène.
« Ce bill a-t-il été combattu ? Fort peu, lui dis-je. Brougham et Burdett
« n'ont-ils pas parlé ? Je dis que je n'avais pas lu les journaux. »

Dans un autre entretien du 7 juin, Napoléon a parlé du cérémonial
relatif au *mariage*. En Angleterre, lorsqu'un protestant et un catholique se marient, la cérémonie est en premier lieu célébrée par un
ministre protestant, et ensuite par un prêtre de l'Église romaine. « Il
« y a là un tort, répondit-il ; le mariage est un contrat purement civil ;
« et lorsque les parties ont paru devant un magistrat, et qu'en présence
« de témoins elles ont pris un engagement, elles doivent être considé-
« rées comme mari et femme. C'est ce que j'ai fait en France. S'ils veu-
« lent, ils peuvent faire recommencer cette cérémonie par un prêtre.
« Ma maxime constante était que les cérémonies religieuses ne devaient
« jamais être au-dessus des lois. J'ai voulu aussi que les mariages con-

« tractés par des Français en pays étrangers fussent validés au retour
« dans la patrie. »

Napoléon m'a fait, il y a quelque jours, plusieurs questions sur Londres. Je lui en ai prêté une histoire. Il paraît connaître déjà l'ouvrage, bien qu'il ne l'ait vu que depuis quelques jours; il explique ses gravures, et répète plusieurs cris des marchandes des rues. Il disait : « Si j'avais été roi d'Angleterre, j'eusse voulu faire construire une grande « rue ou plutôt un beau quai de chaque côté de la Tamise et un autre « depuis Saint-Paul jusqu'à la rivière. »

Trois commissaires sont arrivés sur *le Newcastle* : ce sont le comte Balmaine pour la Russie; le baron Sturmer, accompagné de son épouse, pour l'Allemagne; le marquis de Montchenu, pour la France, et le capitaine Gor, son aide de camp. Le baron Sturmer est accompagné d'un botaniste allemand.

18. — J'ai dit à Napoléon que j'étais allé à la ville, et que les commissaires pour la Russie, la France et l'Autriche étaient arrivés. « Avez-« vous vu quelqu'un d'eux? — Oui, j'ai vu le commissaire français. — « Quelle espèce d'homme est-ce? — C'est un vieil émigré, le marquis de « Montchenu. Il est un peu difficile, mais ses manières sont douces; il « aime beaucoup à parler, et son extérieur prévient assez en sa faveur. »

J'ai appris à Napoléon que Drouot avait été acquitté. Sa joie fut visible. Il parla avec chaleur des talents et des hautes vertus de Drouot, et ajouta que, d'après les codes français, il ne pouvait être condamné pour sa conduite.

20. — Le contre-amiral sir Pultney-Malcolm, le capitaine de pavillon Meynel, et quelques autres officiers de marine ont été présentés à Napoléon.

21. — J'ai vu Napoléon se promener dans le jardin; je lui ai offert un livre que je m'étais procuré pour lui. Après m'avoir fait plusieurs questions sur madame Pierie, dame très-âgée et très-respectable à qui je donne des soins, il me dit qu'il avait vu le nouvel amiral. « Voilà « un homme qui a réellement une physionomie agréable, ouverte, « franche et noble; c'est là la figure d'un Anglais. En vérité, j'éprouve « autant de plaisir à le voir que si c'était une jolie femme; il n'a rien « de sombre, de louche, ni de dissimulé. Sa physionomie dit quel cœur « il porte, et je suis sûr que cet homme est bon. Je n'ai pas vu un « homme de qui j'ai conçu aussi vite une bonne opinion! Quel beau « vieillard, à l'air martial! Il porte la tête haute, dit franchement et « hardiment ce qu'il pense, sans craindre de vous regarder en face;

« sa figure fait désirer à tout le monde de le connaître, et rendrait
« l'homme le plus soupçonneux confiant avec lui. »

La conversation s'engagea ensuite sur la protestation qui avait été faite par Holland contre le bill pour la détention de Napoléon[1]. Celui-ci exprima l'opinion favorable qu'il avait de lord Holland, de ses talents distingués et de sa générosité. Il fut charmé d'apprendre que le duc de Sussex s'était réuni à lui pour protester, et il dit que lorsque la voix des passions actuelles serait éteinte, la conduite de ces deux pairs serait couverte de gloire, et celle des auteurs de la proposition serait chargée d'ignominie.

La réduction de notre armée fut une question qu'il examina. « Si le « pied de guerre était tel qu'on voulût tenter d'ériger la nation en puis-« sance militaire, la tentative était absurde ; la nation n'étant point as-« sez nombreuse pour se donner le pied de puissance militaire en rap-« port avec celui des grandes puissances du continent, et même des « puissances du dernier ordre. Comment, vos ministres négligent et « dédaignent la marine, qui est la véritable force et le rempart de l'An-« gleterre ! Mais cette erreur vous perdra. »

25. — Plusieurs caisses de livres qui avaient été dirigées par Bertrand sur Madère, et apportées sur *le Newcastle*, par sir Pultney Malcolm, ont été envoyées hier à Napoléon. Je le trouvai dans sa chambre, entouré de volumes ; sa physionomie était changée ; il était d'une humeur charmante. Il avait passé la nuit à lire. Il me dit, en me montrant les livres qu'il avait, selon son habitude, jetés sur le plancher après les avoir lus : « Je lis quarante pages de français pendant le « temps qu'il me faut pour en comprendre deux d'anglais »

Je m'aperçus ensuite qu'il avait ouvert lui-même les caisses, tant son empressement à voir les livres avait été grand.

J'ai rencontré Napoléon dans le jardin. Je lui annonçai que j'avais reçu, pour lui, de sir Thomas Reade, sept caisses de livres, et que le gouverneur y avait joint pour son usage deux fusils à percussion,

---

[1] *Protestation contre la seconde lecture du bill de détention de Bonaparte.*

« Sans avoir égard au caractère ou à la conduite de la personne qui est l'objet du présent bill, je désapprouve la mesure qu'il sanctionne et qu'il proroge. »

« Condamner à un exil lointain et à l'emprisonnement un chef étranger et captif, qui, après l'abdication de son autorité, et comptant sur la générosité des Anglais, s'est rendu à nous de préférence à ses autres ennemis, est indigne de la magnanimité d'un grand peuple ; et les traités par lesquels nous nous sommes engagés à le tenir enfermé, d'après le vœu des souverains à qui il ne s'était jamais rendu, me paraissent contraires à tous principes d'équité et tout à fait inutiles.

« VASSAL HOLLAND. »

À la troisième lecture, le duc de Sussex protesta par les mêmes motifs.

dont j'avais à lui expliquer le mécanisme. » Il est inutile, dit Napoléon, « de m'envoyer des fusils de chasse lorsque je suis confiné dans un en-« droit où il n'y a pas de gibier. » Je lui appris que M. Baxter était venu dans l'espoir d'obtenir l'honneur de lui être présenté. Il me pria de l'appeler. En le voyant entrer, il lui dit en souriant : « Eh bien, « *signor medico*, combien avez-vous tué de malades dans votre vie ? » Il s'entretint avec lui pendant près d'une heure.

28. — Hudson Lowe a répandu une proclamation dans laquelle il déclare que toute personne qui entretiendrait quelque correspondance ou relation avec Napoléon Bonaparte, ses officiers ou domestiques, qui en recevrait des lettres ou leur en ferait passer, qui leur ferait, sans l'autorisation du gouverneur, une communication, serait coupable de désobéissance aux actes parlementaires concernant la détention de Napoléon, et serait poursuivie selon toute la rigueur des lois. Il déclarait que quiconque fournirait au susdit Napoléon Bonaparte, ses officiers ou domestiques, de l'argent ou d'autres moyens à l'aide desquels il pourrait s'échapper, serait considéré comme complice de son évasion, et jugé comme tel.

1er *juillet*. — Une lettre adressée par sir Hudson Lowe au comte Bertrand interdit toute espèce de communication, écrite ou verbale, avec les habitants de l'île, excepté avec ceux qui auraient été préalablement désignés au gouverneur par l'officier d'ordonnance.

Depuis l'arrivée des livres, Napoléon a employé constamment plusieurs heures, chaque jour, à lire, à relever des dates et rassembler d'autres matériaux pour l'histoire de sa vie, à partir de son arrivée en France jusqu'à son retour d'Égypte. Le brouillard, la pluie et les vents qui soufflent continuellement sur l'habitation de Longwood avec toute leur fureur l'empêchent de sortir. Cette résidence est inhabitable. Napoléon exprime de nouveau le désir d'être transféré du côté de l'île qui est plus chaud et défendu contre le vent piquant et continuel du sud-est.

4. — Sir Pultney et lady Malcolm ont eu une entrevue de près de deux heures avec Napoléon, qui a paru charmé de ces personnes. Suivant la conversation, il a fourni de longs détails sur la bataille de Waterloo, sur les manœuvres de mer, etc. Les officiers du *Newcastle* lui ont été présentés. La viande est si détestable, que le capitaine Poppleton l'a renvoyée, et a adressé une plainte au gouverneur.

Les domestiques de Longwood, qui apportaient des provisions au comte Bertrand, ont été arrêtés par des sentinelles; on leur refuse l'entrée dans la cour ; les viandes ont été passées au bout de longues perches, par-dessus la muraille, en présence d'un factionnaire qui n'a

pas voulu permettre qu'on pénétrât dans l'intérieur. Une pareille scène avait déjà eu lieu, lorsque mon domestique apporta quelques médicaments pour celui du général Bertrand, dangereusement malade. Ils étaient dans une bouteille qu'entourait une prescription écrite de ma main pour faire connaître l'application du médicament. Cette ordonnance était en français, et le factionnaire ne l'entendant pas, crut de son devoir de l'arracher. Un soldat a été envoyé au camp pour être jugé par un conseil de guerre, pour avoir seulement permis à un nègre d'entrer dans la cour de Bertrand, où il avait bu de l'eau.

9. — Une lettre de représentation a été envoyée ce matin à sir Hudson Lowe. Il est question, à Longwood, d'une machine à faire de la glace, que quelques officiers du *Newcastle* ont dit avoir été envoyée par lady Holland à Napoléon ; cette machine n'a pas encore paru.

Les parties alimentaires de la provision en vin, volailles, diminuent sensiblement chaque jour. On a réclamé.

J'étais à *Hut's-Gate*, lorsqu'un sergent venant de la part de sir Hudson Lowe est entré ; il m'a prié de le suivre chez le gouverneur. Celui-ci me faisait appeler pour me demander si je savais dans quelle partie de l'île le général Bonaparte désirait que sa nouvelle demeure fût construite. Je répondis qu'il préférait les *Briars*. Hudson Lowe m'a dit que cela ne se pourrait pas, que c'était trop près de la ville. Il paraît blessé de ce que Napoléon ait refusé de recevoir les commissaires des puissances étrangères. Il m'a demandé si je connaissais ce que les Français désiraient savoir du marquis de Montchenu. J'ai répondu que madame Bertrand désirait s'informer de la santé de sa mère, et que M. de Las Cases devait aller le rejoindre à Hut's-Gate, et qu'il paraissait très-impatient de savoir des nouvelles de sa femme, ayant appris que le sieur de Montchenu l'avait vue très-peu de temps avant de quitter Paris.

J'ai communiqué à Napoléon ma conversation d'hier avec le gouverneur. J'ai ajouté qu'il m'avait chargé de lui demander quels étaient les lieux de l'île qu'il aimait le plus. Il dit vouloir vous faire construire une résidence plus commode que celle-ci, ou faire ajouter quelques chambres au logement de Longwood, si cette augmentation pouvait suffire. Je lui dis que le gouverneur désirait une réponse : « *A questa casa, in questo luogo tristo, non voglio niento di lui*. Je déteste Longwood, sa vue seule me donne de la mélancolie. Qu'il me place dans quelque endroit où l'on trouve de l'ombre, de la verdure et de l'eau. Il souffle ici un vent furieux, plein de pluie et de brouillard, *che mi taglia l'anima*, ou bien *il sole mi brucia il cervello*, faute d'ombre, lorsque je sors. Qu'il me mette du côté de l'île où est située *Plantation-House*, s'il pense réellement à faire quelque chose pour moi. Mais pourquoi venir ici me faire des offres qui ne seront pas remplies? La maison de Bertrand n'est pas plus avancée qu'à son arrivée. L'amiral avait au moins envoyé son charpentier; il pressait lui-même les travaux. » Je lui répondis que le gouverneur m'avait assuré ne vouloir rien entreprendre qu'avec la certitude de lui être agréable; qu'il lui demandait un plan pour cette maison; qu'alors il donnerait à tous les ouvriers de l'île, ainsi qu'à un certain nombre d'ingénieurs, l'ordre de travailler à Longwood. Le gouverneur dit craindre qu'en faisant travailler au bâtiment où vous êtes, vous ne vous trouviez incommodé par le bruit. « Oui, certes, cela me gênerait. Je ne lui demande aucun changement à cette maison bâtie sur un abominable lieu. C'est de l'autre côté de l'île que j'en désire une; j'y serai heureux si j'y trouve de l'ombre, de la verdure et de l'eau, et si je puis y être à l'abri de ce *vento agro*. A-t-on l'intention de me construire une maison où je

« puisse vivre? qu'on la fasse sur les propriétés du colonel Smith ou
« bien à *Rosemary-Hall*. Mais je parie que ces offres ne sont que d'o-
« dieuses impostures. Tenez, dit-il, en m'amenant près des fenêtres, j'ai
« fait remplacer les rideaux par une paire de draps; ces rideaux étaient
« si sales, que je ne pouvais plus les toucher. *E un trist' uomo e peggio*
« *dell' isola*. Voyez sa conduite envers cette pauvre madame Bertrand ;
« il l'a privée du peu de liberté dont elle jouissait; on ne peut plus venir
« la voir. Cependant la compagnie était une distraction nécessaire à
« cette dame, sur cet affreux rocher; et c'est parce qu'elle a écrit, sans
« le prévenir, au marquis de Montchenu, que cette restriction est impo-
« sée! »

13. — J'ai communiqué à Hudson Lowe ce que m'a répondu Napoléon. Cette communication n'a pas paru lui plaire ; il m'a objecté que
dans les lieux désignés il ne pourrait pas exercer sa surveillance aussi
facilement. « Au contraire, lui ai-je répondu ; cela serait beaucoup plus
facile, puisqu'il serait placé au milieu de votre état-major : les lieux
nommés par Napoléon sont entourés de hauts rochers, inégaux entre
eux ; des piquets pourraient être placés et rapprochés de ces lieux : ils
empêcheraient toutes les tentatives d'évasion. Napoléon, que la vue
de la garde afflige, ne la verrait pas. » Le gouverneur consentit d'abord ;
mais l'instant d'après il songea qu'il ne saurait où loger le commissaire
autrichien, qui s'était établi à Rosemary-Hall. Je fis observer qu'entre
les commodités du baron Sturmer et celles du principal détenu il n'y
avait pas à balancer. Le gouverneur ne me répondit pas.

Napoléon souffre beaucoup des dents. J'ai déjeuné avec lui. Pendant
le déjeuner, il m'a entretenu des commissaires. « Madame Sturmer
« m'a-t-elle vu à Paris? — Oui, lui dis-je, et elle désire beaucoup
« vous être présentée. — Je veux bien les recevoir tous; mais qu'ils
« viennent comme de simples particuliers. Je serai charmé de rece-
« voir cette dame. »

« Votre gouvernement nous a envoyé des habillements. Mais ce geô-
« lier en fait une insulte, et nous les envoie d'une façon avilissante.
« Nous les recevons sans être aucunement consultés, comme s'il jetait
« une aumône à des mendiants, ou des habits à des condamnés. *Vera-*
« *mente ha il cuore di boja*; nul au monde, à la place de ce *boja*, n'es-
« sayerait sans nécessité d'augmenter nos misères. Ses mains souillent
« tout ce qu'elles touchent. »

Sir Hudson Lowe est venu à Longwood, et a eu avec Napoléon une
très-courte entrevue.

17. — Napoléon m'a appelé dans le jardin, pour m'apprendre qu'il a dit au gouverneur « qu'il avait, sans qu'il y eût besoin, augmenté « sa captivité; que c'était sans nul motif qu'il avait puni madame Ber- « trand; qu'il les avait tous insultés par l'envoi des objets nécessaires « à leur usage; que si Bertrand ou Las Cases voulaient former une « conspiration avec les commissaires, ce qu'il paraissait craindre, il « n'avait rien de mieux à faire que de citer l'un d'eux à la tour d'a- « larme; que c'était une infamie à lui, investi de l'autorité, d'insulter « un homme qui, comme Bertrand, était estimé de toute l'Europe, etc. »

Napoléon m'entretint ensuite de la nouvelle maison, et ajouta que s'il croyait habiter l'île plusieurs années, il désirerait qu'elle fût bâtie à côté de Plantation-House. « Mais, continua-t-il, je pense que lorsque « les affaires de France seront réglées, et que tout sera tranquille, le « gouvernement anglais me permettra de retourner en Europe, et de « finir mes jours en Angleterre. Je ne crois pas qu'ils soient assez fous « pour dépenser huit millions par an pour me tenir ici, lorsque je ne « suis plus à craindre; c'est pourquoi je m'inquiète peu de la maison. » Il parla de son évasion, et dit que « quand bien même il voudrait s'éva- « der, il avait contre lui quatre-vingt-dix-huit chances sur cent. Néan- « moins, continua-t-il, ce geôlier m'impose autant de gêne que si je « n'avais qu'à entrer dans un bateau et à m'esquiver. Il est vrai que « tant qu'un homme existe, il est toujours à craindre qu'il ne s'échappe; « et le seul moyen de prévenir sa fuite, c'est de le tuer. *Les morts ne* « *reviennent pas.* »

18. — Sir Hudson Lowe est venu à Longwood; il est convenu avec le général Montholon de quelques arrangements au sujet de la maison. Tous les changements à faire dans l'édifice ont été confiés au colonel Mynyard, qui sera aidé par le lieutenant d'état-major Jackson.

19. — A peu près vers cinq heures du matin, on s'aperçut que le salon de Longwood-House était en feu. L'incendie fut arrêté en une demi-heure par le capitaine Poppleton et la garde, aidés des gens de la maison. Le feu était déjà parvenu à quelques pouces de distance du plafond, formé d'un double plancher.

20. — Thomas Reade a envoyé des rideaux pour le lit de Napoléon.

24. — L'amiral a envoyé un lieutenant et un détachement de marins pour faire une tente avec une voile de bonnette; les arbres de Long- wood ne donnent aucun ombrage. Le colonel Maunsell, du 53e, me pria de faire mes efforts pour procurer une entrevue avec Napoléon au docteur Ward, qui a été dix-huit ans dans l'Inde.

25. — J'ai dit à Napoléon qu'un vaisseau arrivé d'Angleterre, la nuit précédente, avait apporté la nouvelle que le général Bertrand, contumace, avait été condamné à mort. Il en parut un instant très-affligé ; il se remit, et me dit que, « d'après la législation française, un homme « accusé d'un crime capital pouvait être jugé et condamné par contu- « mace, mais qu'on ne pouvait exécuter la sentence sans que l'homme « eût été jugé de nouveau, lui présent; et que si Bertrand se présen- « tait, il serait acquitté comme Drouot. » Toutefois cet arrêt lui laissa du chagrin ; il craignait l'effet que cette nouvelle pourrait produire sur madame Bertrand. « En révolution, dit-il, on oublie tout. Le bien « que vous faites aujourd'hui, demain sera oublié. La face des affaires « une fois changée, reconnaissance, amitié, parenté, tous les liens se « brisent, et chacun cherche son intérêt. »

27. — Le colonel Keating, dernier gouverneur de l'île de Bourbon, a été reçu par Napoléon ; il a eu une entrevue qui a duré près d'une heure.

28. — J'ai prévenu l'Empereur que le commissaire de Russie n'avait pas signé, conjointement avec les autres commissaires, la demande officielle de le voir, adressée à Hudson Lowe. Il me répondit que les commissaires ne seraient jamais reçus par lui comme des personnages officiels.

Changeant de sujet, il continua.

« M. Hobhouse avait adressé à sir Hudson Lowe un ouvrage de lui sur « mon règne, avec prière de me le faire remettre. Il y avait sur la reliure « cette inscription en lettres d'or : « A Napoléon le Grand, ou à l'empe- « reur Napoléon. » Ce *galeriano* n'a point voulu permettre qu'il me fût « envoyé, parce qu'il pensait que j'éprouverais quelque plaisir à voir que « tous les hommes ne lui ressemblaient pas, et que j'étais estimé par « quelques-uns de ses compatriotes : *Non credero che un uomo poteva* « *essere basso e vile a tal segno.* »

Depuis la présence de sir Hudson Lowe, on envoie un grand nombre de journaux à Longwood. Au lieu d'une série régulière de feuilles, il ne nous est parvenu que quelques numéros sans suite du *Times* et du *Courier*. Cette suspension a causé une grande inquiétude parmi les exilés de Longwood. Sir George Cockburn envoyait ses journaux régulièrement, et même avant de les avoir lus.

2 août. — Les pourvoyeurs n'ont apporté à Longwood, depuis quelques jours, que des pommes de terre. J'ai fait des plaintes.

Le colonel Maunsell a été présenté aujourd'hui par sir George Bingham. Napoléon s'est entretenu peu de temps avec ce dernier.

5. — Le gouverneur désire inviter l'Empereur à un bal qu'il veut donner à Plantation-House, pour célébrer l'anniversaire de la naissance du prince régent. Je lui ai dit que je croyais qu'il considérerait l'invitation comme une insulte, surtout si elle était adressée au *général Bonaparte*. Il me répondit qu'il éviterait cette difficulté en faisant « l'invitation de vive voix. » Il me parla du livre de Hobhouse, me disant qu'il ne pouvait pas l'envoyer à Longwood, parce qu'il ne lui avait pas été adressé par le secrétaire d'état ; une autre raison le retenait. Cet ouvrage était injurieux pour lord Castlereagh ; il ne désirait point donner au général Bonaparte le plaisir de lire un ouvrage dans lequel un ministre anglais était traité de cette façon, ni laisser voir au général Bonaparte que cela est permis chez nous : « Je ne veux pas qu'il lise de semblables réflexions. » Je répondis que Napoléon désirait beaucoup voir cet ouvrage, et qu'il lui ferait un grand plaisir de le lui envoyer. La réponse de Hudson Lowe fut qu'il le garderait ; qu'il le placerait dans sa bibliothèque.

6. — Napoléon m'a parlé du livre que le gouverneur retient illégalement ; il ajouta que, quand même il serait prisonnier et condamné à mort, le gouverneur n'avait pas le droit de garder et de retenir un livre dans lequel il ne se trouve rien qui puisse blesser la loi, ni trahison, ni correspondance.

Un lieutenant, deux gardes-marine et un détachement de marins se sont occupés à réparer la tente, qui a souffert considérablement des mauvais temps. Napoléon est allé les voir, et s'est entretenu quelques moments avec les gardes-marine, dont l'un, par un étrange rapprochement, se trouve être le fils de M. Drake [1], connu par sa conduite à Munich.

10. — Sir Hudson Lowe est arrivé pendant que Napoléon déjeunait sous la tente ; il désirait le voir, mais il n'a pas voulu le recevoir.

12. — Grande revue au camp en l'honneur du prince régent. L'anniversaire de la naissance de Son Altesse est célébré ainsi dans toutes nos colonies. « *Gia, gia,* dit-il, *naturalmente.* » Il me demanda si j'étais invité à dîner chez le gouverneur. « Non ; mais prié pour le bal. »

14. — C'est ce matin, pour la première fois, que l'Empereur est sorti à cheval. « C'était, disait-il, pour dissiper un affreux mal de tête qu'il « s'était décidé à prendre cet exercice. Mais les limites sont tellement

---

[1] C'est celui qui a été si cruellement mystifié par M. Mehée de La Touche, qui nous a raconté spirituellement de quelle manière il avait trompé cet agent anglais.

« étroites, que je ne puis courir pendant plus d'une heure ; et, pour me
« faire quelque bien, il faudrait que je pusse galloper pendant trois ou
« quatre heures. Ce *sbirro siciliano* est venu ; je serais resté une heure
« de plus dans la tente, si j'eusse appris son arrivée. *Mi repugna l'anima*
« *il vederlo*. Il tremble comme un coupable, comme s'il avait un re-
« mords. »

15 août. — Il a déjeuné sous sa tente avec les dames et toute sa suite, le Polonais Piontowski et les enfants. Ce repas était simple. Dans la soirée, les domestiques anglais et français ont eu un grand souper, et on a dansé.

16. — Le gouverneur a eu une entrevue avec le général Montholon. Il lui a parlé de la nécessité de diminuer les dépenses de Longwood. Il trouve, par exemple, que la maison de Bonaparte consume *plus de sel blanc que la sienne*. Les domestiques ne doivent employer que du *sel gris*.

On a reçu aujourd'hui une des machines pneumatiques de Leslie, destinées à donner de la glace. Quand elle fut mise en place, je prévins Napoléon ; je l'avertis en même temps que l'amiral était à Longwood. Il me fit des questions ; il sait parfaitement les principes qui font mouvoir les pompes à air. Il admire les résultats de la chimie ! Quelle utilité! Il parla des grands progrès qu'elle avait faits depuis quelques années, et dit qu'il avait constamment encouragé ses recherches. Je le quittai et me rendis dans la chambre où était la machine, pour commencer l'expérience en présence de l'amiral. Au bout de quelques minutes, Napoléon, accompagné du comte Montholon, entra et aborda gaiement l'amiral, qui parut content de le voir. Une tasse d'eau fut glacée en sa présence, à peu près en quinze minutes, et on fit plusieurs tentatives inutiles pour glacer du lait. Napoléon prit le morceau de glace obtenu avec de l'eau. Il dit que cette découverte eût été reçue avec de la joie à l'armée d'Égypte. Ce fut cette machine qui fournit la première glace vue à Sainte-Hélène. Les *yamstocks*, ayant vu cette glace se dissoudre, crurent seulement alors que la masse solide qu'ils tenaient dans leurs mains était bien réellement de l'eau.

Le commandant du poste a consigné la sentinelle qui m'avait laissé entrer à Hut's-Gate, où j'allais voir Bertrand qui était très-indisposé. Je questionnai le sergent ; il me répondit que sa consigne était de laisser passer seulement l'état-major. Hudson Lowe, qui s'était rendu, la veille, chez Bertrand, pour lui communiquer une lettre de lord Bathurst, annonçant que l'on réduirait à 8,000 livres sterl. par an les dépenses de l'établissement, avait lui-même donné cet ordre. On recevait par-dessus la muraille les provisions; car ceux qui les apportaient ne pouvaient pas même entrer.

Le comte de Montholon a reçu du gouverneur une lettre où l'on demande 12,000 livres sterling par an pour conserver le même train de maison à Napoléon et à sa suite.

L'Empereur se promenait dans le jardin avec les comtes Bertrand et Montholon, Las Cases et son fils, lorsque Hudson Lowe, accompagné de l'amiral, de sir Thomas Reade et du major Gorrequer, fit demander une réception, qui lui fut accordée tout de suite. Le capitaine poppleton et moi nous suivions à quelque distance Napoléon, Hudson et sir Pultney; cependant nous étions assez près pour suivre leurs gestes. La conversation nous parut principalement soutenue par Napoléon, qui, par intervalles, paraissait singulièrement s'animer. Il s'arrêtait souvent, puis marchait très-vite et tout en parlant à voix haute. L'amiral seul était calme; Hudson paraissait très-agité. Une demi-heure après, nous vîmes Hudson Lowe quitter brusquement Napoléon sans le saluer. L'amiral ôta son chapeau, s'inclina et partit. Hudson Lowe,

qui attendait ses chevaux, s'approcha de nous, et, après s'être promené quelque temps dans la plus vive agitation, me dit : « Le général

« Bonaparte m'a injurié, et je l'ai quitté en lui disant : « Monsieur, vous
« n'êtes pas honnête! » Il monta alors à cheval et partit au galop. Il
était aisé de voir que la conversation avait été orageuse, car l'amiral
était pensif et affecté.

19. — Napoléon m'a reçu dans son cabinet de toilette. Il me demanda gaiement des nouvelles de Gourgaud ; lui ayant répondu que je lui avais prescrit une médecine, il me dit en raint : « Il ferait bien mieux
« de se mettre à la diète pendant quelques jours, et de boire beaucoup
« d'eau. Les médecines ne sont bonnes à rien. »

Il ajouta : « Ce gouverneur est venu m'ennuyer hier. Il m'a vu me
« promener dans le jardin, je n'ai pu alors refuser de l'écouter. Il
« voulait entrer avec moi dans des détails de ménage pour affaiblir
« nos dépenses. Il a eu l'audace de me dire que les choses sont maintenant dans le même état qu'à son arrivée, et qu'il venait pour se justifier ; qu'il s'était déjà présenté deux fois dans cette intention, mais
« que j'étais dans le bain. « Non, monsieur, lui dis-je, je n'étais pas
« dans le bain ; mais j'en avais un de commande pour ne pas vous
« recevoir. Vous aggravez vos torts en cherchant à les justifier. » Il
« m'a dit que je le connaissais mal, et que si je le connaissais, je changerais d'opinion. « Vous connaître, monsieur! lui répondis-je,
« comment le pourrais-je ? Les gens se font connaître par leurs actions,
« en commandant dans les batailles. Vous n'avez jamais eu sous vos
« ordres que des vagabonds et des déserteurs corses, des brigands napolitains et piémontais. Je connais tous les généraux anglais qui se
« sont distingués ; mais je ne vous ai jamais entendu nommer que
« comme un *scrivano* de Blucher ou un chef de brigands. Vous ne pouvez avoir commandé des gens d'honneur : vous n'avez jamais vécu
« avec eux. » Il me dit qu'il n'avait pas recherché son emploi. Je lui
« dis qu'il y avait des places qui ne se sollicitaient pas, qu'elles étaient
« données par les gouvernements aux gens qui s'étaient déshonorés profondément. « Le bourreau en fait autant que vous ; mais lorsqu'il
« me met la corde au cou pour m'étrangler, est-ce un motif pour
« l'aimer, que de savoir qu'il agit d'après des ordres ? Je ne crois
« aucun gouvernement assez vil pour donner des ordres semblables à
« ceux que vous faites exécuter. » J'ajoutai que, s'il le voulait, il n'avait
« pas besoin de rien m'envoyer à manger ; j'irais m'asseoir à la table
« des braves officiers du 53° ; que j'étais sûr qu'il n'en était pas un qui
« ne se trouvât heureux de donner place à un vieux soldat ; qu'il n'y
« avait pas un seul soldat dans tout le régiment qui n'eût plus de cœur

« que lui ; que dans le bill inique du parlement, on avait décidé que
« je serais traité en prisonnier, mais qu'il me traitait plus mal qu'un
« criminel condamné ou un galérien ! qu'il était permis à ces malheu-
« reux de recevoir les journaux et les livres imprimés, et qu'il me pri-
« vait de cette consolation. Vous avez plein pouvoir sur mon corps,
« ajoutai-je, mais mon âme vous échappera toujours, cette âme est
« aussi fière, aussi courageuse que lorsque je commandais à l'Europe.
« Vous êtes un *sbirro siciliano*, et non pas un Anglais. » Je le priai enfin
« de ne plus se présenter devant moi, à moins qu'il ne m'apportât
« l'ordre de me dépêcher : « Alors vous trouverez toutes les portes
« ouvertes : je serai prêt. »

« Je n'ai pas l'habitude d'insulter personne ; mais l'effronterie de
« cet homme m'a révolté, et je n'ai pu m'empêcher de lui exprimer
« mon sentiment sur lui, quand il eut l'impudence de me dire, de-
« vant l'amiral, qu'il avait tout laissé dans le même état que lorsqu'il
« était arrivé ; je répliquai : « Mais faites appeler le capitaine d'ordon-
« nance et interrogez-le ; je m'en rapporte à sa décision. » Il se tut. »

22. — Je me suis rendu à Plantation-House sur l'invitation de
Hudson Lowe. Il se promenait dans un chemin qui est à gauche de
sa maison.

J'ai dit à Napoléon que l'entrevue qu'il avait eue avait été trop peu
agréable à Hudson Lowe pour qu'il en recherchât d'autres. Il m'a
demandé si j'avais vu la lettre de Montholon au gouverneur, lettre
où les plaintes communes des prisonniers sont exprimées « Oui. — Eh
« bien, croyez-vous qu'il l'adresse à son gouvernement et la fasse
« publier à Londres ? Je ne crois pas qu'on veuille publier mes
« lettres. Les ministres anglais ne le souffriraient pas. Si j'envoyais,
« par exemple, une adresse à la nation française, on ne la laisserait
« pas publier. Il ne fera pas imprimer ces plaintes, qui sont un si vif
« tableau de son infamie. Le peuple anglais désire savoir pourquoi
« je conserve le titre d'empereur après avoir abdiqué. Je l'ai expli-
« qué dans une lettre : que ne la publie-t-on ? J'avais l'intention, en
« demandant l'hospitalité du *Bellérophon*, de vivre en Angleterre
« en simple particulier ; mais puisqu'ils m'ont envoyé ici, et qu'ils
« veulent faire croire que je n'ai jamais été premier magistrat, ou em-
« pereur de France, j'en conserve le titre. » m'a rapporté qu'il avait
« entendu dire aux lords Liverpool et Castlereagh, qu'une des prin-
« cipales raisons pour lesquelles ils m'avaient envoyé ici était la peur
« que je ne me mêlasse de quelque cabale de l'opposition. Ce n'est

« pas le véritable motif, mais la crainte que je ne voulusse expliquer
« beaucoup de faits ignorés de la longue lutte entre les deux nations;
« ignorés chez vous, je les eusse dévoilés complétement, car toute
« leur influence n'eût pu faire que beaucoup de personnages distingués
« ne se fussent liés avec moi. Je suis privé des journaux que je li-
« sais avec intérêt. Je ne reçois que des feuilles comme la *Quotidienne*
« et la *Gazette de France.* »

Les fossés qui entourent le jardin de Longwood sont achevés, et les factionnaires sont augmentés et redoublent de vigilance.

Napoléon m'a demandé quelques renseignements sur une querelle entre madame Sturmer et l'envoyé de Louis XVIII, le marquis de Montchenu. Je lui en ai dit la cause. Le marquis affirme que cette dame ne sait pas entrer dans un salon. Il a beaucoup ri et puis levé les épaules. « Voilà les émigrés! Tout ce bruit contre madame Sturmer « vient de ce que son père était plébéien. »

Après s'être promené un moment avec trouble, Hudson Lowe m'a demandé si madame Bertrand avait parlé à des habitants et des officiers de sa conversation avec Bonaparte. « Je l'ignore, » fut ma réponse. « Je « désire pour elle qu'elle se taise à ce sujet. Ses indiscrétions ne fe-
« raient que gâter davantage sa position et celle de son mari. »

Il répéta avec colère quelques-unes des expressions de Napoléon, et dit : « Le général Bonaparte vous a-t-il appris aussi que je lui avais dit « que je ne l'écouterais pas, parce que je trouvais ses observations gros-
« sières et injustes ? — Non. — Il est mon prisonnier, qu'il y songe! et s'il « continue ses injures, je saurai le réduire. » Il se promena avec une nouvelle agitation, en disant : « Les observations de Bonaparte sont « ignobles. » Il était furieux. « Dites au général Bonaparte que si son « langage ne change pas, je serai forcé de restreindre sa liberté. » Après l'avoir accusé d'avoir fait périr des millions d'hommes, et de désirer recommencer s'il était libre, il termina en disant qu'il lui préférait Ali-Pacha.

« La plus grande faute du gouvernement serait de ramener la no-
« blesse dans les honneurs de l'armée. Notre époque est celle du « mérite; il faut laisser les fils des paysans monter par des talents et « des services au premier rang. Le gouvernement perdrait la vieille no-
« blesse, s'il lui laissait envahir ou seulement empiéter sur les droits « sacrés du mérite. La noblesse, avant la révolution, se composait « en grande partie d'hommes ignorants, frivoles, arrogants, corrom-
« pus. Je n'en connais pas bien la composition présente, pour être à

« même de juger de la vérité de ce mot : *ils n'ont rien appris, ils n'ont*
« *rien oublié.* Je vois seulement que malgré les vingt-cinq années d'exil,
« leurs prétentions sont restées grandes. S'ils parviennent à les faire
« admettre par le gouvernement, une révolution nouvelle est certaine.

« Je connais bien les Français : six, dix ans se passeront peut-être
« sans révolte ; mais, j'en suis sûr, une armée dont les principes bles-
« seraient l'égalité consacrée par la loi française serait massacrée et
« jetée dans la Seine. J'ai tiré la plupart de mes généraux de la foule.
« Partout où j'ai trouvé le talent et le courage, je l'ai élevé et mis à sa
« place. Mon principe était de tenir la carrière ouverte aux talents. J'ai
« élevé, il est vrai, quelques hommes de la vieille noblesse par esprit de
« justice; mais on a beau dire, je n'ai jamais eu une grande confiance
« en eux.

« Les masses s'irriteront bien dangereusement si elles voient renaî-
« tre quelques institutions féodales, et, par exemple, si elles voient les
« grades s'écarter des mains des enfants du peuple. Elles n'ont pas abdi-
« qué leurs droits. A ce sujet je me rappelle un fait caractéristique.

« Je revenais d'Italie; ma voiture descendait la côte de Tarare; je la
« suivais à pied, quand tout à coup je me trouvai devant une vieille
« femme infirme, boiteuse. Elle cherchait, appuyée sur une béquille, à
« gravir la montagne; elle ne me reconnut pas. « Ma bonne, où allez-
« vous, avec une vitesse si peu en rapport avec votre âge? Qu'est-il
« arrivé ? — Ma foi, on m'a dit que l'Empereur allait passer, je veux le
« voir avant de mourir. — Bah ! bah ! lui dis-je, qu'avez-vous besoin de
« le connaître ? qu'avez-vous gagné avec lui ? c'est un homme comme un
« autre. — Monsieur, c'est peut-être vrai ? mais c'est du moins un roi fait
« par le peuple ; nous l'avons choisi ! — Ah ! — Et puisqu'il faut que nous
« ayons un maître, il est tout simple que nous nous réservions le droit
« de le choisir. »

« Voilà au fond les Français ; ils ne suivent constamment que les
« hommes qu'ils aiment ; ils ne veulent avoir de maître que de leur
« consentement. »

Ayant entendu plusieurs personnes porter très-haut les talents militaires du maréchal Soult, et donner à cet officier le second rang après
Napoléon, j'ai pris la liberté de lui demander si ce jugement était exact.
Voici la réponse de Napoléon. « Soult est un excellent ministre de la
« guerre ou un précieux major général. Il entend mieux les disposi-
« tions d'une armée que la manière de combattre. »

J'ai vu Napoléon le soir : il avait un violent mal de tête ; il m'avait fait appeler. Il était dans sa chambre à coucher, assis devant un feu de bois dont la flamme, brillant et s'éteignant tour à tour, donnait par instants à sa physionomie l'expression la plus touchante et la plus mélancolique. Ses mains étaient croisées sur ses genoux ; sa déplorable position était le sujet de ses réflexions. Il ne rompit le silence que quelques minutes après mon arrivée. « *Dottore, potete dar qualche cosa a far « dormire un uomo che non puo?* Ma souffrance est au-dessus de votre « art. J'ai essayé, mais je ne puis prendre de repos. Il m'est impossible « de m'expliquer la conduite de vos ministres. Ils dépensent 60 ou 70,000 « livres sterling pour envoyer des meubles, du bois et des matériaux « de construction pour mon usage, et ils donnent dans le même temps « l'ordre de me mettre à la ration. Ils chassent mes domestiques. Vous « voyez sur ce rocher des aides de camp qui stipulent pour une bouteille « de vin et deux ou trois livres de viande, avec autant de gravité que s'il « s'agissait de distribuer des royaumes. D'un côté, des frais énormes et « sans résultat ; d'un autre, une petitesse et une vilenie impossibles à « raconter. Pourquoi ne me laissent-ils point le soin de me fournir de « tout ce qui m'est nécessaire, plutôt que d'avilir le caractère de la na« tion anglaise? Ils ne veulent pas fournir à mes serviteurs ce à quoi ils « ont été accoutumés, et ne veulent pas non plus que j'y pourvoie, en « envoyant des lettres cachetées à une maison de commerce de leur dési« gnation. Nul homme en France n'oserait répondre à une de mes let« tres, s'il savait que la sienne dût être lue par vos ministres, et ceux-ci « ne manqueraient pas de le désigner aux Bourbons, qui le feraient em« prisonner et voleraient ses propriétés. Vos ministres en confisquant « l'argent que j'avais sur moi, à bord du *Bellérophon*, n'ont montré « qu'un avilissant esprit de rapine. Ne feraient-ils pas la même chose « relativement à ce qui me reste, s'ils en connaissaient le dépôt? Peut-on « se confier à la probité de ces hommes-là ? Les envois inutiles (et on sait « qu'ils seront inutiles) ont pour objet de mentir à la nation anglaise. « Jean Taureau [1], en contemplant ces beaux meubles dans les ports d'An« gleterre, me suppose traité comme un roi. S'il savait la vérité, il au« rait honte. » Quelques moments après, il m'a demandé si je connaissais l'officier général qu'il a vu passer avec le gouverneur. « C'est le « général Meade, arrivé depuis quelques jours ; j'ai servi sous ses ordres « en Égypte : il y a été blessé très-grièvement. — Avec Abercrombie ? — « Non, pendant l'attaque de Rosette. — Quel homme est-ce? — Il a une « excellente réputation. »

[1] Peuple anglais.

Napoléon est malade : il garde la diète et boit de l'eau de poulet.

Le jeune Las Cases et Piontowski se sont rendus aujourd'hui à la ville. Ils ont parlé longtemps avec les commissaires russe et français. Dès leur arrivée, sir Thomas Reade donna l'ordre au lieutenant qui les accompagnait de les empêcher de se séparer, de les suivre et d'écouter ce qu'ils disaient. Pendant qu'ils causaient avec *Rose Bud* (Bouton de Rose, jeune fille nommée ainsi à cause de la fraîcheur de son teint), un des soldats d'ordonnance de Thomas Reade, d'après les ordres de celui-ci, emmena leurs chevaux. Il leur dit que s'ils ne quittaient la ville aussitôt, Reade punirait leur domestique soldat, lequel s'était enivré. Le jeune Las Cases demanda avec calme l'ordre écrit à ce sujet. Moins maître de lui, Piontowski dit fermement qu'il répondrait à coups de cravache à celui qui essayerait d'emmener les chevaux.

Napoléon, après avoir parlé un instant de sa santé, m'a dit que le gouverneur, pendant que le jeune Las Cases parlait au commissaire russe, rôdait pour les épier autour de la maison où ils étaient. « Je n'ai « jamais pensé, poursuivit-il, qu'un lieutenant général, un gouverneur, « pût s'abaisser jusqu'à faire le métier de *gendarme*. Dites-le-lui la pre- « mière fois que vous le verrez. »

Napoléon se plaignit du vin qu'on lui servait à Longwood, ajoutant que, lorsqu'il était sous-lieutenant d'artillerie, sa table et son vin valaient infiniment mieux.

Napoléon s'est levé à trois heures du matin : après avoir écrit jusqu'à six, il s'est recouché. A cinq heures du soir, le général Bertrand est allé dire au capitaine Poppleton, qu'il a trouvé encore en habit du matin, que Napoléon désirait lui parler. Le capitaine a été introduit dans la salle de billard sans avoir eu le temps de changer de vêtement; il y a trouvé Napoléon debout, le chapeau sous le bras.

« Monsieur Poppleton, lui dit-il, vous êtes, je crois, le plus ancien « capitaine du 53e ? — C'est vrai. — J'estime beaucoup les officiers et les « soldats du 53e, ce sont de braves gens qui font leur devoir. On m'a « appris que le bruit courait, dans le camp, que je ne voulais pas en « recevoir les officiers; voulez-vous avoir la bonté de leur assurer que « ceux qui leur ont rapporté cela ont dit une fausseté ? Je n'ai jamais « dit ni pensé rien de pareil : je serai toujours charmé de les voir. On « m'a dit aussi que le gouverneur leur avait défendu de me rendre vi- « site. » Le capitaine Poppleton dit qu'il pensait que ce qui lui avait été dit n'était point exact; que les officiers du 53e seraient vivement flattés de sa bonne opinion sur leur compte ; qu'ils avaient tous pour lui un

profond respect. Alors Napoléon répliqua en souriant : « *Je ne suis pas
« une vieille femme. J'aime un brave qui a subi le baptême du feu, à
« quelque nation qu'il appartienne.* »

31. — Napoléon s'est longuement entretenu avec sir George Bingham
et le major Fehrsen du 53ᵉ.

Gorrequer est venu à Longwood pour s'entendre avec le général
Montholon, au sujet de la réduction proposée dans les dépenses; il
m'a prié d'y assister. Le major a dit que le gouvernement britannique,
croyant au départ de quelques-uns des officiers généraux qui forment la
maison du général Bonaparte, avait fixé le maximum des dépenses à
8,000 livres sterling. Ce départ n'ayant point eu lieu, le gouverneur,
sur sa propre responsabilité, avait alloué, pour toutes les dépenses,
une somme de 12,000 livres sterling; que par conséquent le général Montholon devait savoir qu'on ne pouvait, sous aucun prétexte, dépenser plus de 1,000 livres sterling par mois. Il ajoutait que Napoléon
était le maître de payer l'excédant des dépenses dépassant cette alloca-
tion par des traites sur des banquiers de l'Europe ou sur ceux de ses
amis qui voudraient les acquitter. Montholon a répondu que Napoléon était prêt à payer toutes les dépenses de l'établissement, si on voulait lui laisser les moyens de le faire, et si l'on permettait à une maison
marchande ou à une maison de banque de Sainte-Hélène, Londres ou
Paris, choisie par le gouvernement anglais, de recevoir et envoyer des
lettres cachetées; que, d'un autre côté, il engagerait son honneur, si
l'on regardait cette correspondance comme sacrée, que les lettres ne
traiteraient que d'affaires pécuniaires. Le major Gorrequer répondit
que cela serait refusé; qu'aucune lettre cachetée ne pouvait sortir de
Longwood.

Le major Gorrequer ajouta que la diminution aurait lieu à partir du
15 du présent mois, et le pria de s'entendre avec M. Balcombe, chargé
de l'approvisionnement, sur la dépense de 1,000 livres sterling par mois.
M. Montholon lui dit que cet objet lui était indifférent; que le gouverneur pouvait agir comme il voudrait; qu'on ne leur fournissait rien de
superflu; que des réductions seraient une infamie monstrueuse. « Pour-
« quoi les ministres anglais déclarent-ils à l'Europe que Napoléon ne
« manque de rien, et refusent-ils les offres des puissances coalisées
« de les défrayer d'une partie de ces dépenses? »

Gorrequer insista : il fallait faire de grandes réductions, diminuer
la consommation du vin; il fallait que la maison entière se bornât à
dix bouteilles de vin rouge et une de madère. A quoi Montholon répliqua

que les Français buvaient peu comparativement aux Anglais ; qu'il avait déjà fait à la table de Napoléon ce qu'il n'avait fait chez lui de sa vie ; qu'il avait fait reboucher les restes d'une bouteille pour qu'elle servît encore le lendemain sur la table ; que le soir il ne restait jamais un morceau de viande dans toute la maison. 12,000 livres sterling à Sainte-Hélène ne représentent que 4,000 livres à Londres. L'affaire fut renvoyée au samedi.

Aux conférences nouvelles, Gorrequer dit que sept domestiques seraient renvoyés.

Le gouverneur est venu inspecter la garde de Longwood.

15. — Napoléon se rétablit ; il est mieux. Il s'est entretenu avec M. Balcombe des dépenses de l'établissement.

On a pesé une grande quantité de vaisselle plate pour la briser et la vendre. Le capitaine Poppleton est allé en instruire sir Hudson Lowe. Le comte de Montholon et Cipriani se sont plaints de l'état déplorable de l'étamage des casseroles de cuisine.

Napoléon est incommodé par le vin de l'approvisionnement ordinaire. Cipriani a prié le capitaine Mansell de lui procurer douze ou vingt-quatre bouteilles de celui que boit le capitaine Poppleton.

Les officiers du camp du 53e régiment, pour satisfaire au désir exprimé par Napoléon, de se procurer de meilleur vin, se proposaient de lui en offrir une caisse. Hudson Lowe, l'ayant su, défendit cet envoi. Gorrequer, l'envoyé du gouverneur, me dit que Bonaparte devait se contenter du vin qu'on lui offrait, ou s'en abstenir.

J'ai expliqué ensuite à sir Hudson Lowe lui-même, et à son contentement, l'affaire du vin entre le capitaine Mansell, Cipriani et moi.

Presque toute la vaisselle plate de Napoléon a été brisée ; on a conservé les aigles et les armes impériales. Le général Montholon, voulant vendre son argenterie, a demandé au capitaine Poppleton de le faire accompagner à James-Town par un officier. Sir Hudson Lowe, prévenu, fit dire au comte Montholon que l'argent que produirait cette vente serait déposé, pour l'usage de Bonaparte, entre les mains de M. Balcombe.

Pultney Malcolm, devant partir incessamment pour le cap de Bonne-Espérance, est venu prendre congé de Napoléon. Il en a été très-bien reçu. Ils ont causé longuement sur les siéges de Scheldt, d'Anvers, sur les guerres d'Allemagne, sur les Polonais, etc.

Madame Bertrand m'a fait écrire hier au soir à sir Thomas Reade, pour savoir si elle pouvait, sans inconvénient, demander au gouverneur la permission de faire vendre au Cap un phaéton acheté par Napoléon, et que ce dernier lui a donné.

Voici une anecdote curieuse sur le général Vandamme; je la tiens de Napoléon. Tombé au pouvoir des Russes, et conduit devant l'empereur Alexandre, qui ordonna sa translation en Sibérie, il répondit à l'autocrate qui l'accablait d'injures : « Il se peut bien, Sire, que j'aie pillé le

pays ennemi; mais il est des crimes bien plus grands qui n'ont jamais souillé ma main!... »

Les aides de camp de l'empereur l'entraînèrent.

Poppleton a montré au gouverneur les volailles données aujourd'hui à Longwood; il les a trouvées mauvaises.

Les commissaires sont venus à Longwood, et ont voulu pénétrer. Leur laissez-passer ne spécifiant point Longwood, mais tous les lieux par où un officier pouvait passer, ils ont été arrêtés par l'officier de garde.

Napoléon lit le grand ouvrage de Denon sur l'Égypte, et en fait lui-même des extraits.

1ᵉʳ octobre. — J'ai rapporté à Napoléon ce que Hudson Lowe m'avait dit le 23. Il a répondu : « Si j'avais été libre, je serais resté comme

« simple particulier dans quelque partie de l'Angleterre, sans me mê-
« ler jamais au grand monde. Je ne serais jamais allé à Londres, je
« n'aurais fréquenté que peu de personnes. Je me serais lié avec quel-
« ques savants. Je me serais promené tous les jours à cheval, et je serais
« revenu à mes études. »

Je lui fis observer que s'il persistait à prendre le titre de majesté, le ministre anglais saisirait ce motif pour le détenir à Sainte-Hélène. Alors il me dit : « Mais ils m'y obligent. Je voulais arriver ici *incognito*,
« je l'avais offert à l'amiral ; ils persistent à m'appeler général Bona-
« parte. Je n'ai pas, Dieu le sait, à rougir de ce nom ; mais je ne veux
« pas le reprendre, donné par eux comme une dégradation. Si la répu-
« blique n'a jamais existé légalement, elle n'a pas eu plus de droit
« de me nommer général que premier magistrat. Si l'amiral fût resté,
« continua-t-il, peut-être les choses se seraient-elles arrangées. Il avait du
« cœur et était incapable d'une action vile. Croyez-vous, ajouta-t-il, qu'il
« nous nuise en arrivant en Angleterre ? » Je lui dis : « La manière dont
« il a été traité la dernière fois qu'il est venu vous voir avec le gouver-
« neur, me fait penser qu'il ne vous rendra aucun service. Mais il dira
« la vérité : pourtant il exprimera franchement la rancune qu'il peut
« vous garder. — Pourquoi cela ? répliqua-t-il ; nous étions très-bien
« ensemble à bord du vaisseau. Que peut-il dire de moi ? que je voudrais
« échapper pour remonter sur le trône de France ? Si la nation fran-
« çaise n'a pu me faire empereur, elle n'a pu me faire général. Un
« homme à la tête d'un faible parti, pendant les troubles d'un pays, est
« appelé chef de rebelles ; mais lorsqu'il réussit, qu'il fait de grandes
« actions et élève son pays et lui-même, on le nomme général, souve-
« rain, etc. C'est le succès seul qui lui donne ce titre ; s'il eût été mal-
« heureux, il eût continué d'être chef de rebelles, et eût péri misérable-
« ment sur un échafaud. Votre nation a longtemps appelé Washington
« un chef de rebelles, et refusé de le connaître, lui ou la constitution de
« son pays ; mais ses victoires vous ont obligé de reconnaître l'un et
« l'autre. »

Il fit ensuite les plus grands éloges du noble dévouement que montraient les comtes Bertrand, de Montholon, de Las Cases, et les autres personnes de sa suite. « Ils auraient pourtant, continua-t-il, un excellent prétexte
« pour sortir de l'île, en refusant de signer l'écrit, où je suis appelé
« Napoléon Bonaparte, et que je leur ai défendu de signer. Mais, non,
« ils auraient signé *tiranno Bonaparte,* ou tout autre nom flétrissant,
« pour rester avec moi, ici, dans la misère, plutôt que de retourner en

« Europe, où ils pourraient vivre riches, honorés. Vous le voyez, plus
« votre gouvernement cherche à me dégrader, plus ils ont de respect
« pour moi ; ils se glorifient d'avoir aujourd'hui pour moi plus de défé-
« rence que lorsque j'étais au faîte de la puissance.

« *Pare*, dit-il ensuite, *che questo governatore è stato sempre spione*.
« Il serait bon pour être commissaire de police d'un faubourg. »

Je lui demandai quel était celui qu'il préférait, de Savary ou de Fouché, qui tous deux avaient été ministres de la police, et avaient eu une
mauvaise réputation en Angleterre. « Savary a le cœur excellent, et est
« un brave et noble soldat. Vous l'avez vu pleurer. Il m'aime avec toute
« l'affection d'un fils. Les Anglais qui ont vécu en France désabuseront
« votre nation sur son compte. Fouché, au contraire, est un mé-
« créant de toutes les couleurs, un odieux terroriste. Il vous arrache vos
« secrets avec un air de calme et de générosité. Il est très-riche ; ses ri-
« chesses ont été mal acquises. Il existait à Paris un impôt sur les
« maisons de jeu ; comme c'était une manière infâme d'obtenir de l'ar-
« gent, je ne voulus pas en profiter, et j'ordonnai que le montant de cet
« impôt serait affecté à un hôpital pour les pauvres. Il s'élevait à quel-
« ques millions ; mais Fouché, chargé de le percevoir, en mit une bonne
« partie dans sa poche. »

Je lui dis qu'on était étonné que pendant sa plus grande puissance,
il n'eût jamais donné un duché à aucun homme distingué de son siècle,
lui qui avait créé tant de princes et de ducs dans les pays conquis. Voici
sa réponse, elle est remarquable : « Parce que cela aurait produit un
« grand mécontentement parmi le peuple. Si, par exemple, j'avais fait
« un de mes maréchaux duc de Bourgogne, au lieu de lui donner un ti-
« tre emprunté à une victoire, cela aurait excité l'alarme en Bourgogne,
« parce qu'on y aurait pensé que quelque territoire et des droits féodaux
« étaient attachés à ce titre, et que le duc les réclamerait. La nation
« hait tant la vieille noblesse, que la création d'un titre qui eût emporté
« quelque chose d'elle aurait excité un mécontentement général, auquel,
« tout puissant que j'étais, je n'ai jamais voulu m'exposer. J'instituai la
« nouvelle noblesse pour *faire oublier* l'ancienne, et pour satisfaire le
« peuple, parce que ceux que j'en revêtis étaient sortis du peuple, et
« chaque soldat avait le droit d'aspirer au titre de duc. Je crois que j'ai
« encore eu tort en cela, parce que cela affaiblit ce système d'égalité
« qui plaisait tant à la nation ; mais si j'eusse créé des ducs avec des
« titres français, on eût cru que je voulais faire revivre les anciens pri-
« viléges féodaux sous lesquels la France a été si longtemps accablée. »

Hudson Lowe a désigné pour quitter Longwood le capitaine Piontowski, Rousseau et Santini cadet. J'ai dit au gouverneur, au nom du général Montholon, que Napoléon désirait que l'on ne séparât pas les frères Archambaud. Le gouverneur devait savoir que dans un pays comme Sainte-Hélène, où les chemins étaient si dangereux, il était important d'avoir un cocher exercé.

Hudson Lowe a répondu que le général Bonaparte n'était libre de choisir ni de désigner ses domestiques qui devaient quitter Longwood ; qu'il avait ordre de faire partir les Français avant les étrangers, que Bernard était Flamand, Gentilini Italien, Santini Corse ; qu'ils auraient pu rester sans leur refus de signer l'engagement.

L'ordre d'Hudson Lowe est donné : Piontowski, Santini, Rousseau et Archambaud le jeune ont été envoyés à la ville pour s'embarquer. Ils ont reçu chacun une pension ; Piontowski a reçu des lettres de recommandation en plus. Avant l'embarquement, le capitaine Mansell et le sergent Prévot les ont fouillés, eux et leurs bagages, avec le soin le plus minutieux ; le capitaine Mansell a déshabillé entièrement Piontowski. Le soir, ils ont mis à la voile pour le Cap.

Campagne de Moscou. — Blücher. — Siége de Toulon. — Talleyrand. — Pichegru. — Moreau. — Memorandum. — Desaix. — Machine infernale. — Grouchy.

Le lendemain l'Empereur me parla de la campagne de Moscou. « Un « grand nombre de propriétaires « avaient laissé des billets par les- « quels ils priaient les officiers « français qui prendraient posses- « sion de leurs maisons d'épargner « les meubles et autres effets; ils « avaient laissé ce qui nous était « utile, et ils espéraient revenir dans peu de jours, lorsque l'empe- « reur Alexandre aurait arrangé les affaires. Plusieurs dames étaient

« restées ; elles savaient qu'à Berlin et à Vienne il n'avait été fait au-
«cune insulte aux habitants. Tout le monde comptait sur une prompte
« paix. Nous espérions jouir de nous-mêmes dans des quartiers d'hiver,
« avec tout espoir de succès au printemps. Deux jours après notre arri-
« vée, l'incendie fut découvert. Il ne paraissait pas d'abord être alarmant,
« et l'on pensait qu'il pouvait avoir été causé par des soldats, en allumant
« leurs feux trop près des maisons, qui étaient presque toutes en bois. Je
« donnai des ordres extrêmement sévères à ce sujet aux commandants des
« régiments. Le lendemain le feu s'était accru, pas pourtant de manière
« à donner de sérieuses craintes. Cependant, craignant qu'il ne vint jus-
« qu'à nous, je sortis à cheval et donnai tous les ordres possibles pour
« l'éteindre. Le jour suivant, un vent violent s'étant élevé, l'incendie se
« propagea avec la plus grande rapidité. Des centaines de misérables se
« dispersèrent dans différents quartiers de la ville, et, au moyen de mè-
« ches qu'ils cachaient sous leurs manteaux, mirent le feu aux maisons
« qui se trouvaient sous le vent ; l'incendie trouvait des aliments dans les
« matières combustibles qui formaient leur bâtisse. Cette circonstance,
« jointe à la violence du vent, rendit inutiles tous les efforts pour étein-

« dre le feu. Moi-même j'eus peine à en sortir en vie. Je donnai l'exem-
« ple ; je m'exposai au milieu des flammes, et j'eus les cheveux et les

« sourcils brûlés ; mes habits furent brûlés sur mon dos. Les efforts
« furent vains, parce que les Russes, avant de s'éloigner, avaient détruit
« les pompes. Les incendiaires payés par Rostopchin couraient de tous
« côtés, rallumant partout le feu avec leurs torches ; un vent furieux les
« secondait. La ville fut détruite. J'étais préparé à tout, mais pas à cet
« événement. Qui aurait pu le redouter raisonnablement ? Les habitants
« firent beaucoup d'efforts pour l'éteindre, et ils amenèrent devant nous
« un grand nombre d'incendiaires munis de torches ; car nous n'aurions
« jamais pu les reconnaître au milieu de cette immense populace. Je
« fis fusiller deux cents de ces misérables. J'avais, sans cet incendie,
« tout ce qui était nécessaire à mon armée : les meilleurs quartiers d'hi-
« ver, des approvisionnements complets ; et la campagne suivante eût
« tout décidé. Alexandre aurait fait la paix, ou j'aurais été à Péters-
« bourg. » Je demandai à Napoléon si sa pensée était de réduire toute
la Russie. « Non, non ; seulement j'aurais obligé la Russie à faire une
« paix favorable aux intérêts de la France. Ensuite je quittai Moscou cinq
« jours trop tard. Plusieurs des généraux ont été arrachés de leurs lits
« par le feu. Je restai moi-même dans le Kremlin [1] jusqu'à ce que je
« fusse environné de flammes. Le feu gagna les magasins chinois et in-
« diens, et plusieurs entrepôts d'huile et d'esprit, qui s'enflammèrent.
« Je me retirai alors dans une maison de campagne appartenant à l'em-
« pereur Alexandre, à peu près à une lieue de Moscou ; et vous pouvez
« juger vous-même de l'intensité du feu, lorsque vous saurez qu'on pou-
« vait à peine tenir les mains sur les murs ou les fenêtres du côté de
« Moscou, tant elles étaient échauffées. C'était le spectacle d'une mer de
« feu ; des montagnes de flammes rouges et tournoyantes comme les va-
« gues, s'élançaient tout à coup vers un ciel embrasé, et retombaient
« ensuite dans un océan de feu. Ce spectacle est le plus grand, le plus
« sublime et le plus terrible que j'aie vu de ma vie. »

9. — J'ai causé pendant quelques instants avec l'Empereur sur la
religion. Je lui ai dit qu'il y avait en Angleterre bien des versions sur sa
croyance religieuse, et qu'on y présumait actuellement qu'il était catholique romain. « *Ebbene*, répliqua-t-il, *credo tutto quel che creda la
« chiesa* (Je crois comme l'Église.)

« Aux Tuileries, j'avais l'habitude, quand je les avais devant moi, de
« faire discuter le pape et l'évêque de Nantes. Le pape désirait rétablir les

---

[1] Le général Gourgaud m'a raconté que, pendant cette bagarre, une troupe de corbeaux de plusieurs milliers, arrivée à Moscou, se percha sur les tours du Kremlin, d'où ils s'abattirent fréquemment en voltigeant autour des soldats français, en battant des ailes et en croassant. Il m'a dit que les soldats furent frappés par cet incident qu'ils considérèrent comme de sinistre augure.

« moines. Mon évêque avait coutume de lui dire que je trouvais naturel
« qu'on fût moine par le cœur et les habitudes, mais que je ne voulais
« pas qu'aucune société de ce genre fût rétablie. — Le pape cherchait à
« me faire confesser, ce que j'évitai toujours en répondant : *Santo pa-*
« *dre,* je suis occupé à présent; quand je serai vieux. J'avais beaucoup
« de plaisir à m'entretenir avec le pape; c'était un bon vieillard, *ma*
« *testardo* (mais tenace).

« Il y a tant de religions différentes, ou de modifications dans la reli-
« gion, qu'il est difficile de savoir laquelle choisir. Si une religion avait
« existé dès le commencement du monde, je la croirais la véritable.
« Mais dans l'état où sont les choses, je pense que chacun doit conserver
« la religion de ses pères. Qu'êtes-vous? — Protestant, lui dis-je. —
« Votre père l'était-il aussi? — Oui. — Eh bien, continuez de vivre dans
« cette communion.

« Je recevais les catholiques et les protestants à mon lever. Je payais
« les ministres de ces cultes sur le même pied.

« Je donnai aux protestants, à Paris, une belle église qui avait appar-
« tenu aux jésuites. Pour prévenir les querelles de religion, dans les
« lieux où se trouvaient des temples protestants et catholiques, je leur
« défendis de sonner les cloches pour appeler le peuple au service dans
« leurs églises respectives, à moins que les ministres de l'un et de l'autre
« ne fissent une demande particulière à cet égard, en établissant que
« c'était d'après le désir des membres de chaque communion. On don-
« nait alors une permission pour un an ; et si, à l'expiration de cette
« année, la demande n'était pas renouvelée par les deux parties, cette
« permission expirait. J'empêchai ainsi les discussions qui avaient
« existé auparavant, parce que les prêtres catholiques ne pouvaient
« sonner leurs cloches à moins que les prêtres protestants n'eussent un
« pareil privilége.

« Il existe un lien entre l'animal et la Divinité. L'homme est sim-
« plement un animal plus parfait que le reste ; il raisonne mieux, mais
« savons-nous si les animaux n'ont pas un langage propre? De notre
« part il y a orgueil, fatuité à dire non : ils n'en ont point, et la raison
« c'est que nous ne pouvons pas le démêler. Un cheval a de la mé-
« moire, du jugement et de l'amour. Il distingue son maître entre les
« domestiques, bien que ceux-ci soient plus constamment avec lui.
« J'avais un cheval qui me reconnaissait parmi tout le monde, et qui,
« lorsque j'étais sur son dos, manifestait, par ses sauts et sa marche
« hardie, qu'il portait un personnage supérieur à ceux dont il était or-

« dinairement entouré. Il ne voulait permettre à personne autre que
« moi de le monter, excepté à un palefrenier qui en prenait constam-
« ment soin; et lorsqu'il était monté par cet homme, ses mouvements
« étaient si différents, qu'il semblait dire qu'il portait mon domesti-
« que. Lorsque je perdais ma route, je le laissais aller, et il la retrou-
« vait toujours dans des endroits où, avec toute mon observation et
« une connaissance plus particulière des lieux, je n'aurais pu le faire.
« Nul ne nie aussi l'intelligence des chiens? Il existe une chaîne entre
« les animaux; les plantes sont autant d'animaux qui mangent et boi-
« vent; et il y existe des degrés jusqu'à l'homme, qui est seulement le
« plus parfait de tous les êtres. Il me semble que le même esprit les
« anime plus ou moins. »

Il me dit dans un autre moment : « Votre gouverneur a fait fermer
« le sentier qui conduit aux jardins de la compagnie, où je me prome-
« nais quelquefois, parce que c'est le seul endroit à l'abri du *vento agro*;
« il a regardé cette liberté comme une trop grande faveur. *Son certo che
« ha qualche cattivo oggetto in vista.* Tout cela ne me chagrine pas
« beaucoup, car lorsque l'heure d'un homme est venue, il doit partir. »
Je me permis de lui demander s'il ne croyait pas à la fatalité. « *Sicuro*,
« répondit Napoléon, autant que les Turcs. J'ai toujours été de même. Il
« faut obéir à l'ordre du destin. *Quando lo vuole il destino, bisogna
« ubbidire.* »

Le lendemain je pris la liberté de lui adresser quelques questions sur
Blücher. « Blücher, dit-il, est un très-brave soldat, un *bon sabreur*. Il
« est comme un taureau qui ferme les yeux, et, sans voir aucun dan-
« ger, se précipite en avant. Il a commis mille fautes, et, sans des cir-
« constances inouïes, j'aurais pu, différentes fois, le faire prisonnier,
« lui et la plus grande partie de son armée. Il est obstiné et infatigable,
« ne craignant rien, et très-attaché à son pays. Comme général, il est
« sans talent. »

Voici ce qu'il disait de l'armée anglaise : « Le soldat anglais est brave,
« et les officiers, en général, véritables gens d'honneur. — Cependant
« je ne les crois pas capables d'exécuter de grandes manœuvres. Je ne
« les connais pas assez bien pour en parler définitivement. J'ai eu une con-
« versation avec Bingham à ce sujet, et bien qu'il ne soit pas de mon avis,
« je voudrais changer votre système. Au lieu du fouet, je voudrais les
« conduire par le point d'honneur [1]. Je voudrais éveiller en eux l'ému-

---

[1] Napoléon avait raison. Il aurait pu citer à M. Bingham le régiment anglais *il e Scotch-Gray* (Écossais gris), régiment où le soldat n'est pas passible du fouet.

« lation des Français. J'avancerais, comme je le faisais en France, tout
« soldat qui se serait fait remarquer par une action d'éclat. J'assemblais
« alors officiers et soldats, et je demandais : *Quels sont ceux qui se sont*
« *distingués? Quels sont les braves?* Je mettrais dans les grades vacants
« ceux qui sauraient lire et écrire ; je dirais à ceux qui ne le sauraient
« pas d'étudier jusqu'à ce qu'ils fussent suffisamment instruits, et qu'alors
« je les ferais également monter en grade. Que ne pourrait-on pas at-
« tendre de l'armée anglaise, si chaque soldat espérait devenir général
« en se comportant bravement! Bingham dit cependant que la plus
« grande partie de vos soldats sont des brutes, et qu'il faut les conduire
« à coups de bâton. Cependant nombre de vos soldats doivent avoir les
« sentiments assez élevés pour vouloir se placer au rang des militaires
« qui se sentent la dignité de l'homme. Abolissez vite ce qui dégrade
« vos jeunes concitoyens. Bingham m'a dit qu'il n'y a que la *canaille*
« qui s'enrôle ; c'est cette position avilissante du soldat qui en est la
« cause. Je la ferais cesser si j'étais le premier de vos ministres ; je
« voudrais que le titre de soldat anglais fût véritablement honorable.
« Je voudrais faire ce que j'ai fait en France : j'encouragerais les
« jeunes gens bien élevés, les fils de marchands, les nobles mêmes,
« toutes les classes, à me fournir des soldats, de simples soldats que j'a-
« vancerais ensuite suivant leur mérite ; je remplacerais le fouet par la
« prison, le pain et l'eau, par le mépris du régiment. *Quando il soldato*
« *è avvilito e disonorato colle fruste, poco gli preme la gloria e l'onore*
« *d'ella sua patria* [1].

« Peut-il rester à un soldat fustigé en présence de ses camarades jus-
« qu'à l'ombre de sa dignité ? Il perd l'amour de sa patrie ; plus tard il
« se battrait contre elle, s'il était mieux payé ! !... Lorsque les Autri-
« chiens possédaient l'Italie, ils cherchaient inutilement à faire des sol-
« dats des Italiens : ceux-ci désertaient dès qu'ils étaient réunis ; ou
« bien, lorsqu'ils étaient obligés de se battre, ils lâchaient pied et
« fuyaient au premier moment du feu. Il était impossible de retenir un
« seul régiment. Lorsque j'eus conquis l'Italie, et que je commençai
« à faire des levées, les Autrichiens se moquèrent de moi, et disaient
« que cela ne me réussirait pas ; qu'ils avaient essayé bien des fois à le
« faire, et qu'il n'était pas dans le caractère des Italiens de se battre et
« de former de bons soldats. Malgré ces objections j'enrôlai plusieurs
« milliers d'Italiens, qui se battirent comme les Français, et ne m'aban-

[1] Quand un soldat a été flétri par des coups de fouet, l'honneur de sa patrie l'intéresse fort peu.

« donnèrent pas, même dans l'adversité. Il vous est facile d'en voir
« la cause. J'avais aboli le fouet et le bâton, que les Autrichiens avaient
« adoptés ; j'avançai ceux des soldats qui avaient des talents ; plusieurs
« généraux furent choisis parmi eux. Je substituai l'honneur et l'émula-
« tion à la terreur et au fouet. »

Je demandai à Napoléon ce qu'il pensait du mérite comparatif des Russes, des Prussiens et des Allemands. « Je pense que les soldats
« changent quelquefois ; ils sont braves un jour, et lâches l'autre.
« J'ai vu les Russes faire des prodiges de valeur à Eylau ; c'étaient alors
« autant de héros : à la Moskowa, retranchés d'une manière inexpu-
« gnable, ils me laissèrent battre cent cinquante mille hommes avec
« quatre-vingt-dix mille. A Iéna, et dans d'autres batailles de cette
« campagne, les Prussiens s'enfuirent comme des moutons ; depuis ces
« derniers temps ils se sont battus bravement. Je crois qu'aujourd'hui
« le soldat prussien est supérieur au soldat autrichien. Les cuirassiers
« français sont la meilleure cavalerie du monde pour enfoncer l'infan-
« terie. Individuellement, il n'est pas de cavalier supérieur, ni même
« comparable au mameluk ; mais ils ne peuvent agir en corps. Les
« Cosaques sont fort bons, comme partisans, pour harceler, et les Polo-
« nais comme lanciers. »

Je lui demandai aussi quel était celui qu'il préférait parmi les généraux autrichiens. « Le prince Charles, bien qu'il ait fait beaucoup de fau-
« tes. Quant à Schwartzemberg, il ne peut pas commander six mille
« hommes. »

Napoléon nous parla aujourd'hui du siége de Toulon, et ajouta que là, le général O'Hara était tombé en son pouvoir. « Je puis dire que je
« l'ai fait prisonnier moi-même. J'avais établi une batterie masquée de
« huit pièces de vingt-quatre et de quatre mortiers, pour attaquer le fort
« Malbosquet, qui se trouvait occupé par les Anglais : cette batterie fut
« achevée dans la soirée, et j'étais dans l'intention d'attaquer le lende-
« main matin. Tandis que je donnais des ordres sur un autre point de
« l'armée, quelques députés de la Convention nationale arrivèrent. Dans
« ce temps-là, ils prenaient quelquefois sur eux de diriger les opérations
« militaires ; et ces imbéciles ordonnèrent à la batterie de commencer
« son feu : on obéit à cet ordre. Dès que je vis ce feu prématuré,
« je pensai que le général anglais attaquerait la batterie et l'enlèverait
« probablement, parce que toutes mes dispositions n'avaient pas encore
« été prises pour la soutenir. En effet, O'Hara, voyant que le feu de la
« batterie chasserait ses troupes de Malbosquet, et que je finirais par

« m'emparer du fort qui commandait la rade, se décida à m'attaquer.
« Il se mit à la tête de ses troupes, fit une sortie, et emporta effective-
« ment la batterie et les lignes que j'avais établies à gauche. (*Napoléon
« a décrit sur le papier le plan de la position des batteries.*) Celles de
« droite furent prises par les Napolitains. Tandis que ceux-ci s'occu-
« paient à enclouer les canons, j'avançai, sans être aperçu, avec trois
« ou quatre cents grenadiers, par un *boyau* couvert d'oliviers, lequel
« communiquait à la batterie, et je fis un feu écrasant sur les troupes
« d'O'Hara. Les Anglais étonnés crurent d'abord que les Napolitains,
« qui occupaient les lignes sur la droite, les prenaient pour des Fran-
« çais, et tous criaient : C'est cette *canaglia* de Napolitains qui fait feu
« sur nous (dans ce temps les troupes anglaises méprisaient beaucoup
« les Napolitains). O'Hara franchit sa batterie, et marcha sur nos trou-
« pes. Il fut blessé au bras par un sergent ; et, comme j'étais à l'entrée du
« boyau, je le saisis brusquement par son habit, et le poussai au mi-

« lieu de mes soldats, pensant que c'était un colonel ; il avait deux épau-
« lettes. Tandis qu'on l'emmenait, il s'écria qu'il était le commandant
« en chef des Anglais. Il croyait qu'il allait être massacré, parce qu'il

« existait un ordre de la Convention de ne point faire de quartier aux
« Anglais. Je courus à lui, et empêchai les soldats de le maltraiter. Il
« parlait un très-mauvais français ; et comme je voyais qu'il s'imaginait
« qu'on avait l'intention de le fusiller, je fis tout ce qui était en mon
« pouvoir pour le rassurer, et donnai ordre qu'on pansât immédiate-
« ment sa blessure, et qu'on eût pour lui les plus grands égards. Il me
« pria de lui donner des détails sur les circonstances qui avaient déter-
« miné sa capture, pour rendre compte de sa conduite à son gouver-
« nement.

« Les députés de la Convention voulaient attaquer et incendier la
« ville ; mais je leur démontrai qu'elle était très-forte, et que nous per-
« drions beaucoup de monde ; que ce qui était convenable était de s'em-
« parer des forts qui commandaient la rade, et que les Anglais seraient
« pris ou forcés de brûler la plus grande partie de la flotte et de se
« sauver. Cet avis fut suivi, et les Anglais, devinant quelle en serait la
« suite, mirent le feu aux vaisseaux, et abandonnèrent la ville. S'il était
« venu un *libeccio*[1], ils auraient été tous pris. Ce fut Sidney Smith qui
« incendia la flotte, et elle eût été entièrement brûlée si les Espagnols
« eussent fait leur devoir. Ce fut le plus beau feu d'artifice possible. »

Napoléon m'a parlé de sir Sidney Smith. « Sidney Smith est un
« brave officier. Il a montré une grande habileté dans le traité relatif
« à l'évacuation de l'Égypte par les Français ; il sut profiter du mécon-
« tentement qui existait parmi les troupes françaises en se voyant si
« longtemps éloignées de la France. Il se fit honneur en envoyant im-
« médiatement à Kléber le refus que fit lord Keith de ratifier le traité,
« ce qui sauva l'armée française ; car, s'il eût tenu ce refus secret pen-
« dant sept ou huit jours de plus, le Caire aurait été cédé aux Turcs, et
« l'armée française se serait vue forcée de se rendre aux Anglais. Il
« montra également beaucoup de noblesse et d'humanité dans tous ses
« procédés à l'égard des Français qui tombèrent entre ses mains. Il
« paraît qu'il a débarqué au Havre pour la sotte gageure qu'il aurait
« faite d'y aller au théâtre ; j'ai cru plutôt que c'était pour examiner
« la place. Quel qu'ait été son motif, il fut arrêté et renfermé au Tem-
« ple comme espion : il fut même question, pendant un temps, de le
« juger et de l'exécuter. Quelques semaines après, je revins d'Italie ;
« Sidney Smith m'écrivit de sa prison pour me prier d'intercéder en sa
« faveur. Il est actif, intelligent, remuant et infatigable. »

[1] Vent du sud.

« Pensez-vous, lui demandai-je, que sir Sidney ait montré beaucoup
« de talent et de courage à Acre. — Oui : la principale cause de la non-
« réussite, c'est qu'il prit tout mon train d'artillerie à bord de plusieurs
« petits vaisseaux. Sans cela, j'aurais pris Acre malgré lui. Il se con-
« duisit vaillamment, et fut bien secondé par Philippeaux, Français de
« talent, qui avait étudié avec moi comme ingénieur. Il y avait aussi un
« major Douglas qui se comporta bravement. L'acquisition de cinq ou
« six cents matelots, comme canonniers, devint un puissant secours
« pour les Turcs, dont le courage se releva, et à qui ceux-ci apprirent à
« défendre leur forteresse. Mais Sidney commit une grande faute en
« faisant des sorties où deux ou trois cents braves perdirent la vie sans
« aucune chance de succès. Il était impossible qu'il réussît contre le
« grand nombre de Français qui étaient devant Acre. Je parierais qu'il
« perdit la moitié de son équipage. Il répandit parmi mes troupes des
« proclamations qui ébranlèrent plusieurs corps ; je publiai en consé-
« quence un ordre par lequel je le déclarais fou, et défendais toute com-
« munication avec lui. Quelques jours après, il m'envoya un cartel, au
« moyen d'un parlementaire, lieutenant ou garde-marine. Je répondis
« que je me rendrais à l'invitation quand il amènerait Marlborough
« pour me battre. Malgré le passé, j'aime ce caractère chevaleresque. »

Comme je lui faisais observer, dans le même entretien, que l'invasion d'Espagne avait été pour lui une entreprise fatale, j'en reçus cette
réponse : « Si le gouvernement que j'avais établi fût resté, c'eût été la
« meilleure chose qui eût jamais pu arriver à l'Espagne. J'aurais régé-
« néré les Espagnols, j'en aurais fait une grande nation. Je leur aurais
« donné une nouvelle dynastie qui n'aurait eu de droit sur l'Espagne
« que par le bien qu'elle y aurait fait. Ils auraient eu un monarque ca-
« pable de relever la nation courbée sous le joug de la superstition et
« de l'ignorance. Peut-être a-t-il mieux valu pour la France que ce plan
« n'ait pas réussi, car l'Espagne aurait été une rivale dangereuse. J'au-
« rais détruit la superstition et aboli l'inquisition et les monastères de
« ces paresseux *bestie di frati*. J'aurais détruit l'influence dangereuse
« des prêtres. Les *guerillas,* qui se sont battus contre moi avec tant de
« bravoure, déplorent maintenant leurs succès. Dans les derniers temps
« que j'étais à Paris, je reçus des lettres de Mina et de plusieurs autres
« chefs de guérillas, qui me priaient de les aider à chasser les moines. »

Il s'est plaint de nouveau du gouverneur. Il a comparé sa conduite
mystérieuse et défiante aux procédés francs et ouverts de sir Georges
Cockburn. « Si je ne regardais pas le suicide comme un acte de pol-

« tronnerie, qui d'ailleurs plairait à vos ministres, je m'en débarrasse-
« rais. Mais je pense qu'il y a un véritable courage à supporter une exis-
« tence comme la mienne; je ne veux pas la quitter. Ce gouverneur a
« une double correspondance avec vos ministres, semblable à celle que
« tous vos ambassadeurs entretiennent avec ceux-ci : les uns écrivent
« comme pour tromper le monde, dans le cas où on les obligerait
« jamais à publier leurs lettres; l'autre leur fait un récit sincère, mais
« pour eux seuls. » Je lui dis que je pensais comme lui que les ambassadeurs et les personnages éminents de tous les pays faisaient toujours
deux récits différents, l'un pour le public, et l'autre pour le silence du
cabinet. « Il n'y a pas dans le monde, dit Napoléon, un ministère aussi
« machiavélique que le vôtre. Et cela tient à votre système. Ce sys-
« tème et la liberté de la presse mettent vos ministres dans l'obligation
« de donner quelques détails à la nation, et, par cela même, les forcent
« à tromper le public dans plus d'une circonstance; mais, comme il
« leur est aussi nécessaire de connaître la vérité, ils ont une double
« correspondance : une officielle et une fausse, pour tromper la nation,
« lorsque le parlement veut en prendre connaissance et la publier; l'au-
« tre particulière et véritable, pour la tenir enfermée; et ne pas la dépo-
« ser dans les archives. »

J'ai écrit de nouveau au gouverneur; je lui ait dit quelles seraient les conséquences du refus d'exercice fait par Napoléon; il lui sera mortel.

12. — Je demandai à Napoléon, pendant qu'il était au bain, ce qu'il pensait de Talleyrand. « C'est, me dit-il, le plus vil et le plus corrompu
« des hommes : il a trahi toutes les causes, mais il est très-habile, très-
« prudent. Talleyrand traite même, sans doute, ses ennemis comme
« s'il devait un jour se réconcilier avec eux, et ses amis comme s'ils
« devaient devenir ses ennemis. Il a un talent élevé incontestable, mais
« il est trop vénal; on ne peut rien faire avec lui qu'en le payant. Les
« rois de Wurtemberg et de Bavière m'adressèrent tant de plaintes sur
« ses extorsions, que je fus contraint de lui retirer des mains le porte-
« feuille des affaires étrangères. Il a divulgué encore à des intrigants un
« secret de la plus haute importance et que je n'avais confié qu'à lui
« seul. Quand je fus de retour de l'île d'Elbe, Talleyrand m'écrivit pour
« m'offrir ses services à la condition d'oublier le passé. Il argumentait
« d'après une de mes proclamations où j'avais dit qu'il était des cir-
« constances qu'on ne pouvait dominer. Lorsque j'y réfléchis, je pensai
« que je devais faire des exceptions, je le refusai; si je n'avais puni per-

« sonne, j'eusse encouru l'indignation de la France. » Je demandai à Napoléon s'il était exact que Talleyrand lui eût conseillé de détrôner le roi d'Espagne. Le duc de Rovigo m'a dit, ajoutai-je, que Talleyrand vous avait tenu ce langage : « Sire, vous ne serez jamais en sûreté sur « le trône de France tant qu'un Bourbon en occupera un autre. — Je ne « me le rappelle pas, me dit-il ; ce dont je me souviens, c'est qu'il m'a « sans cesse conseillé de nuire aux Bourbons. »

Napoléon m'a fait voir les traces de deux blessures. Il a reçu l'une pendant sa première campagne d'Italie ; elle faillit nécessiter l'amputation : elle a laissé une cicatrice profonde au-dessus du genou gauche ; l'autre était sur l'orteil, il l'avait reçue à Eckmühl ; son usage, me dit-il, était, lorsqu'il était blessé, de le tenir secret, afin de ne pas effrayer les soldats. « Au siége d'Acre, une bombe vint tomber à mes pieds. Deux « soldats, qui étaient à mes côtés, me saisirent et m'embrassèrent étroi-« tement, l'un par devant et l'autre de côté, et me firent ainsi un rem-« part de leur corps contre les effets de la bombe, qui, en faisant explo-« sion, les couvrit de poussière. Nous tombâmes tous trois dans le trou « formé par son éclat : un des deux fut blessé. Je les fis officiers. L'un « a depuis perdu une jambe à Moscou, et commandait à Vincennes « lorsque je quittai Paris [1]. Lorsque, en 1814, les Russes le sommèrent « de rendre la place, il répondit qu'il ne leur rendrait la forteresse que « lorsqu'ils lui rapporteraient la jambe qu'il avait perdue à Moscou. « J'ai dû plusieurs fois la conservation de ma vie à des soldats « et des officiers qui se précipitaient au-devant de moi. Lorsque je « m'élançai sur Arcole, le colonel Muiron, mon aide de camp, se jeta « devant moi, me couvrit de son corps, et reçut le coup qui m'était « destiné. Il tomba mort à mes pieds, et son sang me jaillit au « visage : il avait donné sa vie pour sauver la mienne. Les soldats « étaient admirables pour moi. Dans mes revers ils n'élevèrent jamais « la voix contre moi. Aucun général n'a été servi plus fidèlement ; « mes soldats versaient leur dernière goutte de sang au cri de : *Vive* « *l'Empereur!* »

J'ai dîné à Plantation-House, la société a été égayée par le marquis de Montchenu qui nous a fait connaître quelques circonstances liées, dit-il, à sa *grande naissance*. Le marquis est bien bouffon pour un ambassadeur.

17. — Sir Hudson Lowe a fait diminuer l'approvisionnement de

---

[1] Le lieutenant général Daumesnil.

Longwood de deux livres de viande et d'une bouteille de vin, à cause du départ d'un domestique.

Les charretiers, chargés du transport des provisions, assurent que Thomas Reade examine le linge sale de Longwood lorsqu'il arrive à la ville. La comtesse Bertrand avait fait passer, dans le coffre contenant ce linge, des nouvelles qu'elle tenait de miss Chesborough. Le papier avait été mis négligemment sur le linge ; le coffre n'était pas fermé. Reade, en le voyant, s'écria que le règlement était violé, qu'il fallait renvoyer miss Chesborough. Il inspecta sans réserve le linge de la comtesse, fit de sales et indignes observations.

On m'avait dit que Napoléon avait sauvé la vie à Duroc lors des premières campagnes d'Italie ; celui-ci était arrêté et condamné pour cause d'émigration. L'Empereur, auquel je citai ce fait, parut étonné et me dit : « Il n'y a rien de vrai dans tout cela ? » J'ajoutai que je tenais cette version du marquis de Montchenu. « C'est faux, poursuivit Napo-
« léon ; j'ai tiré Duroc du train d'artillerie, il n'était encore qu'un en-
« fant et je l'ai protégé jusqu'à sa mort. Montchenu aura dit cela parce
« que Duroc était d'une ancienne famille, titre qui dispense de mérite
« aux yeux de cet homme. Il n'estime que ceux qui peuvent produire
« leurs quartiers de noblesse. Ces gens-là sont cause de la révolution.
« Avant 1789, un homme comme Bertrand, qui vaut à lui seul plus
« qu'une armée de ces féodaux, ne serait pas devenu sous-lieutenant,
« tandis que des parchemins gothiques faisaient un enfant général. Que
« Dieu ait pitié de toute nation qui, à l'avenir, sera gouvernée avec de pa-
« reilles idées ! La plupart des généraux de mon règne, dont les belles ac-
« tions sont l'orgueil de la France, sortaient du peuple. Je ne comprends
« pas qu'on ait reçu la duchesse de Reggio comme *première dame d'hon-
« neur* de la duchesse de Berry, puisque son mari n'est qu'un soldat,
« sans aïeux d'une *grande naissance*. » Je lui demandai ce qu'il pensait du duc de Reggio, il me répondit : « C'est un brave homme, *ma di poca
« testa*. Il s'est laissé mener par sa jeune femme, qui sort d'une famille
« noble. Il m'a offert ses services au retour de l'île d'Elbe, et prêté
« serment de fidélité.—Croyez-vous qu'il aurait été fidèle ?—Il aurait
« pu l'être, j'ose même affirmer qu'il l'eût été, si j'eusse réussi. »

Napoléon dicte avec ardeur ses *mémoires* à MM. Bertrand et Montholon.

Le gouverneur fait des difficultés au sujet de la remise aux captifs de Longwood de l'argent produit par la vente de l'argenterie brisée. Cette somme est trop considérable, ajoute-t-il, pour être donnée ainsi. (Elle est de 295 livres sterling.) Il a demandé des détails sur l'emploi qu'on projette en faire. Sur les 295 livres sterling, il ne resterait que fort peu de chose de disponible, parce qu'il est dû 85 livres à Marchand, 45 livres à Cipriani, 76 livres à Gentilini ; cet argent avait été avancé par eux pour achat d'aliments, avant la dernière vente de l'argenterie. Il était dû aussi 70 livres sterling à M. Balcombe, 10 livres à Le Sage, et 20 livres à Archambaud pour achat de volailles.

Hudson Lowe a fait diminuer derechef la provision de vin et de viande.

En revenant à Longwood, j'ai rencontré sir Hudson Lowe à cheval. Je me suis approché de lui, alors il m'a dit avec une sorte de joie. « Vous trouverez votre ami Las Cases en bonnes mains. » En effet, quelques minutes après, je vis le comte qui se rendait à Hut's-Gate sous la surveillance de l'aide de camp Prichard. Voici ce qui était arrivé : vers les trois heures environ, Hudson Lowe entra à Longwood, accompagné de sir Reade, du major Gorrequer et de trois dragons. Quelques instants après arrivèrent le capitaine Blakency et l'intendant de la police. Après avoir ordonné à un détachement commandé par un caporal, de les suivre, ces messieurs, à l'exception d'Hudson Lowe et de Gorrequer, se rendirent chez le capitaine Poppleton. Sir Thomas lui dit d'envoyer chercher M. de Las Cases, dans ce moment près de Napoléon. De Las Cases sortit pour se rendre chez lui ; il fut arrêté par Reade et l'intendant de la police. Ses effets et hardes furent saisis. Son fils cacheta, avec un grand soin, ses papiers, puis se rendit à Hut's-Gate sous la surveillance d'un officier du 66e régiment qui ne devait lui permettre de voir qu'Hudson Lowe et son état-major. Une lettre écrite sur de la soie, et remise par le comte de Las Cases, à son domestique Scott pour la porter en Angleterre, était le motif de cette arrestation. Le père de Scott, instruit de cette commission par son fils, le conduisit chez un M. Baker et chez le gouverneur qui le fit mettre en prison après l'avoir interrogé.

Le soir, je vis Napoléon. Il paraissait ignorer les intentions qu'avait eues M. de Las Cases.

« Las Cases est un honnête homme, et il m'est trop tendrement at-
« taché pour nous avoir compromis dans quelque entreprise hasar-
« deuse. Je suis convaincu que cette arrestation est un effet de la ca-
« pricieuse tyrannie du gouverneur. Las Cases écrivait peut-être à son
« banquier à Londres, car il a placé 4 ou 5,000 livres sterling, et était
« dans l'intention de les retirer pour venir à mon secours ; seulement

« il ne se souciait pas que sa lettre passât par les mains du gouverneur.
« Si Las Cases m'eût consulté, je l'aurais détourné de ce dessein, non
« que je désapprouve ses efforts pour faire connaître notre situation ;
« mais il fallait agir moins légèrement. Mais comment Las Cases, avec
« tout son esprit, a-t-il pu choisir, pour agent secret, un esclave qui
« ne sait ni lire ni écrire, et penser à l'envoyer passer six mois en
« Angleterre, où il n'a jamais été, et où il n'aurait certainement pas
« bien rempli sa mission ? Je ne puis encore expliquer tout cela.

« Las Cases a chez lui mes campagnes en Italie, et toute la corres-
« pondance officielle entre l'amiral, le gouverneur et Longwood ; et l'on
« m'assure qu'il écrit un journal retraçant quelques-uns de nos entre-
« tiens. »

L'Empereur m'a demandé au bain des nouvelles de Las Cases. « Las
« Cases est le seul, parmi les Français, qui sache parler anglais, ou le
« seul qui l'explique à ma satisfaction. Je ne puis pas encore lire un
« journal anglais. Madame Bertrand comprend parfaitement cette lan-
« gue ; mais vous savez qu'on ne peut pas toujours importuner une dame.
« Las Cases m'était très-nécessaire. Priez l'amiral de s'intéresser à lui,
« qui, j'en suis convaincu, n'en a pas dit autant que Montholon en avait
« dit dans sa lettre. Il succombera sous le poids de tant d'afflictions,
« car il est d'une constitution faible, et cela terminerait un peu plus tôt
« l'existence de son malheureux fils [1]. »

Il a parlé avec intérêt de Joséphine ; ses expressions étaient remarquables par leur sensibilité et leur grâce. J'en rapporterai quelques-unes.
« Les impressions du plaisir et de la douleur produisent de fortes com-
« motions dans l'âme de ces créoles si sensibles. Joséphine était sujette
« aux attaques de nerfs lorsqu'elle éprouvait un chagrin. C'était une
« femme aimable, spirituelle, affable, et vraiment charmante. *Era la*

---

[1] La santé de M. de Las Cases père s'est raffermie ; il a même assisté depuis dix ans à tous les travaux de la Chambre des députés ; celle de son fils Emmanuel, membre également de la Chambre des dépu- tés, s'est fortifiée. Hudson Lowe vint à Paris quelques années après la mort de l'Empereur, en 1827 ou 1828. Peu de jours après il alla prendre un logement dans un hôtel de Passy. Le cœur ulcéré par la publication du Mémorial, et par la punition que M. Emmanuel de Las Cases lui avait récemment infligée à Londres en plein public (en lui appliquant une paire de soufflets), il paraît avoir, vers cette époque, songé à se venger par un lâche attentat. En effet, à peu de distance de là, deux ou trois do- mestiques anglais attendirent vers le soir, dans un chemin de ronde, M. Emmanuel de Las Cases qui revenait de chez son père à Passy où il avait dîné. M. Emmanuel, surpris, ne put éviter les premiers coups de stylet, mais les plus dangereux s'amortirent sur un portefeuille qui se trouvait dans la poche même de son habit à la place du cœur. Aux premiers cris de la victime, ces trois misérables disparu- rent ; M. de Las Cases revint chez son père. Le fait était publié le lendemain par tous les journaux de Paris, et la coïncidence entre la présence d'Hudson Lowe à Passy et cet attentat était signalée par tous. C'est alors que la police s'empressa de faire quelques recherches. Les découvertes furent tout de suite très-graves, et on engagea Hudson Lowe à quitter Paris sans délai. Il s'éloigna aussitôt. Quel spectacle eût pu présenter Paris, si les mêmes faits circonstanciés fussent parvenus aux magistrats ! On eût vu une cour royale envoyer à l'échafaud le vil bourreau de Sainte-Hélène !

« *dama la più graziosa di Francia.* C'était la déesse de la toilette ; toutes
« les modes tiraient d'elle leur origine ; tout ce qu'elle mettait devenait
« distingué : et puis elle était si bonne, si bienveillante ! »

Le même jour, nous vînmes à parler de la bataille d'Austerlitz. Napoléon m'apprit qu'avant la bataille, la coalition contre lui était signée du roi de Prusse. « Haugwitz vint me l'annoncer et me conseilla de faire
« la paix. Je lui répondis : « La bataille que nous allons livrer décidera
« de tout. Je crois la gagner, et, dans ce cas, je dicterai une paix conve-
« nable. » L'événement répondit à mon attente ; je remportai une vic-
« toire si décisive qu'elle me mit à même d'imposer les conditions que
« je voulus. » Je demandai à Napoléon si M. d'Haugwitz était un de ses agents. « Assurément non ; c'était un homme qui pensait judicieusement
« que la Prusse ne jouerait jamais le premier rôle (*giocare il primo ruolo*)
« dans les affaires du continent ; que ce n'était qu'une puissance du second
« ordre et qu'elle devait agir comme telle. Dans le cas où j'aurais été
« vaincu, j'espérais que la Prusse ne se joindrait pas franchement aux
« alliés, parce qu'il aurait été naturellement de son intérêt de conserver
« un équilibre en Europe, ce qui n'aurait pu exister si elle se fût réunie
« à ceux qui seraient devenus les plus forts par ma défaite. D'ailleurs,
« la jalousie et le soupçon se seraient élevés, et les alliés n'auraient point
« eu confiance au roi de Prusse, qui les avait déjà trahis. Je donnai le
« Hanovre aux Prussiens afin de les brouiller avec vous et d'exciter une
« guerre, qui vous eût fermé le continent. Le roi de Prusse fut assez
« simple pour croire qu'il pourrait conserver cette province et rester en
« paix avec vous. Il se mit en campagne comme un insensé, poussé par
« la reine, le prince Louis, et une foule d'autres jeunes gens, qui lui fi-
« rent croire que la Prusse était assez forte, même sans le secours de la
« Russie. Il apprit bientôt le contraire à ses dépens. » Je demandai comment il eût agi, si, avant la bataille d'Austerlitz le roi de Prusse s'était réuni aux alliés. Il m'a dit : « Monsieur le docteur, cela aurait changé
« entièrement la face des choses. » Il loua beaucoup les caractères du roi de Saxe, du roi de Bavière et du roi de Wurtemberg. « Alexandre et le roi
« de Wurtemberg sont deux princes remplis de talents et d'activité ; mais
« le second a de la dureté dans le caractère. »

L'enlèvement des papiers a beaucoup affligé Napoléon. Il observait avec justesse que s'il y avait eu plan de complot dans la lettre de Las Cases, le gouverneur s'en serait aperçu en moins de dix minutes ; qu'il avait pu voir très-rapidement que le commentaire des campagnes d'Italie ne contenait aucune trahison, etc.

« Voyez comment Las Cases est traité ! Hudson viendra dire, dans
« quelques jours, qu'il a été averti qu'il se tramait une conspiration pour
« effectuer mon évasion. Je n'ai aucune certitude que, lorsque j'aurai
« fini d'écrire mon histoire, il ne s'en emparera pas ? Je garde, il est
« vrai, mes manuscrits dans ma chambre, j'en disputerai la propriété le
« pistolet à la main, en faisant sauter la cervelle au premier qui voudrait
« s'en emparer : pauvre ressource ! Il faudra que je brûle tout ce que
« j'ai fait. C'était ma seule consolation dans cette demeure affreuse ;
« peut-être mes écrits auraient-ils intéressé le monde. »

Hudson Lowe m'a fait prévenir qu'on allait restituer à Napoléon ses différents manuscrits.

Quant au journal de Las Cases, Hudson se réservait d'en causer avec Bertrand.

Le jeune Las Cases est très-indisposé ; je suis allé le visiter, en présence de Reade. J'ai appris que Hudson Lowe était blessé de quelques paroles de M. de Las Cases père.

Napoléon a fait appeler Saint-Denis, qui a transcrit le *Journal de Las Cases*, et lui a fait diverses questions sur ce qu'il contenait. C'était, dit Saint-Denis, le récit de tous les événements de quelque intérêt depuis l'embarquement à bord du *Bellérophon*. « N'y a-t-il rien qui puisse
« compromettre quelqu'un (et il nomma trois ou quatre personnes) ?
« —Non, Sire.—Parle-t-il de l'amiral Malcolm ?—Oui, Sire.—Dit-il que
« j'ai fait observer qu'il avait la physionomie d'un véritable Anglais ?—
« Oui, Sire, et il le traite fort bien. — Il ne dit rien du gouverneur ac-
« tuel ?—Il en parle beaucoup, Sire. — Dit-il que c'est un homme épou-
« vantable, et que sa figure est la plus affreuse que j'aie vue en ma vie ?
« —Sire, il a dit tout cela : seulement, il a adouci les expressions. »

Napoléon nous a parlé aujourd'hui de son frère Joseph : « Il avait
« un excellent caractère. Ses vertus et ses talents convenaient surtout
« à la vie privée. Trop bon pour être un grand homme, il n'a aucune
« ambition. Nous nous ressemblons beaucoup ; mais il est mieux que
« moi. Il est plein d'instruction ; mais ce n'est pas celle qui convient à
« un roi : il n'est pas capable de commander une armée. »

29. —J'ai trouvé Napoléon dans son cabinet de toilette. Il était charmé d'avoir recouvré le commentaire de ses campagnes d'Italie. Il ajouta :
« Et les autres papiers, me les rendra-t-il ? »

J'ai été tout à coup indisposé, me trouvant près de lui. En ce moment, l'Empereur parlait... Je tombai sur le plancher privé de connaissance... Quand je rouvris les yeux, je vis Napoléon, le regard attaché sur mon

visage, me regardant avec l'expression du plus grand intérêt et de l'inquiétude la plus vive; cette scène est ineffaçable dans ma mémoire. Il ouvrait le col de ma chemise, et me faisait respirer des odeurs. Il m'avait ôté ma cravate et couvert la figure d'eau de Cologne. « Je vous
« ai vu tomber, j'ai cru d'abord que le pied vous avait glissé; mais
« vous voyant rester sans mouvement, j'ai craint une attaque d'apo-
« plexie. Votre visage était d'une pâleur mortelle, vos lèvres blanches
« et sans vie; vous ne respiriez plus. »

Marchand arriva, Napoléon fit apporter de l'eau de fleur d'orange, son remède universel.

1er décembre. — Napoléon m'a fait diverses questions sur les effets du mercure.

« Je désire que Las Cases parte; quelques mois de séjour de plus à
« Sainte-Hélène ne seront d'aucune utilité ni pour lui, ni pour moi.
« Montholon s'efforce d'adoucir ma position. Hélas! de toute cette co-
« lonie d'exilés, c'est moi qui suis le moins à plaindre. Eux sont chaque
« jour livrés aux insultes. Ils ne peuvent ni parler ni écrire; et s'ils
« veulent sortir, il faut qu'ils se soumettent à d'humiliantes restric-
« tions. »

3. — Napoléon m'envoya prévenir à une heure. Je le trouvai couché. Il éprouvait un malaise général et souffrait de la tête. La nuit, il avait eu un peu de fièvre. Je lui recommandai quelques remèdes et je l'engageai fortement à suivre ces prescriptions. Je lui recommandais principalement l'exercice. Je redoutais pour lui sans cela une grave maladie. Sa réponse fut triste : « *Tanto meglio*, répondit Napoléon, *più presto si finirà.* »

Une chaleur excessive empêcha Napoléon de sortir et de prendre de l'exercice. Il m'a parlé aujourd'hui de Moreau et de plusieurs officiers distingués; il s'est répété.

« Moreau était un excellent général de division, mais incapable de
« bien commander une armée nombreuse. Avec cent mille hommes,
« Moreau aurait éparpillé son armée sur différents points, couvert les
« routes de soldats, et n'aurait pas fait plus que s'il n'eût disposé que
« de trente mille hommes. Le nombre des troupes ne lui profitait point,
« non plus que leur position. Très-calme et très-froid dans le combat,
« il était plus remarquable dans la chaleur de l'action que dans les dis-
« positions préliminaires. Il fumait beaucoup. Moreau n'avait pas un
« méchant cœur; *c'était un bon vivant, mais il avait peu de caractère.*
« Sa femme et une autre créole, sa belle-sœur, le menaient. Sa liaison

« avec Pichegru et Georges, dans la conspiration, et sa mort, en 1813,
« en combattant les Français, ont déshonoré à jamais son nom. Comme
« général, Moreau était infiniment au-dessous de Desaix, Kléber et
« Soult. De tous les généraux que j'ai eus sous moi, Desaix et Kléber
« ont été les plus distingués, surtout Desaix. Kléber n'aimait la gloire
« qu'autant qu'elle lui valait des richesses et des plaisirs. Desaix, tout
« différent, cherchait la gloire pour elle-même, et méprisait toute autre
« chose. Il ne rêvait que bataille et réputation. Les richesses et les plai-
« sirs n'étaient rien pour lui ; il ne leur accordait pas même une
« pensée. C'était un petit homme d'un air sombre, d'un pouce à peu
« près moins grand que moi, toujours vêtu avec négligence, quelquefois
« même ses vêtements étaient déchirés ; il méprisait les jouissances et
« les commodités de la vie. Plusieurs fois, en Égypte, je lui fis présent
« d'un équipage de campagne complet, mais il le perdait bientôt. Enve-
« loppé dans un manteau, Desaix se jetait sur un canon, et dormait
« aussi tranquillement que sur l'édredon. La mollesse n'avait pour lui
« aucun charme. Droit et honnête dans tous ses procédés, les Arabes
« l'avaient appelé *le sultan juste*. La nature l'avait formé pour être un
« grand général. Kléber et Desaix furent des pertes irréparables pour
« la France. Si Kléber eût vécu, votre armée eût péri en Égypte. Si
« Menou vous eût attaqués lors de votre débarquement, avec ses vingt
« mille hommes, au lieu de ne prendre que la division Lanusse, vous
« étiez perdus sans ressource. Vous n'aviez que dix-sept ou dix-huit
« mille hommes, sans cavalerie.

« Lannes, lorsque je le pris pour la première fois, n'était qu'un
« *ignorantaccio*. Son éducation avait été très-négligée. Il fit beaucoup
« de progrès ; et, pour en juger, il suffit de dire qu'il était devenu un
« général de première classe ; il possédait une grande expérience de la
« guerre. Il s'était trouvé dans cinquante combats isolés, et à cent ba-
« tailles plus ou moins importantes. C'était un homme d'une bravoure
« extraordinaire, calme au milieu du feu. Il possédait un coup d'œil
« sûr et pénétrant, était prompt à profiter de toutes les occasions qui
« se présentaient. Parfois vif et même impétueux contre moi, il m'était
« cependant fort attaché. Dans ses accès de colère, il ne voulait permettre
« à personne de lui faire des observations ; et même il n'était pas tou-
« jours prudent de lui parler lorsqu'il était dans cet état de violence.
« Alors il avait l'habitude de venir à moi et de me dire qu'on ne pouvait
« se fier à telle ou telle personne. Comme général, je l'ai toujours
« regardé comme infiniment supérieur à Moreau et même à Soult.

« Masséna, c'est là l'homme d'un talent supérieur! Il faisait le plus
« souvent de mauvaises dispositions avant une bataille; et ce n'était
« que lorsque les hommes tombaient de tous côtés qu'il commençait à
« agir avec un jugement élevé; alors seulement son esprit était ému et
« concevait un grand plan. Au milieu des morts et des mourants, de la
« grêle de balles qui moissonnait les hommes autour de lui, Masséna
« était toujours maître de lui-même. Il donnait ses ordres, et faisait
« ses dispositions avec un admirable sang-froid et le plus grand juge-
« ment. Voilà la *vera nobilita di sangue*. On disait avec vérité de Mas-
« séna, qu'il ne commençait jamais à agir avec discernement que lors-
« que la chance d'une bataille se déclarait contre lui.

« C'était un homme rare; c'eût été un grand homme, si ses hautes
« qualités n'eussent été ternies par un goût effréné de rapine.

« Pichegru, poursuivit l'illustre juge, était répétiteur à Brienne et
« m'enseigna les mathématiques lorsque je n'avais que dix ans. Il les
« savait à fond. Comme général, Pichegru était un homme d'un talent
« peu ordinaire, bien qu'il n'ait fait précisément rien de notable, ses
« succès en Hollande étant, en grande partie, le résultat de la victoire
« de Fleurus. Pichegru, après s'être vendu, sacrifia la vie de près de
« vingt mille de ses soldats, en les jetant à dessein entre les mains de
« l'ennemi, qu'il avait instruit de ses mouvements. Il eut une fois une
« discussion fort vive avec Kléber, parce qu'au lieu de faire marcher
« son armée sur Mayence, comme il aurait dû le faire, il en avait dirigé
« la plus grande partie sur un autre point où Kléber fit observer qu'il
« aurait suffi seulement d'envoyer les ambulances, avec quelques
« hommes, pour faire parade. Cette faute fut regardée comme de l'in-
« habileté. C'était une trahison »

Napoléon attribue à Hudson Lowe toutes les souffrances qu'il éprouve
à Sainte-Hélène. Il disait : « Je comprends qu'on tue un homme et
« qu'on l'ensevelisse : c'est fini; mais cette torture, cette façon de faire
« périr un captif en détail, est plus cruelle; la mort violente ne l'est
« pas tant. J'ai fréquemment entendu parler du système tyrannique
« et oppresseur qui est suivi dans vos colonies, mais je n'ai jamais
« pensé qu'on pouvait violer la loi et la justice à ce point. Je ne pense
« pas qu'il y ait sur la terre une nation plus esclave que vos Anglais. J'ai
« déjà dit cela au colonel Wilks [1].

---

[1] Le premier gouverneur de l'île.

« Docteur, vous êtes un enfant; vous avez trop bonne opinion de l'es-
« pèce humaine. L'idée que je me suis formée d'Hudson Lowe est
« juste : vous ne connaissez pas cet être. Il a de la méchanceté natu-
« relle; elle est encore accrue par la crainte de la responsabilité qui
« pèse sur lui. Je parierais ma vie, que si j'envoyais prier sir Georges
« Bingham, ou l'amiral, de sortir à cheval avec moi, avant que je me
« fusse promené trois fois, soit avec l'un, soit avec l'autre, ce gouver-
« neur les obligerait de m'adresser un refus. Cet homme si vil vous
« dit que Las Cases est bien traité, qu'il ne manque de rien, et cela
« parce qu'il ne le laisse pas mourir de faim ! »

Le lendemain, à ma visite du matin, j'ai trouvé Napoléon au bain. La conversation a eu pour objet l'empereur Alexandre. « Il a plus de ta-
« lent que ses deux autres alliés[1]. C'est un homme adroit, très-ambi-
« tieux, affamé de popularité. Le côté faible de son esprit, c'est de se
« croire les talents du général. Il aime à être complimenté comme tel,
« bien que toutes les opérations qu'il a dirigées aient été fausses et fu-
« nestes. A Tilsitt, Alexandre et le roi de Prusse s'occupaient beaucoup
« de la confection des costumes de hussards et de dragons, et discutaient
« sérieusement la question de savoir si la croix des ordres devait
« être suspendue à tel ou tel bouton. Tous trois, nous montions tous
« les jours à cheval; l'empereur Alexandre et moi nous prenions le
« galop, nous courions en avant, et laissions le roi de Prusse derrière
« nous. »

Napoléon m'a raconté plusieurs événements de sa jeunesse; il m'a dit qu'à l'âge de quinze ou seize ans il sortit de l'école de Brienne pour se rendre à Paris. Là, après avoir soutenu avec éclat un examen général sur ses études, il fut placé immédiatement dans l'artillerie. « En 1791,
« à peu près un tiers des officiers de l'artillerie émigrèrent; je devins,
« au siége de Toulon, chef de bataillon ; je fus proposé par les officiers
« de l'artillerie eux-mêmes, qui déclarèrent que j'étais parmi eux le
« sujet le plus savant et le plus appliqué. Durant le siége, j'étais chef de
« l'artillerie. Après la capitulation, je fus nommé commandant de l'ar-
« tillerie de l'armée d'Italie ; mes plans firent soumettre un grand nom-
« bre de forteresses : ils furent exécutés en Suisse et au delà des Alpes.
« A Paris, on me fit général, on m'offrit le commandement de l'armée
« de la Vendée ; je le refusai, disant qu'il ne devait convenir qu'à un

[1] L'empereur François et le roi de Prusse.

« général de gendarmerie. Le 15 vendémiaire, je commandais l'armée
« de la Convention dans Paris, contre les sections; je les défis après une
« action de quelques minutes. J'obtins le commandement de l'armée
« d'Italie; c'est là que je fis ma réputation. Rien n'a été plus simple que
« mon élévation; elle ne fut le résultat ni de l'intrigue, ni du crime;
« je la dus à ce que je m'étais battu successivement, avec succès, contre
« les ennemis de la France. Ce qu'il y a de plus extraordinaire (et, je
« crois, sans exemple dans l'histoire), c'est que, de simple particulier,
« je m'élevai à la hauteur difficile de la puissance suprême, sans avoir,
« pour y parvenir, commis de crime. »

J'ai demandé à l'Empereur s'il était vrai qu'il dût au crédit de Barras
le grade dont il jouissait à Toulon, et s'il avait offert autrefois ses
services aux Anglais. « Ce sont des mensonges. Quant à Barras, je n'ai
« eu de relation avec lui qu'après l'affaire de Toulon; je ne fus protégé
« que par Gasparin, député d'Orange, et homme de talent; il me sou-
« tint contre une race d'*ignorantacci* envoyés par la Convention. Je n'ai
« jamais offert mes services à l'Angleterre, je n'en ai pas plus eu la
« pensée que celle d'aller me faire Turc. Je passai en Corse avec Paoli, en
« l'an ... Paoli m'aimait beaucoup, et je lui étais très-attaché; mais
« Paoli épousa la cause de la faction anglaise, et moi, celle des Fran-
« çais, et, en conséquence, presque toute ma famille fut chassée de la
« Corse. Paoli me frappait souvent avec amitié sur la tête, en disant :
« Vous êtes un homme de Plutarque. »

L'Empereur a parlé ensuite de l'entreprise de Copenhague. « Cette
« expédition témoigne une grande énergie chez vos ministres; mais
« cette violation du droit des nations (et c'en était une odieuse!)
« blessa profondément vos intérêts, vous fit des ennemis implacables
« chez la loyale nation danoise, et vous ferma le Nord pour trois
« ans Lorsque j'appris l'incendie de la flotte, je dus en être politique-
« ment fort aise, parce que cet attentat séparait, pour longtemps, l'An-
« gleterre des puissances du Nord. Les Danois ne pouvaient me fournir
« que soixante bâtiments de guerre, mais cela était peu important; j'a-
« vais des vaisseaux en abondance, je n'avais besoin que de matelots
« que vous ne prîtes pas, et que j'obtins ensuite par cette entreprise.

« Durant la guerre avec l'Angleterre, je recevais fort régulièrement
« des nouvelles de votre gouvernement par les contrebandiers. Ce sont
« des gens intrépides, qui font avec adresse des choses presque impos-
« sibles. Une portion de Dunkerque leur était assignée, comme lieu de
« retraite. Mais comme ils franchirent ces limites, et se livrèrent à

« différentes orgies, je les envoyai à Gravelines, où on leur donna un
« camp tout à fait spécial ; il leur fut défendu de le franchir.

« La police avait à sa solde, indépendamment des contrebandiers,
« des émigrés, des royalistes qui lui donnaient fidèlement des rensei-
« gnements sur les projets du parti vendéen, de Georges et des princes ;
« et, lorsqu'ils voulurent m'assassiner, je pus faire épier quelques-unes
« de leurs démarches. Plusieurs espions anglais, dans nos intérêts à
« peu près, appartenaient à la haute société : il y avait là de grandes
« dames.

« Les contrebandiers traversaient le canal dans des bateaux très-
« étroits, grands comme cette baignoire. Il était prodigieux de les voir
« passer en bravant vos vaisseaux de 74. »

Je fis observer à l'Empereur que ces gens étaient aussi espions pour
les Anglais ; qu'ils instruisaient ces derniers de ce qui se faisait en
France. « Je le pense bien, dit Napoléon ; ils vous portaient les jour-
« naux, mais je crois que, comme espions, ils ne pouvaient pas vous
« apprendre grand'chose. Votre presse libre m'apprenait beaucoup
« plus. Et puis annuellement ils transportaient de France en Angleterre
« pour plus de quarante à cinquante millions de soieries et d'eau-de-
« vie : ils facilitaient l'évasion des prisonniers, et ils les ramenaient
« en France. Les parents des Français détenus en Angleterre allaient
« à Dunkerque pour faire marché avec les contrebandiers. Quelques
« renseignements leur suffisaient pour découvrir un homme : le nom,
« l'âge, un signe particulier qui pût inspirer confiance au prisonnier.
« Ils effectuaient sa délivrance en peu de jours. Ces hommes, qui
« avaient à faire un si terrible métier, tenaient leurs engagements avec
« loyauté. Différentes fois ils nous offrirent d'enlever, pour une somme
« d'argent, quelques membres de la famille des Bourbons et de les trans-
« porter en France. J'ai toujours refusé avec force ces offres ; ils m'of-
« frirent aussi de m'amener Dumouriez et Sarrazin, qui étaient mes
« ennemis. Je ne voulus rien leur accorder sous ce rapport : puissant,
« j'ai méprisé la vengeance. »

« Pensez-vous, lui dis-je, que l'*expédition de Walcheren*, mieux menée,
eût pu réussir. » Je transcris sa réponse.

« Si vous eussiez débarqué quelques milliers d'hommes à Willamstadt
« et que vous les eussiez dirigés droit sur Anvers, la surprise générale,
« le manque de points de défense, l'incertitude des habitants sur votre
« nombre vous auraient facilité un heureux coup de main ; cela fut impos-
« sible quand la flotte française fut réunie. Les équipages des vaisseaux,

« la garde nationale, les ouvriers donnaient près de quinze mille
« hommes.

« La ville d'Anvers, quoique vieille, est bien fortifiée. Lord Chatam y
« montra une inhabileté sans exemple. L'expédition fut manquée dès
« qu'on eut perdu les premiers jours. Vous aviez trop et trop peu d'hom-
« mes ; trop pour un coup de main, et trop peu pour un siége régulier.
« La population était tout entière contre vous ; elle avait bien vu que
« vous vous proposiez de saisir violemment la ville, de tout brûler, de
« tout détruire, puis de remonter sur vos vaisseaux et de fuir. Cette ex-
« pédition vous fit un mal considérable : vos ministres ne connaissaient
« aucunement la situation du pays. Comment expliquer que, volontaire-
« ment, on ait voulu rester dans un lieu pestilentiel, jusqu'à ce qu'on y
« ait perdu quelques milliers de braves soldats? Cette résolution fut le
« comble de l'absurdité. Je fus charmé de ces fautes, elles servirent mes
« plans ; les progrès des maladies vous obligèrent, sans que j'eusse be-
« soin de faire le moindre effort, d'évacuer le pays. Je n'avais envoyé
« là que des déserteurs et des mauvais sujets, j'avais donné ordre qu'on
« les fît coucher sur deux frégates que j'avais fait mener sur ce point ;
« on leur donna de l'eau fraîche et sans interruption : ce lieu néanmoins
« resta infect. L'officier général qui défendit Flessingue ne tint pas aussi
« longtemps qu'il le devait. »

Lady Lowe est venue à Longwood, et, pour la première fois, elle a
visité les comtesses Bertrand et Montholon. Napoléon me dit qu'il pensait que la visite de lady Lowe était une ruse de son mari *per gettar
la polvere negli occhi*, pour faire croire que, malgré l'arrestation de Las
Cases, le gouverneur était bien reçu à Longwood ; qu'il n'avait fait que
son devoir. Je lui représentai qu'il était à ma connaissance que lady
Lowe avait toujours eu le désir de voir les comtesses Bertrand et Montholon ; qu'elle avait saisi l'occasion qui s'était présentée depuis ses couches. Napoléon m'a répondu : « Je suis loin de penser que cette dame
« prenne part aux infamies de son mari ; mais le moment choisi pour
« sa visite n'est pas convenable. Comment! il l'envoie à Longwood, en
« visite de politesse, quand notre compagnon Las Cases est traité avec
« barbarie! Hier, après la visite de lady Lowe, madame Bertrand et sa
« famille allèrent se promener ; à leur retour, les sentinelles les arrê-
« tèrent : on ne les laissa pas entrer, parce qu'il était six heures. Si le
« gouverneur voulait la paix, notre reconnaissance, il nous laisserait au
« moins jouir de la seule heure du jour où la promenade est agréable.
« S'il vous demande ce que je pense de la visite de son épouse, vous lui

« direz, sans rien changer à mes expressions, tout ce que je viens de
« vous dire. »

J'ai écrit à sir Hudson Lowe.

L'Empereur m'a entretenu de ce qu'il a fait pour les écoles d'anatomie et de chirurgie de Paris, et pour les étudiants de ces écoles, qui, depuis ses règlements et ses institutions, peuvent apprendre à Paris leur art, à peu de frais, et avec des maîtres placés au premier rang dans la science et la pratique.

La conversation qui suivit celle-là eut pour objet quelques personnages marquants de la révolution française. « Robespierre, bien que ce
« fût un révolutionnaire inflexible, n'était pas aussi cruel que Collot-
« d'Herbois, Billaud-de-Varennes, Hébert, Fouquier-Tinville et tant
« d'autres hommes secondaires. Sur la fin, Robespierre avait voulu se
« montrer plus modéré, et quelques semaines avant sa mort, il avait dit
« qu'il était las des exécutions, et qu'il désirait suivre un autre système.
« Lorsque l'exécrable Hébert eut accusé la reine d'*outrager la nature*,
« Robespierre offrit de le dénoncer comme ayant fait une accusation
« sans fondement. »

L'Empereur m'a dit, dans le même entretien, que, dès le commen-

cement de la révolution, Louis XVI avait eu devant les yeux l'exemple de Charles Ier. « Charles, après avoir lutté corps à corps avec le parle-
« ment, avait fini par succomber et perdre la tête. Sa fin tragique em-
« pêcha Louis, en plusieurs occasions, de s'opposer aux efforts des ré-
« volutionnaires. Lorsqu'on osa le mettre en jugement, il devait dire
« simplement que, d'après la constitution, il ne pouvait rien faire de
« mal, et que sa personne était sacrée; la reine aurait dû faire de même.
« Cette protestation ne leur aurait pas sauvé la vie, mais ils seraient
« morts, l'un et l'autre avec encore plus de dignité. Robespierre était
« d'avis qu'on fît secrètement mourir le roi. « A quoi servent ces vaines
« formalités, disait-il, lorsque vous allez le condamner à mort, innocent
« ou coupable? » La reine Antoinette marcha à l'échafaud avec une
« espèce de joie céleste : ce devait être pour elle un grand soulagement
« de quitter une vie qu'on empoisonnait d'amertume avec une aussi exé-
« crable barbarie. Si j'eusse eu quatre ou cinq ans de plus, j'aurais été
« guillotiné avec tant d'autres. »

Napoléon prenait son bain. La conversation a eu pour objet la position actuelle critique de l'Angleterre : « L'incurie, a-t-il dit, de Castle-
« reagh a fait cette position périlleuse pour le pays. Il ne gouverne
« pas l'Angleterre, il ne fait que suivre les intrigues du continent; il ne
« songe point aux intérêts vitaux de la patrie. Que de choses pouvaient
« être faites pour vous, dans ces derniers temps, qui ne l'ont pas été
« par suite de cette incapacité! Vos ministres devaient dire aux gou-
« vernements espagnol et portugais, après la fin de la guerre : « Nous
« seuls avons sauvé votre pays, et l'avons empêché de devenir une pro-
« vince de France; nous avons, dans plusieurs campagnes, versé notre
« sang en servant votre cause; nous avons dépensé plusieurs millions,
« et, par conséquent, notre pays est surchargé de dettes contractées
« pour vous, et que nous devons payer. Vous avez les moyens de vous
« acquitter; notre situation exige que nous liquidions nos dettes; nous
« vous demandons, en conséquence, que la nation anglaise soit seule
« autorisée à faire, pendant vingt ans, le commerce de l'Amérique du
« Sud, et que nos vaisseaux jouissent des priviléges des vaisseaux es-
« pagnols dans vos ports. Nous nous rembourserons de cette manière,
« sans ruiner vos finances. » Y aurait-il eu contre cette déclaration
« l'ombre d'une objection de la part des gouvernements rétablis? c'é-
« tait la justice que vous demandiez, vous les maîtres, les sauveurs, et
« aucune des puissances coalisées n'eût osé vous rien disputer. C'est
« vous seuls qui avez empêché l'Espagne et le Portugal de périr. Qui

« donc a secouru le Portugal, en hommes et en argent? Vous; vous lui
« avez conservé l'existence comme nation. Ces arrangements eussent
« enrichi votre commerce, vos manufactures; vos matelots eussent
« continué de servir sur vos vaisseaux; ils n'eussent pas péri de faim
« après la victoire de l'Angleterre.

« Un grand nombre de ces marins furent forcés de prendre la solde
« des nations étrangères. Et votre populace, que ne souffre-t-elle pas
« malgré les souscriptions nationales?

« La France possédera bientôt le commerce du Brésil; vos colonies
« vous fournissent plus de coton et de sucre que vous n'en avez besoin;
« vous ne prendrez donc plus les productions américaines en échange
« des objets de votre fabrication. Les Français le feront, car la Marti-
« nique ne peut fournir à leur consommation: ils échangeront leurs
« marchandises fabriquées, leurs soieries, leurs meubles, leurs vins, etc.,
« contre des denrées coloniales, et incessamment ils auront tout le
« négoce du Brésil: ils auront également la préférence dans le com-
« merce avec les colonies espagnoles, à cause de la religion et parce
« que les Espagnols, comme les autres nations, sont jaloux d'un peuple
« dont la puissance maritime est trop étendue: ils aideront, par consé-
« quent, à l'affaiblir; et la manière la plus sûre d'y parvenir est de
« diminuer le commerce de l'Angleterre.

« Une autre preuve de l'inéptie de vos ministres, c'est d'avoir exclu
« les nations de l'Europe du commerce des Indes, spécialement les
« Hollandais, qui deviendront les plus grands ennemis de l'Angleterre.
« Lorsque la France se sera relevée, vous verrez la Hollande se joindre
« à elle pour vous dominer. Mon hypothèse porte sur ce qui doit se faire
« dans une vingtaine d'années. Si vous eussiez fait les demandes que
« je viens d'indiquer, elles vous auraient été accordées; tant que vous
« conserverez la suprématie sur les mers, que vous insisterez sur ce
« prétendu droit de recherches et sur les autres articles de votre code
« de marine, les puissances continentales seront jalouses. Alors vous
« auriez pu conserver votre empire maritime, qui doit infailliblement
« déchoir si votre commerce relatif n'est pas plus étendu que celui des
« autres peuples. Mais vos ministres ont eu de fausses idées des choses.
« Ils se sont imaginé qu'ils pouvaient inonder le continent de mar-
« chandises anglaises, et en trouver le prompt débit. Non, non; le
« monde est maintenant trop éclairé. Les Russes eux-mêmes diront:
« Pourquoi, tandis que nos manufacturiers sont nombreux et instruits,
« enrichir cette nation pour la mettre en état d'entretenir le monopole

« et d'exercer la tyrannie sur les mers? Vous verrez que, dans quel-
« ques années, il se vendra fort peu de marchandises anglaises sur le
« continent[1]. J'ai donné une vie nouvelle aux manufactures. Les Fran-
« çais vous surpassent dans la fabrication des draps et de beaucoup
« d'articles. Ils font mieux que les Hollandais dans les toiles et la mous-
« seline. J'ai contribué à former un grand nombre de fabricants ; j'ai
« affermi et développé l'institution de l'*École polytechnique* : les chi-
« mistes habiles sortent en grand nombre de cette école ; ils répandent
« aussitôt les connaissances de cette science dans les manufactures de
« l'empire, et appliquent la chimie aux arts. Tout marche en France,
« sur des principes certains et bien établis, l'ancienne méthode était
« vague et incertaine : à présent, le fabricant peut raisonner à fond ses
« opérations. Les temps sont changés ; vous ne devez plus compter sur
« le continent pour placer vos marchandises. L'Amérique, l'Espagne et
« le continent portugais sont vos seuls débouchés. Souvenez-vous de ce
« que je vous dis : dans une année ou deux, votre peuple se plaindra
« et dira : « Nous avons tout gagné, mais nous mourons de faim ; nous
« sommes dans une situation plus précaire qu'avant la paix. » Peut-être
« vos ministres se décideront-ils plus tard à ce qu'ils auraient dû faire
« auparavant. Vous n'êtes point en état, continua-t-il avec feu, de faire
« face, même à la Prusse, dans les champs de bataille ; et vous n'avez
« dû vos avantages sur le continent qu'à cette souveraineté maritime,
« que vous pourrez bien perdre si vos ministres s'entêtent à soutenir
« le misérable système militaire actuel. L'Angleterre a fait son *va-tout*.
« Elle a gagné beaucoup, fait de belles et difficiles choses ; cependant
« le résultat est *zéro*, un bénéfice sans fruit. Le peuple meurt de faim,
« et est dans un état pire que pendant la guerre ; tandis que la France,
« qui a tout perdu, se relève et est florissante. La France s'est engrais-
« sée, malgré les saignées nombreuses qu'on lui a faites, tandis que
« l'Angleterre se trouve comme un homme à qui des liqueurs stimu-
« lantes ont donné une force trompeuse et momentanée, mais qui, une
« fois désenivré, retombe dans son état de débilité. »

10. — L'eau est très-rare à Longwood. Sir Hudson Lowe a ordonné que l'on conduisît à Hut's-Gate des chevaux de l'établissement. L'eau qui sort des canaux de la maison est verte et bourbeuse, et a une odeur de corruption ; une pièce de vin est ici plus facile à trouver qu'une

---

[1] Je copiai sur-le-champ ce beau discours, et le communiquai à des agents supérieurs du gouvernement anglais.

bouteille de bonne eau. Les détachements du 53ᵉ transportent chaque jour dans leur camp des tonneaux d'eau. Cette singularité rappelle l'Égypte à l'Empereur ; l'eau y était hors de prix.

J'ai trouvé Napoléon assez triste. Le gouverneur ne lui a rendu qu'une partie de ses *Commentaires des campagnes d'Italie*; il m'a chargé de lui dire que s'il les faisait transcrire, quoiqu'il n'eût à ce sujet aucun droit, il attendait de lui le renvoi des originaux lorsque cette transcription serait faite.

Je suis allé à *Plantation-House* pour faire part au gouverneur des inquiétudes de Napoléon.

12. — J'annonçai à l'Empereur que sir Thomas Strange, ancien grand juge dans les Indes orientales, désirait lui être présenté. J'ajoutai que sir Strange admirait beaucoup son génie, sa vie passée. Napoléon me dit : « Je ne veux recevoir que par l'entremise de Bertrand. »

Nous causâmes hier de Moreau. Entre autres questions, je lui fis celle-ci : « Quelle part peut-on attribuer à Moreau dans la conspiration ? » Napoléon répondit : « Moreau a avoué à tous ses avocats qu'il avait vu « Georges et Pichegru, qu'il s'était entretenu avec eux, et qu'il se pro- « posait de le dire lors de son jugement. Son conseil le dissuada de le « faire, et lui dit que, s'il convenait avoir communiqué avec Georges, « rien ne pourrait l'empêcher d'être condamné à mort. Moreau, dans « une entrevue avec deux autres conspirateurs, persista à soutenir que « la première démarche qu'il fallait faire était de me tuer ; qu'il aurait « plein pouvoir sur l'armée quand je ne serais plus, mais qu'il ne pour- « rait rien faire tant que j'existerais. Lorsqu'on vint l'arrêter, son acte « d'acusation lui fut remis : il y était accusé d'avoir conspiré contre la « vie du premier consul et la sûreté de la république, de complicité « avec Pichegru et Georges. La précision des griefs le terrifia, l'acte lui « tomba des mains, et il perdit même connaissance.

« Quand je livrai la bataille de Dresde, je fis attaquer la masse des « coalisés. Le centre resta immobile. Pendant l'exécution de mes ma- « nœuvres, je remarquai un gros de cavaliers ennemis à cinq cents « verges environ : je supposai qu'ils observaient mes mouvements ; j'ap- « pelai un capitaine d'artillerie qui commandait un parc de dix-huit ou « vingt pièces : *Jetez une douzaine de boulets à la fois dans ce groupe-là,* « lui dis-je, *peut-être y a-t-il quelques généraux.* L'ordre fut exécuté « sur-le-champ ; un de ces boulets frappa Moreau, lui emporta les deux « jambes et traversa son cheval. Plusieurs officiers de sa suite furent « tués. Quelques minutes auparavant Alexandre avait causé avec lui.

« Moreau fut amputé sur le champ de bataille. Un de ses pieds, que le
« chirurgien avait laissé sur la place avec la botte qui l'enveloppait, fut
« apporté par un paysan au roi de Saxe, comme la preuve qu'un person-

« nage d'une haute distinction avait été frappé par un boulet. Le roi,
« supposant que l'on pouvait trouver, à cet égard, un renseigne-
« ment dans l'examen de cette botte, me l'envoya : je la fis examiner
« à mes quartiers généraux ; on put s'assurer que cette botte n'é-
« tait ni de manufacture anglaise, ni française. Le lendemain, nous
« apprîmes que cette jambe était celle de Moreau. Ce qu'il y a d'as-
« sez extraordinaire, continua l'Empereur, c'est que, dans une ac-
« tion qui eut lieu quelque temps après, ayant ordonné au même
« officier d'artillerie de tirer, avec les mêmes canons, dans des cir-
« constances à peu près semblables, sur un groupe d'officiers, le gé-
« néral Saint-Priest (un émigré, général distingué, qui était chargé
« d'un commandement dans l'armée russe) fut tué avec plusieurs of-
« ficiers. Rien n'est plus destructeur qu'une décharge d'artillerie sur
« une foule d'individus. On peut éviter un ou deux boulets ; mais il
« est presque impossible d'échapper à dix-huit ou vingt. Après la ba-

« taille d'Essling, lorsque j'eus réuni mon armée à l'île de Lobau, il y
« eut des deux côtés, tacitement, entre les soldats, et sans que les géné-
« raux y eussent aucune part, une suspension d'armes : le feu n'eût pro-
« duit d'autre avantage que celui de faire tuer quelques factionnaires.
« Je courus à cheval pendant plusieurs jours et de tous les côtés. On
« n'attaqua ni d'un côté, ni de l'autre. Étant un jour accompagné d'Ou-
« dinot, je m'arrêtai un moment au bord de l'île, à peu près à quatre-
« vingts toises de distance de la rive opposée, sur laquelle étaient postés
« les ennemis. Ils m'aperçurent, et, m'ayant reconnu à mon petit cha-
« peau et à mon habit gris, ils pointèrent sur nous une pièce de trois.
« Le boulet passa entre Oudinot et moi, et nous rasa de près tous deux.

« Nous donnâmes de l'éperon, et disparûmes promptement. Dans cette
« circonstance, l'attaque était, à peu de chose près, un assassinat. S'ils
« eussent tiré une douzaine de coups de canon à la fois, ils nous auraient
« tués. »

14. — Napoléon a passé une très-mauvaise nuit : il est très-souffrant,
il était encore couché ce matin à onze heures. « Docteur, m'a-t-il dit en
« m'apercevant, j'ai eu cette nuit une attaque de nerfs continuelle, qui
« m'a privé de tout repos ; j'ai eu un grand mal de tête et des agitations
« extrêmes ; j'ai perdu connaissance plusieurs fois : je pensais, j'espérais

« même qu'il me surviendrait une crise plus opiniâtre qui me tuerait
« avant le jour. Mon mal me paraissait ressembler à une attaque d'apo-
« plexie; ma tête était pesante, j'avais des tournoiements, comme si elle
« avait contenu une trop grande quantité de sang. J'essayai inutilement
« de me tenir debout. C'était une chaleur insupportable que je sentais :
« je me fis mouiller le crâne avec de l'eau froide; l'eau finit par me pa-
« raître chaude, et avoir l'odeur du soufre, quoiqu'elle fût froide. »

Dans ce moment, sa transpiration était facile, la tête le faisait moins souffrir. Il m'entretint de la mort, il désirait que son corps fût brûlé. « On calmera ainsi leurs craintes, je ne reviendrai point. »

18. — Napoléon a ressenti dans la nuit une attaque comme celle du 13 moins violente pourtant. « Ali (nom qu'il donnait à Saint-Denis), ef-
« frayé, me jeta de l'eau de Cologne au visage, pensant que c'était de l'eau
« pure. L'âcreté de cette liqueur me causa de vives douleurs en m'en-
« trant dans les yeux, je revins à la vie. »

21. — M. Gorrequer nous a écrit que le gouverneur permettait à Archambaud d'aller voir le lendemain son frère. Celui-ci, Santini et Rousseau étaient revenus du cap sur la frégate *l'Orontes*[1].

22. — Archambaud a revu son frère, en présence d'un agent anglais, mais il n'a pu ni voir ni parler à ses deux autres camarades.

23. — Hudson Lowe est venu à Longwood; je lui ai fait part de l'in-disposition de Napoléon. Il m'a répondu. « Il est inquiétant de penser
« qu'une de ces nuits, une pareille attaque puisse le tuer. » Cette fin est inévitable, lui répliquai-je, si Napoléon ne change pas de régime, il lui faut l'exercice de la vie active.

Alors le gouverneur m'a demandé comment on pourrait lui faire prendre de l'exercice. Il faudrait diminuer la gêne qu'imposent les res-trictions. Le gouverneur parle toujours du danger qu'il y aurait à laisser plus de liberté à un tel personnage.

Je suis entré chez Napoléon, il m'a dit. « Le gouverneur fait des
« propositions à Bertrand, mais elles sont obscures et louches; je ne
« puis y saisir sa véritable pensée. Il dit que Las Cases n'est point em-
« prisonné; mais alors il peut voir des Français, des Anglais, sans la pré-
« sence de ses geôliers? — Non. — Mais qu'entend-il par être en prison?

« Mon Dieu ! que j'ai été fou de me lancer dans les mains des An-
« glais ! J'avais de fausses idées sur leur caractère national; ils m'appa-
« raissaient avec une grandeur véritable. Un peu d'orgueil me conseillait

---

[1] Hudson Lowe s'y était refusé d'abord.

« de ne point me rendre à ces rois que j'avais vaincus tant de fois · j'ai
« été bien puni de cette fausse honte et de mon estime pour vous. »

M. Baxter et moi nous sommes allés voir M. de Las Cases et son fils. Nous avons rédigé ensuite un rapport sur la santé du jeune homme ; nous l'avons adressé au gouverneur. Son affection est une *dispepsie*. Le climat de l'Europe peut seul le rétablir.

26. — Le gouverneur veut bien faire reculer la limite des promenades de Napoléon : il aura, comme du temps de l'amiral, la liberté de parler à ceux qu'il rencontrera sur son chemin.

Je suis allé voir Napoléon pour causer de ces changements. « En
« effet, mon seul désir, m'a-t-il dit, est que tout soit remis sur le même
« pied que pendant le gouvernement de l'amiral. Le gouverneur aurait
« raison de refuser la permission de venir chez nous aux personnes qui
« éveilleraient ses soupçons, mais qu'il y laisse venir les habitants ho-
« norables de l'île, les voyageurs connus. » Il ajouta : « Si je rencontrais
« un homme dont la conversation me fît plaisir, tel que l'amiral, je dé-
« sirerais pouvoir l'entretenir une seconde fois, l'inviter à dîner,
« comme j'en avais la coutume avant l'arrivée du gouverneur. Qu'on
« m'en laisse la liberté. Je demande aussi que la position de mes com-
« pagnons soit définie ; par là ils échapperont aux insultes des agents du
« gouverneur et à sa volonté : voilà les bases d'un accommodement.
« Mais le gouverneur n'a ni justice ni élévation ; il traite un homme
« comme le cheval auquel on donne une botte de foin et un toit pour
« l'abriter. Sa politique est celle des petits princes de l'Italie : écrire et
« promettre beaucoup, offrir l'apparence de la liberté, et en refuser
« le moindre avantage. »

27. — Le gouverneur, auquel j'ai présenté les bases d'une réconciliation avec l'Empereur, accepterait s'il consentait à ne recevoir les adieux de Las Cases qu'en présence d'un officier anglais.

28. — Napoléon est malade ; toute la nuit, il a éprouvé un mal de tête très-violent. Je l'ai vu à trois heures du soir, il était encore couché, et n'avait reçu personne. Je ne lui ai rapporté qu'une partie de ce que le gouverneur m'avait dit au sujet d'un arrangement, que lui, Napoléon, confierait volontiers à l'arbitrage de l'amiral ; mais j'ai craint de l'irriter en lui disant la condition qu'il y met · l'accompagnement de M. Las Cases par un officier anglais. J'étais encore dans sa chambre lorsque Marchand vint lui apprendre que l'eau manquait, et qu'on ne pouvait lui donner le bain qu'il avait demandé. L'Empereur ne témoigna pas de mécontentement ; il me dit qu'il ne pourrait pas recevoir

ce jour-là sir Pultney, si cet officier se présentait; il recommandait, dans ce cas, de le conduire chez le général Bertrand.

Sir Pultney et lady Malcolm se sont présentés à Longwood, et ont rendu visite aux familles Bertrand et Montholon. Sir Pultney ne sait encore rien de la proposition du gouverneur de s'en rapporter à lui pour un arrangement : c'est avec tout son zèle qu'il s'efforcera de remplir cette mission.

J'ai vu Napoléon dans sa chambre à coucher avec le maréchal Bertrand. Le paquet de lettres que j'avais reçu du gouverneur était devant lui. Il venait de connaître la réponse d'Hudson Lowe, relative à la demande d'une visite d'adieu de Las Cases ; il a fait la réflexion que les criminels, condamnés à mort, avaient la liberté de dire adieu à leurs amis, sans que personne y fût présent. Napoléon dicta aussitôt au général Bertrand une protestation contre ces rigueurs avilissantes.

Voici ce qu'il m'a dit ensuite : « Ce gouverneur est un homme indigne
« de remplir le poste qu'on lui a confié ; il a de la ruse, mais ni talent
« ni fermeté. Il est *soupçonneux, astucieux, menteur, double et plein d'in-*
« *sinuation* : c'est un Italien d'il y a deux ou trois siècles. Il ne peut
« pas même dire simplement le bonjour ; on devrait l'envoyer à Goa.
« Je ne pense pas qu'il refuse définitivement à Las Cases de venir nous
« dire adieu.

« Que peut-il craindre ? que je lui dise d'écrire à ma femme : il le
« fera bien sans moi. Que je lui fasse part de nouveaux projets : il con-
« naît toutes mes pensées. Le gouverneur pense-t-il que l'Europe soit
« une mine, et que Las Cases soit l'étincelle qui doit y mettre le feu ? »

29. — Poppleton a reçu une lettre du gouverneur, qui, à côté de la suscription, offrait ces deux mots : « très-pressée ; » une autre lettre adressée au comte Bertrand disait que, par suite de la conduite de Las Cases à Longwood, il ne pouvait pas le laisser prendre congé, sans témoin, du général Bonaparte. Quelques moments après, les généraux Bertrand et Gourgaud, le capitaine Poppleton partirent pour la ville, pour dire adieu à MM. de Las Cases.

Les intentions du gouverneur furent assez mal remplies ; car, une fois réunis, le capitaine Poppleton les laissa s'entretenir seuls. Le colonel Winyard et le major Gorrequer, chargés de les surveiller, de les écouter, se tinrent à l'écart. Il était près de trois heures quand Las Cases et son fils s'embarquèrent à bord du sloop de guerre *le Griffon*, pour le cap de Bonne-Espérance. Le gouverneur et sir Thomas Reade les accompagnèrent jusqu'au vaisseau. Le journal de M. de Las Cases et tous ses papiers sont encore dans les mains du gouverneur. Las Cases a laissé, avant de partir, l'autorisation de toucher à Londres, chez divers banquiers, 4,000 livres sterling qu'il y possède : cet argent est offert à Napoléon.

Cipriani a emporté ce matin, de Longwood, 500 livres sterling en argenterie.

1ᵉʳ janvier 1817. — Napoléon a reçu ce matin dans le salon. Je lui ai exprimé mes vœux pour lui. « J'espère, m'a-t-il dit, que l'année qui « commence changera cette affreuse position. » Il était très-gai, malgré la teinte triste des dernières paroles. Le général Montholon arriva ; Napoléon alla à lui, et, lui ayant parlé bas, il sortit et rentra avec une tabatière qu'il remit à l'Empereur, qui, venant à moi, me l'offrit. Je n'ai pas besoin de dire que ce présent, reçu des mains d'un tel homme, m'a touché profondément !

Mesdames Bertrand et Montholon ont reçu également d'inappréciables présents : c'étaient quelques pièces précieuses de la belle porcelaine que lui avait donnée la ville de Paris. Le général Bertrand reçut un superbe échiquier.

Le temps était si mauvais et si couvert, qu'il était impossible de voir le signal de *Deadwood*.

3. — Napoléon a été malade cette nuit, mais ce malaise a été sans suite.

Ce matin je lui ai demandé, dans une conversation générale, son opinion sur Georges Cadoudal. « Georges avait du courage, mais il « n'avait que cela. Je cherchai à le gagner, parce que je désirais calmer « tous les partis. Je le fis appeler ; il vint, et je lui parlai longtemps. « Son père était meunier. Georges était grossier, ignorant. Cette au- « dience n'eut aucun résultat ; quelques jours après, il partit pour « Londres. »

5. — Le gouverneur fait de nouvelles ouvertures au sujet des promenades. Je lui ai dit que, si des mesures plus larges sont arrêtées, il faudra en prévenir le poste de Hut's-Gate, qui, sans cet avertissement, continuera de faire arrêter les Français qui passeront les limites actuelles à Hut's-Gate. Le gouverneur répondit que les sentinelles n'avaient point l'ordre de les arrêter ; il eut l'air d'être étonné de l'arrestation des généraux Montholon et Gourgaud, se rendant à la maison d'alarme, qui se trouvait dans les limites. « Les factionnaires, me dit- « il, n'ont jamais reçu cette consigne. » Je lui répliquai que, deux fois, j'avais été arrêté moi-même à cette place. « Cela est impossible, me ré- « pondit-il. — Je puis prouver ce fait. La sentinelle m'avait arrêté, parce

« que sa consigne lui prescrivait d'arrêter les personnes suspectes. » Lowe se mit à rire. Il se propose quelques changements, mais ces changements ne reculeront pas effectivement les limites.

Peu d'instants après, j'ai vu Napoléon, et lui ai communiqué le message du gouverneur; il m'a demandé si l'on avait placé des piquets sur les hauteurs, comme on l'avait fait lorsqu'il était allé se promener à cheval dans cette direction. J'ignorais cela, n'y ayant fait aucune attention. Alors Napoléon a pris sa lunette, et l'a tournée du côté de Hut's-Gate.

J'ai parlé à Napoléon du succès de lord Exmouth devant Alger; il m'en a félicité, et a loué avec chaleur l'intrépidité de nos marins; il a fait plusieurs réflexions intéressantes. J'en citerai quelques-unes : « Si « les Algériens eussent fait feu quand vous avez opéré votre descente, « au lieu de vous permettre de prendre tranquillement position, et de « jeter l'ancre, comme si vous passiez une revue, vous n'eussiez pas « réussi. Supposons que le dey d'Alger eût refusé, le lendemain de la « bataille, de consentir à une seule des conditions de lord Eymouth, « qu'aurait fait votre amiral? Rien, de toute évidence; il ne se serait « pas avisé d'attaquer une seconde fois avec des bâtiments démantelés, « et manquant de poudre. Il eût été obligé de faire retirer sa flotte, la « marine anglaise eût reçu là un affront ! car vous-mêmes vous avez « appris à ces misérables à se battre.

« Si vous les avez frappés de terreur, si les lois que vous avez faites « sont observées, vous aurez rendu un grand service à l'humanité. Je « crains à présent que les Algériens ne veuillent pas changer la con-« dition des prisonniers, et ne les soumettent toujours à l'esclavage; je « crains même que les prisonniers ne soient plus maltraités qu'aupa-« ravant, attendu que ces barbares n'auront plus d'espérance de ran-« çon, ce qui était la raison qui les engageait à protéger la vie de leurs « captifs. Ils les massacreront, les jetteront à la mer, ou les mutileront « horriblement; car ils croient faire une action méritoire en détruisant « les infidèles ! »

Napoléon conserve une haute estime pour lord Nelson : il a cherché à atténuer le reproche que l'on adresse à sa mémoire, quant à l'exécution de Tarracioli, qu'il a rejetée sur le compte de cette méchante femme L˙ R˙ G˙.

J'étais dans la chambre de Napoléon lorsque le général Gourgaud est arrivé, se plaignant d'avoir été arrêté par la sentinelle d'Hut's-Gate vers les cinq heures du soir, au moment où il parcourait à cheval l'intérieur des limites. Il a été retenu jusqu'à l'arrivée du sergent commandant le poste. Le gouverneur m'avait parlé de plus de liberté ; ses promesses n'étaient pas tenues.

6. — Je tiens de Cipriani des détails intéressants sur M. Pozzo di Borgo ; son père était berger : il apportait tous les jours des œufs et du lait à la famille de Bonaparte. Comme le jeune Borgo était un enfant spirituel, Madame *Mère* s'y intéressa, et paya longtemps les mois d'école. Les fils de Bonaparte étant encore trop jeunes, la famille fit nommer ce jeune Corse député à l'assemblée législative. Pozzo di Borgo revint en Corse, nommé procureur général ; mais il s'y lia avec Pesaldi, et devint, comme lui, ennemi acharné de Napoléon.

7. — Napoléon a écrit lui-même, et fait écrire sous sa dictée jusqu'à trois heures du matin ; il s'est alors couché, s'est relevé à cinq heures, et a pris un bain chaud. Il n'a rien mangé jusqu'à sept heures du soir, et s'est mis au lit à huit.

8. — Je me suis entretenu avec Napoléon de Desaix ; je l'ai prié de me dire s'il était vrai, qu'avant de mourir, il eût prononcé ces paroles : « *Dites au Premier Consul que je meurs avec le regret de n'a-« voir point assez fait pour vivre dans la postérité.* — Oui, » dit Napoléon. Il fit un vif éloge de Desaix.

Le brouillard était si épais qu'on ne pouvait exécuter les signaux.

10. — Napoléon a reçu sir Pultney Malcolm, et les capitaines de la marine royale, Meynel et Wauchope, qui sont venus à Longwood. L'Empereur a raconté à l'amiral quelques circonstances de sa vie.

Je suis allé à la ville, et j'ai prié Reade de permettre aux Français de Longwood d'acheter deux vaches.

L'épaisseur du brouillard a été telle que le signal de *tout est bien* (*All's well!*) ne pouvait être vu ; on en a fait instruire le gouverneur et l'amiral par des ordonnances.

11. — Le mauvais temps a continué.

J'ai demandé quelques renseignements à Napoléon. Ces renseignements le concernent. « A votre départ pour l'Égypte, étiez-vous aussi « mince qu'on le disait ? — Oui, très-fluet, mais d'une constitution ner-« veuse et solide, qui avait supporté des épreuves qui auraient abattu des « hommes vigoureux et trempés : à trente-six ans j'ai pris de l'embon-« point. J'ai travaillé souvent quinze heures sur vingt-quatre, sans « prendre ni nourriture ni repos. Dans quelques circonstances même, « j'ai travaillé sans relâche pendant trois jours et trois nuits. »

14 — J'ai demandé au *major de brigade* Harrison, dont le poste est à Hut's-Gate, s'il avait précédemment eu quelque changement dans les

ordres donnés; si Napoléon pouvait dépasser le piquet planté à cette porte, et faire, sans être suivi d'un officier anglais, le tour de la maison de miss Mason et de Woody Ranye. Le major Harrison m'a répondu qu'il n'avait point reçu de nouvelles instructions, et que, si Napoléon voulait dépasser les limites, les sentinelles l'arrêteraient. Voilà la probité du gouverneur ! »

« On m'a imputé la mort de Pichegru, Wright, etc., mais pourquoi ?
« je n'avais aucun besoin de ces actions sanglantes ; j'avais besoin au
« contraire de son témoignage, pour prouver que Pitt gageait des scélé-
« rats chargés de m'assassiner. Je pense que Wright s'est tué pour ne pas
« compromettre son gouvernement ; et, quant à Pichegru, sa culpabilité
« était trop évidente pour qu'il pût échapper à une condamnation capi-
« tale ; peut-être qu'après cela je lui aurais pardonné. Si on eût fait
« mourir Moreau secrètement, alors, oui, on aurait pu dire que je l'a-
« vais fait assassiner, toutes les apparences m'eussent accusé, car c'était
« le seul homme que je pusse redouter ! il fut reconnu innocent ! Il était
« *bleu* comme moi, Pichegru était *blanc* : on savait qu'il était payé par
« Pitt, et sa condamnation était immanquable.

« Nul autre que moi n'a su monter si haut de lui-même, sans abattre
« dans le sang les barrières et les rivaux. Un parent du duc de Bedford,
« dînant avec moi à l'île d'Elbe, m'a dit qu'on pensait en Angleterre que
« le duc d'Enghien n'avait pas été jugé, mais assassiné pendant la nuit
« dans sa prison, et fut surpris quand je lui dis qu'on lui avait fait un
« procès en règle, et que la sentence avait été publiée avant l'exécution. »

Je saisis l'occasion pour demander à Napoléon s'il était vrai que M. de Talleyrand eût retenu une lettre que le duc d'Enghien lui écrivit, laquelle ne lui eût été remise que deux jours après la mort de ce jeune prince.
« Rien n'est plus vrai, me répondit-il ; le duc m'offrait ses services, me
« demandait un commandement. Talleyrand ne me remit cette lettre
« que deux jours après l'exécution du jugement.

« Coupable d'avoir porté les armes contre ses concitoyens, le duc
« d'Enghien fut jugé, condamné, fusillé, comme le commandaient les
« lois en vigueur.

« Vos ministres ont dénaturé ces faits. Quand il est question de la
« France, ils se rappellent toujours ce que disait le grand Chatam : « *Si*
« *nous agissions de bonne foi avec la France, l'Angleterre n'aurait pas un*
« *quart de siècle à vivre.* »

Il revint à Talleyrand : « C'est, me dit-il, un *briconne* capable de tous
« les crimes.

Ayant parlé ensuite à Napoléon d'objets traités dans une nouvelle dépêche du gouverneur, il me dit : « J'ai été vivement affligé de voir refuser « à Las Cases la faculté de me faire ses adieux de vive voix ; c'est un acte « superflu de barbarie ; il a augmenté, il est vrai, ma peine. »

L'Empereur m'a demandé le *catalogue* des livres de la bibliothèque de *James Toown*, et m'a prié de lui communiquer les renseignements que je pourrais recueillir dans l'île sur l'Égypte.

L'Empereur est sorti aujourd'hui pour la première fois ; il est allé chez madame Bertrand pour la féliciter de son heureux accouchement.

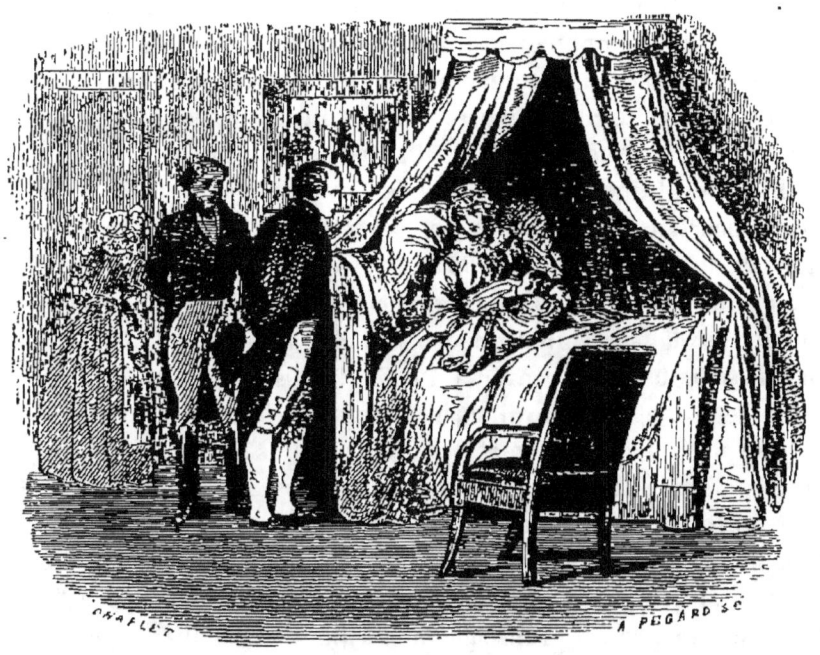

« *Sire*, lui a dit madame Bertrand, *j'ai l'honneur de présenter à Votre* « *Majesté le premier Français qui, depuis notre arrivée à Longwood, s'y* « *soit introduit sans la permission de lord Bathurst.* »

27. — Dans son bain, l'Empereur s'est plaint de vives douleurs de tête ; il n'a pas de sommeil. Je l'ai engagé à faire plus d'exercice, car l'absence d'exercice est la cause de l'affaiblissement effrayant de sa constitution. Il pense comme moi à cet égard, mais il lui est impossible de se décider à prendre cet exercice : un découragement invincible le domine.

J'ai parlé à Napoléon de plusieurs conspirations tramées contre lui, voici ce qu'il m'a dit pour celle de la *machine infernale*.

« On était à l'approche de Noël, de belles fêtes se préparaient. Ce
« jour-là on me pressa d'aller à l'Opéra, mais, épuisé par le travail de la
« journée, je cédai à un accès de sommeil, et restai sur un sofa : Jo-
« séphine vint m'éveiller, et insista pour que je me montrasse au théâtre,
« car elle était avide de popularité pour son époux ; je me levai et montai
« en voiture, et tombai aussitôt dans un nouvel assoupissement : l'ex-
« plosion m'en tira. La commotion que je sentis fut celle qu'eût produit
« le soulèvement de la voiture pour la lancer dans un courant très-
« rapide ; j'étais accompagné de Lannes et de Bessières. Les conjurés
« avaient fait faire une charrette comme celles dont on se sert pour por-
« ter de l'eau dans Paris, avec cette différence que le tonneau était placé
« en travers. Un de ces conjurés, le nommé Limoléan, remplit le tonneau
« de poudre, et le plaça au détour d'une rue que je devais traverser. Je
« dus mon salut à cette circonstance, que la voiture de Joséphine étant
« semblable à la mienne, et l'une et l'autre se trouvant escortées de
« quinze hommes, Limoléan ne put savoir d'avance dans laquelle je me
« trouvais ; incertain, il s'avança pour regarder dans nos voitures, afin
« de s'assurer de ma présence. Un de mes gardes, gaillard grand et fort,
« choqué ou inquiet de voir cet homme barrer le passage, et chercher
« ainsi à me voir dans la voiture, poussa son cheval sur lui, et lui donna
« un coup de sa botte, qui le renversa. Pendant ce temps la voiture passa,
« Limoléan relevé, et qui m'avait aperçu, courut à la charrette et y mit
« le feu : l'explosion eut lieu entre les deux voitures ; la détonation fut
« effroyable, elle tua le cheval d'un de mes guides, blessa le cavalier,
« démolit plusieurs maisons, et tua environ cinquante personnes.

« On se mit sur la trace des coupables. La police fit alors rassembler
« les débris de la charrette ; tous les ouvriers de Paris furent appelés
« pour les reconnaître : les renseignements qu'on recueillit, après cet
« examen, ne furent qu'insignifiants ; on sut pourtant que les matériaux
« de cette charrette avaient été achetés par deux hommes ayant l'accent
« bas breton ; ce fut, dans le premier moment, tout ce qu'on put ap-
« prendre.

« On a dit alors que j'avais été sauvé par mon cocher, ce fait n'est
« pas tout à fait exact, puisqu'il était gris. C'est le guide qui m'a sauvé.
« Je ne dis pas que mon cocher ne m'ait grandement servi : son élan
« eut là une rapidité extraordinaire. Mais remarquez son peu de pré-
« sence d'esprit dans cette scène, puisqu'il prit cette détonation épou-
« vantable pour une décharge faite sur mon passage, en mon honneur ;
« je vous l'ai dit, Paris allait entrer dans des fêtes.

« Les cochers de la capitale offrirent un dîner au mien, quelques jours
« après; on y but largement, on y porta plusieurs fois la santé de César.
« Tout à coup un cocher dit haut : « César, je crois à présent avoir vu
« les hommes qui ont essayé d'assassiner le Premier Consul l'autre
« jour. Dans telle rue et dans telle maison, j'ai vu une charrette comme
« un tonneau à eau, sortir d'un passage; comme je n'en avais jamais
« vu dans cette endroit, cela me frappa : je reconnaîtrais certainement
« le cheval et les hommes. »

« Le ministre de la police interrogea cet homme, qui conduisit les
« agents de l'autorité à la maison dont il avait parlé. En effet, on y trouva
« des traces significatives, même la preuve de la préparation du crime,
« des instruments, un baril qui avait contenu la poudre, etc.

« Les déclarations du propriétaire de la maison firent connaître que,
« depuis peu de temps, des hommes, qu'il soupçonnait se livrer à la
« contrebande, étaient venus se loger chez lui, que le jour du crime, il
« les avait vus sortir avec une charrette, qu'il avait supposée remplie de
« marchandises prohibées; que l'un de ces hommes paraissait appar-
« tenir à un rang plus élevé que les autres. De nouvelles recherches
« furent faites : enfin Saint-Régent et Carbon furent arrêtés, jugés,
« condamnés, exécutés. »

L'Empereur poursuivit : « A Schœnbrun j'échappai encore à un péril
« imminent. C'était après la reddition de Vienne. Je passais mes troupes
« en revue; un jeune homme s'approcha très-près de moi. Berthier le
« repoussa en lui disant que s'il avait à me parler, il fallait qu'il choisît
« un autre moment. « Adressez-vous au général Rapp, lui dit-il en
« allemand, il vous répondra. » Le jeune homme, se tournant vers
« celui-ci, lui dit qu'il désirait me remettre un Mémoire. Rapp lui fit
« la même réponse que Berthier, qu'il ne pouvait pas m'aborder dans
« ce moment; le jeune homme parut insister, mais en gardant le silence;
« il faisait semblant en même temps de chercher un *placet* dans sa
« poche. Rapp, impatienté, le repoussa vivement, mais il revint; son
« insistance alarma le général Rapp qui avait déjà été frappé par sa
« physionomie sombre et ses yeux ardents, et qui le suivait depuis
« quelques minutes; il le fit arrêter pour le faire examiner après la
« revue. Les gardes, en l'entraînant, remarquant qu'il tenait une main
« cachée dans sa poitrine, le fouillèrent et trouvèrent sous son gilet un
« long couteau. Interrogé tout de suite sur l'usage qu'il comptait en
« faire, il répondit : *Tuer l'Empereur,* et il releva la tête avec fierté.
« On vint me parler de cet incident; après la revue je me fis amener

« ce jeune fanatique. Je lui demandai ce qu'il me voulait : « *Vous tuer.*
« — Que vous ai-je fait pour vouloir attaquer ma vie? — *C'est vous
« qui avez ruiné, asservi ma patrie; j'ai cru que Dieu m'appelait à être
« l'instrument de votre mort.* » Il parla de Judith, d'Holopherne, et me
« parut guidé par le fanatisme de religion. C'était le fils d'un ministre
« protestant d'Erfurth; son père ignorait son projet. Je fis venir Cor-
« visart et lui dis de tâter le pouls de cet insensé. Après l'avoir examiné
« et lui avoir adressé diverses questions, Corvisart me dit que *ce jeune
« homme était calme et dans tout son sens.* Je dus donner l'ordre de
« l'enfermer immédiatement dans un lieu sûr, où on ne lui donna au-
« cune nourriture durant vingt-quatre heures, et seulement de l'eau.
« Je voulais, en employant ce moyen, lui donner le temps de se calmer,
« de réfléchir; qu'ensuite on l'examinât quand son estomac serait vide,
« et dans un moment où rien ne pourrait échauffer ou exalter son ima-
« gination. Les vingt-quatre heures écoulées, je l'envoyai chercher, et
« je lui dis : « Si je vous accordais votre pardon, feriez-vous d'autres
« tentatives contre ma vie? » Il hésita pendant quelques instants et enfin
« il me dit, avec un regret visible, qu'il n'en ferait pas parce qu'il pen-
« sait que si son projet eût été agréable à Dieu, il l'eût mieux secondé
« dans sa première tentative. J'avais toute envie de lui pardonner, mais
« on me fit remarquer que l'extrême hésitation de sa réponse, au bout
« de vingt-quatre heures de jeûne, d'emprisonnement, était la preuve
« qu'il conserverait des intentions contre moi; je l'abandonnai aux tri-
« bunaux.

« Dans un autre temps, le roi de Saxe me prévint qu'un jeune homme
« allait partir de Stuttgard pour se rendre à Paris, dans le but déclaré
« de m'assassiner. Le roi m'adressait le signalement de l'individu. Il ne
« fut arrêté qu'à Paris dans la chapelle des Tuileries. Il a d'abord avoué
« qu'il avait eu l'intention de me tirer un coup de pistolet; mais que,
« craignant de ne pas m'atteindre, il avait préféré se servir du poi-
« gnard. On trouva cette arme sur lui. Je l'arrachai à la mort, et le fis
« enfermer; il resta en prison jusqu'après ma chute, puis il fut mis en
» liberté. Il déclara quelque temps après que son dessein n'était plus
« de me tuer, parce que j'étais vaincu; mais de tuer le roi de Prusse,
« pour avoir maltraité les Saxons et la Saxe. Après mon retour de l'île
« d'Elbe, lorsque j'allai faire l'ouverture des chambres, je revis ce
« même homme sur mon passage. C'était au commencement de la
« séance, dans la salle. On n'a pas su comment il s'y était introduit. Un
« accident l'y fit tomber, presque dans le même moment; et un paquet,

« renfermant quelques préparations chimiques, éclata dans sa poche et
« lui fit une blessure grave. Je n'ai pas su quelles étaient ses intentions
« ce jour-là. Il fut arrêté. Cet accident répandit l'alarme dans l'assem-

« blée. Il me semble avoir entendu dire que depuis, cet homme s'était
« jeté dans la Seine. »

Je me permis d'adresser à l'Empereur une nouvelle question sur le
projet qu'il avait conçu d'une descente en Angleterre. « Je me propo-
« sais de diriger tout moi-même, m'a-t-il répondu. Deux flottes auraient
« été envoyées dans les Indes Occidentales. Mais elles en seraient re-
« venues immédiatement en se dirigeant sur le Ferrol. Elles en au-
« raient fait lever le blocus et auraient protégé à leur sortie les vaisseaux
« de guerre qui s'y trouvaient renfermés. Avec ces renforts, ces flottes
« eussent trouvé, à Brest, quarante bâtiments de ligne qui les atten-
« daient. Cette réunion effectuée, ces vaisseaux eussent fait voile
« pour la Manche, d'où les forces anglaises eussent été chassées par les
« nôtres; ensuite, par des alarmes habilement répandues; je comptais

« bien vous forcer d'envoyer des escadres à la recherche de mes flottes
« dans les Indes orientales et occidentales, et dans la Méditerranée.
« Avant que ces escadres eussent été de retour, j'aurais été le maître
« du canal pendant deux mois, ayant à ma disposition environ soixante-
« dix vaisseaux de ligne, indépendamment des frégates. J'aurais passé
« en Angleterre avec une flottille et deux cent mille hommes ; j'aurais
« débarqué le plus près possible de Chatam, et de là, je me serais
« dirigé sur Londres, où je pouvais arriver quatre jours après. J'aurais
« proclamé la république ! J'étais alors premier consul. J'eusse aboli
« sans coup férir la noblesse anglaise, la chambre des lords ; j'eusse
« donné à votre grand peuple les terres des gentilshommes opposés à
« mes projets : la liberté, l'égalité, la souveraineté du peuple, ces belles
« institutions établies en principes, m'eussent fait de nombreux parti-
« sans. La chambre des communes fût demeurée, sauf des réformes
« dans le mode électoral. La Grande-Bretagne eût vu alors que nous
« venions, comme amis de la nation, pour l'arracher au joug d'une
« aristocratie insolente, perverse, pourrie, et donner à son gouver-
« nement les formes du siècle. La discipline de mes troupes eût justifié
« mes vues ; j'eusse sévèrement puni les moindres excès. En raisonnant
« d'après le grand sens des Anglais, ces changements m'eussent valu un
« parti formidable. J'eusse encore insurgé l'Irlande qui serait accourue
« à moi. » Je combattis plusieurs de ces hypothèses, et je dis à Napoléon
que son armée se serait incessamment affaiblie, qu'un million
d'hommes se seraient levés contre lui : que la ville de Londres eût été
brûlée. « Je ne craignais pas cela, dit-il, vous êtes trop opulents, trop
« amis du luxe et des agréments de la vie pour brûler le théâtre de
« votre civilisation. Les Parisiens n'ont-ils pas juré de s'ensevelir sous
« les murs de leur ville plutôt que de souffrir la domination étrangère ?
« Paris, malgré cela, a été pris deux fois ; on ne peut pas dire ce
« qu'eussent été les événements ; mais je reste persuadé qu'une meil-
« leure division des fortunes eût produit un grand effet sur le peuple
« anglais.

« Quelle résistance eût pu faire une armée improvisée contre la
« mienne, dans un pays qui, comme l'Angleterre, abonde en plaines ?
« Tout ce que vous venez de m'objecter, j'y avais songé ; mais j'avais
« aussi calculé l'effet qu'aurait produit la prise d'une ville grande et
« aussi opulente, de la banque, de toutes vos richesses, de vos bâtiments
« dans la Tamise et à Chatam.

« Je pensais rester maître du canal durant deux mois. Ce temps

« m'eût suffi pour agglomérer et disperser mes régiments, si bien
« qu'au retour la flotte britannique eût trouvé l'Angleterre hors de
« lutte, conquise, vaincue. Mes proclamations eussent eu en vue les
« opinions, les besoins du peuple, les matelots, les soldats, les moins
« favorisés de toutes les classes, etc. ; j'abolissais les coups de garcette.
« Ces proclamations contre une aristocratie avare et tyrannique, s'en-
« richissant du sang du peuple, l'établissement de la république, l'abo-
« lition de la monarchie, de la noblesse, le juste partage des biens,
« m'eussent gagné l'affection du peuple de Londres, de tous les mécon-
« tents ; je n'avais besoin que de ces incidents pour établir la supré-
« matie de la France. »

A quelques objections sur l'esprit de nationalité des Anglais,
Napoléon m'a répondu : « Il existe plus d'esprit national chez vous
« qu'en France ; cependant, je ne puis croire que vous eussiez
« consenti à brûler Londres. L'incendie de la ville de Moscou, bâtie
« presque entièrement en bois, était d'une exécution facile. Celui de
« Londres n'eût point réussi sans des préparatifs impossibles et qui
« eussent trouvé des opposants. Je ne vous eusse pas attaqués comme à
« Rosette ; mais en vous portant précipitamment des coups terribles, je
« fusse arrivé, avec la rapidité du tonnerre, aux portes de Londres.
« Mon héroïque armée eût brisé toutes vos barrières !... Je sais bien
« que des objections pour et contre mon projet ne manquent pas ;
« mais une fois maître de Londres, un succès complet suivait l'in-
« vasion.

« Après le traité d'Amiens, une bonne paix avec l'Angleterre était
« possible. Quoi qu'en aient dit vos ministres, j'ai toujours été disposé
« à reconnaître sincèrement des conditions avantageuses aux deux
« nations.

« Pitt et vos ministres ont menti en disant que j'avais refusé la paix
« Je vous l'ai offerte, établie sur la réciprocité dans les avantages. Je
« vous ai offert un traité de commerce. Je demandais l'échange des
« produits des deux nations, des valeurs respectives ; mais la fierté de
« vos ministres se révolta à cette proposition, et depuis ces mêmes
« hommes ont crié partout en Europe que je ne voulais pas la paix !
« Je la voulais, mais équitable. Je ne les craignais pas ; je n'ai jamais
« violé les conditions de la paix d'Amiens. »

« On vous a beaucoup accusé d'avoir cherché la monarchie univer-
« selle. Aviez-vous donc un si grand but ? osai-je lui demander. — Non,
« mon projet était de rendre la France la plus grande des nations, je

« n'ai eu que ce dessein, mais je l'ai eu dix ans. Je ne voulais point
« aller au delà des Alpes; je me proposais, en incorporant Naples, la
« Sicile et toute l'Italie en un royaume, ayant Rome pour capitale, de
« donner cet état à un second fils que j'étais fondé d'espérer. J'aurais
« retiré Naples à Murat. »

Je lui ai demandé s'il lui aurait donné un autre royaume. « Oh ! a-
« t-il répondu, tout cela se serait arrangé aisément. »

« Si j'étais appelé à conduire les affaires de l'Angleterre, dit Napo-
« léon dans un autre moment, je ferais consacrer les revenus de l'É-
« glise, hors un dixième environ, à la liquidation de la dette nationale.
« J'excepterais les établissements peu rentés; mais je ne voudrais pas
« que le plus haut revenu des ecclésiastiques s'élevât au-dessus de mille
« livres sterling. Quels besoins ont donc les prêtres? pourquoi veulent-
« ils ces richesses immenses? Jésus-Christ leur a recommandé, comme
« pasteur de la multitude, l'exemple de l'humilité, du désintéressement
« et de la pauvreté; il ne leur a prescrit ni ce luxe insolent, ni de pas-
« ser leurs jours dans une honteuse oisiveté. J'affecterais encore au
« payement de la dette publique le revenu des sinécures. Je ne laisserais
« ces charges que comme récompenses des services rendus; et là,
« j'eusse demandé aux titulaires des services, du travail dans l'intérêt
« social. Émancipez les catholiques, ils payeront volontiers d'immenses
« sommes pour acquitter la dette publique. Qui peut donc empêcher
« cette mesure dans vos conseils? Quand toutes les nations sacrifient
« leurs préjugés, vous conservez les vôtres; vous défendez de vieilles
« lois couvertes de rouille qu'anime l'esprit des siècles intolérants!
« Lorsque la question de l'émancipation, demandée chez vous, fut
« gravement agitée, j'eusse donné de grand cœur cinquante millions
« pour être assuré que vous n'accepteriez pas cette proposition.

« Par cette mesure, vous auriez ruiné mes projets sur l'Irlande, cer-
« tain que si vous émancipiez les catholiques, ils seraient devenus des
« sujets aussi loyaux que les protestants. Maître de ces affaires, j'eusse
« mis une taxe sur les absents, et peut-être que j'eusse réduit l'intérêt
« de la dette; ces questions sont graves; il faut oser les aborder. »

Je lui parlai de quelques actes d'intolérance des catholiques anglais;
il me répondit :

« Affranchissez-les, donnez-leur le rang politique, laissez-les venir
« au parlement, et ils ne seront plus intolérants. La persécution des
« opinions produit le fanatisme. Cette intolérance dont vous vous plai-
« gnez découle de vos lois oppressives : modifiez-les, et l'esprit d'into-

« lérance s'éteindra chez les catholiques; agissez envers eux, comme
« j'ai agi envers les protestants de France. »

30. — Napoléon s'est plaint de nouveau de l'hypocrisie d'Hudson.
« Dites-lui que sa conduite, en acceptant la médiation de l'amiral et en
« la déclinant ensuite, est celle d'un homme *senza parola e senza fide*
« (sans parole et sans foi). Il a manqué au devoir le plus simple, rompu
« un traité que les Bédouins envisagent, d'homme à homme, comme
« sacré, mais que les agents des ministres anglais ne respectent pas! »

31. — Je suis allé chez le gouverneur, et lui ai fait part, avec une grande modération, du message dont j'étais chargé. Il m'a répondu qu'il s'effrayait peu des plaintes que le général Bonaparte pouvait adresser en Angleterre.

L'amiral Malcolm, lady Malcolm, et le capitaine Meynel sont venus chez Napoléon.

1er *février*. — Les discussions avec le gouverneur reprennent une nouvelle vivacité.

Il a rompu le cachet d'une lettre que le général Bertrand écrivait à son père, pour lui annoncer qu'un nouvel enfant lui était né; cette lettre se terminait par ces mots : « *Nous écrivons à M. de La Touche pour* « *lui donner d'autres renseignements.* » Ces mots effrayèrent le gouverneur, qui pensa qu'on avait déjà écrit; il dépêcha aussitôt un message au comte Bertrand, pour se plaindre. Il fallut lui expliquer que cette lettre n'avait point encore été écrite.

J'ai rencontré Hudson Lowe sur les hauteurs de Hut's-Gate. Je lui ai dit que Napoléon se plaignait encore de la surveillance sévère dont lui et les siens étaient l'objet. Je ne déguisai rien de l'aigreur des paroles de Napoléon : Hudson Lowe pâlit. Je lui rappelai qu'on ne pouvait pas trouver à Longwood de l'eau en quantité suffisante pour procurer à Napoléon quelques bains. « Je ne savais pas, dit-il, que le *général*
« *Bonaparte eût besoin de se faire bouillir pendant un si grand nombre*
« *d'heures dans l'eau chaude!* »

2. — J'ai vu Napoléon, il était au bain. Bertrand a reçu une lettre du gouverneur; c'est un tissu d'inepties et de lâchetés.

4. — L'eau devient de plus en plus rare à Longwood.

6. — Lady Lowe a fait une visite à la comtesse Bertrand.

J'ai eu aujourd'hui un nouvel et long entretien avec le gouverneur au sujet du rétablissement des anciennes limites. Sa conclusion est que, s'il les rétablit, Bonaparte ne pourra visiter aucune maison sans être accompagné d'un officier anglais.

Les explications, de plus en plus vives, ont continué.

Aujourd'hui nous avons parlé de l'*Égypte*. « Vos ministres ont fait
« preuve, dit l'Empereur, d'une triste incapacité en ne gardant point
« Alexandrie. Ce serait aujourd'hui un pied-à-terre comme celui de
« Malte, et il vous appartiendrait sans contestation ; cinq mille soldats
« vous eussent conservé cette position. Un immense commerce dans
« l'Égypte vous eût suffisamment défrayés ; je regarde cette possession
« comme plus avantageuse pour vous que Gibraltar ou Malte. Il est cer-
« tain que si la France faisait la conquête de l'Égypte, l'Inde serait per-
« due pour vous. J'eus longtemps la pensée de vous arracher l'Inde.
« J'ignore pourquoi vous attachez une si grande importance à Gibraltar.

« Quand je gouvernais, j'étais fort aise que les Anglais fussent maîtres
« de Gibraltar, à cause de la haine que leur conservaient les Espagnols,
« intraitables sur ce point. » Je répondis : « Mais on a prétendu que vous
« vous étiez proposé de l'assiéger, de vous en rendre maître,.... comme
« aussi l'on a dit que ce n'était qu'un prétexte pour cacher l'intention
« que vous aviez d'occuper l'Espagne. » Napoléon sourit à ces mots, et
répliqua : « *C'est vrai*. Tôt ou tard, continua-t-il, en revenant au sujet
« qu'il avait d'abord traité, la Turquie succombera ; on ne pourra la
« diviser sans en donner quelque portion à la France : cette portion
« sera l'Égypte ; la possession de l'Inde sera la conséquence de la posses-
« sion de l'Égypte. Si vous fussiez restés maîtres d'Alexandrie, ce ré-
« sultat eût été paralysé. »

Il est à peu près inutile d'insister auprès du gouverneur pour des
adoucissements aux *restrictions* ; il répond maintenant que le général
Bonaparte doit se regarder comme très-heureux d'avoir affaire à un
homme aussi bon que lui, etc.

La viande, les légumes, le vin, envoyés à Longwood, y arrivent constamment gâtés. Cipriani a demandé au gouverneur d'aller dans la
vallée, accompagné d'un soldat, pour y acheter un mouton et des
légumes, la viande envoyée par le gouvernement n'étant pas mangeable.
Le gouverneur a refusé. Les aliments et le vin sont apportés tous les
jours en plein soleil.

14. — J'ai déjeuné aujourd'hui avec l'Empereur ; il m'a reparlé de
la Russie. « Si Paul eût vécu plus longtemps, il eût forcé votre nation à
« signer la paix. Vous eussiez été incapables de résister longtemps aux
« puissances du Nord réunies à moi. J'avais écrit à Paul de construire
« des vaisseaux, et de s'efforcer de réunir les États de cette partie de
« l'Europe contre vous ; de ne point hasarder de batailles parce qu'il

« serait battu, mais de vous laisser épuiser, de recourir à tous les
« moyens pour former une nombreuse flotte sur la Méditerranée. »

Il m'a ensuite parlé de Tilsitt. « L'empereur Alexandre et le roi de
« Prusse dînaient tous les jours avec moi. Alexandre m'entretint un
« jour de son père, sujet qui le rendit fort triste. Quand je vis cela, je
« changeai de conversation. »

Je demandai à Napoléon s'il pensait que Paul fût devenu absolument fou ? « Oui, dans les derniers temps ; les affaires de la France lui
« avaient un moment tourné l'esprit. Il a été longtemps irrité contre
« les hommes qui y ont pris part. J'avais changé ses sentiments, je les
« avais rendus raisonnables ; je les avais éclairés dans une correspon-
« dance particulière et suivie. S'il eût vécu plus longtemps, vous auriez
« déjà perdu l'Inde. Nous avions formé ensemble le projet de l'envahir.
« J'avais tracé le plan de l'expédition ; je m'étais engagé à envoyer trente
« mille excellents soldats ; il devait y réunir un nombre égal de sol-
« dats russes, et quarante mille Cosaques. Je fournissais dix millions
« pour l'achat des chameaux et des objets indispensables pour traver-
« ser le désert. Nous devions demander ensemble au roi de Prusse qu'il
« accordât le passage à mon contingent sur son territoire ; ce que nous
« eussions obtenu. J'aurais fait la même demande au roi de Perse, qui
« n'eût pas refusé. Une négociation était entamée ; elle aurait réussi,
« parce que les Persans désiraient profiter de ces résultats. Mes soldats
« se seraient rendus à Warsaw, où les Russes et les Cosaques devaient
« les joindre.

« De ce rendez-vous, les troupes alliées marchaient sur la mer Cas-
« pienne ; elles s'y seraient embarquées, ou elles eussent poursuivi leur
« voyage par terre ; les circonstances eussent déterminé le choix des
« routes. Depuis, l'inhabileté de vos ministres a été telle, qu'ils ont
« laissé les Russes s'enrichir de quatre provinces, qui prolongent leur
« territoire au delà des montagnes. Ayez la guerre avec la Russie, et la
« première année elle vous enlèvera l'Inde. »

Nous parlâmes des vues de la Russie sur la Turquie. Napoléon me
dit : « Toutes les idées d'Alexandre ont cette conquête pour but.
« Nous discutâmes plusieurs fois la possibilité et l'éventualité du par-
« tage par rapport à l'Europe ; cette proposition me plut dans le pre-
« mier examen. Je pensais que le partage étendrait les progrès de la
« civilisation, rejetterait au delà du Bosphore ces hordes demi-sauvages
« campées le long du Bosphore. Pourtant quand je considérai froide-
« ment les conséquences, quand je vis l'immense pouvoir que la Russie

« y recueillerait, le grand nombre de Grecs des provinces soumises au
« sultan qui se joindraient à cette puissance déjà colossale, je refusai net
« d'y concourir. Une autre difficulté tranchait la question : Alexandre
« voulait garder Constantinople : ceci détruisait l'assiette de la balance
« politique de l'Europe.

« Il était visible que la France, avec l'Égypte, la Syrie et les Indes,
« ne serait rien en comparaison de ce que deviendrait la Russie. Les
« Russes n'étaient déjà que trop puissants; ils pouvaient un jour envahir
« toute l'Europe. L'Autriche tremble en considérant ces résultats. En
« effet, si la Russie et la Prusse se joignaient contre l'Autriche, celle-ci
« serait écrasée sans que l'Angleterre pût s'y opposer ; la France n'est
« rien sous les Bourbons, et les Autrichiens sont si faibles qu'ils seront
« facilement battus. *Una nazione a colpo di bastone.* Ils opposeront peu
« de résistance aux Russes, qui sont braves et patients. La Russie est
« d'autant plus redoutable, qu'elle ne désarme jamais : un soldat reste
« soldat. Les Russes sont des barbares qui n'ont point de patrie, et
« pour qui tous les pays sont préférables à celui qui les a vus naître.
« Lorsque les Cosaques vinrent en France, ils ne choisissaient pas les
« femmes; vieilles et jeunes leur convenaient, parce que toutes valaient
« mieux que celles de leur pays. Les Russes sont pauvres, et il est né-
« cessaire pour eux de conquérir, de s'avancer. Un jour l'Europe verra
« combien ma campagne de Russie était prévoyante; mais il ne sera plus
« temps, je ne serai plus. Ma politique sera vengée, malheureusement
« par une inondation de barbares. »

Hudson parle du renvoi du comte Montholon : l'Empereur prend à
ce sujet beaucoup d'inquiétude : « La perte de Montholon me sera
« bien douloureuse, parce qu'indépendamment de son attachement
« pour moi, il m'est de la plus grande utilité : il prévient tous mes
« besoins. »

J'ai accompagné la comtesse Montholon à Plantation-House, pour
rendre visite à lady Lowe.

Hudson Lowe m'a communiqué quelques numéros d'un pamphlet
intitulé *l'Ambigu*, d'un vieil émigré nommé Pelletier, revenu avec
Louis XVIII. J'hésitais, bien entendu, à les porter à l'Empereur, car
il y est très-maltraité. Quand il sut que j'avais ces brochures, il répondit à mes objections : « Bah ! il n'y a que les enfants qui craignent d'ê-
« tre maltraités. Ah! c'est du Pelletier. Il y a vingt ans que celui-là
« écrit contre moi. Je suis charmé de pouvoir lire ses nouvelles bro-
« chures. » Cette lecture a beaucoup intéressé l'Empereur, malgré les

faussetés matérielles, les calomnies et les ignorances surabondantes qui gâtent ces pages. « J'y ai lu, nous dit-il, un tableau presque exact
« de la bataille de Waterloo. L'auteur est certainement un officier qui
« était auprès de moi pendant l'affaire. Oui, je gagnais la bataille sans
« l'incapacité de Grouchy. — Grouchy vous aurait-il trahi? lui de-
« mandai-je.—Non, reprit-il vivement; mais il a manqué d'énergie. C'est
« de la part de quelques officiers de son état-major qu'il y a eu trahi-
« son. Je crois que plusieurs de ceux que je lui ai envoyés sont pas-
« sés à l'ennemi. Pensez-vous, ajoutai-je, que le maréchal Soult ait
« bien servi votre cause dans les Cent-Jours, avec loyauté, avec énergie?
« — Oui, et il n'avait point trahi les Bourbons, comme on l'a écrit.
« Il n'a pas connu mon débarquement; quand il l'a su, il a pris cette
« tentative pour l'acte d'un fou. Soult n'entend rien à la puissance des
« idées.

« Je n'ai pas approuvé la conduite de Ney. Que ne faisait-il comme
« Oudinot, qui demanda à ses troupes s'il pouvait compter sur leur fidé-
« lité; sur quoi elles lui dirent unanimement : « Nous ne nous battrons
« pas contre l'Empereur. » Il ne put empêcher ses troupes ni les
« paysans de se rallier à moi; mais Ney alla trop loin. Mouton-Duver-
« net a été une malheureuse victime des circonstances.

« Je n'ai que des éloges à donner à mes soldats de Waterloo : leur
« conduite a été admirable. »

L'Empereur m'a parlé de la détresse présente, de l'industrie, du commerce de l'Angleterre et des opinions politiques de Castlereagh.

« C'est le résultat de son incapacité; sa fatuité et son ignorance des
« intérêts vitaux de votre beau pays sont les causes de ce malaise qui
« ne fera que s'étendre. Les malheurs dont je fus assailli ont donné un
« tel ascendant à l'Angleterre, qu'on lui eût laissé faire presque tout
« ce qu'elle eût voulu; d'ailleurs ses sacrifices dans sa longue lutte pour
« les gouvernements de l'Europe constituaient un droit inattaquable.
« L'Angleterre a perdu une occasion de réparer les plaies de son inté-
« rieur, que les événements futurs de l'Europe ne lui rendront point.
« Elle pouvait se débarrasser de tout ce qui la gênait et se délivrer de
« la dette immense qui pèse sur elle. Mais l'orgueil de Castlereagh a
« voulu autre chose: au lieu de songer à fortifier votre puissance, il
« s'est borné à faire la cour aux rois, aux empereurs, qui flattaient sa
« vanité, en l'honorant de leur attention; ils avaient vu sa faiblesse et
« savaient que, par ces égards, ils lui feraient négliger les intérêts de
« la Grande-Bretagne. Il a été complétement leur dupe.

« Je ne vois aucun moyen de vous tirer du mauvais pas où vous êtes
« engagés, que de réduire l'intérêt de la dette nationale, de confisquer,
« au profit de l'État, la plus grande partie des revenus de l'Église, toutes
« les sinécures, et d'établir un système de réduction générale. Votre
« caisse d'amortissement est illusoire. Imposez une taxe sur les absents.
« Il est trop tard aujourd'hui pour revenir sur les traités de commerce.
« Ce que l'on eût regardé dans le temps comme juste serait considéré
« aujourd'hui tout différemment. »

1er mars. — Clarke, suivant l'*Observer*, aurait retenu la pension de
Carnot. « Je m'étonne, m'a dit Napoléon, de voir vos journaux s'occu-
« per autant de ce ministre qui n'est pas un homme de talent. C'est tout
« simplement un travailleur, un homme utile au bureau, incorruptible,
« économe des fonds publics, incapable de s'approprier un gain illicite ;
« si l'on veut encore, un rédacteur excellent et un général ridicule ; je
« ne crois pas qu'il soit jamais allé au feu. Il est infatué de sa noblesse,
« et dit descendre des anciens rois d'Écosse ou d'Irlande.

« Clarke, au retour de l'île d'Elbe, me fit offrir ses services, mais je
« lui fis répondre que je n'employais pas les traîtres ; je crois pourtant
« qu'il m'aurait bien servi si j'avais été le plus fort. »

Napoléon souffre moins, je l'ai trouvé très-gai ; il m'a entretenu du
comte de Las Cases, que le gouverneur accuse toujours avec sa mauvaise foi habituelle. L'Empereur a demandé un verre de porter : « A
« votre santé, » m'a-t-il dit avant de boire. J'en bus un autre ; puis
nous avons continué de causer. « Quelle idée vous formiez-vous de
« moi avant d'être mon médecin ? Que pensiez-vous de ma capacité,
« voyons ! — Je vous voyais, lui répondis-je, les plus rares talents et une
« ambition égale, sans ajouter créance à la vingtième partie des libelles
« que j'avais lus contre vous. Je pensais cependant qu'un acte violent,
« nécessaire à l'accomplissement de vos vues, ne vous eût pas retenu.
« — Je suis charmé de cette opinion, me dit Napoléon. C'est, j'espère,
« celle de lord Holland et des Anglais qui me connaissent. Je suis par-
« venu à un trop haut point de gloire et de puissance pour ne pas avoir
« éveillé la jalousie et l'injustice. On a dit : *Il est monté bien haut, mais*
« *pour parvenir, il a commis des crimes*. Je défie cette accusation de
« préciser ses griefs. J'ai toujours marché avec l'opinion générale et
« suivi le cours des événements. Je n'ai pas eu la pensée d'un crime ;
« j'ai toujours méprisé les clameurs particulières et intéressées, précisé-
« ment parce que j'aimais le peuple français et que je marchais comme
« l'opinion des cinq ou six millions d'hommes valides du pays.

« Je laisserai une grande réputation malgré l'immensité de mes re-
« vers. J'ai combattu dans cinquante batailles que j'ai presque toutes
« gagnées. J'ai écrit et fait appliquer un code de lois civiles digne du
« siècle. Je suis devenu par mes œuvres le premier souverain du monde.
« L'Europe a été à mes pieds pendant dix années. J'avais une immense
« ambition, je l'avoue; mais elle était froide, toute logique, toute na-
« tionale. Les événements et l'opinion des masses me la donnaient.
« Comme j'ai toujours pensé que la souveraineté réside dans le peuple,
« et que je pense qu'on ne doit gouverner que pour lui, et sous son
« action immédiate, mon gouvernement impérial était une espèce de
« république. Appelé à sa tête par la voix de la nation, ma maxime fut,
« *carrière ouverte aux talents*, sans distinction de naissance ou de for-
« tune : c'est pour ce système d'égalité que les oligarchies m'ont fait
« une guerre implacable. La postérité me jugera dans les millions
« d'hommes qui ont vécu sous mes lois et dont l'assentiment et l'en-
« thousiasme m'appuyaient. »

Brienne. — Talleyrand. — Égypte. — Lavalette. — Docteur Warden. — Waterloo. — Jaffa. — Lallemand. — Moreau. — Buste du roi de Rome. — Sieyès. — Toussaint Louverture. — Marlborough.

E n'aurais jamais consenti à ce que « la Russie fît simplement de la Po- « logne une de ses provinces ; quand « les belles contrées du sud de l'Eu- « rope seront gouvernées par les « Barbares du Nord, on verra que « ma politique était prévoyante. Ma « faute, c'est d'avoir laissé la cou- « ronne au roi de Prusse. Après Friedland, j'aurais dû lui enlever la « Silésie et la Pologne prussienne, et faire passer ces provinces sous le

« gouvernement saxon. Ces provinces conservées intactes au roi de
« Prusse, il devait arriver qu'il se sentirait trop abaissé pour ne pas
« chercher à se venger à la première occasion. »

En lui lisant l'*Observer*, il m'a interrompu plusieurs fois pour lui expliquer exactement un article dans lequel on racontait que Marie-Louise était tombée de cheval dans le Pô, et qu'on avait eu grand'peine à la sauver. Cette nouvelle l'a vivement affecté.

Le général Gourgaud a reçu une lettre de sa sœur : elle lui écrit que sir Georges Cockburn lui a rendu visite à Paris ; elle lui apprend encore que madame Dillon, mère de la comtesse Bertrand, se porte mieux. La famille du général est dans la joie de ces nouvelles. Moi, qui suis errant, courant les mers depuis des années, je n'avais pas cette idée de l'ivresse que peut produire dans l'âme d'un exilé une lettre de parents ou d'amis éloignés. Il était facile de distinguer, à la joie des physionomies des habitants de Longwood, ceux qui avaient reçu des lettres du continent. Les traits des autres étaient affectés. Une ligne venue d'Europe est sans prix sur ce rocher de Longwood.

L'Empereur m'a reparlé de Wright. « Il y a bien certainement quel-
« que chose de grand dans l'action de cet officier qui se tua pour ne pas
« compromettre son gouvernement. »

L'Empereur a vu dans quelques articles du *Times* et du *Morning Chronicle*, que ces deux journaux le défendent.

« Rappelez-vous que je vous ai dit que les Anglais changeraient d'opi-
« nion sur mon compte, qu'ils verraient en voyageant en France et en
« Italie que vos ministres m'ont lâchement calomnié ; je n'ai laissé que
« des institutions et des regrets. Mes actes y parlent haut. Eh bien ! ce
« changement arrive... Avant peu il sera complet, ils diront de retour
« au continent : Trouvons-nous une belle route, un pont élégamment
« construit, et demandons-nous quel souverain a fait cela ; on nous ré-
« pond : Napoléon ! Il a donc encouragé les arts, les sciences, l'instruc-
« tion publique, celle des classes les plus pauvres pendant sa puissance. »

Il m'a reparlé de Talleyrand.

Voici quelques nouvelles explications sur ce personnage : « C'est un
« coquin, un homme vil, mais un homme d'un esprit éminent. Lorsque
« j'eus marié le prince Eugène, je dus le destituer par suite des plaintes
« que m'adressèrent les rois de Bavière et de Wurtemberg. Il leur était
« impossible de faire ni traité ni convention pour le commerce, sans l'a-
« voir acheté à un prix exorbitant de ce ministre. Ces sortes d'affaires
« dans ce temps-là étaient nombreuses. Louis XVIII a agi sagement en

« l'éloignant du pouvoir; à la première occasion, il n'aurait pas manqué
« de le trahir. Pendant les Cent-Jours, ne m'en a-t-il pas fait faire la
« proposition? »

Napoléon m'a dit ici :

« Pourquoi donc vos ministres ne font-ils pas des efforts directs pour
« opérer la séparation des colonies de l'Amérique méridionale espa-
« gnole, de la mère-patrie? Vous trouverez, dans cette combinaison,
« l'occasion d'ouvrir avec les Américains du Sud un commerce très-
« étendu et très-lucratif. Si vous ne vous pressez pas, les Américains
« vous préviendront. Si vous commencez à présent, ils accepteront la
« concurrence : il faut que vous leur fermiez toute communication
« avec la France et avec l'Espagne.

« Si la guerre eût duré encore deux ou trois ans, la France serait arri-
« vée au point de pouvoir se passer de colonies, par suite des *primes*
« que j'accordais à ceux qui appliquaient la chimie à la confection du
« sucre, surtout par le moyen de la betterave. Avec quelques perfection-
« nements de plus, j'aurais fait fabriquer du sucre qui n'eût pas coûté
« plus cher que par l'importation des Indes occidentales. Et le café? les
« Français ne peuvent pas s'en passer. Je voulais le faire cultiver dans
« les départements du midi de la France. »

Le gouverneur a fait demander à Longwood, par lettre ministérielle, *pourquoi*, dans la dernière semaine, *la consommation du poisson
avait été dépassée de quatorze schellings*. Il a trouvé aussi fort mauvais
l'emploi de *quarante livres* d'orge pour l'usage de madame la comtesse
Bertrand. Il a défendu expressément cette générosité.

Il a fait d'autres observations sur les dépenses faites à Longwood pendant la quinzaine; mais il y a de quoi mourir de honte et de dégoût.

Le gouverneur déclare le comte de Las Cases coupable d'*impudence*.
Il a osé adresser aux prisonniers de Longwood, du cap de Bonne-Espérance, de l'huile de Florence, du vin de Madère !

L'Empereur m'a parlé ce matin des troubles qui agitent l'Angleterre.
Il regarde la réduction des taxes comme urgente. « Il est impossible,
« a-t-il ajouté, qu'une nation consente à payer de sang-froid, en temps
« de paix, des impôts presque aussi forts que ceux qu'elle payait en
« temps de guerre. Il y a alors ce stimulant, cette irritation d'esprit, qui
« font regarder ces impôts comme nécessaires; nul ne veut que son pays
« soit envahi par une armée étrangère. L'Angleterre est actuellement
« dans une fausse position; il faut que quelque changement s'y opère. »

On m'avait dit que l'Empereur avait manqué de tomber dans les

mains des alliés autour de Brienne, je lui en parlai. « En effet, je me
« rappelle qu'à la bataille de Brienne, vingt-cinq uhlans ou cosaques
« environ se placèrent sur les ailes de mon armée et s'efforcèrent d'en-
« lever un parc d'artillerie. C'était à la chute du jour, l'horizon com-
« mençait à s'obscurcir. Je ne sais par quel accident ils tombèrent sur
« moi et sur l'état-major ; notre présence les déconcerta. Ils ignoraient
« qui j'étais ; dans le premier moment je ne les reconnus pas, je pensais
« qu'ils faisaient partie de mes troupes. Mais Caulaincourt s'aperçut
« que c'étaient des ennemis, et me le dit. Dans ce moment ces soldats
« effrayés s'enfuirent. Mon état-major faisait déjà feu sur eux. Un de
« ces soldats galopa si près de moi qu'il me poussa rudement. Lorsque
« je le reconnus et voulus faire feu sur lui, il était hors de mon atteinte.
« Je tirai l'épée ce jour-là, ce qui ne m'arrivait presque jamais, car je
« n'ai gagné mes batailles qu'avec des calculs [1]. »

Je demandai encore à Napoléon s'il n'avait pas été au moment d'être pris par les Cosaques dans la retraite de Moscou. « Non, j'avais toujours
« avec moi une forte garde ; avec elle je pouvais repousser un parti, et
« même l'attaque d'un petit corps. »

14. — L'Empereur était gai. Les journaux de Londres publient que M. de Montchenu, invité à dîner par Napoléon, lui aurait répondu qu'il avait été envoyé à Sainte-Hélène pour garder sa personne, et non pour dîner avec lui. C'est une pure invention. Napoléon a levé les épaules en disant : « Ces messieurs ne changent pas. Il est assez sot
« pour avoir menti comme cela. »

Le gouverneur communique avec empressement à l'Empereur les libelles contre lui qu'il reçoit de Londres. Il est peu sensible à ces flots d'outrages.

15. — Le gouverneur redouble de rigueur.

L'Empereur est très-gai. La conversation est revenue sur le prince de Talleyrand. « C'est un prêtre qui a épousé une femme déjà mariée, un
« homme qui a vendu, trahi tout le monde et tous les partis ! L'entrée
« de la cour était fermée à sa femme, dont la réputation était mauvaise
« et qui avait reçu de quelques marchands génois 400,000 francs, pour

---

[1] Dans la même nuit, les Français reprirent le parc de Brienne ; Blücher et son état-major faillirent y être faits prisonniers en se retirant. Deux cosaques arrêtèrent Blücher près d'une palissade au moment d'une nouvelle marche en avant ; sans cette circonstance, ce général tombait dans les mains des Français. Ils furent obligés de tirer leurs épées ; cette reconnaissance coïncide assez singulièrement avec le fait que je viens de raconter, et sur les mêmes lieux, aux mêmes heures. On pourrait penser que les uhlans dont parle Napoléon étaient Blücher et ses officiers ; je tiens ces derniers détails de sir Hudson Lowe. Il a ajouté, comme un trait piquant de Blücher, que lors de la première invasion, le maire d'une ville lui offrit ses services, et que le général prussien lui dit : *Amenez-moi une fille.*

« hâter la conclusion d'une négociation commencée avec son mari. Cette
« dame était très-belle, anglaise ou née dans les Indes orientales; mais
« la sottise et l'ignorance même.

« Vous connaissez de réputation M. Denon. Eh bien! voici une anec-
« dote que je tiens de lui. Talleyrand, grand spéculateur sur tout, ayant
« besoin de l'opinion de cet homme distingué pour conclure une affaire
« de sa façon, l'invita à dîner; il connaissait tout le crédit que ses talents
« et sa probité avaient sur mon esprit. Cette invitation faite, il dit à sa
« femme : Madame, j'ai invité Denon à dîner. C'est un voyageur instruit;
« dites-lui quelque chose de flatteur sur ses voyages; il peut nous être
« très-utile auprès de l'Empereur. Sa femme, qui n'avait pas ouvert
« d'autres livres de voyage que *Robinson*, supposa que ce Denon était
« Robinson. Voulant, en présence d'une société brillante, lui faire de
« grandes civilités, elle lui demanda des nouvelles de son fidèle domes-
« tique *Vendredi*. Denon, surpris, ne savait d'abord que penser; les
« mêmes questions étant répétées, l'étrange ignorance de madame de
« Talleyrand parut au grand jour. Les convives se regardaient. Le len-
« demain, l'anecdote était dans toutes les bouches, et égayait les salons
« de Paris. »

Napoléon m'a ensuite parlé de l'Égypte. « Je voulais établir des ca-
« naux de communication en Égypte. J'avais résolu d'en faire deux; un
« qui de la mer Rouge aurait communiqué avec le Nil et le Caire, et
« l'autre qui se serait réuni à la Méditerranée. Je fis sonder la mer
« Rouge : il se trouva que ses eaux, dans leur plus grande hauteur, s'é-
« levaient de trente pieds au-dessus du niveau de la Méditerranée, et n'a-
« vaient que vingt-quatre pieds d'élévation au-dessus de cette même mer
« quand elles étaient au plus bas. Je voulais empêcher l'eau de couler
« dans le canal, tant que les eaux seraient basses. Ce plan ne présentait
« point de grandes difficultés, attendu qu'il n'y avait que trente lieues de
« ce point à la Méditerrannée : il suffisait d'établir des écluses. Le Nil,
« à son plus bas cours, était sept pieds au-dessous de la mer Rouge et
« quatorze pieds au-dessus (j'évalue) pendant l'inondation. Mes calculs
« donnaient une dépense de 18,000,000 de francs, et demandaient deux
« années de travail.

« L'ignorance des Turcs garantit seule votre commerce dans l'Inde;
« sans leur présence vous seriez facilement ruinés. Si quelque nation
« européenne possédait l'Égypte, elle vous ruinerait vite; un jour l'Égypte
« sera une des causes de la destruction de votre compagnie des Indes. Si
« Kléber n'eût pas été assassiné, vous n'eussiez jamais conquis l'Égypte.

« Il eût fait en neuf jours descendre l'armée du Caire, et vous aurait
« écrasés. Si je m'y étais trouvé, je l'aurais fait descendre du Caire en
« sept jours, et j'aurais été sur la côte avant votre débarquement; c'est ce
« que j'avais déjà fait quand les Turcs débarquèrent avec Sidney Smith. »

17. — Aujourd'hui Napoléon s'est promené autour de l'habitation. Le capitaine Poppleton a écrit au gouverneur pour lui faire savoir que les chevaux de Longwood manquent de foin depuis trois jours, qu'ils n'ont plus de litière; que ce que l'on envoyait à la place du foin était de l'herbe fraîchement coupée. Quelles misères!

18. — « Si mes plus grands ennemis, disait aujourd'hui Napoléon,
« savaient les traitements dont je suis l'objet sur ce rocher, ils auraient
« compassion de moi. Des millions d'hommes pleureront sur la fin de
« ma vie en Europe, quand on y saura ce que j'ai souffert ici. »

20. — Ayant parlé à l'Empereur de ce qui avait été raconté, d'une scène que Ney lui aurait faite, à Fontainebleau, en 1814, lorsqu'il parut hésiter à signer son abdication : « On a fait un conte que les té-
« moins ont dû démentir. Ney ne s'est jamais permis de paroles im-
« périeuses et violentes en ma présence; il était très-soumis. Je sais
« pourtant qu'il se livrait quelquefois, lorsque je n'étais plus présent,
« à des accès d'irritation et d'amertume.

« Lavalette n'a point connu le projet de mon retour de l'île d'Elbe,
« ni de ce qui s'y passait. Madame Lavalette était de la famille Beau-
« harnais. Elle était très-belle femme; mon frère Louis en devint
« amoureux et voulait l'épouser; afin d'y mettre empêchement, je la
« mariai à Lavalette.

« Lavalette a rempli pour moi des fonctions secrètes et très-hono-
« rables. Voici ces fonctions : douze personnes distinguées d'opinions
« différentes, jacobins, royalistes, républicains, impériaux, ayant
« 1,000 francs par mois, lui apportaient chaque mois des rapports sur
« l'état de l'opinion publique relativement aux actes du gouvernement,
« à l'état général des choses en France. Lavalette recevait ces rapports
« cachetés, et me les apportait. Après les avoir lus, je les brûlais. Mes
« ministres, mes amis ignoraient que je reçusse ces communications
« si importantes pour moi. »

26. — « Monsieur le docteur, les *brochures* que je viens de lire m'ap-
« prennent que j'ai, dans un âge très-tendre, empoisonné une fille, que
« j'en ai fait périr d'autres par plaisir; que j'ai assassiné Desaix, Klé-
« ber, le duc d'Abrantès, et beaucoup d'autres encore; que la *première*
« *armée d'Italie*, où je commandai en chef, n'était composée que de *ga-*

« *tériens* charmés de voir en moi un confrère. Que d'infamie le temps
« balaye! Fox est le seul de vos hommes d'État qui ait souhaité sin-
« cèrement la paix ; les autres ont fourni des bâtiments pour débarquer
« des assassins ; ils leur ont même donné de l'argent : ne se sont-ils pas
« ainsi rendus complices de l'attentat? »

Après avoir redemandé à l'Empereur s'il n'avait jamais eu la pensée d'être en réalité le maître de l'univers, il m'a répondu non ; et comme il a déjà fait, il a discuté pour démontrer que l'existence de cette souveraineté universelle était impossible. « La France, dit-il, a des bornes
« naturelles, je ne voulais pas les franchir ; mon objet était tout sim-
« plement de détruire la prédominance de l'Angleterre. Aujourd'hui
« vos ministres s'efforcent de diminuer le mérite de mes travaux civils.
« On va jusqu'à dire que je n'accordai le rappel des émigrés qu'aux in-
« tercessions de Joséphine ; mais qu'importent ces mensonges! encore
« quelques années, il n'en restera plus de traces dans les esprits. José-
« phine était assurément la meilleure des femmes, mais je ne lui laissais
« aucune influence sur ma politique. »

L'Empereur a reçu sir Pultney, lady Malcolm et trois capitaines. L'un de ces officiers paraissait très-étonné de trouver en Bonaparte un homme doux, très poli, et de la conversation la plus spirituelle.

L'Empereur est revenu sur différents détails de la bataille de Waterloo. Le 15, à Charleroy, il avait battu les Prussiens avant que Wellington le sût ; il avait gagné quarante-huit heures de manœuvres sur lui, ce qui était un grand point ; si ses généraux eussent exécuté ses ordres comme autrefois, il aurait pu, sans donner bataille, surprendre l'armée anglaise dans ses cantonnements.

« Mes généraux pensaient qu'ils ne devaient rencontrer partout que
« des armées de cent mille hommes. Il y avait chez eux, dans ce mo-
« ment, les craintes les plus exagérées. Attaché sans interruption par
« la diversité et l'immensité des affaires générales, je ne pouvais, mal-
« gré mon désir, prêter une attention plus longue aux détails des corps,
« je ne pouvais faire marcher moi-même les officiers supérieurs ; alors
« l'ensemble n'était plus le même ; ma pensée n'était plus exécutée avec
« confiance, énergie. Cette fois, en raison de ces difficultés que j'ap-
« préciais bien, j'avais compté racheter ces inconvénients par la rapi-
« dité des opérations générales ; j'avais compté surprendre mes ad-
« versaires et les battre partiellement. Je sus l'arrivée de Bulow à
« onze heures, mais je n'y fis pas attention ; j'avais en ma faveur quatre-
« vingts chances sur cent.

« Mon armée était admirable. Je ne redoutais que quelques-uns de vos
« corps : c'étaient trente-cinq à quarante mille Anglais, braves comme
« mes soldats. La perte de la bataille vint d'abord de la paralysie sou-
« daine de Grouchy ; et ensuite de ce que les grenadiers à cheval et la
« cavalerie commandée par le général Guyot, que j'avais en réserve,
« et qui ne devaient pas me quitter, s'engagèrent malgré moi, contre
« mes ordres, de sorte qu'après la dernière charge, lorsque mes troupes
« furent battues, et que la cavalerie anglaise se montra, je n'avais plus
« un seul corps de réserve. Il fallut céder..... La charge des Anglais
« réussit. Ney m'avait enlevé ma cavalerie.

« Le plan de Wellington ne mérite aucune attention. Il ne s'était
« réservé qu'une route, qu'une issue étroite pour la retraite! battu, je
« ne lui laissais pas sauver un soldat! Et pourquoi partager son armée
« et s'isoler de Blucher? ce dernier revenant sur moi, quoique battu
« la veille, a montré le talent, l'activité d'un vrai général. »

L'Empereur m'a reparlé des pamphlets ; il ne peut répondre. « Il
« faudrait écrire au bas de chaque page : *faux! faux!* Je n'y ai trouvé
« qu'un fait exact : c'est ce que je dis de Rapp sortant de la mêlée à
« Austerlitz. Lorsque je l'aperçus couvert de sang, les habits déchirés,
« courant à moi : « Oh! comme il est beau! » Ces paroles, ce mouvement
« sont vrais! Mais, le croiriez-vous, les misérables me font un crime
« de cela. C'est la preuve, disent-ils, que je me *délectais dans le*
« *sang.* »

J'ai annoncé à l'Empereur notre ambassadeur en Chine, revenant
de ce pays où il avait refusé de se soumettre à quelques formalités.
Napoléon n'approuve pas ces scrupules de la nation anglaise dans ses
rapports avec une nation si riche. « Peut-être les ministres, par cette
« bêtise, font-ils perdre au commerce de grands avantages. » Je lui fis
observer que nous pourrions facilement, au moyen de quelques vaisseaux de guerre, forcer les Chinois à nous céder un traité favorable ;
par exemple, nous pourrions intercepter *l'importation du sel*; il ne
faudrait pour cela que *quelques croiseurs*. A cela Napoléon m'a répondu :
« Ce serait bien la plus grande sottise que vous eussiez faite depuis
« plusieurs années, que de vous mettre en guerre avec un empire im-
« mense, et qui possède les ressources de celui de la Chine! Vous réus-
« siriez d'abord, vous vous empareriez de quelques vaisseaux, et vous
« détruiriez leur commerce ; mais vous leur feriez apprécier à la longue
« leur puissance. Ils seraient forcés de se défendre. Ils réfléchiraient et
« diraient : Il nous faut égaler cette nation. Pourquoi souffririons-nous

« qu'un peuple si éloigné de nous agisse envers nous en maître? Construi-
« sons des vaisseaux, mettons-y des canons, égalons-le! Ils feraient venir
« des artilleurs et des constructeurs de la France et d'Amérique, de Lon-
« dres peut-être. Ils construiraient une flotte, et vous battraient plus
« tard ! »

Lord Amherst doit faire une visite à Longwood. « S'il m'est présenté
« par Lowe, a dit Napoléon, ou si celui-ci envoie quelque officier avec
« lui, je ne le recevrai pas ; mais s'il vient avec l'amiral, je le recevrai
« avec plaisir. »

« La dernière lettre du gouverneur, a-t-il continué, est une nouvelle
« insulte. Il écrit que nous pouvons faire le tour de la maison de miss
« Mason, mais que nous ne pouvons pas quitter la grande route. Où est
« donc cette route ? il n'y en a point. Si je venais à m'éloigner de quel-
« ques pas, ses factionnaires feraient feu sur moi. »

27. — J'ai trouvé Napoléon au bain ; il m'a parlé du silence qu'il
avait gardé à l'*armée d'Égypte*, à l'apparition de la *peste*. « On y nia
« d'abord l'arrivée de cette maladie pour maintenir le moral du soldat.
« J'allai à Jaffa visiter l'hôpital : j'y touchai un malade pour persuader
« aux soldats que la maladie n'était point contagieuse et surtout que
« ce n'était pas la *peste*. Je crois être parvenu à leur persuader,
« durant près de quinze jours, que ce n'était qu'une *fièvre avec des*
« *bubons*. »

29. — La conversation de Napoléon revint sur des idées qu'il a déjà
émises. « Si je gouvernais encore, Ferdinand serait mon ami. Si les
« Espagnols et les Portugais conservent leurs colonies dans le sud de
« l'Amérique, ils resteront ennemis de l'Angleterre ; l'Europe est trop
« éclairée pour vous laisser le *monopole* de la fabrication. J'ai donné
« pendant ma puissance près de cinq cents couvents, à la seule condition
« qu'on y établirait des *fabriques*. J'ai avancé à des Français près de
« 50,000,000 de francs de ma cassette, pour soutenir des entreprises
« industrielles. Mes débiteurs jouissaient de ces fonds pendant neuf
« ans, sans payer d'intérêt ; après ce terme, je reprenais le capital.

« Chez vous, les machines sont si parfaites, si multipliées, que dans
« peu d'années vous ne pourrez plus occuper vos ouvriers. Vous êtes
« contraints d'avoir recours aux *machines*, parce que les objets utiles
« à la vie coûtent deux fois plus cher chez vous que sur le continent ;
« vos taxes sont six fois plus fortes. Il faut que vous vendiez bon mar-
« ché pour avoir des débouchés ; de là l'urgence de moyens expéditifs,
« peu coûteux. »

Napoléon m'a reparlé de lord Amherst. Il m'a dit que « ce serait
« insulter un ambassadeur chinois, si cet ambassadeur résidait à Lon-
« dres, que de le soumettre par réciprocité aux formalités exigées à
« Pékin. A Pékin, ces cérémonies étant naturelles, il n'y a pas d'in-
« sulte faite à l'ambassadeur anglais : ce serait le contraire à Londres.
« Si le roi de France exigeait de l'ambassadeur d'Angleterre qu'il lui
« baisât les mains, ce serait, parce que ce n'est pas l'usage en France,
« lui faire une insulte, bien que l'ambassadeur sût que cette cérémonie
« fût d'usage à Londres. Ainsi, demander à un mandarin de faire en
« face du portrait du roi Georges l'acte de politesse exigé à Pékin,
« d'après d'antiques usages, ce serait se rendre coupable d'une bêtise
« et d'une insulte relativement à la Chine. Mon Dieu, prenons les habi-
« tudes telles qu'elles sont! Un cabinet habile envoie à Pékin pour
« traiter des affaires utiles au pays; ce n'est pas pour discuter des for-
« mes d'étiquette puériles ; il se conforme à l'usage; si on lui demande
« davantage, il refuse. »

2 avril. — Napoléon a retrouvé quelque gaieté en causant. Lui ayant
dit qu'on avait répandu le bruit, dans le temps, qu'il avait quitté l'Égypte
parce qu'il avait cru que le Directoire voulait l'y faire assassiner:
« C'est un mensonge ! s'écria-t-il ; cette idée n'est venue à personne. Les
« directeurs étaient jaloux de moi; j'avais trop de gloire, mais nul
« parmi eux n'a eu la pensée de me faire assassiner, et, dans la situa-
« tion où se trouvait la France, je ne crois même pas qu'ils aient pu
« désirer ma mort. Je suis revenu, parce que je pensais que ma pré-
« sence était indispensable. »

Le capitaine Cook et M. Mackensie étant venus à Longwood ont été
aperçus par Napoléon, qui les a fait demander.

27. — M. Mackensie était *garde-marine* du vaisseau qui transporta
Napoléon à l'île d'Elbe. L'Empereur reconnut M. Mackensie ; il lui dit
qu'il avait grandi considérablement depuis qu'il l'avait vu ; il lui demanda des nouvelles du capitaine Usher. S'adressant ensuite au capitaine Cook, il lui demanda depuis combien d'années il servait : « De-
« puis trente ans, » répondit-il. Napoléon fut surpris. Ayant demandé le
nom des affaires auxquelles il s'était trouvé, Cook cita Trafalgar.

Je dis à l'Empereur, quand ces deux officiers l'eurent quitté, que
j'avais appris de leur bouche que les matelots de *l'Indomptable* l'aimaient beaucoup. « Je le crois, répondit-il, j'avais l'habitude de leur
« parler de leur existence, de leurs familles. Je blâme bien la manière
« avec laquelle vos officiers les traitent! Les Anglais sont trop aristo-

« crates ; vous tenez toujours une immense distance entre vous et le
« peuple. Ces façons de fierté sont finies ; il faudra un jour honorer
« davantage le soldat et le peuple.

« Je ne vois à cette morgue aucune utilité ; je n'y vois que des incon-
« vénients. Il suffirait à la discipline que les officiers ne vécussent pas
« avec les matelots, qu'ils ne souffrissent ni un refus, ni une familia-
« rité. Qu'est-ce, en vérité, que cette froide et fière réserve ? La nature
« a fait les hommes égaux sous certains rapports. Moi, je me mêlais
« aux soldats, je causais franchement avec les hommes du peuple, je
« m'intéressais à leurs affaires : voilà la cause de ma popularité ; après
« mes victoires, au contraire, je tenais constamment à distance les
« généraux et les officiers, bien que j'aimasse à les élever par eux-
« mêmes. »

Napoléon a ajouté : « On a remis à Gourgaud une *nouvelle brochure*
« *sur Waterloo*. C'est une communication du gouverneur. Entre autres
« choses instructives, j'y ai lu *que je suis un imbécile, que mon armée*
« *était un ramas de voleurs, que ma faute capitale, à Waterloo, fut d'a-*
« *voir attaqué Wellington, lorsque je voyais qu'il s'était adossé à une*
« *forêt.* Mais c'est le contraire, l'inexplicable faute de Wellington, car
« une fois battu, il n'avait qu'une seule route par laquelle il pût essayer
« de sortir de cette forêt.

« Une armée considérable, comme l'était celle de votre général, avait
« besoin de plusieurs routes pour reculer par masses, avec célérité ; de
« routes où ces masses pussent même se retourner et se battre en cas
« d'attaque. L'armée de Wellington n'eût pu traverser la forêt sans
« avoir douze heures devant elle. La retraite par une seule route, d'une
« armée battue, ayant sur elle des soldats comme les miens, était une
« opération impossible.

« Je lis dans un autre écrit de ces judicieux royalistes, que *la con-*
« *quête de l'Italie fut faite avec quelques milliers de galériens.* Et ce sont
« des Français qui écrivent et signent ces choses-là ! » Napoléon était
très-animé. Il a poursuivi : « Jamais une pareille armée ne reparaîtra
« dans le monde ; je n'en ai pas vu qu'on pût lui comparer. J'ai trouvé
« là l'élite de la jeunesse française, une génération puissante, surex-
« citée par le renouvellement social, qui avait une passion immense de
« liberté et de gloire ! elle avait le sentiment des belles destinées qui
« l'attendent. Plus de la moitié de ses rangs ne comptaient pour soldats
« que des fils de négociants, d'hommes de loi, de médecins, de riches
« fermiers. Les deux tiers des soldats savaient écrire, et étaient aptes

« à commander. On n'eût pas pu dire dans un régiment quel était le
« meilleur sujet ou le plus brave. C'étaient les plus dignes esprits, le
« meilleur sang de la France d'alors.

« En marche, il m'arrivait souvent d'appeler le premier soldat et de
« le faire écrire sous ma dictée. Dès que je demandais une personne
« pour écrire, j'étais entouré d'une douzaine de soldats ; il y en avait
« peu qui n'écrivissent pas parfaitement.

« C'est un Français qui écrit ces infamies à l'étranger ! Vous avez
« trouvé des Français plus ennemis de la France que les Anglais eux-
« mêmes ; alors vous avez pu réussir. »

Napoléon a reparlé de Hoche : « Il était brave, intelligent, plein de
« talent, de résolution et de pénétration. Il avait de l'ambition ; s'il eût
« débarqué en Irlande, selon sa pensée, il aurait réussi. Je crois qu'il
« possédait les premières qualités du capitaine. Il était accoutumé à la
« guerre civile ; il avait su la faire avec de grands succès . il avait pa-
« cifié la Vendée. Je pense qu'il eût dirigé les Irlandais avec intelligence.
« Il avait une belle figure, et était très-entreprenant. C'est sans doute
« par suite de quelque erreur qu'on le mit à bord d'une frégate qui
« n'arriva pas jusqu'à la côte d'Irlande, tandis que le reste de l'expédi-
« tion (environ dix-huit mille hommes) entra dans la baie de Bantry,
« où les troupes restèrent pendant quelques jours libres de débarquer.
« Mais Grouchy, qui, à ce que je crois, avait le commandement après
« Hoche, ne sut comment s'y prendre ; après être demeuré dans
« l'inaction, il fit lever l'ancre, et les bâtiments revinrent en France
« sans avoir rien tenté. Si Hoche était arrivé, vous auriez perdu l'Ir-
« lande. »

J'ai parlé à l'Empereur du maréchal Davoust. « N'est-ce pas un de
« vos premiers officiers ? — Il s'en faut de beaucoup ; pourtant c'était
« un général habile, d'un commandement sûr. Je ne puis dire quel
« était mon meilleur général. Je suppose que c'était Suchet ; car, dans
« les dernières années, je ne pouvais plus compter Masséna dans le
« service actif ; il pouvait être regardé comme mort : il avait une ma-
« ladie de poitrine incurable. Suchet, Clauzel, Gérard, Lamarque [1],
« sont, à mon avis, les meilleurs des généraux français. » Il a parlé
aussi du maréchal Soult avec chaleur : il a loué ses rares talents.

6. — Napoléon a fait un nouvel éloge de Cornwallis. « J'ai conçu
« seulement, d'après lui, une haute idée de la nation anglaise : c'était

---

[1] Il a nommé aussi Foy. Voir le récit de M. de Las Cases.

« l'intégrité, la générosité, le vieil honneur personnifiés. Je n'ai jamais
« oublié ce qu'il disait un jour : Il y a de certaines qualités qu'on peut
« acheter ; mais un bon caractère, la sincérité, le calme à l'heure du
« danger, ne peuvent pas s'acheter. Je lui donnai le commandement
« momentané d'un régiment de cavalerie à Amiens : il le faisait ma-
« nœuvrer. Les officiers de ce régiment l'aimaient infiniment.

« Ce n'est peut-être pas avec tous ses mérites un homme de premier
« talent. Il n'a pas manqué à sa parole à Amiens ; le traité était prêt, et
« il devait le signer à neuf heures à l'hôtel de ville. Il arriva quelque
« chose qui l'empêcha de le faire, mais il fit dire aux ministres fran-
« çais qu'ils pouvaient considérer le traité comme signé par lui, et qu'il
« le signerait le jour suivant. Un courrier d'Angleterre vint le soir, avec
« ordre de ne pas acquiescer à certains articles, et de différer la signa-
« ture du traité. Quoique Cornwallis eût pu se prévaloir de cet ordre,
« il dit qu'il considérait sa promesse comme sa signature, il écrivit à
« son gouvernement qu'il avait promis, et qu'ayant donné sa parole,
« il voulait la tenir ; que s'il n'était pas content, il pouvait refuser de
« ratifier le traité.

« Il aurait fallu envoyer un Cornwallis ici, au lieu de ce misérable
« assemblage de fausseté, de bassesse, et de poltronnerie ! Sa mort m'af-
« fligea. Quelques personnes de sa famille m'écrivirent, dans diverses
« occasions, pour demander des grâces pour quelques prisonniers, et
« je les leur ai toujours accordées.

« Je n'ai songé à prendre le parti de me livrer aux Anglais que parce
« que je me souvins que dans les dernières négociations de 1814 à Paris,
« Castlereagh dit à Caulaincourt : « Mais pourquoi Napoléon ne va-t-il
« pas à Londres ? Il y serait reçu avec une grande considération. Je ne
« lui conseille pas pourtant d'en faire l'objet d'une demande officielle,
« parce que les moments sont pressés, mais qu'il passe la mer et vienne
« tout simplement demander notre hospitalité. »

L'Empereur m'a parlé aujourd'hui du ministre prussien, baron de
Stein. « C'est un bon Allemand, patriote ; il a des talents, l'activité,
« l'esprit propre aux affaires, aux intrigues. Il ne m'a point fait le mal
« que vous supposez, parce que son impatience paralysait sa haine. Il
« poussait la Prusse à des résolutions extrêmes contre moi, ce qui l'eût
« perdue si la prudence du roi ne l'eût pas contenu. Je fus cause du ren-
« voi de Stein de la cour de Prusse, mais il eût été très-heureux pour
« moi que l'on eût suivi ses avis ; car si la Prusse se fût déclarée préma-
« turément, je l'aurais écrasée. J'aurais pu, sous le plus léger prétexte,

« détrôner le roi de Prusse et l'empereur d'Autriche, et aussi aisément
« que je mets à présent ma main en mouvement.

« J'ai eu avec lord Whitworth une entrevue, maintenant fameuse.
« Mais cet ambassadeur a menti audacieusement dans le récit qu'il en
« a donné. La conférence s'est passée le plus tranquillement du monde :
« il parut même satisfait en prenant congé de moi, et dit ce que je vous
« raconte aux autres ambassadeurs à Paris. Quelques jours après, les
« journaux de Londres imprimèrent un prétendu récit de l'entrevue,
« dans lequel il était dit, d'après lui, que je m'y étais montré furieux.
« L'étonnement fut grand parmi les diplomates de Paris, qui lui firent
« des représentations. « Mylord, voilà des faussetés, car vous nous
« avez raconté tout différemment cette audience ; vous fûtes d'avis alors
« que tout irait bien. » Whitworth ne sut que dire. »

Napoléon m'a reparlé des Algériens. « J'ai proposé à l'Angleterre de
« les exterminer, ou au moins de les forcer à vivre en honnêtes gens ;
« vos ministres ont refusé mes offres. Ces pirates servaient la politique
« de votre cabinet, car sans cela vous les eussiez étouffés depuis long-
« temps. En laissant subsister ces misérables, vous accapariez à vous
« seuls la plus grande partie du commerce de la Méditerranée, parce que
« les Suédois, les Danois, les Portugais et autres, craignaient d'envoyer
« leurs bâtiments dans ces parages ; durant la guerre, vous aviez donc
« presque tout le commerce de la Méditerranée. C'est pour vous mettre
« dans les bonnes grâces des Italiens que vous vous êtes présentés devant
« Alger ; c'est pour empêcher qu'ils ne me regrettent. Sans cela, ils
« vous auraient crié que, pendant la puissance de Napoléon, ils étaient
« à l'abri des attaques des pirates. L'expédition a été mal calculée. Vous
« avez perdu mille hommes et cinq ou six bâtiments. J'aimerais mieux
« la vie de vos mille braves marins que la totalité des États barbares-
« ques. En bloquant Alger avec un vaisseau de 74 et trois frégates, com-
« mandés par le capitaine Usher ou Maitland, le résultat eût été le
« même. »

J'ai demandé à Napoléon si ce fut à Lodi ou à Arcole qu'il prit
un drapeau, et s'élança au milieu des bataillons ennemis. « C'est à
« Arcole ; j'y fus blessé légèrement. »

La conversation a eu pour sujet, aujourd'hui, le général Lallemand,
dont il a loué beaucoup le caractère. « Lallemand, que vous avez vu sur
« *le Bellérophon*, fut envoyé par moi à Saint-Jean-d'Acre, comme né-
« gociateur auprès de sir Sidney Smith ; il remplit cette mission avec
« infiniment d'habileté. Au retour de l'île d'Elbe, lui et Labédoyère

« prirent les premiers mon parti. Lallemand a beaucoup de résolution
« il a le feu sacré. Il commandait les chasseurs de la garde à Waterloo :
« il enfonça quelques-uns de vos bataillons. »

L'Empereur a ensuite parlé de Victor, duc de Bellune, comme d'une bête, sans talent ni tête ; mais de Soult, comme d'un excellent ministre de la guerre.

Napoléon, dans le cours de la conversation, a parlé des eunuques ; il regarde l'usage de mutiler des hommes comme odieux et criminel. « Je l'ai aboli dans tous les pays que j'ai gouvernés. Je l'ai même dé-
« fendu à Rome, sous peine de mort. Je pense que, quoique le pape et
« les cardinaux soient maintenant les maîtres, il ne reparaîtra pas. »

23. — Hier, Napoléon a été indisposé ; il a eu recours à ses remèdes habituels, la diète et les dissolvants. Il a gardé la chambre tout le jour et n'a rien mangé. Il m'a dit qu'il s'était levé à trois heures du matin, et qu'il avait écrit ou dicté toute la journée.

30. — L'Empereur depuis quelques jours se lève à trois heures du

matin. Il dicte des commentaires sur les ouvrages du grand Frédéric ; j'ai vu quelques pages de son écriture, qui est plus nette que jamais.

2 mai. — L'Empereur est vivement inquiet de la maladie du général Montholon.

12. — Les persécutions du gouverneur recommencent avec fureur. L'Empereur a parlé de la princesse Charlotte. « Le prince Léopold « était un des beaux jeunes hommes qui vinssent à ma cour. La prin-« cesse Charlotte doit certainement le trouver de son goût et l'aimer. « Il avait demandé auprès de moi une place d'aide de camp : il ne l'ob-« tint pas. »

Napoléon m'a signalé, au nombre des espions qu'il avait eus en Angleterre, M. le comte D***. « Toutes les machinations dirigées contre « moi partaient de votre île ; votre prince y était étranger ; cependant « j'étais autorisé à lui écrire que si elles étaient poursuivies à l'avenir, « j'userais de représailles. J'eusse suivi l'exemple de votre Cromwell, « qui, ayant découvert un complot tendant à sa mort, formé en France, « fit dire à Louis XIV, que si jamais il entendait parler de rien de pa-« reil, il prendrait ses représailles, et payerait des assassins pour le « frapper. »

13. — Napoléon désire quelques livres de veau en plus pour sa table. Le major Gorrequer demandera au gouverneur la permission de les faire acheter pour notre compte.

14. — Napoléon a souri douloureusement lorsque, me demandant pourquoi j'étais allé dîner au camp, je lui répondis : « C'est parce qu'il « n'y avait rien à manger à Longwood. »

Moreau est revenu dans la conversation. « Son talent n'était pas su-« périeur : c'était seulement un bon général de division ; il a prouvé « plusieurs fois qu'il ne valait rien pour un premier commandement, « pour soumettre des difficultés imprévues, pour seconder le militaire « par l'homme d'État. Il était brave au combat, mais mou et trop « bon vivant. A son quartier général, vous le trouviez étendu sur un « sofa, ou se promenant la pipe à la bouche ; il ne lisait pas ; à Paris, « il se laissait mener par sa femme et sa belle-mère, deux intrigantes. « Sa conduite vis-à-vis Pichegru a été déloyale. Voici les faits. Après « l'arrestation du comte d'Entraigues à Venise, Desaix vint me voir ; « nous parlâmes de Pichegru. Je dis : Nous avions bien été trompés tous « les deux sur son compte ! Mais, comment sa trahison n'a-t-elle pas été « découverte plus tôt ? — Desaix me répondit : C'est la faute de Moreau. « Nous connaissions cette trahison trois mois avant qu'elle fût dé-

« couverte. Il me raconta que Moreau, près duquel il servait alors, avait
« trouvé dans les bagages du général autrichien Klingen une corres-
« pondance dans laquelle Pichegru détaillait à ce dernier ses plans pour
« renverser le Directoire. Il lui expliquait les fausses manœuvres qu'il
« ferait devant lui, et lui indiquait les moyens de détruire en détail
« l'armée républicaine. — C'est une horreur! m'écriai-je. Mais pour-
« quoi Moreau n'a-t-il pas envoyé ces pièces au Directoire ? — Moreau,
« continua Desaix, me supplia de garder le silence ; il ne voulait pas per-
« dre un vieux camarade. Mais lorsque les intrigues de Pichegru furent
« découvertes, Moreau le dénonça à l'armée comme un traître, et en-
« voya au Directoire les papiers qu'il avait dans ses mains depuis plu-
« sieurs mois. — Ainsi, il avait souffert que Pichegru fût choisi pour pré-
« sident du Corps législatif, quoiqu'il conspirât contre le gouverne-
« ment. On accusa avec raison Moreau d'une double trahison. — Tu
« as, disait-on, trahi ton pays, en cachant la trahison de Pichegru, et
« tu as inutilement trahi ton ami en dévoilant ce que tu devais faire
« connaître plus tôt. Puisque tu avais tenu secret ce qui a été dé-
« couvert par d'autres moyens, tu aurais dû garder un éternel si-
« lence. »

L'Empereur a parlé ensuite de la retraite de Moreau en Allemagne.
« Cette retraite, selon moi, était une faute. Je crois que si, au lieu de
« se retirer, il eût tourné l'ennemi et marché sur les derrières du corps
« du prince Charles, qu'il aurait écrasé; il eût pu prendre l'armée autri-
« chienne.

« Le Directoire me portait envie ; il avait besoin de diminuer la
« gloire militaire que j'avais acquise. Ne pouvant accréditer Moreau
« par une victoire, il le vanta pour sa retraite, et le loua officiellement
« en termes pompeux ; les généraux autrichiens prouvaient alors, par
« les meilleures raisons, que cette retraite était une faute. Pichegru
« avait, à un degré plus remarquable, les talents du général. »

Napoléon est revenu sur le compte de Pichegru. Il a répondu à quelques objections que je lui ai faites, pour repousser l'idée que les ministres anglais aient voulu le faire assassiner. « Je ne dis pas qu'ils
« aient positivement donné cet ordre à Georges ou à Pichegru, mais ils
« savaient bien que l'assassinat ferait seul le succès de leur entreprise
« contre la France. Dans ce but, ils ont fourni de l'argent et équipé
« des bâtiments pour les débarquer en France; ce qui, de toutes les
« façons, les rendait leurs complices.

« Pitt n'avait pas besoin de se débarrasser de Napoléon Bonaparte,

« mais du Premier Consul : Fox m'écrivit plusieurs fois à ce sujet. Il
« nia, comme vous, que les ministres anglais eussent été instruits d'un
« projet d'assassinat ; il ne s'en défendit que lorsqu'il connut mes rai-
« sons de le croire. L'empereur d'Allemagne ne fit pas comme Pitt :
« lorsque je fus maître de Vienne, il défendit fermement, par des motifs
« religieux, tout attentat de cette nature comme contraire à la morale,
« à la religion, comme criminel. »

J'ai dit à Napoléon qu'on avait cru remarquer, en Allemagne, en 1813, que Bernadotte était très-peu attaché à la ligue contre la France.

« Il paraissait jouer deux rôles. C'est qu'il est Gascon et fanfaron.
« Je pense aussi qu'il serait revenu à moi, si la victoire eût rejoint mes
« drapeaux. Il aurait agi en cela comme les Saxons, les Wurtember-
« geois, les Bavarois.

« Après la bataille de Dresde, l'empereur d'Autriche m'écrivit, m'ap-
« pela *son cher fils,* et me conjura, par l'amour de sa fille, de ne pas
« profiter de ma victoire et de me réconcilier avec lui.

« A Leipsick, si les Saxons n'eussent pas déserté avec l'artille-
« rie, je gagnais la bataille. La position des alliés eût été bien diffé-
« rente. »

16. — J'ai vu Napoléon dans sa chambre à coucher ; il s'est plaint du mal de tête, et a pris un bain de pieds. Il était un peu triste, mais ensuite il est devenu assez enjoué. Il a parlé de l'Égypte, et m'a fait beaucoup de questions : entre autres, il m'a demandé si un vaisseau à trois ponts pourrait, sans être débarrassé de son lest, entrer dans le port d'Alexandrie. J'ai répondu que je croyais que oui ; et que, dans tous les cas, il était très-facile d'alléger un vaisseau.

Napoléon me dit qu'il avait expédié du Caire un officier nommé Julien, chargé d'ordres formels pour Brueys, d'après lesquels celui-ci devait entrer dans le port d'Alexandrie ; mais Julien avait été tué en route par les Arabes. « J'ai donné son nom à un fort que j'ai bâti à
« Rosette.

« Je comprends peu que Brueys se soit décidé à jeter l'ancre, sans
« avoir préalablement fortifié l'île de vingt-cinq ou trente pièces de
« canon, et avant d'avoir appelé près de lui un vaisseau vénitien de
« 64, et plusieurs frégates stationnées dans le port d'Alexandrie.

« Je m'étais entretenu avec lui, quelques semaines auparavant, à bord
« de *l'Orient,* de la possibilité d'une attaque des Anglais. Il m'avait
« expliqué lui-même qu'une flotte à l'ancre ne devait pas engager une
« action, ou du moins qu'une flotte qui agirait comme cela serait aisé-

« ment battue en raison de la facilité qu'auraient les vaisseaux attaqués
« de prendre position. Il existait un ordre, et c'était, je crois, de
« Brueys lui-même, qui défendait d'attaquer. L'amiral français pensait
« que si Nelson l'attaquait, ce serait par sa droite ; il regardait sa gau-
« che comme invincible parce qu'elle s'appuyait sur l'île. Je cherchai à
« le convaincre qu'un ou deux bâtiments de sa gauche, chassés par une
« force supérieure, offriraient à la flotte ennemie une entrée. Avant le
« le départ de Julien, j'avais envoyé des ordres à Brueys pour qu'il ne
« s'éloignât pas des côtes d'Égypte avant de s'être assuré qu'il était im-
« possible à la flotte d'entrer dans le port d'Alexandrie. Dans le cas de
« possibilité, il avait ordre d'exécuter ce mouvement, et, dans le cas
« contraire, de conduire les bâtiments à Corfou. Brueys n'approfondit
« point assez ses recherches à ce sujet ; bien que Barré lui assurât
« que l'entrée était praticable, ce que j'avais pensé également. Malgré
« cela, l'amiral ne se crut pas suffisamment autorisé à se retirer ; d'un
« autre côté, il craignit d'entrer dans le port, bien que cette entrée lui
« parût possible ; il jugeait la mesure hasardeuse, ne sachant pas en-
« core si nous étions maîtres du pays dans la partie déjà occupée.
« Brueys ignorait mes mesures au Caire ; il n'en eut connaissance que
« vingt-quatre heures avant d'être attaqué par Nelson. Il était resté in-
« certain et n'avait point songé à sa sûreté. S'il eût fait sortir ses fré-
« gates et fortifier l'île, votre amiral ne l'eût pas attaqué, ou Brueys
« l'eût battu. L'amiral français était un homme d'un talent supérieur,
« mais il lui manquait cette résolution, qui, dans les moments décisifs,
« frappe les grands coups. Cette qualité rare est aussi importante chez
« l'amiral que chez le général. Il n'était pas expérimenté dans la pro-
« portion de ses talents ; il n'avait pas, dans la bonté de ses plans, cette
« confiance qui donne le triomphe, et qu'il faut puiser dans une connais-
« sance complète des moyens qu'on emploie, dans l'énergie du ca-
« ractère. Avec cette assurance-là, j'ai commandé une armée à vingt-
« cinq ans.

« Si Nelson eût rencontré la flotte de Brueys durant le voyage de l'ar-
« mée française pour l'Égypte, je ne sais pas ce qui vous serait arrivé,
« parce que j'avais placé sur chaque bâtiment *trois cent cinquante à*
« *quatre cents hommes*, exercés à la manœuvre du canon deux fois par
« jour ; j'avais donné l'ordre à chaque bâtiment d'attaquer un des
« vôtres. Vos vaisseaux étaient petits, et, je pense, faibles d'équipage ;
« vous n'auriez pas obtenu l'avantage, malgré la supériorité de votre
« manœuvre.

« Le marin français est aussi brave que le marin anglais. Les Fran-
« çais avaient, au commencement de la guerre, beaucoup trop de mé-
« pris pour les troupes anglaises. Ce mépris venait des défaites du duc
« d'York, du peu de vigilance et d'activité de vos avant-postes ; enfin, de
« désastres sans gloire qui avaient frappé vos armées. Les Français
« avaient tort, et les Anglais ont fait voir qu'ils sont braves. Cette idée
« injuste fit battre en Égypte Régnier par le général Stuart ; les Français
« avaient pensé que vous fuiriez et que vous vous jetteriez vite sur vos
« vaisseaux. Régnier était un officier très-instruit, d'un grand talent,
« et à cause de cela, plus propre à mener au feu trente mille hommes
« que les cinq à six mille qu'il a commandés ce jour-là. Les soldats de
« Régnier n'étaient en grande partie que de braves Polonais. Pendant
« longtemps, sur le continent, il n'y avait que vos matelots que les
« militaires estimassent. »

Ici l'Empereur prit une plume et écrivit un renseignement destiné à ses Mémoires. Il me parla ensuite des revues de Tilsitt, faites en société

avec l'empereur Alexandre et le roi de Prusse. « J'étais le plus ignorant
« des trois dans la connaissance du costume militaire. Ces souverains,

« surtout le roi de Prusse, connaissaient parfaitement tous les détails
« sur la coupe et la confection d'un habit : combien de boutons devant
« et derrière, comment les revers doivent être taillés ; le roi de Prusse
« aurait pu lutter de connaissances avec le meilleur tailleur de mon
« armée.

« J'étais obsédé de questions futiles. Je n'y entendais pas un mot ;
« pourtant, pour ne pas les blesser, je répondais poliment, mais je dus
« leur paraître passablement ignorant sur tous ces points. J'allai voir
« un jour le roi de Prusse ; je trouvai qu'au lieu de bibliothèque il avait
« tout simplement une chambre grande comme un arsenal, pleine de
« tablettes, de clous. Ces derniers tenaient suspendus cinquante à
« soixante habits. Chaque jour, ce prince endossait un nouvel
« habit.

« C'est un homme grand, sec ; sa tournure et sa physionomie ont
« quelque chose d'étrange ; il paraissait attacher infiniment de prix à la
« coupe d'un uniforme de dragon. Et cependant il venait de perdre son
« royaume !

« A Iéna, l'armée prussienne, magnifique, nombreuse, exécuta les
« plus brillantes manœuvres ; mais je lui fis connaître, avec mes bandes,
« qu'il y a une grande distance entre parader avec des uniformes
« étincelants et se battre. »

18. — Le major Fehrzen est venu à Longwood. On lui a demandé pourquoi il ne visitait pas de temps en temps la famille Bertrand ; il a répondu que le gouverneur lui avait fait dire qu'il désirait qu'il n'existât d'autre communication qu'un salut entre les officiers du 53e régiment et les prisonniers.

Il nous a assuré que nous n'avions rien à craindre, que le 53e régiment n'aurait jamais d'assassins dans ses rangs.

Napoléon me dit qu'un jour l'Europe reconnaîtrait qu'il avait été dirigé par une haute raison et une prévoyante politique, en cherchant à reconstituer la Pologne en royaume indépendant, qu'il n'y avait pas d'autre moyen d'arrêter le progrès des Moscovites. « L'Europe sera un
« jour inondée par eux. Je ne vivrai pas assez d'années pour être témoin
« de cette effroyable invasion. Mais vous qui êtes encore jeune, vous la
« verrez : vous verrez la Russie conquérir l'Inde, ou entrer en Europe
« avec quatre cent mille Cosaques et tribus des déserts, et deux cent
« mille soldats russes. »

Venant aux projets de Paul sur l'Inde, l'Empereur continue : « Il me
« demanda un plan, je lui envoyai des instructions développées. » Et ici

l'Empereur me fit voir sur une carte les points d'où les Russes devaient partir. « On partait d'un des ports de la mer Caspienne. La Russie
« doit ou crouler, ou s'agrandir, et je suppose plus vraisemblable la
« dernière hypothèse. Ces invasions donneront deux avantages tranchés
« à la Russie, de nouveaux progrès à sa civilisation, ce poli que peut
« communiquer le frottement avec d'autres puissances ; ensuite de l'ar-
« gent et des rapprochements entre elle et les habitants des déserts, avec
« lesquels elle était en guerre il y a quelques années. Les Cosaques,
« les Calmoucks et les autres barbares qui ont suivi les Russes en France
« ont vu et pris le goût de notre luxe, de nos commodités sociales ; ils
« rapporteront dans leurs déserts le souvenir enivrant des lieux où ils
« ont eu de si belles femmes, une si excellente nourriture ; ils ne pour-
« ront plus vivre dans leurs pays barbares, stériles, et ils communi-
« queront à leurs voisins la pensée d'aller conquérir ces contrées déli-
« cieuses. Il est de toute probabilité qu'Alexandre sera obligé de vous
« enlever l'Inde pour acquérir des richesses et fournir de l'occupation
« à ses peuples ; par là, il préviendra peut-être une révolution en Russie.
« S'il ne fait pas cela, il se mettra à la tête de quelques cent mille de
« barbares à cheval, et de deux cent mille hommes d'infanterie, et ar-
« rivera au centre de l'Europe, chassant tout devant lui. L'histoire con-
« firme mes prévisions, elle nous montre que toutes les fois que les bar-
« bares du Nord ont pris du goût pour le midi de l'Europe, ils sont
« revenus à la charge pour le conquérir, et ont fini par s'en rendre les
« maîtres.

« Ces canailles ont tout ce qu'il faut pour former d'excellentes ar-
« mées : ils sont braves, actifs, supportent la fatigue avec persévérance,
« vivent de peu, sont pauvres et ne demandent pas mieux que de s'en-
« richir. Tout dépend à la vérité, cependant, du sort définitif de la Po-
« logne. Si Alexandre réussit à incorporer la Pologne à la Russie, en ré-
« conciliant les Polonais avec le gouvernement russe, et non pas sim-
« plement en subjuguant le pays, il aura fait le plus grand pas vers la
« conquête des Indes. Mon opinion est qu'il cherchera à exécuter l'un
« ou l'autre des deux projets dont je viens de parler : je pense cepen-
« dant que ce sera plutôt le dernier. »

J'objectai à l'Empereur les distances, le manque de numéraire en rapport avec ces entreprises. « La distance n'est rien : on peut aisé-
« ment transporter les vivres sur des chameaux, et les Cosaques pour-
« ront toujours s'en procurer un assez grand nombre. Ils trouveront
« de l'argent en arrivant. L'espérance de la conquête réunirait sans

« frais des armées de Cosaques et de Calmoucks. Qu'un czar intrépide

« leur offre le pillage de quelques grandes villes de l'Europe, et des
« milliers se réuniront sous ses bannières! L'Europe, et surtout, l'An-
« gleterre, auraient dû s'opposer à la réunion de la Pologne et de la
« Russie. Les vues de votre cabinet ne vont point à l'avenir; je ne lui
« vois qu'une idée, c'est de tenir la Belgique séparée de la France, parce
« que la France possédant la Belgique, peut se regarder, en cas de guerre
« avec l'Angleterre, comme maîtresse de Hambourg. Ministre anglais,
« j'eusse préféré laisser ce pays dans les mains de l'Autriche ; en cas de
« guerre avec la France, cette puissance peut résister ; tandis que la
« Hollande succombera sous les premiers coups des Français.

« Mon expédition contre la Russie réussissant, j'aurais contraint
« Alexandre d'accéder complètement au système continental que j'a-
« vais créé contre vous; par là, je vous forçais à la paix. Je faisais de
« la Pologne un royaume indépendant. »

Je lui dis : « Mais quelles conditions nous laissiez-vous ?

« — De très-bonnes : j'aurais seulement mis un terme à vos vexa-
« tions maritimes. — Et Malte ? — Je vous l'aurais laissée ; j'étais las
« de me battre, et je me sentais fort en état de bien gouverner ; j'aurais

« perfectionné tous les services de mon empire, enrichi et embelli la
« France; j'aurais élevé mon fils, et écrit ma vie.

« Les clameurs des aristocrates dont j'ai été l'ennemi ne peuvent
« m'enlever la gloire de mes grands travaux publics en France, en Eu-
« rope. J'ai fait ouvrir des routes pour traverser les Alpes, et j'ai réuni
« des mers. Aujourd'hui ils ne peuvent travailler au bien-être de leur
« pays sans revenir sur mes traces ; les peuples comparent. On ne
« peut m'enlever ce Code de lois que j'ai créées; il passera à la postérité
« la plus reculée. »

Dans le même entretien, je lui dis que je venais de faire des recherches sur le nombre des vaisseaux français que nous avions pris avant sa proclamation de la détention des Anglais en France ; nous n'avions pu prendre que deux chasse-marées dans la baie de Quiberon. « Deux
« chasse-marées, reprit-il ; eh quoi ! il y a eu pour 70 millions de mar-
« chandises enlevées, environ deux cents bâtiments retenus, avant que
« je fisse cette proclamation ? Mais c'est ce que l'Angleterre a toujours
« fait. Dans la guerre de 1773, vous en avez agi de même, en nous don-
« nant pour excellente raison que c'était votre usage. La grande que-
« relle entre vous et nous est que je ne voulais pas vous permettre
« d'agir à votre guise en mer, ou au moins que je prétendais, dans ce
« cas, faire ce qu'il me plairait sur terre ; enfin, que je ne voulais pas
« recevoir la loi de vous. Peut-être en cela ai-je poussé les choses trop
« loin, j'ai pu me tromper ; mais j'ai dû, quand vous avez bloqué la
« France, bloquer l'Angleterre ; et ce n'était pas un blocus sur le pa-
« pier, puisque je vous ai forcés à envoyer vos marchandises autour de
« la Baltique, et à occuper une petite île dans la mer du Nord, pour
« faire la contrebande. Vous avez dit que vous vouliez me fermer les
« mers, et moi j'ai dit que je vous fermerais la terre. Cela vous a réussi;
« mais vous n'avez pas dû cette réussite à vous-mêmes, mais à des acci-
« dents inattendus par votre cabinet. Votre pays ne s'en trouve pas
« mieux, par la sottise de vos ministres qui ont agrandi la Russie.

« Les efforts de vos ministres pour détruire la liberté et mettre les
« Anglais dans les fers m'étonnent ; je vois là un changement dans l'es-
« prit du gouvernement. Que les Russes et quelques peuples allemands
« soient traités ainsi, je n'en suis pas surpris : ces nations ne sont
« ni libérales, ni libres. Chez elles, la volonté du souverain a tou-
« jours tenu lieu de loi ; les esclaves obéissent, cela est conséquent.
« Mais que l'Angleterre soit traitée comme ces nations, je ne le conçois
« pas; j'y vois l'envie, de la part de vos oligarques, d'abaisser ceux qui

« se sont enrichis par les affaires de commerce et l'industrie. C'est un
« contre-sens; c'est l'opposé du système qui a porté si haut la puissance
« anglaise! »

23. — Le gouverneur m'a reproché vivement d'avoir communiqué différents journaux politiques qui venaient d'arriver à Sainte-Hélène. Il regrettait surtout que le fait de la dissolution de la chambre législative de France eût été porté à la connaissance de Napoléon.

Les questions inquisitoriales les plus minutieuses, les plus variées, les plus tracassières me furent faites à ce sujet.

24. — L'Empereur fait remarquer les amusantes contradictions des pamphlets. « Dans les uns, on écrit que j'ai poussé la corruption des mœurs
« jusqu'à entretenir un commerce secret avec mes sœurs; et dans d'au-
« tres, on dit nettement que je suis impuissant. Cette dernière version a
« eu plus de crédit que l'autre; elle était parvenue en Russie : quand il y
« fut question d'un mariage entre une sœur d'Alexandre et moi, l'im-
« pératrice mère dit à son fils qu'elle ne pouvait donner sa fille à un
« homme impuissant; que si je l'épousais, on serait forcé de recom-
« mencer ce qui avait été fait à l'égard de Gustave, acte qui blesserait
« tous ses principes; vous savez l'histoire de Gustave? — Non, Sire. —
« Eh bien, Gustave était impuissant; n'ayant pas par conséquent d'hé-
« ritier, on fit coucher un de ses chambellans avec la reine, et c'est
« à cette circonstance que doit le jour le sot qui a résigné la couronne,
« il y a quelques années.

« Alexandre répondit : « Ma mère, si vous étiez plus jeune, je vous
« souhaiterais Napoléon pour époux, et je vous assure que vous auriez
« un nouvel héritier. » Je tiens cette anecdote du prince Kourakin. »

Le souvenir de madame de Staël a donné lieu à quelques appréciations. « C'était une femme de beaucoup de talent, mais elle avait tant
« d'ambition, et était si intrigante, si remuante, que j'ai été obligé de l'é-
« loigner. A Genève, elle forma une liaison avec mon frère Joseph, qu'elle
« séduisit par l'éclat de sa conversation. Lorsque je revins de l'île d'Elbe,
« elle voulut me présenter son fils, elle me demanda le payement de
« deux millions que M. Necker, son père, avait prêtés à Louis XVI.
« Comme je ne pouvais rien lui accorder sans être injuste, je refusai
« de recevoir son fils. Joseph prit sur lui de me le présenter; j'écoutai
« sa demande. Ma réponse fut qu'il n'était pas en mon pouvoir d'ac-
« cueillir sa réclamation; que je la regardais comme contraire aux
« lois; que cette exception serait une injustice pour d'autres. Madame
« de Staël écrivit encore une longue lettre à Fouché: la conclusion était

« qu'elle avait besoin d'argent pour marier sa fille au duc de Broglie;
« elle promettait, ce service une fois rendu, d'être pour moi noire et
« blanche. Fouché me conseilla d'accueillir cette réclamation, attendu
« que cette dame pouvait rendre de très-grands services dans ce mo-
« ment si critique. Je ne voulus pas du marché.

« Vous savez cette autre anecdote : A mon retour de la première
« campagne d'Italie, je fus abordé par madame de Staël; c'était dans
« une grande société : je ne pus éviter un échange de quelques paroles
« polies. Madame de Staël me demanda : « Général, quel est selon vous,
« aujourd'hui, la première femme de France ? — Madame, lui repartis-je
« froidement, c'est celle qui a le plus d'enfants. » Elle fut toute décon-
« certée. »

27. — L'Empereur considère l'Angleterre comme en décadence. Il
en trouve une preuve dans la prohibition de ses marchandises en
Russie et en Allemagne. « Pour reprendre la puissance qu'elle posséda
« au temps du grand lord Chatam, il faut qu'elle rentre dans son rôle
« naturel de première puissance maritime. Avec vos flottes, vous pouvez
« menacer d'une attaque les côtes des puissances qui vous refuseront
« leur bienveillance; vous pouvez troubler leur commerce, sans craindre
« de représailles : votre manière actuelle d'agir vous fait perdre tous ces
« avantages. Vous avez abandonné votre arme la plus puissante, et vous
« envoyez une armée sur le continent, où vous êtes inférieurs en forces
« même à la Bavière. Vous me rappelez François Ier, qui, à la bataille
« de Pavie, avait une artillerie belle et formidable ; il mit sa cavalerie
« devant et masqua ses batteries, qui, si elles eussent fait feu, lui assu-
« raient la victoire : il fut battu, perdit tout et fut fait prisonnier. Vous
« faites de même : vous désertez vos bâtiments, que l'on peut comparer
« aux batteries de François Ier, et vous jetez sur le continent quarante
« mille hommes que la Prusse, ou telle puissance qui voudra prohiber
« vos marchandises, attaquera et taillera en pièces, si vous usez de
« représailles.

« Comment ! vos ministres ont tout rendu ! Les autres puissances
« ont acquis du terrain et des millions d'âmes, et vous, vous avez rendu
« les colonies ! Vous rendez l'île Bourbon à la France; vous ne pouviez
« rien faire de plus imprudent; au contraire, vous deviez tâcher de faire
« oublier aux Français la route de l'Inde; mais non, vous les replacez
« à demi-chemin. Pourquoi avez-vous rendu Java ? Pourquoi avez-vous
« rendu Surinam, la Martinique et quelques autres colonies ? N'étiez-
« vous pas les maîtres ? ne pouviez-vous pas dire que vous les reteniez

« les cinq années que les puissances alliées devaient rester en France ?
« Pourquoi n'avez-vous pas demandé Hambourg en échange du Ha-
« novre ? vous auriez aujourd'hui un comptoir en Allemagne pour y
« vendre vos marchandises. »

30. — L'Empereur m'a fait appeler pour lui traduire différents passages du discours de lord Bathurst, rapporté par le *Times*. Il a été prononcé à la chambre, en réponse à la généreuse motion du lord Holland, en faveur de Napoléon. Bathurst soutient que les plaintes du général Bonaparte ne sont aucunement fondées. « Allons, dit Napoléon, il faut
« continuer de souffrir ; mais le règne du mensonge finira ! »

Napoléon a répété quelques-uns des reproches qu'il adresse à nos ministres. « L'état de crise qui tourmente l'Angleterre est leur ou-
« vrage. Si les lords Grenville et Welesley avaient été ambassadeurs,
« je suis convaincu qu'ils auraient consulté autrement les intérêts de
« l'Angleterre. Que diraient les Anglais qui vivaient il y a cent ans,
« s'ils sortaient de leurs tombeaux, et si, apprenant tout à coup les
« grandes victoires de l'Angleterre, ils jetaient les yeux sur leur patrie,
« et voyaient que dans le nouveau traité, pas un seul article n'a stipulé
« un bénéfice pour le pays ; qu'au contraire, vous avez renoncé à des
« possessions et à des droits commerciaux indispensables à votre exis-
« tence ? Et cela, quand l'Autriche voit sa population augmenter de
« dix millions d'habitants, la Russie de huit, la Prusse de dix ; quand
« la Hollande, la Bavière, la Sardaigne et les autres puissances, gardent
« des agrandissements de territoire ! Pourquoi l'Angleterre n'a-t-elle
« pas joui d'avantages égaux, elle qui a été la cause essentielle des succès ?
« Que ne rétablissiez-vous les petits états maritimes indépendants, tels
« que Hambourg, Stralsund, Dantzick, Gênes, pour servir d'entrepôts à
« vos manufactures, avec des conditions secrètes pour votre commerce ?
« Vous avez bêtement donné Gênes au roi de Sardaigne, et réuni la
« Belgique à la Hollande.

« Considérons la position dans laquelle vous vous trouvez. Vous êtes
« presque aussi complétement exclus du continent que lorsque je ré-
« gnais et que j'ai proclamé le système continental. Je vous le demande,
« en supposant que j'eusse été vainqueur, aurais-je pu dicter une paix
« plus désavantageuse pour l'Angleterre, dans ses conséquences, que ne
« l'a été celle de lord Castlereagh après votre victoire ? Rappelez-vous
« que je vous ai dit, il y a quelques mois, que je regardais comme mal-
« habile de laisser les troupes anglaises en France et d'en nommer lord
« Wellington général en chef. Vous voyez à présent les conséquences de

« cette double faute. La Prusse refuse vos marchandises. Que pouvez-
« vous faire? Vous ne pouvez ni essayer d'intimider cette puissance, ni
« en venir à une guerre ouverte, attendu qu'elle tomberait sur lord
« Wellington et ses quarante mille hommes. Vous ne serez point indé-
« pendants, tant que vous laisserez vos régiments sur le continent. Après
« vos succès, il fallait retirer vos troupes; vous ne vous fussiez pas attiré
« la haine et la jalousie des autres puissances; l'Europe ne vous fermait
« pas ses ports, ou vous lui disiez : « Je bloquerai les ports si vous ne
« permettez pas l'entrée de mes marchandises, aucune autre n'y entrera
« ni n'en sortira. » Ils vous auraient cédé; vous avez maintenant les
« mains liées. En vous mêlant des affaires du continent et en essayant de
« vous faire grande puissance militaire, vous vous êtes affaiblis.

« Vous êtes une nation de marchands; vos grandes richesses viennent
« du commerce, l'Angleterre n'est pas autre chose. Ce n'est ni dans l'é-
« tendue de son territoire, ni dans sa nombreuse population, ni par ses
« mines d'or, d'argent ou de diamants, que la Grande-Bretagne peut ali-
« menter sa prospérité. Je vous ai appelé nations de *boutiquiers*, mais
« nul homme de sens ne doit rougir de cette qualification; pourtant vo-
« tre prince et vos ministres paraissent vouloir changer aujourd'hui l'es-
« prit des Anglais, et faire de vous une autre nation : ils prétendent vous
« faire honte de vos boutiques et de votre commerce, qui vous ont fait
« ce que vous êtes. Ils ne s'occupent plus que de noblesse, de titres, de
« décorations : ils n'ont de but que celui-là; avec ces cordons, ces croix,
« que l'on répand à pleines mains, on essaye de vous transformer en
« nation de nobles, au lieu de vous laisser les Anglais d'autrefois. Rou-
« gissez-vous d'être vous-mêmes et voulez-vous devenir une nation de
« nobles et de *gentlemen?* Tout cela pouvait aller avec moi en France,
« parce que cela s'accordait avec l'esprit de la nation; mais cela est
« contraire à l'esprit et à l'intérêt de l'Angleterre. Attachez-vous à vos
« bâtiments, à votre commerce et à vos comptoirs, et laissez les cordons,
« les croix et les uniformes brillants au continent. C'est là le moyen de
« prospérer. Lord Castlereagh a rougi de ce que l'on vous appelait une
« nation de marchands, et il disait souvent, lorsqu'il était en France,
« que c'était une fausse idée que de supposer que l'Angleterre tenait
« tout de son commerce, et lui devait ses richesses; il ajoutait même
« que le commerce ne lui était nullement nécessaire. Je haussai les
« épaules quand on me rapporta ces paroles. Il a trahi son pays lors du
« traité de paix. Je ne veux pas dire (en posant la main sur son cœur)
« que la trahison soit venue d'ici; mais il l'a trahi en négligeant ses vieux

« intérêts. Il n'a été, dans le fait, que le commis zélé des souverains.
« Peut-être a-t-il voulu les convaincre que vous n'êtes pas une *nation de*
« *marchands,* et fait dire aux nations : « Oh! que l'Angleterre s'est no-
« blement comportée! » Si Castlereagh eût entendu les intérêts de son
« pays, s'il eût stipulé des traités de commerce, demandé l'indépendance
« de plusieurs villes et états maritimes, pour assurer quelques avantages
« à l'Angleterre, l'indemniser du sang versé et de ses énormes sacrifices,
« il est vrai qu'alors on eût pu dire : Quel peuple mercenaire! c'est une
« vraie nation de marchands : ils ne demandent que des marchés! Et
« lord Castlereagh n'eût pas été si bien reçu dans les *hauts salons.*

« Il peut avoir montré du talent dans quelques circonstances, et une
« grande opiniâtreté à consommer ma ruine ; mais pour ce qui est de
« connaître et faire valoir les intérêts de son pays, c'est à quoi il ne
« s'est pas entendu. Il est probable que de mille ans l'Angleterre ne
« retrouvera une semblable occasion de s'agrandir. Dans la situation
« où sont les choses, on n'aurait rien pu vous refuser ; mais après des
« succès si romanesques, si surprenants ; après avoir été favorisé de
« Dieu et du hasard, comme vous l'avez été ; après avoir fait l'impos-
« sible ; après avoir effectué, je puis le dire, ce que jamais l'imagination
« la plus ardente n'aurait pu seulement présumer, quel profit en est-il
« résulté pour l'Angleterre, si ce n'est les cordons des souverains alliés
« qui décorent lord Castlereagh? Quand une nation a été aussi favorisée
« que la vôtre, et qu'il existe de la misère chez cette même nation,
« l'incapacité des ministres est prouvée. »

4 juin. — La maison de Longwood a reçu aujourd'hui vingt-huit
livres de viande.

Outre la garde ordinaire, on a placé un officier à Hut's-Gate, depuis
l'arrivée des vaisseaux venus d'Angleterre, avec ordre de surveiller de
très-près les individus qui s'approcheraient de Longwood, et de refuser
le passage aux *personnes suspectes.*

Un buste en marbre du fils de Napoléon a été apporté à Sainte-
Hélène sur *le Baring.* Thomas Reade a conseillé au capitaine de le jeter
à la mer et de n'en rien dire.

10. — J'ai parlé à l'Empereur d'une brochure sur Murat qui venait
d'être publiée. C'est l'ouvrage d'un ancien aide de camp du roi de
Naples, du colonel Macirone. Je lui rapportai qu'entre autres choses
Murat aurait dit au colonel que la bataille de Waterloo avait été perdue parce qu'on y avait fait un mauvais usage de la cavalerie, et que
s'il l'eût commandée ce jour-là, les Français auraient battu les An-

glais. « Je crois cela aussi, dit Napoléon. Murat était le meilleur gé-
« néral de cavalerie de l'Europe. Il eût donné plus d'impétuosité aux
« charges. Il fallait enfoncer deux ou trois bataillons, et je crois que
« Murat serait parvenu à le faire. C'était un officier unique, il entraî-
« nait tout. Dans l'artillerie, Drouot laissait voir le même mérite, la
« même intrépidité, la même décision. Murat avait environ vingt-
« quatre ans, et était capitaine lorsque je le choisis pour aide de camp ;
« il m'adorait malgré ce qu'il a pu faire. J'ai eu tort de le laisser dans le
« midi en 1815. Il n'était rien sans moi ; mais à mes côtés, c'était un
« admirable officier. Je disais à Murat d'aller culbuter quatre ou cinq
« mille hommes sur un point, il y volait : exécuter cet ordre n'était pour
« lui que l'affaire d'un moment ; si je l'abandonnais à lui-même, ce
« n'était plus le même. Il était toujours au fort du feu. Des plumes
« magnifiques surmontaient son bonnet, étincelant de diamants et de
« broderies ; son costume entier était couvert d'or. Les soldats ennemis
« ne voyaient et n'admiraient que lui. Je ne puis expliquer comment
« il a échappé mille fois à la mort. Il est vrai que les ennemis, et les
« Cosaques surtout, poussaient des cris de joie en l'apercevant. Chaque
« jour il engageait quelque combat singulier avec eux ; il ne revenait ja-
« mais sans avoir teint son sabre de leur sang. C'était un véritable paladin.
« Mais, considéré comme chef d'État, dans le cabinet, c'était un poltron
« sans jugement et sans décision. Murat et Ney étaient les deux hommes
« les plus braves que j'aie connus. Le caractère de Murat était plus
« noble, plus franc que celui du maréchal. Murat, malgré son affection
« pour moi, m'a fait plus de mal que qui que ce soit au monde. Quand je
« quittai l'île d'Elbe, je lui envoyai un *courrier* pour l'informer de mon
« départ ; il voulut aussitôt attaquer les Autrichiens. La personne en-
« voyée en courrier le supplia inutilement de différer. Murat me croyait
« déjà, non-seulement maître de la France, mais encore de la Belgique
« et de la Hollande, et il voulait, disait-il, faire une bonne paix avec
« moi. Il chargea les Autrichiens comme un fou avec sa *canaille* napo-
« litaine ; il ruina mes affaires. J'étais au moment de négocier avec
« l'Autriche, le traité allait être conclu. Quand l'empereur François
« apprit cette attaque impétueuse, il pensa que Murat n'agissait ainsi
« que d'après mes instructions. Metternich dit alors : « L'Empereur est
« toujours le même ; c'est un homme de fer. Le séjour qu'il a fait à l'île
« d'Elbe ne l'a pas changé : rien n'est capable de le guérir. *Tout ou*
« *rien*, c'est sa règle. » L'Autriche se joignit à la coalition.

« Murat ignorait que ma conduite était toujours réglée d'après les

« circonstances. Il était comme un homme qui regarde les changements
« de décorations à l'*Opéra*, sans jamais penser à la machine qui les
« met en mouvement; il n'a pas cru me faire un grand tort en se sé-
« parant de moi la première fois, car il ne se serait pas joint aux alliés.
« Il calcula que je serais obligé de céder l'Italie et quelques autres pays;
« il n'a jamais envisagé ma ruine. »

Le gouverneur s'est rendu chez le général Bertrand et lui a fait connaître que M. Manning avait apporté au nom de lady Holland quelques présents qui lui étaient destinés; qu'il était aussi arrivé, adressé par un sculpteur de Livourne, un buste du jeune Napoléon; qu'il désirait savoir si le général Bonaparte le recevrait. Bertrand lui répondit affirmativement; mais il fallait renvoyer en échange au sculpteur un cadeau de cent guinées.

Napoléon m'a demandé si je connaissais ce qui avait été dit dans l'île, sur ce buste; je répondis que j'en avais entendu parler. « Pourquoi
« ne m'en avez-vous rien dit? ajouta Napoléon. J'avais résolu, si ces
« objets ne m'eussent pas été remis, de rédiger une plainte qui aurait
« fait dresser les cheveux à *la tête de tout Anglais*. J'aurais raconté des
« choses qui eussent fait exécrer cet infâme Hudson Lowe par toutes
« les mères d'Angleterre. J'ai su qu'il avait délibéré à ce sujet, et que
« son premier ministre Reade avait ordonné que le buste fût brisé. Sa
« femme lui aura sans doute reproché l'atrocité d'un pareil procédé. »

Dans la même conversation, Napoléon m'a parlé de sa mère. « Mon
« excellente mère, dit-il, est une femme d'âme et de beaucoup de ta-
« lent[1]; elle a un caractère mâle, fier et rempli d'honneur. Elle ven-
« drait tout pour moi, jusqu'à sa chemise. Je lui avais assigné un mil-
« lion par an, outre un palais, et je lui faisais beaucoup de présents.
« Je dois ma fortune à la manière dont elle m'a élevé : je suis d'avis
« que la bonne ou mauvaise conduite à venir d'un enfant dépend en-
« tièrement de sa mère. Elle est très-riche. Plusieurs personnes de ma
« famille ont réfléchi que je pouvais mourir, qu'il pouvait arriver des
« accidents, et en conséquence ont eu soin de se conserver une partie
« de leur fortune. Joséphine est morte riche de dix-huit millions. Elle
« était protectrice des arts. Elle avait fréquemment de petites querelles
« avec Denon et avec moi, parce qu'elle voulait se procurer aux dépens

---

[1] Madame mère, lorsque j'eus l'honneur de la voir à Rome (en 1819), gardait les restes d'une grande beauté; elle était pleine de dignité. Ses manières étaient nobles, et sa conduite conforme au caractère de la mère de Napoléon. — Elle ne voyait que peu de société; je crois que nous sommes, le duc Hamilton et moi, les seuls Anglais qui aient dîné chez elle. Sa maison était tenue avec magnificence, bien qu'elle vécût presque en famille, sans faste.

« du Musée de belles statues et des tableaux pour sa galerie. J'ai pensé
« sans cesse à l'instruction et aux jouissances du peuple ; toutes les fois
« que j'ai pu me procurer une belle statue et un tableau de grand maî-
« tre, je l'ai fait et envoyé au Musée ; il devait y augmenter les plaisirs
« de la nation.

« Quand le pape était en France, je lui donnai un très-magnifique
« palais richement meublé, à Fontainebleau, et cent mille couronnes
« par mois pour sa dépense. On lui tenait prêtes quinze voitures pour
« lui et ses cardinaux, quoiqu'il ne sortît jamais. C'était un excellent
« homme, mais un peu exalté. Il était grandement fatigué des *libelles*
« dans lesquels on soutenait que je l'avais battu. Il les démentit publique-
« ment, déclarant qu'excepté en *matière politique*, je l'avais toujours
« très-bien traité. J'eus dans un temps la pensée de le nommer mon
« aumônier, et de faire de Paris la capitale du monde chrétien. »

Nous avons reçu enfin le joli buste en marbre blanc du jeune Napoléon ; il est presque de grandeur naturelle, fort bien exécuté, et
porte cette inscription : *Napoléon François-Charles-Joseph*, etc.

On a placé ce buste sur la cheminée du salon. « Regardez-le, dit Na-
« poléon avec émotion. Voyez cette figure ! Celui qui a voulu la briser

DUFFOURG GOABAY

« à notre insu est un monstre ! elle toucherait le cœur d'une bête sau-

« vage. Celui qui voulait la briser plongerait un couteau dans le cœur
« de cet enfant, s'il était en son pouvoir. » Les regards de l'Empereur
exprimaient les plus vifs sentiments de la paternité ; sa joie, la douce
fierté de ses traits étaient attendrissantes.

Nous avons eu de nouveaux détails sur l'affaire du buste. Le gouverneur avait proposé de le jeter à la mer.

On a adressé au général Bertrand, pour Napoléon, un jeu d'échecs magnifique et son damier, deux corbeilles à ouvrage en ivoire d'un charmant travail, une boite à jetons provenant des fabriques de la Chine. La lettre d'envoi disait qu'ils étaient offerts à l'illustre habitant de Longwood au nom de M. Elphinstone, comme un souvenir de sa profonde reconnaissance pour celui dont la bonté généreuse avait sauvé les jours de son frère.

La veille de la bataille de Waterloo, le capitaine Elphinstone, blessé, avait été fait prisonnier. Sa très-grave blessure obtint l'intérêt de Napoléon, qui ordonna à un chirurgien de le panser ; apprenant que la perte de son sang l'avait jeté dans une grande défaillance, il lui envoya un gobelet d'argent plein de vin de son office. Lors de l'arrivée du *Bellérophon* devant les côtes de la Grande-Bretagne, lord Keith était allé faire ses vifs remerciments à Napoléon ; le capitaine était son neveu.

J'ai vu l'Empereur dans son cabinet. La conversation a eu pour sujet le roi d'Espagne Ferdinand et le baron Kolli. « Kolli, dit-il, fut dé-
« couvert par la police, parce que partout où il entrait pour manger
« il demandait qu'on lui servît le *meilleur vin;* cela s'arrangeait mal
« avec la pauvreté de ses vêtements. Cette singularité frappa les agents
« mis sur ses traces ; on l'arrêta, et on trouva sur lui une lettre de *** qui
« engageait Ferdinand à fuir et lui assurait des secours. Un agent de po-
« lice se mit à la place de Kolli et continua son voyage. On l'envoya
« avec les papiers de Kolli auprès de Ferdinand, qui, après les avoir
« lus, refusa de s'enfuir.

« A Bayonne, j'offris à ce prince de retourner en Espagne, en lui
« notifiant toutefois qu'après son arrivée je lui ferais la guerre. Ferdi-
« nand refusa de rentrer, à moins que ce ne fût sous ma protection.
« Je ne le surveillais pas. Il était libre à Bayonne, et pourtant que n'a-
« t-on pas dit ! Il avait auprès de lui autant d'amis et de nobles qu'il le
« désirait, je ne lui ai rien fait de ce que je supporte ici. Je voulais
« établir en Espagne une constitution libérale ; j'aurais détruit l'inqui-
« sition, anéanti la superstition, les droits féodaux et les priviléges.
« Cette constitution aurait appelé aux premières charges du royaume

« et aux emplois publics tous ceux qui auraient eu des talents et du mé-
« rite, sans distinction de naissance. Les hommes qui gouvernaient
« en Espagne avaient trop peu de capacité pour que ce pays me fût en
« rien utile. Avec un gouvernement vigoureux, on aurait pu faire usage
« des grandes ressources que présentent ses belles provinces, et on au-
« rait pu s'en servir surtout si avantageusement contre l'Angleterre ;
« je l'aurais forcée de ce côté à signer la paix, et la paix conformément
« aux droits maritimes et généraux. Sans doute je désirais *détrôner les*
« *Bourbons*, à qui je supposais naturellement d'assez malveillantes in-
« tentions. Je n'ai jamais cru nécessaire d'y placer mon frère, mais
« un partisan de ma cause. Ce qui était pressant pour moi était d'écarter
« les Bourbons du gouvernement. »

Napoléon, dans une autre partie de cette conversation, a reparlé de
Fox. « Il était sincère, m'a-t-il dit, il avait de la droiture, et voyait
« juste ; s'il ne fût pas mort, la paix se serait faite, et l'Angleterre serait
« florissante. Fox avait une connaissance parfaite des intérêts anglais. Il
« fut reçu comme un grand homme et un ami de l'humanité dans toutes
« les villes de France où il passa. On lui offrit des fêtes et on lui ren-
« dit des honneurs. Cet homme d'État aurait réconcilié les deux pays. »

Napoléon m'a raconté quelques actes de la carrière du vieux général
Wurmser : « Quand je faisais assiéger Mantoue, peu de temps avant sa
« reddition, un Allemand fut saisi au moment où il pénétrait dans la
« place. Pris pour un espion, on le fouilla ; on ne trouva rien. On le
« menaça : alors un Français qui parlait un peu allemand survint.
« Informé du fait, il dit au prisonnier qu'il allait le tuer, s'il ne disait
« pas sur-le-champ ce qu'il venait faire dans la place, tira son sabre et
« lui en porta la pointe au corps. Le pauvre diable, effrayé, dit qu'il
« avait avalé ses dépêches pour Wurmser, et qu'en attendant quelques
« heures on pourrait les connaître. Lorsqu'il me fut amené, je le fis
« enfermer dans une chambre avec deux officiers d'état-major. En effet,
« quelques heures après, on retrouva une lettre de la main de l'empe-
« reur François à Wurmser. Il lui disait de tenir quelques jours de
« plus, et qu'alors il serait secouru par une forte colonne qui venait
« dans une direction qu'il mentionnait, sous les ordres d'Alvinzi.
« Éclairé par ce renseignement, je partis avec la plus grande partie de
« mon armée, je marchai sur la route indiquée ; je rencontrai en effet
« Alvinzi au passage du Pô, je le battis complétement et revins à mon
« siége. C'est alors que le vieux maréchal me fit proposer à certaines
« conditions la reddition de la forteresse. Il ajoutait que sa garnison avait

« encore pour quatre mois d'approvisionnements. Ma réponse fut que
« je savais positivement qu'il n'avait pas pour trois jours de vivres,
« mais que j'avais une si haute idée de son courage et de ses talents,
« qu'il avait si brillamment défendu la place confiée à son épée, que
« j'étais prêt à signer à cause de lui et ses braves la capitulation la plus
« honorable. Découragé par l'exactitude de ces renseignements, et en-
« couragé par ma générosité, il m'envoya ses propositions ; j'acceptai et
« m'éloignai, ne voulant pas jouir de l'humiliation de ce noble soldat.
« Wurmser ne me désignait jamais que sous le nom de jeune homme.
« Il était très-âgé, brave comme un lion, mais extrêmement sourd :
« il n'entendait plus siffler les balles auprès de lui.

« Je courus dans ce moment à la rencontre des troupes papales qui
« venaient de se révolter.

« Wurmser me sauva la vie quelques jours plus tard. En arrivant à
« Rimini, je reçus une lettre de lui ; un de ses courriers me l'apporta :
« il m'écrivait qu'on devait m'empoisonner, et il me nommait le lieu,
« le jour où cette entreprise devait se consommer. C'était à Rimini, et
« les auteurs du complot n'étaient rien moins que quelques canailles de
« prêtres. Ils auraient réussi, si je n'eusse pas été prévenu. Comme
« Fox, il avait l'âme noble ! »

J'ai fait part au gouverneur de la réponse que Napoléon m'avait chargé de lui porter. (Il est toujours question du buste.) Le gouverneur n'a pu l'entendre, sans s'exaspérer au plus haut degré[1]. « Dites à
« Bonaparte, continua-t-il d'un ton de voix qui n'était rien moins que
« calme, que, pour prouver que je ne crains pas d'envoyer quelque mes-
« sage que ce soit en Angleterre, je suis résolu à faire passer au mi-
« nistre le rapport qu'il vient de m'adresser. »

Lorsque je lui dis que l'Empereur avait dit à lord Amherst : « Je sup-
« pose que sir Lowe ne vous a pas appris que je ne puis quitter cette
« route, » le gouverneur à ces mots se leva avec fureur, et s'écria :
« C'est faux ! je n'ai point donné cet ordre. » Je lui démontrai qu'il se trompait. Quand sa rage fut tombée, je lui fis observer qu'il n'était pas naturel qu'il fût étonné de la vivacité des plaintes de Napoléon. « Mettez-
« vous à sa place; profiteriez-vous de la permission de monter à cheval,
« s'il fallait vous enfermer dans les restrictions que vous lui imposez ? »

M'ayant demandé, la conversation une fois adoucie, ce que je pensais

---

[1] Napoléon était si fortement frappé de l'idée qu'on essayerait de violer son asile, que peu de temps après le départ de sir Georges Cockburn, il avait toujours dans sa chambre quatre à cinq paires de pistolets chargés et quelques épées, dont il avait l'intention de faire usage pour se défaire du premier qui entrerait contre sa volonté.

du discours de lord Bathurst, je lui dis que plusieurs parties reposaient sur des faussetés. Le colloque reprit toute sa vivacité. « Vous êtes donc, « me dit-il, l'avocat des Français! » Il me menaça. Je le revis le lendemain 21. Ses paroles ne s'adoucirent pas : je lui offris alors ma démission.

L'Empereur me donna à lire sa réponse au discours de lord Bathurst ; elle commence ainsi : « Le bill du parlement anglais n'est ni « une loi ni un jugement. » Il compare ce bill aux proscriptions, « aussi « justes, aussi nécessaires, mais moins barbares, que Sylla et Marius « traçaient avec la pointe encore sanglante de leur épée ; avec cette « différence, que le bill du parlement anglais avait été rendu en temps « de paix et avait été sanctionné par le sceptre d'une grande nation.

« Lorsque j'entrai à Berlin, m'a dit Napoléon, j'y ai trouvé la mère « du prince d'Orange, sœur du roi ; elle avait été laissée malade dans « les appartements élevés du palais. Elle n'avait pas d'argent, et per-« sonne ne venait la voir. Après mon arrivée, ses domestiques vinrent « invoquer ma protection : ils manquaient même de bois pour se chauf-« fer. Le roi avait oublié sa sœur. Lorsque je sus cette circonstance, « j'adressai 100,000 francs à la princesse ; je pourvus à ses besoins. « Nous eûmes plusieurs entrevues ; j'aimais même sa conversation.

« On m'apporta, quelques années après aux Tuileries, des lettres « écrites d'Angleterre par son fils, alors aide de camp de Wellington, « et qui recherchait à Londres la main de la princesse Charlotte. Je ris « beaucoup en lisant ces lettres, qui arrangeaient fort mal certains « grands personnages d'Angleterre de mes ennemis. Je pensai à les faire « imprimer dans *le Moniteur*. Dans l'intervalle, l'agent instruisit la « princesse qu'il avait été arrêté, ses papiers saisis, et il lui disait, en « partie, ce qui avait été écrit par le jeune prince ; il était de moitié dans « ses pensées. La princesse me conjura, dans une lettre qu'elle m'écri-« vit sans délai, de ne pas rendre ces papiers publics, m'exposant le tort « que cela ferait à son fils et à sa famille, et elle rappela à mon souvenir « le temps où j'étais à Berlin. Je fus touché de sa prière, et je ne laissai « pas publier ces lettres qui devaient faire un grand bruit en Europe. »

Napoléon parla de la reine de Prusse ; il avait eu une haute considération pour son caractère, et si le roi l'eût menée tout de suite à Tilsitt, il aurait obtenu des conditions plus favorables. Elle était élégante, jolie, spirituelle et fort instruite. Elle déplorait vivement cette guerre : « Ah ! disait-elle, *la mémoire du grand Frédéric nous a perdus ; nous « nous sommes crus pareils à lui, et nous ne le sommes pas.* »

Je rappelai à Napoléon que c'était principalement à l'occasion de la reine de Prusse que ses ennemis avaient exagéré leurs reproches : « Et que disent-ils? Prétendent-ils que je l'ai empoisonnée?—Non ; mais « ils parlent des chagrins que vous lui avez donnés ; c'est, disent-ils, « la cause de sa mort.— Mais à qui la faute? Cette sensibilité, à la vue « des malheurs de sa patrie, l'honore ; mais pourquoi le roi et la reine « ont-ils voulu la guerre? »

Revenant ensuite à une idée que sa situation ramène toujours, Napoléon m'a dit avec calme : « Il serait plus honorable pour l'Angleterre « de m'avoir fait fusiller sur-le-champ, dans le premier moment de « rage, lorsque je me rendis sur le *Bellérophon,* que de me condamner « à vivre sur ce rocher ! »

22. — J'ai vu Napoléon ; il s'est levé à quatre heures du matin et a écrit sans cesse. Il m'a fait voir son habit vert retourné.

« Si j'avais trouvé la mort à Moscou, j'eusse laissé la réputation la « plus éclatante des siècles ; il m'a manqué une balle.

« Il est vrai que je me suis relevé à Lutzen, à Bautzen, à Hanau. Les « marches de la campagne de France en 1814 n'ont point affaibli cette « réputation. Mon retour de l'île d'Elbe a bien montré que j'étais encore « propre aux entreprises audacieuses.

« J'ai fait deux grandes fautes à Dresde, j'ai consenti à un armistice « après d'éclatantes victoires, et je n'ai pas ensuite signé la paix. Si j'a-

« vais continué mes marches victorieuses, je revenais sur la Vistule, et

« les Autrichiens n'auraient point eu le temps de prendre parti contre
« moi. »

« Les alliés à Paris, ma cause n'était point perdue. Je savais que je
« pouvais compter sur le peuple : j'y fusse revenu dans la nuit; le peuple,
« poussé en avant, eût alors tout attaqué, tout massacré. Mais la trahi-
« son du duc de Raguse, qui commandait l'avant-garde, rendit ce plan
« impossible. Je fus dès lors compris, livré. »

Lui ayant demandé, dans le même entretien, quelle avait été la plus heureuse époque de sa vie, il me dit sans hésiter : « Les vingt jours de
« ma marche de Cannes à Paris en 1815. »

« En 1814, dit-il ensuite, quand Castlereagh se trouvait à Châtillon,
« auprès des ambassadeurs des alliés, cette ville était investie, par suite
« des batailles que je venais de gagner. Ce ministre paraissait inquiet,
« il craignait de tomber dans mes mains, n'étant ni accrédité comme
« ambassadeur, ni revêtu d'un caractère diplomatique, relativement à
« moi. Il alla trouver Caulaincourt pour s'expliquer à ce sujet : il était
« agité, et reconnut que j'avais le droit de le traiter assez mal. Ce qui
« ajoutait à ses alarmes, c'est que sans un événement inespéré, il était
« difficile qu'il échappât à mes soldats.

« Caulaincourt m'instruisit de cela ; je lui fis dire sans délai que, le
« cas échéant, je regarderais Castlereagh comme ambassadeur. »

Napoléon a parlé de M. le comte de Narbonne, ambassadeur à Vienne, tué par un boulet devant Torgau. Il en a fait le portrait : « M. de Nar-
« bonne réunissait à l'esprit le plus brillant l'équité du caractère : il
« était très-habile. Tant qu'il fut à Vienne, la France ne fut pas dupe de
« Metternich : il pénétrait admirablement ce ministre et son cabinet.
« En envoyant, en 1812, à l'empereur de Russie cet homme distingué,
« je pense que j'aurais conservé la paix. Alexandre demandait Dantzick
« et une indemnité pour le duc d'Oldenbourg. Après le début brillant
« de mes armées en Russie, Alexandre m'envoya un parlementaire pour
« dire que si je voulais évacuer l'empire et revenir sur le Niémen, il
« traiterait. Je n'ai pas cru alors à sa bonne foi. Si cette offre fût
« revenue, et que nous nous fussions rapprochés, la guerre n'avait pas
« lieu cette fois. »

23. — Le général Gourgaud m'a raconté quelques circonstances intéressantes de la bataille de Waterloo. Lorsque la dernière charge de la cavalerie française eut échoué, la cavalerie anglaise s'approcha et donna à cent pas de Napoléon. Il était là avec ses meilleurs généraux, Soult, Drouot, Bertrand ; Gourgaud y était aussi. Celui-ci, sur l'ordre de Na-

poléon, rangea un petit bataillon en carré, et fit jouer trois pièces de campagne; la cavalerie fut arrêtée aussitôt : un des boulets vint emporter la jambe du marquis d'Anglesea. Napoléon était à la tête de la colonne, criant : « *Il faut mourir ici ! mourir sur le champ de bataille !* »

Napoléon voulait exécuter une charge avec ce peu de monde, mais les tirailleurs anglais gagnaient du terrain. Labédoyère galopait autour d'eux le sabre au poing, cherchant une mort digne de lui. Les amis de Napoléon l'empêchèrent de se jeter au milieu de l'ennemi ; Soult saisit son cheval par la bride, en lui disant qu'on ne le tuerait pas, mais qu'il serait fait prisonnier ; et, avec l'aide de quelques autres personnes dont il était entouré, ce général parvint à lui faire abandonner le champ de bataille. Il n'y avait plus alors dans ce lieu que la faible colonne dont on vient de parler qui pût s'opposer aux progrès des Prussiens. Napoléon était si fatigué, que sur la route de Jemmapes et de Philippeville, il serait tombé de cheval s'il n'eût été soutenu par Gourgaud et par deux autres personnes qui l'accompagnèrent pendant la moitié du chemin. Ils gardaient tous un profond silence. Arrivé sur la route de Paris, il fut décidé que Napoléon se rendrait directement au sénat, où il entrerait avec ses bottes et ses éperons; ce projet fut abandonné.

25. — J'ai parlé de l'Espagne à l'Empereur, et je lui ai demandé s'il était vrai qu'en sa présence la reine eût dit à Ferdinand qu'il n'était pas le fils du roi. « Cela n'est point vrai, me dit Napoléon ; mais, dans « un mouvement de colère, elle a dit qu'il ne ressemblait pas à un fils « de roi. » Lui ayant rappelé qu'on avait dit qu'il avait voulu marier Ferdinand à une de ses nièces : « Ce n'est pas vrai. Je n'ai jamais « songé à lui pour une alliance dans ma famille. »

Il a parlé de ses campagnes : « A la bataille d'Essling, j'ai conservé « le champ de bataille ; mais dans la nuit je l'ai évacué, on a pu croire « un moment que je me regardais comme battu ; la victoire très-dis- « putée de Lutzen a été très-décidément gagnée à Bautzen [1]. »

Robespierre a été jugé de nouveau par l'Empereur : « Il s'est opposé au « jugement de la reine ; il n'était point athée, comme on l'a dit, et défendit, « contre ses collègues, la croyance d'un Être suprême. Ce n'est pas lui « qui conseilla le massacre des nobles et des prêtres pour affermir la « liberté en France comme le pensaient les révolutionnaires énergiques. « Robespierre avait demandé que Louis XVI fût mis hors la loi ; il pen- « sait que le jugement était un très-inutile et très-ridicule simulacre de « justice politique. C'était un fanatique, mais il était incorruptible, et « incapable de voter ou de causer la mort de qui que ce fût par inimitié « personnelle ou par désir de s'enrichir. Enthousiaste, il croyait agir « selon la justice en se conduisant comme il l'a fait à l'égard des nobles. « La mort le trouva pauvre. Sous ces rapports, ce réformateur était un « honnête homme. Après sa mort ses condisciples les plus sanguinaires « ont tout rejeté sur lui : ces autres fanatiques s'étaient honorés égale- « ment par la plus scrupuleuse probité ; ils avaient cependant tous « trempé leurs bras dans le sang des classes supérieures de la société.

« Pouvoir singulier du fanatisme, de la foi à des opinions, ces hom- « mes implacables eussent refusé les victimes qu'ils marquaient à toutes « les séductions humaines. Ils ont fait guillotiner plusieurs de leurs « collègues pour *crime de concussion, pillage*. Talleyrand, Danton, n'ont « pas fait comme cela dans les emplois. *Talleyrand*, homme d'esprit, « est le plus corrompu et le plus vil des agioteurs : il vendait tout ; « *Fouché* un peu moins. Ils étaient connus.

« Carnot avait une haute intégrité ; il a bien servi la révolution ; il « a quitté la France sans posséder un sou. »

---

[1] A Lutzen Napoléon n'avait que deux régiments de cavalerie.

Je dis à Napoléon que j'étais étonné que *Barrère* eût échappé à toutes les vicissitudes révolutionnaires : « Parce que Barrère n'avait pas de « caractère à lui ; c'était un homme qui changeait de parti à volonté, « qui les servit successivement tous. Je me suis servi de sa plume sans « beaucoup d'effet. Il employait les fleurs de la rhétorique ; mais ses « raisonnements n'avaient aucune solidité, rien que *coglionerie* enve- « loppées dans des termes élevés et sonores. »

C'est de Sieyès qu'il m'a parlé ensuite. « Après le 18 brumaire, j'eus « avec cet homme d'esprit un long entretien sur la situation générale « de la France, sur la tâche que je me faisais d'avance. Sieyès, en me « quittant, alla souper chez quelques chauds républicains. Il leur dit « en arrivant : « Il n'y a plus de république ! Un seul homme va tout « remplacer. Ce n'est pas seulement un grand général, c'est encore un « homme d'État, capable de tout voir, de tout embrasser, de diriger « les affaires générales. Ses connaissances sont immenses, sa raison « supérieure. Il n'a besoin ni de conseillers ni d'appui. La politique, « les lois, l'art de gouverner lui sont aussi familiers que le commande- « ment d'une armée. Il est jeune et déterminé. La république a cessé « d'être avec ce chef-là. » Les républicains furent émus. « Mais si c'est « un tyran, il faudra le tuer. — Hélas ! mes amis, dit Sieyès, notre « situation deviendrait encore plus fâcheuse ! »

L'Empereur a parlé de Fouché. « Il m'a dit qu'il n'avait jamais eu sa « confiance. C'était un plat courtisan qui affectait une sorte d'adora- « tion pour ma personne ; flatterie qui me touchait très-peu. Je me suis « servi de lui contre les jacobins, mes ennemis ; il les surveillait, les « dénonçait. J'en ai éloigné à peu près deux cents : c'étaient ses vieux « collègues et amis. Il les trahit sans remords. Je n'ai jamais compté « sur lui ; dans les solennités officielles, je ne permettais pas qu'il m'a- « dressât le premier la parole. Je ne crois pas à la réalité de ses talents.

« Il n'en a pas été ainsi pour Talleyrand, qui, pendant beaucoup « d'années, a connu toutes mes idées. Celui-là possède des talents « supérieurs ; mais il est avide, méchant, corrompu.

« Sieyès a eu aussi ma confiance : c'est un homme de grand mérite ; « il est probe ; c'est le contraire de Talleyrand. Il aime l'argent, je le « reconnais, mais il est incapable de recourir, comme Talleyrand, à « des moyens odieux pour augmenter sa fortune. »

1er septembre. — Le journal du Cap répète une nouvelle d'Europe, de laquelle il résulterait que la sœur de Napoléon, ancienne femme de Murat, a épousé le général Macdonald. Napoléon a refusé de croire à cette nouvelle. « Caroline ne peut pas passer si vite à de secondes noces, « à moins qu'elle ne soit folle ; elle est arrivée à l'époque de la vie où « les passions s'affaiblissent; elle a quatre enfants, un jugement re- « marquable, et des talents trop supérieurs à la plupart des personnes « de son sexe pour que cette action me paraisse probable. Après tout, « qui peut répondre des affections d'une femme? »

L'Empereur m'a dit qu'il lui avait été rapporté que lord Wellington avait le premier désigné Sainte-Hélène pour le lieu de sa détention. Je lui répondis que je l'avais entendu dire aussi. Cela lui fera peu d'honneur dans la postérité [1].

L'Empereur se plaint de nouveau très-justement du gouverneur. « Il « *avoue impudemment son arbitraire*. Il prétend qu'il a le pouvoir de « déchirer la couverture d'un livre, d'examiner toutes les pièces d'un « ameublement, alors même que ces objets seraient consacrés à mon « usage. »

La méthode des Anglais pour assiéger les villes a été l'objet de quelques critiques. Lord Wellington était, selon lui, un bourreau d'hommes ; la preuve, c'étaient les sacrifices immenses devant Badajoz et Ciudad-Rodrigo.

En 1814, l'assaut de Berg-op-Zoom fut une tentative plus hardie, mais qui ne devait et ne pouvait réussir, parce que les troupes qui formaient la garnison de la place étaient plus nombreuses que celles qui l'investissaient. « L'échec que les Anglais essuyèrent provint en partie « de ce que l'un de leurs généraux ne communiqua point avec son col- « lègue, de sorte qu'ayant été mortellement blessé, les troupes s'étaient « trouvées sans chef. » L'Empereur me répondit que dans l'hypothèse la plus favorable, en supposant que cet accident ne fût pas venu déranger les combinaisons des assiégeants, l'assaut ne pouvait réussir que dans le cas où la panique se serait communiquée aux assiégés, ce qui était possible après tout. « Graham, qui a été tué à ce siège, était com- « missaire de l'armée, lors de son début à Toulon. C'était un homme « hardi quoique âgé. »

5. — Le gouverneur songe à réduire le nombre des feux à Longwood. Les observations que j'ai pu lui faire sur les besoins que ressentent par-

---

[1] Voici comment le fait est raconté : Wellington, revenant des Indes en Angleterre sur une frégate commandée par le capitaine Cockburn (aujourd'hui sir Georges), relâcha à l'île Sainte-Hélène, où il fut retenu plusieurs jours. Dans cet intervalle, il manqua de se noyer dans la rade, ayant été renversé dans une chaloupe par une de ces rafales si ordinaires à cet ancrage. Lorsque Napoléon était à l'île d'Elbe, le duc de Wellington communiqua au congrès l'idée de faire transporter le prisonnier sur ce point, en ajoutant que cette île serait propre à son *emprisonnement perpétuel*, et offrirait toute sécurité.

ticulièrement les Français de se garantir du froid et de l'humidité, n'ont point changé son opinion. Il m'a répondu que « lady Lowe n'avait « pas de feu dans sa chambre. »

L'Empereur s'est entretenu aujourd'hui avec l'amiral de la structure et de la capacité ordinaire des vaisseaux anglais. L'amiral lui a démontré qu'un vaisseau de 74 peut prendre environ quatre-vingts tonnes d'eau de plus, au moyen de ses réservoirs.

« Si j'avais su cela, en 1806, dit Napoléon, j'aurais envoyé trente « mille hommes dans l'Inde; j'étais conduit par divers calculs, pour « expédier un corps de cette importance; seulement je trouvais toujours « que mes troupes manqueraient d'eau pendant un mois. »

Lui ayant demandé quelques renseignements sur son plan, il me dit : « Le port de Brest renfermait de quarante à cinquante voiles, vaisseaux « de ligne ou frégates; j'aurais placé les trente mille soldats sur ces « quarante vaisseaux, à raison de huit cents par vaisseau; quatre cents « matelots les eussent accompagnés; j'aurais proportionné à ce nombre « les bâtiments de transport; dix vieux vaisseaux de ligne de peu de « valeur auraient transporté le reste du contingent, les soldats de cava-« lerie démontés, les artilleurs avec un complément d'approvisionne-« ment; j'aurais fait conduire cette escadre à l'île de France, en grande « diligence. Là, elle aurait refait ses provisions, repris de l'eau, descen-« du ses malades à terre, enlevé des troupes fraîches pour remplacer « les malades, augmenté le contingent de trois mille noirs organisés « en bataillons coloniaux. De là, cette escadre se serait rendue dans « l'Inde. Le débarquement se serait effectué le plus près possible des « Marattes, vos ennemis naturels, auxquels je me serais réuni, pour « vous faire une guerre opiniâtre; je recevais souvent de l'Inde des nou-« velles plus récentes que vous n'en aviez en Angleterre. Le roi de Perse « était bien disposé pour nous; ce plan ne put recevoir son exécution « par la raison que je donnais tout à l'heure, que j'avais reconnu, d'a-« près mes calculs, que les bâtiments seraient privés d'eau pendant un « mois. Si j'avais su qu'on pût établir des réservoirs, j'aurais certaine-« ment consommé l'entreprise. »

Napoléon calcula le nombre des tonnes d'eau qu'on aurait eues de plus au moyen de ces réservoirs, et trouva que les bâtiments se seraient trouvés suffisamment approvisionnés. « Pour une puissance secondaire « sur la mer, cette invention serait d'une grande importance, puisqu'elle « dispenserait d'entrer dans les rades pour y faire de l'eau. »

Je causai avec Napoléon de Toussaint Louverture : « Vous savez, lui

« dis-je, que vos ennemis ont dit que vous l'aviez fait mettre à mort dans
« sa prison. » Voici sa réponse : « Je n'ai pas besoin de répondre à toutes
« les absurdités que l'on peut débiter. Quelle raison avais-je de faire
« mourir ce nègre après son arrivée en France? et qu'aurais-je eu en
« vue? L'une des plus grandes fautes que j'aie faites, ç'a été d'envoyer
« une armée à Saint-Domingue. J'aurais dû prévoir l'impossibilité
« du succès. C'est une faute grave : je suis coupable d'imprévoyance,
« de précipitation ; j'aurais dû reconnaître l'indépendance de Saint-
« Domingue et le gouvernement des hommes de couleur ; j'aurais dû

« leur envoyer des officiers français pour les organiser avant la paix
« d'Amiens. Si je m'y fusse pris de cette manière, je vous aurais fait
« un tort incalculable. Je vous enlevais la Jamaïque, et vos colonies se
« trouvaient compromises. L'indépendance de Saint-Domingue recon-
« nue, je n'aurais pas eu à envoyer une armée pour combattre les noirs.
« Mais lorsque la paix fut signée, les anciens colons, les marchands et
« les spéculateurs m'accablèrent de demandes. La nation elle-même
« désirait recouvrer cette riche colonie; j'ai cédé. Si, au contraire, j'a-
« vais fait mon traité avec les Haïtiens avant celui d'Amiens, j'aurais pu
« refuser de faire aucune démarche pour reprendre Saint-Domingue ; en
« agissant différemment, j'aurais été en contradiction avec moi-même. »

7. — Napoléon s'est plaint de douleurs rhumatismales. « Chaque soir, « m'a-t-il dit, quand je quitte ma petite salle, où il y a du feu, pour entrer « dans ma chambre à coucher, j'éprouve en y mettant le pied la sen- « sation que l'on ressent en descendant dans une cave humide ou dans « un tombeau. Si ce n'était la chambre assez claire et bâtie en bois « sec, que Cockburn a fait construire, dans laquelle je me promène et « fais de l'exercice, il y aurait longtemps que je serais enterré. C'est, « je crois, ce que demande votre oligarchie. »

La conversation est ensuite tombée sur la nouvelle noblesse. « Je « n'ai plus besoin de défendre ma création ; cette noblesse est celle du « peuple ; j'ai pris indifféremment le fils d'un fermier, d'un artisan, et « j'en ai fait un duc, un prince, selon ses talents. Ma pensée fut un « système d'égalité générale. Je voulais que chacun fût admissible dans « les grands emplois, quelle que fût l'obscurité de sa famille. Mon gou- « vernement se fût soutenu et élevé encore par les gens de mérite. »

Courses de chevaux à Deadwood. — Les commissaires étrangers y ont tous assisté, mais les Français de Longwood n'y étaient point, excepté les enfants et quelques domestiques. J'avais emprunté deux chevaux au général Gourgaud, pour Miss Éliza Balcombe et moi ; instruit de cette circonstance, le gouverneur se livra contre moi à une sortie violente. J'avais commis un grave délit à ses yeux ; j'avais osé prêter un cheval à une jeune dame anglaise ! il fallait d'abord en solliciter la permission de sir Lowe.

Napoléon m'a parlé de plusieurs femmes qu'il a connues. « Je crois, « m'a-t-il dit, que la plus belle personne que j'ai vue en ma vie était « mademoiselle G**s, née en Irlande, ou appartenant à une famille de ce « pays. C'était du temps de Joséphine. Un jour que j'étais à la chasse « dans la forêt de Saint-Germain, les personnes qui m'accompagnaient « la laissèrent venir à moi, son placet à la main. Elle se jeta à mes pieds ; « sa figure, que je pus remarquer à travers le voile, était ravissante. Je « fus ébloui et pressentis quelque intrigue ; mais je n'en marquai aucun « mécontentement. J'ai revu plusieurs fois cette jeune dame : mais ayant « remarqué rapidement que sa présence aurait pour effet de lier quel- « que intrigue dans mon intérieur, je ne la reçus pas plus longtemps.

« La veille du jour où je quittai Paris pour me rendre à Waterloo, « dans la soirée, une belle Anglaise vint aux Tuileries et demanda à me « voir. Elle parla à Marchand, qui lui dit que cela était impossible, que « je quittais Paris le lendemain. Cette réponse parut l'affliger ; elle eut « beaucoup de peine à se retirer.

« Après la prise de Vienne, une princesse autrichienne se passionna
« pour moi. Elle accourut à Schœnbrunn et demanda instamment à
« me parler. Murat devina sa pensée ; comme il était un très-beau gar-
« çon, il essaya de changer l'objet de ses desseins, mais elle le repoussa
« avec vivacité. On la fit entrer ; je me présentai à elle comme étant le
« maréchal Duroc. Elle parlait assez mal le français et l'italien, et, de
« mon côté, je n'entendais pas l'allemand. Je lui dis de ne point parler
« si haut, parce que l'Empereur était là, et je montrais Duroc que je
« voulais faire passer pour moi ; mais elle m'avait vu, et elle s'écria :
« — Non, non ! vous, vous l'Empereur ! — Elle était très-jolie.

« Lord Castlereagh a dit, m'assure-t-on, dans la chambre des com-
« munes, que j'avais fait dresser une liste des plus riches héritières de
« France, que je les mariais, bon gré, mal gré, à mes officiers. Quels
« plats mensonges ! Une fois j'ai désiré vivement le mariage de Cau-
« laincourt, un de mes officiers les plus aimés, avec mademoiselle ***,
« fille d'un banquier, immensément riche ; eh bien ! elle lui a été refu-
« sée nettement. »

Napoléon s'est montré dans la galerie de Longwood. Le gouverneur
en conclut qu'il n'est pas malade ; il m'a fatigué de questions ridicules.

J'ai trouvé Napoléon dans son bain, abattu, gardant le silence : il était très-souffrant par suite d'une longue insomnie. Il m'a donné des détails qui me prouvent de plus en plus que l'exercice du cheval est nécessaire à sa santé ; je lui ai recommandé de nouveau les promenades ; mais il s'y est refusé : « Je ne puis de gaieté de cœur, m'a-t-il dit, m'ex-
« poser aux insultes des factionnaires. »

Napoléon a parlé avec véhémence contre ses bourreaux. « J'aimerais
« mieux cent fois tomber sous les coups du stylet... C'est pour mourir
« que l'on m'a envoyé ici ! On a jeté un homme qui a gouverné l'Eu-
« rope, diront les siècles futurs, sur le rocher le plus affreux du
« monde, pour lui imposer une existence dont nul être humain n'a
« l'idée. »

Napoléon est étonné de l'existence d'un article qui le concerne, dans *the Edinburgh Review* : « Où le rédacteur a-t-il eu ces renseignements
« fidèles? je n'ai jamais parlé de cette circonstance, *du déjeûner des trois*
« *amis*. Il est vrai que j'en fus l'auteur, et que cela produisit un assez
« grand effet en France : mais je ne me rappelle pas d'en avoir jamais
« parlé. Il y a plusieurs erreurs dans l'article de cette *Review*. Je n'ai
« point connu Barras à Toulon ; ma première connaissance avec lui
« a commencé à Paris, après le siége de Toulon. »

Il m'a parlé de l'étonnement qu'éprouva Marie-Louise, lorsqu'elle le trouva sans gardes aux Tuileries. « Son père, quoique vivant sans faste
« et fort aimé, prenait beaucoup plus de précautions à Vienne. « Quoi !
« des sentinelles seulement aux portes extérieures du palais ; les portes
« des appartements ne sont même pas fermées ! » Quand j'étais à Paris,
« j'avais coutume de me mêler sans gardes ni escorte au milieu de la
« populace, de recevoir les pétitions, etc. ; j'étais souvent si étroitement
« entouré par le peuple, que je ne pouvais bouger. »

Lorsque j'eus questionné Napoléon sur la circonstance de sa vie où il avait vu la mort de plus près : « C'est à Toulon, et surtout à Arcole.
« Dans cette affaire, mon cheval fut percé d'une balle sous moi ; l'ani-
« mal, devenu furieux par sa blessure, prit le mors aux dents et ga-
« lopa vers l'ennemi ; puis s'enfonça dans un marais où il expira, me
« laissant plongé presque jusqu'au cou dans la fange. Je crus un mo-
« ment que les Autrichiens allaient me couper la tête que j'avais hors de
« la vase : ce qu'ils allaient faire ; je n'eusse pas pu résister. Mais la diffi-
« culté était d'approcher de moi ; l'arrivée de mes troupes les arrêta, et
« j'échappai à la mort. J'ai été blessé dans plusieurs autres batailles,
« mais rarement j'ai eu besoin d'un chirurgien ; une seule fois la bles-

« sure fut assez forte pour me donner la fièvre. A Marengo, un boulet
« emporta un morceau de la botte de ma jambe gauche avec un peu de
« peau. Je ne fis usage que d'un petit morceau de linge imprégné d'eau
« salée. »

Je lui demandai quelques renseignements sur une cicatrice profonde
que j'avais aperçue dans la partie inférieure de la cuisse gauche. Napoléon me dit que c'était un coup de baïonnette. Je lui demandai aussi s'il
n'avait pas eu très-souvent des chevaux tués sous lui.

« Oui, dix-huit ou dix-neuf. »

« Le régiment de La Fère, dans lequel j'ai commencé ma carrière,
« se conduisit si mal à Turin, que je fus obligé de le dissoudre. Je le fis
« venir à Paris, je le passai en revue; après quoi ses drapeaux lui furent
« enlevés, et portés couverts d'un crêpe funèbre aux Invalides. Je plaçai
« les officiers dans d'autres régiments. J'exceptai pourtant les auteurs du
« mal. Quatre mois après je reformai entièrement le régiment, officiers
« et soldats. Les drapeaux, que j'envoyai reprendre avec une pompe toute
« militaire à l'hôtel des Invalides, furent lacérés, brûlés et remplacés
« par de nouveaux que je fis distribuer avec solennité.

« A l'âge d'environ dix-sept ans, je faillis me noyer dans la Seine; une

« crampe me prit pendant que je nageais, et après avoir fait quelques
« efforts inutiles, je coulai au fond de l'eau. J'éprouvai de vives angois-
« ses, et je perdis connaissance; mais le courant de la rivière me rejeta
« sur le bord, où je restai étendu je ne sais combien de temps. Je fus en-
« fin rappelé à la vie par mes camarades, qui me reconnurent par ha-
« sard; m'ayant vu disparaître au milieu de la rivière, ils m'avaient cru
« perdu. »

L'Empereur, en parcourant des journaux, a vu dans un article, que Castlereagh venait de faire des acquisitions considérables dans le nord de l'Irlande. « Ah! le voilà, ma fortune paye ces propriétés; c'est une
« portion de l'argent que La Bouillerie a porté au comte d'Artois après
« mon abdication. Castlereagh, Hardenberg, Metternich, Talleyrand, se
« sont partagé vingt-cinq millions sur quarante. »

Il a bientôt laissé là ce sujet, puis il a parlé des talents nécessaires au général. « L'esprit d'un bon général devrait ressembler, quant à la
« clarté, au verre du télescope qui a passé sur la meule, et ne présente
« point de tableau à l'œil. Parmi les généraux modernes qui nous ont
« précédés, le plus grand, à mon avis, c'est Turenne. Le maréchal de Saxe
« n'était que général, mais il n'avait pas d'esprit; Luxembourg en avait
« beaucoup; le grand Frédéric extrêmement, et il voyait promptement
« et avec justesse. Marlborough n'était pas simplement un grand général,
« mais un homme d'infiniment d'esprit. Wellington, jugé par les dépê-
« ches que j'ai lues, par ses actes et sa conduite dans l'affaire de Ney,
« qu'il aurait dû défendre, la capitulation de Paris à la main, est un
« homme sans esprit, sans générosité, sans foi. Madame de Staël et Ben-
« jamin Constant disaient derrière lui, dans les salons de Paris, qu'il
« n'avait pas deux idées. »

21. — On a ressenti à Longwood trois secousses de tremblement de terre: toute la maison en a été ébranlée avec un bruit sourd et prolongé. Nul accident grave n'a été la suite de cet événement.

22. — Quand j'entrai, Napoléon était occupé à faire des calculs. Il leva les yeux, me regarda, et dit en souriant : « Eh bien! docteur, trem-
« blement de terre, hier soir. » Cet événement a été le sujet de quelques entretiens. Napoléon avait cru d'abord que c'était l'explosion d'un navire, mais la seconde secousse lui fit reconnaître que c'était un tremblement de terre. Il dura de seize à dix-huit secondes : c'est mon opinion; mais, contrairement, Napoléon pensait qu'il n'avait pas duré plus de douze secondes. Il m'a dit qu'à Ferrare, il avait déjà été témoin d'un tremblement de terre.

La conversation de Napoléon est revenue sur l'Inde et a pris un intérêt très-vif. Voici quelques-uns des développements dans lesquels il est entré. « On me dit que lord Moira demande de l'Inde un nouveau
« contingent de vingt mille hommes. Voilà un des effets de l'imbécillité
« de vos hommes d'État. Ce sont les Français qui vous inquiètent, si
« toutefois cette nouvelle est vraie. Pourquoi leur rendre un établis-
« sement au delà du Cap? Je pars ici du point de vue anglais ; quelques
« aventuriers, mus par la haine nationale, y auront soulevé les Marattes
« contre la tutelle de l'Angleterre. Au lieu de rendre Pondichéry et
« Bourbon à la France, vous auriez dû imiter la conduite des Romains
« à l'égard de Carthage, et dire fermement : Vous n'irez pas au delà
« de telle latitude, non pour toujours, mais pour dix ans, ou, par
« exemple, jusqu'à ce que vos craintes sur l'Inde n'eussent pas été sé-
« rieuses. Après avoir remis Pondichéry, l'île Bourbon, vous serez
« obligés de laisser dix mille Anglais de plus dans l'Inde. Quand je
« gouvernais la France, je n'aurais pas donné un *quatrino* pour re-
« prendre ces possessions, sinon pour vous chasser de l'Inde ; ce projet
« rendait l'île de France ou de Bourbon un point précieux pour
« moi.

« Tous les ans, je recevais aux Tuileries des nababs et des princes
« de l'Inde, principalement des Marattes, des ambassadeurs qui me sup-
« pliaient de venir les affranchir ; ils offraient de vous expulser de
« l'Inde avec seize mille de mes vieux soldats, avec des officiers et de
« l'artillerie. Ils devaient fournir une nombreuse cavalerie, et ne me
« demandaient en général que des officiers. La haine qu'ils vous portent
« est au comble! Ces propositions me revenaient chaque année par
« différentes voies. Je recevais le plus habituellement ces nouvelles par
« l'île de France ; de petits *mercantuzzi* m'apportaient fréquemment
« des lettres : ils venaient par terre ou sur des bâtiments danois.

« Je pense bien que vous avez eu quelques vues commerciales en
« restituant Pondichéry : vous avez espéré, par exemple, importer vos
« marchandises de l'Inde par les contrebandiers français. Mais cet
« avantage n'est qu'un résultat minime auprès des inconvénients ;
« voyez près de l'Inde les effets de la rivalité et de l'activité des Fran-
« çais, corroborés par les dispositions qui remplissent l'âme des popu-
« lations indiennes à votre égard. Ce n'est pas le voisinage d'une na-
« tion rivale qui était nécessaire à vos possessions de l'Inde. Vous avez
« excité chez les Français, par des restitutions partielles, l'envie de
« reprendre tout ce qu'ils ont possédé autrefois. Si aucune nation euro-

« péenne n'avait pu passer le Cap, vous vous seriez conservé le com-
« merce exclusif avec la Chine. Au lieu de déclarer la guerre aux Chi-
« nois, vous auriez dû la faire aux nations qui veulent trafiquer avec
« eux. Vous auriez dû empêcher les Américains d'envoyer un seul
« bâtiment dans ces parages. Vous avez rendu Batavia aux Hollandais,
« point qui vous était nécessaire ; le thé que les Hollandais consomment
« en si grande quantité, eh bien ! vous le leur auriez vendu. Les intérêts
« directs de la nation sont ceux qui doivent dicter les traités quand
« on est victorieux. »

25. — Dans la soirée, l'Empereur m'a fait appeler ; je l'ai trouvé souffrant : il avait eu quelque envie de vomir. Il m'a questionné sur la nature de son tempérament. Ma réponse fut celle que je lui avais toujours faite : l'exercice continuel, l'emploi alternatif et actif de ses facultés morales et physiques. « Vous avez certainement raison, me
« répondit Napoléon, c'est ce qui m'a toujours été dit depuis que
« j'existe, c'est ce qui me manque, ce qui me sera indispensable tant
« que durera la machine. Je prends bien l'exercice de tête ; et, je le
« conçois, il faudrait y joindre l'exercice corporel ; mais je suis entre
« les mains d'un *boja*, qui me l'interdit, puisque ses restrictions me
« mettent dans le cas d'être insulté, ou de recevoir un coup de feu, si
« je m'écarte par distraction. »

Larrey. — Poniatowski. — Lucien. — Talma. — Labédoyère. — Mort de Cipriani.

26 septembre.

'INDISPOSITION de l'Empereur augmente : ses jambes sont enflées, ses gencives spongieuses, son appétit nul.

28. — La santé de l'Empereur s'affaiblit de plus en plus; je lui ai proposé d'appeler M. Baxter. « A quoi bon? « tous les médecins de France « seraient là, qu'ils seraient de votre avis et me prescriraient l'exercice

« du cheval. Ce qu'il me faut pour vivre, c'est le mouvement, la fatigue,
« l'exercice enfin. »

Vers les quatre heures de l'après-midi, M. le comte Balmaine, M. et madame la baronne de Sturmer sont venus jusqu'à la porte intérieure de Longwood ; ayant été rencontrés par M. et madame Bertrand, Thomas Reade s'en est alarmé, et s'est tenu en observation pour suivre attentivement tous les mouvements des promeneurs. Tout son corps était en agitation ; il faisait usage du télescope ; lorsque l'épaisseur du brouillard venait dérober le groupe à sa vue, nous le remarquions s'épuiser vainement à le chercher à travers la vapeur, condensée par intervalle.

J'ai vu Napoléon le soir : je l'ai trouvé à peu près dans le même état que le matin ; il m'a dit qu'il avait aperçu madame Sturmer, grâce à sa lunette d'approche. Il trouve cette dame jolie, très-fraîche.

L'Empereur a fait un vif éloge de Larrey. « C'est le plus honnête
« homme que j'aie rencontré, un constant et héroïque ami du soldat ;
« vigilant, toujours sur pied, toujours soignant les blessés, les visitant,
« les consolant. J'ai vu Larrey sur le champ de bataille, suivi de ses
« jeunes chirurgiens, chercher sans relâche un signe d'animation dans
« les corps étendus sur la terre. Larrey bravait tout : les froids, les
« pluies, les soleils. Il ne dormait jamais après le combat au milieu
« des plaintes des blessés. Avec lui, les généraux ne pouvaient pas aban-
« donner leurs malades. Il fallait qu'ils lui fissent remettre exacte-
« ment les fournitures que réclamait l'entretien des ambulances. Sans
« cela, cet homme, que nombre d'officiers supérieurs redoutaient, se-
« rait venu à moi se plaindre, et en leur présence. Il ne faisait la cour
« à personne ; il haïssait les fournisseurs. »

Nous causâmes ensuite du service à bord des bâtiments de guerre. Napoléon, remarquant dans mes renseignements que les matelots anglais pouvaient se chauffer au feu de la cuisine, mais que les officiers ne le pouvaient pas, demanda la raison de cette défense.

Je lui ai dit qu'il était utile, à bord, de tenir les matelots à distance des officiers.

« Moi, j'ai fait tout le contraire avec mes Français. Dans mes cam-
« pagnes, j'avais l'habitude d'aller sur les lignes, dans les bivouacs ; je
« m'asseyais auprès du soldat, je causais, je riais avec lui. J'ai toujours
« tenu à honneur de rappeler mon origine. J'étais l'élu du peuple !
« Mais chez vous, la morgue aristocratique ! toujours la morgue aris-
« tocratique ! Votre nation est bien la plus aristocratique de l'Europe.

« Si j'eusse été un de ces *principiotti* d'Allemagne, votre oligarchie ne
« m'eût pas envoyé à Sainte-Hélène; mon crime, à ses yeux, c'est d'ê-
« tre le souverain du peuple, de m'être élevé du rang le plus obscur au
« plus grand pouvoir, sans l'alliance de l'aristocratie et sans droits hé-
« réditaires. »

1er octobre 1817. — La santé de l'Empereur s'altère profondément.
Il ressent des douleurs très-vives dans différentes parties du corps. Je
lui ai prescrit des soins, mais il a secoué la tête en me disant : « On
« m'a envoyé ici pour mourir misérablement ! — Ne hâtez pas votre
« mort, lui ai-je dit. — *Ce qui est écrit est écrit.* » Il porta les yeux vers
le ciel. « *Nos journées sont comptées.* » J'ai répondu que, d'après cette
doctrine, les secours de l'art seraient parfaitement inutiles. Il a gardé
le silence.

2. — J'ai revu Napoléon à dix heures; ses jambes sont très-enflées;
un bain lui serait utile, mais l'eau manque absolument à Longwood.

Il m'a dit que le gouverneur l'avait fait prévenir qu'il pouvait s'é-
carter de la route et se promener dans la vallée, mais qu'il refusait
cette faveur à ses officiers, s'ils n'étaient pas avec lui. « C'est une tra-
« casserie nouvelle, m'a-t-il dit, je ne profiterai pas de cette permission.
« Les sentinelles, dont je ne suis pas connu, me diraient à chaque fois :
« Halte là ! le général Bonaparte est-il parmi vous ? L'êtes-vous,
« vous-même ; si vous l'êtes, passez. Je serais forcé de répondre à
« chaque factionnaire qui se trouverait sur mon passage : Je suis le
« général Bonaparte. »

4. — J'ai remis au gouverneur le bulletin de la santé de Napoléon.
Il l'a trouvé trop long, trop formel, et m'en a demandé un autre qu'il
puisse rendre public. Il paraît craindre qu'il n'existe une correspondance entre Longwood et lord Liverpool.

Les souffrances et la maladie de l'Empereur s'aggravent. Je l'ai supplié de prendre de l'exercice ; il refuse.

7. — Le gouverneur paraît croire que l'Empereur veut se détruire.
Napoléon répond : « Si je pouvais avoir cette pensée, je me serais jeté
« depuis longtemps sur la pointe d'une épée, et je serais mort en soldat.
« Mais je ne suis point un caporal ; je ne veux pas dégrader mon carac-
« tère. Je ne suis pas assez fou non plus pour détruire graduellement
« ma santé ; je n'aime pas la longue guerre. »

9. — Napoléon est plus mal que jamais ; sa nuit a été très-agitée,
très-douloureuse.

10. — L'Empereur n'est pas mieux. « Le gouverneur est allé, hier,

« chez Bertrand, m'a dit Napoléon, et a témoigné le désir de faire la
« paix, mais il a si souvent promis en vain, que je ne puis voir dans
« son offre qu'une nouvelle déception. J'ai dit à Bertrand d'expliquer
« ce que nous demandons au petit Gorrequer. »

Des négociations ont lieu à ce sujet.

L'Empereur a reparlé de son retour à Paris, après sa première campagne d'Italie. « J'allai, dit-il, demeurer dans une petite maison de
« la rue Chantereine [1].

« Quelques jours après, la municipalité de Paris nomma cette rue,
« *rue de la Victoire* ; Paris paraissait fier de ma gloire. Des membres
« distingués des chambres firent la proposition de m'accorder un ma-
« gnifique hôtel, et une grande propriété ; mais le gouvernement,
« sous prétexte que l'argent ne pouvait pas récompenser les services
« que j'avais rendus, fit écarter la proposition. Je n'avais pas alors
« plus de 200,000 francs de fortune ; cependant je venais de gou-
« verner l'Italie par le droit des armes ; j'avais entretenu, payé
« mes soldats ; j'avais acquitté leur solde arriérée, et envoyé plus de
« 30,000,000 au trésor public. Je voyais peu d'hommes de l'époque,
« excepté quelques membres de l'Institut.

« Le Directoire m'offrit une fête ; Talleyrand m'en donna une autre ;
« Je n'y restai que quelques instants. Je reçus le commandement de
« l'armée d'Angleterre ; on la nomma ainsi pour cacher à vos ministres
« sa destination réelle, l'Égypte. »

Napoléon m'a dit qu'il avait été adoré de ses soldats, de ses officiers,
il a cité plusieurs incidents de sa marche de Cannes sur Paris, en 1815 :
« Je criai aux premiers soldats que je rencontrai, hésitant devant mes
« grenadiers de l'île d'Elbe : *Celui d'entre vous qui veut tuer son Empe-*
« *reur peut le frapper, le voilà !* Ces mots les conquirent ; le cri una-
« nime de : *Vive l'Empereur !* me répondit. Cette division et mes grena-
« diers fraternisèrent. »

L'Empereur a parlé des Polonais. « Poniatowski était un homme
« d'un caractère généreux, plein de droiture et de bravoure. Je l'aurais
« fait roi de Pologne si j'avais réussi en Russie. »

Je lui demandai à quoi il attribuait le peu de succès de cette expédition. « Au froid prématuré et à l'incendie de Moscou, continua Na-
« poléon. J'étais de quelques jours en arrière ; j'avais calculé le froid
« qu'il avait fait depuis cinquante années, et l'extrême froid n'avait jamais

---

[1] Le général Bertrand l'habite aujourd'hui.

« commencé avant le 20 décembre, vingt jours plus tard qu'il ne com-
« mença. Quand j'étais à Moscou, le froid était à trois degrés, et le
« Français le supportait avec plaisir; mais pendant la marche, le ther-
« momètre descendit à dix-huit degrés, et presque tous les chevaux
« périrent. J'en perdis trente mille en une nuit; on fut obligé d'aban-
« donner presque toute l'artillerie, forte alors de cinq cents pièces : on
« ne pouvait emporter ni munitions, ni provisions. Nous ne pouvions,
« faute de chevaux, faire une reconnaissance, ou envoyer une avant-
« garde de cavalerie pour chercher la route. Les soldats perdaient le
« courage et la raison, et tombaient dans la confusion; la circonstance
« la plus légère les alarmait. Quatre ou cinq hommes suffisaient pour
« effrayer tout un bataillon. Au lieu de se tenir réunis, ils erraient
« pour chercher du feu. Ceux que l'on envoyait en éclaireurs couraient
« se réchauffer dans les maisons; ils se répandaient de tous côtés, se
« débandaient et devenaient facilement la proie de l'ennemi. D'autres
« se couchaient par terre, s'endormaient; un peu de sang sortait de
« leurs narines, et ils mouraient en dormant. Des milliers de soldats
« périrent de cette manière. Les Polonais sauvèrent quelques-uns de
« leurs chevaux, et un peu de leur artillerie; mais les Français et les
« soldats des autres nations n'étaient plus les mêmes hommes. La cava-
« lerie a surtout souffert; sur quarante mille hommes, trois mille à
« peine ont été sauvés. Sans l'incendie de Moscou, j'aurais achevé l'en-
« treprise après l'hiver.

« Il y avait dans cette ville à peu près quarante mille habitants qui
« étaient pour ainsi dire esclaves. J'aurais proclamé la liberté de tous les
« esclaves en Russie, et aboli le vasselage et la noblesse. Cela m'aurait
« procuré l'union d'un parti immense et puissant. J'aurais fait la paix
« à Moscou, ou bien j'aurais marché sur Pétersbourg l'année suivante.
« Alexandre le savait bien; aussi avait-il envoyé ses diamants, ses ob-
« jets précieux et ses vaisseaux en Angleterre. Sans cet incendie,
« j'aurais complétement réussi. Je les avais battus dans une grande ac-
« tion à la Moscowa; j'attaquai avec quatre-vingt-dix mille hommes
« l'armée russe, forte de deux cent cinquante mille, et fortifiée jus-
« qu'aux dents, et la défis complétement. Soixante-dix mille Russes
« restèrent sur le champ de bataille. Ils eurent l'impudence de dire
« qu'ils avaient gagné la bataille, bien que je marchasse sur Moscou.
« Deux jours après, j'étais au milieu d'une belle ville, approvisionnée pour
« un an; car, en Russie, il y avait toujours des provisions pour plusieurs
« mois avant que la gelée ne vînt. Les magasins de toute espèce étaient

« encombrés. Les maisons des habitants étaient bien pourvues, et la
« plupart avaient laissé leurs domestiques. — Les Polonais ont noble-
« ment servi dans vos armées? lui dis-je. — Oui, répondit Napoléon, ils
« m'ont été très-attachés et très-fidèles. Le vice-roi actuel de Pologne
« était avec moi dans mes campagnes d'Égypte; je le fis général. La plus
« grande partie de ma vieille garde polonaise est maintenant employée
« par Alexandre. C'est une héroïque nation, riche d'admirables soldats.
« Ils résistent mieux que les Français au froid extrême du Nord. » Ma
demande fut alors celle-ci : « Dans les climats moins rigoureux, les Po-
« lonais sont-ils aussi bons soldats que les Français? — Non, non, me
« répondit Napoléon, dans des climats doux le Français leur est très-
« supérieur. »

11. — J'ai vu Napoléon dans son lit, à sept heures du matin. Il s'est plaint de n'avoir pu reposer pendant la nuit. Ses douleurs sont précipitées, et dans le côté et dans l'épaule. Les palpitations augmentent.

Hudson Lowe est venu et a mesuré les distances qu'il veut établir entre les factionnaires. Un bâtiment est arrivé du Cap avec des provisions et une malle de l'Angleterre.

Le général Bertrand s'est plaint amèrement à sir Hudson Lowe de l'obligation à laquelle sont assujettis les Français; on les oblige à remettre ouvertes les lettres qu'ils écrivent aux personnes mêmes de Sainte-Hélène. Est-ce dans ces lettres que l'on pourrait conjurer, si raisonnablement on avait à le faire?

14. — Je me suis présenté ce matin chez Napoléon : il était encore endormi. On m'a invité à descendre chez le maréchal Bertrand, qui m'a dit que l'Empereur, instruit que je remettais au gouverneur des bulletins sur sa santé, exigeait que je les lui fisse connaître avant de les porter, qu'il repoussait toute autre dénomination que celle d'Empereur.

Il ne veut faire aucune concession sur ce point, ajoutant pourtant que dans mes rapports de vive voix, la qualification lui serait parfaitement indifférente, mais que dans une pièce officielle, destinée aux cabinets européens, il se refusait à toute concession, il aimerait mieux la mort. Le gouverneur ne veut point admettre de qualification d'Empereur : il consent, du reste, à ce que mes bulletins passent préalablement sous les yeux du prisonnier.

L'Empereur persiste. il veut fermement garder son nom et son titre: il les gardera.

18. — L'Empereur, abattu et mélancolique, refuse de nouveau en termes irrévocables la qualification de général dans les bulletins.

22. — Dans la dernière nuit, Napoléon a été très-indisposé ; il a eu des attaques nerveuses.

28. — Je suis allé à Plantation-House : sir Hudson Lowe, après ses questions habituelles sur la santé de Napoléon, m'a demandé si j'avais eu quelques conversations importantes avec lui, quel temps ces entretiens avaient duré, quels objets nous avaient occupés. Ces interrogations ont amené entre nous une discussion fort vive dans laquelle Hudson Lowe a montré une grande exaspération. Il a fait usage, à mon sujet, d'expressions aussi étranges que stupides : « J'étais un singe qui « courait l'île pour ramasser quelques nouvelles faites pour régaler la « curiosité du général Bonaparte. »

Je lui répliquai vivement que je ne le comprenais pas, et qu'en tout cas je ne servirais jamais d'espion. « Que dites-vous là, monsieur ? « — Je dis que je remplirais ce rôle odieux si je venais chaque jour, « comme vous me l'avez ordonné tant de fois, vous rendre compte de la « nature des entretiens dont m'honore Napoléon. » Cette réponse le fit tomber dans un paroxysme de fureur. Il me prescrivit alors de m'abstenir de tout entretien étranger à mon art. Je lui ai demandé cet ordre par écrit : il l'a refusé.

J'ai fait de nouvelles instances auprès de l'Empereur pour le décider à se promener à cheval. Il refuse parce qu'il préfère souffrir que de s'exposer à des outrages nouveaux. « Avez-vous remarqué, il y a quel- « ques jours, une lettre de Lowe dans les mains de Bertrand ? C'était « pour lui adresser un journal dans lequel on parle de la déchéance de « mon fils de la succession au duché de Parme. Je n'attacherais aucune « idée de peine à tout cela, si cette nouvelle m'était parvenue par la « voie ordinaire. Mais pas du tout : c'est lui qui me l'a tranmise si vite, « lui qui me cache si soigneusement les nouvelles agréables, le miséra- « ble ! Et puis ce congrès d'hommes lâches comme les faibles, qui me « poursuit encore, quand je descends dans la tombe · quel spectacle « pour l'histoire ! Docteur, ma machine lutte, mais elle ne peut plus « durer longtemps !

« Je pourrais, sans changer de visage, recevoir la nouvelle de la mort « de ma femme, de mon fils et de toute ma famille ; on ne verrait dans « mes traits ni une émotion violente ni altération ; tout y paraîtrait « calme, indifférent ; mais lorsque je suis rentré dans la solitude de « ma chambre et livré à moi-même, que je souffre horriblement, mes « sensations s'approfondissent, et deviennent celles d'un homme écrasé « par la douleur. »

5 novembre 1817. — Napoléon est resté couché très-tard ; il n'a pas reposé cette nuit. Je l'ai trouvé encore dans son lit à onze heures.

6. — Un journal anglais, lu par l'Empereur ce matin, rapporte une anecdote, de laquelle il s'ensuivrait que Talma, lié très-jeune avec Bonaparte, aurait acquitté, un jour, dans une auberge, la dépense de ce dernier [1]. « C'est un mensonge. Je n'ai connu Talma que lorsque je fus « Premier Consul. Je le traitai toujours avec la distinction qu'il méri- « tait et comme un homme d'un talent supérieur, le premier de sa pro- « fession, sous tous les rapports ; je l'envoyais chercher le matin ; nous « déjeunions ensemble. Les libellistes ont conclu de là que Talma « m'apprenait à jouer mon rôle d'Empereur. A mon retour de l'île « d'Elbe, je dis à Talma, pendant un déjeuner, au milieu de plusieurs « savants : 'Talma, ils disent que vous m'avez appris à me tenir sur le « trône. Je m'y tiens donc bien ?' »

L'Empereur a cité un trait relatif à sa famille. « Un Bonaventure « Bonaparte vécut et mourut très-anciennement dans un cloître ; le

[1] Talma a démenti avec noblesse tous ces contes. Il était resté plein de reconnaissance et de respect pour le grand homme qui avait aimé sa personne et récompensé d'une manière éclatante son talent supérieur.

« saint homme était oublié depuis longtemps ; mais lorsque je parvins
« au trône, on se le rappela. Puis on parla de ses vertus, et on m'en-
« gagea à le laisser canoniser. « Épargnez-moi ce ridicule, répondis-je.
« Le pape était de mes amis : on n'eût pas manqué de dire que je l'avais
« forcé à dénicher un saint dans ma famille. »

25. — Les altercations entre le gouverneur et moi ont recommencé. Hudson Lowe m'ayant demandé des renseignements sur ce qui se passait à Longwood, je lui ai répondu que je ne pouvais le satisfaire, ne m'occupant auprès du prisonnier que de mes devoirs de médecin ; il a répliqué que mon devoir était de lui transmettre tout ce qui venait à ma connaissance au sujet des entretiens dont j'étais témoin : « Les « moindres détails sont précieux pour moi. » Il dit que je tiens mon emploi à ces conditions. « Je pense tout le contraire, lui dis-je ; je suis « venu à Longwood en qualité de médecin ; je n'y suis pas pour remplir « un autre rôle. » Le gouverneur, entrant tout à coup en fureur, m'apostropha et me déclara que je l'insultais. Sa voix se brisait de colère. « Sor-« tez d'ici ! » me cria-t-il. Je me disposai à m'éloigner. Je lui dis avant de sortir : « Je ne suis jamais venu de bon gré chez vous : un autre pourra « seul m'y ramener. — Sortez ! sortez ! » me criait-il, en marchant à grands pas dans sa chambre. J'entendais encore sa voix étant déjà assez loin.

4 décembre. — Une très-jolie fille, attachée à milady Lowe comme femme de chambre, est venue à Longwood, où les domestiques la reçurent très-bien. Elle désirait voir l'Empereur, et chercha à l'apercevoir à travers le jour d'une serrure.

9. — Le gouverneur m'a fait appeler, et m'a demandé en vertu de quel pouvoir je m'étais cru suffisamment autorisé à demander à la ville différents objets pour mesdames Bertrand et Montholon ; que si ces dames avaient des acquisitions de ce genre à faire, elles pouvaient en charger l'officier d'ordonnance. Je répondis que ces dames pouvaient bien demander certains objets indispensables à leur médecin, mais qu'en conscience, elles ne pouvaient en charger un officier. Je nommai les objets achetés. Le gouverneur se fâcha plus fort, et me dit que je l'insultais ! Il fit ensuite quelques réflexions assez grossières sur la propreté et la délicatesse des dames françaises. Je lui demandai de me donner par écrit la défense qu'il me faisait ; il refusa. J'avoue que j'avais gardé difficilement mon sérieux, en écoutant les dernières observations du lieutenant général Hudson Lowe.

Les symptômes maladifs de Napoléon deviennent plus sérieux qu'auparavant.

14. — Le gouverneur joue l'étonnement de ce que Napoléon persiste à garder la chambre. Il attribue cela à la paresse. Exécrable ironie !

L'Empereur a vu le gouverneur passer sous ses fenêtres ; il m'a dit :
« Je n'aperçois jamais ce sbire, sans penser à l'homme chauffant la barre
« de fer pour votre Édouard II, au château de Berkley ; la nature m'a
« prévenu contre lui dès qu'il s'est présenté à moi · comme Caïn, Dieu
« l'a marqué du sceau de la réprobation. Si j'étais à Londres, et que je
« visse le gouverneur vêtu en bourgeois, je dirais tout de suite : Voilà
« le bourreau qui passe.

« Ne sachant quel supplice m'imposer en observant la lettre du bill de
« votre parlement, il vient entourer cette misérable demeure de grilles
« en fer, afin d'en faire la seconde cage de Bajazet.

« Si j'avais la physionomie du gouverneur, je concevrais la foi de vos
« compatriotes aux libelles de Londres, aux libelles royalistes de Paris ;
« chacun dirait, en me regardant avec effroi : Voyez la figure de ce tigre !
« ses assassinats sont gravés sur son visage. »

28 décembre. — J'ai été appelé par le gouverneur. A la suite d'une nouvelle, d'une ardente explication et d'un refus formel de m'expliquer, quant aux conversations de Longwood, il a abusé de sa position et de son grade pour outrager un simple officier. Lorsque j'ai voulu sortir, il m'a suivi en rugissant et en m'ordonnant insolemment de me rendre deux fois par semaine à Plantation-House pour répondre à ses interrogations.

J'ai vu le docteur Baxter, et je lui ai déclaré que j'avais pris la ferme résolution de ne plus revenir à Plantation-House ni dans aucun autre lieu où serait le gouverneur, si je devais être insulté de cette façon.

2 janvier 1818. — La conversation de Napoléon a eu la révolution française pour sujet :

« Les traces des anciens priviléges des provinces et des parlements se
« sont trouvées effacées. La moitié des propriétés a passé dans d'autres
« mains. Le spectacle de trente millions d'habitants enfermés dans les
« limites marquées par la nature et les siècles, ne donnant qu'une seule
« classe de citoyens devant les mêmes lois, a été offert par cette révolu-
« tion. L'Angleterre a reconnu la république et a envoyé des ambassa-
« deurs au Premier Consul, avant d'avoir rompu la paix d'Amiens. Si
« Fox avait vécu, l'Angleterre eût fait la paix avec la France. En signant
« l'ultimatum à Chaumont, Castlereagh a reconnu l'empire. »

Le gouverneur m'a fait encore appeler chez lui à Plantation-House ; je m'y suis rendu. Il a discuté pour établir que je n'avais pas été nommé médecin de Napoléon, que j'étais simplement autorisé à lui offrir des soins. Je lui ai répliqué que les lettres de change que je tirais pour mon payement, sur le conseil de marine, dans la forme prescrite par sir Georges Cockburn me conféraient le titre de chirurgien de Napoléon et de sa suite. Je lui demandai alors quelle était, selon lui, ma fonction à Sainte-Hélène.

« Vous croyez-vous donc indépendant de moi ? — Vous connaissez, répondis-je, mieux que moi la limite de vos pouvoirs. » A ces mots, le gouverneur exaspéré se croisa les bras, me regarda avec fureur et me dit : « C'est là mon bureau, monsieur, et voilà la porte pour entrer. Quand « je vous enverrai chercher pour affaire de service, vous vous arrêterez « à cette porte, et ne mettrez pas le pied plus avant dans l'appartement. »

Ma réponse fut que je n'étais jamais venu chez lui pour mon plaisir. Je me retirai.

6. — Je suis questionné de nouveau par le gouverneur. Je persiste dans mes refus, il s'exaspère davantage.

7. — Sir Hudson Lowe m'a fait demander : j'y suis allé. Je lui ai dit en réponse à ses questions que la santé du prisonnier n'était pas aussi bonne que lors de mon premier rapport. « Le général Bonaparte, m'a-t-il « dit, pense obtenir en s'enfermant dans sa chambre quelque relâche- « ment dans les restrictions ; dites-lui qu'il se trompe : les choses reste- « ront les mêmes, quand même sa santé serait plus mauvaise. »

9. — J'ai été mandé encore chez le gouverneur. Nouvelles questions hautaines, insistantes et viles. Le gouverneur suppose que j'exerce une grande influence sur Napoléon. J'ai souri et lui ai dit qu'il connaissait bien peu le caractère du prisonnier.

13. — Suite des interrogatoires à Plantation-House. J'ai dit au gouverneur que l'indisposition de l'Empereur devenait de plus en plus sérieuse.

14. — Quelques remèdes ont affaibli le malaise.

M. O'Méara ajoute ici :

Le duc de Rovigo et des officiers français m'ont parlé souvent de l'humanité de Napoléon à la guerre. Quand une affaire était terminée, il visitait aussitôt le champ de bataille avec une partie de l'état-major et des gens de sa maison portant des bouillons, du vin. On a vu ce grand, cet excellent homme passer plusieurs heures à remplir ces devoirs sacrés. Voilà pourquoi, indépendamment de son génie, les soldats l'adoraient !

Le duc de Rovigo m'a raconté qu'à l'une des journées de la bataille de Wagram, l'Empereur, suivi de ses officiers et de ses serviteurs, visita

le champ de bataille. Il fit relever les blessés : il chercha à consoler ces malheureux. Arrivé devant un officier blessé, il reconnut le colonel Pepin, qu'il avait puni quelques années auparavant, et qui n'avait été remis en activité que peu de temps avant la campagne. Il ne l'avait pas vu depuis plusieurs années. Cet officier était couché sur le dos, une balle lui avait traversé la tête, mais la vie n'était pas éteinte chez lui. « Mon pauvre
« Pepin, c'est toi! je suis désolé de te revoir là. Je t'ai pardonné il y a
« longtemps, je ne pense plus au passé! »

20. — On m'a demandé à Plantation-House. Je causais avec M. Baxter dans la bibliothèque, lorsque le gouverneur est entré. Il me demanda avec grossièreté quelles étaient mes communications relativement à la santé du général. Ma réponse fut que jusqu'à présent l'amélioration était incertaine! « Est-il sorti? — Non, monsieur. — Est-il allé dans la salle de billard? — Il y est allé. — Comment emploie-t-il le temps? — J'ignore. — Vous le savez, vous devez répondre; vous manquez à votre devoir! » Hudson fit alors plusieurs fois le tour de la chambre, s'arrêtant par intervalle, me toisant de toute la hauteur de son grade, de toute la distance que la discipline met entre nous, avec des yeux flamboyants. Je restai impassible et tirai simplement ma montre pour lui faire voir que je comptais le temps qu'il me contemplerait de cette façon. Ma froide résignation et mon silence lui en imposèrent; il recommença ses questions, et comme je n'y répondis point selon ses vœux, il passa à de nouvelles fureurs qui ne m'ébranlèrent pas davantage. « Major Gorrequer, s'écria-t-il, écrivez
« qu'il refuse de parler. » Alors je m'éloignai.

28. — L'Empereur est mieux. Il a parlé de Bernadotte et de Murat.
« La bravoure de Murat était si grande, que les Cosaques lui en témoi-
« gnaient leur admiration par des cris. Ils étaient saisis de respect en
« voyant cet officier du premier rang, d'une noble figure, se battre
« comme un simple cavalier. »

L'Empereur a fait l'éloge de l'intrépide Labédoyère. Il a eu des paroles remarquables et touchantes pour Drouot. « C'est le plus vertueux,
« le plus modeste des hommes. Ses talents sont très-grands. C'est un
« homme qui vivrait aussi satisfait avec quarante sous par jour, qu'a-
« vec les revenus d'un souverain. Plein de charité et de religion, sa
« probité, sa simplicité lui eussent fait honneur dans les plus beaux
« jours de la république romaine. »

5 février. — La nouvelle de la mort de la princesse Charlotte vient d'être apportée ici par le vaisseau *le Cambridge*. J'en ai informé l'Empereur, qui en a été affligé; il a parlé contre les accoucheurs.

Après la naissance du jeune prince Napoléon, l'Empereur ordonna l'érection d'un palais qui devait lui être bâti en face du pont d'Iéna. Il devait être appelé le *palais du roi de Rome*. Le gouvernement acheta les maisons situées sur ce lieu, excepté une seule estimée environ 1,000 francs, et qui appartenait à un pauvre tonnelier. Celui-ci en demanda 10,000. Napoléon ordonna qu'ils lui fussent payés. Quand on voulut conclure, cet homme se ravisa et déclara que, ses réflexions faites, il ne pouvait céder sa propriété que pour 30,000 francs. Quand on revint pour terminer, le tonnelier porta sa demande à 40,000 francs. L'architecte fut très-embarrassé; il ne savait plus que faire; il n'osait plus ennuyer Napoléon à ce sujet; cependant, comme il ne pouvait lui cacher ces nouvelles difficultés, il retourna à lui. « Ce drôle-là abuse! « Comme il n'y a pas moyen de le rendre raisonnable, payez-le. » L'architecte retourna chez le tonnelier qui osa cette fois élever le prix de sa baraque à 50,000 francs. Quand l'Empereur sut cela, il s'écria : « C'est un misérable; eh bien, je n'achèterai pas sa maison; « elle restera où elle est comme un monument de mon respect pour « les lois. »

Depuis, les fondements de l'édifice ont été rasés. La baraque du tonnelier est tombée en ruines, et son propriétaire B.... demeure maintenant à Passy, où il est très-pauvre et vit du travail de ses mains.

« Lorsqu'on sut en Europe, me dit-il, que mes intérêts me faisaient
« rompre mon premier mariage, les premiers souverains de l'Europe
« me firent faire des confidences. L'empereur d'Autriche appela dans
« son cabinet mon ambassadeur Narbonne, et lui dit qu'il serait charmé
« que je songeasse à sa famille. Je pensais alors à me rapprocher d'A-
« lexandre. On écrivit de Vienne au prince de Schwartzemberg, qui
« était ambassadeur à Paris : mais j'avais déjà reçu des dépêches de
« Russie. Alexandre offrait la main de sa sœur, la grande-duchesse
« Anne. Quelques difficultés de religion s'élevèrent à cause de la com-
« munion à laquelle appartient la princesse. Nous les aurions aplanies.
« Mais la majorité de mon conseil se prononça pour une princesse au-
« trichienne. J'autorisai alors Eugène à faire des ouvertures au prince
« de Schwartzemberg; les articles du mariage furent arrêtés, signés.
« Alexandre fut mécontent et se crut joué. Il s'est trompé. »

Voici une autre anecdote très-authentique : la reine de Wurtemberg écrivit à la reine Charlotte, sa mère, le détail de son entrevue avec Napoléon. Ce rapport était très-flatteur pour l'Empereur; en parlant de lui, elle disait, entre autres choses : « Il a un sourire si prévenant, si enchanteur!!... »

L'Empereur était presque toujours maître de laisser telle ou telle impression.

Napoléon a reparlé avec intérêt de ce qu'il eût fait s'il eût pu opérer sa descente en Angleterre. Voici quelques développements nouveaux.

« Ma pensée était de laisser l'Angleterre se constituer avec liberté en « république. Alors je ne redoutais plus les merveilles de votre esprit « national. Je n'aurais créé cette république que d'après vos vœux, « je n'aurais levé qu'une contribution très-modérée, seulement pour « couvrir mes dépenses; votre peuple eût été pour moi, parce que je « l'eusse repecté.

« Il aurait vu que, plébéien moi-même, j'étais l'homme du peuple, « tout au peuple. J'aimais à élever un homme de mérite à la première « place; je n'ai jamais recherché les titres de noblesse, mais la pro- « bité, le talent. Je ne connais pas de peuple, même les Prussiens, plus « indignement traité que le vôtre. Vous regardez ces gens comme un « ramas d'ilotes, et il y a là la meilleure veine du sang anglais, celui « qui gagne les batailles et soutient l'industrie. Vous n'aimez, vous ne « respectez que l'aristocratie. Tout Anglais des classes inférieures, « quand il ne peut pas prouver dans une presse qu'il est *gentleman*, est « enlevé, embarqué comme matelot. Vos ministres ont eu l'impudeur « de déclamer contre le système de ma conscription. Ce système ne « fait pas de distinction de rang : il humilierait votre orgueil. Comment! « un fils de gentleman pourrait être contraint de se battre pour son « pays comme un fils de marchand, de laboureur! Mais qui forme donc « votre nation? Ce ne sont point les lords, ni les gros prélats, ni les « hommes d'Église, ni les gentlemen, ni l'oligarchie. Oh! un jour « l'Angleterre verra de terribles orages.

« La conscription n'écrase pas une classe, comme votre *pressgang*; « c'est un moyen équitable, rationnel, de lever les armées : il partage « les obligations de la nation. Mes armées étaient admirablement « composées. La conscription est devenue une institution nationale. »

Sur cette objection que Londres se serait incendiée plutôt que de se soumettre à ses armes, il a dit : « Chaque Anglais fût resté chez lui. Qui « eût voulu provoquer le courroux de mes soldats sans intérêt, sans mo- « tifs? Qui donc eût brûlé sa maison, livré ses propriétés au pillage, sa « femme et ses filles au viol, et ses fils à la mort, pour conserver dans

« de grandes places lord Bathurst, l'archevêque de Cantorbéry? La
« constitution, vos vœux accomplis, qui eût résisté à cela? qui eût voulu
« jouer et perdre l'immense fortune de vos îles?

« Pitt jugeait les choses comme moi. Il disait sans cesse aux cabinets
« que je pouvais descendre en Angleterre, que Londres conquise, j'étais
« le maître du continent. Avec cette crainte, il réarmait leurs mains : je
« les battais de nouveau et je m'élevais encore. Je tiens ce que je dis là
« du roi de Prusse. »

J'ai présenté dans cette entretien quelques réflexions sur la nature du gouvernement qu'il avait établi en France. « Cette nation avait be-
« soin d'un gouvernement fort. Tant que je suis resté à la tête des
« affaires, la France a été dans l'état où était Rome quand il fallait un
« dictateur pour sauver la république. Les nations de l'Europe, séduites
« par votre or et vos haines, ont renouvelé sans cesse les coalitions
« contre mon pouvoir. Il était donc urgent que le chef de l'État toujours
« menacé, attaqué, recueillît la force et toutes les ressources du pays
« pour résister ou vaincre. Je n'ai jamais fait de conquêtes qu'en me
« défendant. L'Europe n'a jamais cessé de combattre la France à cause
« de ses principes. J'étais forcé d'abattre sous peine d'être abattu. Je
« me suis trouvé, durant plusieurs années, placé entre les partis qui
« tourmentaient ma patrie, comme un cavalier monté sur un cheval
« fougueux qui cherche toujours à se cabrer et à se jeter d'un côté ou
« de l'autre, et que pour faire marcher droit, il est obligé de tenir fer-
« mement en bride. Il faut absolument qu'un gouvernement qui cède à
« des révolutions, qui est assailli sans cesse par les ennemis du dehors
« et agité intérieurement par des intrigues, soit un peu dur. A la paix,
« j'aurais déposé cette dictature, mon règne constitutionnel aurait com-
« mencé. Malgré des restrictions, par le résultat, mon système était
« encore le plus libéral de l'Europe.

« J'ai constamment servi la diffusion de l'instruction parmi les clas-
« ses pauvres; plus haut, j'en élargissais le cercle. Des établissements
« publics excellents offraient gratuitement l'instruction au peuple : les
« frais de l'instruction classique furent abaissés; alors le cultivateur,
« l'ouvrier purent faire bien élever leurs enfants. Les musées furent
« ouverts à tout le monde. Le peuple français serait devenu le plus
« instruit, le plus cultivé, le plus moral de l'Europe. »

J'ai fait part à Napoléon des traitements indignes dont le gouverneur me rendait victime à Plantation-House. « Cet officier général est le
« dernier des bandits. Où voit-on ce qu'il fait? Un officier supérieur se

« complaire à outrager sans raison son inférieur et s'abriter dans les
« prérogatives du grade! Son intention était d'exciter de notre part l'é-
« clat d'une juste indignation, pour pouvoir ensuite, la loi, la lettre de
« la loi à la main, vous écraser, vous faire fusiller. Il est comme un
« homme dévoré par une lèpre invétérée; il faut qu'il se frotte violem-
« ment à tout. Soyez prudent, car votre situation est périlleuse; je ne
« vois d'autre parti à suivre que le silence absolu. Allez, quand il vous
« demande, écouter ce qu'il a à vous dire; répondez si ses questions
« n'ont pas uniquement votre profession pour objet : je ne sais pas; ce
« n'est pas là mon affaire. »

2. — Nouvelles interrogations du gouverneur. Même silence.

23. — Le pauvre Cipriani est atteint d'une inflammation d'entrailles: les caractères en sont effrayants.

Les remèdes ordinaires lui ont été appliqués, mais sans résultat.

Cipriani juge très-bien que sa vie est en péril; malgré cela il est calme. Napoléon, qui aime en lui un bon serviteur et un compatriote, est fort affecté de sa maladie.

25. — Cipriani n'éprouve pas de mieux; on lui a donné des aliments, mais son estomac épuisé les a gardés. Je vais souvent voir l'Empereur pour lui rendre compte de l'état de son fidèle serviteur : il m'a envoyé chercher à minuit; je lui ai appris que le malade était comme anéanti. « Mais si j'allais voir mon pauvre Cipriani, peut être que je stimulerais
« en lui la nature endormie, cela lui donnerait des forces pour lutter
« contre le mal et peut-être même pour le vaincre. » Je l'ai dissuadé; cette émotion le tuerait. Mes raisons ont convaincu Napoléon.

A dix heures du matin, les symptômes se sont montrés mortels. A quatre heures, le bon Cipriani avait expiré; l'Empereur le regrette vivement. Cipriani possédait de l'esprit naturel, quelques talents, mais son éducation était nulle. Il était fin, adroit, sous des formes simples et franches, nous avons tous connu ses excellentes qualités. Il était généreux, humain, ami dévoué et ennemi animé. Républicain par principes, il montra beaucoup d'attachement à l'Empereur depuis sa chute. La confiance de Napoléon en lui était sans bornes. L'Empereur pensait que s'il avait eu quelque instruction, il aurait joué un rôle dans la révolution.

Cipriani a été enterré aujourd'hui. Les généraux Bertrand, Montholon, Gourgaud, ont accompagné ses restes jusqu'à leur dernière demeure. La maison tout entière et les principaux habitants de l'île, les officiers du 66e régiment, suivaient aussi le convoi. Si on avait pu l'enterrer dans les limites, l'Empereur serait sorti pour lui rendre les derniers devoirs.

6 mars. — La maladie de l'Empereur fait des progrès. Je l'ai trouvé lisant Corneille ; il l'exalte beaucoup, et m'a dit que la France devait aux sentiments qu'il avait si supérieurement retracés de grandes actions. « Si Corneille eût vécu de mon temps, je l'aurais fait prince. »

28. — Sir Hudson Lowe a envoyé à Napoléon vingt-sept volumes, avec quelques numéros des *Lettres Normandes*. Il y avait quelques plats pamphlets bourboniens dirigés contre lui. L'Empereur les a reçus et n'a fait que cette seule réflexion : « Cet envoi est une bassesse dont je « ne croyais pas lord Bathurst capable. »

4 avril. — J'ai su enfin pourquoi le gouverneur m'obligeait à venir deux fois par semaine chez lui. Voici ce fait : sur son ordre, on écrit des bulletins qui ont pour base mes déclarations orales. Ces bulletins sont envoyés aux commissaires des puissances alliées, qui les adressent à leurs cours. Les informations prises par le comte de Montholon établissent que la personne qui les rédige n'a jamais eu aucun rapport avec l'Empereur.

10. — A Londres, le gouverneur n'a pu réussir à me faire rappeler

de Sainte-Hélène. Furieux de cet échec, il a imaginé un expédient qui lui a réussi ; il s'y est arrêté d'après la connaissance de mon caractère : il m'a fait savoir que défense m'était faite de sortir de Longwood : c'étaient des arrêts illimités, sans motifs. J'ai couru aux Briars pour soumettre l'affaire à l'amiral Plampuin, qui ne m'a point reçu et m'a fait dire qu'il ne voulait pas me voir. Alors j'ai envoyé ma démission au gouverneur ; je l'ai adressée également au général Bertrand en la motivant.

14. — L'Empereur a demandé à me voir. « Eh bien ! me dit-il, vous « allez nous quitter ? L'Europe ne comprendra pas ces affreuses persé- « cutions contre mon médecin. Soumettez-vous, vous ne pouvez résister « utilement. Je vous remercie de vos soins et des preuves de votre at- « tachement ! Quittez vite ce séjour de ténèbres et de fureurs ; je vais « mourir sur ce grabat, détruit lentement par la maladie, sans secours ; « ma mort sera la honte éternelle du nom anglais. Adieu ! adieu ! « O'Méara [1] ! »

Le gouverneur ne réussira point à faire recevoir à Longwood un autre médecin.

Les commissaires étrangers lui ont fait des représentations très-énergiques. « Si Napoléon meurt dans les mains d'un officier de santé nommé « d'office, que dira-t-on en Angleterre, en France, en Europe ? »

J'ai appris qu'il y avait eu à Plantation-House des discussions très-violentes. Le gouverneur, dans un débat très-vif avec M. Sturmer, est tombé dans un accès de frénésie. Le baron a mené Son Excellence devant une glace et lui a dit froidement de regarder ses traits. Il a ajouté qu'il ne pourrait donner à sa cour un récit vrai de ce qui a lieu à Sainte-Hélène, qu'en lui envoyant l'esquisse de ce qu'il avait sous les yeux.

Le gouverneur m'a fait mettre aux arrêts : j'y suis resté vingt-sept jours. Dans l'ordre de ma mise en liberté, le gouverneur a été obligé de reconnaître ma qualité de médecin de Napoléon.

L'Empereur est toujours malade ; son état empire. Les habitants de Sainte-Hélène sont indignés.

16.—Une proclamation de sir Hudson interdit de nouveau aux habitants, aux officiers de tout grade de correspondre avec les Français. J'ai eu un nouvel entretien avec l'Empereur. Il a réfuté des assertions fausses de M. Ellis, insérées dans le récit d'une conversation qu'il a eue avec l'Em-

[1] Napoléon me parlait fréquemment en italien ; mais quand la conversation s'élevait, il s'exprimait en français.

pereur, et publiée à Londres. M. Ellis a été nommé après cette publication à une place lucrative au cap de Bonne-Espérance, place qu'il doit à lord Bathurst.

L'Empereur souffre beaucoup d'une grave affection catarrhale, produite par l'extrême humidité de la chambre qu'il occupe. J'ai fait à sir Hudson un rapport sur l'état déplorable de sa santé.

15 juillet. — Plusieurs caisses de vin adressées à l'Empereur par la princesse Borghèse et lady Holland sont arrivées ici, depuis un mois ; mais Hudson n'en a fait remettre qu'une portion à Longwood. Il a fait déposer le reste dans les magasins du gouvernement. Quelle indignité ! Napoléon a exprimé dans cette occasion comme dans plusieurs autres les sentiments du plus tendre intérêt pour sa sœur Pauline. Il est convaincu qu'aucun sacrifice ne lui coûterait pour lui prouver son dévouement, et qu'elle cherchera à obtenir la permission de venir à Sainte-Hélène [1].

Il me parla encore du caractère élevé et des talents de la reine Hortense, et de la princesse Élisa, il me dit aussi combien il était reconnaissant des touchantes attentions de lady Holland. Il ajouta : « Les « membres de la famille de l'immortel Fox abondent en sentiments « libéraux et généreux. »

Je désirais me procurer une copie des observations sur le discours de lord Bathurst dont plusieurs exemplaires, m'avait-on dit, avaient été apportés à Sainte-Hélène. Je priai le capitaine Bruun de m'aider dans mes recherches. Ma demande le surprit d'autant plus que sir Hudson Lowe et Thomas Reade avaient pris cinq copies de cette brochure, annonçant qu'ils les destinaient à Longwood. Ils s'étaient également emparés de tous les ouvrages apportés par le vaisseau *le Mangle*.

A mon retour d'une visite que j'avais faite à l'Empereur, le capitaine Blachkeney me remit la lettre suivante :

Plantation-Housse, 25 juillet 1818.

« Monsieur,

« Le lieutenant général sir Hudson Lowe m'a chargé de vous infor- « mer que, d'après une instruction reçue du comte Bathurst, en date « du 14 mai 1818, il lui est ordonné de vous retirer l'emploi que vous « occupez auprès du général Bonaparte, etc., etc.

« Le contre-amiral Plampuin a reçu des instructions des lords com-

---

[1] La princesse demanda en vain la faveur de partager l'exile de son frère.

« missaires de l'amirauté, quant à votre destination, lorsque vous par-
« tirez de cette île.

« Vous voudrez bien, en conséquence, immédiatement après la ré-
« ception de cette lettre, quitter Longwood, sans avoir aucune commu-
« nication avec les personnes qui y restent.

« J'ai l'honneur, etc.

« ÉDOUARD WYNYARD,
« *Lieutenant colonel, secrétaire.* »

L'honneur anglais, l'humanité, les devoirs de ma profession, l'état déplorable de l'Empereur, tout m'imposait l'obligation de résister à cet ordre barbare, et ce fut en effet le parti auquel je m'arrêtai, sans calculer les suites de mon refus.

J'avais à prescrire un régime à Napoléon, je devais lui préparer des médicaments, certain que j'étais qu'en mon absence il ne recevrait auprès de lui aucun médecin recommandé par sir Hudson. Je me rendis aussitôt près de lui, et quand je lui eus mis sous les yeux l'ordre qui m'avait été donné : « J'ai vécu trop longtemps pour lui, me dit-il. Votre
« ministère est bien hardi ! Quand le pape était en France, je me serais
« coupé le bras plutôt que de signer un ordre pour éloigner de lui son
« médecin. »

Après quelques instants d'entretien, quand j'eus donné à l'Empereur tous les avis que je croyais nécessaires à sa santé, pour le moment présent, il me dit : « Quand vous arriverez en Europe, vous irez vous-
« même trouver mon frère Joseph, et vous lui ferez savoir que je désire
« qu'il vous remette le paquet contenant les lettres privées et confiden-
« tielles [1] des empereurs et des autres souverains de l'Europe qui m'ont
« écrit, et que je lui ai confiées à Rochefort. Vous les publierez.... Je
« vous prie de prendre ce soin : et si vous entendez des calomnies sur
« ce qui a eu lieu pendant le temps que vous avez été avec moi, répon-
« dez : « J'ai vu de mes propres yeux, et cela n'est pas vrai. »

---

[1] A mon retour en Europe, j'ai fait beaucoup de démarches pour obtenir les lettres dont il est question. Malheureusement, mes efforts ne furent couronnés d'aucun succès. Avant que le comte de Survilliers eût quitté Rochefort pour se rendre en Amérique, craignant d'être arrêté par les puissances alliées, il crut prudent de confier ce précieux dépôt à une personne sur l'intégrité de laquelle il croyait pouvoir compter ; mais il fut trahi, à ce qu'il paraît, puisqu'il y a quelques mois, une autre personne apporta ces lettres à Londres pour les vendre, et en demanda 50,000 livres.

Quelques ministres de Sa Majesté et les ambassadeurs étrangers en furent informés. J'ai appris depuis que celui de Russie avait payé 10,000 livres sterling celles appartenant à son maître. Entre autres passages curieux qui me furent rapportés par ceux à qui l'on a communiqué leur contenu, en voici un qui mérite d'être rapporté ; il est relatif au Hanovre : il porte en substance « que le roi de Prusse déclarait qu'il avait toujours un intérêt paternel pour ce pays ; » et il paraissait que les souverains en général avaient fait à Napoléon des demandes pour obtenir des agrandissements de territoire.

Il dicta alors au comte Bertrand la lettre dont nous avons ailleurs donné l'extrait. Il la signa, ajouta un post-scriptum de sa main, m'assurant que ce peu de mots en disait plus pour moi à l'impératrice que des pages entières. Il me fit don d'une superbe tabatière et d'une statue qui le représentait. Il me pria de faire, à mon arrivée en Europe, des recherches sur les membres de sa famille, et d'insister de sa part auprès d'eux pour qu'ils ne vinssent point à Sainte-Hélène être témoins de la misère et des humiliations qu'il supportait. « Assurez-les, ajouta-
« t-il, des sentiments d'affection que je conserve pour eux. Assurez
« aussi de mon vif attachement ma bonne Louise, mon excellente mère
« et Pauline. Si vous voyez mon fils, embrassez-le pour moi; qu'il
« n'oublie jamais qu'il est né Français! Exprimez à lady Holland le
« souvenir de gratitude que je conserve de sa bonté; dites-lui l'estime
« que j'ai pour elle. » A ces mots il me serra la main, m'embrassa,
et me dit : « Adieu, O'Méara, nous ne nous reverrons plus. Soyez
« heureux ! »

FIN DE NAPOLÉON DANS L'EXIL PAR O'MÉARA.

Arrivée du portrait du roi de Rome. — Kléber. — Fouché.

E reçus à Rome le rapport du docteur O'Méara sur la maladie dont l'Empereur était atteint. Il était conçu ainsi :

« Les derniers jours de septembre ont développé des symptômes qui indiquent du désordre dans les fonctions hépatiques. Napoléon avait souvent été attaqué avant cette époque de catarrhe, de maux de tête, de rhumatismes ; mais ces accidents se sont aggravés ; les jambes, les pieds sont enflés.

« Les gencives ont pris une apparence spongieuse, scorbutique; il s'est manifesté des signes d'indigestion.

« 1ᵉʳ octobre 1817. — Douleur aiguë, chaleur, sensation de pesanteur dans la région hypocondriaque droite. Ces accidents ont été accompagnés de dyspepsie.

« Depuis cette époque la maladie n'a pas cessé ; elle a fait des progrès lents, mais continuels. La douleur, d'abord légère, s'est accrue au point de faire craindre une *hépatite aiguë*. Cette exacerbation du mal est l'effet d'un fort catarrhe.

« Trois dents molaires étaient attaquées : je jugeai d'après cette circonstance qu'elles devaient en partie être cause des inflammations des muscles et des membranes de la mâchoire; je pensai en outre qu'elles avaient produit le catharre; je les arrachai à des intervalles convenables. Les attaques ont été depuis moins fréquentes.

« Je conseillai, pour détruire l'apparence scorbutique qu'avaient prise les gencives, l'usage des légumes, des acides. Je réussis. Elle disparut, et fut dissipée par le même moyen.

« Les purgatifs, les frictions remirent les jambes en bon état. Elles furent cependant de nouveau affectées au bout de quelque temps, mais beaucoup moins fort. Les purgatifs, les bains chauds, les sueurs abondantes ont souvent atténué la douleur de la région hypocondriaque, mais ne l'ont jamais dissipée complétement. Elle s'est beaucoup accrue dans le courant d'avril et de mai. Elle est devenue irrégulière, a produit la constipation, puis la diarrhée, puis des évacuations abondantes de matières bilieuses, muqueuses. En même temps les coliques, les flatulences se faisaient sentir, l'appétit avait disparu, sensation de pesanteur, inquiétude, oppression au scrobicule du cœur. Visage pâle, jaune de la tunica sclerotica. Urines âcres et fortement colorées, accablement d'esprit et mal de tête. Le malade ne pouvait se tenir sur le côté gauche. Il éprouvait des sensations de chaleur dans l'hypocondre droit; nausées, de temps à autre vomissement de bile âcre et visqueuse qui s'est accrue avec la douleur. Absence presque totale de sommeil, incommodité, faiblesse.

« L'affection des jambes s'est reproduite, mais avec moins de force qu'elle en avait d'abord. Mal de tête, inquiétude, anxiété, oppression dans la région épigastrique et précordiale; paroxysme de fièvre à l'entrée de la nuit. Peau brûlante, soif, maux de cœur, pouls rapide. Calme, sueur vers le point du jour. C'est un effet assez constant chez le malade. Les sueurs abondantes lui ôtent la fièvre. Il existe à la région hypocondriaque droite une tuméfaction qui est sensible à la pression extérieure. Langue presque constamment blanche. Le pouls, qui avant la maladie donnait 54 à 60 pulsations par minute, va jusqu'à 88. Douleur au-dessus de l'acromion. Administré pour exciter le foie et le ventre, rétablir la sécrétion de la bile, deux purgatifs. Soulagement, mais peu durable. Dans les derniers jours de mai et les premiers jours de juin, les effets en étaient faibles et momentanés. Proposé le mercure, mais le malade a montré la répugnance la plus vive; il a repoussé l'usage de ce médicament sous quelque forme qu'il fût déguisé. Conseillé de monter à cheval, de faire chaque jour avec une brosse des frictions sur la région hypocondriaque, de porter de la flanelle, de prendre des bains chauds, des remèdes, quelques divertissements, de suivre un régime, de ne pas s'exposer aux mauvais temps, aux variations de l'atmosphère. Il a négligé les deux choses les plus importantes, l'exercice et la distraction. Enfin le 11 juin, nous avons triomphé de sa répugnance. J'ai obtenu qu'il ferait usage du mercure. Il a en effet pris des pilules mercurielles, n⁰ ij, gra. vj. Il a continué ce traitement jusqu'au 16. Je lui en donnai soir et matin, et de temps à autre quelques purgatifs pour dissiper la constipation. Au bout de six jours je changeai la prescription, et substituai au mercure le calomelas (*submurias hydrargyri*), mais il produisit des maux de cœur, des vomissements, des coliques, une inquiétude générale; je cessai de l'employer. Je l'administrai de nouveau le 19; il causa les mêmes désordres. Je revins à la première préparation mercurielle, que j'employai trois fois par jour. J'interrompis le traitement le 27. Les appartements sont extrêmement humides. Napoléon avait contracté un violent catarrhe. Il avait une grosse fièvre, une irritation des plus vives. Ce médicament fut repris le 2 juillet, je le continuai jusqu'au 9, mais n'en obtins aucun heureux effet. Les glandes salivaires étaient toujours dans le même état. L'insomnie, l'irritation croissaient; les vertiges devenaient fréquents. Deux ans d'inaction, un climat meurtrier, des appartements mal aérés, bas; un traitement inouï, l'isolement, l'abandon, tout ce qui froisse l'âme agissait de concert. Est-il surprenant que le désordre se soit mis dans les fonctions hépatiques? Si quelque chose étonne, c'est que les progrès du mal n'aient pas été plus rapides. Cet effet n'est dû qu'à la force d'âme du malade et à la bonté d'une constitution qui n'avait point été affaiblie par la débauche.

« *Signé* Barry E. O'Méara,
« *Chirurgien*, etc. »

Longwood, 9 juillet 1818.

C'est ce document qui décida mon départ pour Sainte-Hélène. Je franchirai ici beaucoup de détails qui précèdent et accompagnent les préparatifs de ce voyage, et commencerai mon récit au moment où nous tenons la mer pour cette direction. Nous nous étions embarqués à Deptford, suivant les instructions ministérielles (9 juillet), sur un mauvais brick de commerce chargé de farine. Lorsque nous nous trouvâmes par le travers du cap Palme, nous serrâmes la côte; nous vîmes aussitôt des canots se détacher, accourir à nous. Les esquifs étaient légers, étroits et bas, manœuvrés par des hommes accroupis : ils glissaient sur la surface de la mer. Nous mîmes en panne, et ils furent bientôt sur nous : ils nous apportaient des provisions. « Où allez-vous ? » nous

demanda l'un d'eux. « A Sainte-Hélène. » Ce mot le frappa. Il resta stupéfait. « A Sainte-Hélène, répéta-t-il d'un ton pénétré. Est-il vrai « qu'il y soit ? — Qui ? » demanda le capitaine. L'Africain, en lui jetant un regard dédaigneux, vint à nous et nous répéta la question. Nous répondîmes qu'il y était. Il nous regarda silencieusement, secoua la tête, en laissant échapper le mot : « Impossible ! » Nous nous regardions les uns et les autres. Nous ne savions quel était ce sauvage qui parlait anglais, français, et qui avait une si haute idée de l'Empereur. « Vous le

« connaissez? — Depuis longtemps. — Vous l'avez vu? — Dans toute
« sa gloire. — Souvent? — Dans la *Bien-Gardée*[1], au désert, sur
« le champ de bataille. — Vous ne croyez pas à ses malheurs? — Son
« bras est fort, sa langue douce comme du miel, rien ne peut lui résis-
« ter. — Il a longtemps balancé les efforts de l'Europe entière. — L'Eu-
« rope ni le monde ne peuvent accabler un tel homme. Les Mameluks,
« les pachas s'éclipsaient devant lui; c'est le dieu des batailles. — Où
« l'avez-vous donc connu? — Je vous le dis, en Égypte. — Vous avez
« servi? — Dans la 21e; j'étais à Bar-am-bar, à Samanhout, à Cosseïr,
« à Cophtos, partout où s'est trouvée cette vaillante demi-brigade. Qu'est
« devenu le général Belliard? — Il vit, il a illustré son nom par vingt
« faits d'armes. Vous le connaissez? — Il commandait la 21e; il cou-
« rait le désert comme un Arabe, aucun obstacle ne l'arrêtait. — Vous
« vous rappelez le général Desaix? — Aucun de ceux qui ont fait l'expé-
« dition de la haute Égypte ne l'oubliera. Il était brave, ardent, généreux;
« il cherchait les ruines comme les batailles; je l'ai servi longtemps. —
« Comme soldat? — Je ne le fus pas d'abord; j'étais esclave, j'appar-
« tenais à un des fils du roi de Darfour. Je fus conduit en Égypte, mal-
« traité, vendu. Je tombai dans les mains d'un aide de camp du *Juste*[2].
« On m'habilla à l'européenne, on me chargea de quelques soins do-
« mestiques, je m'en acquittais bien; le sultan fut content de mon
« zèle, m'attacha à sa personne. Soldat, grenadier, j'eusse épuisé mon
« sang pour lui. Mais Bonaparte ne peut être à Sainte-Hélène! — Ses
« malheurs ne sont que trop certains. La lassitude, les complots...
« — Expiraient à sa vue. Un mot nous payait nos fatigues. Nos vœux
« étaient satisfaits, nous ne craignions rien dès que nous l'apercevions.
« — Avez-vous combattu sous lui? — J'avais été blessé à Cophtos, je
« fus évacué sur la basse Égypte; j'étais au Caire quand Moustapha
« parut. L'armée s'ébranla, je suivis le mouvement, je me trouvai
« à Aboukir. Quelle précision! quel coup d'œil! quelles charges! Il
« est impossible que Bonaparte ait été vaincu, qu'il soit à Sainte-
« Hélène. »

Nous n'insistâmes pas. Notre incrédule était obstiné, son illusion lui
était chère, nous n'eûmes garde de la dissiper. Nous lui donnâmes
du tabac, de la poudre, quelques vêtements, toutes les bagatelles qui
avaient du prix dans sa tribu. Il s'en retourna satisfait, parlant tou-

---

[1] Le Caire.
[2] Nom que les Égyptiens donnaient au général Desaix.

jours de la 21e, de ses chefs, de ses généraux, de l'impossibilité qu'un homme aussi grand que Napoléon fût à Sainte-Hélène.

Nous avions du ris, il ventait frais. Nous craignions d'être surpris par les calmes ; nous mîmes toutes voiles dehors, nous doublâmes le golfe de Guinée, nous passâmes la ligne ; nous fîmes toutes les ablutions, toutes les cérémonies accoutumées. Mais la mer ne tarda pas à devenir mauvaise, nos cordages étaient à bout, le bâtiment faisait eau de toutes parts. Nous ne marchions plus. La chaleur était suffocante ; nous étions pêle-mêle avec les porcs et les canards, nous gisions au milieu des immondices : des maladies se manifestèrent, l'abbé Buonavita fut à toute extrémité. D'un autre côté, notre friand capitaine se gorgeait du mets que savouraient les Romains. La traversée se prolongeait plus qu'il n'avait cru, les approvisionnements de basse-cour touchaient à leur terme ; il imagina de tirer parti des truies que la faim allait moissonner. Il les distribuait à son équipage, et se réservait les petits encore mal formés qu'elles n'avaient pas mis bas. Il trouvait cette dégoûtante préparation délicieuse ; il la vantait, il l'exaltait, il voulait associer à ses jouissances chacun de nous. Les coliques le tourmentaient ; il avait besoin de moi, je fus le premier qu'il honora de son invitation : « C'est quelque chose d'exquis, venez, nous les « ferons frire, nous les mettrons en petits pâtés. Tout mon équipage.... » Je ne le laissai pas achever : un mouvement involontaire lui expliqua ma pensée. Il s'éloigna en me lançant à demi-voix le poli *french dog*.

Nous étions au 10 septembre. La pompe, la chaleur, les indigestions ne laissaient pas respirer les matelots ; ils étaient exténués. Le capitaine lui-même ne pouvait se soutenir. Il était moins insolent, moins sordide ; il ne parlait plus des iniquités que les Barbaresques avaient essuyées à son bord ; il n'aspirait qu'à toucher au rivage. Il crut tout à coup l'apercevoir ; nous étions dans les eaux de Sainte-Hélène ; il avait fait des observations, il en était certain. Il se trouva malheureusement moins bon astronome que munitionnaire ; la station disparut pendant la nuit, au jour il n'en fut plus question. Ce ne fut que dans la matinée du 18 que nous en eûmes connaissance. Sous quel aspect sinistre elle se dessinait au loin ! Quel rocher sourcilleux ! Quelle masse ! quel séjour ! Mais c'était là qu'était l'Empereur ; c'était là que l'infamie anglaise s'acharnait sur sa proie ; c'était là que les rois vengeaient sur ce grand homme les erreurs de sa générosité. Nous allions fouler les mêmes lieux, respirer le même air. Pouvions-nous nous plaindre de partager le sort du maître du monde ? Nous n'aspirions qu'à débarquer.

Hudson Lowe était moins impatient. Il fallait qu'il nous tendît un piége ; il avait besoin de quelques heures pour le méditer. Il nous fit prévenir que nous ne pouvions entrer immédiatement dans le port, mais que nous y serions admis le lendemain au point du jour. Je fis demander en quel état se trouvait Napoléon. « Bien, très-bien, répondirent ses « envoyés; il jouit d'une santé vigoureuse, il se porte mieux que nous. » Ils se retiraient, lorsque nous vîmes arriver des façons de canots qui vinrent voltiger autour du bâtiment. Je n'étais pas dupe de la manœuvre, mais je fus curieux de savoir au juste à quoi m'en tenir. « Que cher- « chent-ils? dis-je au capitaine. — Ce sont des pêcheurs. — Sans doute « ils ont du poisson? Demandez qu'ils nous en vendent. » Il le fit, mais ils n'avaient pas encore jeté leurs filets. Ils s'éloignèrent; ma fantaisie les avait déconcertés, on ne s'avise jamais de tout : des gens de cette li- vrée n'étaient d'ailleurs pas faits pour déjouer les trames que nous pou- vions avoir ourdies. La gloire d'intercepter une lettre, un chiffon, d'as- surer en un mot le repos du monde n'appartenait qu'à Son Excellence, à Reade ou à Gorrequer.

Nous n'avions rien confié aux pêcheurs de sir Hudson, nous devions avoir tout le plan de la conspiration sur nous : aussi redoubla-t-on de vigilance. Nous n'étions pas entrés dans le port, que déjà nous étions examinés, visités, surveillés, hors d'état de soustraire le moindre mou- vement aux aspirants qu'on avait mis de garde à bord. Toutes ces pré- cautions n'empêchèrent pas les écrits d'aller, non par nous, mais par notre brave capitaine qui pourtant n'en pouvait mais. Un mauvais plai- sant lui avait confié à Deptford dix-sept exemplaires cachetés d'un li- vre de dévotion, adressés à divers habitants de Sainte-Hélène. Je jugeais bien au format que la production n'était pas biblique, je croyais même reconnaître ce qu'elle était. Mais le corsaire s'était fait payer le fret, ce n'était pas à moi à lui conseiller de retenir la marchandise. Il les re- tira un à un de sa caisse, et les expédia par le canal de l'aspirant. Tant mieux ! on allait devenir plus anglican à Sainte-Hélène. Pendant que nos marins se disposaient à répandre la parole de Dieu dans l'île, Son Excellence prenait lecture de la missive de lord Bathurst, et nous dépê- chait un de ses officiers. Hudson nous autorisait à descendre ; il voulait nous voir. Nous nous rendîmes au château; nous fûmes accueillis, re- çus avec une grâce, une politesse dont nous ne revenions pas. Sir Hudson nous présenta à l'adjudant général, au major, à tout ce qu'il y avait d'hommes qui eussent sa confiance dans la place. Il était affa- ble, affectueux, il s'intéressait aux moindres détails de la traversée. Il nous parla d'Ajaccio, nous dit qu'il y avait séjourné, qu'il aimait les Corses, qu'ils étaient généreux, braves, qu'il était sûr que nous vivrions en bonne intelligence. Par amour pour la concorde il eût pendu le corsaire si nous eussions dit un mot : mais nous ne craignions plus que ce forban nous proposât des petits pâtés. Il allait avoir affaire à Son Excellence, c'était bien assez.

Le docteur Verling arrivait de Longwood. Sir Hudson me le présenta. Je crus qu'il avait remplacé Stokoe, je lui demandai des nouvelles de la santé de Napoléon. Napoléon ! Il cherchait dans les yeux du gouverneur ce qu'il devait répondre : mais celui-ci le tira d'affaire et me dit que le docteur ne voyait pas le général Bonaparte, qu'il ne donnait ses soins qu'au général Montholon. On servit, sir Hudson nous retint. Reade, Gorrequer disputaient avec lui de prévenances et d'égards : c'était toujours la Corse ; les hommes y naissaient avec plus de courage, plus de sagacité qu'ailleurs. Ils jugeaient mieux des circonstances et des choses, ils se pliaient plus franchement à la nécessité. D'ailleurs y avait-il dans Sainte-Hélène de quoi s'y tant déplaire? le climat était bon, l'air salubre, la température supportable : elle ne variait que de huit à dix degrés de James-Town à Longwood, et les excursions du thermomètre n'allaient pas au delà de soixante-cinq à quatre-vingt-dix degrés.

Sir Hudson nous disait tout cela d'un air si simple, qu'il fallait être sous ses verrous pour l'écouter. Je feignis de ne pas l'entendre. Il se rejeta sur le général Bonaparte, blâma sa fierté, sa rudesse.

Le dîner fini, Gorrequer nous prévint, s'excusa, mais il était l'ennemi des correspondances ; il leur faisait une guerre impitoyable. Nous lui ouvrîmes aussitôt nos poches, nos portefeuilles ; le Cerbère s'adoucit, nous passâmes. Gorrequer avait fini, c'était le tour de Reade. Celui-ci fut moins facile : il visita, déplia nos effets, les examina pièce à pièce. La guerre aux chiffons finie, nous montâmes en voiture, nous nous engageâmes dans une route effrayante : ce n'était que factionnaires, que précipices ; nous marchions au milieu des précautions de la guerre et des convulsions de la nature : jamais spectacle aussi sombre ne s'était offert à nos yeux. Nous arrivâmes enfin à Longwood. Nous nous présentâmes chez le général Bertrand, qui se trouvait auprès de l'Empereur. Ce prince venait de recevoir les journaux de Londres, il parcourait les colonnes du *Morning-Chronicle* qui me concernaient. Il y trouvait force éloges pour l'anatomiste, mais pas un mot pour le médecin. Il en conclut que j'étais étranger à l'art, une façon de Cuvier, auquel il donnerait à disséquer son cheval, mais auquel il ne confierait pas son pied. Il était dans cette disposition d'esprit lorsqu'on lui annonça notre arrivée. « Allez, dit-il au grand maréchal, voyez quels « hommes on m'envoie; voyez surtout le physiologiste. » Bertrand vint avec un air peiné. Il invita Buonavita à le suivre et nous pria d'attendre.

Je ne savais qu'augurer d'une réception si singulière; j'étais stupéfait, Vignali n'était pas mieux lorsque le général reparut. Je passai avec lui dans la pièce voisine. Il me fit asseoir, me demanda depuis combien de temps j'étais parti de Rome, si je connaissais la famille de l'Empereur, comment étaient madame Mère, le cardinal, Lucien, Pauline, etc.; comment j'avais été choisi pour venir, en quelle qualité j'arrivais, où j'avais pratiqué, si j'avais une lettre, quelque chose à dire à Napoléon de la part des siens, quel motif m'avait déterminé à quitter l'Italie pour cet écueil, qui j'avais vu pendant le trajet de Rome à Londres, qui j'avais fréquenté dans cette capitale, et ce qu'on m'avait dit? Je satisfis à toutes ces questions, et j'eus l'honneur d'être présenté à madame la comtesse, qui s'entretenait avec le docteur Verling et l'abbé Buonavita. Elle m'accueillit avec bonté et me demanda quelques détails sur les pays que nous avions parcourus. Vignali eut son tour. Il fut comme nous interrogé, présenté et accueilli. On nous servit à souper, on nous donna des appartements; je me déshabillais lorsque je vis une seconde fois le comte Bertrand paraître. Il me pria de passer chez le général Montholon, il avait quelque chose à me dire. J'allai, je ne comprenais rien à cet entretien inouï. Je ne tardai pas néanmoins à me remettre. Je répondis qu'un noble orgueil m'avait seul conduit à Sainte-Hélène, que j'avais eu l'ambition d'être utile au plus grand homme du siècle; qu'aucun sacrifice ne m'avait coûté dès qu'il avait été question de l'Empereur; que j'en ferais un autre si mes services n'étaient pas agréés; que je me rembarquerais immédiatement pour l'Europe. Je me retirai. Je n'avais plus ni sommeil, ni fatigues, la conversation avait tout dissipé. Je trouvai dans l'antichambre le cuisinier Chandelier, qui, n'ayant pas encore de logement, me demanda à y passer la nuit. Je ne pouvais fermer l'œil, j'étais curieux de savoir si la réception que j'avais reçue s'était étendue jusqu'à lui. Il me répondit qu'il avait été accueilli par ses camarades, qui cependant lui avaient adressé force questions sur notre voyage, les personnes que nous avions vues, et les nouvelles que nous avions entendu raconter. Il ajouta que l'Empereur l'avait fait appeler ainsi que Coursaut; qu'il s'était informé de ce qu'on disait à Rome du choix du médecin, de celui des prêtres, de ce qu'ils en avaient vu, entendu à Londres, et des maisons qu'ils fréquentaient dans cette capitale. Il devenait évident que j'excitais des soupçons, des défiances, que j'avais été desservi. Comment cela s'était-il fait? je ne pouvais le pénétrer. Le jour vint, j'attendis avec résignation que cette affaire se dénouât. Je reçus dans la matinée une troisième visite du comte Bertrand. Il me demanda un rapport écrit et détaillé sur le lieu de ma naissance, mon âge, ma famille, les villes où j'avais fait mes études. Il me demanda où et depuis quelle époque j'avais exercé, si j'avais servi; à quelle partie de la médecine je m'étais plus spécialement appliqué. Je fis sur-le-champ ce résumé; je le lui adressai avec mes diplômes, mes papiers, et la lettre du cardinal. Buonavita, Vignali furent obligés d'en faire chacun autant.

C'était une triste réception après un si long voyage : mais le cardinal Fesch n'avait pu, au milieu des graves soins qui l'occupaient, trouver un instant pour écrire, soit à l'Empereur, soit au grand maréchal. Aucun membre de la famille n'avait réparé cette négligence, nous étions envoyés par le gouvernement anglais, recommandés par le ministère, fêtés par le gouverneur, c'en était plus qu'il ne fallait pour éveiller la défiance. Une autre circonstance contribua à donner à cette affaire l'air d'une intrigue. Le cardinal, qui n'avait pu nous munir d'une lettre de créance pour Sainte-Hélène, avait eu néanmoins assez de loisir pour concerter le moyen de faire de Vignali le médecin de Napoléon. Il avait écrit au comte Las Cases à cet égard; il l'avait prié de recommander le missionnaire à l'Empereur. Las Cases ne jugea pas convenable de travestir un prêtre en médecin, et se borna à remettre la missive de Son Éminence à l'abbé qui, tout empressé de la rendre, était loin de prévoir l'effet qu'elle produisit. Tout s'arrangea cependant. Nous étions Français, nous étions Corses; nous ne pouvions à ce double titre être les agents des Anglais; Napoléon nous admit à son service.

Je me disposai en conséquence à aller chercher les effets qui étaient restés sur le bâtiment. Je pensais aller seul, sir Hudson nous avait tant protesté que nous pourrions circuler librement dans l'île; mais l'officier d'ordonnance de Longwood avait des ordres : je fus obligé d'accepter l'offre qu'il me fit de m'accompagner. Je me rendis à bord du *Snipe*; j'étais gardé à vue, aucun de mes mouvements n'était perdu. Quelle fut ma surprise! notre capitaine était dans la même position. « Pourquoi des gardes? Quel accident? — Ce coquin de gouverneur! « — Eh bien, quoi! sir Hudson?... — M'empêche de mettre pied à terre,

« de vendre mes marchandises. — Pour quel motif? que lui avez-vous
« fait? — Mes porcs disparaissent, mon clairet coule, mes canards me
« mangent plus qu'ils ne valent, ah! — Mais enfin quel tort? — Ces
« maudits livres, ah! — Ces livres de messe? — De messe, vous le
« croyez, je l'ai cru, je les ai apportés; eh bien! ce sont des livres que
« ce maudit O'Méara a écrits contre Hudson Lowe, ah! » Je laissai mon
homme gémir à son aise, je débarquai mes effets et rentrai à Longwood. Les préventions s'étaient dissipées, les soupçons éteints, je reçus une lettre du comte Bertrand qui m'annonçait que j'étais agréé comme chirurgien ordinaire de l'Empereur.

Je fus présenté à Sa Majesté. La chambre était petite, extrêmement obscure, il était dans son lit; je ne l'aperçus pas d'abord. Je m'avançai dans une espèce de recueillement religieux. Il le vit, et m'adressant la parole de la manière la plus gracieuse : « Approchez-vous de moi,
« *Capocorsinaccio*, me dit-il en italien, langue que dès lors il employa
« constamment dans nos conversations; approchez afin que je puisse
« vous voir plus distinctement, et surtout vous mieux entendre, car sur
« ce triste rocher je suis devenu tout à fait sourd. » Je m'approchai. Il me jeta un coup d'œil qui ne parut pas m'être défavorable, et reprit
« J'ai été bien près de votre pays dans ma première jeunesse; je débar-
« quai à peu de distance de Morsiglia, au port de Macinajo. Je fus de
« là à Rogliano, où je vis une belle maison peinte à la génoise, à To-
« mino, à Porticciolo. Je me rendais à Bastia; mais, le croiriez-vous?
« j'eus toutes les peines du monde de trouver un cheval et un homme
« qui voulût m'accompagner; j'y parvins cependant. Le squelette qu'on
« me donna pouvait à peine se tenir sur ses jambes, mais il était habi-
« tué à ces routes escarpées; il me fut extrêmement utile. J'arrivai
« enfin à Bastia; j'étais content de mon guide, il le fut aussi de moi.

« Mais c'est assez parler d'un pays que je ne reverrai plus. Y a-t-il
« longtemps que vous n'êtes allé en Corse? — Deux ans, Sire. —
« Quel âge avez-vous? — Environ trente ans. — Oh! oh! vous pourriez
« être mon fils. Quel âge a votre père? — Il approche de soixante-dix
« ans. — Il est notaire : fait-il quelquefois, comme ses bons confrères,
« de faux actes, des testaments supposés? » Je ne répondais pas, il répéta la question en riant plus fort. « Mon père jouit de l'estime pu-
« blique et de la confiance de son canton. — En ce cas il n'y a rien à dire.
« Vous rappelez-vous l'époque où je conquis l'Italie pour la première
« fois? — J'en conserve un vague souvenir. — Quelle ivresse! quelles
« acclamations! ce n'était qu'un cri d'enthousiasme. La population se

« pressait sur mon passage, j'étais son dieu, son idole. Elle m'est restée
« fidèle. Sans doute vous ne vous souvenez qu'à peine, car vous étiez
« si jeune alors, de mon expédition d'Égypte, de mon arrivée, de mon
« débarquement à Ajaccio, à Fréjus, et des transports avec lesquels je
« fus accueilli ? — Je me rappelle cette apparition inattendue qui
« changea la face de l'Europe. J'écoutais avec admiration ce qu'on ra-
« contait du général Bonaparte, et des merveilles qu'il avait exécutées.
« On buvait, Sire, à vos succès, on faisait pour vous les vœux les plus
« vifs. Je conserve parfaitement le souvenir de l'impression que fit sur
« moi l'allégresse de tout un peuple qui n'espérait qu'en vous. — Quel

« âge aviez-vous lorsque vous avez quitté la Corse ? — Environ quinze
« ans. — Il y a à Livourne des Capocorsini fort riches. — Oui, Sire,
« quelques-uns sont devenus patriciens, d'autres ont été faits nobles : le
« grand-duc les a bien traités. — Vous avez fait vos études à Pise ? —
« Je les ai commencées à Livourne, d'où j'ai été les continuer à Pise et
« à Florence. Je résidais à Florence, où j'ai exercé jusqu'au mo-
« ment de mon départ. — La grande-duchesse Élisa était-elle aimée
« en Toscane ? — Aimée et crainte tout à la fois. — Faisait-elle quel-
« que chose pour se concilier ses sujets ? — Elle chérissait les arts, elle

« protégeait les sciences, elle gouvernait dans l'intérêt public. — Elle
« était adorée à Lucques ; elle y avait créé des établissements utiles et
« bons. Je la crois fort riche. Les Toscans ont été contents de revoir
« leur ancien grand-duc ; ne le croyez-vous pas ? — Il est cher au peu-
« ple, qu'il gouverne avec douceur. — A l'exception des spéculateurs de
« Livourne, à qui tout est bon, les Toscans sont un peuple excellent ;
« ils sont à la fois éclairés, industrieux, cultivateurs habiles : ils occu-
« pent la plus belle contrée de l'Italie. Quelles considérations vous ont
« engagé à vous associer à mon exil ? — Votre Majesté peut le pressentir ;
« je ne cherche ni l'or ni les faveurs ; je n'ai pas mis mes services à prix,
« je ne me suis pas inquiété des conditions. On m'a proposé d'appro-
« cher de vous, cette gloire m'a suffi ; je n'ambitionne pas d'autre bien.
« — Mais pourquoi, avant de céder à l'invitation de votre ami Colonna,
« ne pas vous être fait assurer une existence par ma famille ? — Des avan-
« tages pécuniaires ne peuvent compenser le sacrifice ; la gloire seule
« pouvait me décider. — La gloire est fort bonne ; mais si vous
« aviez été renvoyé comme peu s'en est fallu, qu'auriez-vous fait?
« dans quel embarras ne vous seriez-vous pas trouvé ? — Une sem-
« blable réception m'eût déchiré ; mon seul regret eût été d'être mé-
« connu. — Vous êtes Corse, voilà la considération qui vous a sauvé.
« Le grand-duc doit avoir été charmé de voir un de ses employés m'ap-
« porter les secours de la médecine sur cet écueil ? — Je le pense, Sire ;
« vous avez eu tant de bontés pour lui. — Je l'ai beaucoup connu.
« Marie-Louise l'aimait, et lui n'était pas indifférent aux charmes de la
« reine de Naples. Je l'ai toujours tenu pour un bon prince. Êtes-vous
« resté longtemps à Rome ? — Environ deux mois. — Vous avez eu le
« loisir de la bien connaître. Je suis vraiment fâché de ne l'avoir pas
« vue. Je voulais lui rendre son antique splendeur, en faire la capitale
« de l'Italie ; la destinée ne l'a pas voulu …. Une partie de ma famille
« y réside. Le pape est un bon vieillard que j'ai toujours bien traité….
« Allons ! maintenant, parlez-moi avec franchise, donnez-moi des nou-
« velles des miens. Commencez par Madame Mère, la signora Letizia.
« — Le malheur n'a pu l'abattre. Elle supporte l'adversité avec courage ;
« elle est pleine de résignation et de dignité. — Reçoit-elle, va-t-elle
« dans le monde ? Quel est son genre de vie ? — Tout à fait retiré. Elle
« n'a qu'une société peu nombreuse, n'admet que quelques personnes
« de confiance. Ceux de ses enfants qui sont à Rome sont empressés
« autour d'elle : mais ses vœux, ses pensées sont tous pour Sainte-Hé-
« lène. Elle n'attend qu'un mot pour braver la mer et vous serrer dans

« ses bras. — Elle a été toute sa vie une excellente femme, une mère
« sans égale ; elle m'a toujours aimé. Vous l'avez laissée bien affligée,
« n'est-il pas vrai ? — Elle retenait d'abord avec peine son émotion :
« mais elle est bientôt revenue à elle-même ; elle a montré un courage,
« une force d'âme au-dessus de l'humanité. — Je suis sûr qu'elle n'eût
« pas craint les fatigues que vous avez essuyées. Va-t-elle en société ? —
« Quelquefois chez ses fils ou chez Son Éminence. — Le cardinal la
« voit-il souvent ? — Plusieurs fois par jour. — Ses fils ? — Presque
« tous les jours. — Pauline ? — Moins fréquemment ; ses indispositions
« la retiennent. — Que pensez-vous de sa maladie ? — Je n'en connais
« pas la nature. — Vous connaissez particulièrement tous les individus
« de ma famille qui résident à Rome ? Comment sont-ils ? Que disent-ils
« de moi ? — Toutes leurs pensées sont concentrées sur Sainte-Hélène ;
« ils n'aspirent qu'à votre délivrance. — Exposez-moi avec précision
« tout ce dont les uns et les autres vous ont chargé pour moi : que vous
« a dit ma mère ? — Qu'elle, ses enfants, sa fortune étaient à votre dis-
« position ; qu'au moindre signe elle se dépouillerait de tout, dût-elle
« endurer la plus profonde misère. — Le prince de Canino ? — Qu'il
« s'était entendu avec Joseph ; que chacun d'eux viendrait passer trois
« années auprès de Votre Majesté, si vous ne le trouviez pas mauvais.
« — Pauline ? — Qu'elle n'attendait que vos ordres pour accourir au-
« près de Votre Majesté. — Nous y penserons. » Il souriait, se tut et
ajouta : « Je ne souffrirai pas qu'aucun membre de ma famille vienne
« recueillir les outrages des Anglais, voir les insultes que me prodigue
« ce sicaire. Je ne veux pas qu'aucun d'eux soit témoin de tant d'indi-
« gnités, c'est assez que je les endure. » Et changeant tout à coup de
discours : « La signora Letizia est-elle toujours aussi fraîche ? — Elle
« est toujours très-bien. — Et Pauline, est-elle encore jeune et belle ?
« — Toujours. — Elle n'a jamais eu d'autre affaire que la toilette et
« les plaisirs. Louis et Lucien se voient-ils ? — Ils se rencontrent fré-
« quemment chez Madame Mère. — Ont-ils société ? — Le prince de
« Canino reçoit quelques personnes choisies. Louis vit dans la retraite.
« — Il donne dans la dévotion, le croyez-vous ? — Je l'ai ouï dire ; il
« passe même pour bigot. » L'Empereur rit : « Que pensez-vous de
« sa santé ? — Elle est dans une situation déplorable ; les remèdes n'y
« peuvent désormais plus rien. — Quel beau jeune homme c'était lors
« de ma première expédition d'Italie ! Sa timidité l'a perdu. Quel mal-
« heur que je n'aie pas été prévenu à temps ! Il serait sain et sauf au-
« jourd'hui, il aurait rempli sa destinée ; la douleur ne l'eût pas enlevé

« à la gloire, il eût pris part à nos succès. Combien de fils a le prince
« de Canino ? » Je le lui dis. « De filles ? » Je le lui dis encore. « Qui
« avez-vous vu pendant que vous étiez à Rome ? » Je nommai les personnes que j'avais fréquentées. « Le cardinal est-il toujours amateur ?
« Court-il encore les tableaux ? — Il en reçoit tous les matins par voi-
« tures. Il les passe en revue dans son antichambre, achète les uns, dé-
« précie les autres. Cette passion lui coûte des sommes immenses. —
« Quand êtes-vous parti de Rome ? — Le 25 février. — Madame Leti-
« zia vous a-t-elle remis beaucoup d'argent ? — Deux cents napoléons
« et une traite de douze mille francs sur son banquier de Londres. —
« C'est, je crois, la plus riche de la famille. Je lui reprochais toujours
« d'être trop bornée dans ses dépenses. En passant à Parme avez-vous
« vu Marie-Louise ? — Elle était partie, et nous avions l'ordre de ne pas
« faire connaître notre mission. — Savez-vous si elle est en relation
« avec ma mère ou quelque personne de ma famille ? — Madame Mère
« lui a écrit deux fois sans recevoir de réponse. — C'est qu'il ne lui
« est pas permis d'en faire. Quelles sont les personnes que vous avez
« vues dans le cours du voyage ? » Je les lui nommai et lui rapportai ce
qu'elles m'avaient dit. « Avez-vous vu à Francfort la princesse Julie ? —
« Elle m'a reçu avec toute la bonté qui la caractérise. — Ses deux filles,
« comment sont-elles ? — Grandes, belles, fraîches comme des roses.
« — Je crois que l'une d'elles épouse un des fils de Lucien ; n'en avez-
« vous rien entendu dire ? — La princesse m'a fait une multitude de
« questions sur l'aîné. Je m'expliquai facilement un intérêt si vif. —
« J'avoue que c'est un mariage qui me ferait plaisir. Vous avez donc été
« bien accueilli ? — On ne saurait mieux. — C'est la femme la plus dé-
« licate que je connaisse ; on n'a pas un meilleur cœur. Vous avez vu
« Las Cases ? — Oui, Sire. — Comment va-t-il ? — Il est gravement
« malade. — Avez-vous vu son fils Emmanuel ? — Il était à Strasbourg.
« — Les prêtres m'ont dit, je crois, que vous n'aviez rencontré aucun
« obstacle dans votre voyage de Rome à Londres ? — Aucun, Sire. —
« Quand êtes-vous arrivés à Londres ? — Le 19 avril. — Combien de
« temps y êtes-vous restés ? — Nous n'en sommes sortis que le 9 juillet.
« — Qui y avez-vous vu plus particulièrement ? — Des médecins, des
« gens de l'art, ceux surtout qui ont exercé sous les tropiques. — Quand
« vous êtes-vous présenté à lord Bathurst ? — Le surlendemain de notre
« arrivée. — Quelles questions vous a-t-il faites ? — Il nous a parlé de
« Rome, du cardinal, de Madame Mère, du prince de Canino, et nous a
« demandé s'ils croyaient réellement que vous fussiez malade. — Que

« lui avez-vous répondu? — Qu'on n'en doutait pas, qu'on ne pouvait
« en douter, que les rapports d'O'Méara, de Stokoe ne le permettaient
« pas. — Que vous a-t-il dit à cela? — Que ces rapports étaient inexacts,
« qu'il venait de recevoir des nouvelles positives, que vous jouissiez
« d'une santé parfaite, que nous pouvions l'écrire à Rome. — Combien
« de fois l'avez-vous vu? — Trois ou quatre. — Vous êtes-vous pré-
« senté chez lord Holland. — Le prince de Canino m'avait donné une
« lettre de recommandation pour Sa Seigneurie. — Avez-vous été bien
« reçu? Milady vous a-t-elle accueilli? — On ne peut pas mieux. — Mi-
« lord habite-t-il Londres? vit-il à la campagne? — Il réside à quelque
« distance de la capitale. — Vous avez vu souvent O'Méara, n'est-il pas
« vrai? — Tous les jours. — Que vous a-t-il dit de moi, de ma mala-
« die? » Je lui résumai ce qui se trouve dans les rapports. « Est-il con-
« tent de moi? — Parfaitement, Sire. — Racontez-moi en détail ce
« que vous avez vu et fait pendant votre séjour à Londres. » Je lui fis
l'historique qu'il désirait; il recommença ses questions. « Londres est
« une bien grande ville, n'est-il pas vrai? — Elle est aussi peuplée que
« vaste. — Avez-vous été à Paris? — Je n'ai jamais vu la France. —
« C'est bien. Allez voir le général Montholon; demandez le médecin qui
« le soigne, et consultez-vous avec lui avant qu'on le rappelle. Sachez
« quelles sont les maladies qui règnent dans ces climats. Cette île est un
« monde tout à fait nouveau. Vous avez besoin des conseils de ceux qui
« l'ont étudiée. »

Je fus rappelé au bout de quelques heures. L'Empereur était dans son salon qu'éclairait à peine la faible lueur d'une bougie. Il m'adressa quelques questions sur les objets dont nous nous étions entretenus quelques instants plus tôt : puis il se mit à parler d'anatomie, de physiologie, des phénomènes de la génération. Sa discussion était savante, juste, précise, elle étincelait d'aperçus nouveaux. Il me fit subir par forme de conversation un examen rigoureux qu'il prolongea plus d'une heure. J'eus le bonheur de lui répondre d'une manière qui le satisfit. Il me congédia en me disant les choses les plus flatteuses et les plus aimables. Le comte Bertrand assista à cette longue conférence.

23. — Je me suis rendu auprès de l'Empereur. Il reposait sur un lit de campagne, la pièce était éclairée; j'ai pu observer les progrès du mal.

Pendant que j'analysais ces symptômes, l'Empereur ne discontinuait pas ses questions. Elles étaient tantôt sombres, tantôt plaisantes. La bonté, l'indignation, l'enjouement se peignaient tour à tour dans ses

paroles et dans ses traits. « Eh bien, docteur, que vous en semble? dois-
« je troubler encore longtemps la digestion des rois? — Vous leur survi-
« vrez, Sire. — Je le crois ; ils ne mettront pas au ban de l'Europe le bruit
« de nos victoires ; il traversera les siècles, il proclamera les vainqueurs
« et les vaincus, ceux qui furent généreux, ceux qui ne le furent pas : la
« postérité jugera : je ne crains pas ses décisions. — Cette vie vous est
« acquise. Votre nom n'éveillera jamais l'admiration sans rappeler ces
« guerriers sans gloire si lâchement ameutés sur un seul homme. Mais
« vous ne touchez pas au terme, il vous reste un long espace à parcou-
« rir. — Non, docteur, l'œuvre anglaise se consomme ; je ne puis aller
« loin sous cet affreux climat. — Votre excellente constitution est à l'é-
« preuve de ses pernicieux effets. — Elle ne le cédait pas à la force d'âme
« dont la nature m'a doué ; mais le passage d'une vie si active à une ré-
« clusion complète a tout détruit. J'ai perdu mon énergie, le ressort est
« détendu. » Je n'essayai pas de combattre une opinion malheureusement trop fondée. Je détournai la conversation, il me parla de son régime, et ajouta :

« Dans nos marches de l'armée d'Italie, je ne manquais jamais de
« faire mettre à l'arçon de ma selle du vin, du pain et un poulet rôti.
« Cette provision suffisait à l'appétit de la journée, je la partageais sou-
« vent avec ma suite. Je gagnais ainsi du temps ; j'économisais sur la
« table au profit du champ de bataille. Du reste je mange vite, mes repas
« ne consument pas mes heures. Je suis attaqué d'une hépatite chroni-
« que ; cette maladie est endémique dans cet affreux climat. Je dois suc-
« comber, je dois expier sur cet écueil la gloire dont j'ai couvert la
« France, les coups que j'ai portés à l'Angleterre. Aussi voyez comme
« ils en usent. Depuis plus d'un an ils m'ont interdit les secours de la
« médecine ; je suis déshérité du droit d'invoquer les ressources de l'art.
« Hudson Lowe trouve mon agonie trop lente. Il la hâte, il la presse, il
« appelle ma mort de tous ses vœux.

« C'est un dernier trait de barbarie au gouvernement anglais d'avoir
« choisi un tel homme ; mais l'iniquité se devine et se cherche.

« Cependant, j'ai abdiqué librement et volontairement en faveur de
« mon fils et de la constitution. Je me suis plus librement encore ache-
« miné sur l'Angleterre. Je voulais y vivre dans la retraite et sous la
« protection de ses lois. Ses lois ! L'aristocratie en a-t-elle? y a-t-il un at-
« tentat qui l'arrête? un droit qu'elle ne foule aux pieds ? Tous ses chefs
« ont été prosternés devant mes aigles. D'une part de mes conquêtes
« j'ai fait des couronnes aux uns, j'ai replacé les autres sur des trônes

« que la victoire avait brisés ; j'ai été clément, magnanime envers tous.
« Tous m'ont abandonné, trahi, se sont lâchement empressés de river
« mes chaînes. »

Je cherchai à calmer l'Empereur. Il n'était pas sorti depuis dix-huit mois ; je lui représentai les dangers de cette longue inaction, je l'engageai à ne plus étouffer dans son appartement, à venir respirer à l'air libre. « Non, me dit-il, l'insulte m'a longtemps confiné dans ces cabanes ; « aujourd'hui le manque de forces m'y retient. Voyez si vous trouvez « quelque chose dans cette jambe, je sens qu'elle plie sous moi. » J'examinai, j'observai toute la partie droite. Le résultat de mes recherches fut pénible, je m'assurai qu'elle était plus faible que la gauche. « Vous « me palpez avec mollesse, allez, pressez. Dites, la nature est-elle d'in-« telligence avec ce Calabrois ! Le climat va-t-il rendre au ministère « anglais le cadavre qu'il attend ? »

24. — L'Empereur reste au lit. Il est faible, abattu ; il a passé une mauvaise nuit. Des souffrances vagues le déchirent.

Il se met à discourir de l'Italie, des projets, des vues qu'il avait sur cette contrée fameuse et des hommes distingués qu'elle a produits. Il discute, il apprécie les titres de Volta, de Spallanzani, d'Aldini, et m'adressant tout à coup la parole : « Vous ne me parlez pas de Masca-« gni ; vous avez publié les œuvres posthumes de Mascagni, je veux les « voir. Je suis curieux d'admirer les planches. » Je les lui présente, les étale devant lui ; il les parcourt, discute, interroge, et prend un intérêt si vif à ce tableau de la structure humaine, que cinq heures sonnent avant qu'il se doute que le temps a coulé.

25. — L'Empereur continue à aller mieux. La nuit n'a pas été mauvaise.

Je fus introduit. « Eh bien, docteur, dois-je mourir ? dois-je vivre ? « Franchement, que pensez-vous ? — Que Votre Majesté n'est pas au « terme de sa carrière. — Ah ! ah ! docteur, aussi vrai qu'un médecin. « Vous avez l'habileté de Corvisart, je veux que vous en preniez la « rudesse. Vous tenez journal de ma maladie ? — Oui, Sire. — Eh bien, « je l'écrirai sous votre dictée, ou vous le rédigerez sous la mienne. « Vous ne me présenterez plus alors un avenir de roses ; je saurai où « j'en suis. Ne m'avez-vous pas apporté des livres ? — Nous en avons « quelques-uns. — Lesquels ? Je vous en préviens, je veux tout voir. — « Mais, Sire, les libelles ! s'il s'en était glissé ? — Bah ! Le soleil n'a plus « de taches. La tourbe des folliculaires a épuisé sa pâture ; donnez tout. »
Un transport s'avançait sur Longwood ; je le suivais à travers les car-

reaux : c'étaient mes caisses. J'en prévins l'Empereur. « Elles sont les
« bienvenues, me répondit-il, je vais être déchargé du poids de quel-
« ques heures. Faites-les descendre dans mon salon, je veux les voir
« ouvrir. » Elles furent apportées, défoncées; on en tira quelques livres
qu'Aly se disposait à présenter à Napoléon. « Ce n'est pas cela, lui dit
« ce prince, cherchez, fouillez. Un ballot expédié d'Europe doit conte-
« nir autre chose. Ce n'est pas par des ouvrages qu'on débute avec un
« père. » Effectivement, on trouva bientôt un portrait que lui envoyait
le prince Eugène. Il le reçut avec transport, l'embrassa, le contempla
longtemps avec des yeux pleins de larmes. « Cher enfant, s'il n'est pas

« victime de quelque infamie politique, il ne sera pas indigne de celui
« dont il tient le jour... Mais, qu'avez-vous? vous ne déballez pas. » Nous
étions tous en effet dans une attitude religieuse, nous éprouvions son
émotion, nous partagions ses alarmes, nous ne respirions plus. L'o-
pération recommença ; les valets de chambre tiraient les livres, il les
passait en revue, et se flattait de rencontrer *l'Allemagne*, et *Polybe* : malheureusement ces ouvrages ne s'y trouvaient pas. — Nos caisses avaient
été remplies au hasard ; elles ne contenaient, pour ainsi dire, que des

ouvrages qui existaient déjà à Sainte-Hélène. Napoléon en fut vivement affecté. « Que n'avez-vous, me dit-il à diverses reprises, consacré à cet « objet quelques vingtaines de mille francs, ma mère les eût payés? « Vous m'auriez apporté des livres, vous auriez fait ma consolation. « Si du moins j'avais *Polybe!* Mais peut-être m'arrivera-t-il par quel- « que autre voie. » Il lui arriva en effet par les soins de lady Holland, quelques mois avant sa mort. On tira des paquets de journaux. « Voilà « de quoi me mettre au courant des affaires ; il est plaisant de voir les « sages mesures qui devaient faire oublier ma tyrannie. Pauvre Europe! « quelles convulsions on lui prépare! — Sire, votre correspondance! « —Inédite... Celle-là du moins n'est pas une conception de libelliste. « On ne l'a pas falsifiée, dénaturée, portée à Vienne. *Égypte!...* Nous « étions jeunes alors, nous jouions avec la mort, nous ne songions qu'à « vaincre, le temps des défections n'était pas venu.

« *Kléber...* Il avait le cœur français ; il n'eût jamais pactisé avec l'é- « migration ni répudié nos aigles. Je suis aise d'avoir cette collection, « elle rafraîchira mes souvenirs ; je l'étendrai, j'y mettrai des notes. »

26. — L'Empereur se trouve à peu près dans le même état. Il a passé la nuit à lire ; il est extrêmement fatigué. Je l'engage à se reposer, à prendre un bain dans le courant de la journée. « J'y consens, docteur, me « dit-il, en fixant le portrait du roi de Rome qu'il tenait toujours dans « ses mains ; mais placez-moi cet admirable enfant à côté de sa mère, « là, à droite, plus près de ma cheminée. Vous la reconnaissez à sa fraî- « cheur : c'est Marie-Louise ; elle tient son fils dans ses bras. Et cet au- « tre, vous le reconnaissez aussi? c'est le prince impérial. Vous ne devi- « nez pas quelle belle main l'a dessiné? C'est sa mère, dont l'aiguille « gracieuse a reproduit ses traits. Celui qui est devant vous représente « encore Marie-Louise ; les deux autres sont ceux de Joséphine : je l'ai « tendrement aimée. Vous examinez cette grande horloge ; elle servait « de réveille-matin au grand Frédéric. Je l'ai prise à Postdam : c'est tout « ce que valait la Prusse. Ma cheminée n'est pas bien somptueuse, comme « vous voyez. Le buste de mon fils, deux chandeliers, deux tasses de ver- « meil, deux flacons d'eau de Cologne, des ciseaux à faire les ongles, une « petite glace. Ce n'est plus la splendeur des Tuileries ; mais n'importe « si je suis déchu de ma puissance, je ne le suis pas de ma gloire : je « conserve mes souvenirs »

Je me suis retiré. L'Empereur m'a mis sur la voie, je vais continuer le détail de son mobilier. A l'extrémité, à droite, était un petit lit de campagne en fer, avec quatre aigles d'argent et des rideaux de soie.

Deux chétives croisées éclairaient la pièce ; l'une et l'autre étaient sans décoration. Entre les deux était le secrétaire, chargé du grand nécessaire, avec une chaise à bras dont Napoléon se servait quand il se mettait au travail ou sortait du bain. La gauche en était garnie par une seconde chaise, et la droite par une épée : c'était celle que l'Empereur portait à Austerlitz. La porte qui ouvrait sur la salle de bain était masquée par un mauvais paravent à la suite duquel était un vieux sofa recouvert de calicot. C'était sur ce triste meuble que Napoléon reposait habituellement. Il passait les extrémités inférieures dans un sac de flanelle. Il faisait placer son déjeuner, ses livres sur une mauvaise table, et tâchait de se mettre ainsi à l'abri des cousins et de l'humidité. La seconde pièce n'était pas moins bien. Construite comme la première d'un peu d'eau et de boue, elle avait sept pieds de haut, quinze de long et douze de large. Elle avait une croisée, débouchait au jardin et communiquait avec la salle à manger. Un lit de campagne, un grand fauteuil, plusieurs fusils, deux paravents de la Chine, une com-

mode, deux petites tables, dont l'une servait à déposer des livres et l'autre était chargée de bouteilles, composaient, avec une chaise et un magnifique lavabo apporté de l'Élysée, tout le mobilier dont elle était garnie. C'est dans cette affreuse chaumière qu'était relégué l'Empereur; c'était là la somptuosité anglaise, la magnificence britannique.

27. — L'Empereur a passé une nuit assez agitée, il a lu pendant plusieurs heures, et se plaint de douleurs vagues dans l'abdomen.

L'humidité était excessive dans les deux pièces ; elle attaquait, détruisait tout ; le mauvais nankin qui servait de tapisserie tombait en lambeaux, nous le remplaçâmes. Nous achetâmes de la mousseline, nous l'ornâmes, nous la couvrîmes des beaux oiseaux d'Égypte dont nous avions une collection peinte sur papier : nous réussîmes à présenter quelques images riantes à l'Empereur. Nous groupâmes nos dessins, nous les disposâmes autour d'une aigle qui devait les protéger, les gouverner, leur servir de guide. Napoléon sourit à la vue de ce symbole de la victoire. « Chère aigle, elle serait encore en plein vol si ceux qu'elle « couvrait de son aile n'eussent arrêté son essor. »

En rentrant chez moi, je trouvai une invitation du gouverneur. Il avait ouï parler des planches anatomiques que j'avais apportées, il désirait les voir. Je les lui communiquai. Il les parcourut, passa, revint de l'une à l'autre. Je crus démêler dans l'empressement avec lequel il déroulait ces feuilles je ne sais quelle préoccupation qui m'inquiéta. Je m'alarmais à tort. Son excellence s'était subitement éprise de physiologie.

28. — L'Empereur se trouve un peu mieux. Je lui prescris, comme la veille, un bain et de l'exercice.

« Vous étiez encore dans vos draps, docteur, que j'exécutais déjà votre « ordonnance. Je me suis levé à la petite pointe du jour, je me suis pro- « mené, j'ai respiré le frais, et me voilà épluchant quelques idées qui « me sont survenues au sujet d'une opération où mes ordres furent mal « exécutés. » Napoléon se trouvait debout. Son costume consistait en une robe de chambre blanche, un large pantalon blanc à pieds, des pantoufles rouges, un madras autour de la tête, point de cravate ; le col de la chemise ouvert. J'examinais cette singulière toilette, il s'en aperçut. « Ah ! ah ! me dit-il, je vois ce qui vous occupe. » Et il se prit à rire. — Il ajouta : « Pour vous punir de votre irrévérence envers ma toilette, je « défends d'ici à demain la porte à vos drogues. J'ai quelques calculs « algébriques à développer. »

29. — L'Empereur est tout à fait abattu. Il se plaint d'une douleur profonde dans le foie. Il continue de lire et ne consent qu'avec peine à faire quelque exercice. Il se met au bain.

Le tapis était couvert de livres. Il y en avait autour du lit, dans le milieu de la place, près des murs ; je ne savais comment ils se trouvaient ainsi pêle-mêle ; je demandai la cause de ce désordre. « C'est que l'Em- « pereur a lu toute la nuit.—Eh bien ?—Quand il a envie de lire, il cou-

« vre son lit d'ouvrages, il les feuillette, les parcourt, et les jette à me-
« sure. — Pourquoi ne les avoir pas ramassés? — Il lisait toujours. —
« Cela empêchait-il? — Tant qu'il en tient un dans les mains, il ne souf-
« fre pas qu'on l'interrompe. Les bons glissent sur le parquet, les médio-
« cres sont repoussés avec dédain, et les mauvais collés sur la muraille.
« Mais ce n'est que lorsque l'Empereur est dehors ou au bain, qu'il est
« permis d'y toucher. »

3 octobre. — L'Empereur se trouve mieux. Je l'accompagne au jardin; et lui parle des soins qu'exige sa santé, de la fin prochaine de ses souffrances.

« Docteur, le climat est choisi; il ne laissera pas échapper sa vic-
« time. Mais vous-même, comment vous trouvez-vous de votre situa-
« tion? Les 9,000 francs qu'on vous a assignés suffisent-ils à vos be-
« soins? » Je le priai de croire que je m'estimais trop heureux d'être auprès de lui, que je ne cherchais pas la fortune, que je n'avais eu d'autre ambition que de lui offrir mes services. « C'est très-bien, cher doc-
« teur; mais réunir les deux choses est encore mieux. Je vous accorde
« ce que je donnais à Paris. Les circonstances ne sont plus les mêmes,
« il n'y a pas de comparaison à faire. Mais je veux que vos appointe-
« ments puissent faire face à vos besoins; c'est mon intention; voyez
« si on a calé trop bas. » Je lui répondis que c'était plus qu'il ne fallait, que j'étais confus des bontés qu'il avait pour moi. « Combien de temps
« pensez-vous rester ici? — Tant que vous daignerez agréer mes services.
« — Savez-vous que mon chirurgien est également celui des personnes
« de ma maison? qu'étant seul il doit tout faire? être chirurgien, méde-
« cin, apothicaire? — Je le sais, Sire. Je suis à vous à la vie et à la mort,
« vous pouvez disposer de moi. — Eh bien! je ne veux pas vous retenir
« plus de cinq ans sur cet écueil. Ce temps révolu, je vous assure 8 à
« 9,000 francs de pension annuelle. Vous retournerez en Europe, vous
« aurez une existence indépendante, vous pourrez continuer vos travaux
« anatomiques. Je vous dois ma bienveillance, mon estime, mon affection. »

4. — J'ai suivi l'Empereur au jardin. Il était sombre, affecté, il s'assit sous une touffe d'arbres. « Ah! docteur, où est le beau ciel de la Corse? » Il s'arrêta quelques instants, et reprit : « Le sort n'a pas permis que je
« revisse ces lieux où me reportent les souvenirs de mon enfance : je
« voulais, je pouvais m'en réserver la souveraineté; une intrigue, un
« mouvement d'humeur changea mon choix; je préférai l'île d'Elbe.
« Si j'eusse suivi ma première idée, que je me fusse retiré à Ajaccio,
« peut-être n'eussé-je pas pensé à ressaisir les rênes du pouvoir; je

« n'eusse pas été vulnérable par tous les points ; on ne se fût pas joué
« de la foi promise, et je ne serais pas ici. Je pensais m'y réfugier en
« 1815. J'étais bien sûr de réunir toutes les opinions, tous les vœux,
« tous les efforts. Je me trouvais à même de braver la malveillance des
« alliés. Vous connaissez les habitants de nos montagnes. Vous savez
« quelle est leur énergie, leur constance, avec quel courage ils affron-
« tent l'ennemi. Les îles ont d'ailleurs leurs défenses. Les vents, la
« distance, les difficultés de l'abordage, affaiblissent l'agression. La po-
« pulation m'eût tendu les bras, elle fût devenue ma famille, j'eusse
« disposé de tous les cœurs. Croyez-vous que cinquante mille coalisés
« eussent été en état de nous soumettre, qu'ils eussent osé l'entrepren-
« dre? Quel souverain se fût engagé dans une arène où il y avait tout à
« perdre et rien à gagner ? Car, je le répète, le peuple était à moi ; dès
« ma plus tendre jeunesse, j'ai eu un nom, de l'influence en Corse. Les
« montagnes escarpées, les vallées profondes, les torrents, les préci-
« pices n'avaient point de dangers pour moi. Je les parcourais d'une ex-
« trémité à l'autre sans qu'un accident, une insulte m'ait jamais appris
« que ma confiance était mal fondée. A Bocognano même, où les haines
« et les vengeances s'étendent jusqu'au septième degré, où l'on évalue
« dans la dot d'une jeune fille le nombre de ses cousins, j'étais fêté,
« bienvenu, on se fût sacrifié pour moi. Ce n'étaient donc pas les senti-
« ments de la population qui m'inquiétaient, mais on eût dit que je me
« tirais à l'écart, que je gagnais le port tandis que tout périssait ; je ne
« voulus pas chercher un refuge au milieu du naufrage de tant de bra-
« ves ; je résolus de me retirer en Amérique ; je m'acheminai sur l'An-
« gleterre : j'étais loin de prévoir de quelle horrible manière elle accorde
« l'hospitalité. Une autre considération m'arrêta. Une fois en Corse,
« je ne craignais pas l'issue de la lutte, mais j'eusse été au centre de la
« Méditerranée ; la France et l'Italie eussent eu les yeux sur moi ;
« l'effervescence ne se fût pas calmée. Pour assurer leur repos, les
« souverains eussent été contraints de venir à moi. L'île eût été déci-
« mée par la guerre, je ne voulais pas qu'elle eût à me reprocher ses
« malheurs. J'avais d'ailleurs abdiqué en faveur de mon fils ; cet acte
« ne devait pas être illusoire ; je désirais le rendre plus sûr, plus avan-
« tageux pour la nation, je craignis d'en paralyser l'effet.

« Ah ! docteur, quels souvenirs la Corse m'a laissés ! Je jouis encore
« de ses sites, de ses montagnes ; je la foule, je reconnais l'odeur qu'elle
« exhale. Je voulais l'améliorer, la rendre heureuse. Mais les revers
« sont venus ; je n'ai pu effectuer mes projets.

« Quoique montagneuse, elle manque d'eau et n'a pas de grandes
« rivières. C'était un obstacle, mais l'excellence du sol et les disposi-
« tions locales pouvaient y remédier.

« Les salines près d'Ajaccio sont propres à la culture du café, de la
« canne à sucre : c'est une expérience faite ; je me proposais d'en tirer
« parti. Je voulais encourager l'industrie, le commerce, l'agriculture,
« les sciences et les arts ; j'avais dessein d'accorder des facilités aux
« habitants, d'appeler des familles étrangères, d'accroître la popula-
« tion, en un mot, de mettre l'île à même de se suffire, la rendre indé-
« pendante des marchés du continent. J'avais adopté un plan de forti-
« fications que j'ai médité longtemps ; elle eût été inexpugnable. Saint-
« Florent est l'une des situations les plus heureuses que je connaisse :
« c'est la plus favorable au commerce. Ses attérages sont sûrs, com-
« modes, peuvent recevoir des flottes considérables : j'y eusse fait une
« ville grande, belle, qui eût servi de capitale. Voilà quels étaient les
« plans que j'avais conçus ; mais mes ennemis ont eu l'art de me faire
« consumer ma vie sur le champ de bataille, ils ont travesti en démon
« de la guerre l'homme qui ne respirait que les monuments de la paix.
« Les peuples ont été dupes du stratagème ; tout s'est levé, j'ai été acca-
« blé. Au reste, si je n'ai pu exécuter ce que je projetais pour la Corse,
« j'ai du moins la satisfaction d'avoir fait quelque chose pour Ajaccio.
« Le port en est petit, mais bien situé et bon. »

J'étais ému. Ce que je venais d'entendre avait bouleversé mon âme ;
je comparais la prospérité à laquelle avait touché la Corse, avec le
triste état où elle est tombée. Des larmes involontaires s'échappaient
de mes yeux. « Qu'avez-vous ? me dit l'Empereur. — Ah ! Sire, daignez
« me pardonner mon trouble, je ne puis me défendre du désordre où
« je suis ; le contraste est trop accablant. — Docteur, la patrie ! la patrie !
« Si Sainte-Hélène était la France, je me plairais sur cet affreux rocher. »

5. — Légères douleurs abdominales : le bain les dissipe.

Je n'étais pas encore bien rompu à l'étiquette ; je cherchais à prendre le ton de ce qui entourait l'Empereur. Aucun de nous ne se présentait sans être annoncé devant ce prince ; nous étions respectueux,
attentifs, debout, chapeau bas ; il écoutait, répondait, animait la discussion par ses saillies ; il était étincelant, affectueux, juste, plein
d'aménité. C'était un homme aimable et tendre qui cherchait à concentrer sur lui toutes nos affections : ses conseils étaient ceux d'un
père, ses reproches ceux d'un ami. S'il s'emportait, il était impétueux,
terrible, ne souffrait pas de contradiction ; mais avait-il exhalé sa

colère, il était toute prévenance, ne négligeait rien pour consoler ceux qu'il avait maltraités . c'était un ton, un abandon où se peignaient sa bienveillance et ses regrets. Quand les torts étaient graves, il éloignait, tenait à l'écart celui qui les avait eus ; mais, l'interdiction révolue, tout était oublié, l'exilé rentrait en grâce.

6. — L'Empereur est mieux. Il tombe sur un volume de Racine, le parcourt longtemps, et s'arrête enfin à la scène où Mithridate développe son plan d'agression contre les Romains. « Vous attendez que je « vous déclame cette tirade, l'admiration des badauds. Il n'en sera « rien, mon *dottoraccio*; ce sont des fadaises mises en trop beaux vers. « Passons à celle-ci ; elle est moins pompeuse, mais plus vraie, plus « raisonnable. » Il se mit à lire avec une délicatesse, des inflexions qu'un homme habitué à la scène n'eût pas désavouées. Il se lassa bientôt cependant, jeta le livre, se renversa dans son fauteuil en murmurant le nom de sa mère, et tomba dans une espèce d'affaissement. Je cherchais à ranimer ses esprits abattus, je sentais sa poitrine se soulever, et comme un grand effort qui se faisait dans toute la machine. Il me fixait, ne disait mot ; je ne savais qu'augurer : une crise s'opère tout à coup ; il se trouve mieux. « Je suis mort, docteur : qu'en pensez-vous ? » Et se levant aussitôt, vient à moi, me toise, me pousse, me saisit par les favoris, les oreilles, m'adosse à la muraille. « Ah ! coquin de doc- « teur, *capo Corsino*, vous êtes venu à Sainte-Hélène pour me droguer ; « je vous ferai pendre, moi, à votre maison du cap Corse. » En même temps, il gesticulait, riait, me disait les choses les plus plaisantes.

7. — L'Empereur m'avait autorisé à me rendre à Plantation-House. J'allai faire ma première visite au gouverneur, qui me reçut en présence de son adjudant major, sir G. Gorrequer. Je me plaignis des restrictions, de la triste situation où elles avaient mis la santé de l'Empereur, et j'y joignis un pronostic sur l'issue de la maladie. Tous les symptômes tendent à confirmer que la diagnose d'une hépatite chronique est déjà établie. Je n'hésite pas à déclarer que le climat engendre, nourrit, accroît le mal, que l'issue d'une pareille affection ne peut qu'être dangereuse. « Vous le croyez, me dit sir Hudson ; le général « Bonaparte se porte à merveille, malgré qu'il en ait. C'est le pays le « plus salubre que je connaisse. — C'est pour cela qu'on l'a choisi ? « Sans doute. — Sans doute ! »

8. — L'Empereur continue à se bien trouver, il recouvre peu à peu de l'appétit.

L'Empereur fait appeler les enfants du grand maréchal. Il y avait

quelques jours qu'ils ne l'avaient vu; ils accourent pleins de joie. Aussitôt les jeux commencent, ils folâtrent autour de lui; ils le prennent pour arbitre de leurs discussions. « N'est-ce pas, Sire, que mon bilbo-
« quet va mieux? — Non, c'est le mien. — C'est le mien, répondait un
« troisième; je m'en rapporte à vous, que Votre Majesté décide. » L'Em-

pereur décidait, riait, et le charivari d'aller. « Vous êtes trop bruyants,
« je ne vous garde pas à dîner. — Si! si! nous ne ferons plus de ta-
« page. » Ils en firent moins. Napoléon les retint, plaça la petite Hortense à côté de lui, et fit servir; mais l'appétit satisfait, la discussion se renouvela; chacun prétendait avoir été plus adroit. L'Empereur fut encore juge du camp, et interpellé. « N'est-il pas vrai, Sire? — Vous
« l'avez vu, n'est-ce pas? » Napoléon, abasourdi, ne savait à qui répondre, et riait d'autant plus. « Taisez-vous, leur dit-il; vous êtes de
« petits bavards. — C'est juste, tais-toi, tu fais trop de bruit. » Et tous de recommencer en s'accusant mutuellement de trop crier, jusqu'à ce qu'enfin on desservît et qu'il les renvoyât. « Vous nous ferez appeler demain,
« n'est-ce pas, Sire? — Vous aimez donc bien à jouer avec moi? — Oui!
« oui! s'écriaient-ils. — Comme ils sont heureux! tous leurs vœux sont
« satisfaits. Les passions n'ont pas encore effleuré leur âme, ils goûtent

« la plénitude de la vie, ils en jouissent ! A leur âge, je sentais, je pen-
« sais comme eux. Quels orages depuis ! »

9. — L'Empereur était gai ; la conversation tomba sur Paris ; il parla beaucoup de la colonie anglaise. C'était la place d'armes de toutes les polices ; Fouché, William Flint y tenaient marché, chacun était au plus offrant. « Je m'entretenais un jour avec le roi de Wurtemberg : nous
« étions aux Tuileries, dans l'embrasure d'une croisée, nous avions
« les salons en vue. Je venais de recevoir un rapport qui dévoilait les
« bassesses du jour ; je ne fus pas maître d'un mouvement d'impatience.
« — Ces frelons vous importunent? écrasez-les. — Ah ! — Ah ! vous
« avez vaincu le monde pour reculer devant l'espionnage ! J'en aurais
« fini en quelques heures. » Je lui demandai comment. « La potence !
« les cachots ! marquis et comtesses, tout irait pêle-mêle au gibet ; per-
« sonne ne bougerait plus, et Flint en serait pour son or. » Sa Ma-
« jesté prenait feu, je n'eus garde de la contredire. Son moyen au reste
« était bon, mais il n'allait pas à ma taille ; il faut être légitime pour
« mettre à la chaîne la moitié de ses sujets. »

Il était tard ; l'Empereur passa dans sa chambre à coucher. Il n'y avait personne pour le déshabiller, je sonnai ; mais je n'avais pas appelé, que ses habits volaient déjà dans la pièce. Les meubles, le parquet, la muraille en étaient tapissés avant que Marchand arrivât. « Ah ! coquin,
« lui dit-il, tu n'étais pas là ! Et les cousins ! Prends garde, tes oreilles en
« répondent, s'il en reste dans ma cousinière ! » Il riait, se mit au lit, et voulut ajuster un chandelier mobile dont il se servait dans la nuit. La vis de rappel s'était échauffée, il se brûla, secoua longtemps la main en plaisantant le domestique, qu'il accusait de conspirer contre ses doigts. « Je suis en butte au feu et aux cousins, le sommeil a fui ;
« docteur, ce sera à vos dépens. » Il se leva, passa sa robe de chambre, son sac de flanelle, et se plaçant dans son fauteuil : « Vous connaissez
« les batailles d'Alexandre? — Non, Sire. — Celles de César ? » Il s'aperçut que ma réponse allait être négative. « Les miennes au moins?
« — Non, Sire ; je n'ai eu affaire jusqu'ici qu'à des cadavres. — Ah !
« mauvaise compagnie. Montholon vous donnera un aperçu de ces cam-
« pagnes qui ont ébranlé le monde. Je veux que vous en ayez une
« idée. » Je reçus en effet quelques leçons : mais j'en profitai assez mal.

L'Empereur revint sur la situation des affaires et les intrigues qui avaient amené sa chute. « Je les connaissais, j'eusse pu en punir les
« chefs, peut-être l'eussé-je dû ; mais les exécutions me répugnaient, je
« n'aimais pas à verser le sang. »

10. — L'Empereur se plaint de légères douleurs abdominales. « Profitez, me dit-il, de l'autorisation du Sicilien, voyez, parcourez les hôpitaux. J'aperçois un de ces kalmoucks qui s'avance ; c'est sans doute celui qui doit veiller sur vous. » Napoléon disait juste ; c'était le docteur Arnolt que Son Excellence avait chargé de m'accompagner. Je me mis sous son aile et j'allai. Nous descendîmes à James-Town, puis nous poussâmes jusqu'à Dead-Wood. Après avoir vu ce que j'avais à observer dans ces hôpitaux, je regagnai Longwood. Je n'étais plus sous la conduite du docteur Arnolt ; j'avais pour escorte un officier avec lequel je ne tardai pas à lier conversation. La pluie avait détrempé la terre. Je m'impatientais de voir mon cheval se débattre dans cet amas de boue : « C'est, me dit-il, l'inconvénient des terres argileuses ; il faut nous y « résigner. » Nous atteignîmes en causant un point de vue d'où l'on découvrait à plein des roches à moitié détachées, des abîmes dont l'œil n'osait mesurer la profondeur. Mon guide expliquait tout avec une sollicitude, qu'un géologue seul peut porter à ces convulsions de la nature. Il parlait de volcans, de laves, de niveau, de déchirures. Je voyais assez que Sainte-Hélène est d'origine volcanique. Je mesurais ces amas sourcilleux qui se perdent dans les nues, je suivais ces chaînes qui courent de l'est à l'ouest, qui se détachent, se groupent, se bifurquent, s'avancent au midi, s'infléchissent vers le nord, et présentent un amas d'aiguilles, de précipices, de décombres, tels qu'on n'en voit nulle part ailleurs. Je contemplais ce désordre, ces montagnes qui semblent se disputer l'espace. « Vous apercevriez bien pis, me dit mon guide, si « vous gravissiez le pic de Diane, si votre œil embrassait l'île entière...
« — Que pourrais-je apercevoir de plus affreux ?... des pics, des abî« mes, point d'arbres, point de végétation ! Tout est nu, décharné ! » La vue s'ouvrit tout à coup ; il me fit remarquer le tableau qui se déroulait à nos yeux : c'étaient des lambeaux de verdure, quelques bœufs, des chevaux étiques qui broutaient une herbe rare au bord des précipices.
« Il ne vient rien ici qui ne soit aride ou coriace. Il n'y neige ni tonne, « mais les pluies y sont fréquentes, les vents impétueux, et la tempéra« ture dans une oscillation continuelle. Ici est un bas-fond où l'on étouffe, « là un couloir qui vous glace, plus loin un épais brouillard. On est ha« letant, transi, détrempé ; en quelques secondes on passe par tous « les degrés de l'échelle thermométrique. Je quitte mes bottes le soir « propres et lisses, le lendemain elles sont couvertes de moisissures. « Nous sommes en butte à toute l'inclémence de la saison. Si la pluie est « battante, nos toits sont aussitôt percés ; si c'est au contraire le soleil

« qui donne à plein, le goudron dont ils sont enduits se liquéfie, coule
« et détruit tout. — Les chaleurs durent peu à Sainte-Hélène. Le nombre
« des jours où le ciel est couvert de nuages excède du double celui où le
« soleil se montre avec tout son éclat. La pluie est presque continuelle ;
« elle prend, terme moyen, cent trente-cinq jours de l'année. Tout cela
« est bien loin du beau ciel de l'Italie. »

11. — L'Empereur a passé une assez bonne nuit.

« Eh bien, docteur, qu'avez-vous observé ? » Je lui en rendis compte
en peu de mots. « Vous êtes un ignorant, Bathurst dirait un traître.
« Des maladies de foie ! elles sont inconnues dans l'île. Demandez
« plutôt au gouverneur, au ministre, à toute l'Angleterre : ce climat
« est le plus salubre du globe.

« Docteur, quelles gens ! Transformer l'air en instrument de meurtre :
« cette idée ne pouvait venir que sur les bords de la Tamise. »

13. — Sir Hudson ne dormait plus. Ses soldats accouraient, se pros-
ternaient dès qu'ils voyaient nos prêtres. Tout était séduit, l'Angle-

terre était perdue ! Il avait beau redoubler de surveillance, réprimander, punir ; la piété l'emportait sur la crainte, l'eau bénite sur les coups. Ses Irlandais n'avaient pas aperçu la soutane, qu'ils tombaient à genoux, baisaient les mains des missionnaires. Le gouverneur, vaincu par l'obstination de la troupe, s'en prit aux abbés. L'Empereur riait de l'effroi du gouverneur. « Je ne souffrirai pas, dit-il, que cet héré-

« lique humilie la tiare. Le pape, le consistoire, ne me pardonneraient « pas si je tolérais ces insultes. Appelez les apôtres. » Buonavita vint et reçut l'injonction de ne jamais dépasser les limites. « Qu'on dise après « cela que je ne veille pas à faire respecter l'Église. »

14. — L'Empereur est un peu affaissé; il rentre au bout de quelques tours, déjeune, passe dans son appartement et me dit : « Je suis mal « à l'aise ; je voudrais lire. Sonnez Marchand, qu'il me donne des livres. « Ferme les fenêtres. Je me mets au lit, je verrai tout à l'heure si je « suis mieux. Mais voilà Racine. Docteur, vous êtes sur la scène; al-« lons, j'écoute. *Andromaque*... c'est la pièce des pères malheureux. — « Sire, si c'était Métastase ! — L'accent, voulez-vous dire ? La poésie « couvrira vos inflexions italiennes, commencez. »

J'hésitai, il prit l'ouvrage, lut quelques vers, et le laissa presque aussitôt échapper de ses mains. Il était tombé sur ces vers fameux :

Je passais jusqu'aux lieux où l'on garde mon fils
Puisqu'une fois le jour, vous souffrez que je voie
Le seul bien qui me reste et d'Hector et de Troie,
J'allais, seigneur, pleurer un moment avec lui.
Je ne l'ai point encore embrassé d'aujourd'hui.

Attendri, ému, il se couvrit la tête. « Docteur, je suis trop affecté, « laissez-moi. » Je me retirai ; il dormit quelques instants et me fit appeler. Il était moins sombre, moins agité, il se disposait à se faire la barbe ; je savais combien cette cérémonie était curieuse, je restai.

Pendant ce temps, Marchand avait préparé, dans la seconde pièce, son éponge, son lavabo et ses habits. Il y passa ; le visage, la tête furent lavés et essuyés. Il se brossait, détaillait les charmes, les défauts cachés de quelques Européennes ; il endossa sa flanelle, ses bas de soie et sa culotte de casimir blanc, les souliers à boucles d'or, une cravate noire, un gilet blanc, le grand cordon de la Légion d'honneur qu'il portait constamment lorsqu'il n'était pas en négligé ; un habit de drap vert à collet battant, et le chapeau à trois cornes, complétèrent sa toilette.

« Docteur, le reste de la journée est à nous ; plus de travail, plus de « lecture. Dès que je suis en costume, je reçois ou je me promène, je « ne pense plus à rien. »

15. — L'Empereur a peu dormi. La douleur au foie est devenue plus vive.

J'avais vu madame Bertrand la veille ; elle souffrait plus qu'à l'ordinaire. Napoléon était inquiet ; il craignait que l'affection ne devînt dangereuse. « Votre malade va-t-elle mieux ? La douleur se calme-t-elle ?

« — Non, Sire ; madame la maréchale est en proie à toute la malignité « de la latitude. — Vous craignez pour ses jours ? — Ce n'est pas cela,

« mais les organes se fatiguent. — La situation est affreuse ; nous, nous
« la supportons ; mais une femme ! Privée tout à coup de tout ce qui
« rend la vie aimable, combien elle est plus à plaindre ! Madame Ber-
« trand se lève tard, sa position maladive la retient au lit ; elle ne peut
« aller à la messe, peut-être cependant qu'elle serait bien aise de l'en-
« tendre ? Je n'ai pas réfléchi qu'elle était souffrante, je n'ai vu que
« l'âge du bon abbé quand j'ai fixé l'heure de la cérémonie. Dites-lui
« que je donne l'ordre à Vignali d'aller officier chez elle, qu'elle lui
« fasse désormais connaître le moment qui lui convient ; ce prêtre est
« à sa disposition. »

16. — L'Empereur se trouve un peu mieux.

Il était à son bureau ; il avait autour de lui des règles, des compas, et roulait dans ses mains un crayon, instrument qui lui servait pour écrire, car il n'employait ordinairement ni encre, ni plume à cet usage. J'apercevais des plans, des tracés, des formules algébriques ; mais Napoléon sifflait : cette circonstance annonçait un orage. Je ne disais mot : nous devinions tous à sa manière d'être au travail les sensations qui l'agitaient. Si l'application était sérieuse, c'est qu'il était souffrant et le sujet ardu ; était-elle légère, enjouée, chantante ; entendions-nous fredonner quelques couplets, quelque air italien bien gai, les maux, les souvenirs avaient fait halte ; il avait oublié, il ne songeait plus, c'était toute l'amabilité de son caractère. S'il faisait, au contraire, résonner l'air dans ses lèvres, c'est qu'il était contrarié, mécontent, de mauvaise humeur, et qu'il n'attendait qu'un mot, une occasion pour éclater. Malheur à qui se présentait alors! Napoléon agitait une tabatière oblongue, je saisis la circonstance, je lâchai un mot sur l'inconvénient du tabac. « Bon ! de l'importance médicale ! Comme si j'en usais ! Je ne
« quitte jamais cette tabatière, monsieur le docteur, à cause des mé-
« daillons dont elle est enchâssée. (C'étaient ceux d'Alexandre, César,
« Mithridate, etc.) Quant au tabac, je suis des semaines sans en pren-
« dre, je me borne à en respirer l'odeur. »

Il se jeta sur son sopha, ouvrit au hasard le second volume de sa correspondance inédite, parut frappé, se radoucit.

17. — L'Empereur est revenu sur son abdication, et s'est fort étendu sur les intrigues, les illusions de cette époque. Je m'étonnais que des hommes vieillis dans les affaires, que Sébastiani, que Lafayette, eussent été les dupes de Fouché, qu'ils eussent confondu les époques, et se fussent imaginé que les alliés accordassent à la défaite ce que cinq ans de victoires avaient peine à en obtenir. « Sans doute, me dit Napoléon ; la

« députation était ridicule et la bonhomie sans égale ; mais, comme le
« disaient les Viennois à l'occasion des prisonniers d'Olmutz, Lafayette
« laisse deux filles qui protégeront sa mémoire, la déclaration des droits
« et l'institution de la garde nationale. »

18. — Violente douleur au foie pendant la nuit. Le palais, les gencives, sont attaqués d'une irritation fluxionnaire.

19. — L'Empereur se trouve mieux.

21. — L'Empereur est mieux et se promène. L'exercice lui rend des forces, de la gaieté. J'étais debout, il vient à moi, m'adosse au mur, la main levée : « Grand coquin de *dottoraccio!* vous me droguez. Que dites-vous de ma poitrine? Allons, que pensez-vous de mes poumons ? Vous qui connaissez le cœur humain, dites, mourrai-je pulmonique? Que décide Gallien ? — Qu'avec une voix comme la vôtre on n'a rien à craindre de la pulmonie. — Oui, mais ce foie? » Son ton, son attitude, étaient changés ; il tenait la main sur l'hypocondre droit. « C'est là qu'est le mal ; c'est le défaut de la cuirasse, le climat l'a saisi. N'y pensons plus. »

22. — Douleur au foie plus vive. Elle s'étend sur le côté droit et se prolonge jusqu'à l'épaule.

L'Empereur se sentait un peu soulagé; il reprit sa correspondance.

« Lorsque j'entrai au Caire, les Turcs, qui mesuraient ma taille au
« bruit de nos victoires, se figuraient que j'avais au moins six pieds. Je
« fus bien déchu lorsqu'ils me virent. J'étais moins haut, moins cor-
« poré qu'un de leurs mameluks, je ne pouvais commander une ar-
« mée. Les imans poussaient le peuple à la révolte. Il fallut opposer
« les manœuvres aux manœuvres, je jouai le rôle d'inspiré.

« L'artillerie du Mokatan, le tonnerre qui se fit inopinément entendre,
« les pierreries de Malte que je distribuai aux plus influents, mon as-
« surance, mon langage, déconcertèrent l'insurrection. Je fus un ami
« du prophète, un envoyé de Dieu, tous les cheiks étaient à moi. Ils
« m'embarrassèrent néanmoins ; ils me proposaient de proclamer l'is-
« lamisme et de prendre le turban. « Nous verrons. — Vous auriez
« cent mille hommes ! — J'y penserai. — Toute l'Arabie se rangerait
« sous vos drapeaux. — Mais l'abstinence? Nous sommes de l'Occi-
« dent ; nous péririons si nous ne buvions pas de vin. — L'usage peut
« s'en tolérer. — Et la circoncision? — N'est pas non plus indispen-
« sable ! » J'étais forcé dans tous mes retranchements. Je ne savais
« plus que dire, à quel obstacle me rattacher, je m'avisai d'une défaite.
« Puisqu'il en est ainsi, nous sommes tous musulmans, leur dis-je.

« Mais la cérémonie doit être grande, solennelle, marquée par des actes
« de piété. Je donne ordre qu'on élève une mosquée plus belle que

« Sainte-Sophie ; elle sera inaugurée pour notre conversion. » Les
« imans satisfaits consentirent à ce qu'ils avaient jusque-là refusé avec
« obstination. Ils adressèrent pour moi des vœux au prophète ; je fus
« respecté, obéi du peuple ; je fis tout ce que je voulus. Sans les cir-
« constances impérieuses qui m'appelèrent en France, les affaires d'É-
« gypte eussent pris une autre tournure. Elles n'eussent pas eu l'issue
« déplorable qu'elles ont eue, si Kléber ne fut pas tombé sous le poi-
« gnard d'un assassin. Il ne fallait qu'une intelligence médiocre pour
« jeter à la mer les Anglais d'Aboukir, battre les Turcs s'ils sortaient
« du désert, et aller recevoir à composition les Cipayes qui descen-
« daient la haute Égypte. Mais Menou était d'une nullité qui ne pouvait
« se prévoir ; il perdit tout. »

23. — L'Empereur se trouve mieux.

Il fait appeler les enfants du grand maréchal. Il joue avec eux, et
les excite lui-même au tapage. Le petit Arthur se prend de mauvaise
humeur, et grommelle entre ses dents. « Que dis-tu, coquin ? Voyons !

« Quoi ! Qu'as-tu ? » Et l'Empereur le faisait sauter, rire malgré lui. « Ce petit drôle-là, me dit-il en le quittant, est aussi entier que « je l'étais à son âge ; mais les emportements auxquels je m'abandon-« nais souvent étaient mieux motivés. J'avais cinq à six ans. On m'a-« vait mis dans une pension de petites demoiselles, dont la maîtresse « était de la connaissance de ma famille. J'étais gentil, j'étais seul, « chacune me caressait. Mais j'avais toujours mes bas sur mes souliers, « et, dans nos promenades, je ne lâchais pas la main d'une charmante « enfant qui fut l'occasion de bien des rixes. Mes espiègles de cama-« rades, jaloux de ma Giacominetta, assemblèrent les deux circonstances « dont je parle, et les mirent en chanson. Je ne paraissais pas dans la « rue qu'ils ne m'escortassent en fredonnant : *Napoleone di mezza cal-« zetta fa l'amore a Giacominetta*. Je ne pouvais supporter d'être le « jouet de cette cohue. Bâtons, cailloux, je saisissais tout ce qui se pré-« sentait sous ma main, et m'élançais en aveugle au milieu de la mêlée. « Heureusement qu'il se trouvait toujours quelqu'un pour mettre le « holà et me tirer d'affaire ; mais le nombre ne m'arrêtait pas : je ne « comptais jamais. » Les enfants se retirèrent ; la conversation devint sérieuse et tomba peu à peu sur les événements qui suivirent le retour d'Égypte. Il entra dans une foule de détails, de particularités au sujet de la bataille de Marengo, et fit une relation de cette journée.

Augereau. — Joubert. — Masséna. — Laharpe. — Gérard. — Clausel. — Belliard. — Lamarque. — Desaix.

L'ARMÉE de réserve réunie à Dijon me donnait
« les moyens de passer rapidement en
« Allemagne ou en Italie, selon que le
« cas l'exigerait. La saison m'a un peu
« favorisé. Les moines du Saint-Ber-
« nard m'ont assuré que la neige a
« disparu cette année vingt jours plus
« tôt que de coutume. Ils ont très-bien
« reçu notre armée, un peu fatiguée
« par le passage des Alpes. Je les avais fait prévenir de notre arrivée en

« leur envoyant de l'argent; ils nous fournirent des provisions et de
« très-bon vin. Les moines du Saint-Bernard sont un ordre infiniment
« respectable; c'est une de ces institutions que les gouvernements ne
« doivent jamais détruire, mais qu'ils doivent protéger, encourager par
« tous les moyens en leur pouvoir.

« J'arrivai en Italie; je me trouvai immédiatement sur les derrières
« de l'ennemi, et maître de ses magasins et de ses équipages; j'avais
« obtenu de grands avantages; une fois arrivé à Stradella, on pouvait
« regarder la campagne comme finie. Si Gênes avait tenu, je restais
« ferme dans mon camp retranché de Stradella, l'une des plus fortes
« positions de l'Italie. J'avais sur le Pô cinq ponts qui rendaient faciles
« mes communications avec les divisions Chabran, Lapoype, Turreau
« et Moncey. Je pouvais les appeler à mon secours si j'étais attaqué, ou
« les aider si l'ennemi les inquiétait. M. de Mélas était obligé, pour ré-
« tablir ses communications, de venir m'offrir la bataille sur un terrain
« que j'avais choisi moi-même. C'était une plaine coupée de bois, très-
« favorable à mon infanterie, mais où sa cavalerie ne pouvait rien faire.
« J'avais toutes mes troupes à ma disposition.

« La prise de Gênes changea entièrement la face des choses; dès lors
« l'ennemi eut une retraite assurée et des positions très-avantageuses.
« Il pouvait se retirer à Gênes et s'y défendre en tirant ses provisions
« de la mer, ou garnir de batteries les hauteurs de Babbio, et entrer,
« malgré tous mes efforts, dans Plaisance, reprendre Mantoue et Pes-
« chiera, se mettre en communication avec l'Autriche, et me réduire à
« faire une guerre ordinaire. Tout mon plan de campagne était déjoué.
« Un moyen vint s'offrir à mon esprit, je le risquai. Je partis de Milan
« et fis trente-deux lieues en sept heures. Je commandai la bataille de
« Montebello; nous la gagnâmes, et cette victoire fut cause que l'en-
« nemi évacua Gênes. Toutefois cette victoire affaiblit mon armée. Je
« fus obligé de prendre dans les divisions qui se tenaient de l'autre côté
« du Pô, pour fermer l'entrée des États de Milan. Elles n'étaient pas, à
« la vérité, à plus de trois lieues de moi; mais il leur fallait trois jours
« pour me joindre en ce qu'elles étaient obligées de passer par Plai-
« sance ou par Stradella. J'avais encore contre moi une autre circon-
« stance : le pays entre Montebello et Alexandrie n'est qu'une immense
« plaine qui était très-favorable à la cavalerie allemande. Je résolus
« cependant de tenter une escarmouche; j'étais dans une situation
« extraordinaire, et je risquais peu pour gagner beaucoup. Battu, je
« me retirais dans mon camp retranché à Stradella, je passais le Pô sur

« mes cinq ponts protégés par mes batteries, sans que l'armée ennemie
« fût en état de s'y opposer; je réunissais ma première division aux
« corps de Moncey, Lecchy et Turreau; je laissais franchir le Pô à un
« des corps de Mélas (et c'est tout ce qu'il demandait); alors, supérieur
« en nombre, je pouvais l'attaquer avec toutes mes forces. Vainqueur,
« j'obtenais les mêmes résultats. Son armée, bloquée entre nous et la
« rivière, était forcée de mettre bas les armes et de rendre tous ses
« forts. Si j'eusse été battu, ce que je crois impossible, j'engageais une
« guerre régulière, et j'appelais la Suisse à mon secours.

« Déterminé à livrer bataille, je me fis rendre compte de l'effectif de
« mon armée. J'avais en tout vingt-six mille hommes; M. de Mélas en
« avait quarante, dont dix-huit mille de cavalerie. A deux heures du
« matin, on vint m'annoncer que l'ennemi était tombé sur notre avant-
« garde, et que nos troupes cédaient. Le Français n'aime pas à être
« attaqué; nos troupes se repliaient un peu en désordre; l'ennemi nous
« avait déjà fait quelques prisonniers, et nous avions perdu dans notre
« retraite une lieue et demie de terrain.

« Les généraux de l'avant-garde, Lannes, Murat et Berthier, m'en-
« voyaient ordonnances sur ordonnances; ils me disaient que leurs
« troupes étaient en fuite et qu'ils ne pouvaient les arrêter. Ils me de-
« mandaient des renforts et me priaient de me mettre en marche avec
« ma réserve. Je répondais à tous : « Tenez tant que vous pourrez; si
« vous ne le pouvez pas, battez en retraite. » Je voyais que les Autri-
« chiens n'avaient pas employé leur réserve; et, en pareil cas, le grand
« point est de tâcher que l'ennemi emploie toutes ses forces, tout en
« ménageant les nôtres, et de l'engager à nous attaquer sur les flancs
« tant qu'il ne s'aperçoit pas de sa méprise; car la difficulté est de le
« forcer à employer sa réserve. L'ennemi avait quarante-quatre mille
« hommes contre vingt mille au plus; encore ces vingt mille étaient-ils
« en déroute. Il ne restait donc à Mélas qu'à profiter de son avantage.
« Je me portai en avant de la première légion dans un uniforme élé-
« gant; j'attaquai moi-même avec une demi-brigade, je fis plier les
« Autrichiens et rompis leurs rangs; Mélas, me voyant à la tête de mon
« armée et ses légions enfoncées, crut que j'étais arrivé avec ma réserve
« pour contenir les troupes en retraite; il s'avança avec toute la sienne,
« qui se composait de six mille grenadiers hongrois, l'élite de son infan-
« terie; ce corps remplit la trouée que j'avais faite, et nous attaqua à
« son tour. Je cédai alors; et pendant une retraite d'une demi-lieue,
« exposé à leur feu, je ralliai toute l'armée et la reformai en bataille.

« Aussitôt que j'eus rejoint ma réserve, forte de six mille hommes avec
« quinze pièces de canon, sous les ordres de Desaix, qui était alors mon
« ancre de salut, par une manœuvre rapide, je déployai toutes mes
« forces, je formai avec mon armée les deux ailes de l'armée de Desaix,
« et j'opposai à l'ennemi six mille hommes de troupes fraîches. Une
« vigoureuse décharge d'artillerie et une charge désespérée à la baïon-
« nette enfoncèrent leur ligne et coupèrent les deux ailes; j'ordonnai
« alors à Kellermann d'attaquer avec huit cents cavaliers, il s'ébranla

« et sépara avec ces huit cents hommes les six mille grenadiers hongrois
« du reste de l'armée, sous les yeux même de la cavalerie autrichienne;
« mais celle-ci était à une demi-lieue; il lui fallait un quart d'heure
« pour arriver, et j'ai remarqué que ce sont toujours ces quarts d'heure
« qui décident du sort des batailles. Les troupes de Kellermann jetè-
« rent les grenadiers hongrois sur notre infanterie, ils furent aussitôt
« faits prisonniers. La cavalerie autrichienne arriva; mais notre infan-
« terie était en ligne, son artillerie en tête. Une décharge épouvantable,
« une barrière de baïonnettes, la firent rétrograder; elle se retira un
« peu en désordre, je la poursuivis avec trois régiments qui venaient

« de me joindre ; elle se déploya ; je la poussai, elle se noya en grande
« partie en cherchant à passer le pont de la Bormida, qui est très-étroit.
« On pourchassa le reste jusqu'à la nuit.

« J'appris, après la bataille, de la bouche de quelques officiers géné-
« raux prisonniers, qu'au milieu même de leur premier succès, les
« Autrichiens n'étaient pas sans inquiétude ; ils avaient un secret pres-
« sentiment de leur défaite. Pendant le combat, ils questionnaient nos
« prisonniers et leur demandaient : Où est le général Bonaparte ? —
« A l'arrière-garde ; et ceux qui s'étaient déjà battus contre moi en
« Italie, et qui connaissaient mon habitude de me réserver pour la fin,
« s'écriaient : « Notre tâche n'est pas encore finie. »
« Ils avouèrent aussi qu'en me voyant sur la première ligne, ils
« avaient complétement donné dans le piége, et cru que ma réserve
« était engagée. Dans toutes les batailles il arrive toujours un moment
« où les soldats les plus braves, après avoir fait les plus grands efforts,
« se sentent disposés à la fuite. Cette terreur vient d'un manque de

« confiance dans leur courage; il ne faut qu'une légère occasion, un
« prétexte pour leur rendre cette confiance; le grand art est de le faire
« naître.

« A Arcole, j'ai gagné la bataille avec vingt-cinq cavaliers. Je saisis

« cet instant de lassitude dans les deux armées; je m'aperçus que les
« Autrichiens, tout vieux soldats qu'ils fussent, n'eussent pas demandé
« mieux que de se trouver dans leur camp, et que nos Français, quoi-
« que braves, auraient voulu être sous leurs tentes. Toutes mes forces
« avaient été engagées, plusieurs fois j'avais été obligé de les reformer
« en bataille; il ne me restait plus que vingt-cinq guides, je les envoyai
« sur les flancs de l'ennemi avec trois trompettes qui sonnèrent la
« charge. Un cri général se fit entendre dans les rangs autrichiens:
« *Voilà la cavalerie française!* Et ils se mirent en fuite. Il est vrai qu'il
« faut saisir le moment. Un instant plus tôt ou plus tard cette tentative
« eût été inutile; si j'avais envoyé deux mille chevaux, l'infanterie au-

« rait fait un quart de conversion ; couverte par ses pièces, elle eût fait
« une bonne décharge, et la cavalerie n'aurait pas même attaqué. »

24. — Fièvre, douleur à la tête ; l'Empereur ne peut dormir. Le mal continue.

25. — La nuit a été meilleure ; la fièvre s'est terminée par une sueur abondante. L'Empereur se trouve mieux.

Il était sur son texte ordinaire. Il me parlait de la Corse, de ses montagnes, des instants de bonheur qu'il y avait passés. Il en vint à Paoli. « C'était un bien grand homme que Paoli ; je l'aimais, il nous chéris-
« sait tous. Nous étions à Corté quand il prit la funeste résolution de
« faire passer la Corse sous la domination des Anglais. Il m'en fit d'a-
« bord un mystère ; Gentili ne m'en parla pas non plus. Quelques mots
« lâchés par méprise me donnèrent l'éveil ; je récapitulai ce que j'avais
« vu, entendu ; je ne doutai plus de leur dessein. Nous étions loin de
« compte ; je m'en expliquai plusieurs fois d'une manière indirecte. Je
« commandais un corps de gardes nationales ; il fallut bien me mettre
« dans la confidence. Ils ne désespéraient pas d'ailleurs de triompher de
« mes idées, de mon antipathie ; ils me proposèrent d'agir de concert
« avec eux. Je n'avais garde ; je ne respirais que la France, je ne voulais
« pas débuter par la trahir. L'amitié de Paoli m'était chère ; il m'en coû-
« tait de rompre avec lui ; mais la patrie ! C'était mon étoile polaire. Je
« m'éloignai ; je gagnai Bocognano. J'y fus atteint par les montagnards,
« enfermé, gardé par quarante hommes. La position était critique, je
« trouvai cependant le moyen d'en sortir. Je liai conversation avec un
« bon homme de capitaine, qui me comblait d'égards, s'excusait, regret-
« tait d'être obligé d'obéir. Il m'invita à prendre l'air, j'acceptai ; j'en-
« voyai mon domestique se placer à cinq ou six cents pas sur la route,
« et mon geôlier n'avait pas tourné la tête, que j'étais sur mon cheval.
« Il cria, appela aux armes ; mais le vent m'emportait ; j'étais hors d'at-
« teinte avant qu'il eût fait feu ; j'arrivai à Ajaccio, les montagnards
« étaient sur mes traces ; je fus contraint de demander un asile à l'ami-
« tié. Barberi me reçut, me conduisit à la côte d'où j'allai à Calvi rejoin-
« dre Lacombe Saint-Michel. J'avais échappé aux partis, aux postes, à la
« police ; on n'avait pu m'atteindre ; Paoli était désolé. Il écrivait, se
« plaignait, menaçait : nous trahissions ses intérêts, ceux de notre patrie ;
« mes frères et moi nous ne méritions pas les sentiments qu'il nous por-
« tait. Nous pouvions revenir cependant, il nous tendait les bras ; mais
« si nous étions une dernière fois sourds à ses conseils, insensibles à ses
« offres, il ne ménagerait plus rien. L'exécution fut aussi prompte que

« la réponse était fière. Il fit main basse sur nos troupeaux, pilla, brûla
« nos propriétés, saccagea tout. Nous laissâmes faire ; nous échauffâmes
« les patriotes ; mais la citadelle était occupée, le feu était roulant, nous
« ne pûmes débarquer. Nous allâmes mouiller en face, au nord du golfe.
« Les insurgés nous suivirent ; j'avais eu le temps de mettre quelques
« pièces à terre ; je les couvris de mitraille. Ils revenaient cependant,
« m'accablaient de reproches, s'indignaient qu'un des leurs combattît
« pour la France. Ils étaient montés sur les hauteurs, sur les arbres,
« partout où ils espéraient se faire mieux entendre. Je chargeai un coup
« à boulet, j'ajustai et coupai la branche sur laquelle un de ces orateurs

« était perché. Il tomba ; sa chute égaya la cohue ; elle se dispersa, on ne
« la vit plus. Nous rentrâmes à Calvi ; nous essayâmes encore quelques
« coups de main qui ne furent pas tous à notre désavantage ; mais les
« Anglais avaient pris terre, les montagnards inondaient la plaine, nous
« ne pûmes faire tête à l'orage.

« Ma mère gagna Marseille. Elle croyait y trouver un accueil digne

« des sacrifices qu'elle avait faits ; elle n'y obtint à peine que sa sûreté.
« Tout avait plié ; ma présence n'était bonne à rien, je quittai la Corse
« et me rendis à Paris. Les fédérés venaient de livrer Toulon ; l'avenir
« était gros d'événements ; je ne désespérai pas d'en voir éclore un qui
« rétablît nos affaires. Elles en avaient besoin ; les montagnards les
« avaient ruinées de fond en comble; elles étaient à jamais perdues sans
« la révolution. Les maux que nous avait faits Paoli n'avaient pu me dé-
« tacher : je l'aimais, je le regrettai toujours. Il était grand, d'une atti-
« tude noble, parlait bien, connaissait les Corses, et exerçait sur eux
« une influence illimitée. Il combattait, gouvernait avec une sagacité, un
» tact que je n'ai vu qu'à lui. Je l'accompagnais dans ses courses pendant
« la guerre de la liberté. Il m'expliquait, chemin faisant, les avantages
« du terrain que nous parcourions, la manière d'en tirer parti, celle de
« remédier aux accidents qu'il présentait. Je me rappelle qu'un jour
« nous nous rendions au Port-Neuf à la tête d'un détachement nom-
« breux. Je lui soumis quelques observations sur les idées qu'il avait
« émises. Il m'écouta avec beaucoup d'attention, et me regardant fixe-
« ment dès que j'eus fini : — Oh! Napoléon, me dit-il, tu n'es pas de ce
« siècle, tes sentiments sont ceux des hommes de Plutarque. Courage,
« tu prendras ton essor. Je le pris en effet ; mais lui-même fut obligé de
« céder à la fortune. Il se réfugia en Angleterre, où il vivait à l'époque
« des expéditions d'Italie et d'Égypte. Chacune de mes victoires lui don-
« nait le transport; il célébrait, exaltait mes succès : on eût dit que nous
« étions encore dans l'intimité où nous avions vécu. Lorsque je fus promu
« au consulat, que je parvins à l'empire, ce fut pis encore. Les fêtes, les
« diners se succédaient l'un à l'autre. Ce n'étaient que cris d'allégresse
« et de satisfaction. Cet enthousiasme déplut au chef de l'État; Paoli
« fut mandé. — Vos reproches sont justes, lui dit-il, mais Napoléon est
« un des miens, je l'ai vu croître, je lui ai prédit sa fortune, voulez-vous
« que je déteste sa gloire, que je deshérite mon pays de l'honneur qu'il
« lui fait ?—Je portais à ce grand homme tous les sentiments qu'il avait
« pour moi. Je voulais le rappeler, lui donner une part au pouvoir ;
« mais les affaires m'accablaient, le temps manqua, il mourut. »

26. — Le mieux continue.

Des bâtiments étaient mouillés dans la rade ; quelques passagers avaient pris terre et cherchaient à voir l'Empereur. Je les aperçus qui s'avançaient avec Lowe. « Ils viennent de l'Inde, me dit-il, je voudrais
« leur faire quelques questions ; mais ce Calabrais m'inspire trop de dé-
« goût, je ne les recevrai pas. » Et il se mit à discourir sur l'Inde. Il

« l'avait mal attaquée ; il la travaillait par la Perse ; ce n'était pas par là qu'il fallait aller ; mais les aventuriers qu'il avait lancés dans ces parages avaient pactisé avec les présidences, livré les nababs, il ne voulait plus d'eux. « J'eus quelque temps dessein de faire passer deux ou trois milliers « de chouans sur la Jumna. Ils le sollicitaient, demandaient Bourmont « pour chef. J'eusse fait sagement d'y consentir. Le sang français est « toujours bon en face de l'étranger, j'eusse été débarrassé de ces vieux « habitués de discordes, je n'en eusse pas sottement traîné à Waterloo ; « un grand désastre n'eût pas eu lieu ; mais on obéit à son étoile, on ne « lui commande pas. J'ai montré à la France ce qu'elle pouvait, qu'elle « l'exécute ! »

27. — L'Empereur a passé une mauvaise nuit.

« Docteur, comment me trouvez-vous ? suis-je mieux ? » Il lisait, me présentait son bras. « Votre Majesté n'est pas plus mal.—C'est que les « pilules..... » (La boîte était ouverte, il n'en avait pas pris.)— « Elles « ont leur efficacité.—Sans doute, elles ont toutes les vertus du monde, « me dit-il en jetant le livre. Mais, docteur, vous prêchez les pilules avec « plus d'onction qu'on ne parle aujourd'hui de légitimité ; en prenez-« vous vous-même ? » Je riais.— « C'est bien, à vous la harangue et la « drogue au malade, n'est-ce pas ? Tenez, laissons vos remèdes ; la vie « est une forteresse où ni vous ni moi ne voyons rien ; n'entravons pas « sa défense, ses moyens valent mieux que les nôtres. Corvisart en con-« venait. »

Je cherchais à le combattre, j'étais sérieux, j'envisageais toutes les conséquences que ses opinions pouvaient avoir. « Vous êtes soucieux, « docteur ; qu'avez-vous ? Ai-je saisi le défaut de la cuirasse ?— Sire, il « y a des médicaments éprouvés.—Comme ceux que Corvisart donnait « à l'impératrice : des pilules de mie de pain, qui opéraient cependant « merveille. Marie-Louise m'en vantait les bons effets.—Non, Sire. Les « faits... — Sont visibles et les causes cachées. Je suis des vôtres ! j'ai « exercé.—Vous, Sire?—Moi!— Au moins Votre Majesté ne prescrivait « pas de remèdes.—Comment donc! et la dignité! J'eusse passé pour un « intrus.—Vous les choisissiez ? Ils n'étaient pas désagréables à prendre. « — Quelquefois. Cependant, je ne puisais pas dans les pharmacies. « L'eau, l'air, la propreté formaient le fond de mon dispensaire. Vous « riez de ma méthode. Vos confrères en riaient aussi en Égypte, mais « l'expérience fit voir que ma flanelle et ma brosse valaient mieux que « leurs pilules. Nous étions décimés par la peste et l'assassinat. Les « Arabes massacraient mes soldats, les médecins refusaient de les se-

« courir. Je ne pouvais pas les abandonner à leur misère ; je cherchai
« vainement à réchauffer le courage des gens de l'art, ordinairement si
« dévoués. Je sévis contre celui d'entre eux qui s'était montré le plus
« pusillanime ; il fut dégradé, promené dans les rues d'Alexandrie avec
« cet écriteau : *Il n'est pas Français, il a peur de la mort.* »

50. — L'Empereur allait mieux. Les cousins m'obsédaient, je montai
à cheval et m'éloignai.

« Déjà ! me dit Napoléon à mon retour. — Oui, Sire. Je cherche à me
« soustraire aux piqûres. — Moi aux ravages. Tenez, voyez comme ces
« malheureux rats courent dans ma chambre ; mes cloisons sont détrui-
« tes, tout est à jour dans ces tristes cabanes. Mais vous ne m'avez point
« dit ce qui vous avait le plus frappé dans vos courses. — Quelques plan-
« tes, des arbustes. — Des escarpements, des abîmes, c'est la nature en
« convulsion. — Ah ! Sire, quand on a doublé le Munder. — Eh bien? —
« La vue s'ouvre, on aperçoit James-Town. — Le beau point de repos !
« quelques cahutes que les rochers surplombent. Les montagnes les
« serrent, elles vont les écraser. — Le coup d'œil en est plus pittoresque.

« Pittoresque en effet. Une centaine de cabanes de pierre et de boue qui
« courent dans le fond d'un ravin, des corps de garde, un hôpital, une
« église à l'avenant; le tableau est romantique. — Mais Plantation-House?
« — C'est l'oasis du désert. Elle est adossée à une chaîne de monta-
« gnes. Les vents du sud-est ne la dessèchent pas. Les plantes, les arbus-
« tes les plus opposés s'y plaisent. Ils croissent, se développent, étalent
« une végétation qu'on n'aperçoit pas ailleurs. Elle est unique dans son
« espèce comme le Calabrais qui l'habite. — Il y a des lieux plus tristes
« encore. — Non, il n'y en a pas comme celui où nous sommes. Point
« d'ombre, point de verdure. Nous n'avons que quelques arbres à
« gomme, encore sont-ils mutilés; le vent les a pliés dans le sens de sa
« direction. Plus de végétation, plus de vie à cette hauteur (deux mille
« pieds). La magnanimité britannique avait des motifs pour m'y jucher.
« On ne l'ignorait pas. L'homme finit vite où les plantes s'étiolent: c'est
« un calcul qui n'a pas échappé. Ne sait-on pas le temps qu'on use à
« Sainte-Hélène? y connaît-on des vieillards? y trouve-t-on beaucoup
« d'individus qui atteignent cinquante ans? Chaque aspiration est un
« coup d'épingle qui concourt au trépas. Et voilà ce que la noble Angle-
« terre se proposait dans la manière neuve dont elle consomme l'as-
« sassinat. »

31. — L'Empereur était agité, inquiet. Je lui donnai quelques conseils.
« Merci, docteur; le moment approche, je sens que la nature vient à mon
« secours. » Il se laisse couler sur un siége, saisit sa cuisse gauche, et la
déchire avec une espèce de volupté. Les cicatrices s'ouvrent, le sang
jaillit. « Je suis soulagé; je vous l'ai dit, j'ai mes crises. Dès qu'elles
« arrivent je suis sauvé. » Cette espèce de lymphe, qui sortait d'abord
avec abondance, cessa bientôt; la plaie se ferma et s'étancha d'elle-
même. « Vous le voyez, me dit Napoléon, la nature en fait tous les frais;
« dès qu'il y a du trop plein elle le rejette, et l'équilibre se rétablit. »
Ce fait singulier excita ma curiosité; j'en recherchai toutes les circonstances, et j'appris qu'il était régulier, périodique, qu'il datait du siége
de Toulon. L'Empereur, qui n'était alors que colonel, échauffait le feu
d'une batterie. Un canonnier tombe à ses côtés. Il s'empare du refou-
loir, charge, sue, aspire la gale dont le mort était couvert. Il se soumet
à un traitement; mais l'impatience de la jeunesse, l'activité du service,
un coup de baïonnette qui le frappe au-dessus du genou, le lui font bientôt abandonner. L'éruption rentre, l'humeur s'échappe et prend son
cours à travers la blessure. Cette négligence faillit lui devenir fatale. Le
virus se développa pendant les campagnes d'Égypte et d'Italie. La poi-

trine devint douloureuse, la toux continuelle, la respiration pénible. Le Premier Consul était maigre, pâle, défait, semblait toucher au terme de sa carrière. « Mes alentours m'obsédaient, ne cessaient de me faire des
« représentations sur mon insouciance ; mais elle ne nuisait pas à la mar-
« che des affaires ; je laissais dire. A la fin, cependant, les sollicitations
« devinrent si pressantes, que je consentis à prendre les conseils d'un
« médecin. On me proposa Desgenettes. Tout choix était bon, j'acceptai ;
« mais le parleur me fit une si longue dissertation, me prescrivit tant de
« remèdes, que je restai convaincu que l'adepte était un discoureur, et
« l'art une imposture ; je ne fis rien. Les obsessions recommencèrent,
« je cédai ; on m'amena Corvisart. Il était brusque, impatient, bourru.
« Je ne lui avais pas rendu compte de ma situation, qu'il me dit : « Ce
« que vous avez n'est rien ; c'est une éruption rentrée qu'il faut rappeler
« à l'extérieur. Quelques jours de vésicatoires suffiront. » Il m'en appli-
« qua deux sur la poitrine, la toux disparut. Je repris de l'embonpoint,
« de l'énergie, et fus à même de supporter les plus rudes fatigues ; la
« sagacité de Corvisart me charma. Je vis qu'il avait pénétré ma struc-
« ture ; que c'était le médecin qui me convenait. Je me l'attachai, et le
« comblai de biens. Il me fit plus tard un cautère au bras gauche ; mais
« la guerre d'Espagne éclata, je le laissai fermer, et ne m'en trouvai pas
« plus mal. L'irritation, la démangeaison continuèrent à se faire sentir
« comme à l'ordinaire. Je me fis de nouvelles blessures ; il se forma
« d'autres cicatrices ; je retrouvai ma santé de fer. »

L'Empereur reposait, se baignait, se promenait : c'était le train ordinaire de la vie. Je l'accompagnais au jardin. Il m'entretenait de ses campagnes ; je lui parlais de la Corse. Un jour qu'il s'était beaucoup étendu sur les agitations de ce malheureux pays, il me fit le tableau des services de Cervoni, des fournitures d'Aréna, de ses exactions, de ses intrigues. « Mon retour inopiné d'Égypte le déconcerta ; les prisons étaient plei-
« nes, les partis en présence, la patience publique à bout. L'autorité mu-
« nicipale accusait le département ; celui-ci les magistrats. Ce n'était
« qu'exaspération et désaccord. Les vents nous poussaient loin des côtes
« de France ; nous nous réfugiâmes dans les eaux de la Corse ; nous at-
« teignîmes Ajaccio ; nous mouillâmes dans la rade. Les corps, la popu-
« lation, accoururent aussitôt sur le rivage ; chacun veut me voir, de-
« mande que je débarque ; les acclamations croissaient d'heure en heure ;
« les meneurs étaient sur braise. Ils se roidirent cependant ; la santé
« s'assembla et décida, après une longue discussion, que je ne pouvais
« descendre. « Témoignez-lui, du moins, combien cette mesure vous

« coûte, lui dit Barberi qui la présidait ; allons féliciter le général sur
« ses victoires ; l'hommage est bien mérité. » La proposition fut accueil-
« lie ; on prit un canot, on se dirigea sur la Muiron. Les matelots tendi-
« rent des cordes ; Barberi monta, les autres suivirent. Je fus invité à
« mettre pied à terre. Je ne me doutais pas que le président abusait
« de la circonstance ; je croyais l'invitation unanime, j'acceptai, je dé-
« barquai avec ma suite. Je fus reçu comme on l'est quelquefois par des
« compatriotes : ce ne fut qu'acclamations.

« Les troupes étaient sous les armes. Les malheureux ! ils n'avaient

« ni vêtement ni chaussure. Je demandai où en était la caisse ; mais elle
« n'avait rien touché depuis sept mois. Le payeur était en avance ; il
« s'était obligé pour 40,000 francs qu'il avait répartis dans les corps
« afin d'assurer la subsistance. Je fus indigné de cet abandon. Je réunis
« ce que j'avais de disponible, je fis aligner la solde : je ne voulus pas
« que l'uniforme excitât la pitié. Le soir il y eut bal, illumination ; le
« pauvre le disputait au riche. Braves habitants d'Ajaccio, jamais je
« n'oublierai leur accueil.

« L'excellent Barberi m'avait fait passer des notes, des journaux, je

« savais où en étaient l'île et la France, j'avais un aperçu de l'état des
« partis. Une gondole devait suivre ma frégate, quatorze marins choisis
« la montaient ; je pouvais devancer les marcheurs expédiés à Toulon,
« échapper aux croisières anglaises qui avaient pris l'éveil. Le lende-
« main je reçus des félicitations des autorités civiles et militaires. Je
« donnai des éloges aux uns, je traitai sévèrement les autres, j'intimi-
« dai le département. Les prisons furent ouvertes, quelques démission-
« naires remplacés, on respira, on reprit courage. En quatre jours
« l'ordre, la paix, la confiance furent rétablis. Les complices de Citta-
« della lui avaient dépêché un aviso pour lui annoncer mon retour.
« Mais il ne put mettre à la voile. Je partis ; je n'arrêtai pas que je ne
« fusse à Paris. Je culbutai le directoire, je fis le 18 brumaire, je con-
« fondis l'étranger, je rappelai l'ordre et la victoire, je commençai le
« consulat. Mais si les vents eussent été propices, si la dépêche de Cit-
« tadella m'eût devancé, j'échouais peut-être, et la France était dès lors
« la proie de l'émigration. »

Napoléon m'avait beaucoup parlé des intrigues qui avaient traversé son règne et fini par amener sa chute. Il les connaissait toutes, savait les meneurs, les complices, les lieux de réunion. « Je les suivais de
« l'œil dans les Cent-Jours ; je les voyais qui me quittaient pour cou-
« rir aux conciliabules. J'eusse pu sévir, j'avais les pièces de conviction
« dans les mains. Elles m'étaient venues d'une manière singulière. Un
« officier supérieur étranger, que sa position forçait à prêter l'oreille
« à ces complots, fut indigné de voir les hommes que j'avais faits, con-
« spirer ma perte. Il me demanda une audience, me livra les plans, et
« me protesta que, si jamais sa troupe se trouvait en ligne, je pouvais
« compter sur lui. Je fus navré, je voulais rendre ces malheureux à la
« poussière ; mais la crise approchait, il fallait vaincre, je remis ce
« grand acte de justice nationale au moment où l'ennemi serait défait.
« Il ne le fut pas ; les mesures étaient trop bien prises, je succombai.
« Ah ! docteur, que de boue était groupée autour de moi ! mais si la
« fortune n'eût trahi le courage, si nous eussions vaincu à Waterloo,
« tout eût été réparé, vengé ; la nation eût eu le secret de nos défaites ;
« j'eusse offert un sacrifice expiatoire aux mânes de mes soldats. Qu'ont-
« ils fait ? Ils étaient rassasiés de gloire, ils se sont couverts d'opprobre.
« Mais à chaque action suffit sa peine ; qui voudrait être Marmont ? qui
« voudrait être Augereau ? etc., etc. » Il en nomma beaucoup, et s'arrêta à S.... « Le lâche ! il voulut me trahir avec toute la bassesse des
« gens de son espèce. Son marché signé, il accourut à Fontainebleau,

« me parla de sa situation, de sa misère; je partageai avec lui ce qui
« restait dans ma cassette; je lui donnai mille écus. Il me quitta avec
« toute l'émotion de la reconnaissance. Quelques heures après il était
« passé aux Autrichiens. »

L'Empereur passa des trames de ces derniers temps à celle de son début, et s'étendit beaucoup sur les menées qui avaient entravé ses opérations pendant les campagnes d'Italie. Il raconta comment il les avait déjouées, et les lumières que les papiers saisis à Padoue, à Vérone, lui avaient données sur les mouvements de l'intérieur.

L'Empereur s'étendit beaucoup sur les torts de Bernadotte, non envers lui, il se comptait pour rien; mais envers la France qui l'avait vu naître, envers l'armée à laquelle il devait tout. Il s'était laissé enfoncer à Austerlitz; il avait sommeillé sur l'Elbe, lâché pied à Wagram; il avait vingt fois exposé nos aigles à la défaite, jusqu'à ce qu'enfin il eût guidé sur elles les sauvages du Don et de la Dalécarlie. « Cet homme a
« toujours été d'un défaut de sens dont je ne me rends pas compte. Il
« ne respire que renommée, que bruit; il a eu les plus belles occasions
« d'en faire, et les a toujours manquées. A Iéna, il pouvait se couvrir
« de gloire; il n'avait qu'à marcher; il se plaçait sur les derrières de
« l'armée prussienne, tout était pris. En Saxe, en Belgique.... Le rang
« eût été unique dans l'histoire; mais il fallait avoir de l'âme. » Napoléon était animé, véhément. Je cherchai à briser la conversation. Je croyais la carrière diplomatique de Bernadotte irréprochable; je lui en parlai. « Son ambassade est un tissu de sottises. Desaix était furieux,
« Moreau haussait les épaules. Ses amis même le condamnaient. Il arbora nos couleurs. Pouvait-il moins faire? Elles n'avaient rien de
« commun avec l'émeute. — Le peuple de Vienne... — Avait appris à les
« respecter sur cinquante champs de bataille; il n'avait garde de les
« insulter. »

L'Empereur m'a raconté ensuite une anecdote de la guerre de Corse.
« Paoli dominait dans l'île, ses montagnards couvraient la plaine, il n'y
« avait pas moyen de correspondre avec les patriotes répandus dans les
« terres. J'essayai néanmoins. Je fis choix d'un paysan rusé, alerte; je
« l'affublai des plus mauvais haillons que je pus trouver, et le lançai à
« travers les montagnards. Arrêté de poste en poste, il les joua long-
« temps. Il posait sa gourde à terre, il excitait, facilitait la recherche;
« il n'avait d'autre but que d'obtenir quelques secours pour soutenir sa
« vie. Il arriva ainsi jusqu'à Corte, dont la gendarmerie, moins con-
« fiante, dépeça ses habits, sa coiffure, et jusqu'à la semelle de ses sou-

« liers. On ne trouva rien ; on allait le relâcher lorsqu'on s'avisa qu'il
« fallait rendre compte à Paoli. « Un misérable qui court les champs
« pour demander l'aumône, dans les circonstances où nous sommes!
« c'est un émissaire. Allez, cherchez, il a quelque message. — Impos-
« sible; nous avons tenu ses vêtements fil à fil, nous avons tout désas-
« semblé. — Sa mission est donc verbale, car il en a une; cherchez,
« questionnez encore. — Nous avons tout épuisé. — Qu'a-t-il sur lui?
« — Une petite gourde. — Cassez-la. » On le fit. On trouva les commis-
« sions. Paoli n'était pas un homme facile à surprendre. »

La santé de l'Empereur ne se soutint pas longtemps. Ses forces étaient aux deux tiers épuisées, la latitude conservait toute son énergie, il fallait qu'il succombât. Aussi ne tarda-t-il pas à se trouver de nouveau dans une situation fâcheuse.

11. — Napoléon se plaint de douleurs de colique. Insomnie, agitation, malaise, les symptômes deviennent graves.

13. — La nuit a été bonne. J'accompagne l'Empereur au jardin. Il est faible, il s'assied, promène ses yeux à gauche, à droite, et me dit avec une expression pénible : « Ah ! docteur, où est la France? où est
« son riant climat? Si je pouvais la contempler encore ! Si je pouvais
« respirer au moins un peu d'air qui eût touché cet heureux pays ! Quel
« spécifique que le sol qui nous a vus naître ! Antée réparait ses forces
« en touchant la terre ; ce prodige se renouvellerait pour moi ; je le
« sens, je serais revivifié si j'apercevais nos côtes. »

14. — Napoléon est un peu mieux.

Je l'accompagne au jardin. « Alliez-vous souvent en Corse pendant
« que vous habitiez l'Italie? — Rarement, Sire. — Vous en connaissez
« du moins l'histoire; vous savez que je l'avais écrite? — Oui, Sire. —
« J'étais alors tout feu, j'avais dix-huit ans, la lutte était ouverte : je
« brûlais de patriotisme; je soumis mon travail à Raynal qui le trouva
« bien ; il me donna des conseils, je les écoutai ; celui d'imprimer, je ne
« le suivis pas. J'eus raison, car à l'âge où j'étais, j'avais dû me traîner
« dans l'ornière. J'étais neuf, étranger à la guerre, à l'administration,
« je n'avais pas le secret des affaires ; je jugeais ceux qui les avaient
« maniées avec la même impertinence qu'on me juge aujourd'hui. »

17. — L'Empereur était préoccupé, rêveur; je cherchais quel pouvait être l'objet de sa sollicitude, lorsque j'aperçus le Prodrome entr'ouvert. J'avais deviné juste : Napoléon craignait d'être atteint de l'affection qui avait conduit son père au tombeau. Il n'osait avouer ses anxiétés, et demandait aux livres les lumières qu'il ne voulait pas tenir

des hommes. Il était silencieux ; j'avais projeté une promenade botanique, je me retirais : « Non, me dit-il, restez, j'ai quelques questions « à vous faire. Vous me parlez sans cesse d'air, de foie : quelle est l'ac-« tion que ces deux corps exercent l'un sur l'autre ? Comment cette ac-« tion, mortelle sur ce rocher, est-elle bienfaisante ailleurs ? — On l'i-« gnore, Sire. — On ne sait pas ce qui, dans un fluide aériforme, blesse « tel ou tel organe ?— Pas plus qu'on ne sait ce qui constitue la peste, ce « qui fait la différence d'un air pur d'un air contagieux. — On n'a pas « cherché à isoler ce principe si funeste ? — On l'a tenté, mais en vain ; « il est trop subtil, il échappe à tous les moyens dont la science dispose. « —Toutefois l'atmosphère d'un pestiféré ne peut pas présenter la même « composition que celle d'un homme sain. — Je ne le pense pas, mais « je ne crois pas non plus qu'il y ait beaucoup de chimistes qui soient « tentés d'en faire l'analyse.— Pourquoi pas? Le laboratoire a ses bra-« ves comme le champ de bataille, et puis quelle différence dans les ré-« sultats? Pensez-vous que la gloire de mettre fin à un fléau cruel, et « même de l'avoir tenté, ne balance pas les périls de l'entreprise ? Mais « revenons. Quelles sont les fonctions du foie ? » Je les lui expliquai. « Son jeu, sa structure ? » Je les lui expliquai encore. « C'est bien, me « dit-il, lorsque j'eus fini, votre manière me paraît neuve ; vous sim-« plifiez la machine humaine qui, en vérité, est bien assez complexe. « — En Allemagne, le docteur Frank est fort habile. — Habile, assu-« rément; je l'éprouvai la dernière fois que je fus à Vienne. Il m'était « survenu une petite éruption à la partie postérieure du cou ; c'était peu « de chose, mais ma suite s'en inquiétait, me pressait de recevoir un « médecin dont on disait merveilles. J'y consentis ; Frank fut appelé. Il « me trouva un vice dartreux, une maladie grave : j'avais besoin de « traitement, de médicaments, de drogues ; c'était à n'en plus finir. Je « mandai Corvisart. Chacun faisait son plan, sa version : j'étais malade, « alité ; j'avais perdu la tête ; tout s'agitait déjà. Le médecin, dont ce « mouvement doublait les inquiétudes, accourut d'autant plus vite, et « n'arrêta pas qu'il ne fût à Schœnbrunn. Il croyait me trouver à la « mort. Je passais une revue ; sa surprise fut extrême. Je rentrai ; on « m'annonça son arrivée. « Eh bien, Corvisart, quelles nouvelles ? que « dit-on à Paris ? Savez-vous qu'on soutient ici que je suis gravement « malade? J'ai une légère douleur de tête ; le docteur Frank prétend que « je suis attaqué d'un vice dartreux qui exige un traitement long, sévère ; « qu'en pensez-vous? » J'avais défait ma cravate ; il examina. « Ah ! Sire, « de si loin, pour un vésicatoire que le dernier médecin eût appliqué

« aussi bien que moi. Frank extravague ; vous allez à merveille. Ce pe-
« tit accident tient à une vieille éruption mal soignée, et ne résistera pas
« à quatre jours de vésicatoire. » Il ne résista pas en effet, et ne se repro-
« duisit plus. « Vous le voyez, me dit-il en levant le dernier appareil, voilà
« à quoi se réduisent les terribles maladies dont cet Allemand vous avait
« gratifié. » Il alla lui rendre visite, le remercia d'une manière peu gra-
« cieuse du rapide voyage qu'il lui avait fait faire, et repartit pour Paris.
« Son retour calma les têtes, on sentit que je n'étais pas à bout ; chaque
« chose a son temps. » Il se reprit à ce mot, et se mit à discourir sur les
intrigues qui agitaient l'Allemagne à cette époque. Il parla de Schill, de
Dornberg, de la reine de Prusse : le plan était vaste, bien conçu ; mais
on hésita, on se pressa, on ne s'entendit pas. Wagram eut lieu ; il fallut
remettre la partie. C'était la première fois que j'entendais parler de ces
trames. Je n'en saisissais ni les ressorts ni l'ensemble ; je cherchai à
briser la conversation : je laissai tomber le nom de Muller. Napoléon le
releva avec complaisance et s'étendit beaucoup sur les talents de cet
homme célèbre. Il était petit, maigre, chafouin, cachait sous une figure
détestable l'esprit le plus étendu qu'il fût jamais. Il lui fut présenté après
la bataille d'Iéna. Il passait pour l'auteur du manifeste ; l'Empereur le
plaisanta. « Moi, Sire ? contre vous ! Votre Majesté me croit donc bien
« bête ? » Je passai quelques heures à m'entretenir avec lui. Ses aperçus
« étaient profonds ; ses idées vastes, élevées : je lui donnai les relations
« extérieures de Westphalie ; mais Jérôme avait mis ailleurs sa confiance,
« il le remplaça. » Napoléon passa à Gœthe, à Wieland, dont il fit le
plus brillant éloge.

18. — L'Empereur était rétabli. Il était gai, dispos.

J'écoutais, j'attendais qu'il me parlât de sa santé. Il était à bout, et
s'étonnait de sa lassitude ; elle était la conséquence du genre de vie
qu'il avait adopté. « Que faire ? — Du mouvement. — Où ? — Au
« jardin, dans la campagne, en plein air. — Au milieu des habits rou-
« ges ? Jamais. — Bêchez, remuez la terre, échappez à l'insulte et à
« l'inaction. — Bêcher la terre ! Oui, docteur, vous avez raison, je bê-
« cherai. » Nous rentrâmes. Il fit ses dispositions ; et dès le lendemain
il était à l'œuvre. Noverraz avait l'habitude des travaux rustiques, il le
fit jardinier en chef, et s'exerça sous sa direction. Les premiers coups
furent heureux ; il voulut me rendre témoin de son adresse, et m'envoya chercher. « Eh bien, docteur, êtes-vous content ? Est-ce assez de
« docilité ? » Il tenait sa bêche en l'air, riait, montrant de l'œil ce
qu'il avait fait. Il reprit, et cessant au bout de quelques instants :

« Le métier est trop rude ; je n'en puis plus. Mes mains me font mal.
« A la prochaine fois. » Et il jeta la bêche. « Vous riez, me dit-il, je
« vois ce qui vous égaye, mes belles mains, n'est-ce pas ? Laissez . j'ai

« toujours fait de mon corps ce que j'ai voulu , je le plierai à cet exer-
« cice. » En effet, il s'y habitua. Il charriait, faisait transporter la terre,
mettait tout Longwood à contribution. Il n'y eut que les dames qui échap-
pèrent à la corvée ; encore avait-il peine à s'empêcher de les mettre à
l'œuvre. Il les plaisantait, les pressait, les sollicitait ; il n'y avait sorte
de séductions qu'il n'employât, auprès de madame Bertrand surtout. Il
l'assurait que cet exercice valait mieux pour la santé que les remèdes.

Tout eut bientôt changé de face. Là était une excavation ; ici un
bassin, une chaussée. Nous fîmes des allées, des grottes, des cascades,
le terrain prit de la vie, du mouvement. Ce ne fut que saules, chênes,
pêchers ; nous ménageâmes de l'ombre autour de l'habitation. Nous
avions achevé l'agréable ; nous travaillâmes à l'utile. Nous divisâmes
la terre, l'ensemençâmes de haricots, de pois, de plantes potagères.

Le gouverneur entendit parler de nos plantations. Elles lui parurent
suspectes. Ce mouvement devait cacher une conspiration, il accourut.
Je faisais ma promenade accoutumée ; il m'aperçut, pressa le pas et
me joignit. « C'est vous qui avez conseillé ce violent exercice au géné-
« ral Bonaparte. » J'en convins. Il leva les épaules. « S'exterminer,

« transplanter des arbres dans une terre sans humidité, sous un ciel
« brûlant ; c'est peine perdue, vous n'en élèverez pas un. » Je l'assurai
qu'il présumait trop mal du pays où il commandait ; que nos élèves venaient à merveille, que plusieurs bourgeonnaient déjà. Il secoua la tête,
et s'éloigna. Lorsque l'Empereur connut cette rencontre, il dit : « Ce
« misérable m'envie les instants qu'il n'empoisonne pas. Il appelle ma
« mort. Qu'il se rassure ; ce ciel horrible est chargé du forfait : il le con-
« sommera plus tôt qu'il ne pense. »

Au train dont nous allions, nous eussions bientôt exploité l'île entière. Napoléon s'en aperçut, ralentit les travaux, nous restâmes seuls
pour achever les semis. J'ouvrais le sillon, il répandait la semence, la
couvrait, raisonnait, contait une anecdote et n'arrêtait que pour me
faire une plaisanterie. Un jour qu'il disposait une touffe de haricots, il
aperçut des radicules et se mit à discourir sur les phénomènes de la
végétation. Il les analysait, les discutait avec sa sagacité ordinaire, et en
concluait l'existence d'un être supérieur qui présidait aux merveilles
de la nature. « Vous n'en croyez rien, docteur ; vous autres médecins,
« vous êtes au-dessus de ces faiblesses. Dites-moi, vous qui connaissez
« le corps humain, qui en avez fouillé tous les détours, avez-vous jamais
« rencontré l'âme sous votre scalpel ? Où réside-t-elle ? dans quel or-
« gane ? » Je tardais à répondre. « Allons, franchement, il n'y a pas un
« médecin qui croie en Dieu, n'est-ce pas ? — Non, Sire, l'exemple les-
« séduit, ils prennent le mot des mathématiciens. — Eh ! mais ceux-ci
« sont ordinairement religieux... Votre récrimination cependant me
« rappelle un mot curieux. Je m'entretenais avec L***, je le félicitais
« d'un ouvrage qu'il venait de publier, et lui demandais comment le nom
« de Dieu, qui se reproduisait sans cesse sous la plume de Lagrange, ne
« s'était pas présenté une seule fois sous la sienne. « C'est, me répondit-
« il, que je n'ai pas eu besoin de cette hypothèse. » Nous n'étions la plupart que des athées. Du reste, aussi poltrons que peu crédules, nous n'y
étions plus dès que le canon tonnait ; les plus habiles se déconcertaient
à la vue du champ de bataille, ce n'était qu'à force de temps, d'habitude
qu'ils acquéraient l'assurance nécessaire aux opérations. Il avait souvent réfléchi à ce trouble funeste. Il eût voulu qu'il ne fût permis de
courir la clientèle qu'après avoir fait une campagne ou deux. Il rendit
hommage aux services de la chirurgie militaire, loua son zèle et vanta
beaucoup la constance qu'elle avait déployée dans plusieurs circonstances difficiles. Il l'avait, au reste, constamment surveillée, encouragée.

Nous jardinions, nous causions, nous nous entretenions d'histoire naturelle, de médecine, de guerre, de politique, de tout ce qui s'offrait aux observations ou aux souvenirs de l'Empereur. Mais la conversation amenait-elle quelque trait, quelque circonstance qui lui rappelât l'impératrice ou son fils, il s'interrompait aussitôt et ne s'occupait plus que des qualités de l'une et de la destinée de l'autre. « Quel abandon ! quels « malheurs ! » Mais il avait son nom, il aurait son courage, il ne s'en laisserait pas déshériter. Et passant brusquement à Marie-Louise, comme s'il eût craint de mesurer l'avenir de cet enfant, il se répandait en éloges sur sa bonté, sa douceur, l'inaltérable tendresse qu'elle avait pour lui ; il la payait de retour, et cette affection peut-être avait causé sa perte. S'il l'avait moins aimée, il n'aurait pas écrit la lettre fatale qui tomba dans les mains des alliés. Il eût probablement été suivi, vainqueur, et la France eût été sauvée. Le sort en décida autrement, il abdiqua, l'impératrice dut se retirer à Vienne. La santé de cette princesse se dérangea ; les médecins lui conseillèrent les eaux. Marie-Louise était accompagnée de madame de Brignolles, de Corvisart, d'Isabey ; Talma avait apparu, la conspiration était patente, le trône en danger ; il fallait tout mettre en œuvre pour déjouer la trame. Il écrivait, priait, dénonçait ; autorité civile et militaire, il stimulait tout. Il demandait à l'un ses espions, à l'autre ses gendarmes ; l'impératrice ne faisait pas un pas qui ne fût pour lui un sujet d'angoisses. Elle vivait cependant de la manière la plus simple ; elle se promenait, courait, se mêlait à la foule, et ne s'occupait que de sites, de points de vue qu'elle gravissait avec la légèreté qui lui est naturelle ; mais elle écoutait des vers qui rappelaient ce que nous avions fait ; elle chérissait le nom de son époux, elle adorait son fils. Fouché, le duc de Castiglione n'en dormaient pas. Une circonstance ajoutait à leurs alarmes : elle avait accueilli quelques-uns de nos soldats, rassemblé douze à quinze cents hommes ; elle allait conquérir la France. Lacronier accourut au-devant de cet affreux malheur. Il avait des troupes, une ordonnance ; il voulait fermer Saint-Jeoire aux courriers autrichiens. Mais Neiperg se fâcha, menaça ; le gendarme n'osa passer outre, et Fouché resta en proie à ses anxiétés. Les hommes, les choses, tout lui portait ombrage ; il se désolait de voir que Marie-Louise continuait à se lier de cœur aux intérêts de Napoléon. Pour surcroît d'angoisses, le départ de l'impératrice, qui était fixé au 1er septembre, n'eut pas lieu. Ce retard inattendu faillit brouiller sa cervelle ; il ne rêva plus que désastres, que fuites, qu'insurrections. Le délai partait de l'île d'Elbe ; la chose était claire, on n'en pouvait douter. Le pauvre Augereau, travaillé de tous côtés par la peur, finit par céder à un sentiment qu'il n'avait jamais connu. Il est vrai qu'il était vieilli; mais la circonstance lui aurait dû rendre l'activité de sa jeunesse : espions, dépêches, il avait temps pour tout.

17. — La santé de l'Empereur se soutenait depuis plus d'un mois. Les forces étaient revenues; les fonctions digestives avaient repris; tout semblait au mieux lorsque le mal se réveilla avec plus d'intensité. De violentes coliques se font sentir, la douleur au foie devient insupportable.

18. — Les tranchées perdent un peu de leur violence, sans cesser pourtant ni laisser un instant de repos au malade. Une toux sèche se manifeste.

21. — L'Empereur se trouve beaucoup mieux; il fait quelques tours de promenade, rentre et prend un bain.

J'avais été faire une course dans le parc, et rentrais comme l'Empereur sortait du bain. « Je croyais, me dit ce prince, que vous traitiez « les médecins anglais. Est-ce qu'ils n'ont pas été exacts au rendez- « vous ? — Non, Sire, ils ont paru isolément sensibles à l'invitation ; « ils l'ont acceptée avec reconnaissance, mais ils se sont ravisés tout à « coup et se sont dégagés. J'ignore si la main qui les a retenus n'est pas « celle qui vient de me faire arrêter. — Arrêter ! — Oui, Sire. Je ga- « gnais paisiblement ma hutte, le factionnaire m'a refusé le passage, « j'ai été conduit au corps de garde : c'est ce qui m'a mis en retard. » L'Empereur laissa tomber la conversation; je n'insistai pas et me retirai. — Je fus encore arrêté, insulté les jours suivants; Napoléon ne voulut pas que je l'endurasse. « Écrivez à ce Calabrais : dites-lui tout le « mépris que sa basse méchanceté vous inspire, que vous vous retirerez « s'il persiste. Je ne veux pas qu'on vous refuse de l'air, qu'on vous « fasse périr sous mes yeux. » — J'étais indigné, ma lettre fut bientôt faite.

« Adressez-vous aussi à Hamilton, me dit l'Empereur; ce ministre « a donné des éloges à vos travaux; il vous porte de l'intérêt, il n'est « pas possible qu'il souffre que le bourreau vous refuse la faculté d'al- « ler respirer un peu d'air sous un arbre sans feuillage. »

Je suivis le conseil et j'écrivis; je me plaignis; je n'avais rien de mieux à faire. Lowe s'en souciait peu ; mais le ministre m'avait témoigné de l'intérêt, je recourais à lui, le cas devenait plus grave; les limites furent éloignées, et je pus respirer, circuler à l'aise. Toutefois Hudson m'adressa son homélie; j'avais sans cesse à la bouche le nom d'une « qualité proscrite ; je ne parlais que de l'Empereur; » je voulais l'obliger à refuser mes lettres, le priver du plaisir de correspondre avec moi. Sa sollicitude était vraiment touchante.

Nos dispositions étaient faites pour creuser un bassin ; l'Empereur était en large pantalon, en veste, avec un énorme chapeau de paille de Bengale sur la tête, et des espèces de sandales aux pieds. Je le suivis vers une troupe de Chinois, appelés pour donner un dernier coup de main. Ils nous examinaient, riaient, mais devenaient moins bruyants à mesure que nous nous avancions. « Qu'ont-ils donc ? qu'est-ce qui les « égaye ? serait-ce mon costume ? — C'est probable, dis-je ; ils s'éton- « nent de vous voir vêtu en ouvrier comme eux. » Mis à l'ouvrage, ils se continrent quelques instants ; mais la gaieté l'emporta bientôt, et devint si générale, qu'elle gagna Napoléon lui-même. « Qu'ont-ils « donc ? que disent-ils ? » Aucun de nous ne comprenant le chinois, nous ne pûmes lui répondre. « C'est mon costume ! il est en effet assez « plaisant. Mais il ne faut pas qu'en riant ils soient brûlés par la cha- « leur ; je veux que chacun d'eux ait aussi son chapeau de paille, c'est « un petit cadeau que je leur fais. » Il s'éloigna, se dirigea vers une touffe d'arbres. Nous croyions qu'il était allé chercher le frais lorsque nous l'aperçûmes qui était à cheval, suivi de son piqueur. Il fit quelques tours, partit au galop, et gagna Dead-Wood. Il s'arrêta au sommet de

la position, déploya sa lunette, la promena tout autour de lui, et revint avec la même vitesse. Cette excursion si simple devint une affaire d'État. On avait aperçu un cavalier équipé à la chinoise. Comment était-il apparu? d'où venait-il? que voulait-il? le gouverneur ne le pouvait comprendre. L'Empereur, qui s'amusait de ses terreurs, imagina de les accroître encore. Il costuma Vignali comme il l'était lui-même; lui donna son cheval, son piqueur, sa lunette d'approche, lui ordonna de marcher vite, et de faire mine d'observer. Le missionnaire alla, fut aperçu, signalé, mit en rumeur l'île entière. Hudson, Gorrequer, Reade, tout fut bientôt sur pied, accourut à Longwood. C'était une conspiration, un enlèvement; c'était.... Vignali déguisé. Le gouverneur se retira confus. Je me trouvais sur son passage; il vint à moi, exhala sa colère, et finit par déclarer qu'après tout celui qui le mystifiait n'était qu'un usurpateur. « Sans doute. » Mon ton de bonhomie le trompa. Il me flattait de l'œil, s'emportait, jurait; et, terminant par le coup de massue, il répéta que c'était un usurpateur, que je ne pouvais le nier. Son Excellence, déridée par mon impassibilité, m'invita à la confiance. J'y répondis : « L'Empereur, car en l'appe« lant général, vous lui faites grâce d'une usurpation, et je veux les « compter toutes, est tout noir du crime que vous lui reprochez. A « Toulon, il usurpa la victoire; il l'usurpa à Montenotte, à Castiglione, « à Lodi, sur le Tagliamento; il usurpa notre admiration par la rapidité « de ses triomphes; il l'usurpa par la vengeance qu'il tira, sous les « murs de Pavie, de l'affront fait à François Ier; il l'usurpa par cette « retraite fameuse où, sacrifiant ses espérances et ses parcs, il leva le « siége de Mantoue, courut vaincre, et apprit à l'ennemi qu'une sur« prise, un succès, ne sont souvent que le prélude d'une grande défaite. « Il l'usurpa encore lorsque, abandonné à lui-même, privé de flottes, « de transports, il faisait la guerre au milieu des déserts, ouvrait « des canaux, fouillait des sables, et cultivait, en combattant, tous les « arts de la paix. »

J'allais continuer l'histoire des usurpations, mais Son Excellence n'en voulut plus.

Je rejoignis nos Chinois que l'Empereur excitait au travail. « Eh bien, « que vous a dit Hudson? ne craint-il pas qu'il me vienne quelque jour « des ailes et que je n'échappe au cercueil? — Je l'ignore; je lui ra« contais comment vous aviez usurpé la victoire, l'admiration publi« que : l'esquisse lui a déplu, il s'est éloigné. » Napoléon continua de rire de la mésaventure du gouverneur. Il passa aux événements que j'avais rappelés à Lowe, raconta quelques anecdotes, donna des éloges

« à l'un, cita un trait honorable de l'autre. « Augereau avait de l'habileté,
« du courage ; il était aimé des soldats et heureux dans ses opérations ;
« Joubert avait le génie de la guerre ; Masséna une audace, un coup d'œil

Augereau.   Joubert.   Masséna.

« que je n'ai vu qu'à lui ; il était avide de gloire, et ne souffrait pas
« qu'on le frustrât des éloges qu'il croyait avoir mérités. Les rapports
« étaient rédigés à la hâte, destinés à satisfaire la curiosité des oisifs
« et ne faisaient pas toujours à chacun sa véritable part. Il ne trouva
« pas que les services qu'il avait rendus devant Mantoue fussent suffi-
« samment appréciés ; il réclama
« Laharpe était dans le même genre ; sévère, indépendant, prodigue
« de sa vie sur le champ de bataille, mais jaloux de la part qu'il avait
« prise à la victoire. Il périt par un de ces accidents si communs à la
« guerre. Il revenait d'une reconnaissance, la nuit était obscure, ora-
« geuse ; il ne répondit pas au qui vive du factionnaire et fut victime de
« sa sollicitude. Il était du canton de Berne ; chaud partisan des idées
« nouvelles, il avait été obligé de fuir et avait eu ses biens confisqués.
« J'eus la satisfaction de les faire rendre à son fils. Les Suisses man-
« quaient de grains, demandaient à en acheter en Italie ; je le permis,

« mais à condition que la saisie serait révoquée ; et je chargeai Barthé-
« lemy, qui était ambassadeur à Bâle, d'y tenir la main. J'eus plus de
« peine au sujet d'un de mes aides de camp, tué à Arcole, le brave co-
« lonel Muiron. Il avait servi, depuis les premiers jours de la révolu-
« tion, dans le corps de l'artillerie. Il s'était spécialement distingué au
« siége de Toulon, où il avait été blessé en entrant par une embrasure
« dans la célèbre redoute anglaise.

« Son père était arrêté comme fermier général : il vint se présenter
« à la Convention nationale, au comité révolutionnaire de sa section,.

« couvert du sang qu'il venait de répandre pour la patrie ; il réussit :
« son père fut mis en liberté.

« Au 13 vendémiaire il commandait une des divisions d'artillerie
« qui défendaient la Convention ; il fut sourd aux séductions d'un grand
« nombre de ses connaissances. Je lui demandai si le gouvernement
« pouvait compter sur lui.—Oui, me dit-il, j'ai fait serment de soutenir
« la république, j'obéirai à mes chefs ; je suis d'ailleurs ennemi de tous
« les révolutionnaires. Il se comporta effectivement en brave homme,
« et fut très-utile dans cette action qui sauva la liberté.

« Je l'avais pris pour aide de camp au commencement de la campa-
« gne d'Italie : il rendit dans toutes les affaires des services essentiels ;
« enfin il mourut glorieusement sur le champ de bataille, à Arcole,
« laissant une jeune veuve enceinte de huit mois.

« Je demandai, en considération des services qu'il avait rendus, que
« sa belle-mère fût rayée de la liste des émigrés sur laquelle elle avait
« été inscrite, quoiqu'elle ne fût jamais sortie de France. Je réclamai
« la même justice pour son beau-frère, jeune homme qui avait quatorze
« ans lorsqu'il fut inscrit sur la liste fatale : il était en pays étranger
« pour son éducation. »

Des hommes qui avaient concouru à ses victoires, l'Empereur passa aux combinaisons qui les avaient décidées. C'était une suite de conceptions, de manœuvres décisives, telles que n'en présente pas l'histoire. — Il avait conquis en trois ans toute la partie septentrionale de l'Italie, soutenu avec trente à quarante mille hommes les plus grands efforts de l'Autriche, et fait dans ces trois années six campagnes.

Les travaux de Longwood avançaient ; nous avions creusé, revêtu le bassin, et disposé une partie de nos tuyaux : il nous en restait encore beaucoup à placer : nous prenions l'eau à trois mille pieds de distance. Mais le temps était à la pluie, Napoléon, content de ses Chinois, ne voulait pas qu'ils l'essuyassent. « Il est inutile que ces gens se mouillent ;
« rien ne presse, qu'ils se reposent, nous y reviendrons plus tard.

« J'ai d'ailleurs quelques observations à faire ; venez, suivez-moi.
« vous les trouverez curieuses. » J'allai . c'étaient des fourmis dont il étudiait les mœurs. Ces insectes, qui se répandaient dans sa chambre à coucher, avaient escaladé sa table où se trouvait habituellement du sucre ; la chaîne avait aussitôt été établie et le sucrier envahi. Napoléon n'avait garde de les troubler. Il déplaçait le sucrier, suivant leurs manœuvres, admirait l'activité qu'elles déployaient jusqu'à ce qu'elles en eussent retrouvé la trace. « Ce n'est pas là de l'instinct ; c'est bien
« plus, c'est de l'intelligence, l'idéal de l'association civile. Mais ces
« petits animaux n'ont pas nos passions, notre convoitise ; ils s'aident,
« et ne se déchirent pas. Croyez-vous que j'ai essayé vainement de les
« mettre en défaut. J'ai déplacé le vase, je l'ai transporté à toutes les
« extrémités de la pièce : ils ont employé un, deux, quelquefois trois
« jours en recherches, mais ils ont toujours fini par le trouver. Si je le
« fixais au milieu d'une couche d'eau ! Faites-en apporter, docteur,
« peut-être elle les arrêtera. » Elle ne les arrêta pas : le sucre fut encore pillé ; il remplaça l'eau par du vinaigre : les fourmis ne s'y ha-

sardèrent plus. « Vous le voyez, ce n'est pas le seul instinct qui les fait
« agir; elles offrent à l'homme un exemple digne d'être médité. Ce n'est
« qu'à force de constance qu'on arrive, de ténacité qu'on touche au
« but. Si nous avions eu cette unanimité de vues !... Mais les nations
« ont aussi leurs moments d'oubli, de lassitude; il faut faire la part de
« l'humanité; et puis tout n'avait pas plié sous l'orage. Si le héros de
« Castiglione était éteint, Gérard, Clausel, Belliard, Lamarque, Foy,

2. Foy. 3. Clausel. 4. Gérard. 5. Lamarque.

« une foule d'autres conservaient l'énergie du début. L'Europe était
« battue, et les souverains, si fiers aujourd'hui de n'avoir plus pour égal
« un homme populaire, s'éclipsaient devant moi. » Il se mit alors à
discourir sur les dogmes nouveaux qu'ils cherchent à défendre, et les
droits mystiques dont ils s'appuient. « Quelles prétentions bizarres !
« quelles contradictions! Cette légitimité est-elle en harmonie avec les
« Écritures, les lois, les maximes de la religion ? Les peuples sont-ils
« assez simples pour se croire la propriété d'une famille ? David, qui
« détrôna Saül, était-il légitime? Avait-il d'autres titres que l'aveu de
« sa nation? En France, diverses familles se sont succédé au trône, et
« ont formé plusieurs dynasties, soit par la volonté ou le consentement

« du peuple, représenté par les assemblées du champ de mars ou du
« champ de mai, soit par les suffrages des parlements, qui, à cette
« époque, représentaient la nation. Combien de maisons se sont suc-
« cessivement remplacées en Angleterre ! Celle d'Hanovre, qui succéda
« au prince qu'elle avait détrôné, règne aujourd'hui, parce que les
« aïeux de ces hommes si susceptibles le voulurent ainsi, et parce qu'il
« était indispensable qu'elle gouvernât pour sauver leurs intérêts, leurs
« opinions politiques et religieuses. Nos vieillards ont vu les efforts
« tentés par la dernière branche de la famille des Stuarts pour effectuer
« une descente en Écosse, où elle fut secondée par ceux dont les idées
« et les sentiments étaient conformes aux siens. Elle fut rejetée, chassée
« par l'immense majorité du peuple, dont les nouveaux intérêts et les
« opinions nouvelles étaient en opposition avec ceux de cette famille
« dégénérée. »

Il récapitula toutes les circonstances de son élévation, insista sur les
suffrages, l'assentiment du peuple, et ajouta en riant : « Le conseil
« aulique s'obstina aussi à regarder comme non avenue la république,
« qui pourtant l'avait assez rudement frappé. Ses plénipotentiaires

« m'offraient plus tard, lors des négociations de Campo-Formio, de

« la reconnaître. « Non, leur dis-je, effacez; cela est clair comme
« l'existence du soleil : il n'y a que les aveugles qui ne voient pas. Les
« temps sont changés, je ne dois pas donner les mains à une sottise. »
« Mais sortons, faisons un tour. » Nous sortîmes. Les Chinois ache-
vaient leurs dispositions; nous assistâmes à la prise d'eau. « C'est
« bien. Mais la volière, où la placer ? — Ici. — Non, plus loin, der-
« rière vous; elle sera mieux, la vue est plus ouverte. Vous réglerez
« cela, docteur, si toutefois il ne vous arrive pas d'occupations plus
« sérieuses. » Il m'en arriva en effet. L'Empereur, dont je croyais l'affection, sinon dissipée, du moins fort affaiblie, retomba tout à coup
dans la situation où il était d'abord. Je recourus aux bains, aux adou-
cissants ; mais le coup était porté. Je ne suspendais un instant le mal
que pour le voir se reproduire avec plus de force. Cette cruelle alter-
native m'effrayait ; je crus devoir en donner avis à sa famille, je lui
demandai la permission d'écrire à Rome. Il y consentit. J'adressai
ma lettre au chevalier Colonna.

19. — L'Empereur éprouve des frissons ; fièvre, toux sèche et fré-
quente, douleurs de tête, nausées; la douleur au foie se fait sentir
avec violence et s'étend jusqu'à l'épaule; la respiration est difficile,
douloureuse. Ces symptômes, qui se sont manifestés depuis le 7, sont
au dernier point d'intensité.

26. — L'Empereur était mieux ; je lui avais parlé de Rome, tous ses
souvenirs s'étaient reportés vers sa mère. Il rappelait son affection, sa
tendresse, les soins qu'elle lui avait prodigués, et s'arrêtant tout à coup :
« Vous m'êtes bien attaché, docteur ; les contrariétés, les peines, la fa-
« tigue, rien ne vous coûte dès qu'il s'agit de me soulager : tout cela ce-
« pendant n'est pas la sollicitude maternelle. Ah ! maman Letizia ! » Et
il se couvrit la tête. J'essayai de lui présenter des images moins tristes ;
je lui parlai de l'Italie, de la Corse, de ceux qu'il avait aimés. Il m'é-
couta d'abord avec indifférence ; mais la conversation ayant amené le
nom de sa nourrice, il s'étendit sur les soins qu'elle avait eus de son
enfance, et l'espèce de culte qu'elle lui portait. « Elle voulut assis-
« ter au couronnement, vint à Paris. Elle m'amusa beaucoup par
« ses histoires, la manière vive, animée, et les gesticulations à la gé-
« noise avec lesquelles elle les contait. Elle plut à Joséphine, à la famille,
« au pape qui en fut enchanté ; il lui donna force bénédictions, et ne me
« cacha pas la surprise que le bon sens, les saillies de la dévote lui
« avaient causée. »

31. — L'Empereur va mieux, il a repris des forces. On avait apporté

des poissons pour garnir les viviers que nous avions ouverts, il voulut les mettre à l'eau et descendit au jardin. Les enfants du grand maréchal l'aperçoivent et sont bientôt autour de lui. Il ne les avait pas vus depuis quelques jours ; il se proposait de les faire appeler, et ne fut pas fâché d'être prévenu. « Cherchez le docteur, dit-il au général Montho-
« lon, j'ai besoin de son ministère, je veux qu'il me perce ces jolies
« oreilles. » Il montrait celles de la petite Hortense, et dépliait des boucles de corail enveloppées dans un papier qu'il tenait à la main. Je me disposai à faire cette petite opération, mais la vue de l'instrument produisit son effet. L'enfant pleurait, la mère pouvait n'être pas contente, l'Empereur hésitait. Sa présence, le bijou eurent bientôt tari les larmes. Nous nous retirâmes à l'ombre d'un chêne, le général Montholon soutenait la patiente, Napoléon regardait, le petit Arthur tapageait, criait, ne voulait pas qu'on fît du mal à sa sœur. Sa colère, ses menaces, ses phrases anglaises amusaient Napoléon; et le petit bonhomme de grommeler d'autant plus. « Que dis-tu ? lui demanda l'Empereur. Coquin ! si
« tu ne cesses pas, je te fais percer les oreilles. Voyons ! seras-tu sage ? »
Les boucles étaient attachées, l'opération finie, Napoléon embrassa l'aimable enfant qui l'avait soufferte, la félicita sur son courage et la renvoya. « Va montrer tes oreilles à ta maman. Si elle n'est pas con-
« tente, qu'elle les trouve mal, dis-lui que ce n'est pas moi, que c'est
« le *dottoraccio* qui les a percées. — Oui, Sire. » Elle ne fit qu'un saut et disparut.

Je restai seul avec Napoléon. La ténacité du petit Arthur l'avait frappé ; il se promenait, me faisait remarquer la fermeté de cet enfant. « Le
« drôle ! j'étais entêté comme lui quand j'avais son âge ; rien ne m'im-
« posait, rien ne me déconcertait. J'étais querelleur, lutin : je ne crai-
« gnais personne. Je battais l'un, j'égratignais l'autre, je me rendais
« redoutable à tous. Mon frère Joseph était celui à qui j'avais le plus
« souvent affaire. Il était battu, mordu, grondé ; j'avais déjà porté
« plainte qu'il ne s'était pas encore remis. Bien m'en prenait d'être
« alerte : maman Letizia eût réprimé mon humeur belliqueuse ; elle
« n'eût pas souffert mes algarades. Sa tendresse était sévère ; elle pu-
« nissait, récompensait indistinctement; le bien, le mal, elle nous
« comptait tout. Mon père, homme éclairé, mais trop ami des plaisirs
« pour s'occuper de notre enfance, cherchait quelquefois à excuser nos
« fautes. « Laissez, lui disait-elle, ce n'est pas votre affaire, c'est moi
« qui doit veiller sur eux. » Elle y veillait, en effet, avec une sollicitude
« qui n'a pas d'exemple. Les sentiments bas, les affections peu géné-

« reuses étaient écartés, flétris : elle ne laissait arriver à nos jeunes
« âmes que ce qui était grand, élevé. Elle abhorrait le mensonge, sé-
« vissait contre la désobéissance ; elle ne nous passait rien. Je me rap-
« pelle une mésaventure qui m'arriva à cet égard, et la peine qui me
« fut infligée. Nous avions des figuiers dans une vigne. Nous les escala-
« dions ; nous pouvions faire une chute, éprouver des accidents, elle
« nous défendit d'en approcher. Cette défense me contrariait beaucoup,
« mais elle était faite, je la respectais. Un jour cependant que j'étais
« désœuvré, je m'avisai de convoiter des figues. Elles étaient mûres,
« personne ne m'observait, je courus à l'arbre, je récoltai tout. Mon
« appétit satisfait, je pourvus à la route, et remplissais mes poches lors-
« qu'un malheureux garde parut. J'étais mort, je restai collé sur la
« branche où il m'avait surpris. Il voulait me conduire à ma mère, la
« crainte me rendit éloquent. Je lui dépeignis mes ennuis, je m'enga-
« geai à respecter les figues, je lui prodiguai les promesses, je l'apaisai.
« Je me félicitai de l'avoir échappé si belle. Le lendemain la signora Le-
« tizia voulut cueillir les figues, on n'en trouva plus, le garde survint :
« grand reproche, révélation ; le coupable expia sa faute. »

L'Empereur avait repris ses habitudes matinales, et allait souvent
respirer le frais avant le lever du soleil. Cependant la maladie n'arrêtait pas : sa marche était lente, mais continuelle, et ses progrès sensibles. C'était au moral que l'effet en était marqué surtout ; Napoléon
ne parlait plus que des objets qui avaient frappé son enfance, de ses
amis et de ses proches. Les nouvelles qu'on avait débitées au sujet de
son fils l'avaient accablé ; il se plaignait, déplorait le sort de cet enfant,
dont le berceau avait été entouré de tant d'espérances ; il apprit enfin
qu'il était nommé caporal. « Ah ! je respire ! » Et, comme s'il eût craint
de laisser voir son émotion, il se mit à discourir sur la Corse, et les
souvenirs qu'il en avait gardés. « A mon avénement à la couronne
« d'Italie, lorsque je visitai Gênes, je me crus tout à coup transporté
« sur nos montagnes. C'étaient les formes, les mœurs, les costumes de
« notre pays ; il n'y avait pas jusqu'à la monture des boutiques qui ne
« fût la même. Cette identité me frappa. Joséphine jouissait de ma sur-
« prise, et cherchait à la prolonger. « Comment, ce sont mêmes
« traits, mêmes habitudes ! — C'est qu'apparemment les Corses sont
« les bâtards des Gênois. » Cette idée la fit rire : elle s'en amusa beau-
« coup. Je montai à cheval, je parcourus les hauteurs, je visitai les po-
« sitions qui défendent Gênes, et arrêtai les travaux qui devaient la
« protéger. Je pris plaisir à contempler cette bizarrerie de la nature,

« qui semble avoir taillé ces deux pays sur le même modèle. Je courais
« depuis trois heures dans ces lieux escarpés ; il en était onze, j'étais
« accablé ; je rentrai, je me mis au travail avec le bon Gaudin, qui me
« présentait l'organisation financière de la Ligurie : je succombais à la
« la fatigue ; il n'avait pas commencé à lire que j'étais endormi. Je le
« priai de surseoir, je voulais sommeiller un instant ; mais je trouvai
« sur mon passage des généraux qui attendaient mes ordres ; je les ex-
« pédiai. Je passai encore trente-six heures au travail, et ce ne fut qu'au
« moment de mon départ que je pus signer celui du ministre. C'est un
« homme bien dévoué, bien intègre, que le duc de Gaëte! Que de ser-
« vices il a rendus! » Il récapitula rapidement la part qu'il avait eue à
nos succès par ses opérations financières, et ajouta : « Quelque temps
« après la bataille d'Austerlitz, il vint me demander des canons de
« bronze. Comment! lui dis-je, vous voulez me faire la guerre? — Non,
« Sire ; je ne veux que faire des balanciers. — Mes canons pour un tel
« objet! servez-vous d'autre chose. — Mais je voudrais qu'ils portas-
« sent tous écrit au collet : *balanciers d'Austerlitz*, et fussent coulés
« avec des pièces russes ou autrichiennes. — Vous me prenez par la
« vanité, ministre. Eh bien! soit, je vous les donne. »

Nous arrivâmes ainsi à la fin de la première quinzaine de septembre.
La douleur au foie se réveilla et devint plus vive ; l'Empereur était
affaissé, obligé de chercher du repos.

18 septembre. — Napoléon éprouve un sentiment de pesanteur dans
l'abdomen presque invincible et une somnolence. Je cherchai à le tirer
de cette léthargie. « Ah! docteur, laissez, on est heureux quand on
« dort ; les besoins disparaissent avec les veilles, on n'éprouve plus de
« privations, plus de sollicitude. » Et il se rejetait sur son traversin ;
mais il sentait un violent mal de tête.

19. — L'Empereur a mieux passé la nuit. Cependant les symptômes
morbifiques n'ont presque rien perdu de leur intensité. La douleur de
tête est à la vérité diminuée ; mais le malade éprouve au foie des douleurs beaucoup plus vives.

23. — L'Empereur persiste dans le dessein de prendre l'air. Il monte
à cheval, en calèche, et se voit au bout de quelques pas obligé de rebrousser. Il se met au lit. Il continue encore quelques jours cet exercice ; il se persuade que le mouvement est le premier des remèdes ;
mais le soleil, la toux, le froid, qui court par tous ses membres, l'obligent de suspendre ses courses. Il les reprend dès le surlendemain, et
arrive, avec des alternatives de bien et de mal, jusqu'au 3 octobre,

qu'il est saisi d'un engourdissement général qui ne se dissipe que par l'approche du feu.

4 octobre. — L'Empereur rentre extrêmement fatigué ; il se met au lit, et demande qu'on le laisse en repos. Il a fait, partie à cheval, partie en calèche, une course de deux lieues et demie ; s'est reposé à Sandy-Bay-Raidge ; il est descendu chez M. Deveton, où il a déjeuné, et bu, m'a-t-il dit, trois verres de champagne. Il éprouve un violent mal de tête.

5. — L'Empereur continue à se plaindre du mal de tête ; la douleur au foie est beaucoup augmentée et s'étend jusqu'à l'épaule droite.

6, 7, 8, 9. — Le mauvais temps empêche l'Empereur de sortir en calèche. Il se promène au jardin, persiste à rester deux heures dans un bain chauffé à une température élevée. Sur mes objections, il répond que cet usage est suivi en Égypte, qu'il en a retiré les meilleurs effets. « Vos confrères ne m'épargnaient pas les remontrances. J'allais « gagner la..... Que sais-je ! les maladies que je devais avoir. Eh bien ! « je n'en eus point, je me portai à merveille. Mon instinct me servit « mieux que la science d'Hippocrate. Ma brosse et ma flanelle se trou- « vèrent plus entendues que tous ses suppôts. Ceci n'est pas pour vous, « docteur ; je suis plein de confiance en vos lumières ; mais j'ai mon « expérience par devers moi. »

10. — L'Empereur est resté une heure dans le bain. Il a été obligé d'en sortir pour se mettre au lit ; il était si faible qu'il a éprouvé une espèce d'évanouissement.

11, 12, 13. — La santé de l'Empereur ne s'améliore pas ; les forces, au contraire, semblent aller en décroissant. Il s'est éveillé vers le milieu de la nuit avec une violente douleur de tête, et un froid glacial aux extrémités.

14. — L'Empereur s'est réveillé avec une douleur profonde dans le côté gauche de la tête. Je conseille quelques émollients, et j'insiste sur l'application des vésicatoires. « Docteur ! pas de drogues ; je vous l'ai « dit bien des fois, nous sommes une machine à vivre, nous sommes « organisés pour cela ; c'est notre nature. N'entravez pas la vie, laissez-la « à son aise, qu'elle puisse se défendre. Notre corps est une montre « qui doit aller un certain temps, l'horloger n'a pas la faculté de « l'ouvrir ; il ne peut la manier qu'à tâtons et les yeux bandés. Pour « une fois qu'il l'aide et la soulage, il l'endommage dix, et finit par la « détruire. Vous le savez, docteur, l'art de guérir n'est autre que celui

« d'endormir, de calmer l'imagination. Voilà pourquoi les anciens
« s'étaient affublés de robes, de vêtements qui frappent et qui imposent.
« Vous avez abandonné le costume, c'est à tort : vous avez mis à dé-
« couvert l'imposture de Gallien, vous n'agissez plus avec la même
« force sur les malades. Qui sait? si vous-même m'apparaissiez
« tout à coup avec une perruque énorme, une toque, une queue
« traînante, peut-être vous prendrais-je pour le dieu de la santé, et
« pourtant vous n'êtes que celui des remèdes. » L'Empereur craignait
que je ne revinsse à la charge; il éludait, il plaisantait : mais la gaieté
soulage aussi les maux, je l'entretins le plus qu'il me fut possible.

15. — L'Empereur a passé tranquillement la nuit dernière.

17. — L'Empereur se trouve un peu mieux; les forces reviennent. La promenade est suivie d'un heureux résultat. Au coucher du soleil, le malade éprouve un sentiment de langueur générale, qui est dissipée par un peu de nourriture.

18. — L'Empereur est descendu, s'est promené au jardin quelques instants, et s'est remis au lit sur les huit heures.

21. — L'Empereur se trouve assez bien. Il prend un bain. Il descend au jardin, se promène en discourant sur les facilités, les obstacles qu'il avait rencontrés à l'époque du consulat. Les armées étaient découragées, rejetées sur la ligne du Var : l'ennemi touchait à la frontière, nous étions menacés d'une invasion; mais la population courut aux armes, tout s'ébranla, nous marchâmes, et la France fut sauvée. Napoléon entrait dans les plus petits détails; il parlait de Vallongues, de ses rapports, de l'esprit dont le Midi était animé. Le tableau s'accordait peu avec les révélations qu'un noble émigré avait faites à la tribune, et la levée de boucliers que déconcerta l'inconcevable journée de Marengo. Le marquis s'était sûrement mépris sur les nombres; quand on a vingt-cinq mille hommes et du courage, on ne se cache pas, on n'attend pas pour sonner la charge que l'ennemi ait vidé le champ de bataille.

22. — L'Empereur se trouve beaucoup mieux. Il a repris de l'appétit, des forces, et s'est livré pendant quatre heures à un travail sérieux. Il avait retenu le grand maréchal et sa famille à dîner; il était heureux. La douleur avait sommeillé une journée entière, elle pouvait ne pas se réveiller; il était plein d'espérances. « Une fois rétabli, je vous rends à
« vos études; vous passerez en Europe, vous publierez vos travaux; je
« ne veux pas que vous vous consumiez sur cet affreux rocher. Vous
« m'avez dit, je crois, que vous ne connaissiez pas la France; vous la

« verrez alors, vous verrez ces canaux, ces monuments dont je la cou-
« vris au temps de mon pouvoir.... Il n'a eu que la durée d'un éclair ;
« mais n'importe, il est plein, il regorge d'institutions utiles. — Immor-
« telles, Sire! Cherbourg, Turin, Anvers!... — J'ai mieux que cela, j'ai
« fait mieux ; j'ai consacré la révolution, je l'ai infusée dans nos lois.
« Mon code est l'ancre de salut qui sauvera la France, mon titre aux
« bénédictions de la postérité ; et puis, comme vous le disiez, les établis-
« sements, les fondations, Flessingue, Corfou, Ostende!... Les Alpes
« aplanies! c'est là une entreprise dont le projet remonte à mon début.
« Je venais d'entrer en Italie, les communications avec Paris étaient
« longues, difficiles ; je cherchai à les rendre plus promptes ; je résolus
« de les ouvrir par la vallée du Rhône. Je voulais aussi rendre ce fleuve
« navigable, briser la roche sous laquelle il s'engouffre. J'avais envoyé
« des ingénieurs sur les lieux ; la dépense était modique ; je soumis le
« projet au Directoire ; mais les événements nous emportaient : je passai
« en Égypte, personne n'y pensa plus. Je le repris à mon retour ; j'avais
« renvoyé les avocats, je n'avais plus d'entraves : nous attachâmes nos
« marteaux sur les Alpes, nous exécutâmes ce que les Romains n'avaient
« osé tenter, nous assîmes au milieu des granits une route solide, spa-
« cieuse, à l'épreuve du temps. »

25. — L'Empereur, après avoir éprouvé une grande douleur à la région
frontale, se trouve dans l'assoupissement ; il se plaint du fâcheux état
de sa santé. « Est-il rien de plus déplorable que mon existence? Ce n'est
« pas vivre... Ma santé ne se rétablira jamais... Je suis à bout, je le sens,
« et ne me fais pas illusion. »

26. — L'Empereur est plus mal qu'hier ; il est saisi d'une horripilation
générale, accompagnée d'une soif ardente. Il boit de la limonade et se
fait allumer un grand feu, devant lequel il cherche à se réchauffer. Ses
forces sont tout à fait abattues : « Quel état est le mien, docteur ! Tout
« me pèse, me fatigue ; j'ai peine à me soutenir. Vous n'avez donc dans
« les ressources de l'art aucun moyen de ranimer le jeu de la machine?»
Je lui dis que la médecine en avait plusieurs. « Prompts, efficaces? —
« Mais, Sire, le temps.... — Ah! oui, le temps. Vous amusez la douleur,
« et la mort la termine. »

31. — L'Empereur est encore plus mal qu'hier ; il a passé une nuit fort
agitée.

1er novembre. — L'Empereur a passé une assez bonne nuit. L'estomac
éprouve une distension un peu douloureuse par l'effet des gaz qui donnent lieu à de fréquents renvois insipides.

2.—4 h. A. M. — Après un court sommeil, l'Empereur a été réveillé par une toux sèche, nerveuse, accompagnée de vomissement de matières aqueuses. Il prend quelques aliments légers.

3.—L'Empereur a passé une nuit assez tranquille.

5.—L'Empereur continue d'aller mieux, il cause, il rappelle les travaux qu'il a exécutés, les hommes qu'il a protégés en Italie. Il a ouvert des routes de Pavie à Padoue, de Padoue à Fusine, à Ponte-Longo, de Sarravalle à Bellune, à Cadore, et de Vicence à Novare. Il a creusé le port de Malomocco, desséché les vallées qui débouchent à Vérone, jeté des ponts sur l'Adige, contenu les inondations du Bacchiglione, élevé des digues, reconstruit des canaux, des aqueducs, et pourtant il n'était encore qu'au début de ce qu'il projetait pour l'Italie; passant des choses qu'il a faites aux hommes qu'il a connus, il parle de Cesarotti dont il aimait la pompe et l'harmonie. Il l'avait aidé, secouru, comblé de biens; nous fûmes battus; nous devînmes odieux; le poete céda à l'exaspération commune et applaudit à nos revers. Cette ingratitude ne lui fit pas perdre la bienveillance de Napoléon. Un des premiers soins de ce prince, après l'incorporation de Venise, fut de le recommander à Eugène.

6.—La santé de l'Empereur continue à s'améliorer; il passe au jardin. Il était faible, avait peine à se soutenir; il s'assied au bout du vivier. C'était depuis quelques jours le terme de ses promenades; il s'y établissait, y restait des heures entières, et s'amusait à suivre les mouvements des poissons. Il leur jetait du pain, étudiait leurs mœurs, et cherchait avec une véritable sollicitude les rapports qu'il y a entre eux et nous. Il nous les faisait remarquer, nous détaillait ses observations. Malheureusement ces petits animaux furent attaqués de vertiges; ils se débattaient, flottaient sur l'eau, et périssaient l'un après l'autre. Napoléon en fut cruellement affecté. « Vous voyez bien, me dit-il, qu'il y a « une fatalité sur moi. Tout ce que j'aime, tout ce qui m'attache, est « aussitôt frappé : le ciel et les hommes se réunissent pour me poursui-« vre. » Dès lors, le temps ni la maladie ne purent le retenir, il alla chaque jour les visiter lui-même; il me chargea de voir s'il n'y avait pas moyen de les secourir. Je ne savais d'où pouvait provenir cette mortalité singulière : j'examinai si elle ne tenait pas à l'eau; mais l'examen tardait à l'Empereur, il m'appelait plusieurs fois le jour, et m'envoyait vérifier si d'autres avaient péri. J'allais, et j'avoue que j'éprouvais une satisfaction bien vive quand je pouvais lui annoncer que tous étaient vivants. Je vis enfin à quoi tenait l'accident qui affligeait Napoléon. Nous avions revêtu le bassin avec un mastic à base de cuivre; il avait corrompu l'eau. Nous retirâmes les poissons qui avaient survécu, nous les mîmes dans une cuve.

11, 12. — L'Empereur est triste, abattu, il éprouve une grande prostration de forces.

14. — Après avoir pris son bain d'eau salée, l'Empereur s'est trouvé plus fort et plus dispos; il est encore revenu sur l'Italie et s'est beaucoup étendu sur Oriani. « C'est le plus grand géomètre qu'il y ait eu. » Il l'avait accueilli, protégé, recommandé à Brune lorsqu'il partit pour l'expédition d'Égypte. Il lui avait écrit dès qu'il était entré à Milan, il avait voulu honorer dans sa personne tous ceux qui cultivaient les sciences en Italie.

Napoléon avait conservé un souvenir tout particulier de ce savant célèbre; il en parlait souvent, et se plaisait à revenir sur les détails de la première audience qu'il lui avait donnée. Il le voyait encore ému, troublé, ébloui par l'appareil de l'état-major. Il avait eu beaucoup de peine à le calmer. « Vous êtes au milieu de vos amis; nous honorons le « savoir, nous ne voulons que lui rendre hommage.—Ah! général, par-« donnez; tant de pompe me confond; je n'y suis pas accoutumé. » Il se remit cependant, et eut avec Napoléon une longue conversation qui le jeta dans un étonnement dont il fut bien plus longtemps à revenir. Il ne concevait pas comment à vingt-six ans on pouvait avoir acquis tant de gloire et de science.

16. — L'Empereur descend au jardin; il est faible, hors d'état de marcher; je le soutiens; il gagne un siége, et semble se remettre d'un long effort. « Docteur, me voilà donc à bout? Plus d'énergie, plus de « force, je plie sous le faix. » J'allais lui répondre, il me prévint. « Je « dois guérir, n'est-ce pas? Un médecin mourrait plutôt que de ne pas « soutenir à un agonisant qu'il n'est pas malade. — Non, Sire; mais « quand la vie est encore intacte.... — Elle ne l'est plus, je m'éteins; je « le sens, mon heure est sonnée. »

Il se leva, je le reconduisis. Il se met au bain où il reste une heure. L'atonie devient générale, la douleur au foie se fait sentir avec violence; elle s'étend sur la région épigastrique.

19. — L'Empereur visite ses poissons, fait un tour dans le jardin, monte en calèche, et n'a pas gagné le parc, qu'il rentre déjà.

L'Empereur n'avait plus ni force ni énergie. Le besoin de sommeil le dominait; il éprouvait une lassitude qu'il ne pouvait vaincre. « Doc-« teur, quelle douce chose que le repos! Le lit est devenu pour moi un

« lieu de délices, je ne l'échangerais pas pour tous les trônes du monde.
« Quel changement! Combien je suis déchu! moi, dont l'activité était
« sans bornes, dont la tête ne sommeillait jamais! Je suis plongé dans
« une stupeur léthargique, il faut que je fasse un effort lorsque je veux
« soulever mes paupières. Je dictais quelquefois, sur des sujets diffé-
« rents, à quatre, cinq secrétaires, qui allaient aussi vite que la parole ;
« mais alors j'étais Napoléon, aujourd'hui je ne suis plus rien ; mes for-
« ces, mes facultés m'abandonnent ; je végète, je ne vis plus. »

20. — L'Empereur est plongé dans une tristesse profonde ; il ne prononce pas une parole.

21, 22. — L'Empereur paraît toujours livré à la même mélancolie.

28. — L'Empereur est extrêmement abattu ; il se plaint d'un violent
mal de tête, d'une douleur gravative au foie, c'est son expression ; il
prend de la nourriture, se trouve un peu mieux.

Il est sorti en calèche ; mais après avoir fait avec beaucoup de lenteur
un tour de promenade dans le parc, il a été atteint de violentes nausées,
et bientôt après il a rendu tous les aliments qu'il avait pris.

29. — L'Empereur est atteint, immédiatement après son repas, d'une
toux sèche extrêmement fatigante. Il attribue cet accident à l'usage des
pilules, et profite de cette occasion pour les proscrire entièrement.

30. — L'Empereur se trouve dans le même état qu'hier. Il refuse de
faire usage d'aucun remède, il renonce au bain. J'essaye de combattre
cette résolution. « Que voulez-vous que j'en espère? quel bon effet puis-
« je en attendre? docteur, rien d'inutile. »

1er décembre. — L'Empereur est un peu mieux, et fait de l'exercice
en calèche. Je cherche à réveiller ses souvenirs, je lui parle de l'effet
que produisit son retour d'Égypte. « Il est vrai, me dit-il, qu'il fut in-
« calculable ; il rendit la confiance aux troupes, et l'espérance aux géné-
« raux qui, jugés, destitués, battus, n'aspiraient qu'à venger leurs défai-
« tes, et à échapper au joug ignominieux d'une poignée d'avocats qui
« perdaient la France. Je leur apparaissais comme le Messie ; chacun
« bénit mon arrivée ; mais celui de tous à qui elle fut le plus agréable,
« parce que c'était celui qu'affectaient le plus les malheurs de la patrie,
« fut Championnet. »

7. — L'Empereur est bien. Il s'est occupé pendant deux heures d'un
travail sérieux, sans en ressentir la moindre incommodité. Comme le
temps était beau, il a voulu faire un tour dans le parc en calèche découverte ; mais il a été frappé par le soleil, il est rentré extrêmement fatigué et avec une forte douleur de tête.

8. — L'Empereur est d'une humeur sombre. Je cherche à le distraire, je lui rappelle les hommes que je sais lui être chers. Je prononce le nom de Desaix. « Desaix ! il était dévoué, généreux, tourmenté par la passion

« de la gloire : sa mort fut une de mes calamités. » Il s'arrêta ; je ne savais comment relever la conversation. Je hasardai un mot sur les victoires que ce général avait remportées dans la haute Égypte. « Il en eût « remporté partout. Il était habile, vigilant, plein d'audace ; il comptait

« la fatigue pour rien, la mort pour moins encore : il fût allé vaincre
« au bout de monde. Je lui avais d'ailleurs choisi des lieutenants qui
« allaient à sa taille. Belliard était aussi propre à l'administration qu'à
« la guerre; il dirigeait les irrigations, encourageait les cultures, disper-
« sait les beys ; il était agronome, gouverneur, capitaine, aussi redouté
« des mameluks qu'agréable aux cheiks. Il commandait l'avant-garde
« d'Alexandrie au Caire ; il eut l'initiative de toutes les privations : mais
« la nature l'avait doué d'un courage à toute épreuve; le désert ne l'é-
« tonna point. Il contint la troupe qu'une foule d'autres cherchaient à
« soulever, et fut toujours dévoué : je savais quelles étaient sa capacité,
« sa constance. Je voulais l'emmener en Syrie, mais Desaix s'en défen-
« dit ; il tenait à le conserver, je le lui laissai. Ce brave Desaix ! il fut
« cruellement affecté des sottises du Directoire et de sa levée de bou-
« cliers. « Les revers ne m'ont pas surpris, me manda-t-il lorsque je lui
« annonçai que la guerre s'était rallumée en Europe, mais m'ont vive-
« ment affligé. On voit bien que vous n'êtes plus dans cette Italie où vous
« avez eu tant de succès; vous y retournerez, vous illustrerez la nation ;
« et nous, nous végéterons au milieu des Arabes. Qui connaîtra la gran-
« deur de vos idées ? qui appréciera vos généreux desseins ? Cette guerre
« d'Allemagne est une horrible chose; j'enrage de n'y être pas. Pensez
« du moins à nous, à notre situation, à notre passion pour la gloire;
« mais, avant tout, sauvez la France. » Je ne fus pas fâché d'avoir son
« suffrage : je partis ; vous en savez le résultat. »

16.—L'Empereur a passé une nuit fort agitée ; il est toujours plongé
dans la tristesse. Il est faible, abattu. Il voulut faire un tour dans le salon, les jambes fléchissaient sous lui ; il fut obligé de s'asseoir. « Elles
« sont à bout, me dit-il d'un ton peiné; voyez-vous (il les palpait), il n'y
« a plus rien : c'est un squelette ! » Je m'efforçais de lui persuader que
cet état de maigreur était une conséquence de la maladie, qui ne préju-
geait rien sur le résultat final. « Non, docteur, tout doit avoir un terme,
« j'y touche ; et en vérité, je ne le regrette pas, je ne suis pas payé pour
« chérir la vie. »

25.—La prostration des forces est extrême; l'Empereur a passé une
nuit mauvaise, agitée.

26.—L'Empereur a passé une meilleure nuit. Il lit avec une avidité
extrême les journaux arrivés d'Europe; il apprend la mort de sa sœur,
la princesse Élisa ; cette nouvelle le plonge dans la stupeur. Il était dans
son fauteuil, la tête penchée, immobile, en proie au plus profond chagrin. De longs soupirs lui échappaient par intervalles ; il élevait les yeux,

les baissait, me regardait de temps en temps, me fixait sans proférer

un mot. A la fin il me tendit son bras. Le pouls était faible, irrégulier ; je lui conseillai de prendre un peu d'eau de fleur d'orange. Il ne parut pas m'avoir entendu. Je le pressai de sortir, d'aller respirer l'air au jardin. « Croyez-vous, me dit-il d'une voix basse et altérée, qu'il puisse « me retirer de l'état d'oppression où je suis ? — Je le pense, Sire ; mais « je supplie Votre Majesté de faire en même temps usage de la boisson « que je lui propose. » Il y consent. Les soupirs deviennent moins fréquents et moins profonds. Il éprouve un peu de hoquet : je lui présente le verre, il boit une seconde fois et se trouve soulagé. « Vous voulez donc « que j'aille au jardin ? Eh bien, soit. » Il se leva avec effort et s'appuya sur mon bras. « Je suis bien faible, mes jambes chancelantes ont peine « à me porter. »

La journée était magnifique, nous gagnâmes le berceau, il essaya de faire quelques pas ; mais les forces manquaient ; il fut obligé de se placer sur un siége qui se trouvait auprès de nous. « Ah, docteur ! me dit-il, « comme je suis fatigué !..... Je sens que l'air que je respire me

fait du bien. » Il se tut quelques instants, et reprit : « Les journaux
« annoncent que la princesse Élisa est morte d'une fièvre nerveuse,
« et qu'elle a fait Jérôme tuteur de ses enfants. Qu'est-ce que les
« médecins entendent par fièvre nerveuse? » Je le lui dis. « Avez-
« vous connu Élisa lorsqu'elle était grande-duchesse de Toscane?—Oui,
« Sire.—Elle était devenue extrêmement délicate. Elle m'assurait qu'elle
« eût été obligée de garder constamment le lit, si elle eût voulu s'écou-
« ter, qu'il n'y avait que sa grande activité qui pût la faire vivre. Je suis
« de son avis, je pense qu'une vie active est toujours favorable à la santé ;
« j'en ai fait l'expérience sur moi-même, et vous pouvez observer au-
« jourd'hui les conséquences du régime contraire. Dès son enfance,
« Élisa fut fière, indépendante, elle nous tenait tête à tous. Elle avait de
« l'esprit, une activité prodigieuse, et connaissait les affaires de son cabi-
« net, de ses États, aussi bien qu'eût pu le faire le plus habile diplomate.
« C'était elle qui s'occupait des relations extérieures, et quoiqu'elle se vît
« avec peine obligée de s'adresser à mes ministres, elle correspondait di-
« rectement avec eux, leur résistait souvent, et quelquefois même me for-
« çait de me mêler des discussions. Vive, sensible, elle était facilement
« émue. La moindre contrariété suffisait pour la mettre en colère, mais
« cette colère s'évanouissait presque aussitôt, car Élisa avait un cœur
« excellent, généreux, élevé. Elle aimait le luxe, elle cultivait les sciences
« et les arts, et avait l'ambition d'exercer une espèce de suprématie sur
« ses sœurs. Elle voulait être au-dessus d'elles par l'autorité, comme elle
« l'était par l'âge. Je ne sais à quel point on doit ajouter foi à la nouvelle
« de sa mort telle qu'elle est rapportée dans les journaux ; mais ce qui
« me paraît dénué de fondement, c'est qu'elle ait chargé Jérôme de la
« tutelle de ses enfants. Il faudrait supposer, pour que cela fût admissible,
« que Baciocchi n'existe plus, ou qu'il est absent, car dans le cas contraire
« il est de droit leur tuteur naturel et légal. Avez-vous connu le prince
« Baciocchi?—Je l'ai vu quelquefois; mais je ne lui ai jamais parlé.—
« Quelle opinion avait-on de lui à Florence? — On le regardait comme
« un brave homme qui s'occupait peu des affaires, et ne songeait qu'à
« jouir des avantages de sa situation. —On ne se trompait pas. Il a tou-
« jours beaucoup chéri la vie privée, et n'a jamais aimé à s'occuper que
« de lui-même. Son caractère pacifique contrastait singulièrement avec
« l'esprit remuant de la princesse Élisa. Savez-vous combien d'enfants
« elle a laissés ? — Elle eut une jolie petite fille en Toscane, un garçon
« dans les États Vénitiens. J'ignore si elle en a eu depuis. »

L'Empereur se leva, s'appuya sur mon bras et me regardant fixement :

« Eh bien! docteur, vous le voyez, Élisa vient de nous montrer le che-
« min ; la mort, qui semblait avoir oublié ma famille, commence à la
« frapper ; mon tour ne peut tarder longtemps. Docteur, vous êtes jeune,
« plein de santé ; mais moi ! je n'ai plus ni forces, ni activité, ni éner-
« gie, je ne suis plus Napoléon. Vous cherchez en vain à me rendre l'es-
« pérance, à rappeler la vie prête à s'éteindre. Vos soins ne peuvent rien
« contre la destinée ; elle est immuable, on n'appelle pas de ses décisions.
« La première personne de notre famille qui doit suivre Élisa dans la
« la tombe est ce grand Napoléon, qui végète, qui plie sous le faix, et qui
« pourtant tient encore l'Europe en alarmes. Tout est fini, je vous le
« répète. »

Nous rentrâmes ; Napoléon se mit au lit. « Faites fermer mes fenê-
« tres, docteur ; laissez-moi seul. » Il me manda plus tard ; mais il était
abattu, défait, parlait de son fils, de Marie-Louise : la conversation était
pénible ; je cherchai à la rompre, à lui rappeler des souvenirs qui n'a-
larmaient pas sa tendresse. « Je vous comprends, docteur ; eh bien !
« soit, oublions, si toutefois le cœur d'un père peut oublier. »

27. — L'Empereur est plongé dans le plus grand abattement.

30. — L'Empereur est beaucoup plus mal ; il éprouve un tremblement
général, de la chaleur et du froid tour à tour ; le pouls est nerveux et
faible, la douleur de tête insupportable. « Eh bien ! docteur, que pensez-
« vous de l'état où je suis ? — Qu'il n'est pas inquiétant, qu'il s'améliore et
« serait bon si Votre Majesté consentait à faire usage d'un médicament
« d'ailleurs fort simple. — Duquel ? — Du sirop d'éther. — Qu'est-ce que
« du sirop d'éther ? » Je le lui expliquai. « Quel est son effet ? » Je le lui
« dis. « Vous en êtes sûr ? — Oui, Sire. — Eh bien ! voyons, vite, donnez
« donc. » Je lui en donnai une cuillerée ; il la prit, fut soulagé ; mais
elle lui laissa un arrière-goût dans la bouche : c'en fut assez, il n'en
voulut plus.

31. — L'Empereur allait un peu mieux. Je le presse de prendre une
nouvelle dose de sirop d'éther, il s'y refuse ; j'insiste, il s'impatiente et
me dit que c'est peine perdue. « Mais, Sire, les effets en sont si sensi-
« bles. — Sensibles, assurément : je n'ai pas clos la paupière, jamais je
« ne passai de si mauvaise nuit. — Son action est si bénigne. — Pour les
« estomacs faits à la pharmacie, je le crois ; mais le mien est vierge,
« étranger aux remèdes. Je ne veux pas avoir deux maladies, celle de la
« nature et celle du médecin. »

2 janvier. — Napoléon se trouve un peu mieux. Il était dans son lit ; je
voulais donner de l'air à la pièce. J'ouvre la croisée, elle m'échappe ; je

cherche à la retenir, je me blesse, le sang jaillit. L'Empereur s'en aperçoit, saute à terre : « Vous avez la main déchirée ! Un médecin ! qu'on « cherche un des chirurgiens anglais ! Les blessures sont dangereuses « ici, vous le savez ; le moindre retard devient mortel ; allons ! qu'on « coure au camp ! » La plaie était en effet assez grave ; j'avais les tendons extenseurs des trois derniers doigts presque entièrement coupés ; mais j'étais si touché de l'anxiété de l'Empereur, que je pensais bien plus à le calmer qu'à me panser moi-même. Je le fis cependant ; et me trouvai au bout de trois ou quatre jours en état de redonner mes soins à l'Empereur, qui ne cessait de me prodiguer des témoignages touchants de sollicitude.

22. — La santé de l'Empereur a fait des progrès sensibles ; ses forces sont revenues en même temps que l'appétit, il continue de faire l'exercice dans le jardin et le parc. Plusieurs fois, j'ai essayé de le décider à prendre quelques médicaments, je n'ai pu y parvenir. « Au diable votre « médecine ! m'a-t-il répondu ; je vous ai déjà dit cent fois qu'elle ne me « valait rien : je connais mieux que vous, et tous les médecins de l'uni- « vers, ma maladie et mon tempérament. Je suis guéri si je sue, et si les « cicatrices qui sont sur ma cuisse viennent à s'ouvrir. Oui, docteur, « donnez-moi la force de faire trois ou quatre lieues à cheval sans m'ar- « rêter, et de continuer le même exercice pendant quinze ou vingt jours, « et vous verrez comment je me porterai. Supposez qu'au lieu d'être « Napoléon je fusse un des pauvres diables de cette île, et qu'à force de « coups de bâton et de fouet sur les jambes on me fît courir et travailler « comme eux, ne guérirais-je pas bien vite ? ne suerais-je pas beaucoup ? « ne reprendrais-je pas mon équilibre ? ne recouvrerais-je pas la santé. » Il s'échauffait sur cette idée de la puissance extraordinaire de la volonté humaine. « Vous avez l'air de ne me pas croire, docteur ; mais voyons. « Si j'avais là, devant moi, un lion, un tigre, un ours, et que je n'eusse « pas d'autre moyen d'échapper que la fuite, pensez-vous que mes for- « ces ne se ranimeraient pas tout d'un coup ? mes jambes n'obéiraient- « elles pas à l'impulsion de ma volonté ? mes nerfs ne sentiraient-ils pas « l'appel de la nature pour me tirer de ce danger ? Eh bien, au moment « où je vous parle, je vous dirai qu'il y a en moi quelque chose qui m'é- « lectrise, et qui me fait croire que ma machine suivrait encore l'empire « de mes sensations et de mes volontés. N'est-ce pas là un stimulant « qui vaudrait bien la crainte des coups de fouet ? Eh bien, qu'en pensez- « vous à présent, dottoraccio di capo Corso ? continua-t-il en me tirant « les oreilles. N'ai-je pas raison ? » Je répondis que ses remèdes pou-

vaient être excellents, mais qu'il y avait aussi de quoi tuer les hommes les plus forts. L'Empereur se mit à rire. « Je suis sûr, dit-il, qu'une « bonne partie de débauche remettrait l'équilibre de ma machine. Mon « secret pour me guérir n'a jamais été d'avaler des drogues, mais de « rester à la diète un ou deux jours, ou de faire quelque excès en oppo- « sition avec mes habitudes. Ainsi, par exemple, si j'étais en repos de- « puis trop longtemps, je me mettais à faire une grande course à cheval, « à chasser un jour entier sans m'arrêter. Si je m'étais trop fatigué, je « me tenais en repos pendant vingt-quatre heures ou davantage; eh bien, « je vous réponds que jamais mon système ne m'a manqué. La secousse « que je me donnais produisait toujours un bon résultat. J'avais aussi « un tempérament comme on en voit peu. Quand il me prenait envie « de dormir, je dormais, quelle que fût l'heure et le lieu; quand il m'ar- « rivait de boire ou de manger trop, mon estomac rejetait le superflu : « enfin, ma nature n'était pas celle de tous les hommes. Tout cela est « perdu maintenant, je le sens bien. »

Convaincu néanmoins de l'excellence de son système, il s'avisa de mettre la chose à l'essai. Il fit seller son cheval, se mit à galoper dans les vieilles limites de Longwood, et ne fit pas moins de cinq ou six milles : il n'était accompagné que de Noverraz et de son piqueur. Mais ce rude exercice ne lui procura pas le résultat qu'il en attendait : ses sueurs ne coulèrent point, et il se trouva même assez indisposé. Il répéta trois ou quatre fois cette tentative, qui eut toujours les mêmes consé- quences. « Je le vois à présent, me dit-il d'un ton affecté, mes forces m'a- « bandonnent, la nature ne répond plus comme auparavant aux solli- « citations de ma volonté, les secousses violentes ne conviennent plus à « mon corps affaibli; mais j'arriverai au but que je veux atteindre par « un exercice modéré. »

23. — L'Empereur est plongé dans une profonde tristesse; il est tou- jours persuadé que l'exercice le sauverait. « Si du moins je pouvais « supporter la calèche; mais les cahots me donnent des nausées et le « mouvement du cheval est encore pis. — Sire, la bascule, lui dit le « général Montholon, si Votre Majesté en essayait? — Oui ! la bascule ! « peut-être; je l'éprouverai; faites-en disposer une. » On la disposa, mais elle ne produisit aucun résultat avantageux; il y renonça.

24. — L'Empereur est toujours fort triste; il parle de sa santé, se plaint de faiblesse, d'irritation nerveuse. Je lui demandai son bras, il me le tendit avec indifférence : « C'est comme si un général prêtait « l'oreille pour savoir comment son armée manœuvre. Eh bien ! que

« vous indique l'état du pouls? — Que les forces reprennent, que Votre
« Majesté va se trouver mieux. — Sans doute! tout me répugne, tout
« m'inspire du dégoût. Je ne puis souffrir la substance solide la plus
« légère, et je vais être mieux! Docteur, ne cherchez pas à me donner
« le change, je sais mourir. »

25. — L'Empereur est plongé dans la mélancolie la plus profonde.
Il éprouve des agitations nerveuses.

26. — L'Empereur est beaucoup mieux, aussi son humeur est-elle
bien moins chagrine.

Il avait appris, quelques jours auparavant, les détails de la révolution espagnole. Cet événement n'avait pas paru le frapper beaucoup : il le prévoyait, s'était-il borné à nous dire. « Ferdinand est un homme
« incapable de se gouverner lui-même, et à plus forte raison de gouver-
« ner la Péninsule. Quant à la constitution des cortès, elle est en oppo-
« sition avec les dogmes de la sainte alliance; elle sape les préjugés et
« les intérêts des dévots, elle ne peut se soutenir longtemps. Ceux qui
« l'ont promulguée n'ont ni les moyens ni les forces de la faire aller. »
La nouvelle des affaires de Naples produisit plus d'effet et le mit en
bonne humeur.. « Pour celle-là, je l'avoue, je ne m'y attendais pas.
« Qui jamais eût imaginé que des *maccheronai* voudraient singer les
« Espagnols? Afficher leurs principes, rivaliser de bravoure avec eux! »
Puis, quittant la plaisanterie : « Ferdinand de Naples ne vaut pas
« mieux que l'autre; mais ce n'est pas d'eux, c'est de leurs nations
« qu'il s'agit, et il y a entre elles une telle différence dans l'énergie,
« dans l'élévation des sentiments, qu'il faut que les Napolitains aient
« perdu la tête, ou que leur mouvement soit le prélude d'une insur-
« rection générale; car, en face, comme ils sont, du dominateur de
« l'Italie, que peuvent-ils faire s'ils ne sont soutenus par une grande
« nation? S'ils le sont, j'applaudis à leur patriotisme; mais, s'il
« en est autrement, que je plains mes bons, mes chers Italiens! Ils
« seront décimés, sans que leur généreux sang profite au beau sol
« qui les a vus naître; je les plains! Les malheureux sont distribués par
« groupes, divisés, séparés par une cohue de princes, qui ne servent
« qu'à exciter des haines, à briser les liens qui les unissent, et les em-
« pêchent de s'entendre, de concourir à la liberté commune. C'était cet
« esprit de tribu que je cherchais à détruire; c'est dans cette vue que
« j'avais réuni une partie de la Péninsule à la France, érigé l'autre en
« royaume; je voulais déraciner ces habitudes locales, ces vues par-
« tielles, étroites; modeler les habitants sur nos mœurs, les façonner à

« nos lois, puis les réunir, les constituer, les rendre à l'ancienne gloire
« italienne. Je me proposais de faire de ces États agglomérés une puis-
« sance compacte, indépendante, sur laquelle mon second fils eût régné.
« Rome en fût devenue la capitale; je l'eusse restaurée, embellie; j'eusse
« déplacé Murat. De la mer jusqu'aux Alpes, on n'eût connu qu'une
« seule domination. J'avais déjà commencé l'exécution de ce plan, que
« j'avais conçu dans l'intérêt de la patrie italienne. On travaillait à
« dégager Rome de ses décombres : on desséchait les Marais Pontins;
« mais la guerre, les circonstances où je me trouvais, les sacrifices
« que j'étais obligé de demander aux peuples, ne me permirent pas de
« faire ce que je voulais pour elle. Voilà, mon cher docteur, les motifs
« qui m'ont arrêté. C'est une faute, une grande faute; je le sentis en
« 1814; mais l'heure des revers avait sonné, le mal était irréparable.
« Si je n'avais pas été pris par le temps, que j'eusse exécuté ce que je
« projetais, je ne serais pas tombé, je n'aurais pas été exilé à l'île
« d'Elbe, et encore moins jeté sur cet écueil. Ah! docteur, quels sou-
« venirs! quelles époques me rappellent cette belle Italie! Je touche
« encore au moment où je pris le commandement de l'armée qui la
« conquit. J'étais jeune; j'avais la conscience de mes forces; je bouil-
« lais d'entrer en lice. J'avais donné des gages, on ne contestait pas mon
« aptitude; mais mon âge déplaisait à ces vieilles moustaches qui avaient
« blanchi dans les combats. Je m'en aperçus, et sentis la nécessité de
« racheter ce désavantage par une austérité de principes que je ne dé-
« mentis jamais. Il me fallait des actions d'éclat pour me concilier
« l'affection et la confiance du soldat; je les fis. Nous marchâmes; tout
« s'éclipsa à notre approche. Mon nom était aussi cher aux peuples
« qu'aux soldats : ce concert d'hommages me toucha; je devins insen-
« sible à tout ce qui n'était pas la gloire. L'air retentissait d'acclama-
« tions sur mon passage; tout était à ma disposition, tout était à mes
« pieds; mais je ne voyais que mes braves, la France et la postérité!
« Les belles Italiennes eurent beau déployer leur grâce; je fus insen-
« sible à leurs séductions : elles s'en dédommageaient avec ma suite.
« Une d'elles, la comtesse C...., laissa à Louis, lors que nous passâmes
« à Brescia, un gage de ses faveurs dont il se rappellera longtemps. »

27. — La nuit a été excessivement mauvaise. L'Empereur est dans un état de faiblesse extrême, physionomie sombre. Je hasarde une prescription, Napoléon s'impatiente, et témoigne la plus vive aversion pour toute espèce de remèdes.

Il dîne à six heures, mais il rend presque aussitôt ce qu'il a pris.

30. — L'Empereur était dans une situation déplorable; mais la maladie ne faisait qu'exalter l'aversion qu'il avait pour les médicaments. J'avais beau combattre sa répugnance, il repoussait tout. J'étais accablé du spectacle de ce grand homme qui se consumait sous mes yeux; la douleur de voir le remède et de ne pouvoir l'appliquer, l'amour, les regrets, tous les sentiments se disputaient mon âme; mes forces étaient à bout. Napoléon s'en aperçut. « Vous n'êtes pas bien, me dit-il; vous
« périssez, vous succombez au mal. Devez-vous aussi être victime de cet
« affreux climat? Allons, du courage, je vais faire venir un médecin
« d'Europe, il vous aidera. » J'étais si satisfait de cette résolution, que je ne me donnai pas le loisir de peser ma réponse. « Ah! Sire, lui répli-
« quai-je avec émotion, hâtez-vous, pendant qu'il en est temps encore.
« — Qu'il en est temps! que voulez-vous dire? Est-ce vous? est-ce moi?
« l'un de nous doit-il mourir avant qu'il arrive? Si c'est moi, eh bien!
« à la bonne heure; mais dans aucun cas je ne veux ni consulter ni
« voir les médecins anglais qui sont dans l'île. J'aime mieux souffrir
« que de les voir autour de moi. D'ailleurs à quoi seraient-ils bons? J'ai
« mis ma confiance en vous; vous vous intéressez à moi; je juge de
« votre attachement par votre zèle; je vous suis reconnaissant des soins
« que vous me prodiguez. Mais, cher docteur, si mon heure est sonnée,
« s'il est écrit là-haut que je dois périr, ni vous ni tous les médecins
« du monde ne changerez l'arrêt. » Il avait les yeux fixés au ciel, le son de sa voix était élevé, sonore; je ne fus pas maître de mon émotion. Je me retirai, j'avais une fièvre ardente, je restai quelques jours sans pouvoir lui donner mes soins. Enfin il désira me voir; je fis un effort, j'allai, je le trouvai dans son lit, se plaignant d'une douleur insupportable qu'il éprouvait dans l'hypocondre gauche; il avait de la difficulté à respirer.

12 février. — L'Empereur se trouve un peu mieux.

15. — L'Empereur continue à être mieux. « Étiez-vous à Milan, doc-
« teur, lorsque j'allai prendre la couronne de fer? — Non, Sire. — Et
« lorsque je fus à Venise? — Je n'y étais pas non plus; mais Votre Ma-
« jesté venait de planter nos aigles sur la Vistule; l'Italie était ivre de
« gloire, toute la population se pressait sur ses pas. — Il est vrai que je
« fus vivement accueilli, surtout dans les lagunes. Venise avait mis en
« mer toutes ses gondoles: c'étaient des franges, des plumes, des étoffes;
« tout ce qu'il y avait de beau, d'élégant était accouru à Fusine. Jamais
« l'Adriatique n'avait vu de cortége si pompeux. — Cette explosion était
« toute naturelle; d'une main vous refouliez les Sarmates, de l'autre

« vous semiez les monuments, les routes, les constructions, tous les « établissements utiles. Puis, votre administration était si ferme, si « rapide! — Vous avez raison : c'était une machine immense dont tous « les rouages étaient parfaitement adaptés. J'en exposai le jeu et la rai- « son au corps législatif. Je fis effet : l'Italie goûta les principes que je « développai. »

19. — Depuis le 15, l'Empereur a successivement perdu et repris ses forces à divers degrés.

20. — Napoléon est exténué. « C'est donc bientôt? — Non, Sire, « l'irritation se calme. — Toujours, docteur! quand vous lasserez-vous « de promettre la santé? — Quand elle sera venue. — En ce cas, vous « promettrez longtemps. — Moins que Votre Majesté ne pense; et, « pour peu qu'elle puisse faire usage d'eaux thermales..... — Vous « croyez qu'ils l'accordent? — Refuser, les mettrait trop à découvert; « ce serait avouer l'assassinat. — Pauvre *capocorsino!* vous ne les « connaissez pas. »

Il suivait des yeux un nuage qui se dessinait au loin. « Quel effet les « nuages font-ils sur nous? quelle influence exercent-ils sur celui « qui les respire? Ils doivent amener à chaque instant une rupture « d'équilibre, déterminer une contraction musculaire, une tension « qui ne peut qu'être funeste, et conduire à la mort; car enfin nous « sommes soumis aux lois qui régissent les autres corps; nous en- « fermons du fluide; nous le sentons, nous l'éprouvons à ces irrita- « tions nerveuses qui marquent les temps d'orage. Placer un homme « dans les nues, le faire vivre dans la sphère d'activité de ces masses « qui changent, passent, reviennent à chaque instant, c'est le condam- « ner à une série de chocs, de décompositions, qui doivent prompte- « ment épuiser la vie; c'est le soumettre à l'énergie dévorante de l'ar- « mure de Galvani : dis-je vrai? » J'en convins. « C'est que je suis à « moitié de votre robe. Je sais presque, à ne m'y pas méprendre, ce « qui doit résulter de telle ou telle situation. Un homme, par exemple, « que l'on placerait dans un bain de vapeur, auquel succéderait tout à « coup une chaleur excessive, éprouverait une désorganisation analogue « à celle d'un corps humide qu'on expose subitement à l'action du feu. « Il se déjetterait, se tourmenterait, épuiserait bientôt sa puissance et « sa force : ne le pensez-vous pas? »

Kléber. — Marlborough. — Affaiblissement de l'Empereur. — Napoléon arrête et cachette ses codicilles. — Derniers moments.

26 février 1821.

'EMPEREUR, qui était assez bien depuis le 21, retombe tout à coup.

L'Empereur se trouve mieux; ses souvenirs se réveillent, il parle avec complaisance des braves qui coururent sa fortune.

Steingel était bouillant, infatigable, cherchait les Autrichiens comme les médailles, et ne laissait pas un taillis, un décombre qu'il ne l'eût fouillé, visité.

Mireur ! c'était l'homme des dangers, des avant-postes ; son sommeil était inquiet si l'ennemi ne se trouvait en face.

Caffarelli, tout aussi brave, ne se battait cependant que par nécessité ; il aimait la gloire, plus encore les hommes : la gloire n'était pour lui qu'un moyen d'arriver à la paix.

Passant ensuite à des officiers d'un grade moins élevé, Napoléon s'arrêta longtemps sur deux braves dont il déplora vivement la perte, Sulkowski et Guibert. Le premier était un Polonais plein d'audace, de savoir, de capacité. Il avait été réveiller Kosciusko, lui avait porté les instructions du comité de salut public ; il connaissait le génie, parlait toutes les langues de l'Europe, aucun obstacle ne l'arrêtait. Le second, plus souple, plus mesuré, plus adroit, mettait dans ses négociations la subtilité d'un diplomate.

28. — L'Empereur a passé une assez bonne nuit. Il s'est levé au point du jour, et, quoique extrêmement faible, il a fait une promenade en calèche.

1er mars. — La nuit a été tranquille, néanmoins la prostration des forces continue, et la digestion est extrêmement pénible. Napoléon sort en calèche ; mais rien ne peut dissiper la profonde tristesse où il est plongé.

2. — L'Empereur a fort bien passé la nuit; il sort deux fois en calèche; il se trouve assez bien et se plaît à revenir sur une foule de détails, de circonstances qui peignent la tendresse qu'il porte à Marie-Louise. « Ses couches furent excessivement pénibles, et, je puis le dire,
« c'est en grande partie à mes soins qu'elle doit la vie. Je reposais dans
« un cabinet voisin; Dubois accourut et me fit part du danger. Il était
« effrayé, l'enfant se présentait mal, il ne savait où donner la tête. Je
« le rassurai; je lui demandai s'il n'avait jamais rien vu de semblable
« dans les accouchements qu'il avait faits. — Oui, sûrement; mais une
« fois sur mille. N'est-il pas affreux pour moi que ce cas si extraordi-
« naire soit précisément celui qui a eu lieu pour l'impératrice. — Eh,
« bien! oubliez la dignité et traitez-la comme une boutiquière de la rue
« Saint-Denis : c'est tout ce que je vous demande. — Mais puis-je ap-
« poser les fers? Si de nouveaux accidents arrivent, lequel dois-je
« sauver? la mère ou l'enfant? — La mère: c'est son droit. Je me
« rendis auprès d'elle; je la calmai, je la soutins; elle fut délivrée,
« l'enfant prit vie. Le malheureux!... » Napoléon s'arrêta; je respectai son silence et me retirai.

3. — L'Empereur se promène à deux reprises en calèche.

4. — Napoléon essaye deux fois de monter en calèche, mais il est obligé bientôt de se mettre au lit.

La conversation s'est ouverte sur les beaux-arts. Un des interlocuteurs faisait assez peu de cas de la musique. « Vous avez tort, lui
« a dit l'Empereur; c'est de tous les arts libéraux celui qui a le plus
« d'influence sur les passions, celui que le législateur doit le plus
« encourager. Une cantate produit plus d'effet qu'un ouvrage de
« morale. »

5. — L'Empereur a passé la nuit assez tranquillement, quoiqu'il n'ait presque point dormi; il est livide, ne présente plus que l'aspect d'un cadavre.

6. — La nuit a été assez bonne. L'abattement est extrême.

L'Empereur témoigne sur le soir l'envie de manger. On lui sert deux côtelettes d'agneau; il me les fait goûter, me demande si elles sont nutritives, de digestion facile, et quand il m'a adressé toutes les questions d'usage, il y goûte et les laisse là. « Que vous en semble, docteur?
« n'est-ce pas une bataille perdue? — Gagnée, Sire, pour peu que Votre
« Majesté le veuille. — Comment cela? des remèdes? — Mais..... —
« Chacun se bat avec ses armes; c'est bien, docteur, j'aime votre téna-
« cité. — Votre Majesté est donc d'intelligence avec la latitude? — Je

« ne m'abuse plus, la vie m'échappe, je le sens ; c'est pour cela que je
« renonce aux médicaments. »

7. — L'Empereur est moins faible que les jours précédents. Il était debout, négligé ; je le priai de prendre soin de lui-même : il se mit à sa toilette. « Quand j'étais Napoléon, me dit-il d'un ton pénétré, je la faisais
« promptement et avec plaisir ; mais aujourd'hui, qu'ai-je à faire d'ê-
« tre bien ou mal ? Cela me coûte d'ailleurs plus de fatigue que je n'en
« éprouvais à disposer un plan de campagne. Allons, cependant. » Et il se fit la barbe, mais par temps, par intervalles ; il fut obligé de se reprendre bien des fois. Il acheva enfin, se mit au lit, et n'en sortit pas de la matinée.

10. — L'Empereur a passé une nuit fort agitée. Il n'a pu fermer l'œil ; il est extrêmement faible. Il tenait un paquet de journaux à la main ; je craignais la fatigue, je lui en fis l'observation. « Non, doc-
« teur, c'est une scène de gaieté ; j'en suis au dévouement du roi de Na-
« ples pour le régime constitutionnel. Tous ces légitimes sont d'une
« bénignité que rien n'égale. Ce *Maccaronaio* voulait aussi me donner
« le change, venir à Rome, et nous susciter une guerre de religion ; je
« pénétrai sa manœuvre, je lui notifiai qu'il eût à rester dans ses États ;
« il se le tint pour dit. Mais les prédicants, les madones allaient d'autant
« mieux ; les sept communes couraient aux armes, il devenait urgent
« d'arrêter la croisade. Sévir ? la légende est déjà assez volumineuse :
« je ne me souciais pas d'envoyer ces mutins au ciel, je les fis prêcher.
« Je chargeai Joubert de cette affaire. Exigez, lui dis-je, de l'évêque de
« Vicence qu'il envoie des missionnaires dans ce pays-là pour leur prê-
« cher tranquillité, obéissance, sous peine de l'enfer. Faites venir chez
« vous les missionnaires, donnez-leur quinze louis à chacun, et pro-
« mettez-leur-en davantage au retour. Vous verrez que tout sera bien-
« tôt calmé. En effet, dès que les hommes de Dieu furent aux prises,
« la population étonnée, incertaine, ne se soucia plus de guerroyer. »

11. — La nuit a été moins mauvaise, Napoléon se trouve mieux ; son humeur est moins sombre, son pouls plus naturel.

12. — L'Empereur est moins bien.

Milady Holland avait fait un envoi de livres dans lesquels se trouvait une cassette renfermant un buste en plâtre, dont la tête était couverte de divisions, de chiffres qui se rapportaient au système craniologique de Gall : « Voilà, docteur, qui est de votre domaine ; prenez, étudiez
« cela, vous m'en rendrez compte. Je serais bien aise de savoir ce que
« dirait Gall s'il me tâtait la tête. » Je me mis à l'œuvre ; mais les divi-

sions étaient inexactes, les chiffres mal placés ; je ne les avais pas rétablis que Napoléon me fit appeler. J'allai, je le trouvai, au milieu d'un amas de volumes épars, qui lisait Polybe. Il ne me dit rien d'abord, continua de parcourir l'ouvrage qu'il avait dans les mains, le jeta, vint à moi, me regarda fixement, et me prenant par les oreilles : « Eh bien !
« *dottoraccio di Capo-Corso*, vous avez vu la cassette? — Oui, Sire. —
« Médité le système de Gall ? — A peu près. — Saisi ? — Je le crois.
« — Vous êtes à même d'en rendre compte? — Votre Majesté en ju-
« gera. — De connaître mes goûts, d'apprécier mes facultés en palpant
« ma tête ? — Et même sans la toucher. (Il se mit à rire.) — Eh bien,
« nous en causerons plus tard, quand nous n'aurons rien de mieux à
« faire. C'est un pis aller qui en vaut un autre. Que pensait Mascagni
« de ces rêveries germaniques ? — Mascagni aimait beaucoup la manière
« dont Gall et Spurzheim développent et rendent sensibles les diverses
« parties de la cervelle ; il avait lui-même adopté cette méthode qu'il ju-
« geait éminemment propre à faire bien connaître ce viscère intéressant.
« Quant à la prétention de juger sur les protubérances, des vices, des
« goûts et des vertus des hommes, il la regardait comme une fable in-
« génieuse qui pouvait séduire les gens du monde, et ne soutenait pas
« l'examen de l'anatomiste. — Voilà un homme sage; un homme qui
« sait apprécier le mérite d'une conception, l'isoler du faux dont la sur-
« charge le christianisme : je regrette de ne l'avoir pas connu. Corvi-
« sart était grand partisan de Gall; il le vantait, le protégeait, fit l'ini-
« maginable pour le pousser jusqu'à moi; mais il n'y avait pas sympa-
« thie entre nous. Lavater, Cagliostro, Mesmer, n'ont jamais été mon
« fait ; j'éprouvais je ne sais quelle espèce d'aversion pour eux, je n'a-
« vais garde d'admettre celui qui les continuait parmi nous. Tous ces
« messieurs sont adroits, parlent bien, exploitent ce besoin du merveil-
« leux qu'éprouve le commun des hommes, et donnent l'apparence du
« vrai aux théories les plus fausses. La nature ne se trahit pas par ses
« formes extérieures. Elle cache, elle ne livre pas ses secrets. Vouloir
« saisir, pénétrer les hommes par des indices aussi légers est d'une dupe
« ou d'un imposteur, ce qu'est au reste toute cette tourbe à inspirations
« merveilleuses, qui pullule au sein des grandes capitales. Le seul
« moyen de connaître ses semblables est de les voir, de les hanter, de
« les soumettre à des épreuves. Il faut les étudier longtemps, si on ne
« veut pas se méprendre. Il faut les juger par leurs actions : encore
« cette règle n'est-elle pas infaillible, et a-t-elle besoin de se restreindre
« au moment où elles agissent; car nous n'obéissons presque jamais à

« notre caractère, nous cédons au transport, nous sommes emportés
« par la passion : voilà ce que c'est que les vices et les vertus, la perver-
« sité et l'héroïsme. Telle est mon opinion, tel a été longtemps mon
« guide. Ce n'est pas que je prétende exclure l'influence du naturel et
« de l'éducation, je pense au contraire qu'elle est immense; mais hors
« de là tout est système, sottise. »

13. — Les journaux d'Europe sont arrivés. L'Empereur passe la nuit à les parcourir.

14. — L'Empereur paraît extrêmement fatigué, sa physionomie exprime l'abattement, ses yeux sont enfoncés, livides, presque éteints. Il a pris très-peu de nourriture pendant la journée; sur le soir il monte en calèche, fait un tour de promenade, rentre, m'adresse quelques questions sur son état, et se met à parcourir les journaux; aperçoit au nombre des défenseurs de l'indépendance italienne un personnage qui ne lui revient pas. « J'ai quelque idée de cet homme; le connaissez-
« vous? — Oui, Sire : c'est un des marquis de Pavie, un des bravaches
« qui se laissèrent enlever par Giorno. »

L'Empereur ne répondit rien; il se mit à parler de Venise, de la manière dont elle avait fini. Je sentis l'allusion, j'écoutai. Venise, malgré l'insurrection des États de terre ferme, conservait encore des ressources incalculables; elle était à même de résister. Le temps pouvait d'ailleurs amener d'autres combinaisons politiques, et laisser aux nobles le pouvoir dont ils s'étaient emparés. Ils ne surent pas s'élever au-dessus des menaces, des privations; ils cédèrent lâchement à la crainte; ils ne songèrent qu'à feindre et à trahir. Ils se flattèrent que nous serions dupes de leurs artifices, qu'ils nous joueraient avec des mots, et qu'une révolution illusoire suffirait pour nous calmer. Le grand conseil imagina, en conséquence, de se démettre de son pouvoir et de promettre la démocratie. Autant valait la proclamer. Il s'en aperçut; mais l'opinion avait marché; il ne pouvait revenir sur ses pas, il eut recours à l'anarchie. Il lance des bandes d'Esclavons dans les rues, il les guide, les échauffe; mais les citoyens courent aux armes, et le coup est manqué. Que faire? quel parti prendre? paralyser le peuple, lui donner un chef vieilli, sans énergie, qui soit hors d'état d'utiliser les moyens : on nomme Salembeni. Malheureusement ce vieillard était encore plein de feu; il choisit, rassemble des hommes éprouvés, s'empare des postes principaux et dissipe les pillards; ils reviennent à la charge, et essayent de surprendre le Rialto. Ils s'approchent, tirent, fondent sur la troupe qui le défend, et la mettent en fuite. Abandonné des siens, l'officier qui la commande ne perd pas courage ; il s'élance sur les assaillants et s'engage corps à corps avec eux. Deux fois son fer se brise, deux fois il s'arme à leurs dépens ; il en blesse cinq, en tue quatre, et fait reculer

le reste. Ses soldats se rallient, on se joint, on se mêle, on se confond ; la terre est jonchée de morts.

Le sénat, battu sans ressources, est obligé, pour se dérober à la haine populaire, d'invoquer les Français. L'amiral Condulmer fait des ouvertures à Baraguey-d'Hilliers ; il lui offre des chaloupes, le presse d'entrer seul à Venise, puis crée, imagine des difficultés, cherche en un mot à gagner du temps. Tantôt c'est un simple citoyen dégoûté des affaires, tantôt un chef d'escadre qui parle, agit avec l'ascendant du pouvoir. Nous n'eûmes pas de peine à démêler ses trames ; nous hâtâmes nos apprêts, et Venise fut occupée que l'aristocratie était encore à discuter ses complots.

15. — L'Empereur est très-abattu. Il éprouve un froid glacial aux extrémités inférieures. « Ah ! docteur, comme je souffre !..... Il me

« semble que je n'ai plus de bas-ventre. Tout le mal que j'éprouve est
« vers la rate et l'extrémité gauche de l'estomac ; je le sens, ma mort
« ne peut être éloignée. »

16. — L'Empereur est couché, plongé dans une somnolence léthargique qu'il ne peut vaincre. « En quel état je suis tombé! J'étais si actif,
« si alerte! à peine si je puis à présent soulever ma paupière ; mais je
« ne suis plus Napoléon. » Et il referme ses yeux. Il cède cependant à
mes instances sur la fin du jour : il se lève, se place sur un sofa, et ne
consent qu'avec peine à prendre quelque nourriture.

Madame Bertrand survient ; il veut l'associer à ses promenades.
« Nous sortirons de bonne heure: nous jouirons de l'air frais du
« matin ; nous gagnerons de l'appétit ; nous échapperons à l'action du
« climat. Vous, Hortense et moi, sommes les plus malades, il faut que
« nous nous aidions. »

17. — La nuit a été assez tranquille. Napoléon sort en calèche; ce
sera la dernière fois! encore fut-il obligé de rentrer presque aussitôt.

Après avoir pris quelque nourriture, l'Empereur est atteint d'une
vive douleur de tête, et d'un sentiment de froid glacial qui l'affecte
partout, mais principalement entre les deux épaules, et vers les extrémités inférieures.

« Accompagnez Buonavita à James-Town, me dit l'Empereur ; rendez-
« lui tous les soins, donnez-lui tous les conseils qu'exige un si long
« trajet. » J'allai, je conduisis l'abbé jusqu'au bâtiment qui devait le
transporter en Europe et rentrai à Longwood. « Est-il embarqué? me
« demanda Napoléon. — Oui, Sire. — Commodément? — Le navire
« paraît bon. — L'équipage? — Bien composé. — Tant mieux, je
« voudrais déjà savoir ce brave ecclésiastique à Rome, et quitte des ac-
« cidents de la traversée. Quel accueil pensez-vous qu'on lui fasse à
« Rome ? il sera bien reçu ; ne le croyez-vous pas ? » Tardant à répondre, il reprit : « Ils me le doivent; car enfin sans moi où en
« serait l'Église ? »

18. — L'Empereur a passé une assez bonne nuit ; cependant ses forces vont décroissant. Son propos est gai, il me raille sur mes pilules ;
je suis assez heureux pour faire quelques instants diversion à sa
douleur. La toux se réveille ; je cours à la potion calmante. « A d'au-
« tres, me dit Napoléon, je n'en veux plus. — Mais, Sire, la toux....
« —Sans doute! la toux, le foie, l'estomac! J'expire si je ne me sou-
« mets aux juleps.... » Je fus obligé de lâcher prise. Ayant esquivé le
remède, il était gai, satisfait ; j'entretenais cette légère contradiction,

qui prolonge, anime la conversation. Il m'opposait des cas, je lui en rendais compte ; j'avais souvent raison malgré moi. Il changeait alors de point d'attaque, allait, revenait, et finissait toujours par son adage, que rien n'était funeste comme les remèdes pris à l'intérieur. Je n'avais garde d'admettre cette conclusion ; je n'eusse pu désormais rien obtenir. Je la combattis vivement, et lui fis voir comment elle était fausse. « La nature ! sans doute elle est puissante, inépuisable, mais encore « faut-il la secourir. Dans le plus grand nombre de cas, elle a besoin « d'être saisie, interprétée. »

19. — La nuit a été assez bonne, mais le malade est tout à fait abattu.

L'Empereur n'a pris que quelques cuillerées de soupe. Il se lève, sa faiblesse s'accroît encore. Anxiété générale ; état d'agitation accompagné d'humeur sombre et chagrine ; cela dure jusqu'à cinq heures de l'après-midi. Napoléon a essayé d'avaler une cuillerée de soupe, et l'a rejetée presque aussitôt.

20. — L'Empereur éprouve une forte oppression à l'estomac et une espèce de suffocation fatigante.

Le malade se plaint surtout d'une crampe à la *milza* et à la *stacca sinistra dello stomaco* : ce sont ses expressions.

Madame Bertrand est survenue. Il a fait un effort et s'est montré moins abattu. Il lui a demandé des nouvelles de sa santé, et après avoir conversé quelques instants avec une espèce de gaieté : « Il faut nous « préparer à la sentence fatale ; vous, Hortense et moi, nous sommes « destinés à la subir sur ce vilain rocher. J'irai le premier, vous vien- « drez ensuite, Hortense suivra ; nous nous retrouverons tous trois « dans les Champs-Élysées. » Et il se mit à réciter ces vers :

Mais à revoir Paris je ne dois plus prétendre :
Vous voyez qu'au tombeau je suis prêt à descendre,
Je vais au roi des rois demander aujourd'hui
Le prix de tous les maux que j'ai soufferts pour lui.
(VOLTAIRE.)

21. — L'Empereur a été fort agité pendant toute la nuit.

L'Empereur n'a pas dormi de toute la journée ; il a lu lui-même pendant quelque temps, puis il a demandé qu'on lui fît la lecture. Napoléon a pris plaisir à répéter des petites chansons italiennes, à causer, à rire et à plaisanter, comme c'est assez son habitude lorsqu'il est gai et moins souffrant.

23. — L'Empereur a un peu dormi.

L'Empereur a dormi depuis sept heures; il se réveille au milieu d'une sueur abondante.

26. — Nuit mauvaise.

Douleur de tête. Humeur sombre et chagrine.

La maladie devenait chaque jour plus grave; je n'osais m'en rapporter à mes lumières, l'Empereur ne voulait pas d'Anglais; j'étais dans une perplexité difficile à décrire. Elle fut augmentée par une offre indiscrète du gouverneur. Il lui était arrivé un médecin incomparable; il pensait que ses services pouvaient être utiles au général Bonaparte. « Pour con« tinuer Baxter, faire de faux bulletins! A-t-il encore besoin d'abuser « l'Europe? ou songe-t-il déjà à l'autopsie? Je ne veux pas d'homme « qui communique avec lui. » Je laissai tomber ses défiances et saisis le moment où je le vis plus tranquille pour hasarder quelques mots sur la nécessité d'une consultation. « Une consultation! à quoi servirait« elle? Vous jouez tous à l'aveugle. Un autre médecin ne verrait pas plus « que vous ce qui se passe dans mon corps; s'il prétendait mieux y « lire, ce serait un charlatan qui me ferait perdre le peu de confiance « que je conserve encore pour les enfants d'Hippocrate. Qui consulte« rais-je? des Anglais qui recevraient les inspirations d'Hudson. Je « n'en veux pas: j'aime mieux assurément que l'iniquité s'achève. » — L'Empereur était animé, je n'insistai pas; j'attendis qu'il fût plus calme; je revins alors à la charge. « Vous persistez, me dit-il avec « bonté; eh bien! soit, j'y consens. Concertez-vous avec celui des « médecins de l'île que vous jugez le plus capable. » Je m'adressai au docteur Arnott, chirurgien du 20ᵉ régiment, etc.

Il me demanda plus tard quel était le résultat de la consultation; je le lui dis. Il secoua la tête, parut peu satisfait « C'est là, dit-il, de la mé« decine anglaise. »

27. — Nuit assez tranquille.

L'Empereur avait fréquemment besoin de moi. Me faire chercher, aller, venir, entraînait du temps; il ne le voulut plus. « Vous devez « être accablé, docteur, me dit-il avec bonté; vous êtes dérangé sans « cesse; vous n'avez pas un instant pour clore la paupière. Ce n'est pas « encore fait de moi; il faut que je vous ménage. Je vais vous faire ten« dre un lit dans la pièce voisine. » Il donna ses ordres, et ajouta : « Nous y sommes, docteur, en dépit de vos pilules; ne le croyez-vous « pas? — Moins que jamais. — Bon! moins que jamais! encore une « déception. Quel effet croyez-vous que ma mort produise en Europe? « — Aucun, Sire. » Il ne me laissa pas achever. « Aucun! — Non;

« parce qu'elle n'arrivera pas. — Si elle arrivait? — Alors, Sire,
« alors. — Eh bien! — Votre Majesté est l'idole des braves; ils seraient
« dans la désolation. — Les peuples? — A la merci des rois, et la
« cause populaire à jamais perdue! — Perdue! docteur. Et mon fils!
« supposeriez-vous?... — Non, Sire, rien; mais quelle distance à fran-
« chir! — Est-elle plus vaste que celle que j'ai parcourue? — Que
« d'obstacles à surmonter! — En ai-je eu moins à vaincre? Mon point
« de départ était-il plus élevé? Allez, docteur, il porte mon nom; je lui
« lègue ma gloire et l'affection de mes amis: il n'en faut pas tant pour
« recueillir mon héritage. »

28. — Même état.

29. — La maladie faisait des progrès rapides; je revins encore à la charge, et, au risque de lui déplaire, je suppliai Napoléon de ne pas se refuser plus longtemps au secours de l'art. Il ne me répondit rien, resta quelques instants pensif, et me dit: « Vous avez raison, je verrai; pour le « moment, vos soins me sont inutiles: vous pouvez vous retirer. » Je m'en allais; il me retint et se mit à discourir sur la destinée, dont toutes les facultés du monde ne peuvent arrêter ni suspendre les coups. J'essayai de combattre ces funestes doctrines; mais il parlait avec force, revenait constamment à ses adages: « *Quod scriptum, scriptum.*
« Douteriez-vous, docteur, que tout ce qui arrive est écrit, que notre
« heure est marquée, que nul d'entre nous ne peut prendre sur le temps
« une part que lui refuse la nature? » J'osai le contredire, il s'emporta. Je me retirai; mais un instant avait suffi pour le rendre à sa bonté naturelle. Je n'étais pas dans ma chambre qu'il me fit chercher et me dit qu'il voulait être désormais plus respectueux envers la médecine, qu'il ne mettrait plus en doute son efficacité. « Mais, Sire, les remèdes!
« Votre Majesté consentira-t-elle à les prendre? — Ah! répliqua-t-il
« d'un ton qui peignait son excessive répugnance, cela est peut-être au-
« dessus de mes forces; c'est une chose inouïe que l'aversion que je
« porte aux médicaments. Je courais les dangers avec indifférence; je
« voyais la mort sans émotion, et je ne peux, quelque effort que je
« fasse, approcher de mes lèvres un vase qui renferme la préparation
« la plus légère: c'est que je suis un enfant gâté qui n'a jamais eu
« affaire de médecine. » S'adressant à madame Bertrand: « Comment
« faites-vous pour prendre toutes ces pilules, toutes ces drogues que vous
« prescrit le docteur? — Je les prends sans y penser, lui répondit-
« elle, et je conseille à Votre Majesté d'en faire autant. » Il secoua la tête, adressa la même question au général Montholon, à ses valets de

chambre qui avaient tous été plus ou moins malades. Il reçut de chacun la même réponse, et me dit : « Je suis donc le seul ici qui soit « rebelle à la médecine ; je ne veux plus l'être : donnez. »

30. — La nuit a été extrêmement agitée.

Je cherche à faire diversion aux idées qui l'assiègent ; je parle des hommes que je sais lui être chers, de Dugua, de Caffarelli, de Kléber. « Kléber ! c'était le dieu Mars en uniforme. Courage, conception, il avait

« tout ; il ne lui manqua que de disposer plus longtemps de son champ
« de bataille. J'étais jaloux de me l'attacher ; je lui proposai de faire par-

« tie de l'expédition dont nous menacions l'Angleterre. » Je le voudrais,
« me dit-il ; mais si je le demande, les avocats me refuseront. — Je m'en
« charge, lui répliquai-je. — Eh bien ! si vous jetez un brûlot sur la Ta-
« mise, mettez Kléber dedans, vous verrez ce qu'il sait faire. »

31. — Les symptômes fâcheux qui avaient commencé à se manifester hier ont duré jusqu'à ce matin. Au point du jour, une sueur abondante a eu lieu, et la fièvre a beaucoup perdu de sa violence.

1er avril. — Sueurs abondantes ; le malade est assez tranquille le reste de la nuit.

L'Empereur m'avait permis d'appeler le chirurgien du 20e en consultation. Il allait plus mal ; je lui demandai qu'il voulût bien me permettre de lui présenter ce praticien ; il y consentit. En conséquence j'introduisis le docteur Arnott auprès de lui. Sa chambre n'était point éclairée ; il se plaisait dans cette obscurité profonde ; il ne voulut pas même qu'on apportât de la lumière, pendant que le médecin anglais était là. Il lui permit de lui tâter le pouls, d'explorer l'état du bas-ventre dont il se plaignait beaucoup, lui demanda ce qu'il pensait de sa maladie, et le congédia en lui témoignant le désir de le revoir le lendemain matin à neuf heures.

L'officier d'ordonnance chargé de constater la présence de Napoléon, obligé de faire chaque jour son rapport au gouverneur et d'attester qu'il l'avait vu, n'avait pu remplir cette partie de sa mission, l'Empereur gardant le lit depuis le 17 mars. Hudson s'imagina qu'il était trahi. Il vint à Longwood avec sa suite, fit le tour de l'habitation, n'aperçut rien, menaça l'officier des peines les plus sévères, s'il ne s'assurait de la présence du général Bonaparte.

L'officier était fort embarrassé ; car d'un côté il connaissait les intentions de l'Empereur, et de l'autre il n'espérait pas qu'il sortît jamais de l'habitation. Il s'adressa au général Montholon et à Marchand, qui, touchés de sa position, lui ménagèrent les moyens de sortir de peine et de calmer les fureurs d'Hudson. Il fallait éviter que Napoléon aperçût l'agent du gouverneur, qu'il ne se doutât de sa présence ; la chose n'était pas facile : ils y réussirent cependant.

La chambre à coucher de l'Empereur se trouvait au niveau du sol, et les fenêtres étaient assez basses pour qu'on vit tout ce qui s'y passait, tandis que le général Montholon et moi nous nous tenions à côté du malade, Marchand entr'ouvrit légèrement les rideaux comme s'il eût voulu regarder dans le jardin : l'officier, qui était posté en dehors de la fenêtre, vit et put faire son rapport ; mais le gouverneur ne fut pas satisfait, il ne rêvait que fuite, qu'évasion, et ne passait pas un jour qu'il ne cherchât à surprendre le seuil de son prisonnier. Enfin, le 31 mars, il déclara que si dans la journée, ou au plus tard le lendemain, son agent n'avait pas la faculté de voir le général Bonaparte, il arriverait avec son état-major et forcerait l'entrée, sans égard pour les suites fâcheuses que son irruption pourrait avoir. Le général Montholon chercha à le détourner de ce dessein, lui représenta le trouble, le désordre où son apparition jetterait l'Empereur : il ne voulut rien entendre. Il s'inquiétait fort peu qu'il vécût, qu'il mourût; son devoir était de s'assurer de sa personne, il le remplirait. J'apercevais le tigre rôdant autour de l'habitation ; j'étais suffoqué, je sortis, il me saisit au passage : « Que fait le général Bonaparte? — Je l'ignore. — Où

« est-il? — Je ne sais. — Il n'y est pas! » Il montrait la cabane. « Il
« n'y est pas! — Disparu? — Tout à fait. — Comment? quand? — Je ne
« sais pas au juste. — Rassemblez vos idées. Depuis quelle heure? —
« L'heure! la dernière bataille qu'il a commandée est, je crois, celle
« d'Aboukir. Il combattait pour la civilisation, vous défendiez la barba-

« rie; il jeta vos alliés à la mer; sa victoire fut complète. Je n'en ai pas
« entendu parler depuis. — Docteur! — Excellence! — Tout ici.....
« — Non! — Qui? — Moi. —Vous?— Moi.—Soldats! — Soldats! ac-
« courez; mettez le comble à vos outrages; arrachez un reste de vie à
« l'Empereur. — L'Empereur! quel empereur? — Celui qui fit trem-
« bler l'Angleterre, montra à la France le chemin de Douvres, et
« mit aux mains du continent la massue qui tôt ou tard donnera le
« coup de grâce à votre aristocratie. » Son Excellence s'éloigna, je
restai avec Reade. « Ce n'est pas ainsi.... — Non, sûrement, ce n'est
« pas ainsi; il faut avoir l'âme pétrie du limon de la Tamise pour venir
« épier le dernier soupir d'un moribond; son agonie vous tarde, vous
« voulez la presser, en jouir. Le Cimbre chargé d'égorger Marius
« recula devant le forfait qu'il devait commettre; mais vous!... Allez,
« sire, l'opprobre se mesure à l'attentat: nous sommes bien vengés. »

La résolution était trop ferme et le Calabrais trop sauvage pour qu'on
pût compter sur les bienséances. Le comte Bertrand et le général Montholon cherchèrent un autre moyen de conjurer l'orage. Ils représentèrent à Napoléon que sa santé exigeait des ménagements, une pratique
éclairée, et le déterminèrent à prendre un médecin consultant. Il choisit
le docteur Arnott que le gouverneur rendit responsable de l'existence de
l'Empereur, et qui fut obligé de faire chaque jour à l'officier d'ordonnance un rapport que celui-ci était chargé de transmettre à Plantation-
House.

2.—L'Empereur a été fort agité pendant la nuit dernière.

J'introduis le docteur Arnott auprès de l'Empereur, qui lui adresse
plusieurs questions relatives à sa maladie, se plaint beaucoup de l'estomac et de l'abdomen. Le médecin anglais propose l'usage d'une nourriture animale, telle que gélatine ou autre analogue, dont le choix doit
être subordonné à l'état des forces digestives; il conseille en outre de
rester au lit le moins possible, et de faire usage de pilules composées
d'extrait d'aloès succotrin, de savon dur; *ana*, demi-gros; huile de
carvi, deux gouttes; d'en faire douze, et d'en prendre deux le matin et
deux le soir. L'Empereur témoigne une répugnance extrême pour toute
espèce de médicament.

Les domestiques rapportent qu'ils ont observé une comète vers l'o-
rient. « Une comète! s'écrie l'Empereur avec émotion, ce fut le signe
« précurseur de la mort de César. » J'arrivai au milieu du trouble où ce
rapport l'avait mis. « Vous avez vu, docteur?—Non, Sire; rien.— Com-
« ment! la comète? — On n'en aperçoit pas. — On l'a vue. — On s'est

« mépris; j'ai longtemps observé le ciel, je n'ai rien découvert. — Peine
« perdue! je suis à bout, tout me l'annonce, vous seul vous obstinez à
« me le cacher : que vous en revient-il? pourquoi m'abuser? Mais j'ai
« tort ; vous m'êtes attaché, vous voulez me voiler l'horreur de l'agonie,
« je vous sais gré de votre intention. »

3.—Le malade a passé une assez bonne nuit.

Je rencontrai Thomas Reade comme je sortais de chez l'Empereur. Il était impatient, soucieux, brûlait de lui voir occuper l'habitation nouvelle; il m'en parla, s'étonna que je le laissasse consumer dans des pièces étouffées, malsaines, tandis que nous pouvions disposer de magnifiques appartements. « J'entends, lui dis-je ; tué dans une hutte, il faut qu'il expire
« dans un palais. La combinaison est trop anglaise, je ne peux m'y prêter.
« Voyez ailleurs. » Je n'avais pas conduit le docteur Arnott au chevet de Napoléon, que ce brave médecin improvisait déjà sur les avantages qu'il y avait à déloger. L'Empereur l'écouta sans répondre, réfléchit un instant, et me dit : « Est-ce votre avis, docteur? — Non, Sire ; la fièvre
« est trop forte; le déplacement pourrait avoir les plus graves consé-
« quences. — Vous l'avez entendu. » Il s'adressait à Arnott. « Eh bien!
« n'en parlons plus. »

L'Empereur me paraît dans un danger imminent ; je communique mes craintes au docteur Arnott, qui, loin de les partager, augure admirablement de son état. Je voudrais avoir la même espérance, mais je ne puis me dissimuler que Napoléon touche à sa fin. J'en préviens les comtes Bertrand et Montholon. Celui-ci se charge d'instruire l'Empereur que son heure approche et le dispose à mettre ordre à ses affaires.

5.—L'Empereur a passé une nuit extrêmement agitée.

Napoléon est accablé de son état, et s'écrie à diverses reprises : « Ah!
« pourquoi, puisque je devais perdre la vie d'une manière aussi déplo-
« rable, les boulets l'ont-ils épargnée! »

6.—La nuit n'a pas été mauvaise.

Napoléon est plongé dans une espèce d'assoupissement; il refuse de prendre de la nourriture. Je le presse de se rafraîchir la bouche. « Lais-
« sez, docteur, laissez ; ne troublez pas le repos dont je jouis. »

Il y avait une vingtaine de jours qu'il était hors d'état de se faire la barbe ; il l'avait laissée croître au point d'en être incommodé. Je l'avais plusieurs fois engagé à la faire faire par un de ses domestiques; mais il avait toujours éludé. A la fin, la gêne devint tellement insupportable, que lui-même témoigna le désir d'être rasé. Je lui proposai d'appeler Cursot ou quelqu'un de sa suite ; il ne répondit pas d'abord, réfléchit

quelques moments et me dit : « Je me suis toujours fait la barbe moi-
« même, jamais personne ne m'a mis la main sur le visage. Aujourd'hui
« que je suis sans force, il faut bien que je me résigne, que je me sou-
« mette à une chose à laquelle ma nature s'est toujours refusée. Mais non,
« docteur, ajouta-t-il en se tournant vers moi, il ne sera pas dit que je me
« serai ainsi laissé toucher; ce n'est qu'à vous que je permettrai de me
« faire la barbe. » Je n'avais jamais fait que la mienne, je me retranchai
sur mon inexpérience, et fis tous mes efforts pour que l'Empereur eût
recours à une main plus exercée. « A la bonne heure; il en sera ce qu'il
« vous plaira ; mais, aucun autre que vous ne se vantera jamais de m'a-
« voir porté les mains sur la figure. Au reste je verrai. »

7. — L'Empereur a passé la nuit dans une agitation continuelle.

Il se lève, se rase, fait sa toilette. « Eh bien! docteur, ce n'est pas
« encore cette fois ? — Je vous le disais, Sire ; votre heure n'est pas ve-
« nue. » J'approchai son fauteuil ; il s'assit, demanda les journaux, et
les parcourait avec complaisance lorsqu'il rencontra je ne sais quelle
anecdote offensante pour deux de ses généraux, qu'on disait avoir recueillie de la bouche de l'un de nous. Son front devint sévère, son œil
prit du feu. « C'est vous, monsieur, qui répandez de telles infamies !
« c'est sous mon nom que vous les débitez ! Qui vous pousse, qui vous
« excite? que vous proposez-vous ? Est-ce pour me faire tenir école de
« diffamation que vous vous êtes attaché à mes pas? Quoi! mes amis,
« les miens, ceux qui ont couru ma fortune, c'est moi qui les flétris !
« moi qui les déshonore! Que tardez-vous? qui vous arrête ? Courez en
« Europe ; vous y ferez des lettres du Cap, de la Méditerranée, que sais-
« je, moi? on n'est jamais embarrassé en fait de libelle. L'émigration
« battra des mains, je ne serai pas là pour vous démentir ; vous jouirez
« de vos mensonges. Allez. » Il se retira. Napoléon reprit : « Sans doute
« il y a eu des fautes ; mais qui n'en fait pas? Le citoyen, dans sa vie fa-
« cile, a ses moments de faiblesse et de force ; et l'on veut que des hommes
« qui ont vieilli au milieu des hasards de la guerre, qui ont été constam-
« ment aux prises avec tous les genres de difficultés, n'aient jamais été
« au-dessous d'eux-mêmes, aient toujours touché juste au but! »

9. — L'Empereur a passé une assez bonne nuit.

10. — Rien de bien particulier. Il croit cependant éprouver du mieux.
« La crise est passée ; me voilà retombé dans l'état où je languis depuis
« huit mois, beaucoup de faiblesse, point d'appétit et puis.... » Il porta la
main sur l'hypocondre droit : « C'est là, c'est le foie, docteur. A quelle lati-
« tude on m'a livré! » Il laissa tomber sa tête et resta immobile jusqu'au

moment où le chirurgien du 20e, qui lui avait demandé la permission de palper, voulut lui persuader que l'organe dont il se plaignait était en bon état. Il lui jeta un coup d'œil qui n'était assurément pas celui de la conviction, secoua la tête, parut un instant pensif, et lui dit avec une espèce de rire sardonique : « C'est bien, docteur ; je vous sais gré de « l'espérance que vous voulez me rendre, Allez. » Nous nous retirâmes.

J'étais rentré dans mon appartement ; il me fit chercher. « Docteur, « me dit-il lorsque je parus, votre malade veut dorénavant obéir à la médecine ; il est résolu de prendre vos remèdes. » Puis fixant avec un léger sourire ceux de ses serviteurs qui étaient rangés autour de son lit : « Droguez-moi d'abord tous ces coquins-là, droguez-vous vous-même, « vous en avez tous besoin. » Nous espérions le piquer d'amour-propre, nous goûtâmes à la potion. « Eh bien ! soit, je ne veux pas être le seul « qui n'ose affronter une drogue. Allons, vite ! » Je la lui donnai ; il la porta brusquement à sa bouche et l'avala d'un trait.

L'Empereur sort de son lit, et reste dans son fauteuil pendant une heure entière.

Froid glacial aux extrémités inférieures. Je veux le dissiper ; j'essaye des fomentations. « Laissez, ce n'est pas là : c'est à l'estomac, c'est au « foie qu'est le mal. Vous n'avez point de remèdes contre l'ardeur qui « me consume? » Arnott voulut encore lui persuader que le foie était intact. « Il le faut bien, puisque Hudson l'a décrété. »

12. — L'Empereur a passé une nuit fort agitée.

L'Empereur s'est levé et s'est fait conduire sur son fauteuil ; mais au bout d'une demi-heure, il a éprouvé un froid glacial aux extrémités inférieures, et a été forcé de se remettre au lit.

Le malade a été fort agité pendant le reste de la journée, et n'a pu goûter qu'un sommeil léger et longtemps interrompu par un sentiment de suffocation.

Le malade a pris avec plaisir quelques cuillerées de crème de riz.

Nouvel accès de fièvre accompagné d'un froid glacial. J'essayais de le dissiper · « Merci de vos soins, docteur ; c'est peine perdue ; les secours « de l'art n'y peuvent rien, l'heure est sonnée, ma maladie est mortelle. « Docteur Arnott, est-ce qu'on ne meurt pas de faiblesse? comment se « fait-il qu'on puisse vivre en mangeant si peu ? »

13. — Il se lève, se fait conduire à son fauteuil, prend la dose accoutumée de décoction, de teinture de quinquina : à une heure et demie on le ramène vers son lit.

L'Empereur demande du papier, une écritoire, et défend son appartement. MM. Montholon et Marchand entrent seuls.

Napoléon prend un peu de gélatine et quelques cuillerées de soupe d'*arrow-root*. La fièvre continue toujours avec des rémittences et des paroxysmes très-irréguliers. Le malade dit qu'il devient de jour en jour plus faible, et qu'il sent que toutes ses forces l'abandonnent.

14. — L'Empereur a passé une fort mauvaise nuit. — La fièvre a diminué.

Le malade prend du thé acidulé avec du suc de citron ; à huit heures du chocolat ; à neuf heures un peu de gélatine ; à neuf heures et demie une soupe faite avec du vin chaud et des croûtes de pain rôti ; enfin, à dix heures un quart, il mange deux gaufres.

Midi. — Les symptômes morbifiques se sont adoucis, et le malade est d'assez bonne humeur ; il prend encore une soupe au vin chaud, et reçoit de la manière la plus aimable le docteur Arnott ; il lui expose les sensations qu'il éprouve, le questionne, l'interroge sur ce qu'il doit faire, et, passant tout à coup de la médecine à la guerre, il se met à discourir sur les armées anglaises, les généraux qui les ont commandées, et fait un magnifique éloge de Marlborough. Napoléon était mieux ; je renaissais à l'espérance. Je ne fus pas maître d'un mouvement de gaieté : il s'en aperçut, me jeta un coup d'œil et poursuivit : « Ce n'était pas un « homme étroitement borné à son champ de bataille ; il négociait, « combattait ; il était à la fois capitaine et diplomate. Le 20ᵉ a ses cam- « pagnes ? — Je ne le pense pas. — Eh bien ! j'en ai là un exemplaire « que je suis bien aise d'offrir à ce brave régiment. Prenez-le, docteur ; « vous le placerez de ma part dans sa bibliothèque. » Le docteur le prit et se retira. « Qu'aviez-vous donc ? me demanda Napoléon dès que nous « fûmes seuls. — Rien, un souvenir, la chanson de *Malbrouck*, dont « j'ai été bercé dans mon enfance, m'est revenue à la mémoire ; je « fusse parti d'un éclat, si je n'eusse été en présence de Votre Majesté. « — Voilà pourtant ce que c'est que le ridicule ; il stigmatise tout jus- « qu'à la victoire. » Il riait lui-même et se mit à fredonner le premier couplet. Nous prenions Marlborough au plaisant ; Son Excellence n'était pas si facile : elle l'aperçut sous le bras du docteur, ne voulut pas qu'il communiquât avec le 20ᵉ. Arnott, tout confus, se hâta de le déposer chez l'officier d'ordonnance, qui était capitaine de ce régiment. Moins méticuleux, celui-ci le reçoit. Cette inconvenance révolte Hudson ; il accourt, menace, destitue : le capitaine est remplacé. Il le méritait bien, il avait accepté l'ouvrage.

Napoléon se lève deux fois dans le courant de la journée, mais avec beaucoup de peine et reste peu de temps debout.

Le malade prend un bouillon avec des croûtes de pain rôti et un peu de gélatine. Il passe assez tranquillement le reste de la soirée ; il goûte même quelques instants de sommeil.

15. — L'Empereur a passé une mauvaise nuit ; il est assoupi, couvert de sueurs froides ; il éprouve un froid universel. La respiration est courte, profonde, et donne souvent lieu à des soupirs prolongés.

Pendant la nuit, le malade prend à diverses reprises un peu de gélatine et une cuillerée de vin étendu d'eau.

Le malade prend une soupe de vermicelle.

L'Empereur prend du chocolat, le pouls devient plus régulier.

L'entrée de l'appartement de l'Empereur est interdite à tout le monde, excepté au général Montholon et à Marchand, qui restent auprès de lui jusqu'à six heures. J'entre. Le tapis est couvert de papiers déchirés ; tout est étiqueté, muni d'une adresse. Napoléon a fait le recensement de son nécessaire et donné à chacune des pièces qui le composent une destination spéciale. « Voilà mes apprêts, docteur ; je m'en vais, c'en « est fait de moi. » Je lui représentai qu'il avait encore bien des chances ; que son état n'était pas désespéré ; il m'arrêta. « Plus d'illusion, me « dit-il ; je sais ce qui en est, je suis résigné. »

L'Empereur se plaint, dans la soirée, d'une extrême faiblesse ; il est fatigué ; il a trop écrit.

16. — L'Empereur a passé une nuit assez tranquille, quoiqu'il ait été constamment couvert de sueurs. Quoique l'illustre malade continue à prendre de la nourriture, les forces s'éteignent à vue d'œil.

La porte de son appartement est de nouveau interdite ; le général Montholon et Marchand restent avec lui jusqu'à cinq heures. J'entre : je trouve Napoléon accablé, je laisse percer mon inquiétude. « C'est « que je me suis longtemps occupé ; j'ai trop écrit. » Et portant la main sur l'hypocondre droit et la région épigastrique : « Ah ! docteur, « quelle souffrance ! quelle oppression ! Je sens à l'extrémité gauche de « l'estomac une douleur qui m'accable. »

Le malade passe le reste de la soirée dans un état d'agitation et de somnolence qu'il ne peut vaincre ; je cherche à le soulager, il s'y refuse ; je lui présente la potion, il l'éloigne, retourne la tête et me dit : « Il faut vous marier, je veux vous marier, docteur. — Moi, Sire ! — Vous. » Je ne savais où il voulait en venir, j'attendais ; il reprit : « Vous êtes trop bouillant, trop vif, vous avez besoin d'un calmant.

« Épousez une Anglaise ; son sang à la glace modérera le feu qui vous
« dévore. — Je voulais soulager Votre Majesté. — Votre malade sera
« désormais plus docile : donnez la potion. » Je la lui passai ; il la
prit et l'avala d'un trait. « Quand on est coupable d'irrévérence
« envers Gallien, voilà comme on l'expie. »

17. — Le pouls s'est maintenu dans le même état de dépression, de vitesse et d'irrégularité, jusqu'à une heure et demie du matin.

Le malade a été fort agité pendant le reste de la nuit ; il éprouvait un froid universel.

L'Empereur a pris la dose accoutumée de décoction et de teinture de quinquina : il s'est trouvé beaucoup mieux le reste de la journée ; il a mangé plus qu'à l'ordinaire et s'est levé deux fois.

J'avais remarqué que l'état de l'Empereur était tolérable lorsqu'il avait le ventre libre ; je cherchai à l'entretenir au moyen de quelques laxatifs. Napoléon était tourmenté par la soif. Il n'avait pas encore usé de la limonade ni de l'orangeade ; ces préparations ne pouvaient que lui être avantageuses, je les prescrivis. L'embarras était de se procurer des citrons et des oranges ; l'île en fournit, mais si acides, si amers, que je n'osais en faire usage. Il le fallut pourtant, je n'en trouvais pas un seul qui vînt du Cap. J'eus beau monder, trier ; tout était si détestable, que l'Empereur se crut empoisonné. « Docteur, qu'est-ce cela ? quel breu-
« vage ! — De la limonade, Sire. — De la limonade ! » Il se tut, laissa tomber sa tête : « Rassasié d'outrages, en butte à toutes les privations !
« dans quelles mains je suis tombé ! »

18. — L'Empereur passe une nuit des plus mauvaises. Il est triste, abattu, ne parle qu'avec difficulté. Il attribue la situation où il se trouve à la potion tonique de la veille. L'Empereur a pris un peu de nourriture qu'il a gardé en partie. Il se lève, se couche, se relève encore et éprouve une inquiétude qu'il ne peut vaincre.

Je propose à Napoléon quelques médicaments que je crois utiles.
« Non, me dit-il du ton d'un homme qui a pris son parti ; l'Angleterre
« réclame mon cadavre, je ne veux pas la faire attendre, et mourrai
« bien sans drogues. »

« Il n'en est pas là, nous dit Arnott. — Où en est-il donc ? lui de-
« mandai-je ; vous répandez l'espérance autour de nous : quels sont vos
« motifs ? Exposez-moi votre opinion ; faites que je la partage. » J'analysai les symptômes, je récapitulai les accidents ; le docteur fut bientôt revenu d'une conviction qu'il n'avait pas. Nous nous éloignâmes ; la conversation devint sérieuse. Arnott parlait de squirre, d'affections

héréditaires. Je lui observai qu'Hudson était sans doute le premier geôlier du monde, mais que ses conceptions physiologiques avaient besoin de la sanction du temps. Il se récria sur l'imputation ; je lui répondis qu'elle était juste.

19. — La nuit est assez tranquille ; le malade n'éprouve pas de vomissement, et demande des pommes de terre frites. Il se trouve un peu mieux, mange plus qu'hier, et prend avec plaisir un potage au vermicelle qu'il ne rejette pas. Le pouls, petit, déprimé et pourtant régulier, donne soixante-seize pulsations à la minute ; la chaleur est naturelle, la peau ni trop humide ni trop sèche, et la physionomie animée.

L'Empereur se lève et s'assied dans son fauteuil ; il est de bonne humeur, se trouve beaucoup mieux qu'à l'ordinaire, et demande qu'on lui fasse la lecture.

Comme le général Montholon se réjouit de cette amélioration, et que moi-même je me laisse aller, je ne sais pourquoi, au même sentiment, il se met à nous sourire avec douceur, et nous dit : « Vous ne vous « trompez pas, mes amis, je vais mieux aujourd'hui ; mais je n'en sens « pas moins que ma fin approche. Quand je serai mort, chacun de « vous aura la douce consolation de retourner en Europe. Vous rever-« rez, les uns vos parents, les autres vos amis, et moi je retrouverai « mes braves aux Champs-Élysées. Oui, continua-t-il en haussant la voix « Kléber, Desaix, Bessières, Duroc, Ney, Murat, Masséna, Berthier, tous « viendront à ma rencontre ; ils me parleront de ce que nous avons fait « ensemble. Je leur conterai les derniers événements de ma vie. En me « voyant, ils redeviendront tous fous d'enthousiasme et de gloire. Nous « causerons de nos guerres avec les Scipions, les Annibal, les César, les « Frédéric. Il y aura plaisir à cela !.... A moins, ajouta-t-il en riant, « qu'on n'ait peur là-bas de voir tant de guerriers ensemble. » Arnott survint ; l'Empereur s'arrêta et le reçut de la manière la plus aimable. Il l'entretint quelque temps et lui adressa des questions très-judicieuses sur sa maladie. Il lui dit que presque toujours en se levant il éprouvait une sensation douloureuse, une chaleur brûlante dans l'estomac, qui ne manquait jamais de lui causer des nausées et des vomissements ; puis, abandonnant tout à coup la suite naturelle de la conversation, il passe à sa situation actuelle, en s'adressant toujours au docteur Arnott, et prenant un ton plus animé, plus solennel : « C'en est fait, docteur, « le coup est porté, je touche à ma fin, je vais rendre mon cadavre à « la terre. Approchez, Bertrand, traduisez à monsieur ce que vous allez

« entendre : c'est une suite d'outrages dignes de la main qui me les
« prodigua ; rendez tout, n'omettez pas un mot.

« J'étais venu m'asseoir au foyer du peuple britannique ; je de-
« mandais une loyale hospitalité, et, contre tout ce qu'il y a de droits sur
« la terre, on me répondit par des fers. J'eusse reçu un autre accueil
« d'Alexandre ; l'empereur François m'eût traité avec égard ; le roi de
« Prusse même eût été plus généreux. Mais il appartenait à l'Angleterre
« de surprendre, d'entraîner les rois, et de donner au monde le specta-
« cle inouï de quatre grandes puissances s'acharnant sur un seul homme.
« C'est votre ministère qui a choisi cet affreux rocher, où se consomme
« en moins de trois années la vie des Européens, pour y achever la
« mienne par un assassinat. Et comment m'avez-vous traité depuis
« que je suis exilé sur cet écueil ? Il n'y a pas une indignité, pas une
« horreur dont vous ne vous soyez fait une joie de m'abreuver. Les plus
« simples communications de famille, celles même qu'on n'a jamais
« interdites à personne, vous me les avez refusées. Vous n'avez laissé
« arriver jusqu'à moi aucune nouvelle, aucun papier d'Europe ; ma
« femme, mon fils même n'ont plus vécu pour moi ; vous m'avez tenu

« six ans dans la torture du secret. Dans cette île inhospitalière, vous
« m'avez donné pour demeure l'endroit le moins fait pour être habité,
« celui où le climat meurtrier du tropique se fait le plus sentir. Il m'a
« fallu me renfermer entre quatre cloisons, dans un air malsain, moi
« qui parcourais à cheval toute l'Europe! Vous m'avez assassiné lon-
« guement, en détail, avec préméditation, et l'infâme Hudson a été
« l'exécuteur des hautes-œuvres de vos ministres. » L'Empereur continua encore quelque temps avec la même chaleur, et termina par ces
mots : « Vous finirez comme la superbe république de Venise, et moi,
« mourant sur cet affreux rocher, privé des miens et manquant de tout,
« je lègue l'opprobre et l'horreur de ma mort à la famille régnante
« d'Angleterre! »

Les forces lui manquent, il tombe dans une espèce d'évanouissement. Cependant il se trouve un peu mieux sur le soir. A huit heures
il prend quelque nourriture sans éprouver de vomissement et dort jusqu'à onze heures et demie ; alors il s'éveille brusquement et se trouve
inondé d'une sueur froide et visqueuse.

20. — Les accidents qui avaient eu lieu dans la journée ont duré
jusqu'à trois heures après minuit.

Le malade est assez tranquille pendant la soirée ; toutefois il se plaint
d'une sensation douloureuse. Il demande, suivant sa coutume, qu'on
lui fasse la lecture, et s'endort presque aussitôt. On la continue,
parce qu'on ne l'interrompt d'habitude que quand il l'ordonne. Il se
réveille et s'enquiert de quoi il s'agit. « Des prêtres, lui répond-on,
« et des entraves qu'ils vous ont suscitées; l'auteur les dépeint comme
« des hommes insensibles aux bienfaits. — Il extravague. C'est la classe
« d'hommes qui m'a le moins coûté. Ils étaient tous contre moi ; je
« leur permis de porter des bas violets, ils furent tous pour moi. »

21. — L'Empereur n'a presque pas dormi, cependant il est un peu
mieux qu'hier ; il a pris de la nourriture sans éprouver de vomissement, et au point du jour il s'est trouvé assez de forces pour se lever et
passer trois heures partie à dicter et partie à écrire. Ce travail n'a d'a-
bord été suivi d'aucun inconvénient ; mais vers les neuf heures le vomissement s'est déclaré ; Napoléon s'est trouvé fort incommodé le reste
de la journée. A une heure et demie il mande Vignali. « Savez-vous,
« abbé, ce que c'est qu'une chambre ardente ? — Oui, Sire. — En avez-
« vous desservi ? — Aucune. — Eh bien, vous desservirez la mienne. »
Il entre à cet égard dans les plus grands détails, et donne au prêtre de
longues instructions. Sa figure était animée, convulsive ; je suivais avec

Mort de l'Empereur Napoléon, le 5 mai 1821.

inquiétude les contractions qu'elle éprouvait, lorsqu'il surprit sur la mienne je ne sais quel mouvement qui lui déplut. « Vous êtes au-
« dessus de ces faiblesses; mais que voulez-vous? je ne suis ni philoso-
« phe ni médecin. Je crois à Dieu, je suis de la religion de mon père.
« n'est pas athée qui veut. » Puis revenant au prêtre : « Je suis né dans
« la religion catholique, je veux remplir les devoirs qu'elle impose et re-
« cevoir les secours qu'elle administre. Vous direz tous les jours la
« messe dans la chapelle voisine, et vous exposerez le saint-sacrement
« pendant les quarante heures. Quand je serai mort, vous placerez vo-
« tre autel à ma tête, dans la chambre ardente; vous continuerez à cé-
« lébrer la messe, vous ferez toutes les cérémonies d'usage, vous ne
« cesserez que lorsque je serai en terre. » L'abbé se retira ; je restai
seul. Napoléon me reprit sur ma prétendue incrédulité. « Pouvez-vous
« la pousser à ce point? Pouvez-vous ne pas croire à Dieu? Car enfin
« tout proclame son existence, et puis les plus grands esprits l'ont cru.
« — Mais, Sire, je ne la révoquai jamais en doute. Je suivais les pulsa-
« tions de la fièvre, Votre Majesté a cru trouver dans mes traits une
« expression qu'ils n'avaient pas. — Vous êtes médecin, docteur, me
« répondit-il en riant. Ces gens-là, ajouta-t-il à demi-voix, ne brassent
« que de la matière ; ils ne croiront jamais rien. »

Les symptômes que je viens de décrire s'adoucissent peu à peu. Il dort sans interruption pendant toute la soirée.

22. — L'Empereur a passé une bonne nuit, le pouls est à peu près le même qu'hier matin.

L'Empereur est triste, de mauvaise humeur. Cependant il se trouve généralement mieux et passe la journée moitié éveillé et moitié endormi. Le pouls, devenu plus faible, varie de quatre-vingt-quatre à quatre-vingt-dix pulsations par minute. Le malade consent à prendre la potion suivante :

Magnesiæ sulphatis ʒ vj. Solve in aquæ puræ ocio.
Adde infus. gentianæ compositæ ʒ vj, et tinct. compositæ ejusdem ʒ ß. F. mixtura, cujus sumat cochlearia tria ampla subinde.

Il éprouve une exacerbation de fièvre, croit se sentir plus de force qu'à l'ordinaire, est d'une extrême loquacité. « Vous me l'aviez an-
« noncé, docteur ; c'est là, oui, c'est là que gît la maladie. Je le sens,
« l'estomac est attaqué ; mais..... » Il leva les yeux au ciel et se tut. A huit heures et demie il a voulu prendre une petite soupe, avec un peu de

gélatine, qu'il a rendues vers les dix heures. Il ne peut fermer l'œil pendant une grande partie de la nuit.

23. — L'Empereur ne s'est endormi qu'à deux heures du matin ; encore son sommeil a-t-il été de courte durée.

Il se réveille, la fièvre diminue. Somnolence continuelle.

Il prend un peu de nourriture, quelques gouttes de café, défend la porte de son appartement. Il reste enfermé avec MM. Montholon et Marchand jusqu'à cinq heures et demie. Il a beaucoup écrit, il est fatigué.

Il prend un peu de nourriture qu'il rejette, et s'endort. Son sommeil dure toute la soirée.

24. — L'Empereur a bien passé la nuit. Il dormait encore à sept heures. Il s'est éveillé dans un état de faiblesse extrême. La chaleur est à peu près naturelle, et le pouls, encore un peu fébrile, varie de soixante-dix-huit à quatre-vingt-deux pulsations par minute.

L'Empereur fait de nouveau défendre la porte de son appartement, reste enfermé avec le général Montholon et Marchand jusqu'à six heures. J'entre : « J'ai trop écrit, docteur ; je suis affaissé, je n'en puis « plus. »

Loquacité continuelle.

Napoléon parle des cultes, des dissensions religieuses, et du projet qu'il avait formé de rapprocher toutes les sectes. Il n'a pu l'exécuter, les revers sont venus trop tôt ; mais du moins il a rétabli la religion : c'est un service dont on ne peut calculer les suites ; car enfin, si les hommes n'en avaient pas, ils s'égorgeraient pour la meilleure poire et la plus belle fille.

25. — L'Empereur n'a pas clos la paupière.

26. — Nuit fort agitée. L'Empereur parle beaucoup : délire qui se prolonge jusqu'à minuit. Napoléon se trouve un peu mieux au point du jour, et s'endort. Il se réveille à huit heures

Le grand maréchal me fait demander : j'y vais. C'est pour m'annoncer que l'Empereur l'a chargé de me dire qu'il ne m'a pas compris dans son testament ; mais que son intention est de me laisser 200,000 fr.

L'Empereur est sur son lit de mort ; il me témoigne beaucoup de bienveillance. « Que croyez-vous que je doive donner au médecin an- « glais, en reconnaissance des visites qu'il m'a faites avec vous ? Je n'o- « serais assigner des bornes à la munificence de Votre Majesté. — Pensez- « vous que 500 louis soient assez ? — Oui, Sire, je le crois. — Eh bien ! « je lui laisse 12,000 francs ; à vous, je vous en lègue 100,000…. » Je

le priai de ne pas s'occuper de soins aussi tristes ; il reprit : « Seriez-
« vous bien aise d'entrer au service de Marie-Louise, de lui être attaché
« en qualité de chirurgien, comme vous l'êtes auprès de ma personne?
« — Si je devais perdre Votre Majesté, ce serait toute mon ambition.—
« Elle est ma femme, la première princesse de l'Europe : c'est la seule
« que vous puissiez désormais servir.—Je n'en servirai jamais d'autre.
« — Fort bien ; je vais écrire à l'impératrice. J'espère que vous serez
« content de ce que je ferai pour vous. »

La fièvre a duré pendant toute la journée. Napoléon a éprouvé une soif ardente, un froid glacial aux pieds.

Il prend sur le soir un peu d'aliments, et, quoique extrêmement faible, il écrit près de trois heures. Il arrête, cachète ses codicilles, et se remet au lit.

27.—La nuit a été fort agitée. L'Empereur n'a pu goûter un instant de repos. Il dort un peu vers le point du jour.

Le malade prend un peu de soupe.

Il essaye d'écrire ; mais les forces sont éteintes, il ne peut tracer qu'une partie du huitième codicille de son testament. Il se promet d'achever le lendemain ; l'atonie est profonde, générale. La mort l'a déjà saisi, il va descendre au tombeau.

Napoléon prend quelque peu d'aliments et le garde.

Napoléon se détermine enfin à abandonner sa chambre mal aérée, petite et incommode pour s'établir dans le salon. Nous nous disposons à le transporter. « Non, dit-il, quand je serai mort ; pour le moment il « suffit que vous me souteniez. »

28.—L'Empereur a passé une très-mauvaise nuit.

L'Empereur m'adresse des paroles pleines de bonté ; puis, avec un calme parfait, une tranquillité inaltérable, il me donne les instructions suivantes : « Après ma mort, qui ne peut être éloignée, je veux que vous
« fassiez l'ouverture de mon cadavre ; je veux aussi, j'exige que vous me
« promettiez qu'aucun médecin anglais ne portera la main sur moi. Si
« pourtant vous aviez indispensablement besoin de quelqu'un, le docteur
« Arnott est le seul qu'il vous soit permis d'employer. Je souhaite encore
« que vous preniez mon cœur, que vous le mettiez dans l'esprit-de-vin,
« et que vous le portiez à Parme à ma chère Marie-Louise. Vous lui di-
« rez que je l'ai tendrement aimée, que je n'ai jamais cessé de l'aimer ;
« vous lui raconterez tout ce que vous avez vu, tout ce qui se rapporte à
« ma situation et à ma mort. Je vous recommande surtout de bien exa-
« miner mon estomac, d'en faire un rapport précis, détaillé, que vous

« remettrez à mon fils..... Les vomissements qui se succèdent presque
« sans interruption me font penser que l'estomac est celui de mes or-
« ganes qui est le plus malade, et je ne suis pas éloigné de croire qu'il
« est atteint de la lésion qui conduisit mon père au tombeau, je veux dire
« d'un squirre au pylore..... Qu'en pensez-vous ? » J'hésitai à répondre,
il continua : « Je m'en suis douté dès que j'ai vu les vomissements deve-
« nir fréquents et opiniâtres. Il est pourtant bien digne de remarque,
« que j'ai toujours eu un estomac de fer, que je n'ai souffert de cet or-
« gane que dans ces derniers temps, et que tandis que mon père aimait
« beaucoup les substances fortes et les liqueurs spiritueuses, je n'ai ja-
« mais pu en faire usage. Quoi qu'il en soit, je vous prie, je vous charge
« de ne rien négliger dans un tel examen, afin qu'en voyant mon fils vous
« puissiez lui communiquer vos observations et lui indiquer les remèdes
« les plus convenables..... Quand je ne serai plus, vous vous rendrez
« à Rome; vous irez trouver ma mère, ma famille ; vous leur rapporte-
« rez tout ce que vous avez observé relativement à ma situation, à ma
« maladie et à ma mort sur ce triste et malheureux rocher. Vous leur
« direz que le grand Napoléon est expiré dans l'état le plus déplorable,
« manquant de tout, abandonné à lui-même et à sa gloire ; vous leur
« direz qu'en expirant il lègue à toutes les familles régnantes l'horreur
« et l'opprobre de ses derniers moments ! »

Il est dix heures du matin. La fièvre cesse tout à coup ; le malade tombe dans une adynamie extrême ; il parle beaucoup encore, mais ses paroles sont coupées, incohérentes, et ne présentent, pour ainsi dire, plus de suite.

Le malade est fort agité ; il essaye à diverses reprises d'achever le huitième codicille de son testament ; mais il ne peut écrire, ni même se tenir assis.

29.—L'Empereur passe une très-mauvaise nuit. La fièvre augmente, le délire survient. Napoléon parle d'estomac, de squirre au pylore ; il somme, il interpelle Baxter de paraître, de venir juger de la vérité de ses bulletins. Puis, faisant tout à coup intervenir O'Méara, il établit entre eux un dialogue accablant pour la politique anglaise. La fièvre diminue, l'ouïe devient nette ; l'Empereur se calme, et il nous entretient encore du squirre de son père : il raconte qu'après l'ouverture du cadavre, les médecins de Montpellier pronostiquèrent que la maladie serait hérédi-taire, et passerait à tous les membres de la famille.

Le malade s'endort et repose tranquillement jusqu'à onze heures. A midi il prend une cuillerée de soupe au vermicelle, un œuf frais et un peu de clairet. Le pouls varie de quatre-vingt-dix-sept à quatre-vingt-dix-huit pulsations par minute.

L'emplâtre que j'avais appliqué à la région épigastrique produisait peu d'effet. Je priai Napoléon de le laisser remplacer par un vésicatoire. « Vous le voulez! Eh bien, soit, faites; ce n'est pas que j'en attende le « moindre effet, mais je touche à ma fin; je veux que vous jugiez par « ma résignation de la reconnaissance que je vous porte. Allez, appli- « quez-le. » Je l'appliquai. Il fut vingt et une heures avant d'agir.

Napoléon boit beaucoup d'eau fraîche. « Si la destinée voulait que je « me rétablisse, j'élèverais un monument dans le lieu où elle jaillit; je « couronnerais la fontaine en mémoire du soulagement qu'elle m'a « donné. Si je meurs, que l'on proscrive mon cadavre comme on a pro- « scrit ma personne, que l'on me refuse un peu de terre, je souhaite « qu'on m'inhume auprès de mes ancêtres, dans la cathédrale d'Ajaccio « en Corse. S'il ne m'est pas permis de reposer où je naquis, eh bien! « qu'on m'ensevelisse là où coule cette eau si douce et si pure. »

30. — L'Empereur a dormi pendant la nuit.

Le malade n'a presque plus de fièvre, il est assez tranquille; le pouls, faible et déprimé un peu, varie de quatre-vingt-quatre à quatre-vingt-onze pulsations par minute.

La fièvre augmente, ce n'est que vers le soir qu'elle perd un peu de son intensité.

La fièvre devient plus forte. Agitation générale. Anxiété. Froid glacial universel. De moment en moment le pouls cesse de se faire sentir; il se relève un peu vers onze heures et demie du soir.

1er mai. — Le pouls est petit, fréquent, et donne jusqu'à cent pulsations par minute.

L'Empereur s'endort à l'approche du jour; mais il se réveille bientôt, et se trouve dans une situation terrible. Peu à peu cependant les symptômes s'affaiblissent, l'oppression se calme, et la matinée est assez tranquille.

2. — Napoléon est plus tranquille, et les symptômes alarmants ont un peu diminué.

La fièvre redouble. Délire. L'Empereur ne parle que de la France, de son fils, de ses compagnons d'armes. « Steingel! Desaix! Masséna! « Ah! la victoire se décide. Allez! courez! pressez la charge!... ils sont à « nous. » J'écoutais, je suivais les progrès de cette pénible agonie. J'étais accablé, déchiré, lorsque tout à coup Napoléon recueille ses forces, saute à terre et veut absolument descendre se promener dans le jardin. J'accours le recevoir dans mes bras, mais ses jambes plient sous le

fardeau, il tombe en arrière : j'ai la douleur de ne pouvoir prévenir la chute. Nous le relevons, nous le supplions de se remettre au lit; mais il ne connaît plus personne, il s'emporte, il s'irrite, sa tête n'y est plus, il demande toujours à se promener au jardin.

La fièvre diminue. L'Empereur me donne quelques instructions, et ajoute : « Rappelez-vous ce que je vous ai chargé de faire lorsque je ne « serai plus. Faites avec soin l'examen anatomique de mon corps, de « l'estomac surtout. Les médecins de Montpellier avaient annoncé que « le squirre au pylore serait héréditaire dans ma famille. Leur rapport « est, je crois, dans les mains de Louis; demandez, comparez-le avec « ce que vous aurez observé vous-même : que je sauve du moins mon « fils de cette cruelle maladie. Vous le verrez, docteur; vous lui indi- « querez ce qu'il convient de faire; vous lui épargnerez les angoisses

« dont je suis déchiré : c'est un dernier service que j'attends de vous. »
Je désirais le rendre ; j'en eus un moment l'espoir. Le praticien qui avait le rapport en dépôt m'avait offert de me le communiquer ; mais il se trouva le lendemain qu'il s'était trompé la veille, qu'il ne l'avait plus, qu'il l'avait égaré. Je ne pus faire le rapprochement que Napoléon exigeait.

Sa fin approchait; nous allions le perdre, chacun redoublait de zèle, de prévenances, voulait lui donner une dernière marque de dévouement. Ses officiers, Marchand, Saint-Denis et moi, nous nous étions exclusivement réservé les veilles ; mais Napoléon ne pouvait supporter la lumière ; nous étions obligés de le lever, de le changer, de lui donner tous les soins au milieu d'une profonde obscurité. L'anxiété avait ajouté à la fatigue; le grand maréchal était à bout, le général Montholon n'en pouvait plus, je ne valais pas mieux : nous cédâmes aux pressantes sollicitations des Français qui habitaient Longwood, nous les associâmes aux tristes devoirs que nous remplissions. Piéron, Coursot, tous en un mot veillèrent conjointement avec quelqu'un de nous. Le zèle, la sollicitude qu'ils montraient, touchèrent l'Empereur ; il les recommandait à ses officiers, voulait qu'ils fussent aidés, soutenus, qu'on ne les oubliât pas. « Et mes pauvres Chinois ! qu'on ne les oublie pas non plus, « qu'on leur donne quelques vingtaines de napoléons : il faut bien aussi « que je leur fasse mes adieux. »

3. — La nuit a été meilleure que de coutume. Les symptômes alarmants d'hier ont diminué, le malade a reposé quelques instants.

La fièvre perd un peu de son intensité. Grande prostration des forces. Profonds soupirs. Anxiété.

Hudson, pris tout à coup d'humanité, imagine que le lait de vache pourrait soulager cette cruelle agonie et en fait offrir. Le docteur Arnott admire l'inspiration de son chef et veut en essayer. Je m'y oppose de toutes mes forces, attendu que le lait est naturellement pesant et indigeste, que l'Empereur rejette à chaque instant les substances les plus douces, les plus légères, les plus faciles à digérer ; attendu que même en bonne santé il n'avait jamais pu supporter aucune espèce de lait. Le docteur Arnott ne se rendait pas, j'insistai : nous eûmes une discussion des plus vives; je réussis néanmoins à empêcher qu'on administrât du lait à l'Empereur mourant.

Les symptômes s'aggravent et deviennent de plus en plus alarmants.

La fièvre diminue. Nous nous retirons. Vignali reste seul, et nous rejoint quelques instants après, dans la pièce voisine, où il nous annonce qu'il a administré le viatique à l'Empereur.

La fièvre se renouvelle avec violence. Anxiété générale. Face hippocratique. Napoléon jouit encore de l'usage de ses sens. Il recommande à ses exécuteurs testamentaires, dans le cas où il viendrait à perdre connaissance, de ne permettre de l'approcher à aucun médecin anglais autre que le docteur Arnott. « Je vais mourir, vous allez repasser en
« Europe, je vous dois quelques conseils sur la conduite que vous avez
« à tenir. Vous avez partagé mon exil, vous serez fidèles à ma mémoire,
« vous ne ferez rien qui puisse la blesser. J'ai sanctionné tous les prin-
« cipes; je les infusés dans mes lois, dans mes actes, il n'y en a pas un
« seul que je n'aie consacré. Malheureusement les circonstances étaient
« sévères; j'ai été obligé de sévir, d'ajourner; les revers sont venus,
« je n'ai pu débander l'arc, et la France a été privée des institutions libé-
« rales que je lui destinais. Elle me juge avec indulgence, elle me tient
« compte de mes intentions, elle chérit mon nom, mes victoires; imi-
« tez-la, soyez fidèles aux opinions que nous avons défendues, à la
« gloire que nous avons acquise; il n'y a hors de là que honte et con-
« fusion. »

Un ordre du gouverneur nous enjoint de tenir une consultation avec les docteurs Schort et Mitchell.

On lui administre dix grains de calomel.

L'Empereur prend quelques cuillerées de sabaillon, il ne peut les avaler sans eau. Calme fréquemment interrompu.

Les dix grains de calomel n'ont encore produit aucun effet; on délibère si on doit en administrer une nouvelle dose. Je ne garde plus de mesure, je m'oppose formellement à cette détermination.

4. — Les mêmes symptômes ont duré pendant toute la nuit. L'Empereur n'a pris de l'eau de fleur d'orange qu'en petite quantité et à des intervalles éloignés. Le temps était affreux, la pluie tombait sans interruption, et le vent menaçait de tout détruire. Le saule[1] sous lequel Napoléon prenait habituellement le frais avait cédé; nos plantations étaient déracinées, éparses; un seul arbre à gomme résistait encore, lorsqu'un tourbillon le saisit, l'enlève et le couche dans la boue. Rien de ce qu'aimait l'Empereur ne devait lui survivre.

Le malade refuse de prendre aucun remède à l'intérieur. Rire sardonique. Yeux fixes. Pupilles élevées; on distinguait la partie inférieure

---

[1] Cette espèce est connue à Sainte-Hélène sous le nom de *Botany-Bay*.

du globe oculaire. Paupières supérieures abaissées. Face hippocratique.

5. — La nuit est extrêmement agitée.

Napoléon est toujours dans le délire ; il parle avec peine, profère des mots inarticulés, interrompus, laisse échapper ceux de : « Tête..... armée. » Ce furent les derniers qu'il prononça. Il ne les avait pas fait entendre, qu'il perdit la parole.

Je croyais le principe de vie échappé ; mais peu à peu le pouls se relève ; l'oppression diminue, de profonds soupirs s'échappent : Napoléon vit encore.

Ce fut alors que se passa la plus déchirante peut-être de toutes les scènes dont fut accompagnée sa longue agonie. Madame Bertrand, qui, malgré ses souffrances, n'avait pas voulu quitter le lit de l'auguste malade, fit appeler d'abord sa fille Hortense, et ensuite ses trois fils, pour leur faire voir une dernière fois celui qui avait été leur bienfaiteur. Rien ne saurait exprimer l'émotion qui saisit ces pauvres enfants à ce spectacle de mort. Il y avait environ cinquante jours qu'ils n'avaient été admis auprès de Napoléon, et leurs yeux pleins de larmes cherchaient avec effroi sur son visage pâle et défiguré l'expression de grandeur et de bonté qu'ils étaient accoutumés à y trouver. Cependant d'un mouvement commun ils s'élancent vers le lit, saisissent les deux mains de l'Empereur, les baisent en sanglotant et les couvrent de pleurs. Le jeune Napoléon Bertrand ne peut supporter plus longtemps ce cruel spectacle ; il cède à l'émotion qu'il éprouve ; il tombe, il s'évanouit. On est obligé d'arracher du lit les jeunes affligés et de les conduire dans le jardin. Sans doute le souvenir de cette scène est resté dans leurs cœurs pour n'en jamais sortir, et leurs larmes couleront plus d'une fois quand ils se rappelleront qu'ils ont contemplé le corps de Napoléon au moment où sa grande âme allait en sortir. Pour nous tous qui assistions à ce lugubre adieu des enfants à leur auguste protecteur, l'impression que nous en reçûmes est au-dessus de toutes les paroles humaines : ce ne fut qu'un même gémissement, une même angoisse, un même pressentiment de l'instant fatal que chaque minute approchait de nous.

Pouls anéanti. J'en suivais avec anxiété les pulsations, je cherchais si le principe de vie était éteint, lorsque je vis arriver Noverraz, pâle, échevelé, tout hors de lui. Ce malheureux, affaibli par quarante-huit jours d'une hépatite aiguë, accompagnée d'une fièvre synocale, entrait à peine en convalescence ; mais il avait appris le fâcheux état de l'Empereur, il voulait voir encore, contempler une dernière fois celui qu'il avait si longtemps servi ; il s'était fait descendre, et arrivait fondant en larmes. J'essaye de le renvoyer : mais son émotion croît à mesure que

je lui parle ; il s'imagine que l'Empereur est menacé, qu'il l'appelle au secours ; il ne peut l'abandonner, il veut combattre, mourir pour lui. Sa tête était perdue ; je flattai son zèle, je le calmai et revins à mon poste.

Tiraillements spasmodiques arqués de l'épigastre et de l'estomac, profonds soupirs, cris lamentables, mouvements convulsifs qui se terminent par un bruyant et sinistre sanglot. Les paupières restent fixes, les yeux se meuvent, se renversent sous les paupières supérieures, le pouls tombe, se ranime. Il est six heures moins onze minutes, Napoléon touche à sa fin ; ses lèvres se couvrent d'une légère écume : il n'est plus !

Tout s'écoule aussitôt ; ce n'est que pleurs, que sanglots ; chacun est accablé d'une perte aussi cruelle. Nous étions dans le premier saisissement de la douleur, deux Anglais en profitent et se glissent au milieu de nous : ils pénètrent dans le salon, découvrent, palpent l'Empereur et se retirent comme ils sont venus. Cette profanation nous rend à nous-mêmes, nous rentrons, nous veillons sur le cadavre ; des mains anglaises ne doivent pas le souiller.

Il y avait six heures qu'il était sans vie ; je le fis raser, laver, et le plaçai sur un autre lit ; de leur côté, les exécuteurs testamentaires avaient pris connaissance de deux codicilles qui devaient être ouverts immédiatement après la mort de l'Empereur ; l'un était relatif aux gratifications qu'il accordait sur sa cassette à toutes les personnes de sa maison et aux aumônes qu'il faisait distribuer aux pauvres de Sainte-Hélène ; l'autre contenait des instructions sur ses funérailles. Il était ainsi conçu :

Avril, le 16, 1821. Longwood.

Ceci est un codicille de mon testament.

1° Je désire que mes cendres reposent sur les bords de la Seine, au milieu de ce peuple français que j'ai tant aimé.

2° Je lègue aux comtes Bertrand, Montholon, et à Marchand, l'argent, bijoux, argenterie, porcelaine, meubles, livres, armes, et généralement tout ce qui m'appartient dans Sainte-Hélène.

Ce codicille, tout entier écrit de ma main, est signé et scellé de mes armes.

(*Sceau.*)

NAPOLÉON.

Les exécuteurs testamentaires notifièrent cette pièce au gouverneur, qui se récria sur cette prétention, et déclara qu'elle était inadmissible ; qu'il s'y opposait, que le cadavre devait rester dans l'île ; que l'Angleterre y tenait, qu'elle ne s'en dessaisirait pas. On chercha à désarmer sa haine, on essaya les représentations, les prières, tout fut inutile ; le corps de Napoléon devait rester à Sainte-Hélène, il y resterait. Les exécuteurs testamentaires invoquaient l'humanité, le respect qu'on doit aux morts ; mais le droit s'évanouit devant la force ; on ne put que recourir aux ressources des faibles, protester et obéir. On le fit, on choisit un lieu dont l'Empereur, qui pourtant ne l'avait vu qu'une fois, parlait toujours avec satisfaction, celui où jaillissait cette eau bienfaisante qui avait si souvent adouci les maux qu'il endurait. Hudson y consentit ; il avait depuis 1820 l'ordre de retenir les dépouilles de Bonaparte, mais il lui était indifférent qu'elles fussent dans tel ou tel endroit de l'île ; et montant aussitôt à cheval, il accourut à la tête de son état-major, des membres de son conseil, du général Coffin, du contre-amiral Lambert, du marquis de Montchenu, et de ce qu'il y avait de médecins, de chirurgiens dans l'île. Il voulait s'assurer par lui-même que Napoléon était bien mort, que le corps qu'il voyait était bien celui de l'Empereur. Il demandait aussi qu'on procédât à l'ouverture du cadavre, mais je lui observai qu'il y avait trop peu de temps qu'il était sans vie; il n'insista pas. « Vous m'avez fait demander du plâtre pour

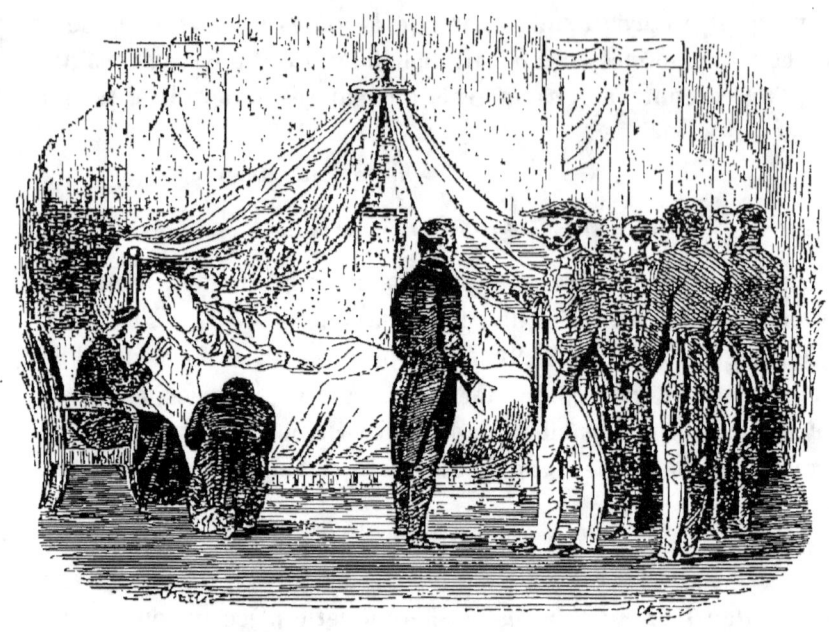

« prendre le masque du défunt; un de mes chirurgiens est fort habile
« dans ces sortes d'opérations, il vous aidera. » Je remerciai Son Excellence; le moulage est une chose si facile que je pouvais me passer d'aide. Mais je manquai de plâtre; madame Bertrand n'avait reçu, malgré ses instances, qu'une espèce de chaux. Je ne savais comment faire, lorsque le docteur Burton nous indiqua un gisement où se trouvait du gypse. Le contre-amiral donna aussitôt des ordres, une chaloupe mit en mer et rapporta quelques heures après des fragments qu'on fit calciner. J'avais du plâtre, je moulai la figure et procédai à l'autopsie.

Les généraux Bertrand et Montholon, Marchand, exécuteurs testamentaires, assistaient à cette opération pénible, où se trouvaient aussi sir Thomas Reade, quelques officiers d'état-major, les docteurs Thomas Schort, Arnott, Charles Mitchell, Mathieu Livington, chirurgien de la compagnie des Indes, et autres médecins au nombre de huit que j'avais invités.

Napoléon avait destiné ses cheveux aux divers membres de sa famille; on le rasait, je vérifiai quelques remarques que j'avais déjà faites. Voici les principales:

1° L'Empereur avait considérablement maigri, depuis mon arrivée à Sainte-Hélène ; il n'était pas en volume le quart de ce qu'il était auparavant.

2° Le visage et le corps étaient pâles, mais sans altération, sans aspect cadavéreux. La physionomie était assez belle, les yeux fermés, et on eût dit non que l'Empereur était mort, mais qu'il dormait d'un profond sommeil. Sa bouche conservait l'expression du sourire, à cela près que du côté gauche elle était légèrement contractée par le rire sardonique.

3° Le corps présentait la plaie d'un cautère fait au bras gauche, et plusieurs cicatrices, savoir : une à la tête, trois à la jambe gauche, dont une sur la malléole externe, une cinquième à l'extrémité du doigt annulaire de la main gauche; enfin, il y en avait un assez grand nombre sur la cuisse gauche.

4° La hauteur totale, du sommet de la tête aux talons, était de cinq pieds deux pouces et quatre lignes.

5° L'étendue comprise entre ses deux bras, en partant des extrémités des deux points du milieu, était de cinq pieds deux pouces.

6° De la symphise du pubis au sommet de la tête, il y avait deux pieds sept pouces quatre lignes.

7° Du pubis au calcaneum, deux pieds sept pouces.

8° Du sommet de la tête au menton, sept pouces et six lignes.

9° La tête avait vingt pouces et dix lignes de circonférence; le front était haut, les tempes légèrement déprimées, les régions sincipitales très-fortes et très-évasées.

10° Cheveux rares et de couleur châtain clair.

11° Cou un peu court, mais assez normal.

12° Poitrine large et d'une bonne conformation.

13° Abdomen très-météorisé et volumineux.

14° Les mains, les pieds un peu petits, mais beaux et bien faits.

15° Membres tendus et roides.

16° Toutes les autres parties du corps étaient à peu près dans les proportions ordinaires.

Je fus curieux de faire à ce grand homme l'application du système craniologique des docteurs Spurzheim et Gall. Voici les signes les plus apparents qu'offrit sa tête :

1° Organe de la dissimulation.

2° Organe des conquêtes.

3° Organe de la bienveillance.

4° Organe de l'imagination.

5° Organe de l'ambition, de l'amour de la gloire.

Sous le rapport des facultés intellectuelles, je trouvai :

1° Organe de l'individualité, ou connaissance des individus et des choses.

2° Organe de la localité, des rapports de l'espace.

3° Organe du calcul.

4° Organe de la comparaison.

5° Organe de la causalité, de l'esprit d'induction, de tête philosophique.

Le cadavre était gisant depuis vingt heures et demie. Je procédai à l'autopsie ; j'ouvris d'abord la poitrine. Voici ce que j'observai de plus remarquable :

Les cartilages costaux sont en grande partie ossifiés.

Le sac formé par la plèvre costale du côté gauche contenait environ un verre d'eau de couleur citrine.

Une couche légère de lymphe coagulable couvrait une partie des faces des plèvres costale et pulmonaire correspondantes du même côté.

Le poumon gauche était légèrement comprimé par l'épanchement, adhérait par des nombreuses brides aux parties postérieure et latérale de la poitrine et au péricarde ; je le disséquai avec soin, je trouvai le lobe supérieur parsemé de tubercules et quelques petites excavations tuberculeuses.

Une couche légère de lymphe coagulable couvrait une partie des faces des plèvres costale et pulmonaire correspondantes de ce côté.

Le sac de la plèvre costale du côté droit renfermait environ deux verres d'eau de couleur citrine.

Le poumon droit était légèrement comprimé par l'épanchement ; mais son parenchyme était en état normal. Les deux poumons étaient généralement crépitants et d'une couleur naturelle. La membrane plus composée ou muqueuse de la trachée-artère et des bronches était assez rouge, et enduite d'une assez grande quantité de pituite épaisse et visqueuse.

Plusieurs des ganglions bronchiques et du médiastin étaient un peu grossis, presque dégénérés, et en suppuration.

Le péricarde était en état normal et contenait environ une once d'eau de couleur citrine. Le cœur, un peu plus volumineux que le poing du sujet, présentait, quoique sain, assez de graisse à sa base et à ses sillons. Les ventricules aortique et pulmonaire et les oreillettes correspondantes étaient en état normal, mais pâles et tout à fait vides de sang. Les orifices ne présentaient aucune lésion notable. Les gros vaisseaux artériels et veineux auprès du cœur étaient vides et généralement en état normal.

L'abdomen présenta ce qui suit :

Distension du péritoine, produite par une grande quantité de gaz.

Exsudation molle, transparente et diffluente, revêtant dans toute leur étendue les deux parties ordinairement contiguës de la face interne du péritoine.

Le grand épiploon était en état normal.

La rate et le foie durci étaient très-volumineux et gorgés de sang; le tissu du foie, d'un rouge brun, ne présentait, du reste, aucune altération notable de structure. Une bile extrêmement épaisse et grumeleuse remplissait et distendait la vésicule biliaire. Le foie, qui était affecté d'hépatite chronique, était uni intimement par sa face convexe au diaphragme; l'adhérence se prolongeait dans toute son étendue, elle était forte, celluleuse et ancienne. La face concave du lobe gauche adhérait immédiatement et fortement à la partie correspondante de l'estomac, surtout le long de la petite courbure de cet organe, ainsi qu'au petit épiploon. Dans tous ces points de contact, le lobe était sensiblement épais, gonflé et durci.

L'estomac parut d'abord dans un état des plus sains; nulle trace d'irritation ou de phlogose, la membrane péritonéale se présentait sous les meilleures apparences. Mais en examinant cet organe avec soin, je découvris sur la face antérieure, vers la petite courbure et à trois travers de doigt du pylore, un léger engorgement comme squirreux, très-peu étendu et exactement circonscrit. L'estomac était percé de part en part dans le centre de cette petite induration. L'adhérence de cette partie au lobe gauche du foie en bouchait l'ouverture.

Le volume de l'estomac était plus petit qu'il ne l'est ordinairement.

En ouvrant ce viscère le long de sa grande courbure, je reconnus qu'une partie de sa capacité était remplie par une quantité considérable de matières faiblement consistantes et mêlées à beaucoup de glaires très-épaisses et d'une couleur analogue à celle du marc de café; elles répandaient une odeur âcre et infecte. Ces matières retirées, la membrane *plus composée* ou muqueuse de l'estomac se trouva dans son état normal, depuis le petit jusqu'au grand cul-de-sac de ce viscère, en suivant la grande courbure. Presque tout le reste de la surface interne de cet organe était occupé par un ulcère cancéreux qui avait son centre à la partie supérieure, le long de la petite courbure de l'estomac, tandis que les bords irréguliers, digités et linguiformes de sa circonférence s'étendaient en avant, en arrière de cette surface intérieure, et depuis l'orifice du cardia jusqu'à un bon pouce du pylore. L'ouverture, arrondie, taillée obliquement en biseau aux dépens de la face interne du viscère, avait à peine quatre à cinq lignes de diamètre en dedans et deux lignes et demie au plus en dehors; son bord circulaire, dans ce sens, était extrêmement mince, légèrement dentelé, noirâtre, et seulement formé par la membrane péritonéale de l'estomac. Une surface ulcéreuse, grisâtre et lisse, formait d'ailleurs les parois de cette espèce de canal qui aurait établi une communication entre la cavité de l'estomac et celle de l'abdomen, si l'adhérence avec le foie ne s'y était opposée. L'extrémité droite de l'estomac, à un pouce de distance du pylore, était environnée d'un gonflement ou plutôt d'un endurcissement squirreux annulaire, de quelques lignes de largeur. L'orifice du pylore était dans un état tout à fait normal. Les bords de l'ulcère présentaient des boursouflements fongueux remarquables dont la base, dure, épaisse et squirreuse, s'étendait aussi à toute la surface occupée par cette cruelle maladie.

Le petit épiploon était rétréci, gonflé, extrêmement durci et dégénéré. Les glandes lymphatiques de ce pli péritonéal, celles qui sont placées le long des courbures de l'estomac, ainsi que celles qui avoisinent les piliers du diaphragme étaient en partie tuméfiées, squirreuses, quelques-unes même en suppuration.

Le tube digestif était distendu par une grande quantité de gaz. A la surface péritonéale et aux replis péritonéaux, je remarquai de petites taches et de petites plaques rouges, d'une nuance très-légère, de dimensions variées, éparses et assez distantes les unes des autres. La membrane *plus composée* de ce canal paraissait être dans un état normal. Une matière noirâtre et extrêmement visqueuse enduisait les gros intestins.

Le rein droit était dans un état normal; celui du côté gauche était déplacé et renversé sur la colonne lombo-vertébrale; il était plus long et plus étroit que le premier; du reste, il paraissait sain. La vessie, vide et très-rétrécie, renfermait une certaine quantité de gravier mêlé avec quelques petits calculs. De nombreuses plaques rouges étaient éparses sur la membrane *plus composée* ou muqueuse; les parois de cet organe étaient en état anormal.

Je voulais faire l'examen du cerveau. L'état de cet organe dans un homme tel que l'Empereur était du plus haut intérêt; mais on m'arrêta durement : il fallut céder.

J'avais terminé cette triste opération. Je détachai le cœur, l'estomac, et les mis dans un vase d'argent rempli d'esprit-de-vin. Je réunis ensuite les parties séparées, les assemblai par une suture, je lavai le corps, et fis place au valet de chambre, qui l'habilla comme il avait coutume de l'être pendant sa vie : caleçon, culotte de casimir blanc, gilet blanc, cravate blanche surmontée d'une cravate noire bouclée par derrière ; grand cordon de la Légion d'honneur, uniforme de colonel de chasseurs de la garde [1], décoré des ordres de la Légion d'honneur et de la couronne de fer ; longues bottes à l'écuyère avec de petits éperons ; enfin chapeau à trois cornes. Ainsi vêtu, Napoléon fut enlevé, à cinq heures et trois quarts, de cette salle où la foule pénétra aussitôt. Le linge, le drap qui avait servi à la dissection du cadavre, tout fut emporté, déchiré, distribué ; ils étaient teints de sang, chacun voulait en avoir un lambeau.

Napoléon fut exposé dans sa petite chambre à coucher qu'on avait convertie en chambre ardente. Elle était tendue en drap noir que l'on avait tiré du magasin de la compagnie des Indes, à James-Town. Ce fut cette circonstance qui fit connaître la maladie et la mort de Napoléon dans l'île. Étonnés de voir transporter tant d'étoffes, les habitants et les employés eux-mêmes cherchaient quel pouvait être l'usage auquel on les destinait. Ils n'en voyaient aucun. La curiosité s'accrut et devint générale à mesure que l'on connut ce qui l'avait fait naître. Les idées les plus étranges, les bruits les plus bizarres commençaient à se propager, lorsqu'un Chinois révéla le mystère. Ce ne fut qu'un cri de surprise : chacun était étonné, confondu. « Comment ! le général Bonaparte était « sérieusement malade ! On nous disait qu'il se portait si bien ! »

Le cadavre, qui n'avait pu être embaumé, faute des substances nécessaires, et dont la blancheur était vraiment extraordinaire, fut déposé sur un des lits de campagne, surmonté de petits rideaux blancs qui servaient de sarcophage ! ! ! Le manteau de drap bleu que Napoléon avait porté à la bataille de Marengo servait de couverture. Les pieds et les mains étaient libres ; l'épée au côté gauche, et un crucifix sur la poitrine. A quelque distance du corps était le vase d'argent qui contenait le cœur et l'estomac qu'on m'avait forcé d'y déposer. Derrière la tête était un autel où le prêtre, en surplis et en étole, récitait des prières. Toutes les personnes de la suite de Napoléon, officiers et domestiques, en habit de deuil, se tenaient debout, à gauche. Le docteur Arnott veillait sur le cadavre, qui avait été mis sous sa responsabilité personnelle.

Depuis plusieurs heures la foule obstruait les avenues et se pressait à la porte de la chambre ardente. On ouvrit : elle entra, contempla ces restes inanimés, sans confusion, sans tumulte, avec un silence religieux. Le capitaine Croquat, officier d'ordonnance de Longwood, réglait l'ordre dans lequel chacun se présentait. Les officiers et les sous-officiers du 20ᵉ et du 66ᵉ furent admis les premiers ; les autres ensuite. Tous

---

[1] Vert, avec des parements jaunes

éprouvaient cette émotion que le courage malheureux éveille toujours dans le cœur des braves.

L'affluence fut encore plus grande le lendemain. Les troupes, la population, tout accourt, tout se presse; il n'y a pas jusqu'aux dames qui ne bravent l'autorité et la fatigue pour contempler une dernière fois les restes inanimés de l'Empereur. Un ordre ridicule leur défend de paraître à Longwood; elles se mêlent à la foule, aux transports; elles arrivent et n'en font que mieux éclater les sentiments qui les animent. Chacun répudie la complicité d'une mort cruelle : c'est une consolation pour nous.

Je la goûtais, lorsque je vis venir à moi les docteurs Schort, Mitchell et Burton, qui sortaient de chez l'officier d'ordonnance. Ces messieurs avaient, comme je l'ai dit, assisté d'office à l'autopsie, mais n'y avaient pris aucune part. Cependant ils s'étaient tout à coup avisés que c'était à eux à dresser le procès-verbal. Ils l'avaient écrit, rédigé, et me l'apportaient à signer : je refusai. Qu'avais-je à faire d'Anglais, de rédaction anglaise? J'étais médecin de Napoléon; j'avais fait l'autopsie, c'était à moi à la constater. Je ne pouvais rien déguiser, rien entendre ; j'offris une copie de mon rapport; mais il n'allait pas au but, on n'en voulut pas.

La caisse qui devait recevoir l'Empereur était arrivée, je fus obligé d'y mettre le cœur et l'estomac. Je m'étais flatté de les transporter en Europe ; mais toutes mes démarches furent inutiles : j'eus la douleur d'être refusé. Je laissai le premier de ces organes dans le vase qui d'abord l'avait reçu, et mis le second dans un autre vase de même métal et de forme cylindrique, qui servait à serrer l'éponge de Napoléon. Je remplis l'un, celui qui contenait le cœur, d'alcool ; je le fermai hermétiquement, je le soudai, et les déposai l'un et l'autre aux angles du cercueil. On y descendit Napoléon, on le plaça dans la caisse de fer-blanc, qu'on avait garnie d'une espèce de matelas, d'un oreiller, et revêtue en satin blanc. Le chapeau, ne pouvant rester, faute d'espace, sur la tête du mort, fut mis sur ses pieds, on y mit aussi des aigles, des pièces de toutes les monnaies frappées à son effigie, son couvert, son couteau, une assiette avec ses armes, etc. On ferma la caisse, on la souda avec soin, et on la passa dans une autre en acajou qu'on mit dans une troisième, faite en plomb, qui fut elle-même disposée dans une quatrième d'acajou, qu'on scella et ferma avec des vis de fer. On exposa le cercueil à la place même où le corps l'avait été, et on le couvrit avec le manteau que portait Napoléon à la bataille de Marengo. Arnott continua sa surveillance, l'abbé Vignali ses prières, et la multitude, dont les flots croissaient d'heure en heure, put circuler autour de ces apprêts funèbres.

Nous étions accablés, nous nous retirions lorsque Hudson nous rejoignit. Toujours humain, compatissant et vrai, il déplora la perte que nous avions faite, et nous annonça qu'elle était d'autant plus fâcheuse que son gouvernement revenait à bien. *Il l'avait chargé de faire connaître au général Bonaparte que l'instant approchait où la liberté pourrait lui être rendue, et que Sa Majesté Britannique ne serait pas la dernière à accélérer le terme de sa captivité. Il est mort, tout est fini ; nous lui rendrons demain les derniers devoirs. Les troupes ont ordre de prendre le deuil et les armes dès la pointe du jour.*

8. — Elles les prirent en effet; le gouverneur arriva, le contre-amiral suivit, et bientôt toutes les autorités civiles et militaires se trouvèrent réunies à Longwood. La journée était magnifique, la population couvrait les avenues, la musique couronnait les hauteurs : jamais spectacle aussi triste, aussi solennel n'avait été étalé dans ces lieux. Midi et demi sonne, les grenadiers saisissent le cercueil, le soulèvent avec peine, et parviennent cependant, à force de constance et d'efforts, à le transpor-

ter dans la grande allée du jardin, où les attend le corbillard. Ils le placent sur le char, le couvrent d'un drap de velours violet et du manteau que Napoléon portait à Marengo. La maison de l'Empereur est en deuil. Le cortège se range conformément au programme arrêté par le gouverneur, et se met en marche dans l'ordre qui suit :

L'abbé Vignali, revêtu des ornements sacerdotaux avec lesquels on célèbre la messe, ayant à ses côtés le jeune Henri Bertrand, portant un bénitier d'argent avec son goupillon.

Le docteur Arnott et moi.

Les personnes chargées de surveiller le corbillard traîné par quatre chevaux conduits par des palefreniers, et escorté par douze grenadiers sans armes, de chaque côté. Les derniers doivent porter le cercueil sur leurs épaules dès que le mauvais état du chemin empêchera le char d'avancer.

Le jeune Napoléon Bertrand et Marchand, tous les deux à pied et sur les côtés du corbillard.

Les comtes Bertrand et Montholon à cheval immédiatement derrière le corbillard.

Une partie de la suite de l'Empereur.

La comtesse Bertrand avec sa fille Hortense, dans une calèche attelée de deux chevaux conduits à la main par ses domestiques, qui marchent du côté du précipice.

Le cheval de l'Empereur, conduit par son piqueur Archambaud.

Les officiers de marine à pied et à cheval.

Les officiers d'état-major à cheval.

Les membres du conseil de l'île, à cheval.

Convoi de l'Empereur Napoléon à Sainte-Hélène.

Le général Coffin et le marquis de Montchenu, à cheval.
Le contre-amiral et le gouverneur à cheval.
Les habitants de l'île.

Le cortége sortit dans cet ordre de Longwood, passa devant le corps de garde et trouva la garnison de l'île, au nombre de deux mille cinq cents hommes environ, rangée sur la gauche de la route qu'elle occupait jusqu'à Hut's-Gate. Des corps de musiciens placés de distance en distance ajoutaient encore, par leurs sons lugubres, à la tristesse et à la solennité de la cérémonie. Lorsque le cortége eut défilé, ces troupes le suivirent et l'accompagnèrent vers le lieu de la sépulture. Les dragons marchaient en tête. Venaient ensuite le 20e régiment d'infanterie, les soldats de marine, le 66e, les volontaires de Sainte-Hélène, et enfin le régiment de l'artillerie royale avec quinze pièces de canon. Lady Lowe et sa fille étaient sur le chemin, à Hut's-Gate, dans une calèche à deux chevaux. Elles étaient accompagnées de quelques domestiques en deuil, et suivaient de loin le cortége. Les quinze pièces d'artillerie de campagne étaient placées le long de la route, et les canonniers se tenaient à leurs pièces prêts à faire feu.

Parvenu à un quart de mille environ au delà de Hut's-Gate, le corbillard s'arrêta, les troupes firent halte, et se rangèrent en bataille le long de la route. Les grenadiers prirent alors le cercueil sur leurs épaules, et le portèrent ainsi jusqu'au lieu de la sépulture par la nouvelle route qui avait été pratiquée exprès sur les flancs de la montagne. Tout le monde met pied à terre, les dames descendent de calèche, et le cortége accompagne le corps sans observer aucun ordre. Les comtes Bertrand et Montholon, Marchand et le jeune Napoléon Bertrand portent les quatre coins du drap. Le cercueil est déposé sur les bords de la tombe que l'on avait tendue en noir. On aperçoit auprès la chèvre, les cordages qui doivent servir à le descendre. Tout présente un aspect lugubre, tout concourt à augmenter la tristesse et la douleur dont nos cœurs sont remplis. Notre émotion est profonde, mais concentrée et silencieuse. On découvre le cercueil. L'abbé Vignali récite les prières accoutumées, et le corps est descendu dans la tombe, les pieds vers l'orient et la tête à l'occident. L'artillerie fait aussitôt entendre trois salves consécutives de quinze coups chacune. Le vaisseau amiral tire pendant la marche vingt-cinq coups de canon de minute en minute. Une énorme pierre, qui devait être employée dans la construction de la nouvelle maison de l'Empereur, est destinée à fermer sa tombe. Les cérémonies religieuses sont terminées, on la soulève au moyen d'un anneau dont elle est armée, et on la pose au-dessus du cercueil qu'elle ne touche pourtant pas. Elle appuie de chaque côté sur un mur solide en pierre. Lorsqu'elle est placée, on la fixe, on enlève l'anneau, et on remplit la place qu'il occupait; on recouvre la maçonnerie d'une couche de ciment.

Pendant que l'on achevait ces travaux, la foule se jetait sur les saules dont la présence de Napoléon avait déjà fait un objet de vénération. Chacun voulait avoir des branches ou des feuillages de ces arbres, qui devaient ombrager la tombe de ce grand homme, et les garder comme un précieux souvenir de cette scène imposante de tristesse et de douleur. Hudson et l'amiral, que blesse cet élan, cherchent à l'arrêter ; ils s'emportent, ils menacent. Les assaillants se hâtent d'autant plus, et les saules sont dépouillés jusqu'à la hauteur où la main peut atteindre. Hudson était pâle de colère; mais les coupables étaient nombreux, de toutes les classes, il ne put sévir. Il s'en vengea en interdisant l'accès du tombeau, qu'il fit entourer d'une barricade, et auprès duquel il plaça deux factionnaires et un poste de douze hommes avec un officier. Cette garde, disait-il, devait y être maintenue *à perpétuité*.

La tombe de l'Empereur est à environ une lieue de Longwood. Elle est de forme quadrangulaire, plus large dans le haut que dans le bas ; sa profondeur est d'environ douze pieds. Le cercueil est placé sur deux fortes pièces de bois, et isolé dans tout son pourtour. Nous ne pûmes le couronner d'une pierre tumulaire ni d'une modeste inscription. Le gouverneur s'y opposa, comme si une pierre, une inscription eussent pu en apprendre au monde plus qu'il n'en savait.

Hudson avait mis Napoléon au tombeau, sa tâche était finie; il ne lui restait qu'à recueillir quelques fournitures. Il accourut, s'en fit remettre l'état, examina, fureta, alla jusqu'à ouvrir des paquets que l'Empereur avait lui-même cachetés avant sa mort. Ses recherches sont infructueuses ; il ne trouve pas l'objet secret qu'il poursuit, il en devient plus tenace; il fouille, il presse, il interroge et ne consent à quitter la place que lorsque ses agents ont inventorié les meubles, emballé les livres, qu'il ne reste pas un coin qui n'ait été visité, pas un chiffon qui n'ait été enregistré.

Nous désirions conserver quelques-uns de ces objets sans valeur, qui étaient pour nous d'un prix inestimable, puisqu'ils avaient servi à l'Empereur ; nous demandâmes, nous sollicitâmes, nous ne mîmes pas de bornes à nos offres ; mais plus nous insistions, plus nous étions durement refusés : nous ne pûmes rien obtenir. En revanche, Hudson nous annonça avec une grâce infinie que nous eussions à nous préparer au départ, que nous mettrions à la voile sur un bâtiment de l'État et aux frais du gouvernement.

Nous allions quitter Sainte-Hélène, c'était le moment de compter avec nos hôtes. Le général Bertrand, qui avait une vieille affaire avec Lowe, s'y disposait; mais le geôlier n'aimait pas le tranchant du sabre, il fit négocier, et tout fut dit.

Il en devint plus souple, plus complaisant; il voulut nous choisir un bâtiment, nous donner un capitaine sûr, un équipage habile : il nous destina le *Camel storeship*; c'était un transport léger, commode, qui réunissait tout. Nous cherchions d'où venait à Hudson cette subite obligeance, lorsque nous apprîmes que le merveilleux navire était un bâtiment vivrier qui servait à approvisionner l'île. Nous réclamâmes; il se récria, protesta que nous avions été trompés, et nous donna l'ordre d'envoyer nos effets à bord. Nous pensions nous embarquer le soir même, nous suivîmes.

Nous allions quitter l'île, nous voulûmes visiter une dernière fois l'asile où reposait Napoléon. Nous le vîmes, nous l'arrosâmes de nos lar-

mes, nous l'entourâmes de violettes, de pensées, et lui dîmes adieu pour jamais. Nous emportâmes quelques branches de saule, triste consolation que le poste n'eut pas le courage de nous refuser. Nous arrivâmes à James-Town. Le temps n'avait pas suffi, il y avait encore une foule de caisses à terre ; le départ était remis au lendemain. Hudson nous attendait avec son épouse, il nous pria à dîner ; nous acceptâmes. Le banquet fut magnifique ; Lowe était presque aimable : on eût dit qu'il n'avait plus ses clefs. Nous fûmes bien détrompés lorsque nous arrivâmes au vaisseau : c'était, comme on nous l'avait dit, un bâtiment sale, étroit, qui servait à transporter les bœufs, les porcs, les moutons, etc., que consommait l'île. Le rapprochement était ingénieux, le choix digne de la main qui l'avait fait. Nous étions entassés pêle-mêle sur un bord infect ; mais nous échappions aux verrous. Le temps était beau, le ciel sans nuages, nous levâmes l'ancre le 27 mai, et nous nous éloignâmes de cette station malheureuse que pourtant nous regrettions.

Le vent enflait nos voiles, le jour baissait, Sainte-Hélène se perdait à l'horizon, nous saluâmes une dernière fois cet horrible écueil, et nous cherchâmes chacun un peu d'espace où nous pussions reposer. La chose n'était pas facile, les caisses couvraient le pont ; de la poupe à la proue, ce n'était que meubles, que ballots, et Hudson avait encore jeté sur ce faible bâtiment, qui n'était pas de l'échantillon d'une corvette, deux cents soldats qu'il envoyait en Europe. L'on fut obligé de se blottir au pied des mâts, sur les affûts, partout où l'on pouvait appuyer sa tête.

Nous avions dépassé le tropique, atteint l'équateur ; le ciel brillant, azuré, facile, rendait cet entassement moins cruel. Nous ne tardâmes pas néanmoins à en ressentir les effets. Les douleurs abdominales se manifestèrent bientôt, les flux de ventre se déclarèrent ; nous fûmes menacés de tous les ravages que la dyssenterie exerce à cette latitude. Nous redoublâmes de soins, nous fîmes usage de médicaments, de bains d'eau salée ; nous réussîmes à les arrêter ; nous ne perdîmes que quelques soldats.

Nous avions échappé aux maladies, mais notre voyage se prolongeait ; nos volailles avaient péri, nous n'avions plus de viande fraîche ; l'eau, les provisions allaient se trouver à bout, lorsque nous aperçûmes les Açores. Nous étions accablés de chaleur et de fatigue ; c'était la première station que nous rencontrions, nous priâmes le capitaine de mettre en panne et de nous faire acheter quelques comestibles. Il avait ordre de ne pas prendre terre ; nous n'étions plus qu'à dix journées de Portsmouth, il refusa. Madame Bertrand était toujours souffrante, ne se remettait qu'avec peine de la maladie qu'elle avait faite à bord : nous insistâmes ; mais il y avait encore de la viande salée, un peu d'eau, nous pouvions attendre, il allait forcer de voiles. Nous forçâmes en effet. Le ciel s'était obscurci, le vent était impétueux, la mer soulevée par les orages ; nous filions jusqu'à neuf, onze, douze nœuds à l'heure. Cette tempête nous fut fatale : elle couvrit d'eau deux caisses où nous cultivions les branches de saule que nous avions cueillies sur le tombeau de l'Empereur, et les fit périr.

L'Afrique était dépassée. Nous étions en Europe, dans les limites qu'avait indiquées Napoléon : ses exécuteurs testamentaires prirent connaissance de ses dernières dispositions. Elles devaient rester dans le cœur de ceux qu'elles intéressent ; mais l'Angleterre, où l'on fait profit de tout, les a livrées pour un shelling. Elles sont publiques.

La légation française m'avait délivré un passe-port, je fis sur-le-champ mes dispositions pour me rendre à Rome. Je quittai Londres, j'arrivai à Douvres, à Calais, à Paris, où je me présentai à l'ambassade autrichienne, qui me refusa son visa. Je n'en continuai pas moins mon voyage, mais la police m'attendait au pied des monts ; c'étaient des commissaires, des inspecteurs, des délégués, que sais-je ! Le premier entre les mains duquel je tombai fut le génie tutélaire de Chambéry. Il s'excusa, fureta, ne laissa pas un de mes effets qu'il ne l'eût tenu pièce à pièce ; il était désolé de cette perquisition sévère, mais c'était l'usage. Malheureusement il aperçut dans la chaleur de son homélie une lettre ouverte que je portais de Londres à Turin : il la lut, la trouva mystérieuse ; il en était navré, mais il ne pouvait se dispenser de l'envoyer au ministre. Je l'abandonnai à ses visions et regagnai l'hôtel ; j'y arrivais à peine, qu'il me mandait déjà ; il fouilla, dépeça encore, et trouva je ne sais plus quels calculs algébriques. Pour le coup il n'y tint plus ; la conspiration était patente, je ne pouvais le nier. J'eus beau protester qu'il n'en était rien, que ces signes étaient connus, usités ; que les sciences.... « Fouilli aux révolutionnaires. Respectez le serviteur du « roi.—Comment l'offensai-je ? — Par des propos qu'il ne doit pas en- « tendre. — Quoi ! que voulez-vous dire ? — Que la rébellion n'a pas « assez fouillé la terre, qu'elle peut y puiser encore de quoi ébranler les « trônes, disperser la légitimité, affronter, battre l'Europe ! — Moi ?— « Vous ! — Je n'y songeais pas. — A quoi songez-vous donc ? que vous « proposez-vous ? — De franchir les monts au plus vite, d'arriver à « Turin. — Vous pensez que je l'ignore ? — Comment ? que voulez-vous « dire ? — Que je sais tout. Allons, au point où vous en êtes, il n'y a que « la franchise qui puisse vous sauver : quel est cet X ? — Quel X ? —

« Celui que vous allez séduire. — Qui ? moi ? — Vous. » Il déroula le lambeau où étaient les calculs : « Quel est cet X ? — L'inconnue. — Vous « vous moquez, monsieur ! Écrivez qu'il se moque. » Le secrétaire écrivit, l'homme de police continua : « Ma correspondance m'avait mis au fait, « je savais tout avant que vous arrivassiez ? » J'étais étonné, stupéfait de cette affreuse industrie : il prit mon silence pour un aveu, et me pressa d'autant plus. Il avait deviné du premier coup, il surveillait les factieux, il n'y en avait pas un dont il ne pût dire les espérances. Mais comment pouvais-je m'associer à ces complots ? On m'avait abusé, il était disposé à faire la part de l'âge, de l'inexpérience. Quels étaient ces X, Y, Z ? Pour X, il le touchait au doigt ; cependant il était bien aise d'apprendre de moi qu'il avait rencontré juste. D'ailleurs il était arrêté. « X ? — La nuit passée, quatre carabiniers... — L'ont saisi ? — Jeté à la « citadelle. Y et Z sont sûrement en fuite. — Vous croyez ? — Et ne « peuvent échapper. — Comment cela ? — J'ai dépêché à Milan, en- « voyé à Bologne. Eh bien ! » Il épiait le jeu de ma figure. « Devinai-je ? « — Parfaitement. — Y, c'est *** ? — Non. — Non, non, c'est *** que « je voulais dire ; et ce Z, vous pensez peut-être, parce qu'il est plus éloi- « gné, que je ne l'aperçois pas ? Vous vous trompez, c'est... Allons, con- « venez-en ? — Qui ? — Vous savez, cet homme... Comment ! il a une « blessure, je ne me trompe pas, une envie au front ? — Du tout, rien. « Mais c'est trop prolonger vos surprises ; transformer un problème « en conspiration ! voir des conjurés dans des X, des Y, chercher à me « surprendre des noms ! Allez, monsieur Roassio ; on est moins indigne « au coin d'un bois. » Je gagnai la porte, on ne s'y opposa pas, je me retirai ; mais je n'étais pas à l'hôtel, que ses sbires me cherchaient déjà ; je les suivis. Je fus conduit devant le commissaire, qui, tout méditatif, tenait à la main la lettre qu'il m'avait prise. « Je l'ai trouvée, je la « tiens, elle est là ; oui, j'ai la clef, les deux pièces s'expliquent l'une l'au- « tre. Allons, monsieur, une dernière fois, voulez-vous avouer ? — « Quoi ? — Le complot dont j'ai la preuve. Le projet, la corruption dont « vous avez écrit l'aveu. — Moi ! — Vous. Lisez : *Reste à déterminer* « *Y, Z*. Ils hésitent donc encore ? c'est pour les entraîner, les corrom- « pre que vous voulez arriver à eux ? — Allons, monsieur, c'est aussi « trop abuser du pouvoir ! imaginer des conspirations à propos d'un « exercice de collége ! — De collége ! — Eh ! sans doute. — Vous vous « oubliez, monsieur, vous cherchez à en imposer à un magistrat. Il « n'est pas question de cela dans les colléges : je n'en ai jamais ouï par- « ler. Pourquoi êtes-vous allé à Sainte-Hélène ? — Parce que cela me

« convenait. — Qu'y faisiez-vous ? — Je m'y exerçais à la patience :
« c'est une vertu nécessaire avec la police. — Vous viviez sous la sur-
« veillance d'un de ses magistrats ? — Qui les valait tous. — Tous, c'est
« beaucoup dire. — Non, vous ne voyez qu'une conspiration dans la
« lettre, Reade en eût découvert dix par ligne. — Oh ! — Oui. — Ha-
« bile homme. Sans lui ! — Sans vous ! — Je serais... — Sans égal,
« et lui sans pareil. C'est tout ? je me retire. Au revoir. » Le commissaire me fit un signe de tête, me rappela une heure après, me renvoya,
me rappela encore, me fit lever cinq fois dans la même nuit, et ne me
donna qu'après neuf heures de délibération, un visa qui m'obligeait de
descendre à Turin au ministère de la police.

Heureusement on n'y éprouva pas les anxiétés du commissaire ; mais
c'était partie remise, je devais passer par Boffalora ; j'y trouvai un
inspecteur qui m'interrogea, et ne m'accorda, qu'après une négociation
orageuse, ce poli visa :

Boffalora, le 12 octobre 1821.

*Vu et approuvé pour la continuation du voyage à Rome, pourvu que
le porteur suive la route de Majente à Milan, et soit sorti des provinces
lombardes dans l'espace de deux jours appréciables, à compter de celui-ci.*

Signé LELLI, *inspecteur de la police à Boffalora.*

Je me conformai à l'itinéraire de l'inspecteur, je n'en pus faire autant pour l'évacuation qu'il me prescrivait. Le temps était affreux, le
gouverneur à la campagne, force me fut d'attendre ; mais ma présence
compromettait la sûreté publique, on dépêcha un courrier au magistrat,
qui donna des ordres pour que je fusse interrogé, éloigné, que je ne
restasse pas une heure de plus dans la capitale. Je fus mandé, questionné, tourmenté de mille manières, je tombai enfin dans les mains
d'un homme moins sauvage que son chef. Il m'accorda le reste de la
journée, et écrivit sur mon passe-port le visa qui suit :

Milan, 14 octobre 1821.

*Vu à la direction impériale et royale de police. Bon pour continuer
le voyage jusqu'à Rome, en suivant la route de Florence, et partant de
Milan dans la journée même.*

Signé MORELLI, *délégué.*

Le temps était horrible, la décision peu courtoise, mais je m'attendais
à pis ; je ne discutai pas, j'allai, je courus toute la nuit, et arrivai à

Parme le lendemain matin. Le major des dragons, le chevalier Rossi, que j'avais connu avant mon départ pour Sainte-Hélène, eut la complaisance de me présenter au comte Neipperg, qui m'accueillit et m'adressa une foule de questions sur la maladie et la mort de l'Empereur. Je désirais donner les mêmes détails à l'impératrice et lui remettre une lettre que lui adressaient les comtes Bertrand et Montholon ; je priai Son Excellence de m'obtenir une audience de Sa Majesté : « Je ne puis, me « répondit-il ; la nouvelle de votre arrivée n'a fait qu'accroître la dou- « leur de l'archiduchesse : elle se plaint, elle gémit, elle n'est pas en « état de vous recevoir ; mais je vous offre de vous servir d'inter- « médiaire ; je lui transmettrai ce que vous me confierez de vive voix, et « lui présenterai la lettre, si vous ne craignez pas qu'elle passe dans « mes mains. » J'étais loin d'avoir de la défiance, et, en eussé-je eu, la bienveillance qu'il me témoignait l'eût bannie. Je lui remis la lettre, il sortit, revint au bout d'un instant : « Sa Majesté en a pris lecture ; « elle regrette vivement d'être hors d'état de vous recevoir, mais elle ne « le peut. Elle accueille avec transport les dernières volontés de Na- « poléon à votre égard ; cependant elle a besoin, avant de les exécuter, « de les soumettre à son auguste père. Vous les connaissez. — Je les « connais. — N'importe, je vais vous en donner lecture.

Londres, 12 septembre 1821.

« Madame,

« Le docteur Antommarchi, qui aura l'honneur de remettre cette let- « tre à Votre Majesté, a soigné l'Empereur, votre auguste époux, durant « la maladie à laquelle il a succombé.

« Dans ses derniers moments, l'Empereur nous a chargés de faire « connaître à Votre Majesté qu'il la priait de faire payer à M. Antom- « marchi une pension viagère de six mille francs, en récompense de « ses services à Sainte-Hélène, et qu'il désirait qu'elle l'attachât à sa « maison comme chirurgien ordinaire, ainsi que M. l'abbé Vignali en « qualité d'aumônier, jusqu'à la majorité de son fils, époque à laquelle « il désire qu'il lui soit attaché.

« Nous croyons, Madame, remplir un dernier devoir envers l'Empe- « reur, en transmettant à Votre Majesté les dernières volontés qu'il nous « a plusieurs fois réitérées.

« Nous avons l'honneur d'être, Madame, de Votre Majesté,

« Les très-humbles et très-obéissants serviteurs,

« Le comte Bertrand, le comte Montholon. »

Il m'assura ensuite, à diverses reprises, de la bienveillance et de la satisfaction de l'impératrice, au nom de laquelle il m'offrit une bague, que je conserve précieusement.

Toutes les personnes attachées au palais étaient en grand deuil ; je laissai percer ma surprise. « Comment, me dit Son Excellence, vous « ignorez que c'est par l'ordre exprès de l'archiduchesse? La funeste « nouvelle lui fut donnée par le prince de Metternich ; elle en fut con- « sternée, abattue : elle voulut associer toute la cour à sa douleur, « que chacun donnât des regrets à celui qu'elle pleurait. Elle décida que « le deuil serait de trois mois, qu'on ferait un service solennel, qu'en un « mot on ne négligerait aucune des cérémonies que la piété de ceux qui « vivent consacre à ceux qui ne sont plus. Elle y assistait elle-même, « elle se plaisait à rendre à Napoléon mort le culte qu'elle lui avait « voué pendant sa vie. — Et le prince? — Va à merveille. — Il est « fort? — D'une santé à toute épreuve. — D'espérance? — Il étincelle « de génie ; jamais enfant ne promit tant. — Il est confié à d'habiles « mains? — A deux hommes de la plus haute capacité, deux Italiens qui « lui donnent à la fois une éducation brillante et solide. Chéri de toute « la famille impériale, il l'est surtout de l'empereur, du prince Charles, « qui le surveille avec une sollicitude sans égale. » Nous étions debout ; Son Excellence y avait mis une bienveillance infinie, je n'osais pousser plus loin mes questions. Il s'en chargea : « Savez-vous, me dit-il, « de qui sont les tableaux qui semblent fixer votre attention? — Je l'i- « gnore, mais ils sont d'un fini, d'une touche... — Qui n'appartiennent « qu'à l'impératrice : ces jolis paysages sont dus à son gracieux pin- « ceau. » Je me rappelai qu'en effet Napoléon m'avait souvent parlé de la perfection dont elle peignait le paysage. Je rejoignis le chevalier Rossi, et, la nuit venue, nous allâmes au spectacle ; sa loge était en face de celle de Marie-Louise. On jouait la *Cenerentola*. Je savourais cette délicieuse musique, qu'exécutait le premier orchestre de l'Italie, lorsque l'impératrice parut. Ce n'était plus ce luxe de santé, cette brillante fraîcheur dont Napoléon m'entretenait si souvent ; maigre, abattue, défaite, elle portait les traces des chagrins qu'elle avait essuyés. Elle ne fit pour ainsi dire qu'apparaître.

Je me remis en route, j'arrivai à Florence, où je fus présenté au grand-duc, qui m'adressa une foule de questions sur Sainte-Hélène ; à Rome, où je fus admis à une audience du cardinal Fesch, qui ne m'en fit pas une !

J'écrivis au comte de Saint-Leu : il était trop affligé pour me recevoir! je n'y pensai plus ; à la princesse Pauline, qui, quoique souffrante, ne m'en admit pas moins, voulut tout savoir, tout connaître, montra la plus vive sensibilité au récit des outrages et des angoisses qu'avait endurés Napoléon. L'émotion de Madame Mère fut encore plus grande ; je fus obligé d'user de réserve, d'employer des ménagements, de ne lui dire en un mot qu'une partie des choses dont j'avais été témoin. A une seconde visite, sa douleur était plus résignée, plus calme ; j'entrai dans quelques détails qui furent souvent interrompus par des sanglots. Je m'arrêtais, mais cette malheureuse mère séchait ses larmes et recommençait ses questions. Le courage et la douleur étaient aux prises, jamais déchirement aussi cruel. Je la revis une troisième fois ; elle me prodigua des témoignages de bienveillance et de satisfaction, et m'offrit un diamant qui ne me quittera jamais : il me vient de la mère de l'Empereur.

J'arrivai à Florence. Canino était à quelque distance, j'y descendis ; je fus accueilli, accablé d'égards, de questions. La mort de Napoléon y était vivement sentie.

Je gagnai Parme, où je fus encore une fois présenté au comte Neipperg. Son Excellence me renouvela l'assurance de la satisfaction de l'impératrice, et me remit, pour l'ambassade d'Autriche en France, une lettre où cette princesse exprimait avec bonté ses intentions bienveillantes pour le médecin de son époux, dont elle voulait remplir les dernières volontés. Je rendis moi-même la dépêche au baron Vincent, qui eut la complaisance de m'en faire connaître le contenu.

Je ne trouvai que discussions lorsque j'arrivai à Paris. Le banquier, au sujet du testament de l'Empereur, avait fait plaider l'incapacité de Napoléon. Il avait fallu réduire, atténuer les legs, nommer des arbitres qui modérassent les prétentions de l'un, soutinssent les droits de l'autre, en un mot, conciliassent tous les intérêts. Le choix était tombé sur les ducs de Bassano, de Vicence et le comte Daru. C'étaient des amis, des ministres de Napoléon ; chacun leur adressait ses réclamations, j'y joignis les miennes.

Après la sentence de ces messieurs, ce n'était que discussion, mésintelligence ; toutes les passions avaient pris l'essor. Mais tout à coup le général Montholon renonça au bénéfice de la décision par la lettre qui suit

Paris, ce 12 juin 1825.

« Après avoir pris connaissance du jugement arbitral rendu le « 16 mai dernier par MM. le duc de Bassano, le duc de Vicence et le

« comte Daru, sur la liquidation de la succession de l'empereur Napo-
« léon, je déclare persister dans l'opinion que j'ai manifestée par ma
« lettre du 3 juin 1825, à MM. les arbitres, *et ne vouloir d'aucune pré-*
« *férence de paiement intégral qui serait à la charge de mes coléga-*
« *taires.*

« Je renonce en conséquence au bénéfice qui résulterait pour moi de
« l'exécution des dispositions de l'article dudit jugement qui ordonne
« que dans le cas où *la munificence de l'héritier le porterait à renoncer*
« *à sa portion en faveur des légataires,* les legs des légataires de Sainte-
« Hélène soient d'abord complétés sur le partage de cette portion hé-
« réditaire.

« *Signé* DE MONTHOLON. »

Cet acte de désintéressement fut accepté, applaudi, termina tout.
Les légataires revinrent aux sentiments qui les unissaient, je retournai
à mes études; elles valent mieux que des arbitrages et des procès.

FIN DES DERNIERS MOMENTS DE NAPOLÉON PAR ANTOMARCHI.

TESTAMENT DE NAPOLÉON.

Ceci est mon testament, ou acte de ma dernière volonté.

APOLÉON.

Ce jourd'hui 15 avril 1821, à Longwood,
Ile de Sainte-Hélène.

I.

1° Je meurs dans la religion apostolique et romaine, dans le sein de laquelle je suis né il y a plus de cinquante ans.

2° Je désire que mes cendres reposent sur les bords de la Seine, au milieu de ce peuple français que j'ai tant aimé.

3° J'ai toujours eu à me louer de ma très-chère épouse Marie-Louise. Je lui conserve, jusqu'au dernier moment, les plus tendres sentiments : je la prie de veiller pour garantir mon fils des embûches qui environnent encore son enfance.

4° Je recommande à mon fils de ne jamais oublier qu'il est né prince français, et de ne jamais se prêter à être un instrument entre les mains des triumvirs qui oppriment les peuples de l'Europe. Il ne doit jamais combattre ni nuire en aucune manière à la France ; il doit adopter ma devise : *Tout pour le peuple Français.*

5° Je meurs prématurément, assassiné par l'oligarchie anglaise et son sicaire. Le peuple anglais ne tardera pas à me venger.

6° Les deux issues si malheureuses des invasions de la France, lorsqu'elle avait encore tant de ressources, sont dues aux trahisons de Marmont, Augereau, Talleyrand et de Lafayette. Je leur pardonne. Puisse la postérité française leur pardonner comme moi !

7° Je remercie ma bonne et très-excellente mère, le cardinal, mes frères Joseph, Lucien, Jérôme, Pauline, Caroline, Julie, Hortense, Catherine, Eugène, de l'intérêt qu'ils m'ont conservé. Je pardonne à Louis le libelle qu'il a publié en 1820. Il est plein d'assertions fausses et de pièces falsifiées.

8° Je désavoue le manuscrit de Sainte-Hélène et autres ouvrages sous le titre de Maximes, Sentences, etc., que l'on s'est plu à publier depuis six ans : ce ne sont pas là les règles qui ont dirigé ma vie. J'ai fait arrêter et juger le duc d'Enghien, parce que cela était nécessaire à la sûreté, à l'intérêt et à l'honneur du peuple français, lorsque le comte d'Artois entretenait, de son aveu, soixante assassins à Paris. Dans une semblable circonstance, j'agirais encore de même.

II.

1° Je lègue à mon fils les boîtes, ordres et autres objets, tels qu'argenterie, lit de camp, armes, selles, éperons, vases de ma chapelle, livres, linge qui a servi à mon corps et à mon usage, conformément à l'état annexé, côté A. Je désire que ce faible legs lui soit cher, comme lui retraçant le souvenir d'un père dont l'univers l'entretiendra.

2° Je lègue à lady Holland le camée antique que le pape Pie VI m'a donné à Tolentino.

3° Je lègue au comte Montholon, deux millions de francs comme une preuve de ma satisfaction des soins filials qu'il m'a rendus depuis six ans, et pour l'indemniser des pertes que son séjour à Sainte-Hélène lui a occasionnées.

4° Je lègue au comte Bertrand cinq cent mille francs.

5° Je lègue à Marchand, mon premier valet de chambre, quatre cent mille francs. Les services qu'il m'a rendus sont ceux d'un ami : je désire qu'il épouse une veuve, sœur ou fille d'un officier ou soldat de ma vieille garde.

6° *Idem* à Saint-Denis, cent mille francs.

7° *Idem* à Novarre, cent mille francs.

8° *Idem* à Piéron, cent mille francs.

9° *Idem* à Archambault, cinquante mille francs.

10° *Idem* à Corsot, vingt-cinq mille francs.

11° *Idem* à Chandellier, *idem*.

12° *Idem* à l'abbé Vignali, cent mille francs. Je désire qu'il bâtisse sa maison près de Ponte-Nuovo di Rostino.

13° *Idem* au comte de Las Cases, cent mille francs.

14° *Idem* au comte de Lavalette, cent mille francs.

15° *Idem* au chirurgien en chef Larrey, cent mille francs. C'est l'homme le plus vertueux que j'aie connu.

16° *Idem* au général Brayer, cent mille francs.

17° *Idem* au général Lefèvre Desnouettes, cent mille francs.

18° *Idem* au général Drouot, cent mille francs.

19° *Idem* au général Cambrone, cent mille francs.

20° *Idem* aux enfants du général Mouton-Duverney, cent mille francs.

21° *Idem* aux enfants du brave La Bédoyère, cent mille francs.
22° *Idem* aux enfants du général Girard, tué à Ligny, cent mille francs.
23° *Idem* aux enfants du général Chartrand, cent mille francs.
24° *Idem* aux enfants du vertueux général Travot, cent mille francs.
25° *Idem* au général Lallemand, l'aîné, cent mille francs.
26° *Idem* au comte Réal, cent mille francs.
27° *Idem* à Costa de Bastelica, en Corse, cent mille francs.
28° *Idem* au général Clausel, cent mille francs.
29° *Idem* au baron de Menneval, cent mille francs.
30° *Idem* à Arnault, auteur de *Marius*, cent mille francs.
31° *Idem* au colonel Marbot, cent mille francs. Je l'engage à continuer à écrire pour la défense de la gloire des armées françaises, et à en confondre les calomniateurs et les apostats.
32° *Idem* au baron Bignon, cent mille francs. Je l'engage à écrire l'histoire de la diplomatie française de 1792 à 1815.
33° *Idem* à Poggi, di Talavo, cent mille francs.
34° *Idem* au chirurgien Emmery, cent mille francs.
35° Ces sommes seront prises sur les six millions que j'ai placés, en partant de Paris, en 1815, et sur les intérêts, à raison de 5 pour 100, depuis juillet 1815. Les comptes en seront arrêtés avec le banquier, par les comtes Montholon, Bertrand, et Marchand.
36° Tout ce que ce placement produira au delà de la somme de cinq millions six cent mille francs, dont il a été disposé ci-dessus, sera distribué en gratifications aux blessés de Waterloo, et aux officiers et soldats du bataillon de l'île d'Elbe, sur un état arrêté par Montholon, Bertrand, Drouot, Cambrone et le chirurgien Larrey.
37° Ces legs, en cas de mort, seront payés aux veuves et enfants, et, au défaut de ceux-ci, rentreront à la masse.

III.

1° Mon domaine privé étant ma propriété, dont aucune loi française ne m'a privé, que je sache, le compte en sera demandé au baron de La Bouillerie, qui en est le trésorier ; il doit se monter à plus de deux cent millions de francs, savoir : 1° le portefeuille contenant les économies que j'ai, pendant quatorze ans, faites sur ma liste civile, lesquelles se sont élevées à plus de douze millions par an, si j'ai bonne mémoire ; 2° le produit de ce portefeuille ; 3° les meubles de mes palais, tels qu'ils étaient en 1814 ; les palais de Rome, Florence, Turin y compris. Tous ces meubles ont été achetés des deniers des revenus de la liste civile ; 4° la liquidation de mes maisons du royaume d'Italie, tels qu'argent, argenterie, bijoux, meubles, écuries ; les comptes en seront donnés par le prince Eugène et l'intendant de la couronne, Campagnoni.

NAPOLÉON.

Deuxième feuille.

2° Je lègue mon domaine privé, moitié aux officiers et soldats qui restent de l'armée française, qui ont combattu depuis 1792 à 1815 pour la gloire et l'indépendance de la nation ; la répartition en sera faite au prorata des appointements d'activité ; moitié aux villes et campagnes d'Alsace, de Lorraine, de Franche-

Comté, de Bourgogne, de l'Ile-de-France, de Champagne, Forez, Dauphiné, qui auraient souffert par l'une ou l'autre invasion. Il sera de cette somme prélevé un million pour la ville de Brienne, et un million pour celle de Méry.

J'institue les comtes Montholon, Bertrand et Marchand mes exécuteurs testamentaires.

Ce présent testament, tout écrit de ma propre main, est signé et scellé de mes armes.

NAPOLÉON.

(*Sceau*.)

ÉTAT (A) JOINT A MON TESTAMENT.

Longwood, île de Sainte-Hélène, ce 15 avril 1821.

I.

1° Les vases sacrés qui ont servi à ma chapelle à Longwood.

2° Je charge l'abbé Vignali de les garder et de les remettre à mon fils quand il aura seize ans.

II.

1° Mes armes, savoir : mon épée, celle que je portais à Austerlitz, le sabre de Sobiesky, mon poignard, mon glaive, mon couteau de chasse, mes deux paires de pistolets de Versailles.

2° Mon nécessaire d'or, celui qui m'a servi le matin d'Ulm, d'Austerlitz, d'Iéna, d'Eylau, de Friedland, de l'île de Lobau, de la Moskowa et de Montmirail. Sous ce point de vue, je désire qu'il soit précieux à mon fils. (Le comte Bertrand en est dépositaire depuis 1814.)

3° Je charge le comte Bertrand de soigner et conserver ces objets, et de les remettre à mon fils quand il aura seize ans.

III.

1° Trois petites caisses d'acajou, contenant, la première, trente-trois tabatières ou bonbonnières ; la deuxième, douze boîtes aux armes impériales, deux petites lunettes et quatre boîtes trouvées sur la table de Louis XVIII, aux Tuileries, le 20 mars 1815, la troisième, trois tabatières ornées de médailles d'argent, à l'usage de l'empereur, et divers effets de toilette conformément aux états numérotés I, II, III

2° Mes lits de camp, dont j'ai fait usage dans toutes mes campagnes.

3° Ma lunette de guerre.

4° Mon nécessaire de toilette, un de chacun de mes uniformes, une douzaine de chemises, et un objet complet de chacun de mes habillements, et généralement de tout ce qui sert à ma toilette.

5° Mon lavabo.

6° Une petite pendule qui est dans ma chambre à coucher de Longwood.

7° Mes deux montres et la chaîne de cheveux de l'impératrice.

8° Je charge Marchand, mon premier valet de chambre, de garder ces objets, et de les remettre à mon fils lorsqu'il aura seize ans.

IV.

1° Mon médaillier.

2° Mon argenterie et ma porcelaine de Sèvres dont j'ai fait usage à Sainte-Hélène (états *B* et *C*).

3° Je charge le comte Montholon de garder ces objets, et de les remettre à mon fils quand il aura seize ans.

V.

1° Mes trois selles et brides, mes éperons, qui m'ont servi à Sainte-Hélène.

2° Mes fusils de chasse au nombre de cinq.

3° Je charge mon chasseur Noverraz de garder ces objets, et de les remettre à mon fils quand il aura seize ans.

VI.

1° Quatre cents volumes choisis dans ma bibliothèque, parmi ceux qui ont le plus servi à mon usage.

2° Je charge Saint-Denis de les garder, et de les remettre à mon fils quand il aura seize ans.

NAPOLÉON.

ÉTAT (A).

1° Il ne sera vendu aucun des effets qui m'ont servi ; le surplus sera partagé entre mes exécuteurs testamentaires et mes frères.

2° Marchand conservera mes cheveux, et en fera faire un bracelet avec un petit cadenas en or, pour être envoyé à l'impératrice Marie-Louise, à ma mère et à chacun de mes frères, sœurs, neveux, et nièces, au cardinal et un plus considérable pour mon fils.

3° Marchand enverra une de mes paires de boucles à souliers, en or, au prince Joseph.

4° Une petite paire de boucles, en or, à jarretières, au prince Lucien.

5° Une boucle de col, en or, au prince Jérôme.

ÉTAT (A).

Inventaire de mes effets que Marchand gardera pour remettre à mon fils.

1° Mon nécessaire d'argent, celui qui est sur ma table, garni de tous ses ustensiles, rasoirs, etc.
2° Mon réveille-matin; c'est le réveille-matin de Frédéric II, que j'ai pris à Postdam (dans la boîte n° III).
3° Mes deux montres, avec la chaîne des cheveux de l'impératrice, et une chaîne de mes cheveux pour l'autre montre. Marchand la fera faire à Paris.
4° Mes deux sceaux (un de France, enfermé dans la boîte n° III).
5° La petite pendule dorée qui est actuellement dans ma chambre à coucher.
6° Mon lavabo, son pot à eau et son pied.
7° Mes tables de nuit, celles qui me servaient en France, et mon bidet de vermeil.
8° Mes deux lits de fer, mes matelas et mes couvertures, s'ils se peuvent conserver.
9° Mes trois flacons d'argent où l'on mettait mon eau-de-vie que portaient mes chasseurs en campagne.
10° Ma lunette de France.
11° Mes éperons (deux paires).
12° Trois boîtes d'acajou, n° I, II, III, renfermant mes tabatières et autres objets.
13° Une cassolette en vermeil.

Linge de toilette.

6 chemises.
6 mouchoirs.
6 cravates.
6 serviettes.
6 paires de bas de soie.
4 cols noirs.
6 paires de chaussettes.
2 paires de draps de batiste.
2 taies d'oreillers.
2 robes de chambre.
2 pantalons de nuit.
1 paire de bretelles.
4 culottes, vestes de casimir blanc.
6 madras.
6 gilets de flanelle.
4 caleçons.
6 paires de gants.
1 petite boîte pleine de mon tabac.
1 boucle de col en or.
1 paire de boucles de jarretières, en or.
1 paire de boucles en or à souliers.
Ces trois derniers articles renfermés dans la petite boîte, n° III.

Habillement.

1 uniforme chasseur.
1 dito grenadier.
1 dito garde national.
2 chapeaux.
1 capote grise et verte.
1 manteau bleu (celui que j'avais à Marengo).
1 zibeline pelisse verte.
2 paires de souliers.
2 paires de bottes.
1 paires de pantoufles.
6 ceinturons.

NAPOLÉON.

ÉTAT (B).

Inventaire des effets que j'ai laissés chez M. le comte de Turenne.

1 sabre de Sobieski. (C'est par erreur qu'il est porté sur l'état A; c'est le sabre que l'Empereur portait à Aboukir qui est entre les mains de M. le comte Bertrand.)
1 grand collier de la Légion d'honneur.
1 épée en vermeil.
1 glaive de consul.
1 épée en fer.
1 ceinturon de velours.
1 collier de la Toison d'or.
1 petit nécessaire en acier.
1 veilleuse en argent.
1 poignée de sabre antique.
1 chapeau à la Henri IV et une toque, les dentelles de l'Empereur.
1 petit médailler.
2 tapis turcs.
2 manteaux de velours cramoisi brodés, avec vestes et culottes.
1° Je donne à mon fils :

Le sabre de Sobieski.
Le collier de la Légion d'honneur.
L'épée en vermeil.
Le glaive de consul.
L'épée de fer.
Le collier de la Toison d'or.
Le chapeau à la Henri IV et la toque.
Le nécessaire d'or pour les dents, resté chez le dentiste.
2° A l'impératrice Marie-Louise, mes dentelles.
A Madame, la veilleuse en argent.
Au cardinal, le petit nécessaire en acier.
Au prince Eugène, le petit bougeoir en vermeil.
A la princesse Pauline, le petit médailler.
A la reine de Naples, un petit tapis turc.
A la reine Hortense, un petit tapis turc.
Au prince Jérôme, la poignée du sabre antique.
Au prince Joseph, un manteau brodé, veste et culotte.
Au prince Lucien, un manteau brodé, veste et culotte.

NAPOLÉON.

DE NAPOLÉON

Ce 24 avril 1821, Longwood.

Ceci est mon codicille, ou acte de ma dernière volonté.

Sur les fonds remis en or à l'impératrice Marie-Louise, ma très-chère et bien-aimée épouse, à Orléans, en 1814, elle reste me devoir deux millions, dont je dispose par le présent codicille, afin de récompenser mes plus fidèles serviteurs, que je recommande du reste à la protection de ma chère Marie-Louise.

1º Je recommande à l'impératrice de faire restituer au comte Bertrand les trente mille francs de rente qu'il possède dans le duché de Parme, et sur le mont Napoléon de Milan, ainsi que les arrérages échus.

2º Je lui fais la même recommandation pour le duc d'Istrie, la fille de Duroc, et autres de mes serviteurs qui me sont restés fidèles et qui me sont toujours chers ; elle les connaît.

3º Le legue, sur les deux millions ci-dessus mentionnés, trois cent mille francs au comte Bertrand, sur lesquels il versera cent mille francs dans la caisse du trésorier, pour être employés, selon mes dispositions, à des legs de conscience.

4º Je lègue deux cent mille francs au comte Montholon, sur lesquel il versera cent mille francs dans la caisse du trésorier, pour le même usage que ci-dessus.

5º *Idem*, deux cent mille francs au comte Las Cases, sur lesquels il versera cent mille francs dans la caisse du trésorier, pour le même usage que ci-dessus.

6º *Idem*, à Marchand cent mille francs, sur lesquels il versera cinquante mille francs dans la caisse, pour le même usage que ci-dessus.

7º Au maire d'Ajaccio, au commencement de la révolution, Jean-Jérôme Lévi, ou à sa veuve, enfants, ou petits-enfants, cent mille francs.

8º A la fille de Duroc, cent mille francs.

9º Aux fils de Bessières, duc d'Istrie, cent mille francs.

10º Au général Drouot, cent mille francs

11º Au comte Lavalette, cent mille francs.

12º *Idem*, cent mille francs ; savoir :

Vingt-cinq mille francs à Piéron, mon maître d'hôtel.

Vingt-cinq mille francs à Noverraz, mon chasseur.

Vingt-cinq mille francs à Saint-Denis, le garde de mes livres.

Vingt-cinq mille francs à Santini, mon ancien huissier.

13º *Idem*, cent mille francs, savoir :

Quarante mille francs à Planat, mon officier d'ordonnance ;

Vingt mille francs à Hébert, dernièrement concierge à Rambouillet, et qui était de ma chambre en Egypte.

Vingt mille francs à Lavigné, qui était dernièrement concierge d'une de mes écuries, et qui était mon piqueur en Egypte.

Vingt mille francs à Jeannet-Dervieux, qui était piqueur des écuries, et me servait en Egypte.

14º Deux cent mille francs seront distribués en aumônes aux habitants de Brienne-le-Château qui ont le plus souffert.

15º Les trois cent mille francs restant seront distribués aux officiers et soldats du bataillon de ma garde de l'île d'Elbe, actuellement vivants, ou à leurs veuves et enfants, au prorata des appointements, et selon l'état qui sera arrêté par mes exécuteurs testamentaires. Les amputés ou blessés grièvement auront le double. L'état en sera arrêté par Larrey et Emmery.

Ce codicille est écrit tout de ma propre main, signé et scellé de mes armes.

NAPOLÉON.

Ce 24 avril 1821, Longwood.

Ceci est mon codicille, ou acte de ma dernière volonté.

Sur la liquidation de ma liste civile d'Italie, telle qu'argent, bijoux, argenterie, linge, meubles, écurie, dont le vice-roi est dépositaire, et qui m'appartiennent, je dispose de deux millions que je lègue à mes plus fidèles serviteurs J'espère que, sans s'autoriser d'aucune raison, mon fils Eugène Napoléon les acquittera fidèlement; il ne peut oublier les quarante millions de francs que je lui ai donnés, soit en Italie, soit par le partage de la succession de sa mère.

1° Sur ces deux millions, je lègue au comte Bertrand trois cent mille francs, dont il versera cent mille francs dans la caisse du trésorier pour être employés, selon mes dispositions, à l'acquit de legs de conscience.

2° Au comte Montholon, deux cent mille francs, dont il versera cent mille francs à la caisse, pour le même usage que ci-dessus.

3° Au comte Las Cases, deux cent mille francs, dont il versera cent mille francs dans la caisse, pour le même usage que ci-dessus.

4° A Marchand, cent mille francs, dont il versera cinquante mille francs à la caisse, pour le même usage que ci-dessus.

5° Au comte Lavalette, cent mille francs.

6° Au général Hogendorf, Hollandais, mon aide de camp, réfugié au Brésil, cent mille francs.

7° A mon aide de camp Corbineau, cinquante mille francs.

8° A mon aide de camp Caffarelli, cinquante mille francs.

9° A mon aide de camp Dejean, cinquante mille francs.

10° A Percy, chirurgien en chef à Waterloo, cinquante mille francs.

11° Cinquante mille francs, savoir :

Dix mille francs à Piéron, mon maître d'hôtel.
Dix mille francs à Saint-Denis, mon premier chasseur.
Dix mille francs à Noverraz.
Dix mille francs à Cursot, mon maître d'office.
Dix mille francs à Archambaud, mon piqueur.

12° Au baron Menneval, cinquante mille francs.

13° Au duc d'Istrie, fils de Bessières, cinquante mille francs.

14° A la fille de Duroc, cinquante mille francs.

15° Aux enfants de La Bedoyère, cinquante mille francs.

16° Aux enfants de Mouton-Duvernet, cinquante mille francs.

17° Aux enfants du brave et vertueux général Travot, cinquante mille francs.

18° Aux enfants de Chartrand, cinquante mille francs.

19° Au général Cambrone, cinquante mille francs.

20° Au général Lefèvre-Desnouettes, cinquante mille francs.

21° Pour être répartis entre les proscrits qui errent en pays étrangers, Français, ou Italiens, ou Belges, ou Hollandais, ou Espagnols, ou des départements du Rhin, sur ordonnances de mes exécuteurs testamentaires, cent mille francs.

22° Pour être répartis entre les amputés ou blessés grièvement de Ligny, Waterloo, encore vivants, sur des états dressés par mes exécuteurs testamentaires, auxquels seront adjoints Cambrone, Larrey, Percy et Emmery, il sera donné double à la garde, quadruple à ceux de l'île d'Elbe, deux cent mille francs.

Ce codicille est écrit entièrement de ma propre main, signé et scellé de mes armes.

NAPOLÉON.

Ce 24 avril 1821, à Longwood.

Ceci est un troisième codicille à mon testament du 15 avril.

1º Parmi les diamants de la couronne qui furent remis en 1814, il s'en trouvait pour cinq à six cent mille francs qui n'en étaient pas, et faisaient partie de mon avoir particulier ; on les fera rentrer pour acquitter mes legs.

2º J'avais chez le banquier Torlonia de Rome deux à trois cent mille francs en lettres de change, produits de mes revenus de l'île d'Elbe, depuis 1815 ; le sieur de la Perruse, quoiqu'il ne fût plus mon trésorier, et n'eût pas de caractère, a tiré à lui cette somme ; on la lui fera restituer.

3º Je lègue au duc d'Istrie trois cent mille francs, dont seulement cent mille francs réversibles à la veuve, si le duc était mort lors de l'exécution du legs. Je désire, si cela n'a aucun inconvénient, que le duc épouse la fille de Duroc.

4º Je lègue à la duchesse de Frioul, fille de Duroc, deux cent mille francs ; si elle était morte avant l'exécution du legs, il ne sera rien donné à la mère.

5º Je lègue au général Rigaud, celui qui a été proscrit, cent mille francs.

6º Je lègue à Boisnod, commissaire ordonnateur, cent mille francs.

7º Je lègue aux enfants du général Letort, tué dans la campagne de 1815, cent mille francs.

8º Ces huit cent mille francs de legs seront comme s'ils étaient portés à la suite de l'article 36 de mon testament, ce qui porterait à six millions quatre cent mille francs la somme des legs dont je dispose par mon testament, sans comprendre les donations faites par mon second codicille.

Ceci est écrit de ma propre main, signé et scellé de mes armes.

NAPOLÉON.

(Sceau.)

Au dos.

Ceci est mon troisième codicille à mon testament, tout entier écrit de ma main, signé et scellé de mes armes.

Sera ouvert le même jour, et immédiatement après l'ouverture de mon testament.

NAPOLÉON.

Ce 24 avril 1821, Longwood.

Ceci est un quatrième codicille à mon testament.

Par les dispositions que nous avons faites précédemment, nous n'avons pas rempli toutes nos obligations, ce qui nous a décidé à faire ce quatrième codicille.

1º Nous léguons au fils, ou petit-fils du baron Dutheil, lieutenant général d'artillerie, ancien seigneur de Saint-André, qui a commandé l'école d'Auxonne avant la révolution, la somme de 100,000 (cent mille francs) comme souvenir de reconnaissance pour les soins que ce brave général a pris de nous, lorsque nous étions comme lieutenant et capitaine sous ses ordres.

2° *Idem*, au fils, ou petit-fils du général Dugommier, qui a commandé en chef l'armée de Toulon, la somme de cent mille francs (100,000); nous avons, sous ses ordres, dirigé ce siége, et commandé l'artillerie; c'est un témoignage de souvenir pour les marques d'estime, d'affection et d'amitié, que nous a données ce brave et intrépide général.

3° *Idem*. Nous léguons cent mille francs (100,000) aux fils ou petits-fils du député à la Convention, Gasparin, représentant du peuple à l'armée de Toulon, pour avoir protégé et sanctionné de son autorité le plan que nous avons donné, qui a valu la prise de cette ville, et qui était contraire à celui envoyé par le comité de salut public. Gasparin nous a mis par sa protection à l'abri des persécutions de l'ignorance des états-majors qui commandaient l'armée avant l'arrivée de mon ami Dugommier.

4° *Idem*. Nous léguons cent mille francs (100,000) à la veuve, fils, ou petits-fils de notre aide de camp Muiron, tué à nos côtés à Arcole nous couvrant de son corps.

5° *Idem*. (10,000) dix mille francs au sous-officier Cantillon, qui a essuyé un procès comme prévenu d'avoir voulu assassiner lord Wellington, ce dont il a été déclaré innocent. Cantillon avait autant de droit d'assassiner cet oligarque, que celui-ci de m'envoyer pour périr sur le rocher de Sainte-Hélène. Wellington, qui a proposé cet attentat, cherchait à le justifier sur l'intérêt de la Grande-Bretagne. Cantillon, si vraiment il eût assassiné le lord, se serait couvert, et aurait été justifié par les mêmes motifs, l'intérêt de la France, de se défaire d'un général qui d'ailleurs avait violé la capitulation de Paris, et par là s'était rendu responsable du sang des martyrs Ney, Labédoyère, etc., etc., et du crime d'avoir dépouillé les Musées, contre le texte des traités.

6° Ces 400,000 fr. (quatre cent mille francs) seront ajoutés aux six millions quatre cent mille francs dont nous avons disposé, et porteront nos legs à six millions huit cent dix mille francs; ces quatre cent dix mille francs doivent être considérés comme faisant partie de notre testament, article 35, et suivre en tout le même sort que les autres legs.

7° Les neuf mille livres sterling que nous avons données au comte et à la comtesse Montholon doivent, si elles ont été soldées, être déduites et portées en compte sur les legs que nous lui faisons par nos testaments; si elles n'ont pas été acquittées, nos billets seront annulés.

8° Moyennant le legs fait par notre testament au comte Montholon, la pension de vingt mille francs accordée à sa femme est annulée; le comte Montholon est chargé de la lui payer.

9° L'administration d'une pareille succession, jusqu'à son entière liquidation, exigeant des frais de bureau, de courses, de missions, de consultations, de plaidoiries, nous entendons que nos exécuteurs testamentaires retiendront trois pour cent sur tous les legs, soit sur les six millions huit cent mille francs, soit sur les sommes portées dans les codicilles, soit sur les deux cents millions de francs du domaine privé.

10° Les sommes provenant de ces retenues seront déposées dans les mains d'un trésorier, et dépensées sur mandat de nos exécuteurs testamentaires.

11° Si les sommes provenant desdites retenues n'étaient pas suffisantes pour pourvoir aux frais, il y sera pourvu aux dépens des trois exécuteurs testamentaires et du trésorier, chacun dans la proportion du legs que nous leur avons fait par notre testament et codicille.

12° Si les sommes provenant des susdites retenues sont au-dessus des besoins, le restant sera partagé entre nos trois exécuteurs testamentaires et le trésorier, dans le rapport de leurs legs respectifs.

13° Nous nommons le comte de Las Cases, et, à son défaut, son fils, et, à son défaut, le général Drouot, trésorier.

Ce présent codicille est entièrement écrit de notre main, signé et scellé de nos armes.

NAPOLÉON.

Première lettre. — A M. Laffitte.

Monsieur Laffitte, je vous ai remis en 1815, au moment de mon départ de Paris, une somme de près de six millions, dont vous m'avez donné un double reçu; j'ai annulé un des reçus, et je charge le comte de Montholon de vous présenter l'autre reçu, pour que vous ayez à lui remettre après ma mort, ladite somme, avec les intérêts, à raison de cinq pour cent, à dater du 1er juillet 1815, en défalquant les payements dont vous avez été chargé en vertu d'ordres de moi.

Je désire que la liquidation de votre compte soit arrêtée d'accord entre vous, le comte Montholon, le comte Bertrand, et le sieur Marchand, et, cette liquidation réglée, je vous donne, par la présente, décharge entière et absolue de ladite somme.

Je vous ai également remis une boîte contenant mon médaillier; je vous prie de le remettre au comte Montholon.

Cette lettre n'étant à autre fin, je prie Dieu, Monsieur Laffitte, qu'il vous ait en sa sainte et digne garde.

NAPOLÉON.

Longwood, île Sainte-Hélène, ce 25 avril 1821.

Seconde lettre. — A M. le baron de La Bouillerie.

Monsieur le baron La Bouillerie, trésorier de mon domaine privé, je vous prie d'en remettre le compte et le montant, après ma mort, au comte Montholon, que j'ai chargé de l'exécution de mon testament.

Cette lettre n'étant à autre fin, je prie Dieu, Monsieur le baron La Bouillerie, qu'il vous ait en sa sainte et digne garde.

NAPOLÉON

Longwood, île Sainte-Hélène, ce 25 avril 1821.

FIN DU TESTAMENT DE NAPOLÉON.

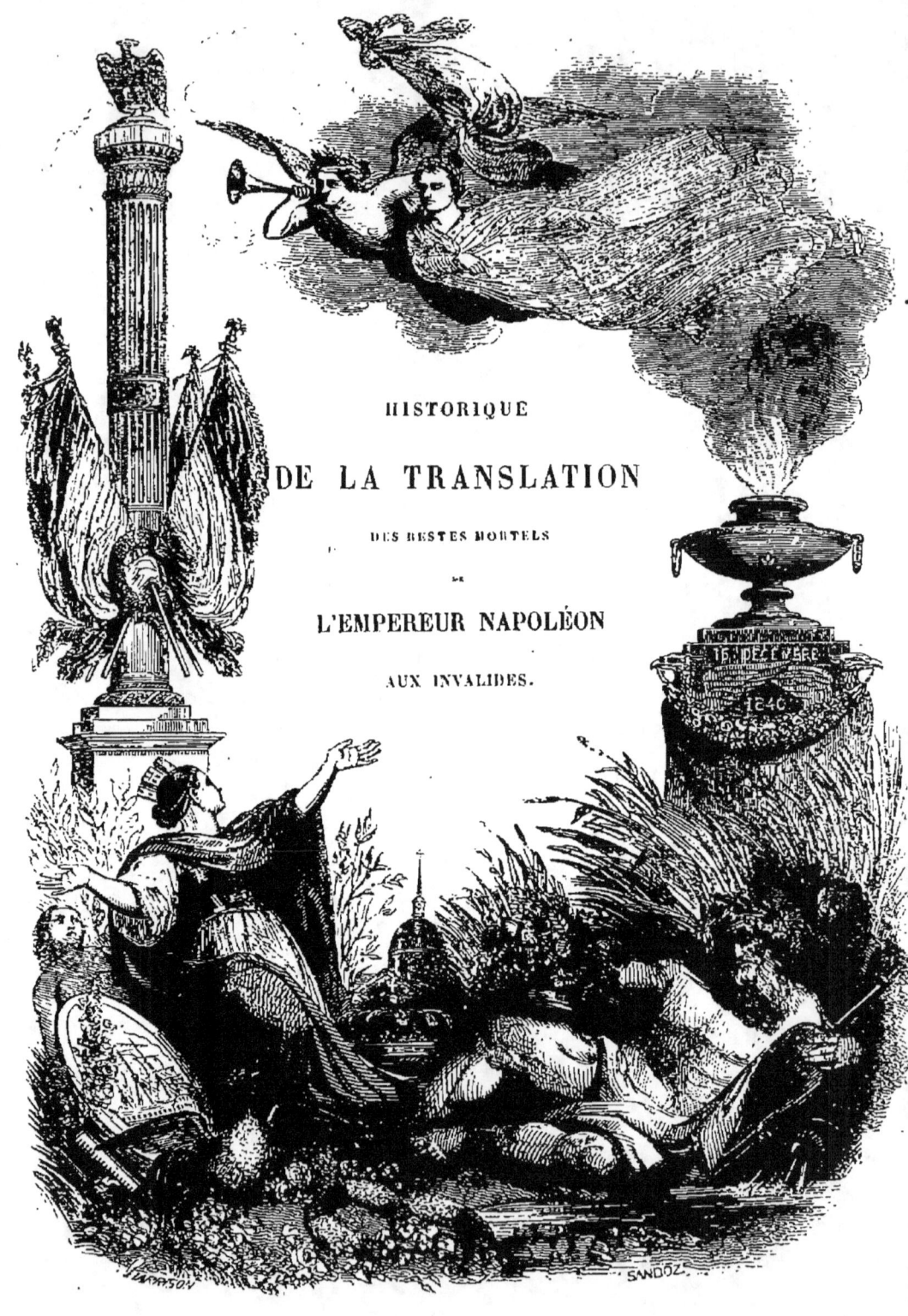

JE DÉSIRE QUE MES CENDRES REPOSENT SUR LES BORDS DE LA SEINE,
AU MILIEU
DE CE PEUPLE FRANÇAIS QUE J'AI TANT AIMÉ.

Près le coup de foudre de juillet 1830, et quand enfin reparut dans le ciel français le drapeau tricolore, étoile perdue au milieu des nuages et retrouvée dans la tempête, toutes les âmes généreuses s'indignèrent que le rocher de Sainte-Hélène ne rendît pas sa noble proie. De quel droit l'Angleterre inhospitalière voudrait-elle retenir désormais les ossements de son illustre captif? La révolution de juillet et la France tout entière réclamaient contre cette prolongation d'injustice et de cruauté, lorsqu'enfin arriva au ministère des affaires étrangères, et à la présidence du conseil, l'homme que l'empereur Napoléon attend pour écrire son histoire, l'historien de *la Révolution française*, M. Thiers! Celui-là sait très-bien ce que doit la France à la mémoire du héros, et qu'il y allait de la renommée du dix-neuvième siècle à réparer les cruautés, les lâchetés, les trahisons, dont Sa Majesté l'Empereur et roi avait été la noble et royale victime. A ces causes, M. Thiers se chargea de réclamer à l'Angleterre, comme une dette inaliénable et sacrée, le cercueil de Sainte-Hélène. Il avait été facile au ministre de s'assurer, dans une première conversation avec lord Granville, et dans une seconde conversation à Londres, entre M. Guizot et lord Palmerston, que la France pourrait obtenir toute satisfaction. Notre ambassadeur put répondre presque immédiatement à M. le président du Conseil que la demande du gouvernement français était officiellement agréée. En effet, le 12 mai 1840, M. de Rémusat, ministre de l'intérieur, vint à la Chambre des Députés pour lui faire connaître la démarche du gouvernement et l'acceptation du cabinet anglais.

Le jeune ministre s'exprima en ces termes :

« Messieurs, le roi a ordonné à S. A. R. Monseigneur le prince
« de Joinville de se rendre avec sa frégate à l'île Sainte-Hélène pour y
« recueillir les restes mortels de l'Empereur Napoléon.

« La frégate chargée des restes mortels de Napoléon se présentera, au
« retour, à l'embouchure de la Seine ; un autre bâtiment les rapportera
« jusqu'à Paris : ils seront déposés aux Invalides. Une cérémonie so-
« lennelle, une grande pompe religieuse et militaire inaugurera le tom-
« beau qui doit les garder à jamais.

« Il importe, en effet, Messieurs, à la majesté d'un tel souvenir, que
« cette sépulture auguste ne demeure pas exposée sur une place publique,
« qu'elle soit placée dans un lieu silencieux et sacré, où puissent la visiter
« avec un recueillement tous ceux qui respectent la gloire et le génie, la
« grandeur et l'infortune.

« Il fut Empereur et Roi ; il fut le souverain légitime de notre pays.
« A ce titre, il pourrait être inhumé à Saint-Denis ; mais il ne faut pas
« à Napoléon la sépulture ordinaire des rois : il faut qu'il règne et
« commande encore dans l'enceinte où vont se reposer les soldats de
« la patrie, et où iront toujours s'inspirer ceux qui seront appelés à
« la défendre. Son épée sera déposée sur sa tombe.

« L'art élèvera sous le dôme, au milieu du temple consacré par la
« religion au Dieu des armées, un tombeau digne, s'il se peut, du nom
« qui doit y être gravé. Ce monument doit avoir une beauté simple,
« des formes grandes, et cet aspect de solidité inébranlable qui semble

« braver l'action du temps. Il faut à Napoléon un monument durable
« comme sa mémoire.

« Le crédit que nous venons demander aux Chambres a pour objet
« la translation aux Invalides, la cérémonie funéraire, la construction
« du tombeau.

« Nous ne doutons pas, Messieurs, que la Chambre ne s'associe avec
« une émotion patriotique à la pensée royale que nous venons expri-
« mer devant elle. Désormais la France, et la France seule, possèdera
« tout ce qui reste de Napoléon : son tombeau, comme sa renommée,
« n'appartiendra à personne qu'à son pays.

« La monarchie de 1830 est, en effet, l'unique et légitime héritière
« de tous les souvenirs dont la France s'enorgueillit. Il lui appartenait,
« sans doute, à cette monarchie qui la première a rallié toutes les
« forces et concilié tous les vœux de la révolution française, d'élever
« et d'honorer sans crainte la statue et la tombe d'un héros populaire;
« car il y a une chose, une seule, qui ne redoute pas la comparaison
« avec la gloire, c'est la liberté. »

À cette nouvelle inattendue, la Chambre entière se lève dans un transport unanime d'enthousiasme et d'orgueil. C'était, dans la soirée,
l'événement de tout Paris, et, quelques jours après, celui de la France
entière; car la tendresse mêlée de fierté pour la mémoire de l'Empereur, pour le souvenir des grandes choses qu'il a faites, est encore un
des sentiments les plus vifs et les plus populaires du pays. Un crédit d'un
million fut voté par les Chambres pour la translation des restes mortels de l'empereur Napoléon et pour la construction de son tombeau.
Les personnes chargées de la mission de Sainte-Hélène furent aussitôt
désignées. Il y eut d'abord une foule de candidats; mais parmi ces nobles ambitions, il y en eut bien peu qui furent acceptées; si on l'eût
écoutée, toute la France se serait portée au-devant du magnanime Empereur.

Le port choisi pour l'embarquement de la Commission fut Toulon,
Toulon qui avait vu le général Bonaparte dans toute sa gloire d'Italie.
Dès le lundi 6 juillet 1840, toutes les personnes composant l'équipage
s'y trouvèrent réunies. M. le prince de Joinville arriva dans la matinée,
déjà tout rempli de cette ardeur chevaleresque dont il a donné tant de
témoignages. Un ordre du prince appela tout le monde à bord de la
Belle-Poule pour le lendemain matin, à midi. On allait faire cinq mille
lieues, pendant une absence de cinq mois, pour reprendre dans une
terre étrangère les restes d'un homme qu'au mépris d'une parole sa-

crée, le Cabinet de Saint-James avait fait assassiner dans de longues et inexprimables angoisses, vingt ans auparavant. Ces restes glorieux, l'Angleterre offrait de les rendre, et cette offre témoignait, il est vrai, de quelques bons sentiments de notre vieille ennemie; mais il nous a fallu vingt ans de paix pour arriver à ces lueurs d'une justice tardive; et d'ailleurs, nous rendre un cadavre, est-ce assez nous payer les souffrances du plus grand homme des temps modernes? Non, non; l'inflexible histoire veut qu'un jour les ignobles vengeances de Longwood aient un châtiment, et qu'ainsi soient avertis, par la honte de l'Angleterre, les gouvernements qui foulent aux pieds, quand l'intérêt d'un instant le commande, toute justice et toute pudeur.

On avait disposé, dans l'entre-ponts de *la Belle-Poule*, une chapelle ardente tendue en velours noir brodé d'argent, destinée à recevoir le cénotaphe impérial. Ce cénotaphe, peint en grisaille, était orné de bas-reliefs allégoriques, d'aigles aux quatre angles. Une couronne impériale surmontait le fronton. On emportait deux cercueils, l'un d'ébène, l'autre de plomb, et un poêle impérial.

Le 7 juillet, à sept heures et demie du soir, la frégate mit à la voile.

Elle portait soixante bouches à feu. Son commandant, M. le prince de Joinville, avait auprès de lui M. le capitaine de vaisseau Hernoux, son aide-de-camp; M. Touchard, enseigne, son officier d'ordonnance. M. le capitaine de vaisseau Charner commandait en second la frégate, et M. Guillard, chirurgien-major, était chargé de présider à l'exhumation. Les membres de la mission étaient M. le comte de Rohan-Chabot, commissaire du roi, M. le général comte Bertrand, M. le général Gourgaud, M. Emmanuel de Las-Cases, de la Chambre des députés, M. Marchand, l'un des exécuteurs testamentaires de Napoléon, M. Arthur Bertrand, M. l'abbé Félix Coquereau, et quatre anciens et dévoués serviteurs de Napoléon, MM. Saint-Denis, Noverraz, Pierron, Archambauld. M. l'abbé Coquereau, fils et neveu de colonels de l'empire, et M. de Chabot, jeune diplomate de vingt-quatre ans, étaient les seuls membres de la mission qui n'eussent pas foulé la terre de Sainte-Hélène au temps de la captivité de l'Empereur. Tout ce qui restait des compagnons de son exil se trouvait à bord, à l'exception de M. Las-Cases père, alors malade, et de M. le comte de Montholon, ce noble et invariable ami des Bonaparte, alors en Angleterre, auprès du prince Louis. Deux jeunes enfants de chœur, nommés Dufour et Lérigé, accompagnaient l'abbé Coquereau. Un plombier, M. Leroux, avait été adjoint à l'expédition. Tous prirent passage sur *la Belle-Poule*, à l'exception de M. Marchand, monté à bord de *la Favorite*. M. Guyot commandait cette corvette, qui devait naviguer de concert avec la frégate du prince. Ce brave officier, ancien élève de l'école navale impériale, avait assisté à la prise d'Alger et d'Ancône. Il avait été depuis chef de l'état-major de l'amiral Lalande, dans le Levant. L'état-major de l'expédition se composait, outre les officiers dont nous avons parlé, de MM. Léguillon-Pessaurot, lieutenant de vaisseau; Penhoat, lieutenant; de Fabre-Lamorel, lieutenant, officier de l'expédition du Mexique; Bazin, enseigne de vaisseau; Boude, enseigne de vaisseau; d'un jeune homme de dix-neuf ans, M. Chedeville, secrétaire du conseil d'administration; MM. de Roujoux et de Bovis, élèves de première classe; M. Godleap, élève de première classe; M. Gervais, M. Jouan, M. d'Espagne de Venevelles, fils du général; M. Jauge, M. Suremain, M. Perthuis, M. Bourdel, M. Thibaut, M. Lolia, M. Beral de Sedaiges, M. Narbonnez, M. de Trogoff-Coattalgo, M. Jacques, dit Lapierre, M. Gilbert Pierre, M. Arlaud, M. Guittabert, chirurgien; M. Meynard, M. Favre, M. Fages. L'expédition fut prévenue par le prince, en mer, que des relâches fixées viendraient interrompre la monotonie du voyage qui était entrepris. La frégate doubla vite le cap Scépée, et bientôt les forts de Sainte-Catherine et de l'Artigue disparurent dans l'ombre. Le lendemain, on arriva devant les terres d'Espagne. L'expédition franchit le travers des côtes de la Catalogne; le golfe de Roses, le Cap Ségu, Barcelonne, Tarragone, Tortose, à l'embouchure de l'Ebre, Orapeza, les îlots de Columbrettes, Valencay, Iviça, la dernière des Baléares, furent dépassés. Le 12 juillet, la messe fut célébrée en mer par l'abbé Coquereau; c'était un dimanche, le temps était magnifique; on courait grand largue, et la frégate, appuyée par la presque totalité de ses voiles, n'avait qu'un mouvement peu sensible. A onze heures, le tambour annonça la messe; à l'élévation, il battit aux champs : tous se découvrirent sur le pont. Le 13 et le 14, la mission laissa derrière elle Alicante, Carthagène, le cap Saint-Vincent de Palos; celui de Gates avait été presque doublé. On pouvait reconnaître avec les lunettes les côtes dentelées et couvertes de forts sarrasins. Le souvenir de l'Alhambra et des Abencerrages revint à l'esprit de plusieurs. La beauté du temps ne pouvait permettre aucun séjour à Malaga ; la brise était favorable pour passer le détroit sans délai. La mission fut bientôt en vue de Calpé et Abyla, les colonnes d'Hercule, le terme du monde ancien. Bientôt le fort dominant Gibraltar salua l'expédition. On aperçut ensuite le Mont-aux-Singes et Ceuta, la ville africaine; Algésiras et

Trafalgar apparurent avec rapidité. Tanger se dessinait de l'autre côté à la pointe; le cap Spartel était doublé, il ne fallait plus qu'un jour

pour toucher à Cadix, premier point de halte. Le 16 au soir, on aperçut les feux de la ville; on courut des bords toute la nuit, et le 17 au matin, le brick français le *Voltigeur*, alors en station, saluait le drapeau de la mission, devant Cadix, de vingt-un coups de canon. La marée, la veille, n'avait pas permis d'entrer; l'eau manquait. Au lever du jour, Cadix aux maisons blanches offrit un admirable spectacle; on

eût dit, non plus d'une vieille ville, l'antique Gadès, mais d'une ville de vingt ans, décorée par tous les caprices de la jeunesse, de l'art et du goût. Cadix, âgée de trente siècles, n'a pas vieilli; ses molles brises caressent doucement le voyageur; on dirait que c'est votre vingtième année qui vous revient avec un sourire. Cadix est la ville de la fête éternelle; rien de pittoresque comme sa construction, ses rues étroites, sa propreté recherchée, ses trottoirs en miniature, ses terrasses, ses profusions de jalousies grillées, jaunes, vertes, bleues, qu'enlacent et traversent tant d'arbustes odorants, ses églises si riches et si antiques, ses vastes couvents, ses images de la Vierge, ses mendiants, ses belles dames andalouses à riches mantilles. Les promenades de l'Almeyda composent un panorama plein de charmes, qui réunit aux traits indigènes ceux de Séville et de toute l'Andalousie. La frégate et la chapelle reçurent un grand nombre de visiteurs; tous voulurent toucher le cercueil destiné aux glorieux restes. La frégate quitta Cadix le 21 au matin; le 24, elle était devant Madère, dont le climat est si suave, les sites si riches de végétation. La mission n'y resta que deux jours. Le 27, le pic de Ténériffe apparut avec ses montagnes noires et ondulées du côté de Santa-Cruz. Quatre jours furent consacrés à des excursions dans les parties élevées de l'île. On vit en courant Orotava, bâtie dans une délicieuse vallée; Laguna, ville épiscopale; son église possède une chaire en marbre blanc d'un goût exquis, supportée par les ailes déployées d'un séraphin. Les visiteurs furent de retour le samedi 1er août; ils étaient tous épuisés par les courses à cheval, par les chutes, et par les quatre nuits passées sans sommeil dans les posadas.

A Ténériffe, l'équipage assista à une représentation du *Domino Noir*, traduit en espagnol. Le 2 août, à midi, on se remit en route. Le 20, la ligne fut franchie; le 28, à sept heures du soir, la division mouillait dans la rade de Bahia, cette Bahia qui rappelle Saint-Pierre de la Martinique, avec ses coteaux couverts de jolies maisons, de jardins. A ce moment, vingt-sept jours s'étaient écoulés depuis le départ de Ténériffe. Rien n'avait interrompu la navigation, sauf quelques grenasses assez violentes devant les côtes du Brésil. Le lendemain, après les saluts d'usage, l'expédition descendit à terre. C'était un jour solennel; le Brésil célébrait la majorité de son empereur. Les quinze jours de cette relâche ne furent qu'une fête; mais l'expédition avait hâte de la quitter et d'avancer de plus en plus vers son but. Bahia était la dernière relâche. On ne devait plus s'arrêter qu'à Sainte-Hélène, ce rocher maudit par un assassinat horrible, par un souvenir qui reste la honte de l'Angleterre, et qui témoignera avec tant d'autres qu'elle n'a eu ni foi dans sa parole, ni humanité dans sa politique. Le 15 septembre, on perdit de vue la terre; le 20, le tropique du Capricorne fut dépassé. La traversée se poursuivait avec des chances variées, le plus souvent heureuses. Le vent, changeant tout à coup, éloigna plusieurs fois la frégate du point vers lequel elle courait. La patience des marins était sans cesse mise à l'épreuve par des vents debout, des brises molles, des calmes. Il fallut souvent aller 28 degrés de latitude pour trouver des brises favorables; le temps se traînait. Bien que le spectacle de ces mers intertropicales fût magnifique, l'ennui s'emparait du cœur de ces envoyés de la France, ambassadeurs envoyés par elle à l'ex-Empereur, tombé de si haut, pour lui offrir non pas un trône, mais quelque chose de plus durable, une tombe éternelle comme son nom.

Ce ne fut que le lundi 5 octobre, après avoir repassé la ligne et après six jours de calme, que la brise s'éleva enfin et que les voiles s'arrondirent. Le vent soufflait de l'arrière. Le 6, il fraîchit; et le lendemain, le matelot qui veillait sur la vergue de misaine cria : *Sainte-Hélène! Sainte-Hélène!* On se rendit sur l'avant : chacun voulait voir des premiers cette terre, qui de loin produisait l'effet d'un brouillard. La distance à franchir était de vingt-huit milles. A sept heures moins un quart du soir, la nuit effaça le point qui avait été aperçu. On continua d'approcher. Le lendemain 8, dès quatre heures du matin, on reconnut les rochers de Sainte-Hélène, qui ressemblent, suivant la remarque de M. Emmanuel de Las-Cases, à une vaste tour sortie du sein de l'Océan. M. Arthur Bertrand, jeune homme né à Sainte-Hélène, élevé sur les genoux de S. M. l'Empereur, cherchait en vain à se reconnaître à l'aide des souvenirs de ses premières années; il avait été, comme le disait sa noble mère, le seul Français qui eût débarqué dans l'île sans la permission du gouverneur. Le bâtiment avançait avec bonne brise. Les personnes qui étaient sur la dunette remarquèrent en même temps que l'arête de Barnes' Point dessinait un profil vigoureux qui ressemblait singulièrement à la figure de Napoléon. La mission apprit dans l'île que cette circonstance était souvent remarquée, digne reflet de cette grande figure! Lorsqu'on dépassa Barnes' Point, le plateau de Longwood apparut dans toute sa largeur; alors on aperçut le sommet des arbres à gomme qui en forment la lisière. Il était onze heures, et la corvette filait six nœuds. On distingua d'abord un beaupré, et successivement trois mâts, puis un pavillon : c'était un bâtiment anglais; puis un nouveau beaupré avec deux mâts : c'était le pavillon de la France. On fit aussitôt le signal. La corvette s'avançait lentement vers le mouillage; le vent venant tout à coup du nord, elle fut en un instant au large à plus de deux milles. A trois heures et demie, malgré les difficultés, elle abordait le mouillage, et l'ancre tombait.

L'expédition trouva à Sainte-Hélène *l'Oreste*, brick commandé par M. Doret. *L'Oreste* était parti le 31 juillet de Cherbourg, et allait à la Plata. Il apportait des nouvelles de France. Quatre heures sonnaient à l'horloge du bord. Toute la population était sur les quais. *L'Oreste* saluait la mission par des salves d'artillerie répétées. Le brick anglais *le Dolphin* hissa les couleurs de France et salua la frégate, qui lui rendit son feu. La mer se couvrit aussitôt d'embarcations. L'une portait le consul de France, l'autre le capitaine du *Dolphin*, le capitaine du port et le médecin de la quarantaine. Dans quelques autres chaloupes, on vit arriver successivement le capitaine Alexander, le commandant du génie, le commandant de place, et un fils du gouverneur, malade et retenu dans son lit. Le lendemain 9 fut le jour fixé pour la descente, la visite au gouverneur, à Longwood et au tombeau. L'expédition était attendue depuis deux mois à Sainte-Hélène. On débarqua à onze heures. Toutes les notabilités de l'île étaient réunies. Le brick anglais rendit les honneurs du salut royal. Un colonel donna la main au prince pour sauter sur le quai. Trois cents hommes du 91e formaient une double haie. Le prince avait une tenue simple et sévère qui contrastait avec les riches broderies des officiers anglais. Au château, les autorités lui furent présentées. On se rendit ensuite sur la place d'armes, où une vingtaine de chevaux piaffaient en attendant leurs cavaliers. A midi, un nuage de poussière s'élevait autour de la brillante cavalcade. Sa course se ralentit au pied des longues et hautes montagnes de Border-Hill, qui dominent la ville et la mer. On était dans l'intérieur de l'île, au milieu de sa nature triste et sauvage. Quelques aloès bordent les rampes pierreuses du chemin, ainsi que des fleurs des tropiques, étiolées, sans couleur, manquant de terre et d'eau; çà et là des pins, des mélèzes, marient leur noir feuillage. La mer se déroule au loin, entourant le rocher de son immensité bruyante. On apercevait dans le lointain Plantation-House; on regardait devant soi avec anxiété : on ne voyait pas encore Longwood. C'est à Plantation-House, située sur le revers d'une colline, que le gouverneur-général Middlemore reçut le prince, et que la réception fut officiellement complétée. Trois personnes, le prince, le commissaire du roi et le gouverneur, se retirèrent dans un autre appartement où ils convinrent ensemble des moyens les plus convenables pour exécuter la remise des dépouilles de l'Empereur. La conversation fut longue : elle dura plus d'une heure. Déjà les membres de la mission craignaient quelque brusque changement de politique, quelque réveil. Toute incertitude cessa lorsque le gouverneur rentra dans le salon en disant : « Messieurs, jeudi 15, les « restes mortels de l'empereur Napoléon seront remis entre vos mains. » Quelle distance de ce jour-là aux affreux jours de 1815! La course fut aussitôt reprise vers Longwood, où l'on n'arriva qu'après deux heures de marche, de montées et de descentes difficiles. Le prince marchait en avant, ayant à côté de lui le capitaine Alexander, le chef de la justice et les deux commandants de la place et du bataillon. Les Français composaient le reste de l'escorte. De temps en temps on voyait arriver, de toute la vitesse de leurs chevaux, des officiers anglais qui portaient ou distribuaient des ordres. Ils disparaissaient ensuite dans les sinuosités de la route, puis reparaissaient sur le sommet d'un pic ou dans le creux des vallées. L'Empereur avait dû voir souvent, avec tristesse, s'effacer dans les brumes pour reparaître plus loin, ces ordonnances anglaises, traversant l'île au galop pour satisfaire à tous les caprices de geôliers sans cesse effrayés.

De détour en détour on arriva à des barrières qui furent enlevées. C'étaient les commencements de la demeure que nous cherchions, c'était le terme de notre course ; telles étaient les étroites et faibles limites assignées aux promenades de l'homme qui, d'un bond, franchissait le monde, portant la paix ou la guerre dans un pli de son manteau. La route, descendant par une pente plus rapide, tourne tout à coup ; — au fond, un peu sur la droite, dans un plan assez éloigné, s'étend un immense rocher aux flancs nus et crevassés ; pas un arbre, pas une plante, pas même un brin de bruyère ; rien que le roc, qui, partant de la mer furieuse, encaissait un ravin, resserré par une autre ligne de roches noires dont le sommet se perd dans les nuages ; les éboulements des terres supérieures avaient permis de planter çà et là quelques arbres du nord. Le ravin s'élargissait ensuite, et devenait vallée ; on apercevait au loin, sur le plateau qui couronnait la montagne, au milieu des brouillards, une chétive maison... c'était Longwood ! La vallée était ombragée par de grands chênes... elle s'appellera jusqu'à la fin des siècles *la Vallée du Tombeau*. A droite de Longwood s'ouvre la vallée fatale. La marche des assistants se poursuivait avec de vives émotions : elle était grave et solennelle comme l'acte qui allait s'accomplir ; chaque cœur, chaque esprit était vivement ému. On était encore assez loin du tombeau lorsque le prince mit pied à terre ; aussitôt chacun fit comme lui, et les uns et les autres, la tête nue, dans le silence du recueillement et du respect, ils arrivent enfin à ce monument funèbre qui renferme tant de grandeur et tant de gloire. Une grille en fer, une pierre, deux saules pleureurs, voilà tout ce qui reste au maître du monde ! Son nom même, qui eût été la plus grande des oraisons funèbres, son nom n'était pas écrit sur le tombeau. L'aspect des deux saules sous lesquels l'Empereur s'était reposé plusieurs fois, l'un debout, l'autre couché par terre, mort de vieillesse ; cette fontaine, dont il trouvait que l'eau était fraîche et limpide, et enfin le rocher sur lequel tomba l'aigle impériale brisée par la foudre, tel était ce spectacle auguste et solennel. La plupart des assistants se mirent à genoux ; le prêtre les imita ; quelques personnes étaient debout autour de la grille, immobiles et dans une muette contemplation. On était enfin arrivé devant la dernière trace de tant de puissance et de gloire. Là reposait celui qui avait été l'Em-

pereur; là il attendait patiemment comme fait Dieu, comme font tous les hommes immortels qui ont sonné l'heure de la justice des peuples. Grand homme que le monde ne pouvait pas contenir, et qui tient si peu de place à cette ombre, au murmure de la fontaine, sous ce ciel bleu, à côté de cette mer!

L'homme dont les Anglais avaient jeté le cadavre dans ce trou funeste, avait été leur maître comme capitaine, comme législateur, comme tête couronnée; à l'aspect de ce néant et de cette gloire, on peut se faire une idée des impressions et des sentiments qui devaient traverser l'âme des assistants. Les tout petits saules qui entouraient les saules contemporains de l'Empereur avaient été plantés, depuis sa mort, par une gracieuse et bienveillante Anglaise, épouse du brigadier-général Charles Dallas, dernier gouverneur de l'île; le gazon était très-touffu; un grillage en bois peu élevé entourait le tombeau d'une enceinte irrégulière d'environ 70 à 80 pieds de diamètre; la grille était surmontée de fers de lance et de pommes aux quatre coins; on remarquait çà et là quelques fleurs appelées *Ne m'oubliez pas*. Le prince en cueillit plusieurs, et surtout celles qui avaient poussé au-dessus de la tête de l'Empereur; il fit couper quelques boutures du saule. On remarquait encore quatre ou cinq géraniums qui avaient été plantés là par madame la comtesse Bertrand; son fils en rompit quelques tiges; des mélèzes aux tiges noires tranchaient avec l'herbe verte qui s'étendait sur le sol. C'est là, à la tête du tombeau, en dehors de l'enceinte et à demi cachée sous une arête du rocher, que se trouve la source limpide dont il a été tant parlé. Les murailles du roc ne permettaient à aucun bruit de venir troubler la paix du lieu.

L'empressement des assistants français à recueillir toutes les traces du séjour de l'Empereur intéressa les Anglais, qui voulurent leur venir en aide : une voiture fut mise à leur disposition, et le vieux saule, le saule mort, y fut placé. On se retira ensuite; une heure après on se rendit à Longwood; c'est un vaste plateau exposé à tous les vents, sans autre végétation que de longues herbes.

On arriva à une espèce de ferme à laquelle attenaient quelques bâtiments de service. A gauche, s'élevait une maison de belle apparence, à la toiture d'ardoises et aux larges fenêtres. La pauvre ferme avait été le palais impérial de Longwood; cette belle maison, c'est le Longwood que Napoléon n'a jamais habité. Que c'était triste et lamentable à voir! le Longwood impérial, la ferme, tombait en ruines; les murs étaient lézardés ou criblés de fissures; les vitres manquaient aux fenêtres! Les visiteurs montèrent les trois marches qui séparent la maison du sol, puis ils pénétrèrent dans l'intérieur de la maison par le veranda au treillage vert qui en fermé l'entrée. M. Marchand, qui avait habité ces lieux pendant six ans, servait de guide au prince. La première pièce, l'ancienne salle de billard, plus tard encore une espèce de salon disposé pour les visiteurs, fut l'objet d'une attention particulière. Cette salle est éclairée par cinq fenêtres; le registre sur lequel s'inscrivaient ceux qui venaient à Longwood, était ouvert sur une petite table de sapin noircie d'encre. Beaucoup de noms écrits au couteau, à la plume, à la craie, couvraient les murs. Tout en face de la porte d'entrée se trouve une porte qui ouvre sur le salon où est mort l'Empereur. Dans les six pieds carrés qui contenaient le lit du captif, le meunier de Longwood avait établi un moulin. Cette profanation frappa tout le monde, elle émut jusqu'aux larmes M. Emmanuel de Las-Cases, qui s'éloigna sans pouvoir proférer une parole. La salle qui avait servi de bibliothèque, la salle à manger, éclairée d'une seule fenêtre, ne présentaient plus que des murs délabrés et couverts d'inscriptions tracées par les visiteurs..... De cette pensée active rien n'était resté, rien de cette douleur, rien de cette mort! la mort avait tout emporté avec lui.

M. Marchand, le dépositaire du testament de Napoléon, montra ensuite la chambre à coucher et le cabinet de travail, ou plutôt il montra une écurie, avec ses crèches et son fumier. C'est pourtant dans ces murailles insultées et profanées que l'Empereur avait dicté le récit de ses campagnes d'Italie et d'Égypte. La triste visite fut poursuivie lentement, et comme on marche dans un lieu funèbre ; rien ne fut oublié, non pas même les bâtiments qui avaient servi de demeure à MM. les généraux Gourgaud, de Montholon, à MM. de Las-Cases, père et fils. Mais ces chétives habitations avaient abrité de longues et loyales fidélités, d'illustres dévouements, d'admirables respects. Enfin, après quelques circuits nouveaux dans la demeure si délabrée, si misérable du grand prisonnier, le signal du départ fut donné. On céda surtout aux menaces d'un brouillard épais qui allait se transformer en une pluie battante. Sur cet affreux plateau, où se mêlent sans transition une chaleur brûlante et des brumes glaciales, la mort devait venir lente, cruelle, certaine, et pour que le royal prisonnier ait résisté si longtemps, il faut qu'il ait été bien courageux et bien fort.

Ces courses, qui seront de l'histoire, car les voyageurs foulaient des ruines saintes, recommencèrent le samedi 10. Le lendemain dimanche, à onze heures, la messe fut dite à bord du vaisseau par l'abbé Coquereau. Toutes les habitations étaient plongées dans le silence. C'était le silence d'un dimanche d'Angleterre. Toutefois quelques personnes voulurent débarquer et rentrèrent dans l'île. Le lendemain, les courses au tombeau recommencèrent.

Ainsi se passèrent les journées suivantes : même curiosité, même deuil, mêmes respects, même silence ; les voyageurs comprenaient qu'ils allaient emporter avec eux ce qui rendait cette île de Sainte-Hélène une place austère et sacrée, et ils se hâtaient de la parcourir dans tous les sens. Les nouveaux venus demandaient aux anciens amis de Sa Majesté exilée les histoires qu'ils en savaient, et ceux-ci, sans se faire prier, répétaient à qui voulait les entendre tous leurs tristes souvenirs ; l'affection de l'Empereur pour ses deux pauvres petits Chinois, ses travaux aratoires, dans lesquels il était si gauche, ses jeux avec les enfants du grand-maréchal ; là, une conversation mémorable, quelques paroles sublimes, un portrait admirable de ses amis morts, de sa mère ; plus loin, il avait prévu les graves conséquences de quelques événements d'Europe. M. de Las-Cases retrouva un vieil arbre sur lequel l'Empereur s'était appuyé au moment où il recevait des oranges, fort rares dans l'île, que lui adressait lady Malcolm. On parlait de la France, et Napoléon dit : « Cette France, vous la reverrez, vous, mes chers amis; « mais, moi.... » A l'extérieur des anciennes limites, on se montra un endroit où l'Empereur, se promenant en calèche avec lady Malcolm, manqua de disparaître dans un précipice. Il avait dit aussitôt, avec un vif intérêt : « J'allais vous porter malheur, Madame; peu s'en est fallu « que nous ne roulions dans le précipice. — Vous devez dire bonheur, « Sire, puisque vous m'auriez immortalisée. » Une autre fois, toujours près des mêmes limites, un jeune officier anglais, d'un beau nom, Fitzgerald, doué d'une vive imagination, apercevant de loin Napoléon qui venait au galop, fit présenter les armes et battre aux champs. Comme l'Empereur lui rendait son salut avec quelques mots bienveillants, l'officier s'écria : « Oui, oui, monsieur l'Empereur, nous vous saluons! » Noble jeune homme! il fit l'aumône d'un salut militaire à celui devant qui s'inclinaient les drapeaux et les armées! Mais rentrons dans notre récit.

Toute la nuit du mercredi au jeudi fut remplie par les intéressants préparatifs de l'exhumation, que l'on supposait devoir être difficile. Comme nous l'avons dit, on avait apporté de Paris deux cercueils et un poêle impérial. Le premier cercueil, d'une forme simple et sévère,

rappelle les sarcophages antiques. Sa longueur est de deux mètres cinquante-six centimètres, sa largeur d'un mètre cinq centimètres, sa hauteur totale de soixante-seize centimètres. Il est en bois d'ébène massif, d'un poli si brillant qu'il imite le marbre. On lit sur la face supérieure un seul mot en lettres d'or : *Napoléon*. Chacune des faces latérales est ornée au centre d'une *N* de bronze doré, gravée en relief et incrustée dans un médaillon. Six anneaux de bronze aident à le transporter. Les angles inférieurs sont garnis d'ornements du même métal. La serrure placée à la partie antérieure est masquée par une étoile d'or qu'on enlève en la tournant. Le bas de la clef est de fer, le haut de bronze doré. L'anneau représente une *N* couronnée. Ce sarcophage d'ébène contenait un autre cercueil en plomb. Au centre d'un encadrement d'arabesques et de branches de lauriers gravées en creux, on lit cette inscription : *Napoléon, Empereur et Roi, mort à Sainte-Hélène le V mai MDCCCXXI.*

Le poêle impérial était de velours violet, semé d'abeilles d'or, croisé de brocart d'argent, terminé aux quatre angles par des glands d'or. Sa triple bordure d'hermines, d'arabesques et de palmettes d'or, était de la plus grande richesse. Le chiffre de Napoléon s'y trouvait répété huit fois.

On partit à dix heures et demie de la ville; on gravit lentement les montagnes. Sur les hauteurs de Rupert's Valley, le froid devint très-vif. Une petite pluie fine et glacée remplit l'air. La lune était voilée d'épais nuages. Toute cette scène avait un caractère religieux et triste, en harmonie avec les circonstances. De très-loin, on aperçut, à travers l'atmosphère, quelques rayons de lumière. C'étaient les fanaux placés pour éclairer les travailleurs. On descendit alors la route pratiquée le long des flancs de la montagne. On trouvait de distance en distance des postes militaires. A minuit, on arriva au tombeau; à minuit un quart, les travaux commencèrent. Sous la puissance des leviers, une partie de la grille fut ébranlée. Les dalles déplacées cédèrent, et les pioches, en mordant le sol, le déchirèrent dans une large étendue. La pluie continuait de tomber. C'est au milieu d'une émotion profonde que l'exhumation fut poursuivie (1). Le prêtre alla chercher un peu d'eau à la source, et se retira dans la tente établie pour la consacrer par les prières de la religion. Il était quatre heures et demie du matin. La pluie et le vent redoublaient de fureur. On distinguait à peine les objets autour de soi. Le succès de l'opération, après beaucoup d'efforts, parut un moment incertain sur le point où elle avait été commencée. La maçonnerie était solide. Elle présentait tant d'obstacles qu'on songea à l'attaquer par une autre direction. Vers six heures du

---

(1) Voir, à l'*Appendice*, l'*acte d'exhumation et de remise des restes de Napoléon*, signé par M. de Chabot et le capitaine Alexander.

matin, le revêtement, ébranlé par plusieurs heures de percussion continue, céda. Il fut enlevé. On aperçut alors la large dalle envoyée d'Angleterre, qui couvrait le caveau dans toute sa longueur. Il était huit heures. Les travaux furent suspendus. Les ouvriers furent éloignés, et chaque membre de la mission alla revêtir son uniforme. On forma une double haie de soldats du 91ᵉ autour de la tombe et de l'enceinte extérieure. A une certaine distance, deux autres lignes de la milice stationnaient. L'une était sur le flanc des collines adjacentes, et l'autre couronnait les plateaux. La dalle fut bientôt soulevée. Tout le monde se découvrit. Le prêtre s'avança alors à la tête du tombeau, avec un en-

fant de chœur portant le bénitier, et un autre enfant portant la croix. Les témoins anglais se pressaient derrière la croix; les témoins français s'étaient réunis derrière l'abbé Coquereau. A un signe de main, la dalle fut déplacée, enlevée carrément et déposée sur le sol. Alors on aperçut le cercueil. Il était neuf heures et demie. Catholiques, protestants, étaient sous le poids des mêmes impressions. Tout d'abord le cercueil en acajou ne présenta aucune altération; quelques-uns des clous qui en fixaient les parois étaient même brillants comme au premier jour. Les prières dites, le docteur Guillard descendit dans la fosse pour apprécier les précautions sanitaires qui étaient à prendre dans le moment. Presque aussitôt, et à l'aide de forts cordages, le cercueil fut soulevé et quitta le lit de pierre où il reposait depuis bientôt vingt années. La pluie était toujours battante. Douze soldats du 91e s'avancèrent, précédés de la croix et du prêtre, suivis des cortéges français et anglais; ils placèrent le cercueil sur leurs épaules et le portèrent à la tente. C'est là que les prières pour la levée du corps furent terminées.

La première enveloppe fut enlevée avec précaution par le docteur Guillard (1). Elle en laissa voir une seconde toute en plomb, parfaitement conservée; les plombiers arrivèrent à une troisième caisse en bois des îles; la planche supérieure fut détachée : alors le dernier cercueil, le quatrième, se présenta aux regards des assistants; il était en fer-blanc et en bon état, quoique légèrement oxydé. Un galop de chevaux se fit entendre en ce moment; c'étaient trois officiers anglais en grand uniforme, le gouverneur, son fils, et M. le lieutenant Touchard, officier d'ordonnance du prince, qui venaient s'informer des progrès de l'opération.

Après quelques dernières précautions, le fer-blanc fut ouvert avec le ciseau; les assistants se rapprochèrent; le 91e et la milice en cordon serré ceignirent la tente. La plaque fut enlevée : on aperçut d'abord un coussin de satin blanc qui garnissait à l'intérieur la paroi supérieure du cercueil; il s'était détaché et servait comme de linceul au corps. Quels avaient été les ravages de la mort pendant les vingt années qui venaient de s'écouler?... On trouva le corps étendu doucement, revêtu de l'uniforme des chasseurs de la garde; l'Empereur mort portait le ruban et la grande plaque de la Légion-d'Honneur, une culotte de casimir blanc, des bottes éperonnées; le chapeau était déposé sur les genoux. Les assistants, interrogeant la figure des témoins de la mort de l'Empereur, virent aussitôt qu'ils le retrouvaient tel qu'ils l'avaient enseveli.

Chacun voulut le voir et bien le voir; chacun était avide de contempler ses restes si reconnaissables; chacun se pressait parce qu'on savait que les moments étaient comptés, et que cet homme allait dis-

(1) Voir, à l'*Appendice*, le procès-verbal du chirurgien de *la Belle-Poule*.

paraître encore une fois pour ne plus sortir de sa tombe qu'à la fin des siècles. Une mousse légère couvrait le corps : on eût pu croire qu'on l'apercevait à travers un nuage diaphane. C'était bien sa tête fière et

grande; l'oreiller l'exhaussait un peu. C'était son large front, ses yeux dont les paupières dessinaient les orbites; elles étaient garnies encore de quelques cils; les joues étaient gonflées; son nez seul avait souffert, mais dans la partie inférieure; sa bouche entr'ouverte montrait trois dents d'une éclatante blancheur; l'empreinte de la barbe était bien distincte sur le menton; les deux mains même semblaient appartenir à un être vivant, tant elles avaient de ton et de coloris; la main gauche était plus élevée que la droite; le grand-maréchal en dit la raison : c'est qu'au moment où on allait clouer le cercueil, il avait voulu baiser une dernière fois cette noble main, et il n'avait pu la replacer dans la première position. Les ongles avaient poussé après la mort : ils étaient longs et blancs; une botte décousue laissait passer les doigts des pieds d'un blanc mat; son habit vert, à forme échancrée sur le devant et à parements rouges, était facile à reconnaître; les couleurs étaient encore visibles; les grosses épaulettes d'or étaient noircies, ainsi que quelques autres décorations que l'on distinguait sur la poitrine; la couleur rouge du grand-cordon de la Légion-d'Honneur tranchait avec le blanc du gilet; les deux vases contenant le cœur et les entrailles étaient entre les jambes; une aigle en argent surmontait l'un de ces vases. Tous ces objets étaient intacts. A une heure un quart et quelques minutes la constatation de l'identité étant complète, on referma, après quelques préparations rapides, la plaque de fer-blanc. Le cercueil rentra successivement dans quatre nouvelles enveloppes; à trois heures tout était terminé. Ce fut à ce moment-là véritablement que l'Angleterre rendit à la France ces nobles dépouilles; bientôt un char funèbre, attelé de quatre chevaux caparaçonnés de deuil, entraîna cet illustre cercueil; le poêle avec ses aigles couronnées, ses abeilles en or sur velours violet, sa large croix d'argent et sa bordure d'hermine, couvrit le char de ses riches draperies. Dix valets de pied se tinrent, en grand deuil, à la tête des chevaux. MM. Bertrand, en uniforme de lieutenant-général, avec le grand-cordon de la Légion-d'Honneur; Gourgaud, portant l'habit de lieutenant-général d'artillerie; de Las-Cases, celui de député; Marchand, celui de lieutenant de la garde nationale de Paris, prirent les glands des cornières. Un coup de canon donna le signal du départ. L'eau tombait toujours par torrents. Le convoi se mit en marche (1).

Le capitaine Alexander donnait les ordres. Le chemin par lequel on sort de la vallée, espèce de rampe escarpée, offrait quelques difficultés; aussitôt les artilleurs mirent eux-mêmes la main aux roues. Enfin on arriva sans accident sur le plateau; là le cortége était attendu par toute la milice de l'île et par le bataillon du 91e. La frégate qui avait répondu au premier coup de canon, alternait de minute en minute avec les forts de Sainte-Hélène; la milice et le 91e prirent la tête du cortége; la musique, fifres, flûtes, tambourins, se plaça derrière ces détachements. On reconnut bientôt la nécessité de hâter le pas pour arriver avant la nuit. A mesure que le cortége descendit, la pluie s'affaiblit sensiblement; on put voir ensuite, par quelques anfractuosités du sol, que plus loin le temps était parfaitement pur. On marchait depuis plus d'une heure à travers les sapins et les mélèzes. La vue était sans cesse masquée, mais tout à coup la route tourna et laissa voir la mer et son immensité: on apercevait dans la rade quinze bâtiments de guerre ou de commerce, vergues apiquées, pavillons à mi-mât, en signe de deuil, et au milieu

---

(1) Voir, pour le détail du cérémonial, l'acte d'exhumation et de remise des restes de Napoléon (*Appendice*).

Embarquement des Restes mortels de l'Empereur Napoléon à bord de la Frégate la Belle-Poule. (Sainte-Hélène, 15 octobre 1840)

de ces navires, *la Belle-Poule* lançant ses bordées de canon. En face, une immense montagne, couronnée par d'autres batteries, saluait les augustes dépouilles par ses volées précipitées ; les équipages, groupés sur les ponts, suivaient la marche du cortége, se pressant tout à coup dans les ravins ou serpentant sur le revers d'une colline, s'effaçant à demi dans les brumes légères et reparaissant dès qu'un rayon de soleil venait à percer les nuages. On atteignit et on dépassa bientôt Briars ; ce point est à un quart de lieue de la ville ; on s'arrêta un instant pour reprendre le pas solennel d'une marche funèbre ; la musique fit alors retentir des sons d'une harmonie qui remuait l'âme. A James' Town, la milice s'arrêta, forma la haie depuis la première maison jusqu'à l'embarcadère du quai ; les fusils étaient renversés, le canon à terre, les soldats appuyaient la tête sur la crosse. Toutes les maisons étaient closes, les rues désertes ; les fenêtres seules et les terrasses étaient garnies de spectateurs silencieux, la plupart en deuil ; la cérémonie reçut alors son caractère auguste et solennel de réparation : de toutes parts les honneurs royaux étaient déployés pour celui qui avait reçu si longtemps, si stoïquement, avec une fierté si noble, l'insulte et l'outrage. Le ciel, devenu d'azur, semblait illuminé par un reflet du soleil d'Austerlitz ; à la fin, le même homme à qui l'Angleterre accordait à peine le titre de *Général !* l'Angleterre le saluait Empereur et Roi. Le cortége aperçut bientôt les brillants états-majors des corvettes, en costume à la fois sévère et riche, bleu et or, et le jeune prince de Joinville qui attendait les restes de l'Empereur avec autant d'émotion que de patience et de modestie. La musique du prince exécuta des harmonies funèbres. L'abbé Coquereau vint se placer sur les devants et offrit de l'eau bénite au jeune chef de l'expédition ; c'est alors que le gouverneur anglais fit la remise officielle des restes mortels de l'empereur Napoléon. Pendant ce temps, les chaloupes, décorées d'aigles et d'ornements noirs, avaient accosté le quai ; quelques minutes après, le cercueil y était descendu.

A six heures on poussa au large, les trois couleurs parurent à la tête du mât, un immense éclair illumina l'horizon, une ligne de feu sillonna les flancs de *la Belle-Poule*, de l'*Oreste* et de *la Favorite*. On y répondit de toutes parts : cent coups de canon annoncèrent enfin que tu nous appartenais de nouveau, ô toi, notre maître et le maître de l'avenir, sublime Empereur ! La marche des canots fut lente, et trois fois, pendant le trajet, des bordées de cent coups de canon les saluèrent.

Le cercueil, couvert du manteau impérial, entouré d'intrépides officiers dans la tenue d'une grave cérémonie, d'un prêtre en habits sacerdotaux, présentait un noble spectacle au milieu du calme de la mer ; les derniers feux du soleil rougissaient les flots. On présenta les armes, le tambour battit aux champs, et le cercueil, porté par nos matelots, fut placé sur les deux panneaux comme sur une estrade ; puis le prêtre prononça à la clarté des torches les prières de l'absoute. Il était sept heures. La cérémonie religieuse terminée, l'arrière de la frégate fut interdit à tous ; on n'y laissa que quatre sentinelles d'honneur qui étaient relevées d'heure en heure ; les officiers de quart, en grand uniforme, y demeurèrent seuls.

Le corps resta toute la nuit en chapelle ardente sur le pont de la frégate.

L'autel était dressé sur des aigles ; il était adossé au mât d'artimon, entouré de panneaux de velours aux ornements d'argent. On y arrivait par quatre marches couvertes de tapis noirs. Là était un trophée militaire magnifique ; des cyprès, des palmes, des lauriers, des haches d'abordage, des canons, des piles de boulets, des faisceaux d'armes, se remarquaient aux deux côtés. Au pied de l'autel, posé sur un drap de velours noir, à la croix blanche bordée d'un galon, s'élevait le catafalque, couvert de ses riches draperies de deuil, et portant sur un coussin une couronne voilée. Des cassolettes entretenues avec soin laissaient échapper incessamment la fumée de l'encens. Trente fanaux et des bougies supportées par des ifs d'argent éclairaient cette scène. Le silence le plus profond régna bientôt sur le pont, où l'on n'entendit plus que le pas mesuré et uniforme des factionnaires, le sifflement de la brise dans les cordages.

Le vendredi 16 fut fixé pour la cérémonie religieuse à bord. A sept heures, les vergues de *la Favorite*, de *l'Oreste*, des deux bâtiments de commerce *la Bonne-Aimée*, de Bordeaux, capitaine Gillet, et *l'Indien*, du Havre, capitaine Turketill, furent mises en panne, et aussitôt de nombreuses embarcations portèrent à la frégate tous les officiers présents et près de deux cents matelots des divers équipages. Le tambour rappela dans la batterie et sur le pont. M. Touchard assigna à chacun son poste : du grand mât au gaillard d'avant, huit cents hommes, tête nue, en ligne serrée; du cabestan au grand mât, tous les états-majors en grande tenue, le consul de France avec les deux capitaines des bâtiments de commerce, leurs seconds et leurs passagers. M. le prince de Joinville était devant le cabestan, et avait à sa droite M. Hernoux, à sa gauche M. Chabot. Le catafalque était sur une estrade; aux coins, MM. de la mission; sur le même plan, les quatre anciens maîtres de la division; un peu en arrière, les serviteurs de l'Empereur, formant la haie, soixante hommes en armes, commandés par les lieutenants de vaisseau Guillon et Pénaros; au pied du mât d'artimon, l'autel, richement orné; la musique était groupée sur la dunette. La frégate avait conservé ses pavois : au grand mât flottait le pavillon impérial. A dix heures, un coup de canon fut tiré; les tambours roulèrent, et la musique commença une marche funèbre. L'abbé Coquereau s'avança alors, précédé de la croix et des flambeaux, jusqu'au pied de l'autel, où il célébra la messe des morts. De minute en minute, *la Favorite* et *l'Oreste* se renvoyaient le feu de leurs batteries. A l'élévation, au moment où le prêtre, recueilli en lui-même, s'adresse seul à Dieu, la voix de l'officier traversa le silence, et les soldats présentèrent les armes, les tambours battirent aux champs : mille hommes tombaient à genoux. Le ciel était magnifique; la mer calme, étincelante de ses riches couleurs; l'air parfumé d'encens, de mélodies. Les prières de l'absoute récitées, le prêtre répandit l'eau sainte; le jeune prince l'imita, et tous les assistants, selon leur rang, vinrent accomplir la même cérémonie. Le cercueil fut ensuite descendu dans l'entre-ponts, où une chapelle ardente était préparée.

C'est là qu'il est resté jusqu'au moment du transbordement à Cherbourg (1).

Lorsque le procès-verbal fut arrêté, dans la matinée du samedi 18, la frégate quitta le mouillage dès huit heures du matin, immédiatement après le retour de M. de Chabot. Les trois bâtiments marchèrent quelque temps de conserve; mais bientôt l'*Oreste* prit la route de la Plata. On s'éloigna de la terre vent arrière, et poussé par des brises molles. Aussi l'île resta longtemps en vue. On remarqua encore les arêtes de Barnes' Point, dessinant, comme on l'a dit, dans un profil colossal, les traits si connus de l'Empereur. Cette singularité frappa de nouveau tout l'équipage. La navigation se continua sans événement remarquable jusque sous l'équateur. La prière des Morts était récitée chaque matin; M. l'abbé Coquereau célébrait la messe toutes les fois que l'état de la mer le permettait. Il ne cessa de régner à bord un sentiment parfait des plus hautes convenances. Ce sentiment n'était pas seulement inspiré par le devoir, mais par l'émotion qui gouvernait tous les cœurs. L'équipage ne reçut de nouvelles d'Europe que le 2 novembre. Ce fut *la Favorite* qui les lui communiqua. Ces nouvelles étaient tirées d'un journal hollandais à la date du 7 octobre; on y parlait de

(1) Voir l'*Appendice*.

tous les bruits de guerre qui agitaient la France, on y parlait de la tentative du prince Louis. Que faire alors, si l'Angleterre voulait reprendre une seconde fois son captif? « Il faudrait, disait le prince, s'abîmer dans la mer et partager en braves gens la dernière sépulture de l'Empereur. » A cette proposition de leur chef, nos soldats répondirent par un vivat!.... *La Favorite* se sépara de nouveau de *la Belle-Poule*. Des dispositions furent arrêtées par les officiers de l'équipage, et une raie blanche de batteries sut donner un nouvel aspect à la frégate. Les chambres des membres de la mission disparurent, et furent remplacées par six canons de trente; les parcs furent garnis de boulets; les branle-bas de combat furent multipliés. Enfin tout fut mis sur un pied qui rendait la surprise impossible. Braves gens, tous disposés à suivre dans les flots leur jeune capitaine et leur vieil Empereur. Mais cette fois l'Hôtel royal des Invalides pouvait compter sur son hôte immortel. Les vents furent propices; la guerre s'arrêta, comme pour ne pas troubler ce grand voyage. Enfin le dimanche 29 novembre, à six heures du soir, la frégate reconnut les feux du port et les lumières de la ville de Cherbourg. Le lundi, jour suivant, le bateau à vapeur *la Normandie* s'avança au-devant de la *Belle Poule* pour la remorquer; mais la frégate, secondée par une bonne brise, arriva sans secours en rade, et à cinq heures dix minutes du matin, après quarante-deux jours de traversée, le navire funèbre entrait dans le grand bassin du port, salué par toute l'artillerie des remparts, à laquelle répondaient au loin le fort Royal, le fort du Homet, et le fort de Querqueville.

L'équipage passa plus d'une semaine dans Cherbourg, au milieu de l'attendrissement général. C'était à qui pourrait saluer le catafalque impérial; religieux empressement d'un peuple qui devait à l'Empereur un demi-siècle de glorieux souvenirs. Près de cent mille âmes vinrent ainsi s'agenouiller auprès du cercueil. Les préparatifs de l'inhumation terminés à Paris, l'ordre vint de se mettre en route. Le départ fut fixé au 8 décembre.

Le 7 au soir, un autel fut élevé au pied du mât d'artimon; le pont couvert de tentures funèbres; le cercueil y fut déposé le 8 au matin. La frégate se couvrit de ses pavois; une messe solennelle précéda le transbordement. A neuf heures, les troupes se rangèrent en bataille dans le port, que remplissaient déjà les populations. Les autorités, le clergé, montèrent à bord; la *Normandie* présenta l'arrière à la coupée. Dix heures étaient l'heure indiquée pour la cérémonie; mais la pluie rendit impossible le service religieux; on sonna seulement l'absoute.

Le cercueil de l'Empereur fut alors retiré de la chapelle ardente, et descendu à bord de *la Normandie*. Au même moment tous les forts et le stationnaire saluèrent d'une salve de MILLE coups de canon les glorieux restes. Le cercueil fut immédiatement replacé sous un catafalque élevé au milieu du gaillard d'arrière. Ce catafalque, qui se composait d'un dôme plat soutenu par douze colonnes, était tapissé de velours à frange d'argent, entouré de lampes funèbres; à la tête, une croix dorée; aux pieds, une lampe dorée; à l'arrière, un autel tendu de noir, une aigle d'argent à chacun de ses angles.

Lorsqu'au milieu d'un silence plein de respect et d'inquiétudes, le cercueil eut changé de navire, on partit pour la grande rade. Le tambour battit une marche funèbre; la musique militaire éclatait en lamentations et en sanglots, les troupes présentaient les armes; le canon retentit, les drapeaux s'inclinèrent; la *Normandie*, suivie de deux autres bâtiments à vapeur, défilait lentement, couverte du pavillon impérial. Son commandement était remis à M. de Mortemart, capitaine de corvette. La foule était sur les quais, sur la plage, sur la digue, immobile, silencieuse, éperdue!

L'amiral Martineng, le préfet du département, le maire, avaient improvisé une digne réception; Cherbourg, qui devait tout à l'Empereur, avait voulu donner un éclatant souvenir à sa mémoire. Une couronne d'or, *votée par le conseil municipal*, fut déposée sur le cercueil.

M. le prince de Joinville, la mission de Sainte-Hélène et les officiers de la *Belle-Poule* étaient à bord de *la Normandie*, ainsi que la musique et cent marins de la frégate. Deux cents autres montèrent sur le *Véloce* et cent sur le *Courrier*. La fumée tourbillonna, la mer écuma sous les roues, des points lumineux parurent, des tonnerres retentirent. La ville, le port, la rade, la digue, les forts, croisèrent leurs feux. Mille coups de canon annoncèrent que l'Empereur rentrait dans sa ville capitale à tout jamais.

La flottille s'avança rapidement dans la Manche, sans perdre de vue les côtes de France, où toutes les populations étaient accourues. Le *Courrier* et le *Véloce* étaient commandés, l'un par M. Gaubin, l'autre par M. Martineng, le neveu de l'amiral. La mer était bonne, la nuit calme et sereine. A dix heures du soir, on était en vue des feux du Havre. Le lendemain, et à six heures du matin, la *Normandie* filait lentement le long des jetées. Le soleil rougissait de ses premiers feux un ciel magnifique, et, malgré l'heure matinale, autorités, légions de la garde nationale, régiments de ligne, clergé en habit de chœur, peuple en

Transbordement des restes mortels de l'empereur Napoléon à bord du paquebot à vapeur LA NORMANDIE. (Cherbourg, 8 décembre 1840)

habit de fête, artillerie manœuvrant ses pièces, couvraient la plage, « et ce dut être pour cette foule avide, dit l'abbé Coquereau, un spectacle bien imposant que ce passage, au lever de l'aurore, du bateau

funéraire. On ne nous avait pas vus venir; il semblait que nous surgissions de l'Océan.

« Nous entrions en Seine; notre flottille allait parcourir les rives que l'Empereur avait choisies pour le lieu de sa dernière demeure. Dès ce moment commença une marche vraiment triomphale : le temps était froid; décembre, avec son givre glacial, son vent du nord qui dessèche et flétrit, faisait ressentir son action dans nos campagnes. Nous devions les trouver tristes et désolées, et jamais rives d'un fleuve ne furent plus brillantes de parure et d'animation. C'était une nature vivante, car des rives partaient des voix, des cris, qu'elles se renvoyaient alternativement. Dans les villes, tout était noble, réglé avec soin; il y avait eu convocation : municipalité, armée, milice citoyenne, prêtres chantant les cantiques des morts; les volées des cloches et du canon : tout était bien. Rien ne manquait sans doute à cette grande solennité.

« Mais combien plus touchants ce désordre sublime des campagnes, cette spontanéité du cœur qui révèle la sincérité de l'hommage vrai, naïf, grand alors, admirable dans son expression! Le paysan avait tiré de son bahut l'habit des fêtes chômées; il avait décroché de la crémaillère, où elle était suspendue au-dessus de l'âtre, sa vieille carabine. Depuis le temps où elle avait envoyé la mort au soldat de Wellington, elle était demeurée oisive et sans voix; mais ce jour, sur notre passage, elle éclatait et promettait encore au pays, entre les mains de ce soldat en sabots, qu'elle éclaterait plus fort au jour de l'attaque et de la défense. Puis c'était un pêle-mêle de femmes, d'enfants, de vieillards; les femmes se signaient, en faisant tourner sur leurs mains rougies par le froid, les grains luisants de leurs chapelets; les vieillards tombaient à deux genoux sur la terre glacée et priaient en se souvenant : ils avaient combattu sous lui. Les enfants restaient un instant ébahis, ouvrant leurs grands yeux, où l'âme, à cet âge, se peint encore; puis, prenant leur course, ils remontaient avec nous la Seine : ils espéraient voir l'ombre du héros avec les merveilles duquel on avait bercé leur enfance; puis c'étaient des cris, des acclamations, hommages derniers à la mémoire de l'Empereur.

« Mais nous étions arrivés au Val-de-Lahaye. La *Normandie* ne pouvant remonter plus haut la Seine, un nouveau transbordement devenait nécessaire. Dix bateaux à vapeur nous attendaient. Pendant la nuit eut lieu le transbordement, sous la direction du prince. La *Dorade*, n° 3, après qu'on l'eut au préalable dépouillée de ses draperies et de ses guirlandes, oripeaux de mauvais goût, dont on l'avait affublée, devint le bateau catafalque. « Mais quelle sera sa décoration? avait demandé l'administrateur chargé de ses détails. — Le bateau sera peint en noir, dit le prince; à l'avant, reposera le cercueil, couvert du poêle funèbre rapporté de Sainte-Hélène; Messieurs de la mission aux cornières; l'encens fumera; à la tête s'élèvera la croix; le prêtre se tiendra devant l'autel; mon état-major et moi derrière; les matelots seront en armes, et le canon tiré à l'arrière annoncera le bateau portant les dépouilles mortelles de l'Empereur. »

« Le lendemain, dès cinq heures du matin, les rives étaient garnies de spectateurs empressés, attendant l'heure du départ. Bientôt un nuage de noire fumée nous enveloppa comme d'un crêpe; le paysage sembla se mouvoir et courir; nous étions en marche pour Rouen, et peu d'heures après, au milieu de son immense population, nous faisions notre entrée dans l'ordre suivant :

« En tête, la *Parisienne*, ayant à son bord les inspecteurs de la navigation;

« Le *Zampa*, avec la musique du prince;

« La *Dorade* n° 3, portant le cercueil;

« Les trois bateaux appelés *Étoiles*, montés par les marins de la *Belle-Poule* et de la *Favorite*;

« Les *Dorades* n°¹ 1 et 2;

« Enfin, le *Montereau*.

« Le cortége s'arrêta entre les deux ponts. Jamais scène n'offrit, je crois, un spectacle plus imposant. Ces quais chargés de trophées militaires, étincelants d'armes; ces escadrons dont les chevaux se cabrent, ces casques resplendissant sous un rayon de soleil; ces panaches, ces plumes, ces drapeaux, qui se mêlent et s'agitent; ces estrades garnies de femmes aux brillantes parures; ce pont couvert de soldats aux uniformes de l'empire, glorieux débris de ces phalanges que l'Europe avait appelées la *Grande-Armée*; ce vaste bassin sur lequel s'est disposée en ordre de bataille la flottille, et ces fanfares des musiques, et ces volées des cloches, du canon, qui incessamment retentit du haut de la colline; et ces cent prêtres mêlant leurs blanches tuniques aux uniformes chamarrés d'or, aux robes de pourpre des magistrats; enfin, ce prince

de l'Église, qui s'avance au bord du fleuve pour répandre la prière et donner la bénédiction des pontifes, pendant que cent voix font monter vers Dieu l'hymne funèbre, le *De profundis*, ce chant sublime des dernières douleurs, tout inspirait à l'âme une de ces émotions dont le souvenir ne se perd jamais.

« L'absoute terminée, nous repartîmes aussitôt. En passant sous le pont, le bateau impérial fut jonché d'immortelles, de lauriers et de fleurs tressées : les soldats de l'Empire envoyaient à leur Empereur une dernière couronne.

« Depuis longtemps déjà nous avions quitté la vieille cité, que le canon tonnait encore. A Elbeuf, même enthousiasme. Là, de nombreux ouvriers, richesse de nos manufactures; les uns faisant de leurs voix retentir le rivage; les autres, chargés d'un ou de deux enfants, montrant du doigt le cercueil du héros, dont ils racontaient sans doute la vie à cette jeune génération, étonnée d'un semblable spectacle. Près du Pont-de-l'Arche, un épisode touchant s'offrit aux regards de la flottille.

« La famille d'un pêcheur s'était avancée jusque dans l'eau pour voir le cortège et le saluer de ses acclamations. Le père, ancien conscrit

de l'Empire, tenait sur ses épaules deux jeunes garçons; la mère et une jeune fille, l'aînée de la famille, présentaient au passage un drapeau tricolore, et l'inclinaient vers le bateau qui portait le cercueil de Napoléon.

« Ce fut au milieu de pareils transports, poursuit l'abbé Coquereau, que nous traversâmes les Andelys, Vernon, Mantes; et le 12 au soir la flottille s'arrêtait, peu après avoir doublé le pont de Poissy. Là, elle devait passer la nuit.

« Sur les deux rives se forment immédiatement des bivouacs; des tentes s'élèvent, des feux s'allument. La garde nationale a demandé à faire, de concert avec les troupes de ligne, la veillée des armes. A la lueur des torches, les uniformes se dessinent; les sentinelles se relèvent et croisent leurs cris; le tambour bat la diane. Il est nuit encore, et si l'Empereur s'éveille, il pourra croire qu'il a dormi dans son camp.

« Le 13 était un dimanche, le dernier que j'allais passer auprès des restes mortels près desquels je veillais depuis deux mois.

« Je pris les ordres de Leurs Altesses Royales (car le jeune duc d'Aumale était venu joindre le cortége), et à dix heures je montai à l'autel, et commençai les saints mystères. Les deux princes étaient à la tête des états-majors. Autour de *la Dorade* s'étaient placés en ordre les autres bateaux, dont les équipages garnissaient les ponts; les troupes en bataille, le clergé de la ville, croix et bannières levées, s'échelonnaient sur les deux rives; et, malgré un vent violent du nord, la population de Poissy et des communes voisines, groupée sur les bords, se tenait recueillie et tête nue. Si le silence n'avait été rompu par le bruit du canon et les harmonies d'une musique funèbre, on eût pu entendre, au milieu de ces milliers d'hommes pressés, la voix grave de la prière.

« Du rivage (je l'ai su depuis), cette cérémonie apparaissait pleine de majesté, et remplissait l'âme de religieuses émotions. Ailleurs, nous devions trouver plus de pompe, mais perdre en sentiments profonds, c'est-à-dire en sentiments chrétiens.

« Après la messe, suivie de l'absoute, on fit route pour Maisons, d'où le lendemain, dès le matin, nous partions pour notre dernière étape. Il était temps : le froid devenait plus vif, la Seine allait charrier. Un voyage de huit jours, au mois de décembre, sur une rivière, dans des bateaux sans nulle installation contre la rigueur de la saison, presque sans feu, et où, enveloppé de son manteau, couché sur un matelas, il fallait se délasser des fatigues du jour; un semblable voyage était rude, et cependant nous ne pouvions nous plaindre : notre jeune commandant n'était pas mieux traité. Le froid, la fumée, le matelas, le manteau, tout nous était commun. Puis enfin, combien auraient désiré notre place!

« À dix heures, nous longions la magnifique terrasse de Saint-Germain et le château, berceau du grand roi. Préfet, maires, généraux, se tenaient à la tête de nombreux régiments et des légions des banlieues. Quand nous passions, les tambours battaient aux champs, et sur toute la ligne les troupes présentaient les armes.

« Bientôt nous étions à Saint-Denis. Le chapitre royal nous attendait, et quand le cortége défila lentement devant la tente pavoisée où, revêtu de ses habits de chœur, M. Rey, ancien évêque de Dijon et membre du chapitre, chantait l'office des Morts et prononçait les prières de l'absoute, Saint-Denis présenta le plus admirable coup d'œil.

« Plus nous approchions, du reste, plus l'affluence était grande : les rives de la Seine disparaissaient sous les pas d'une multitude empressée. Tout Paris semblait s'être élancé au-devant de celui qui l'avait fait si grand.

« Avant d'arriver à Neuilly, du côté opposé, au milieu d'une plaine, un groupe fixa notre attention ; quelques dames s'y rencontraient seules. Elles agitaient leurs mouchoirs. Elles voulaient être reconnues. Le prince arrive, regarde : « Ma mère! » s'écrie-t-il. C'était la reine.

« Le bateau n'avait point ralenti sa marche; aussi bientôt il entra dans les îles qu'en ces parages forme le fleuve, et le parc de Neuilly s'étendit à notre gauche comme un rideau. Peu après, le pont de Courbevoie nous montra les courbes de ses arches. Un grand aigle, les ailes étendues, plana au-dessus de nos têtes; nous étions arrivés de notre lointain voyage ; le soleil se couchait dans un nuage de pourpre, et ses derniers rayons faisaient briller la statue de Notre-Dame-de-la-Garde, la patronne des marins, au pied de laquelle nous étions mouillés. »

On avait expédié de Paris trois nouveaux bateaux à vapeur au-devant de la flottille impériale; le premier de ces bateaux portait la musique du Gymnase militaire, chargée d'exécuter des marches funèbres. Les deux autres remorquaient un bateau catafalque, chargé de décorations et de tentures. Sa marche était si lente, qu'on le laissa devant Argenteuil; et le prince de Joinville, lorsque la flottille arriva à cette hauteur, ne changea rien aux nobles et simples dispositions qu'il avait arrêtées. Le temple funèbre suivit le cortége.

La flottille mouilla au-dessous de Courbevoie. Les feux de bivouacs établis sur les deux rives, l'immense affluence de spectateurs, de gardes nationales, de troupes de ligne, l'illumination du bateau catafalque et de tous les autres bateaux, les nombreuses embarcations qui venaient les visiter, donnèrent à cette soirée, à cette nuit, l'aspect le plus animé.

Le prince de Joinville demeura à son bord. MM. les ducs d'Orléans, de Nemours et d'Aumale firent une religieuse station au pied du cercueil impérial. Deux grandes illustrations de l'empire, le maréchal Soult et l'amiral Duperré, vinrent aussi s'incliner en présence de cet homme à qui ils devaient toutes leurs grandeurs.

MM. les généraux Bertrand et Gourgaud, M. Marchand et le baron de Las-Cases, virent encore venir à eux, sur le pont du bateau funèbre, une députation polonaise. Le général Rybinski (dernier généralissime dans la guerre de 1831 pour l'indépendance de la Pologne), s'approcha des membres de la mission et leur adressa ces paroles : « Fidèles à l'hon« neur et au devoir, les Polonais, qui partagèrent la gloire et les revers « des aigles françaises, viennent rendre un dernier hommage à l'Em« pereur. » Le généralissime était accompagné des généraux Dwernicki, Sierawski, Dembinski, Skarzynski, Casimir Mycielski, Sznayde, Gawronski, Soltyk, et d'un grand nombre d'officiers supérieurs polonais.

Cependant tous les préparatifs de la grande cérémonie étaient achevés. Sur les berges de la Seine, immédiatement au-dessous du pont de Courbevoie, s'élevait un temple grec à jour, de quatorze mètres d'élévation, à quatre frontons ornés de guirlandes de chêne, d'écussons, d'aigles, etc. C'est là que l'Empereur devait reposer pour la première fois sur la terre de France.

Au-devant du temple s'étendait le débarcadère. Sur le pont de Neuilly, s'élevait une colonne rostrale, octogone, surmontée d'une aigle d'or, et devant la colonne une statue représentant Notre-Dame-de-Grâce, patronne des matelots. Autour de l'arc de triomphe de l'Étoile, ce monument de géant, placé là comme l'*hosanna in excelsis* de la gloire impériale, *Te Deum* éternel de nos grandes journées, douze mâts pavoisés portaient des boucliers, des trophées d'armes et des bannières tricolores. Sur ces bannières, on lisait les noms des principales armées de la République et de l'Empire : *Armée de Hollande, de Sambre-et-Meuse, de Rhin-et-Moselle, des Côtes de l'Océan, de Catalogne, d'Aragon, d'Andalousie, d'Italie, de Rome, de Naples*, GRANDE ARMÉE, *Armée de Réserve*. Sur le couronnement de l'arc, on avait représenté l'apothéose de Napoléon. L'Empereur, vêtu du grand costume de son sacre, était debout devant son trône, entouré de figures allégoriques, de génies, de renommées à cheval.

Le long de l'avenue des Champs-Élysées, de la barrière de l'Étoile à la place de la Concorde, s'élevaient des colonnes triomphales ornées de drapeaux, d'aigles et d'écussons. De nombreuses statues représentaient des victoires. On remarquait encore à chaque angle du pont de la Concorde, une colonne triomphale cannelée, surmontée d'une aigle dorée. Sur le pont, huit statues : LA SAGESSE, par M. Ramus; LA FORCE, par M. Gourdel; LA JUSTICE, par M. Bion; LA GUERRE, par M. Calmels; L'AGRICULTURE, par M. Thérasse; L'ÉLOQUENCE, par M. Fauginet; LES BEAUX-ARTS, par M. Merlieux; LE COMMERCE, par M. Dantan jeune. Au-devant du palais de la Chambre des Députés, l'IMMORTALITÉ, statue colossale, par M. Cortot. Sur l'esplanade des Invalides, trente-deux statues des rois et des grands capitaines qui ont honoré la France : CLOVIS, par M. Bosio; CHARLES-MARTEL, par M. Debay; PHILIPPE-AUGUSTE, par M. Étex; CHARLES V, par M. Dantan aîné; JEANNE D'ARC, par M. Debay; LOUIS XII, par M. Lanneau; BAYARD, par M. Guillot; Louis XIV, par M. Robinet; TURENNE, par M. Toussaint; DUGUAY-TROUIN, par M. Bion; HOCHE, par M. Sarnet; LA TOUR D'AUVERGNE, par M. Cavelier; KELLERMANN, par M. Brun; NEY, par M. Garreau; JOURDAN, par M. Duseigneur; LOBAU, par M. Schez; CHARLEMAGNE, par M. Maindron; HUGUES-CAPET, par M. Étex; LOUIS IX, par M. Dantan aîné; CHARLES VII, par M. Bion; DU GUESCLIN, par M. Husson; FRANÇOIS Ier, par M. Lanneau; HENRI IV, par M. Auvray; CONDÉ, par M. Daumas; VAUBAN, par M. Callouet; MARceau, par M. Lévêque; Desaix, par M. Jouffroy; Kléber, par M. Simard; Lannes, par M. Klagman; Masséna, par M. Brian, Mortier, par M. Millet; Macdonald, par M. Bosio. Entre les statues de l'esplanade, des trépieds portaient des flammes. Aux deux côtés de l'esplanade, à droite et à gauche, d'immenses estrades pouvaient contenir trente-six mille spectateurs, et s'avançaient jusqu'à la grille d'entrée des Invalides.

Le 15 décembre, dès cinq heures du matin, on battait le rappel, le canon des Invalides annonçait la solennité. Paris fut bientôt sur pied, Paris, débouchant de toutes les barrières, de toutes les issues, arrivait par l'avenue de Neuilly, par le bois de Boulogne; c'était une fête, c'était une affluence, c'était un enthousiasme dont l'histoire aura grand' peine à donner une idée. A neuf heures, le char impérial arriva au débarcadère de Courbevoie; il était traîné par seize chevaux noirs, ornés de panaches blancs et recouverts de caparaçons de drap d'or; chaque housse relevée par les armoiries impériales brodées en pierreries, et par des aigles, des N et des lauriers émaillés sur les fonds. Seize piqueurs aux livrées impériales conduisaient les quadriges; deux piqueurs à cheval les précédaient.

Le socle, reposant sur quatre roues massives et dorées, était un carré long, avec une plate-forme demi-circulaire sur le devant. Sur cette plate-forme, un groupe de génies supportait la couronne de Charlemagne; aux quatre angles, quatre autres génies en bas-relief soutenaient d'une main des guirlandes, et de l'autre embouchaient la trompette de la Renommée.

Au-dessus, des faisceaux; au milieu, des aigles, et le chiffre de l'Empereur parmi des couronnes. Ce socle et ses ornements étaient entièrement dorés au mat. Le piédestal était tendu d'étoffes or et violet, au chiffre et aux armes de l'Empereur, avec quatre faisceaux d'armes aux extrémités. De longues draperies violettes, rehaussées d'abeilles, d'N, d'aigles et de lauriers, le recouvraient depuis le sommet jusqu'à terre. Une large guirlande régnait sur toute la longueur du piédestal, que couronnait une galerie d'ornements et quatre aigles. Quatorze statues dorées représentaient des Victoires, qui rapportaient triomphalement le cénotaphe sur un vaste bouclier d'or chargé de javelines. Le cénotaphe, reproduction fidèle du cercueil de Napoléon, était voilé d'un long crêpe violet, semé d'abeilles d'or. La couronne impériale, le sceptre et la main de justice en or rehaussé de pierreries, étaient déposés sur le cercueil. A l'arrière du char, un trophée de drapeaux, de palmes et de lauriers, rappelait les victoires du plus grand capitaine des temps modernes. La hauteur totale du char était de 10 mètres; largeur, 4 mètres 80 centimètres; longueur, 10 mètres; poids, 15,000 kilogrammes.

A peine le char funèbre, ou pour mieux dire ce char de triomphe eût-il été poussé jusqu'au rivage, que *la Dorade* n° 3 vint s'amarrer au quai. Les marins de *la Belle-Poule*, soulevant le corps au bruit du ca-

non, au cri de vive l'Empereur, le transportèrent à terre et le déposèrent dans l'intérieur du char. Le cénotaphe que nous venons de décrire occupait à l'extérieur la place du véritable cercueil. L'affluence des spectateurs était immense. L'hiver n'a jamais été plus rigoureux que ce jour-là; partout le froid, partout le silence, ce silence glacé de décembre qui vous saisit jusqu'au fond de l'âme; mais qu'importe l'hiver et que nous importe le froid, quand il s'agit d'aller au-devant du grand homme qui est de retour? Il nous revient, il nous appelle, il nous attend; allons à sa rencontre. Hélas! déjà une fois nous l'avons vu revenir dans sa capitale agitée, non pas comme dans sa bière, mais debout, à cheval, l'épée au fourreau, accompagné de ses vieux soldats qui pleuraient de joie.... Retour d'une heure.... Mais cette fois il nous est revenu pour toujours.

Le cortége s'avançait dans l'ordre suivant :

La gendarmerie du département de la Seine, précédée des trompettes. — La garde municipale à cheval (deux escadrons), avec l'étendard et les trompettes. — Un escadron du 7ᵉ de lanciers. — Le lieutenant-général Darriule, commandant la place de Paris, et son état-major, suivi des officiers en congé. — Un bataillon du 66ᵉ de ligne, avec drapeau, sapeurs, tambours et musique. — La garde municipale à pied, avec drapeau et tambours. — Les sapeurs-pompiers. — Deux escadrons du 7ᵉ de lanciers. — Deux escadrons du 5ᵉ de cuirassiers, avec étendard et musique. — Le lieutenant-général Pajol, commandant la division militaire, et son état-major. — Deux cents officiers de toutes armes, employés à Paris au ministère et au dépôt de la guerre. — L'École militaire de Saint-Cyr, son état-major en tête, le fusil sous le bras gauche. — L'École Polytechnique, son état-major en tête. — Un bataillon du 10ᵉ d'infanterie légère, avec sapeurs, tambours et musique. — Deux batteries des 3ᵉ et 4ᵉ régiments d'artillerie. — Un détachement du 1ᵉʳ bataillon de chasseurs à pied. — Les sept compagnies du génie cantonnées dans le département de la Seine, formant un bataillon, sous les ordres d'un chef de bataillon. — Les quatre compagnies de sous-officiers vétérans, marchant sur un front de 25 hommes; les hommes du premier rang étaient tous décorés. — Deux escadrons du 5ᵉ de cuirassiers, le lieutenant-colonel en tête. — Quatre escadrons de la garde nationale à cheval, avec étendard et musique. — Le maréchal Gérard, commandant supérieur des gardes nationales; le lieutenant-général Jacqueminot, suivis de tout l'état-major de la garde nationale. — La 2ᵉ légion de la garde nationale de la banlieue, tambours et musique, le colonel en tête. — La 1ʳᵉ légion de la garde nationale de Paris. — Deux escadrons de la garde nationale à cheval. — L'abbé Coquereau dans un carrosse noir rehaussé de broderies d'argent. — Les généraux et officiers du cadre de réserve ou de retraite, tous à cheval. — Les officiers supérieurs de la marine royale. — Le corps de musique funèbre. — Le cheval de bataille de l'Empereur, portant la selle et le harnachement qui servaient à Napoléon lorsqu'il était premier Consul. Cette selle, conservée dans le garde-meuble de la couronne, est en velours amarante brodé d'or; la housse et les chaperons sont brodés avec la même richesse : on remarque les attributs du commerce, des arts, des sciences, de la guerre, brodés en soie de couleur dans la bordure. Le mors et les étriers sont en vermeil et ciselés; l'œil des étriers est surmonté de deux aigles ajoutées sous l'Empire. Le cheval, couvert d'un crêpe violet semé d'abeilles d'or, était tenu en bride par un valet de pied à la livrée de l'Empereur. — Un peloton de vingt-quatre sous-officiers décorés, pris dans la garde nationale à cheval, dans les corps de la cavalerie et de l'artillerie de ligne, ainsi que de la garde municipale, sous les ordres d'un capitaine de l'état-major général de la garde nationale. — Un carrosse de deuil attelé de quatre chevaux, et conduisant la mission de Sainte-Hélène. — Un peloton de trente-quatre sous-officiers décorés, pris dans l'infanterie de la garde nationale, dans l'infanterie de ligne, dans la garde municipale à pied et dans les sapeurs-pompiers, sous les ordres d'un capitaine de l'état-major général de la garde nationale à pied. — Quatre-vingt-sept sous-officiers à cheval, portant des drapeaux sur lesquels sont écrits les noms des quatre-vingt-six départements et de l'Algérie; chaque lance de drapeau surmontée d'une aigle aux ailes étendues : le détachement commandé par un chef d'escadron. — Le prince de Joinville, à cheval, en grand uniforme de capitaine de vaisseau. — L'état-major du prince. — Les quatre cents marins de la frégate *la Belle-Poule*, entourant le char funèbre et marchant sur deux files. — Le char impérial. — A droite et à gauche du char, le maréchal duc de Reggio, le maréchal Molitor, l'amiral Roussin et le général Bertrand, tenant les quatre coins du poêle impérial. — Les anciens aides-de-camp et les officiers civils et militaires de la maison de l'Empereur. — Les préfets de la Seine et de police, les membres du Conseil-Général, les maires et adjoints de Paris et des communes rurales, au nombre de cent environ. — Une députation d'anciens militaires de tous grades, ayant appartenu aux armées impériales, en grand uniforme des grenadiers et des chasseurs de la vieille garde; des dragons de l'Impératrice, des hussards de la mort, des chamborans, des vélites, des guides, des lanciers rouges, etc. — Les légions de la garde nationale de Paris et de la banlieue, qui, après avoir formé la haie, se repliaient successivement à mesure que le cortége défilait. — La marche était fermée par un escadron du 1er de dragons, le lieutenant-colonel en tête. — M. le lieutenant-général Schneider, commandant la division hors de Paris, et son état-major. — M. le maréchal-de-camp Hecquet, commandant la 4e brigade d'infanterie hors Paris. — Un bataillon du 55e de ligne, avec drapeau, sapeurs et musique, le colonel en tête. — Les deux batteries d'artillerie établies à Neuilly. — Un bataillon du 35e de ligne, le lieutenant-colonel en tête. — M. le maréchal-de-camp de Lawoëstine, commandant la brigade de cavalerie. — Enfin deux escadrons du 1er de dragons, avec étendard et musique, le colonel en tête. — Nulle part la marche de cet immense deuil n'a été ni retardée ni troublée. La garde nationale marchait en bon ordre, et l'armée était bien représentée par tous les détachements de la garnison de Paris, distingués par leur belle tenue, la vivacité et l'ensemble de leurs mouvements. Le prince de Joinville se faisait remarquer par son air modeste, simple, militaire; sa taille élevée le signalait à tous les regards. On savait avec quel dévouement il avait accompli sa mission maritime vers la terre d'exil de l'Empereur, et la détermination toute française qu'il avait montrée lorsqu'il avait appris en mer les graves événements qui menaçaient la France. Tout le monde honorait cette pieuse sollicitude pour un dépôt sacré; l'énergique contenance des quatre cents marins de *la Belle-Poule* charmait la foule.

Le char de l'illustre mort s'est arrêté sous l'Arc de Triomphe de l'Étoile. De cette place souveraine, toute chargée de sa gloire, il dominait tout le cortége, serré en masses profondes dans les deux im-

menses avenues qui aboutissent à cette hauteur; là il était dominé lui-même par les souvenirs immortels des victoires gravées sous les voûtes du monument. C'était une halte magnifique pour les restes du grand capitaine. Il semblait revivre sous les trophées de sa gloire impérissable. L'Arc de Triomphe de l'Étoile, juste ciel! c'est la seule pierre qui fût digne d'être placée sur le tombeau de l'Empereur.

Pendant que l'exilé se reposait ainsi sous l'Arc de Triomphe, halte inespérée à son lit de mort, la foule immense qui s'était portée autour de ce monument, et qu'augmentait de minute en minute la grandeur de l'émotion et du spectacle, a fait un instant irruption dans le convoi ; mais l'ordre a été immédiatement rétabli.

A une heure et demie le cortége débouchait sur la place de la Con-

corde aux cris de *Vive l'Empereur!* poussés par un million de voix ; et ces cris étaient répétés par toutes les légions de la garde nationale.

Le canon faisait retentir les voûtes de l'Hôtel des Invalides. Le char funèbre s'avançait au milieu de sa magnifique esplanade, entre deux rangs de statues qui semblaient attendre le héros dans une immobilité respectueuse, le long des immenses estrades toutes chargées de spectateurs, sous un ciel brillant de tout l'éclat d'un beau jour.

Il était deux heures ; le char s'est arrêté devant la grille principale.

A cette grille, une tenture noire, rehaussée d'ornements d'argent et d'or, était soutenue par deux colonnes triomphales et par de nombreux faisceaux de lances enrubannées ; les colonnes portant de grands trépieds, et servant d'appui à droite et à gauche à deux tribunes réservées

Arrivée aux Invalides des restes mortels de l'Empereur Napoléon
PARIS, 15 DÉCEMBRE 1840.

pour les invalides. Aussitôt, le cercueil a été descendu et porté à bras par trente-six marins jusqu'au porche dressé dans la cour royale, où Mon-

seigneur l'Archevêque de Paris l'attendait, assisté de tout son clergé. Ainsi furent effacées deux dates affreuses, 1814, 1815; dates funestes de trahisons, de défaites, d'invasions, de captivité.

Voici quels étaient les préparatifs dans l'Hôtel même des Invalides :

Dans la première cour, une série de candélabres et de trépieds soutenant des réchauds enflammés. — Dans la cour d'honneur, deux estrades disposées pour recevoir six mille personnes assises. — Tous les pilastres des galeries couvertes de cette cour convertis en trophées d'armes, et surmontés d'une aigle. Entre eux, à la hauteur des arcades, des écussons représentant, les uns, le chiffre impérial, les autres, des croix de la Légion-d'Honneur. Entre chaque arcade, un double feston de lauriers. — A la hauteur des combles, tout autour de la frise, les noms, en lettres d'or, des Français qui se sont illustrés sur les champs de bataille, depuis 1793 jusqu'à nos jours. — Au pourtour de cette frise triomphale, un triple cordon de guirlandes et de couronnes d'immortelles entrelacées. — Au-dessus, en suivant la ligne des combles, un large ruban de la Légion-d'Honneur. Enfin, au milieu de la cour, et adossés aux estrades, une suite de mâts pavoisés et surmontés d'une gigantesque étoile d'or.—En avant du portail de l'église, et pour recevoir le corps de l'Empereur à son arrivée, un temple funéraire, de forme carrée, soutenu par quatre pilastres quadrangulaires, avec une architrave sur toutes les faces, et couronné par des frontons aux armes impériales. Au-dessus de la façade, la figure de Notre-Dame-de-Grâce, ayant à ses côtés deux génies allégoriques. Dans les architraves, les portraits des maréchaux de l'Empire; au-dessous, les noms des batailles dans lesquelles ils se sont rendus illustres.—Le porche de l'église formé par une voute de tentures noires, éclairée de lampes sépulcrales. — A l'entrée de la nef, et à la même hauteur que les orgues, une vaste tribune tendue de noir, et destinée à l'orchestre. — Sur les deux côtés de la nef, des estrades de deuil réservées, à droite, pour les diverses députations convoquées; à gauche, pour les marins de *la Belle-Poule* et de *la Favorite*. —Derrière les pilastres, dans les deux galeries latérales, d'autres estrades complétant, avec les tribunes supérieures, les places des personnes seulement admises à la cérémonie. —Sur les pilastres de la nef, des cippes funéraires surmontés de trophées d'armes en or, et ombragés de drapeaux aux deux angles. — Sur les cippes, les noms des célèbres maréchaux et généraux de l'Empire, inscrits à côté de leurs victoires, et placés dans l'ordre ci-après, en commençant à partir de la porte d'entrée :

Piliers de droite.—NEY, prince de la Moskowa.—Elkingen, Hohenlinden, Amskerdoff, Ciudad-Rodrigo, Smolensk, Valentina, Moskowa, Lutzen, Champ-Aubert et Montmirail. — MORTIER, duc de Trévise. — Hondschotte, Fleurus, Altenkirchen, Dierstein, Moscou, Lutzen, Dresde et Montmirail.—KLÉBER.—Fleurus, Altenkirchen, El-Arisch, Chasah, Jaffa, Mont-Thabor, Héliopolis et le Caire. — DUROC, duc de Frioul. — Jaffa, Saint-Jean-d'Acre, Aboukir, Austerlitz et Wagram.— MOUTON, comte de Lobau. — Novi, Gênes, Austerlitz, Iéna, Eylau, Friedland, île de Lobau, Moskowa et Lutzen. — BESSIÈRES, duc d'Istrie.—Rivoli, Pyramides, Marengo, Austerlitz, Iéna, Eylau, Medina et Lutzen.

Piliers du côté gauche. — JOURDAN. — Guerre d'Amérique, Hondschotte, Watignies, Maubeuge, Fleurus, Maestricht et Rollembourg. Comte D'HAUTPOUL-SALETTO.—Maubeuge, Nimègue, Wallebruck,

Altenkirchen, Hohenlinden, Austerlitz, Iéna et Eylau. — DESAIX. — Offembourg, fort de Kehl, Chebreiss, Samanhout, El-Gunaim et Marengo. — Comte DE LARIBOISSIÈRE. — Mayence, Austerlitz, Eylau, Dantzick, Friedland, Wagram, Smolensk et Moskowa. — Comte SERRURIER. — Hanovre, Saint-Michel, Vigo, Mantoue et Venise. — BARAGUAY-D'HILLIERS. — Mayence, Rivalta, Elchingen, Ulm, Réal et Figuières. — LANNES, duc de Montebello. — Lodi, Castiglione, Montebello, Pyramides, Mont-Saint-Bernard, Marengo, Austerlitz, Friedland, Saragosse et Essling.

Entre les arceaux des arcades, d'épais rideaux de velours noir galonnés d'argent; au-dessus, une haute litre de velours noir à franges et broderies d'argent; au-devant, de longues guirlandes portant des couronnes de lauriers. Au centre de ces couronnes, des écussons où se lisaient inscrites les gloires civiles de l'Empire; sur l'entablement des travées, une tenture représentant en or la couronne impériale, supportée par le sceptre et l'aigle en croix. Dans le dôme, les grandes croisées supérieures fermées par des stores en étoffe violette, ornés au centre d'une aigle d'or. Au-dessus, une large litre violette, aux armes impériales, semée d'abeilles d'or et de chiffres; au-dessous, un cordon de lumières formé de torches de cire, portées par un couronnement en sculptures dorées. A ce couronnement, vingt-quatre bannières tricolores reproduisant les noms des plus belles victoires de l'Empereur. En bas, sur les grands arcs du dôme, des guirlandes de lauriers entrelacées. Au-dessus de l'entablement du premier ordre, un deuxième cordon de lumières se pourtournant dans toute l'étendue du dôme. Ensuite, et jusqu'au sol, des tentures en drap ou velours violet, étincelantes d'arabesques, d'abeilles, d'aigles et de chiffres d'or. Enfin, trois grandes bannières aux armes du Roi des Français, flottant au-dessus de cette brillante décoration. A l'entrée du dôme, les tribunes destinées aux officiers de l'armée, de la marine, de la garde nationale, au Conseil-Général de la Seine, et à divers autres corps constitués. Au centre du dôme, sur l'emplacement qui attend encore le tombeau de Napoléon, un magnifique catafalque de 16 mètres d'élévation, et composé de deux socles ornés de bas-reliefs : le premier socle, orné à chaque angle d'une statue haute de 5 mètres 50 centimètres, représentant une victoire qui, d'une main, portait des palmes, de l'autre se reposait sur un bouclier. Chaque statue appuyée contre un trophée surmonté d'une aigle; le trophée formé par un faisceau d'armes appartenant à toutes les nations conquises. Le second socle supportant quatre colonnes à chapiteau d'ordre corinthien, sur lesquelles posait le couronnement du catafalque. Au-dessus des socles, une coupole brillante en forme de dôme, décorée à l'intérieur en satin blanc, et entièrement dorée; à l'extérieur, tout autour, des faisceaux d'étendards, et au-dessous même de la coupole, une représentation exacte du cercueil qui renferme les restes de Napoléon. (La partie inférieure du catafalque avait été disposée pour recevoir le véritable cercueil.) Enfin, une immense aigle d'or de 3 mètres 30 centimètres d'envergure planant au-dessus du catafalque. A droite et à gauche, où sont les tombeaux de Turenne et de Vauban, des tribunes tendues de velours noir, destinées aux Chambres des Pairs et des Députés, au Conseil d'État, à la Cour de cassation, à la Cour royale, etc. Derrière le catafalque, diverses tribunes pour les dames invitées. Au fond, adossé à la grande porte, un autel pour la célébration de l'office. La pièce du fond d'autel toute en dentelle d'or appliquée sur velours noir. A droite de l'autel, la tribune du Roi, tendue de velours violet à palmettes d'or, et formée d'un baldaquin en velours écarlate surmontant le trône royal. Enfin, un tapis de pied violet, parsemé d'abeilles d'argent, régnant dans toute l'étendue de la nef et de l'église, même à l'emplacement de l'antique autel des Invalides, cet autel ayant été enlevé pour ne pas gêner le coup d'œil, et afin de laisser apercevoir, même de la nef, l'effet du dôme et l'ensemble de la cérémonie.

Dès sept heures du matin, les vastes amphithéâtres construits des deux côtés de l'esplanade se couvrirent de spectateurs, que la certitude d'une attente de huit heures au moins, par un froid de dix degrés, ne décourageait pas. Une longue file de personnes vêtues de deuil se formait près des fossés, à droite de la porte, et s'étendait jusqu'à la rue de Bourgogne.

A onze heures les portes s'ouvrirent; malgré tous les efforts, la foule ne put être contenue, et les tribunes furent bientôt envahies, surtout dans l'intérieur de l'église.

Vers onze heures et demie arriva la Chambre des Députés, précédée par les différents membres de l'ordre judiciaire. La Chambre des Pairs se présenta un peu plus tard. Les grands corps de l'État pénétrèrent difficilement jusqu'à l'église, tant la foule était compacte et pressée au dehors. Une fois le chemin frayé, ils furent bientôt suivis par les députations civiles et militaires et les fonctionnaires de tous les rangs, qui prirent place dans l'ordre suivant: Au fond du dôme, derrière le catafalque, et au-devant de l'autel, Monseigneur l'archevêque et tout le clergé. — En face de la tribune royale, un peu au-dessous, les ministres; — de l'autre côté, messieurs les maréchaux et amiraux de France. — Au devant des ministres, le gouverneur de l'Hôtel des Invalides, le vénérable maréchal Moncey, qui s'était fait rouler dans un fauteuil jusqu'au pied de l'autel. — A droite du catafalque, les Pairs; — un peu au-dessus, le Conseil d'État. — A gauche du catafalque, les Députés. A l'entrée du dôme, la cour de Cassation, la cour des Comptes, le Conseil royal de l'instruction publique, l'Institut, le Collége de France, les doyens des Facultés, la Cour royale, les officiers-généraux de l'armée et de la marine, etc. Dans la nef, les officiers de l'armée impériale, l'état-major des Invalides, l'École Polytechnique, etc. Vers deux heures, le canon des Invalides annonça que le cortége se présentait à la grille d'honneur. L'archevêque de Paris et son clergé, vêtus de violet, comme pour l'office des martyrs, allèrent recevoir le corps sous le porche drapé. En ce moment, du haut de l'estrade placée en avant des orgues, les trombonnes et les contre-basses firent entendre une marche d'un double caractère, à la fois funèbre et triomphal. Le canon retentissait au dehors; la garde nationale présentait les armes; les invalides serraient les sabres à leurs épaules, et le cercueil entrait, porté sur les épaules des soldats et des marins. Le prince de Joinville, l'épée à la main, marchait en tête. Celui qui revenait ainsi était un demi-dieu; c'était le vainqueur de Rivoli, d'Austerlitz, de la Moskowa, le grand défenseur de la dignité française, le plus glorieux représentant de notre démocratie en Europe.

La solennité à ce moment fut admirable. Les assistants étaient debout, la tête découverte, les yeux et les bras tendus vers ce cercueil dans lequel reposaient tant de gloire et de grandeur. Des invalides, qui faisaient la haie sur le passage du corps, s'étaient agenouillés malgré la consigne; les autres essuyaient des larmes roulant sous leurs paupières. Le spectacle était sublime. Parmi ceux-là, du moins, nul ne revenait par le repentir, nul n'avait trahi la France.

En ce moment le roi, qui pouvait prendre sa bonne part dans le triomphe de cette journée, quitta la place qu'il occupait dans le dôme, à la droite de l'autel, avec la reine, M. le duc d'Orléans, M. le duc et Mme la duchesse de Nemours, M. le duc d'Aumale, M. le duc de Montpensier, Mme la princesse Adélaïde. S. M. a salué en passant la Chambre des Pairs, placée à la droite du catafalque.

Ensuite, elle s'est avancée, suivie des princes, jusqu'à l'entrée de la nef, où le cercueil venait de s'arrêter.

« Sire, a dit le prince de Joinville, en baissant son épée jusqu'à terre, je vous présente le corps de l'Empereur Napoléon. »

— « Je le reçois au nom de la France, a répondu le roi d'une voix forte. » Puis, s'étant approché du prince de Joinville, il lui a serré la main avec affection.

TIMMS

Le général Athalin portait sur un coussin de velours l'épée de l'Empereur. Il l'a présentée au maréchal Soult, qui l'a remise au roi.

« Général Bertrand, a dit le roi, je vous charge de placer l'épée de l'Empereur sur son cercueil. »

Le général Bertrand a obéi à l'ordre du roi.

« Général Gourgaud, placez sur le cercueil le chapeau de l'Empereur. »

Le général Gourgaud s'est avancé et a placé le chapeau à côté de l'épée.

Le roi s'est retiré, a regagné sa place, et a salué en passant la Chambre des Députés, rangée à la gauche de l'autel.

Le cercueil avait été placé aussitôt sous le splendide catafalque élevé au milieu du dôme, et autour duquel étaient venus se placer M. le duc de Reggio, maréchal, grand-chancelier de la Légion-d'Honneur, M. le comte Molitor, maréchal de France, M. l'amiral Roussin, et M. le lieutenant-général comte Bertrand.

Lorsque le service funèbre commença, une émotion immense, universelle, dominait tous les cœurs.

Auprès du catafalque, on remarquait les membres de la commission de Sainte-Hélène : M. le lieutenant-général Gourgaud, M. le baron de Las-Cases et M. le comte de Rohan-Chabot, commissaire du roi. M. Marchand, ancien valet de chambre de l'Empereur, était en habit de garde national. Auprès du général Gourgaud, on apercevait M. le général Despans-Cubières, en uniforme de colonel d'infanterie légère du temps de l'Empire.

Le service funèbre dura deux heures. Il commença par le *De Profundis*, après lequel le magnifique *Requiem* de Mozart, cette lamentation suprême, qui convient à toutes les infortunes, chant de deuil et de triomphe, où l'expérience et le désespoir se mêlent d'une façon sacrée, fut chanté et exécuté par les plus grands artistes de la France, car eux aussi ils avaient voulu payer leur tribut de reconnaissance et de respect au grand Empereur.

A trois heures et demie, le clergé a jeté de l'eau bénite sur le corps. L'archevêque et le roi ont accompli ce dernier devoir. La cérémonie était terminée. La foule s'est écoulée dans un pieux recueillement.

Pendant huit jours, du 16 au 24 décembre, l'église des Invalides, qui avait conservé ses riches tentures, ses bougies, ses lampes brûlantes, l'odeur et la fumée de l'encens, resta ouverte au public. Plus de deux cent mille personnes se pressaient tous les jours aux abords de l'Hôtel.

Le 6 février, un samedi à midi, le cercueil de Napoléon, qui, depuis la cérémonie funèbre du 15 décembre, était resté déposé sous le catafalque impérial, a été transporté dans une chapelle ardente, disposée à droite de l'autel, sous l'un des petits dômes de l'église des Invalides.

Cette translation eut lieu en présence du maréchal Moncey, gouverneur, et de M. le général Petit, commandant des Invalides, de l'état-major de l'Hôtel, de la division des officiers, et des treize divisions de sous-officiers et soldats. M. le général Bertrand, M. le général Gourgaud, M. de Las-Cases fils, M. Cavé, directeur des Beaux-Arts, M. Marchand, et les autres membres de la mission de Sainte-Hélène avaient seuls été invités. Quatre officiers supérieurs tenaient les quatre coins du poêle impérial. La messe des morts a été célébrée par M. l'abbé Ancelin, curé des Invalides, assisté de son clergé. Après la messe, le cercueil, la couronne impériale, l'épée et le chapeau; ce chapeau populaire, tous les ornements de ce grand deuil ont été placés sur un plan incliné en charpente masquée par des tentures noires. Une fois déposé sur ces rails, le cercueil a glissé jusque sur le soubassement préparé pour le recevoir. Cette opération terminée, M. le maréchal et tous les invités ont été introduits dans la chapelle Saint-Jérôme; un *De profundis* a été chanté par le clergé et les artistes attachés à l'Hôtel. Jusqu'à l'achèvement du mausolée, le cercueil restera déposé dans la chapelle Saint-Jérôme. Voici les principales dispositions qui ont été prises pour la décoration de cette chapelle ardente.

Les chapiteaux et les bases des colonnes sont dorés; le fût est drapé de riches étoffes d'or et de soie; les entre-colonnements sont garnis de tentures de velours violet, semées d'abeilles, et enrichies de hautes broderies d'or. Au milieu des draperies sont appendus des trophées d'armes antiques en acier damasquiné d'un travail précieux; au centre de leurs boucliers, on relisait ces noms sonores et glorieux : Marengo, Wagram, Austerlitz, Iéna.

La tenture est couronnée par une litre de velours violet, richement brodée aux chiffres de l'Empereur, entourés de lauriers. Entre les deux colonnes qui font face à l'entrée est élevé un soubassement de un mètre soixante-dix centimètres de haut, tout drapé de velours violet, et décoré de broderies et de moulures dorées. Sur le soubassement est placé le cercueil de l'Empereur, recouvert du même poêle impérial qui a servi à le draper lors de l'exhumation à Sainte-Hélène et pendant la traversée. Sur le cercueil sont déposés la couronne impériale, l'épée de l'Empereur, le chapeau que Napoléon portait à Eylau, et qu'il avait donné lui-même au célèbre Gros, lorsqu'il le chargea de peindre cette bataille mémorable. En arrière, et comme le digne accompagnement de cet illustre cercueil, sont suspendus les drapeaux pris à Austerlitz. Du milieu des drapeaux s'échappe une aigle d'or, aux ailes déployées.

Des stores violets, aux armes impériales, appliqués au devant des fenêtres, ne laissent pénétrer qu'un jour lugubre dans toute la chapelle.

Une lampe de gaz, suspendue à la voûte, brûle jour et nuit. Des candélabres antiques seront allumés dans toutes les solennités commémoratives de l'histoire de Napoléon : le 20 mars, le 5 mai, le 15 août, etc. Derrière le cercueil, les parois de la chapelle sont recouvertes d'une tenture formant fond d'autel ; cette tenture, en velours violet, est ornée d'une croix de fond en or, d'arabesques et d'armes impériales. La chapelle est fermée par une grille en fer doré, qui, tout en défendant l'approche aux visiteurs, permet néanmoins de saisir l'ensemble et les détails. Des portières en étoffes de verre sont disposées pour masquer les grilles et l'entrée de la chapelle pendant les jours ordinaires. Quatre soldats invalides, le sabre nu, veilleront jour et nuit aux portes de la chapelle.

C'est bien le cas, ou jamais, de s'écrier avec le Psalmiste : « O mort! « où est ta victoire?... *O mors! ubi est victoria tua?...* » puisque voilà l'Empereur qui, après vingt ans, sort de son île avec son tombeau!...

APPENDICE.

N° I.

Depuis l'avis donné par monseigneur le prince de Joinville de sa relâche au Brésil au commencement de septembre, le gouvernement n'avait reçu aucune nouvelle de l'expédition; enfin, le 30 novembre, on apprit qu'elle avait mouillé à Cherbourg le jour même, à cinq heures du matin, après une heureuse traversée. Le lendemain, 1er décembre, on reçut les rapports suivants :

RAPPORT

DE MONSEIGNEUR LE PRINCE DE JOINVILLE AU MINISTRE DE LA MARINE.

« En rade de Cherbourg, 30 novembre 1840.

« Monsieur le ministre,

« Ainsi que j'ai eu l'honneur de vous l'annoncer, je suis parti le 14 septembre de la baie de Tous-les-Saints, j'ai prolongé la côte du Brésil avec des vents d'est qui, ayant hâlé le nord-est et le nord, m'ont permis d'atteindre promptement le méridien de Sainte-Hélène, sans que j'aie eu à dépasser le parallèle de 28 degrés sud. Arrivé sur ce méridien, des calmes et des folles-brises m'ont causé quelque retard. Le 8 octobre, je mouillais sur la rade de James-Town.

« Le brick l'*Oreste*, détaché par M. le vice-amiral de Mackau pour remettre à *la Belle-Poule* un pilote de la Manche, était arrivé la veille. Ce bâtiment ne m'apportant aucune instruction nouvelle, je me suis occupé immédiatement des ordres que j'avais précédemment reçus.

« Mon premier soin a été de mettre M. de Chabot, commissaire du roi, en rapport avec M. le général Middlemore, gouverneur de l'île. Ces messieurs avaient à régler, selon leurs instructions respectives, la manière dont il devait être procédé à l'exhumation des restes de l'Empereur, et à leur translation à bord de *la Belle-Poule*. L'exécution des projets arrêtés fut fixée au 15 octobre.

« Le gouverneur voulut se charger de l'exhumation et de tout ce qui devait avoir lieu sur le territoire anglais. Pour moi, je réglai les honneurs à rendre, dans les journées du 15 et du 16, par la division placée sous mes ordres. Les navires du commerce français, *la Bonne-Aimée*, capitaine Gallet, et l'*Indien*, capitaine Truquetil, s'associèrent à nous avec empressement.

« Le 15, à minuit, l'opération a été commencée en présence des commissaires français et anglais, M. de Chabot et le capitaine Alexander R. E. Ce dernier dirigeait les travaux. M. de Chabot, rendant au gouvernement un compte circonstancié des opérations dont il a été le témoin, je crois pouvoir me dispenser d'entrer dans les mêmes détails; je me bornerai à vous dire qu'à dix heures du matin le cercueil était à découvert dans la fosse. Après l'en avoir retiré intact, on procéda à son ouverture, et le corps fut trouvé dans un état de conservation inespéré. En ce moment solennel, à la vue des restes si reconnaissables de celui qui fit tant pour la gloire de la France, l'émotion fut profonde et unanime.

« A trois heures et demie, le canon des forts annonçait à la rade que le cortége funèbre se mettait en marche vers la ville de James-Town. Les troupes de la milice et de la garnison précédaient le char, recouvert du drap mortuaire, dont les coins étaient tenus par les généraux Bertrand et Gourgaud, et par MM. de Las-Cases et Marchand; les autorités et les habitants suivaient en foule. Sur la rade, le canon de la frégate avait répondu à celui des forts, et tirait de minute en minute; depuis le matin, les vergues étaient en pantenne, les pavillons à mi-mât, et tous les navires français et étrangers s'étaient associés à ces signes de deuil. Quand le cortége a paru sur le quai, les troupes anglaises ont formé la haie, et le char s'est avancé lentement vers la plage.

« Au bord de la mer, là où s'arrêtaient les lignes anglaises, j'avais réuni autour de moi les officiers de la division française. Tous en grand deuil et la tête découverte, nous attendions l'approche du cercueil; à vingt pas de nous, il s'est arrêté, et le général gouverneur, s'avançant vers moi, m'a remis, au nom de son gouvernement, les restes de l'empereur Napoléon.

« Aussitôt le cercueil a été descendu dans la chaloupe de la frégate, disposée pour le recevoir, et là encore l'émotion a été grave et profonde; le vœu de l'Empereur mourant commençait à s'accomplir : ses cendres reposaient sous le pavillon national.

« Tout signe de deuil a été dès lors abandonné; les mêmes honneurs que l'Empereur aurait reçus de son vivant ont été rendus à sa dépouille mortelle; et c'est au milieu des salves des navires pavoisés, avec leurs équipages rangés sur les vergues, que la chaloupe, escortée par les canots de tous les navires, a pris lentement le chemin de la frégate.

« Arrivé à bord, le cercueil a été reçu entre deux rangs d'officiers sous les armes, et porté sur le gaillard d'arrière, disposé en chapelle ardente. Ainsi que vous me l'avez prescrit, une garde de soixante hommes, commandés par le plus ancien lieutenant de la frégate, rendait les honneurs. Quoiqu'il fût déjà tard, l'absoute fut dite, et le corps resta ainsi exposé toute la nuit : M. l'aumônier et un officier ont veillé près de lui.

« Le 16, à dix heures du matin, les officiers et équipages des navires de guerre et de commerce français étant réunis à bord de la frégate, un service funèbre solennel fut célébré; on descendit ensuite le corps dans l'entre-ponts, où une chapelle ardente avait été préparée pour le recevoir.

« A midi, tout était terminé, et la frégate en appareillage; mais la rédaction des procès-verbaux a demandé deux jours, et ce n'est que le 18 au matin que *la Belle-Poule* et *la Favorite* ont pu mettre sous voiles; l'*Oreste,* parti en même temps, a fait route pour sa destination.

« Après une traversée heureuse et facile, je viens de mouiller sur rade de Cherbourg, à cinq heures du matin.

« Veuillez, amiral, recevoir l'assurance de mon respect.

« Le capitaine de *la Belle-Poule,*

« Signé : F. D'ORLÉANS. »

N° II.

ACTE D'EXHUMATION ET DE REMISE DES RESTES DE NAPOLÉON.

« Nous soussignés, Philippe-Ferdinand-Auguste de Rohan-Chabot, chevalier de l'ordre royal de la Légion-d'Honneur, secrétaire d'ambassade, commissaire en vertu des pouvoirs reçus de Sa Majesté le roi des Français pour présider, au nom de la France, à l'exhumation et à la translation des restes mortels de l'Empereur Napoléon, ensevelis dans l'île de Sainte-Hélène, et à leur remise, par l'Angleterre, à la France, conformément aux décisions des deux gouvernements, d'une part;

« Et Charles Corsan Alexander, capitaine commandant le corps royal du génie à Sainte-Hélène, député par Son Excellence le major-général Middlemore, compagnon du Bain, gouverneur commandant en chef les forces de Sa Majesté Britannique à Sainte-Hélène, pour présider, au nom de Son Excellence, à ladite exhumation, de l'autre part :

« Nous étant préalablement communiqué nos pouvoirs respectifs, trouvés en bonne forme, nous nous sommes rendus ce jourd'hui, 15 du présent mois d'octobre de l'année 1840, au lieu de la sépulture de l'Empereur Napoléon, pour surveiller et diriger personnellement toutes les opérations de l'exhumation et de la translation.

« Arrivés à la vallée dite de Napoléon, nous avons trouvé le tombeau gardé, d'après les ordres de Son Excellence le gouverneur, par un détachement du 91ᵉ régiment d'infanterie anglaise, commandé par le lieutenant Barney, chargé d'en écarter toute personne qui n'aurait pas été désignée par l'un de nous comme devant assister à la cérémonie ou prendre part aux travaux.

« Sont alors entrés dans l'enceinte réservée ainsi autour du tombeau,
« Du côté de la France :
« M. le baron de Las-Cases, membre de la Chambre des Députés, conseiller d'État; M. le baron Gourgaud, lieutenant-général aide-de-camp du roi; M. Marchand, l'un des exécuteurs testamentaires de l'Empereur; M. le comte Bertrand, lieutenant-général, accompagné de M. Arthur Bertrand, son fils; M. l'abbé Félix Coquereau, aumônier

de la frégate *la Belle-Poule*, et deux enfants de chœur; MM. Saint-Denis, Noverraz, Archambauld, Pierron, anciens serviteurs de l'Empereur; M. Guyet, capitaine de corvette, commandant la corvette *la Favorite*; M. Charner, capitaine de corvette, commandant en second de la frégate *la Belle-Poule*; M. Doret, capitaine de corvette, commandant le brick *l'Oreste*; M. le docteur Guillard, chirurgien-major de la frégate *la Belle-Poule*, suivi du sieur Leroux, ouvrier plombier;

« Et du côté de l'Angleterre:

« Son Honneur le gouverneur-juge William Wilde, membre du conseil colonial de l'île de Sainte-Hélène; l'honorable Hamelin Mrelawney, lieutenant-colonel commandant l'artillerie et membre du conseil; l'honorable colonel Hobson, membre du conseil; M. H. Seale, secrétaire colonial du gouvernement de Sainte-Hélène, et lieutenant-colonel de la milice; M. Edward Littlehales, lieutenant de la marine royale, commandant la goëlette de Sa Majesté Britannique *Dolphin*, représentant la marine; M. Darling, qui avait surveillé les travaux de la sépulture de l'Empereur.

« Les personnes destinées à diriger et à exécuter les travaux ont été ensuite admises;

« Alors, en notre présence, et en celle des seules personnes ci-dessus désignées, il a été constaté que le tombeau était parfaitement intact, et, dans le plus grand silence, les premiers travaux ont commencé entre minuit et une heure du matin.

« Nous avons fait d'abord enlever la grille en fer qui entourait le tombeau, avec les fortes couches de pierres cramponnées sur lesquelles elle était scellée; on a pu entamer alors la surface extérieure de la tombe, laquelle, recouvrant un espace de 3 mètres 46 centimètres (11 pieds 6 pouces anglais) de longueur, sur 2 mètres 46 centimètres (8 pieds 1 pouce) de largeur, était composée de trois dalles de 15 centimètres (6 pouces) d'épaisseur, encadrées dans une seconde bordure de maçonnerie. A une heure et demie, cette première couche était entièrement enlevée.

« Il s'est présenté alors un mur rectangulaire formant, comme nous avons pu le vérifier plus tard, les quatre faces latérales d'un caveau ayant 3 mètres 50 centimètres (11 pieds) de profondeur, 1 mètre 40 centimètres (4 pieds 8 pouces) de largeur, et 2 mètres 40 centimètres (8 pieds) de longueur. Ce caveau était entièrement rempli de terre jusqu'à une distance de 15 centimètres (6 pouces) environ de la couche des dalles déjà enlevées. Après avoir creusé dans ce caveau, et en avoir retiré la terre, on a rencontré, à une profondeur de 2 mètres 5 centimètres (6 pieds 10 pouces), une couche horizontale de ciment romain, s'étendant sur tout l'espace compris entre les murs du caveau, auxquels elle adhérait hermétiquement. Cette couche ayant été, à trois heures, complétement découverte, les soussignés commissaires sont descendus dans le caveau, et l'ont reconnu parfaitement intact de toutes parts, et sans lésion aucune. La couche de ciment sus-mentionnée ayant été percée, on s'est assuré qu'elle en couvrait une autre de 27 centimètres (10 pouces) d'épaisseur, en moellons liés ensemble par des tenons de fer, et qui n'ont pu être entièrement enlevés qu'après quatre heures et demie de travail.

« L'extrême difficulté de cette opération a décidé le soussigné commissaire anglais à faire creuser une fosse sur le côté gauche du caveau, et à en abattre le mur correspondant, à l'effet de parvenir ainsi jusqu'au cercueil, dans le cas où la couche supérieure opposerait une trop forte résistance aux efforts tentés simultanément pour la percer. Mais celle-ci se trouvant entièrement enlevée vers huit heures du matin, les travaux du fossé latéral, parvenus à la profondeur de 1 mètre 50 centimètres (5 pieds), furent abandonnés. Immédiatement au-dessous de la couche ainsi démolie, nous avons trouvé une forte dalle ayant 1 mètre 98 centimètres (6 pieds 7 pouces 1/2) de long, 90 centimètres (3 pieds) de large, et 12 centimètres (5 pouces) d'épaisseur, formant, comme nous en avons acquis la certitude plus tard, le recouvrement du sarcophage intérieur en pierres de taille contenant le cercueil. Cette dalle, parfaitement intacte, était encadrée dans une bordure de moellons et de ciment romain fortement liée aux parois du caveau. Cette dernière maçonnerie ayant été défaite avec soin, et deux boucles ayant été fixées sur la dalle, à neuf heures et demie tout était prêt pour l'ouverture du sarcophage. Alors le docteur Guillard a purifié la tombe au moyen d'aspersions de chlorure, et la dalle a été, par ordre du soussigné commissaire anglais, soulevée à l'aide d'une chèvre, et déposée sur le bord de la tombe. Dès que le cercueil a paru, tous les assistants se sont découverts, M. l'abbé Coquereau a répandu l'eau bénite, et a récité le *De profundis*.

« Les soussignés commissaires sont ensuite descendus pour visiter le cercueil, qu'ils ont trouvé bien conservé, sauf une petite portion de la partie inférieure, laquelle, quoique reposant sur une forte dalle, elle-même appuyée sur des pierres de taille, était légèrement altérée. Quelques précautions sanitaires ayant été de nouveau prises par le

APPENDICE. 927

chirurgien, un exprès fut alors envoyé à Son Excellence le gouverneur pour l'informer des progrès de l'opération, et le cercueil a été retiré avec des crochets et des bricoles, et transporté avec soin sous une tente dressée pour le recevoir. A ce moment, monsieur l'aumônier a fait la levée du corps, conformément aux rites de l'église catholique.

« Les soussignés commissaires sont ensuite descendus dans le sarcophage, qu'ils ont reconnu être dans un état parfait de conservation, et entièrement conforme aux descriptions officielles de la sépulture.

« Vers onze heures, le soussigné commissaire français s'était assuré préalablement que Son Excellence le gouverneur avait autorisé l'ouverture des cercueils de l'Empereur. Conformément à des arrangements déjà arrêtés à l'avance, nous avons fait enlever avec précaution le premier cercueil, dans lequel nous avons trouvé un cercueil de plomb en bon état, que nous avons fait placer dans celui qui était envoyé de France. Son Excellence le gouverneur, accompagné de son état-major, le lieutenant Middlemore, aide-de-camp et secrétaire militaire, et le capitaine Barnes, major de la place, est entré dans la tente pour être présent à l'ouverture des cercueils intérieurs. On a coupé alors et soulevé avec le plus grand soin la partie supérieure du cercueil de plomb, dans lequel on a trouvé un nouveau cercueil de bois, lui-même en très-bon état, et répondant aux descriptions et aux souvenirs des personnes présentes qui avaient assisté à la sépulture. Le couvercle du troisième cercueil ayant été enlevé, il s'est présenté une garniture de fer-blanc légèrement oxydée, laquelle, ayant été coupée et retirée, a laissé voir un drap de satin blanc; ce drap a été soulevé avec la plus grande précaution par les mains seules du docteur, et le corps entier de Napoléon a paru. Les traits avaient assez peu souffert pour être immédiatement reconnus. Les divers objets déposés dans le cercueil ont été remarqués dans la position exacte où ils avaient été placés, les mains singulièrement bien conservées, l'uniforme, les ordres, le chapeau, fort peu altérés; toute la personne, enfin, semblait attester une inhumation récente. Le corps n'est resté exposé à l'air que pendant les deux minutes au plus nécessaires au chirurgien pour prendre les mesures prescrites par ses instructions, à l'effet de le préserver de toute altération ultérieure.

« Le cercueil en fer-blanc et le premier cercueil en bois ont été immédiatement refermés, ainsi que le cercueil en plomb; celui-ci a été ressoudé avec le plus grand soin sous la direction de M. le docteur Guillard, et fortement fixé par des coins dans le nouveau cercueil de plomb envoyé de Paris, lequel a été également soudé hermétiquement. Le nouveau cercueil en ébène a été alors fermé à la clef, qui a été remise au soussigné commissaire français.

« Alors le soussigné commissaire anglais a déclaré au commissaire français que les travaux de l'exhumation étant terminés, il était autorisé par Son Excellence le gouverneur à le prévenir que le cercueil contenant, comme il venait d'être dûment constaté, les restes mortels de Napoléon, serait considéré comme à la disposition du gouvernement français du moment où il aurait atteint le lieu d'embarquement, vers lequel il allait être dirigé sous les ordres personnels de Son Excellence le gouverneur.

« Le soussigné commissaire français a répondu qu'il était chargé d'accepter ce cercueil au nom de son gouvernement, et qu'il était prêt, ainsi que toutes les personnes composant la mission française, à l'accompagner jusqu'au quai de James-Town, où S. A. R. monseigneur le prince de Joinville, commandant supérieur de l'expédition, était dans l'intention de se présenter pour le recevoir des mains de S. E. le gouverneur, et le conduire solennellement à bord de la frégate française *la Belle-Poule*, chargée de le ramener en France.

« Le cercueil a été placé sur un char funèbre, recouvert lui-même d'un manteau impérial présenté par le soussigné commissaire français, et à trois heures et demie de l'après-midi, le cortége s'est mis en marche dans l'ordre suivant, sous le commandement de S. E. le gouverneur, auquel une indisposition n'avait pas permis d'assister aux travaux de la nuit :

« Le régiment de milice de Sainte-Hélène, sous les ordres du lieutenant-colonel Leale;

« Le détachement du 91ᵉ régiment d'infanterie, commandé par le capitaine Blackwell, la musique de la milice, M. l'abbé Coquereau avec deux enfants de chœur;

« Le char, conduit par un détachement de l'artillerie royale, les coins du drap mortuaire portés par MM. le lieutenant-général comte Bertrand, le lieutenant-général baron Gourgaud, le baron de Las-Cases et M. Marchand;

« MM. Saint-Denis, Noverraz, Archambauld, Pierron;

« Le soussigné commissaire français conduisant le deuil, ayant à ses côtés MM. les capitaines Guyet et Charner;

« M. Arthur Bertrand, suivi de M. Coursot, ancien serviteur de l'Empereur, MM. le capitaine Dorel et le docteur Guillard;

APPENDICE.

« Les autorités civiles, maritimes et militaires de l'île, d'après leur rang ;

« S. E. le gouverneur, accompagné de Son Honneur le grand juge, et du colonel Hopson, membre du conseil ;

« Une compagnie d'artillerie royale ;

« Les principaux habitants de l'île en grand deuil.

« Pendant toute la marche, les forts ont tiré le canon de minute en minute.

« Parvenu à James-Town, le char a défilé lentement entre deux haies de soldats de la garnison, qui s'étendaient depuis l'entrée de la ville jusqu'au lieu de l'embarquement.

« A cinq heures et demie, le cortége est arrivé à l'extrémité du quai. Là S. A. R. monseigneur le prince de Joinville, accompagné de son aide de camp, M. le capitaine de vaisseau Hernoux, membre de la Chambre des Députés, et entouré des états-majors des trois bâtiments de guerre français *la Belle-Poule*, *la Favorite* et *l'Oreste*, a reçu de S. E. le gouverneur le cercueil impérial, qui a été immédiatement embarqué dans une chaloupe disposée à l'avance pour cette cérémonie, et conduit solennellement à bord de *la Belle-Poule*, par le prince avec tous les honneurs dus aux souverains.

« En foi de quoi, nous, commissaires sus-dénommés, avons dressé le présent procès-verbal, et l'avons revêtu du cachet de nos armes.

« Fait double entre nous, à Sainte-Hélène, le 15 du mois d'octobre de l'an de grâce 1840.

« L. S. ROHAN-CHABOT. L. S. ALEXANDER.

« Confirmé : MIDDLEMORE. »

N° III.

PROCÈS-VERBAL DU CHIRURGIEN-MAJOR DE LA FRÉGATE LA BELLE-POULE.

« Je soussigné Guillard (Remi-Julien), docteur en médecine, chirurgien-major de la frégate *la Belle-Poule*, m'étant rendu, dans la nuit du 14 au 15 octobre 1841, sur l'invitation de M. le comte de Rohan-Chabot, commissaire du roi, à la vallée du Tombeau, île de Sainte-Hélène, pour assister à l'exhumation des restes de l'empereur Napoléon, en ai dressé le présent procès-verbal.

« Pendant les premiers travaux, il n'a point été pris de précautions sanitaires ; aucune exhalaison méphitique n'est sortie des terres que l'on remuait, ni du caveau dont on faisait l'ouverture.

« Le caveau ayant été ouvert, j'y suis descendu : au fond était le cercueil de l'Empereur ; il reposait sur une large dalle, assise elle-même sur des montants en pierre. Les planches en acajou qui le formaient avaient encore leur couleur et leur dureté, excepté celles du fond, qui, garnies de velours, présentaient un peu d'altération dans les couches les plus superficielles. On ne voyait alentour aucun corps solide ni liquide. Quant aux parois du caveau, elles n'offraient pas la plus légère dégradation, mais seulement çà et là quelques traces d'humidité.

« M. le commissaire du roi m'ayant engagé à ouvrir les cercueils intérieurs, j'ai dû les soumettre d'abord à quelques mesures sanitaires : immédiatement après, j'ai procédé à leur ouverture. La caisse extérieure était fermée par de longues vis ; il a fallu les couper pour enlever le couvercle ; dessous était une caisse en plomb, close de toutes parts, qui enveloppait une autre caisse en acajou parfaitement intacte ; venait enfin une quatrième caisse en fer-blanc, dont le couvercle était soudé sur les parois qui se repliaient en dedans. La soudure a été coupée lentement et le couvercle enlevé avec précaution; alors j'ai vu un tissu blanchâtre qui cachait l'intérieur du cercueil, et empêchait d'apercevoir le corps : c'était du satin ouaté, formant une garniture dans l'intérieur de cette caisse. Je l'ai soulevé par une extrémité, et, le roulant sur lui-même des pieds vers la tête, j'ai mis à découvert le corps de Napoléon, que j'ai reconnu aussitôt, tant son corps était bien conservé, tant sa tête avait de vérité dans son expression. Quelque chose de blanc, qui semblait détaché de la garniture, couvrait comme d'une gaze légère, tout ce que renfermait le cercueil. Le crâne et le front, qui adhéraient fortement au satin, en étaient surtout enduits ; on en voyait peu sur le bas de la figure, sur les mains, sur les orteils. Le corps de l'Empereur avait une position aisée : c'était celle qu'on lui avait donnée en le plaçant dans le cercueil ; les membres supérieurs étaient allongés, l'avant-bras et la main gauche appuyant sur la cuisse correspondante, les membres supérieurs légèrement fléchis. La tête, un peu élevée, reposait sur un coussin ; le crâne volumineux, le front haut et large, se présentaient couverts de téguments jaunâtres, durs et très-adhérents. Tel paraissait aussi le contour des orbites, dont le bord supérieur était garni de sourcils. Sous les paupières se dessinaient les globes oculaires, qui avaient perdu peu de chose de leur volume et de leur forme. Ces paupières, complétement fermées, adhéraient aux parties sous-jacentes, et se présentaient dures sous la pression des doigts ; quelques cils se voyaient encore à leur bord libre. Les os propres du nez et les téguments qui les couvrent étaient bien conservés, le tube et les ailes seuls avaient souffert. Les joues étaient bouffies ; les téguments de cette partie de la face se faisaient remarquer par leur toucher doux, souple, et leur couleur blanche ; ceux du menton étaient légèrement bleuâtres : ils empruntaient cette teinte à la barbe, qui semblait avoir poussé après la mort. Quant au menton lui-même, il n'offrait point d'altération, et conservait encore ce type propre à la figure de Napoléon. Les lèvres amincies étaient écartées ; trois dents incisives extrêmement blanches se voyaient sous la lèvre supérieure, qui était un peu relevée à gauche. Les mains ne laissaient rien à désirer ; nulle part la plus légère altération. Si les articulations avaient perdu leurs mouvements, la peau semblait avoir conservé cette couleur particulière qui n'appartient qu'à ce qui a vie. Les doigts portaient des ongles longs, adhérents et très-blancs. Les jambes étaient renfermées dans les bottes, mais, par suite de la rupture des fils, les quatre derniers orteils dépassaient de chaque côté. La peau de ces orteils était d'un blanc mat et garnie d'ongles. La région antérieure du thorax était fortement déprimée dans la partie moyenne, les parois du ventre dures et affaissées. Les membres paraissaient avoir conservé leurs formes sous les vêtements qui les couvraient ; j'ai pressé le bras gauche, il était dur et avait diminué de volume. Quant aux vêtements, ils se présentaient avec leurs couleurs : ainsi on reconnaissait parfaitement l'uniforme des chasseurs à cheval de la vieille garde au vert foncé de l'habit, au rouge vif des parements ; le grand cordon de la Légion d'honneur se dessinant sur le gilet, et la culotte blanche cachée en partie par le petit chapeau qui reposait sur les cuisses. Les épaulettes, la plaque et les deux décorations attachées sur la poitrine, n'avaient pas leur brillant : elles étaient noircies ; la couronne d'or de la croix d'officier de la Légion d'honneur seule avait conservé son éclat. Des vases d'argent apparaissaient entre les jambes ; un d'eux, surmonté d'un aigle, s'élevait entre les genoux : je le trouvai intact et fermé. Comme il existait des adhérences assez fortes entre ces vases et les parties voisines qui les couvraient un peu, M. le commissaire du roi n'a pas cru devoir les déplacer pour les examiner de plus près.

« Tels sont les seuls détails que m'ait permis d'enregistrer, sur les restes mortels de l'empereur Napoléon, un examen qui n'a duré que deux minutes. Ils sont incomplets, sans doute, mais ils suffisent pour constater un état de conservation plus parfait que je n'étais fondé à l'attendre d'après les circonstances connues de l'autopsie et de l'inhumation. Ce n'est point ici le lieu d'examiner les causes nombreuses qui ont pu arrêter à ce point la décomposition des tissus; mais nul doute que l'extrême solidité de la maçonnerie du tombeau, et les soins apportés à la confection et à la soudure des cercueils métalliques, n'aient contribué puissamment à produire ce résultat. Quoi qu'il en soit, j'ai dû redouter pour ces restes le contact de l'air atmosphérique; et, convaincu que le meilleur moyen d'en assurer la conservation était de les soustraire à son action destructive, je me suis rendu avec empressement aux invitations de M. le commissaire du roi, qui demandait que l'on fermât les cercueils.

« J'ai remis à sa place le satin ouaté, après l'avoir légèrement enduit de créosote; j'ai fait fermer hermétiquement les caisses en bois, et souder avec le plus grand soin les caisses en métal.

« Les restes de l'empereur Napoléon sont aujourd'hui dans six cercueils:

« 1° Un cercueil en fer-blanc; — 2° un cercueil en bois d'acajou; — 3° un cercueil en plomb; — 4° un second cercueil en plomb, séparé du précédent par de la sciure et des coins de bois; — 5° un cercueil en bois d'ébène; — 6° un cercueil en bois de chêne, qui protége le cercueil en ébène.

« Fait à l'île Sainte-Hélène, le 15 du mois d'octobre 1840.

Signé REMI GUILLARD, docteur-médecin.

« Le commissaire du roi,

« Signé PH. DE ROHAN-CHABOT. »

TABLE

DES

SOMMAIRES DU DEUXIÈME VOLUME.

CHAPITRE PREMIER.

	Pages
Nouvelle méchanceté du gouverneur, etc.—Projet désespéré du Corse Santini	1
Mélanie de La Harpe — Religieuses. — Couvents. — Trappistes. Clergé français.	3
Marie-Antoinette — Mœurs de Versailles. — *Le Père de Famille* de Diderot.	6
Historique de l'émigration à Coblentz. — Anecdotes, etc.	7
Voyage sentimental de Napoléon. — Esprit public du temps — Journée du 10 août.	31
Bals masqués. — Madame de Mégrigny — Le Piémont et les Piémontais. — Canaux de la France. — Rêves sur Paris. — Versailles. Fontainebleau.	34
Projet d'une histoire européenne. — Sélim III. Forces d'un sultan turc — Les mameluks. — Sur la régence	45
Campagnes d'Italie, etc. — Époque de 1813, etc. — Gustave III — Gustave IV. — Bernadotte. — Paul Ier.	48

CHAPITRE II.

Vigne patrimoniale de Napoléon, etc. — Sa nourrice, etc. — Son toit paternel. — Larmes de Joséphine durant les échauffourées de Wurmser aux environs de Mantoue.	56
Catherine II. — Gardes impériales — Paul Ier, etc. — Projet sur l'Inde, etc.	59
L'Empereur évêque, etc. — N'avait jamais souffert de l'estomac.	60
Campagne de 1809, dite de Wagram, espace de six mois. — État de l'Europe. Plans de la cinquième coalition. — Machinations intérieures. — Bataille d'Eckmühl — Belles leçons de stratégie. — Réflexions, conséquences. — Bataille d'Essling — Bataille de Wagram — Traité de Vienne, le 14 octobre.	61
Sur la guerre de Russie. — Fatalités, etc. — M. de Talleyrand, etc. — *Corinne* de madame de Staël. — M. Necker, etc.	101
De la chasse à Sainte-Hélène, etc. — Veille du 15 août, etc.	108
Fête de l'Empereur.	110
École Polytechnique supprimée, etc. — Indécence des journaux anglais, etc. — Machine à glace.	111
Idées religieuses de Napoléon — Évêque de Nantes (de Voisins) Le pape. Liberté de l'Église gallicane. Anecdotes. — Concordat de Fontainebleau.	ib
Conversation vive de l'Empereur avec le gouverneur, en tiers avec l'amiral	122
Retour de la conversation avec le gouverneur, etc. Effets des libelles sur Napoléon. — Traité de Fontainebleau — Ouvrage du général Sarrazin.	124
Violent accès d'indignation de ma part qui amuse fort l'Empereur.	128
Curtisart, etc. — Anecdotes des salons de Paris	129
L'Empereur continue d'être souffrant. Pièce officielle remarquable adressée à sir Hudson Lowe.	132

Général Joubert — Pétersbourg — Moscou, son incendie. — Projet de Napoléon s'il fut revenu vainqueur.	139
Sur le couronnement, etc. — Décrets de Berlin et de Milan. — Grande cause de la haine des Anglais.	146

CHAPITRE III.

Relation de la campagne de Waterloo, dictée par Napoléon.	149
Projet de nouvelle défense politique de Napoléon par lui-même.	163
Catinat, Turenne, Condé. De la plus belle bataille de l'Empereur. — Des meilleures troupes, etc.	164
Mathilde et madame Cottin, etc. Pas un Français que Napoléon n'ait remué. — Désaix et Napoléon à Marengo. — Sidney-Smith cause involontaire du retour du général Bonaparte en France, historique de ce voyage. — Exemples bien bizarres de la fortune.	167
Doutes historiques, le duc d'Orléans régent, madame de Maintenon, son mariage avec Louis XIV.	173
Les ministres, etc. M. Daru, anecdotes. — Parures fanées de Sainte-Hélène.	174
Campagne de Saxe ou de 1813. — Violente sortie de Napoléon. — Réflexions, analyses.	176

CHAPITRE IV.

Traits de bienfaisance. — Voyage à Amsterdam ; les Hollandais, etc. — Massacres de septembre. — Sur les révolutions en général, fatalité contre Louis XVI.	182
Sur les gardes du corps ; un déserteur parmi nous.	187
Bourrades de Napoléon, la plupart calculées, etc., etc. — On marchande notre existence	189
Conversation confidentielle — Lettres de madame de Maintenon et de madame de Sévigné.	190
Fautes des ministres anglais, moyens laissés à l'Angleterre pour l'acquittement de sa dette, etc. — Réduction du gouvernement.	191
Cour de l'Empereur. — Présentation des femmes, etc. — Sur l'âge des femmes. — Manuscrit de l'île d'Elbe.	198

CHAPITRE PREMIER.

Dans le seizième siècle, le pape, l'Espagne et les Seize veulent en vain élever sur le trône de France une quatrième dynastie. — Henri IV succède à Henri III sans interrègne ; il est vainqueur de la ligue, cependant il ne peut régner qu'en se ralliant de bonne foi au parti de la majorité de la nation.	200

CHAPITRE II.

La république consacrée par la volonté du peuple, par la religion, par la victoire et par toutes les puissances de l'Europe.	205

CHAPITRE III.

La révolution a fait de la France une nouvelle nation ; elle a affranchi les Gaulois de la conquête des Francs, elle a créé de nouveaux intérêts et un nouvel ordre de choses, conformes au bien du peuple, à ses droits, à la justice, aux lumières du siècle.	205

CHAPITRE IV

Le peuple français élève le trône impérial pour consolider tous les nouveaux intérêts. Cette quatrième dynastie ne succède pas immédiatement à la troisième, mais à la république. Napoléon a été sacré par le pape, reconnu par les puissances de l'Europe. Il a créé des rois. Il a su marcher sous ses ordres les armées de toutes les puissances du continent. 207

CHAPITRE V.

Le sang de la dynastie impériale est mêlé avec celui de toutes les maisons souveraines de l'Europe, celles de Russie, de Prusse, d'Angleterre, d'Autriche. 210

CHAPITRE VI.

Qui donne occasionnellement la campagne de Saxe, démontre que la ligue de 1813 était, dans son objet, étrangère à la restauration. . . . 213
Mon ménage. — Intention de l'Empereur dans ses prodigalités, etc 218
Petitesse de son lit. — Le tic revenu. — Gardes de l'Aigle — Le coucou. 220
L'Empereur continue d'être souffrant, etc — Gaieté Horrible nourriture, vin exécrable, etc . 223
Poème de *Charlemagne*, du prince Lucien, critique — Homère. 225
Manque de nourriture — Le vin ridiculement fixé, etc. Retour de l'île d'Elbe. — Bizarrerie du hasard, etc 226
Poème de *Charlemagne*, etc. — Les frères et sœurs de l'Empereur, auteurs, etc. . 245
Nous manquons de déjeuner. — Sophisme de gaieté. Sur les impossibilités, etc. — L'Empereur change et s'affaiblit. — Argenterie brisée. . 244
Nouvelle vexation du gouverneur — Topographie de l'Italie 247

CHAPITRE V.

Fameuse créance à Saint-Domingue Inspecteurs aux revues, etc. — Projets administratifs, composition de l'armée. — Gaudin, Mollien, Defermont, Lacuée, etc Ministre du trésor, ministre secrétaire d'État, leur importance. . . 249
Intention de Napoléon sur les classiques anciens. . 253
Sur la sensibilité — Sur les Occidentaux et les Orientaux, leur différence, etc . . ib.
Sur la Hollande et le roi Louis. — Humeur, plainte contre les siens Haute politique, etc. Lettre à son frère le roi Louis. . . . 259
Ferveur de travail. Idées et projets de Napoléon sur notre histoire, etc. Sur les ouvrages publiés, etc. M Méneval, détails curieux, etc., etc 267
Paroles caractéristiques touchant ma femme Dictée de l'Empereur pour une nouvelle partie de ses Mémoires. 273

CHAPITRE VI.

Belles dictées de l'Empereur. — Détails, particularités caractéristiques, etc — Mauvaise foi du cabinet britannique — Réfutation de Walter Scott et de Maitland — Singularités bien remarquables dans Napoléon touchant son orthographe et ses citations historiques. 275
Mon atlas — Gaieté de Napoléon sur son fanatisme supposé — Le gouverneur insiste vainement pour être reçu de l'Empereur. . . . 284
Jurisprudence sur nos Codes au Conseil d'État, Murlin, etc. Monuments d'Égypte. Projet d'un temple égyptien à Paris . . 286
Ressources dans l'émigration, anecdotes, etc — Communications officielles. — Nouvelles offenses. 288
L'Empereur lit mon Journal et me dicte. — Conférence entre le grand maréchal et le gouverneur. 290
Mon Journal, singularité de l'Empereur à son égard, il ne l'a jamais revu — Empire de l'opinion. Talma, Crescentini, etc . . . 293
Combat d'Ulysse et d'Irus. — Noverraz serait notre roi, etc 295
Le Polonais aux arrêts par le gouverneur. — Paroles de l'Empereur sur son fils et sur l'Autriche — Nouvelles vexations. — Nouveaux outrages. — Paroles

sur lord Bathurst. — Nouvelles restrictions — Observations dictées par Napoléon. . . 296
Restrictions de sir Hudson Lowe, communiquées à Longwood, le 19 octobre 1816, mais qu'il avait déjà mises à exécution par différents ordres secrets, depuis le mois d'août précédent, et qu'il ne communiqua jamais aux officiers anglais de service, honteux sans doute de leur contenu. . . . 298
Nos anxiétés, nos peines au sujet des nouvelles restrictions. — Anecdotes de Campo-Formio, MM. de Cobentzel, Gallo, Clarke. Le comte d'Entraigues. 303
Besoins de l'Empereur. — Ses reprises sur le prince Eugène. — Sa santé s'altère. . . 311
Déclaration exigée envoyée au gouverneur — Beaucoup de livres modernes, pures spéculations — Fausseté des portraits créés par l'esprit de parti, etc. — Général Maison. 312

CHAPITRE VII.

Odieuses difficultés du gouverneur sur nos déclarations, beau mouvement de l'Empereur Notre affreuse anxiété — Le gouverneur fait comparaître chacun de nous, persistance de l'Empereur Nous le trompons — Notre esclavage est consommé . 314
Anecdotes sur Sieyès, avancés — L'Empereur souvent déguisé dans les fêtes populaires. — Visites au faubourg Saint-Antoine après Moscou et l'île d'Elbe. — Cheveux de l'Empereur. Mœurs sous le Directoire 321
Louis XVI. — Marie-Antoinette Madame Campan — Léonard Princesse Lamballe. . . 328
On enlève quatre des nôtres Premières années de l'Empereur 331
La famille du grand maréchal se rapproche de nous 333
Expédition de saint Louis en Égypte Nos femmes auteurs de madame Staël Les écrivains ennemis de Napoléon ne mordront que sur du granit . ib.
Soin des blessés aux armées, le baron Larrey, circonstance caractéristique . . . 334
L'Empereur accepte mes quatre mille louis . 337

CHAPITRE VIII.

Tragédie d'Euripide dans son intégrité, commandée pour le théâtre de Saint-Cloud Maréchal Jourdan. — Sur la guerre de Russie, vues et intentions de Napoléon. Clef de la guerre de Russie, rectifications judicieuses de Napoléon sur cette désastreuse expédition 338
Fluxion violente — Anecdotes intérieures et domestiques. 346
Les souffrances continuent Immoralité, vice le plus funeste dans le souverain. Résumé consolant de Napoléon sur la moralité de notre avenir . 347
L'Empereur, toujours souffrant, manque de médicaments. Madame de Montesson. . 349
L'Empereur continue d'être souffrant — Circonstances caractéristiques 350
Chaque jour de réclusion Anecdote pour mémoire non payé — Sur l'inpopularité . . 351
L'Empereur viole, dit-il, les règles de la médecine. — C'est lui qui, le premier, nous appelle la grande nation. — Il a commandé toute sa vie. . 352
Résumé de juillet, août, septembre, octobre. — De l'ouvrage de M. O'Meara, procès qui lui est intenté en ce moment par sir Hudson Lowe — Quelques mots en défense du Mémorial . . . 253
Affaissement de l'Empereur. — Sa santé continue de s'altérer sensiblement. — Inquiétudes du médecin — Nos prisonniers en Angleterre, les pontons, etc 361

CHAPITRE IX.

Anvers, grandes intentions de Napoléon à son égard, est une des causes de sa chute — Généreux sentiments qui font refuser le traité de Châtillon. — Travaux maritimes, Cherbourg, etc. — Rapport officiel sur l'empire en 1815. Total des dépenses en travaux, sous Napoléon . . . 368
L'Empereur très-souffrant, mélancolie Anecdotes

	Pages
de gaieté. — Deux aides de camp. — Echauffourée du général Mallet	379
Continuation de souffrances et de réclusion. — Lui dû mourir à Moscou ou à Waterloo. Éloge de sa famille	382
La géographie, passion du moment. — Mon Atlas. — Lit de parade arrivé de Londres, vrai piège à rats. Anecdotes apprises des Anglais, lettre de Sainte-Hélène	384

CHAPITRE X.

Situation physique de la Russie, sa puissance politique, paroles remarquables. — Notice sur l'Inde anglaise. — Pitt et Fox. — Idées de l'économie politique, compagnies ou commerce libre. Les créneaux contre les métiers, etc. — M. de Suffren. — Sentiments de l'Empereur pour la marine	390
Organisation impériale, préfets, auditeurs au Conseil d'État, motifs des gros appointements, intentions futures, etc.	400
La Vendée, Charette. — Lamarque. Tragédies d'Eschyle et de Sophocle, etc. Véritables tragédies chez les Romains. — La *Médée* de Sénèque, singularité.	404
L'Empereur beaucoup mieux. — Lui sauter! Madame Regnault de Saint-Jean-d'Angely. Les deux impératrices. — Dépenses de Joséphine, mécontentement de l'Empereur, anecdotes caractéristiques de l'Empereur	408
Guerre sur les grandes routes. — Dumouriez plus audacieux que Napoléon. — Détails sur la princesse Charlotte de Galles, le prince Léopold de Saxe-Cobourg, etc.	410
Divers objets bien importants. — Négociation d'Amiens, début du Premier Consul en diplomatie. De l'agglomération des peuples de l'Europe. De la conquête de l'Espagne. Danger de la Russie. Bernadotte	415
L'Empereur a peu de confiance dans l'issue de 1813. Thémistocle. — A un moment la pensée, dans la crise de 1814, de rétablir lui-même les Bourbons. — Ouvrage du baron Fain sur la crise de 1814. — Abdication de Fontainebleau, particularités. — Traité de Fontainebleau, etc., etc.	421

CHAPITRE XI.

L'épée du grand Frédéric. Il eût voulu épouser une Française. On espère que le lion s'endormira. — Nouvelles tracasseries du gouverneur, il m'enlève mon domestique. — Notre sort enviable dans nos misères. — Bonheur de l'avoir approché.	432
Nouvelles occupations de l'Empereur. — Sur les grands capitaines, la guerre, etc., etc. — Ses idées sur divers institutions pour le bien-être de la société. — Avocats. Curés. — Autres objets	437
L'Empereur change de manière à nous affecter. Le gouverneur nous environne de fortifications. Terreurs de sir Hudson Lowe. — Général Lamarque. Madame Récamier et un prince de Prusse	444
Les ministres anglais actuels, portraits. — Tous les ministères, autant de léproseries, honorables exceptions. — Sentiments de Napoléon pour ceux qui l'ont servi	448
Retour sur les généraux de l'armée d'Italie. — Le pire d'un de ses aides de camp. — Ordures de Paris. — Famille La Rochefoucauld, etc.	456
Poniatowski, le vrai roi de Pologne. Traits caractéristiques sur Napoléon. Dires épars, notes perdues	463
Georges, Pichegru, Moreau, le duc d'Enghien.	469
Visite clandestine du domestique qui m'avait été enlevé. Ses offres. — Seconde visite. — Troisième, je lui	

	Pages
confie mystérieusement ma lettre au prince Lucien, cause de ma déportation	480

CHAPITRE XII.

Mon enlèvement de Longwood	485
Visite officielle de mes papiers, etc.	486
Ma translation à Balcombe's cottage.	487
Je prends un parti, mes lettres à sir Hudson Lowe, etc.	491
Mes griefs personnels contre sir Hudson Lowe. — Traits caractéristiques	497
La fameuse pièce clandestine. — Mon interrogatoire par Hudson Lowe.	499
Mes vives anxiétés. Lettre de l'Empereur, vrai bonheur.	419
Sur la lettre de l'Empereur. Réflexions. Détails. Nouvelles difficultés de sir Hudson Lowe	522
Décision officielle de ma déportation au Cap. Mesures astucieuses et ridicules de sir Hudson Lowe	527
Continuation de correspondance. Le gouverneur déconcerté par ma résolution finale.	ib.
Départ de Balcombe's cottage, translation à la ville	532
Paroles de l'Empereur. Adieu du grand maréchal	533
Derniers adieux. Scellé des papiers. Départ	55.

Napoléon dans l'exil.

CHAPITRE XIII.

Corvisart. — Eugène Beauharnais. Carnot. Barras. — Villeneuve. Drouot. — Vaisselle brisée	517

CHAPITRE XIV.

Campagne de Moscou. Blucher. — Siège de Toulon. — Talleyrand. — Pichegru. — Moreau. Memorandum. — Desaix. Machine infernale. — Grouchy.	590

CHAPITRE XV.

Brienne. — Talleyrand. Egypte. — Lavalette. Docteur Warden. Waterloo. Jaffa. Lallemand. Moreau. Buste du roi de Rome. — Sieyès. — Toussaint Louverture. Marlborough	613

CHAPITRE XVI.

Larrey. — Poniatowski. Lucien. — Talma. Labedoyère. Mort de Cipriani	694

Derniers moments de Napoléon.

CHAPITRE XVII.

Arrivée du portrait du roi de Rome. — Kleber. — Fouché.	717

CHAPITRE XVIII.

Augereau. Joubert. Massena. Laharpe. — Gérard. Clausel. Belliard. Lamarque. — Desaix.	742

CHAPITRE XIX.

Kleber. — Marlborough. Affaiblissement de l'Empereur. Napoléon arrête et cachette ses codicilles. — Derniers moments	805

CHAPITRE XX.

Testament de Napoléon.	810

CHAPITRE XXI.

HISTORIQUE de la translation des restes mortels de l'empereur Napoléon aux Invalides.	869
Rapport de M. le prince de Joinville au ministre de la marine	921
Acte d'exhumation et de remise des restes de Napoléon.	925
Procès-verbal du chirurgien-major de la frégate LA BELLE-POULE	929

FIN DE LA TABLE DU DEUXIÈME VOLUME.

www.ingramcontent.com/pod-product-compliance
Lightning Source LLC
Chambersburg PA
CBHW070801020526
44116CB00030B/934